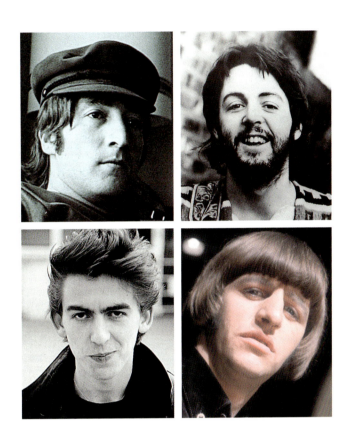

Die Beatles

Ihre Geschichte – ihre Musik

Die Beatles

Ihre Geschichte – ihre Musik

Herausgegeben von Paul Trynka

**LONDON, NEW YORK,
MÜNCHEN, MELBOURNE, DELHI**

DORLING KINDERSLEY

Lektorat	Becky Alexander
Bildbetreuung	Mark Cavanagh
Cheflektorat	Adèle Hayward
Chefbildlektorat	Karen Self
DTP-Design	Mark Bracey
Herstellung	Heather Hughes
Lektoratsleitung	Stephanie Jackson

MOJO

Chefredakteur	Paul Trynka
Redaktion	Chris Hunt
Redaktionsleitung	Pat Gilbert
Artdirector	Lora Findlay
Produktion	Simon McEwen
Bildredaktion	Susie Hudson
Gestaltung	Isabel Cruz, Dani Golfieri, Miles Johnson, Carol Briggs & Nigel Truswell
Herausgeberin	Maddy Ballantyne
Geschäftsführung	Marcus Rich

FÜR DIE DEUTSCHE AUSGABE

Programmleitung	Monika Schlitzer
Projektbetreuung	Gerald Fiebig
Herstellungsleitung	Dorothee Whittaker
Herstellung	Gerd Wiechcinski
Covergestaltung	Neal Cobourne, Verena Salm

Bibliografische Information Der Deutschen Bibliothek
Die Deutsche Bibliothek verzeichnet diese Publikation in der Deutschen Nationalbibliografie;
detaillierte bibliografische Daten sind im Internet über
http://dnb.ddb.de abrufbar.

Titel der englischen Originalausgabe:
The Beatles – Ten Years That Shook The World

Inhalt und Gestaltung © MOJO Magazine, 2004
Text © bei den Autoren, 2004

Alle Zeitleisten in diesem Buch wurden aus Johnny Blacks Datenbank
Rocksource zusammengestellt.

© der deutschsprachigen Ausgabe by Dorling Kindersley Verlag GmbH,
Starnberg, 2004
Ein Unternehmen der Penguin-Gruppe
Alle deutschsprachigen Rechte vorbehalten

Übersetzung Markus Diedrich, Christian Kennerknecht, Petra
Kirchmann, Uwe Schleifenbaum (*Musikexpress*), Janette Schroeder,
Inga-Brita Thiele
Redaktion Janette Schroeder
Satz schroeder & partner

ISBN 3-8310-0656-3

Colour reproduction by Rival Colour
Printed and bound in Singapore by Star Standard

Besuchen Sie uns im Internet
www.dk.com

Weitere Informationen über die Zeitschrift MOJO
www.mojo4music.com

Mappin House, 4 Winsley Street,
London W1W 8HF

1961

Wie die Beatles zusammenkamen, ihre erste Single aufnahmen, einen Manager fanden, ihre erste Audition versauten und in Hamburg und Liverpool einen neuen Sound kreierten.

Seite 10

1962

Goodbye Pete Best, Hallo Ringo Starr – und ein Plattenvertrag! Mark Lewisohn enthüllt die komplexe Geschichte über die erste Session der Beatles mit George Martin.

Seite 30

1963

Die Beatlemania bricht aus! Richard Williams über *Please Please Me*, Paul Du Noyer über *With The Beatles*, Terence Spencers Fotos für das *Life Magazine* und mehr …

Seite 52

1964

Amerika und die Welt entdecken die Fab Four: Robert Sandall über *A Hard Day's Night*, Neil Spencer über *Beatles For Sale* und Ian MacDonald über die Partnerschaft zwischen John und Paul

Seite 96

Inhalt

1965

Alexis Petridis über *Help*, Richard Williams über *Rubber Soul* und Ian MacDonald über psychedelische Erfahrungen. Außerdem: die Entstehung von *Yesterday*, der Auftritt im Shea Stadium, das Treffen mit Elvis – und die Verleihung des MBE-Ordens.

Seite 156

1968

Meditieren, Songwriting, Streit mit Maharishi – und untereinander, Tom Murrays Fotos von einem verrückten Tag, die nervigen Sessions für das »Weiße« Album, Tony Bramwell fotografiert die Band beim Spielen und in den Pausen – und Ian MacDonald über die Entstehung von *The Beatles* alias das »Weiße« Album.

Seite 294

1966

Das Ende des Tourneelebens und der Anfang der langen, experimentellen Aufnahmesessions. Mit einer Würdigung der LP *Revolver* von Charles Shaar Murray, Fotos von Bob Whitaker, außerdem alles über George Harrisons Lehrzeit bei Ravi Shankar und die ersten Aufnahmen für *Sgt. Pepper*

Seite 196

1969

Das Jahr der traumatischen Sessions für ein einfaches, ehrliches Album. Die verrückte Welt von Apple, geschildert von Johnny Black; als Allen Klein auftauchte; wie die Beatles ihren Verlag verloren, erzählt Mark Lewisohn; Pete Doggett schreibt über *Yellow Submarine*; David Fricke berichtet über *Abbey Road*.

Seite 352

1967

Als die Welt leuchtend bunt wurde. Mark Ellen analysiert *Sgt. Pepper* und Patrick Humphries das legendäre Cover dazu; Begegnung mit Maharishi; wie man Liebe in die Welt trägt; der Tod Brian Epsteins; Yoko zieht eine »halbe« Ausstellung auf – und Charles Shaar Murray über die *Magical Mystery Tour*

Seite 244

1970

Über die Jahre, als die Beatles sanfte, heilsame Musik machten, öffentliche Schlachten schlugen und auf Solopfaden wandelten: Nick Kent über die Beatles in den Seventies, sowie Würdigungen der Soloalben von John Harris, Paul Du Noyer, Mat Snow und Paul Trynka.

Seite 408

Vorwort von Brian Wilson 7 • Sammelstücke 440 • Register 448

Gruß des Herausgebers

Die ursprüngliche Geschichte ist für manche nur noch in vager Erinnerung, aber es wird wohl nur wenige Menschen geben, deren Leben die Beatles nicht berührt haben. Ihr Einfluss auf die Musik war alles durchdringend, ihre Wirkung auf die Populärkultur tiefgreifend.

Aus heutiger Sicht, über vier Jahrzehnte, nachdem die Beatles erstmals die Aufmerksamkeit der Welt erregten, könnte man meinen, dass die Geschichte abgeschlossen ist, dass nichts mehr zu sagen bleibt. Irrtum. Wie Eric Burdon, der Sänger der Animals, so treffend formulierte: »Die Beatles haben etwas Zeitloses, etwas Märchenhaftes an sich. Ich glaube, dass man noch in 100 Jahren von ihnen sprechen wird, so wie man heute über Shakespeare oder die Bibel spricht.« Burdon hat selbst großartige Platten gemacht – doch ihm ist klar, dass es bei der Beatles-Story um viel mehr als nur ihre Platten geht.

Wir bei MOJO haben das Glück, von einem nie versiegenden Strom neuer Musik umgeben zu sein, von faszinierenden neuen Bands oder neu entdeckten Juwelen. Aber die Beatles sind immer da. Viele in der Redaktion waren noch nicht auf der Welt, als Paul McCartney die Band per Gericht in London auflösen ließ, aber wenn neue Fotos oder Fragmente ihrer Story auftauchen, ist das immer noch genauso aufregend wie das jüngste Demo einer Horde 23-Jähriger. Ihr Charisma durchtränkt jedes Relikt: Ich habe acht Jahre lang Stapel von Fotos gesichtet und noch keins entdeckt, auf dem sie nicht cool aussehen.

Das Werk, das Sie in Händen halten, ist das Resultat dieser Begeisterung. Es dauerte fast vier Jahre, um die bei einem Lunch neben dem alten Londoner Speakeasy-Club entstandene Idee zu verwirklichen – mit Hilfe des großartigsten Teams von Musikautoren, das je an einem Buch über eine einzelne Band mitgearbeitet hat. MOJO verfügt wohl über den größten Mitarbeiterpool aller Musikzeitschriften, aber es war doch verblüffend, wie viele sich darum bewarben, über die Beatles zu schreiben – um neue Einsichten zu vermitteln oder neue Fakten aufzudecken.

In chronologischer Reihenfolge wird dokumentiert, was die Beatles zehn Jahre lang trieben, wobei die bedeutenden Ereignisse herausgehoben und ausführlicher dargestellt werden. Sie erfahren eine Menge über die Musik der Beatles, ihr Leben, ihre Zeit und darüber, wie sie die Welt veränderten. Und Sie werden ihre Musik mit neuen Ohren hören.

Der Platz reicht nicht, um allen an diesem Mammutprojekt Beteiligten zu danken, aber ich muss die glänzende Arbeit von Chris Hunt würdigen, der die Hefte, auf denen ein Großteil des Buchs basiert, redaktionell betreut hat, und MOJOs damaligen Chefredakteur Pat Gilbert, der das Konzept mitentwickelt hat. Und ich verabschiede mich von Ian MacDonald, der als der beste Autor zum Thema Beatles-Musik gilt. Ians Beiträge waren wohl seine letzten längeren Beatles-Artikel vor seinem frühen Tod, und ich bin stolz, sie hier zu präsentieren.

Paul Trynka, Chefredakteur von MOJO

Vorwort
Von Brian Wilson

ICH KANN MICH GENAU an das erste Mal erinnern, als ich die Beatles sah. Es war in der *Ed Sullivan Show*. Solch einen Lärm, wie ihn die kreischenden Mädchen erzeugten, hatten wir nie zuvor erlebt. Ein unglaublicher Sound. Das erste Mal gehört habe ich sie im Radio, mit *I Want To Hold Your Hand*. Ich flippte aus. Es fühlte sich an wie ein Stromschlag.

Es war erstaunlich, dass sie aus so wenigen Instrumenten so einen fetten Sound rausholten. Die Beach Boys hatten auf der Bühne die gleiche Instrumentalbesetzung wie die Beatles, plus Mike Love als Leadsänger. Aber wir waren definitiv nicht in der Lage, einen ähnlich kraftvollen Rock'n'Roll-Sound zu produzieren wie sie. Wir sahen die *Ed Sullivan Show* im Elternhaus meiner damaligen Frau Marilyn. Ich war eifersüchtig auf ihre elektrisierende Ausstrahlung … ihre Anziehungskraft. Paul ist der vielseitigste Sänger. Er kann rocken wie Little Richard und die süßesten Balladen singen. Und John hat eine so tolle Stimme. So stark … und voll Schmerz.

Jedenfalls war mir um 1964/1965 durchaus bewusst, dass es an mir liegen würde, die Beach Boys wettbewerbsfähig zu halten. Jede neue Beatles-Platte inspirierte mich dazu, etwas Neues auszuprobieren. Manchmal versuchte ich sogar, einen Beatles-Song zu schreiben, etwa bei dem Titel *Girl Don't Tell Me*, der auf dem Album *Summer Days (And Summer Nights!!)* erschien. Die Passage, in der Carl »you'll wr-i-te« singt, wurde definitiv von *Ticket To Ride* inspiriert.

Damals war mir Pauls und Johns gegensätzlicher Songwriting-Stil nicht bewusst. Für mich war es Beatles-Musik, und mit Alben wie *Rubber Soul* haben sie mein Bewusstsein erweitert. Was mir an ihrem Stil so gefiel, war, dass sie jedes Album mit noch viel größeren Songs füllten. Als ich *Rubber Soul* das erste Mal hörte, saß ich total bekifft in meinem Haus am Laurel Way. Ich rastete total aus. Ich hörte das Album viermal in Folge und war derart überwältigt, dass ich zwei Nächte lang nicht schlafen konnte. Es war das erste Mal, dass ich ein Rockalbum hörte, auf dem jeder Song tatsächlich richtig gut war.

Rubber Soul war meine Herausforderung. Dieses Album brachte den Stein für mich ins Rollen. Ich erklärte Marilyn, dass ich nun das größte Rockalbum aller Zeiten machen werde, so weit hatten mich die Beatles gebracht. *Rubber Soul* hatte meine Seele berührt, nun wollte ich etwas kreieren, das genauso gut war. Über Umsätze machte ich mir keine Gedanken, mir ging es nur um künstlerische Werte. Ein paar Tracks, die später auf *Pet Sounds* zu finden waren, hatte ich bereits aufgenommen, aber erst *Rubber Soul* brachte mich dazu, den Texter Tony Asher an Bord zu holen. Ich wusste, was ich sagen wollte, aber ich brauchte jemanden, der mir dabei half, es ein wenig komplexer auszudrücken.

In England war *Pet Sounds* sofort ein großer Erfolg. Ständig hörte ich davon, dass Englands Popgrößen das Album liebten, was mich natürlich total euphorisch machte. Als ich erfuhr, dass Paul McCartney *God Only Knows* als »schönstes Lied aller Zeiten« bezeichnet hatte, konnte ich es kaum glauben. Ich habe Paul seitdem ein paar Mal getroffen, und er hat mir erzählt, wie sehr er diesen Song schätzt und ich komme einfach nicht dazu, ihm zu sagen, wie viel Anteil er an *Pet Sounds* hatte. Es bringt mich dazu, weiter Musik zu machen. Sir George Martin erzählte mir, dass die Beatles damals tatsächlich darüber nachdachten, wie sie die Produktion von *Pet Sounds* und

»Unglaublich«: Die Beatles mit Ed Sullivan, 9. Februar 1964

Good Vibrations toppen könnten. Das zu hören war ziemlich gut fürs Ego, muss ich zugeben.

Als ich das Album *Sgt. Pepper* hörte, wusste ich, dass die Beatles den Weg gefunden hatten, die Rockmusik in eine wirklich neue Richtung zu führen, eine psychedelische Richtung. Ich fand es brillant. Ich liebe *With A Little Help From My Friends* und der Schlussakkord von *A Day In The Life* erschreckte mich damals zu Tode.

Einige meiner liebsten Beatles-Songs sind *Tell Me Why* (ich liebe Pauls Basslinie), *Michelle*, *With A Little Help From My Friends* und *Let It Be*. Pauls Version von *The Long And Winding Road* ist ebenfalls absolut fantastisch. *All You Need Is Love* ist brillant, ich liebe George Martins witzige Bläserarrangements. Einerseits scheinen die Sechziger sehr lange her zu sein, andererseits habe ich das Gefühl, dass wir den Geist jener Epoche heute dringender nötig haben denn je.

Ich habe der Zeile »All you need is love« immer zugestimmt, daher hat es mir, wie allen anderen, das Herz gebrochen, als sich die Beatles trennten. Ich war wirklich traurig. Als ehemaliges Mitglied einer Band weiß ich natürlich, dass

Sie haben unsere Herzen gebrochen: die letzten Tage der Beatles, August 1969

irgendwann die Zeit kommt, wo jeder seinen eigenen Weg gehen muss. Doch das macht es nicht leichter. Immer wenn ich am Klavier sitze und *Let It Be* spiele, ahne ich, wie sich Paul gefühlt haben muss, als die Beatles dem Ende entgegengingen. Dieser Song hat mir nicht nur einmal das Leben gerettet.

Wie die Beatles, gingen seit den Sechzigern auch die Beach Boys ihre eigenen Wege. Ich habe meine Brüder Dennis und Carl verloren, Paul und Ringo verloren ihre Brüder John und George. Mein Lieblingssong von John ist *Across The Universe*; er hat mich umgehauen. Und *My Sweet Lord* habe ich in den letzten Monaten häufig auf dem Klavier gespielt. Ich liebe diesen Song.

Die Menschen werden die Musik der Beatles bis in alle Ewigkeit hören. Der Augenblick, als ich sie zum ersten Mal hörte, mag 40 Jahre her sein, doch ihre Musik hat sich so tief in unsere Seele eingegraben, dass sie immer ein Teil von uns bleiben wird.

Liebe und Barmherzigkeit

Brian Wilson
Los Angeles
März 2004

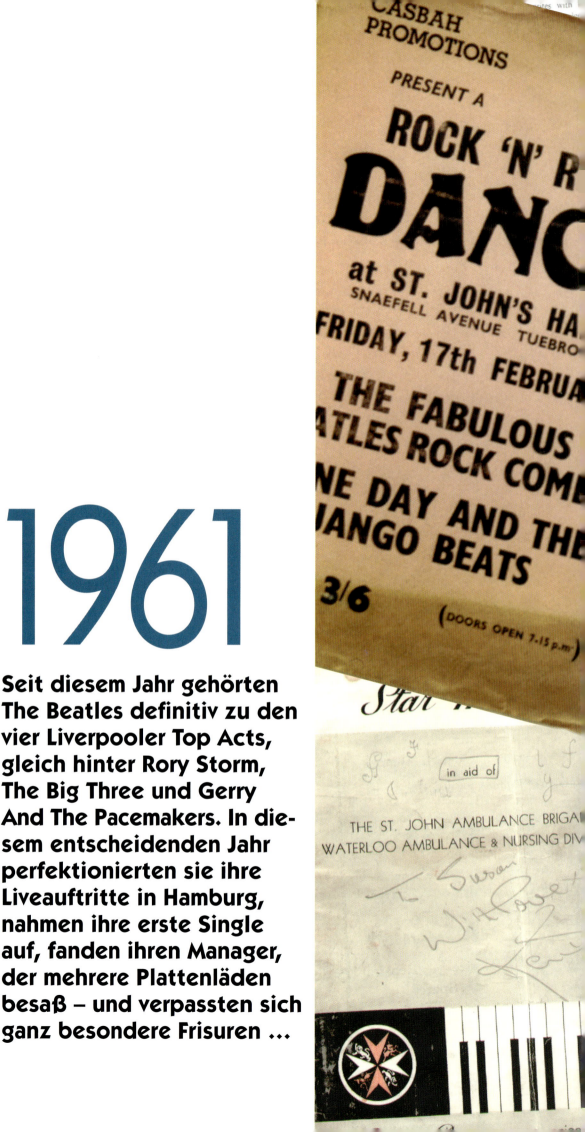

1961

Seit diesem Jahr gehörten The Beatles definitiv zu den vier Liverpooler Top Acts, gleich hinter Rory Storm, The Big Three und Gerry And The Pacemakers. In diesem entscheidenden Jahr perfektionierten sie ihre Liveauftritte in Hamburg, nahmen ihre erste Single auf, fanden ihren Manager, der mehrere Plattenläden besaß – und verpassten sich ganz besondere Frisuren …

MEET THE BEATLES

every Saturday at

AINTREE INSTITUTE

(BUSES 20, 21, 22, 30, 61, 91, 92, 93, 95, 96 & 500 TO BLACK BULL, NEXT DOOR)

YES! PAUL, JOHN, GEORGE AND PETE will be playing for you exclusively at Aintree every Saturday

You m...

Come ea...
Jiving from 7-30...

Aintree Institut...

LOOK!
THREE TOP GROUPS AGAIN
NEXT WEDNESDAY NIGHT AT HAMBLETON HALL
Page Moss, Huyton

What a terrific line up for
WEDNESDAY, 25th JANUARY 1961

- The Sensational Beatles
- Derry & The Seniors
- Faron & The Tempest Tornadoes

YES! You must come along early and bring your friends!

PAY AT THE DOOR 2/6 before 8 p.m. 3/- afterward

NOTE! No admission after 9-30 p.m.

---

presents
STAR MATINEE

compere ARTHUR SCOTT introducing

10. The Beatles
11. Dennis Horton
12. Jackie Owen and ...

JIVE TO-NIGHT
FRIDAY, 15th SEPTEMBER, 1961
AT KNOTTY ASH HALL
TO THE FABULOUS BEATLES
AND THE BIG THREE
Bus Routes 75, 74, 10, 61, 9
Admission 3/6 [2/6 with this ticket before 8-30]
BE EARLY

BIG BEAT SESSIONS
every Friday at the
TOWER BALLROOM, NEW BRIGHTON
FRIDAY, 1st DECEMBER 1961

Another Great Six Band Line Up -
THE BEATLES - - - RORY STORM AND THE HURRICANES
DALE ROBERTS AND THE JAYWALKERS - DERRY & THE SENIORS
KINGSIZE TAYLOR & THE DOMINOES - STEVE DAY & THE DRIFTERS
First Heat "Mr. Twist" Competition
7-30 p.m. to 1-00 a.m.
LATE TRANSPORT
(Liverpool, Wirral and Cheshire)
Licensed Bars (until 11-30 p.m.)
Excursions Leaving St. John's Lane (Lime Street) 7-30 p.m. to 9-00
TICKETS 4/6

THE BEATLES.

We are fortunate in having secured the services of The Beatles as they have only just arrived back from Germany. They are in England for only a short time before embarking upon another European tour...

FOTOS: CAMERA PRESS; HULTON ARCHIVE; TRACKS

Die frühen

Jahre

Die Chemie zwischen ihnen war einzigartig – ebenso wie ihre Kindheit. **Bill Harry**, ein langjähriger Freund der Band, erinnert sich an die Anfänge der Beatles.

The Quarry Men, 6. Juli 1957. John (Bildmitte, mit Gitarre) und Eric Griffiths (Gitarre), Rod Davis (Banjo), Johns Freund Pete Shotton (Waschbrett) und Len Garry (Bass). Der junge Paul McCartney war im Publikum.

Aufgewachsen unter dem blauen Himmel des grünen Mittelklassedorfes Woolton, war er weder ein Arbeiterkind noch während eines Luftangriffs geboren worden, was er sich in seiner Fantasie gerne ausmalte – auch sein Vater hatte ihn, entgegen der Behauptung seiner Tante Mimi, nicht verlassen. Tatsächlich war John Lennons Kindheit nicht nur recht angenehm, sondern glücklich. Er hatte einen Freundeskreis – Nigel Wally, Ivan Vaughan und Pete Shotton –, war in starke Familienbande mit Tanten und Onkeln eingebunden und verstand sich prächtig mit seinem Cousin Stan Parkes und seiner Cousine Liela Harvey.

Ganz anders sah es bei Ritchie Starkey aus, der im winzigen Schlafzimmer eines kleinen Reihenhauses in Dingle, einer der ärmsten Gegenden Liverpools, geboren wurde. Mit drei Jahren von seinem Vater verlassen und geplagt von zahlreichen Krankheiten – Blinddarmdurchbruch, Bauchfell- und chronischer Rippenfellentzündung – verbrachte Ritchie so viel Zeit im Krankenhaus (einmal auch zwei Monate im Koma), dass man in der Schule vergaß, wer er war. Da er entgegen aller Prognosen überlebte, nannten die anderen Kinder ihn Lazarus. Seine Mutter Elsie arbeitete in einer Bar, doch ihre beschränkten finanziellen Verhältnisse zwangen sie, in eine noch kleinere Unterkunft umzuziehen.

Ritchie war nicht hübsch, kompensierte dies aber durch Witz, Großzügigkeit und Freundlichkeit. Im Gegensatz wirkte John in seinem relativen Reichtum eher böse und bedrohlich – sofern er damit durchkam.

Auch George Harrison kam in einem kleinen Reihenhaus zur Welt, in Wavertree, wo sich die einzige Toilette draußen im Hof befand. In Ermangelung eines Badezimmers wurde er zuerst in der Küchenspüle gebadet, später – wie der Rest der Familie – in einer Blechwanne.

Paul McCartneys Mutter arbeitete im Walton Hospital, daher wurde ihr erster Sohn Paul auf der Privatstation geboren. Durch ihre Arbeit als Hebamme bekam sie von der Stadt Wohnungen gestellt und die Familie zog oft innerhalb Liverpools um, bis sie schließlich in Speke blieben, einem Neubaugebiet am Stadtrand. Auch die Harrisons zogen dorthin, was bedeutete, dass Paul und George mit demselben Bus fuhren, als sie das Gymnasium, das Liverpool Institute, besuchten.

John Lennon ging ab September 1952 auf die Quarry Bank School. Dazu bemerkte er einmal: »Ich sah diese Hunderte von Kindern und dachte mir, Gott, da muss ich mich nun durchkämpfen.« Ob er sich sein Kämpfernatur nur ausgedacht hat, sei dahingestellt, immerhin war er aus dem Kindergarten geflogen, weil er das Mädchen Polly Hipshaw belästigt hatte. Auf der Dovedale-Grundschule hatte er seine Strategie verfeinert: »Kleinere habe ich schon mal verprügelt, aber die Größeren brachte ich mit langen Worten aus dem Konzept.«

Verbarg Lennon einen weichen Kern hinter seiner harten Schale? Einer der ersten Auftritte seiner Band The Quarry Men in der Roseburry Street in Dingle wurde von zwei Jungen gestört. Er und seine Band flüchteten in ein Wohnhaus, bis ein Polizist gerufen wurde, der sie sicher zur Bushaltestelle eskortierte. In der Wilson Hall in Garson drohten zwei Teds ihn zu verprügeln, worauf er im Bus flüchtete und die zwei ihm nachliefen. Entgegen der Behauptungen mancher Biografen war es nicht Johns Körperkraft, mit der er die Leute einschüchterte, sondern seine Redegewandtheit, die seine Überlegenheit verstärkte.

Die ersten kulturellen Einflüsse auf John, Paul, George und Ringo kamen nicht aus Amerika. Was sie zum Musizieren inspirierte war der Erfolg des Schotten Lonnie Donegan mit *Rock Island Line*. Mit seiner originellen Fassung des Songs aus den 30er-Jahren wurde er einer der

> »Kleinere habe ich schon mal verprügelt, aber die Größeren brachte ich mit langen Worten aus dem Konzept.«

wenigen britischen Künstler, die auch in den USA Erfolg hatten. Die Single erreichte dort Platz acht und wurde über 8 Mio. Mal verkauft.

Mit 16 kaufte John sich eine 78rpm-Single mit *Rock Island Line* und spielte sie so oft, bis sie fast total abgenutzt war. Dann verkaufte er sie an Rod Davis, einen Freund, der später auch in Lennons Skiffle-Band The Quarry Men spielte. Paul McCartney sah Donegan live, als er 1956 im Liverpool Empire gastierte – Paul war so beeindruckt, dass er sich in den Schulpausen ins Theater schlich, um einen Blick auf den Künstler zu erhaschen. Seither wünschte sich Paul eine Gitarre, also kaufte sein Vater Jim ihm eine für 15 Pfund. Dieses Ereignis sollte seine musikalische Orientierung korrigieren. Als Fan von Fred Astaire liebte Paul Musicals und fühlte sich von seinem Vater, einem Musiker, inspiriert, Trompete zu spielen. Als er jedoch merkte, dass sich auf den Lippen eine Hornhaut bildet, hatte er keine Lust mehr aufs Trompeten.

Skiffle zog auch George Harrison in seinen Bann: »Lonnie Donegan trat im Empire auf und natürlich musste George da hin«, erinnert sich Georges Bruder Harry. »Tatsächlich lieh er sich Geld von unseren Eltern, damit er sich jede Show ansehen konnte! Er fand auch heraus, wo Lonnie wohnte, zufälligerweise in Speke, ging dort hin und klopfte so lange an die Tür, bis Lonnie rauskam und ihm eine Autogramm gab.«

Für die englischen Jugendlichen war Skiffle ein Geschenk des Himmels, weil man keine teuren Instrumente brauchte. Um eine Band zu gründen genügte eine akustische Gitarre, ein selbst gebastelter Teekisten-Bass, ein Waschbrett und eine Mundharmonika. »Lonnie und Skiffle waren wie für mich gemacht«, berichtete George später. »Die Musik war einfach zu spielen, wenn man zwei oder drei Akkorde kannte. Dazu eine Teekiste als Bass und ein Waschbrett, und los ging's.«

Ritchie Starkey hatte inzwischen mit seinem Nachbarn Eddie Miles eine Band gegründet, The Eddie Clayton Skiffle Group. Mit Hilfe seines neuen Stiefvaters – den er später als sein »Trittbrett zum Erfolg« bezeichnete – war es ihm sogar gelungen, ein zehn Pfund teures Schlagzeug anstatt eines Waschbretts zu kaufen. Später trat Ritchie der Band Darktown Skiffle bei, bevor er ein Mitglied der Raving Texans wurde, die sich schließlich Rory Storm And The Hurricanes nannten und eine der führenden Liverpooler Rock'n'Roll-Bands wurden.

Skiffle war jedoch nicht der einzige Einfluss der künftigen Beatles. Wie George Harrison liebte auch John die Musik von George Formby, einem Musiker und Schauspieler aus Lancashire, der in Großbritannien für seine Songs voller Assoziationen und sein Banjulele-Spiel berühmt war. Johns Mutter Julia und sein Großvater George Stanley spielten seine Songs gerne auf dem Banjo und Julia brachte John sogar das Banjospielen bei.

AM 6. JULI 1956, EINEM SAMSTAG, hatte Johns Band The Quarry Men einen Auftritt auf dem Gartenfest der Woolton Village Church. Das Skiffle-Repertoire der Quarry Men – mit Songs wie *Rock Island Line, Cumberland Gap, Freight Train, Midnight Special* und *Worried Man Blues* – enthielt nun auch den Del-Vikings-Hit *Come Go With Me*. Der Auftritt war deshalb so entscheidend, weil Ivan Vaughan, der Paul und John kannte, Paul überredet hatte, dorthin zu kommen – es seien viele Mädchen da. In der Stadthalle schließlich wurden Paul und John einander vorgestellt. Der 15-jährige Paul imponierte John, weil er eine Gitarre stimmen konnte und etliche Songtexte kannte, er schrieb John sogar die Texte von *Be-Bop-A-Lula* und *Twenty Flight Rock* auf.

»Ich hatte eine Band, ich war der Sänger, ich war der Leader«, berichtete John über die Begegnung. »Paul zu treffen bedeutete, über seinen Beitritt zu entscheiden. Sollte ich die Band stärken, indem ich jemanden dazunahm, der besser war als wir, oder sollte ich der Starke bleiben? Ich entschied mich für Paul und dafür, die Band zu stärken.«

John überließ es seinem Freund Pete Shotton, Paul davon zu unterrichten. »Pete sah mich beim Fahrradfahren und rief mir nach, dass John mich in der Band haben wollte«, so Paul. »So einfach war das.«

In jenen Tagen lud John Paul oft in das Haus seiner Mutter ein, wo sie ihnen ein paar Songs beibrachte. Paul: »Gelegentlich spielten wir auch *Wedding Bells Are Breaking Up That Old Gang Of Mine* und auf jeden Fall auch *Ramona*. Viel später, bei den Beatles, versuchten John und ich ein paar Songs mit ähnlichem Feeling zu schreiben, dabei kam zum Beispiel *Here, There And Everywhere* heraus.«

Ein tragisches Ereignis schweißte die beiden zusammen: der Tod Julias, die bei einem Autounfall am 15. Juli 1958 ums Leben kam.

Auch Pauls Mutter war am 31. Oktober 1956 an Brustkrebs gestorben. »John verlor seine Mutter, als er 17 war«, so Paul viele Jahre später. »Das schuf ein sehr starkes Band zwischen uns. Und ich glaube, es stärkte unsere Intimität und das gegenseitige Vertrauen, als wir anfingen im Team Songs zu schreiben. Auf einmal waren wir sehr gute Freunde – bis Yoko dazu kam und die Beatles sich auflösten.«

Als die Quarry Men am 7. August 1957 ihren ersten Auftritt im Cavern Club hatten, war das neue Mitglied Paul auf einem Pfadfinderausflug. In dem Jazz-Club war Rock'n'Roll verboten, Skiffle tolerierte man aber. Dennoch entschied John während des Konzerts, mit *Hound Dog* und *Blue Suede Shoes* ein paar Elvis-Nummern zu spielen. Diese offenkundige Missachtung der Clubregeln erzürnte den Besitzer Alan Sytner so sehr, dass er John folgende Nachricht auf die Bühne bringen ließ: »Lasst den verdammten Rock weg!«

Als der Einfluss amerikanischer Rockmusik immer stärker wurde, verschwanden die Skiffle-Songs aus dem Set der Quarry Men. John mochte Elvis Presley, Paul spielte Songs von Little Richard, der Großteil ihres Repertoires bestand jedoch aus Buddy-Holly-Nummern.

Eines Tages erzählte George Harrison Paul im Schulbus, dass er mit seiner Band The Rebels sein erstes Konzert gespielt hatte. Beeindruckt entschied Paul, John zu überreden, George bei den Quarry Men aufzunehmen. John war aber dagegen, für ihn war George ein »kleines Kind« – und dabei blieb er noch Jahre. Doch gab er nach, als George ihm nach einem Gig der Quarry Men in der Wilson Hall auf dem Oberdeck eines Busses das Instrumental *Raunchy* vorspielte.

John und Paul mit dem »kleinen Kind«, das über Jahre ihr Juniorpartner sein sollte.

Georges Talent für Gitarrensoli half ihm, bei den Quarry Men eine echte Lücke zu füllen. Als Paul am 18. Oktober 1957 in der New Clubmoore Hall sein Debüt mit den Quarry Men feierte, war er der Leadgitarrist. Arthur Smiths *Guitar Boogie* verpfuschte er allerdings so gründlich, dass man ihm verbot, jemals wieder ein Gitarrensolo zu spielen.

Am 12. Juli 1958 nahmen die Quarry Men im Studio von Percy Philips im Liverpooler Viertel Kensington eine Platte auf. Sie spielten Buddy Hollys *That'll Be The Day* und ihren eigenen Song *In Spite Of All The Danger*, geschrieben von Paul und George. Die Session sollte der Höhepunkt in der Karriere der Quarry Men sein. Sie spielten im Woolton Village Club ihr letztes Konzert. John und Paul begannen, gemeinsam Songs zu schreiben und George spielte im Les Stewart Quartet.

Die heute gängige Kombination von Aufnehmen und Songwriting, die die Beatles etablierten, war damals höchst innovativ. In der frühen Phase konzentrierten sich John Lennon und Paul McCartney ganz auf das Songwriting. Die beiden schwänzten häufig die Schule, um sich bei Paul in der Forthlin Road zu treffen, während dessen Vater in der Baumwollbörse arbeitete. Sie verbrachten ihre Zeit an Jims Klavier im kleinen Wohnzimmer und schrieben die Texte zu ihren Songs in Schulhefte. Paul erinnert sich, dass ihre ersten beiden Songs *Too Bad About Sorrows* und *Just Fun* hießen.

Damals träumten John und Paul davon, ein berühmtes Songwriterduo zu werden und für Stars wie Sinatra zu schreiben. Paul schrieb im Stillen tatsächlich einen Song für Frank und nannte ihn *Suicide*. Später, als die Marke Lennon/McCartney eine Hit-Garantie war, bat Sinatra sie um einen Song, worauf Paul ihm ein Demo von *Suicide* schickte. Frank Sinatra war beleidigt und sagte nur: »Will der Bursche mich verladen?«

»Als wir anfingen Songs zu schreiben, waren wir nicht sicher, in welche Richtung wir uns entwickeln würden«, erinnerte sich Lennon. »Paul stand auf Rock, Broadway-Musicals, Vaudeville und so'n Kram. Ich dagegen mochte das Songwriting von Buddy Holly und wollte beweisen, dass ich so gut wie jeder Yankee war. Für mich war Buddy der erste, bei dem das Singersongwriter-Ding funktionierte. Seine Musik war wirklich bewegend und seine Texte sprachen uns Kids an.«

Die beiden übertrieben maßlos, was die Zahl ihrer Songs aus dieser Zeit angeht. Dem *Mersey Beat* erzählten sie, über 100 Stücke geschrieben zu haben, während etwa 20 eher der Wahrheit entsprechen.

Die meisten Songs schrieb jeder für sich. Sie setzten sich also nicht gemeinsam hin, um Songs zu schreiben, sondern benutzten einander als Katalysator. Damals schworen sie sich, denjenigen als ersten zu nennen, der den größeren Anteil an einem Song hatte. Abhängig von der Arbeitsteilung, sollten die Credits entweder McCartney/Lennon oder Lennon/McCartney lauten (merkwürdigerweise nannten die Credits für ihre erste Single *Love Me Do*, die hauptsächlich aus Pauls Feder stammte, Lennon/McCartney, während *Please Please Me*, geschrieben von John, McCartney/Lennon zugeschrieben wurde). Brian Epstein und der Musikverleger Dick James zwangen sie allerdings, diese Tradition aufzugeben, weil sie mit der Nennung Lennon/McCartney die Dinge vereinfachen wollten.

IM AUGUST 1959 ERÖFFNETE DER NEUE CLUB CASBAH IM Liverpooler Viertel West Derby. Nach einem Tip von Georges Freundin Ruth Morrison bekam das Les Stewart Quartet das Angebot, dort Hausband zu werden. Stewart lehnte aber ab – er war sauer, weil der Gitarrist Ken Brown bei den Vorbereitungen zur Eröffnung des Casbah geholfen hatte und deswegen nicht zu den Proben gekommen war. Ken Brown schlug George vor, als Hausband eine neue Gruppe zu gründen, also trat George mit John und Paul in Kontakt. Die Besitzerin des Casbah, Mona Best, gab ihnen den Job und sie ließen den Namen The Quarry Men wiederaufleben. Ohne diese Wendung wäre George seiner eigenen Wege gegangen und die Beatles hätte es nie gegeben.

Der andauernde Streit um Brown sorgte dafür, dass die Quarry Men nicht lange Hausband blieben. Sie machten jedoch als Trio weiter, nannten sich Johnny And The Moondogs und traten im Empire Theatre bei einem Talentwettbewerb auf. Damals, im Januar 1958, wurde John klar, dass seine Band einen Bassisten brauchte.

John ging seit September 1957 auf die Liverpooler Kunstschule. Ich studierte auch dort und stellte John Stuart Sutcliffe vor, dessen bester Freund Rod Murray war. Stuart und Rod hatten gerade eine gemeinsame Wohnung bezogen. Während des Umzugs ging eine Hälfte eines Gemäldes von Stuart verloren. Stuart bewarb sich mit der verbliebenen Hälfte für eine Ausstellung von John Moore in der Walker Art Gallery. Moore, ein Millionär, dessen Ausstellungen in der damaligen Kunstszene gefeierte Ereignisse waren, kaufte Stuarts Gemälde für 60 Pfund.

Erst stand Arthur Kelly, ein Freund von George, als Bassist für die Band zur Wahl. Arthur konnte sich aber keinen Bass leisten und so informierte John sowohl Rod als auch Stuart, ohne dem jeweils anderen davon zu erzählen. Rod schaffte es tatsächlich, sich einen Bass zu kaufen – den er bis heute besitzt –, aber durch den Verkauf seines Bildes konnte sich Stuart einen Höfner-Bass leisten und machte das Rennen.

Das Liverpool Institute und die Kunstschule lagen nebeneinander, also probten George und Paul mit John und Stuart in der Kunstschule, und ich buchte sie für die Tanzabende der Schule. Damals nannte ich sie nur die »Kunstschulband«, weil sie noch keinen Namen hatten.

Nachdem John bei Stuart und Rod eingezogen war, überlegten sie eines Abends, wie die Band heißen könnte. Stuart schlug vor, einen Namen zu wählen, der dem von Buddy Hollys Band – The Crickets – ähnlich war, da sie ja viele Buddy-Holly-Songs spielten. Da sie also an einen Insektennamen dachten, war Beetles (Käfer) eine naheliegende Wahl. Während der folgenden Monate wechselten die Bandnamen:

> »Die Bindung von Paul und John war stärker als Lennons Beziehung zu Stuart, die zwar eng war, aber nicht so eng, wie viele glauben.«

The Beatals, The Silver Beats, The Silver Beetles, The Silver Beatles, bis im August 1960 einfach The Beatles daraus wurde.

Nachdem die Band am 19. Mai 1960 dem Impresario Larry Parnes vorgespielt hatte, wurde sie zusammen mit dem Schlagzeuger Tommy Moore als Backing-Band für den Sänger Tony Gentle für eine kleine Schottlandtour gebucht. Der Liverpooler Clubbesitzer Allan Williams, der sich als Teilzeit-Agent für lokale Bands engagierte, buchte sie für ein paar Gigs in seinem Café Jaranda und zwei Läden auf der Halbinsel Wirral. Williams buchte auch die Band Derry And The Seniors, für das Londoner Café 2 I's, worauf sie für eine Saison im Hamburger Kaiserkeller verpflichtet wurden. Als der Besitzer Bruno Koschmider Williams nach einer weiteren Band fragte, versuchte der es mit Rory Storm And The Hurricanes, die aber bereits ausgebucht waren. Also fragte Williams bei Gerry And The Pacemakers nach, die jedoch ablehnten. Der Verzweiflung nahe wandte er sich schließlich an die Beatles.

Das erste gemeinsame Bühnenfoto von Paul und John im Casbah am 29. August 1959.

Freunde: John, Paul und George mit Stuart Sutcliffe (links), Pete Best (rechts) und einem deutschen Freund (in der Mitte).

Moore hatte die Band inzwischen verlassen und wurde durch Norman Chapman ersetzt, der nach seiner Einberufung zum Wehrdienst aber auch wieder gehen musste. Bei einem Besuch im Casbah entdeckten sie Mona Bests Sohn Pete mit seinem brandneuen Schlagzeug. Er spielte ihnen vor und sie nahmen ihn mit nach Hamburg.

DAMALS HATTE ICH DEN EINDRUCK, DASS PAUL DER EHRgeizige war, während John es lässiger angehen ließ. John war zwar jederzeit bereit, die Anzeigen im *Mersey Beat* zu bezahlen, Paul setzte jedoch alles daran, mir bei den Berichten über die Beatles zu helfen. Er brachte mir Fotos vorbei, die Astrid Kirchherr in Hamburg aufgenommen hatte und gab mir ihre erste Platte für eine Rezension. Er schrieb mir auch Briefe von unterwegs, in denen er mir von ihrer aufstrebenden Karriere berichtete, etwa wie sie bei ihrem Hamburger Debüt eine Striptänzerin begleiteten oder wie er mit John nach Frankreich reiste. Er kaufte sogar mehrere Ausgaben des *Mersey Beat* mit unserem Wertungsformular, in der Hoffnung, die Beatles zur Nummer eins zu machen.

John und Pauls Freundschaft schien sich gleichzeitig mit der beruflichen Partnerschaft zu vertiefen. Häufig traf ich John mit Cynthia und Paul mit seiner Freundin Dot Rhone auf der Piste und auf der Slater Street habe ich sie oft in einem Hauseingang schmusen sehen.

Während der Osterferien 1960 trampten John und Paul nach Südengland und besuchten Mike und Elizabeth Robbins – Beth war Pauls Cousine – in ihrem neuen Pub Fox And Hounds in Berkshire. Mike schlug ihnen vor, im Pub aufzutreten und gab ihnen den Namen Nerk Twins, da Paul und sein Bruder Mike sich Nurk Twins nannten, wenn sie für die Familie spielten. Also setzten sich die beiden am Abend des 23. April und während der Mittagszeit des nächsten Tages im Gastraum auf Barhocker und spielten auf ihren Akustikgitarren.

Als John im Oktober 1961 zum 21. Geburtstag 100 Pfund von seiner Tante Elizabeth bekam, machte er sich mit Paul nach Spanien auf. Sie kamen allerdings nur bis nach Paris und verbrachten den Kurzurlaub dort. In Paris verpasste ihnen ihr Freund Jürgen Vollmer einen schicken Haarschnitt, der die Basis für den berühmten Pilzkopf der späteren Beatles werden sollte. Auf der Rückreise machten sie in London Halt und kauften sich Stiefel mit kubanischen Absätzen von Anello & Davide – womit sie später einen Modetrend auslösten.

Obwohl Stuart Sutcliffe an der Gitarre nicht so schlecht war, wie die Geschichtsschreibung behauptet, wollte Paul ihn nicht mehr in der Band haben. Paul hatte schon dafür gesorgt, dass Eric Griffiths die Quarry Men verlassen musste, damit sein Freund George einsteigen konnte. Nun provozierte er Stuart in einer Tour, um ihn aus der Band zu ekeln. (Genauso wie es hauptsächlich Paul war, der gemeinsam mit George plante, Pete Best loszuwerden, gegen den Wunsch von Brian Epstein und trotz des Zögerns von John.)

Die Bindung von Paul und John war stärker als Lennons Beziehung zu Stuart, die zwar sehr eng war, aber nicht so eng, wie viele glauben. Stuarts bester Freund auf der Kunstschule war Rod Murray, nicht John, und als Stuart Ende 1960 mit seiner Freundin in Hamburg blieb, bot John Chas Newby den Posten des Beatles-Bassisten an.

Rückblickend war Pauls Eifer, eine perfekte Band aufzubauen, entscheidend. Seine Besetzungsänderungen sorgten für die richtige Chemie in der Band und damit für das zukünftige einzigartige Quartett. Trotz seines Images als harter Bursche scheute John die Aufgabe, Leute rauszuwerfen. Er kam gut mit Pete Best zurecht. Die beiden streiften gerne zusammen durch Hamburg. Als John einmal vorschlug, Leute auszurauben, um ihre Kasse aufzubessern, schreckten die anderen davor zurück, nur Pete schloss sich John an. Diese Episode endete damit, dass John und Pete vor ihrem »Opfer« fliehen mussten, weil sie plötzlich eine Gaspistole vor der Nase hatten!

Als Pete schließlich an der Reihe war, die Band zu verlassen, gab John offen zu, dass sein Rausschmiss eine sehr ehrlose Sache war und sie sich dabei wie Idioten benahmen. Die Ankunft von Brian Epstein und der Weggang von Pete Best setzte einen Prozess in Gang, der die Beatles von Johns Band zu Pauls Band machte. Wie John angedeutet hatte, hatte der Beitritt von Paul die Band stärker gemacht. Er sollte auch die Popmusik für immer verändern. ∎

1. JAN.–31. JULI 1961

JANUAR 1961

5 Die Beatles verdienen bei einem Gig in Liverpool 7 Pfund 10 Shilling.

6 Sie verdienen 6 Pfund 10 Shilling bei einem Gig mit Johnny Sandon and the Searchers in der Liverpooler St. John's Hall.

FEBRUAR 1961

9 Die Beatles geben ihr Debüt mit einer Mittagssession im Liverpooler Cavern Club. Bob Wooler (Discjockey des Clubs): »Zwischen Januar '61 und Februar '62 sagte ich die Beatles 292 Mal an. Für die erste Session bekamen sie 5, für die letzte 300 Pfund.«

14 John Lennon wird in der Litherland Town Hall von Fans zu Boden geworfen, die die Bühne stürmten, weil ein Mädchen einen Kuss von Paul McCartney »gewonnen« hatte.

24 Die Beatles spielenden ersten Gig auf der anderen Seite des Mersey, im Grosvenor Ballroom in Wallasey.

MÄRZ 1961

13 Die Beatles spielen im Cavern Club (rechts), danach im Liverpool Jazz Society und tags darauf noch einmal mittags im Cavern.

15 Stuart Sutcliffe, der Bassist der Beatles, zieht zu Astrid nach Hamburg.

16 Beatles-Konzert im Liverpooler Cavern Club.

17 Die Beatles spielen in der Mossway Hall im Stadtteil Croxteth und später im Liverpool Jazz Club.

19 Die Beatles spielen im Casbah Coffee Club in Liverpool.

20 Die Beatles spielen im Cavern und danach in der Hambleton Hall im Liverpooler Stadtteil Huyton.

21 Die Beatles spielen, zusammen mit den Bluegenes, zum ersten Mal abends im Cavern Club.

APRIL 1961

1 Wieder in Hamburg spielen die Beatles 92 Abende im Top Ten Club.

20 Der Liverpooler Promoter Allan Williams erfährt, dass die Beatles ihm keine Agenturgebühr mehr bezahlen wollen. Er droht an, sie aus Deutschland abschieben zu lassen.

MAI 1961

1 Die Beatles treten weiterhin abends im Top Ten Club auf.

12 Tony Sheridan und die Beatles unterschreiben einen einjährigen Plattenvertrag mit Bert Kaempfert von den Polydor Records in Hamburg.

JUNI 1961

1 Die Beatles treten weiterhin abends im Top Ten Club auf.

22 Die Beatles und Tony Sheridan machen zweitägige Plattenaufnahmen für Polydor.

JULI 1961

1 Die Beatles spielen ihren letzten Gig im Hamburger Top Ten Club.

6 Bill Harry, ein Freund der Beatles, gründet die Zeitschrift *Mersey Beat*.

13 Die Beatles starten in der St. John's Hall eine Reihe von Gigs in und um Liverpool. Innerhalb der folgenden zwei Wochen spielen sie 24 Mal.

Was: Aufnahme von My Bonnie
Wo: Friedrich Ebert Grundschule
Wann: 22. Juni 1961

SCHULE DES ROCK

Die Beatles nehmen ihre erste Platte in einer Grundschule auf. Der Produzent hat eine perfekten Lebenslauf. Von *Patrick Humphries*.

In den Stadthallen und Ballsälen entlang des Mersey hatten die Beatles nicht viel mehr zu bieten als die anderen Bands zur damaligen Zeit. Am meisten Geld sahnten die Big Three oder Rory Storm And The Hurricanes ab. Doch bald nach ihrer Rückkehr aus Hamburg im Juli 1961 ging es mit den Beatles aufwärts: Immerhin hatten sie eine Platte aufgenommen.

Die erste Single der Beatles stammte nicht aus der Feder von Lennon und McCartney, war kein Rock'n'-Roll-Song und trug nicht einmal den Namen der Band auf dem Label. Aber es war immerhin eine Platte …

Bonnie Prince Charlie war der letzte Spross des Geschlechts der Stuarts und musste nach der gescheiterten Rebellion 1745 aus Schottland fliehen. Sein Schicksal inspirierte Generationen von Liedermachern. Berühmt sind Songs wie *Charlie Is My Darling*, *Will Ye No Come Back Again?* und *My Bonnie*. Obwohl *My Bonnie* eine sentimentale Ballade aus dem 19. Jahrhundert ist, tauchte es in der Welt der Unterhaltungsmusik wieder auf. Bereits in der Rock'n'Roll-Ära der Fünfziger war es üblich, populäre Mythen aufzupeppen – Conway Twitty tat das mit *Danny Boy*, Lord Rockingham XI. mit *Loch Lomond* und Gene Vincent mit *Over The Rainbow*.

In Hamburg, nur wenige Jahre später wurden die Beatles ebenfalls zu Meistern im Plündern von Themen. Sie stürzten sich auf alles, was ihnen in die Quere kam, um die endlosen, nächtelangen Sets füllen zu können: Showmelodien, Balladen, Filmmusik … »In Hamburg spielten wir sogar das Titelthema von *Harry Lime*«, erzählte mir Paul McCartney. »John hatte es irgendwann als kleines Partystück gelernt und wir dachten, das übernehmen wir. Wir brauchten Material!«

Der Orchesterleiter Bert Kaempfert war zu dieser Zeit in Hamburg als Talentscout für Polydor engagiert und auf der Suche nach »authentischen« Rockmusikern. Er stieß auf Tony Sheridan, der seit 1960 in Hamburg spielte, war von seinen dynamischen Auftritten beeindruckt und lud ihn zu einer Aufnahmesession ein. Auf Sheridans Empfehlung nahm er die fünfköpfigen Beatles als Begleitband dazu.

Und so traten die Beatles am 22. Juni 1961, nach einer durchfeierten Session-Nacht, zu ihrem ersten Besuch in einem professionellen Aufnahmestudio an.

Das »Studio« entpuppte sich als eine nach Friedrich Ebert benannte Grundschule, aber die vier Jungs aus Liverpool waren dennoch beeindruckt. Bert Kaempfert war immerhin ein veritabler Star. Anfang des Jahres hatte er mit *Wonderland By Night* einen Nr.-1-Hit in Amerika gelandet. Später schrieb er *Wooden Heart* für Elvis sowie Frank Sinatras einzigen Tophit in den Sechzigern, *Strangers In The Night*, und ging damit in die Musikgeschichte ein.

Die technische Ausstattung war primitiv, doch zumindest erlaubte das mobile Polydor-Studio den Luxus von zweispurigen Stereoaufnahmen. Mit Sheridan als Sänger, John und George an der Gitarre, Pete am Schlagzeug, Paul am Bass und dem eigentlichen Bassisten der Band Stuart Sutcliffe als Beobachter kamen bei der Session sieben Songs heraus, darunter: *My Bonnie*, Tony Sheridans *Why*, *When The Saints Go Marching In* als weiterer aufgepeppter Oldie, Hank Snows sentimentales *Nobody's Child* (das George Jahrzehnte später in *Traveling Wilburys* wieder aufgriff) und Jimmy Reeds *Take Out Some Insurance On Me Baby*.

Voller Begeisterung über ihre erste Begegnung mit einem richtigen Produzenten schlugen John und Paul Kaempfert ihre eigenen Songs vor. Der war überrascht, erlaubte ihnen aber, eine Version des guten alten *Ain't She Sweet* (mit John als Leadsänger) und das Lennon/Harrison-Instrumental *Cry For A Shadow* aufzunehmen.

Sie firmierten bei diesem Projekt wieder als Beat Brothers (weil »Beatles« zu sehr wie der plattdeutsche Ausdruck für Penis klang) und bekamen jeweils ein Pauschalhonorar von 300 Mark für die Plattenaufnahmen.

Keiner der sieben Songs aus dieser Session gab Anlass zu der Vermutung, dass den Beatles noch ein große Zukunft bevorstand. Als Polydor *My Bonnie* im August 1961 herausbrachte, waren die Beatles bereits wieder in Liverpool. Kaempfert hatte sie gebeten, für den Fall, dass die Single ein Hit würde, ihre Lebensläufe zu hinterlegen. John Lennon (»Bandleader«) vermerkte darin, er hätte »mit Paul ein paar Songs geschrieben«.

Die Aufnahme von *My Bonnie* klang bleiern, der Gesang uninspiriert und das Spiel schwunglos. Die Single kam (unter dem Label Tony Sheridan And The Beat Brothers) trotz ihrer Durchschnittlichkeit in die deutschen Charts. Einen Platz in der Geschichte der Rockmusik erhielt die Aufnahme nur, weil Brian Epstein durch sie auf die Beatles aufmerksam wurde. Kaempfert, ein Gentleman, trug auch zu ihrer zweiten Platte seinen Anteil bei.

Kaempfert bat um die Lebensläufe der Musiker. John Lennon gab an, er hätte »mit Paul ein paar Songs geschrieben«.

Als Epstein herausgefunden hatte, dass seine Schützlinge bei Kaempfert unter Vertrag waren, bat er ihn in einem Brief vom Februar 1962, die Beatles frei zu geben. Kaempfert antwortete: »Ich will der Band nicht die Chance auf weitere Plattenverträge verderben …«; aber etwas wollte er noch produzieren, solange sie noch bei ihm unter Vertrag standen. Diese letzte Session fand im April 1962 statt, als die inzwischen vierköpfigen Beatles ein Gastspiel im Hamburger Star-Club gaben. Wie zuvor versuchten sie sich an Standards (*Sweet Georgia Brown* und *Swanee River*), und wie zuvor nahmen Hamburg, Liverpool und der Rest der Welt keine Notiz davon.

Bert Kaempfert, der einzige Mann, der die Beatles, Elvis Presley und Frank Sinatra unter einen Hut brachte, ließ die Beatles ziehen. Zwei Monate später spielten sie in der Abbey Road vor.

Die Beatles mit Tony Sheridan und die erste Single der Band (unten). Gegenüber: Maestro Bert Kaempfert

Der mysteriöse Raymond Jones, der in Epsteins Biografie erwähnt wird (rechts).

Was: Raymond Jones bestellt My Bonnie
Wo: NEMS Store, Liverpool
Wann: 28. Oktober 1961

»NOWHERE MAN?«

Raymond Jones soll Brian Epstein auf die Beatles aufmerksam gemacht haben. Legende oder Wahrheit? Spencer Leigh geht dieser Frage nach.

In der Geschichte der Beatles hat der Name Raymond Jones eine bedeutende Rolle gespielt. Raymond war der Mann, der in Epsteins Plattenladen NEMS kam und nach der Single *My Bonnie* gefragt haben soll. Damit war er der Auslöser für Epsteins folgenreichen Entschluss, mehr über die Beatles herauszufinden. Die Fans haben sich jahrelang über Raymond Jones und seine Bedeutung gestritten und zweifelten sogar seine Existenz an. Da ich in Liverpool lebe, beschloss ich, dieser Sache auf den Grund zu gehen.

1961 nahmen die Beatles in Hamburg *My Bonnie* mit Tony Sheridan auf. Die Single erreichte in Deutschland Platz 32, wurde aber in Großbritannien nicht veröffentlicht. Pete Best: »Wir gaben Bob Wooler (Discjockey im Cavern) ein Exemplar von *My Bonnie* und baten ihn, es im Aintree Institute oder in der Litherland Town Hall zu spielen. Es tat gut, unsere Aufnahme neben all dem amerikanischen Zeug aus den Boxen kommen zu hören.« Die Fans vor Ort kannten die Platte also und wollten sie natürlich haben – so auch der 18-jährige Raymond Jones, der so zu einer Schlüsselfigur in der Karriere der Beatles wurde. Im Oktober 1961 betrat er Brian Epsteins Plattenladen NEMS im Londoner Stadtteil Whitechapel und fragte nach *My Bonnie*, das erst importiert werden musste.

Alistair Taylor war Brian Epsteins persönlicher Assistent im NEMS. In seiner Biografie von 1988, *Yesterday – The Beatles Remembered*, widerspricht er der Geschichte mit Raymond Jones nicht. Auf dem Penny Lane Beatles Festival 1997 wurde Raymond Jones als Gast angekündigt. Stattdessen stand Alistair Taylor auf und verkündete, »Ich bin Raymond Jones!« Alistair hat diese Aussage mehrmals wiederholt, vor allem in einer Dokumentation der BBC über Brian Epstein. Laut Alistair fragten die Kunden nach *My Bonnie*, aber Brian wollte die Platte erst nach einer Anzahlung in seinen Bestand aufnehmen. Alistair behauptete: »Ich habe die Platte schließlich bestellt und die Anzahlung hinterlegt.« Sollte Alistair die Beatles zu diesem Zeitpunkt noch nicht gekannt haben, gäbe es keine einleuchtende Erklärung für seinen Trick.

Beim Penny Lane Festival bemerkte der Cavern-Discjockey Bob Wooler: »Da könnte doch jeder von uns kommen und behaupten, Jones zu sein.« »Warum sind Sie so sicher, dass er lügt?«, fragte ich. »Weil ich Raymond Jones kannte«, sagte Bob, »und ich kann Ihnen versichern, er sah nicht aus wie Alistair Taylor.«

Der Autor Sam Leach glaubte ebenfalls, dass er den Anstoß für die Geschichte mit Raymond Jones gab. Die *Mail On Sunday* stellte sein Buch *The Rocking City* im März 2000 vor. Sam behauptet darin, dass er derjenige war, der Brian von den Beatles erzählt hat, aber Brian hat dies niemals bestätigt. »Ich brachte Brian dazu, sich mit den Jungs zu treffen«, sagte Sam, »aber bevor er das eingestanden hätte, erfand er lieber eine fiktive Person. Jones ist meiner Meinung nach ein reines Hirngespinst.«

Ich folgte dem Hinweis von Bob Wooler und kam Raymond Jones auf die Spur. Bob kannte Raymonds Freund, Ron Billingsley, und der wiederum führte uns zu Raymond. Er besaß eine Druckerei, die inzwischen von seinem Sohn und seiner Tochter geleitet wurde; er selbst hatte sich in ein Bauernhaus in Spanien zurückgezogen. Ich sprach mit ihm und bemerkte, dass er ein schüchterner Mensch war, den das Tamtam um seine Identität erschreckte. »Ich wollte kein Geld aus dieser Geschichte mit den Beatles schlagen. Sie haben mir so viel gegeben«, sagte er. »Ich sah sie jeden Mittag im Cavern Club. Sie waren fantastisch. Noch nie hatte ich so was wie sie gehört. Man kannte Lonnie Donegan und Cliff Richard, aber die Beatles waren anders. Mein Kumpel Ron Billingsley hatte ein Motorrad. Wir fuhren damit zu all ihren Auftritten in der Gegend – Hambleton Hall, Aintree Institute und Knotty Ash Village Hall.«

Wie kam es zu seiner Begegnung mit Brian Epstein? »Ich ging jeden Samstag ins NEMS und kaufte Platten von Carl Perkins und Fats Domino, weil die Beatles ihre Songs spielten. Kenny Johnson, der Exmann meiner Schwester, war bei Mark Peters And The Cyclones in der Band. Er erzählte mir, dass die Beatles eine Platte gemacht hätten und ich wollte sie mir im NEMS kaufen. Epstein fragte mich: ›Was ist das für eine Band?‹ Ich sagte: ›Die beste, die Sie jemals gehört haben.‹ Keiner kann mir nehmen, dass ich mit Epstein gesprochen habe und er daraufhin in den Cavern Club ging, um sie zu sehen. Ich habe sie nicht berühmt gemacht, aber ohne mich wäre es vielleicht anders gelaufen.« Epstein

> »Epstein fragte mich: ›Was ist das für eine Band?‹ Ich sagte: ›Die beste, die Sie jemals gehört haben!‹«

erzählt in seiner Autobiografie, wie er auf die Beatles kam. Bei der Veröffentlichung schickte sein Büro ein Exemplar an Raymond und bedankte sich in einem Schreiben für seinen Tipp. Das ist der eindeutige Beweis für Raymonds Rolle in der Geschichte der Beatles. Epstein kannte die Beatles aus dem *Mersey Beat*, hatte sie aber bis dahin nicht beachtet. Obwohl Raymond Jones heterosexuell war, interessierte Brian sicher, was dieser hübsche Junge an den Beatles fand und beschloss, sich die Band anzusehen.

Viele Orte, die mit den Beatles zu tun hatten, sind Wallfahrtsstätten geworden. An das NEMS erinnert allerdings nichts mehr. In dem Haus gibt es eine Filiale von Ann Summers Sexshop und jeder, der Brians sexuelle Vorlieben kennt, schmunzelt darüber. Direkt daneben hat sich ein Sender namens Biber-Radio niedergelassen.

---

1. JULI – 21. DEZEMBER 1961

AUGUST 1961

2 Die Beatles, inzwischen die Lieblingsband der Liverpooler, beginnen neben anderen Gigs in der Stadt ihr einmonatiges Gastspiel im Cavern Club.

3 Sie spielen in der St. John's Hall. Epstein schreibt jede Woche eine Kolumne in der Zeitung *Mersey Beat*.

17 Bei einem Gig der Beatles in der St. John's Hall im Stadtteil Tuebrooke spielt Johnny Gustafson von den Big Three den Bass. Paul McCartney mischt sich, mit dem Mikro in der Hand, unter die Fans.

18 Bei einer Mittagssession der Beatles im Cavern ist Ringo Starr zum ersten Mal mit dabei. Ringo: »Es war lächerlich. Wir kannten dieselben Stücke, spielten sie aber verschieden und ich passte überhaupt nicht dazu.«

SEPTEMBER 1961

1 Das Gastspiel im Cavern wird fortgesetzt. Außerdem hat die Band Gigs in und um Liverpool: in der Stadthalle, dem Aintree Institute, der St. John's Hall und mehrere Auftritte in der Village Hall in Knotty Ash.

OKTOBER 1961

1 John und Paul fahren zwei Wochen nach Paris und lassen sich die Haare so schneiden, wie ihr Freund, der Fotograf Jürgen Vollmer, sie trägt.

14 John Lennon und Paul McCartney kehren nach Liverpool zurück.

15 Die Beatles treten gemeinsam mit dem Komiker Ken Dodd bei einer Wohltätigkeitsveranstaltung des Rettungsdienstes von St. John im Albany Cinema auf.

28 Raymond Jones fragt Epstein im Liverpooler Plattenladen NEMS nach der in Deutschland aufgenommenen Beatles-Single *My Bonnie*.

NOVEMBER 1961

9 Brian Epstein besucht den Cavern Club zu einer Mittagssession, um die Beatles zum ersten Mal live zu sehen. Bob Wooler (Cavern-Discjockey): »Er sagte, dass er da sei, weil er wegen der großen Nachfrage Kopien von *My Bonnie* bestellt habe.«

10 Bei der *Operation Big Beat*, einem Rockspektakel im Tower Ballroom von New Brighton, sind die Beatles die Stars des Abends. Ebenfalls mit dabei: Rory Storm And The Hurricanes, Gerry And The Pacemakers, Kingsize Taylor And The Dominos und The Remo Four.

DEZEMBER 1961

1 Ein fünfeinhalbstündiger Bühnenmarathon mit sechs Bands, die *Big Beat Session*, findet mit den Beatles als Hauptact im Tower Ballroom von New Brighton statt.

3 Die Beatles treffen sich um 15 Uhr 30 im NEMS. Brian Epstein will der Manager der Band werden.

6 Bei einem zweiten Treffen bietet Epstein sich als Manager an. John Lennon gibt im Namen der Gruppe sein Einverständnis.

9 Die Beatles haben ihren ersten Gig in Südengland. Sie spielen vor einem Publikum aus nur 18 Teenagern im Palais Ballroom in Aldershot.

13 Mike Smith von Decca Records sieht sich die Beatles im Cavern Club an, wo sie den ganzen Dezember spielen. Smith lädt sie zu einem offiziellen Vorspielen in London ein.

30 Die Beatles spielen zum Jahreswechsel gemeinsam mit der White Eagles Jazz Band im Cavern.

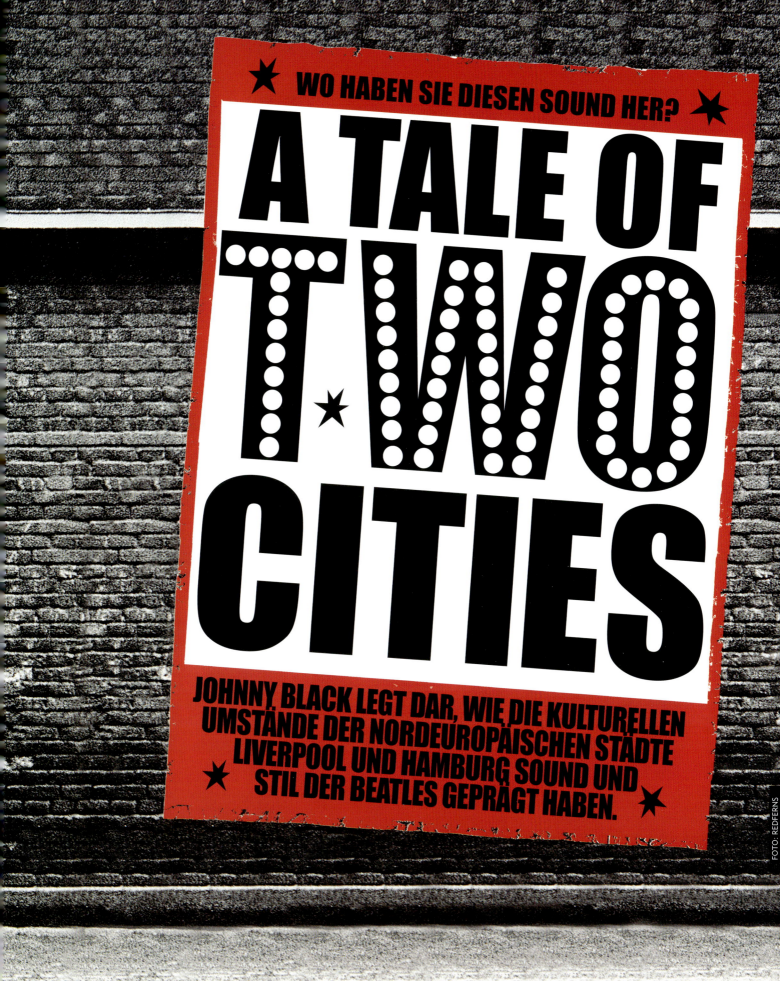

»Liverpool und Hamburg hatten einiges gemeinsam«, erzählt Gibson Kemp rückblickend. »Beide Hafenstädte liegen auf dem 56. nördlichen Breitengrad und waren angefüllt mit Teenagern auf der Suche nach was Neuem.«

Heute ist Kemp Wirt des Pubs George and Dragon im beschaulichen Dörfchen Potterne in Wiltshire, doch Anfang der 60er-Jahre sah sein Leben ganz anders aus. Nach einem kurzen Gastspiel als Nachfolger von Ringo Starr am Schlagzeug von Rory Storm And The Hurricanes, einer Liverpooler Spitzenband jener Zeit, wechselte der 17-jährige Kemp zu Kingsize Taylor And The Dominoes und fand sich kurz darauf mit seinen Drums im Hamburger Star Club wieder. Kaum aus der Schule, hatte er sich in die Schar derer eingereiht, die im Kielwasser der Beatles Rockmusik mit Liverpooler Zungenschlag auf die Reeperbahn exportierten.

»Der Liverpool-Rock entstand durch die Platten, die wir bei Radio Luxemburg hörten«, erinnert sich Kemp, »und die Platten, die Matrosen aus Amerika mitbrachten. Wenn man jemanden kannte, der einen Seemann zum Vater hatte, wartete man immer gespannt, ob der amerikanische Platten mitbrachte, und dann ging man hin und spielte sie bis zum Überdruss nach. Das Problem aber war, dass wir nicht so gut spielten wie die Musiker auf den Platten; also mussten wir das, was wir hörten, vereinfachen. Und den Jugendlichen in Hamburg gefiel das genauso wie denen in Liverpool.«

Kemp glaubt, dass die Liverpooler Bands für Hamburgs Teenager so etwas wie eine Offenbarung waren. »Der Mitteldeutsche Rundfunk spielte Volksmusik und deutsche Schlager. Vom Blues hatten sie gehört, aber damals warf man Blues und Jazz in einen Topf. Folk gab es auch, aber der war noch tiefer im Untergrund als der Rock. Bis wir kamen, hatten sie Rockmusik nur aus Musikboxen gehört oder wenn sie zufällig in der Nähe einer amerikanischen Militärbasis wohnten, wo die Soldaten amerikanische Platten hatten. Uns live spielen zu hören, war für sie viel faszinierender.«

Kemp war von der Stadt und ihrer Kultur so angetan, dass er viele Jahre dort blieb. Er heiratete die Hamburger Fotografin Astrid Kirchherr. Sie soll die Beatles, eine Bande aus Rockern mit Schmalztollen, die in schäbigen Spelunken spielte, in das Quartett sympathischer Pilzköpfe verwandelt haben, das auszog, die Welt zu erobern. Doch bevor die vier überhaupt bis nach Hamburg kamen, mussten sie daheim erst ein paar Grundlagen erwerben.

Wie viele Kinder verdankten auch die Beatles ihre erste Berührung mit Unterhaltungsmusik ihren Eltern. Ringos früheste musikalische Erinnerung ist die an den singenden Cowboy Gene Autry mit *South Of The Border (Down Mexico Way)*. »Das war das erste Mal, dass mir ein Schauer den Rücken runter lief«, erzählt er. »Es war wie ein Rausch.«

George Harrison gab zu, als Kind den Folksong *One Meat Ball* von Josh White und Hoagy-Carmichael-Klassiker aus dem goldenen Zeitalter der Schnulzen geträllert zu haben, und fügte hinzu: »Ich würde sogar sagen, dass selbst die uns so verhasste Schrottmusik – die amerikanischen Schmalzplatten der späten 40er- und frühen 50er-Jahre wie *The Railroad Runs Through The Middle Of The House* oder das britische *I'm A Pink Toothbrush, You're A Blue Toothbrush* – einen Einfluss auf uns hatte.«

McCartneys auf Ragtime und Varietémusik eingeschworener Vater Jim, der die Masked Melody Makers und die Jim Mac's Band geleitet hatte, nahm nachhaltigen Einfluss auf den Bassisten der Beatles. »Meine Wurzeln liegen in Mitsingmusik wie *When The Red Red Robin Comes Bob-bob-bobbing Along* und *Carolina Moon*«, erzählte McCartney dem Liverpooler Radiomoderator Spencer Leigh auf BBC Radio Merseyside. »Leadbelly, Arthur ›Big Boy‹ Crudup und all die schwarzen Typen entdeckte ich erst später. Eigentlich sind die an allem schuld.«

Der Mersey-Tunnel: Cavern Club (oben) und sein Discjockey Bob Wooler (links).

»DEN CAVERN CLUB HABEN WIR WOHL AM MEISTEN GELIEBT. ER WAR FANTASTISCH. DIE IDENTIFIKATION MIT DEM PUBLIKUM GING NIE VERLOREN.«
GEORGE HARRISON

Die Reeperbahn war musikalische Heimat der Beatles und vieler anderer Bands in den frühen Sechzigern.

Musikalische Nahrung: (links) Gene Vincent mit den Beatles; (unten, v. l.) Jerry Lee Lewis, Lonnie Donegan, Arthur ›Big Boy‹ Crudup, Little Richard, Elvis und Buddy Holly.

Kraut-Rock: Im Star Club lernten die Beatles ihr Handwerk.

Und noch bevor sie den Namen Arthur ›Big Boy‹ Crudup zum ersten Mal hörten, beeinflusste er die Beatles auf dem Umweg über Elvis Presley, der Crudups Song *That's All Right* gecovert hatte. Lennon und Harrison nannten Presley denjenigen, der sie in die Geheimnisse des Rock'n'Roll eingeführt hat, und Lennons Halbschwester Julia Baird berichtete, wie John mit seiner Mutter zu Presleys Platten Jive tanzte.

Obwohl John Lennon eigentlich von seiner Tante Mimi großgezogen wurde, kam er seiner Mutter Julia gegen Ende ihres Lebens näher. Auch sie trug Bedeutsames zu seiner musikalischen Erziehung bei. »Die erste Melodie, die ich spielen lernte, war *That'll Be The Day*«, erinnerte er sich. »Meine Mutter brachte mir bei, sie auf dem Banjo zu spielen, und saß mit Engelsgeduld daneben, bis ich alle Akkorde zusammen hatte.«

Elvis mag Vorbild für die Posen und die Vortragstechnik gewesen sein, doch es war Buddy Holly, der Komponist von *That'll Be The Day*, der die vier zum Komponieren inspirierte. »Das Tolle an jemand wie Buddy war«, sagte McCartney, » dass er seine Sachen selbst schrieb, und das mit drei Akkorden. Für Leute wie uns, die ihren Kram selbst schreiben wollten, war das super, weil wir nicht mehr als vier oder fünf Akkorde beherrschten.«

Nach Elvis' Durchbruch 1956 hatte der Rock'n'Roll viele Stars hervorgebracht. Neben Buddy Holly und Bill Haley glänzten vor allem Eddie Cochran, Jerry Lee Lewis, Carl Perkins und Gene Vincent, dessen *Be-Bop-A Lula* die erste Single war, die sich McCartney kaufte.

John Lennon seinerseits entdeckte, dass es außer der Countrymusik, die auf all diese jungen weißen Musiker großen Einfluss hatte, ein bislang unerkanntes weiteres Element gab, das den Rock'n'Roll so einzigartig machte. Ein Schulfreund »sagte, er hätte diese Platte von einem Little Richard, der noch besser sei als Elvis. Elvis rangierte in meinem Leben über der Religion. Wir gingen nach der Schule immer zu diesem Jungen nach Hause und hörten uns 78er an. Die neue Platte war *Long Tall Sally*. Als ich sie hörte, war ich einfach sprachlos.«

Damit eröffnete sich eine ganze Welt neuer Möglichkeiten. Von Little Richard gelangten die Beatles rasch weiter zu Lloyd Price, Chuck Berry, Bo Diddley und, nicht zu vergessen, Arthur ›Big Boy‹ Crudup.

Skiffle war die einzige britische Musik, die wirklich Eindruck auf sie machte. Dieses einheimische Mittelding zwischen Folkblues, Jug-Band-Musik und Rock'n'Roll war geprägt von akustischen Gitarren, einsaitigen Teekistenbässen und Waschbrettern als Rhythmusinstrumenten. Und der König des Skiffle war Lonnie Donegan.

Am 11. November 1956 besuchte McCartney ein Donegan-Konzert im Londoner Empire und war völlig von den Socken. »Lonnie war riesig. Er war einmal der Größte, und wegen ihm kauften wir uns Gitarren. Nachdem wir ihn und die Skiffle-Gruppen gesehen hatten, mussten wir einfach welche haben. Er hat die englische Szene in vielerlei Hinsicht erst in Schwung gebracht.«

Die erste Band, in der Lennon und McCartney zusammen spielten, die Quarry Men, war eine Skiffle-Combo, doch kurz bevor diese legendäre Paarung im Sommer 1957 zustande kam, trat ein Ereignis ein, das der aufblühenden Liverpooler Musikszene ihre eigentliche Heimat gab.

Am 16. Januar 1957 mietete der Geschäftsmann Alan Sytner, ein Nachbar von Lennon, für 50 Shilling pro Woche in der Mathew ⇒

Street einen Keller, wo er zunächst Jazzkonzerte veranstaltete, das The Cavern. Bis zum Spätsommer wurde jedoch kaum noch Jazz gespielt, da sich die Teenager zunehmend für Skiffle und Rock begeisterten.

So standen am 7. August 1957 die Quarry Men auf der Bühne des Cavern. »Sie kamen ganz gut an, aber das Publikum war auch nicht allzu kritisch«, urteilt Sytner. »Ich fand nicht, dass sie viel taugten, eine Bande Halbwüchsiger in den Lehrjahren, die schlechte Imitationen aktueller Popsongs ablieferten, Buddy Holly und so.«

»Der Cavern Club war ein kleiner, muffiger Keller, der was von einem Eisenbahntunnel hatte«, erklärt Gerry Marsden, damals Kopf der hoffnungsvollen Jungband Gerry And The Pacemakers. »Alle Jugendlichen kamen da hin. Es roch extrem nach Desinfektionsmittel, mit dem sie den Laden putzten. Ein toller Musikschuppen.«

John Lennons bester Freund Ende der 50er-Jahre war sein Kommilitone Stuart Sutcliffe, der großen Einfluss auf ihn hatte. »Sie lagen auf einer Wellenlänge, waren aber völlig verschieden«, meint Johns erste Frau Cynthia. »Stuart war ein sensibler Künstler, kein Rebell wie John. Er war kein Rowdy oder Krawallmacher. Aber sie ergänzten sich prächtig. John brachte Stuart bei, Bass zu spielen. Er war kein Musiker, aber John wollte Stuart um sich haben.«

»Ich sah zu Stu auf«, erklärte Lennon später. »Ich verließ mich darauf, dass er mir ehrlich die Meinung sagte … wenn Stu etwas gut fand, glaubte ich ihm.« Obwohl Stu nicht besonders gut spielte, heuerten die Quarry Men ihn im Januar 1960 als Bassisten an, und er war es, der den neuen Namen »The Beatals« vorschlug, woraus dann »The Silver Beetles« und schließlich »The Beatles« wurde.

Die Beatles hatten ihren ersten Auftritt im Cavern am Mittag des 9. Februar 1961. »Den Cavern haben wir wohl am meisten geliebt«, sagte Harrison Jahre später. »Es war fantastisch. Die Identifikation mit dem Publikum war immer gegeben … Wir spielten für unsere Fans, die genau wie wir waren. Sie kamen in ihrer Mittagspause … und brachten ihre belegten Brote mit. Wir machten es genauso, aßen unser Mittagessen beim Spielen.«

In den frühen Sechzigern eröffneten außerdem Clubs wie The Iron Doors, das Casbah, der 527 Club und viele weitere Vorposten einer rasch wachsenden Bandszene. Die Beatles gewannen durch Gigs in der ganzen Stadt allmählich Bühnenreife, waren aber noch lange nicht die Größten in diesem kleinen Revier. Neil Foster, Saxophonist der Delacardoes: »An der Spitze der Liverpooler Hierarchie standen damals wohl die Big Three, gefolgt von Rory Storm And The Hurricanes mit Ringo am Schlagzeug und Gerry And The Pacemakers. Die Beatles waren weit unten auf der Liste. Musikalisch beeindruckten sie mich nicht. Ihr Gesang war meist gut, doch oft waren ihre Instrumente verstimmt und sie spielten trotzdem weiter.«

Während die Beatles sich eine lokale Fangemeinde aufbauten, leistete ein britischer Rocker hunderte Kilometer weiter östlich auf dem 56. Breitengrad die Vorarbeit, die die vier halbprofessionellen Unterhaltungskünstler in die beste Band der Stadt verwandeln sollte.

Wenn man über Hamburgs Bedeutung für die Rockmusik spricht, werden meist spontan die Beatles genannt, doch Horst Fascher, der Geschäftsführer des Star Clubs, erinnert sich, dass der Norweger Tony Sheridan den Weg vorgezeichnet hatte. »Er tobte auf der Bühne herum und schwitzte am ganzen Körper. Nach fünf Minuten sah er aus, als ob er gerade aus der Badewanne gekommen wäre, und wir mochten ihn sehr. Er machte richtig Schau.« »Mach Schau« sollte ein zentraler Begriff im Leben der Beatles werden.

Als die Beatles am 17. August 1960 das erste Mal in Hamburg auftraten – im Indra, nahe der Reeperbahn –, rockte Sheridan schon im Kaiserkeller, ebenfalls auf der Großen Freiheit. Wie Rob Young von den Beat Brothers berichtet, waren die Neuankömmlinge sehr neugierig auf die Konkurrenz. »John und George hingen immer vorne rum, um jede von Tonys Bewegungen zu studieren … Sie kopierten viele seiner Bewegungen, seinen Stil, seine Art zu spielen, zu stehen; besonders John stellte sich genauso hin wie Tony.«

Schon nach kurzer Zeit erkannten die Beatles, dass ihr Liverpooler Repertoire das Publikum im Hamburger Rotlichtviertel weniger ansprechen würde. Kurzerhand wurden viele Balladen zugunsten fetziger Rocksongs aus dem Programm geworfen. Paul berichtet von noch kommerzielleren Faktoren: »Hamburg war unser Einstieg in die Welt des Showgeschäfts. Wenn Leute an der Tür auftauchten, war es unser Job, sie hereinzulocken, um … dem Typen, der uns bezahlte, Bier abzukaufen. Also das ist natürlich sehr wichtig im Showbusiness: Du bist vor allem ein Mittel, um Bier zu verkaufen.«

Pete Best, damals noch Drummer der Beatles, erinnert sich an das strapaziöse Arbeitsprogramm, das der Bierverkauf erforderte: »Wir spielten sechs, sieben Stunden pro Abend. Ohne dass es uns bewusst war, spielten wir stärker als Einheit, der Sound veränderte sich. Wir wuchsen zusammen, jeder achtete darauf, was alle anderen machten.«

Ein Element, das sich rasch herausbildete, war Bests legendärer Atom-Beat, den er entwickelte, um Lautstärke und Spannungspegel hochzujagen. »Um echten Powerhouse-Sound, echten Rocksound rüberzubringen, fing ich an, die Bass-Drum rege einzusetzen. Ich arbeitete mit etwas, das richtig Sound rauspumpte.«

Als ihr Engagement im Indra auslief, kehrten die Beatles nicht etwa nach Hause zurück, sondern zogen in den Kaiserkeller um, wo der junge Grafiker Klaus Voormann sie das erste Mal sah. Von ihrem neu entwickelten Powerhouse-Sound angelockt, registrierte er beeindruckt, wie »Paul ans Mikrofon trat und das Publikum ansprach: ›Guten Tag.‹ Er konnte ziemlich gut Deutsch.«

Als Voormann mit ein paar Freunden wiederkam, nahm Paul Notiz von ihnen.

»Sie wirkten sehr cool und geheimnisvoll. Ich glaube, sie waren ganz in Schwarz gekleidet – sie nannten das ›Exi‹ – existenzialistisch.«

Diesmal hatte Voormann auch die Fotografin Astrid Kirchherr dabei. »Wir waren von den französischen Schauspielern, Schriftstellern und Musikern beeinflusst. Unser Lieblingsregisseur, -autor und -maler war Jean Cocteau, weshalb wir uns schwarz kleideten, aber auch Juliet Greco und die ganze Sartre-Bewegung.«

Die Exis fielen im Kaiserkeller auf. »Viele der Jugendlichen dort waren Rocker«, sagt McCartney, »mit Lederzeug, Schmalztolle und Rock'n'Roll-Frisur, aber ihre Haare waren anders. Sie hingen irgendwie in die Stirn, wie bei den Beatles später. Sie haben uns darauf gebracht.«

Rasch entwickelten sich zwischen den Briten aus der Arbeiterklasse und den Hamburger Jungintellektuellen Freundschaft und ein reger Austausch. »Ich lud sie zu mir nach Hause ein«, erinnert sich Astrid. »Meine Mutter kochte für sie, Eier, Pommes frites und Rinderpastete – und sie sahen sich meine Bücher und Platten an.«

Obwohl diese sicher eine Menge Stoff zum Denken boten, brauchte die Band die Rinderpastete wohl dringender, denn ihr Lebenswandel war extrem unsolide. »Wir tranken während der Auftritte und danach«, so Best. »Den größten Teil des Tages verschliefen wir … das deutsche Publikum bezeugte uns seine Anerkennung vor allem, indem es uns Bier und Alkohol ausgab … Wenn wir also Durst hatten, spielten wir einen Wunschtitel … So kam dauernd Nachschub auf die Bühne.«

Doch nicht nur Alkohol gab es in Mengen. »Sie arbeiteten so hart, mehr als acht Stunden am Abend«, erzählt Voormann. »Um das

> »ES WAR, ALS WÄREN DIE BEATLES ALS ALTE KLAPPERKISTE NACH HAMBURG GEFAHREN UND ALS ROLLS-ROYCE NACH LIVERPOOL ZURÜCKGEKEHRT.«
> JOHNNY HUTCHINSON, THE BIG THREE

Stuart Sutcliffe, John Lennon und George Harrison 1960 live in Hamburg.

Alkoholexzesse! Im Star Club schickte das Publikum den Beatles Bier auf die Bühne.

durchzustehen, musste man sich was einfallen lassen, und diese Leute in den Clubs hatten den richtigen Wohlfühl-Stoff.« Der richtige Stoff hieß häufig Preludin, ein amphetaminhaltiger Appetitzügler, mit dem sie von der Putzfrau des Clubs versorgt wurden.

Tony Sheridan führte das gleiche Leben. »Das fordert schon seinen Tribut«, räumt er ein. »Wir aßen nicht richtig, tranken zu viel, schliefen zu wenig, und manchmal warfen wir fünf oder acht von diesen Pillen ein und machten zwei Nächte durch.«

Auch ihre Wohnverhältnisse verlockten nicht gerade zum Schlafen. »Ich habe gesehen, unter was für schrecklichen Bedingungen sie hausten«, sagte Voormann in einer schwedischen Fernsehdokumentation. »Sie wohnten in kleinen Zimmern, die gar keine richtigen Zimmer waren – bloß winzige Zellen aus Beton ... keine Fenster, nur eine nackte Glühbirne, kein Schrank, nicht einmal ein Haken, um Sachen aufzuhängen.«

Für McCartney war dieser erste Hamburg-Aufenthalt »eine Feuertaufe. Erstaunlich, dass wir überhaupt so gut singen konnten. Jede Menge Alkohol, Zigaretten, dauernd brachen Schlägereien aus, Leute wurden hinausgeworfen. Für uns eine Erwachsenenwelt, in der wir uns mit großen Augen umsahen wie Kinder in einem Spielzeugladen.«

Als sie nach Liverpool zurückkehrten, war der Unterschied sofort spürbar. John McNally von den Searchers erinnert sich, sie kurz nach ihrer Rückkehr in der St. John's Hall, Bootle, gesehen zu haben.

»Die meisten spielten kontrollierte, rhythmische Basstrommeln, doch Bestie spielte strammen Vierviertakt. Es ging die ganze Zeit Bumm, Bumm, Bumm. Das war damals wirklich ungewöhnlich.«

Pete Best meint, Hamburg habe nicht nur ihr Zusammenspiel dichter und dynamischer gemacht, sondern noch einen Nebeneffekt gehabt: »Wenn du daran gewöhnt bist, sechs oder sieben Stunden pro Abend zu spielen, sechs oder sieben Abende pro Woche, und dann will jemand, dass du eine Stunde am Abend spielst, ist das ein Spaziergang.«

> »WIR TRANKEN IMMER BEI DEN GIGS. DAS PUBLIKUM BEWIES UNS SEINE ANERKENNUNG, INDEM ES ALKOHOL AUF DIE BÜHNE SCHICKTE.«
> **PETE BEST ÜBER HAMBURG**

Johnny Hutchinson, Drummer der Big Three, sagte treffend: »Es war, als wären die Beatles als alte Klapperkiste nach Hamburg gefahren und als Rolls-Royce zurückgekehrt.«

Dann hängte Stuart Sutcliffe seinen Bass an den Nagel und verließ die Band im März 1961, um mit Astrid Kirchherr in Hamburg zu leben. Paul stieg widerstrebend von Rhythmusgitarre auf Bass um, was dem Sound der Beatles eine neue Geschlossenheit verlieh.

Doch blieben sie nicht lange genug in Liverpool, um Kapital aus ihrem neu erworbenen Können zu schlagen. Am 1. April 1961 ging es erneut nach Hamburg, wo sie für 92 Auftritte im Top Ten Club engagiert waren.

Eines Abends kam der deutsche Plattenproduzent Bert Kaempfert von Polydor Records vorbei, um sie spielen zu hören. Er wollte Plattenaufnahmen mit Sheridan und den Beatles als Begleitband machen. Die Beatles hatten dabei kaum mehr zu tun, als verrockte Coverversionen von Klassikern wie *My Bonnie*, *Ain't She Sweet* und *The Saints* zum Besten zu geben, doch gelang es ihnen, eine Eigenkomposition unterzubringen: das vom etablierten Stil der Shadows, Cliff Richards Begleitband, abgekupferte Instrumentalstück *Cry For A Shadow* mit Harrison an der Leadgitarre.

Die Singleauskopplung *My Bonnie* wurde die erste Platte, auf der die Beatles mitspielten. Hal Fein, Eigentümer des Roosevelt-Music-Verlags und damals Geschäftspartner von Kaempfert, erinnert sich: »Von der Platte wurden gleich zu Anfang rund 180 000 Stück abgesetzt, ein ziemlicher Hit für Deutschland. Dank dieses Erfolgs wurde sie von Radio Luxemburg gespielt – einem der stärksten Sender in Europa, der in Deutschland, England und Südeuropa empfangen wurde.«

Es heißt, dass der europaweite Erfolg von *My Bonnie* den künftigen Beatles-Manager Brian Epstein dazu bewogen hatte, sich die Band im Cavern Club anzusehen, als sie wieder in Liverpool war. Das Engagement im Top Ten endete am 1. Juli 1961, und so sollten die vier erst knapp zehn Monate später nach Hamburg zurückkehren. Jetzt endlich konnten sie ihre Vorherrschaft auf heimatlichem Boden unter Beweis stellen.

Die Engagements wurden ihnen nun nachgeworfen; manchmal musste die Band an einem Tag gleich drei Auftritte in verschiedenen Lokalen absolvieren. Doch das Cavern galt bald als Heimat der Beatles. Bob Wooler, der Ansager des Clubs, leistete mit seinem guten Geschmack seinen Beitrag zum wachsenden Repertoire der Beatles. Für Gerry Marsden war Bob »der erste Discjockey in Liverpool. Er hat den Mersey-Beat zwar nicht erfunden, aber er hatte verdammt viel damit zu tun. Er hatte viel für die jungen Bands übrig und hat uns sehr geholfen.«

So hatte Wooler etwa die neue Scheibe *Hippy Hippy Shake* von Rocker Chan Romero aus Los Angeles. »Ich spielte sie mittags im Cavern, und Paul McCartney fragte mich danach. Er gefiel sich immer als Sänger mit hoher Stimme. Ich lieh ihm die Platte, und die Beatles fingen an, das Stück zu spielen.« Und es war Woolers Exemplar von *Hippy Hippy Shake*, nach dem die Swinging Blue Jeans den Song einstudierten und in Großbritannien zur Nummer eins machten.

Neuer Stil (oben, Star Club): Die Beatles ziehen die Lederkluft aus (unten, Cavern Club).

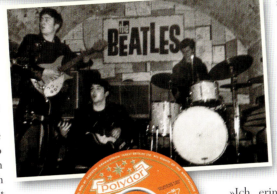

Bevor die Beatles nach Hamburg zurückkehrten, trat ein weiterer Liverpooler in ihr Leben. Brian Epstein, Besitzer eines Liverpooler Plattenladens, schaute am 9. November 1961 im Cavern vorbei, um ein Mittagskonzert der Beatles zu hören.

Bill Harry, ein Freund von John und Herausgeber der Liverpooler Pop-Zeitung Mersey Beat, erzählt: »Er rief mich an und sagte: ›Diese Beatles-Gruppe, ich wäre interessiert, sie zu sehen. Im Mersey Beat steht, dass sie im Cavern auftreten … Kannst du das für mich arrangieren?‹ Also rief ich im Cavern an und sagte: ›Mr. Brian Epstein von NEMS kommt zu euch. Könnt ihr das klarmachen?‹ So als VIP-Sache. Auch wenn der Eintritt nur einen Shilling kostete, wollte ich das für ihn regeln, weil er sie sehen wollte.«

Epstein kam mit seinem Assistenten Alistair Taylor, der sich erinnert: »Wir wirkten mit unseren weißen Hemden und dunklen Anzügen völlig fehl am Platz. Die Beatles spielten *A Taste Of Honey* und *Twist And Shout*, aber wir waren besonders beeindruckt von ihren eigenen Songs. Ich erinnere mich an *Hello Little Girl*.« Epstein sah sie, liebte sie sofort und wurde am 13. Dezember 1961 ihr Manager.

Brians Einfluss machte sich sofort bemerkbar. »Wir waren Traumtänzer, bis er kam«, erklärte John später. »Wir hatten keine Ahnung, was wir da machten. Brian wollte unser Image aufpolieren. Er sagte, sonst würden wir nie in die guten Läden kommen.«

Es war Epstein, der den EMI-Vertrag aushandelte und ihnen aus dem Polydor-Vertrag raushalf. Und er vollendete den Imagewandel, der mit Astrid Kirchherrs Anschlag auf ihre Haartollen begonnen hatte. »Die Lederklamotten waren ein alter Hut, und wir fanden auch, dass wir darin lächerlich aussahen«, sagt Paul. »Brian Epstein schlug uns Anzüge vor. Also rangierten wir die Ledersachen aus.«

»Wir respektierten seine Meinung«, sagte John. »Wir mampften auf der Bühne keine Käse- und Marmeladebrötchen mehr. Wir achteten stärker darauf, was wir taten und bemühten uns, pünktlich zu sein.«

Niemand, der am 24. März im Heswall Jazz Club war, zweifelte daran, dass Epstein jetzt das Sagen hatte. Geschäftsführer Bob Ellis erzählt gern, wie »die Beatles noch voll in Fahrt waren, als Epstein auf seine Uhr sah und den Arm hob, damit sie zu spielen aufhörten. Sie hatten die Zeit abgeleistet, für die sie bezahlt worden waren, und Epstein signalisierte ihnen, dass es jetzt genug sei.« Das waren die neuen Verhältnisse. Die Beatles waren jetzt Profis.

Am 10. April 1962, nur drei Tage, bevor die Beatles zum dritten Mal nach Hamburg kamen, starb Stuart Sutcliffe an einer Hirnblutung. Doch die Band hatte keine Wahl, sie musste mit dem Job als Bierverkäufer im Star Club fortfahren. Neu war, dass die Band jetzt nicht nur ihre eigenen Sets spielte, sondern auch Tuchfühlung mit amerikanischen Gaststars wie Little Richard, Ray Charles und Gene Vincent bekam.

»Ich erinnere mich, wie aufgeregt sie waren, Richard kennen zu lernen«, berichtet Billy Preston, Keyboarder von Georgia Peach. »Er war seit Jahren ihr Idol. In Hamburg klebten sie ständig an ihm, fragten ihn über Amerika, die Städte, die Stars, die Filme, Elvis und all das aus.«

Little Richard erzählte: »Sie kamen jeden Abend in meine Garderobe zum Essen. Sie hatten kein Geld, also bezahlte ich. Ich pflegte John Steaks zu bestellen. Paul kam rein, setzte sich hin und sah mich nur an. Er wandte die Augen nie ab. Und er sagte: ›Oh, Richard! Du bist mein Idol. Ich möchte dich nur berühren.‹ Er wollte meinen kleinen Heuler lernen, also setzten wir uns ans Klavier und machten ›Uuuuuh!‹, bis er es raushatte.«

Damals zog Epstein den Plattenvertrag mit Parlophone an Land, der die Beatles für alle Zeiten über die Achse Liverpool-Hamburg hinausheben sollte. Viele finden, dass die Band zu der Zeit bereits alles drauf hatte, was man für die Bühne können musste, und die Intensität dieser Auftritte nie mehr überbieten konnte. »Unseren Höhepunkt als Live-Musiker hatten wir in Hamburg«, sagte George. »Damals waren wir noch nicht berühmt; die Leute kamen einfach wegen unserer Musik und der Atmosphäre, die wir schufen.«

Zur Zeit ihres vierten Hamburg-Besuchs im November 1962 war ihre erste Single, *Love Me Do*, in den britischen Charts und ihre Ambitionen gingen bereits weit über die Nachtlokale hinaus, die so lange ihr Revier gewesen waren. Bei der Rückkehr nach Großbritannien am 15. November war alles anders. Statt der Mittagsauftritte im Cavern gab es jetzt Interviews bei Radio Luxemburg, Features im Record Mirror und Proben bei der BBC.

Ein letztes Engagement im Star Club stand noch aus, und widerstrebend erfüllten sie ihre Verpflichtung, Weihnachten und Silvester dort zu spielen. Dann ließ die Band Hamburg hinter sich – und bald auch Liverpool.

Als die Beatles am 3. August 1963 zum letzten Mal im Cavern auftraten, war klar, dass sie der Szene, die sie genährt hatte, entwachsen waren. Neil Aspinall, ihr Roadmanager, berichtet: »Nach und nach zogen wir alle nach London. Sie kamen immer noch nach Hause und spielten die restlichen Termine im Cavern, aber bald wurde es zweckmäßiger, in London zu wohnen.«

Ringo formulierte es emotionaler: »So ab Ende 1963«, sagte er, »war es einfach unmöglich, nach Hause zurückzukehren.« ∎

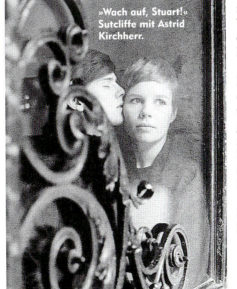

»Wach auf, Stuart!« Sutcliffe mit Astrid Kirchherr.

1962

In diesem Jahr erreichten die Beatles alles, wovon sie geträumt hatten – einen Plattenvertrag mit EMI und die Veröffentlichung ihrer ersten Single. Zwar verloren sie ihren Schlagzeuger Pete Best, doch für ihn kam Ringo Starr. Mit *Love Me Do* hatten sie ihren ersten Top-20-Hit. In Hamburg gaben sie ihre letzte Vorstellung und John Lennon »traute« sich …

1. JAN. – 24. MÄRZ 1962

JANUAR 1962

1 Die Beatles spielen bei Decca-Records in London vor.

3 Die Beatles spielen im Cavern Club, unterstützt von Johnny Sandon And The Searchers.

5 *My Bonnie* erscheint in Großbritannien und bekommt gute Kritiken. Die Band spielt im Cavern Club eine Mittagsshow, weitere Auftritte folgen.

7 Die Beatles spielen im Club The Casbah, West Derby, Liverpool.

24 Die Beatles unterzeichnen in der Liverpooler Wohnung von Pete Best einen Vertrag mit Brian Epstein.

26 Ein anstrengender Tag: Die Beatles spielen zweimal im Cavern und einmal im Tower Ballroom, Wallasey.

27 Die Beatles spielen am Liverpooler Aintree Institute.

29 Die Beatles spielen im Kingsway Club in Southport.

FEBRUAR 1962

1 Die Beatles spielen für 18 Pfund im Thistle Cafe, 16 km außerhalb von Liverpool in West Derby.

2 Die Beatles spielen im Oasis in Manchester. Rick Dickson, ein Mitbesitzer des Oasis: »Es war eine Katastrophe. 37 Leute waren da und keiner war besonders beeindruckt.«

8 Während er in London um einen Plattenvertrag wirbt, arrangiert Brian Epstein Endorsement-Verträge für Vox-Verstärker und Ludwig-Trommeln.

10 Die Beatles spielen in Birkenhead in der St. Paul's Church Hall.

12 Die Beatles spielen bei der BBC im Rundfunkhaus Manchester vor und werden zur Sendung *Teenager's Turn* eingeladen.

20 Brian Epstein schreibt an Bert Kaempfert und bittet Polydor, die Beatles aus dem Vertrag zu entlassen.

24 Die Beatles werden im YMCA in Birkenhead, The Wirral, Liverpool von der Bühne gebuht.

MÄRZ 1962

1 Die Beatles spielen im Storyville Jazz Club, Liverpool.

2 Die Beatles spielen zwei Konzerte, zuerst in der St. John's Hall, Liverpool, und später im Tower Ballroom, Wallasey.

7 Die Beatles nehmen im Playhouse Theatre, Manchester, für die BBC-Radioshow *Teenager's Turn* die Songs *Dream Baby*, *Memphis Tennessee*, *Please Mr. Postman* und ihre Eigenkomposition *Hello Little Girl* auf. Bill Harry (Redakteur, *Mersey Beat*): »Ganze Busladungen von Fans waren angereist ... Alle waren verrückt nach Pete Best. Also sind wir in den Bus eingestiegen und losgefahren und mussten ihn erst mal zurücklassen.«

8 Die Radioaufnahmen von den Beatles werden um 17 Uhr in ganz Großbritannien ausgestrahlt – außer *Hello Little Girl*.

16 Die Beatles spielen im Cavern Club, Liverpool. Sie werden im verbleibenden März jeden Tag in Liverpool spielen, ausgenommen am 27., ihrem einzigen freien Tag.

24 Im Heswall Jazz Club im Barnston Women's Institute, Wirral, demonstriert Manager Brian Epstein, dass er seine adrett gekleideten Protegés unter Kontrolle hatte. Paul McCartney: »Die Lederkluft war irgendwie schon ein alter Hut, also hatte Brian Epstein vorgeschlagen, wir sollten normale Anzüge tragen.«

Was: Flop bei Decca
Wo: West Hampstead, London
Wann: 1. Januar 1962

DAS FALSCHE PFERD

Wie und warum Decca Records die Beatles ablehnte und stattdessen mit den Tremeloes eine Plattenvertrag machte. Von Peter Doggett

In der wunderbaren Geschichte der Beatles wimmelt es nur so von unglücklichen Helden und Schurken. Doch keiner der Unglücklichen hat wohl so viel ungerechte Schmach einstecken müssen wie Dick Rowe, der Mann, der die Beatles abgelehnt hatte. Als Chef der A&R-Abteilung von Decca, war er 1962 einer der wichtigsten Männer in der britischen Musikindustrie. Rowe schloss Verträge mit dutzenden erfolgreichen Künstlern und stand hinter zahllosen Hits. 1963 landete er mit dem Vertrag für die Rolling Stones seinen Riesencoup. Aber bis zu seinem Tod 1984 blieb er vielen vor allem wegen einer finanziell ruinösen Entscheidung in Erinnerung. Und mindestens ein Beatle wollte ihm nie verzeihen. »Rowe wird sich wohl in den Hintern treten«, meinte der Journalist auf dem Höhepunkt der Beatlemania zu John. »Ich hoffe, er wird sich tottreten«, soll Lennon darauf geantwortet haben.

Der Grund für Rowes zweifelhaften Ruhm ist eine 30-minütige Audition am eiskalten Morgen des Neujahrstages 1962, bei der er nicht einmal persönlich anwesend war. Dabei waren dagegen ein müdes Quartett aus Liverpool, ihr nervöser Manager und ein anerkanntermaßen verkateter Junior A&R-Manager. Diese Tatsache hat schon damals für heftige Diskussionen gesorgt.

Nicht musikalisches Talent verschaffte den Beatles eine Audition bei Großbritanniens damals wohl größtem Label, sondern Beziehungen. Der Manager der Band, Brian Epstein, war auch Plattenhändler und einer von Deccas Großabnehmern. Da er die Beatles unbedingt von sich überzeugen wollte, besuchte er im Zuge seines Engagements seinen Liverpooler Freund Tony Barrow. Der künftige Pressesprecher der Beatles schrieb damals die Texte auf den Plattenhüllen für Decca. Barrow informierte die Marketing-Abteilung über die neue Band, die ein wichtiger Kunde angepriesen hatte und so landete die Sache auf dem Schreibtisch von Dick Rowe.

Rowe fand, man sollte sich Epsteins Band wenigstens einmal ansehen und so schickte er seinen Assistenten Mike Smith nach Liverpool, um die Beatles kennen zu lernen. Und die ließen ihren Charme bei Smith spielen: »Ich war sehr begeistert von dem, was die Beatles auf der Bühne machten«, erzählte er später im *The Beatles Book*. »Auch von der Stärke ihrer Show und der Reaktion der Fans. Ich sagte Brian gleich, dass wir bald eine Audition machen sollten.«

Der Neujahrstag war zwar 1962 noch kein Feiertag, trotzdem hatten die Beatles und Mike Smith an diesem Tag ein hartes Los gezogen. Da Rowe über Sylvester verreist war, musste sein Assistent die Beatles und Epstein auch diesmal alleine bei Laune halten. Nach einer qualvollen langsamen und verschneiten Fahrt von Liverpool ins West End hatten sie London gerade noch rechtzeitig zum Jahreswechsel erreicht.

Am nächsten Morgen meldeten sie sich bei Decca in West Hampstead, wo sie noch eine gute Stunde warten mussten, da Mike Smith sich wegen des Schnees verspätete, während Brian Epstein langsam sauer wurde. Nervös und aufgeregt betraten sie schließlich das heilige Decca-Studio und bauten ihr Equipment auf. Als die Aufnahme begann, spielten die Beatles einen wenig glanzvollen Querschnitt ihres Repertoires, Sachen wie *Three Cool Cats* – sorgfältig von Brian Epstein ausgewählt, um weniger ihre Rock'n'Roll-Power als vielmehr ihre Entertainer-Qualitäten zu demonstrieren.

Smith gab sich höflich enthusiastisch, sagte später jedoch: »Im Studio waren sie nicht gut und ihre Persönlichkeiten kamen nicht rüber.« Dennoch schrieb Barrow im *Liverpool Echo*, für den er auch als Pop-Experte arbeitete: »Decca-Produzent Mike Smith erzählte mir, er finde die Beatles großartig. Er hat ein 30-minütiges Band von ihrer Audition gemacht und ist überzeugt, das Label werde die Beatles gut einsetzen können.«

Nun kommte Rowe ins Spiel. Smith hatte sich in diesem Monat noch eine weitere Band angehört, Brian Poole And The Tremeloes, und wollte beide Combos für Decca verpflichten. Rowe sagte ihm, er müsse sich für eine Band entscheiden, und Smith stimmte für die Tremeloes. Sie klangen professioneller und belohnten sein Vertrauen mit einer Reihe von acht Hits, darunter auch einer Nummer eins. Wie Smith berichtet, interessierte Rowe sich überhaupt nicht für die beiden Demobänder: »Er äußerte überhaupt keine Meinung. Er überließ die Entscheidung mir.« Damit besiegelte er seinen Ruf.

Epstein war nach dieser Entscheidung am Boden zerstört. Er dachte kurz daran, die Geschäftsbeziehung mit Decca abzubrechen, folgte dann aber doch seinem wirtschaftlichen Verstand. Sechs Monate später konnte er mit diesem Verstand die Beatles bei der EMI unterbringen und das Decca-Debakel war fast vergessen. Das Demo

> »Bei Decca machten sie einmal im Jahr eine Sause, staubten das Band ab und tranken auf den entgangenen Profit.«

verschimmelte inzwischen in den Archiven von Decca. Es heißt, dass das Personal bald einmal im Jahr eine Sause machte, das Band abstaubte und ein Gläschen auf den entgangenen Profit trank.

Weihnachten 1971, als die beiden total zerstritten gewesen sein sollen, schickte Lennon Paul McCartney ein Präsent: eine Bootleg-LP, die seiner Meinung nach das Decca-Demo enthielt. Tatsächlich handelte es sich um alte BBC-Aufnahmen. Doch das verschollene Band tauchte schließlich auf und so konnte man sich Ende der 70er-Jahre von Smiths Urteilskraft überzeugen: die Schwarzpressung erschien auf dem Label Deccagone. Hätten die Beatles ein Jahr früher bei Decca mehr Erfolg gehabt? Oder waren sie noch nicht reif genug, die Welt zu erobern? Die Debatte dauert an und Rowe wird auf ewig der Mann bleiben, der die folgenschwerste Entscheidung in der Musikindustrie getroffen hat.

Brian Poole (oben) And The Tremeloes. Erfolgreicher als viele Zeitgenossen, deutlich weniger erfolgreich als die Beatles. Links der »Schuldige«: Dick Rowe (mit Brille) und die Small Faces.

Ein Porträt des Künstlers: Stuart Sutcliffe, im Vordergrund George Harrison, Hamburg, 1960.

Was: Stuart Sutcliffe stirbt
Wo: Hamburg, Westdeutschland
Wann: 10. April 1962

»IN HIS LIFE«

Noch 40 Jahre nach seinem Tod ist Stus Leben ein Mythos. Joe Cushley begibt sich auf die Suche nach dem Mann, zu dem selbst John aufsah.

Stuart Sutcliffe – Ex-Bassist der Beatles und John Lennons bester Freund – starb am 10. April 1962 in Hamburg an einer Hirnblutung. Am nächsten Tag flog die Band ohne den erkrankten George ein, um ein Engagement im Hamburger Star Club anzutreten. So weit die unbestreitbaren Fakten.

Viele Ursachen für Sutcliffes tragischen Tod wurden diskutiert: Tritte gegen den Kopf bei einer Schlägerei mit Liverpooler Teddy-Boys, eine angeborene Disposition, ein Sturz in der Wohnung seiner Verlobten Astrid Kirchherr, Prügel, die er von Lennon im Mai 1961 auf einer Hamburger Straße bezogen haben soll, jahrelanger Schlafentzug und Mangelernährung trotz harter Arbeit sowie reichlich Preludin, Zigaretten und Alkohol. Niemand weiß, was wirklich vorgefallen war. Wie so oft bei den Fab Four verdichteten sich die Mythen mit der Zeit zunehmend.

Tatsache ist, dass Stuart ein sehr begabter Künstler war, der von Anfang an einen starken Einfluss auf John ausübte, der ihn Ende 1957 am Liverpooler College of Art kennen gelernt hatte. Sutcliffes Schwester Pauline hat ein umstrittenes Buch geschrieben, in dem sie behauptet, die Prügelei mit Lennon habe Stuarts Tod zur Folge gehabt und dass es zwischen John und Stuart eine homosexuelle Begegnung gegeben hätte.

»Eigentlich passten sie nicht zusammen«, meint Pauline Sutcliffe, »aber ich glaube, ihre Freundschaft gründete sich auf die unausgesprochene Überzeugung, dass eine Verbindung zwischen der bildenden Kunst und anderen kreativen Kunstformen besteht. Stu beschäftigte sich früh mit der wechselseitigen Befruchtung von der etablierten Kunst und den so genannten niederen Künsten. Mit 17 hatte er Elvis im Stil von Picasso gemalt. John faszinierte, dass ein derart begabter Künstler und kluger Mensch Rock'n'Roll so sehr mochte; ich glaube, es … legitimierte seine Liebe zur Musik.«

Die Quarry Men heuerten Stu aber erst Anfang 1960 an, nachdem er ein Gemälde an den Liverpooler Kunstmäzen John Moores verkauft hatte. Von dem Erlös kaufte er sich einen Höfner-President-Bass und begann, spielen zu lernen. Von Sutcliffe stammt auch der Vorschlag für einen neuen Bandnamen: ›The Beetles‹ (»die Käfer«; in Anlehnung an Buddy Hollys Crickets, »Grillen«, nicht nach der Motorradgang in Brandos Film *Der Wilde*, wie oft behauptet wird). Ende Mai ging die Band als Begleitgruppe von Johnny Gentle auf Schottlandtour; im August verschaffte ihr Manager Allan Williams ihnen ihr erstes Engagement in Hamburg. Stus Dozenten waren entsetzt, dass er eine glänzende Karriere sausen ließ. Pauline dagegen war »entzückt. Ich war Stammgast im Cavern! Es war toll, dass er in einer Band spielte.«

Klaus Voormann, der sich in Hamburg mit den Beatles anfreundete, das Cover für die LP *Revolver* entwarf und später bei Beatles-Soloprojekten mitspielte, schildert seinen Eindruck von der Band: »Zuerst sah ich an dem Abend Rory Storm And The Hurricanes, aber die waren eher eine Showband. Die Beatles hatten ein viel größeres Repertoire, sie kommunizierten wirklich … all diese Stimmen, und natürlich spielten sie besser. Stuart war ein harter Rock'n'Roller. Rock'n'Roll ist eine Kunstform, und Stuart hatte Gespür und Geschmack. Sie spielten nichts Kompliziertes, und insgesamt – so wie er es erspürte und diese paar Noten spielte – war Stuart ein richtig, richtig guter Bassist.«

Paul McCartney sah das anders, aber John war stur, und so blieb Sutcliffe dabei. »Man spürte, dass John zu Stuart aufsah«, erklärt Voormann. »Wenn man diese Briefe zwischen ihnen liest, war da bei John fast so eine Art Minderwertigkeitskomplex. Stuart war so offen und an allem Neuen interessiert und lernte sehr schnell. Er war ein sehr weiser Mensch.«

Ähnliches berichtet Pauline Sutcliffe von der Eröffnung der Ausstellung – Stuart Sutcliffe: From The Beatles To Backbeat – in der Rock And Roll Hall Of Fame:

»Ich sah das riesige Foto von Stu neben dem von John, und endlich war es Stuart, der zu John aufsah. Das war Johns Gig, die Rock And Roll Hall Of Fame, aber Stuart hatte es auch dahin geschafft.«

Klaus stellte den vier seine Freundin Astrid Kirchherr vor, und sie und Stu verliebten sich bald ineinander. Astrid und Klaus hatten ein kontinentales Kunstverständnis, das Stuart sicherlich beeinflusste und durch ihn auch John und den Rest. Ihre spätere Pilzkopffrisur spiegelte den (existenzialistischen) Exi-Stil, den Klaus und seine Bohème-Freunde pflegten. Astrid, ehemalige Modestudentin, überredete die Beatles auch, enge Lederhosen zu tragen, und entwarf für Stuart den Prototyp eines Beatles-Anzugs. Außerdem machte sie einige der berühmtesten Fotos der Beatles.

John und Stu am Strand, Ostsee, 1961.

So fruchtbar Hamburg auch war – in ästhetischer Hinsicht, aber auch in Sachen Bühnenerfahrung –, sie mussten zurück nach England, um weiterzukommen. Stu aber entschied sich für die Kunst und seine Liebe zu Astrid. Daraufhin sah Klaus seine Chance gekommen, ein Beatle zu werden. »Als Stuart weg war, hatte ich die Stirn, John Lennon zu fragen, ob ich in der Band Bass spielen könnte. Er antwortete mir sehr behutsam: ›Tut mir Leid, Kumpel. Paul hat sich schon einen Bass gekauft. Wir werden ein Quartett bleiben.‹«

John hat Stu im Text zu *In My Life* als einen »Geliebten und Freund« verewigt, und zweifellos dachte er oft an ihn. Die ganze Karriere der Beatles war geprägt von ihrem Entdeckungsdrang, und Stuart war ganz sicher ein Entdecker. Sein Ruf als Künstler ist längst gesichert, aber er war auch ein Beatle. Und das ist eine Tatsache.

---

1. APRIL – 15. JULI 1962

APRIL 1962

1 Die Beatles spielen im Casbah Coffee Club, Liverpool.

2 Eine volle Woche mit Auftritten im Cavern, Casbah und Pavilion Theatre.

8 Die Beatles spielen im Casbah (rechts) und reisen nach Hamburg ab.

10 Ex-Beatles-Bassist Stuart Sutcliffe stirbt mit 22 Jahren an einer Hirnblutung.

11 John, Paul und Pete treffen zu ihrem dritten Besuch in Hamburg ein, wo sie im neu eröffneten Star Club spielen sollen.

12 George Harrison trifft nach kurzer Krankheit in Hamburg ein.

13 Die Beatles treten ihr siebenwöchiges Engagement im Star Club an.

MAI 1962

7 Brian Epstein fährt wegen eines Plattenvertrags nach London.

9 Epstein trifft sich in den Abbey Road Studios, London, mit EMI-Produzent George Martin.

31 Mersey Beat berichtet, die Beatles bekämen einen Vertrag bei Parlophone Records.

JUNI 1962

2 Die Beatles fliegen zurück nach England.

3 Die Band probt im Cavern.

4 Abschluss eines vorläufigen Vertrags über Demoaufnahmen bei EMI.

6 Die Beatles spielen George Martin vor, im EMI-Studio 3, Abbey Road.

9 Rekordverdächtiges Konzert der Heimkehrer im Cavern vor 900 begeisterten Fans. Es folgte eine Woche mit Mittags- und Abendauftritten.

21 Auftritt mit dem US-Gaststar Bruce Channel im Tower Ballroom, New Brighton (oben).

22 Auftakt zu einer arbeitsreichen Woche mit Auftritten im Cavern und in Heswall, St. Helens, Birkenhead, New Brighton, Northwich.

JULI 1962

1 Zwei hektische Wochen als Vorgruppe von Gene Vincent im Cavern und mit Auftritten in St. Helens, Birkenhead und Wallasey.

14 Auftritt im Regent Dansette, Rhyl, Nordwales.

15 Bis Ende des Monats zahlreiche Gigs im Cavern sowie in McIlroys Ballroom in Swindon und in St. Helens, Birkenhead, Warrington, New Brighton und Southport.

26. JULI – 22. AUGUST 1962

26 Cambridge Hall, Southport, als Vorgruppe von Joe Brown

27 Tower Ballroom, New Brighton, Vorgruppe von Joe Brown

28 Zwei Gigs, zuerst im Cavern, dann im Majestic, Birkenhead

29 Mittags im Cavern, abends im Majestic, Birkenhead

30 Mittags im Cavern, abends in St. John's Hall, Bootle

AUGUST 1962

1 Zwei Gigs im Cavern, einmal mittags, dann abends mit Gerry And The Pacemakers und den Mersey Beats

3 Die Beatles spielen in den Grafton Rooms, Liverpool

4 Die Band gibt ein Konzert in Victoria Hall, Wirral

5 Innerhalb von zwei Tagen drei Auftritte im Cavern

8 Konzert im Co-Op Ballroom, Doncaster, Yorkshire

9 Die Beatles spielen ein Mittagskonzert im Cavern

10 Als Vorgruppe von Johnny Kidd And The Pirates bei einer Mersey-Schiffstour auf der MV Royal Iris

11 Auftritt im Odd Spot Club, Liverpool

12 Abendkonzert im Cavern

13 Mittags im Cavern, abends im Majestic Ballroom, Crewe

14 Brian Epstein fühlt bei Ringo Starr, dem Drummer von Rory Storm And The Hurricanes vor, ob er Pete Bests Nachfolger bei den Beatles werden möchte.

15 Letzter Auftritt von Pete Best mit den Beatles im Cavern.

16 Brian Epstein informiert Pete Best in seinem Büro darüber, dass er mit sofortiger Wirkung durch Ringo Starr abgelöst wird. Zuvor springt jedoch Johnny ›Hutch‹ Hutchinson von den Big Three beim Beatles-Konzert im Riverpark Ballroom, Chester, als Schlagzeuger ein.

17 Zwei Auftritte: Majestic Ballroom, Birkenhead (oben), und Tower Ballroom, New Brighton

18 Ringo Starr trommelt in Hulme Hall, Birkenhead, zum ersten Mal als offizielles Beatles-Mitglied.

19 Beatles-Auftritt im Cavern mit Ringo, unter Buhrufen der Fans von Pete Best

20 Auftritt im Majestic Ballroom, Crewe

22 Erste Filmaufnahmen: Für die Granada-TV-Sendung *Know The North* werden die Beatles im Cavern mit den Stücken *Some Other Guy* und *Kansas City* aufgenommen. Am gleichen Tag teilt John Lennon seiner Tante Mimi mit, dass er Cynthia Powell heiraten wird.

Was: Pete Bests Rausschmiss
Wo: Brian Epsteins Büro, Liverpool
Wann: 16. August 1962

DER RAUSSCHMISS

Warum Drummer Pete Best wirklich bei den Beatles rausflog, ist nach wie vor nicht geklärt. Spencer Leigh nimmt die Fahndung auf.

Nachdem Pete Best am 16. August 1962 aufgewacht war und sich angezogen hatte, begab er sich mit seinem Untermieter – Beatles-Roadie Neil Aspinall, der bei Best und dessen Mutter im Haus wohnte – in die City. Während Pete im Plattenladen North End Road Music Stores (NEMS) in Whitechapel 12–13, Liverpool, in Brian Epsteins Büro ging, stöberte Neil in den neuen Platten. Pete dachte, dass man über künftige Engagements sprechen würde, doch ›Eppy‹ überraschte ihn mit folgenden Worten: »Die Jungs wollen dich nicht mehr in der Band.« Er sagte das, als wolle er sich von der Entscheidung distanzieren.

Keine Begründung, keine Erklärung. Dann klingelte Brians Telefon. Paul war dran, und Brian sagte: »Ich kann jetzt nicht reden. Pete ist hier.« Pete traf Neil draußen auf der Straße wieder, wo ihnen Lou Walters von den Hurricanes über den Weg lief. Er war auf Stippvisite vom Butlin-Ferienlager in Skegness, wo er mit Ringo Starr spielte. Damit würde es nun vorbei sein.

Petes Rausschmiss bleibt ein Rätsel. Und obwohl der Ex-Beatle inzwischen schon seine dritte Autobiografie geschrieben hat, weiß auch der Abservierte bis heute nicht, wer der ›Schurke‹ in diesem Stück war. Es gab keinen Streit, der das Schicksal des Drummers besiegelt hätte. Was also fanden John, Paul, George, Brian Epstein und George Martin an Pete so unannehmbar?

Auf Bildern der frühen Beatles zieht Pete unweigerlich die Blicke auf sich. Die allgemeine Meinung lautet, dass Best gefeuert wurde, weil er zu gut aussah und seine Bandkollegen eifersüchtig waren. Pete hatte tatsächlich viele Freundinnen, doch auch die anderen konnten sich nicht beklagen; John sollte am 23. August die hinreißende Cynthia Powell heiraten. Die Mädchen kreischten bei Petes Anblick und kampierten in seinem Garten, doch das konnte der Band nur nützen. Und auch wenn Best die sexuellen Avancen seines Managers zurückgewiesen hatte, dürfte das Brian nicht weiter gekümmert haben, da er solche Abfuhren gewohnt war (sonst hätte er auch Billy J. Kramer nie angeworben).

Passte Best einfach nicht in die Gruppe? Er war still, aber das war George auch, und vier redselige Mitglieder verkraftet eine Gruppe ohnehin nicht – die Stones haben Charlie Watts ja auch nicht rausgeschmissen. Best war zwei Jahre bei den Beatles, davon mehrere Monate in Hamburg, und hatte selbst nie den Eindruck, dass etwas nicht stimmte. Auch dass er keinen Pilzkopf trug, weil Astrid Kirchherr mit seinen Locken nichts anfangen konnte, war ihm wohl kaum vorzuwerfen.

Ein soliderer Grund war seine Leistung am Schlagzeug. Auf ihrer Single *My Bonnie* von 1961 war er gut, doch spielte er immer nach dem gleichen Schema, je nach Arrangement langsamer oder schneller. John wich nicht vom Rock'n'Roll ab, doch Paul versuchte sich an Showsongs und mag seine Grenzen bemerkt haben, zumal Bass und Schlagzeug eng zusammenspielen. Cavern-Discjockey Bob Wooler erinnerte sich an einen Vorfall, der Pauls Unzufriedenheit erkennen ließ. »Die Beatles blieben nach Mittagskonzerten oft im Cavern, um zu üben. Eines Tages kam ich dazu, als Paul Pete gerade zeigte, wie er das Schlagzeug bei einer bestimmten Melodie spielen sollte. Ich dachte bei mir: ›Das geht ein bisschen weit.‹«

Auf den Probeaufnahmen, die die Beatles im Juni für Parlophone machten, klingt Bests Schlagzeug nach Mülldeckeln. Wenn das alles war, was George Martin zu hören bekam, ist es kein Wunder, dass er einen Studio-Drummer einsetzen wollte. Die Sorge, dass Best ihnen den Erfolg vermasseln könnte, nahm seine Bandkollegen gegen ihn ein. Ringo war Georges bester Freund, aber würde es ihm besser ergehen? Jedenfalls würde Ringo mehr Begeisterung ausstrahlen. Pete spielte manchmal wie ein Roboter und bremste häufig den Rhythmus aus, was den überehrgeizigen Paul irritiert haben muss.

Vor Brian Epstein hatte sich Bests Mutter Mona um die Engagements der Beatles gekümmert. Sie ermahnte Epstein, sein Möglichstes für die Band und für ihren Sohn zu tun, und erklärte ihm, wie sie sich die weitere Entwicklung der Gruppe vorstellte. Vielleicht hatte Epstein genug von Monas »gut gemeinten Ratschlägen«?

Bob Wooler sagte: »Es war unfair von den Beatles, auf dem Anthology-Video zu behaupten, Best sei unzuverlässig gewesen. Der unzuverlässigste Beatle war Paul, obwohl er nicht durchweg zu spät kam.«

Die Beatles überließen Brian die Drecksarbeit, weil sie Best nicht gegenübertreten wollten –

> »Es hieß, dass Best gefeuert wurde, weil er zu gut aussah und die anderen eifersüchtig waren.«

John war durch seine Hochzeit abgelenkt, also nutzte Paul die Gunst der Stunde. Obwohl die Beatles Best später noch auf Konzerten begegnen sollten, sprachen sie nie wieder miteinander.

Die Sache ging noch weiter. Als die Beatles im Juni 1962 aus Hamburg zurückkamen, gab Neil Aspinall seinen Job als Buchhalter auf, um als ihr Fulltime-Roadie zu arbeiten. Mona Best brachte am 21. Juli 1962 ihren Sohn Roag zur Welt, dessen Vater Neil war. Als Best gefeuert wurde, forderte er Aspinall auf, auszuziehen, falls er weiter als Roadie der Band arbeiten würde. So konnte Aspinall seinen Sohn praktisch nicht mehr sehen.

Bill Harry, Herausgeber des Mersey Beat, war Brian so hörig, dass er sich dessen Erklärung zu Eigen machte und den Lesern am 23. August 1962 mitteilte: »Pete Best und die Band haben sich in gegenseitigem Einverständnis und ohne Streit getrennt.«

Jahre später arbeitete Best für das Arbeitsbeschaffungsprogramm Restart. Wenn jemand, der arbeitslos geworden war, zu Restart kam, sagte man sich: »Pete Best wird sich um Sie kümmern.« »Zumindest wussten sie, dass ich das Gleiche durchgemacht hatte wie sie«, sagte Best später.

Ein privater Schnappschuss von Pete Best. War es wirklich sein gutes Aussehen, das zu seinem Rauswurf führte?

Der Neue wirkt etwas nervös, im Beatles-Anzug und mit Pilzkopf; Bild rechts, Ringo mit Rory Storm (dritter von links) And The Hurricanes.

Was: Ringo Starr wird Beatle
Wo: Hulme Hall, Birkenhead
Wann: 18. August 1962

»STARR«-QUALITÄT

Für einen Fünfer mehr pro Woche, als Kingsize Taylor ihm geboten hatte, erlebte Ringo bei den Beatles eine echte Feuertaufe. Von Alan Clayson.

Nach zwei Stunden Probe gab Ringo bei einer Tanzveranstaltung der Gartenbaugesellschaft in Birkenhead vor rund 500 Gästen sein offizielles Debüt als Beatle. Diese Chance bot sich ihm in dem Moment, als er an einem Scheideweg seines Lebens stand. Mit 22 Jahren schien ihm, abgesehen von lokalen Gigs, Engagements bei Butlin-Ferienlagern und seltenen Abstechern nach Übersee mit Rory Storm And The Hurricanes, keine große Zukunft als Drummer zu winken. Im Januar 1962 hatte er die Band verlassen, um Tony Sheridan in Hamburg am Schlagzeug zu begleiten – für 30 Pfund pro Woche, eine für die damalige Zeit riesige Gage; außerdem wurden ihm Wohnung und Auto gestellt. Doch Ringos Begeisterung für Tony ließ rasch nach, da er sich als streitsüchtig und mürrisch erwies und oft Lieder anstimmte, die nicht abgesprochen waren.

Als er von Sheridan und Hamburg die Nase voll hatte, nahmen die Hurricanes ihn zurück. Sie bereiteten sich auf eine kurze Serie von Kasinobällen für die US-Airforce in Frankreich vor – und einen Sommer in Skegness, dem größten Ferienlager des Butlin-Programms. Ringo versprach mitzumachen.

Andererseits war es, wie seine Mutter Elsie und Harry, sein Stiefvater, gerne betonten, noch nicht zu spät, seine Tischlerlehre bei Henry Hunt & Sons wieder aufzunehmen, wo er gelernt hatte, bevor er sich 1959 mit Rory zusammentat. Ringo erwog auch, nach Amerika zu gehen, und schrieb sogar an die Handelskammer in Houston – nur weil die Stadt im Herzen des Wilden Westens und in der Nähe von Centerville lag, dem Geburtsort von Lightnin' Hopkins, dem Bluesman, mit dessen mitreißend persönlichem Stil ihn Tony Sheridan bekannt gemacht hatte.

Die Antwort aus Houston war ermutigend, aber die Undurchschaubarkeit und aggressive Zudringlichkeit der Einwanderungsformulare schreckten ihn ab. In Skegness, der Reichweite elterlicher Einflüsse entzogen, erhielt er einen Brief von Kingsize Taylor, der ihm 20 Pfund für den Job als Schlagzeuger bei den Dominoes bot. Da Taylor ein ausgeglichenerer Charakter als Storm oder Sheridan war, willigte Ringo ein, ein Domino zu werden, sobald sein Vertrag auslaufe. Doch mitten in der Saison wurde er vertragsbrüchig, nachdem John Lennon und Paul McCartney eine stürmische Nacht durchgefahren waren, um ihn an einem Dienstag im August um zehn Uhr aus den Federn zu holen und ihm einen Fünfer mehr pro Woche zu bieten als Kingsize Taylor.

Noch zwei Jahre zuvor hatte Ringo die Beatles nur als eine Horde Rüpel betrachtet, die in der Jacaranda Coffee Bar in Liverpool herumhingen. Erst nachdem er mitbekommen hatte, wie George Harrison Stu Sutcliffe in einem Keller die Grundlagen der Bassgitarre beibrachte, hatte er begriffen, dass sie eine Band waren.

Zudem war George Harrison Ringo gegenüber, »dem Widerling mit dieser grauen Strähne«, betont gleichgültig, ja sogar ablehnend aufgetreten, als Rory Storm And The Hurricanes im Herbst 1960 mit den Beatles im Hamburger Kaiserkeller auftraten. Zu allem Überfluss kassierten die Neuen auch noch höhere Gagen als die Beatles. Trotzdem schmolz das Eis, und das war laut Pete Best »der Moment, in dem ihre Freundschaft mit Ringo anfing« – obgleich vor allem George ihn zunächst für einen ziemlich komischen Vogel hielt.

Ringo, John, Paul und George waren sofort bereit, Lou Walters von den Hurricanes, der mühelos vom Bassgrollen zum Falsettkreischen wechseln konnte, bei Aufnahmen im Akustik Studio in der Nähe des Hamburger Hauptbahnhofs musikalisch zu begleiten. Auch hatten die Beatles und die Hurricanes den Plan ausgeheckt, die baufällige Bühne des Kaiserkellers durch wildes Stampfen und Hüpfen endgültig zu zerlegen – in der Hoffnung, Betreiber Bruno Koschmider würde sich dann gezwungen sehen, sie endlich zu erneuern.

Daheim in Liverpool äußerte sich diese Harmonie in einer gemeinsamen Jamsession im Zodiac Club – unter Mitwirkung von The Big Three und Gerry And The Pacemakers –, die durch die Darbietung einer Stripperin aufgepeppt wurde. Und auch wenn Ringo sie noch nicht gut genug zu kennen glaubte, um sie zu der wilden Party anlässlich seines 21. Geburtstags einzuladen, kam er den Beatles doch bei einem zweiten Hamburg-Aufenthalt näher und sprang für Pete Best ein, wenn der krank oder verhindert war.

Nach Ringos Beförderung von Bests Vertretung zu seinem Nachfolger erwies sich der Ball der Gartenbaugesellschaft als die Ruhe vor dem Sturm. Am nächsten Abend im Cavern brachen fast Krawalle aus.

»Sie haben Pete geliebt. Wozu einen hässlichen Typen anheuern, wenn man schon einen hübschen hat?« Ringo

Harrison, sein größter Fürsprecher, bekam eine Faust ins Gesicht, während Starr sich bemühte, die Schmährufe der erzürnten Best-Fans zu ignorieren.

Drei Tage später schleppte das Team der ITV-Sendung Know The North Kameras in den Cavern Club, um den Auftritt der Beatles, die Einheitskluft tragen zu filmen. Gegen Ende von Some Other Guy rief das Publikum: »Wir wollen Pete!«. Starr klagte: »Sie haben Pete geliebt. Wozu einen hässlichen Typen anheuern, wenn man schon einen hübschen hat?« Dabei hatte Ringo sich bereits den Bart abrasiert und seinen Pony in die Stirn gekämmt, der jedoch nach zehn Jahren Schmalztolle fast ein Jahr brauchte, bevor er sich zum Pilzkopf fügte.

Elsie mag die neue Frisur gefallen haben, doch als ein Foto ihres Sohns mit den Beatles im Mersey Beat erschien, brauchten die Leser eine Weile, um sich an diesen Wechselbalg zu gewöhnen. »Es wird ein paar Wochen schwierig sein«, sagte Harrison, »doch ich bin sicher, die meisten werden Ringo bald nicht mehr missen wollen.« Wenn sie den Beatles nicht ganz abschwören wollten, blieb den Fans auch nichts anderes übrig, als die Situation zu akzeptieren – und im November wollten sie bereits, dass Ringo singt.

---

23. AUG. – 2. OKT. 1962

23 Lennons heimliche Eheschließung mit Cynthia auf dem Standesamt Mount Pleasant, Liverpool, mit Paul McCartney als Trauzeuge; Abendgig im Riverpark Ballroom, Chester

24 Zwei Auftritte, zuerst im Cavern, dann im Majestic Ballroom, Birkenhead.

25 Konzert im Marine Hall Ballroom, Fleetwood

26 Mersey Beat berichtet, dass sich die Beatles durch Auftritte im weiteren Umkreis, so etwa in Manchester, Swindon, Rhyl, Crew, Chester und Warrington, ein wachsendes Publikum erobern. Abendkonzert im Cavern

28 Die Beatles geben ein Abendkonzert im Cavern.

29 Floral Hall Ballroom, Morecambe, mit Rory Storm And The Hurricanes als Vorgruppe

30 Auftritte im Cavern und im Riverpark Ballroom, Chester

31 Auftritt in der Town Hall von Lydney, Gloucestershire

SEPTEMBER 1962

1 Auftritt in den Subscription Rooms, Stroud, Gloucester

2 Abendkonzert im Cavern

3 Mittags im Cavern, abends in der Queen's Hall, Widnes

4 Erste richtige EMI-Aufnahmesession in der Abbey Road mit einer Version von Love Me Do.

5 Drei Auftritte in zwei Tagen: einer im Rialto Ballroom (rechts), zwei im Cavern.

7 Newton Dancing School, Irby, Cheshire

8 Zwei Gigs: einer beim YMCA, Birkenhead, der zweite im Majestic Ballroom, Birkenhead

9 Abendauftritt im Cavern mit Clinton Ford und Billy J. Kramer

10 Mittags im Cavern, abends in der Queen's Hall, Widnes

11 Die Beatles nehmen mit Studio-Drummer Andy White (nicht mit Ringo) im Studio 2, Abbey Road, London, Love Me Do, P.S. I Love You und Please Please Me auf.

12 Abendgig im Cavern, wo auch Freddie And The Dreamers spielen

13 Zwei Gigs, zuerst im Cavern, dann im Riverpark Ballroom, Chester

14 Die Beatles treten im Tower Ballroom, New Brighton, auf.

15 Gig in der Memorial Hall, Northwich

16 In den restlichen zwei Wochen des Monats absolviert die Band acht Auftritte im Cavern und fünf weitere in Widnes, New Brighton, Birkenhead, Heswall und Manchester.

OKTOBER 1962

1 Die Beatles und Brian Epstein unterzeichnen einen Managementvertrag mit einer Laufzeit von fünf Jahren.

2 Die Band absolviert Gigs im Cavern an diesem und den beiden folgenden Tagen.

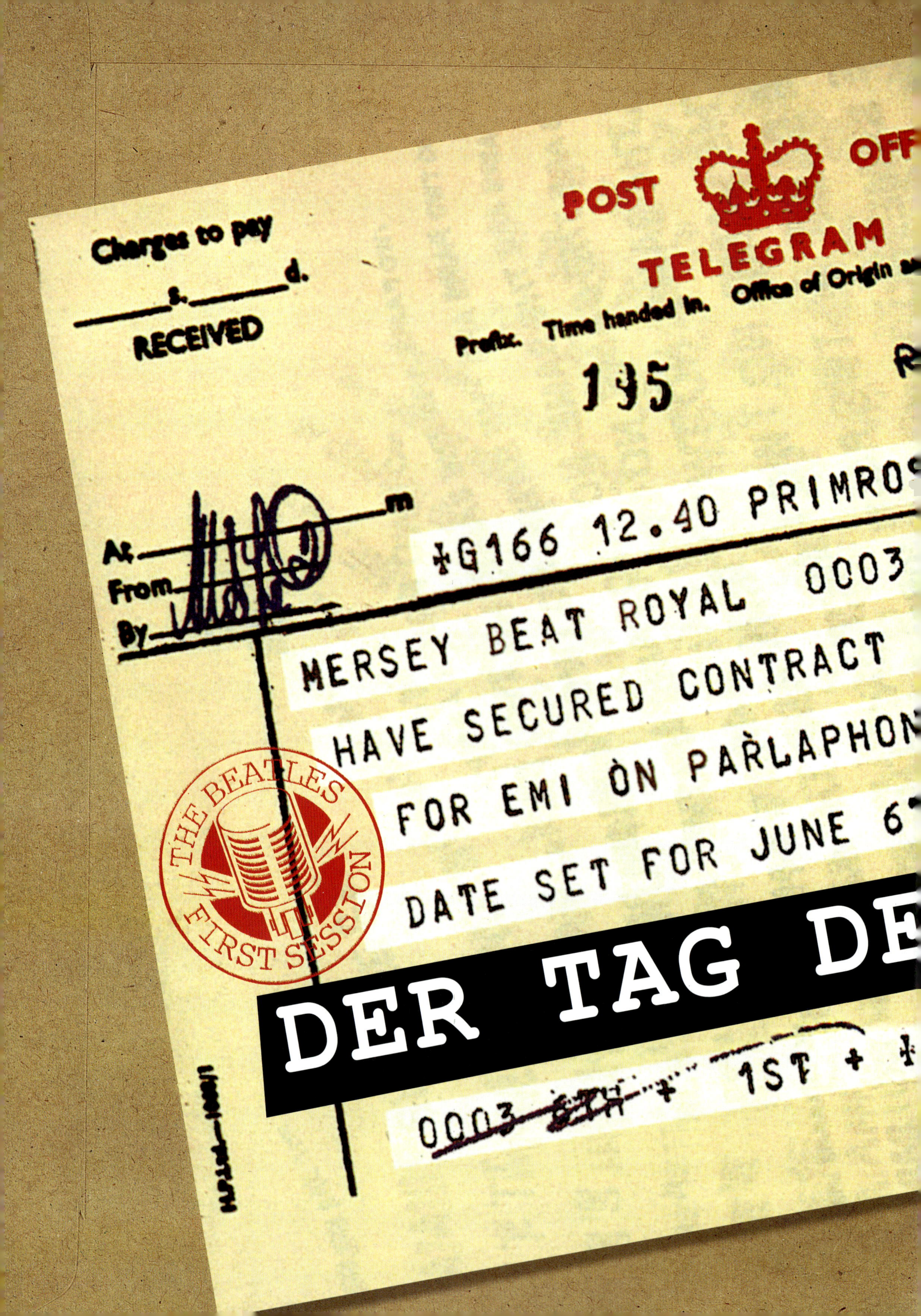

POST OFF
TELEGRAM
Charges to pay
s. d.
RECEIVED
Prefix. Time handed in. Office of Origin a
195
At
From
By
*G166 12.40 PRIMROS
MERSEY BEAT ROYAL 0003
HAVE SECURED CONTRACT
FOR EMI ON PARLAPHON
DATE SET FOR JUNE 6
0003 1ST
THE BEATLES FIRST SESSION
DER TAG DE

WAHRHEIT

Am 6. Juni 1962 erschienen die Beatles erstmals in den Abbey Road Studios. Doch handelte es sich bloß um ein Vorspielen oder schon um echte Plattenaufnahmen? **Mark Lewisohn** geht dieser Frage nach.

»Wir haben letzte Woche von unserem Manager gehört, dass wir jetzt einen Vertrag mit EMI für Parlophone Records haben und die ersten Plattenaufnahmen am 6. Juni, vor unserem Willkommenskonzert im Cavern, stattfinden ... Wir sind sehr glücklich über Parlophone, denn dies ist eine große Chance. Wir müssen einfach hart arbeiten und auf einen Hit hoffen, egal, was wir aufnehmen. [Wir wissen noch nicht, was der Produzent haben will.]«

Brief von George Harrison aus Hamburg an Margaret, einen Fan. Er ist nur mit »Donnerstag« datiert, dürfte aber Mitte Mai 1962 geschrieben worden sein. Die Klammern stammen von Harrison.

Romantiker würden vielleicht sagen, dass die Beatles am Mittwoch, dem 6. Juni 1962, ein Rendezvous mit dem Schicksal hatten: ihre erste Session im EMI-Studio in der Abbey Road, London, und ihre erste Begegnung mit dem Mann, der als Produzent ihrer Musik fast so berühmt werden sollte wie sie selbst.

Auch die Beatles schienen die Tragweite dieses Tags schon damals erahnt zu haben. Die Session brachte sie vorwärts – wir wissen heute, wohin. Sonst hätte vielleicht Ernüchterung eingesetzt und Brian Epstein hätte sich womöglich dem Druck seines Vaters gebeugt. Der wollte, dass sich sein Sohn wieder um das Familienunternehmen kümmerte, statt mit einer albernen Popgruppe seine Zeit zu vergeuden. In Ray Bradburys Kurzgeschichte *Ferner Donner* wird erzählt, welchen Einfluss der Tod eines Schmetterlings vor über 60 Millionen Jahren auf die Gegenwart hat – auch die Popkultur, ja unser heutiges Leben, würde völlig anders aussehen, wenn die Beatles den 6. Juni 1962 verpatzt hätten.

Ein Rendezvous mit dem Schicksal also. Und Epstein dürfte das den Beatles eindringlich klar gemacht haben. Nach ihrer dritten Saison in Hamburg flogen sie am 2. Juni mit der Lufthansa nach London, von dort weiter nach Manchester, von wo es mit dem Auto nach Liverpool weiterging. Zwar ist bis heute unklar, ob dies Probeaufnahmen für einen späteren Vertragsabschluss oder die ersten Aufnahmen im Rahmen eines bereits unterzeichneten Vertrags waren, doch Epstein überließ nichts dem Zufall. Er ließ die Beatles im menschenleeren Cavern Club zwei Tage lang proben. Am 5. Juni, dem Vortag des großen Ereignisses, belud Neil Aspinall den Transporter, und sie brachen nach London auf.

Es war eine weite Reise: über 300 Kilometer, bis Birmingham keine Autobahn, Aufenthalte und Hindernisse in jedem Ort. Reisen in Großbritannien waren vor 40 Jahren ein ebenso schlechter Witz wie heute, auch wenn sich die Art der Probleme geändert hat. Das Radio dürfte die Monotonie im engen Auto kaum gelindert haben: Das so genannte leichte Programm der BBC strahlte an diesem Tag nicht mal zwei Stunden lang Popsongs aus.

Wo die vier die Nacht verbrachten und was sie den größten Teil des folgenden Tages trieben, ist nicht überliefert. Ein inoffizieller Streik der Londoner Busbetriebe sorgte für verstärktes Verkehrsaufkommen, und nach dem Wutanfall zu schließen, den der Pünktlichkeitsfanatiker Epstein bekommen hatte, als die Beatles bei Decca verspätet aufkreuzten, dürfte er diesmal dafür gesorgt haben, dass sie rechtzeitig zu ihrem Termin von 19 bis 22 Uhr im Studio 2 von Abbey Road aufbrachen.

»Sie kamen in einem alten, weißen Lieferwagen auf den Parkplatz gefahren«, sagt Abbey-Road-Hausmeister John Skinner in Uniform mit polierten Kriegsorden. »Sie waren alle sehr dünn und schlaksig, fast schon unterernährt. Neil Aspinall, ihr Roadmanager, sagte, sie seien die Beatles und für eine Session bestellt. Ich dachte: Was für ein komischer Name.«

Nicht nur ihr Name rief Stirnrunzeln hervor. »Wir hatten schon einige langhaarige Freaks gesehen«, erinnert sich Toningenieur Norman (später Hurricane) Smith, »aber so was wie die Beatles noch nie. Es war wie eine Spätzündung: Man guckte, stutzte und schaute noch mal.«

Ken Townsend, im damals für das technische Personal der Abbey Road obligaten weißen Laborkittel, war für elektronische Probleme zuständig: »Die Beatles waren etwas anders angezogen, und ihre Haare kamen uns damals sehr lang vor, obwohl sich das heute kaum noch jemand vorstellen kann. Und sie hatten einen starken Liverpooler Akzent – es kamen nicht viele Leute aus Liverpool zu Aufnahmen in die Abbey Road.«

Aufnahmeassistent Chris Neal berichtet: »Wir hatten in der Abbey Road einen Aufenthaltsraum, wo alle, die nicht in einer Session waren, abhingen – Norman Smith war ein besessener Damespieler. Unsere Arbeitspläne für die Woche hingen an der Wand, und da stand: ›19 Uhr: Beatles‹. Und ich dachte: ›Da hat sich mal wieder eine Schreibkraft verhauen.‹«

»Ihre Ausrüstung war unglaublich abgewrackt. Sie trugen schwarze Ledermäntel, und

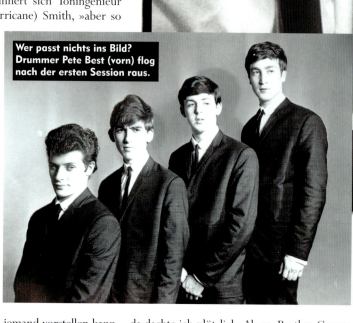

Wer passt nichts ins Bild? Drummer Pete Best (vorn) flog nach der ersten Session raus.

da dachte ich plötzlich: Ah so, Beatles. George Martin warf einen Blick auf diesen Haufen Gammlerärsche und ging runter in die Kantine, um sich einen Tee zu genehmigen.«

George Martins Rolle bei dieser ersten Session ist umstritten, seit 1983 bekannt wurde, dass das Protokoll seinen Assistenten Ron Richards als Artiste Manager (d. h. Produzent) aufführt. »Bei manchen Sessions sagte ich: ›O. k., Ron, übernimm du das, weil ich oben bin und das und das mache.‹«, erklärt Martin. »Probeaufnahmen, um die es hier ging – wir testeten einfach bloß vier Spinner aus Liverpool – hatten keine Bedeu-

»Also, wer ist der Sänger?« George Martin lernt bei den Beatles umzudenken.

»WIR HATTEN SCHON EINIGE LANGHAARIGE FREAKS GESEHEN, ABER SO ETWAS WIE DIE BEATLES NOCH NIE … MAN GUCKTE, STUTZTE UND SCHAUTE NOCH MAL.« NORMAN SMITH, TONINGENIEUR

tung in unserem Leben. Ich sagte: ›O. k., Ron, kümmer dich drum, ich komm dann vorbei und schau mal, wie sie sind.‹«

»Ich arbeitete oft mit Georges Künstlern«, sagt Richards. »Ich kannte mich besser aus mit Rock'n'Roll als er. Er hatte mit Jim Dale Erfolg gehabt, aber dann eine Weile Comedy-Platten gemacht, und er fand wohl, dass besser ich den Anfang machen sollte. Ich probte vorher mit den Beatles im Studio. Pete Best war am Schlagzeug, und ich sagte zu George: ›Er taugt nichts, wir müssen den Drummer auswechseln.‹ Armer alter Pete, aber er war nicht besonders gut.«

Dann testete Norman Smith die Ausrüstung der Beatles: »Ihr Equipment war derart mies – hässliche, unlackierte hölzerne Verstärker, extrem verrauscht, mit Brummschleifen und was nicht allem. Die Verstärker machten genauso viel Krach wie ihre Instrumente. Pauls Bassverstärker war besonders schlimm.« McCartneys Verstärker, den Adrian Barber von den Big Three für ihn gebaut hatte, war ein Markenzeichen der Beatles-Liveauftritte und ballerte den Bass-Sound mühelos durch den ganzen Ballsaal des Aintree Institute. Aber er war nichts für den Studioeinsatz.

Ken Townsend rückte ihm mit dem Lötkolben zu Leibe, aber der Verstärker gab einfach keinen anständigen Sound von sich.

»Es sah so aus, als ob wir die ganze Session abschreiben müssten«, sagt er. Dann hatte er eine Eingebung. »Da an dem Abend die Echokammer 1, unten im Keller, nicht gebraucht wurde, schleppten Norman und ich einen sehr großen, sehr schweren Tannoy-Lautsprecher von da rauf, und ich lötete eine Klinkenbuchse an die Eingangsstufe eines Leak-TL12-Verstärkers. Damit konnten wir endlich loslegen.«

Die Beatles fingen an zu spielen: John seine Rickenbacker, George seine Duo-Jet, Paul seine Höfner und Pete sein Premier-Set. Wie Paul später bemerkte, war es ein schwieriger Moment – das EMI-Studio 2 hatte »diese großen, weißen Studio-Sichtschutzwände …, die über einem aufragten. Und dann die endlose Treppe zum Kontrollraum. Wie ein Himmel, in dem die großen Götter weilten, und wir hier unten. Gott, die Nervosität!«

Vor der Session hatte George Martin zu Brian Epstein gesagt, er wolle das Können jedes einzelnen Beatle als Sänger testen (mit Ausnahme von Pete, der nur sehr selten sang). Er hoffte, einen »Leadsänger« für Aufnahmezwecke zu ermitteln. Es gab Cliff Richard And The Shadows, Johnny Kidd And The Pirates, Shane Fenton And The Fentones – würde es also auf George Harrison And The Beatles hinauslaufen?

»WIR TESTETEN EINFACH BLOSS VIER SPINNER AUS LIVERPOOL – DAS HATTE ÜBERHAUPT KEINE BEDEUTUNG.« GEORGE MARTIN

Martins Wunsch muss für den Beatles-Manager etwas heikel gewesen sein, nachdem John bereits seine Songauswahl für die Decca-Probeaufnahmen kritisiert hatte. Ob mit oder ohne Rücksprache, Epstein schlug vor, dass sich die Beatles bei EMI mit einem Medley aus drei Stücken präsentieren sollten, bei denen je einer der drei Sänger im Mittelpunkt stand. *Besame Mucho/Will You Love Me Tomorrow/Open (Your Loving Arms)* – Covervs von den Coasters, den Shirelles und dem Tex-Mex-Sänger Buddy Knox – waren wohl die erste Beatles-Musik, die in der Abbey Road erklang.

Von den 13 weiteren Nummern, die Paul auf Vorschlag von Epstein bei EMI singen sollte, waren fünf, wie er George Martin mitteilte, »Eigenkompositionen«: *Love Me Do, P. S. I Love You, Like Dreamers Do, Love Of The Loved* und *Pinwheel Twist*. *Pinwheel Twist* wurde nie aufgenommen und blieb somit unbekannt; sie hatten es neu geschrieben, um Kapital aus dem Twist-Boom zu schlagen, ließen es aber bald fallen. Pauls übrige acht Songs waren Cover: *If You Gotta Make A Fool Of Somebody* (James Ray), *Your Feet's Too Big* (Fats Waller – »da kam der Einfluss von Pauls Dad durch«, behauptete George in der *Anthology*), *Hey! Baby* (Bruce Channel), *Dream Baby* (Roy Orbison), und vier Titel, die die sanfte Seite des Beatles-Repertoires betonen sollten –*Till There Was You* (Peggy Lee), *Over The Rainbow* (Gene Vincent), *September In The Rain* (Dinah Washington) und *The Honeymoon Song* (Marino Marini).

Epstein listete zehn weitere Songs auf, die John vielleicht singen könnte, darunter zwei Eigenkompositionen: *Ask Me Why* und *Hello Little Girl*. Die anderen spiegelten Johns ausgeprägte Vorliebe für R&B: *Baby It's You* (The Shirelles), *Please Mr. Postman* (The Marvelettes), *To Know Her Is To Love Her* (The Teddy Bears – Phil Spector), *I Just Don't Understand* (Ann-Margret), *Memphis, Tennessee* (Chuck Berry), *A Shot Of Rhythm And Blues* (Arthur Alexander), *I Wish I Could Shimmy Like My Sister Kate* (The Olympics) und *Lonesome Tears In My Eyes* (The Johnny Burnette Trio).

George, der noch keine eigenen Songs geschrieben hatte, hatte an diesem Tag sieben weitere Songs in seinem potenziellen Repertoire: *A Picture Of You, The Sheik Of Araby* und *What A Crazy World We're Living In* (alle Joe Brown And The Bruvvers), *Three Cool Cats* (The Coasters), *Dream* (Cliff Richard), *Take Good Care Of My Baby* (Bobby Vee) und *Glad All Over* (Carl Perkins).

Die Proben im Cavern konzentrierten sich wohl auf diese 33 Titel, aber welche davon sie bei EMI zum Besten gaben, ist nicht dokumentiert. Nur vier davon wurden auf Zweispur-Monoband aufgezeichnet: *Besame Mucho, Love Me Do, P. S. I Love You* und *Ask Me Why*. »Diese vier wurden ausgewählt, um zu demonstrieren, dass wir unsere eigenen Songs schrieben«, erinnert sich Pete Best, »und Coverversionen – wie *Besame Mucho* – auf unsere eigene, unverwechselbare Weise spielten.« Nur zwei dieser Aufnahmen sind erhalten: *Besame Mucho*, das in den 80er-Jahren wieder auftauchte, und *Love Me Do*, das sich 1994 während der Produktion des Albums *Anthology* wieder fand. (Als George Martin auf seinem Speicher einen Stapel Rohpressungen durchsah, fand er eine, auf deren Etikett mit gelbem Fettstift »Love Me Do« stand.)

Es war *Love Me Do*, das George Martin aus der Kantine herauflockte. Wie Cris Neal erzählt: »Sie spulten ein paar Stücke ab, die Norman und mich nicht so sehr beeindruckten, und dann spielten sie *Love Me Do*, und plötzlich war da dieser kernige Sound, der etwas in unseren Köpfen zum Klingen brachte. Norman sagte zu mir: ›Ui, geh mal runter und hol George aus der Kantine, um zu hören, was er davon hält.‹«

Martin sagt: »*Love Me Do* sprach mich vor allem wegen der Mundharmonika an. Ich stand auf schluchzende Mundharmonika – das erinnerte mich an die Platten von Sonny Terry und Brownie McGhee, die ich herauszubringen pflegte. Ich fand, es hatte was.«

Da keine Version von *Love Me Do* aus der Zeit vor dieser ersten EMI-Session existiert, ist unklar, wann beschlossen wurde, dass John dazu Mundharmonika spielen sollte – es war vermutlich die, die er 1960 auf der ersten Reise nach Hamburg in einem Musikladen in Arnheim geklaut hatte. Da das für die EMI-Session vorbereitete Repertoire auch *Hey! Baby* von Bruce Channel umfasste, in dem Delbert McClintons Mundharmonika eine wichtige Rolle spielte, dürfte John das Instrument ohnehin dabeigehabt haben. Seine Hinzunahme zu *Love Me Do* warf jedoch ein bei den Proben nicht vorhergesehenes Problem auf, wie sich Paul McCartney erinnert.

»Wir fingen an, es zu spielen [*singt*] ›Love, love me do/you know I love you‹, und ich singe mit, dann kommen wir zu ›pleeeaase‹. STOPP. John singt: ›Love me …‹ und setzt

FOTOS: REX FEATURES

seine Harmonika an den Mund: ›Wah, wah, wahhh.‹ George Martin ruft: ›Moment, Moment, hier haben wir ein Problem. Jemand anderer muss das ›Love me do‹ singen, weil ›Love me wahhh‹ nicht geht. Sonst habt ihr ein Stück, das ›Love Me Wahhh‹ heißt. Also, Paul, singst du ›Love me do‹?«

»Oh Gott, ich wurde hypernervös. Plötzlich änderte er dieses Arrangement, das wir ewig so gespielt hatten, und John sollte diese Zeile auslassen: Er würde ›Pleeease‹ singen, die Mundharmonika ansetzen, ich würde ›Love me do‹ singen, und dann John mit ›Wahhh-wahhh-wahhhh‹. Wir spielten live, ohne richtiges Overdubbing, also hatte ich plötzlich diesen enormen Moment, auf unserer ersten Platte, ohne Begleitung, alles war still ... und nur ich sang [*mit wackliger Stimme*]: ›Love me do-oo‹. Und ich kann das Zittern in meiner Stimme heute noch hören...«

Dieses auf *Anthology* veröffentlichte *Love Me Do* ist durch exzentrische Tempowechsel geprägt, die Pete Bests Ruf als Schlagzeuger nicht zuträglich sind und möglicherweise den Eindruck der Herren Richards und Martin bekräftigten, dass er reif für den Rausschmiss sei. Dass alle vier Beatles diesen Tempowechseln folgten, lässt jedoch vermuten, dass dies tatsächlich das damalige Arrangement des Songs war. Insgesamt ist es eine viel langsamere, blueslastigere, weniger selbstsichere Version als die beiden späteren Remakes.

Der 40er-Jahre Song *Besame Mucho* (spanisch: »Küss mich viel«) gehörte zum Beatles-Repertoire, seit die Coasters 1960 ihre Coverversion herausgebracht hatten. Lennon und Harrison bereicherten es meist um einen herzhaften »Cha-cha-boom«-Backgroundgesang – jedenfalls bei Decca und in einer BBC-Radiosendung –, aber bei EMI »Cha-cha-boom«-te Paul allein. Der Song wurde bald aus dem Repertoire der Beatles gestrichen, aber dass sie an ihm hingen, beweist der Film *Let It Be,* in dem sie ihn mit Begeisterung schmettern.

Pete Best zufolge hatten die Beatles das Gefühl, dass die Session gut gelaufen sei. »Wir waren sogar ein bisschen überheblich«, sagt er. »Bei EMI waren wir viel selbstsicherer als bei Decca, die Atmosphäre war viel entspannter. Bei Decca waren wir alle nervös gewesen, und als wir uns das Playback anhörten, klang es viel besser als bei Decca. Wir fanden es gut.«

Nach der Session hatte die Band einen Plausch mit George Martin, der in die Beatles-Überlieferung eingegangen ist. Martin, der sie nach oben in den Kontrollraum geholt hatte, um sich die vier Aufnahmen anzuhören, begann mit der Gruppe über technische Details und seine Erwartungen an sie als Parlophone-Musiker zu reden.

»George hielt ihnen einen langen Vortrag«, berichtet Ken Townsend, »etwa darüber, dass die Studiomikrofone eine Achtcharakteristik haben – man also auf jeder Seite stehen könne, anders als bei den unidirektionalen Bühnenmikros.« Die Beatles hätten die ganze Zeit geschwiegen, sagt Norman Smith.

»Sie äußerten kein Wort, nicht ein Wort. Sie nickten nicht einmal. Als er fertig war, sagte George: ›O. k., ich habe euch jetzt eine ganze Weile vollgequasselt und ihr habt nichts dazu gesagt. Passt euch etwas nicht?‹«

»Ich sah ihn nur an und sagte: ›Na ja, zuerst einmal gefällt mir Ihre Krawatte nicht!‹«, erzählte George später. »Die anderen hätten mich fast umgebracht ... Sie dachten alle: ›Oh nein! Wir versuchen hier, einen Plattenvertrag zu bekommen.‹ Aber er [George Martin] hatte Sinn für Humor.«

Den hatte er. Martin hat oft gesagt, es sei die Persönlichkeit der Beatles gewesen, die ihn überzeugt hatte. Sie ihrerseits freuten sich, den Produzenten der von ihnen bewunderten Peter-Sellers- und Spike-Milligan-Aufnahmen kennen zu lernen. Bevor irgendeine Seite richtig erkannt hatte, was die andere zur Sache beisteuern konnte, begegneten sich die Beatles und ihr Produzent auf einer geistigen Ebene.

»Was mir an George Martin bei unserer ersten Begegnung auffiel, war seine Art zu reden«, erklärte George Harrison in der *Anthology.* »Er sprach weder Cockney noch Liverpooler oder Birminghamer Akzent. Uns erschien jeder, ohne Akzent, piekfein zu sein. Er war freundlich, aber etwas lehrerhaft; wir mussten ihn respektieren, aber er wirkte dabei nicht besonders steif – man konnte mit ihm Witze machen.«

Harrison: »Es [die Session] lief gar nicht so übel. Ich glaube, George Martin fand uns unerfahren und ungeschliffen, aber irgendwie interessant.«

Bevor sie die Abbey Road verließen, holten sich die Beatles beim Kassenverwalter des Studios, Mr. Mitchell, ihre von der Musikergewerkschaft festgelegten Gagen ab – 7 Pfund und 10 Shilling für jeden. Ken Townsends Äußerung, dass das Studiopersonal mit Liverpoolern wenig Erfahrung hatte, erklärt vielleicht Mr. Mitchells Verständigungsprobleme mit den vier langhaarigen Jungs: Auf den von ihm ausgestellten Belegen steht: G. Harrison, »Bassgitarre«, J.P. McCartney, »E-Gitarre« und »J. E. Lewnow, wohnhaft Mew Love Ave. 251, Liverpool???« – ein Beweis für die genuschelte Sprachverwirrung.

Am nächsten Tag fuhren die Beatles mit dem, was von ihren 30 Pfund übrig geblieben war, gemächlich nach Liverpool zurück. War die Session am 6. Juni 1962 nun ein Vorspielen, von dessen Eindruck auf George Martin abhing, ob die Beatles einen Plattenvertrag erhalten würden? Oder standen sie bereits unter Vertrag und dies war ihre erste richtige Aufnahmesession?

Paul McCartney und Neil Aspinall, George Martin, Norman Smith und Cris Neal haben die Session als ein Vorspielen

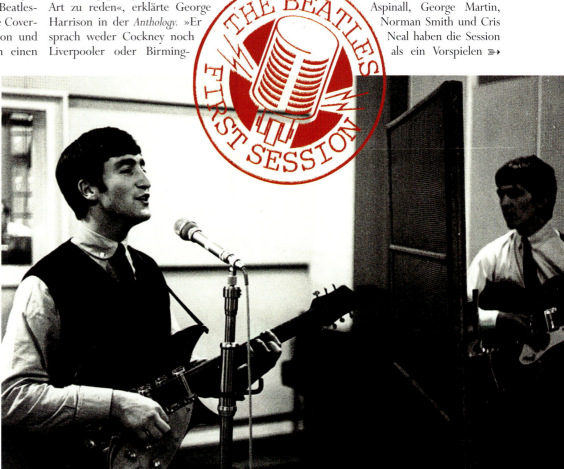

bezeichnet. Doch Ken Townsend, der zwischen einem Vorspielen – um festzustellen, ob es sich lohnt, einen Act unter Vertrag zu nehmen – und kommerziellen Probeaufnahmen nach Vertragsabfassung unterscheidet, beharrt darauf, es habe sich um kommerzielle Probeaufnahmen gehandelt.

Das menschliche Gedächtnis ist nicht immer zuverlässig, zeitgenössische Dokumente schon eher. George Martins Terminkalender für 1962 verzeichnet am Dienstag, dem 13. Februar, ein Treffen mit ›Bernard Epstein‹.

Brian Epstein erwähnt in seiner Korrespondenz im März mehrfach einen bevorstehenden Vertragsabschluss mit einer Plattenfirma, deren Namen er nicht nennt.

Am Montag, dem 7. Mai, schrieb Epstein an Neil Aspinall: »Es wird dich interessieren, zu hören, dass ich diese Woche nach London zu EMI fahre und sehr hoffe, gute Nachrichten zu haben, wenn wir uns am Freitag sehen.« (Der Brief ist in dem Buch *The Beatles – The True Beginnings*, von den Brüdern Roag, Pete und Rory Best, abgedruckt.)

Am 9. Mai schickte Epstein zwei Telegramme von einem Postamt in Abbey-Road-Nähe ab – eins an den *Mersey Beat*: »Vertrag für Beatles über Aufnahmen für EMI bei Parlaphone [sic] Label abgeschlossen. Erster Aufnahmetermin für 6. Juni vereinbart.«, das zweite an die Beatles in Hamburg (von Pete Best in der Biografie von Hunter Davies paraphrasiert): »Glückwunsch, Jungs. EMI will Aufnahmen machen. Bitte neue Lieder einstudieren.« [Daraufhin schrieb George an Margaret.]

Am 18. Mai schickte George Martin der EMI-Verwaltungsabteilung ein Antragsformular für einen Künstlervertrag, in dem alle Einzelheiten aufgeführt waren, nach denen sie einen »Zeitvertrag« für »die Beattles« [sic] aufsetzen sollte – einen Einjahresvertrag mit Option auf drei Verlängerungen um je ein Jahr, der am 6. Juni in Kraft treten sollte.

Am 24. Mai wurde der getippte Vertrag an Martin gesandt – zur Weiterleitung an Epstein.

Der Vertrag war auf den 4. Juni datiert. Das erste Vertragsjahr begann am 6. Juni.

Am 5. Juni reichte Martin den von Epstein zurückerhaltenen, unterzeichneten Vertrag bei der EMI-Verwaltung ein.

Aussagekräftig ist das von George Martin unterzeichnete EMI-interne »rote Formular«, in dem Details der Session am 6. Juni festgelegt wurden. In ihm steht u. a.: »Vertragsart: Zeitvertrag« und »Tantieme: 1 Penny«. Eine schäbige Anfangsvergütung der Beatles bei EMI, doch Künstler, die nur zum Vorspielen bestellt waren, wurden gar nicht bezahlt.

Als ich vor zehn Jahren die Recherchen zu meinem Buch *The Complete Beatles Chronicle* durchführte, legte ich George Martin all diese Unterlagen vor und sagte ihm, die Beatles hätten offenbar schon unter Vertrag gestanden, als die Session am 6. Juni stattfand. Obwohl er die Dokumente nicht widerlegen konnte, erschien ihm die Schlussfolgerung – dass er die Beatles unter Vertrag genommen habe, bevor er sie je gesehen hatte – vollkommen lächerlich. »Dann muss ich sie vor dem 6. Juni gesehen haben«, erklärte er. »Das glaube ich kaum, da sie seit dem 13. April in Hamburg waren«, sagte ich.

»Dann muss ich sie im Februar oder März gesehen haben«, beharrte er.

»Nun, die EMI- und Abbey-Road-Unterlagen sind vollständig und enthalten keinerlei Hinweis darauf. Und ich habe Pete Best gefragt, wie oft er Ihnen begegnet ist und wie oft er in der Abbey Road war, und die Antwort auf beide Fragen lautete: ›Einmal.‹« Daraufhin bestätigte George, dass er Pete Best tatsächlich nur bei einer Gelegenheit begegnet war.

»Warum in aller Welt hätte ich eine Band unter Vertrag nehmen sollen, bevor ich sie gesehen hatte. So etwas hätte ich nie getan, das ist absurd«, meinte George Martin. »Ich weiß es nicht, George, das ist mir auch ein Rätsel.« Selbst die Theorie, der Vertrag sei vorab ausgestellt worden, damit Martin ihn nach dem Vorspielen der Beatles entweder unterzeichnen oder zerreißen konnte, wird durch das »rote Formular« zunichte – die Session fand offenbar im Rahmen eines Vertrags statt.

So oder so waren die Beatles nun bei Parlophone unter Vertrag und gingen davon aus, dass ihre Debütsingle nach den Aufnahmen vom 6. Juni gepresst würde. Ein Artikel im *Mersey Beat* vom 31. Mai bis 14. Juni 1962, dessen Quelle zweifellos Brian Epstein war, verkündete: »Ihre erste Platte … kommt im Juli heraus« und rief die Leser auf, die Stücke vorzuschlagen, die sie am liebsten auf dieser ersten Single hören würden: »Schreiben Sie uns; Einsendeschluss ist Mittwoch, der 6. Juni.«

Und in einem Schreiben mit Datum vom 29. Juni erklärte Epstein EMI's Marketingchef Ron White, mit dem er als Plattenhändler häufig geschäftlich zu tun gehabt hatte: »Ich freue mich sehr auf die Veröffentlichung der ersten Platte der Gruppe, die ich Ende August erwarte – auch wenn ich in letzter Zeit nichts von George Martin gehört habe.«

Der Produzent überlegte wohl immer noch, welchen der Beatles er zum Bandleader machen sollte. Wie Ron Richards sagt: »George und ich gingen eines Tages die Oxford Street entlang und versuchten auszuklamüsern, ob es eher Paul – der gut Aussehende – oder John mit seiner starken Persönlichkeit werden sollte. Keiner von uns konnte sich entscheiden.«

Schließlich sah Martin ein, dass die Band ein harmonisches Ganzes war, in das man nicht eingreifen sollte. Bis auf eine Ausnahme. Paul McCartney erinnert sich: »Als wir im Juni 1962 das erste Mal dort waren, nahm George [Martin] uns beiseite und sagte: ›Mit dem Drummer bin ich nicht zufrieden.‹ Und wir alle: ›Oh Gott, ich sag's ihm nicht. Sag du es ihm!‹« Diesen Punkt spricht auch Ron White in einem Brief an Brian Epstein vom 26. Juni an: »George Martin sagt mir, er sei von ihnen [den Beatles] sehr beeindruckt und habe Ihnen gewisse Anregungen gegeben, durch die sie seiner Ansicht nach noch besser werden könnten, und aus diesem Grund habe er ihnen einen Vertrag angeboten.«

George Martin sagt über die lange Zeit, die bis zur nächsten Beatles-Session in der Abbey Road am 4. September verstrich und zur Verzögerung der Debütsingle bis Oktober: »Ich hielt Ausschau nach einer ersten Single, wusste aber, dass das im Juni aufgenommene *Love Me Do* nicht gut genug war. Es war mir nicht furchtbar eilig. Ich meine, ich hatte die Band unter Vertrag, und ich wusste, dass wir es erst richtig hinkriegen mussten … Ich wusste auch, dass wir *Love Me Do* neu aufnehmen mussten, und zwar mit einem anderen Drummer.« (Und er suchte einen anderen Song aus, *How Do You Do It*, der fast zur Debütsingle der Beatles geworden wäre.)

Pete Best brachte mit seiner Darbietung im Studio die Entwicklung ins Rollen, die zu seinem Rauswurf führte. Für John, Paul und George, Brian Epstein und George Martin dagegen war diese Session der Auftakt zu wesentlich positiveren Veränderungen in ihrem Leben. ∎

Der Neue: Ringo Starr auf einem Pressefoto von Astrid Kirchherr, November 1962.

5. OKT. – 20. NOV. 1962

5 Die erste Beatles-Single erscheint: *Love Me Do/P.S. I Love You*.

6 Auftritt Hulme Hall, Ball der Gartenbaugesellschaft, Birkenhead

7 Abendkonzert im Cavern mit den Bluegenes als Vorgruppe

8 Aufnahmen in der EMI-Zentrale, Manchester Square, London, für den ersten »Auftritt« der Beatles bei Radio Luxemburg

9 Interview mit den Beatles zu ihrer ersten Single in der Redaktion des Record Mirror, London

10 Eine Woche voller Auftritte im Cavern sowie in St. Helen's, Birkenhead, Runcorn und als Vorgruppe von Little Richard im Tower Ballroom, New Brighton

17 Mittags- und Abendauftritte im Cavern. Erster Live-Fernsehauftritt der Beatles – in der im Raum Manchester ausgestrahlten Sendung People And Places von Granada TV

19 Die Beatles geben ein Mittagskonzert im Cavern.

20 Gig im Majestic Ballroom, Hull, Yorkshire

21 Abendauftritt im Cavern, Liverpool

22 Konzert in der Queen's Hall, Widnes. Vorgruppe: Merseybeats

24 Brian Epstein schreibt an den Londoner Musikagenten Tito Burns und teilt ihm freie Termine und die Gagen der Beatles mit.

25 Aufnahmen für die BBC-Radiosendung *Here We Go* in Manchester. Bei einem Interview mit dem Cleaver & Clatterbridge Hospital Radio erklärt Paul: »John Lennon ist der Bandleader.«

26 Zwei Auftritte: Einer im Cavern, abends in der Public Hall, Preston, Lancashire

27 Auftritt in der Hulme Hall, Birkenhead (oben)

28 Die Beatles spielen als Vor- und Begleitgruppe von Little Richard im Empire Theatre, Liverpool.

29 Weitere Aufnahmen in Manchester für die Granada-TV-Sendung People And Places

30 Die Beatles fliegen nach Hamburg.

NOVEMBER 1962

1 Beginn eines zweiwöchigen Engagements im Star Club; abwechselnd mit Little Richard

10 Epstein nennt dem Veranstalter Larry Parnes eine Wochengage von 230 Pfund für die Beatles.

17 Auftritt in der Matrix Hall, Coventry, Warwickshire

18 Auftritt im Cavern mit den Merseybeats als Vorgruppe

19 Mittags im Cavern. Zwei Abendauftritte: im Baths Ballroom, Smethwick, und im Adelphi Ballroom, West Bromwich

20 Zwei Auftritte in der Floral Hall, Southport

Was: John heiratet Cynthia
Wo: Mount Pleasant, Liverpool
Wann: 23. August 23 1962

STOLPERSTEIN

Trotz schlechten Wetters und riesen Lärm behielt John seine Hochzeit mit Cynthia als »Gaudi« in Erinnerung. Von Chris Ingham.

Beide besuchten 1957 das Liverpooler College of Art, doch sonst hatten sie nicht viel gemeinsam. Cynthia Powell war eine höfliche, schüchterne Tweed- und Twinset-Trägerin, John Lennon ein Bürgerschreck in Lederjacke, der offenbar lieber im Unterricht herumalberte und störte, statt Typografie zu lernen.

Anfangs fand sie ihn flegelhaft und ärgerte sich, weil er sich ständig etwas von ihr ausborgte. Dann fing sie an, sich auf den gemeinsamen Typografie-Kurs zu freuen, bis sie eines Tages zu sehen glaubte, wie eine Freundin Lennon übers Haar strich. An dem Gefühl der Eifersucht erkannte sie, dass sie sich in ihn verliebt hatte.

Später lachten sie gemeinsam über ihre Kurzsichtigkeit. Doch als John sie bei einer Mittagsparty der Kunsthochschule im Sommer 1958 zum Tanz aufforderte und sich erkundigte, ob sie schon vergeben sei, platzte Cynthia voller Panik heraus, sie sei verlobt. »Ich hab dich ja nicht gebeten, mich zu heiraten, oder?«, schnaubte Lennon. An dem Nachmittag wurden John und Cynthia in Stuart Sutcliffes möbliertem Zimmer ein Liebespaar. Sie schwindelten ihre Erziehungsberechtigten an, um in den Sommerferien möglichst oft zusammen sein zu können. Als sie im Herbst 1958 aufs College zurückkehrten, waren sie ein Paar.

Cynthia erfuhr bald mehr über John. Erstens, dass sie ihre Zeit mit ihm oft mit seinen Musikerfreunden Paul und George teilen musste, die die Kunsthochschule Liverpool Institute neben dem Art College besuchten. Auch der 16-jährige George tauchte häufig aus dem Nichts auf und trottete ihnen hinterher, ohne je zu merken, dass er störte (und vertraute John später an, Cynthia sei »super«, hätte aber »Zähne wie ein Pferd«).

Zweitens neigte John zu heftigen Stimmungsschwankungen und Eifersuchtsanfällen. Sie lebte in einem Spannungsfeld zwischen Erregung und Beklemmung und schrieb später, er habe ihr »75 Prozent der Zeit Angst eingejagt«. Doch sie fühlte eine tiefe Verbundenheit mit dem Teenager, der gerade auf tragische Weise seine Mutter verloren hatte (Cynthias Vater war früh an Krebs gestorben).

Sie hatte sich John zuliebe vom »Vorzimmerfräulein zu Bohème« gewandelt und stylte sich bald mit wasserstoffblondem Haar, engen schwarzen Pullis und Netzstrümpfen. Trotzdem schüchterten sie die ruppigen Liverpooler Mädchen, die in Scharen aufkreuzten, um ihren Freund auf der Bühne anzustarren, stets ein.

Als die Beatles monatelang in Hamburg spielten, machte sich Cynthia weniger Sorgen wegen der leichten Mädchen von der Reeperbahn (sie blieb lange ahnungslos, was Lennons Techtelmechtel nebenher anging: »Ich glaube, ich muss da eine geistige Sperre gehabt haben«), sondern wegen einer »Astrid«, die John häufig in seinen Briefen erwähnte. Doch als sie John im Frühjahr 1961 in Hamburg besuchte, lernte sie Astrid kennen und wohnte sogar bei ihr. Die beiden freundeten sich rasch an.

Leider trat kein vergleichbarer Effekt ein, als Cynthia nach der Auswanderung ihrer Mutter nach Kanada zu Johns Tante Mimi zog: »Zwei Frauen, die den gleichen Mann liebten … eine unmögliche Situation«, sagte Cynthia.

Im Sommer 1962 begannen sich Brian Epsteins Bemühungen auszuzahlen: in Form von besseren Engagements und Aufnahmesessions bei EMI in London. Außerdem wurde klar, dass Pete Bests Tage gezählt waren. In dieser Stimmung eröffnete Cynthia John tränenüberströmt, dass sie schwanger sei. Er habe benommen geantwortet: »Da gibt's nur eins, Cyn. Wir heiraten.«

John erzählte es seiner Tante Mimi, die bitter enttäuscht war. Obwohl sie mit der Hochzeit nichts zu tun haben wollte, gab sie ihm später zehn Pfund für einen Ring. Brian beriet John hinsichtlich einer standesamtlichen Sondererlaubnis für einen kurzfristigen Hochzeitstermin, der auf den 23. August 1962 angesetzt wurde. Cynthias Mutter reiste einen Tag davor nach Kanada zurück.

Im Standesamt Mount Pleasant versammelten sich an diesem Vormittag drei nervöse Beatles (Neuling Ringo wusste von nichts), Cynthias Bruder Tony und Schwägerin Margery waren Trauzeugen der Braut und Brian Epstein Trauzeuge des Bräutigams. Cynthia trug ein schwarz und lila kariertes Kostüm mit Rüschenbluse – ein Geschenk von Astrid. Brian überließ ihnen als Hochzeitsgeschenk seine Wohnung in der Faulkner Street (die er sonst für diskrete Rendezvous nutzte) zur unbegrenzten Nutzung.

Die Zeremonie als solche wurde rasch zur Farce, weil der Lärm eines Presslufthammers die Stimme des Standesbeamten übertönte, während sich das Paar bemühte, ernst zu bleiben. Als die Hochzeitsgesellschaft erleichtert auf die Straße hinausdrängte, wurde sie von einem sintflutartigen Regenguss durchnässt. Sie zogen weiter zu Reece's Café, wo sie auf Brians Rechnung Hühnchen zu Mittag aßen und mit Wasser auf das Brautpaar anstießen. »Es war eine Gaudi«, erinnerte sich Lennon später.

In der Hochzeitsnacht spielten die Beatles im Riverpark Ballroom in Chester, während Cynthia ihr Hab und Gut in die Faulkner Street schaffte. Während die Karriere der Beatles in Gang kam, blieb diese stiefmütterlich behandelte Ehe ein Geheimnis (bis Ende 1963). »Es war mir peinlich, verheiratet zu sein«, sagte Lennon später. »Es war mir, als ob ich mit zwei verschiedenen Socken oder offenem Hosenstall herumlief.«

(Oben) Paul, John und Cynthia und (darunter) der Trauschein der Lennons.

John und Cynthia Lennon, nun »offiziell« verheiratet, im August 1964 am Heathrow Airport, auf dem Weg nach Amerika.

Paul dreht Däumchen – als echter Musiker vermisst er offenbar sein Instrument.

Was: »Love Me Do« kommt raus
Wo: Großbritannien
Wann: 5. Oktober 1962

LOVE & COMPANY

Die Debütsingle der Beatles, auf der sich der 16-jährigen Paul im Blues versuchte, klang wie von einem anderen Stern. Von Martin O'Gorman.

Der 19-jährige George Harrison konnte es nicht erwarten, die Debütsingle im Oktober 1962 im Radio zu hören, und hielt einsame Nachtwache neben dem Apparat. Seine Mutter war, obwohl unerschütterlicher Beatles-Fan, schon längst im Bett, als sie vom Ruf ihres Sohns geweckt wurde: »Wir sind drin!« »Als ich Love Me Do das erste Mal im Radio hörte, überlief es mich heiß und kalt«, berichtete er. »Ich lauschte auf die Leadgitarre und konnte es nicht glauben.«

Selbst ohne den schlechten Empfang von Radio Luxemburg klang Love Me Do im Vergleich zu den übrigen Popsongs von 1962 wie von einem fernen Stern. Mit der urwüchsigen Mundharmonika und den verwaschenen Liverpooler Vokalen strahlte die Platte die gleiche soziale Stimmung aus, die schon den Satireboom und das »Kitchen-Sink«-Sozialdrama hervorgebracht hatte.

Parlophone hatte die Veröffentlichung von Love Me Do auf Freitag, den 5. Oktober 1962, zwischen Johnny Angels Song Better Luck Next Time und Nicky Hiltons Nummer Your Nose Is Gonna Grow gequetscht. Am nächsten Tag signierten die Beatles in einem Laden in Widnes Platten, um der Single die Publicity zu verschaffen, die sie von EMI nicht erhielt: Als George Martin seinen Bossen von seiner Neuverpflichtung erzählte, hielten sie die Beatles für eine seiner typischen Spinnereien. »Dann, als sie ihnen vorspielte«, berichtet Martin, »dachten sie, ich wäre durchgeknallt.«

Trotz solcher Hindernisse schob sich Love Me Do am 11. Oktober auf Position 49 der Charts und erreichte rund elf Wochen später mit Platz 17 die höchste Platzierung. Allerdings gab es Gerüchte, das habe weniger an der Begeisterung des Publikums, sondern mehr an der ungewöhnlich großen Bestellung eines gewissen Brian Epstein vom Plattenladen NEMS in Liverpool gelegen.

Peter Brown von NEMS behauptete, Brian habe 10 000 Exemplare bestellt, aber Tony Barrow, der neu Presseagent der Beatles, meint, es wären weniger gewesen. »Brian bestellte mehr Exemplare als normalerweise«, sagt er heute. »Aber da er behauptete, seine Band würde berühmter werden als Elvis, musste er diesen Worten auch Taten folgen lassen.«

Barrow alias »Disker«, Musikkritiker des Liverpooler Echo, war der ideale Mann, um die erste Presseverlautbarung der Beatles zu verfassen. Sie stilisierte die Beatles zu »Revolutionären des Rhythmus«, war aber ansonsten »vor allem erklärend. Als ich zum ersten Mal ›Beatles‹ las, dachte ich, es wäre ein Tippfehler. Also musste ich klarstellen, dass es ... wirklich B-E-A buchstabiert wurde.«

Barrow betonte, dass Love Me Do und P. S. I Love You Eigenkompositionen von John Lennon und Paul McCartney seien, und läutete damit den Machtverfall der US-Schlagerindustrie in der Tin Pan Alley ein. Das 1958 geschriebene Love Me Do war der »Versuch einer Bluesnummer« des damals 16-jährigen Paul McCartney. Die Beatles nahmen das, unter dem Einfluss des Bruce-Channel-Hits Hey Baby, um die Mundharmonika ergänzte Stück im Frühjahr 1962 in ihr Live-Programm auf und spielten es im Juni bei EMI vor.

Doch George Martin war von ihren Originalsongs nicht so beeindruckt und suchte für die erste Single stattdessen den harmlosen Song How Do You Do It des Profiautors Mitch Murray aus. Den Beatles gefiel er nicht, aber Epstein bestand darauf, dass sie ihn für die Session am 4. September einstudieren sollten. »Er sagte: ›Es ist egal, ob ihr ihn mögt, spielt ihn einfach.‹«, erzählt McCartney. »Wir sagten: ›Wir können diesen Song nicht mit nach Hause nehmen; man wird uns auslachen!‹«

Nach einer betont lustlosen Darbietung von How Do You Do It überredeten Lennon und McCartney George Martin, sich Love Me Do noch einmal anzuhören. Er willigte ein, übertrug aber, da Lennon die Mundharmonika spielte, McCartney den Leadgesang. Nachdem er sich die Beatles-Version von How Do You Do It »sehr genau angesehen« hatte, überließ er es schließlich Gerry And The Pacemakers, die im April 1963 zur Nummer eins zu machen. »Letztlich habe ich mich für Love Me Do entschieden«, räumt er ein. »Es war Johns Mundharmonika, die dem Song seinen Reiz gab.«

Doch es gab noch andere Verständnisprobleme: So interpretierte Steve Martin Ringos intuitives Off-Beat-Spiel fälschlich als bloße Schluderigkeit. McCartney mutmaßte später, dass der Produzent an Show-Drummer gewöhnt war, die sich mit der Basstrommel an den Bass »anhängten«. »Damit hielten wir uns nicht auf«, sagt er. »Bei uns gab es einfach vier Beats pro Takt – also das, was als Mersey-Beat bekannt wurde.«

Martin bestellte die Beatles eine Woche später erneut in die Abbey Road. Sein Assistent Ron Richards hatte ohne ihr Wissen den Studio-Drummer Andy White für die Session engagiert. Starr schlug missmutig das Tamburin

> »Als ich Love Me Do das erste Mal im Radio hörte, überlief es mich heiß und kalt.« George Harrison

zu Love Me Do und P. S. I Love You: »Ich war fertig. Ich dachte, sie machen mit mir das Gleiche wie mit Pete. Wie faul dieses Plattengeschäft war – andere Musiker anstellen, damit sie die Platten für einen machen.«

Letztlich war alles halb so wild: Die Single erschien doch mit der Ringo-Version, auch wenn auf der Rückseite nach wie vor Andy White zu hören war. Drei Jahrzehnte später schimpfte Ringo immer noch über Martin: »Ich habe den Mistkerl jahrelang gehasst.«

Der lockere »Mersey Beat« unterstrich jedenfalls die urwüchsige Wirkung von Love Me Do. Als die Single immer häufiger im Radio lief, begann sich der Ruhm der Beatles auch ohne Werbung zu verbreiten. Und als sie in die Top 20 vorstieß, jubelte Brian Epstein: »Was könnte wichtiger sein als das?«

21. NOV.–31. DEZ. 1962

21 Mittags und abends Gigs im Cavern

22 Auftritt im Majestic Ballroom, Birkenhead

23 Probeaufnahmen für den BBC-TV-Produzenten Ronnie Lane in der St. Jame's Church Hall, London. Vier Tage später erhält Brian Epstein eine schriftliche Absage von der BBC. Abendauftritt im Tower Ballroom, New Brighton

24 Auftritt im Royal Lido Ballroom, Prestatyn, Wales

25 Ein weiterer Abendauftritt im Cavern

26 Die Band nimmt bei EMI in der Abbey Road, London, Please Please Me, Tip Of My Tongue und Ask Me Why auf. George Martins Reaktion: »Glückwunsch, Jungs! Da habt ihr eure erste Nummer eins.«

27 Aufnahmen für ihre erste BBC-Radiosendung, The Talent Spot, im Paris Studio, Regent Street, London

28 Zwei Abendgigs: im Cavern und im 527 Club, Liverpool

29 Auftritt im Majestic Ballroom, Birkenhead

30 Mittagsauftritt im Cavern, Abendauftritt in der Town Hall, Newton-le-Willows

DEZEMBER 1962

1 Abendauftritte in der Victory Memorial Hall, Northwich, und im Tower Ballroom, New Brighton

2 Auftritt der Beatles im Embassy Cinema, Peterborough, wo sie beim Publikum gar nicht gut ankommen

3 Liveauftritt der Beatles in der TV-Sendung Discs A Go Go, TWW Studios, Bristol

4 TV-Debüt der Band im Großraum London – in der Kindersendung Tuesday Rendezvous

5 Innerhalb der nächsten Woche absolvieren die Beatles fünf Auftritte im Cavern. Am 9. kommt George Martin in den Club, um Pläne für ein Livealbum zu prüfen. Außerdem spielt die Band in Southport, Runcorn, New Brighton und Manchester.

13 Die Beatles springen im Corn Exchange, Bedford, für Joe Brown ein.

14 Music Hall, Shrewsbury; im Vorprogramm: Gary B. Goode

15 Die Beatles spielen bei der ersten Mersey Beat Poll Awards Show im Majestic Ballroom, Birkenhead.

17 Dritter Auftritt in der Granada-TV-Sendung People And Places in Manchester

18 Beginn des letzten Hamburg-Aufenthalts – anlässlich eines 14-tägigen Engagements im Star Club

28 John Lennon erscheint im Star Club mit einer Klobrille um den Hals auf der Bühne, um seine Abneigung gegen den Geschäftsführer des Clubs zu demonstrieren.

31 Letzter Auftritt der Beatles im Star Club

1963

Die Beatles veröffentlichten ihr erstes Album, hatten ihren ersten Nr.-1-Hit, die Beatlemania setzte ein und das ganze Land war verrückt nach einem Song: *She Loves You*. Die vier freundeten sich mit den Stones an und gingen mit Helen Shapiro und Roy Orbison auf Tour. In nur drei Monaten verabschiedeten sie sich vom Cavern-Club und spielten anlässlich der *Royal Variety Performance* vor der Königin-Mutter. Jetzt waren die Fab Four tatsächlich am Ziel.

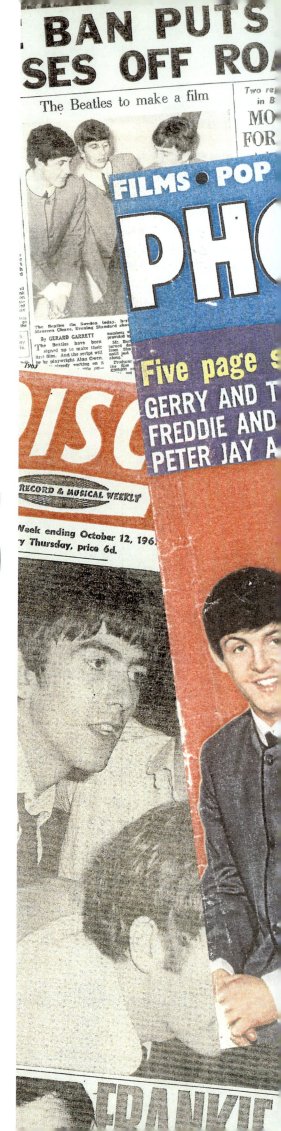

1. JAN. – 5. FEB. 1963

JANUAR 1963

1 Die Beatles fliegen von Hamburg nach London.

2 Der Flug der Beatles von London nach Edinburgh zum Start ihrer Schottlandtournee wird wegen schlechten Wetters nach Aberdeen umgeleitet. Ihr Auftritt in Longmore Hall, Keith, fällt aus.

3 Die Tournee beginnt im Two Red Shoes Ballroom, Elgin, Schottland.

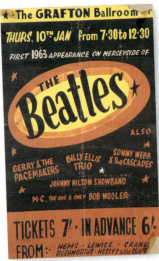

10 Zurück in Liverpool; Auftritt in den Grafton Rooms (oben).

11 Die zweite Single, *Please Please Me*, erscheint in Großbritannien; Mittagsauftritt im Cavern, Abendauftritt im Plaza Ballroom, Old Hill, Staffordshire.

12 Auftritt im Invicta Ballroom, Chatham, Kent.

13 Aufnahme von *Please Please Me* für die ABC/ITV-Sendung *Thank Your Lucky Stars*, Alpha Television Studios, Birmingham.

16 Liveauftritt in der TV-Sendung *People And Places* im Granada TV Centre, Manchester.

17 Die Beatles spielen mittags im Cavern und abends im Majestic Ballroom, Birkenhead.

19 Mit der Ausstrahlung von *Please Please Me* bei *Thank Your Lucky Stars* sind die Beatles erstmals landesweit im Fernsehen zu sehen.

21 Aufnahmen für die Radio-Luxemburg-Sendung *The Friday Spectacular* im EMI House, London.

22 Aufnahme von fünf Songs für die BBC-Radiosendung *Saturday Club* im Playhouse Theatre, London.

24 Auftritt in der Assembly Hall, Mold, Flintshire.

25 Brian Epstein unterschreibt einen Beatles-Plattenvertrag für die USA mit Vee-Jay Records.

26 Auftritte im El Rio Club, Macclesfield, und King's Hall, Stoke-on-Trent.

27 Gig im Three Coins Club, Fountain Street, Manchester.

28 Auftritt im Majestic Ballroom, Newcastle-upon-Tyne.

FEBRUAR 1963

1 Auftritte in den Assembly Rooms, Tamworth, und Maney Hall, Sutton Coldfield, Warwickshire.

2 Eröffnung der Helen-Shapiro-Tournee mit den Beatles im Vorprogramm, Gaumont Theatre, Bradford.

4 Letzter Mittagsauftritt der Beatles im Cavern.

5 Auftritt mit der Helen-Shapiro-Tournee, Gaumont, Doncaster.

Was: Erste Package-Tour der Beatles
Wo: Gaumont Theatre, Bradford
Wann: 2. Februar 1963

TOLLE BESCHERUNG!

1963 spielten die Beatles im Vorprogramm mehrerer Package-Tourneen, deren Topstars sie jedoch bald überstrahlten. Von Johnny Black.

Obwohl die Rock'n'Roll-Ära noch kein Jahrzehnt alt war, kristallisierte sich in England, zu der Zeit, als die Beatles mit *Love Me Do* erstmals landesweite Aufmerksamkeit erregten, bereits der typische Weg eines Rock'n'Roll-Stars heraus. Eine Rock'n'Roll-Karriere begann mit schlecht bezahlten Gigs in kleinen Clubs und gipfelte – vor der Ära der Stadionkonzerte – in einem Konzert im Londoner Palladium.

Dazwischen lagen Package-Touren, Sommerengagements in den Badeorten und, da die Rockmusik als kurzlebiges Phänomen betrachtet wurde, der unvermeidliche Wechsel in die Erwachsenenwelt der Cabarets. Am 2. Februar 1963 nahmen die Beatles die erste Sprosse auf dieser Leiter: als bescheidene Vorgruppe des Topstars Helen Shapiro auf einer einmonatigen Package-Tour, die im Gaumont Theatre in Bradford begann. Mit von der Partie waren: Danny Williams, Kenny Lynch, The Honeys, The Kestrels, das Red Price Orchestra und, als Ansager, der Komiker Dave Allen.

»Die Beatlemania war noch nicht so recht ausgebrochen«, erinnert sich Tony Bramwell, ihr Roadie. »Der Unterschied war nur, dass sie im Vorprogramm weniger Stücke spielen mussten als bei einem abendfüllenden Auftritt und sich nach jedem Stück verbeugten, was Brian Epstein ihnen nahe gelegt hatte.«

Nachdem sie in Liverpool und Hamburg schon große Tiere gewesen waren, fanden sie sich jetzt am unteren Ende der Nahrungskette wieder. »Helen war der Star«, erzählte Ringo. »Sie hatte einen Fernseher in ihrer Garderobe und wir nicht. Wir mussten sie fragen, ob wir bei ihr fernsehen könnten.«

Als erfahrener Profi merkte Helen Shapiro, wie rasch sich die vier Liverpooler auf das Umfeld einstellten. »Ich sah, wie sie sich anpassten und ihren Auftritt polierten – die Stücke im Set ausfeilten und die Lautstärke runterdrehten. Sie hatten aber auch noch zu viel Schliff – ich war froh, dass sie etwas von ihrer Urwüchsigkeit bewahrten.«

Kenny Lynch erinnert sich an eine Neuerung, die sie auf dieser Tournee einführten: »… John und Paul sagten, sie planten, gemeinsam nach vorn ans Mikro zu laufen, ihre Köpfe zu schütteln und dabei ›Whuuuu!‹ zu singen. Ich sagte: ›Das könnt ihr nicht machen. Sie werden euch für Schwuchteln halten.«

Am 22. Februar war *Please Please Me* die Nummer eins der britischen Charts, und gegen Tourende, am 3. März, wurden die Beatles auf einen besseren Programmplatz – am Ende der ersten Hälfte – befördert. Ähnliches wiederholte sich auf weiteren Package-Tourneen.

Ohne Atempause starteten die Beatles am 9. März zur nächsten Package-Tour, diesmal mit den US-Gaststars Tommy Roe und Chris Montez sowie den Viscounts, Debbie Lee, Tony Marsh und den Terry Young Six. Bramwell zufolge waren dies »die besten Konzerte, die die Beatles je gespielt haben. Sie hatten als Liveband ihren Höhepunkt erreicht, was man wirklich sehen und hören konnte. Das gellende Kreischen hatte noch nicht so richtig angefangen, aber die Beatlemania kam allmählich in Fahrt, und ich glaube, die Amerikaner waren ziemlich baff.«

Wie Shapiro erkannte Chris Montez bald, dass er hier mit scharfer Konkurrenz zu tun hatte. »Sie eröffneten das Konzert, ich gab das Finale. Ich sah sie mir jeden Abend an, und sie hatten so viel Energie und Power.«

Beim Gig in Liverpool erkannte auch Tommy Roe, der zweite Top-Act, was los war: »Ich sagte: ›Das ist eure Stadt, macht ihr das Finale, ich bin hier nicht die Hauptattraktion.‹ Sie waren beeindruckt, dass ich vor ihnen auftrat.«

Danach übernahmen die Beatles bei jedem Termin die Starrolle. »Es war höllisch peinlich für ihn [*Montez*]«, räumte McCartney später ein. »Ich meine, was hätten wir sagen sollen? Sorry, Chris? Er trug es mit Würde.«

Ab dem 18. Mai standen die Beatles vor einer noch größeren Herausforderung: einer Tournee mit Roy Orbison, einem echten Pionier des Rock, den alle Welt bewunderte und respektierte. »Er brachte sie um den Verstand und sie schrien nach mehr«, sagt Ringo. »In Glasgow standen wir alle hinter der Bühne und lauschten dem gewaltigen Beifall, den er bekam. Er stand nur da und sang, ohne sich zu bewegen oder irgendwas. Wenn unser Auftritt näher rückte, versteckten wir uns hinter dem Vorhang und flüsterten uns zu: ›Ratet mal,

> »In Liverpool und Hamburg waren sie große Tiere. Nun standen sie am unteren Ende der Nahrungskette.«

wer jetzt kommt, Leute: eure Lieblingstanzband.‹ Aber wenn wir dann auf der Bühne waren, war es immer o.k.«

Wieder liefen die Beatles dem Top-Act den Rang ab und durften bald das Finale des Abends bestreiten. »Zu der Zeit hätten sie mit eigenen Einzelkonzerten schon mehr verdienen können«, erklärt Bramwell, »aber die Werbewirkung einer Package-Tour war sehr nützlich.«

Ihre vierte und letzte Package-Tour startete am 1. November im Odeon, Cheltenham, unter der Überschrift »The Beatles' Autumn Tour« mit Peter Jay And The Jaywalkers, den Brook Brothers und anderen.

Das Beatles-Imperium wuchs täglich und Bramwell arbeitete inzwischen in Brian Epsteins NEMS-Verwaltung, aber jeden Freitag »fuhr ich von Liverpool los, um ihnen ihre Gagen in einem kleinen Umschlag mit einem blauen Honorarabrechnungszettel zu bringen. Sie verdienten 300 Pfund pro Abend, aber viel davon ging für Verwaltungs- und Tourneekosten drauf, sodass letztlich 50 Pfund für jeden blieben, damals recht gutes Geld.« Innerhalb eines Jahres hatten die Beatles die Spitze der Package-Tour-Pyramide erklommen und würden nie wieder für irgendwen die zweite Geige spielen.

»Denk nur, John, deine Band ist bekannter als Kenny Lynch!« Helen wagt ein Tänzchen mit dem Musiker ihrer Vorgruppe.

ALBUM INFOS

PLEASE PLEASE ME

Das perfekte Präludium

Please Please Me war nicht nur Auftakt der Albumkarriere der Beatles, sondern auch Geburtsstunde einer neuen Ära und eines Phänomens. Richard Williams über 14 Songs, die die Popmusik veränderten.

Für die damaligen Teenager war *Please Please Me* der erste Kontakt mit dem Medium Langspielplatte und der erste Vorgeschmack einer drohenden Abhängigkeit. Bis dahin rotierte die Welt mit 45 Umdrehungen pro Minute. Ältere Geschwister hatten vielleicht Platten wie *Ella Sings Gershwin, West Side Story Soundtrack, Chris Barber Bandbox Vol. 2* und wenn es hoch kam Bill Haleys LP *Rock Around The Clock*. Doch Anfang der Sechziger waren LP's nahezu unerschwinglich. Als *Please Please Me* herauskam, hatte die Kaufkraft der Teenager jedoch gerade eine kritische Masse erreicht und stand kurz vor der Explosion.

Das Album kam am Freitag, dem 22. März 1963, in die Läden, als der Absatz der gleichnamigen Single gerade abzuflauen begann. Fünfeinhalb Monate zuvor hatte sich *Love Me Do* so eben in die Top 20 geschoben – wahrlich kein Indikator dafür, dass die Geburt eines Phänomens bevorstand. Doch mit dem Frühjahr kam die Beatlemania allmählich in Fahrt. Und ob sie nun von irgendwelchen Tin-Pan-Alley-Machenschaften forciert wurde oder nicht: Die Beatles-Begeisterung erfasste die Kids in den Clubs und Kinderzimmern des Landes augenblicklich. Ein Bedürfnis war geweckt worden, und hier kam die LP mit 14 Nummern, um es zu befriedigen.

Nicht, dass sie etwas revolutionär Neues bot. Auswahl und Reihenfolge der 14 Songs waren so konzipiert, die Hits einzubetten und die Vielseitigkeit der jungen Künstler zu demonstrieren. Eigentlich wurde hier nur das bewährte Rezept aufgegriffen, den oft kurzlebigen Erfolg der Hitparadenstars optimal auszuschlachten: zwei Hit-Singles und dazu allerlei hastig aufgenommenes Füllmaterial. Ungewöhnlich war allenfalls die Aufnahme von acht Originalsongs von John Lennon und Paul McCartney. Damit läutete dieses Album die Ära der »autarken« Bands ein, deren Mitglieder ihr Musikmaterial selbst schrieben. Die sechs Coverversionen spiegelten nicht nur die Zusammensetzung ihres Bühnenprogramms wider, sondern zeigten auch die Zweifel der Produzenten, ob das Songwriter-Talent der Beatles ausreichen würde, um eine ganze LP zu tragen (selbst wenn sie nur 32 Minuten Musik zu bieten hatte).

Schon im Schaufenster wirkte die LP irgendwie anders. Auch der Mundharmonika-Sound von *Love Me Do* hatte etwas Besonderes an sich, ja selbst der Name »Beatles«, und zwar etwas, das nicht der künstlichen Popindustrie zu entstammen schien. Das von Angus McBean im Treppenhaus des Foyers der EMI-Zentrale aufgenommene Coverfoto war etwas völlig Neues: die kecken Mienen, die rosa Hemden und vor allem das in die Stirn gekämmte Haar (wobei Ringo noch den Anflug von Schmalztolle aufwies). Die Kulisse, ein Nachkriegsbau, wirkte modern, zwanglos und meilenweit vom Showbusiness entfernt. Die vier sahen aus wie freche Bürohengste und ganz und gar nicht wie jene glutäugigen Elvis-Kopien, welche die Star-Fabriken von Larry Parnes und Joe Meek reihenweise hervorbrachten.

Es war George Martins erste brillante Entscheidung als Produzent der Beatles, dass er ihnen erlaubte, ihr Debütalbum mit dem heiseren Schrei »One-two-three-FOUR« am Anfang von *I Saw Her Standing There* zu beginnen – eine nicht weniger dramatische Eröffnung als das »Well it's

> »Die Beatles-Begeisterung erfasste die Kids in den Clubs und Kinderzimmern des Landes augeblicklich und kollektiv.«

FOTO: CAMERA PRESS

a-one for the money, two for the show, three to get ready and go, cat, go!«, mit dem Elvis sieben Jahre zuvor sein erstes Album eingeleitet hatte. Das neues Publikum wusste noch nicht viel über den Background der vier, doch durch diesen Auftakt war sofort klar, dass die Beatles eine Liveband waren – ob Martin das so beabsichtigt hatte oder nicht.

Nicht weniger bedeutsam war der Klang von Johns Rhythmusgitarre in den ersten Sekunden des ersten Stücks: ohne Echo und mit äußerst konzentrierter Energie aufgenommen, jedoch ohne Modulation oder Affektiertheit gespielt – das wurde der prägende Sound des Beatbooms.

Das mitreißende, vor Energie berstende Stück *I Saw Her Standing There* hatten John und Paul in 20 Minuten geschrieben – vor Jahren an einem Nachmittag, an dem sie die Schule schwänzten. Doch der Song klingt wie das Pro-

DIE STÜCKE

A-SEITE

1. I Saw Her Standing There
Lennon/McCartney
Gesungen von McCartney

2. Misery
Lennon/McCartney
Gesang Lennon & McCartney

3. Anna (Go To Him)
Alexander
Gesungen von Lennon

4. Chains
Goffin/King
Gesang Lennon, McCartney & Harrison

5. Boys
Dixon/Farrell
Gesungen von Starr

6. Ask Me Why
Lennon/McCartney
Gesungen von Lennon

7. Please Please Me
Lennon/McCartney
Gesungen von Lennon

B-SEITE

8. Love Me Do
Lennon/McCartney
Gesungen von McCartney

9. P.S. I Love You
Lennon/McCartney
Gesungen von McCartney

10. Baby It's You
Bacharach/David/Williams
Gesungen von Lennon

11. Do You Want To Know A Secret
Lennon/McCartney
Gesungen von Harrison

12. A Taste Of Honey
Marlow/Scott
Gesungen von McCartney

13. There's A Place
Lennon/McCartney
Gesungen von Lennon

14. Twist And Shout
Medley/Russell
Gesungen von Lennon

ALBUM INFOS

PLEASE PLEASE ME

PRESSESTIMMEN

Please Please Me ist »erstklassiges Geklimper«

»14 aufregende Stücke mit dem vokal-instrumentalen Drive, der die Liverpooler Gruppe in kurzer Zeit ganz nach oben gebracht hat. *Please Please Me* und *Love Me Do* kennt man, aber hier sind zwölf weitere Reißer, darunter John Lennons heißes *Twist And Shout* und der Shirelle-Song *Baby It's You*, sowie *Boys* mit dem glänzenden Ringo Starr und *Misery*, ein tolles Duett von John und Paul. Der Leadgitarrist George Harrison macht sich durchgehend kraftvoll bemerkbar.«
Allen Evans, NME, 5. April 1963

»Gleich nach den Single-Erfolgen wenden sich die Beatles nun mit *Please Please Me*, ihrer Parlophone-Debüt-LP, dem Albummarkt zu. Die Liverpooler Gruppe ist den Popgruppen im übrigen Land mit ihrer Kombination von erstklassigem Geklimper und aufregender, alle Register ziehender Vokalarbeit, die sich zu einem ungeheuer verkaufsträchtigen Sound verbinden, eine Nasenlänge voraus. Und außerdem ist *Love Me Do*, die erste Single der Beatles, mit auf der Platte. Das neue Beatles-Album klingt, ganz wie vorherzusehen war, echt allererste Sahne, und es verkauft sich blendend.«
Norman Jopling vom Record Mirror, 30. März 1963

COVER STORY

Die Musik war toll, aber das Cover war »Mist«, meinte George.

Das Debütalbum der Beatles, das sich ganze 30 Wochen an der Spitze der Albumcharts hielt, mag eine musikalische Revolution eingeleitet haben, doch für die Covergestaltung galt das sicher nicht. Die auf dem Cover aufgeführten Informationen – der von ihrer ersten Nr.-1-Hit-Single ohne Fantasie abgekupferte Titel, die Nennung ihrer Debütsingle *Love Me Do* und die Info »und zwölf weitere Songs« – erschienen gleichberechtigt neben dem Coverfoto.

Darüber, wie das Cover aussehen sollte, herrschte von Anfang an keine rechte Einigkeit. Brian Epstein wollte Dezo Hoffmans groteske Aufnahme des vor den Abbey Road Studios herumalbernden Quartetts verwenden, während George Martin etwas ganz anderes vorschwebte. »Ich war Mitglied im Verwaltungsrat des Londoner Zoos und dachte törichterweise, es wäre eine gute Idee, die Beatles vor dem Insektenhaus fotografieren zu lassen«, erinnert er sich in Mark Lewisohns Beatles-Buch *The Recording Sessions*. »Aber die Leute vom Londoner Zoo waren ein verknöcherter Haufen und lehnten ab. Ich wette, das tut ihnen inzwischen Leid.«

Letztlich wurde der talentierte Theaterfotograf Angus McBean angeheuert, der die über die Brüstung der EMI-Zentrale am Manchester Square, London, gebeugten Beatles von unten aufnahm. Während George Harrison mit dem Ergebnis nicht zufrieden war – er bezeichnete das Cover schlicht als »Mist« –, kam es bei John gut an: Sechs Jahre später bestellte er McBean an den Schauplatz zurück, um die Fotosession zu wiederholen. Die Aufnahmen, ursprünglich für das Cover des geplanten Albums *Get Back* (das schließlich *Let It Be* genannt wurde) gedacht, wurden letztlich für das »rote« und das »blaue« Album, The Beatles/1962–1966 und The Beatles/1967–1970, verwendet, die 1973 erschienen.

Lois Wilson

»Die Musiker auf dem Cover sahen wie freche Bürohengste aus, nicht wie die üblichen Elvis-Kopien.«

dukt einer Band, die bereits ihren Stil gefunden hatte. Von Pauls Rockaboogie-Bass-Sound bis zu seinem Falsettkreischen war es ein echtes Rock'n'Roll-Manifest, dem sich *Misery* entgegenstellte, eine Eigenkomposition mit in freiem Tempo gespieltem Intro und eher steifen Klavierfiguren (von George Martin Tage nach der Session eingespielt). Die Beatles waren eben immer für eine Überraschung gut.

Mit *Anna (Go To Him)*, dem respektablen Cover von Arthur Alexander, profilierten sie sich erstmals als R&B-Musiker. In Liverpool und Hamburg hatten sie den neuen Tönen aus Detroit, Chicago und New York gelauscht – den ersten Regungen des Soul und den Girlgroups. Von den Cookies hatten sie das nächste Stück entliehen, Carole Kings und Gerry Goffins beschwingtes *Chains*, und von den Shirelles das nette *Baby It's You*, einen frühen Song von Bacharach und David (und Barney Williams), sowie *Boys*, die B-Seite der Single *Will You Love Me Tomorrow*, ein Song, der Ringo Gelegenheit gab, seine schlichte Stimme zu präsentieren.

Im Interview mit Mark Lewisohn erklärte Paul, dass ihre frühen Songs praktisch direkt an die Fans gerichtet waren: Die häufige Verwendung von Personalpronomen wie »you«, »me«, »I« war ein Grund für ihre ungewöhnlich direkte Wirkung auf ihre weiblichen Fans. Das bestätigen auch die beiden Singles, die das Herzstück des Albums bilden, und die dazugehörigen B-Seiten *Ask Me Why* und *P. S. I Love You*, zwei melodische Balladen mit verwässertem Latinorhythmus, der damals in der Popmusik allgegenwärtig war. McCartneys Sologesang bei *P. S. I Love You* ist bemerkenswert selbstsicher und ausgefeilt, besonders seine improvisierten Zwischenbemerkungen in der letzten Strophe. Johns Sologesang beim nachfolgenden *Baby It's You* hat zwar nicht Pauls Präzision, dafür aber eine Schroffheit und Schärfe, aus denen mehr echtes Gefühl spricht.

Die Beatles nehmen bei der Vorstellung des Albums am 5. April 1963 ihre erste Silberne Schallplatte für die Single *Please Please Me* entgegen.

George Harrison gibt ein etwas wackeliges Gesangsdebüt mit *Do You Want To Know A Secret*, einer handwerklich gut gemachten Popmelodie, die Billy J. Kramer And The Dakotas, ebenfalls Schützlinge von Brian Epstein, ihren großen Hit bescheren sollte. Pauls romantisches *A Taste Of Honey* ist eine Ballade mit Echoeffekten, bei der sie mühelos zwischen Walzertakt und jazzigem Vierviertaltakt wechseln.

Als John und Paul *There's A Place* schrieben, muss ihnen die Hitsingle schon in den Ohren geklungen haben. Wie einfach wäre es gewesen, diesen nur 1:49 Minuten langen typischen Beatsong mit den klagenden Harmonien im Everly-Stil und Ringos ratternden Schlagzeugtriolen als Nachfolger von *Please Please Me* herauszubringen. Aber dann kam *She Loves You* mit diesem »yeah yeah yeah«, das irgendwie die gesamte Beatlemania charakterisierte.

Doch wie später noch oft, hatten sich die vier das Aufregendste für den Schluss aufgehoben. *Twist And Shout*, ein von den Isley Brothers geborgter Song, war im Cavern Club ihre Erkennungsmelodie. Die schlichte Variation der Drei-Akkord-Formel von *La Bamba* und tausend anderen Songs, von einem heiseren John Lennon gesungen, mit den lang gezogenen, kreischenden Crescendos, wurde für Millionen zum Soundtrack ihrer ersten wilden Tanzfete.

ERSTE LIEBE

Lemmy von Motörhead über *Please Please Me*, das ihn süchtig nach Rockmusik machte.

»Die Beatles im Cavern waren die erste Band, die ich sah. Ich war 16. Sie waren saugut; es war Wahnsinn. Ich wohnte auf der Insel Anglesey, und dieses Mädchen aus Liverpool, das in den Ferien da war, malte einen Käfer [beetle] mit sechs Beinen an unsere Garage. Ich hatte keine Ahnung, was das sollte. Es war das Erste, was ich je von ihnen hörte. Sie spielte mir ihre Musik vor, und ich fand es fantastisch. Sie waren eine Revolution. Bis dahin kannten wir Bobby Darin, Perry Como und Frankie Avalon, und als sie dann aufkreuzten, das war umwerfend. Das war etwas, was ich verstand.

Wenn sie live spielten, bepissten sich die kreischenden Mädchen bei ihrem Anblick. Sie wirkten sehr rebellisch. Meine Eltern hassten sie. Sie waren total dagegen, dass ich ihre Musik hörte und Gitarre spielte. Wir wohnten auf einem Bauernhof, und ich musste zum Üben in die Scheune gehen. Na ja, wenigstens durfte ich eine Gitarre haben.

Ich spielte *Please Please Me* mit, bis ich die Akkorde heraushatte. Ich klaute auch ihre Weltanschauung. John war mir am liebsten. Er war der größte Schweinehund von ihnen. Der größte Sarkast. Ich bin ein großer Fan von Sarkasmus, und er hatte ihn drauf. Auf *Please Please Me* sind die besten Stücke – *Twist And Shout* ist purer Rock'n'Roll, *Anna*, *Baby It's You* und *Boys* ist zum Schreien. Nie käme mir die Idee, die Beatles zu covern. Ich könnte ihre Songs nie besser machen, wozu also?«

Lois Wilson

I wanna be your Fan

Auch hinsichtlich ihrer Fans setzten die Beatles neue Maßstäbe. **Mark Lewisohn** skizziert die Ausbreitung der Beatlemania.

Vier Typen in Regenmänteln und Anzügen, von hysterischen, meist weiblichen Fans gejagt, denen sich Polizisten mit zusammengebissenen Zähnen entgegenstemmen, die Hacken so tief eingegraben wie das Grinsen auf ihren Gesichtern, John Lennon mit schwarzem Kamm als Bärtchen, der den Massen den Hitlergruß entbietet. Diese Bilder bleiben unvergessen.

Die Beatlemania entsprach einer globalen Klimaerwärmung, die auch nach 40 Jahren fortwirkt. Soziologen waren perplex, Psychologen faselten Halbgares: »Die Mädchen bereiten sich unterbewusst auf die Mutterschaft vor; ihre hysterischen Schreie sind eine Vorwegnahme dieses Augenblicks«, erklärte ein »Experte« der News Of The World. Bis heute ist das Phänomen der Beatlemania nicht leicht zu beschreiben, ihre Geschichte dagegen schon.

Der Begriff Beatlemania wurde von der britischen Presse geprägt, für die das Thema eine unerschöpfliche Quelle des Humors war. Doch die Beatlemania selbst war keine Medienmasche und kein PR-Gag der Plattenfirma. Die Teenager wurden nicht gezielt zur Hysterie getrieben. Es war ein natürliches Phänomen, ein – von Elvis einmal abgesehen – einzigartiger Fall, in dem ein großartiges Talent die Menschen in seiner reinsten Form berührte. Nicht nur die Presse schwelgte in ihr, auch die Öffentlichkeit wollte die Beatlemania.

Es gab 1963 viele Bands, aber es gab keine Brian-Poole-And-The-Tremoloesmania. Die Beatles boten die perfekte Mischung: Sie sahen gut aus, spielten super Songs, tolle Sounds, waren neugierig, intelligent, aufgeschlossen, witzig und frech. Sie waren zwar ein wenig arrogant, doch besaßen sie das Talent, mit den Medien zu spielen. Zu dieser Mixtur gesellte sich das Wunder, das weder die Fans noch die Medien voraussehen konnte: Die Beatles hatten ein geniales Gespür für das richtige Timing und eine instinktive Begabung für Überraschungen und schonungslose Originalität.

Der britische Humorist Gale Pedrick schrieb bereits 1957: »Der Fankult in seiner unschöneren Form – Hysterie, Massenwahn und völliger Mangel an gutem Geschmack – ist der traditionellen britischen Unterkühltheit völlig fremd ... [und] es ist umso bemerkenswerter, dass wir damit angefangen haben.«

Der Schauspieler Lewis Waller verfügte bereits zu Beginn des 20. Jahrhunderts über einen Fanclub. Beim Anblick von Stars wie Rudolf Valentino, Ramon Novarro und Carl Brisson schrie das Publikum in den 20er-Jahren ebenso vor Begeisterung wie später bei Johnnie Ray und Frank Sinatra. Mit dem Rock'n'Roll wurden die Fans jünger – Cliff Richard war seit Move It von vielen Mädchen umkreist worden, und manche kreischten sogar für Jess Conrad, zu dessen Stärken der Harmoniegesang wahrlich nicht gehörte. Solche Idole wurden vom überalterten Varieté- und Showbusiness-Establishment, das bis weit in die 60er-Jahre den Ton angab, als Filmstars vermarktet.

Die Beatlemania schwelte schon lange bevor die Beatles bekannt wurden. Einige, die ihren Gig in der Litherland Town Hall am 27. Dezember 1960 miterlebt haben, behaupten, dass die Beatlemania an jenem Abend geboren wurde. Damals ließ die unbekannte Band aus einheimischen Musikern – John, Paul, George, Pete und der meist unerwähnte Aushilfsbassist Chas Newby – ihr Hamburger Know-how auf die nichts ahnende Menge von Liverpooler Jivern in Röhrenhosen los. Es heißt, es habe plötzlich einen Ansturm Richtung Bühne gegeben, bei dem auch gekreischt wurde.

In den folgenden zwei Jahren lösten die Beatles weiterhin lokale Reaktionen aus, die wohl eine Beatlemania im Embryonalstadium gleichkam. Schon im August 1961 bedankte sich der kluge und wortgewandte Discjockey des Cavern, Bob Wooler, in einem Artikel im Mersey Beat für »die Gelegenheiten, sie einem auf dem Siedepunkt kochenden Publikum vorstellen zu dürfen«. Die Beatles seien »der Stoff, aus dem Geschrei gemacht wird«.

1963, als das Interesse an den Beatles durch den eher kuriosen Ohrwurm Love Me Do und Hunderte von Auftritten in immer größerer Entfernung von Liverpool wuchs, spielte sich das Gleiche auf landesweiter Ebene ab. Die Medien schalteten erst im Herbst, doch die aufmerksameren Zeitgenossen horchten schon früher auf. Einen  ersten bedeutenden Artikel über die Fab Four veröffentlichte Maureen Cleave im Evening Standard nach einem Interview vom 10. oder 11. Januar (am 11. erschien Please Please Me) unter dem Titel: »Warum die Beatles solchen Wirbel verbreiten«.

Keine 14 Tage später, am 22. Januar, sprachen die Beatles zwischen den Aufnahmen für diverse BBC-Sendungen in London mit verschiedenen Presseleuten. Gordon Williams, der für die Kunstzeitschrift Scene schrieb, erwähnte, dass »die kleinen Mädchen die Beatles hysterisch bejubeln«, und fügte hinzu: »Draußen versucht eine Hundertschaft dieser Gören die Tür des Taxis aus den Angeln zu reißen, mit dem die vier Jungs zu einem Hotel im West End fahren wollen, um weitere Interviews zu geben.«

Williams vermerkte auch, dass Brian Epstein »das Kreischen der versammelten Infantilität hört und einräumt, als Besitzer der Beatles fühle man sich ein wenig wie auf einer Bombe, die in Kürze in einer Geldwolke hochgehen wird.«

Die Verzückung griff im Frühjahr 1963 immer weiter um sich. Please Please Me erreichte Platz zwei der Charts, und im April hatten sie mit From Me To You ihre erste Nummer eins. Die Beatles absolvierten Dutzende von Interviews und Fotosessions: Von Januar bis April traten sie in zwölf Fernseh- und 16 Radiosendungen auf, nahmen ihr Debütalbum und ihre zweite Nr.-1-Single auf und spielten 95 Gigs; für die wenigen Termine zwischen den Auftritten bei den Package-Touren mit Helen Shapiro, Tommy Roe/Chris Montez und Roy Orbison hatte Brian Epstein Auftritte in Tanzsälen von Southsea bis Sunderland arrangiert.

> »Fantastisch. So etwas habe ich noch nie erlebt.« So urteilte Ron Stoten, Geschäftsführer des State Ballroom, Kilburn, am Dienstag. Er hatte den Abend damit verbracht, Hunderte hysterische Teenager zurückzuhalten, die herbeigeströmt waren, um die fabelhaften Beatles zu sehen (und zu hören).«
> *Kilburn Times, April 1963*

Die Beatlemania war ausgebrochen. Nachdem der Höhepunkt des Twistbooms überschritten und Chubby Checker die Puste ausgegangen war, hatten sich die Beatles gefragt, was die nächste Pop-Modewelle sein würde. Latino-Beat vielleicht? Calypso-Rock? Sie hätten nie gedacht, dass sie selbst es sein würden oder dass in ihrem Kielwasser eine Schiffsladung Liverpooler Bands die Charts dominieren würde. In den Top 20 der BBC, die der ungeduldigen Teenagerpopulation jeden Sonntag um 17 Uhr in Pick Of The Pops enthüllt wurden, war der erste Platz das ganze Jahr 1963 über fest in britischer Hand. Die Beatles selbst waren 1963 ganze 18 Wochen lang Nummer eins.

Auch wenn die Beatlemania für die Beatles völlig überraschend kam, arrangierten sie sich gut mit ihr. Wie George in der Anthology verriet, hatte das Ganze Vorteile: »Wir fuhren vor

»Die Beatlemania schwelte bereits, lange bevor die Beatles landesweit bekannt wurden.«

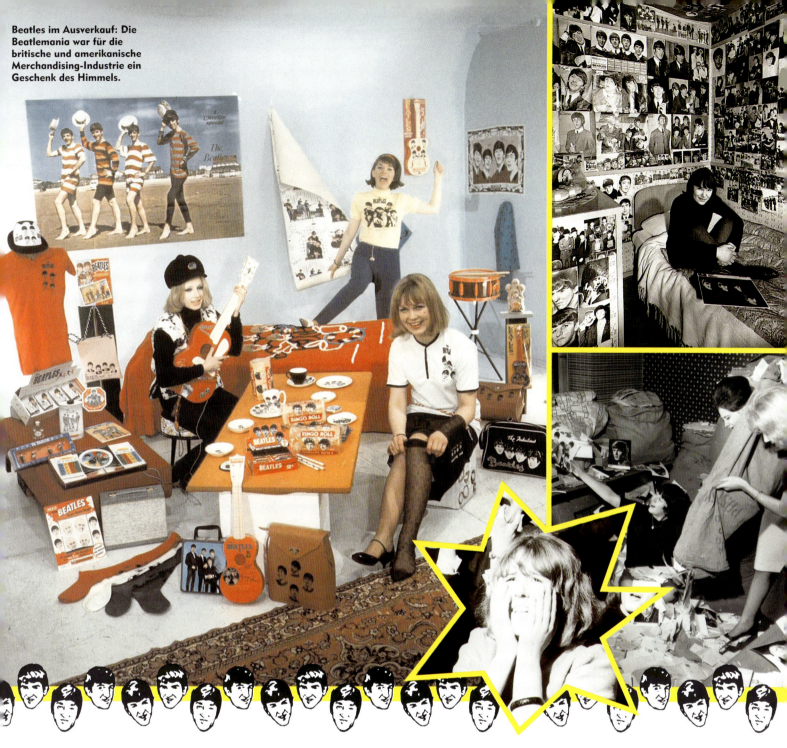

Beatles im Ausverkauf: Die Beatlemania war für die britische und amerikanische Merchandising-Industrie ein Geschenk des Himmels.

und drängten uns durch die Wartenden bis zum Bühneneingang. Wenn man einen Blick dafür hatte und die passenden Mädels rasch ausspähte, konnte man sie mit in den Eingangs schubsen und die Tür zuknallen. Dann hatte man was für später …«

»Etwa 50 Mädchen wurden hinter die Bühne gebracht, … viele zitterten am ganzen Leib, weinten und wurden auf den Boden gelegt. Es sah aus wie auf einem Schlachtfeld. Ein Anblick, denn ich nie wieder erleben möchte.«
Nelson Leader, Mai 1963

Bald begann die Hysterie das Leben der Beatles zu behindern. Auch für ihren guten Geist und treuen Roadie Neil Aspinall war die Beatlemania mehr als lästig. Erst machten die Fans ihm das Leben zur Hölle, wenn er das Equipment aus dem Transporter zu laden versuchte; anschließend wurden seine Fluchtversuche durch platte Reifen, fehlende, da als Souvenir abmontierte Scheibenwischer und mit beschmierten Scheiben (mit Lippenstift verewigte Liebeserklärungen) vereitelt.

Rock-Boys fliehen vor kreischendem Teeny-Mob, der verrückt spielt
Schlagzeile der Romford Times, Juni 1963

Mädchen beißt Ordner in Leeds
Yorkshire Evening News, Juni 1963

Zunächst fanden die Beatles den Wahnsinn um sie ganz interessant (»Man hätte einen prima Film daraus machen können, der zeigt, wie alle Welt ausflippte, wenn die Beatles in die Stadt kamen« – so George in der *Anthology*), aber der Spaß hörte auf, als das Kreischen die Musik zu übertönen begann. Dazu kam die drastische Kürzung der Bühnenpräsenz – von sechs Stunden pro Abend in Hamburg auf zweimal 10 bis 20 Minuten bei den Package-Touren, »ein Häppchen statt einer Mahlzeit«, nannte John es einmal. Und so wurden sie immer unzufriedener mit ihren Liveauftritten. Tanzsäle waren die letzten Orte, an denen man noch Beatles-Liveauftritte von annehmbarer Dauer erleben konnte – meist zwei halbstündige Sets pro Abend. Doch Epstein fand, dass die Tumulte bei solchen Gigs für die Beatles lebensgefährlich wurden, und buchte die Tanzsäle nicht mehr. Vom Herbst 1963 bis zu ihrem letzten Tournee-Auftritt im Dezember 1965 spielten die Beatles in Großbritannien nur noch in Theatern oder Kinos mit Bühne.

»Plötzlich ist mir klar, warum sich Popplatten so gut verkaufen. Die Fans kaufen sie, um sich den Text anzuhören, damit sie wissen, wann sie kreischen müssen, wenn sie ihre Idole auf der Bühne sehen.«
Bournemouth Evening Echo, August 1963

Im Sommer 1963 ging es noch, doch *She Loves You* brachte die Beatlemania auf den Siedepunkt. Die Beatles hatten Little Richards »Uuuuuh« in dem Song *From Me To You* untergebracht und festgestellt, dass die Mädchen völlig verrückt spielten, wenn sie es sangen und dazu ihre Köpfe schüttelten. Die Phrase in *She Loves You* zu wiederholen, vermittelte eine gewisse Kontinuität, auch wenn der Song ohne den Mundharmonika-Sound auskommen musste, der so charakteristisch für *Love Me Do, Please Please Me* und *From Me To You* gewesen war. Und das »yeah yeah yeah« – eine geniale Verschmelzung von urbanem britischem Nachkriegsschick und mondänem Amerikanisch – wurde bei den Kids sofort zum Schlagwort.

Der 14 Tage vor Schulbeginn veröffentlichte Song *She Loves You* stieg gleich auf Platz sieben in die BBC-Charts ein und schaffte schon eine Woche später den Sprung auf Platz eins. Als die Verkaufszahlen in Schwindel erregende Höhen stiegen, geriet die britische Musikindustrie in Ekstase. Plattenfirmen, Plattenläden, Musikverlage, Anbieter von Notenblättern, Clubbesitzer, Manager, Agenten, Konzertveranstalter – alle witterten Gewinne; die Popmusik war geboren.

Die britische Unterhaltungskultur, Satiren, eine blühende Pop-Art-Bewegung und eine kulturelle Norddrift mit Filmen wie *Blick zurück im Zorn, Bitterer Honig* und *Coronation Street* hatten sich etabliert. Die Nachkriegsgeneration, mit Lebensmittelrationen, durch kostenlose Schulmilch und den staatlichen Gesundheitsdienst gepäppelt, an staatlich finanzierten Schulen ausgebildet und vom Wehrdienst befreit, hatte Geld und den (wenn auch unausgesprochenen) Wunsch, das Leben mehr zu genießen als die Generation der Eltern. Die Plattenumsätze waren von 15 Mio. Pfund im Jahr 1960 auf 17,4 Mio. 1962 gestiegen: Man wollte konsumieren. Und Großbritannien, das bis dato in den 30er-Jahren stecken geblieben war, wurde in der Zeit, die John, Paul und George brauchten, um im Chor »yeah yeah yeah« zu singen, mit einem Knall in die Gegenwart katapultiert.

Das Timing und die Dynamik waren so wirkungsvoll, dass die Beatles selbst die Bollwerke des Establishments schnell überwanden, die der Popmusik, der sie sich heute rückhaltlos ergeben haben, damals noch naserümpfend gegenüberstanden. Am 12. September druckte das damals recht erhabene BBC-Magazin *Radio Times* in der Rubrik Porträtgalerie ein ganzseitiges Exklusivfoto der Beatles. Für zwei Shilling konnten die Leser einen Hochglanzabzug davon bestellen. Durchschnittlich gingen etwa 10 000 Bestellungen ein; diesmal wurde die Redaktion von über 250 000 Nachfragen überflutet.

Das Chaos bei den Auftritten, die Plattenumsätze, das plötzliche Interesse – die Wogen stiegen immer höher ... an diesem Punkt sprangen die Boulevardblätter auf den Zug auf. Der Presse kam die Aufregung gerade recht – sie steigerte die Auflage – und schon war der unsterbliche Begriff »Beatlemania« geboren. Ein trendbewusster Pfarrer schlug vor, sie sollten *Oh Come All Ye Faithful Yeah Yeah Yeah* als Weihnachtslied singen. Konservative Eltern waren zufrieden, fortschrittliche Eltern erbost darüber, dass Jungen der Schule verwiesen wurden, weil sie »lange Beatlesmähnen« trugen. Im Parlament gab es Anfragen wegen der Kosten, die für den Polizeischutz der Beatles entstanden. Die Fab Four waren das Thema von Sketchen und Comedysongs in Fernsehen, Radio und Nachtclubs. Das West End kündigte ein Beatles-Ballett an, ihr erster Filmvertrag wurde besiegelt, das BBC-Fernsehen wollte ihnen im Dezember eine Stunde der besten Sendezeit widmen, und der konservative Parlamentsabgeordnete und spätere Finanzminister Anthony Barber schob als erster Politiker der Moderne seine Beatles-verrückte Tochter Josephine ins Rampenlicht, um für sich selbst Publicity zu erzeugen. Und die Zeitungen berichteten über diese Ereignisse. Kreischende Mädchen, abgekämpfte Polizisten, der zu Boden gegangene Helm eines Wachtmeisters: »Schon wieder diese Beatles!« Als sie nach einwöchiger Tour durch Schweden erstmals zum »Flughafenempfang« in London kam, entsandte die BBC einen Reporter, der die fröhliche Anarchie mit Stentorstimme kommentierte: »Was für ein Wirrwarr hier!«

Und die Presse war keineswegs ein Spielverderber. Obwohl sie ständig auf Storys lauerten – die Frauen der Beatles, das Beatles-Kind, der »Tote Beatle« und der gefeuerte Beatle-Drummer wurden rasch ins Licht der Öffentlichkeit gezerrt –, verzichteten sie darauf, daran zu erinnern, dass John im Juni, bei der Party zu Pauls 21. Geburtstag, Bob Wooler zusammengeschlagen hatte. Die Story war damals, bevor die Presse die Beatlemania als wertvollen Selbstläufer erkannte, im *Daily Mirror* erschienen. Der Artikel dürfte in jeder Beatles-Pressemappe in den Redaktionen und anderswo ganz obenauf gelegen haben: Dass ein Beatle einen langjährigen Bekannten schwer verletzt hatte – eine solche Schlagzeile hätte den Beatles schwer schaden können. Aber die Zeitungen ließen die Finger davon; gehässig wurden sie erst, als die Beatles gegen ihre ungeschriebenen Gesetze verstießen. Die Beatlemania eskalierte weiter: Ihr Sonntagabend im Londoner Palladium brachte den Beatles tagelang Schlagzeilen ein, die Royal Variety Show erst recht. Und diese zeitigten mit den täglichen Kreischgeschichten den phänomenalsten Aufschwung in der britischen Musikindustrie: *She Loves You* schnellte Ende November zurück auf Platz eins. Der Song hatte sich im September fünf Wochen an der Spitze und dann beharrlich auf den Plätzen drei und zwei gehalten. Jetzt war er wieder ganz oben. Die Beatles gewannen immer noch neue Fans hinzu – von *She Loves You* waren bereits 750 000 verkauft, bevor der Absatz in den siebenstelligen Bereich stieg. Und in diesem Moment, vier Wochen vor Weihnachten, als sich die beteiligten Einzelhändler ohnehin schon die Hände rieben, brachte EMI *I Want To Hold Your Hand* heraus, für das über eine Million Vorbestellungen vorlagen.

Und dann brach die Hölle los. So etwas hatte es noch nie gegeben. In England waren die Beatles vielleicht noch nicht bedeutender als Jesus, aber bedeutender als Elvis.

Die Herbsttournee der Beatles im November und Dezember – 68 Auftritte an 34 Orten

> »Ein Pfarrer schlug vor, sie sollten ›Oh Come All Ye Faithful Yeah Yeah Yeah‹ singen.«

Da konnte Cliff Richard nicht mithalten: Vancouver im Beatles-Rausch, August 1964.

im ganzen Land für 300 Pfund Gage pro Abend – war der Höhepunkt der britischen Beatlemania. Das Kreischen, die Ohnmachten, die Dramatik, die Tarnungen, die Fluchten – es war die reinste Medienorgie.

Der am 20. November im ABC Cinema in Ardwick, Manchester, gedrehte achtminütige Film *The Beatles Come To Town*, der als Wochenschau (!) lief, ist das bedeutendste Dokument dieser Zeit: Obwohl technisch schlecht gemacht, ist die Aufregung greifbar.

Als das Jahr zu Ende ging, hatte sich der Name der Beatles, wie der London *Evening Standard* berichtete, »in das Herz der Nation gegraben«, und selbst die *Times* brachte erstmals einen ernsthaften Artikel über Popmusik, der die Originalität und die Fähigkeiten der Songwriter Lennon und McCartney pries – und den die beiden immer wieder gern auf die Schippe nahmen. 1963 hatten die Beatles mit nur drei Singles die britische Unterhaltungskultur revolutioniert. Dass sie daheim keine Stadien füllten, lag allein an den Strukturen der britischen Musikindustrie: Bei der *Beatles Christmas Show* – vom 24. Dezember 1963 bis zum 11. Januar 1964 im Finsbury Park Astoria – spielten sie vor 70 000 Fans, die sich jedoch auf 30 Auftritte an 16 Abenden verteilten.

Wäre dies das Ende der Beatles-Story gewesen, hätten sie wohl nur Eingang in die britische Geschichte gefunden. Doch die Beatlemania wuchs sich zu einer weltweiten Affäre aus. Im Januar 1964 – während sich die Franzosen noch gegen die Vereinnahmung durch »Les Beatles« wehrten und die briti-

> »Die Beatles waren wohl noch nicht bedeutender als Jesus, aber bedeutender als Elvis.«

sche Presse kurz an ihrem Thron rüttelte, indem sie behauptete, die Dave Clark Five hätten ihnen den Rang abgelaufen – kapitulierte Amerika innerhalb von nur vier Wochen. Das war der entscheidende Faktor.

Oft heißt es, die Beatles hätten als erste britische Musiker den Durchbruch in den USA geschafft. Das ist falsch – siehe Vera Lynn, Eddie Calvert, Lonnie Donegan, Laurie London, The Tornados –, hat aber einen wahren Kern: Diese Musiker landeten Überraschungshits; Cliff Richard dagegen fand sich in Amerika bei einer Tournee mit Frankie Avalon und Freddie Cannon im Januar und Februar 1960 ganz weit unten auf dem Programm wieder.

Paul McCartney erzählt, die Beatles hätten Epstein angekündigt, dass sie sich eine solche Demütigung nicht bieten lassen würden. Sie kamen aber auch nie in die Verlegenheit, da *I Want To Hold Your Hand* in allen US-Charts – Billboard, Cashbox und Record World – praktisch sofort auf Platz eins landete und 1964 für Amerika das wurde, was *She Loves You* 1963 für Großbritannien gewesen war.

Die Entwicklung der US-Beatlemania wurde auch von Zufällen gestützt. *I Want To Hold Your Hand* verkaufte sich noch fleißig, als die Band in New York eintraf, um in der *Ed Sullivan Show* aufzutreten – ein lange vor Erscheinen der Platte gebuchter Termin. Capitol Records veranstaltete daher die erste Kampagne für die Beatles. Eine Rolle spielte wohl auch das Bedürfnis der Nation nach Aufheiterung. J. F. Kennedy war erst vor zwei Monaten ermordet worden, und der Schock saß tief.

Alles riss sich um die Beatles, und die stellten sich. Ihre erste Pressekonferenz in den USA absolvierten sie mit Bravour: Die Beatles waren redegewandt und geistreich, munter und unbekümmert.

Im weiteren Verlauf reduzierte sich die Beatlemania mehr oder weniger auf Statistiken. Die Beatles gaben die größten Konzerte in Amerika – im New Yorker Shea Stadium wurde einen Weltrekord aufgestellt –, sorgten für die größten Polizeieinsätze in Japan, den größten Ärger auf den Philippinen und die größten Menschenmassen vor australischen Hotels. Dort bat George Derek Taylor, durch den Vorhang zu winken, weil er zu erschöpft war, um es selbst zu tun. Ringo scheint es genossen zu haben, Paul sagte, er habe das meiste die meiste Zeit genossen, John erinnerte sich 1970, nach seiner ersten Therapie, an »die erniedrigendsten Erfahrungen«.

Und noch immer dauert die Beatlemania an: Die Musik wurde zum Soundtrack von sieben turbulenten, weltbewegenden Jahren und zaubert noch heute ein Lächeln auf die Gesichter der Menschen. ∎

Mick am Mikro: im Crawdaddy Club, Surrey, 1963.

Was: Treffen mit den Stones
Wo: The Crawdaddy Club, Surrey
Wann: 14. April 1963

PLEASED TO MEET YOU

Entgegen vieler Gerüchte, war die Bekanntschaft der Stones mit den Beatles von gegenseitiger Bewunderung geprägt. Von Mark Paytress.

Mitte April 1963 waren die Beatles gerade von ihrer ersten landesweiten Tournee zurück, *Please Please Me* mischte die LP-Charts auf und *From Me To You* war im Begriff, ihre erste Nr.-1-Hit-Single zu werden. Während alle Augen auf Liverpool ruhten und gespannt auf ihre nächsten Herausforderer warteten, besuchten die Beatles selbst einen muffigen kleinen Club in einer stillen Ecke im Londoner Südwesten. Sie ahnten damals noch nicht, dass die unbekannten Musiker, die an dem Abend hier spielten, ihre größten Rivalen werden sollten.

Die Rolling Stones spielten seit dem 24. Februar regelmäßig jeden Sonntagabend im Crawdaddy Club, einem Hinterzimmer des Station Hotels an der Kew Road in Surrey. Am 14. April 1963 stürmten sie aus dem Zug direkt in einen Zeitungsladen, um begierig ihre erste Kritik zu lesen, die am Wochenende in der Lokalzeitung erschienen war. Doch ihr Manager Giorgio Gomelsky hatte bei seiner Rückkehr vom Teddington Studio Centre noch bessere Neuigkeiten.

Gomelsky kam herein, während sich der hoffnungsvolle R&B-Nachwuchs mit Bier und Sandwiches stärkte. »Ich sagte ihnen: ›He, heute Abend könnte etwas Nettes passieren. Die Beatles kommen vielleicht.‹« Er war im Fernsehstudio gewesen, um über die Mitwirkung der Beatles an einem von der *Goon Show* inspirierten Musical zu reden, aber die Beatles, die für *Thank Your Lucky Stars* zum Playback von *From Me To You* agierten, horchten erst auf, als der bärtige Russe von den Stones zu schwärmen begann. »Ich sagte: ›Ihr müsst kommen und euch diese Band ansehen, wenn ihr hier fertig seid.‹«

Während die Beatles eine Rock'n'Roll-Varieténummer für den Massengeschmack geworden waren, entstammten die Stones der Jazzszene und spielten, so der Lokalreporter: »echten, robusten R&B-Sound«. Die jungen Bilderstürmer trugen ihr Haar »im Pilzkopfstil … nach vorn gekämmt, wie die Beatles«. Am frühen Abend, als der Laden gerade zu rocken begann, betrat Großbritanniens neue Popsensation unauffällig das Station Hotel.

Pat Andrews, die Mutter von Brian Jones' Sohn Julian, erzählt, als Brian erwähnte, die Beatles kämen vielleicht vorbei, habe sie geantwortet, er solle »keinen Quatsch reden«. Ihr Unglaube hielt an, bis sie »diese Lederkappe durch die Tür kommen sah. Ich glaube, es war Ringo. Sie trugen alle schwarze Ledermäntel und passten die Atmosphäre an. Ich führte sie in eine dunkle Ecke. Es gab kaum mehr einen beängstigenderen Moment in meinem Leben.« In Brians auch, versicherte Gomelsky. Selbst Jagger war leicht eingeschüchtert und erinnerte sich später, seine berühmten »Richter« hätten an dem Abend einem »vierköpfigen Ungeheuer« geähnelt.

»Sie standen links von der Bühne und sahen zu«, erzählte James Phelge, damaliger Wohnungsgenosse von Mick, Keith und Brian. »Sehr rasch verbreitete sich die Nachricht unter den Anwesenden: Die Beatles sind hier.«

Was die Liverpooler zu hören bekamen, war ein stimulierender Mix aus Rhythm & Blues (Coverversionen von Jimmy Reed und Bo Diddley) und der von Chuck Berry inspirierte Rock'n'Roll. George Harrison war sehr beeindruckt. »Es war bombig«, schwärmte er. »Das Publikum brüllte und kreischte und tanzte auf den Tischen … ein Tanz, den bis dahin niemand gesehen hatte, den wir heute aber unter der Bezeichnung Shake kennen. Der Beat, den die Stones hinlegten, war so wuchtig, dass er von den Wänden abprallte und direkt in den Kopf zu gehen schien. Ein toller Sound.«

Nach der Show warteten die Beatles, bis die Stones ihr Equipment eingepackt hatten. Dann machten sich die beiden Bands auf in die Wohnung der Stones in der Edith Grove 102, am schäbigeren Ende von Chelsea.

Dort versammelten sich die sechs Stones (damals noch mit Pianist Ian Stewart) und die Beatles mit Anhang im Wohnzimmer. Pat und zwei andere Mädchen kochten Kaffee, während die Bands über die Vorzüge verschiedener R&B-Musiker diskutierten. Jimmy Reed provozierte Lennon zu der unerwarteten Äußerung: »Was ist das? Ich finde, das ist Mist.« Insgesamt aber war die Stimmung vergnügt, und Brian ließ sich ein signiertes Foto geben, bevor die Beatles am frühen Morgen aufbrachen. »Damals gab es nicht dieses ›Beatles gegen Stones‹«, sagt Pat. »Das waren nur die Zeitungen.«

Vier Tage später saßen Mick, Keith und Brian beim Beatles-Konzert in der Royal Albert Hall in der ersten Reihe. Als Brian danach von Fans umringt wurde, sagte er zu Gomelsky: »Das hätte ich auch gern.« Schon im Herbst erfüllte sich sein Wunsch, nicht zuletzt dank der Beatles: George riet dem Decca-Produzenten Dick Rowe, die Stones zu verpflichten. »Da ich schon die Beatles abgelehnt hatte, wollte ich den gleichen Fehler nicht nochmal machen«, erinnerte sich Rowe. Er sah die Stones am 6. Mai in Richmond und nahm sie sofort unter Vertrag.

> »Jagger erinnerte sich … seine berühmten ›Richter‹ hätten … einem ›vierköpfigen Ungeheuer‹ geähnelt.«

Die Stones auf der Bühne, Crawdaddy Club, 1963

Nach dem Erscheinen von *Come On*, der Debütsingle der Stones, wurde Brian Jones zu der »Liverpool-London-Kontroverse« befragt. »Alles Quatsch«, versicherte er. »Wir verstehen uns sehr gut mit den Beat-Gruppen aus dem Norden und empfinden gegenseitige Bewunderung füreinander.«

Mick Jagger sah das etwas anders, woran er sich bei den Beatles bei ihrer Aufnahme in die *Rock And Roll Hall Of Fame* im Januar 1988 erinnerte: »In der Anfangszeit der Stones hörten wir, es gebe eine Band aus Liverpool mit langen Haaren, schmuddeligen Klamotten und einer Platte mit einem bluesinspirierten Mundharmonika-Riff in den Charts. Die Kombination widerte mich echt an.« Da war sicher was Wahres dran.

---

11. FEB. – 16. MÄRZ 1963

11 Aufnahme von zehn neuen Stücken für ihr Debütalbum *Please Please Me* im Studio 2, Abbey Road; Die Session dauert 585 Minuten.

12 Zwei Soloauftritte: einer im Arena Ballroom, Sheffield, der andere im Astoria Ballroom, Oldham

16 Die Beatles erscheinen erstmals auf der Titelseite einer überregionalen Musikzeitung, des *Record Mirror*.

20 BBC-Liveübertragung aus dem Playhouse Theatre, London, für die Radiosendung *Parade Of The Pops*; danach ein Gig in den Swimming Baths, Doncaster

21 Auftritt im Majestic Ballroom, Birkenhead

22 Gründung des Musikverlags *Northern Songs* für die Lennon- und McCartney-Songs; Auftritt im Oasis Club, Manchester

23 Auf der Helen-Shapiro-Tournee werden die Musiker im Granada Theatre, Mansfield, von Hunderten kreischender Beatles-Fans belagert.

25 Mit *Please Please Me/Ask Me Why*, Vee-Jay Records, erscheint die erste Beatles-Platte in den USA.

28 John und Paul schreiben in Helen Shapiros Tourneebus zwischen York und Shrewsbury *From Me To You*. Gig im Granada Cinema, Shropshire

MÄRZ 1963

1 An diesem und dem nächsten Tag Auftritte in der Regionalfernsehsendung *ABC At Large*, Didsbury Studio Centre; anschließend Auftritt im Odeon, Southport

2 Die Beatles geben ein Konzert in der City Hall, Sheffield.

3 Letzter Auftritt im Rahmen der Helen-Shapiro-Tournee, im Gaumont Cinema, Hanley

7 Die Beatles als Hauptstars des ersten *Mersey Beat Showcase* im Elizabethan Ballroom, Nottingham

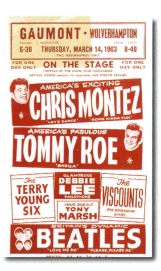

9 Auftakt zur landesweiten Tournee mit Chris Montez und Tommy Roe (s. o.) im Granada Cinema, London. Die als Vorgruppe engagierten Beatles werden rasch zur Hauptattraktion und übernehmen das Finale.

10 Auftritt im Hippodrome Theatre, Birmingham. Um den Fanmassen zu entgehen, werden die Beatles als Polizisten verkleidet eingeschmuggelt.

12 Auftritt im Granada Cinema, Bedford. Da Lennon wegen einer Erkältung ausfällt, spielt die Band die nächsten drei Abende als Trio.

16 Auftritt in der City Hall, Sheffield, und Aufnahmen zur BBC-Radiosendung *Saturday Club* im Broadcasting House, London

21. MÄRZ – 2. MAI 1963

21 Aufnahmen für die BBC-Radiosendung *On The Scene*, Piccadilly Studios, London. Fortsetzung der Tournee im ABC, West Croydon

22 Veröffentlichung des ersten Albums der Beatles, *Please Please Me*. Auftritt bei der Roe/Montez-Tournee im Gaumont, Doncaster.

31 Letzter Termin der Roe/Montez-Tour, De Montfort Hall, Leicester

APRIL 1963

1 Aufnahmen für die BBC-Radiosendung *Side By Side*, Piccadilly Studios, London

4 Aufnahmen für eine weitere *Side-By-Side*-Sendung, BBC Paris Studio, London (oben)

5 Die Beatles erhalten für die Single *Please Please Me* ihre erste Silberne Schallplatte im EMI House, London.

8 Cynthia Lennon bringt einen Sohn, Julian, zur Welt.

9 Interview für die BBC-Radiosendung *Pop Inn*, Aufnahmen für das ITV-Kinderprogramm *Tuesday Rendezvous* und Auftritt im Gaumont, Kilburn, London

12 Die Beatles bringen ihre erste Nr.-1-Hitsingle, *From Me To You/Thank You Girl*, in England auf den Markt. Abendgig im Cavern

13 Aufnahmen für die BBC-Fernsehsendung *The 625 Show*, Lime Grove Studios, London

14 Die Beatles sehen sich im Crawdaddy Club im Station Hotel, Richmond, die Newcomer-Band The Rolling Stones an und besuchen diese danach in deren Wohnung in der Edith Grove, London.

16 Aufnahmen für die Granada-TV-Sendung *Scene At 6.30*, Granada TV Centre, Manchester

18 Auftritt der Beatles beim Konzert *Swinging Sound '63* in der Royal Albert Hall. Bei den Proben lernt Paul McCartney die Schauspielerin Jane Asher kennen, die bald seine Freundin wird. Sie schreibt einen Artikel über die Fab Four für die *Radio Times*.

21 Die Beatles spielen beim NME Poll Winner's Concert im Empire Pool, Wembley, vor 10 000 Besuchern.

23 Auftritt in der Floral Hall, Southport

24 Auftritt im Majestic Ballroom, Finsbury Park, London

25 Gig in der Fairfield Hall, Croydon

26 Auftritt in der Music Hall, Shrewsbury

27 Auftritt in der Memorial Hall, Northwich

28 John Lennon und Brian Epstein fliegen nach Spanien in Urlaub, die übrigen Beatles nach Teneriffa.

MAI 1963

2 *From Me To You* erreicht Platz eins der britischen Singlecharts.

Was: Paul trifft Jane Asher
Wo: Royal Albert Hall
Wann: 18. April 1963

DIE »ROTE« BARDOT

Als die Fabs Jane Asher trafen, wollte jeder sie »abschleppen«. Schließlich war es Paul, der bei der Jungschauspielerin landete. Von Barry Miles.

Trotz ihres Erfolgs hatten die Beatles zuerst keine Lust, nach London umzuziehen. Paul: »Es hieß: ›Von Liverpool aus schafft ihr es nie‹, was uns ein bisschen ärgerte; deshalb hielten wir uns viel in Liverpool auf, wir zogen nicht einfach alle hier runter. Wir versuchten sozusagen, uns von Liverpool aus zu beweisen. Hamburg, Liverpool, der Norden, also irgendwie: ›Ihr könnt uns mal!‹ Und wir schafften es, wir hatten unseren ersten Erfolg im Cavern.«

Aber als sich die Termine zunehmend häuften, verbrachten die Beatles immer mehr Zeit damit, in ihrem Transporter nach und London zurück zu kutschieren. Das war damals, bevor die Autobahn gebaut wurde, eine lange, ermüdende Fahrt. Oft hatten sie nur eine Nacht in Liverpool, bevor sie wieder zu einem TV-Termin, einem Konzert oder einer EMI-Besprechung nach London zurückmussten. Hier wohnten sie in den billigen Hotels rund um den Russell Square, später, als die Fans lästiger wurden, im vornehmeren Royal Court am Sloane Square.

Dort logierten sie auch am 18. April 1963, als sie auf einem Konzert in der Royal Albert Hall auftraten. Es war ein typische Zusammenstellung der frühen Sechziger: Del Shannon, die Springfields, Shane Fenton And The Fentones, Kenny Lynch, Lance Percival, Rolf Harris, George Melly und die Vernon Girls. Die zweite Hälfte des Konzerts wurde von der BBC live als Radiosendung *Swinging Sounds '63* ausgestrahlt. Die Beatles spielten in der ersten Hälfte *Please Please Me* und *Misery*, in der zweiten *Twist And Shout* und *From Me To You*. Als großes Finale sang die gesamte Besetzung *Mac The Knife* (Mackie Messer) von Kurt Weill.

Die Beatles probten den ganzen Tag in der Royal Albert Hall. Die 17-jährige Schauspielerin Jane Asher sollte für die *Radio Times* das Konzert besprechen und einen Artikel über die Beatles schreiben. Für den BBC-Fotograf posierten sie mit der Band als kreischender Fan. Sie sah sich das Konzert im Publikum an, kam jedoch danach hinter die Bühne. Paul: »Sie war diese ziemlich attraktive, nette, redegewandte Biene, die wir von der ›Juke Box Jury‹ kannten.« Jane war als bekannte Schauspielerin einer der Stargäste des Gremiums gewesen, das jede Woche die neuen Singles beurteilte. »Wir dachten, sie sei blond, weil wir sie nur im Schwarzweißfernsehen gesehen hatten, und wir waren versessen auf Blondinen.«

Besonders John und Paul waren so auf Brigitte Bardot fixiert, dass John seine Frau Cynthia sogar dazu brachte, ihr Haar zu blondieren, damit sie dem gefeierten Sexsymbol ähnlicher sah. Pauls damalige Freundin war zum Glück von Natur aus blond. Paul: »Ich weiß noch, wie wir uns unterhielten und sagten: ›Ja, je ähnlicher sie Brigitte sehen, desto besser für uns, Kumpel!‹« Jane hatte lange, glatte Haare mit Mittelscheitel, so wie Brigitte, aber sie war nicht blond, sondern rothaarig — was noch besser war. Paul: »Wir versuchten alle sofort, sie abzuschleppen.«

Alle gemeinsam kehrten sie zum Royal Court Hotel zurück und lungerten dort zunächst eine Weile herum, bevor sie zur Wohnung des NME-Journalisten Chris Hutchins in der nahen King's Road weiterzogen. »Es ging alles sehr zivilisiert zu, und wir waren alle da. Aber am Ende war ich derjenige, der bei Jane landete, vielleicht weil ich mich am meisten bemüht hatte oder weil ich ihr gefiel, ich weiß es nicht ... Alles sehr unschuldig und so, also bemühte ich mich von da an unermüdlich, ihr Freund zu werden.«

Die Collegeabsolventin Jane Asher hatte ihre erste Filmrolle im zarten Alter von fünf Jahren in *Mandy*, mit Mandy Miller, gespielt. 1960 übernahm sie, als bis dahin jüngste Schauspielerin, den Part der Wendy in einer West-End-Produktion von *Peter Pan*; außerdem hatte sie in *Es geschah in diesem Sommer* mitgespielt. »Paul war stolz wie ein Pfau auf seine neue Eroberung«, erinnert sich Cynthia Lennon. »Für Paul war Jane Asher eine tolle Trophäe. Dass sie eine anerkannte Bühnen- und Filmschauspielerin und dabei sehr intelligent und noch dazu schön war, gab dem ehrgeizigen Paul und seinem Ego enormen Auftrieb.«

Brian Epstein mietete der Band eine Wohnung in der Green Street 57, Mayfair, als Übernachtungsgelegenheit in London. Sie war unmöbliert, aber niemand in Epsteins Büro kümmerte sich darum, sie bewohnbar zu machen. Außer Betten gab es dort nichts. Die Beatles hatten keine Zeit, um Möbel oder irgendetwas zu kaufen. Sie konnten sich nicht einmal eine Tasse Tee machen, weil es weder Tee noch Wasserkessel, geschweige denn einen Tisch gab. Zu allem Überfluss hatten John,

> »Jane war diese ... attraktive, nette, redegewandte Biene, die wir von der ›Juke Box Jury‹ kannten.« Paul McCartney

Schreitherapie: Ashers Artikel in der *Radio Times*.

George und Ringo alle guten Zimmer mit Beschlag belegt und Paul nur ein winziges Hinterzimmer gelassen.

Also verbrachte er möglichst viel Zeit bei Jane und ihrer Familie in deren riesigem Haus in der Wimpole Street 57. Janes Mutter mochte er besonders: »Sehr netter, mütterlicher Frauentyp, tolle Köchin ... Für einen jungen Kerl, der Komfort schätzte, Junge, die hat mich verwöhnt.« Manchmal wurde es spät, und er übernachtete in einem der Gästezimmer. Im November schlug Jane vor: »Du könntest ja hier wohnen, wenn du die Green Street so hasst. Mum würde dir die Dachmansarde geben.« Wie Paul später erzählte: »Das war das, was in der Green Street fehlte. Die Green Street war sehr kalt, das hier war das Gegenteil, weil Mrs. Asher ein herzlicher Mensch war, und da Jane meine Freundin war, war es sozusagen perfekt, wissen Sie!« Er wohnte drei Jahre dort.

Nicht die Bardot, aber ... Paul und Jane Asher kommen sich näher, 1963.

Heißer Draht: Epstein nannte Lennon einmal »den einzig Wichtigen« der Beatles.

Was: John im Urlaub mit Brian
Wo: Barcelona, Spanien
Wann: 28. April 1963

»HONEY DON'T«

Der Spanienurlaub von John Lennon und Brian Epstein war Höhepunkt einer intensiven Beziehung. Chris Ingham wollte es genauer wissen.

Brian Epstein liebte die Beatles. Das tat Sir George Martin auch. »Die Beatles waren die Nummer eins in Brians Leben«, sagte Sir George, »so wie sie auch meine Nummer eins wurden.« Der Unterschied war natürlich der, dass Brians Homosexualität seine Beziehung zu der Band etwas komplexer machte, da er sie zugleich begehrte.

Zumindest einige von ihnen. Der junge Harrison und der hübsche Paul reizten ihn weniger. »Er hat nie versucht, mich anzumachen«, sagte McCartney, »keine Rede davon.« Er versuchte es allerdings bei Pete Best. Eines Abends im Auto – John und Cynthia saßen hinten und Pete Best vorn neben Brian – lud Epstein den Drummer ein, die Nacht mit ihm zu verbringen. »Nein«, antwortete Pete entschieden und bemühte sich, das Gekicher von hinten zu ignorieren. »Da bist du an der falschen Adresse.« Später soll John ihn angegrinst haben.

Johns Freund Pete Shotton (der sich selbst als »schmuddeliger Gammler« beschrieb) erzählt, wie Brian ihn nur Stunden, nachdem er ihm Anfang 1962 erstmals begegnet war, in seine Wohnung einlud. Brian trug Shottons Ablehnung mit Fassung, sodass dieser ihn als »perfekten Gentleman« in Erinnerung behielt. Er meint, Brian habe über ihn nur seiner Liebe, John Lennon, näher kommen wollen.

Peter Brown (Brians Assistent bei NEMS) berichtet, Brian sei von Johns bissigem Witz, seinem Äußeren und Talent so fasziniert gewesen, dass er ihn kaum anzusehen wagte, wenn er etwas sagte, weil er Angst hatte, seine Gefühle zu offenbaren. Als er die Eltern der Beatles umwarb, versicherte er Johns Tante: »John ist der einzig Wichtige«, worin sie ihm sicher zugestimmt haben mag.

In der Öffentlichkeit trug John eine rüde Reaktion auf Epsteins Homosexualität zur Schau. »Wenn er mich anrührt, polier ich ihm die Fresse«, soll er laut Best gesagt haben. Aber als ihm nach und nach klar wurde, welche Macht er über diesen sanftmütigen, ihm völlig verfallenen Mann hatte, der die Beatles berühmter als Elvis machen wollte, wurde Lennons Reaktion differenzierter.

Bei den Marketing-Meetings im Haus Epstein (Brian wohnte noch bei seinen Eltern) Ende 1961 und Anfang 1962 entwickelten John und Brian, wie Brians Bruder Clive meint: »eine ziemlich vollkommene mentale Beziehung«. McCartney sah es prosaischer und nannte Lennon einen »cleveren Kerl ... er wollte Brian klar machen, auf wen in dieser Gruppe zu hören sei, und das war die Beziehung.«

Peter Brown zufolge kaufte Brian seine Wohnung in der Faulkner Street, um John dort zu verführen. John kam aber immer mit einem anderen Beatle zu Besuch, nie alleine. Brian wollte John auch auf ein Wochenende nach Kopenhagen einladen, womit die Cavern-Clique, als sie davon Wind bekam, John gnadenlos aufzog.

Lennon wetzte seine scharfe Zunge gern an Brian, worunter dieser heimlich litt. Lennon machte Epsteins Musikauswahl für ihre Ablehnung durch Decca verantwortlich und knurrte Brian an, als er mal seine Meinung zu ihrer Musik äußerte: »Kümmer du dich um deine Prozente, Brian, wir machen die Musik.« Doch im April 1963 sagte John schließlich zu, Brian auf einer zehntägigen Barcelona-Reise zu begleiten.

John informierte Cynthia, die gerade seinen Sohn auf die Welt gebracht hatte, noch im Krankenhaus über den Plan. Cynthia, die die Zusammenhänge nicht kannte, behielt ihre Kränkung über die neuerliche Vernachlässigung für sich und fügte sich matt.

In Spanien gingen Brian und John shoppen, zum Stierkampf und in Clubs. Sie saßen in Cafés, sprachen über Homosexualität und plauderten darüber, was an den vorbeigehenden Männern attraktiv sei. John gefiel es, er »dachte die ganze Zeit wie ein Schriftsteller: Ich erlebe das.«

John zufolge war ihre Beziehung »fast eine Affäre«, die »nie vollzogen wurde«, allerdings wurde sie wohl doch irgendwann körperlich. Pete Shotton sagt, John habe ihm erzählt, Brian habe »immer wieder« davon angefangen, bis er schließlich gesagt habe: »Oh, um Himmels willen, dann steck ihn mir halt in den verdammten Arsch.« Aber Brian

He loves you, yeah: Was Brian von Ringo hielt, bleibt jedoch unbekannt.

> »Späteren Berichten zufolge wurde die Beziehung zwischen Brian und John doch irgendwann körperlich.«

habe sich wohl darauf beschränkt, John zu masturbieren. (»Was bedeutet schon ein bisschen wichsen zwischen Freunden?«, meinte Shotton.)

Peter Brown äußerte sich dezenter: Brian habe ihm erzählt, dass John ihm erlaubt hätte, mit ihm »Liebe zu machen«. Albert Goldman, der um Details nicht verlegen war, versichert, dass damit Oralsex gemeint war. (Aber er behauptet auch, Brian und John hätten jahrelang eine Affäre gehabt, wofür es wohl keine Belege gibt. Und Peter Brown meinte 1999 anlässlich einer Dokumentation über den Fall reumütig: »Es ist nicht richtig, etwas zu diskutieren, wovon ich nur die eine Seite gehört habe.«)

John ließ sich nach der Heimkehr einige harmlose Anspielungen gefallen, aber auf der Party zu Pauls 21. Geburtstag prügelte er Cavern-Discjockey Bob Wooler im Suff halb tot, weil dessen Kommentare ihm wohl zu weit gingen. Brian hielt Wooler mit 200 Pfund Schmerzensgeld davon ab, Klage zu erheben.

»Er war in mich verliebt«, sagte John 1980 über Brian. »Es ist interessant und wird irgendwann eine nette Hollywood-Babylon-Story über Brian Epsteins Sexleben abgeben, aber es ist belanglos, völlig belanglos.«

---

11. MAI – 8. JUNI 1963

11 Das Debütalbum der Beatles, *Please Please Me*, erreicht Platz eins der britischen Charts. Gig im Imperial Ballroom, Nelson, Lancashire

12 Aufnahmen für eine weitere *Thank-Your-Lucky-Stars*-Sendung, Alpha TV Studios, Birmingham

14 Auftritt im Rink Ballroom, Sunderland

15 Die Band gibt ein Konzert im Royal Theatre, Chester.

16 Aufnahmen für die BBC-Fernsehsendung *Pops And Lenny*, Television Theatre, Shepherd's Bush, London

17 Fotosession in London mit Dezo Hoffman, gefolgt von einem Gig in den Grosvenor Rooms, Norwich

18 Beginn einer 21 Termine umfassenden Tournee mit Roy Orbison, Adelphi Cinema, Slough, Bucks. Die Beatles avancieren rasch von der Vorgruppe zur Hauptattraktion.

19 Auftritt im Gaumont, Hanley, Staffordshire

21 Aufnahmen für die BBC-Radiosendung *Saturday Club*, Playhouse Theatre, London

22 Die Beatles spielen im Gaumont, Ipswich

23 Auftritt der Band im Odeon, Nottingham

24 Aufnahmen zur ersten Sendung der 15-wöchigen BBC-Radioserie *Pop Go The Beatles*, Aeolian Hall, New Band Street, London

25 Auftritt der Beatles in der City Hall, Sheffield

26 Auftritt im Empire Theatre, Liverpool

27 Die Band gibt ein Konzert im Capitol Cinema, Cardiff.

28 Auftritt im Gaumont Cinema, Worcester

30 Gig im Odeon Cinema, Manchester

31 Auftritt im Odeon Cinema, Southend-on-Sea

JUNI 1963

1 Aufnahmen zu zwei weiteren Ausgaben von *Pop Go The Beatles* im BBC Paris Studio, London; Auftritt im Granada Cinema, Tooting, London

2 Konzert im Hippodrome Theatre, Brighton

3 Auftritt im Granada Cinema, Woolwich, London

4 Ausstrahlung der ersten *Pop-Go-The-Beatles*-Sendung auf BBC

5 Auftritt der Fab Four im Odeon Cinema, Leeds

7 Ein weiterer Auftritt im Odeon Cinema, Glasgow

8 Gig in der City Hall, Newcastle-upon-Tyne (oben)

9. JUNI – 3. JULI 1963

9 Letzter Tag der Roy-Orbison-Tournee, King George's Hall, Blackburn

10 Auftritt der Fab Four im Pavillon, Bath

12 Wohltätigkeitskonzert zugunsten des Kinderschutzbundes, Grafton Rooms, Liverpool

13 Auftritte im Palace Theatre Club, Stockport, und im Southern Sporting Club, Manchester

15 Konzert in der City Hall Salisbury für 300 Pfund Gage

16 Auftritt im Odeon Cinema, Romford, Essex

17 Aufnahmen zu einer weiteren Ausgabe von *Pop Go The Beatles*, Maida Vale Studios, London

18 An Pauls 21. Geburtstag gibt es zuerst eine offizielle Party in der Abbey Road, später eine private Feier mit Familie und Freunden in einem Festzelt im Garten seiner Tante in Huyton, Liverpool. John trübt die Stimmung, da er Cavern-Discjockey Bob Wooler verprügelt, der geunkt hatte, John sei schwul.

19 Der Gig im Playhouse Theatre, London, wird für die BBC-Radiosendung *Easy Beat* aufgenommen.

20 Die Beatles gründen die Firma Beatles Ltd., Direktor Epstein verwaltet ihrer Einnahmen.

21 Auftritt im Odeon Cinema, Guildford, Surrey

22 John Lennon fliegt nach Aufnahmen in London für die BBC-Fernsehsendung *Juke Box Jury* (in der er alle Platten als »Nieten« bewertet) per Hubschrauber zum Auftritt der Band in der Town Hall, Abergavenny.

23 Aufnahmen für eine Sonderausgabe von *Thank Your Lucky Stars* nur mit Liverpooler Künstlern, Alpha TV Studios, Birmingham

24 Aufnahme eines weiteren Auftritts für *Saturday Club*, Playhouse Theatre, London

25 Auftritt der Beatles im Astoria, Middlesbrough

26 Auftritt im Majestic Ballroom, Newcastle-upon-Tyne; Lennon und McCartney schreiben im Hotelzimmer *She Loves You*; George hilft mit, wird aber nie als Co-Autor erwähnt.

27 Paul fliegt nach London, weil er dabeisein will, als Billy J. Kramer *Bad To Me* und *I Call Your Name* in den Abbey Road Studios aufnimmt.

28 Auftritt in der Queen's Hall, Leeds

29 Die BBC strahlt *Saturday Club* mit den Beatles aus.

30 Gig der Band im ABC, Great Yarmouth

JULI 1963

1 Aufnahmen: *She Loves You* und *I'll Get You*, Abbey Road, London

2 Aufnahmen für die Radiosendung *Pop Go The Beatles*, BBC Maida Vale Studios, London

3 Aufnahmen für die BBC-Radiosendung *The Beat Show*, Playhouse Theatre, Manchester

---

Was: Letzter Auftritt im Cavern
Wo: Liverpool
Wann: 3. August 1963

ADIEU UNTERGRUND

Bei ihrem letzten Gig im Cavern hatten die Beatles zwei Nr.-1-Singles veröffentlicht und waren auf dem Weg zu neuen Ufern. Von Mark Lewisohn.

Im März 1961, als die Beatles für fünf Pfund ihren ersten Gig im Cavern Club hatten, beschwerte sich die jazzlastige Band Swinging Bluegenes bei Ray McFall, dem Eigentümer, heftig drüber, dass er ihren »Auftritt« durch eine Rock'n'Roll-Band besudelt habe. 28 Monate später hieß die Combo Swinging Blue Jeans und war zur perfekten Pop-Band umgestylt, wie viele andere Vertreter des »Mersey Sound« in den Singlecharts. Die Beatles aber – die diese musikalische Welle ausgelöst hatten und ganz oben mitschwammen – schickten sich an, ihre letzte Vorstellung in dem Kellerclub zu geben, der fast zum Synonym für die Band geworden war.

Vor diesem Wochenende Anfang August 1963 waren die Beatles in Liverpool schon seit zwei und im Cavern seit vier Monaten nicht mehr aufgetreten. Die Befürchtungen ihrer Liverpooler Fans hatten sich bewahrheitet: Die beiden Nr.-1-Singles und das Nr.-1-Album der Beatles hatte sie so beliebt gemacht, dass das ganze Land sie in Beschlag nahm. Im Sommer davor, innerhalb der vier Monate vor dem Erscheinen von *Love Me Do*, hatten die Beatles 70 Mal im Cavern gespielt.

Dass sich die Beatles an diesem 3. August noch ins Programm des Cavern quetschten, »lag nur daran, dass Brian Epstein sie nicht aus einem Engagement im Grafton Ballroom herausbekam«, erinnerte sich Cavern-Discjockey Bob Wooler. Der im Januar geschlossene Vertrag mit dem Grafton untersagte den Beatles zwei Wochen vor dem Termin Gigs im Umkreis von zehn Meilen. Epstein, wegen der Weigerung des Grafton-Veranstalters, die Besucherzahl einzuschränken, um die Sicherheit der Beatles besorgt, hoffte wohl, durch einen Konkurrenztermin am nächsten Tag die Lage zu entschärfen. »Das passte mir nicht besonders«, bemerkte Wooler.

Eigentlich hätten die Beatles ihr altes Revier lieber gemieden. Wie John später (nicht nur im Hinblick auf diesen Gig) erklärte: »Wir konnten es damals nicht so sagen, aber wir gingen nicht gern nach Liverpool. Der Status als Lokalhelden machte uns nervös. Die Clubs waren immer voll mit Leuten, die wir kannten. Es war uns peinlich, wir so in Anzügen und blitzsauber. Wir fürchteten, unsere Freunde könnten denken, wir hätten uns verkauft. Was in gewisser Weise ja auch zutraf.«

Die Beatles, die das Programm gemeinsam mit den Mersey Beats, den Escorts, den Road Runners, den Sapphires und Johnny Ringo And The Colts bestritten, kassierten eine Gage von 300 Pfund, eine Steigerung um 5900 Prozent gegenüber dem Fünfer vom Anfang. Da Epstein darauf bestand, höchstens 500 Besucher zuzulassen (es waren schon 900 gewesen), konnte der Club nur Geld verlieren. Bei zehn Shilling pro Person betrugen die maximalen Einnahmen 250 Pfund, und die anderen Bands mussten ja auch noch bezahlt werden. Die Tickets waren am 21. Juli nach 30 Minuten ausverkauft. Engagements in Liverpool am Freitag und am Samstag, ein Auftritt in Blackpool am Sonntag und ein Gig in Manchester am Montag – so konnten die Beatles wenigstens ein Wochenende zu Hause verbringen, ausschlafen und in der heimatlichen Küche Eier und Speck frühstücken: Paul im Haus seines Vaters in Allerton, Ringo im Reihenhäuschen seiner Mutter und seines Stiefvaters in Dingle, George im neuen Zuhause seiner Eltern in Hunts Cross (alles sozialer Wohnungsbau). Johns »Zuhause« auf Zeit lag dagegen im ländlichen Hoylake, wo sich Cynthia mit dem vier Monate alten Julian versteckt hielt. Die Villa in der Trinity Road 18 war der Wohnsitz ihrer Mutter, der gestrengen Mrs. Lil Powell, mit der John nicht so sonderlich gut auskam. Ob Grafton, Cavern oder Blackpool – John war vermutlich froh, aus dem Haus zu kommen.

Der 3. August 1963 ist als letzter Gig der Beatles im Cavern in die Musikgeschichte eingegangen. Damals war das jedoch niemandem bewusst und nicht eine Zeitung berichtete darüber. Der historische Moment wurde weder auf Tonband noch auf Film festgehalten. Es gibt nicht mal eine Setliste, der man das Repertoire dieses Abends entnehmen könnte, doch wahrscheinlich spielte Bob Wooler, als die vier auf

Ausgewachsen: Die Beatles werden zu groß für die »Höhle«.

> »Wir gingen nicht gern nach Liverpool zurück. Der Status als Lokalhelden machte uns nervös.« **John Lennon**

die Bühne kamen, wie immer *Piltdown Rides Again*, das er vor langer Zeit als ihr Cavern-Entree ausgewählt hatte. »Die Beatles waren an dem Abend sehr professionell«, berichtete Wooler. »Es gab keine Blödeleien; sie zogen ihr Programm durch.«

Ray McFall betrachtete die Abwanderung der Beatles als unvermeidlich: »Ich rechnete damit, dass wir sie irgendwann verlieren, und Brian dürfte zum gleichen Schluss gekommen sein. Er wollte nicht mehr, dass sie in solchen Lokalen spielten. Die Luft, geschwängert vom Duft von Snacks, Zigaretten, Schweiß, Putzmitteln und … Urin war ziemlich atemberaubend.« Der Abend endete für McFall mit einem Knall, weil die Sicherung im Cavern durchbrannte. »Der Laden dampfte«, sagt er. »Die Luftfeuchtigkeit war so hoch, dass die Beleuchtung ausfiel. Während die Beatles mit den Mädchen plauderten, hantierte ich an der Sicherung, doch nachdem ich sie repariert hatte und den Schalter umlegte, knallte sie wieder durch: Es gab einen blauen Blitz, der mich an der linken Hand erwischte.«

»Diese verbrannte Hand war mein Andenken an den letzten Auftritt der Beatles im Cavern«, erinnert sich McFall. »Es war ein bedeutsamer Abend – und dann plötzlich waren sie fertig und weg.«

»Mmmm, die Musik haut mich wirklich um!« BBC-Moderatorin Annie Nightingale mit einem Exemplar von *With The Beatles*, Brighton, Dezember 1964.

Was: Coverfoto für With The Beatles
Wo: Palace Court Hotel, Bournemouth
Wann: 22. August 1963

EIN GENIALES FOTO

Mit seinem Halbschattenbild für *With The Beatles* löste Robert Freeman eine Revolution im LP-Coverdesign aus. Von John Harris.

Das Stakis Hotel in Bournemouth, gegenüber des Pavilion Ballroom an der Westover Road, wirkt heute wie eine 0815-Herberge für Konferenzteilnehmer und Rentner. Nichts weist darauf hin, dass die Beatles hier, als das Hotel noch den flotteren Namen Palace Court Hotel trug, für eines der bedeutendsten Porträts ihrer Karriere posierten.

Am 22. August 1963 hatten die vier gerade drei der sechs aufeinander folgenden Abendgigs im Gaumont Cinema absolviert. Die Konzerte fielen zeitlich mit der Veröffentlichung von *She Loves You* zusammen. So kam es, dass Robert Freeman damit beauftragt wurde, das Foto für das Cover ihres im Vormonat weitgehend fertig gestellten zweiten Albums zu schießen. Die Beatles wollten zum Ausgleich für die grinsende Belanglosigkeit des *Please-Please-Me*-Covers – »Mist«, wie George Harrison fand – etwas völlig anderes machen. Freemans Foto wich so weit vom damals für Porträtfotos im Showbusiness Üblichen ab, dass es geradezu avantgardistisch anmutete.

»Neil Aspinall brachte sie mittags in ihren schwarzen Rollkragenpullis vorbei«, berichtete Freeman später. »Es bot sich an, sie mit der dunklen Kleidung, die sie damals trugen, in Schwarzweiß zu fotografieren. Es gab keinen Maskenbildner oder Stylisten: nur mich, die Beatles und eine Kamera.«

Freeman ließ sie im Speisesaal des Hotels vor dem braunen Vorhang posieren. Durch ein Fenster fiel Tageslicht von der Seite auf ihre Gesichter. Dabei arrangierte er die vier Beatles nach ihrer inhärenten Hierarchie; wie üblich kam Ringo an letzter Stelle: »Sie mussten auf das quadratische Cover passen, also stellte ich sie nicht in einer Reihe auf, sondern platzierte Ringo in der unteren rechten Ecke, da er als Letzter zur Gruppe gestoßen war. Er war auch der Kleinste, musste aber doch auf einem Schemel knien, um richtig positioniert zu werden.«

Freeman wollte, dass das Bild die schwermütige Boho-Stimmung ausstrahlte, die er schon in seinen Fotos von Jazzmusikern eingefangen hatte. Deutlich zu sehen ist der Einfluss von Astrid Kirchherr, die diese Halbschattentechnik bereits bei Porträts von John, George und Stuart Sutcliffe aus der Hamburger Zeit eingesetzt hatte. Dementsprechend ist *With The Beatles* – reich bestückt mit Kaiserkeller-Klassikern wie *Roll Over Beethoven*, *You Really Got A Hold On Me* und *Money (That's What I Want)* – eine cleverer Aufguss alter Beatles-Songs aus den frühen Sechzigern in neuem Gewand: Hamburg ohne Preludin und Leder, und den Fans hiermit als Mixtur aus perfektem Rock'n'Roll und künstlerischer Coolness verkauft.

Im Jahr 1995, als der Film *Backbeat* für Aufregung sorgte, wurde Astrid Kirchherr auf die Ähnlichkeit des Fotos mit ihren eigenen Arbeiten angesprochen. »Die Beatles fanden die Halbschatten-Sache toll, ... weil es so düster wirkte«, sagt sie. »Ich kann mir vorstellen, dass sie zu Bob Freeman gesagt haben: ›Wir wollen diese Bilder, wie Astrid sie gemacht hat, mit dem Halbschatten.‹ Vielleicht ist das Cover so entstanden.«

Als Brian Epstein Freemans Foto in Händen hielt, erkannte er den Stilbruch sofort und löcherte fast jeden mit der ängstlichen Frage, ob die Beatles damit nicht etwas zu weit gingen. Zu EMI's Unbehagen planten Epstein und die Band zunächst, das Foto für sich allein, ohne Logo oder Headline, auf dem Cover abzudrucken. Dieser Plan wurde zwar verworfen, doch Freemans Foto wurde – mit Unterstützung von George Martin – akzeptiert und es gelang ihm auch, sein Honorar von den üblichen 25 auf damals sagenhafte 75 Pfund zu pushen.

Die Nervosität der EMI-Leute wegen des ausgefallenen Covers erwies sich als völlig unbegründet, angesichts des Erfolgs des Albums *With The Beatles* – das in den USA mit fast identischem Cover unter dem Titel *Meet The Beatles* erschien. Das Album markierte vielmehr einen Wendepunkt im Coverdesign: Fortan konnten sich Künstler gegen die albernen Auswüchse der Pop-Fotografie wehren, indem sie *With The Beatles* als Beweis dafür anführten, dass die Konsumenten nicht so dumm sind, wie man ihnen zu unterstellen schien. 1964 ging Andrew Loog Oldham noch weiter. Er zwang Decca, etwas zu akzeptieren, was EMI abgelehnt hatte: Ein Albumcover ohne Beschriftung. Und so strahlte das erste Album der Rolling Stones die gleiche

Goldene Schallplatte für *With The Beatles*, 10. Februar 1964

> »In der englischen Version sah man auf der Hülle vier weiße Gesichter in einem Kohlenkeller.« **Robert Freeman**

Traditionen verachtende Haltung aus wie ihr ziemlich rebellischer Rock'n'Roll.

Der Wandel war nicht mehr aufzuhalten: Ende 1964 hatten die fröhlichen, Zielgruppen übergreifenden Coverfotos samt marktschreierischen Verweisen auf die letzten Singles der jeweiligen Musiker ausgedient. Der Einfluss von *With The Beatles* ist noch nach Jahrzehnten auszumachen, etwa beim Coverdesign von Lou Reeds *Transformer* über Patti Smith' *Horses* bis zur kargen, sachlichen Covergestaltung der Punkbands.

Freeman hatte sozusagen eine Revolution ausgelöst, doch wurde sein Triumph durch seine Unzufriedenheit mit der Reproduktion des Fotos getrübt. »Das gedruckte Cover war viel dunkler, als ich es mir vorgestellt hatte, sodass viel von den Kontrasten verloren ging«, klagte er. »In der englischen Version sah man auf der Hülle vier weiße Gesichter in einem Kohlenkeller.«

---

5. JULI – 5. AUG. 1963

5 Auftritt der Beatles im Plaza Ballroom, Dudley

6 Paul krönt vor einem Gig in der Memorial Hall, Northwich, die Königin des örtlichen Volksfestes.

7 Vorstellung im ABC Theatre, Blackpool

8 Beginn eines sechstägigen Engagements in den Winter Gardens, Margate

10 Aufnahmen für zwei weitere *Pop-Go-The-Beatles*-Sendungen, Aeolian Hall, London

12 *Twist And Shout* erscheint als EP in den USA.

15 Paul McCartney vom Amtsgericht Birkenhead in Abwesenheit zu 17 Pfund Strafe wegen Geschwindigkeitsüberschreitung verurteilt.

16 Aufnahmen für drei weitere Ausgaben von *Pop Go The Beatles*, BBC Paris Studio, London

17 Aufnahmen für die BBC-Radiosendung *Easy Beat*, Playhouse Theatre, London

18 Beginn der Aufnahmen zum zweiten Album, *With The Beatles*, Abbey Road Studio, London

19 An diesem und am nächsten Tag Auftritte im Ritz Ballroom, Rhyl

21 Auftritt im Queen's Theatre, Blackpool

22 *Introducing The Beatles* erscheint als erstes US-Album. Beginn eines sechstägigen Engagements im Odeon, Weston-super-Mare

23 Carter Lewis And The Southerners sind Gaststars bei *Pop Go The Beatles*; Abendauftritt im Odeon, Weston-super-Mare

26 Das Album *Introducing The Beatles* erscheint in den USA bei Vee-Jay Records

28 Auftritt im ABC Cinema, Great Yarmouth

30 Aufnahme von *Please Mr. Postman* und *It Won't Be Long* in der Abbey Road; Interview für die Radiosendung *Non Stop Pop*; Aufnahmen für *Saturday Club* und weitere Aufnahmen für das Album *With The Beatles*

31 Die Beatles treten im Imperial Ballroom, Nelson, auf.

AUGUST 1963

1 Erste Ausgabe des Fanclub-Monatsmagazins *The Beatles Book*; Aufnahmen für zwei Folgen von *Pop Go The Beatles*, Playhouse Theatre, Manchester

2 Letzter Auftritt der Beatles in den Grafton Rooms, Liverpool

3 Letzter Auftritt der Beatles im Cavern Club; erste Notierung in den US-Charts: *From Me To You* wird Nr. 116 der Billboard-Charts.

4 Die Band klettert übers Dach ins Queen's Theatre, Blackpool, um den Fans vor dem Eingang zu entgehen.

5 Auftritt beim Feiertagskonzert in Urmston

6. AUG. – 12. SEPT. 1963

6 Fünftägiger Abstecher auf die Kanalinseln. Auftritt im Springfield Ballroom, St. Saviour, Jersey

9 An diesem und dem nächsten Abend Auftritte im Springfield Ballroom, St. Saviour, Jersey

11 Rückkehr aufs Festland und Auftritt im ABC Cinema, Blackpool

12 Beginn eines Sechstage-Engagements im Odeon Cinema, Llandudno (oben)

14 Aufnahme von zwei Songs für die Granada-TV-Sendung *Scene At 6.30*, Manchester

18 Aufnahmen für *Lucky Stars* (Sommerausgabe), Alpha TV Studios, Birmingham

19 Erster Tag eines Sechstage-Engagements im Gaumont Cinema, Bournemouth, Hantshire

22 Auf halber Strecke zu ihrer Unterkunft in Bournemouth macht Robert Freeman im Palace Court Hotel Fotoaufnahmen von den Beatles für das Cover ihres zweiten Albums *With The Beatles*. Nachmittags Aufnahmen zu *Day By Day*, einer Sendung von Southern TV

23 *She Loves You* erscheint als vierte Single der Beatles in Großbritannien. Auftritt im Gaumont Theatre, Bournemouth

24 Verleihung einer Silbernen Schallplatte für die EP *Twist And Shout*

25 Auftritt im ABC Cinema, Blackpool

26 Erste größere Konzertauftritte von Cilla Black, im Vorprogramm der Beatles, bei einem Sechstage-Engagement im Odeon Cinema, Southport

27 Aufnahmen für den BBC-Fernsehfilm *The Mersey Sound*, Odeon, Southport

SEPTEMBER 1963

1 Aufnahmen für die TV-Sendung *Big Night Out*, Didsbury Studio Centre, Manchester

3 Aufnahmen für die letzten drei *Pop Go The Beatles*-Radiosendungen, Aeolian Hall, London

4 Auftritt im Gaumont Cinema, Worcester

5 Die Band hat einen Gig im Gaumont Cinema, Taunton.

6 Veröffentlichung der EP *The Beatles' Hits*

7 Aufnahmen für *Saturday Club*, im Playhouse Theatre, London; Abendauftritt in der Fairfield Hall, Croydon

8 Gig der Beatles im ABC Theatre, Blackpool (siehe Ticketabschnitte rechts).

11 Aufnahmen für das neue Album, EMI Studio 2, Abbey Road, London

12 *She Loves You* erreicht Platz eins der britischen Single-Charts.

Was: »She Loves You« wird veröffentlicht
Wo: Großbritannien
Wann: 23. August 1963

EIN KLARES YEAH!

She Loves You war mehr als eine Rock'n'Roll-Platte, meint Mark Ellen, es war die vollendete Synthese von allem, was die Beatles ausmachte.

She Loves You, ein Angelpunkt des glanzvollen Aufstiegs der Beatles, entstand in nur fünf Tagen – kurz nach der Profumo-Affäre und kurz vor dem großen Postraub. Das am 26. Juni in einem Hotelzimmer in Newcastle geschriebene und noch in der gleichen Woche aufgenommene Stück verkörperte, in einer Zeit, in der die Marktforschung den dampfenden Tanzsälen stattfand, die perfekte Synthese von allem, was die Beatles so erfolgreich machte.

Die Jungs faszinierte der wuchtige Backbeat und das von den Gitarren reflektierte Licht, die Mädchen eher, wie sie die Hacken zusammenschlugen, wenn sie ans Mikro traten, ihre Haare, die Vielfalt ihrer Persönlichkeiten und wie der Drummer durch Anschlagen des großen Beckens den Einsatz zum Kreischen gab. In die zwei Minuten und 17 Sekunden war jedes Charakteristikum und jedes akribische Detail hineingepackt, das die Beatles so elektrisierend machte: Das war mehr als eine Single, es war der Soundtrack zu einem Film, der in den Köpfen der Nation ablief.

»John und ich schrieben es gemeinsam«, sagt McCartney. »Damals gab es einen Bobby-Rydell-Song [vermutlich *Forget Him*, im Mai '63 in den Charts], und wie so oft denkt man an einen Song, wenn man einen neuen schreibt ... Ich hatte einen ›Antwortsong‹ geplant, bei dem einige von uns ›she loves you‹ singen und ein anderer ›yeah yeah‹ antwortet. Wir beschlossen, dass das eine lausige Idee sei, aber zumindest hatten wir jetzt die Idee zu einem Song mit dem Titel ›She Loves You‹. Also saßen wir ein paar Stunden im Hotel und schrieben ihn – John und ich, mit Gitarren auf zwei Betten sitzend.«

»Es war Pauls Idee«, räumte John Lennon ein, »statt schon wieder ›ich liebe dich‹ zu singen, eine dritte Person dazuzunehmen. Das ist heute noch im Detail seiner Arbeitsweise. Er schreibt eine Story über jemanden. Ich neige mehr dazu, über mich selbst zu schreiben.«

Wichtig war, dass niemand seinen bevorzugten Leadsänger missen musste, da beide von Anfang bis Ende mit gemeinsam sangen, mal mehrstimmig aufgefächert, mal zum Unisono zusammenfindend, mitunter im Oktavabstand. Und wunderbarerweise stimmte George Harrison mit ein und fügte nur einen Ton hinzu, eine köstliche Sexte zum ersten und letzten krönenden Akkord. »Wir gingen zu George Martin, mit diesem kompakten kleinen Sexten-Bündel«, berichtete McCartney, »und er sagte: ›Es ist sehr schmalzig, wie in alten Zeiten.‹ Aber wir sagten: ›Egal, wir müssen es haben, es ist die tollste Harmonie überhaupt.‹ Es ist gut, dass wir uns mit unserer Naivität über viele seiner so genannten Profientscheidungen hinwegsetzen konnten. Wir haben nie auf Regeln gehört.«

She Loves You war eine kühne Mischung aus Dur- und Mollakkorden zu einer Zeit, in der die Charts den unermüdlichen Optimismus von Bobby Vee, Cliff Richard und Gerry And The Pacemakers verströmten. Ein Arrangement von solcher Selbstverständlichkeit, dass es mit dem Refrain begann – was die Beatles noch oft wiederholten: *Can't Buy Me Love, Help!, A Hard Day's Night, Paperback Writer* –, jedes Charakteristikum hoch ausgesteuert: Georges dem Vokalrefrain nachempfundene Gitarrenfigur, Ringos Fill-ins und Tom-Tom-Wirbel, Georges und Pauls mähnenschüttelnder Harmoniegesang rund um das gleiche Mikro, bei dem es das Publikum schier zerriss. Schon das Wörtchen »yeah« galt damals manchen Kreisen als Anzeichen des bevorstehenden Zusammenbruchs der zivilisierten Gesellschaft. McCartneys Vater bat ihn, es zu ändern, weil »es schon genug Amerikanismen« gebe, doch Pauls Großspurigkeit war das Tüpfelchen auf dem »i«.

She Loves You schoss wie eine Rakete an die Spitze und hielt sich 31 Wochen in den Top 40. Radiomoderator Brian Matthew nannte es im *Melody Maker* »banal« – keiner der Beatles wusste, was das hieß (»Was ist das, schmalzig? Zu rebellisch?«) –, vollführte aber die Woche danach auf dem Cover eine Rolle rückwärts: »Zuerst fand ich es etwas banal ... aber dann kommt man auf den Geschmack!« Sein Einfluss wurde sofort spürbar: Schnulzensänger, Matinee-Idole, pomadisierte Entertainer, geschniegelte Rock'n'Roller, Trad-Jazzer, selbst hochtoupierte Mädchen kamen sich plötzlich wie Hochstapler, Scharlatane und Tattergreise vor.

Vier Monate später waren die Singles, die die Charts entflammten, von den Stones, den Ronettes, Dave Clark und den Hollies – Newcomern, von denen viele ihre Songs selbst schrieben. Und nicht umsonst gilt die rasante Darbietung von *She Loves You* beim Fernsehauftritt der Beatles in *Sunday Night At The London Palladium* als offizieller Start der Beatlemania, der Augenblick, in dem selbst die Elterngeneration klein beigab. Der Song wurde für die Beatles zum Brückenschlag nach Kontinentaleuropa und öffnete ihnen, als er im Januar '64 in Jack Parrs Fernsehshow lief, auch endlich das Tor nach Amerika.

> »Wir schrieben ihn in ein paar Stunden in einem Hotel in Newcastle – John und ich, mit Gitarren auf zwei Betten sitzend.« **Paul**

Selbst gestylter Schick war '63 der letzte Schrei.

Königliche Hofmusiker: Die Fabs treten im Prince Of Wales Theatre vor den Vorhang, 4. November 1963.

Was: Die Royal Variety Performance
Wo: Prince Of Wales Theatre, London
Wann: 4. November 1963

»HOW ARE YER?«

Trotz der Bedenken, sich beim Establishment anzubiedern, war die Royal Variety Performance ein genialer Karriere-Schachzug. Von Phil Sutcliffe.

Die Leute auf den billigeren Plätzen mögen in die Hände klatschen, alle anderen mit ihren beschissenen Juwelen klimpern«, sagte John. Brian Epstein heulte auf: »John! Nein!« Lennon grinste vor Freude, dass es ihm wieder gelungen war, seinen Manager in Panik zu versetzen.

Es war am Abend des 12. Oktober 1963 im Londoner NEMS-Büro. Die Beatles probten für ihre beiden bislang größten Auftritte: Am nächsten Tag sollten sie als Hauptgig in der auf ITV live übertragenen Show *Sunday Night At The London Palladium* vor 15 Millionen Fernsehzuschauern auftreten, am Montag, dem 4. November, in der Royal Variety Performance vor der königlichen Familie – wo das Wort »beschissen« natürlich undenkbar war.

Als die Beatles Ende August die Einladung erhielten, wollten sie zuerst ablehnen. Sie kamen aus der Arbeiterklasse und waren gegen das Establishment. Don Short, einst Showbusiness-Reporter des *Daily Mirror*, erklärt: »Sie wollten nicht als weichlich und knuddelig gelten. Aber da Brian fand, es sei eine große Ehre und ebenso tolle Publicity, gaben sie schließlich nach.«

Auch wenn sie Brian foppten, passten sie ihr Programm dem Anlass an, indem sie *Till There Was You* aus dem Broadway-Musical *The Music Man* einbezogen. »Das war typisch Brian«, sagte der Presseagent der Beatles Tony Barrow. »Er sagte: ›Ihr habt es hier mit Klasse zu tun.‹ Er wollte sie als Familien-Entertainer pushen.«

Was nicht so recht dazu passte, dass am nächsten Tag vor dem Palladium, Bastion des altbackenen Varietés, rund tausend kreischende Mädchen die Straße blockierten. Der *Daily Mirror* taufte das Phänomen »Beatlemania«.

Auch am 4. November sammelten sich bereits hysterische Fans vor dem Prince Of Wales Theatre in der Coventry Street, als die Beatles um 10 Uhr 30 eintrafen, noch ziemlich fertig vom Auftritt in Leeds am Vorabend. Hinter der Bühne gab es außer einer kurzen Probe nicht viel zu tun. Also erkundeten sie den verwinkelten Garderobenbereich und bestaunten die anderen Stars: Tommy Steele, Harry Secombe, Steptoe & Son, Pinky & Perky … Sie sahen den roten Teppich für Marlene Dietrich, von ihrer Garderobe bis zur Bühne, bekamen sie selbst aber nur kurz zu Gesicht, als sie sich beim Fototermin zwischen George und Ringo stellte und sie unterhakte. Eine verwandte Seele fanden sie in der durch *Bobby's Girl* bekannten Susan Maughan, der einzigen anderen Vertreterin des britischen Pop, mit der sie im Bewirtungsbereich »tratschten und Tee tranken«. Der galante Ringo spendierte ihr Ei mit Pommes frites, wie sie sich erinnert.

Die schwangere Queen, die Königinmutter, Prinzessin Margaret und Lord Snowdon erschienen, nachdem 500 Polizisten 3000 Beatlesfans vom Eingang zurückgedrängt hatten. Beim Anblick der Königsfamilie unterbrachen sie ihre »Wir wollen die Beatles!«-Sprechchöre, um ihr getreulich zuzujubeln.

Die Beatles waren als siebter von 19 Programmpunkten darauf bedacht, sofort Eindruck zu machen, und begannen mit *From Me To You*, noch bevor der Vorhang hochging. Als die letzte Harmonie verklang, brüllte Paul mit übertriebenem Liverpooler Akzent: »How are yer – all right?« Nach *She Loves You* kündigte er *Till There Was You* an: »Dieser Song wurde von unserer amerikanischen Lieblingsgruppe gecovert – Sophie Tucker« (einer beliebten Diva jenseits der 70). Und als John das Publikum vor *Twist And Shout* augenzwinkernd um Mithilfe bat, sparte er sich das »beschissen«.

In der königlichen Loge »applaudierte Prinzessin Margaret am heftigsten«, derweil »die Königinmutter breit lächelte«, so der *Daily Express*. Und in den Kulissen »kostete Brian das voll aus. Königliche Anerkennung war für ihn eine Riesensache«, so Barrow.

Selbst die Beatles blieben nicht ungerührt. Hinter der Bühne schwärmte Ringo: »Das ist zu gut, um wahr zu sein!«, und McCartney gestand Short: »Es war fantastisch. Das hätten wir uns nie träumen lassen.«

Gegen Mitternacht stand Susan Maughan neben den Beatles, als sie der Königin vorgestellt wurden. »Sie waren sehr höflich«, sagt sie. ›Es ist uns eine Ehre, hier zu sein, Ma'am‹, und so.« Die Königinmutter fragte: »Wo spielen Sie als Nächstes?« »Im Slough Adelphi, Ma'am«, sagte George. »Oh, das ist ja bei uns in der Nähe«, antwortete die Queen. 2002 wurde dieses Bonmot in vielen Nachrufen als Beleg für ihre ›Volkstümlichkeit‹ zitiert.

> **»Die Aufzeichnung der Höhepunkte des Abends lockte 26 Mio. Zuschauer vor die Fernsehapparate.«**

Die Königinmutter mit ihren treuen Untertanen.

Am nächsten Morgen feierte Short im *Daily Mirror* ihren »bisher größten Triumph. Sie haben es geschafft.«

Die Zusammenfassung des Abends lockte am folgenden Sonntag 26 Millionen Zuschauer vor den Fernseher. Bei ihrer Wintertour fuhr die Band aus Gründen der Sicherheit nicht mehr im Transit, sondern in Limousinen mit Polizeieskorte. Die zweite LP, *With The Beatles*, erschien am 22. November und war sofort Nummer eins. Kein Wunder, dass Don Short meint, die Royal Variety Performance »war karrieremäßig einer ihrer besten Schachzüge«.

Aber das Unbehagen, sich beim Establishment angebiedert zu haben, blieb. Wie John dem Biografen Ray Coleman sagte: »Wir bekamen danach alljährlich diskrete Anfragen, das wieder zu machen, aber wir sagten immer: ›Scheiß drauf!‹«

---

13. SEPT. – 20. OKT. 1963

13 Auftritt Public Hall, Preston; danach betätigt sich Paul in der Jury eines Schönheitswettbewerbs, Imperial Ballroom, Nelson.

14 Presse-Interviews in Liverpool und ein Gig in der Memorial Hall, Northwich

15 Auftritt bei der Great Pop Prom, Royal Albert Hall, London.

16 George besucht seine Schwester Louise in Illinois und betritt als erster Beatle amerikanischen Boden. John bricht mit Cynthia zum Parisurlaub auf, Paul und Ringo starten nach Griechenland. *She Loves You/I'll Get You* erscheint in den USA bei Swan Records.

24 Ausstrahlung der letzten Ausgabe von *Pop Go The Beatles*.

30 George Martin nimmt zusätzliche Klavier-/Orgelpassagen für *Money* und *I Wanna Be Your Man* auf.

OKTOBER 1963

2 Die Beatles kehren aus dem Urlaub nach London zurück.

3 Aufnahmen der Band im Studio 3, Abbey Road, London

4 Aufnahmen zum ersten Auftritt der Beatles in der Fernsehsendung *Ready Steady Go!*, Studio 9, Television House, Kingsway, London

5 Beginn einer Minitournee durch Schottland, Carnegie Hall, Glasgow

9 Aufnahmen für die BBC-Radiosendung *The Ken Dodd Show*, Paris Studio, London

11 Auftritt im Ballroom, Trentham Gardens, Stoke-on-Trent, Staffordshire

12 Proben für den Auftritt in der Live-Sendung *Sunday Night At The London Palladium* am nächsten Abend

13 Auftritt in der Sendung *Sunday Night At The London Palladium* vor 15 Mio. Fernsehzuschauern

14 Epstein erhält eine Einladung für die Band bei der Royal Variety Performance. Die britische Presse prägt in ihren Berichten über das Konzert im Palladium den Begriff »Beatlemania«.

15 Auftritt im Floral Pavilion, Southport

16 Aufnahmen für die BBC-Radiosendung *Easy Beat*, Playhouse Theatre, London

17 Aufnahmen von *I Want To Hold Your Hand* und *This Boy* für die erste Beatles-Weihnachtsplatte zur Verteilung an die Fanclubmitglieder, EMI Studio 2, Abbey Road, London

18 Aufnahmen für die Fernsehsendung *Scene At 6.30*, Granada TV Centre, Manchester

19 Auftritt in den Pavilion Gardens, Buxton

20 Aufnahmen für die Fernsehsendung *Thank Your Lucky Stars*, Alpha Television Studios, Birmingham (oben)

ALBUM INFOS

WITH THE BEATLES

»Across The Universe«

Das mit dem Ausbruch der Beatlemania aufgenommene und pünktlich zur Eroberung Amerikas veröffentlichte Album *With The Beatles* verhalf den vier zum weltweiten Durchbruch. Paul Du Noyer analysiert die Gründe.

Am 22. November 1963 schien die Welt vor Entsetzen still zu stehen: Es war der Tag, an dem John F. Kennedy ermordet wurde. Am selben Tag brachte Parlophone Records in London die erste große LP des Jahrzehnts heraus. Wäre diese Platte von irgendeiner anderen Band gewesen, hätte die makabre Gleichzeitigkeit der beiden Daten keine Bedeutung. Doch es handelte sich um *With The Beatles* und verkörperte in der Geschichte ihrer Zeit ein Ereignis von nicht geringer Tragweite. Schien die Ermordung Kennedys den keimenden Optimismus zu ersticken und den Beginn einer düsteren Ära zu markieren, so schien der Durchbruch der Beatles das genaue Gegenteil anzukündigen.

Alles begann Mitte Juli in der Abbey Road. Die Band, die schon drei selbst geschriebene Hits verbuchen konnte, trat mit wachsendem Selbstvertrauen zu den Sessions für das neue Album an. (Bald folgte mit *She Loves You* ein vierter Triumph, dessen »Yeah-yeah-yeah«-Refrain die Fantasie der Fans beflügelte.) Diesmal sollten mehr Originalsongs als Coverversionen auf dem Album sein. Der Haken war nur, dass diese Originale noch nicht geschrieben waren. Zur Anregung ihrer Kreativität verbrachten sie die ersten Tage mit der Aufnahme von Coverversionen, die größtenteils schon den Praxistest im Cavern Club bestanden hatten.

Bei den Coverversionen wäre zuerst Lennons Motown-Trilogie zu nennen: Smokey Robinsons *You Really Got A Hold On Me*, der Marvelletes-Song *Please Mr. Postman* und *Money* von Barrett Strong. Wie die meisten ihrer Liverpooler und im Unterschied zu ihren Londoner Kollegen, den Stones und den Yardbirds, waren die Beatles keine Bluesexperten, gehörten aber mit zu den ersten, die die Genialität des Detroiter Labels von Berry Gordy erkannten. Und Smokey Robinson von den Miracles war ihr Songwriter-Idol.

Ein Klischee des Rock'n'Roll lautet, weiße Musiker hätten der schwarzen Musik ihren Sex und ihre Gefährlichkeit genommen. Das mag auf Pat Boones Coverversionen von Little Richard oder Bill Haleys Versionen von *Big Joe Turner* zutreffen, aber weder auf Elvis noch auf Lennons Motown-Stücke. John verwandelt die sehnsuchtsvolle Unterwürfigkeit von Smokeys *You Really Got A Hold On Me* in eine glühende sexuelle Ungeduld, *Please Mr. Postman* bekommt durch sein aggressiv forderndes Bellen anstelle des passiven Singsangs des Girlgroup-Originals etwas geradezu Gewalttätiges, und *Money*, das feurige Finale des Albums, ist absoluter »Hardcore«. Der von Gordy selbst geschriebene Song, dessen Forderung *I need money, that's what I want* Strong im einschüchternden Machoton rüberbrachte, wird bei Lennon zu einem einzigen langen Heuler der Verzweiflung. Soul-Kenner werden vielleicht finden, dass den Motown-Covern der Beatles das Differenzierte der Originale fehlt, aber an Leidenschaft mangelt es ihnen nicht.

Paul McCartney hatte sich noch nicht als Komponist romantischer Balladen etabliert (was er mit *And I Love Her* auf der LP *A Hard Day's Night* bald tun sollte), doch *Till There Was You* war sicher ein Song, den er sich zum Vorbild nahm. Das Stück

> »Wundervolles verheißend schweben ihre Gesichter, Planeten gleich, seitlich angestrahlt im tiefen Schwarz.«

FOTO: HULTON ARCHIVE

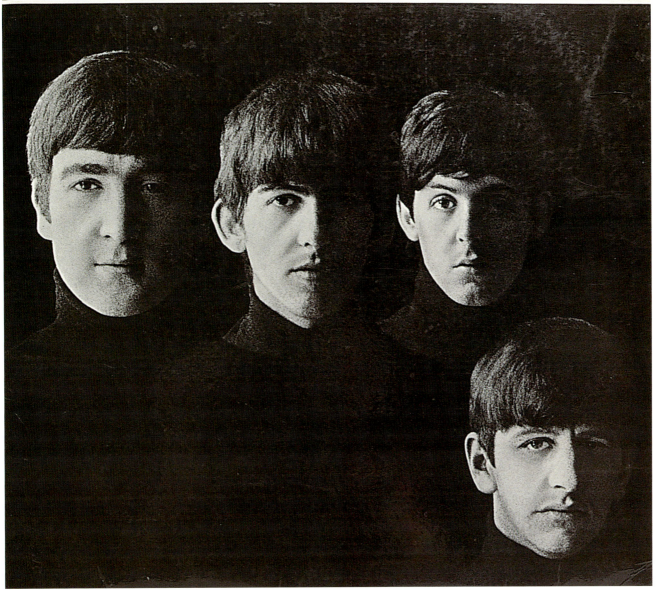

aus dem Broadway-Musical *The Music Man* erregte Pauls Aufmerksamkeit erst in Peggy Lees Version von 1961. Seine Interpretation war distanzierter als Lees rauchige, sehr persönliche Vortragsweise und verlieh dem Stück vielleicht einen Hauch von Spießigkeit, blieb aber lange fester Bestandteil ihres Live-Repertoires, eine Kostprobe jener »Vielseitigkeit«, die man von Allround-Entertainern forderte.

George Harrison ist auf dem Album gut vertreten, u. a. mit seiner ersten Nennung als Songwriter für das belanglose, aber nette *Don't Bother Me*. Er tritt als Leadsänger von Chuck Berrys *Roll Over Beethoven* (ohnehin ein Renommierstück für die Leadgitarre) auf und unterzieht die Girlgroup-Nummer *Devil In His Heart* von den Donays einer Geschlechtsumwandlung. Und Ringo erhält, wie schon mit *Boys* auf *Please Please Me*, seinen eigenen Augen-

DIE STÜCKE

A-SEITE

1. It Won't Be Long
Lennon/McCartney
Gesungen von Lennon

2. All I've Got To Do
Lennon/McCartney
Gesang Lennon/McCartney

3. All My Loving
Lennon/McCartney
Gesungen von McCartney

4. Don't Bother Me
Harrison
Gesungen von Harrison

5. Little Child
Lennon/McCartney
Gesang Lennon/McCartney

6. Till There Was You
Meredith Willson
Gesungen von McCartney

7. Please Mr. Postman
Holland/Bateman/Gordy
Gesungen von Lennon

B-SEITE

8. Roll Over Beethoven
Chuck Berry
Gesungen von Harrison

9. Hold Me Tight
Lennon/McCartney
Gesungen von McCartney

10. You Really Got A Hold On Me
Smokey Robinson
Gesang Lennon/Harrison

11. I Wanna Be Your Man
Lennon/McCartney
Gesungen von Starr

12. (There's A) Devil In Her Heart
Richard B Drapkin
Gesungen von Harrison

13. Not A Second Time
Lennon/McCartney
Gesungen von Lennon

14. Money (That's What I Want)
Gordy/Bradford
Gesungen von Lennon

ALBUM INFOS

WITH THE BEATLES

PRESSESTIMMEN

Zweifellos – *With the Beatles* war ein Mega-Hit.

»Der beste Song auf *With the Beatles* ist *All My Loving*. Die mittelschnell gespielte Melodie dieses Lennon/McCartney-Originals prägt sich sofort ein … Und dann ist da *Boys*, der Song, der Song mit dem Ringo sein Debüt auf *Please Please Me* gab. Er kam so gut an, dass man einfach noch einen für ihn schreiben musste. John und Paul ließen sich nicht lumpen und heraus kam *I Wanna Be Your Man*. Den eingängigen Rhythmus meistert Ringo souveräner als in *Boys* und alles deutet darauf hin, dass er das Zeug zu einem erstklassigen Beat-Vokalisten hat.

Keine Besprechung dieser Wahnsinns-LP kommt an Chuck Berrys *Roll Over Beethoven* vorbei. Rock'n'Roll pur … einer der seltenen Fälle, in denen George zu hören ist, im Duett mit sich selbst, während die anderen mit rhythmischem Klatschen ihren Teil zur aufregenden Atmosphäre beitragen.

Sollte es noch irgendwo Beatles-Muffel geben, so wird das nach *With The Beatles* ein Ende haben. Das Album ist der absolute Knaller. Sollte es nicht acht Wochen an der Spitze der NME-LP-Charts stehen, dann laufe ich mit einem ›Ich-hasse-die-Beatles‹-Schild die Lime Street in Liverpool auf und ab.«
Alan Smith, NME, 15. November 1963

»Die Bandbreite reicht vom naiv-frischen *All My Loving* – wohl der herausragende Song dieser LP – bis hin zum eher nachdenklichen *Till There Was You*. Insgesamt ein großes Album, temporeich und von einem kantigen Stil, mit dem sich die Beatles ohne Zweifel an die Spitze gespielt haben.«
Melody Maker, 23. November 1963

COVER STORY

Wie aus vier netten Jungs plötzlich finstere Knaben wurden

Das Coverfoto von *With The Beatles*, von Robert Freeman, gilt als Meilenstein in der Pop-Fotografie. Mit ihm wurden aus nett lächelnden Pilzköpfen coole, seriöse Musiker. Als Fotograf der *Sunday Times* hatte Robert Chruschtschow im Kreml fotografiert, und auch im ersten Pirelli-Kalender steht sein Name. Doch es waren die Schwarzweißfotos von John Coltrane, die die Beatles von Robert überzeugt hatten.

Die Aufnahmen entstanden am 22. August im Court Hotel in Bournemouth – die Band hatte gerade die Hälfte ihres sechstägigen Gastspiels im Beaumont absolviert – und waren in einer Stunde im Kasten. Ausgerüstet mit seiner verlässlichen Pentax-Spiegelreflex und einem 180er-Objektiv machte sich Freeman im Speisesaal des Hotels an die Arbeit. »Es gab starkes Seitenlicht von den Fenstern und die schweren, braunen Vorhänge dienten als Hintergrund«, erzählt er in seinem Buch *A Private View*. »Angesichts der dunklen Klamotten, die sie trugen, schien es nur logisch, sie in Schwarzweiß zu fotografieren.« Wegen des quadratischen Formats beschloss Freeman, »Ringo in die linke untere Ecke zu setzen, da er als letzter zur Band gestoßen war. Zudem war er der kleinste, musste aber trotzdem auf einem Stuhl knien, um bequem die richtige Position einnehmen zu können!« Die EMI-Bosse und Brian Epstein hielten die Aufnahme für künstlerisch zu gewagt – sie vermissten das gewohnte Grinsen –, aber George Martin konnte die Plattenfirma letztlich doch von dem Foto überzeugen. Freeman selbst sah seine Arbeit kritisch. »Die Abzüge waren am Ende viel dunkler als erwartet, sodass ein großer Teil der Struktur im Druck auf der Strecke blieb. Das Cover zeigte schließlich vier weiße Gesichter in einem Kohlenkeller.« **Lois Wilson**

> »*Not A Second Time* veranlasste den Klassik-Kritiker der *Times* zu Vergleichen mit Mahler.«

der zeitliche und finanzielle Druck war so groß, dass das Diktum »Gut genug für Rock'n'Roll« selbst für den Perfektionisten George Martin seine Gültigkeit hatte.

blick im Rampenlicht mit *I Wanna Be Your Man*: Paul und John hatten den Song in dem Wissen um den begrenzten Stimmumfang Ringos geschrieben. Fertig gestellt wurde er während einer Stones-Session. Der holprige Bo-Diddley-Rhythmus schien besser zu den Stones zu passen, doch die Aufnahme wurde zum ersten Top-20-Hit der Beatles.

Immerhin, eine neue Lennon/McCartney-Nummer für das zweite Album gab es schon. An *Hold Me Tight* hatten sie sich schon einmal versucht, doch irgendwie klappte es damals mit diesem Song nicht so richtig. So unternahmen die Beatles nun einen zweiten Anlauf. Trotzdem wirkt *Hold Me Tight* noch immer irgendwie unfertig: Sicher, ein tadelloser Rock'n'Roll-Song, aber Paul scheint generell Probleme zu haben, den Ton zu treffen. Besonders Pauls Patzer bei den beiden mittleren Achtelnoten gehören wohl zu den größten Fehlleistungen im Werk der Beatles. Damals konnte man nicht wie heute endlos probieren, denn

Einige der anderen Neukompositionen gehören nicht zu den Glanzleistungen Lennons und McCartneys – *Little Child* wirkt unpersönlich, während *All I've Got To Do* eher Johns Vorbilder Smokey Robinson und Arthur Alexander verrät. *Not A Second Time* gebührt eine fragwürdige Ehre: Der Kritiker für klassische Musik bei der *Times* sah sich durch ihn dazu veranlasst, jene berühmte »äolische Kadenz« zu bejubeln und vorsichtige Vergleiche mit Mahler anzustellen. Jedenfalls machten diese Kommentare eine ganze Generation aufgeschlossener Geister mit dem Gedanken vertraut, dass die Popmusik einen möglichen Rahmen für die Entstehung großer Kunst bietet.

Mehr Lorbeeren haben sich John und Paul sicher mit *It Won't Be Long* und *All My Loving* verdient. Beide Songs sind deutlich von der persönlichen Handschrift ihrer Urheber geprägt: Eindringlichkeit und Anspannung in Lennons Song

London, 18. November 1963, am Vorabend der Veröffentlichung von *With The Beatles*

(»You're coming home! You're coming home!«), Optimismus und Trost in Pauls Song (»I'll pretend that I'm kissing the lips I am missing«). Obwohl ihre Melodien und Harmonien mit jedem Tag komplexer wurden, waren die Texte noch Massenware. Die Wirkung von Personalpronomen und Alltagsszenen (*Love Me Do, From Me To You, She Loves You*) war ihnen ebenso bewusst wie die Vorliebe der Radiohörer für die »Ich vermiss dich, Darling«-Songs. In Wunschkonzerten wurden sie für verliebte Soldaten auf Zypern, sehnsüchtige Matrosen in Valparaiso und heimwehkranke Auswanderer in Australien rauf und runter gespielt.

Die LP war noch nicht veröffentlicht, da erfand die britische Presse ein neues Wort: »Beatlemania«. Und die Queen und ihr Hofstaat wurden dazu aufgefordert, bei der Royal Command Performance »mit den Juwelen zu klappern«. Eine Woche nach Erscheinen von *With The Beatles*, pünktlich zum Weihnachtsgeschäft, warfen die Beatles *I Wanna Hold Your Hand* auf den Markt und bald sollte auch Amerika ihrem Charme erliegen. Den Briten kam es zunächst jedoch darauf an, so schnell wie möglich dieses Album zu bekommen. Es machte sich so gut auf den neuen »Schneewittchensärgen«, die das gute alte Grammophon abgelöst hatten. Und das coole, merkwürdig strenge Cover weckte Vermutungen, dass diese unbedarften Burschen durchaus noch Dunkleres, Tieferes in petto hatten.

KINDERFREUDEN

Auch wenn er Ringo als Leadsänger vorzog – Billy Childish schwärmt von *With The Beatles*.

»Ich hörte die Beatles mit vier zum ersten Mal. Bis dahin stand ich auf Dusty Springfield und anderes Zeug. Ich saß wie gebannt vor der Glotze, als sie *She Loves You* spielten. Anschließend imitierte ich mit meinem Bruder ihren Auftritt vor dem Spiegel. Zu der Zeit bewunderten die Beatles noch nicht sich selbst, sondern einen Musikstil. *You've Really Got A Hold Of Me* ist noch immer von elementarer Wucht. *Money* ist einfach gut und George ist bei *Roll Over Beethoven* umwerfend. George ist mein Lieblings-Beatle – sehr diszipliniert und gewissenhaft bei der Arbeit. Ich mag *Till There Was You*, es passt besser zu Paul McCartney als Sir Pauls späterer Discoschrott.

So wie die Beatles auf *Live! At The Star-Club* Marlene Dietrichs *Falling In Love Again* spielen, wird man diese Nummer nie wieder hören! *I Wanna Be Your Man* wäre mit dem Original-Bo-Diddley-Beat besser gewesen. Auch wenn ich die Hardcore-Fans damit vor den Kopf stoße, aber ich meine, die vier hätten Ringo als Sänger hinter dem Schlagzeug hervorholen sollen – lässt man den Job von dem am ungeeignetsten Typen machen, erhöht man den Punk-Faktor!

It Won't Be Long und *All My Loving* sind als Popsongs okay – eingängig und flott – ganz brauchbar. Ich dachte früher, mit Spielzeuggitarre und Perücke wäre ich wie sie. Ich fühlte, an etwas Großem, Aufregendem teilzuhaben. Für mich als Musiker war das mit dem Punk vergleichbar. 1965 durfte das Nachbarmädchen Caroline, sie war elf, die Beatles live in Canterbury erleben. Aus unerklärlichen Gründen ließen mich meine Eltern nicht mit. Das habe ich ihnen nicht verziehen.«

Joe Cushley

Fotos für Life

Terence Spencer fotografierte die Fab Four für Life. Anschließend bat John ihn, die Band auf Tournee zu begleiten. Lois Wilson kennt die Geschichten hinter den Fotos.

Du gehst mir auf den Geist. Ich kann deinen Anblick nicht ertragen!« – das waren die ersten Worte John Lennons in meine Richtung«, erinnert sich der Fotograf Terence Spencer. »Aber dann sagte er, ›wenn du dich schon so für die Beatles interessierst, komm doch mit nach Liverpool und hol dir deine Story.‹ Darauf wich ich der Band vier Monate lang nicht mehr von der Seite.«

Das war im November 1963. Spencer war gerade aus Afrika zurückgekehrt, wo er für das US-Magazin Life gearbeitet hatte. Auf die Beatles aufmerksam wurde er durch seine 13-jährige Tochter (»Zuerst dachte ich, sie spricht von Insekten!«), und er war sofort Feuer und Flamme. Zusammen mit Frank Allen, Chauffeur und Fotoassistent bei Life, fuhr er nach Bournemouth, wo die Band im Winter Gardens auftrat. »Zuerst war es schwierig, an sie ranzukommen, aber nach ein paar Tagen akzeptierten sie meine Anwesenheit, und bald verstanden wir uns prächtig. Sie bemerkten nicht einmal, dass ich sie fotografierte.«

Im Zweiten Weltkrieg war Spencer, als Bomberpilot, zweimal in Gefangenschaft geraten. Verglichen damit war es leicht, die Beatles zu fotografieren. Nicht ganz so leicht war es aber, Life auf die Story aufmerksam zu machen. »Die Beatles waren in den Staaten noch nicht bekannt genug, und nur zögernd stellte mir der Chefredakteur zwei Seiten zur Verfügung. Als die Fotos im Kasten waren, hatten die Beatles mit ihrem Auftritt in der Ed Sullivan Show dermaßen Furore gemacht, dass das Magazin nicht nur die bis dahin größte Fotostory über das Showbiz mit ihnen bestritt – sie erstreckte sich über acht Seiten –, sondern sie auch noch auf das Cover brachte.«

▶ **DIE BEATLES
PARIS, JANUAR 1964**

»Dies ist eines der wenigen Fotos, auf denen die Beatles vor der Kamera posieren – sie hassten Inszenierungen dieser Art. Aber bei Life bestand man darauf, dass ich die Band auf ihrem Trip nach Paris für das Cover fotografierte. Im Hintergrund ist der Eiffelturm zu erkennen. Die Beatles fühlten sich sehr wohl in Frankreich, weil sie sich ungestört bewegen konnten, ohne erkannt zu werden. Sie waren dort noch keine großen Stars – sie konnten bummeln gehen und in schicken Hotels wohnen. In England waren sie so berühmt, dass sie sich wie Gefangene fühlten.«

◀ **JOHN MIT FREUNDEN
LONDON, NOVEMBER 1963**

»Hier sieht man John hinter der Bühne abhängen. Um sich in den Pausen die Zeit zu vertreiben, luden die Beatles Freunde ein. Raus konnten sie sich ja nicht wagen, weil ihre Fans sie überall verfolgten. Sie mussten sich verstecken. Im Zimmer sind die Schauspielerin Sandra Caron und Brian Epstein. Sehen Sie nur, wie gelangweilt sie alle schauen. Um die Zeit totzuschlagen, spielten sie meist Schach oder sie beschäftigten sich mit ihrer Modelleisenbahn.«

▶ **DIE BEATLES
PARIS, JANUAR 1964**

»Ich wollte den Moment festhalten. Vier Freunde, die entspannt durch die Stadt flanieren. Die Beatles zogen immer gemeinsam los. Sie waren dicke Freunde. Hier sieht man sie zusammen mit ihrem Pressesprecher, Brian Sommerville, und ihrem Tourmanager, Mal Evans. Es ist ein waschechter Schnappschuss. Zu dem Zeitpunkt hatten sie sich längst an meine Kamera gewöhnt, doch um jedes Aufsehen zu vermeiden, wollte ich unter keinen Umständen einen Blitz verwenden, egal wie dunkel es war.«

◀ **DIE BEATLES
NOVEMBER 1963**

»Ungewöhnlich an dieser Aufnahme ist, dass die Beatles, obwohl sie inzwischen schon echt berühmt waren, Make-up und Frisur selbst machten. Sie waren immer nur zu viert in der Maske, wo sie herumblödelten und viel lachten. Aber die Schminkerei hielt sich in Grenzen, nur eine Spur Puder, damit die Haut im Scheinwerferlicht nicht glänzte.«

◀ **RINGO UND JOHN
LONDON, DEZEMBER 1963**

»Ringo und John beim Verlassen der Bühne, kurz vor Beginn ihrer Weihnachtskonzert-Serie im Astoria in London. Ich kauerte mich für das Foto am Bühnenrand nieder. John trägt eine Sonnenbrille, obwohl es ziemlich dunkel war. Vom Weihnachtsabend bis zum 11. Januar standen sie täglich auf der Bühne. Es war unfassbar. Die Mädchen kreischten wie verrückt – sie hatten sogar Orgasmen, und die Ärzte hatten alle Hände voll zu tun, weil es immer wieder zu Ohnmachtsanfällen kam. Ich war völlig platt!«

▲ RINGO UND PAUL
COVENTRY, NOVEMBER 1963

»Sie rauchten unaufhörlich, um sich die Zeit zu vertreiben, wenn auch kein Gras, nur Tabak. Alkohol tranken sie auch eher wenig. Ich habe sie kein einziges Mal betrunken erlebt. Tee und Pepsi-Cola waren ihnen offensichtlich lieber. Im Gegensatz zu den Rolling Stones, die das Image des ruppigen Rebellen kultivierten, waren die Beatles wirklich ganz höfliche Jungs. Sie saßen dauernd vor dem Fernseher. In all der Zeit, die wir zusammen verbrachten, habe ich kein einziges Mal mitbekommen, dass sie Musik hörten. Ich glaube, sie hatten nicht einmal einen Plattenspieler dabei.«

▲ JOHN
COVENTRY, NOVEMBER 1963

»Hier ist John ganz allein hinter der Bühne in Coventry. Ich traf ihn völlig unvorbereitet, rief ihn einfach beim Namen. Er hat eine Kamera umhängen. Man sieht den Schulterriemen. Gegen die Langeweile besorgten sie sich Kameras wie meine Nikon 35 mm, und ich brachte ihnen das Fotografieren bei. Natürlich konnten sie nicht einfach selbst losziehen und die Kameras kaufen, sie konnten keinen Fuß vor die Tür setzen. Sie ließen sich die Dinger von ihrem Tourmanager besorgen. Sie knipsten alles und jeden – sich selbst, Freunde und mich. Und weil ich meine Kameras überall herumliegen ließ, nahmen sie auch diese. Ein paar dieser Fotos also könnten auch die Beatles selbst geschossen haben.«

▲ RINGO UND DIE POLIZEI
LONDON, DEZEMBER 1963

»Die Beatles durften und konnten ohne Polizeischutz nirgendwo hingehen. Dass sie sich nicht frei bewegen konnten, störte sie zwar, aber sie machten aus jeder Situation das Beste und hatten immer eine Menge Spaß. Hier ist gerade eines ihrer Weihnachtskonzerte im Astoria zuende. Nach dem Konzert sprangen drei Polizisten auf die Bühne. Zur allgemeinen Belustigung schnappten sie sich Ringo und beförderten ihn auf ihren Schultern in die Garderobe. Als Ringo sie zurückbegleitete, ließ er Hunderte von Papierschnipseln auf sie niedergehen. ›Es schneit‹, rief er.«

▶ GEORGE UND JOHN
LONDON, NOVEMBER 1963

»Mit meinen Fotos von den Beatles wollte ich zeigen, wie sie damals wirklich waren – vier saubere, nette, sympathische Jungs. Dieses Bild mag ich übrigens am liebsten. Ich glaube, es bringt ihre Unschuld und den damaligen Humor gut rüber. John war der witzigste, aber es konnte auch keiner so aggressiv sein wie er. Große Schwierigkeiten hatten sie damit, vor einem Konzert so lange in der Garderobe zusammengepfercht zu sein. Also sorgten sie selbst für ihre Unterhaltung. Natürlich schnitten sie sich nicht selbst die Haare – das hier war nur ein Spiel. Sie hatten einen eigenen Friseur und auch einen Schneider für ihre Anzüge.«

▲ DIE BEATLES
PARIS, JANUAR 1964

»Nach Paris hatten die Beatles ihren Austin Princess mitgenommen. Hier sieht man sie, verfolgt von Autogrammjägern, beim Verlassen eines Hotels. Ich selbst sitze zusammen mit Frank Allen von den Searchers im Auto dahinter – einer Limousine von Mercedes Benz. Vom rechten Vordersitz aus hielt ich die Linse direkt gegen die Windschutzscheibe, um Spiegelungen zu vermeiden. Manchmal spielte John im Auto Gitarre, was er hier, glaube ich, nicht tat.«

◀ BRIAN EPSTEIN
MANCHESTER, NOVEMBER 1963

»Brian war eine Spielernatur und ging für sein Leben gern ins Kasino. Dieses Foto musste ich heimlich machen, weil Fotoaufnahmen im Kasino eigentlich nicht erlaubt sind. Beim Weggehen kam der Manager des Ladens auf mich zu und bat mich, ihm einen Abzug von dem Foto zu überlassen. Er war nicht sauer, aber er hatte mich über eine der Kameras beobachtet, die über den Croupiers angebracht waren, um sie zu überwachen. Ich verwendete eine handliche SP Nikon, die einer Leika ähnlich ist und einen sehr leisen Verschluss hat. Unters Jacket geklemmt hatte ich sie reingeschmuggelt.«

23. OKT.–30. NOV. 1963

23 Nach Aufnahmen in der Abbey Road fliegt die Band zu ihrer ersten Auslandstournee nach Schweden.

24 Nach einem Pressetermin im Hotel Continental bildet ein Radiokonzert aus den Karlaplan-Studios in Stockholm den Tourneeauftakt.

25 Schweden-Tournee der Beatles führt weiter nach Nya Aulan, Sundsta Laroverk und nach Karlstad.

27 Drei Konzerte an einem Tag im Lorensberg Circus in Göteborg

29 Brian Epstein einigt sich mit United Artists darüber, den ersten Beatles-Film zu drehen. Die Beatles treten in den Sporthallen von Hamngatan und Eskilstuna auf.

30 Letzter Auftritt der Beatles in Schweden im Narren-Teatern in Grona Lund, Stockholm.

31 Tausende von Fans empfangen die Beatles bei ihrer Rückkehr aus Schweden am Heathrow Airport.

NOVEMBER 1963

1 Im Odeon Cinema in Cheltenham beginnen die Beatles eine England-Tournee, erstmals als Hauptgruppe.

2 Zweite Station der Tournee ist die City Hall in Sheffield.

3 Die Gruppe tritt in Leeds im Odeon Cinema auf (rechts).

4 Die Beatles treten bei der *Royal Variety Command Performance* im Prince of Wales Theatre in London auf, zusammen mit Tommy Steele, Marlene Dietrich, Joe Loss And His Band, Buddy Greco und Harry Secombe.

5 Brian Epstein fliegt mit Billy J. Kramer nach New York, um die erste USA-Reise der vier vorzubereiten.

7 Die Beatles fliegen nach Irland und spielen im Adelphi Cinema, Dublin.

8 Die Beatles geben ein Konzert im Ritz in Belfast.

12 Paul muss wegen einer Bauchgrippe die Proben für ein Konzert in der Guildhall in Portsmouth abbrechen.

13 Nächste Station der UK-Tour ist das ABC Cinema in Plymouth.

18 Den Beatles werden im EMI House in London mehrere Silberne Schallplatten verliehen.

20 Es folgt ein Konzert im ABC Cinema in Manchester. Ein Teil des Konzerts wird für den Beitrag *Beatles Come To Town* von Pathé News aufgezeichnet.

22 *With The Beatles*, ihr zweites Album, erscheint in England.

25 Für die Sendung *Scene At 6.30* verbringen die Beatles den Nachmittag in den Granada Studios. Gay Byrne interviewt sie und Ken Kodd.

26 Das Regal in Cambridge ist die nächste Station der UK-Tour.

29 *I Want To Hold Your Hand/This Boy* erscheint – die erste Single der Band, für die mehr als eine Million Vorbestellungen vorliegen. Auftritt im ABC Cinema in Huddersfield

30 Konzert im Empire Theatre in Sunderland. In der Pause überredet sie der Jungpolitiker Jeffrey Archer dazu, sich für eine Oxfam-Spendenaktion fotografieren zu lassen.

Was: Die Beatles treffen Jeffrey Archer
Wo: Empire Theatre, Liverpool
Wann: 7. Dezember 1963

SPENDENLAWINE

Ein Foto der Beatles mit einem Plakat von Oxfam löste eine der größten Spendenwellen des Jahres 1963 aus. Von Johnny Black.

Der smarte Jeffrey Archer, (angeblicher) Oxford-Absolvent und Vorsitzender des Unisportvereins, war ein Mann, der wusste, wo es langeht. Gegen Ende des Jahres 1963 übernahm klein Jeffrey die Leitung von Oxfams jüngster Kampagne – mit dem Ziel, eine Million Britische Pfund zu sammeln. Und natürlich wusste er, wie er die Sache angeht. Er würde die Beatles für die Kampagne einspannen. Dass er die Fab Four nicht kannte, spielte dabei keine Rolle. Er würde schon einen Weg finden.

Zufällig war Geoffrey Parkhouse in Oxford, der Hochschulkorrespondent der Daily Mail. Archer ging zu ihm und weihte ihn in seine Pläne ein. Einen besseren Zeitpunkt hätte er nicht finden können, waren doch alle Zeitungen des Landes scharf darauf, immer neue Storys über die Fab Four zu bringen. Kein Blatt hätte es sich nehmen lassen, exklusiv über diese erste Wohltätigkeits-Aktion der Beatles zu berichten.

Als Parkhouse, nach London zurückgekehrt, beim Daily Mail von der Sache berichtete, war man höchst interessiert. Der Haken an der Sache war nur, dass Archer keine Beweise von der Beteiligung der Beatles an besagter Aktion in der Hand hatte. Aber davon ließ dieser sich nicht beirren.

Archer wandte sich an Brian Sommerville, den Pressesprecher der Beatles. Bis dahin hatte Brian Epstein Anfragen von Wohltätigkeitsorganisationen, die die Beatles vor ihren Karren spannen wollten, abgelehnt. Archer hatte Glück. Epstein war in den USA, und nach anfänglichem Zögern konnte er Sommerville ein kleines Zugeständnis abringen. Ohne eine definitive Zusage zu machen, räumte dieser ein, Archer könnte zumindest ein Autogramm der Beatles bekommen. Er müsste lediglich am 7. Dezember im Empire Theatre in Liverpool aufkreuzen.

Archer erschien zum vereinbarten Zeitpunkt im Empire und wurde zu den Beatles vorgelassen. Anstatt nur um ein Autogramm zu bitten, entrollte er in einem Geniestreich sondergleichen ein Oxfam-Plakat und drückte den Beatles eine Sammelbüchse in die Hand. Ehe sie sich versahen, hatte ein Fotograf von Press Association die Aufnahme gemacht, die Archer brauchte.

»Wir kannten diesen Kerl überhaupt nicht«, erinnert sich Tony Bramwell, der damalige Berater der Band. »An jenem Tag ging es hoch her, mit einem Fanclub-Konzert im Empire am Nachmittag, Fernsehaufnahmen für Jukebox Jury und einem regulären Auftritt im Odeon am Abend. Irgendwann zwischendurch entstand das Foto mit Archer. In dieser Zeit war es gang und gäbe, dass die Beatles in irgendeinen Raum gepfercht wurden, um ein Foto mit dem Bürgermeister zu schießen, ein weiteres mit dem Polizeipräsidenten und mit ihnen da jemand ein Oxfam-Plakat samt Sammelbüchse in die Hand drückte, ließen sie sich auch ablichten. Aber das hieß noch lange nicht, dass sie sich bereit erklärt hatten, an einer Spendenaktion teilzunehmen.«

Archer jedoch hatte sein Ziel erreicht. Das Foto genügte, um Oxfam und die Daily Mail davon zu überzeugen, dass die Beatles mit von der Partie waren. Mit Hilfe seiner genialen Überzeugungskünste überredete er dann auch noch den ehemaligen Premierminister Harold Macmillan – der zu dem Zeitpunkt zufällig Kanzler der Universität Oxford war –, auf den Oxfam-Beatles-Daily-Mail-Zug aufzuspringen.

Als die Daily Mail die Spendenkampagne startete, mit dem Abdruck des Fotos, das die Beteiligung der Beatles »bewies«, brannten bei Brian Epstein die Sicherungen durch. Es gab zwar keine schriftliche Vereinbarung, aber er war sich trotzdem nur zu gut bewusst, dass das öffentliche Bild seiner allseits beliebten Pilzköpfe nur Schaden nehmen könnte, wenn sie bei einer so ehrenwerten Sache einen Rückzieher machen würden.

Widerwillig einigte er sich mit Oxfam darauf, dass die Beatles den geringstmöglichen Beitrag zu der Kampagne leisten würden, um zu zeigen, dass sie diese unterstützten. Das Engagement der Daily Mail für Oxfam dauerte den ganzen Dezember 1963 über, und Anfang 1964 war die Millionenmarke in Sicht.

Richard Exley, einer der Spitzenfunktionäre bei Oxfam, sagte später, Archer habe sich »aufgedrängt«, aber eine Menge Geld aufgetrieben

Paul und George mit Archer, Brasenose College, Oxford, 1964

> »Jeffrey Archer hätte selbst noch deine Pisse in Flaschen abgefüllt und verkauft.« Ringo Starr

ben und alles ziemlich aufgebauscht. Die Beatles haben so gut wie nichts gemacht, außer ein Plakat hochzuhalten und zu sagen ›Gute Sache, Leute‹.«

Epstein hatte außerdem eingewilligt, dass die Beatles an einem Abendessen mit Macmillan in London teilnehmen und bei dieser Gelegenheit ein Autogramm-Poster vorstellen würden, das dem Kind zugehen sollte, das die meisten Spenden für Oxfam gesammelt hatte. Wegen Verpflichtungen in den USA waren sie jedoch nicht in der Lage, diesen Termin wahrzunehmen. Als Ersatz wollte man das Poster am 5. März 1964 bei einem Dinner in Brasenose College in Cambridge überreichen und dazu die Dreharbeiten zu *A Hard Day's Night* unterbrechen.

Der Autor und Rundfunkmann Sheridan Morley, damals Student in Oxford, erinnert sich: »Es gab ein Dinner, an dem ich teilnahm. Als ich im Lauf des Abends auf die Toilette ging, stand ich neben Ringo Starr. Er fragte mich, ob ich diesen Jeffrey Archer kenne. Ich sagte, jeder in Oxford würde gerne wissen, wer dieser Kerl ist. Worauf Ringo meinte: ›Man kann nichts gegen ihn sagen, finde ich, aber er ist einer von denen, die auch noch deine Pisse in Flaschen abfüllen und verkaufen würden.‹«

Tu's nicht, John! Jeffrey Archer ergattert sich, am 7. Dezember 1963 hinter der Bühne des Empire Theatre in Liverpool, seinen »Fototermin« mit den Beatles.

Das Finsbury Astoria in London, Schauplatz für das Weihnachtskonzert der Beatles 1963

Was: Beatles-Weihnachtskonzert
Wo: Astoria, Finsbury Park
Wann: 24. Dezember 1963

Weihnachts-»Chaos«

Im Jahr 1963 wollten die Beatles ihre Fans mit einer Weihnachts-Show verwöhnen. Was sie jedoch bald bedauern sollten. Von Chris Hunt.

Auf der Reklametafel des Finsbury Park Astoria sehen die Beatles im Großformat auf ihre Fans herab. Es ist der 24. Dezember 1963, der erste Abend der Beatles Christmas Show, und die Konzertbesucher stehen Schlange. John, Paul, George und Ringo wurden schon vor Stunden ins Theater geschleust, um das Chaos zu vermeiden, das ihre Ankunft kurz vor Konzertbeginn auslösen würde.

Die Musiker der Vorgruppe, The Barron Knights, sind fassungslos, als sie aus dem Fenster sehen. Die Straßen rund um das Theater sind voll gestopft mit Menschen, über dem Eingang prangt fett das Schild Ausverkauft. Keine Frage, diese Jungs sind populär. 100 000 Karten fanden innerhalb weniger Tage reißenden Absatz.

In der Absicht, den Bekanntheitsgrad der von NEMS betreuten Bands auch in den Kernbereichen des Showgeschäfts zu erhöhen, hatte Brian Epstein seine Fühler in Richtung Film und TV ausgestreckt und jene allseits so beliebten, Pantomime oder einfach Panto genannten Weihnachtsshows anvisiert, die heilige Kuh der britischen Familienunterhaltung. Am gleichen Abend, als Gerry & The Pacemakers im Gaumont in Hanley die Epstein-Co-Produktion *Babes In The Wood* eröffneten, traten die Beatles mit einem, wie sie hofften, alternativen Weihnachtsprogramm an. »Was anderes«, hatten sie zu ›Eppy‹ in einem Vorgespräch gesagt, »mit Sketchen und so Sachen.«

»Wir wollten keine Pantomime machen«, erklärte John im Jahr darauf, »also machten wir unsere eigene Show – wie ein Popkonzert, nur dass wir alle paar Minuten in einer neuen Verkleidung auftauchten … zur großen Begeisterung des Publikums.«

Epstein, immer darauf bedacht, den Leuten etwas für ihr Geld zu bieten, wollte das Publikum nicht mit einem mit Flitterkram aufgepeppten Popkonzert abspeisen. Also hatte er einen alten Hasen in Sachen Weihnachtsshow engagiert, der die feinen nuancierten Kontraste zu den lauten Tönen der Band liefern sollte. »Ich bringe eine ganz neue Art von Weihnachtsshow«, hatte der Regisseur Peter Yolland stolz verkündet, als er sich daranmachte, in der extrem kurzen Probenzeit so viele Lachnummern und Gags wie nur möglich ins Programm einzubauen.

»Die Beatles hatten mit Proben nie viel am Hut«, sagt der PR-Mann Tony Barrow, »bei den Songs spielte das keine große Rolle, aber dass sie bei den Sketchen so miserabel waren, war ein zusätzliches Plus für die Show – es war ein organisiertes, aber sehr lustiges Chaos.«

Zwischen den Auftritten von The Barron Knights, The Fourmost, Tommy Quickly, Billy J. Kramer And The Dakotas, Cilla Black kamen die Beatles auf die Bühne und spielten unbeholfen, aber mit gewinnendem Liverpooler Charme kurze Sketche. Egal was sie darboten, die vier wurden mit wilder Hysterie empfangen. »Ehrlich gesagt«, sagte Paul McCartney, »die Leute hätten auch gelacht, wenn wir nur aus dem Telefonbuch vorgelesen hätten.«

Mit ihren zum Abschluss gespielten Rock'n'Roll-Nummern lösten sie Begeisterungsstürme aus. Rolf Harris konnte diese Lärmkulisse aus nächster Nähe erleben – als Conferencier überbrückte er die 15 Minuten lange Umbaupause. »Ich kündigte sie so an: ›Keiner hat gestern auch nur ein Wort verstanden, das diese Jungs gesungen haben. Das ist schade, denn sie sind fantastisch. Hören Sie nun die tolle Musik der Beatles‹«, erinnert sich Rolf. »Sofort setzte ein ohrenbetäubendes Dauerkreischen ein. Sie hätten genauso gut nur so tun können, als würden sie spielen, niemand hätte etwas bemerkt.«

Die Beatles begannen mit *Roll Over Beethoven*, versuchten den Jellybeans (Bonbons) auszuweichen, die ihnen aus dem Dunkel des Zuschauerraums entgegenflogen, und 25 Minuten später, die letzten Töne von *Twist And Shout* klangen noch nach, waren sie bereits verschwunden, »sonst hätten die Fans sie überrannt«, erinnert sich Rolf.

»Wir mussten sie aus dem Theater schaffen, bevor die Nationalhymne verklungen war«, erklärt Barrow. »Das Publikum blieb brav auf den Plätzen und skandierte ›We want The Beatles‹, als diese längst über alle Berge waren.«

Nach diesem Enferolg flogen die aus Liverpool stammenden Mitwirkenden – alle außer Rolf Harris und die Barron Knights – in einer von Epstein für 400 Pfund gecharterten Viking heim. Rechtzeitig für die erste Show am zweiten Weihnachtstag waren sie wieder zurück, und das »organisierte« Chaos begann von vorn – bis mit der 30. und letzten Vorstellung am 11. Januar 1964 der Vorhang fiel. Am selben Tag kam *I Want To Hold Your Hand* in die US-Charts.

Als der erste Nr.-1-Hit in den USA in greifbarer Nähe war, stellte sich die Frage, ob eine Revue der richtige Rahmen für eine Rock'n'Roll-Band war. »Ich glaube, je länger die Serie dauerte, um so klarer wurde ihnen, dass es nicht funktionierte«, sagt Pete Langford von den Barron Knights. »Sie sahen sich als Songwriter und Popstars, nicht als Schauspieler.«

Brian Epstein gelang es 1964, die Beatles für eine weitere Weihnachtsshow im Hammersmith Odeon zu verpflichten, als er jedoch am 2. August 1965 die Namen der NEMS-Künstler bekanntgab, die das Weihnachtsspektakel jenes Jahres bestreiten würden – Cilla Black (Rotkäppchen), Gerry And The Pacemakers (Aschenputtel) und Billy J. Kramer And The Dakotas (Mother Goose) –, waren die Beatles nicht mehr dabei.

Nur 14 Tage später wurden die Beatles auf einer Pressekonferenz in Toronto gefragt, ob sie bei einer Weihnachtsshow mitmachen würden. »Fragen Sie doch Mr. Christmas Epstein«, antwortete John. »Der«, so George, »kann eine Mr. Epstein Christmas Show veranstalten.«

Die Beatles wollten nicht mehr als Unterhaltungskünstler für jedermann gesehen werden. Der Rock'n'Roll bewegte sich in eine andere Richtung – und wer 1965 noch Pantomimie machte, der hatte schon verloren.

1.–29. DEZEMBER 1963

DEZEMBER 1963

1 Die Beatles spielen in der De Montfort Hall in Leicester.

2 Im Elstree Studio Centre in Borehamwood wird ein Auftritt der Beatles in der Morecambe & Wise Show aufgenommen; Wohltätigkeitskonzert im Ballroom des Grosvenor House Hotel

6 Auslieferung der ersten Beatles-Weihnachtsplatte an Fanclubmitglieder in ganzen Großbritannien

7 In der Sendung *Juke Box Jury* bilden die Beatles die Jury. Am selben Tag bekommen sie eine Silberne Schallplatte für *I Want To Hold Your Hand*.

12 *I Want To Hold Your Hand* verdrängt *She Loves You* von Platz eins der Singles Charts. Damit sind die Beatles die erste Gruppe, die sich den Spitzenplatz selbst streitig macht. Konzert im Odeon Cinema in Nottingham

14 Die Band gibt ein Konzert im Wimbledon Palais für den Southern Area Fan Club.

15 In den Alpha Television Studios in Birmingham werden die Beatles für die Liverpool-Spezialausgabe von *Thank Your Lucky Stars* aufgenommen.

17 Ein Live-Auftritt im Playhouse Theatre in London wird für die Weihnachtsausgabe der BBC Radio Show Saturday Club aufgezeichnet.

18 Im Pariser Studio der BBC wird *From Us To You* aufgezeichnet, ein Sonderkonzert für das Radio.

20 In der Leser-Umfrage des NME belegen die Beatles in den Kategorien Internationale Vokalgruppe und Britische Vokalgruppe den ersten Platz.

21 Peter Jonas vom *Record Mirror* beschreibt einen Auftritt der Gruppe im Gaumont Cinema als »ziemlich daneben«. Es war die erste Generalprobe für die Weihnachtsshow der Beatles.

22 Die zweite Vorprobe im Empire in Liverpool gelingt besser.

23 *It's The Beatles*, eine neue Viertelstunden-Serie bei Radio Luxemburg, geht erstmals über den Sender.

24 Das erstes Konzert der Weihnachtsshow der Beatles im Astoria Cinema in London findet statt.

25 Die Beatles fliegen nach Liverpool (oben), um Weihnachten kurz bei ihren Familien zu verbringen.

29 Der Musikkritiker der *Sunday Times*, Richard Buckle, bezeichnet John Lennon und Paul McCartney als die »größten Komponisten seit Beethoven«.

1964

Inzwischen sind die Beatles der hellste Stern am Musikhimmel. Mit *A Hard Day's Night* kam ihr erster Film in die Kinos. Durch ihren legendären Auftritt in der *Ed Sullivan Show* exportierten sie die Beatlemania in die USA und bis Ende 1964 dominierten sie die US-Single-Charts: mit 19 Hit-Singles. Nebenbei fanden sie noch ausreichend Zeit, um Harold Wilson und Cassius Clay zu treffen!

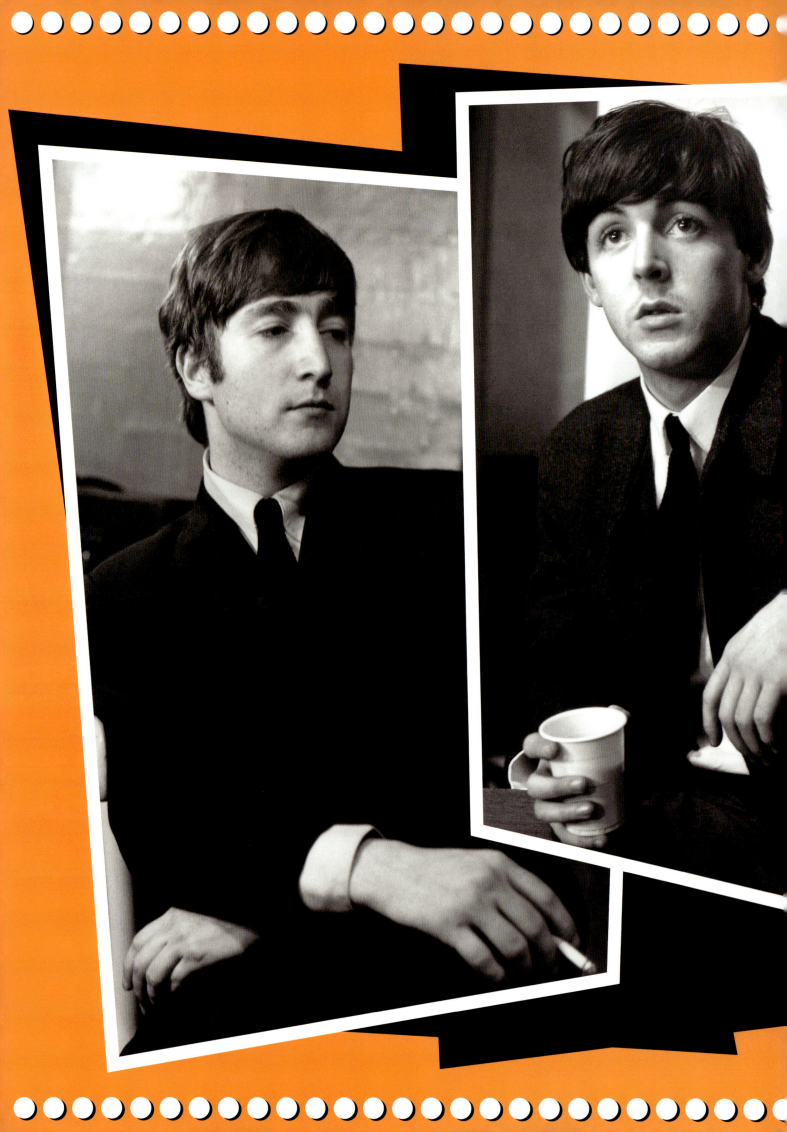

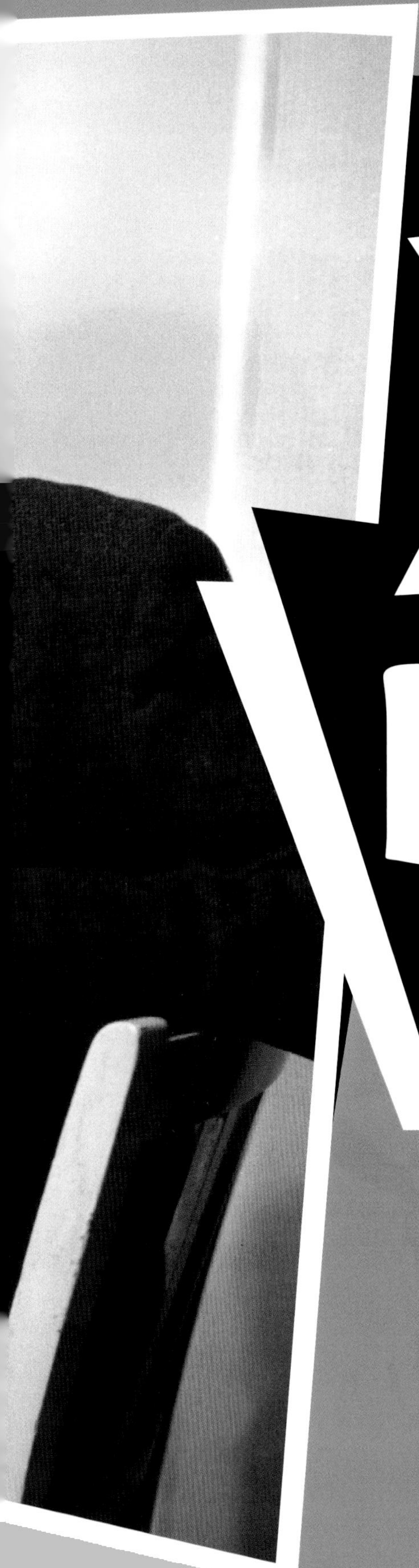

Der eine laut, leidenschaftlich und zynisch; der andere nett, ehrgeizig und optimistisch. Dieses einzigartige Songwriter-Duo löste eine musikalische Revolution aus, die das Gesicht der Popkultur für immer verändern sollte. Von Ian MacDonald.

Das ideale Paar

Als John und Paul am 10. September 1963 den Jazzclub Studio 51 in der Great Newport Street im Londoner Stadtteil Soho betraten, wirkten sie auf James Phelge, einen Freund der Rolling Stones, »wie zwei sehr erfolgreiche Geschäftsleute«. Andrew Loog Oldham, Co-Manager der Stones, den die beiden kurz zuvor auf der Straße wie einen alten Freund begrüßt hatten, meinte, »John und Paul sahen fabelhaft aus in ihren maßgeschneiderten Dougie-Millings-Anzügen mit Weste und Vier-Knopf-Jackett. Paul trug ein eher helleres, John ein dunkleres Grau, insgesamt war ihr Outfit eine moderne Variation der klassischen Anzüge der Teddy Boys [Halbstarke der 50er-Jahre], mit schwarzem Samtkragen und Paspeltaschen sowie schmaler Hose ohne Bundfalten.«

Die Beatles waren mit ihrem Album *With The Beatles* beschäftigt und hatten neben dem Nr.-1-Hit *She Loves You* noch zwei Spitzentitel in den Charts. Durch die Beatlemania waren sie zu schwerreichen Superstars geworden und eben erst Ehrengäste bei einem Lunch des Variety Clubs im Savoy. Einen Monat später würden sie als Hauptattraktion von ATVs *Sunday Night At The London Palladium* auftreten, was als offizielle Anerkennung der Beatlemania als nationales Phänomen zu werten war.

Die Stones hörten bewundernd zu, als John und Paul *I Wanna Be Your Man* zu Ende schrieben, ehe Brian Jones seinen nachdenklichen Slide-Guitar-Part dazusetzte. Dann gingen die beiden teuer gekleideten Beatles – etablierte Stars, bereit dazu, ein paar Szene-Freunden zu helfen, die es noch nicht geschafft hatten. (Die Stones nahmen *I Wanna Be Your Man* sofort auf und kamen damit auf Platz zwölf in den britischen Charts. Danach ging es mit *Not Fade Away* richtig los.)

Zu der Zeit waren Lennon und McCartney längst dicke Freunde, Erfolgskomponisten und Musiker, die sich gegenseitig respektierten. Vor wenigen Jahren jedoch war John sich nicht so sicher, wer ihm nun näher stand, Paul McCartney oder sein Kommilitone von der Kunstakademie, der Ex-Beatle Stuart Sutcliffe. John, der Sutcliffe altersmäßig zwei Jahre näher stand als Paul, bewunderte das künstlerische Talent und den Existentialisten-Chic seines älteren Freundes. Paul hatte dem nichts entgegenzusetzen und musste Stuart gegenüber ziemlich kindlich gewirkt haben. Aber das musikalische Band zwischen John und Paul war stark seit jener ersten Begegnung am 6. Juli 1957 auf der Gartenparty der St. Peter's Church in Woolton. Sie hatten beide schon seit fünf Jahren komponiert, oder es zumindest versucht, und die Musik war für John das einzige, was zählte. Wie auch immer, als Sutcliffe am 10. April 1962 starb, gab es für John keinen Grund mehr, Paul nicht als gleichwertigen kreativen Partner anzuerkennen.

Im April 1962 waren Lennon/McCartney-Songs jedoch kein Markenzeichen. In einer Übersicht früher Beatles-Songs, die Brian Epstein am 6. Juni 1962 an George Martin geschickt hatte, erscheinen die »Originalkompositionen« von John und Paul unter dem Namen des jeweiligen Autors und nicht als das Produkt einer Partnerschaft. (McCartney: *Love Me Do, P.S. I Love You, Like Dreamers Do, Love Of The Loved;* Lennon: *Ask Me Why, Hello Little Girl*) Und auf der Hülle des Albums *Please Please Me*, das am 22. März 1963 veröffentlicht wurde, erschien das Komponistenduo unter dem Namen McCartney/Lennon. Tatsächlich war von Lennon/McCartney seit *She Loves You*, der vierten Single, die Rede, die hier am 23. August 1963 veröffentlicht wurde, nur zwei Wochen bevor das Duo die Rolling Stones im Studio 51 traf und ihnen *I Wanna Be Your Man* überließ. In Barry Miles' Buch *Many years From Now* beklagt sich Paul, dass er nie einsah, warum »Lennon/McCartney« besser sein sollte als »McCartney/Lennon«, sagt aber nichts darüber, wie es dazu kam, dass dieses Markenzeichen im August 1963 geändert wurde.

Sicher ist dagegen, dass John, der lauter und körperlich präsenter war, zu Beginn den Ton angab, und natürlich betrachtete er die Beatles als seine Band. Immerhin hatte er sie zusammengestellt und dann Paul McCartney dazugeholt. Symbolträchtig war auch die Aufstellung der Band: rechts John vor eigenem Mikrofon, Paul und George vor einem gemeinsamen Mikrofon links. Lennon sang auch die beiden Schlussnummern *Twist And Shout* und *Money*, die den Saal zum Kochen brachten. Es war mehr als offensichtlich, dass, nicht nur nach Johns Meinung, er es war, der im ersten Jahr der Beatles auf die eine oder andere Art den Ton angab. Das änderte sich mit dem Erscheinen von *With The Beatles* und dem Zugewinn an kreativem Profil, den Paul mit *All My Loving* erringen konnte. Von da an galten die beiden schon fast als gleichwertige Partner – aber zuvor musste ihr Markenzeichen als Songschreiber noch geändert werden in Lennon/McCartney.

John und Paul bei einem Konzert in Deutschland, 1963

Was das später Lennon/McCartney genannte Songschreiberduo bis April 1962 veröffentlicht hatte, war nicht von einheitlicher Qualität. Manches (etwa *One After 909*) war schlicht und einfach banal, während *Love Me Do* eine karge, »nördliche« Simplizität aufweist, die im Umfeld der weitaus gefälligeren Titel in den Charts von damals ziemlich radikal wirkte. Im September 1962 schließlich, mit den Titeln *Please Please Me* und *I Saw Her Standing There*, kam die Zusammenarbeit zwischen den beiden richtig in Schwung, als unverwechselbare Stimme von echter Originalität. Sie verstanden sich mittlerweile als veritable Geschäftspartner, die ihre Arbeit des Songschreibens sehr ernst nahmen und dabei die Qualität nicht nur halten, sondern kontinuierlich verbessern wollten.

»John und Paul unterschieden sich vor allem darin, dass der eine Pessimist, der andere Optimist war.«

Sie verständigten sich auch bald darauf, ihre Songs auch anderen Künstlern zu verkaufen, wenn sie entsprechend geschrieben wären. *P. S. I Love You* auf dem Album *Please Please Me* ist wie geschaffen für den Weiterverkauf; *Do You Want To Know A Secret*, ursprünglich für die Stimme von George geschrieben, wurde von Billy J. Kramer And The Dakotas übernommen, während der für Helen Shapiro geschriebene Song *Misery* von Kenny Lynch gecovert wurde. Allem Anschein nach handelte John damals nach dem Prinzip Eine-Hand-wäscht-die-andere: Paul bekam die B-Seite von *Love Me Do* für *P. S. I Love You*, während John die B-Seite von *Please Please Me* für *Ask Me Why* bekam.

Der originellste Song auf dem Album *Please Please Me*, abgesehen vom Titelsong und von *I Saw Her Standing There*, war *There's A Place*, eine waschechte Co-Komposition, die bei McCartney zu Hause in Liverpool in der Forthlin Road 20 entstand und das Muster für den Arbeitsstil des nächsten halben Jahres war – so entstanden Takt für Takt, »in engem Austausch, Auge in Auge«: *From Me To You, Thank You Girl, She Loves You, I'll Get You*. Die unverfälschte Intensität von *There's A Place* ließ den Song besonders authentisch klingen, als gäbe es davon bereits Versionen von anderen Künstlern wie im Fall ihrer R&B- und Motown-Coverversionen. Sehr eng arbeiteten John und Paul in der Zeit zwischen dem ersten und zweiten Album der Beatles zusammen, lösten sich aber wieder voneinander, als es daran ging, *With The Beatles* aufzunehmen. Lennon übernahm die Führung mit *It Won't Be Long, Not A Second Time* und *All I've Got To Do*, wobei Paul letzteren Titel erst kurz vor der Aufnahme im Studio präsentiert bekam. Aus Pauls Feder stammte *Hold Me Tight* und *All My Loving*. Co-Kompositionen waren nur *I Wanna Be Your Man* und *Little Child*.

Höhepunkt der Zusammenarbeit war *I Wanna Hold Your Hand*, die fünfte Single der Beatles. Aufgenommen wurde sie am 7. Oktober 1963, während *She Loves You* an der Spitze der britischen Singles Charts stand. Der Titel auf der A-Seite der sechsten Single, die im Januar und Februar 1964 entstand, stammen allein von Paul. *Can't Buy Me Love* muss also ein ziemlicher Schock für Lennon gewesen sein. Die B-Seite der Single (von der wir annehmen können, dass Lennon sie in dem Monat zwischen den beiden Sessions zu *Can't Buy Me Love* geschrieben hat) war *You Can't Do That*, ein Song, mit dem sich John deutlich und unüberhörbar als führender Songwriter der Beatles zurückmeldete. Auf dem Album *A Hard Day's Night* schrieb er den Titelsong, aber auch *I Should Have Known Better, Tell Me Why, Any Time At All, I'll Cry Instead, When I Get Home* und natürlich *You Can't Do That*. Zudem zeichnete er als Co-Autor von *If I Fell, I'm Happy Just To Dance With You* und *I'll Be Back*; auf letzterem Titel ist John als Vokalist dominierend. Paul dagegen ist nur auf *Can't Buy Me Love* zu hören sowie auf *And I Love Her* und *Things We Said Today*.

John Lennon sicherte sich mit *I Feel Fine* die A-Seite der nächsten Single und schrieb *No Reply* und *I'm A Loser* für das Album *Beatles For Sale*. Paul McCartney konterte mit *I'll Follow The Sun, Every Little Thing* und *She's A Woman. Baby's In Black, Eight Days A Week, I Don't Want To Spoil The Party* und *What You're Doing* waren Co-Produktionen. Auch auf den nächsten beiden Singles bekam John die A-Seite (*Ticket To Ride* und *Help!*). Tatsächlich sollte es noch bis zum Sommer 1965 dauern, ehe Paul seine Position als gleichwertiger Partner vollständig zurückerobert hatte.

Die 1000 Tage zwischen dem 1. April 1962 und dem 31. Dezember 1964 waren also eine Zeit ausgeprägter Rivalität innerhalb des Unternehmens Lennon/McCartney und für John vielleicht auch der Anlass, auf Brian Epstein einzuwirken, ihr Markenzeichen, die Signatur »McCartney/Lennon« umzukehren. Seit *Can't Buy Me Love*, eine A-Seite, an der er nicht den geringsten Anteil hatte, fühlte er zudem Handlungsbedarf, sich als unabhängiger Songschreiber zu profilieren. Diese Rivalität war denn auch der geheime Grund dafür, warum die Songs des Duos Lennon/McCartney kontinuierlich besser wurden. Wie bisher arbeiteten sie an lupenreinen Co-Kompositionen, legten aber auch großen Wert darauf, eigenständige Werke zu schaffen, mit welchen sie sich ergänzten. John Lennon war dabei zwölf Monate lang (also von Februar 1964 bis Februar 1965) eindeutig der erfolgreichere, worauf er es offenbar auch angelegt hatte. Danach fand Paul McCartney zunehmend mehr Anerkennung und überflügelte Lennon sogar, zumindest was die Anzahl der Kompositionen betrifft.

Miami-Sound-Machine: Paul und John bei den Aufnahmen für ihren zweiten Auftritt in der *Ed Sullivan Show* im Hotel Deauville am 16. Februar 1964.

Hinter der weltmännischen und reichen Fassade des Unternehmens Lennon/McCartney, die die Rolling Stones am 10. September 1963 vor dem Studio 51 zu sehen bekamen, verbarg sich ein dauerndes, mehr oder weniger freundliches Gerangel zwischen zwei stilistisch gegensätzlichen Musikern. Beide wollten sie die Beatles mit ihren Songs bestimmen (und/oder das Repertoire anderer Künstler). John und Paul komponierten problemlos zusammen, wenn die Stimmung oder Situation passte, aber mindestens ebenso häufig arbeitete jeder für sich. Die Unterschiede zwischen den Eigenkompositionen zeigen die Gegensätze zwischen den beiden Menschen – Gegensätze, in welchen Norman Smith, der Toningenieur der Beatles von 1962 bis 1966, in der Produktionsphase des Albums *Rubber Soul* den »deutlichen Zusammenstoß« zweier Persönlichkeiten erkannte.

Beim musikalischen Naturtalent Paul fand sein fröhlicher, optimistischer Charakter seinen Ausdruck in weit ausholenden melodischen Schritten. Er schuf in sich stimmige Melodien, die keiner harmonischen Stütze bedurften. Johns schwere, grüblerische Natur zeigt sich in seinen weniger melodischen Stücken, die eher gesprochener Sprache als Gesang entsprechen. Ohne Begleitakkorde sind viele seiner Melodien weniger leicht nachzusummen als Pauls, obgleich sie im entsprechenden harmonischen Kontext ihre Ausdruckskraft wiedergewinnen. Als Komponisten unterscheiden sich die beiden vor allem vom Temperament her. Dass für Lennon Wahrheit immer wichtiger war als Schönheit, spiegelt sich darin, wie eng Text und Musik bei ihm aufeinander bezogen sind; die Musik drückt die Stimmungen aus, die den Song insgesamt ausmachen. Dagegen konnte McCartney aus seiner Musikalität heraus Musik schaffen, die von der Stimmung des Textes unabhängiger war. In seinen besten Momenten war er aber musikalisch ebenso ausdrucksstark wie sein Partner.

Man könnte auch sagen, dass John eher ein Pessimist, Paul dagegen ein Optimist war, obwohl es im Werk der beiden immer wieder Ausnahmen gab. Lennon war etwa in der LSD-Phase der Beatles sehr viel optimistischer; McCartneys Songs über Jane Asher wirken oft angespannt und enthalten Widersprüche. Alles in allem jedoch basierte Lennons Sarkasmus auf einer Haltung dem Leben gegenüber, die schon in jungen Jahren geprägt wurde, als er mehrere ihm nahe stehende

zu bleiben, egal mit welchen Mitteln – das waren sie ihrem Ehrgeiz einfach schuldig.

Für das Unternehmen Lennon/McCartney war der Anspruch der beiden von besonderer Bedeutung. Sie wollten überwinden, was die populäre Musik für Jugendliche bis dato zu bieten hatte, sahen das Songschreiben aber auch als eine Kunst, die, in Bezug auf die unmittelbaren Vorläufer der Beatles, sehr viel älter und etablierter war. So war ihre musikalische Bandbreite weitaus vielseitiger als die der Stones, die als reine Blues- und R&B-Band, nicht als Rock'n'Roll-Band begonnen hatten, und die ihre Vorbilder hauptsächlich in der urbanen Musik der Schwarzen in Chicago sahen. Geschult an nächtelangen Auftritten in Hamburger Bars, spielten die Beatles in ihren Konzerten nicht nur Rock'n'Roll, sondern auch Folk, Broadway-Balladen und die neue, aus Detroit kommende schwarze Popmusik. Als Songschreiber hatten John und Paul keine Probleme, sich auf mehrere Traditionen zu stützen, ohne dabei schöpferisch Kompromisse einzugehen. Im Gegenteil, die Stärke der Songs der Beatles beruhte zu großen Teilen auf der fruchtbaren Mischung von Inspirationen, die ihnen dank der harten Schule, die sie in Hamburg durchlaufen hatten, zuteil wurden.

Dass Lennon und McCartney fast im Handstreich die Denmark Street, die Hochburg der Songschreiber, entmachteten, wird oft ebenso unterschätzt wie die Tatsache, dass sie die englische Sprache in der ganzen Welt verbreiteten; einzigartig und herausragend ist jedoch bis heute, dass sie über fast fünf Jahre immer besser wurden. Andere Musiker, die noch 1963 versuchten, mit John und Paul kompositorisch mitzuhalten, wären resigniert, wenn sie geahnt hätten, welche Höhen ihre Vorbilder Ende des Jahres 1966 erreichen würden. Der Quantensprung an Kreativität zwischen *Love Me Do* und der Single *Strawberryfields Forever/Penny Lane* zeigt, in welch verschiedenen Welten, künstlerisch wie musikalisch, die Beatles sich bewegten. Der Zuwachs an Ausdruck und Können ist Schwindel erregend; der sich anschließende Einbruch war kaum von Bedeutung. Lennon und McCartney blieben produktiv bis zum Ende der Beatles.

Aber John Lennon und Paul McCartney waren auch die Vorreiter einer Revolution, die das »Songwriting« schlechthin betraf und die darauf hinauslief, den einzelnen Song als Teil eines größeren Ganzen zu sehen: des Albums. Das Duo begann als Songschreiber, die, zusammen mit zwei Partnern, Platten machten und den Großteil ihrer Zeit außerhalb des Studios verbrachten. Anfang 1966 waren sie Plattenmacher, die Songs schrieben. Die meiste Zeit verbrachten sie in den Abbey Road Studios, wo sie oft über Monate hinweg durchgehend arbeiteten. Dabei waren sie nicht der Urheber dieser Entwicklung. Pionierarbeit leisteten Leute wie Phil Spector. Die Beatles jedoch und besonders John und Paul verhalfen der Revolution zum Durchbruch.

»Kein Songschreiber hat das Duo Lennon & McCartney in puncto Beständigkeit, Qualität und musikalischem Einfallsreichtum je übertroffen.«

Menschen verlor, darunter seine Mutter. Aus dem Grund hatte er für alles Falsche oder Sentimentale nur Verachtung übrig. Paul, der zwar seine Mutter ebenfalls bereits als Jugendlicher verlor, war offener für Romantik und auch Sentimentalität. Er war aber auch neugieriger und temperamentvoller als John, während seine Einstellung zur Arbeit als Songwriter und Musiker entschieden realistisch und nüchtern war.

Vereint in ihrer Liebe zum Rock'n'Roll, entwickelten John und Paul eine sehr professionelle Einstellung zu ihrer gemeinsamen Arbeit als Songwriter; sie spürten jede Schwäche in ihren Songs auf, versicherten sich stets durch Vergleiche mit bestehenden Arbeiten, dass das, was sie schrieben, auch ihren Ansprüchen entsprach. Die dreistündigen »Kompositions-Sessions«, zu welchen sie nach ihrem ersten Album übergingen, entsprachen den dreistündigen Aufnahme-Sessions, die damals üblich waren. Sie waren der Überzeugung, dass sie ihr hohes Niveau halten konnten, wenn sie ihre Arbeit als Songwriter ebenso ernst nahmen wie die Arbeit im Studio. Ihr Ziel war es, dran

Meilensteine im Werk Lennons und McCartneys zwischen April 1962 und Ende 1964 sind Songs und Platten wie *She Loves You, I Want To Hold Your Hand, A Hard Day's Night* und *I'm A Loser* – jeder einzelne Titel ein Steigerung in Ausdruckskraft und künstlerischem Können als sein unmittelbarer Vorgänger. (Danach setzt sich die Reihe fort mit *Ticket To Ride, Yesterday, In My Life, Tomorrow Never Knows, Strawberryfields Forever/Pennylane, A Day In the Life* und *I Am The Walrus*.) Andere Bands schlossen sich diesem Trend an – vor allem die Beach Boys und die Byrds in Amerika sowie die Rolling Stones und die Kinks in Großbritannien –, aber kein Songschreiber oder Plattenmacher hat das Duo John Lennon und Paul McCartney in puncto Beständigkeit der Qualität und musikalischem Einfallsreichtum je übertroffen. Sie waren und bleiben der Maßstab für die Popmusik der Sechziger des letzten Jahrhunderts – und auch für die Musik unserer Tage. ∎

Ab geht's: Die Beatles faszinieren 73 Millionen Amerikaner mit Hilfe von Ed Sullivan (zweiter von links).

Was: Auftritt in der »Ed Sullivan Show«
Wo: Studio 50, Broadway, New York
Wann: 9. Februar 1964

SHOWSTARS

Als die Beatles bei Ed Sullivan auftraten, schalteten 73 Millionen ein und der Rock'n'Roll eroberte den Massengeschmack. Von David Fricke.

Im Oktober 1983 saß ich in einer Garderobe des Ed Sullivan Theater in New York, Broadway Ecke 53. Straße, und interviewte REM. Sie sollten in einer TV-Show auftreten, einer Musiksendung für Kinder von Nickelodeon. »Du weißt schon«, sagte Peter Buck, der Gitarrist, »das war die Garderobe der Beatles.«

Später erfuhr ich, dass man hier jedem erzählte, er sei jetzt in genau jener, die John, Paul, George und Ringo am Sonntag, dem 9. Februar 1964 benutzten, als sie mit ihrem Auftritt in der Ed Sullivan Show erstmals vor das amerikanische Fernsehpublikum traten und damit das Land, die Popmusik und die Zukunft des Rock'n'Roll im Fernsehen veränderten. Ich weiß nicht mehr, ob die Garderobe von REM eine Nummer hatte; hätte ich mal nachgesehen. Laut einem Sullivan-Produktionsplan hatten die Fab Four zwei Räume: die Nummern 52 und 53.

Irgendwie ist das ganze Gebäude heilig. Während heute *Late Night With David Letterman* dort produziert wird, war das legendäre Studio 50 für ein Vierteljahrhundert der Ort, von dem aus Ed Sullivan, »Mr. Sunday Night«, zwischen 20 und 21 Uhr auf CBS seine TV-Herrschaft ausübte. Sullivan sprach in einem merkwürdigen, mit Lachen unterlegten Dauerparlando und brachte die Rock'n'Roll-Revolution live in die Wohnzimmer der Amerikaner. Elvis Presley förderte mit drei Auftritten 1956 und 1957 seinen Aufstieg zum King of Rock'n'Roll. In den 60er-Jahren engagierte Ed Sullivan die vielversprechendsten Newcomer im Popgeschäft für seine Show. Die Stones, die Supremes, die Byrds, Smokey Robinson und die Doors gehörten zu den Legenden, die bei Ed Sullivan auftraten, neben Komikern, Schnulzensängern und Artisten, ehe er seine Sendung 1971 einstellte.

Die Beatles in Orange, am 9. Februar 1964 im Studio 50 am Broadway.

kreischenden Teenager im Publikum, die sich auf ihren Plätzen wanden, garantierten, dass die sexuelle Energie zwischen Fans und ihren Idolen bis in den letzten Winkel der USA ausstrahlte. (Es hätte aber auch anders kommen können. George fühlte sich nicht wohl und fehlte bei einer Probe; was, wenn er krank geworden wäre?)

»Wir waren nie für euch«, mokierte sich John nach Jahren. »Damals lief hier alles in beschissenen Bermudashorts herum, mit Kommissschädel und Zeug auf den Zähnen.« Er hatte Recht. Noch immer paralysiert nach der Ermordung von John F. Kennedy, und im Muff der 50er-Jahre stecken geblieben, waren die USA reif für einen heilsamen Schock. Die Beatles erledigten den Rest. Aber Ed Sullivan hatte sie auf Sendung gebracht.

Sullivan weilte zufällig in London, als die Beatles am 31. Oktober 1963 aus Schweden zurückkehrten und mit der schon bekannten Hysterie empfangen wurden. »Ich fragte, was da los sei«, erinnerte sich Sullivan, »und man sagte mir ›die Beatles halt‹! Wer zum Teufel waren die Beatles?« Zwei Wochen später, wieder in New York, verhandelte Sullivan mit Brian Epstein. Der verlangte eine riesen Gage, eine Forderung, die Sullivan mit dem Hinweis, er selbst sei der Star seiner Show, abschmetterte. Sullivan zahlte Topstars üblicherweise 7500 Dollar pro Auftritt, Epstein dagegen akzeptierte die bescheidenere Gesamtsumme von 10 000 Dollar für zwei Live-

»In der *Ed Sullivan Show* erlebten die Amerikaner die Beatlemania ungebremst, live und in Großaufnahme.«

Damit, dass er die Beatles in seine Show geholt hatte, hatte sich Sullivan als Genie im Showgeschäft etabliert. Rock'n'Roll hatte, in abgeschwächter Form, bereits einen Platz im US-TV: in Dick Clark's Nachmittagsshow *American Bandstand* auf ABC und mit Ricky Nelsons Gesangseinlagen in der Sitcom *The Adventures Of Ozzie And Harriet Sullivan*. Doch schon am 3. Januar 1964, eine Woche nachdem Capitol Records *I Want To Hold Your Hand* veröffentlicht hatte, waren die Beatles bei Jack Parr in seiner NBC-Talkshow zu sehen. Er zeigte BBC-Material, auf dem die Beatles *She Loves You* spielen.

In der Ed Sullivan Show jedoch wurden die Amerikaner erstmals mit dem Phänomen Beatlemania konfrontiert, ungebremst, live und in Großaufnahme. Bei den fünf Songs, die die Beatles am 9. Februar präsentierten – *All My Loving*, *Till There Was You* und *She Loves You* zum Auftakt; *I Saw Her Standing There* und *I Want To Hold Your Hand* im Finale –, kam das Elektrisierende, das die vier im Cavern und im Star Club erfunden und perfektioniert hatten, perfekt zum Ausdruck. Einblendungen der

auftritte am 9. und 16. Februar sowie einen dritten vorproduzierten Auftritt am 23. Februar. Die Show am 9. Februar sahen 73 Millionen Zuschauer, ein absoluter Rekord. In Miami spielten die Beatles sechs Songs, nahmen statt *Till There Was You* die Stücke *This Boy* und *From Me To You* ins Programm. Für die Sendung am 23. Februar nahm die Band *Twist And Shout*, *Please Please Me* und, abermals, *I Want To Hold Your Hand* auf. Die Beatles sollten Ed Sullivan die Treue halten. Live traten sie ein weiteres Mal im August 1965 auf, per Videoclips kehrten sie '66, '67 und '70 in die Show zurück.

Heute gibt es mehr Rock- und Popmusik im Fernsehen, als Ed Sullivan oder die Beatles es sich je erträumt hätten. Das berühmte Knistern will sich jedoch kaum mehr einstellen: Preisverleihungen werden zu Tode choreografiert; Konzertfilme lieblos zusammengeschnipselt; Dokumentationen zu Lobhudeleien stilisiert. Die Beatles mussten 1964 nur sie selbst sein; Sullivan sorgte für die Zuschauerzahlen. Zusammen brachten sie es fertig, dass der Rock'n'Roll eine Nation veränderte – über Nacht.

---

4. JAN. – 9. FEB. 1964

JANUAR 1964

4 Die Weihnachts-Show (siehe Plakat, rechts) im Astoria Cinema in London findet an weiteren elf Abenden statt.

8 Mit einem Filmausschnitt in der *Jack Paar Show*, der die Band bei einem Auftritt in Bournemouth zeigt, geben die Beatles ihr Debüt im US-Fernsehen.

4 Das US-Magazin Billboard schreibt, die Single *I Want To Hold Your Hand* von den Beatles sei »eine heiße Rock-Nummer mit Surf-on-the-Thames-Sound und hinreißendem Gesang«.

5 Beginn der Vorarbeiten für den ersten Film der Beatles, *A Hard Day's Night*.

7 Mitschnitt eines Live-Auftritts im Playhouse Theatre in London für die BBC-Radioshow *Saturday Club*.

11 Die Weihnachtsshow der Beatles im Astoria in London geht langsam zu Ende.

12 Die Beatles treten zum zweiten Mal in der TV-Show *Sunday Night At The London Palladium* auf.

14 John Lennon, Paul McCartney und George Harrison treffen in Paris ein, wo sie drei Wochen lang im Olympia auftreten werden.

15 Per Gerichtsbeschluss gelingt es Capitol Records gegenüber von Vee Jay Records die sofortige Einstellung des Vertriebs von Beatles-Platten zu erwirken. (Das US-Label Vee Jay hatte die Songs der Beatles veröffentlicht, bevor die Band zu Capitol gewechselt war.)

16 Beginn des dreiwöchigen Konzertmarathons im Pariser Olympia.

17 *I Want To Hold Your Hand* erreicht Platz eins der US-Charts.

20 Veröffentlichung des ersten US-Albums, *Meet The Beatles*.

29 Aufnahmesession in den Pathé-Marconi-Studios, Paris. Die Band nimmt *Can't Buy Me Love* und die deutsche Version von *She Loves You* und *I Want To Hold Your Hand* auf.

30 Vee Jay bringt *Please Please Me* – mit *From Me To You* auf der Rückseite – erneut auf den US-Markt.

FEBRUAR 1964

3 Das Album *Meet The Beatles* wird in den USA vergoldet.

4 Ende der Konzertserie im Pariser Olympia

5 Rückflug der Beatles von Paris nach London

7 PanAm-Flug PA-101. Ankunft der Beatles am Kennedy Airport in New York. Zu Beginn ihrer ersten USA-Tournee werden sie von 5000 kreischenden Fans begrüßt (oben).

8 Brian Epstein beauftragt den New Yorker Anwalt Walter Hofer mit der Abwicklung der US-Fanpost. Die erste Lieferung umfasst 37 Säcke.

9 Am Abend sehen 73 Millionen Amerikaner die Fab Four in der *Ed Sullivan Show* bei deren erstem Auftritt im US-Fernsehen.

10.–26. FEBRUAR 1964

10 Theodore Strongin von der *New York Times*, schreibt, »die Beatles neigen dazu, Phrasen um unaufgelöste Leittöne herum zu bauen. Das Ohr gerät dadurch in einen falschen modalen Rahmen, der die Quinte vorübergehend auf die Tonika zurückführt, was wiederum Anklänge an die mixolydische Tonart weckt. Aber trotzdem löst sich am Ende alles in diatonischer Glätte auf.«

11 Die Beatles geben ihr USA-Debüt mit einem Auftritt im Coliseum in Washington, D.C. (rechts). Auf der Liste der Stars rangieren sie vor Tommy Roe, The Righteous Brothers, Jay And The Americans, The Chiffons und The Caravelles. Zum ersten Mal werden sie mit Bonbons beworfen. Präsident Lyndon B. Johnson sagt zum britischen Premierminister Sir Alec Douglas-Home auf einem Empfang: »Mir gefallen die Jungs, aber sie brauchen dringend einen Haarschnitt.«

12 Bei ihrer Ankunft am Bahnhof Pennsylvania Station in New York wird der Wagon der Beatles abgekoppelt und auf ein Nebengleis verschoben, um die Bandmitglieder an der wartenden Menge vorbeizuschmuggeln. Am Abend folgen zwei Konzerte in der Carnegie Hall.

13 Ankunft der Beatles am Miami Airport. 4000 Fans rennen Türen ein, zerschmettern Fensterscheiben und trampeln Polizisten nieder. Eigentlich wollte sich die Band von der Hektik der Tournee erholen.

14 Proben für den zweiten Auftritt in der *Ed Sullivan Show*

15 Billboard berichtet, dass die Beatles mit drei LP's in den Albumcharts vertreten sind und mit fünf Songs die US-Hot-100 stürmen.

16 70 Millionen Amerikaner verfolgen den zweiten Live-Auftritt der Beatles in der *Ed Sullivan Show*, nun aus dem Deauville Hotel in Miami.

17 Eine neue Single, *All My Loving*, kommt auf den US-Markt. Mit Wasserskilaufen und Fischen erholt sich die Band einen Tag lang.

18 Begegnung mit dem Boxer Cassius Clay in dessen Trainingslager in Florida

19 Die Band legt zwei weitere Ruhetage in Miami Beach ein.

21 Die Beatles fliegen von Miami über New York nach London.

22 Sie kommen am Heathrow Airport in London an (oben).

23 Ein weiterer Auftritt für die TV-Show *Big Night Out* wird in den Teddington Studios aufgenommen.

24 Ringo Starr besucht seine Familie in Liverpool.

25 George wird 21 und die Beatles nehmen zwei Songs für ihren ersten Film, *A Hard Day's Night*, auf: *Can't Buy Me Love* und *You Can't Do That*.

26 Das Luftfahrtministerium kündigt Richtlinien für die Ankunft von Prominenten an, da es durch Flugpersonal auf der Landebahn, das bei der Ankunft der Beatles am 22. dabei sein wollte, zu Störungen des Flugverkehrs am Heathrow Airport gekommen war.

Was: Die Beatles treffen Cassius Clay
Wo: Fifth Street Gym, Miami
Wann: 18. Februar 1964

RING FREI!

Die Beatles mit Cassius Clay in den Ring zu stellen, war gewagt, aber s[ie] zogen die Nummer durch und sorgten für Publicity. Von Merrell Node[n]

In der gediegenen Clubatmosphäre des Sportbusiness Anfang der 60er-Jahre war Harold Conrad ein Außenseiter. Er bevorzugte Marihuana statt Martinis und war – in den Worten des Ali-Biografen David Remnick – »ein Promi-Kiffer vor der Erfindung des Rock'n'Roll« – und sollte nun die Werbetrommel für den scheinbar einseitigen Kampf zwischen zwei Herren rühren, die kaum jemand mochte – dem Champion und Ex-Knacki Sonny Liston und seinem Herausforderer, dem Großmaul Cassius Clay. Da hatte Conrad einen seiner brillanten Einfälle. Die Beatles, die mit *I Want To Hold Your Hand* eben an die Spitze der US-Charts standen, blieben nach ihrem Auftritt in der *Ed Sullivan Show* noch eine Woche in Miami – warum also nicht die charmanten Fab Four mit dem witzigen Clay zusammenbringen?

Ein Foto dieser Begegnung zeigt den glupschäugigen Cassius Clay, der gerade einen rechten Haken auf George Harrisons Wange platziert – John, Paul und Ringo stehen wie Dominosteine im Hintergrund.

Im Februar 1964 war Clay höchst umstritten und beileibe kein Publikumsliebling. Den durchschnittlichen Amerikaner sollte nicht nur befremden, dass er sich den Black Muslims angeschlossen hatte und bald seinen Namen ändern würde, sondern auch, dass er sich weigerte, in Vietnam zu kämpfen. So wurde Clay zu einem der verhasstesten Männer Amerikas und zu einer Zielscheibe für Hohn und Spott. All das lag noch in der Zukunft, aber die Mehrheit der Amerikaner brauchte gar keinen Vorwand, um den 22-jährigen Boxer zu verachten. In Rage brachte sie schon allein sein Mundwerk, aus dem sich ein permanenter Sturzbach aus Zoten, Beschimpfungen und Angebereien ergoss. Gute Sportler, von guten Schwarzen ganz zu schweigen, hatten still und bescheiden zu sein.

Clay war nicht der erste Boxer, dem die Beatles in jener Woche begegnen sollten. In der *Ed Sullivan Show* trat auch jener Mann auf, der Cassius Clay die Abreibung seines Lebens verpassen sollte, der mürrische Sonny Liston. »Die Beatles waren kaum ein paar Minuten auf der Bühne«, erinnerte sich Conrad, »als Sonny mich mit dem Ellbogen in die Rippen stößt und sagt, ›sind das die Motherfucker, denen alles nachkreischt? Mein Hund spielt besser Schlagzeug wie dieser Bursche mit der großen Nase.«

Die Beatles erschienen am 18. Februar um 10 Uhr 30, eine Woche vor dem Kampf, in der Sportarena an der Fünften Straße. Clay war noch nicht da, also stellte Ringo die Beatles vor, und zwar absichtlich falsch. Das hätte vielleicht anderswo gefallen, aber nicht bei dieser Meute zynischer Journalisten. »Mir gingen sie einfach auf den Sack«, gesteht der Sportjournalist Hank Kaplan.

Als die Zeit verging und Clay noch immer nicht da war, wurden die Beatles zunehmend ungeduldig. »Wo zum Teufel bleibt Clay?«, beschwerte sich Ringo.

»Kommt, Jungs, wir hauen ab«, sagte Lennon.

Sie wollten gehen, wurden aber von zwei massigen Nationalgardisten daran gehindert. Wer weiß, wie sich die Sache entwickelt hätte, wäre da nicht diese donnernde Stimme vom Eingang her gekommen. »Hallo, Beatles. Wir sollten zusammen auf Tour gehen. Wir würden sicher 'ne Menge Kohle machen.«

Es war natürlich Cassius Clay, der im Türrahmen stand. Nicht nur die Beatles standen dem Boxer zum erstenmal leibhaftig gegenüber, sondern auch ein Reporter von der *New York Times*, Robert Lipsyte. »Den Beatles blieb die Luft weg, mir aber auch. Cassius Clay war überwältigend«, erinnerte sich Lipsyte. »Er sah so gut aus, war perfekt proportioniert. Es war unmöglich, von Fotos oder vom Fernsehen her zu beurteilen, wie groß er wirklich war. Er füllte den Türrahmen – an die zwei Meter groß und gut 100 Kilo schwer – und trat mit großem Gefolge auf wie ein Prophet. Er kam gerade vom Strand, wo er über Sonny Liston hergezogen war. Dann folgte ein wunderbarer stiller Moment, in dem wir fünf auf dieses herrliche Wesen von einem anderen Stern starrten.«

Wie viel die Beatles und Clay voneinander wussten, ist unklar. Clays Trainer, Angelo Dundee, sagt zumindest, die Beatles seien große Boxfans gewesen und Clay möglicherweise schon einmal begegnet, als er in England gegen Henry Cooper geboxt hatte. Immerhin hatten sie den gleichen Musikgeschmack. Howard Bingham zufolge, dem engsten Freund Alis, »stand dieser auf Little Richard: *Good Golly Miss Molly* und *Tutti Frutti*. Und Lloyd Price«.

Alle wussten, was zu tun war, als die Kameras liefen. So befahl Cassius Clay, »nieder mit euch Würmchen!«, und schon lagen alle vier Beatles auf dem Boden. Ein andermal hob er Ringo hoch wie ein Fliegengewicht. »Sie waren fasziniert von Clay«, sagte Harry Benson. »Er hatte sie voll und ganz in der Hand.«

Nun, nicht ganz. Clay rief ihnen zu: »Hey, Jungs, ihr seid gar nicht so doof, wie ihr ausseht!«

»Wir sind es«, sagte Lennon und sah ihm in die Augen, »du aber schon.«

> »Als die Beatles wieder weg waren, soll Cassius Clay gemurmelt haben, ›Wer waren denn die Schwuchteln?‹«

Die peinlichen Momente ließen sich überspielen, aber als die Beatles weg waren, wandte sich Clay an Lipsyte und murmelte, »wer waren denn die Schwuchteln?«

Ein Woche später brachte Clay Liston derart aus dem Konzept, dass er sich nach der sechsten Runde geschlagen gab. Von da an war er auf dem Weg, ein Weltstar zu werden, ein Märtyrer, dessen Loyalität sich das Establishment nie ganz sicher sein konnte. Wie die Beatles war er ein Vorzeichen der Revolution, die sich ankündigte, und das bereitete gewissen alten Herren Kopfzerbrechen.

K.O. nach der ersten Runde: Cassius Clay erledigt die Fab Four mit dem Ruf: »Nieder mit euch Würmchen!«

Sie halten »rosa Herzen« im Arm: Harold Wilson überreicht John und Ringo ihre Variety Club Awards, Dorchester Hotel, Park Lane, London.

Was: Harold Wilson trifft die Beatles
Wo: Dorchester Hotel, Park Lane
Wann: 9. März 1964

STIMMENFANG

Harold Wilson war nicht der erste Politiker, der sich mit den Beatles ablichten ließ, um von ihrem Erfolg zu profitieren. Von John Harris.

Anfang 1964 hielt der konservative Politiker Bill Deedes eine Rede vor den Jungen Konservativen. Angesichts der jüngsten Erfolge der Beatles in Amerika war es sicher nicht überraschend, dass er ihnen seine Reverenz erwies; bemerkenswert aber war, dass Deedes die Band an der Spitze einer nationalen Renaissance sah.

»Sie sind Vorboten einer Bewegung, die möglicherweise in die Geschichte eingehen wird«, sagte er. »Wer Augen hat zu sehen, wird feststellen müssen, dass es sich hier um ein bedeutendes und ermutigendes Ereignis handelt.«

Nach einem Monat meinte auch Alec Douglas Home, seit 1963 für die Torys als Premierminister im Amt, auf den Zug aufspringen zu müssen. Die Beatles, verkündete er, »sind unser wichtigster Exportartikel« und »ein bedeutender Beitrag für eine ausgeglichene Zahlungsbilanz«. Wenig später veröffentlichte der New Statesman einen schmähenden Artikel von Paul Johnson mit dem Titel *Die Gefahren der Beatles-Hörigkeit*. Darin behauptete er, »konservativen Politikern wurde offiziell geraten, so oft wie nur möglich die Beatles zu erwähnen«. Scheinbar versuchten die Torys, die sich vom Profumo-Skandal noch nicht erholt hatten und nach 13 Jahren an der Macht ausgelaugt waren, von dem Glanz der vier Liverpooler profitieren zu können.

Die Reaktion von Harold Wilson, Oppositionsführer und Abgeordneter für den Liverpooler Wahlkreis Huyton, war vorhersehbar: »Die Konservativen«, wetterte er in privatem Kreis, »wollen die Beatles zu ihrer Geheimwaffe machen.« Dass die Beatles nur 16 Monate nach *Love Me Do* zum Spielball der Politik wurden, ist ein Hinweis darauf, wie schnell sie die Sympathien der Menschen erobert hatten.

Am 19. März, während der Dreharbeiten zu *A Hard Day's Night*, sollten die Beatles bei den alljährlich Variety Club Awards erscheinen, um ihre Auszeichnung als *Showbusiness Personalities 1963* in Empfang zu nehmen. Wilson, schon damals für seine berechnende Haltung berühmt, sah seine Chance: Er wandte sich telefonisch an den EMI-Boss Sir Joseph Lockwood, um sich als den perfekten Mann für die Übergabe der Auszeichnungen ins Spiel zu bringen. Obschon aus Yorkshire gebürtig, versicherte er Lockwood, er sei ebenfalls »Merseysider«.

Und so verabredete man sich zum »Presse-Shooting«. Auf allen Fotos dieses Ereignisses zeigen die Beatles jenes Verhalten im Umgang mit Politikern, das sie schon perfektioniert hatten: ein aufgesetztes Lächeln und jene Portion Respektlosigkeit, die man von ihnen erwartete. Wilson dagegen macht einen höchst zufriedenen Eindruck. »Sein Gesicht auf den doppelseitigen Zeitungsfotos zeigt das Lächeln eines Mannes, der ein großes Geheimnis entdeckt hat«, schreibt Philip Norman in seinem Buch *Shout*.

Es gibt zwei Versionen dieses Zusammentreffens. So soll John Lennon – der offenbar nicht genau wusste,

Die Beatles nehmen ihren Preis in Empfang.

wer Wilson war, und noch unter den Folgen einer im Ad-Lib verbrachten Nacht litt – den Oppositionsführer mit Barker verwechselt haben, dem Vorsitzenden des Variety Clubs, und an Barker & Dobson-Toffees gedacht und gemurmelt haben »vielen Dank, Mr. Dobson«. Einer anderen, legendären Version zufolge sagte John in einer Anspielung auf Form und Farbe der Auszeichnung: »Danke für die Purple Hearts, Harold.«

Wilsons Auftritt bei der Preisverleihung führte dazu, dass die politische Debatte um die Beatles eskalierte: In kürzester Zeit warfen die Konservativen Labour vor, die Band für ihre politischen Zwecke zu missbrauchen. Wilsons Reaktion war Machiavellismus pur: den Vorwurf zurückweisend, hielt er nämlich an der Mär fest, er und die Beatles hätten sozusagen dieselben Wurzeln. »Als Abgeordneter von den Ufern des Mersey«, sagte er, »muss ich die Frage stellen – ist denn nichts mehr heilig?«

Ganz offensichtlich, 1964 war ein Wahljahr – und obschon wiederholt nach ihren Sympathien befragt, äußerten sich die Beatles nie dazu, weder in der einen noch der anderen Richtung. Am 15. Oktober, dem Wahlabend, gaben sie ein Konzert in Stockton-On-Tees und ein Interview für die *Northeast Newsview*. »Gute Sache, so eine Wahl«, sagte Paul süffisant. Auf die Frage, ob sie denn gewählt hätten, antwortete John, dass sie zu der Zeit gerade zu Abend gegessen hätten. Ringo appellierte an Wilson, doch bitte die Tabaksteuer nicht zu erhöhen; George bat ihn, »die Einkommenssteuer zu senken«.

Nichtsdestotrotz, Wilson schaffte es, sich in die Geschichte der Beatles einzuschreiben: Zu seinen Glanzleistungen gehört eindeutig seine Empfehlung der Beatles für den MBE, die er mit deren Verdiensten um die britische Wirtschaft begründete. Auch in ihrem Werk tauchte er hier und da auf: in der letzten Strophe von *Taxman* und in *Commonwealth* (auch unter dem Titel *No Pakistanis* bekannt), Pauls Satire auf die Rassendebatte, die im Verlauf der Sessions zu *Let It Be* aufgenommen wurde. Dann gab es da noch *The General Erection*, einen herrlich verrückten Essay in dem Buch *A Spaniard In The Works*, der bewies, dass John doch mehr politischen Verstand hatte, als er gemeinhin durchblicken ließ.

Sechs Jahre nach Verleihung der Variety Club Awards stellte sich heraus, wie sehr das Schicksal der Beatles und das von Wilson miteinander verflochten war. Letzterer wurde durch den Wahlsieg von Ted Heath im Juni 1970 seines Amtes als Premierminister enthoben, zwei Monate nachdem Paul McCartney die Auflösung der Band offiziell bekanntgegeben hatte.

> »In einer Anspielung auf Form und Farbe der Auszeichnung sagte John: ›Danke für die Purple Hearts, Harold.‹«

---

27. FEB. – 21. MÄRZ 1964

27 In der Abbey Road werden nach mehreren Sessions *And I Love Her*, *If I Fell* und *Tell Me Why* fertig gestellt.

28 Peter & Gordon veröffentlichen eine neue, von John und Paul geschriebene Single, *A World Without Love*. Die Beatles nehmen in London eine zweite Sonderausgabe der BBC-Sendung *From Us To You* auf.

29 *Introducing The Beatles* ist auf Platz zwei der US-Album-Charts, auf Platz eins steht *Meet The Beatles*.

MÄRZ 1964

1 Weitere Sessions in den Abbey Road Studios

2 Von Paddington fahren die Beatles in Richtung Cornwall ab, um mit den Dreharbeiten zu ihrem Film zu beginnen. An den ersten sechs Tagen wird nur im Zug gedreht.

3 An diesem Drehtag lernt George Harrison das Model Patti Boyd (oben links) kennen.

4 George verabredet sich mit Patti Boyd.

5 In einer Drehpause gehen die vier mit Jeffrey Archer im Brasenose College, Oxford, essen. Das Dinner ist Teil einer Oxfam-Kampagne.

6 Fortsetzung der Dreharbeiten zwischen London und Minehead.

9 Der letzte Drehtag im Zug wird auf der Strecke London-New Abbot absolviert.

10 Dreharbeiten im Pub Turk's Head in Twickenham – im Film spielt Ringo dort Darts, was einem Papagei beinahe das Leben kostet.

11 Eine Sequenz, die im Schaffnerabteil spielt, wird in den Twickenham Studios gedreht. Die Beatles spielen *I Should Have Known Better*.

12 Peter & Gordon kommen mit dem Lennon-McCartney-Song *A World Without Love* in die UK-Charts. Dreharbeiten in den Twickenham Studios

13 Die Schlussszenen werden am Gatwick Airport vom Hubschrauber aus aufgenommen.

14 Eine neue Single, *Twist And Shout*, kommt in den USA raus.

16 Veröffentlichung von *Can't Buy Me Love* in den USA. Es liegen 2,1 Millionen Vorbestellungen vor. Ringo dreht in Twickenham die Kantinen-Szene für *A Hard Day's Night*.

17 Dreharbeiten im Club Les Ambassadeurs in London

18 Fortsetzung der Dreharbeiten in den Twickenham Studios

19 Premierminister Harold Wilson ehrt die Beatles im Dorchester Hotel in London mit dem Preis Show Business Personalities Of The Year.

20 Veröffentlichung von *Can't Buy Me Love* in Großbritannien. Zweiter Auftritt bei *Ready Steady Go!*

21 In England wird die EP *All My Loving* »versilbert«, in den USA kommt *She Loves You* auf Platz eins.

Die Firma

Dubiose Deals und verschwundene Millionen liefern den Hintergrund für das Geschäftsimperium der Beatles. Peter Doggett ermittelt.

»Money, that's what I want«, hat John Lennon 1963 gesungen. Vier Monate später konterte Paul McCartney: »Money can't buy me love.« Und doch spielt, spätestens seit dem Ausbruch der Beatlemania, Geld beim Mythos Beatles eine ebenso große Rolle wie Musik.

FOTO: NORMAN PARKINSON/CORBIS

»Viele Berichte aus der Frühzeit ihres Ruhms drehten sich um Geld«, sagt der Beatles-Chronist Mark Lewisohn. »Bei jedem Pressetermin wurde unweigerlich gefragt, ob sie denn schon Millionäre seien.« Daher überrascht es wenig, dass Geld, insbesondere die magische Millionenmarke, 1963 und 1964 im Bewusstsein der Beatles eine große Rolle spielte. »Keine Ahnung, ob ich je Millionär werde«, sagte George an seinem 21. Geburtstag im Februar 1964 gegenüber dem *Daily Mirror*. »Von jedem Pfund, das wir einnehmen, bekommen wir nur zwei Bob [zehn Pence], und das geteilt durch vier – bleiben Sixpence für jeden.«

Fürs Erste ging die Rechnung auf – der britische Fiskus kassierte tatsächlich bis zu 90 Prozent ihres Einkommens –, aber Georges Rechenkunststück brachte ihn dennoch auf einen wichtigen Punkt. Ihr Anteil wurde nämlich nicht durch vier, sondern durch fünf geteilt. Das verbleibende Fünftel ging an den Mann, der den Titel als fünfter Beatle für sich beanspruchen konnte: Brian Epstein.

»Das war's, wir sind am Ende«, dachte John nach Epsteins Tod 1967. Seit Ende 1961 war Brian der Mann gewesen, der ihnen den Weg aus der Liverpooler Clubszene ins Shea Stadion geebnet hatte. Über sein Management wurden Gagen- und Vertragsverhandlungen abgewickelt, aber auch die Öffentlichkeitsarbeit und Rechtsstreitigkeiten um Vaterschaft und gebrochene Eheversprechen erledigt. Weltmännisch und den »Jungs« treu ergeben, galt er den Beatles und Außenstehenden als der Mann, der für den sagenhaften Aufstieg der Band verantwortlich war.

Doch bereits 1970 war Lennon anderer Meinung. »Brian war ein netter Kerl«, sagte er zu Jann Wenner, »aber er wusste genau, was er tat, er hat uns beklaut. Er hat das ganze Geld eingesackt und dabei nur an sich gedacht.« Wenige Monate später wiederholte er sein Verdikt: »Brian hat uns ausgenommen. Für uns fiel kaum was ab – nur für Brian.«

Fast drei Jahrzehnte später urteilte Paul McCartneys Vertrauter und offizieller Biograf Miles ähnlich über Epstein: »Brians Vereinbarungen mit den Beatles waren ziemlich unfair, selbst gemessen an branchenüblichen Standards. Die Beatles hatten sich nur auf ihn eingelassen, weil sie es nicht besser wussten … Sie hatten keinen Rechtsbeistand, vertrauten ihm und wurden übers Ohr gehauen.«

Völlig desillusioniert kratzten John und Paul gehörig am Ruf Epsteins als dem Architekt des Beatles-Imperiums. In dieselbe Kerbe schlug Philip Norman mit seiner Beatles-Biografie *Shout*, die einige von Brians Schwächen aufdeckt, insbesondere was den kläglichen Umgang mit Vermarktungsrechten von Beatles-Krimskrams 1964 in den USA betraf. Norman zufolge trug Epstein die komplette Verantwortung für ein juristisches Desaster, das in einen drei Jahre dauernden Rechtsstreit der Band mit ihren US-Agenten mündete. Norman meint: »Der Verlust allein in diesem Jahr belief sich wohl auf etwa 100 Millionen Dollar.«

Selbst ein Zehntel der Summe steht in keinem Verhältnis zu Gagen von zehn bis 20 Pfund, die Brian für die Gigs der Beatles noch vor wenigen Jahren ausgehandelt hatte. Epstein, ein scheuer, sensibler Mensch mit vagen künstlerischen Ambitionen, der sein Privatleben bedeckt hielt, war völlig unbedarft in das Musikbusiness gestolpert. Abgesehen davon, dass er Liverpools umsatzstärksten Plattenladen führte, hatte er keine Erfahrungen mit der Branche.

Trotz seiner unglaublichen Naivität hinsichtlich des Finanzgebarens in diesem Business hatte er schon nach einem Jahr einen Plattenvertrag für die Beatles ergattert; und nach zwei Jahren hatte er die Gründung ihres Musikverlags unter Dach und Fach sowie einen Spielfilm und Starauftritte in Amerikas beliebtester Unterhaltungssendung arrangiert.

Viel von dem Geld, das er machte, pumpte Brian wieder zurück in seine Geschäfte. Anfang 1965 waren er und die Beatles verantwortlich für diverse Firmen: The Beatles Ltd., NEMS Enterprises, The Beatles Film Productions Ltd., Subafilms, Northern Songs, Lenmac Enterprises Ltd., Maclen (Music) Ltd., Harrisongs Ltd. – und Brickey Building Company, Ringo Starrs Baufirma und Einrichtungshaus. Die Steuerbehörden in den USA und Großbritannien interessierten sich sehr für das Einkommen der Beatles. Der Musikverleger Dick James hatte das Leben von Lennon und McCartney mit 500 000 Pfund versichern lassen, befürchtete er doch mit ihrem Tod seinen geschäftlichen Ruin.

So viele goldene Eier wurden gelegt, dass Epstein kaum Nester finden konnte, in denen sie alle Platz hatten. Aber je breiter er diversifizierte und je schneller sein NEMS-Imperium expandierte, umso schwieriger wurde es für den bescheidenen Liverpooler Geschäftsmann, den Überblick zu behalten. Und leider vertraute er einer kleinen Gruppe von Beratern, von denen keiner je mit geschäftlichen Dingen dieses Kalibers zu tun gehabt hatte.

> »Er hat uns beklaut. Er hat das ganze Geld eingesackt und dabei nur an sich gedacht.« *John Lennon über den Manager Brian Epstein*

Zeitweise muss die für die Beatles tätige Führungsriege der Besetzungsliste einer drittklassigen Komödie geglichen haben. Tony Barrow, in den 60er-Jahren Pressesprecher der Beatles und NEMS Enterprises, erzählt: »Ich erinnere mich an einen Walter Strach, Dr. Strach, wie wir ihn nennen mussten. Er war in leitender Funktion für Beatles Ltd. tätig und wirkte wie Peter Sellers in der Rolle des Doctor Strangelove. Dann war da noch David Jacobs, Brians Anwalt. Wie Brian war er Jude und schwul, ein überaus gerissener Bursche. Ich hab immer geglaubt, er sei das Vorbild für Jeremy Boob aus *Yellow Submarine*.«

Bald geriet Epsteins Team ins Trudeln. »Man kann sich kaum vorstellen, welche Ausmaße das alles hatte«, sagt Barrow. »Hinsichtlich des Merchandising kam nur der Vergleich mit Walt Disney in Frage. In der Popbranche hatte es so ein Unternehmen noch nie gegeben. Wir waren alle naiv, was unsere Stärke war, besonders in Brians Fall. Er musste sich einfach nicht an die Regeln halten, weil er die Regeln nicht kannte. Er hatte eine ganz und gar frische Herangehensweise an die Dinge, weshalb er aber auch von erfahreneren und weniger ehrlichen Geschäftsleuten über den Tisch gezogen werden konnte.«

Gerade seine Ehrlichkeit ist den Menschen, die mit ihm zu tun hatten, im Gedächtnis haften geblieben. »Er war absolut korrekt im Umgang mit seinen Künstlern und allen anderen Leuten im Musikbusiness«, betont Tony Barrow. »Mit Recht hatten die Beatles volles Vertrauen in ihn. So konnten sie sich ungehindert auf ihre Musik konzentrieren.«

Ganz anderer Ansicht ist dagegen Barry Miles: »Allein die Kosten, die immer zu Lasten der Beatles gingen, waren enorm hoch, auch weil Brian sehr hohe Ansprüche hatte, was Hotels, Wein und Essen betraf. Da er ohnehin 25 Prozent der Einnahmen einstrich, verdiente Brian mindestens doppelt so viel wie jeder einzelne Beatle.«

Epsteins 25-Prozent-Anteil am Bruttoeinkommen der Beatles (der offiziell an

Abgekupfert: von Dick James (oben) und von Northern Songs (rechts) publiziertes Notenheft

Die Geldfalle: (großes Bild) 1963, die Beatles ringen mit Brian Epstein um Prozentanteile. (Links) Irgendein Typ will Epstein und Dick James was sagen.

seine Firma NEMS Enterprises ging) war nicht ungewöhnlich hoch. Der Colonel machte mit Elvis fifty-fifty, was Gordon Mills, als er Tom Jones unter seine Fittiche nahm, ebenfalls für angemessen hielt, und auch Larry Parnes, der britische Rock'n'Roll-Manager der ersten Stunde, langte ähnlich kräftig zu. Im Gegensatz dazu strichen viele Manager gerade mal zehn Prozent von den Einnahmen ihrer Schützlinge ein, zogen dafür aber sämtliche Geschäftsausgaben vom Anteil des Künstlers ab.

Epstein betrachtete sich als mehr als nur der Buchungsbeauftragte der Beatles: »Ich bin Manager und Agent in einer Person. Die meisten Acts haben beides – und zahlen doppelt.« Er betonte immer wieder den Komplettservice, den seine Firma NEMS ihren Kienten bot. »Wir bringen maßgeschneiderte Karrieren auf den Weg. Wir haben eigene Experten und Public-Relations-Abteilungen. Das kostet ein Vermögen, wenn man es richtig machen will. Was von diesen 25 Prozent für einen selber rausspringt, ist nicht so toll, wie manche Leute meinen.« Die edlen Weine und Fünf-Sterne-Hotels dienten wohl nur dazu, seinen Erfolg als harter Geschäftsmann nach außen zu demonstrieren.

Ganz unter Kontrolle hatte er die Karriere der Beatles jedoch nicht. Epstein wurde immer wieder kritisiert wegen der lächerlich geringen Summe, für die er die Band 1962 an Parlophone verhökert hatte. Pro doppelseitiger Single, die verkauft wurde, erhielt die Band nur einen einzigen »alten« Penny (den 240. Teil von einem Pfund). Dieser Penny wurde dann durch fünf geteilt. Wenn eine Single wie *She Loves You* sich eine Million Mal verkaufte, erhielten Epstein und die einzelnen Bandmitglieder gerade einmal je 833 Pfund. Da war es noch ein weiter Weg bis zum Millionär.

Aber diese Pfennigfuchserei war in den frühen 60er-Jahren üblich. Es kamen nur derartige Knebelverträge zustande, egal mit welchem Manager. So beispielsweise sprang EMI mit seinen Künstlern um: George Martin – Produzent von Spitzenhits von den Beatles, Gerry And The Pacemakers, Billy J. Kramer und Cilla Black – erhielt 1965, nach vier Jahren, erstmals eine minimale Gehaltserhöhung, obwohl das Unternehmen die Rekordumsätze in diesem Zeitraum vor allem ihm zu verdanken hatte.

Viel gewichtiger sind die Vorwürfe, die Lennons Schulfreund Pete Shotton gegenüber Epstein erhebt: »1966, als Epstein die Vertragsbedingungen mit Capitol und EMI neu aushandelte, brachte er eine Klausel unter, nach der bis 1976 exakt 25 Prozent der Tantiemen der Beatles automatisch auf das NEMS-Konto, das seiner eigenen Firma, gehen sollten. Die Beatles waren sich der Folgen dieser klein gedruckten Passage nicht bewusst und setzten ihre Unterschrift unter den Vertrag.«

Verifizieren ließ sich diese Behauptung nicht, und die fraglichen Dokumente liegen in den EMI-Archiven unter Verschluss. Wenn das jedoch stimmt, dann bedeutet das, dass selbst nach Epsteins Tod weiterhin besagte 25 Prozent an NEMS abgeflossen sind – lange nachdem der Vertrag zwischen den Beatles und NEMS ausgelaufen war.

Plattentantiemen und Konzertgagen bildeten 1963 und 1964 das Gros der Einnahmen. John und Paul sicherte ihr Status als Songschreiber ein beträchtliches Zusatzeinkommen in der Form von Rundfunktantiemen und Musikverlagshonoraren. »Ringo und ich werden ständig daran erinnert, dass John und Paul viel mehr Kohle machen als wir«, stellte Harrison 1965 unwirsch fest. Epstein wusste darum: »Es gefällt mir nicht, also sorge ich dafür, dass die beiden was dazuverdienen. Für George konnte ich ein tägliches Honorar von einer Zeitung aushandeln, als wir im Januar [1964] in Paris waren. Und ich würde gern ein Schlagzeug mit Ringos Namen auf den Markt bringen.«

Unterdessen genossen John und Paul ihren Ruf als die betuchtesten und erfolgreichsten Songschreiber in der Geschichte der britischen Popmusik. Jedoch waren sie nicht die einzigen Nutznießer ihres Erfolgs. 1962 hatte Epstein die Single *Love Me Do* dem zu EMI gehörenden Musikverlag Ardmore & Beechwood überlassen. Aber die dortige Arroganz hinterließ wenig Eindruck bei ihm, befand man sich doch in den Zeiten, in denen ➤

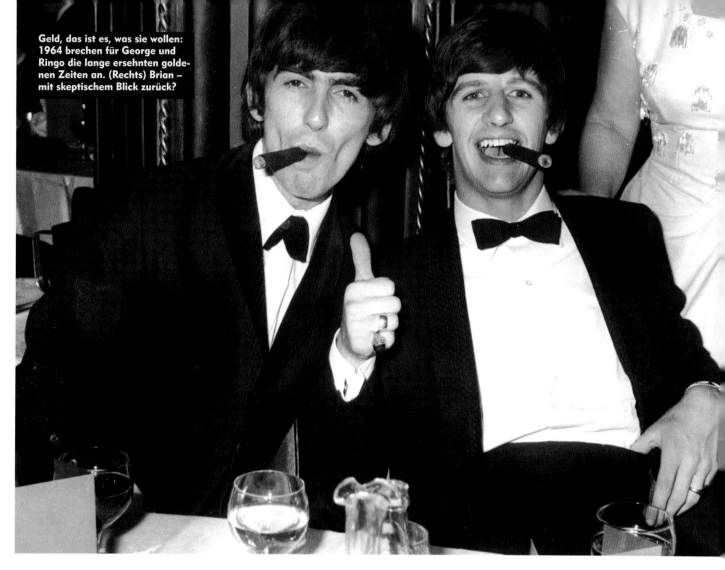

Geld, das ist es, was sie wollen: 1964 brechen für George und Ringo die lange ersehnten goldenen Zeiten an. (Rechts) Brian – mit skeptischem Blick zurück?

Musikverlage die Karrieren ihrer Künstler durch Coverversionen und Lancierung der Songs in Radio und Fernsehen aktiv förderten.

George Martin empfahl Epstein, einen Freund von ihm aufzusuchen, Dick James, der soeben seinen eigenen Musikverlag gegründet hatte.

»Er wird sich den Arsch für dich aufreißen«, versprach Martin. Als Epstein bei James erschien, war der bereits informiert und hatte einen Plan. Unter den staunenden Blicken Epsteins telefonierte er mit dem Produzenten der Musiksendung *Thank Your Lucky Stars* und arrangierte einen Fernsehauftritt der Beatles, die perfekte Gelegenheit, um ihre zweite Single vorzustellen. Anschließend wandte sich James an Epstein und sagte: »Und? Darf ich die Songs deiner Jungs nun verlegen?«

Im Kabinett zwielichtiger Beatles-Berater rangiert Dick James seit langem vor Epstein. John Lennon bestimmte wie immer den Ton: »Er ist einer von den Kerlen, die wie George Martin glauben, sie hätten uns groß gemacht, was überhaupt nicht stimmt. Ich würde gern Musik von Dick James hören, also bitte, spielt was von ihm.«

Da er Pauls Balladen gegenüber Johns Experimenten eindeutig den Vorzug gab, hatte sich James, der aus seinem Alter kein Hehl machte, bei John schon sehr bald unbeliebt gemacht. Dabei war er mit seiner Musik zehn Jahre vor den Beatles sehr erfolgreich. 1948 hatte Dick James (oder Isaac Vapnick) als erster britischer Sänger die US-Charts geknackt. Anfang der Fünfziger hatte George Martin ihn für Parlophone unter Vertrag genommen, und 1956 landeten sie einen Hit mit dem Thema zur TV-Serie *Robin Hood* – eine Petitesse, die Anfang der Siebziger von Monty Python parodiert wurde.

Als der Rock'n'Roll die Schlagermusik verdrängte und James langsam die Haare ausgingen, verlegte er sich auf das Verlegen von Musik. 1961 machte er sich mit 5000 Pfund selbstständig. Als er Epstein im November 1962 zum ersten Mal traf, war James ein aufstrebender Newcomer mit einem absolut redlichen Ruf. Epstein übertrug ihm die Rechte an *Please Please Me* ohne Bedenken und fand sich bestätigt, als der Song auf Platz eins kam.

Zu Epsteins Erstaunen lehnte es James ab, John Lennon und Paus McCartney in die Vorstandsriege von Dick James Music aufzunehmen. Stattdessen schlug James vor, wie er selbst sich erinnert, »eine Firma zu gründen, an der John, Paul und Brian und meine eigene Firma jeweils zu 50 Prozent beteiligt sind. John und Paul würden exklusiv an diese Firma gebunden sein. Ich sagte, ›da ihr alle aus dem Norden kommt, sollten wir sie vielleicht Northern Songs nennen.‹«

Es war ein erstaunliches Angebot, durch das John und Paul einen größeren Anteil als üblich bekamen, das sie aber auch langfristig an James band. Der bekam sechs Monate, um sich zu bewähren, danach sollte ein »normaler« Vertrag geschlossen werden. Und so unterschrieben die Beatles jene Verträge, die sie bis 1973 an Northern Songs banden.

Dick James meint dazu, John und Paul hätten von ihren Beratern grünes Licht bekommen. Paul erinnert sich nicht an Details, sieht die

> »Die Finanzexperten der Beatles wollten investieren – John kaufte seinem Schulfreund Pete Shotton einen Supermarkt.«

Schick! Lennons Supermarkt auf Hayling Island.

Sache aber anders. »Wir fuhren hin, gingen in dieses Haus und unterschrieben das Ding«, erzählte er Miles. »Uns war nicht klar, worum es eigentlich ging, dass wir nämlich die Rechte an unseren Songs verhökerten. Genau dazu verpflichteten wir uns, und das ist der Knebelvertrag, an den ich noch heute gebunden bin.«

Paul behauptet, den Vertrag im Grunde nicht verstanden zu haben: »Wir fragten: ›Kriegen wir unsere eigene Firma?‹ Sie sagten: ›Ja.‹ Wir fragten: ›Unsere eigene?‹ Sie sagten: ›Ja, sicher. Ihr seid großartig.‹ Wir gingen tatsächlich davon aus, dass wir mit zehn Prozent dabei wären. Aber am Ende waren es natürlich 49 Prozent für mich, John und Brian und 51 Prozent für Dick James und Charles Silver. Das Problem waren immer die Stimmenanteile, die uns in die Quere kamen.«

Tatsächlich war der Deal viel komplizierter – was sich in den nächsten Jahren sogar noch steigerte. Von den Anteilen an Northern übernahm James 49 Prozent, Lennon 19, McCartney 20 und Epstein (via NEMS) zehn Prozent. Im April 1964 gründete Epstein die Firma Lenmac Enterprises Ltd., einzig zu dem Zweck, ihren Anteil an den Northern-Einnahmen aufzunehmen. John und Paul waren zu je 40 Prozent an dem neuen Unternehmen beteiligt, Epstein zu 20. Eine ähnliche Firma, Maclen (Music) Ltd. wurde in den USA gegründet.

Ende 1964 jedoch suchten die Finanzexperten der Beatles verzweifelt nach Investitionen, in die die Einnahmen der Beatles fließen konnten – damit der britische Fiskus nicht weiter 90 Prozent ihres Vermögens kassieren konnte. Ringo steckte Kapital in die Baufirma eines Freundes, George beteiligte sich an einer Londoner Diskothek und John machte auf Hayling Island einen Supermarkt für Pete Shotton auf.

John und Paul aber suchten nach einer breiteren Streuung ihres Vermögens. Da kam Jim Isherwood, ein Finanzberater Epsteins, mit dem Vorschlag, Northern Songs an die Börse zu bringen. So könnten sich nicht nur private Investoren Anteile am zukünftigen Erfolg der Beatles sichern, was außerdem mit einem Imagezuwachs verbunden wäre, sondern die geringe Beteiligung von Lennon und McCartney an Northern könnte in Hunderttausende von privaten Anteilen umgewandelt werden – deren Wert sich über Nacht vervielfachen würde, sollten die beiden weiterhin Hits wie am Fließband produzieren. Ein Schlupfloch in den Steuergesetzen ermögliche es zudem, dass man diese Transaktion durchführen könnte, ohne dass die unmittelbaren Gewinne von der Kapitalertragssteuer betroffen wären. Es handelte sich also, im wahrsten Sinn des Wortes, um geschenktes Geld.

Die Beatles wurden also zur AG. Fünf Millionen Northern-Songs-Aktien wurden ausgegeben, zu einem Nominalwert von fünf Shilling (25 Pence) das Stück. Dick James und Charles Silver bekamen die ihnen zustehenden 50 Prozent, den Rest teilten sich, wie schon zuvor, John, Paul und Brian. Wenige Wochen später erfolgte der tatsächliche Börsengang mit zwei Millionen Aktien zu je 39 Pence im freien Handel (beide Parteien hatten je 40 Prozent ihres Pakets freigegeben). Zunächst stürzte der Kurs in den Keller, stabilisierte sich aber dann und begann stetig zu steigen. Irgendwann schaltete sich Isherwood ein und kaufte je 25 000 Aktien für George und Ringo, um ihnen das Gefühl zu vermitteln, sie säßen mit im Boot.

Diese erstaunlichen Transaktionen waren begleitet von zwei weiteren Coups. Um die Aktionäre zu beruhigen und um seine Goldesel bei der Stange zu halten, brachte James es fertig, dass John und Paul den Exklusivvertrag mit Northern Songs bis zum Februar 1973 verlängerten. Der Vertrag bezog sich nicht nur auf Gemeinschaftskompositionen, sondern auch auf Solowerke – eine Klausel, die Jahre später erweitert wurde, als John und Paul die Songs geltend machten, die sie mit ihren Ehefrauen schrieben und die definitiv nicht an Northern gingen.

Gleichzeitig wurde Lenmac Enterprises, die Dachgesellschaft, an welche die Northern-Einnahmen der Band gegangen waren, für 365 000 Pfund von Northern aufgekauft, weit über dem Marktwert. 80 Prozent davon gingen unmittelbar an John und Paul, denen man den Deal als Geniestreich präsentierte. Den Beatles war nicht klar, dass sie mit Lenmac auch die Rechte an den ersten 56 von Northern gehandelten Lennon/McCartney-Songs verloren, darunter einige der ganz großen Hits wie *She Loves You* und *I Want To Hold Your Hand*. Die Besitzrechte lagen nun voll und ganz bei Northern, wogegen nichts einzuwenden war, solange John und Paul Anteilseigner der Firma blieben. Sollten sie sich aber zurückziehen, verlören sie alle Einnahmen. Das war dann auch in den späten 60er-Jahren der Fall. Es kam zum Krach mit James, der Northern ohne ihr Wissen an Sir Lew Grade verkaufte. Bis heute bekommen Paul McCartney und Lennons Erben keine Tantiemen für 56 Songs aus den Jahren 1963 und 1964.

Besonders George Harrison, der 1963 als dritter Beatle bei Northern Songs eingestiegen war, versuchte den Überblick über die dubiosen Geschäftspraktiken zu behalten. Epstein hatte schon 1964 aller Welt erklärt: »George interessiert sich brennend für geschäftliche Details und spricht gerne über Gagen und Prozente.« Tony Barrow erinnert sich: »George wollte genau wissen, wie viel er bekommt – und noch genauer, wie viel Brian bekommt.«

»Ich bin nicht der geldgierigste Beatle«, protestierte Harrison 1965. »Ich bin nur der einzige, der wissen will, wo die Kohle landet. Warum die anderen so nachlässig sind, kann ich nicht verstehen. Wir kommen mit unseren Buchhaltern zusammen, uns wird gesagt, wir bekommen 2,5 Prozent hier und 4,5 Prozent da. Das ist verwirrend und langweilig, wie früher in der Schule. Nach ungefähr einem Jahr bei den Beatles, nachdem wir viele Platten gemacht hatten und es uns gut ging, wollte ich auch erfahren, was genau passierte und wie es weiterging. John und Paul waren genauso interessiert, aber sie gaben nach. Ich nicht.«

Tony merkt dazu jedoch an: »George war nicht übermäßig gebildet. Auf keinen Fall war er ein Finanzgenie. Er wollte zwar durchblicken, wie die anderen sah er aber bald den Wald vor lauter Bäumen nicht mehr.« Dabei war sein mangelnder Durchblick keine Schande. Der schwindelerregende Erfolg der Beatles hatte schon Epstein in einem Maße überfordert, das man sich selbst heute kaum vorstellen und dessen finanzielle Konsequenzen man nicht beziffern kann.

»Wir sind Musiker, keine Krämer«, antworteten die Beatles Brian immer, wenn er sie bat, Klamotten oder Spielzeug mit ihrem Namen zu genehmigen. »Brian legte Wert darauf, dass der offizielle Beatles Fanclub nicht zu einem Laden für Merchandisingprodukte der Beatles umfunktioniert wurde«, sagt Tony Barrow, der den Club im Rahmen seiner PR-Tätigkeit leitete. »Man könnte sagen, er ließ sich ein Geschäft durch die Lappen gehen, aber er sah die Sache anders: Er ➤

wollte nicht, dass der Club die Fans ausbeutete. Es gab nur eine Ausnahme. Cousins von ihm gehörte eine Pulloverfirma, und sie durften über den Fanclub einen schwarzen Pullover mit Beatles-Logo vorne drauf vertreiben. Er war von bester Qualität und kam zu Weihnachten 1963 auf den Markt. Das war das erste und einzige Mal.«

»Dick James ist ein Faschistenhund!« Martin und James auf einer Probe der Beatles.

Es gab auch weniger zurückhaltende Leute. »Schon im Frühjahr 1963«, erinnert sich Barrow, »als wir mit den Beatles auf Tournee waren, wurden nach den Konzerten billige Fotohefte angeboten. Einige nur mit Fotos der Beatles, andere mit allen möglichen Künstlern, aber die Seiten mit den Beatles lagen immer obenauf, um die Fans anzuziehen.«

Im Spätsommer 1963, die Beatles waren inzwischen die populärste Band in Großbritannien, war sogar Epstein klar, dass die unkontrollierte Verbreitung von Fanartikeln eingedämmt werden musste. Im Oktober etablierte er ein Lizenzsystem, das zwei Regelungen vorsah: Alle Produkte mit dem Namen der Beatles erforderten seine Genehmigung, während die Beatles selbst keine Genehmigung erteilten. Anfangs wollte er die Lizenzen über NEMS abwickeln, aber die Nachfrage drohte die Tagesgeschäfte der Firma zu ersticken, weshalb er die Verantwortung einem seiner Schickeria-Freunde übertrug: einem gewissen Nicky Byrne.

Weihnachten 1963 waren die Läden voll mit Beatles-Puppen, -Tapeten, -Spielzeuggitarren, Pilzkopfperücken und anderem Kram – das meiste mit NEMS-Logo, aber ein nicht unbeträchtlicher Anteil war noch immer unauthorisiert. »Anfangs versuchte Brian, die Händler zu verklagen«, erklärt Tony Barrow, »aber bald waren es einfach zu viele.«

Die Zustände in Großbritannien wurden bald von der Geldgier amerikanischer Geschäftsleute übertroffen. Nicky Byrne gründete daher in New York ein Tochterunternehmen, Seltaeb (»Beatles« rückwärts), um den Missbrauch einzudämmen. Er wurde von Anfragen überflutet, deren Volumen alles bisher Gewohnte sprengte. So verkaufte eine Firma innerhalb von drei Tagen nach Ankunft der Band in New York drei Millionen Beatles-T-Shirts. Kaufhausketten wie Woolworth's verwandelten sich in reine Beatles-Läden, in denen amerikanische Fans alles kaufen konnten, vom Beatles-Kaugummi bis hin zu lebensgroßen Porträts aus Pappe nächtliche Mädchenträume.

Seltaeb nahm riesig viel Geld ein, aber kaum etwas gelangte zu den Beatles. Epstein hatte nämlich seinem Anwalt David Jacobs überlassen, ein Splitting der Tantiemen mit Byrne auszuhandeln. Dabei hatten Nick Byrne und seine gewieften Freunde mit der Begründung, dies sei besser als nichts, Jacobs und NEMS gerade einmal zehn Prozent geboten. »Merchandising kann sich rentieren, aber Millionen britischer Pfund aus dem US-Geschäft sind blanker Unsinn«, sagte Epstein, wobei er der Wahrheit näher kam, als ihm damals klar war.

Ein Popmanager steckte Epstein, dass er hinters Licht geführt worden war. Daraufhin verhandelte Brian den Deal mit Seltaeb neu, sodass den Beatles wenigstens 46 Prozent der Einnahmen bliegen. Dann begann er einen Prozess gegen die Firma, dem noch viele folgen würden.

Durch den Rechtsstreit ging das Merchandising-Geschäft vor die Hunde. Der Handel nahm Bestellungen zurück, um juristische Verwicklungen zu vermeiden; manche Hersteller drückten sich um die Lizenz. Das Ergebnis war ein finanzielles Desaster für Byrne, Epstein und die Beatles. Im Verlauf des Verfahrens wurde der NEMS eine Strafe in Höhe von mehreren Millionen Dollar aufgebrummt, weil eine Frist nicht eingehalten wurde. Die Forderung wurde aber fallen gelassen, und man einigte sich darauf, dass Byrne eine einmalige Zahlung erhielt, während Brian – vielleicht, weil er sich schuldig fühlte – die Prozesskosten der Beatles komplett aus der eigenen Tasche bezahlte.

Den größten finanziellen Nachteil hatten jedoch die Beatles selbst. Philip Norman bezifferte den Verlust mit 100 Millionen Dollar; darüber hinaus munkelte er in Shout, dubiose Figuren hätten im Zuge der Riesenpleite einen Mordanschlag auf Epstein geplant, was jedoch von Leuten aus dem Umfeld der Beatles als völlig hirnrissig abgetan wurde.

Doch erwies sich der Seltaeb-Deal, wie der Historiker Johnny Rogan in seinem Buch über Popmanager anmerkt, als lukrativer für die Beatles als angenommen. Selbst die Aufteilung von 54 zu 46 Anteilen zwischen Byrne und den Beatles war nach Meinung einiger unfair gegenüber der Band. Andererseits waren die Hersteller so wild darauf, am Erfolg der Beatles zu verdienen, dass Byrne in der Lage war 15 Prozent mehr für die Beatles herauszuschlagen – weitaus mehr als Elvis Presley fürs Merchandising bekam. Das war zumindest eine kleine Entschädigung für die Unzulänglichkeit der Verträge zwischen Epstein und Seltaeb.

»Die Beatles hatten mit all den Geschäften nichts zu tun«, sagt Tony Barrow. »Sie hatten keine Ahnung von Merchandising und mochten es nicht. Hätte ein Fotograf, dem sie vertrauten, wie Dezo Hoffman, seine Beatles-Fotos als Buch vermarktet, wäre er die längste Zeit ihr Fotograf gewesen. Johns Bemerkung gegenüber Brian: ›Wir kümmern uns um die Musik, du um die Prozente‹, stimmte voll und ganz. Außer George vielleicht interessierte sich keiner für Geschäfte.«

Erst als Allen Klein 1969 auf den Plan trat und das Missmanagement aufdeckte, erkannten die Beatles allmählich, dass viele Entscheidungen Epsteins naiv oder einfach falsch waren. Doch konnten sie sich ebenso wenig, wie Tony Barrow betont, auf ihre eigenen Instinkte verlassen: »Bei der Gründung von Apple passierte: Sie vertrauten Leuten wie Alexis Mardas und den holländischen Designern The Fool. Das lässt erahnen, wie naiv sie selbst waren.«

Aber schon früher lieferte George Harrison bittere Kommentare zum Thema. 1964 ging dem für US-Finanzen der Beatles zuständigen Walter Hofer eine Steuerforderung aus den USA zu, eine Summe betreffend, die in Großbritannien versteuert worden war. »Wir entziehen uns ja nicht der Steuerpflicht«, sagte er höflich, »wir wollen nur nicht doppelt zahlen.« Als George 1964 gefragt wurde, wie Amerika sich denn für die Beatles revanchieren könnte, frotzelte er: »Erlasst uns doch die Einkommenssteuer.« Zwei Jahre später brachte er mit Taxman auf der Revolver-LP seine Einstellung auf den Punkt.

Und während John Lennon Dick James freiheraus »Schwein« oder »Faschistenhund« nannte, als dieser es wagte, eine Aufnahme-Session zu stören, drückte George seine Abneigung musikalisch aus. »Es ist wirklich egal, welchen Akkord ich spiele, da es nur ein Northern Song ist.« Das war 1967. Zwei Jahre später war den Beatles die Beteiligung an Northern Songs – und dessen einzigartigem Fundus an Lennon/McCartney- und Harrison-Songs – ganz entrissen worden. Blauäugigkeit in geschäftlichen Belangen konnten sich die Beatles nun nicht mehr leisten. Vielleicht erinnerten sie sich zurück an Zeiten, als sie von Geld keine Ahnung hatten – und es ihnen letztlich auch egal war. ■

»Ich war dabei«
Ihre Fotos machten die Hamburger Jahre der Beatles unsterblich. Seither weiß Astrid Kirchherr eine »schöne Tasse Tee« zu schätzen.

Das erste Wort, das mir einfällt, ist »atemberaubend«. Klaus Voormann nahm mich an dem Abend mit in den Club, und ich war etwas ängstlich, aber dann sah ich diese wunderbaren Menschen auf der Bühne. Sie sahen so wild und dabei so unschuldig aus. Stuart ist mir zuerst aufgefallen. Er war so absolut cool. Mit Sonnenbrille stand er da, die Beine gekreuzt, spielte Bass und rauchte, als wäre er geradewegs meinen Träumen entsprungen. Dann merkte ich, dass die anderen auch recht eindrucksvoll waren. Allein die Art, wie John am Mikro stand, und der süße kleine Georgie, der so verloren aussah – aber wenn er die Gitarre spielte ... wir hatten solche Musik nicht. Ich kannte schon Rock'n'Roll, aber Elvis Presley wirkte auf mich nicht »echt«, doch diese Jungs waren *echt*.

Ich arbeitete für den Fotografen Reinhart Wolf und interessierte mich besonders für Porträtfotografie. Ich hatte US-Fotografen wie Richard Avedon und ihre Bilder von Marlon Brando gesehen, und hier waren fünf englische Jungs, jeder auf seine Art schön, und dazu spielten sie noch unglaublich aufregende Musik. Nach etwa zwei Wochen fragte ich, ob ich sie fotografieren dürfte, und sie sagten sofort Ja. Dann nahm ich sie mit nach Hause, und meine Mutter machte ihnen all das englische Essen, das sie vermissten – Steaks, Kartoffelbrei, »eine schöne Tasse Tee« und so! Sie konnten baden, saßen oft rum und sahen sich meine Bücher und Platten an. Ich ging sehr oft hin, um sie spielen zu hören, vor allem, als sie in den Top Ten Club umzogen. Wir wurden rasch gute Freunde.

Es war immer ein Geben und Nehmen zwischen uns. Sie haben mir beigebracht, was Mut heißt, an einer Idee festzuhalten. Sie mussten in Hamburg, als sie mittellos waren, in übelsten Verhältnissen leben. Ich versuchte, ihnen zu helfen. Wir haben auch unsere unterschiedlichen Einflüsse ausgetauscht. Sie machten mich mit Chuck Berry bekannt und sie lernten von mir etwas über Sartre oder Juliette Greco. Es war ausgeglichen. Und mein Wissen in Modedingen gefiel ihnen. Aber all dieser Quatsch mit der »Frisur« hat nichts damit zu tun, was die Beatles wirklich waren.

Niemand konnte ahnen, wie erfolgreich sie werden sollten, aber man spürte, dass sie ihren Weg machen würden. Paul mit seiner Musik, John als Multitalent und George – man fühlte seine Liebe zur Musik.

Die Leute sagen, John war so und so, er war so sarkastisch, er war streitsüchtig. Aber das ist nur ein Klischee. Wir waren einfach Freunde, und wir hatten Spaß. Er war von Anfang an ein Revolutionär, und, ja, er tat so, als ob er ein harter Kerl wäre – aber er war voller Humor und Liebe, und er hat mich so lieb getröstet, als Stuart starb. Und er und Stuart zusammen – ich kann gar nicht beschreiben, wie tiefgründig ihr Witz und Humor und ihre Intelligenz waren.

Danach wurde George mein engster Freund. Er hat sich immer um mich gekümmert, bis zu der Zeit, als er gehen musste. Ich habe in Georges und Ringos Wohnung in der Green Street gewohnt, als ich drüben war, um ein paar Fotos für den *Stern* zu machen, während der Dreharbeiten zu *A Hard Day's Night*. Sie mussten den Briefschlitz verstopfen, weil dauernd Fans hineinschrien. George wollte mir seinen neuen Jaguar zeigen, doch wir konnten erst um drei Uhr rausgehen, und selbst da waren immer noch kreischende Fans draußen.

Sie taten mir Leid. Irgendwie hatten sie ihre Jugend verpasst. Ich konnte das in ihren Augen sehen. Aber ihr Verhalten mir gegenüber hat sich nie geändert, und sie waren untereinander wie Brüder. Sie stöhnten und jammerten, aber man konnte die Liebe spüren, die sich zu etwas Wunderbarem entwickelt hatte. Musik zu machen und zusammen zu sein, schien ihnen immer noch Freude zu bereiten.

Als sie 1966 auf Tour nach Hamburg kamen, sahen sie sehr müde aus. Sie waren in einem Schloss außerhalb einquartiert – und es ging aus dem Konzert, die Gitarren in der Hand, »direkt in das vermaledeite Schloss«, wo wir zusammen zu Abend aßen. Sie wären so gern auf die Reeperbahn gegangen, aber es ging nicht – wegen der Fans.

Ich hatte nicht mal eine Kamera, als George mich bat, das Cover von *Wonderwall Music* zu machen. Ich hatte nicht nur von den Beatles Fotos gemacht, Fotos, die ich teilweise besser fand, aber niemand interessierte sich dafür, und ich wurde unsicher. Bin ich wirklich gut genug? Doch George änderte sich nie, er glaubte trotzdem an mich.

Ich weiß, dass wir, auch wenn sie nicht berühmt geworden wären, Freunde gewesen wären. Ich schenkte ihnen meine Liebe. Ich habe immer auf ihre Freundschaft gebaut und sie auf meine, und das ist alles, worauf es ankommt. Ich bin furchtbar, furchtbar stolz auf sie.

> »Ich kannte schon Rock'n'Roll, aber Elvis wirkte auf mich nicht echt, doch diese Jungs waren *echt*.«

Astrid Kirchherr
**Astrid Kirchherr
Hamburg
Oktober 2002**

»Mach's nach, Paul!« John gibt sein Debüt als Nonsens-Autor, 1964.

Was: »In His Own Write« kommt raus
Wo: Großbritannien
Wann: 23. März 1964

JOHN, DER DICHTER

Ein Buch über »nichts« meinte John. Andere erkannten in seinem Buch einen schrägen Trip durch die Gedankenwelt der Beatles. Von John Harris.

Im Beatles-Gefolge auf der Herbsttournee 1963 durch Großbritannien befand sich ein neues Gesicht: Michael Braun, ein amerikanischer Journalist, dessen Buch *Love Me Do* noch heute intelligent wie kaum ein anderes die frühen Jahre der Beatles beschreibt. John Lennon fühlte sich wohl in seiner Gesellschaft und zeigte ihm die Gedichte, Prosa und Zeichnungen, die in seinen Mußestunden entstanden. Braun war so beeindruckt, dass er einen Teil der Arbeiten Tom Maschler zukommen ließ, seinem Lektor bei Jonathan Cape. John brachte das einen Vorschuss von 1000 Pfund ein, die Aussicht auf Veröffentlichung seines Buchs und das Image des literarischen Beatle, das begeistert aufgegriffen wurde.

Die ersten Gehversuche auf diesem Gebiet waren Johns *Daily-Howl*-Schulheft-Satiren, die Artikel, die er für die Kolumne *Beatcomber* im *Mersey Beat* schrieb und die abstrusen Anzeigen, die er dort veröffentlichte. Die Briefe aus der Hamburger Zeit, die er an Stuart Sutcliffe und Cynthia Powell schrieb, sind vom selben Kaliber. Insgesamt ergibt sich das Bild eines wahnsinnig kreativen Kopfes, in dem Worte und Bilder auch im Mittel waren, seine dunklere Seite im Zaum zu halten.

In His Own Write erschien am 23. März 1964. Oberflächlich betrachtet handelt es sich um eine Sammlung von Nonsens-Versen, doch ging es tiefer. In *Keine Fliegen auf Frank*, einer um einen kleinbürgerlichen Frühstückstisch angesiedelten Story, heißt es: »Nicht einmal das zerschlagene Gesicht seiner Frau konnte Franks armen Kopf zum Lächeln bewegen.« Das Stück *Das Fettgewächs auf Eric Hearble* endet damit, dass Eric seinen Job als »Veitstanzlehrer für spastische Knaben« verliert, weil man nicht will, dass ein Krüppel die Jungs unterrichtet. Und *Kleine Bobby*, dem die rechte Hand fehlt, bekommt zum Geburtstag eine Hakenprothese für die linke Hand geschenkt. Wer in den Texten nach einem Zusammenhang zwischen den Storys und dem Leben als Beatle suchte kam nicht weit. Sie hatten wohl was mit den Momenten auf der Bühne zu tun, in denen John »spastische« Grimassen schnitt.

Die Zeichnungen verstärkten den Eindruck, dass John der Meinung war, etwas sei faul in der Welt. Er stellte die Menschen als Witzfiguren dar: Eine rauschhafte Partyszene wirkt in seinen Bildern alles andere als lustig. Es scheint, als ob es in Johns Fantasie, trotz aller Ausgelassenheit von *In His Own Write*, ziemlich dunkle Seiten gab.

Natürlich wurde sofort versucht Johns Weltsicht zu deuten. »Es geht darin um nichts«, antwortete John mit einem Augenzwinkern. »Wer's mag, der mag's, wenn nicht, dann halt nicht. Es hat keinen Anspruch, soll einfach lustig sein. Ich kritzle was auf ein Papier und steck's in meine Tasche. Wenn genug zusammen ist, hab ich ein Buch.« Als er auf BBC 2 gefragt wurde, ob er von der Onomatopöie bewusst Gebrauch mache, erwiderte John Lennon: »Automatischer Pier? Ich weiß nicht, wovon du sprichst, Junge.«

So, wie man Ringos verkatertem Soloauftritt in *A Hard Day's Night* mit Charlie Chaplin verglich, und so, wie die *Times* »äolische Kadenzen« in den frühen Liebesliedern der Beatles entdeckte, wurde *In His Own Write* in einem Atemzug mit James Joyce genannt. »Offenbar übernimmt er das Gerüst für seine Storys und Szenen von dem britischen Humoristen Spike Milligan«, schrieb Tom Wolfe. »Etwas ganz anderes dagegen ist die Bitterkeit, die vielem zugrunde liegt, was Lennon über Ehe und Familie schreibt, aber auch seine an Joyce angelehnten Ausflüge in sprachliche Fantasiegefilde. Überhaupt haben die Anspielungen auf Joyce – die Nachahmungen von Gebeten, Liturgien, die grammatikalischen Finten und aberwitzigen Homonyme, besonders derart ätzende wie ›Loud‹ für ›Lord‹, wie sie bei beiden vorkommt – die Literaturkenner hier und in England am meisten fasziniert.«

Ein Jahr später griff ein gewisser John Wain diesen Punkt in der amerikanischen Zeitschrift *New Republic* erneut auf. »Jedem literarisch Gebildeten wird beim Lesen von Mr. Lennons Werk sofort auffallen, dass er durchwegs aus einer Quelle schöpft, nämlich dem Spätwerk von James Joyce«, schrieb er. Um seine Aussage zu untermauern, zitierte Wain eine längere Passage aus *Ulysses*. Trotz all dieser scheinbaren Parallelen beteuerte John, noch gar nichts von Joyce zu kennen; als er das Werk dann doch kennen lernte, hatte er das Gefühl, wie er sich ausdrückte, »einen Vater gefunden zu haben«.

> »Es geht darin um nichts ... Es steht nichts Tiefsinniges drin, es soll einfach nur lustig sein.« John Lennon

Doch nicht jedem gefiel *In His Own Write*. In einer Parlamentssitzung am 19. Juni 1964 zitierte Charles Curran, der konservative Abgeordnete für Uxbridge, aus *Der Taube, Danuta (und ich)*. »Ich erwähne dieses Gedicht nicht wegen seiner literarischen Qualität, sondern weil darin zwei Aspekte, John Lennon betreffend, klar werden: Er kann mit Worten umgehen und Geschichten erzählen, und doch zeugt das Werk von einer erbärmlichen Halbbildung«, wütete er. »Es scheint, als hätte er das ein und andere von Tennyson, Browning und Robert Louis Stevenson aufgeschnappt und mit dem anderen Ohr den Fußballergebnissen im Radio gelauscht.«

Doch Curran war ein Einzelfall. *In His Own Write* verkaufte sich in zehn Monaten 200 000 Mal. Schon im Jahr darauf erschien *A Spaniard In The Works* – ein noch vertrackteres Werk. Zehn Jahre später nahm die BBC das Gedicht *I Sat Belonely (Ich saß so einsam)* aus *In His Own Write* in eine Schulbuch über Poesie auf. John hätte dies sicher mit einem sarkastischen Lachen quittiert.

Ganz rechts, das ist Ringo: eine von John Lennons Illustrationen

22. MÄRZ – 15. APRIL 1964

22 Die Beatles interviewen sich in der BBC-Radiosendung *The Public Ear* gegenseitig.

23 *In His Own Write*, ein Buch mit Texten und Zeichnungen von John Lennon, erscheint in England; *Do You Want To Know A Secret* wird von Vee-Jay in den USA herausgebracht; Filmaufnahmen im Scala Theatre, London

24 Die Beatles ziehen als Wachsfiguren in Madame Tussauds Wachsfigurenkabinett, London, ein (oben). Die Filmaufnahmen im Scala gehen weiter.

25 Erster Playbackauftritt der Beatles mit *Can't Buy Me Love* bei *Top Of The Pops*; wieder Filmaufnahmen im Scala

26 Pete Best fliegt in die USA, um in der in der TV-Show *I've Got A Secret* aufzutreten.

27 George und John verbringen das Osterwochenende mit Cynthia Lennon und Patti Boyd im Dromolan Castle Hotel in Irland. Ringo weilt übers Wochenende in Woburn Abbey, Paul bleibt in London.

29 Der Piratensender Radio Caroline beginnt seinen Betrieb und spielt als erstes *Can't Buy Me Love*.

30 Auf BBC Radio wird das Special *From Us To You* gesendet.

31 Für *A Hard Day's Night* wird ein Konzertauftritt im Scala Theatre, London, gedreht. Am Abend nehmen die Beatles eine Session für BBC Light Programmes' *Saturday Club* auf.

APRIL 1964

1 Im Londoner NEMS-Büro trifft John Lennon seinen Vater Freddie. Filmaufnahmen im Scala gehen weiter.

2 Im Scala Theatre, London, werden weiter Filmaufnahmen gemacht.

3 Ein Trailer für *A Hard Day's Night* wird in den Twickenham Studios gedreht; die Beatles in Kinderwagen.

4 Laut *Billboard* halten die Beatles alle fünf Toppositionen der US-Singles-Charts; *Can't Buy Me Love* auf Platz eins.

5 An der Marylebone Station, London, wird die Eröffnungsszene von *A Hard Day's Night* gedreht.

6 In den nächsten Tagen wird in Twickenham weiter gedreht.

9 Ringos Soloauftritt in *A Hard Day's Night* wird auf einem Treidelpfad an der Themse bei Kew, Surrey, gedreht.

10 *The Beatles' Second Album* wird in den USA veröffentlicht. Die Beatles drehen in den nächsten Tagen in Twickenham.

12 An der Marylebone Station werden weiter Filmaufnahmen gemacht.

13 *The Beatles' Second Album* wird in den USA vergoldet.

14 Während der Dreharbeiten in Twickenham nehmen John und Paul die letzten Änderungen am Song *A Hard Day's Night* vor.

15 Paul wird für die BBC-TV-Show *A Degree Of Frost* von David Frost interviewt.

16. APRIL – 2. MAI 1964

16 Dreharbeiten am Notting Hill Gate, London; der Song *A Hard Day's Night* wird in der Abbey Road aufgenommen.

17 Der Name des Beatles-Films wird publik: *A Hard Day's Night*.

18 Die Proben für das TV-Special *Around The Beatles* finden in der Hall Of Remembrance, Flood Street, Chelsea, London, statt.

19 Die Beatles-Musik zu *Around The Beatles* wird in den IBC Studios, London aufgenommen.

20 Paul wird in einer Tanzschule in Notting Hill gefilmt (20./21.04.), die Szenen werden jedoch gestrichen.

21 Petula Clark meint im *Melody Maker*, dass »Cliff Richard einen viel größeren Marktwert hätte als die Beatles. Die Franzosen mögen die Beatles weit weniger, als man denkt. Und in Rumänien kennt sie keiner!«

22 In Hammersmith, Shepherd's Bush und Notting Hill wird an Originalschauplätzen gedreht.

23 John ist Ehrengast beim Foyle's Literary Lunch (oben) im Hotel Dorchester, London. Irgendwie müde sagt er nur kurz: »Vielen Dank. Ihr macht einen glücklichen Eindruck.«

24 Letzter Drehtag in Ealing, Westlondon.

25 Peter & Gordon verdrängen *Can't Buy Me Love* vom ersten Platz der UK-Charts mit *World Without Love*, einer Lennon/McCartney-Komposition.

26 Beim NME-Poll-Winners'-Konzert in Wembley (rechts) spielen die Beatles, die Rolling Stones, die Searchers, die Hollies, Manfred Mann, die Animals, Gerry And The Pacemakers, Brian Poole And The Tremeloes, Dave Clark Five, Cliff Richard And The Shadows, Billy J. Kramer And The Dakotas, die Merseybeats, The Fourmost, Joe Brown, Big Dee Irwin usw. Danach feiern die Beatles mit Roy Orbison seinen 28. Geburtstag mit einer Party.

27 *Love Me Do* erscheint in den USA bei Tollie Records.

28 Das TV-Special *Around The Beatles* (Regie Jack Good) wird in den Wembley Studios aufgenommen.

29 Die von den Beatles gecharterte de Havilland Dove landet auf dem Turnhouse Airport, Schottland; Gig im ABC Cinema, Edinburgh. Auf der Pressekonferenz überrumpelt Lord Provost Duncan Weatherstone die Beatles mit der Bitte, das Edinburgh Festival mit 100 000 Pfund zu unterstützen.

30 Die Beatles treten im Odeon Cinema, Glasgow, auf.

MAI 1964

2 Als *The Beatles' Second Album* die LP *Meet The Beatles* von Platz eins der US-Charts verdrängt, machen die Fab Four Urlaub. John und George fliegen nach Hawaii, Paul und Ringo dagegen auf die Virgin Islands.

Was: John trifft seinen Vater wieder
Wo: NEMS, Argyle Street, London
Wann: 1. April 1964

DER »LIEBE« VATER

John hatte seinen Vater 1946 zuletzt gesehen. Der Erfolg der Beatles führte sie wieder zusammen – ob John wollte oder nicht. Von Peter Doggett.

Dafür, dass die Story ans Licht kam, sorgten in gewohnter Weise die britischen Medien. 1964 verging fast kein Tag, an dem die Boulevardpresse nicht mit neuen Berichten über den kometenhaften Aufstieg der Beatles aufwartete. Und damals, als man im Stich gelassene Groupies noch nicht mit Geld zum Plaudern brachte, waren die Zeiten noch harmlos. Stattdessen machten sich seriöse Blätter daran, den einzigen weißen Fleck in der Vergangenheit der Beatles aufzuklären – John Lennons Herkunft.

Das Schicksal seiner Mutter Julia kannte jeder; sie starb 1958, nachdem sie von einem Polizisten überfahren worden war. Fragte man John nach seinem Vater, gab er bereitwillig Auskunft, dass er ihn seit fast 20 Jahren nicht mehr gesehen habe. Nur an einen gemeinsamen Urlaub, 1946 in Blackpool, erinnerte er sich dunkel.

Die Journaille machte sich unverzüglich ans Werk, brachte mit diversen »Beatle-bei-der-Geburt-verlassen«-Geschichten den Stein ins Rollen. Der *Daily Express* traf schließlich ins Schwarze. »Vater eines Beatle schuftet als Küchenhilfe«, verkündete man stolz.

Lennon hatte nie versucht, seinen Vater ausfindig zu machen, vielleicht weil seine Ersatzmutter Tante Mimi ihm immer erzählt hatte, Alfred »Freddie« Lennon sei ein Luftikus. Dass sich ihre jüngere Schwester Julia den Seemann ja ausgesucht hatte, hatte Mimi nie bedacht. Als Freddie nach dem Krieg seiner Familie den Rücken kehrte, war ihr Kommentar lediglich: »Hab ich's nicht gesagt.«

Blackpool war die Gelegenheit, dass Vater und Sohn sich kennen lernen konnten, aber jede Hoffnung auf eine Annäherung war bald dahin. Die Ferien endeten mit einem Krach zwischen Freddie und Julia. John wurde knallhart vor die Wahl gestellt, entweder bei Julia zu bleiben oder mit dem Vater nach Neuseeland zu gehen. Er wollte bleiben und hörte nichts mehr von seinem Vater, bis die Presse ihn in London aufstöberte.

Brian Epstein ahnte, welch ein Schaden entstehen könnte, sollte es den Medien gelingen, Kontakt zu Freddie aufzunehmen, bevor man den Alten »entschärft« hatte. Also lud er ihn ein: Sollte Alfred Lennon bereit sein, ihn, Epstein, am 1. April 1964 in seinem NEMS-Büro direkt beim Palladium in London zu besuchen, dann könnte er dort auch seinen verlorenen Sohn treffen.

Freddie war prompt zur Stelle und wurde ins Büro geführt, wo er nicht nur auf einen aalgatten Mr. Epstein traf, sondern auch auf drei Beatles. John wollte nur unter der Voraussetzung ein paar Worte mit dem Mann wechseln, der ihn als Kind im Stich gelassen hatte, wenn die anderen hilfreich zur Seite stünden. Während der Drehpause – im nur 800 Meter entfernten Skala Theatre wurden gerade Szenen für *A Hard Day's Night* gedreht – wurden John, George und Ringo in Richtung NEMS gekarrt und auf die unangenehme, aber unvermeidliche Begegnung vorbereitet.

Das Gespräch kam nur stockend in Gang. Brian Epstein war auf Ausgleich bedacht, George Harrison wie immer höflich, aber wortkarg; Alfred Lennon versuchte mit wenigen Worten, seine jahrelange Abwesenheit wieder gutzumachen; John murmelte sarkastisches Zeug vor sich hin. Schließlich ließ man Vater und Sohn kurz allein. Als Epstein den Raum wieder betrat, erklärte er, John und die anderen würden am Drehort zurückerwartet.

In der Presse war von dem kurzen Treffen der beiden so lange keine Rede, bis Freddie auf die Idee kam, daraus Kapital zu schlagen, und seine Geschichte an den *Daily Herald* verkaufte. Abermals griff Epstein ein: Er riet John, seinem Vater zur »Versöhnung« einen Scheck über 30 Pfund zukommen zu lassen und ihn dann mittels einer wöchentlichen Zahlung von 12 Pfund daran zu hindern, weitere Exklusivgeschichten an die Presse zu verkaufen.

Geld war für John zwar kein Problem, doch verstärkte sich bei ihm durch die Zahlungen das Gefühl der Enttäuschung. Als sein Vater ein Jahr später bei ihm aufkreuzte, begrüßte ihn John mit den Worten: »Wo warst du denn die letzten 20 Jahre?« Cynthia lud ihren Schwiegervater höflich ein zu bleiben, doch nach drei Tagen warf John Freddie mit dem Vorwurf aus dem Haus, er habe sich nur wegen Geld bei ihm gemeldet. Das Verhältnis zwischen beiden besserte sich auch nicht gegen Ende des Jahres 1965, als der Senior mit einer Single den Versuch einer eigenen Karriere im Popgeschäft startete. Hartnäckig hält sich das Gerücht, Epstein habe Druck auf Freddies Label ausgeübt, die Single unverzüglich aus den Läden zurückzuziehen.

Küchendrama: Freddie beim Abwasch im Greyhound

So waren die Konten wechselseitiger Schuld einigermaßen ausgeglichen. Und John war dabei, seine gestörte Vaterbeziehung auf den eigenen Sohn zu übertragen.

Auch in der Folge verbesserte sich das angespannte Verhältnis kaum. Freddie und John trafen sich sporadisch, fühlten sich dabei

> »Brian riet John, seinem Vater zwölf Pfund pro Woche zu zahlen, damit der keine Stories mehr verbreitet.«

aber nie wirklich wohl. 1968 sah Freddie seinen Sohn des Öfteren in den neuen Apple-Büros in der Savile Row. Dort erwies er sich als der Charmeur, der vor 30 Jahren Julia erobert hatte. Er machte nämlich einer der Sekretärinnen den Hof, einer Frau, die gerade mal ein Drittel so alt war wie er selbst und die ihn prompt heiratete.

John reagierte, gelinde gesagt, ziemlich abweisend auf dieses späte Glück. Erst als er Mitte der 70er-Jahre erfuhr, dass sein Vater unheilbar krank sei, lenkte er ein und versuchte, sich endgültig mit Freddie auszusöhnen. Die beiden unterhielten sich am Telefon, John in New York, Freddie in Brighton. Am 1. April 1976 starb Freddie in dem tröstlichen Gefühl, mit seinem Sohn doch noch Frieden geschlossen zu haben.

Freddie der Große: Johns alter Herr präsentiert am 4. Januar 1966 seine erste 45er.

> **Was:** 12 Hits in den US-Charts
> **Wo:** USA
> **Wann:** 4. April 1964

HITSVILLE USA

Die Beatles hatten die USA kaum gesehen, doch zwölf ihrer Singles waren bereits in den Billboard Charts angekommen. Von Dave DiMartino.

Es gibt nur ein Dokument, aus dem hervorgeht, wann genau die USA den Beatles endgültig verfallen waren. Und das ist die Chartliste des US-Magazins *Billboard*, genauer gesagt die Hot 100 aus der ersten Aprilwoche 1964. In dieser Hitliste, die kaum zwei Monate nach dem umjubelten Auftritt der Beatles in der *Ed Sullivan Show* veröffentlicht wurde, tummelten sich exakt zwölf Songs der Beatles – fünf davon ganz oben. Man könnte sagen, die Jungs haben Amerika im Sturm erobert.

Sicher würde keine halbwegs vernünftige Plattenfirma zulassen, dass so viele Titel hinsichtlich Plattenverkauf, Rundfunkübertragung und Promotion miteinander konkurrierten – doch waren hier mehrere Firmen im Spiel. Dieselbe abwegige amerikanische Label-Politik, die es zuließ, dass die ersten Singles der Band auf kleineren Independent Labels und nicht bei der amerikanischen EMI-Tochter Capitol Records erschienen, ermöglichte auch diesen Überschuss an Beatles-Hits. Hier die Auflösung: Capitol hatte den Daumen auf dem Spitzentitel *Can't Buy Me Love*, aber auch auf *I Want To Hold Your Hand*, *I Saw Her Standing There* und *You Can't Do That*. Als Beweis für ein geglücktes Joint Venture zwischen EMI und Nordamerika erschienen auch *All My Loving* und *Roll Over Beethoven*, beigesteuert von Capitol Of Canada in den Billboard Charts. Das kleinere Label Vee-Jay lieferte *Please Please Me*, *From Me To You*, *Do You Want To Know A Secret* und *Thank You Girl*. *She Loves You* stammte von Swan Records und *Twist And Shout* von dem relativ unbekannten Label Tollie.

Für die Hardcore-Fans gab es dann noch *We Love You Beatles* von den Carefrees, in jener Woche auf Platz 42, und *A Letter To The Beatles* von den Four Preps, bei Capitol Records erschienen, das den 85. Platz belegte.

»Es war mit die aufregendste Zeit meiner Karriere«, erinnert sich Alan Livingstone, der in den 60er-Jahren beinahe durchgehend Präsident bei Capitol Records war und jene Woche hautnah erlebt hatte. »Dieser Erfolg beruhte nicht auf gezielter Vorarbeit – und auch mit meiner Arbeit hat er nichts zu tun. Der einzige Grund dafür war, dass die Beatles von allen größeren Plattenfirmen, darunter auch Capitol, abgewiesen worden waren.«

Livingstone erinnert sich an den Tag, an dem »der für die Sichtung neuer Platten zuständige Mann« ihm gesagt hatte, dass mit den Beatles nicht viel zu machen sei. »Er sagte: ›Sie sind nichts als ein Haufen langhaariger Kinder. Vergiss es.‹ Dann interessierte sich RCA kurz für sie, lehnte sie aber ab, CBS interessierte sich und lehnte sie dann aber doch ab, ebenso wie Decca. Damit hatte sich die Sache. Ich habe nie etwas von ihnen gehört – sie waren eine englische Gruppe, und englische Platten verkauften sich schlecht, also waren sie mir ziemlich egal.«

»Eines Tages rief Brian Epstein mich aus London an«, fährt Livingstone fort. »Er sagte: ›Ich verstehe nicht, Mr. Livingstone, warum Sie die Beatles nicht unter Vertrag nehmen.‹ Ich sagte, nun, ich habe nie etwas von ihnen gehört. Worauf er sagte: ›Dann holen Sie das nach und rufen Sie mich zurück.‹«

Livingstone folgte dem Rat und versprach, die Band aufzunehmen. Vorher schlug Epstein noch 40 000 Dollar raus. »Die erste Platte, die wir machen wollten, nahm ich mit nach Hause zu meiner Frau Nancy. ›I want to hold your hand‹, sagte sie. ›Das meinst du doch nicht ernst.‹ Ich dachte, vielleicht habe ich mich ja doch geirrt. Aber ich blieb dabei. Der Rest ist Geschichte.«

Bobby Vinton erinnert sich ebenfalls gut an diese Geschichte. Mit *There! I've Said It Again* war der überaus erfolgreiche amerikanische Popsänger vier Wochen lang auf Platz eins und musste dann *I Want To Hold Your Hand* weichen. 1964 hatte Vinton insgesamt 40 Top-40-Hits; und Newcomer wie die Beatles brachten es auf 19. »Die Zeiten änderten sich. Ich konnte es gar nicht glauben«, sagt Vinton heute. »Ich war in Miami im Fontainebleau Hotel, und Murray the K rief an und sagte: ›Die Beatles gastieren hier – wir spielen ihre Platten, sie werden ganz groß rauskommen, was hältst du von ihnen?‹ Ich sagte, es klingt wie die Everley Brothers – zwei Burschen, die zweistimmig singen. Um ehrlich zu sein, besonders beeindruckt war ich nicht. Ich dachte, mein

England gibt den Ton an: Die Beatles besetzen die Top 5.

> »Zwölf Beatles-Songs tummelten sich in der bedeutenden Hitliste – fünf davon erstaunlicherweise ganz oben.«

Gott, lang machen sie's nicht, was für ein blöder Song, *She loves you, yeah yeah yeah*.

Ich war ein richtiger Musiker. Ich hatte Big Bands – man braucht sich nur die alten Platten anzuhören, *There! I've Said It Again*, *Blue Velvet*, das waren alles anspruchsvolle Melodien. Auch wenn es kommerzielle Titel waren, hatten sie doch Qualität. Ich wollte damit sagen, ich glaube die Musik wird beständig besser, sie verkommt nicht immer zu ärmeren Melodien und Texten. Ich hatte keine Ahnung, was ich bewirken würde.«

Eines Tages rief der Discjockey eines Radiosenders in Philadelphia Vinton an. »Er sagte: ›Du bist bei uns mit *My Heart Belongs To Only You* auf Platz eins, aber wir kriegen dauernd Anrufe von Beatles-Fans, die fordern, wir sollten ... lieber die Beatles zur Nummer eins machen, oder sie zerstechen mir die Reifen. Was soll ich machen?‹ Ich war nicht begeistert von dem, was da passierte.«

Und Alan Livingstone fügt hinzu: »Es gefiel [anderen Künstlern] nicht besonders, weil sie das Gefühl hatten, unsere Pressen seien ausgelastet mit Beatles-Zeug. Viele waren auch gekränkt, besonders die Neulinge im Geschäft. Aber ich konnte nichts daran ändern.«

War das also der Gipfelpunkt der Beatlemania in Amerika? »Nein«, sagt er. »Es kam alles so plötzlich, da baute sich nichts auf. Von der ersten Platte an waren sie ein Riesenerfolg – und das blieben sie auch über Jahre hinweg. Der Gipfel war von Anfang an erreicht.«

---

4. MAI – 12. JUNI 1964

4 John und George machen Ferien in Honolulu. Sie können ihr Hotel 20 Minuten lang nicht verlassen, weil Fans den Privatstrand belagern.

5 Die britische Presse veröffentlicht die ersten Fotos von Johns Sohn Julian.

6 Das TV-Special *Around The Beatles* wird in England ausgestrahlt (oben).

8 Die Strangers und Mike Shannon veröffentlichen eine neue Single, *One And One Is Two*, aus dem Hause Lennon/McCartney.

10 Auf ITV wird der Auftritt der Beatles in *NME Poll Winners* ausgestrahlt.

11 Auf dem US-Markt erscheint die EP *Four By The Beatles*.

18 Paul gibt in der BBC TV-Show *A Degree Of Frost* ein Interview.

21 In den USA bringt Swan Records *Sie liebt dich* heraus.

24 In der *Ed Sullivan Show* wird die Aufzeichnung eines Interviews mit den Beatles gezeigt.

26 John und George kommen aus ihrem Hawaii-Urlaub zurück.

27 In England erscheint die neue Single von Peter & Gordon, *Nobody I Know* von Lennon/McCartney.

30 In den USA kommt *Love Me Do* auf Platz eins.

31 Die Beatles geben ein Konzert im Londoner Prince Of Wales Theatre.

JUNI 1964

1 Carl Perkins, ein großes Vorbild der Beatles, besucht eine Session in der Abbey Road. Die Beatles arbeiten an der vom Soundtrack abweichenden Version von *A Hard Day's Night*.

2 Die Aufnahmen in den Abbey Road Studios werden fortgesetzt.

3 Ringo liegt mit akuter Mandelentzündung im Krankenhaus. Als Ersatz für ihn wird Jimmy Nicol angeheuert, gerade noch rechtzeitig vor Beginn der Welttournee.

4 Die Welttournee startet in den KB Hallen in Kopenhagen, Dänemark.

5 John wird beim Verlassen eines Amsterdamers Bordells fotografiert. Im Treslong Café in Vosselaan nehmen die Beatles eine Sondersendung für VARA-TV auf.

6 Die Beatles treten in der Exhibition Hall in Blokker, Niederlande, auf.

7 Von Amsterdam fliegt die Band via London nach Hongkong.

8 John wohnt der Wahl der Miss Hongkong bei, President Hotel, Kowloon.

9 Auftritt im Princess Theatre in Kowloon, Hongkong.

11 Ringo wird aus der Klinik entlassen, und die Beatles landen auf dem Flughafen Darwin in Australien.

12 Es heißt, das 100 000 Menschen die 10 km lange Strecke vom Flughafen bis in das Zentrum von Adelaide säumten. Auf dem Tourneeplan stehen zwei Konzerte in der Centennial Hall.

13. JUNI – 14. JULI 1964

13 Als es in Cleveland, Ohio, unter Beatles-Fans, die die ganze Nacht nach Tickets für das kommende Konzert angestanden hatten, zu Gewalttätigkeiten kam, musste die Polizei kommen, um Schlimmeres zu verhindern.

14 250 000 Fans versammeln sich, um die Beatles bei ihrer Ankunft in Melbourne, Australien, zu begrüßen. Ringo, wieder gesund, trifft ebenso ein.

15 Erster Konzertabend von dreien in der Festival Hall, Melbourne

18 Eine 13-Jährige wird am Hotel der Beatles in Sydney aufgegriffen. Sie hatte versucht, in die Penthouse Suite der Band im 8. Stock zu klettern.

19 Die EP *Long Tall Sally* wird in England veröffentlicht, und die Beatles treten im Sydney Stadium auf.

20 Die Beatles geben ihre zweite Vorstellung im Sydney Stadium.

21 Die Beatles fliegen nach Auckland in New Zealand.

22 Das erste von zwei Abendkonzerten in der Stadthalle von Wellington

24 Das erste von zwei Abendkonzerten in der Stadthalle von Auckland.

26 Die Band spielt vor 4000 Fans in der Stadthalle von Dunedin.

27 Letztes Konzert in Neuseeland im Majestic Theatre, Christchurch

28 Über Auckland und Sydney fliegen die Beatles nach Brisbane.

29 Erster von zwei Abendauftritten in der Festhalle von Brisbane

JULI 1964

1 Die Tournee ist zu Ende und die Beatles fliegen aus Australien ab.

3 Die Band Pete Best Four veröffentlicht die Single *I'm Gonna Knock On Your Door*.

4 Die Beatles sehen *A Hard Day's Night* in einer Probevorführung.

6 Weltpremiere von *A Hard Day's Night* im London Pavilion. Das Soundtrack-Album soll in den ersten neun Tagen 1,5 Mio. Mal verkauft worden sein; bisheriger britischer Rekord.

7 In den Lime Grove Studios, London, wird ein Auftritt bei *Top Of The Pops* aufgezeichnet.

8 Der Top-Of-The-Pops-Auftritt wird im BBC-Fernsehen ausgestrahlt.

10 Etwa 150 000 Menschen säumen die Straßen, als die Beatles zur Premiere von *A Hard Day's Night* nach Liverpool kommen (above). *A Hard Day's Night* erscheint als Single und LP.

11 Liveauftritt in der TV-Show *Lucky Stars (Summer Spin)* im Teddington Studio Centre

12 Fünf Nächte hintereinander treten die Beatles ab heute im Hippodrome von Brighton auf.

13 Capitol veröffentlicht in den USA die Single *A Hard Day's Night*.

14 Für die neue BBC-Radioshow *Top Gear* wird in Broadcasting House, London eine Livesession aufgezeichnet.

Was: Jimmy Nicol vertritt Ringo
Wo: London
Wann: 3. Juni 1964

JIMMY SPRINGT EIN

Wer war der fünfte Beatle? Als Ringo kurz vor der Welttour eine Mandelentzündung bekam, sprang Jimmy Nicol für ihn ein. Von *Lois Wilson*.

Ringo fühlte sich schon länger nicht wohl, als er aber am 3. Juni 1964 schweißnass aufwachte, war dem Drummer der Beatles klar, dass er zum Arzt gehen sollte. Stattdessen fuhr er zur *Saturday Evening Post*, wo John, Paul und George ihn bereits wegen eines Fotoshootings erwarteten. Kaum angekommen, machte sich der Fotograf an die Arbeit. Plötzlich ging Ringo zu Boden. Panik machte sich breit – die Band sollte am nächsten Tag in Dänemark ihre Welttournee beginnen –, und Ringo wurde in das nahegelegene University College Hospital gebracht. Dort diagnostizierte man eine Mandelentzündung und Rachenkatarrh, begleitet von hohem Fieber. Ringo konnte unmöglich ein Flugzeug besteigen, so viel war klar. George war dafür, die Tour abzusagen. »Ohne Ringo«, sagte er zu Brian Epstein, »bin ich nicht dabei.« Aber Brian hatte andere Pläne. Er schlug vor, Ersatz für Ringo zu suchen.

»Es war eine ganz kurzfristige Entscheidung«, erinnert sich Tony Barrows, der Pressesprecher der Beatles. »Ehrlich gesagt, glaubte ich nicht, dass die Tour noch stattfinden würde. Finanziell kam dabei gar nicht so viel rum, aber Brian fand das nicht maßgebend. Sollen wir die Tour absagen und damit Tausende von Fans vor den Kopf stoßen oder sollen wir weitermachen und die Beatles vor den Kopf stoßen.«

Besonders Ringo war ziemlich unglücklich über die Entscheidung. »Er hatte ein schrecklich schlechtes Gewissen«, sagt Barrow. »Er fühlte sich schuldig. Ringo war sehr viel mehr als nur der Drummer der Beatles. Als Ringo zur Band stieß, hatte ich John mal gefragt, was denn der Unterschied sei zwischen ihm und Pete Best. John sagte: ›Pete ist ein großer Drummer, aber Ringo ist ein großer Beatle.‹ Allen war klar, wie wichtig Ringo war. Er bestimmte den Rhythmus und das Tempo eines Konzerts. Er wollte dabei sein und ihnen den Takt vorgeben, und sie wollten auch, dass er dabei war.«

Brian brachte mehrere Namen ins Spiel, doch blieb nur einer hängen: Jimmy Nicol. Kurz zuvor hatte er mit George Martin bei einer Session mit Georgie Fame And The Blue Flames zusammengearbeitet. Der Produzent der Beatles wusste also nur zu genau, wozu der 24 Jahre alte Londoner fähig war. »Jimmy spielte auch in Georgie Fames Liveband mit«, sagt Tony Bramwell, der damals zum engsten Kreis der Beatles gehörte. »Wir haben ihn dauernd spielen gesehen. Es kam wohl nur er in Frage.«

Jimmy hatte auch bei *Beatlemania* mitgemacht, einem Album der Koppykats mit Beatles-Coverversionen, war also mit den Songs der Fab Four bestens vertraut.

Nicol selbst erzählte damals: »Ich machte gerade ein Mittagsschläfchen, als das Telefon klingelte. In der Leitung war George Martin. Er fragte: ›Was hast du denn in den nächsten vier Tagen vor? Ringo ist krank, und wir wollen, dass du ihn auf der Tournee der Beatles ersetzt.‹ Ich habe keinen Moment gezögert.«

Zuvor jedoch probte Jimmy noch die ganze Nacht lang in den Abbey Road Studios – vor einem zuversichtlichen Epstein sowie George Martin und der Band. »Das war für die Beatles sehr ungewöhnlich«, erklärt Barrow. »Die Jungs probten eigentlich so gut wie nie, außer wenn es einen neuen Song gab.«

Als er am nächsten Tag ins Flugzeug stieg, wusste Jimmy, dass es nun darauf ankam, im Kopenhagener Tivoli vor 4500 kreischenden Fans seinen Mann zu stehen. Es blieb nicht einmal die Zeit, Klamotten für ihn zu beschaffen, also trug er Ringos Sachen, als er die Bühne erklomm und die Nummer *I Want To Hold Your Hand* mit Bravour hinlegte. Das Set – zehn statt der üblichen elf Songs, weil Ringos Song *I Wanna Be Your Man* gestrichen worden war – war ein Riesenerfolg. Nur Paul hatte Bedenken: »Wir spielten zum ersten Mal mit diesem Drummer, und der saß da einfach auf seinem Podest, fasziniert von all den Mädchen. Wir begannen mit *She Loves You*, ›1, 2‹, nichts. ›1, 2‹, wieder nichts.«

Elf Tage nachdem er zu den Beatles gestoßen war, flog Jimmy schon wieder zurück. Nach einigen Gigs in Holland – wo er randalierende Fans erlebte und angeblich eine Nacht in einem Amsterdamer Puff verbracht hatte –, Hongkong und Australien war seine Zeit als fünfter Beatle schon zu Ende. Ringo war wieder gesund und stieß in Melbourne zur Band. Jimmy hatte nicht mal die Gelegenheit, tschüss zu sagen. Er fuhr zum

Jimmy springt am 3. Juni 1964 für Ringo Starr ein.

> »Ich fühlte mich wie ein Eindringling, als wäre ich in den exklusivsten Club der Welt geraten.« **Jimmy Nicol**

Flughafen, als der Rest der Band schlief. »Ich spielte meine Rolle als Ersatz-Beatle«, sagte er nach seiner Rückkehr. »Der einzige Außenseiter, der je in das Innere der Gruppe vorstieß. John, Paul und George akzeptierten mich von Anfang an. Komisch dabei ist, dass ich mich dennoch wie ein Eindringling fühlte, als hätte ich den exklusivsten Club der Welt betreten. Sie haben eine ganz eigene Art und ihren eigenen Sinn von Humor. Sie sind eine Clique, die für Außenstehende nicht offen ist.«

Von Epstein bekam er einen Händedruck, einen Scheck über 500 Pfund und eine goldene Uhr. Doch sollte er noch mal mit den Beatles spielen. Am 12. Juli 1964 trat er mit den Shub Dubs, seiner eigenen Band, den Beatles und den Fourmost im Hippodrome, Brighton, auf. Neun Monate später war er bankrott. »Für Ringo einzuspringen, war das Schlimmste, das mir passieren konnte«, gestand er später. »Bis dahin war ich glücklich, wenn ich 30 oder 40 Pfund pro Woche einnahm. Mir war nicht klar, dass sich mein ganzes Leben ändern würde. Alle sagten, der Erfolg sei mir gewiss. Aber als die Schlagzeilen verschwanden, verschwand auch ich.«

Er hängte seinen Beruf als Musiker an den Nagel und lebt heute als Maler und Anstreicher in Südlondon.

»I Wanna Be You(r), Man«: Jimmy vertritt Ringo mit Bravour.

Australien feiert: Konfetti-Empfang für die Beatles in Melbourne am 16. Juni 1964.

Was: Die Australien-Asien-Tour
Wo: Adelaide, Australia
Wann: 12. Juni 1964

AUSTRALIEN RUFT

Obwohl auf ihrer Australientour auch Eier flogen, fühlten sich die Beatles an den Jubel auf Naziparteitage erinnert. Von Keith Badman.

Am 11. Juni, nur 48 Tage nachdem *A Hard Day's Night* abgedreht war, kamen die Beatles während eines heftigen Tropengewitters in Sydney an. Australien war eine weitere Station der 27 Tage umfassenden Welttournee, die sie schon nach Dänemark, Amsterdam und Hongkong geführt hatte. Nach dem Zwischenstopp zum Auftanken ging es weiter nach Adelaide, wo die Beatles am 12. Juni eintrafen. Die Beatlemania in Australien war auf dem Höhepunkt, sodass die Beatles kaum Zeit für Erholung hatten.

Über 30 000 Menschen säumten die zehn Kilometer lange Strecke vom Flughafen ins Zentrum von Adelaide. Das erste Ziel der Beatles war die Stadthalle. Mindestens 300 000 Menschen drängten sich in der King William Street und den angrenzenden Straßen. Es war ein Empfang der Sonderklasse. John sagte später darüber: »Der Empfang, den man uns in Adelaide bereitet hat, wird uns unvergesslich bleiben.« In der Stadthalle bekamen die Beatles Plüschbären, natürlich Koalas. Am Abend gaben sie zwei Konzerte in der Centennial Hall. Veranstalter der Tour war Ken Brodziak, der die Gruppe über Epstein bereits im Juni 1963 gebucht hatte. Er hatte eine Gage von 2500 Pfund ausgehandelt. Dafür sollten sie in einer Woche zwölf Konzerte geben, jeweils zwei an einem Tag. Später räumte Brodziak ein: »Diese Summe war lächerlich! Sie verdienten zu dieser Zeit weitaus mehr.«

Am nächsten Tag folgten zwei ausverkaufte Konzerte in der Centennial Hall in Adelaide. Am 14. Juni kam Ringo, gesund aus dem University College Hospital in London entlassen, in Sydney an und wurde wie gewohnt von kreischenden Fans und einer begeisterten Presse empfangen. Ringo und Brian Epstein flogen weiter nach Melbourne und fuhren direkt ins Southern Cross Hotel, wo abermals Menschenmassen auf sie warteten. Die anderen Beatles kamen später am Flughafen von Melbourne an, wo sich 5000 Fans versammelt hatten.

John, Paul, George und Jimmy mussten irgendwie ins Southern Cross gelangen. Geschützt von einer zwölf Mann starken Polizeieskorte kam die Karawane um 16 Uhr im Hotel an, wo sich bereits 300 Polizisten und 100 Soldaten eine Schlacht mit der aufgeregten Menge lieferten. Im weiteren Verlauf kam es zu demolierten Autos und Knochenbrüchen bei den Fans, die von Bäumen gefallen waren. Um das Chaos einzudämmen, wurde vorgeschlagen, dass sich die Beatles den versammelten Menschen zeigen sollten. Die Band willigte ein, und so erlebten die wartenden Fans einen einmaligen Anblick von fünf Beatles. Sie standen auf einem Balkon im ersten Stock ihres Hotels und winkten der Menge zu. Der Jubel war so gewaltig, dass es beinahe so klang wie auf einem Nürnberger Parteitag der Nazis. John dazu veranlasste, die Menge mit dem Hitlergruß zu begrüßen und »Sieg Heil« zu rufen. Sogar einen Finger legte er, wie ein Hitlerbärtchen, auf die Oberlippe. Dann zogen sich die Fab Five ins Hotel zurück, wo sie bereits zu einer Pressekonferenz erwartet wurden. Für Jimmy war dieser Termin jedoch der letzte als Beatle. Am 15. Juni schlich er sich aus dem Hotel und wurde schon bald vergessen. Brian Epstein begleitete Jimmy zum Flughafen und überreichte ihm einen Scheck über 500 Pfund und eine goldene Uhr.

Am Abend gaben die Beatles das erste von sechs Konzerten in der Festival Hall. Sie traten außerdem noch im Stadion von Sydney auf, ehe sie am 21. Juni nach Neuseeland weiterflogen, wo annähernd 7000 Fans sie am Flughafen erwarteten. Man hatte einen traditionellen Maori-Empfang für die Band vorbereitet, inklusive dem intensiven Nasereiben mit Frauen in landesüblicher Tracht. John Lennon frotzelte: »Meine Frau bringt mich um, wenn sie davon erfährt.«

Es folgten Konzerte in den Stadthallen von Wellington, Auckland und Dunedin. Doch wäre das erste Konzert am 22. Juni wegen der unzulänglichen Technik beinahe ausgefallen. Angeblich hatte sich der verantwortliche Techniker nicht getraut, die Lautstärke voll aufzudrehen; er hatte das noch nie zuvor gemacht und hatte Angst, die Anlage zu ruinieren. John tobte: »Was zum Teufel ist hier los!«, und Paul sagte: »Wir haben schon in schlechtere Mikrofone gesungen, aber oft noch nicht.«

Am 27. Juni gaben die Beatles in Christchurch ihr letztes Konzert in Neuseeland. Am nächsten Tag flogen sie nach Brisbane. Die Australientournee endete mit drei Konzerten in der Festival Hall. Der erste Abend wurde jedoch von Eierwerfern getrübt, die den Fans den Spaß verderben wollten. George erinnerte sich: »Es waren insgesamt sechs. Wir ließen sie über die Zeitung wissen, dass wir sie gerne kennen lernen würden, und sie erschienen bei uns im Hotel, wo wir heftige Diskussionen

> »John begrüßte die Menge per Hitlergruß, mit einem Finger auf der Oberlippe, ein Hitlerbärtchen andeutend.«

Ab durch die Menge: Die Beatles mitten im Gedränge am 15. Juni 1964

mit ihnen hatten. Es waren Eierköpfe, Akademiker halt, richtige Idioten, und sie gaben auch zu, dass es kindisch war, was sie gemacht haben.« Paul meinte später: »Wir unterhielten uns mit ihnen, nahmen sie richtig in die Zange, und am Ende waren wir alle Freunde. Wir fragten sie, warum sie uns mit Eiern beworfen hatten, und sie sagten, sie könnten unsere Songs im Radio nicht mehr hören und die kreischenden Weiber nicht mehr sehen. Also fragte John, warum sie die Eier dann nicht in die Menge warfen, wenn es eigentlich die Beatlemania war, die ihnen auf den Keks ging.«

Am 1. Juli flogen die Beatles aus Sydney in Richtung Heimat und kamen am Morgen in London an. Schon vier Tage später war der erste und einzige Trip der Beatles nach Australien vergessen. Nun beschäftigte sie die Premiere ihres ersten Films, *A Hard Day's Night* …

---

15. JULI – 23. AUG. 1964

15 John kauft sich für 20 000 Pfund ein eigenes Haus in Surrey; Adresse: Kenwood, St. George's Hill

19 Der Gig in der ITV-Show *Blackpool Night Out* wird live aus dem ABC Theatre, Blackpool, übertragen.

20 Das Album *Something New* erscheint nur in den USA bei Capitol; *I'll Cry Instead* und *And I Love Her* werden als Singles ausgekoppelt.

23 *A Hard Day's Night* steht auf Platz eins der UK-Single-Charts und die Beatles treten auf der Wohltätigkeitsrevue *Night Of A Hundred Stars* im Londoner Palladium auf.

25 George und Ringo werden für ihre Gastauftritte in der BBC-TV-Show *Juke Box Jury* aufgenommen.

26 Die Beatles spielen im Opernhaus von Blackpool.

28 Zwei Gigs, Johanneshovs Hockey Arena, Stockholm, Schweden

30 Die Single *A Hard Day's Night* kommt in England auf Platz eins, während das Album in den Staaten und England die Topposition erreicht.

AUGUST 1964

1 *A Hard Day's Night* kommt in den US-Singles-Charts auf Platz eins.

2 Auftritt im Gaumont, Bournemouth, Vorgruppe sind die Kinks

7 Das *Time Magazine* verreißt den Film *A Hard Day's Night* als »Müll, der das Eintrittsgeld nicht wert ist«.

9 Die Beatles treten im Futurist Theatre in Scarborough auf.

11 In der Abbey Road, London, wird mit der Arbeit an einer LP begonnen. Sie wird *Beatles For Sale* heißen.

12 *A Hard Day's Night* startet in 21 New Yorker Kinos und spielt in der ersten Nacht 75 000 Dollar ein, Brian Epstein schmeißt in seinem Apartment in Knightsbridge, London, eine Party: mit dabei die Beatles, Mick Jagger, Judy Garland, Alma Cogan und Lionel Bart.

16 Gig im Opernhaus von Blackpool; Vorgruppen sind die Kinks und die High Numbers (die später The Who heißen werden).

18 Die Beatles fliegen von London nach San Francisco.

19 Die Nordamerika-Tour der Beatles startet in San Francisco im Cow Palace. Vorgruppen sind die Righteous Brothers und Jackie De Shannon.

20 Die Band spielt im Convention Center, Las Vegas, Nevada.

22 Weiter geht die Tour im Empire Stadium, Vancouver.

23 Im Hollywood Bowl, Los Angeles, wird die Show aufgezeichnet, doch erst 1977 erscheint die Aufnahme auf einem Livealbum.

ALBUM INFOS

A HARD DAY'S NIGHT

Soundtrack ihres Lebens

A Hard Day's Night war mehr als nur die Musik zum ersten Film der Beatles – es war der Auftakt der Folkrock-Ära und offenbarte die einfühlsame und entspannte Seite der Band, meint Robert Sandall.

In knapp sieben Jahren produzierten die Beatles eine Platte nach der anderen und jedes Album war auf seine Art bedeutend. Doch wird häufig nur *Rubber Soul* und den psychedelischen Hits, die nach der Veröffentlichung des Albums Ende 1965 folgten, diese Einzigartigkeit zugesprochen. Die früheren Alben gelten nicht ganz zu Unrecht als oberflächlicher. Als sie auf den Markt kamen, waren immer noch die Singles die gängige Währung im Popgeschäft. Das ganzheitliche Konzept des Albums war außerhalb der elitären Kreise des Modern Jazz und der Klassik noch unbekannt. Umso verwunderlicher ist es, dass in der Erfolgsgeschichte der Beatles auf die ersten fünf Alben meist nur flüchtig eingegangen wird.

Vor allem das dritte Album, *A Hard Day's Night*, hat das nicht verdient. Sein Einfluss war enorm und es hat den beeindruckendsten Auftakt, der jemals in einem Album vorkam. Er beginnt mit einem gewaltigen, vibrierenden Akkord, der nachhallender und elektrisierender war als alles, was man bis dahin auf Schallplatte gehört hatte. Gott weiß, was das für ein Akkord war – G 12 sus. 4 –, jedenfalls hatte man ihn bei Chuck Berry oder Carl Perkins so auffällig noch nicht gehört. Allein die Gitarre, eine zwölfsaitige Rickenbacker, war 1964 eine absolute Neuigkeit – selbst für Gitarristen mit dem satten Budget eines George Harrison.

Ihr Klang war einzigartig und das »Drrraaeengg« kündete vom Ehrgeiz der Beatles, mit ihrer Beat-Musik in eine neue Region vorzustoßen. Ein Wegweiser in diese Region ist eine Stelle am Ende des Titelsongs, an der Harrison die Rickenbacker mit einem unerhört sanften Arpeggio ausklingen lässt. Im Sommer des folgenden Jahres geschah dies nochmal, als Jim (Roger) McGuinn *Mr. Tambourine Man* in der Version der Byrds auf seiner zwölfsaitigen Elektrogitarre interpretierte. Das Ergebnis wurde Folkrock genannt.

Die Beatles spielten ihn als Erste auf ihre eigene Art. *A Hard Day's Night* ist der Soundtrack zum Film von Richard Lester, doch ist es auch interessant, den Einfluss von Bob Dylan darin zu suchen. Im Januar 1964 fiel George Harrison in Paris ein Exemplar von Bobs LP *Freewheelin'* in die Hände. Sie machte großen Eindruck auf die anderen, vor allem auf Lennon, und bei den Aufnahmen zum Album, die Ende Februar ernsthaft begannen, fließen viele Anklänge an Dylan mit ein.

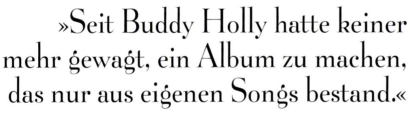

»Seit Buddy Holly hatte keiner mehr gewagt, ein Album zu machen, das nur aus eigenen Songs bestand.«

Nicht alles ist uneingeschränkt gut. Die keuchende Harmonika, die *I Should Have Known Better*, das zweite Stück auf der ersten Seite, einführt, machte die schlichte Komposition mit ihrem Singsang noch etwas schlichter. Die Texte des Albums sind von Dylan unbeeinflusst: Es geht meist um Liebe und Dates. Mit den fortschreitenden Aufnahmen wurden die Beatles immer entspannter. Dylans Bohème-Attitüde floss nun auch in ihre Art zu spielen mit ein: Niemand sollte bemerken, dass man sich sehr viel Mühe gab.

Während der Aufnahmen setzten sie zunehmend die akustische Gitarre als Ergänzung zur elektrischen ein. Das

Der Kinohit: Fans vor dem Filmdebüt der Beatles, New York City, 14. Juli 1964

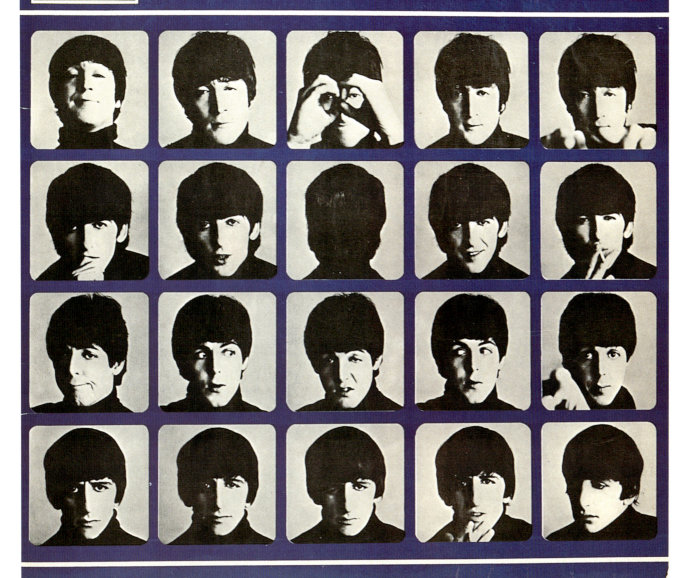

ließ ihr Spiel intimer und souveräner wirken. Einfühlsamkeit hatte man bislang nicht mit den Beatles in Verbindung gebracht, doch beschreibt sie am besten McCartneys zuckersüße, Latin-angehauchte Ballade *And I Love Her*. Auch die Selbstreflexion war nicht gerade typisch für die Beatles, aber Ende der zweiten Seite waren sie so weit – mit *I'll Be Back*, einem von Johns rätselhaftesten Stücken, das nie gebührend beachtet wurde. Plötzlich schwenkt der Song von Dur- in Moll-Akkorde, bringt es nie zu einem wirklichen Refrain und verlässt sich ganz auf die akustische Gitarre. *I'll Be Back* ist der Song, der am weitesten in die Zukunft weist. Dieses Bestreben, den Arrangements eine dunklere oder gedämpftere Färbung zu geben, war das Vorzeichen für eine innere Reise, die die Beatles schließlich nach zwei weiteren Alben, mit *Rubber Soul*, unternommen haben.

DIE STÜCKE

A-SEITE

1. A Hard Day's Night
Lennon/McCartney
Gesungen von Lennon

2. I Should Have Known Better
Lennon/McCartney
Gesungen von Lennon

3. If I Fell
Lennon/McCartney
Gesungen von Lennon und McCartney

4. I'm Happy Just To Dance With You
Lennon/McCartney
Gesungen von Harrison

5. And I Love Her
Lennon/McCartney
Gesungen von McCartney

6. Tell Me Why
Lennon/McCartney
Gesungen von Lennon

7. Can't Buy Me Love
Lennon/McCartney
Gesungen von McCartney

B-SEITE

8. Anytime At All
Lennon/McCartney
Gesungen von Lennon

9. I'll Cry Instead
Lennon/McCartney
Gesungen von Lennon

10. Things We Said Today
Lennon/McCartney
Gesungen von McCartney

11. When I Get Home
Lennon/McCartney
Gesungen von Lennon

12. You Can't Do That
Lennon/McCartney
Gesungen von Lennon

13. I'll Be Back
Lennon/McCartney
Gesungen von Lennon

A HARD DAY'S NIGHT

PRESSESTIMMEN ...

Bei der Presse kam das Album gut an.

»*A Hard Day's Night* ist der erste Song auf der LP. Er ist am kommerziellsten und der ideale Aufmacher für das Album – die Gitarre, ausgezeichnet gespielt von George, reißt einen mit ... Der seltsame Klang stammt von einer Trommel aus der Special-Effect-Abteilung. John beginnt den Song *Tell Me Why* und die anderen setzen harmonisch ein. Das ist die ausgefeilteste Beatles-Nummer, die ich je gehört habe ... *Any Time At All* singen die vier mit großer Begeisterung und die Version von *Can't Do That* ist um vieles besser als die erste auf der Rückseite von *Can't Buy Me Love*.«
Jack Hutton, Melody Maker, 27. Juni 1964

»Der Titelsong ist bereits Popgeschichte. Johns Gesang als Doppelspuraufnahme – das Thema kommt orchestriert noch einige Male während des Films vor. John singt gemeinsam mit Paul *If I Fell*, eine langsame Ballade mit viel gezwungenem Charme. *I'm Happy* ..., mit George als liebenswürdig swingendem Leadsänger, wird von Ringos überzeugendem Schlagzeug angetrieben. *And I Love Her*, das von Paul gesungen wird, klingt nicht wie ein typischer Beatles-Song.

Tell Me Why bringt die hohen Falsett-Töne wieder auf ein normales Niveau. Das sind unverkennbar die Beatles – mit John Lennon als Frontmann, begleitet von Paul. *Can't Buy Me Love* ist ... oh, eigentlich unbeschreiblich. John Lennons kehlige Stimme prägt *Anytime At All*, ein langsameres, stampfendes Stück. *I'll Cry*, von John gesungen mit Intermezzos von Paul, hat wieder mehr Tempo.

When I Get Home ist ein Beatles-Song in Reinkultur, in dem sich John beim Blues am Mikrofon die Seele aus dem Laib bläst.«
Record Mirror, 11. Juli 1964

COVER STORY

Das cartoon-artige Cover zeigt die schräge Seite der Beatles.

Regisseur Richard Lester, der schon mit den Goons gearbeitet hat, lässt keinen Kameratrick aus. In *A Hard Day's Night*, dem halbdokumentarischen Film von Alun Owen über das Leben der Beatles auf Tour, wird mit allen Tricks gearbeitet: Zeitraffer, Slow Motion, Stummfilm-Inserts sowie einer ziemlich sprunghaften Schnitttechnik.

Robert Freeman sollte ein LP-Cover gestalten, das dem Geist und der Stimmung des Films entsprach. Freeman, der bereits den Umschlag für *Meet the Beatles* entworfen hatte, war damit zum zweiten Mal mit dem Design für ein Album beauftragt (insgesamt machte er fünf Alben, einschließlich *Rubber Soul*).

Laut Freeman war die einzige Vorgabe, dass die Hülle für den Soundtrack ebenso lebhaft und schräg wie der Film selbst sein sollte.

Doch als der Produzent, Walter Shenson, Robert Freeman einen Vorabdruck des Filmposters der United Artists für Großbritannien zeigte, war dieser entsetzt.

»Es handelte sich um Karikaturen der Köpfe der Beatles, montiert auf einen Gitarrenhals: völlig unmöglich«, schrieb er in seinem Buch *A Private View*.

Unterstützt von Shenson und Brian Epstein, konnte er United Artists davon überzeugen, das Poster noch einmal von ihm neu gestalten zu lassen. Das Ergebnis war das Comic-Strip-artige Design, das dem Film näher kam. »Die Portraitreihen nahm ich von jedem einzeln im Studio auf: weißer Hintergrund und weiches Licht von der Seite und die Beatles ganz in Schwarz gekleidet. Ich montierte die Fotos nebeneinander – für jeden Beatle eine Reihe –, damit ihre Mimik lebendiger wirkte. Es ist das gleiche Prinzip wie bei Sequenzen, in denen eine Person kurz hintereinander von einer festen Kameraposition aus aufgenommen wird. Die Gitterform war sowohl für das Albumcover als auch für das Filmposter geeignet. Auch im Abspann des Films benutzten sie die Fotos.«
Lois Wilson

> »Das herrliche *Drrraaeengg* kündete von ihrem Ehrgeiz, mit der Beatmusik in eine neue Region vorzudringen.«

Bei dem Trubel, der sich um die Beatles abspielte, war es kein Wunder, dass die Band noch nicht bereit war, sich vom Pilzkopf-Image zu befreien. Die meisten Songs auf *A Hard Day's Night* entstanden innerhalb von drei Monaten. Neben den Dreharbeiten zu ihrem ersten Film brach in den USA auch noch die Beatlemania aus. Es blieb wenig Zeit, um Songs zu schreiben, und das macht sich bemerkbar. Die Country- und Western-Persiflage *I'll Cry Instead*, die genau zwei Minuten und sechs Sekunden dauert und als Top-30-Single in den Staaten herauskam, wirkte, als ob sie schnell noch produziert worden wäre. Der schwungvolle Song *Tell Me Why* könnte noch von der vorherigen LP stammen und passte gut in den Film, eignete sich aber kaum zum Klassiker.

Von den Füllern abgesehen gab es auf *A Hard Day's Night* genug Asse, die bewiesen, dass der enorme Erfolg die Kreativität der Beatles nicht beeinträchtigte. Im Gegenteil, mit der Single *Can't Buy Me Love* sprachen sie zwei Generationen an, weil sie jazzige Töne mit einem schnellen Rhythmus verbanden. Dieser Song, in dem McCartney das »my friend« auf eine Weise betont, die vermuten lässt, dass er nicht von seiner Geliebten singt, gefiel auch den Müttern der Teenies. Lennons *You Can't Do That* auf der B-Seite durchbricht den freundlichen Ton mit schrillen Drohungen, sexueller Paranoia und einem drängelnden, ziehenden Groove. Bereits bei diesem Album spürt man die Rivalität zwischen Lennon und McCartney – die Songs sind aber noch ganz verbindlich beiden gemeinsam zugeschrieben.

Noch konkurrieren sie nicht offen. Obwohl nach und nach bekannt wurde, welcher Song von Lennon und welcher von McCartney war, verband die beiden auf der Bühne eine komplizierte, symbiotische Beziehung. Sie beobachteten einander genau, bewunderten

Playback Time: (von links) Ringo Starr, George Martin und John Lennon bei den Aufnahmen zu *A Hard Day's Night*, Abbey Road, 1964.

die Art des anderen in gewisser Weise und versuchten sie zu kopieren. *If I Fell* zum Beispiel, Lennons erster Versuch einer Ballade, mit Oktavsprüngen in der Melodie und leidenschaftlichem, naivem Text, könnte auch von Paul McCartney sein. Lennon war zu dieser Zeit bis über beide Ohren in Jane Asher verliebt.

Ebensogut passte die melancholische Stimmung in *Things We Said Today* zu den Gefühlen, die Lennon damals sicher kannte, denn seine Ehe war kurz davor zu scheitern. Heute weiß jeder, dass dieser Song von McCartney stammt.

Von allen Alben der Beatles ist *A Hard Day's Night* das mit den meisten John-Lennon-Titeln. Von den 13 Songs stammen bis auf drei alle von ihm, den Titelsong eingeschlossen. Damit erreichte Lennon 1964 beinahe sein Vorbild Bob Dylan, der nur eigene Songs veröffentlichte, sieht man einmal von Titeln anonymer Urheber ab. Seit Buddy Holly hatte keine Popgruppe es mehr gewagt, ein Album zu machen, das nur aus eigenen Songs bestand. Vielleicht hat Lennon gelegentlich ein bisschen zu schnell gearbeitet – die Zusammenstellung des Albums geschah vermutlich in »A Hard Day's Night« –, aber es war John Lennon, und nicht Paul McCartney, der spürte, wo die musikalische Zukunft der Beatles lag.

EINFACH ZUM VERLIEBEN

Für den Romantiker Gary Moore war *A Hard Day's Night* eine LP zum Verlieben.

»Ich habe den Film in Belfast im Kino gesehen und er war wirklich harmlos, über Leute, die sich amüsieren und albern sind. Gleichzeitig markierte er den Beginn der großen Pop-Ära. Niemand konnte sich ihr entziehen. Ich war elf, hatte gerade begonnen, Gitarre zu spielen, und war mit ein paar Schulfreunden in einer Band, die sich The Beat Boys nannte. Wir dachten, wir wären die Beatles. Ich war Ringo (Lachen).

Wir übten im Wohnzimmer unseres Schlagzeugers. Einmal schmiss er eine Party. Während wir *If I Fell* spielten, verliebte ich mich in ein Mädchen. Daher ist das Album für mich was Besonderes. Es ist sehr romantisch. Die Balladen auf *A Hard Day's Night* sind fantastisch. Johns und Pauls Songs waren so einfach und gleichzeitig raffiniert. Lennons Art zu singen klang, als ob er sprechen würde. Lennons Texte waren nicht überspannt und McCartney schrieb wunderbare Melodien.

Die Gitarre im Titelsong ist brilliant. Es gab zu dieser Zeit nicht viele, die das drauf hatten. Ich habe es wieder und wieder geübt, bis ich es konnte. Ich war glückselig. Als ich Jahre später George Harrison begegnete, ließ er mich den Song bei sich zu Hause auf der zwölfsaitigen Rickenbacker spielen. Ich war schon um die 30, aber es war trotzdem aufregend. Er spielte mir den ersten Akkord vor und ich sagte, ohne zu überlegen: ›Bist du sicher, dass er das ist? Ich spiele ihn so.‹ Er sah mich nur an und meinte: ›Ja, ich bin sicher.‹«   *Lois Wilson*

24. AUG. – 24. SEPT. 1964

24 *Slow Down/Matchbox* erscheint als Single bei Capitol in den USA.

26 Auftritt im Red Rocks Amphitheater in Denver, Colorado

28 Zwei Nächte im Forest Hill Tennisstadion, New York. Im Delmonico Hotel weiht Bob Dylan die Beatles ins Marihuana-Rauchen ein.

30 Auftritt in der Convention Hall, Atlantic City, New Jersey

31 Im Atlantic City Hotel führt Paul McCartney ein Telefongespräch mit Elvis Presley.

SEPTEMBER 1964

1 Das monatliche Buch der Beatles erscheint erstmals in den USA.

2 Nach einem Auftritt in der Convention Hall in Philadelphia, Pennsylvania, äußern sich die Beatles in einem Lokalradio bestürzt darüber, dass ihr Publikum wegen der Rassenunruhen in der Stadt fast nur aus Weißen bestand.

3 Auftritt im Indiana State Fair Coliseum, Indianapolis, Indiana

4 Auftritt im Auditorium, Milwaukee; die indonesische Regierung verbietet mittlerweile Frisuren im Stil der Beatles.

5 Auftritt im International Amphitheater, Chicago, Illinois

7 Auftritt in den Maple Leaf Gardens, Toronto, Kanada (siehe oben)

11 Auftritt im Gator Bowl, Jacksonville, Florida. Man versichert der Band, dass das Publikum entsprechend ihrer Forderung vom 6. September nicht nach Rassen getrennt wird.

15 Die Beatles im Cleveland Public Auditorium, Ohio; Polizeichef Carl Baer befiehlt der Band, für 15 Minuten die Bühne zu verlassen, damit sich die hysterischen Fans beruhigen können.

16 Auftritt im City Park Stadium, New Orleans, Louisiana

17 Für den Auftritt der Band im Municipal Stadium, Kansas City, werden 150 000 Dollar bezahlt.

18 Die USA-Tournee endet im Memorial Coliseum, Dallas.

19 Wegen des 30. Geburtstags von Brian Epstein machen die Beatles einen Tag Pause auf einer Ranch in den Ozark Hills, Missouri. Schließlich wird ihr Flugzeug am Start gehindert, weil lokale Würdenträger Autogramme haben wollen.

20 Bei einer Wohltätigkeitsveranstaltung im Paramount Theatre von New York besucht Bob Dylan die Beatles hinter der Bühne.

24 Ringo gründet eine Baufirma namens Brickey Building.

Was: Premiere: A Hard Day's Night
Wo: London Pavilion
Wann: 6. Juli 1964

VIER BEIM FILM

Der Debütfilm der Beatles hat etwas von einem billigen Kassenschlager – aber es gibt durchaus Höhepunkte. Von Charles Shaar Murray.

Ssssshhhannnnnnnnnnnggg… ein gewaltiger Akkord – Gm 7 add. 11, ich habe die Info aus erster Hand – ist der Auftakt für den großen Titelsong zu einem kleinen Film. *A Hard Day's Night* wurde später von The Village Voice als »Citizen Kane unter den Musikfilmen« bezeichnet, was leicht übertrieben ist. Immerhin ist *Citizen Kane* ein anerkanntes Meisterwerk des 20. Jahrhunderts, die Arbeit eines leidenschaftlichen Regisseurs, gespickt mit formalen Neuerungen, die sich mit den Phänomenen Ruhm und Macht in den USA auseinander setzt. *A Hard Day's Night* dagegen war ein schnell gemachter Kinoreißer, der, nach Hollywood-Maßstäben, von Taschengeld gedreht wurde.

Der Plot ist schnell erzählt: Die Beatles kommen mit dem Zug in London an, um eine Pressekonferenz zu geben und live im Fernsehen, bei der BBC vermutlich, zu spielen. Die Tourmanager Norm (Norman Rossington) und Shake (John Junkin) sowie Pauls fiktiver Großvater Johnny McCartney (Wilfrid Brambell) sind mit dabei. Der Großvater geht Ringo so auf die Nerven, dass er kurz vor der Sendung das Studio verlässt. Die anderen suchen und finden ihn, gerade noch rechtzeitig. Das war's.

Regisseur Dick Lester ließ aus Kosten- und Stilgründen mit körnigem, pseudodokumentarischem Schwarz-Weiß-Material drehen. Alun Owens Drehbuch (entstanden unter Mitwirkung der Beatles) verwischt absichtlich die Grenzen zwischen Fiktion und Wirklichkeit. Die Beatles stellen unverkennbar sich selbst dar, obwohl der Name ›Beatles‹ im Film nie fällt. (Er ist einmal auf Ringos Basstrommel zu lesen und erscheint während der letzten Bühnenszene in Neonbuchstaben hinter der Band.) Natürlich wusste auch so jeder, welche Band hier dargestellt wurde.

Ringo Starr erzählt, dass Owen »uns ein Stückchen auf Englandtour begleitete, das Chaos und wie wir darin lebten festhielt, und uns sehr stark karikiert darstellte. *A Hard Day's Night* war wie ein Tag, oder genauer, zwei Tage und zwei Nächte aus unserem Leben …«

Die Karikatur der ›Persönlichkeiten‹ fiel im Film so aus – John: aggressiv, extrovertiert, sarkastisch; George: undurchschaubar, introvertiert, sarkastisch; Ringo: unsicher, schwermütig, sarkastisch; Paul: vergnügt, unbekümmert, sarkastisch. Owen hatte in seinem Skript verschiedene Aspekte verarbeitet. Charaktereigenschaften der tatsächlichen Personen, seine persönlichen Eindrücke (die er als ›grausig beschrieb‹) und die Änderungen, die die Band selbst am Dialog vorgenommen hatte. Nicht zuletzt stammten die Grundzüge für die Charakterisierung der Beatles aus *Help!*, der Zeichentrickserie *Yellow Submarine* und von Mutmaßungen der Fans über das Wesen der Lieblinge der Nation. Paul McCartney, der am wenigsten greifbare Charakter, galt als der ›brave‹, und Brambell, der ›unanständige, alte Mann‹, bezeich-

net ihn als ›äußerst anständig‹. Paul wirkt im Film am unnatürlichsten – vermutlich, so meint Dick Lester, weil er mit Jane Asher und ihrer Familie immer ins Theater ging und unter diesem kulturellen Einfluss versucht hat, ebenfalls professionell zu spielen.

Im Film haben die Beatles nicht so ordentliche Haarschnitte wie Cliff And The Shads oder eine der anderen Boybands. Aber sie saufen und bumsen nicht und nehmen keine Drogen. Allerdings rauchen sie jede Menge Fluppen, mogeln beim Kartenspielen und sind hinter Schulmädchen her (gespielt von einer Schar junger Models oder dergleichen; eine davon war Patti Boyd, die schließlich ihren Beatle heiratete). Sie machen sich erbarmungslos lustig über die Spießer, die Südengländer, die guten Bürger, sich selbst (besonders über Ringo), ihre Tourmanager Norm und Shake und engstirnige Borniertheit in all ihren Ausprägungen.

Der Film spielt in London, aber Liverpool ist durch die Beatles allgegenwärtig. Liverpools irische Einflüsse sind ebenfalls ein Thema: In einem Abteil mit Schülerinnen reißt Lennon seine Witze mit irischem Bühnenakzent. Der Opa bezeichnet sich bei seiner Verhaftung als ›Soldat der Republik‹ und singt »A nation once again«. George Harrison sagte einmal: »In Liverpool hält sich jeder für einen Schauspieler.« Auf ihren Pressekonferenzen übten sich die Beatles in Sarkasmus und Coolness –

»Was machen Sie so?«
»Ich bin Prinzessin.«

> »In *A Hard Day's Night* geht's nicht um Sex und Drogen. Die Beatles rauchen viele Fluppen und sind hinter Mädchen her.«

niemand, der nicht dabei war, ahnt, wie irre das war. Die Presseszene im Film ist annähernd authentisch und zeigt, welche Individualisten die Beatles waren.

Die surrealistischen Szenen in *A Hard Day's Night* beleben den dokumentarischen Charakter des Films: So laufen die Beatles, nach der Begegnung mit einem konservativen Herrn in einem Abteil, plötzlich draußen am Zug entlang und klopfen gegen die Fenster. Ein anderes Mal spielt John in der Badewanne mit U-Booten, taucht unter und ist weg, als der Stöpsel gezogen wird. Doch plötzlich taucht er hinter dem Rücken des verzweifelten Norm wieder auf. Dagegen wirken die Streifen über Elvis und Cliff wie aus dem vorigen Jahrhundert.

Die Bearbeitung des Films war erstklassig, bis hin zum Abspann mit Robert Freemans Fotos. Die einzelnen Portraits wurden überblendet. Dadurch wird sowohl die Individualität jedes Beatles betont als auch ihre kollektive Identität zum Ausdruck gebracht. Alle für einen und einer für Alle: Kein Wunder, dass damals viele Jugendliche, nachdem sie den Film gesehen hatten, in einer Band spielen wollten. Die Beatles schienen einfach mehr Spaß zu haben als jede andere Clique auf der Welt.

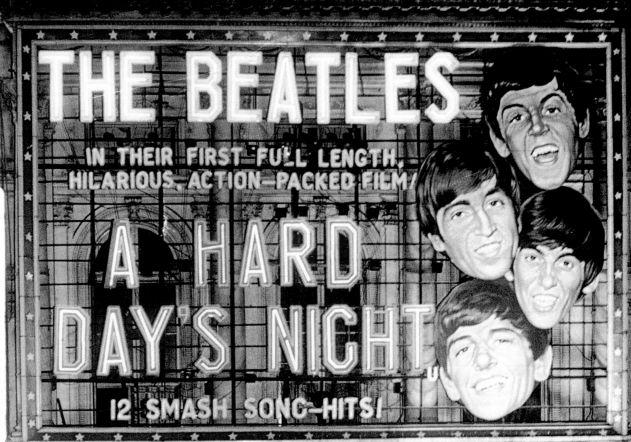

Neonlicht: Premiere von *A Hard Day's Night*, London, 6. Juli 1964

Kamera, läuft, und Action!

Der Fotograf David Hurn versetzt Lois Wilson zurück an die Drehorte von *A Hard Day's Night* – Londoner Bahnhöfe voll kreischender Girls.

„Für die Beatles zu arbeiten, konnte ziemlich gefährlich sein", erzählt David Hurn. „Einmal wurde ich eingekesselt, als ich mit Ringo im Taxi zum Piccadilly Circus unterwegs war. Hunderte Fans umringten den Wagen. Wir kamen nicht weiter. Ich hatte Todesangst, aber Ringo blieb ganz gelassen."

Hurn ist heute 68 und arbeitet für ein Fotojournal über Wales. Er kam über seinen Freund Richard Lester, den Regisseur von *A Hard Day's Night*, zum Team der Beatles. Es war ganz unspektakulär. „Dick fragte mich, ob ich zum Dreh kommen und die Entstehung von *A Hard Day's Night* dokumentieren könnte. Das habe ich getan. Es war nicht einfach, weil sehr viele Szenen im Zug spielten und zu wenig Platz für das Filmteam war. Ich konnte mich selbst gerade so ins Abteil quetschen. Aber ich war gut darin, mich unsichtbar zu machen und trotzdem zu meinem Bild zu kommen."

Diese Fähigkeit musste er bei seinem ersten Auftrag ganz schnell lernen, um zu überleben. „1956 sollte ich für das europäische Life-Magazin und den Observer Fotos vom Aufstand in Ungarn machen. Es war oft brenzlig und ich musste viel rennen, weil ich nicht vorbereitet war."

Später fotografierte Hurn Stars wie Jane Fonda, Claire Bloom und Sophia Loren. Das war etwas anderes als seine ersten Gehversuche mit der Kamera 1952 beim Royal Military in Sandhurst.

„Ich fand heraus, dass man als Mitglied im Fotoclub abends eine Menge Freiheiten hatte. Die Dunkelkammern waren nämlich auf einem anderen Campus. Dazu musste ich mir aber eine Kamera kaufen, was mir gar nicht passte. Als ich aber tatsächlich zu fotografiere begann, hat es mich erwischt."

◄ **GEORGE UND PATTI BOYD PADDINGTON STATION, 1964**
„Patti war keine Schauspielerin, aber George fand sie toll und brachte Dick dazu, ihr eine Rolle als Schulmädchen zu geben. Eigentlich habe ich sie gecastet, den sie war die Freundin eines Kollegen. Er wollte sie beeindrucken, indem er sie zum Film brachte. Das hat er wohl bereut, denn nachdem sie George gesehen hatte, blieb sie an seiner Seite."

◄ **THE BEATLES CROWCOMBE, SOMERSET, MÄRZ 1964**
„Dick Lester wollte viele Szenen in Bahnhöfen um London herum drehen. Doch das gestaltete sich schwierig, denn die Fans fanden bald heraus, wo wir waren und behinderten die Aufnahmen. Deshalb drehten wir schließlich an abgelegenen Orten wie Crowcombe. Dick war von Slapstick-Komödien beeinflusst und diese Szene ist inspiriert von den Verfolgungsjagden der Keystone Cops."

▲ **JOHN**
ACTON STATION, 1964
»Ich brauchte unbedingt eine Nahaufnahme von John und bat ihn, mir am Ende des Drehtags Modell zu stehen. Obwohl er sehr hilfsbereit und kooperativ war, begriff er nie, dass ein Fotograf Zeit zum Einrichten der Kamera und mehrere Aufnahmen benötigt, um das perfekte Resultat zu erzielen. Bei den Beatles musste man sehr schnell sein, denn sie standen nicht herum und warteten auf einen. Für diese Foto hatte ich nur eine Sekunde Zeit.«

◀ **ZWEI FANS HALTEN DEN ZUG AUF**
1964

»Ich fand bald heraus, dass die Fotos viel besser wurden, wenn ich mich außerhalb des Zugs befand, in dem gedreht wurde, als selbst mit im Zug zu sein. Diesen beiden Mädchen hatte der Bahnhofswärter verraten, wann der Zug vorbeikommen würde. Ich kauerte auf dem Gleis. Es war großartig. Die Fans warteten oft stundenlang auf den Zug, auch wenn sie nicht genau wussten, wann er ankommen würde. Es gab Partys auf den Bahnhöfen und das Warten wurde zum Ereignis, bei dem die Fans ihre Erfahrungen und Erlebnisse austauschten.«

▲ **RINGO MIT KAMERA**
1964

»Hier bin ich mal ganz postmodern, denn ich mache eine Aufnahme von Ringo, der mit seiner Kamera filmt und wiederum selbst gefilmt wird. Auf dem Set wurde viel aus dem Stegreif gespielt und Ringo war dabei oft der Mittelpunkt. Er ging los und kaufte sich eine eigene Kamera, um selbst einiges festzuhalten. Er war ein begeisterter Fotograf. Die Männer mit den Kameras hinter ihm sind teils echte Fotografen, teils Statisten, die Dick Lester engagiert hatte.«

▲ **PAUL, JOHN UND RINGO, ACTON STATION, MÄRZ 1964**

»Der ausrangierte Wagon war eine perfekte Kulisse für den Film. Den Beatles machte es nichts aus, sich fotografieren zu lassen, aber für Stars waren sie überraschend scheu und zurückhaltend. Mit den Aufnahmen durch die kaputten Fensterscheiben wollte Dick den Bildern eine rätselhafte Note verleihen. Für Ringo war die ganze Sache wohl ganz nett. Paul und John schienen sich ein bisschen von George und Ringo zu distanzieren. Sie dachten scheinbar, sie wären der Kopf des Ganzen. Doch eigentlich war John der Intelligenteste. Das merkte man an seinem beißenden Witz und seinen exzentrischen Einfällen. Er konnte sehr höflich sein, doch er bestimmte auch, wo es langging. Was er sagte, wurde gemacht.«

▶ **DIE BEATLES, ACTON STATION, MÄRZ 1964**

»Alle vier gemeinsam auf ein Foto zu bannen war so gut wie unmöglich. Sie waren nie zur selben Zeit am selben Ort. Rückblickend glaube ich, dass sie das mit Absicht so machten, aber damals kam es mir nicht in den Sinn. Als ich dieses Foto aufnahm, wurden sie gerade gefilmt. Ich stand direkt hinter dem Kamerateam und lauerte auf Bilder. Die Szene wurde stumm gedreht und ich brauchte mir wegen des Auslösergeräusches keine Sorgen zu machen. Die Komposition der Einstellung ist ein Trick, der den Eindruck erwecken soll, es gäbe eine verborgene Bedeutung hinter der Szene. Natürlich gibt es die nicht – es ist Dick Lesters Kunst, die das Ganze so faszinierend wirken lässt.«

◀ **DIE BEATLES BEIM PROBEN SCALA THEATRE, APRIL 1964**
»Mit ihren Instrumenten fühlten sie sich wohler als beim Schauspielern. Sie hielten nichts von Playback und spielten live für den Film. Paul und John schienen sich total zu verstehen. Es gab keine Rivalität zwischen ihnen, nur Zuneigung und Respekt. Es machte Spaß, ihnen zuzusehen. Trotz ihres offensichtlichen Talents waren sie sehr bescheiden. Sie lobten andere Musiker und sagten, dass sie um vieles besser spielten als sie selbst. Das spornte sie an, die eigenen musikalischen Grenzen zu überwinden.«

▲ **RINGO, PAUL UND BRIAN EPSTEIN SCALA THEATRE, LONDON MÄRZ 1964**
»Das war eine der sehr seltenen Gelegenheiten, Brian Epstein vor die Kamera zu bekommen. Er erschien nur ein einziges Mal am Set, aber die Art, wie er mit den Beatles umging, zeigte ganz deutlich, dass sie einander sehr nahe standen. Er war ausgesprochen charmant und hatte trotzdem alles, was ablief, fest im Griff. Ich glaube, dass die Beatles nach seinem Tod niemandem mehr aus dem ganzen Musikgeschäft wirklich vertraut haben.«

▲ **DIE BEATLES AN DER STRIPPE MARYLEBONE STATION, 1964**
»In dieser Keystone-Cops-Parodie flitzen die Beatles rein in Telefonzellen und dann wieder hinaus. Ich stand hinter dem Kamerateam, als die Szene gedreht wurde. Man erkennt am konzentrierten Gesichtsausdruck der Beatles, dass die Kamera läuft. Wenn sie ihre Rollen probten, waren sie viel entspannter und machten Witze mit den Leuten am Set. Wegen der großen Entfernung verwendete ich für dieses Foto eine Canon. Für Nahaufnahmen benutzte ich eine Leica.«

Die Fab Four in den USA, August 1964.

Was: Erste US-Tour der Beatles
Wo: Cow Palace, San Francisco
Wann: 19. August 1964

ANDERE UMSTÄNDE

Die zweite US-Tournee veränderte sowohl die Beatles als auch die USA. Ein junger Reporter hatte das Glück, dabei zu sein. Von Ashley Kahn.

Heute genügt allein der Verdacht, dass eine englische Band in den US-Pop-Charts landen könnte und die PR-Maschinerie aus Werbung, Marketing und Tourneeplanung wird in Bewegung gesetzt. Man hofft, die Band in Amerika berühmt zu machen. Die Beatles setzten 1964 mit ihrem Sturm auf die USA den kaum erreichbaren Maßstab für erfolgreiche Rock-Kampagnen — allerdings eher zufällig —, weil ihr Timing stimmte.

Sie übertrafen alle Erwartungen. Der Medienrummel setzte beim ersten Besuch der vier in den USA ein. Zwei Auftritte im Fernsehen, zwei Konzerte und ein paar Pressekonferenzen führten zu Rekordergebnissen. Sechs Monate lang waren sie mit 17 Singles in den Top-40 (darunter sechs Nr.-1-Hits). Mitte Juli lief A Hard Day's Night in den amerikanischen Kinos an und die Begeisterung war auf dem Siedepunkt. Im August nannte ganz Amerika die vier beim Vornamen. Jetzt war die Eroberungstournee fällig.

Eine verrückte, abenteuerliche Reise durch 24 Städte mit hysterischen Fans begann und löste eine gigantische Popularität aus. Die 26 Konzerte waren sofort ausverkauft und fanden in Hallen voller kreischender Fans statt — von 4000 im Paramount Theater, New York, und 28 000 im Civic Center von Baltimore. Charles Finley, ein extravaganter Millionär aus San Francisco, bot der Gruppe die Summe von 150 000 Dollar für ein zusätzliches Konzert an. Am 19. August ging es von San Francisco Richtung Osten nach Las Vegas, dann nach Seattle und Vancouver im Norden. Es folgten Hollywood, Denver (Finleys Zusatzkonzert), Cincinnati und New York ... und das waren nur die ersten eineinhalb Wochen!

Menschenmassen bedrängten die Band, wo immer sie spielte oder sich aufhielt. Limousinen zur Irreführung der Fans und Liefer- oder Rettungswagen, mit denen die Band verschwand, waren Standard. Die Beatles waren wie gefangen. »Wir können uns draußen nicht frei bewegen«, klagte John. »Die Leute denken, Ruhm und Geld bedeuten Freiheit, aber das stimmt nicht ... was kann man schon groß in einem Zimmer machen?«

Dann wurde ein Propellerflugzeug für die Beatles und die Vorgruppen (Jackie DeShannon, The Righteous Brothers, Clarence »Frogman« Henry) und einige Journalisten gechartert. Darunter Larry Kane, ein junger Reporter, der es geschafft hatte, Brian Epstein von sich zu überzeugen.

»Ich war Radioredakteur in Miami, knapp 20 Jahre alt, und hatte Brian Epstein einen Brief geschrieben. Auf meiner Visitenkarte standen sieben Radiosender, einschließlich der, für den ich arbeitete. Wir zielten auf einen breiten Markt ab, während die anderen sich an farbigem Publikum orientierten. Brian hatte wohl den Eindruck, ich sei wichtig und lud mich auf die Tour ein. Das versetzte meine Arbeitgeber in Panik: ›Wie sollen wir das bezahlen?‹

Im August fuhr ich nach San Francisco und verbrachte zwei tolle Sommer mit den Beatles. Ich war der einzige amerikanische Rundfunkjournalist, der '64 und '65 überall mit dabei war. Eine Wahnsinnssache für einen wie mich.

Ich kann nicht sagen, dass die Beatles sich eng mit mir befreundeten, aber sie mochten mich. Paul sagte einmal: ›Larry Kane kommt nicht einfach an, weckt mich auf und sagt, dass er mich interviewen will.‹ Ich kannte sie gerade eine Woche, als sie mich fragten, ob ich mit ihnen Interviews für den Melody Maker machen wolle!

Häufig verließen sie die jeweilige Stadt gleich nach einem Konzert und kamen gegen zwei Uhr nachts am nächsten Zielort an. Es gab dann meine Reportagen, weil ich wusste, dass sie so spät noch wach waren. 1964 war das Flugzeug, mit dem wir von Küste zu Küste flogen, eine Electra Turboprop.

Dieses Flugzeug war unser Zuhause — mehr als jedes Hotel. Auch die Beatles fühlten sich dort wohl. Es war wie in einem Kokon, der einen vor den Massen schützte und in dem man schlafen und Dampf ablassen konnte. Natürlich ging's da ziemlich ab. Man lieferte sich Kissen- und Essensschlachten. Ich war zwar kein Partylöwe, war aber auch mit dabei und oft Ziel der Späße ... die beliebtesten Wurfgeschosse waren Wackelpeter und Pudding, beides eine ziemliche Sauerei.

Auf dem Flug von Denver nach Cincinnati machte ich ein Nickerchen und wachte auf, weil ich keine Luft mehr bekam. Mein Gesicht war mit Kartoffelbrei und Soße verschmiert und als ich die Augen öffnete, sah ich John vor mir kichern. ›Stoff für einen Hit‹, sagte er, ›er heißt Smoosh, Whoosh and Whack.‹ John hatte ein Talent, passend zur Situation neue Wörter zu erfinden.«

Die Erinnerungen an die Musik, das Gekreische und die Reinigungsrechnungen dieser Tour hat Kane in einem Buch publiziert. Er selbst ist heute als bekannter

> »Im Flugzeug liefen Kissen- und Essensschlachten – am liebsten mit Wackelpeter und Pudding.«

Der erste USA-Gig: Cow Palace, San Francisco, 19. August 1964.

TV-Nachrichtenkorrespondent in Philadelphia. »Seit 37 Jahren berichte ich über Königshäuser, Präsidenten und Stars, aber auch ganz gewöhnliche Menschen. Doch egal, wo ich hinkomme, überall taucht die unvermeidliche Frage auf: ›Wie waren die Beatles wirklich?‹

Um ehrlich zu sein: Ich war 1964 kein Fan. Ich war ein nüchterner Nachrichtenreporter, der über Politik berichtete und eigentlich nicht mit einem Haufen Rockstars herumzieht. Ich hätte nie gedacht, dass sich die Geschichte bis ins nächste Jahrhundert fortsetzen würde. Sie wurde die Story meines Lebens.«

---

25. SEPT. – 2. NOV. 1964

25 Brian Epstein schlägt ein 3,5-Mio.-Dollar-Angebot aus den USA für den Verkauf der Managerrechte an den Beatles aus.

27 Ringo ist in der Jury der *National Beat Group Competition* im Prince of Wales Theatre, London. Die zweite Hälfte der Show wird live von BBC2 übertragen.

29 Noch zwei weitere Aufnahmetage für das Album *Beatles For Sale* in der Abbey Road.

OKTOBER 1964

1 Bei Vee-Jay-Records, USA, erscheint das Album *The Beatles Vs The Four Seasons*, mit Hits beider Bands.

3 Der Liveauftritt von Kansas City mit *I'm A Loser* und *Boys* wird im Granville Studio für Shindig gefilmt.

4 Brian Epsteins Biografie *A Cellarfull Of Noise* (von Ghostwriter Derek Taylor, dem PR-Mann der Beatles) erscheint bei Souvenir Press.

6 Arbeit an *Eight Days A Week* in der Abbey Road

7 Die Aufnahmen vom Monatsanfang werden in den USA von Shindig bei ABC-TV gezeigt.

8 Aufnahme von *She's A Woman* in der Abbey Road, Studio Zwei

9 Eine UK-Tour mit 27 Gigs startet im Gaumont, Bradford.

12 Die englische Presse zitiert den Herzog von Edinburgh mit der Aussage »Die Beatles sind müde, zu verschwinden«. In einem Telegramm an Brian Epstein stellte er klar, was er tatsächlich gesagt hatte: »Ich glaube, die Beatles sind im Moment nicht da«, und er wünsche der Band weiterhin Erfolg.

14 Die Beatles treten in der 18-Uhr-30-Show des Senders Granada's Scene in Manchester auf und spielen dann im ABC Cinema in Ardwick.

18 Für *Beatles For Sale* werden sechs Songs aufgenommen.

19 Die Band spielt in Edinburgh, Dundee und Glasgow. Am 21. In Glasgow kommt es zu Krawallen mit Hunderten von schottischen Fans, die Schaufenster einwerfen und Autos umwerfen. Neun Jugendliche werden verhaftet.

25 Die Beatles heimsen fünf Ivor-Novello-Awards ein und spielen dann im Hippodrome in Brighton.

26 Zwei Tage lang Fortsetzung der Aufnahmen in der Abbey Road.

28 Vier Gigs in vier Tagen in Exeter, Plymouth, Bournemouth und Ipswich.

NOVEMBER 1964

1 Die Beatles spielen im Astoria, Finsbury Park, London.

2 Auftritt in Nordirland, in der King's Hall in Belfast (siehe oben). Wegen der großen Nachfrage gibt es ein Zusatzkonzert.

3. NOV. – 26. DEZ 1964

3 Die Beatles fliegen von Belfast nach London zurück.

4 Sie setzen ihre Tournee mit Konzerten in Luton, Nottingham, Southampton, Cardiff, Liverpool und Sheffield fort.

10 Die UK-Tour der Beatles endet mit einem Gig in der Colston Hall, Bristol.

13 Der US-Sender CBS-TV zeigt eine Dokumentation über die US-Tour der Beatles.

14 Die Beatles nehmen *Thank Your Lucky Stars* im Vierspurverfahren in den Londoner Teddington Studios auf.

16 Aufnahme des Auftritts für *Top Of The Pops* in den Riverside Studios im Londoner Stadtteil Hammersmith.

17 Aufnahme von sechs Songs für die BBC-Radio-Show *Top Gear* im Playhouse Theatre in London.

20 John filmt eine Szene im Wimbledon-Common-Park für Peter Cooks und Dudley Moores BBC-TV-Show *Not Only … But Also*.

23 Liveaufnahme von vier Songs für die Sendung *Ready Steady Go* im Wembley Studio, London

24 Paul besucht die Hochzeit seines Vaters mit Angela Williams.

27 In England erscheint die Single *I Feel Fine/She's A Woman*.

29 John nimmt einen Auftritt für die TV-Show *Not Only … But Also* im Londoner Television Centre auf.

30 Brian Epstein ist in der englischen Radioshow *Desert Island Discs* zu Gast. Er wählt unter anderem zwei Lennon-McCartney-Songs dafür aus, *She's A Woman* und *All My Loving*.

DEZEMBER 1964

1 Ringo muss sich einer Mandeloperation unterziehen.

2 Sprecher Roy Williams erklärt im Nachrichtenüberblick von BBC-Radio, dass »Ringos Zehennägel erfolgreich entfernt worden seien.«

3 Die Beatles sind mit *I Feel Fine* in *Top Of The Pops* zu sehen.

4 Das neue Album *Beatles For Sale* kommt in England heraus.

9 *Beatles For Sale* verkauft sich so gut, dass es in den Singles-Charts auf Platz 28 und in den LP-Charts auf Platz eins kommt.

10 *I Feel Fine* wird zum Nr.-1-Hit in England.

15 Das Album *Beatles '65* erscheint in den USA bei Capitol Records.

18 Eine weitere *Beatles' Christmas Record* wird an die Fanclubmitglieder in England verschickt.

19 *Beatles For Sale* erobert Platz eins in England und verdrängt *A Hard Day's Night*.

24 Premiere der *Another Beatles Christmas Show* (siehe oben), die bis zum 16. Januar im Londoner Hammersmith Odeon läuft, u. a. mit den Yardbirds und Elkie Brooks.

26 *I Feel Fine* kommt in Amerika auf Platz eins.

Was: Die Beatles gegen Rassentrennung
Wo: Jacksonville, Florida, USA
Wann: 6. September 1964

»COME TOGETHER«

Die Beatles weigerten sich, vor einem nach Rassen getrennten Publikum zu spielen. So kam das soziale Gewissen in die Popmusik. Von Bill DeMain.

Wir werden nur erscheinen, wenn Schwarze freie Platzwahl haben«, verkündeten die Beatles am 6. September 1964 in einer Presseerklärung. Sie hatten die Hälfte ihrer US-Tour durch 23 Städte hinter sich. Als nächstes war Jacksonville in Florida an der Reihe und die Beatles hatten gehört, dass Schwarze bei öffentlichen Veranstaltungen nur Plätze in den oberen Rängen bekamen.

Am Tag darauf erschien in der *Florida Times-Union* ein verächtlicher Artikel unter der Überschrift »Die Beatlemania ist Ausdruck einer Hysterie«. Die Band, so der Artikel, »sei eine vorübergehende, gut getimte Moderscheinung, die zu den Gewohnheiten, der Moral und den Idealen einer schnelllebigen, verworrenen Zeit passt.« Ihre Musik wurde als »schrill und monoton« beschrieben. Die Rassendiskriminierung wurde nicht erwähnt, aber es war klar, dass die Zeitung diese »stark behaarte Landplage aus Liverpool« nicht für intelligent genug hielt, um über soziale Angelegenheiten zu urteilen. Man nahm die Beatles ungefähr so ernst wie etwa die Erklärung von Lance Bass von N'Sync, er wolle Astronaut werden.

Die Musiker der USA reagierten anders. »Damals wäre niemandem von uns eingefallen, soziale Themen aufzugreifen«, sagt Marc Lindsay, der Leadsänger von Paul Revere And The Raiders. »Die Beatles kamen hier an und wurden mit dieser ungeheuerlichen Diskriminierung konfrontiert. Sie waren nicht nur gute Musiker, sondern auch noch intelligent. Sie wehrten sich.«

»Sie waren die erste Band, die den Mut dazu hatte«, meint der amerikanische Sänger Brian Hyland. »Sie setzten ihre Rolle in der Öffentlichkeit klug ein. Es hätte ihnen ebensogut egal sein können. Sie hatten Zivilcourage.«

»Wir waren in vielerlei Hinsicht einfach die doofen weißen Jungs«, sagt das damalige Teeny-Idol Lou Christie. »Wir durften uns nicht mit einer Zigarette sehen lassen. Es gab Pressefritzen, die darüber wachten, mit wem wir ausgingen. Die Beatles hatten eine andere Einstellung. Sie waren forsch, witzig und redegewandt. Sobald sie in Amerika waren, haben sie buchstäblich alles, was bis dahin in der Popmusik passiert war, umgekrempelt.«

Lindsay, Hyland und Christie waren bei Dick Clark's Caravan Of Stars engagiert, einer gemischtrassigen Truppe, die wie die Beatles durch das von Rassenproblemen geschüttelte Amerika tourten (»Unser Bus war revolutionär«, erinnert sich Christie). In den Städten im Norden – von Seattle bis Baltimore – demonstrierte die schwarze Bevölkerung für die Rechte auf Arbeit, Bildung und Wohnraum. Im Süden war die Situation noch extremer. So wurde den Schwarzen der Zutritt in Restaurants verweigert. Im Juli 1964 hatte Präsident Lyndon Johnson den epochalen Civil Rights Act unterzeichnet, wonach jede Diskriminierung »aufgrund der Rasse, der Hautfarbe, der Religion, des Geschlechts oder der Nationalität« verboten sei.

Doch eine Woche danach brachen Unruhen in Harlem und Rochester aus. In Mississippi wurden schwarze Kirchen, Häuser und Geschäfte in Brand gesteckt. Die Gewalt eskalierte – auch in Jacksonville.

Don Walton aus Jacksonville, der als 16-jähriger Fan beim Konzert in der ersten Reihe stand, erinnert sich, dass es »zwar ab und zu Probleme mit Schwarzen gab, aber nicht so schlimm wie in Mississippi oder South Carolina. Ich wusste, dass schwarze Jugendliche im Publikum waren. Es war ja ein Open-Air-Konzert, da war das leicht durchzusetzen. Ich glaube nicht, dass die Behörden sich bei der Größe der Gator Bowl Sorgen machten wegen der paar Schwarzen, die in das Konzert wollten.«

Die Exciters, ein schwarzes R&B-Gesangsquartett aus New York und berühmt durch den Hit *Tell Him*, traten als Vorgruppe auf. Obwohl der Veranstalter, der Radiosender WAPE, die Exciters ausgewählt hatte, schienen die Beatles sehr angetan. »Bis dahin hätte niemand gedacht, dass die Beatles R&B mochten, aber nach diesem Konzert wusste man's«, meint Walton.

Bei allen Pressekonferenzen während der US-Tournee betonten sie ihre Nähe zu schwarzen Musikern. An erster Stelle nannten sie immer Little Richard, Chuck Berry und Fats Domino (1964 spielten sie auch noch *Roll Over*

> »Die Beatles waren die ersten weißen Künstler, die sagten: ›Ja, wir wuchsen mit schwarzer Musik auf.‹« Smokey Robinson

Kontaktaufnahme: Die Beatles in Florida, 1964.

Beethoven und *Long Tall Sally*). Auf die Frage, was sie am liebsten hörten, sagten sie, »amerikanischen Soul, Marvin Gaye, The Miracles, Chuck Jackson …« Mary Wells luden sie noch im selben Jahr auf eine UK-Tour ein.

»Die Beatles waren die ersten weißen Künstler, die zugaben, dass sie von schwarzer Musik geprägt wurden«, sagt der Motown-Star Smokey Robinson. »Ich mag ihre Ehrlichkeit und dass sie gesagt haben, ›Wir haben den Schwarzen zugehört und das hat uns weiter gebracht. Wir hörten viel Motown.‹ Sie haben ein paar Motown-Songs aufgenommen und das hat mich wirklich gefreut.«

Die Beatles setzten sich über ihre Trennung hinaus für die Menschenrechte ein – auch während ihrer Solokarrieren. Paul McCartney schilderte ihre Einstellung 1966 in einem Interview: »Wir hatten keine Vorurteile. Wir wollten schwarze und weiße Fans auf unseren Gigs sehen. Darüber waren wir uns in der Band absolut einig und deshalb wollten wir auch nie in Südafrika oder anderen Ländern spielen, in denen die Schwarzen ausgegrenzt werden. Nicht weil wir gute Menschen sind, sondern einfach weil wir dachten, ›Warum sollte man schwarze Menschen von weißen trennen? Das ist doch Blödsinn.‹«

»Wir hatten keine Vorurteile«: Die Beatles bei ihrer Ankunft in Jacksonville, Florida, am 11. September 1964.

ALBUM INFOS

BEATLES FOR SALE

Noch'n Album

Tourneen und die Nachfrage nach immer neuem Material setzten die Beatles zunehmend unter Druck. Trotzdem enthielt ihr viertes Album noch Zeichen von Größe, meint Neil Spencer.

Der Titel klang süffisant und witzig, ganz im Stil der 60er-Jahre, war aber auch ernst gemeint. Weihnachten stand bevor und die Fans warteten gierig auf eine neue Scheibe der Beatles. Also bekamen sie das Album *Beatles For Sale*, eine hastig zusammengestellte Sammlung von Restmaterial, Coverversionen und halb fertigen, im Studio vervollständigten Ideen, dazwischen einige neue Nummern, frisch aus der Lennon-McCartney-Produktion.

Es entstand ein Album, das wegen der Mischung aus Ausdrucksfreude und musikalischem Abenteuer Erfolg hatte. Als Vorläufer von *Rubber Soul*, das ein Jahr später zu Weihnachten erschien, war *Beatles For Sale* eine Experiment.

Als ob die musikalischen Brüche mit Papier kaschiert werden sollten, kam das Album in einer aufwändigen Hülle heraus und sein Cover wurde zur Ikone, wie alles aus der kurzen, aber enorm produktiven Karriere der vier.

Robert Freemans mit einem Weichzeichnungsfilter aufgenommenen Fotos zeigen nicht die grinsenden Pilzköpfe aus der Provinz, sondern wohlhabende, selbstbewusste junge Männer. Ein Hauch von Müdigkeit liegt auf ihren Gesichtern – das harte Tourleben, die langen Studiosessions und die Nächte im Scotch-Of-St.-James-Club zeichnen sich ab. Der Titel steht ganz unaufdringlich neben den auffälligen Logos.

Beatles For Sale, warum nicht? Es gab Tapeten, Jacken, Perücken, Instrumente, Imitatoren, Magazine, Bücher und Poster rund um die Beatles. Warum sollten die Originale nichts verdienen, solange die Begeisterung noch anhielt?

Freemans Design erinnerte eher an die schicken, bunten Magazine der 60-Jahre als an ein Plattencover. *Beatles For Sale* war wie diese Hochglanzmagazine, ein bisschen Luxus für eine Gesellschaft, die sich an den Überfluss zu gewöhnen begann. Plattencover zum Aufklappen gab es bereits, aber erst mit *Beatles For Sale* besaß fast jeder eines. Innen waren noch mehr typische Freeman-Fotos und Notizen von Derek Taylor, der vorhersagt, dass »die Kids im Jahr 2000 Musik ebenso brauchen werden wie die von heute.« Wer will dem widersprechen.

> »*Beatles For Sale* ist ein Übergangswerk, ein cleverer Mix aus Inspiration, Lückenfüllern und netten Marotten.«

Eigentlich spielte es keine Rolle, was auf der Platte war. Aber die Beatles wollten nicht nur abkassieren. Ihr künstlerischer Ehrgeiz galt auch für ein Album, das sie während einer Tournee produzieren mussten. *A Hard Day's Night* hatte den Vorrat an Lennon-McCartney-Songs arg dezimiert. Trotzdem schaffte es die Band, ihre Sessions und die LP mit innovativen Elementen zu versetzen, die sich aus den Downbeat-Erfahrungen in *A Hard Day's Night* entwickelt hatten.

No Reply, ein schöner Lennon-Song, war ein raffinierter Auftakt. Das gequält romantische Szenario ist jedem unglücklich verliebten Teeny vertraut: Nicht erwiderte Anrufe; ein Junge, der um das Haus eines Mädchens schleicht; der Stich im Herzen, als er ihr, Hand in Hand mit einem anderen, gegenübersteht. Meisterlich erfasst Lennons Lyrik den Rhythmus und den Klang der Alltagssprache. In

Paul: »Steht auf, ihr faulen Hunde!« Proben in den BBC-Studios, 1964.

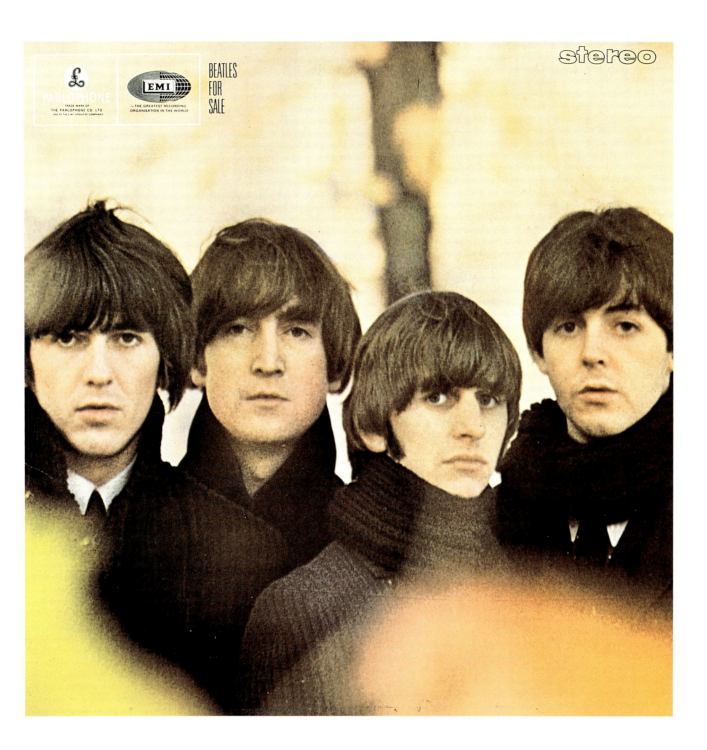

der Mitte des Songs wird die Stimmung plötzlich trotzig. Das Klatschen und das Feuerwerk von Harmonien hätte auch von den Miracles sein können.

Die melancholische Atmosphäre zieht sich auch durch *I'm A Loser* – ausgelassener Chor, banale Verse – und *Baby's In Black*, bei dem die vier eine volkstümliche, irisch gefärbte Liverpool-Melodie benutzen, um eine junge Witwe zu hofieren, die auch aus einer »Trauernummer« wie *Tell Laura, I Love Her* entsprungen sein könnte. *I Don't Want To Spoil The Party* wahrt die Pose des edlen Verlierers von *No Reply* und zeichnet sich durch einen ähnlichen Ton aus: »I've had a drink or two and I don't care« (Ich nahm einen Drink oder zwei und dann war's mir egal.).

In *Every Little Thing* und *What You're Doing* sind die Gefühle komplexer, denn McCartney behandelt darin die

DIE STÜCKE

A-SEITE

1. No Reply
Lennon
Gesungen von Lennon

2. I'm A Loser
Lennon
Gesungen von Lennon

3. Baby's In Black
Lennon/McCartney
Gesungen von Lennon und McCartney

4. Rock And Roll Music
Berry
Gesungen von Lennon

5. I'll Follow The Sun
McCartney
Gesungen von McCartney

6. Mr Moonlight
Johnson
Gesungen von Lennon

7. Kansas City/Hey, Hey, Hey, Hey
Leiber & Stoller/Penniman
Gesungen von McCartney

B-SEITE

8. Eight Days A Week
McCartney
Gesungen von McCartney

9. Words Of Love
Holly
Gesungen von Lennon und McCartney

10. Honey Don't
Perkins
Gesungen von Starr

11. Every Little Thing
McCartney
Gesungen von McCartney

12. I Don't Want To Spoil The Party
Lennon
Gesungen von Lennon

13. What You're Doing
McCartney
Gesungen von McCartney

14. Everybody's Trying To Be My Baby
Perkins
Gesungen von Harrison

ALBUM INFOS

BEATLES FOR SALE

PRESSESTIMMEN

Die Kritik war begeistert von der vierten Beatles-LP.

»Das neueste Album der Beatles ist jeden Pfennig wert: sagenhaft, ansteckender Sound, der Akzent durchgehend auf dem Beat. Unter den insgesamt 14 Song, sind acht neue Lennon-McCartney-Kompositionen. Der Rest sind fast alles Nummern, die im Cavern-Club in Liverpool Begeisterungsstürme hervorriefen.

Das Album ist voll mit Sachen, die für die Beatles charakteristisch sind. Sie sind faszinierend und unverwechselbar. In Rock And Roll Music zeigt Paul seine wilde Seite. Der Song ist mitreißend und voller Energie … Mr. Moonlight ist vielleicht die ansprechendste Nummer auf der LP. Ein erdiger Sound unterbrochen von Johns Bluesgesang, der sich von den kräftigen, rauhen Ensemblestimmen abhebt … Eight Days A Week ist ein fröhlicher Song zum Mitklatschen. Ringo schlägt wie wild das Becken und treibt das ohnehin flotte Tempo an. I Don't Want To Spoil The Party ist mein Favorit. Der klagende Text konterkariert den drängenden, unruhigen Beat. Es ist eigentlich eine gesungene Geschichte begleitet von fesselnden Kontra-Harmonien. Auch hier eine starke Melodie, die George in Topform zeigt.«
Derek Johnson, NME, 13. November 1964

»Beatles For Sale ist ein Hit. Das Album hat Niveau und überzeugt Popfans, Rockfans, R&B- und Beatlesfans … Neben ein paar ausgezeichneten Lennon-McCartney-Songs enthält es mitreißende Rocknummern von Carl Perkins und Chuck Berry. Meine Lieblingssongs sind vor allem I Don't Want To Spoil The Party, Honey Don't und Rock And Roll Music. Eight Days A Week ist ein Mitklatsch-Nummer und Words Of Love eine Verbeugung vor Buddy Holly. Die Musik bestätigt das Erfolgsrezept der Beatles – Talent.«
Chris Welch, Melody Maker, 14. November 1964

COVER STORY

Das Cover von Beatles For Sale war innovativ und edel.

Die Covers der Alben zeugten wie die Musik der Beatles von einem neuen Anspruch.

Inhalt und Cover des Albums Beatles For Sale zeigt die vier von ihrer melancholischen, introvertierten Seite. Eingehüllt in Schal und Mantel, müde und fast arrogant, sind sie die Antithese zum Popstar der frühen Sechziger. Robert Freeman fotografierte sie im Hyde Park, in nur einein- halb Stunden und gibt gerne zu, dass das ziemlich knapp war. »Bei einem kurzen Treffen mit Brian Epstein und den Beatles wurde die Grundidee besprochen, nämlich dass die Aufnahmen bei Sonnenuntergang irgendwo im Freien und in Farbe gemacht werden sollten«, verrät er in seinem Buch A Private View. »Zum Glück schien damals die Sonne. Die Chance, sie für eine zweite Session zu bekommen, war gering.«

Freeman benutzte dieselbe Ausrüstung für die Fotos wie zuvor für das Cover von With The Beatles – eine Pentax SLR mit einem 180-mm-Teleobjektiv. Wie zuvor war auch dieses Mal kein Bandlogo auf der Vorderseite und der Titel der LP stand klein am oberen Rand.

Die Rückseite war weniger einfallsreich. »Das Foto, in Farbe und aus einem steilen Winkel aufgenommen, zeigt die Beatles mit Herbstlaub im Hintergrund. Ich musste dafür auf einen Baum klettern. Leider wurden die Bilder nicht für das amerikanische Album benutzt. Die Kletterei hat sich nicht gelohnt!«

Die Innenseite der aufklappbaren Hülle zeigt eine kühne Fotomontage, auf der etwa Jayne Mansfield, Victor Mature und Ian Carmichael zu sehen sind – eine Vorwegnahme der legendären Pop-Art-Hülle von Peter Blake zu Sgt Pepper's Lonely Hearts Club Band drei Jahre später.

Lois Wilson

»Ihr Rückgriff auf die Rock'n'Roll-Vergangenheit war nicht sinnvoll – den Beatles gehörte die Zukunft.«

zwei Seiten seine Beziehung zu Jane Asher. In Maybe I'm Amazed, einige Jahre später, ist die Empörung nicht mehr so groß wie in What You're Doing, aber in beiden Songs erkundete Paul die extremen Bereiche seines Hofner-Basses.

Die Beatles hatten gelernt, ihre Songs als Minidramen zu gestalten, die emotional berührten. Musikalisch griffen sie Themen aus der Vergangenheit auf. So hat Eight Days A Week etwas von der dreisten Unbekümmertheit der frühen Hits. Allerdings profitiert es wie alle anderen Songs von Beatles For Sale von der Aufnahme, die eine Tonlage tiefer war als bisher. Der Sound war weniger blechern und der Klang der Gibsons und Rickenbackers war so voll tönend, wie man ihn bald in A Ticket To Ride und von West-Coast-Bands hörte.

McCartneys angehende Rolle als Balladensänger festigt sich mit I'll Follow The Sun – einem sanften Liedchen, das er schon in Hamburg drauf hatte. Überhaupt stammt viel musikalisches Ausgangsmaterial aus der Zeit im Star-Club: Chuck Berrys Rock And Roll Music gehörte seitdem zum Liverepertoire der vier; das unverwüstliche Kansas City wurde von McCartney in Little-Richard-Manier gesungen; und Mr. Moonlight, ein R&B-Song von Dr. Feelgood And The Interns wird hier wie eine Loungecore-Nummer vorgetragen. Ein echtes Kuriosum.

Paul und John proben für die Christmas-Shows, kurz nach Erscheinen von *Beatles For Sale*.

Im Vergleich dazu klingt Buddy Hollys *Words Of Love* nach Routine. Der Zwang, auch Songs für Ringo und George zu produzieren, brachte Covers von Carl Perkins *Honey Don't* und *Everybody's Trying To Be My Baby* hervor, die zu den wenigen, überraschenden Country-Anklängen passen.

In Wahrheit waren die Beatles den Coverversionen längst entwachsen, hatten aber kein eigenes Material mehr. Die Jagd nach relativ unbekannten Motown- und R&B-Importen für die ersten beiden Alben war künstlerisch weit sinnvoller als die Aufnahme bekannter Songs aus ihren Rock'n'Roll-Tagen. Berry, Holly und Perkins, das waren die 50er-Jahre, die Beatles dagegen die Zukunft.

Beatles For Sale wäre ein ganz anderes Album geworden, wenn die vier ein paar Coverversionen zugunsten von zwei anderen Nummern von den Herbst-Sessions 1964 rausgeworfen hätten – *Leave My Kitten Alone*, ein wilder Song, der um die Gunst eines Schwarzbrenners wirbt, und *She's A Woman*, in dem Paul stoned sein Little-Richard-Erbe pflegt.

Wegen des Erfolgs der Beatles in Amerika wurden ihre Produktionen – vier Alben in zwei Jahren und die Singles – in den USA in anderen Formaten herausgebracht. Man musste etwas im Gepäck haben. Und *Beatles For Sale* war das, was der Titel versprach – nicht mehr und nicht weniger.

FOTO: ROBERT WHITAKER

TOTAL BEGEISTERT

Dylan, Dope und echter Stil machten *Beatles For Sale* zum Hit, sagt Robyn Hitchcock.

»Dylan war ihnen im Blut. Sie hatten erstmals Hasch geraucht und ihr Tempo wurde langsamer. *Beatles For Sale* war der Anfang von Johns kreativem Selbstmitleid und Pauls Streben nach Höherem. Das Cover zeigt sie selbstbewusst wie Dylan und die Stones. Bis dahin hatten sie nur posiert und gegrinst. Ich ziehe die LP *A Hard Day's Night* vor – das war mir zu viel Lennon.

Beatles For Sale enthält wenig Originale, aber tolle Coverversionen. *Words Of Love* ist wunderbar, einfach und nah an Buddy Hollys Original. *Kansas City* hat den Echo-Effekt, der damals typisch für die Beatles war: Ganz gleich, wer der Leadsänger war, die anderen antworten perfekt [singt] ›Hey! Hey! Hey! ... Hey! Hey! Hey!‹ In *Eight Days A Week* singen sie gemeinsam und scheren dann in Harmonien aus; das machen sie auch beim Mittelteil von *No Reply*, ihrem besten Song. Die Studioaufnahmen klingen ausgefeilter. Man hört die Gitarren besser, die angeblich die Byrds beeinflusst haben, und auch das Piano, das die mittlere Tonlage verstärkt. *Mr. Moonlight* ist interessant, weil George diese afrikanische Trommel spielt. Er hatte sich befreit und trommelte auf Sachen herum, die er vorher nicht mal kannte. Das waren noch die Beatles, die mit 15 Worten auskamen: ›Love‹, ›Baby‹, ›Friend‹, ›Yeah‹ ... Es war noch alles möglich und Paul konnte einen zornigen Song wie *What You're Doing* schreiben. Heute würde man sagen: ›Das muss ein Song von Lennon sein‹, damals waren sie noch eins. Aber sie hatten ihre Wurzeln erkannt und waren reif für neue Ufer.«

Joe Cushley

1964 begleitete der amerikanische Radioreporter Larry Kane die Beatles auf ihrer zweiten USA-Tournee. In den folgenden Auszügen aus seinem Buch beschreibt er das Leben der Band »on the road«.

BEATLES ÜBER AMERIKA

Am 19. August 1964 spielten die Beatles das erste Konzert ihrer so genannten »Ersten Amerikatour« – 26 Termine in 24 Städten. Mit von der Partie war Larry Kane, ein 20-jähriger Radioreporter, der Brian Epstein dazu überredet hatte, ihn mitreisen und regelmäßige Vor-Ort-Interviews aufnehmen zu lassen. Es war der Beginn einer dankbaren Beziehung – später wurde er eingeladen, die Band am Set von Help! auf den Bahamas zu besuchen und auch auf ihrer USA-Tour 1965 durfte er sie begleiten.

Heute ist Larry Kane, der für seine Arbeit mit dem Emmy Award ausgezeichnet wurde, Nachrichtensprecher in Philadelphia. Im September 2003 hat er unter dem Titel *Ticket To Ride: One Journalist's Wild Time With The Beatles* ein Buch über seine Zeit mit den Beatles veröffentlicht. »Die Leser werden überrascht sein von meiner Offenheit«, meint Kane. »Es war fantastisch – der wildeste Trip, den ich je gemacht habe. Es ist aufregend, rückblickend zu sehen, wie die Amerikabesuche die Entwicklung der Beatles als Band und als Persönlichkeiten beeinflusst haben.«

Larry Kanes authentische Interviews sind faszinierende Momentaufnahmen der Beatles »on the road«. Sie zeigen, wie die Band während der Tournee die Zeit totschlägt, gelangweilt von den ewig gleichen Fragen auf den Pressekonferenzen und unter ständiger Belagerung durch tausende von kreischenden Fans.

FOTO: CURT GUNTHER

INTERNATIONALER FLUGHAFEN SAN FRANCISCO, 18. AUGUST 1964

Die Beatles flogen mittags in London ab und erreichten nach Zwischenstops in Winnipeg und Los Angeles um 18 Uhr 30 schließlich San Francisco. Dort konnte Larry Kane ein paar Minuten mit der Band verbringen, während einige Formalitäten und Sicherheitsangelegenheiten geregelt wurden. In der Nähe warteten 9000 Fans, die hinter einem Sicherheitszaun von 180 Sheriffs aus Mateo County bewacht wurden, darauf, dass die Beatles sich kurz zeigten. Schon der geringste Ausblick versetzte die drückende und schiebende Menge in Hysterie und die Polizisten in Panik, also wurden die Beatles schnell ins Hilton-Hotel gebracht. Abends begaben sich John und Ringo, begleitet von Derek Taylor und Billy Preston, nach Chinatown, wo sie den Cowboydarsteller Dale Robertson trafen. Am folgenden Abend spielten sie im Cow Palace vor 17 130 Fans das erste Konzert dieser Tournee.

LK: Hier spricht Larry Kane vom Flughafen San Francisco, auf Tour mit den Beatles. Paul, ist es anstrengend, 30 Tage und Nächte auf diese Art zu reisen?
Paul: Wir probieren das zum ersten Mal …
LK: Wir haben uns im Februar in Miami getroffen, ich weiß nicht, ob ihr euch noch daran erinnert …
Paul: Yeah, natürlich!
LK: Ich werde euch auf der Tour begleiten. Ich bin Larry Kane von WFUN und möchte euch in den Vereinigten Staaten begrüßen.
Paul: Vielen Dank.
LK: John, willst du den Leuten in Miami Hallo sagen?
John: Hallo, ihr in Miami!
LK: Erzählt mal, wenn ihr segeln geht, wo in Florida habt ihr vor, das zu tun?
John: Wer sagt, wir würden segeln gehen? Reden wir übers Segeln?
LK: Ich habe gelesen …
John: Segeln?
LK: Segeln.
John: Wir gehen nicht segeln!

LK: Viele in Miami wollen wissen, wann deine Frau ihr nächstes Baby erwartet.
John: Oh, tja, ihr scheint hier keine Gesetze gegen Verleumdung zu haben, die Zeitungen schreiben alles Mögliche. Das Magazin *Truth* – ich hab es nicht so genannt, aber es heißt T-R-U-T-H – hat einen Haufen Lügen verbreitet: darüber, dass meine Frau mir davon erzählt hat, wie sie geweint hat und abgehauen sei, und dass Ringo gesagt hätte: »John, du musst deiner Frau beistehen«. Alles Lügen, sie bekommt kein Baby!
LK: John, wir sehen uns im Flugzeug. Danke.
John: Danke, gute Nacht und Gott segne dich! Haha.

KONGRESSZENTRUM, LAS VEGAS, 20. AUGUST 1964

Während die Fans in San Francisco noch Zugabe riefen, hatten die Beatles bereits ihre Instrumente abgelegt und fuhren zum Flughafen, um nach Las Vegas zu fliegen. Dort kamen sie um ein Uhr an und wurden zum Sahara-Hotel gebracht, wo trotz der späten Stunde bereits 2000 Fans warteten, um sie willkommen zu heißen. Da das Kongresszentrum nur 8000 Personen fasste, mussten die Fab Four dort zwei Konzerte geben – zuerst um 16 Uhr und dann um 21 Uhr. Da sie schon um 14 Uhr 30 zum Soundcheck kamen, hatte Larry Kane genug Zeit zum Gespräch mit der Band.

LK: Werdet ihr vor einer Show immer noch nervös, wenn ihr die Leute seht?
Paul: Oh yeah.
Ringo: Yeah, immer noch.
LK: Was denkt ihr über die Jellybeans, mit denen euch die Fans beworfen haben?
Ringo: Sie sind hart und tun weh. Habt ihr welche abbekommen?
LK: Waren es im Cow Palace mehr als sonst?
Ringo: Nein, in England ist es viel schlimmer. Da sind es Millionen. Der Cow Palace ist so groß, dass die Leute weiter hinten damit nicht bis auf die Bühne kommen. Trotzdem sind sie zu hart, wenn es euch also nichts ausmacht, werft bitte keine Bonbons mehr! Gebt sie uns, wenn ihr wollt, aber werft sie nicht.
LK: Wären euch Marsh Mallows lieber?
Ringo: Nein, ich will gar nichts! Luftschlangen sind toll. In Australien haben sie Luftschlangen geworfen, das war wie ein riesiger Karneval – alles voller Luftschlangen und Ballons. Die tun nicht weh!
LK: Möchtet ihr die Leute in den anderen amerikanischen Städten, die ihr besuchen werdet, bitten, Luftschlangen zu werfen?
Ringo: Luftschlangen.
Paul: Luftschlangen sind großartig, ja. Ich liebe Luftschlangen.
LK: Ihr wollt Luftschlangen, ihr liebt Luftschlangen …
Paul: Ja, ich liebe diese Luftschlangen, Junge! Sie tun nicht halb so weh wie Jellybeans.
LK: Legt bitte keine Gewichte in die Luftschlangen.
Ringo: Nein, bitte nicht.
LK: Was hast du noch mal gesagt, Paul, über die Rassenintegration an verschiedenen Auftrittsorten?
Paul: Wir mögen Rassentrennung nicht, wir sind das nicht gewohnt, weißt du? Wir haben zuvor noch nie vor einem getrennten Publikum gespielt und es kommt mir nur verrückt vor. Manche Leute mögen es richtig finden, wir finden es eher doof.
LK: Ihr werdet in Jacksonville, Florida, spielen. Erwartet ihr dort eine andere Auffassung?
Paul: Ich weiß es ehrlich gesagt nicht, weil ich nicht weiß, wie die Leute in Amerika drauf sind. Aber ich denke, es ist ein wenig dumm, die Menschen nach Rassen aufzuteilen, weil ich nicht glaube, dass Schwarze anders sind, weißt du? Sie sind genauso wie jeder andere, aber hier gibt es Leute, die glauben, sie wären irgendwie Tiere, ich halte das für dumm. Man kann andere Menschen nicht wie Tiere behandeln. Es macht mir nichts aus, neben einem Schwarzen zu sitzen. Das ist großartig, weißt du, einige unserer besten Freunde sind Schwarze.
Ringo: Wir alle sehen das so.
Paul: In England denken sehr viele Leute so, dort gibt es keine Rassentrennung bei Konzerten und wenn, würden wir dort wahrscheinlich nicht spielen.
LK: In Sydney hattet ihr euer größtes Publikum bisher, richtig?
Paul: Bis auf letzte Nacht.
LK: Im Cow Palace?
Paul: Yeah.
Ringo: Irgendwer sagte was von 15 000.
LK: Fühlt es sich anders an, vor 17 000 kreischenden Leuten zu spielen?
Ringo: Je mehr, desto besser, finde ich. Ich liebe es, wenn es Millionen sind. Das ist fantastisch.
LK: Wie denkt ihr über all die Bands, die eure Lieder spielen? Das muss eine Ehre für euch sein.
Paul: Yeah. Und ich denke, Cilla Black hat eine sehr gute Band.
LK: Wie steht's mit The Animals?
Paul: Ja, die sind sehr gut.
Ringo: Tolle Platte! [House Of The Rising Sun]
Paul: Das sind auch nette Kerle.
Ringo: Wunderbar. Ich glaube, sie sind die Nummer eins hier.
LK: Kennt ihr auch die Rolling Stones?
Ringo: Yeah. Sehr gut. Sie sind gute Freunde von uns.
LK: Sie sind sehr enge Freunde von euch, nicht wahr?
Paul: Yeah.
Ringo: Sehr gute Freunde.
Paul: Die meisten Bands sind es. Es gibt einige lächerliche Gerüchte hier, wie du weißt. Gerüchte wie »Die Beatles hassen jede andere Band auf der Welt«. Das ist einfach nicht wahr, all die englischen Gruppen sind Freunde von uns. Mir fällt keine Band ein, die ich nicht mag.
LK: Gestern im Cow Palace wurde die Show zweimal unterbrochen, um die Leute zu beruhigen.
Paul: Yeah, wir hassen das. Es ist langweilig.
LK: Einmal, mitten in eurer Ansage zu einem Song, kam der Ansager heraus und unterbrach euch. Hat euch das gestört?
Paul: Nun, wir haben ihm gesagt, er soll das lassen.

»Ticket To Ride«: Larry Kane (rechts) bekommt seinen Presseausweis.

Ringo: Wenigstens solange die Leute die Halle nicht auseinander nehmen, was ich nicht glaube.
LK: Lest ihr viel in eurer Freizeit?
Ringo: Hängt davon ab, wie ich mich fühle. Es gibt Phasen, da lesen wir wie Verrückte.
Paul: Bei unserer letzten Tournee durch Australien haben wir alle James-Bond-Bücher gelesen. Einfach jeder von uns, weißt du? Und wir haben die ganze Zeit im James-Bond-Stil geredet, uns »M« und »Mr. X« genannt.
LK: Ich kann mir vorstellen, dass die Tragödie mit Ira Fleming euch ziemlich nahe gegangen ist. [Der Autor von James Bond, Ian Fleming, war acht Tage zuvor gestorben].
Paul: Yeah, das war furchtbar.
LK: Hört ihr euch auch Platten an?
Paul: Natürlich, auch die neue Platte von Cilla Black, It's For You. Ich möchte dafür keine Werbung machen, aber es ist eines meiner Lieblingslieder.
Ringo: Das ist es, ja.
Paul: Schließlich haben John und ich es geschrieben!

> »WIR HABEN NOCH NIE ZUVOR VOR EINEM GETRENNTEN PUBLIKUM GESPIELT UND ES KOMMT MIR NUR VERRÜCKT VOR. ES IST IRGENDWIE TOTAL BLÖD.«
> **PAUL McCARTNEY**

LK: Streitest du dich manchmal mit John ...
Paul: [unterbricht]: Denkt dran, Leute! It's For You! Wie bitte?
LK: Du und John, habt ihr jemals Auseinandersetzungen über den Text oder die Musik eines Songs?
Paul: ... denkt dran! It's For You! Bitte? Streit? Nicht wirklich. Manchmal fällt dem einen etwas Abgedroschenes ein und dann sagt der andere »Das ist abgedroschen«. Nicht vergessen, Leute, It's For You von Cilla Black. Toller Song! Überhaupt nicht abgedroschen!
LK: Könntest du mir die Platte schicken?
Paul: Yeah! Werde ich tun.
Ringo: Er braucht das Geld.
Paul: Denkt dran, Leute. Die beliebteste Platte zur Zeit – eure Lieblingsplatte, meine Lieblingsplatte. It's For You von Cilla Black. Ich mach' hier keine Werbung, versteht ihr?
LK: Nun ...
Ringo: ... Beatle People.
LK: Es heißt, Pat Boone war gestern in der Stadt, um mit euch zu sprechen. Habt ihr ihn gesehen?
Ringo: Hab' ich auch gehört, aber wir haben ihn nicht gesehen. Er hat unserem Pressesprecher Derek Taylor eine Nachricht gegeben, und der hat uns seine Grüße ausgerichtet.
LK: Wie denkt ihr darüber, dass ein ehemaliges Teenager-Idol nun Drucke von Beatles-Ölgemälden verbreiten lässt?
Paul: Klingt wie eine gute Idee. Ich würde mir keines kaufen, aber ...
LK: Warum nicht?
Ringo: Er hat schon eins.
Paul: Ich weiß nicht, ich hab' noch kein Ölgemälde von uns gesehen.
LK: George, was für Ambitionen hattest du vor den Beatles? Wolltest du Arzt oder Anwalt werden?
George: Ich wollte gar nichts werden, ich ging zur Schule. Ich holte nachts meine Gitarre raus und vernachlässigte die Schule deswegen. Alles, was ich wollte, war Gitarre spielen zu können und auf die Bühne zu gehen. Und wie das Schicksal es wollte, war es genau das, was passierte.
LK: Welche englischen Bands magst du zur Zeit am liebsten?
George: Die Animals sind eine gute Band, sie haben eine tollen Bühnensound. Sie klingen live genau so wie auf Platte. Ich mag auch die Searchers, weil sie tolle Harmonien haben. Die Stones sind auch gut. Es gibt 'ne Menge Bands, die wir mögen, weißt du?

FLUGHAFEN SEATTLE-TACOMA, SEATTLE, WASHINGTON
21. AUGUST 1964

Die Beatles waren für ein Konzert im Colosseum vor 15 000 Leuten nach Seattle geflogen und wurden dort von jener Szenerie empfangen, die von Stadt zu Stadt identisch war. Larry Kane stand rechtzeitig auf dem Rollfeld, um die Beatles beim Verlassen des Flugzeugs zu treffen ...

LK: Hier kommen die Beatles. Sie kommen in Seattle an. Sie laufen jetzt die Stufen herunter und von einem Hügel dort drüben kann man ein gewaltiges Kreischen hören. Ich würde sagen, dort sind etwa 2000 Fans. Man lässt die Beatles etwas abseits aussteigen, und versucht, die Kids fern zu halten, um jeglicher Gefährdung vorzubeugen. Aber im Moment sieht alles recht friedlich aus. Die Fotografen machen ihre Fotos und, äh ... Die Beatles steigen jetzt aus dem Flugzeug ...
Ringo: Nicht du schon wieder!
LK: Ja, wir sind wieder da!
LK: Ringo, hast du während des Fluges Musik gehört?
Ringo: Yeah, die Exciters haben uns was vorgespielt.
LK: Die Exciters?
Ringo: Yeah.
LK: Welche Platten?
Ringo: Little Anthony And The Imperials und James Brown. Coole Platten, Mann!
LK: Habt ihr jetzt diesen Kassettenrekorder dabei?
Ringo: Nun, es ist ihr Plattenspieler, weißt du, es ist sehr cool von ihnen, uns diese Platten vorzuspielen. War 'ne Abwechslung.
LK: Konntet ihr im Flugzeug schlafen?
Ringo: Ne, hat mich auch nicht gestört. Ich hab' letzte Nacht genug bekommen – zweieinhalb Stunden!

REGINALD OWENS VILLA IN BEL AIR, LOS ANGELES, 25. AUGUST 1964

Zwei Tage vorher hatten die Beatles im Hollywood Bowl vor 18 700 Fans gespielt – George Martin war aus England gekommen, um den Livemitschnitt zu überwachen. Am Tag nach dem Konzert lud Alan Livingstone, Chef von Capitol Records, die Elite von Hollywood zu einer Wohltätigkeitsparty. Die Beatles hatten ein paar Tage frei und verbrachten diese in einer Villa in Bel Air. Während Paul und George im Haus von Burt Lancaster eine Privatvorführung des Pink-Panther-Films *Ein Schuss im Dunkeln* ansahen, konnte Larry Kane ein langes Gespräch mit John führen.

LK: John, ich möchte dich nach Weyside fragen.
John: Weyside, was ist das?
LK: Da hast du dir doch gerade ein Haus gekauft, oder?
John: Nein! In Weybridge.
LK: Ah ja, in Surrey, stimmt's?
John: Ich glaube, es ist in Surrey, bin mir aber nicht sicher.
LK: Von allen möglichen Orten, die du in England wählen kannst, hast du dich für Weybridge entschieden. Warum?
John: Weil es das nahe gelegenste war, als ich mich entschied, ein Haus für mich und meine Frau zu kaufen. Jemand sagte: »Dort oben steht eins«, und ich sagte: »O.k., das nehm' ich.« Das ist alles.
LK: Verlangt es dich jemals nach klassischer Musik?
John: Ich mag ein paar klassische Sachen, aber den Rest kann ich nicht ausstehen, alles davor und danach. Meiner Meinung nach ist das Zeug es nicht wert. Immer nur Rockmusik, wir sind eben dumm.
LK: Hat amerikanische Musik dein Genie beim Songschreiben beeinflusst?
John: Genie. Kannst du das noch mal sagen, bitte, Genie?
LK: Nun, ich sag's, weil's wahr ist.
John: Oh, danke. All unsere Musik ist von amerikanischer Musik beeinflusst. Hauptsächlich von schwarzer Musik, Little Richard etwa, aber auch von Weißen wie Elvis, Eddie Cochran oder Buddy Holly.
LK: Heute beim Abendessen gab es eine große Diskussion über den Einfluss von Countrymusik …

»ICH WÜRDE NICHT BEHAUPTEN, EIN GEBORENER AUTOR ZU SEIN, EHER EIN DENKER. ICH KONNTE MIR SCHON IMMER ALLES MÖGLICHE VORSTELLEN.«
JOHN LENNON

John: Das Abendessen habe ich verpasst.
LK: Stimmt, du warst nicht da! Irgendwer sagte, Country hätte heute keinen Bedeutung in England, ist das wahr? Wie steht's mit den Beatles, würdet ihr einen Countrysong schreiben?
John: Nun, unsere stärkste Annäherung an Country war *Honky Tonk Blues* von Hank Williams. Aber ich konnte das einfach nicht singen, weißt du? Ich konnte nicht jodeln. Also spielten wir eine Menge Zeug von Carl Perkins, der für uns Country ist, obwohl er einen Rock'n'Roll-Hit hatte. Ich glaube, er ist Country. Ist das richtig?
LK: Wie steht's mit Folk? Joan Baez und diese Art von Sachen?
John: Nun, wir mögen Joan Baez, aber wir lieben Bob Dylan.
LK: Er ist mit Joan zusammen.
John: Oh, tatsächlich? Soso – Bob, du musst auf dein Image aufpassen!
LK: John, du bist recht scharfzüngig, das merkt man in den Pressekonferenzen.
John: Glaube nicht, was du liest.
LK: Habt ihr mal daran gedacht, Komik in eure Auftritte zu legen?
John: Früher ein bisschen, vor allem damals im Cavern. Die Hälfte der Zeit haben wir improvisiert, heute würde man's Comedy nennen. Wir haben nur Blödsinn gemacht und sind ins Publikum gesprungen, alles Mögliche. Aber heute müssen wir 30 Minuten lang Songs spielen.
LK: Wo wir gerade von Comedy sprechen, gestern habe ich zum ersten Mal diese Sendung gesehen, die bereits dreimal in England lief, aber hier noch nicht.
John: Oh, Around The Beatles [*eine Fernsehsendung, in der John eine Shakespeare-Parodie gab*].
LK: Es gibt Komik darin, aber du warst die einzige Frau, so weit es deine Rolle …
John: Ich mag deine Andeutungen nicht, mein Herr! Wir haben Shakespeare gespielt und ich musste eben Thisbe spielen, das Mädchen!
LK: Warum musstest du das Mädchen spielen, John?
John: Weil es mir Spaß macht, mich dämlicher zu machen als der Rest anzuziehen. Und es hat mir Spaß gemacht!
LK: Liest du gerne Shakespeare?
John: Ich persönlich finde diesen Shakespeare langweilig.
LK: John, plant deine Frau, auch mal ins Showgeschäft zu gehen?
John: Nein, überhaupt nicht. Wieso sollte sie?
LK: Welche von allen aktuellen englischen Bands gefällt dir am besten?
John: Die Searchers und die Rolling Stones. Es mag vielleicht komisch klingen, aber wir sind gute Freunde der Stones, also mag ich sie.
LK: Kennst du sie aus Liverpool?
John: Sie kommen nicht aus Liverpool. Ihr bezeichnet sie hier drüben immer als den Mersey-Sound, aber sie sind alle aus London. Die Searchers sind aus Liverpool, die kennen wir seit Jahren. Die Stones sind Londoner Jungs.
LK: Wurden die Stones von euch und eurem Sound beeinflusst?
John: Das glaube ich nicht. Sie haben sich vielleicht ein wenig gefreut, als wir bekannter wurden, weil wir so waren, wie sie heute sind – oder fast, zumindest. Wenn du jemanden siehst, der das Gleiche macht wie du – die Stones sind natürlich ein wenig härter –, muss ja gut sein, oder?
LK: Was war die bisher aufregendste Reaktion auf eure Show während der aktuellen Tournee?
John: Nun, Hollywood Bowl hat uns allen am meisten Spaß gemacht, obwohl das nicht unser größtes Publikum war. Es war uns sehr wichtig. Die Bühne war riesig und es war großartig. Das hat uns am besten gefallen.
LK: Und die Party gestern, von Mr. Livingstone [*President von Capitol Records*]? War dieser Abend kein Höhepunkt?
John: Es war eher ein Teil unserer Arbeit. Es war anstrengender, als zu spielen. Du musst immer nur auf einem Stuhl sitzen und 300 Leute jeden Alters kennen lernen.
LK: Was für ein Gefühl ist das, wenn man da sitzt und all diese Stars aus Hollywood ihre Kinder vorbeibringen, damit sie einem Beatle die Hand geben können?
John: Na ja, ein tolles Gefühl, aber wir erwarteten, mehr Stars zu sehen. Wir konnten nicht viel reden. Da waren Edward G. Robinson, Jack Palance, Hugh O'Brien … wir hätten gerne mehr gesehen. Aber all die Kinder waren da.
LK: Zu eurem letzten Film. Was hat euch am besten gefallen?
John: Wir alle mögen die Szene in der Wiese, wo wir wie Verrückte durch die Gegend hüpfen, weil das purer Film ist – wie der Regisseur uns sagte … Das hat am meisten Spaß gemacht.
LK: Habt ihr beim Dreh häufig improvisiert?
John: Nun, es wurde schon oft improvisiert, aber beim Film kommt das nicht so gut raus, weil man immer acht Takes dreht. Wenn man was Gutes improvisiert und alle lachen, auch die Techniker, sagt der Regisseur dann »o.k., noch mal«, und so wird das Improvisierte dann lahmer und lahmer, bis es nicht mehr witzig ist.
LK: John, was machst du außer Musik am liebsten?
John: Ich schreibe diese Bücher, wie manche sie nenen – ich hab's immer Müll genannt, aber jetzt sind's eben Bücher, nicht wahr?
LK: Bist du ein geborener Autor?
John: Das würde ich nicht sagen. Eher ein geborener Denker. Ich konnte schon immer … wenn in der Schule verlangt wurde, sich was auszudenken, anstatt dir ein Thema zu geben, konnte ich das. Heute ist es dasselbe, ich stelle mir einfach was vor, ich bin nur älter geworden.
LK: Wie war es, in eure Heimatstadt zurückzukehren und von 50 000 Leuten begrüßt zu werden?
John: Großartig. Ich weiß nicht, wie viele es waren, aber es waren genug, um es fantastisch zu machen. Und es war am besten, im Auto, mitten in dieser Menge.
LK: Habt ihr das erwartet?
John: Nein, wir wollten nur ganz schnell nach Hause. Wir hatten gehört, wir seien in Liverpool unten durch, und nach 'ner Weile fingen wir an, das zu glauben. Die Leute erzählten: »Ich war im Cavern, sie mögen euch dort nicht mehr.« Natürlich haben sie nur mit denen geredet, die uns damals nicht gekannt haben. Schließlich kamen wir zurück und es war … es war eine der tollsten Sachen aller Zeiten.

FOTOS: CURT GUNTHER

HOTEL DELMONICO, NEW YORK
28. AUGUST 1964

Die Beatles verließen Los Angeles und spielten in Denver und Cincinnati, bevor sie am Tag des ersten von zwei Konzerten im Forest Hill Tennis Stadion um drei Uhr morgens am New Yorker Kennedy Airport ankamen. Etwa 3000 Fans warteten dort, um die Beatles landen zu sehen, und einige Hundert mehr kampierten vor dem Hotel Delmonico in der Park Avenue. Bis zum nächsten Tag kamen noch etliche Tausend, die auf der anderen Straßenseite von der Polizei zurückgehalten wurden. In dem Chaos, das entstand, als die Beatles in das Gebäude eskortiert wurden, griff der Fan Angie McGowan nach Ringos St.-Christopherus-Medaillon und riss es ab. Später gab sie es zurück und traf dabei Paul und Ringo.

LK: Paul, welche Wirkung hat es auf euch, wenn ihr, wie jetzt auf der Park Avenue, all die Leute seht und rufen hört? Würdet ihr dann gerne rausgehen und sie kennen lernen?
Paul: Es ist fantastisch. Die Leute fragen uns alles Mögliche, was denkt ihr hierüber und was haltet ihr davon, und wir können dann auch nur immer wieder so Worte sagen wie »fantastisch«, »wunderbar« oder so. Und ich würde liebend gerne rausgehen und die Leute kennen lernen, aber das ist einfach nicht machbar.

LK: Es gibt da eine Geschichte über euch, wie ihr euch bei eurem letzten Besuch in New York nachts um drei Uhr aus dem Hotel geschlichen habt und von Fans verfolgt wurdet. Ist da was dran?
Paul: Die Wahrheit ist, wir wollten einfach New York sehen, also besorgten wir ein Auto und fuhren rum. Wir haben die Köpfe aus dem Fenster gesteckt und an den Gebäuden hoch geschaut, jedoch nichts gesehen, weil alles so groß ist.

LK: Und gestern Nacht?
Paul: Gingen wir nur zum Times Square. Und dann auf einen Drink in eine Bar, aber wir haben nicht versucht, uns zu verstecken.

LK: Bei der Ankunft hier im Hotel hat Ringo sein St.-Christopherus-Medaillon und sein halbes Hemd verloren. Was war da los?
Paul: Drei von uns kamen rein, doch offenbar glaubte ein Polizist Ringo nicht, dass er Ringo sei und hielt ihn auf. Da hat dann jeder nach ihm gegrapscht und ein Mädchen hat ihm sein Hemd zerrissen.

LK: Verdienen du und John mehr Geld als George und Ringo?
Paul: Nun, an den Liedern schon. Aber sie gleichen das mit anderen Dingen aus. George schreibt eine Kolumne in einer englischen Tageszeitung. Tatsächlich weiß niemand von uns, wie viel Geld wir verdienen. Wirklich. Wenn wir etwas kaufen wollen, müssen wir unseren Buchhalter fragen!

»SIE GLAUBTEN RINGO NICHT, DASS ER RINGO SEI UND HIELTEN IHN AUF. DA HAT JEDER NACH IHM GEGRAPSCHT UND EIN MÄDCHEN HAT SEIN HEMD ZERRISSEN.«
PAUL McCARTNEY

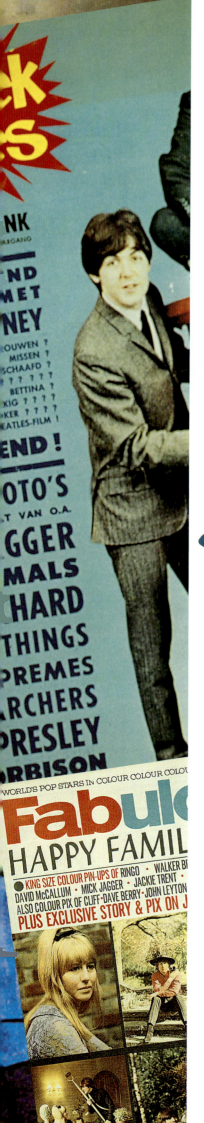

1965

Zu Beginn des Jahres arbeiteten die Beatles an *Help!*, zwölf Monate später gelang ihnen mit *Rubber Soul* ein kreativer Riesenschritt. Auf dem Weg dorthin trafen sie Elvis, empfingen ihre MBEs und spielten im Shea Stadium vor dem bis dato größten Publikum. Zudem fand Paul sogar noch die Zeit, einen kleinen Song namens *Yesterday* aufzunehmen.

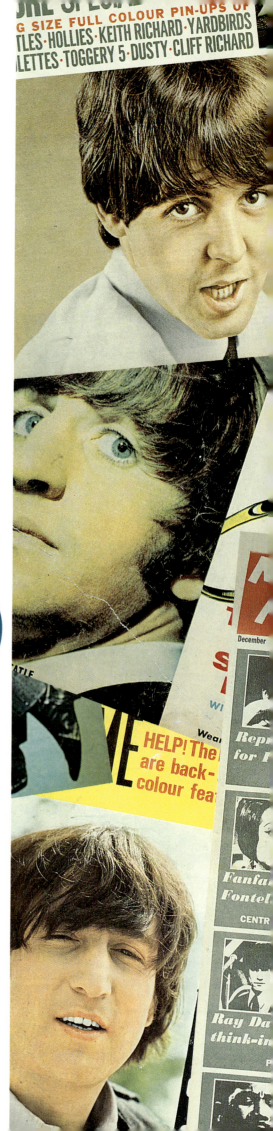

2. JAN. – 28. MÄRZ 1965

JANUAR 1965

2 Das exklusive USA-Album *The Beatles Story* wird Nummer sieben.

9 *Beatles '65* erreicht für neun Wochen die Spitze der US-Album-Chart.

10 Der New Yorker Promoter Sid Bernstein will das Shea-Stadium (55 600 Plätze) für die Beatles buchen.

16 Nach 30 Vorstellungen geht die *Beatles Christmas Show* zu Ende.

27 Die Beatles gehen getrennte Wege. John und Cynthia machen Skiurlaub in St. Moritz. Paul fährt nach Tunesien. George ist Trauzeuge bei der Hochzeit seines Bruders in Liverpool.

FEBRUAR 1965

2 Nach monatelanger Bedenkzeit gibt der portugiesisische Zensor den Beatles-Film *A Hard Day's Night* frei, allerdings »nur für Erwachsene«.

8 Die *Times* berichtet, dass die 1 250 000 Aktien von Northern Songs, dem Musikverlag der Beatles, bald zum Verkauf angeboten werden.

9 Die *Times* berichtet, dass Eleanor Bron einen Vertrag als weibliche Hauptdarstellerin im kommenden, zweiten Beatles-Film unterschrieben hat.

10 Ein Fanclub für Cynthia Lennon entsteht – mit Monatsmagazin.

11 Ringo Starr heiratet seine Sandkastenliebe, die Friseurin Maureen Cox, in Caxton Hall, London.

15 In der Abbey Road nehmen die Beatles im Studio 2 von EMI *Ticket To Ride* auf. Weitere Songs folgen in den Tagen darauf.

20 Die Beatles nehmen *If You've Got Trouble* und *That Means A Lot* auf. Die Songs werden nie veröffentlicht.

22 Die Beatles fliegen auf die Bahamas, um ihren zweiten Film aufzunehmen und logieren im Balmoral Club am Cable Beach.

MÄRZ 1965

1 Die Dreharbeiten auf den Bahamas werden in New Providence fortgesetzt.

8 Brian Epstein wohnt der Verleihung des Mecca-Carl-Alan-Awards im Londoner Empire Ballroom bei. Prinzessin Margaret überreicht ihm stellvertretend für die Beatles den Preis für die beste Gruppe.

10 Die Beatles fliegen von den Bahamas zurück nach England.

13 Die Beatles kommen mit *Eight Days A Week* erneut für zwei Wochen an die Spitze der USA-Charts.

13 Die Beatles verlassen England, um *Help!* zu drehen. Die Aufnahmen in Australien dauern bis zum 21. März.

22 Das Album *The Early Beatles* erscheint bei Capitol in Amerika.

24 In den Twickenham Studios wird weiter an *Help!* gedreht – noch unter dem Titel *Eight Arms To Hold You*.

27 John und George nehmen erstmals LSD. Obwohl das Datum umstritten ist, scheint dieser Tag wahrscheinlich. Ursprünglich wollten die beiden an diesem Abend einen Gig von Klaus Voormann besuchen.

28 Die Beatles bei den Aufnahmen für *Thank Your Lucky Stars* in den Birminghamer Alpha Television Studios; Tom Jones: »Lennon musterte mich und sang: ›Es ist kein Einhorn, nein, es ist ein Elefant‹ – dann verarschte er mich und sagte: ›Wie geht's, du walisische Schwuchtel?‹ Ich sagte: ›Du Liverpooler Bastard! Komm her und ich werd's dir zeigen …‹«

Was: Johns und Georges erster Trip
Wo: Bayswater Road, London
Wann: 27. März 1965

LSD FÜR ALLE

Eine Zahnärztin und der Mann, dessen Schicksal den Song *A Day In The Life* inspirierte, verführten die Beatles zu LSD. Von Barry Miles.

Am 27. März 1965 beschafften sich John Lennon, Cynthia, George Harrison und Patti Boyd durch eine Zahnärztin LSD. Damals war die Droge in England legal, aber in Musikerkreisen kaum bekannt. Angeblich, so wird erzählt, hatte die Zahnärztin eine Freundin, die die Bunnys im Playboy Club betreute. Die soll über Victor Lowndes, Hefners Partner in England, LSD für sechs Trips bekommen haben. Der Londoner Playboy Club hatte aber erst im Mai 1966 eröffnet. Trotzdem könnte das LSD von Lowndes stammen. Immerhin war er Monate später in die Sache mit dem Londoner World Psychedelic Center verwickelt.

Die Beatles waren nicht die erste Band in England, die LSD nahm. Diese Ehre gebührt wahrscheinlich dem Daevid Allen Trio, das später als Wilde Flowers und Soft Machine firmierte. Der Australier Daevid Allen hatte in Paris mit William Burroughs Lautgedichte aufgeführt und zusammen mit Ted Riley an Bandloops experimentiert. Allen trug langes Haar, eine seltsame Brille aus Edelstahl und nahm LSD. Irgendwann 1963 zog er beim Schlagzeuger Robert Wyatt ein, der noch bei seiner Mutter in Canterbury lebte. Das Trio – Allen, Wyatt und Wyatts Schulfreund Hugh Hopper am Bass – spielte ein paar Gigs in Canterbury. Meist aber war es in Paris, wo Allen ein Hausboot auf der Seine besaß, und arbeitete an Bandloops.

1964 stießen zwei Pioniere, gerade aus Griechenland zurück, zur Szene: der amerikanische Dichter Daniel Richter, der in den späten Sechzigern Lennons Privatsekretär wurde, und der Neuseeländer John Esam, der den Spitznamen ›Die Spinne‹ trug, weil er jeden für seine Pläne gewinnen konnte. John Esam nistete sich in der Cromwell Road 101 bei Nigel und Jenny Lesmore-Gordon ein. Da in der Wohnung kein Zimmer mehr frei war, machte er es sich im Flur gemütlich. Kurz danach bekam er eine große Lieferung LSD aus Amerika und die Cromwell Road 101 wurde Anfang 1965 der Adresse für diese Droge. Der Amerikaner Chris Case, ein ehemaliger Cambridge-Student und nun Assistent des Kunsthändlers Robert Fraser, lebte im Haus; ebenso sein Landsmann George Andrews, Herausgeber von *The Book Of Grass*, der ersten Anthologie über Marihuana. Ein Stockwerk höher wohnte Scotty, von den jeder wusste, dass er alles, was konsumierbar war, LSD beimischte. Scotty und sein Mitbewohner, der Gitarrist Syd Barrett, begannen den Tag mit LSD im Kaffee und selbst dem Katzenfutter gaben sie etwas bei.

John und George kamen sich durch den LSD-Trip, das ›Zahnarzt-Experiment‹, wie George es nannte, so nahe, dass Paul und Ringo sich ausgeschlossen fühlten. George: »John und ich verbrachten mehr Zeit als zuvor miteinander und er war mir viel näher als die anderen.«

Paul weigerte sich, LSD zu nehmen, aber Ringo wollte wissen, was die anderen erlebt hatten. Im August in Los Angeles, als die Band sich fünf Tage in einer Villa auf dem Mulholland Drive erholte, probierte er es aus.

John: »Beim zweiten Mal war es anders. Wir nahmen es jetzt bewusst und wollten es auch in Kalifornien noch einmal tun. Besser gesagt, Ringo, George und ich, und ich glaube Neil, haben es genommen. Wir drangsalierten Paul, weil er nicht mitmachte, und er fühlte sich völlig ausgeschlossen. Es dauerte lange, bis er es versuchte.« Drei Monate später war auch Paul so weit.

Im September tat sich eine weitere LSD-Quelle auf. Tim Leary hatte Michael Hollingshead damit beauftragt, das World Psychedelic Center (WPC) in London zu eröffnen. Hollingshead hatte Tim Leary 1961 mit LSD bekannt gemacht. Nun kam er mit rosa Sonnenbrille an, hatte 300 Exemplare von Learys Buch *Psychedelische Erfahrungen* im Gepäck, 200 Broschüren *Psychedelic Reader* und ein halbes Gramm LSD. Es stammte aus Versuchslabors in der Tschecheslowakei und reichte für 5000 LSD-Trips.

Hollingshead mietete Räume in der Pont Street in Belgravia, London, an. Leute wie Peter Asher, Donovan, Robert Fraser, William Burroughs, der ›Anti-Psychiater‹ Ronnie Laing, Alexander Trocchi, Roman Polanski und Sharon Tate kamen dort hin. John Dunbar nahm Paul McCartney in die Pont Street mit, riet ihm aber, »nicht von den Orangen zu essen« – denn wie in der Cromwell Road war alles mit LSD präpariert. Paul war neugierig. Ein paar Tage später, bei Tara Browne in der Eaton Row in Belgravia, entschloss er sich zu seinem ersten Trip. Paul kam mit Freunden, darunter Viv Prince, dem Drummer der Pretty Things und ein paar Mädchen.

> »Es herrschte starker Gruppendruck, nach dem Motto: Die ganze Band hat LSD genommen, worauf wartest du noch?«

Paul: »Tara war auf der Toilette und nahm LSD auf Löschpapier. Er bot mir auch etwas an. ›Ich weiß nicht so recht‹, sagte ich. Eigentlich war mir eher nach einem Drink oder ein bisschen Hasch. Ich versuchte mich, wie viele andere, trotz des massiven Gruppendrucks davon fern zu halten. Aber in einer Band ist der Druck so extrem … Es sind nicht nur die Freunde, sondern dieses dreifache ›Mann, die ganze Band hat LSD genommen, worauf wartest du noch? Warum willst du nicht, was ist los mit dir?‹ Ich wusste, ich würde es früher oder später aus purem Gruppenzwang nehmen, und dachte, warum also nicht gleich heute Nacht. Ich sagte: ›Na gut, ich bin dabei, einverstanden.‹ Alle nahmen damals was.«

»Wir blieben die ganze Nacht auf. Es war total abgefahren. Man reagiert viel empfindsamer auf sämtliche Eindrücke … Ich weiß noch, dass John sagte: ›Danach wirst du nicht mehr derselbe sein‹ und das traf auf jeden von uns zu. Es war echt bewusstseinserweiternd.«

Tara starb am 18. Dezember 1966 in den frühen Morgenstunden. Sein tödlicher Autounfall war die Inspiration zu dem Song *A Day In The Life*.

John, völlig losgelöst, gezeichnet von Robert Whitaker. Links: Tara Browne, der Guiness-Erbe. Er sorgte für den ersten LSD-Trip von Paul McCartney.

HELP!

DAS ENDE VOM ANFANG

Trotz exotischer Drehorte, endloser Kiffereien und albernen Leinwand-Frohsinns: Nach *Help!* waren die Beatles davon überzeugt, dass es an der Zeit war, eine völlig neue Richtung einzuschlagen. Von John Robertson.

Schützenkönige, März 1965: Während der Dreharbeiten zu *Help!* auf der Ebene von Salisbury legen die Fab Four eine Pause ein.

FOTO: REX

Der schwarzweiße Pseudorealismus von *A Hard Day's Night* hatte Platz gemacht für ein Technicolor-Abenteuer, in dem die Beatles »als Statisten in ihrem eigenen Film« auftraten, wie es Lennon später ausdrückte. Die Produktion von *A Hard Day's Night* hatte im Frühjahr 1964 120 000 Pfund gekostet, die weltweiten Einspielergebnisse betrugen 13 Millionen Dollar. Unter diesen Umständen war das Budget von 400 000 Pfund, das die Filmfirma »United Artists« für *Help!* lockermachte, zwar ziemlich mickrig, für das Produktionsteam aber dennoch ein kleines Vermögen. Produzent Walter Shenson versprach dann auch pflichtschuldigst, dass der Film »spektakulär« werden würde.

Im Gegensatz zu *A Hard Day's Night*, das auf Alun Owens pseudo-dokumentarischem Drehbuch basierte, wurde *Help!* von vornherein als wilde Comic-Rauferei konzipiert. Als Drehbuchautoren engagierte Shenson den in Paris lebenden Amerikaner Marc Behm, der seiner Fantasie freien Lauf ließ und Drehorte in aller Welt einplante.

Wie zuvor hatten die Beatles weder formal noch inhaltlich irgendeinen Einfluss auf den Film. Sie waren im Dezember 1964 nicht einmal in der Lage, ihre chaotischen Weihnachtsshows unter Kontrolle zu bringen, eine Mixtur aus Musik und Comedy, mit der sie drei Wochen lang im »Hammersmith Odeon« gastierten. Für einen Sketch namens »Der Yeti« mussten sie sich jeden Abend kostümieren, doch die nicht vorhandenen Pointen gingen ohnehin im Teenie-Gebrüll unter – die Beatles gelobten daraufhin, sich aus derlei Banalitäten in Zukunft heraus zu halten.

Ihre anfängliche Begeisterung war längst der Erschöpfung gewichen, immerhin gehörten die Beatles seit einem Jahr zur internationalen Prominenz und litten unter einem beinahe betäubenden Druck. Das Cover ihrer jüngsten LP namens *For Sale* zeigte vier hip gekleidete Herren mit unerträglich bleichen Gesichtern, die davon kündeten, wie es ist, wenn alle Wünsche Wirklichkeit werden und sich sowohl geschäftliche Erfolge als auch körperliche Freuden letztendlich doch nur als zwanghaft und leer herausstellen.

»Diese ganze Beatles-Nummer war nicht mehr nachvollziehbar«, sagte John Lennon über jene Periode. »Ich fraß und soff wie ein Schwein, war eine fette Sau, mit mir selbst unzufrieden.«

Den Popexperten jener Ära blieb komplett verborgen, dass sich die Beatles langweilten und übersättigt fühlten; eines ihrer Sprachrohre, Derek Johnson vom *New Musical Express*, freute sich in seiner Rezension von *For Sale* über »aufregende, ansteckende Nummern mit einem durch und durch akzentuierten Beat«. Die Diskrepanz zwischen seiner Wahrnehmung und der der Beatles offenbarte sich vollends, als er *Mr. Moonlight*, einen bestenfalls passablen Albumfüller, als »eingängigsten Song der LP« bezeichnete. Da selbst Rohrkrepierer als Volltreffer gelobt wurden, kann man den Zynismus der Beatles also durchaus verzeihen.

Ganz der Idealist, beschäftigte sich Paul McCartney plötzlich mit Politik. Damals kommentierten populäre Künstler die nationalen Angelegenheiten nur sehr selten, doch McCartney schwang sich zu einem trotzigen Statement gegen den Rassismus auf: »Es ist idiotisch, auf Farbige als so eine Art Freaks herab zu blicken«, verkündete er im Dezember. »Bevor wir in die USA gingen, sagte man uns, dass sie dort möglicherweise versuchen werden, unser Publikum nach Hautfarben zu trennen. Wir haben daraufhin eine Klausel in alle Verträge aufgenommen. Für alle Fälle.«

Den Drehplan für *Help!*, damals kurz vor der Enthüllung, begriff McCartney als Chance für seine letztendlich doch recht oberflächlichen Bemühungen, die südafrikanische Anti-Apartheid-Bewegung zu unterstützen: »Zwar muss ich dann dieses Land betreten, aber dafür hätten wir die Möglichkeit, ihnen die Einnahmen der Filmpremiere zu überlassen.«

Lennon zeigte sich in politischen Angelegenheiten nicht weniger eloquent, Idealismus war bei ihm allerdings weitaus schwerer auszumachen. Er erzählte dem Journalisten Ray Coleman, dass er – obwohl Sozialist von ganzem Herzen – sich nun doch dazu genötigt sehe, die Konservativen zu wählen. »Schließlich«, fügte er entschuldigend hinzu, »muss man ja sein Geld zusammenhalten, oder etwa nicht?«

Nachdem sie beinahe zwei Monate in den USA verbracht hatten, sollten die Beatles ihre gesamten Jahreseinkommen nicht nur in England, sondern auch in den USA versteuern. »Wir warten darauf, dass die beiden Regierungen in dieser Angelegenheit eine Entscheidung treffen«, ließ ihr amerikanischer Anwalt und Finanzberater Walter Hofer verlauten: »Wir zahlen unsere Steuern. Allerdings nicht zweimal.«

DIE ENTSCHEIDUNG, mit den Dreharbeiten von *Help!* in der Karibik zu beginnen, genauer gesagt auf den britischen Bahamas, hatte mit künstlerischen Erwägungen wohl recht wenig zu tun. Die Anwälte der Beatles wollten vielmehr die Chance nutzen, das Steuerparadies für britische Staatsbürger etwas genauer unter die Lupe zu nehmen – das Filmprojekt passte ins Konzept.

Während die Finanzexperten schalteten und walteten, genossen die Beatles den Luxus von sechs vergleichsweise ruhigen Wochen. John Lennon stellte sein zweites Buch zusammen und spielte mit dem Gedanken, ein Spoken-Word-Album mit Auszügen seines Debüts *In His Own Write* aufzunehmen. Zudem legte er mit Paul und George einen Vorrat von Songs für das Soundtrack-Album an. Ringo heiratete währenddessen seine langjährige Freundin Maureen Cox. Die Einladung der Queen zu einem Auftritt beim *Windsor Ball* lehnten die Beatles kollektiv ab, und ihr Musikverleger Dick James gab bekannt, dass Lennon und McCartney 1964 je eine Million Pfund allein an Tantiemen verdient hätten.

Die Beatles-Industrie rutschte also sanft ins neue Jahr, während die Band ein paar neue Songs für den Soundtrack vorbereitete, darunter *Ticket To Ride*, *You're Gonna Lose That Girl*, *I Need You*, *Another Girl* und *The Night Before*.

Einer der neuen Songs ließ tiefer in die Psyche seines Urhebers blicken als alles, was die Beatles bislang aufgenommen hatten: Unter all den fröhlichen Teenbeat-Nummern fand sich Lennons rührseliges *You've Got To Hide Your Love Away*, eine Übung in Selbstmitleid mit mehr als einem Hauch von Dylan. »Die Art von Song, die man vor sich hin singt, wenn man traurig ist: ›Here I stand, head in hand‹«, erklärte er kurz vor seinem Tod. »Ich begann damals, über meine eigenen Gefühle nachzudenken – keine Ahnung, wann es genau damit losging, bei *I'm A Loser* oder *Hide Your Love Away* oder einem anderen Song. Anstatt mich in eine Situation hinein zu versetzen, versuchte ich auszudrücken, was ich fühlte, in meinen Büchern hatte ich das ja bereits getan. Es war Dylan, der mir dabei half.«

Vier Tage nach den Aufnahmen von *You've Got To Hide Your Love Away* mussten sich die Beatles beim Dienst vor der Kamera melden – ein Projekt, das für ehrliche Gefühle keine allzu große Plattform versprach. Nach *A Hard Day's Night*, der ausschließlich in und um London gefilmt worden war, boten die exotischen Drehorte zumindest eine willkommene Ablenkung von den Belastungen der Beatlemania.

»*Help!* war eine filmische Zwangsjacke für die Beatles«, erinnerte sich Nebendarsteller Victor Spinetti. »Sie mussten ihre Rollen ausarbeiten, worüber sie gar nicht glücklich waren.« Dabei waren diese Rollen alles andere als fordernd, im Grunde mussten sie nur die Cartoon-Abziehbilder ihrer Persönlichkeiten darstellen, genau wie bei *A Hard Day's Night* – diesmal allerdings in Übersee. Von Ringo einmal abgesehen, der eingedenk seiner Leistungen bei *A Hard Day's Night* nun im Mittelpunkt des reichlich dünnen Plots stand, verlangte Behms Drehbuch von den Beatles nicht mehr als das Herunterrasseln von Einzeilern in der richtigen Reihenfolge.

Während der Arbeiten an *A Hard Day's Night* hatte Regisseur Dick Lester die Beatles durchaus beeindruckt, sei es durch seine Anek-

»Wir rauchten damals Marihuana zum Frühstück. Die besten Szenen ergaben sich, wenn wir uns auf dem Fußboden rekelten, unfähig, ein Wort zu reden.« JOHN LENNON

Für die Kids: die Ebene von Salisbury, Wiltshire, 3. Mai 1965

On the rocks: Paul posiert für die Kamera, New Providence/Bahamas, Ende Februar 1965.

John auf Gras.

Obertauern, Österreich, 14. März 1965

doten von der Zusammenarbeit mit den *Goons* (Peter Sellers' legendäre Comedy-Show, Anm. d. Übers.) oder auch nur durch seine manische Energie. Ausgestattet mit einem größeren Budget, wollte er nun allen zeigen, was künstlerisch in ihm steckte, weshalb er dem Film einen abgedrehten, surrealen Charakter verpasste. Ein Konzept, das mit dem schrägen Humor der Beatles durchaus hätte harmonieren können, doch stattdessen fühlten sie sich dem kreativen Prozess zunehmend entfremdet. »Den Film hatten wir nicht unter Kontrolle«, maulte Lennon später. »Bei *A Hard Day's Night* konnten wir eine Menge beisteuern, aber bei *Help!* erzählte uns Dick nicht mal, worum es eigentlich ging. Vielleicht lag es daran, dass wir seit *A Hard Day's Night* nicht allzu viel Zeit miteinander verbracht hatten.«

Während der Dreharbeiten eine gemeinsame Basis zu finden, fiel weder dem Regisseur noch den Stars leicht. Die Beatles konnten ihre Reaktionen auf das Drehbuch kaum verbergen. »Es ist ein verrückter Film«, stammelte McCartney, »im Moment jedenfalls – ihn zu machen ist verrückt.« Naivität und Adrenalin waren ihnen dabei behilflich gewesen, den straffen Drehplan von *A Hard Day's Night* durchzustehen. »Doch *Help!*«, erinnerte sich Dick Lester, »dauerte länger. Wir hatten mehr Zeit und viel mehr Geld. Allerdings entdeckten die Beatles während der Dreharbeiten Marihuana. Fortan wurde vor allem gelächelt.«

Die Joints wurden bereits auf dem langen Flug von Heathrow nach Nassau angezündet, nur wenn die Kameras liefen, wurde nicht gekifft. Nach außen hin schien die Beatlemania dennoch weiter zu gehen wie bislang, als die Band gen Bahamas aufbrach, versammelten sich Tausende von Fans am Flughafen. »Bei dem Gebrüll konnte man nicht mal die Turbinen des Flugzeugs hören«, erinnerte sich Victor Spinetti. »George grinste mich breit an und sagte: ›Ich bin wirklich froh, dass du in unserem Film dabei bist, Vic, denn meine Mum steht auf dich.‹«

Ebenfalls an Bord war die Schauspielerin und Satirikerin Eleanor Bron, eine elegante sowie überaus intelligente junge Dame und damals Star der TV-Show *Not So Much A Programme, More A Way Of Life*. »Man konnte gar nicht anders und war gegenüber den Beatles ein wenig ehrfürchtig«, räumte sie später ein, »obwohl die vier das überhaupt nicht mochten.« Laut Drehbuch sollte Bron ständig mit McCartney flirten, argwöhnisch beäugt von Harrison; aber es war Lennon, der am meisten von ihr hingerissen war.

DIE DREHARBEITEN BEGANNEN AM 23. FEBRUAR 1965, dem Tag nach ihrer Ankunft, und zogen sich ohne Pause die nächsten zwei Wochen hin. Die Beatles wurden um sechs Uhr geweckt, mit einem Sprung in den Ozean vertrieben sie die Nachwirkungen der nächtlichen Kifferei, tranken frisch gepressten Limonensaft und meldeten sich zur Arbeit. Die Drehpausen mussten sie im Schatten von Sonnenschirmen verbringen, McCartney erklärt, warum: »In Nassau mussten wir die Sonne meiden, denn die Szenen, die dort gedreht wurden, waren für das Ende des Films gedacht. Es hätte komisch ausgesehen, wenn wir bei den Schnee-Szenen, die weitaus früher kommen, allesamt braun gebrannt gewesen wären, während wir auf den Bahamas blass und ungesund rüberkommen.«

Nicht nur der Mangel an Sonnenlicht schlug sich auf die Stimmung der Beatles. »Ein Problem in Nassau«, beklagte sich Harrison, »waren die Zuschauer, die nicht einmal das Ende einer Szene abwarten konnten. Sie fragten uns nach Autogrammen, obwohl die Kamera noch lief.«

Daher auch seine überzogene Reaktion, als ihn ein Statist, der 18-jährige US-Student Mark Vidalis, zwischen zwei Takes um ein Autogramm bat. »An diesem Tag war er schlecht gelaunt«, erinnert sich Vidalis, »und schickte mich weg. Er schien ziemlich unter Spannung zu stehen.«

Produzent Walter Shenson bemerkte, dass diese Spannung nicht zuletzt an ihrer Unsicherheit lag: »Die starken Nebendarsteller beunruhigten die Beatles. Sie fühlten sich wie Marionetten und glaubten, diese großartigen Schauspieler wie Leo McKern seien die eigentlichen Stars. Ich teilte diese Meinung überhaupt nicht. Es waren die Beatles, die das Ding zum Laufen brachten, ihre Persönlichkeiten waren viel stärker als die der anderen Schauspieler. Die Beatles vertraten die Ansicht, dass *A Hard Day's Night* ihr Film sei, *Help!* jedoch nicht.«

Nur Victor Spinetti, seit der Zusammenarbeit bei *A Hard Day's Night* ein enger Freund der Beatles, begegneten sie nicht mit Misstrauen. Spinetti machte deutlich, warum die ganze Bahamas-Nummer von einigen Bandmitgliedern mit gemischten Gefühlen betrachtet wurde: »Am ersten Drehtag wurde das Ende des Films aufgenommen. Wir drehten auf einer Yacht, und ich spielte einen verrückten Wissenschaftler, der Ringos Finger amputieren will. Er entkommt mir, springt vom Boot und fällt neun Meter tiefer ins Meer. Man hatte ein paar Leute engagiert, die die Gegend nach Haien absuchten, also befand Dick Lester, wir könnten noch einen weiteren Take drehen. Ringo wurde abgetrocknet, er zitterte am ganzen Körper, denn immerhin war es Februar und ziemlich kühl. Wir drehten einen neuen Take, dann noch einen, und nach dem dritten Versuch ordnete Lester einen vierten an. Ringo fragte: ›Müssen wir wirklich?‹, Lester antwortete: ›Warum nicht?‹ Darauf Ringo: ›Weil ich nicht schwimmen kann.‹ Dick wurde blass und fragte: ›Warum zum Teufel hast du mir das nicht gesagt?‹ Ringo erwiderte: ›Nun, ich hatte keine Lust dazu‹.«

> »Was das Leinwandpotenzial anging, erwies sich Ringo als der Vielversprechendste. Er hat kein Problem damit, Grimassen zu ziehen.« – TONY BARROW, PRESSECHEF

Marc Behms Drehbuch kreiste um die Tatsache, dass der Schlagzeuger eine Schwäche für Ringe hat. Das Publikum sollte glauben, dass ihm ein Fan einen heiligen orientalischen Ring geschickt hat, den indische Glaubensfanatiker, notfalls bereit zu töten, zurückhaben wollen.

»Was das Leinwandpotenzial anging«, erinnerte sich Beatles-Pressechef Tony Barrow, »erwies sich Ringo als der Vielversprechendste. Er hat ein angeborenes komödiantisches Talent und kein Problem damit, Grimassen zu ziehen. Die sympathisch-verrückten Seiten seiner Persönlichkeit kommen der Filmarbeit sehr entgegen. Paul war der eifrigste, sobald die Kameras liefen. Ein Naturtalent, das mit ein paar wohl gesetzten Gesten auch langweiligen Fotosessions Leben einhauchen konnte.«

In Barrows Augen wurde McCartneys Begeisterung von seinem Songwriting-Partner überhaupt nicht geteilt: »John war ruhelos. Die ständigen Wiederholungen, bis eine Szene endlich im Kasten war, langweilten ihn.« Lennon drückte es drastischer aus: »Das war meine Fetter-Elvis-Phase, man kann's im Film sehen. Er – ich – war ziemlich fett, ziemlich unsicher und total neben der Kappe.«

George Harrison, weder ein schauspielerisches Naturtalent noch ein Leinwandmagnet, übernahm eher eine Nebenrolle. Er suchte begierig anderweitige Zerstreuung, doch die Bedeutung der möglicherweise wichtigsten Begegnung auf den Bahamas wurde ihm ironischerweise erst viel später klar.

»Wir warteten auf neue Anweisungen«, erinnerte er sich 1975, »als Swami Vishnu Devananda auftauchte. Der erste Swami, den ➤

John und Eleanor Bron in der Ailsa Avenue, Twickenham, am 14. April 1965

ich jemals traf. Offenbar wusste er, dass wir vor Ort waren. Jahre später erzählte er mir, dass ihn während einer Meditation der Drang überkam, mit uns in Kontakt zu treten.«

Lennon fährt fort: »Dieser kleine Yogi kam angeradelt, wir hatten keine Ahnung, wer und was er war. Er gab jedem von uns ein kleines, signiertes Buch über Yoga. Wir haben es nicht mal angeschaut und einfach zu den anderen Sachen gepackt, die uns irgendwelche Leute ständig zusteckten.« Harrison räumte ein, dass er »das Buch jahrelang ignorierte. Irgendwann fand ich es wieder, schlug es auf und entdeckte ein großes ›Om‹. Das Buch stammte von der Forest Hills Academy in Rishikesh.«

Harrison könnte die Dreharbeiten auf den Bahamas also zumindest mit der zufälligen Entdeckung der indischen Philosophie assoziieren, Lennon hingegen hatte weit weniger schöne Erinnerungen: »Am erniedrigendsten war das Treffen mit dem Gouverneur der Bahamas. Man wurde von diesen verfickten, aufgeblasenen Mittelklasse-Idioten und ihren Schlampen andauernd beleidigt. Sie kommentierten unsere Arbeit und unsere Manieren. Ich war ständig besoffen, beleidigte sie ebenfalls. Einfach unerträglich. Es verletzte mich derart, dass ich durchdrehte und sie beschimpfte. Verdammt erniedrigend.«

Auch wenn Lennon die gesellschaftlichen Verpflichtungen der Beatles überall auf der Welt als Zumutung empfand, ist seine Erwähnung des Gouverneurs der Bahamas – genauer gesagt: des Generalgouverneurs – kein Zufall. Bei einer Filmszene mussten die Beatles über ein altes Kasernengelände spazieren, das sie für unbewohnt hielten. Doch Lennon und Spinetti lugten durch die Fensterläden eines Gebäudes und mussten erschreckt feststellen, dass es mit halbnackten, behinderten Kindern und Greisen voll gestopft war, die dort im Dreck lebten. Der Drehort für ihren gar so lustigen Fantasy-Film war also das örtliche Heim für geistig und körperlich Behinderte.

Der Vorfall befeuerte Lennons stets ambivalente Obsession mit »Spastikern«, wie er zu sagen pflegte. Als die Beatlemania ihren Höhepunkt erreichte, irritierte er das Live-Publikum häufig mit abfälligen Parodien auf Spastiker, Frankensteins Monster und sabbernde Babys. Vor den Auftritten brachte man den Beatles regelmäßig »Spastiker« und »Krüppel« (ein weiteres Lieblingswort Lennons) in die Garderobe, »als ob wir sie heilen könnten«, wie Lennon später klagte. Man gab sich generell freundlich, doch sobald die behinderten Fans außer Hörweite waren, wurden sie aufs Gröbste nachgeäfft.

Nach dem Dreh am Behindertenheim wurden die Beatles zu einem verschwenderischen Empfang in der Residenz des Generalgouverneurs chauffiert. Als Lennon dem örtlichen Finanzminister vorgestellt wurde, war es mit der Höflichkeit endgültig vorbei. »Wir drehten heute an einem Ort, den wir für eine verlassene Kaserne hielten«, schnauzte er den verwirrten Politiker an, »aber es stellte sich heraus, dass die Häuser voller Greise und Behinderter waren. Es war ziemlich eklig. Nun sagen Sie mir mal, wie Sie all das tolle Essen hier rechtfertigen wollen.« Die Gespräche erstarben, als der Minister dazu ansetzte, seine Rolle in der örtlichen Politik zu erklären, während Lennons Anschuldigungen, befeuert vom Wein, immer ätzender ausfielen. »Als wir am folgenden Tag abflogen«, erzählte Spinetti, »lasen wir die Schlagzeile: ›Lennon beleidigt den Generalgouverneur‹. Wir wurden praktisch hinausgeworfen.«

DIE BEATLES KEHRTEN AM 11. MÄRZ 1965 nach London zurück, zwei Tage später flogen sie nach Salzburg weiter. Sie wurden von rund 1000 Fans empfangen – und einer kleinen Gruppe von Beatles-Gegnern, auf deren Armbinden »Beatles go home« stand. »Wir haben sie nicht bemerkt«, sagte Harrison bei der anschließenden Pressekonferenz. Nachdem sie ihr Pflichtprogramm für die Medien absolviert hatten, reisten sie weiter nach Obertauern, wo sie im »Hotel Edelweiß« eincheckten.

Um ihr Interesse an dem alpinen Drehort zu steigern, hatte Shenson Gloria Makk, die »Miss Österreich 1964«, als Dolmetscherin und Skilehrerin engagiert. Zum Ausgleich bekamen auch Cynthia Lennon, Patti Boyd und Maureen Starkey einen gut gebauten Trainer namens Andy Krallinger.

Am Set waren auch vier Stuntmen, die immer dann zum Einsatz kamen, wenn die Beatles etwas schneller und nicht nur geradeaus Ski fahren sollten. Die Doubles waren offenbar ziemlich überzeugend und wurden regelmäßig um Autogramme angebettelt. Maureen Starkey schlich sich von hinten an Ringo heran, umarmte ihn und setzte ihm einen dicken Schmatzer auf die Wange – nur um dann festzustellen, dass sie den falschen Ringo, einen gewissen Hans Pretscherer, erwischt hatte.

Zwar gab es eine Szene mit ein paar Mädchen, Eisstöcken und einer teuflischen Bombe, doch meistens wurden die Beatles in Österreich dabei gefilmt, wie sie in den Schnee fielen. Ihr Roadmanager Mal Evans hatte da schon eine undankbarere Rolle: Er sollte mit einer Badehose bekleidet aus einem Loch im Eis auftauchen und fragen, in welcher Richtung es nach England gehe. Nach einigen Bädern im eiskalten Wasser war er kurz davor, der Kunst zuliebe sein Bewusstsein zu verlieren.

Abends, im »Hotel Edelweiß«, sorgten die Beatles für Unterhaltung. Ein Jazz-Trio mit Lennon (Gitarre), McCartney (Schlagzeug) und Lester (Klavier) wurde spontan gegründet, und zum Geburtstag des Regieassistenten gaben die Beatles eine denkwürdige Zweistundenshow mit eigenen Hits, Rock'n'Roll-Standards und Balladen wie *Summertime* zum Besten, die sie seit seligen Tagen im »Cavern Club« nicht mehr gespielt hatten. Ihr einziger Liveauftritt in Österreich, auf die Bühne gebracht nur für die Schauspieler und die Crew.

Das Interesse an der Filmarbeit ließ mittlerweile deutlich nach. »Paul war der Einzige, der sich eine längerfristige Filmkarriere vorstellen konnte«, erinnerte sich Tony Barrow. »Ringo war erfreut darüber, dass er im Gegensatz zu den Plattenaufnahmen nun wesentlich näher am Mittelpunkt des Geschehens war. John und George entkamen der Langeweile, indem sie sich, wann immer es ging, davonschlichen.«

Ringo und sein »Opferring«

Paul versucht sich in der Restaurant-Szene an der Sitar

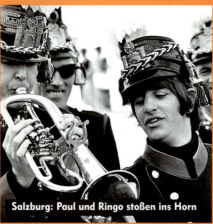
Salzburg: Paul und Ringo stoßen ins Horn

Ab dem 24. März wurde in England gedreht, diverse Zerstreuungen vertrieben fortan die Langeweile. »Wir warteten darauf, die Szene im Restaurant zu drehen, in der ein Typ in die Suppe getaucht wird«, erinnert sich Harrison. »Im Hintergrund spielten ein paar indische Musiker. Ich nahm die Sitar in die Hand, versuchte darauf zu spielen und dachte mir: ›Was für ein lustiger Klang‹. Kurz darauf hörte ich dann erstmals den Namen Ravi Shankar.«

Laut Drehplan sollte vor allem in den Twickenham Studios gefilmt werden, mit einigen kurzen Abstechern: Auf der Ebene von Salisbury spielten die Beatles an der Seite von »Centurion«-Panzern dreier Divisionen; das stattliche Clivedon House wurde zum Buckingham-Palast umfunktioniert, nachdem die Queen sich geweigert hatte, Dreharbeiten in ihrem Hause zu erlauben; die Pub-Szene wurde im »City Barge« in der Nähe von Kew Bridge gedreht. McCartney hatte sich in Twickenham ein Klavier bringen lassen, auf dem er in den Drehpausen herumklimperte – die gleiche einprägsame Melodie, immer und immer wieder, zu der er ein paar banale Zeilen über Rühreier sang. »Wenn du den verdammten Song noch länger spielst«, drohte Dick Lester entnervt, »dann lasse ich das Klavier wegschaffen.« Erst nach Fertigstellung des Films mutierte der Song zu *Yesterday*.

Bevor die Dreharbeiten begannen, hatte McCartney darauf hingewiesen, dass man noch einen Titelsong bräuchte, »was ziemlich schwierig sein dürfte, solange der Film noch keinen Titel hat«. Das Drehbuch war schlicht *Beatles Two* betitelt. Die Band schlug zunächst *High-Heeled Knickers* vor, eine Parodie auf Tommy Tuckers aktuellen Hit *High-Heel Sneakers*. Shenson machte sich für *The Day The Clowns Collapsed* stark, Harrison konterte mit dem amüsanteren *Who's Been Sleeping In My Porridge?*. Unter Shensons Mitarbeitern herrschte jedoch Übereinstimmung, dass *Eight Arms To Hold You* der bislang treffendste Vorschlag sei. Als im März die Single *Ticket To Ride* in den USA veröffentlicht wurde, wies das Info-Blatt tatsächlich darauf hin, dass dieser Song demnächst im Film *Eight Arms To Hold You* zu hören sei.

Als Songtitel war *Eight Arms To Hold You* wenig vielversprechend. Dass Lennon und McCartney letztendlich den Vorschlag *Help!* befürworteten, wurde allgemein mit Erleichterung aufgenommen. Der neue Titel, ließ die PR-Abteilung verlauten, sei die erste Reaktion der Beatles auf einen ihrer Co-Stars gewesen – Raja, den berühmten Menschen fressenden Tiger. Wie schon im Jahr zuvor bei *A Hard Day's Night* gewann Lennon auch diesmal das Rennen um den Titelsong: »Ich schrieb *Help!* eigentlich nur, weil ich den Auftrag hatte, den Titelsong für den Film zu verfassen. Erst später wurde mir klar, dass es wirklich ein Hilferuf war.« Doch niemand im Umfeld der Band erinnert sich daran, dass Lennon seinerzeit derartiges angedeutet hätte, nicht mal im privaten Rahmen. Lennons spätere Interpretation scheint eher von der anstrengenden Urschrei-Therapie inspiriert zu sein, der er sich im Sommer 1970 unterzog.

Ob sich Lennon seiner Kreativität nun bewusst war oder nicht – in den letzten Drehwochen im April und Mai machte er Bekanntschaft mit einer ganzen Reihe ungeahnter Reizüberflutungen: Zum einen machte er gemeinsam mit Cynthia und George seine ersten Acid-Erfahrungen – ihre unerwartete Aufnahme in die LSD-Gemeinde hatten sie Harrisons Zahnarzt zu verdanken. Zum anderen tauchte fast zeitgleich ein unerwünschtes Relikt längst vergangener Zeiten auf: sein verschollener Vater Freddie. Als Lennon die Haustür öffnete, brüllte er: »Wo warst du die letzten 20 Jahre?« Cynthias Großzügigkeit sicherte Freddie ein Plätzchen im Haus der Lennons, als sein Interesse an Johns Finanzlage nach ein paar Tagen spürbar zunahm, setzte ihn John jedoch vor die Tür.

Monat für Monat entfernten sich die Beatles weiter von dem Image, das sie in *Help!* hatten verkörpern müssen. Als die Dreharbeiten am 15. Mai 1965 endeten, erforschte Harrison bereits die indische Kultur, McCartney vertiefte sich in die Bücher von Allen Ginsberg und Jack Kerouac, während Lennon zwischen depressiver Selbstanalyse und Drogenseligkeit schwankte. Zehn Wochen später, am 29. Juli, ging am Londoner Leicester Square die Premierengala über die Bühne. Die wohlwollende Rezension im *Daily Express* war die Ausnahme von der Regel: »Es ist eine Freude, Mr. Lesters Regiearbeit zu sehen. Und die Beatles sind die neuen Marx Brothers.«

Der *Daily Mirror*, damals das auflagenstärkste Blatt, sah die Dinge etwas anders: »Der Film verlässt sich zu stark auf das freundlich geistlose Grinsen Lennons, den sanften Charme Pauls, die Attraktivität des langhaarigen George sowie das düster-schurkische Aussehen des Langnasigen.«

Mitte Juli hatten die Beatles bereits einer Privatvorführung beigewohnt, natürlich nicht, ohne sich vorher mit zahlreichen Joints milde zu stimmen. »Der Film haute uns um, als wir ihn das erste Mal sahen«, verteidigte sich Harrison, »anderen ging es offenbar nicht so.« Erst nach der Premiere war Lennon dazu bereit, seine Zweifel zu äußern: »Der Film wird uns nicht schaden, aber wir hatten einfach keine Kontrolle darüber.« Im Jahr 1980 fiel sein Urteil etwas härter aus: »Einfach nur Bullshit.«

Help! erreichte zumindest eines: Der Film überzeugte die Beatles davon, keinen weiteren leichtgewichtigen Vier-Freunde-Streifen mehr zu drehen. Pläne, die Band als Hauptdarsteller für die Filmfassung von Richard Condons Wildwest-Roman *A Talent For Loving* zu engagieren, wurden still und leise beerdigt. ∎

> »Das war meine Fetter-Elvis-Phase, man kann's im Film sehen. Er – ich – war ziemlich fett, ziemlich unsicher und total neben der Kappe.« **JOHN LENNON**

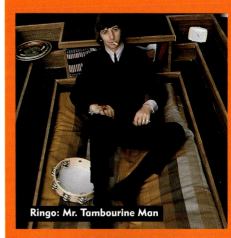

Ringo: Mr. Tambourine Man

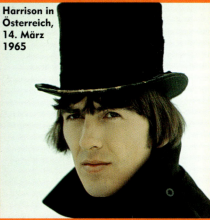

Harrison in Österreich, 14. März 1965

John verliert sich in Musik.

Das Alpha TV-Studio in Aston, Birmingham, am 28. März 1965: die Beatles bei den Proben von *Ticket To Ride* für die Show *Thank Your Lucky Stars*

Was: Die Veröffentlichung von »Ticket To Ride«
Wo: England
Wann: 9. April 1965

ÜBERFLIEGER

Mit *Ticket To Ride* gaben die Beatles einen Vorgeschmack auf ihren künftigen Sound. Der Beatlemania sagten sie Lebewohl. Von Bob Stanley.

TICKET TO RIDE IST DAS ENDE der Pilzkopf-Beatlemania – und der Beginn einer zeitlosen Legende. Einen musikalischen Meilenstein markierte wohl auch das eigenartige Geräusch, mit dem *I Feel Fine* begann, doch *Ticket To Ride* war von vorn bis hinten voller Innovationen: eine dröhnende, melancholische Wand aus Lärm, die erste echte »Produktion« der Beatles.

Bereits das schrille, sprunghafte Intro war eindrucksvoll, zweifellos beeinflusst vom Glockenklang der zwölfsaitigen Gitarre, die die Searchers bei *When You Walk In The Room* verwendet hatten. Immerhin schätzten die Beatles besagte Mersey-Band seit Jahren als ernst zu nehmende Rivalen. *Ticket To Ride* war allerdings wesentlich härter; als die Beatles den Song im Februar 1965 in den Abbey Road Studios aufnahmen, hatten sie mit Sicherheit auch das bedrohliche Feedback des Kinks-Songs *All Day And All Of The Night* im Ohr, ebenso wie *I Can't Explain*, den aktuellen Hit der Who. Anfang 1963 hatte sich Harrison erstmals in den Sound einer zwölfsaitigen Gitarre verliebt; Tom Springfield, der Bruder von Dusty, hatte ihm ein – vermutlich akustisches – Exemplar geliehen. Als er ein Jahr später während der US-Tour krank im Bett lag, präsentierte man ihm eine zwölfsaitige Rickenbacker. Die zweite, die jemals hergestellt wurde. Auf dem Soundtrack zu *A Hard Day's Night* wurde offensichtlich, was man mit dieser neuen Maschine alles anstellen konnte. Das fiese Intro und der raue, kaputte Break von *You Can't Do That* waren atemberaubend. Nachdem er den Film gesehen hatte, eilte Jim McGuinn von den Byrds sofort zum Musikladen, um sich eine Rickenbacker zu kaufen. Ihr quengeliges *Mr. Tambourine Man* eroberte die US-Charts einen Monat nach *Ticket To Ride* – seltsamerweise der letzte Song, bei dem George besagte Gitarre verwendete. Vielleicht wurde ihm klar, dass er sie niemals mehr sinnvoller hätte einsetzen können.

Dass die neue Beatles-Single nicht grenzenlos überschwänglich klang, war für das Publikum ein Schock. Der dichte, treibende Sound der Produktion wurde nur von John Lennons kühlem, nahezu apathischem Gesang abgemildert. »I think I'm gonna be sad«: Zweifel und Schulterzucken bestimmen den Text von der ersten Zeile an. Sobald er »...going away« singt, mündet das unbarmherzige Dröhnen der Zwölfsaitigen schließlich in einen grandiosen Akkordwechsel, und die Melancholie bricht endgültig hervor. Die eigentliche Hilf- und Hoffnungslosigkeit von *Ticket To Ride* offenbart die Coverversion der Carpenters, die sie vier Jahre später als Debüt-Single veröffentlichten – allerdings ohne den Schlussteil aus Pauls Feder. Wie das Beatles-Parodisten »The Rutles« taten Lennon und McCartney später ihr Bestes, den Songtext völlig gegensätzlich zu interpretieren. John behauptete, ein *Ticket To Ride* sei das Gesundheitszeugnis für Hamburger Nutten. Pauls Version, niedergeschrieben in Barry Miles' Biografie *Many Years From Now*, ist sogar noch komischer: Der Titel sei eine Verballhornung von Ryde, jener Stadt auf der Isle Of Wight, in der sein Cousin eine Kneipe betrieb. John und Paul hatten ihn einmal besucht. Pauls Hauptbeitrag zur Single (»Da John sie sang, muss man ihm 60 Prozent zusprechen«) bestand in der Ausarbeitung von Ringos Beat, dem synkopiert-donnernden Vorläufer des glorreichen *Tomorrow Never Knows*.

Der düstere Charakter von *Ticket To Ride* wurde von der traurigen B-Seite *Yes It Is* sogar noch verstärkt: Doch während die A-Seite kompromisslos in die Zukunft blickte, deutete *Yes It Is* das Thema Tod an sowie die Unmöglichkeit der Vergangenheitsbewältigung. Strukturell an *This Boy* angelehnt – John tat *Yes It Is* später sogar als blanke Kopie ab – verweist die im Text erwähnte mysteriöse Figur in Rot jedoch auf eine viel ältere englische Folktradition: Songs über verstorbene Geliebte wie *She Moves Through The Fair*. Ob Lennon dabei nun seine Mutter Julia oder Stuart Sutcliffe im Visier hatte – *Yes It Is* war wie *Help!* eine traurige Reminiszenz an die Vergangenheit. Lennons Unsicherheit und seine Angst, die eigene Kindheit endgültig zu verlieren, erklären auch die karthatische, aufgemotzte Version von *Dizzy Miss Lizzy*, die wenige Wochen später entstand. Ein nettes Stück Lärm, für den letzten Song des *Help!*-Soundtracks jedoch eine seltsam altmodische Wahl. *Yes It Is* klingt indes noch heute modern, man braucht nicht viel Fantasie, um sich den Song als Bestandteil des »Weißen« Albums vorzustellen.

Ticket To Ride stand noch immer in den Top Ten, als das Musikmagazin *Fabulous* der Stadt Liverpool im Juni 1965 eine Sonderausgabe widmete: Die Searchers auf dem Titelbild sehen schick und leger aus, auf der Rückseite spielt Billy Fury mit einem Beach Ball. In der Heftmitte die Beatles, platziert um das Telefon in einer Hotellobby – und offensichtlich total stoned. Der neue aggressive Sound der Kinks und Yardbirds ließ die Beatles zu neuen Ufern aufbrechen, befeuert wurden sie dabei unzweifelhaft von Johns und Georges erster LSD-Erfahrung, die sie – vermutlich im April 1965 – bei einer Dinnerparty gemacht hatten. Verglichen mit dem semiakustischen Material von *Beatles For Sale* ist das manisch-intensive *Ticket To Ride* ein zu großer Entwicklungsschritt, um als Zufall durchzugehen. Das könnte erklären, warum Pauls protziger Zwischenteil und sein fastverklemmtes Finale mit Johns umnebeltem Song nicht recht harmonieren – offenbar ahnte er noch nichts von Johns und Georges neuester Entdeckung. Ringo, einen Tag zuvor aus den Flitterwochen zurückgekehrt, fuhr nach der Session heim zu Maureen.

Vom Blatt: die Noten zur Single

1. APRIL – 9. MAI 1965

APRIL 1965

1-2 In Twickenham gehen die Dreharbeiten zu *Help!* weiter.

3 Die Beatles spielen bei *Thank Your Lucky Stars* *Ticket To Ride*, *Yes It Is* und *Eight Days A Week*.

4 Lennon und McCartney schreiben *Help!*, den Titeltrack zum Film.

5 Bei den Dreharbeiten in einem indischen Restaurant in Twickenham entdeckt Harrison die Sitar.

6 Eine neue EP, *Beatles For Sale No 2*, wird in England veröffentlicht.

8 McCartney besucht Eröffnung des Clubs »Downstairs at the Pickwick«.

9 *Ticket To Ride/Yes It Is* wird in England veröffentlicht.

10 Sid Bernstein besucht Brian Epstein in New York, um 100 000 Dollar Vorschuss für das Konzert im Shea Stadium zu bezahlen.

11 NME Pollwinner-Konzert in Wembley mit den Beatles u. a.

13 Die Beatles nehmen *Help!* in den Abbey Road Studios auf.

14 Dreh der Eröffnungsszene von *Help!* In der Ailsa Avenue.

15 Der Clip zu *Ticket To Ride* feiert bei *Top Of The Pops* Premiere.

16 Interview mit John und George bei *Ready Steady Goes Live!*.

18 *Pop Gear*, ein Film mit den Beatles, Animals, der Spencer Davis Group, Billy J Kramer und Herman's Hermits kommt in die UK-Kinos.

19 *Ticket To Ride* wird in den USA veröffentlicht.

20 Brian Epstein ist der neue Direktor von Harrisongs Limited.

21 In Twickenham wird die »Scotland-Yard«-Szene gedreht.

22 *Ticket To Ride* erreicht Platz eins der britischen Charts.

24 Die *Times* bezeichnet die Aktie des Beatles-Verlags Northern Songs als »Flop des Jahres«. Sie sank im letzten Jahr von 40 auf 30 Pence.

28 Die Beatles werden dabei gefilmt, wie ihnen Peter Sellers einen Grammy Award für *A Hard Day's Night* verleiht.

29 Jimmy Nicol (unten), Ringos Ersatzmann bei der Australien-Tournee, ist pleite.

MAI 1965

3-5 Die Beatles filmen drei Tage lang in Knighton Down auf der Ebene von Salisbury.

7 In Twickenham werden die Dreharbeiten fortgesetzt. Man filmt die Szene, in der Paul McCartney auf eine Körpergröße von neun Zentimetern schrumpft.

9 Die Beatles sehen sich das erste von zwei Konzerten Bob Dylans in der Londoner Royal Albert Hall an.

10. MAI – 10. JULI 1965

10 Im Studio 2 nehmen die Beatles *Dizzy Miss Lizzy* und *Bad Boy* auf. Larry Williams hört ihnen zu.

12 Die Dreharbeiten von *Help!* enden in den Twickenham Studios.

16 Lennon nimmt an einer Party für Johnny Mathis teil.

22 *Ticket To Ride* erreicht Platz eins in den USA.

25 John und Cynthia reisen nach Cannes zum Filmfestival.

26 Für BBC-Liveshow *The Beatles (Invite You To Take A Ticket To Ride)* werden sieben Songs aufgenommen.

JUNI 1965

1 In der amerikanischen *Merv Griffin Show* wird ein Interview mit Lennon ausgestrahlt, das er in Cannes gab.

2 McCartney und Jane Asher fliegen in Urlaub nach Albufeira, Portugal.

7 *The Beatles (Invite You To Take A Ticket To Ride)* wird gesendet.

8 Für US-Compilations fertigt Norman Smith in der Abbey Road einen neuen Stereomix von *I Want To Hold Your Hand* an.

11 Paul und Jane kehren aus dem Urlaub zurück.

12 Es wird bekannt, dass die Beatles für ihre Verdienste um England mit MBEs ausgezeichnet werden. Der RAF-Staffelkapitän Paul Pearson gibt seinen Orden aus Protest zurück.

13 Northern Songs lassen verlauten, dass 1337 Coverversionen von Beatles-Songs aufgenommen wurden.

14 McCartney nimmt *Yesterday* auf. In den USA wird das Album *Beatles VI* veröffentlicht.

15 In der Abbey Road wird *It's Only Love* aufgenommen.

16 Lennon gibt BBC-Radioshow *The World Of Books* ein Interview.

17 *Act Naturally* und *Wait* werden aufgenommen. *Yesterday* wird komplettiert.

18 Lennon tritt in der *Tonight*-Show auf, um sein zweites Buch *A Spaniard In The Works* zu promoten.

19 In einem Brief an die *Times* spricht sich Charles de Houghton dafür aus, die Beatles mit MBEs auszuzeichnen. Sie seien herausragende Devisenbeschaffer und hätten die britische Cord-Industrie gerettet.

20 Im Pariser Palais Des Sports beginnt die Europatournee.

21 Der Regierungsbeamte Richard Pape aus Port Moresby, Neuguinea, retourniert aus Protest gegen die Beatles-MBEs seine Orden.

24 *A Spaniard In The Works* erscheint.

27–28 Zwei Konzerte im Teatro Adriano, Rom. Brian Epstein verschwindet, taucht fünf Tage später in Madrid auf.

29 In Djakarta werden Musiker der Koes Bersaudara Dance Band für das Spielen von Beatles-Musik verhaftet.

JULI 1965

1 Das Album *Beatles VI* wird in den USA mit Gold ausgezeichnet.

4 Die Beatles beenden ihre Europa-Tournee in Barcelona.

10 Das Album *Beatles VI* steht an der Spitze der US-Charts.

Was: Die Aufnahme von »Yesterday«
Wo: Abbey Road Studios
Wann: 14. und 17. Juni 1965

EINZELGÄNGER

Yesterday ist nicht nur der meistgecoverte Song der Popgeschichte, sondern auch das erste Soloprojekt eines Beatle. Von Merrell Noden.

PAUL McCARTNEY LIESS VORSICHT WALTEN, auch wenn *Yesterday* bislang nur als Idee in seinem Unterbewusstsein umherschwirrte. Er schien zu wissen, welche Veränderungen der Song im Beatles-Lager hervorrufen würde: ein trojanisches Pferd, dessen Gefahren sich erst mit der Zeit offenbaren. Seine Vorahnungen waren gerechtfertigt, denn diese 124 Sekunden hochglanzpolierter Bekenner-Lyrik machten deutlich, dass es bei den Beatles fortan zwei musikalische Leiter geben würde, was dann letztendlich auch zur Auflösung der Band führte. Sogar heute noch, 38 Jahre später, sorgt *Yesterday* zwischen McCartney und Yoko Ono für schlechte Stimmung.

Laut McCartneys Erinnerungen war die Musik in seinem Kopf, als er eines Morgens im Hause der Ashers in der Wimpole Street 57 aufwachte: »Ich stand auf und spielte die Akkorde auf dem Klavier, das neben meinem Bett stand.« Schlafen und Träumen spielen in der Mythologie der Beatles von jeher eine große Rolle, weshalb es nicht verwundert, dass McCartney den Song seinem Unterbewusstsein zuschrieb: »Ich habe ihn damals geträumt.« Für einen Mann, der Hits bekanntermaßen in Lichtgeschwindigkeit aus dem Ärmel schütteln konnte, ließ sich McCartney für *Yesterday* erstaunlich viel Zeit. Es wurde zwar erst am 14. und 17. Juni 1965 aufgenommen, doch George Martin behauptete einmal, Paul habe bereits im Januar 1964 daran gearbeitet, als die Beatles in Paris weilten. Der Song tauchte bei den Dreharbeiten zu *Help!* erneut auf, McCartney dudelte das Stück so lange auf dem Studioklavier, bis Regisseur Richard Lester die Geduld verlor und drohte, das Piano wegschaffen zu lassen. Als die Musik stand, fragte McCartney bei repertoirefesten Branchenkennern an, ob es möglich wäre, dass er einfach nur einen alten, längst vergessenen Standard aus der Versenkung geholt hätte. »Es war«, erinnert er sich, »als ob man etwas im Fundbüro abgibt. Wenn es nach ein paar Wochen keiner abgeholt hat, darf man es behalten.« Sogar als er bereits wusste, dass es sein Song war, bot er *Yesterday* anderen Künstlern wie Chris Farlowe, Billy J. Kramer und Marianne Faithfull an. Letztlich nahm Matt Munro die erste Coverversion auf und erreichte damit Platz acht der englischen Charts. Der Arbeitstitel war *Scrambled Eggs*, auf den ersten Blick wunderbar unpassend. Bis einem klar wird, dass McCartney einfach über die Stränge schlagen musste, um seiner Genialität freien Lauf zu lassen. Den endgültigen Text verfasste er im Ferienhaus des Shadows-Gitarristen Bruce Welch während eines kurzen Portugal-Urlaubs. Noch immer höchst unsicher, fragte er schließlich George Martin, ob der Songtitel *Yesterday* nicht doch eine Spur zu kitschig wäre. Martin verneinte, wies ihn aber darauf hin, dass Peggy Lee ein Stück namens *Yesterdays* aufgenommen hätte. McCartney kannte den Song nicht, wähnte sich jetzt aber auf sicherem Terrain. In der Nacht des 14. Juni nahm er die Gesangs- und Gitarrenspur auf, die restlichen Beatles wussten nichts beizusteuern und

waren von Pauls Vernarrtheit in den Song ohnehin zunehmend genervt. »Hält sich wohl für Beethoven«, grummelte George angeblich. Die gereizte Stimmung ist nachvollziehbar. Denn Paul McCartney war nicht nur unerträglich (wenn auch zu Recht) stolz auf *Yesterday*, der Song war auch die erste Soloarbeit eines Beatle. George Martins Vorschlag an Brian Epstein, als Komponisten lediglich McCartney zu nennen, wurde mit einem nachdrücklichen Nein beantwortet (siehe auch das Foto vom Notenheft). Martin war auch derjenige, der als Begleitung ein Streichquartett vorschlug. Da McCartney im Haus der kultivierten Familie Asher lebte, war er für eine derartige Ketzerei empfänglich. Jane Ashers Mutter spielte Oboe und lehrte an der Guildhall School Of Music, zu ihren Schülern hatte einst sogar George Martin gehört. Das Streicherarrangement komponierten McCartney und Martin im Haus des Produzenten, wobei Paul darum bemüht war, dem Ganzen seinen Stempel aufzudrücken, indem er vorschlug, das Cello eine kleine Septime spielen zu lassen. George Martins Beteiligung ging bei *Yesterday* erstmals über die reine Produzentenrolle hinaus. Erstmals spielten Gastmusiker auf einem Beatles-Song. Bratschist Kenneth Essex erinnert sich an eine »zügige Aufnahmesession«. Vier Studioprofis sollten zwei Stunden zur Verfügung stehen, die Gage betrug je fünf Pfund und 25 Pence. Sie wurden viel schneller fertig, Essex spricht auch heute noch von einem »angenehmen, kleinen Lied«. In der Studiokantine traf Cellist Francisco Gabarro einige Tage später McCartney, der ihn mit den Worten »Ich glaube, das wird ein Hit« begrüßte. Das wurde er. *Yesterday* ist nicht nur der meistgecoverte Song der Beatles, sondern laut *Guinness Buch der Weltrekorde* auch der gesamten Musikgeschichte. Im Sommer 1965 führte er vier Wochen lang die amerikanischen Charts an und entwickelte sich dort zum meistgespielten Song der kommenden Jahre. Obwohl das Stück in England als Albumtrack von *Help!* seit August 1965 wohl bekannt war, entschieden sich die Beatles gegen eine Single-Auskopplung – man zog es vor, auch weiterhin als Rockband in Erscheinung zu treten. Albert Goldman schreibt in seiner John-Lennon-Biografie, dass die außergewöhnliche Popularität von *Yesterday* für John ein empfindliches Dauerärgernis darstellte: »Er verzweifelte daran, einen ebenso populären Song zu schreiben.« John Lennon muss demnach wirklich hoch erfreut gewesen sein, dass Paul McCartney, 1980 wegen Drogenbesitzes im japanischen Gefängnis, von den Wärtern andauernd dazu genötigt wurde, *Yesterday* zu singen. Einen wunden Punkt berührte Paul McCartney auch, als er im Zuge der Arbeiten an der Hit-Sammlung *One* bei Yoko Ono anfragte, ob er den Autoren-Credit für *Yesterday* in »Paul McCartney und John Lennon« umändern dürfe, um seine alleinige Autorenschaft zumindest ein wenig zu verdeutlichen. Yoko Ono lehnte es kategorisch ab, was nur unterstreicht, welche wichtige Rolle der Song für die Beatles spielt. Sogar heute noch.

»Ich wachte auf und spielte die Akkorde auf dem Klavier, das neben dem Bett stand.« Paul 1965 in Jane Ashers Londoner Wohnung

Ringo und George, umringt von 55 600 schreienden Amerikanern im New Yorker Shea Stadium

Was: Das Konzert im Shea Stadium
Wo: Shea Stadium, New York City
Wann: 15. August 1965

SPIELZEUGMÄNNCHEN

Keiner hatte je zuvor ein größeres Konzert gegeben – nicht mal die Beatles. Schade, dass man sie weder sehen noch hören konnte. Von Dave DiMartino.

WENN ES IM KOLLEKTIVEN Bewusstsein Nordamerikas ein Bild geben sollte, das die enorme Popularität der Beatles symbolisiert, dann dieses: Spielzeugmännchen. Genauer gesagt: Vier Spielzeugmännchen, abgebildet auf zahllosen Polaroid-Schnappschüssen, die heute auf der ganzen Welt ihr Dasein in vergilbten Sammelalben fristen. Man erkennt eine Rockband auf der Bühne, platziert in der Mitte eines Baseballfeldes. Beobachtet wurden die Spielzeugmännchen von 55 600 Menschen, viele von ihnen schrien so laut, dass bis heute unklar ist, ob irgendjemand die Musik hören konnte. Die Spielzeugmännchen mit eingeschlossen.

Ein Film liefert den Beweis: Am 15. August 1965 bestiegen die Beatles tatsächlich eine Bühne im riesigen New Yorker Shea Stadium und spielten als Headliner des bis dahin größten Konzerts der Menschheitsgeschichte. Ohrenzeugen berichteten, das Ereignis sei »lauter als Gott« gewesen – eine Abwandlung von Lennons beiläufiger Bemerkung, die wenige Monate später für Furore sorgen sollte. »Ich kann mich nicht daran erinnern, die Musik gehört zu haben«, erzählt Ida Langsam, mittlerweile Musikverlegerin in New York und damals unter dem Namen Judee Gould Sekretärin des offiziellen Beatles-Fanclubs. »Um zu erkennen, welchen Song sie gerade spielten, brauchte ich nur einen einzigen Ton zu hören, der Rest war ohnehin egal. Denn in meinem Kopf ist das Konzert Note für Note abgespeichert, und zwar so, wie es auf der Platte zu hören ist. Ich habe die Platte so oft gespielt, dass ich sie auswendig kenne.«

Der Konzertfilm, in England von der BBC am 1. März 1966 und in den USA am 10. Januar 1967 von ABC ausgestrahlt, dokumentiert den Höhepunkt der amerikanischen Beatlemania. Auf der Bühne sieht man Ed Sullivan, den amerikanischen TV-Veteranen, der die Beatles durch Auftritte in seiner Show unterstützt hatte; Murray Kaufman, DJ beim Sender wins, bekannt als »Murray The K« und selbsternannter »fünfter Beatle«; neben anderen die support acts King Curtis, Brenda Holloway und Sounds Incorporated; Konzertveranstalter Sid Bernstein, der die Beatles in die Carnegie Hall gebracht hatte und sie im Sommer 1966 für weitere Shows im Shea Stadium zurückholen sollte.

Die Art und Weise, wie es Bernstein gelang, das Shea Stadium bis zum letzten Platz zu füllen, ohne einen Cent für Werbung auszugeben, verdient in den Annalen der großen amerikanischen Show-Biz-Legenden eine besondere Erwähnung. In seiner Autobiografie Not Just The Beatles erzählt er auf charmante Weise, wie er im Oktober 1964 mit Manager Brian Epstein eine mündliche Vereinbarung traf: Kommenden August sollten die Beatles im Shea Stadium spielen, bereits im Januar 1965 wurde eine Anzahlung von 50 000 Dollar fällig, zahlbar an Epstein und Voraussetzung für die Erlaubnis, das Konzert zu bewerben. Da Bernstein nicht so viel Bargeld besaß, setzte er einfach auf Mundpropaganda. Unter den Jugendlichen am Washington Square ließ er verbreiten, dass die Beatles nächsten August in die Stadt kämen. Wer Tickets wolle, müsse nur das Geld an ein Postfach schicken. »Mir war klar, dass ich ohne die Anzahlung nicht das Recht hatte, die Show zu bewerben, also schlug ich mir drei Wochenenden am Washington Square um die Ohren. Das alles konnte natürlich nur mit den Beatles funktionieren. Die Mundpropaganda ging um die ganze Welt, ich erhielt sogar Briefe aus dem Ostblock. Als ich dann zur Post ging, gab man mir dort zwei oder drei riesige Postsäcke. Ich sagte: ›Freunde, ich glaube nicht, dass das meine Post ist.‹ Sie antworteten, ›doch, doch‹, und zogen ein paar Briefe mit meiner Adresse aus den Säcken, in denen das Geld klimperte. Ein Phänomen, das sich nicht wiederholen lässt.« Dank der eifrigen Mitarbeit eigens engagierter Lehrschwestern, die die Umschläge öffneten, konnte Bernstein alsbald ins New Yorker Waldorf Hotel spazieren und Epstein einen Scheck über 100 000 Dollar aushändigen – doppelt so viel wie ursprünglich vereinbart. Zur Logistik: Bei einem Konzert dieser Größe war die Security natürlich kein Pappenstiel. Man arbeitete also einen Plan aus, nach dem die Beatles mit dem Hubschrauber von Manhattan zu den Worlds Fairgrounds in der Nähe des Stadions fliegen würden. Dort sollten sie in eine gepanzerte Limousine umsteigen, die sie unauffällig unter die Tribüne brächte. Von da an müssten sie quer über das Spielfeld rennen, die Bühne besteigen, ihr Set spielen und dann genau auf dem gleichen Weg wieder verschwinden.

"Bla Bla Bla!" John und Paul bitten um Gehör

Seltsamerweise ging es genau wie geplant über die Bühne. Umtost von Geschrei und umringt von Transparenten eilten diese kleinen Figuren auf der weit entfernten Bühne durch ihr zeitgenössisches Live-Repertoire. Sie spielten zwölf Songs, darunter Material vom aktuellen Film Help!, und genossen dabei die surreale Erfahrung, in einem derartigen Rahmen ohne Monitoranlage zu spielen. Kein Wunder, dass die erhältlichen Audio- und Video-Bootlegs mit nachträglichen Overdubs verfälscht wurden. Um die Historiker weiter zu verärgern, wurde Twist And Shout gegen eine Version ausgetauscht, die zwei Wochen später in L.A. entstand.

Das Shea Stadium war nicht ausverkauft, als die Band 1966 zurückkehrte. Bernstein behauptet, das hätte nur daran gelegen, dass er einen Schuhkarton voller Tickets verlegt hätte: »Wir hätten sie losgebracht. Diese Tickets wurden Sammlerstücke, ich habe sie später für ein Vermögen verkauft.« Trotz des Titels seiner Autobiografie wird er für den Rest seines Lebens mit den Beatles assoziiert werden: ein warmherziger Typ, heute 84, der voller Stolz zurückblickt. Er erinnert sich, wie er Jahre später Jimmy Cliff in die Carnegie Hall holte und auf Lennons Anfrage drei Tickets zurücklegen ließ. Als sie während der Pause nebeneinander saßen, lehnte sich Lennon zu ihm herüber: »Weißt du, Sid, damals im Shea Stadium, da stand ich auf dem Gipfel.« Bernstein: »Weißt du was, John? Ich auch.«

---

12. JULI – 15. AUGUST 1965

12 Die Moody Blues geben eine Party in ihrem Haus in Roehampton. Mit dabei sind Paul und Jane Asher, George und Patti Boyd sowie Rod Stewart.

13 Im Savoy Hotel werden McCartney für Can't Buy Me Love fünf Ivor Novello Awards verliehen, u.a. für das meistaufgeführte Werk und die höchsten Verkäufe in England.

14 Paul besucht eine Aufführung von Jane Asher im Palace Theatre in Watford.

16 Brian Epsteins Plan, mit dem Pilgrim Theatre in Bromley eine neue Konzerthalle zu bauen, scheitert an der Verweigerung der Baugenehmigung.

19 Die neue Single Help!/I'm Down erscheint in den USA.

23 Help!/I'm Down wird auch in England veröffentlicht.

24 Ringo Starr erwirbt für 37 000 Pfund das Landhaus Sunny Heights in Weybridge, Surrey.

29 Die Weltpremiere von Help! findet im London Pavilion statt.

29 Die neue Single Help! stürmt die englischen Single-Charts.

AUGUST 1965

1 Die Beatles spielen im ABC Theatre sechs Songs für die TV-Übertragung von Blackpool Night Out (unten).

2 Paul und Jane verbringen mit den Byrds einen Abend im Londoner Club Scotch Of St. James. Brian Epstein kündigt an, dass für 1965 keine weiteren Englandtourneen geplant seien.

3 Lennon kauft in Poole, Dorset, ein Haus für seine Tante Mimi.

5 Help! erreicht Platz eins der englischen Single-Charts. Lennon und Harrison besuchen im Blaises, Knightsbridge eine Show der Byrds.

6 Das Album Help! wird in England veröffentlicht. Im Londoner Flamingo-Club sieht McCartney die Byrds.

7 Help! steigt auf Platz 41 in den amerikanischen Single-Charts ein.

8 John und George besuchen das Abschlusskonzert des 5. National Jazz & Blues Festivals in Richmond.

9 John produziert im IBC-Studio die Version seines Songs You've Got To Hide Your Love Away von den Silkies mit Paul (Gitarre) und George (Tamburin).

11 Der Film Help! feiert in New York seine US-Premiere.

12 Lennon probiert im IBC Studio ein Mellotron aus. Schwer beeindruckt erklärt er: »Ich muss eins davon haben.«

13 Das Album Help! wird in den USA mit einer geänderten Tracklist veröffentlicht. Die Beatles fliegen für ihre dritte US-Tour nach New York.

14 Eine Aufführung für die Ed Sullivan Show wird aufgezeichnet.

15 Die Beatles spielen im New Yorker Shea Stadium vor 56 000 Fans. Abends hängt die Band im Warwick Hotel mit Bob Dylan rum.

16. AUG. – 16. SEPT. 1965

16 Die Beatles unterhalten ihre Besucher im New Yorker Warwick Hotel, darunter Bob Dylan, The Supremes, Ronettes und The Exciters.

17 In den Maple Leaf Gardens, Toronto, wird die Tour fortgesetzt.

21 Ron Butwin und Randy Resnick vom örtlichen Musikladen B-Sharp übergeben George im Metropolitan Stadium, Minneapolis, Minnesota, eine zwölfsaitige Rickenbacker.

22 Carl Wilson und Mike Love von den Beach Boys besuchen die Beatles in der Garderobe des Memorial Coliseum in Portland, Oregon.

23 Das Album *Help!* erhält Gold in den USA (oben).

24 Nachdem ein Triebwerk ihres Flugzeugs Feuer gefangen hat, legen die Beatles in einem eigens gemieteten Haus im 2850 Benedict Canyon Drive in Hollywood eine Pause ein. Die Byrds und Peter Fonda kommen für eine Party vorbei.

25 Die *Times* berichtet, dass Northern Songs die Gewinnerwartung von 550 000 Pfund für das Jahr 1964 um 71 000 Pfund übertroffen haben.

27 Die Beatles treffen Elvis Presley in seinem Haus in Hollywood.

28 Im Balboa Stadium, San Diego, wird die US-Tour fortgesetzt.

29–30 Zwei Shows in der Hollywood Bowl, Los Angeles. Die BBC sendet *The Beatles Abroad*, eine 45-minütige Show mit Interviews von der laufenden US-Tournee.

31 Die dritte US-Tournee endet im Cow Palace, San Francisco.

SEPTEMBER 1965

1 In L.A. treffen die Beatles die Byrds, bevor sie heimfliegen.

2 Die Single *Help!* wird in den USA mit Gold ausgezeichnet.

3 Beginn einer sechswöchigen Arbeitspause.

4 *Help!* erreicht Platz eins der amerikanischen Single-Charts.

10 Wie berichtet, verhandelt Brian Epstein mit den amerikanischen Produzenten der Beatles-Cartoons über eine Ausstrahlung im englischen Fernsehen.

11 Das Album *Help!* erreicht Platz eins der US-Charts und bleibt dort für die nächsten neun Wochen.

12 Die Beatles sind die musikalischen Gäste in der amerikanischen *Ed Sullivan Show*. Ihr Auftritt war am 14. August aufgezeichnet worden.

13 Als neue Single wird in den USA *Yesterday* veröffentlicht. Eine Auskopplung in England ist vorerst nicht geplant.

15 McCartney besucht ein Konzert von Ben E King im Londoner Club Scotch Of St James.

16 Die Single *Eight Days A Week* wird in den USA vergoldet.

Was: Die Beatles treffen Elvis
Wo: Bel Air, Kalifornien
Wann: 27. August 1965

LANG LEBE DER KÖNIG

Nichts wollten die Beatles mehr, als ihr Idol Elvis zu treffen. Dann setzten sie einen drauf und jammten sogar mit ihm. Von *Keith Badman*.

ES GAB NUR EINEN MENSCHEN IN DEN USA, den wir wirklich treffen wollten«, sagte John Lennon im Jahr 1975, »und zwar Elvis. Wir verehrten ihn so sehr. Als ich das erste Mal *Heartbreak Hotel* hörte, konnte ich den Text kaum verstehen, aber allein die Musik verschaffte mir eine Gänsehaut. Man hatte nie zuvor einen Amerikaner gehört, der ähnlich sang. Alle anderen klangen immer wie Frank Sinatra.«

Als die Beatles 1964 erstmals nach Hollywood kamen, äußerten legendäre Stars wie Dean Martin und Frank Sinatra den Wunsch, die Band zu treffen. Doch die Beatles wollten eigentlich nur einen kennen lernen: The King. Der Versuch während ihrer US-Tournee im August 1964 scheiterte, doch als sie im Sommer 1965 zurückkehrten, sah es besser aus: Die Beatles und Elvis, gerade mit Dreharbeiten beschäftigt, würden zur gleichen Zeit in Hollywood weilen. Drei Tage lang wurde das Treffen in Presleys Haus in Bel Air vorbereitet. »Ziemlich lustig«, erinnerte sich George Harrison, »denn als wir schließlich vor seinem Haus standen, hatten wir vergessen, wohin wir eigentlich wollten. Wir rüttelten an diesem großen Tor, als jemand sagte: ›Ach genau, wir sind auf dem Weg zu Elvis‹. Wir stolperten aus der Limousine und lachten.«

»Wir hofften auf Geheimhaltung«, erinnerte sich John Lennon, »aber einige Fans und die Presse hatten Wind von der Sache bekommen. Der Gedanke, Elvis und die Beatles vereint zu sehen, ließ manche Leute schlichtweg durchdrehen ... Elvis sagte bedächtig Hallo und führte uns in einen riesigen, runden Raum. Ich weiß, dass Paul, George und Ringo genauso nervös waren wie ich. Das also war der Typ, den wir all die Jahre verehrt hatten. Eine lebende Legende. Es ist eben nie ganz leicht, eine Legende zu treffen.«

Zuerst fehlten den Beatles die Worte. Paul und John saßen auf der einen Seite neben Elvis, Ringo auf der anderen. George hockte im Schneidersitz auf dem Boden. Schließlich versuchte Elvis ihnen die Scheu zu nehmen und brach das peinliche Schweigen: »Wenn ihr nur hier sitzen und mich anstarren wollt, dann gehe ich jetzt schlafen«, witzelte er, »lasst uns ein bisschen plaudern, okay? Und vielleicht ein bisschen singen und spielen.«

Das hielten die Beatles für eine prima Idee: »Das genau war es, was wir eigentlich wollten«, erzählte Lennon später. »Man konnte spüren, wie die Spannung langsam wich. Nach kurzer Zeit sagte Elvis: ›Kann mal jemand die Gitarren holen?‹ Einer seiner Mitarbeiter sprang auf und binnen Sekunden waren drei Gitarren an Verstärker angeschlossen. Elvis nahm einen Bass, ich spielte Rhythmusgitarre. Er kannte sich offenbar nicht so recht mit dem Bass aus, weshalb Paul ein paar Hilfestellungen gab. George inspizierte erst mal die Gitarre, weshalb es ein paar Minuten dauerte, bis er einstieg. Unser erster gemeinsamer Song war Cilla Blacks damaliger Hit *You're My World*. Danach sagte ich: ›Klasse Beat, nicht wahr?‹ Zumindest hatten wir jetzt einen Weg gefunden, miteinander zu kommunizieren. Nur Ringo sah ein bisschen niedergeschlagen aus. Er konnte uns nur beobachten und dabei auf der Stuhlkante trommeln. Elvis sagte: ›Schade, dass wir das Schlagzeug in Memphis gelassen haben‹.«

Als die ganze Entourage gegen zwei Uhr nachts bereits zu ihren Autos ging, kam Colonel Tom Parker vorbei und wandte sich an Chris Hutchins, einen der beiden Journalisten, die dem Treffen der Popgiganten beiwohnen durften: »Sag den Fans, dass es ein großartiges Treffen war«. John überhörte es lachend und meinte nur: »Sag ihnen die Wahrheit. Es war ein Haufen Schwachsinn.«

Am 21. Dezember 1970 traf sich Elvis mit dem damaligen US-Präsidenten Richard Nixon im »Oval Office« des Weißen Hauses. Bei dem Gespräch äußerte Elvis seine feste Überzeugung, dass die Beatles in den vergangenen Jahren den Anti-Amerikanismus gefördert hätten. »Ich hatte Einblicke in diese berühmten Gesprächsprotokolle«, räumte Paul McCartney später ein, »Elvis hat tatsächlich versucht, uns anzuschwärzen. Im Protokoll steht, wie er zu Nixon sagt: ›Nun, Sir, diese Beatles sind sehr unamerikanisch, außerdem nehmen sie Drogen.‹ Ich fühlte mich ein wenig betrogen, das muss ich schon sagen. Der große Witz war doch, dass er über unseren Drogenkonsum sprach – und wir wissen ja, was mit ihm passierte. Er wurde sogar auf der Toilette erwischt, total stoned! Sehr traurig, das alles, aber ich liebe ihn immer noch, vor allem seine Frühphase. Er hat mich sehr stark beeinflusst.« Laut John starb Elvis nicht 1977, sondern als er in die Armee eintrat: »Das war der Tag, an dem sie ihn umbrachten, danach war er eine lebende Leiche.«

Herzlichen Dank auch: Elvis steht in der Tür und sagt den Beatles Lebewohl

John Lennon: »Sein Sinn für Humor blieb mir am stärksten im Gedächtnis. Er lachte gerne und brachte auch andere gerne zum Lachen.«

ALBUM INFOS

HELP!

Zeit der Veränderung

Help!, die letzte in aberwitziger Geschwindigkeit produzierte LP der Beatles, enthält ein paar Alibi-Songs, aber auch einige der besten Momente John Lennons und natürlich *Yesterday*. Von Alexis Petridis.

Irrwitzige Abenteuer von vier sympathischen Kerlen im Film, gespielt von Männern, die so bekifft waren, dass sie kaum stehen konnten – und die LP, die als vorgeblicher Soundtrack diente, zeigten die Beatles im Wandel. *Help!* weist deutlich in die Zukunft der Fab Four. Die neue emotionale Reife, aber auch die Polarisierung zwischen John und Paul, die die letzten Jahre der Band charakterisieren sollte. John, der im Titelsong und in *You've Got To Hide Your Love Away* seine Seele bloßlegt und Paul, der mit *Yesterday* den beliebtesten Song der Welt abliefert. Andererseits wirkt *Help!* wie ein Abgesang auf die Ära der Beatlemania, die Arbeit einer Band, die immer noch unter dem Druck ihrer britischen und amerikanischen Plattenfirmen steht, Hit-Nachschub zu liefern, bevor die Blase platzt (besonders auf amerikanischer Seite muss ein Zittern durch die Vorstandsetagen gegangen sein, als *Ticket To Ride* nur eine Woche lang die US-Charts anführte).

Help! wurde vor allem als das erste »echte« Drogenalbum der Beatles berühmt. Im Jahr zuvor hatte Bob Dylan die Fab Four mit Marihuana bekannt gemacht und je nachdem, wessen Chronologie man folgt, erlebten John Lennon und George Harrison ihre ersten LSD-Trips entweder kurz vor oder kurz nach den Sessions für *Help!*. Auf gewisse Weise nimmt *Help!* die gesamte Debatte über den Einfluss von Drogen auf die Popmusik vorweg. In der Ecke der Fürsprecher tummeln sich selig einige der besten Aufnahmen der Beatles, auf denen sie hörbar mittels ihres Drogengebrauchs bestimmte Grenzen überschritten und die Popmusik in bisher unbekannte Dimensionen vorangetrieben haben. Die grandiose Innenschau des Songs *You've Got To Hide Your Love Away* zeigt John Lennons neue emotionale Tiefe, mit der er düster die dunklen Ecken seiner Seele in einer Klarheit darstellt, die noch kein britischer Songwriter zuvor erreicht hatte. *Ticket To Ride* ist der wundervolle Sound des Merseybeat nach dem Inhalieren. Der Drogeneinfluss könnte nicht deutlicher sein, ginge es im Text um das letzte Blättchen Zigarettenpapier und darum, wer neues besorgt. Mit großen geröteten Augen starrt der Song den Hörer an, der Protagonist ist sich seiner Gefühle nicht sicher und die folgenden melodischen wie rhythmischen Wendungen spiegeln diese emotionale Unentschlossenheit wider.

> »Das erste echte Drogen-Album der Beatles, es nimmt die Debatte über den Einfluss von Drogen auf Pop vorweg.«

Die Inspiration zum LP-Cover entstand während der Dreharbeiten – die Winksignale hatten allerdings keine Bedeutung.

Wer jedoch Drogen als Kreativitätsblocker betrachtet, findet nachlässige Momente auf *Help!*, schnell hingeworfen von einer Band, deren Sinn für Qualität zeitweise in Rauch aufgegangen zu sein scheint. Während Pauls *I've Just Seen A Face* noch ein oft übersehenes originelles Schmuckstück ist – eine charmante englische Umkehrung von Dylans Einfluss auf *Help!* zwischen Greenwich Village und dem einfacheren Skiffle-Sound –, riechen etliche weitere Beiträge von ihm nach Füllmaterial: *Another Girl* und *Tell Me What You See* sind nett, aber nicht nett genug, um den Eindruck zu verhindern, dass sie nur geschrieben wurden, um das

Album zu füllen. Lennon sagte über *It's Only Love*, es wäre »miserabel ... furchtbar ... der Song von mir, den ich wirklich hasse«, wobei einfach mehr Sorgfalt beim Schreiben des banalen Textes einiges gerettet hätte. Seine Unausgegorenheit gehört in dieselbe Kategorie wie die miserabel gedoppelte Gitarre in Larry Williams *Dizzy Miss Lizzy* – das letzte Rock'n'Roll-Cover der Beatles bis zum *Get-Back*-Fiasko – oder der Tatsache, dass Harrisons unentschuldbar künstliches *You Like Me Too Much* und Ringos altes Buck-Owens-Cover *Act Naturally* überhaupt auf der LP sind. Die Wahl dieses Songs scheint verständlich, da der Text Film und einsamen Charme auf eine Weise zusammenführt, die an Ringos Einzelgänger-Szene in *A Hard Day's Night* erinnert. Das Resultat schien allerdings überzeugender, als Ringos Schauspielkunst allen Ernstes mit der von Charlie Chaplin

DIE STÜCKE

A-SEITE

1. Help
Lennon/McCartney
Gesang Lennon

2. The Night Before
Lennon/McCartney
Gesang McCartney

3. You've Got To Hide Your Love Away
Lennon/McCartney
Gesang Lennon

4. I Need You
Harrison
Gesang Harrison

5. Another Girl
Lennon/McCartney
Gesang McCartney

6. You're Gonna Lose That Girl
Lennon/McCartney
Gesang Lennon

7. Ticket To Ride
Lennon/McCartney
Gesang Lennon

8. Act Naturally
Morrison/Russell
Gesang Starr

B-SEITE

9. It's Only Love
Lennon/McCartney
Gesang Lennon

10. You Like Me Too Much
Harrison
Gesang Harrison

11. Tell Me What You See
Lennon/McCartney
Gesang Lennon

12. I've Just Seen A Face
Lennon/McCartney
Gesang McCartney

13. Yesterday
Lennon/McCartney
Gesang McCartney

14. Dizzy Miss Lizzy
Larry Williams
Gesang Lennon

ALBUM INFOS

HELP!

PRESSESTIMMEN
Die Presse empfahl Taschentücher beim Hören.

»Das Album könnte auch *The Many Moods Of The Beatles* heißen. Unter den 14 Songs sind Balladen, Rock'n'Roll, Folk, Country und schlichter Pop. Wer den Titelsong noch nicht kennt, sollte einen sehr guten Grund haben. *You've Got To Hide You Love Away* zeigt John als Folkmusiker. Diese langsame, traurige Nummer wird von Akustikgitarren und Tambourin bestimmt. Flöten verstärken die Düsternis. Auf *I Need You* ist Georges seltener Gesang zu hören. Der Song lebt vom Cha-Cha-Cha-Rhythmus, ist aber wenig herausragend ... In *It's Only Love* drückt John ein weiteres Mal auf die Tränendrüse. Er weint beinahe und man kann sich die feuchten Taschentücher in den Händen der Mädchen vorstellen, die diesen Song hören. Georges sehnsüchtig gespielte Gitarre vertieft das Melodram. Auch bei *Yesterday* braucht ihr Taschentücher, Mädels! Paul singt diesen langsamen, düsteren und schmerzerfüllten Song, während er sich auf der Gitarre begleitet. Ein Streichquartett unterstreicht die Trauer, mit der Paul davon singt, wie er seine Liebe verlor und nun allein ist mit seinem Schmerz. Mein Lieblingsstück.«
Richard Green, *Record Mirror*, 24. Juli 1965

»Der heiße Soundtrack zum nächsten Film der Beatles ist ein Chart-Anwärter. *Help!* und *Ticket To Ride* sind auch drauf. Mit *Yesterday* versucht Paul sich im Dylan-Stil und liefert mit Streicherunterstützung eine große, warme Ballade ab.«
***Billboard*, 28. August 1965**

COVER STORY
Warum die Winksignale rein gar nichts bedeuten.

Dank eines Budgets von 400 000 Pfund konnte Richard Lester den zweiten Film mit den Beatles an so entfernten Orten wie den Bahamas oder den österreichischen Alpen drehen und ihre Mätzchen in Technicolor zeigen. Der ehemalige Fotograf von der *Sunday Times*, Robert Freeman, der die Beatles erstmals 1963 getroffen hatte, schoss das Coverfoto des Albums, auf dem sechs Stücke aus dem Film zu finden waren. Ohne etwas von der fruchtbaren Zusammenarbeit zu ahnen, nahm er damals den Auftrag für *With The Beatles* an und fotografierte bis *Rubber Soul* von 1965 fünf weitere Cover. Während seiner Arbeit als Farbberater und Titelgestalter am Set des Films kam Freeman die Idee für sein vorletztes Beatles-Cover.

»Die Beatles drehten eine Szene in Österreich, bei der sie im Schnee standen und ihre Arme zu einem Playback bewegten. Da kam mir die Idee, HELP in den Semaphoren des Winkelalpabets zu buchstabieren. Bei der Fotosession sah das Arrangement der Arme mit diesem Buchstaben aber nicht besonders gut aus. Also improvisierten wir und fanden schließlich die optisch besten Positionen für die Arme.«

Das Cover-Foto entstand in den Twickenham-Filmstudios, während die Beatles auf einer eigens gefertigten Plattform vor einem weißen Hintergrund standen. »Ich verwendete eine Großformat-Kamera, um die Mimik auf ihren Gesichtern trotz der großen Entfernung einfangen zu können. Es war ein einfaches, grafisches Konzept. Aber ich denke, das Cover würde nur mit dem Foto, ohne irgendwelche Buchstaben besser wirken. Schließlich waren die Beatles auf dem Höhepunkt ihres Ruhms angelangt und wurden von jedermann sofort erkannt.«

Die Rückseite zeigt vier Schwarzweiß-Bilder der einzelnen Musiker. Freeman entschied sich für Schwarzweiß, um die Atmosphäre der Jazz-Cover dieser Zeit nachzuempfinden.«
Lois Wilson

»Mit dem Titelsong konnte Lennon erstmals über die Standardmetaphern eines Liebesliedes hinauswachsen.«

verglichen wurden. Wie *Anthology 2* beweist, hatten die Beatles mit *You've Got Trouble* und dem Ringo-Feature *That Means A Lot* besseres Lennon/McCartney-Material auf Lager, das sie jedoch fallen ließen, da es nicht auf Anhieb funktionierte. Ob ihnen die Zeit zur Ausarbeitung fehlte oder sie ganz einfach keine Lust dazu hatten, ist hinfällig – *Help!* verliert so oder so dadurch.

Wer genau hinhört, findet auf *Help!* aber eine versteckte Tiefe: Momente, die auf die Zukunft der Beatles hinweisen. Angeregt durch Marihuana – vielleicht auch LSD – scheinen sie bei den eher wenig herausragenden Nummern experimentiert zu haben. So erinnert die summende Gesangs-Coda in *Tell Me What You See* ein wenig an *Rain*. Die mittels Lautstärkepedal an- und abschwellende Gitarre von George Harrison in *I Need You* läuft dem Gebrauch des Rückwärts-Effektes in der *Revolver*-Ära voraus. *The Night Before* wäre Standard-Beat-Gewäsch, würde es nicht ertrinken in Schwindel erregendem Hall, der es unendlich interessanter und faszinierender macht. Und obwohl Lennon den Text von *It's Only Love* in wenigen Sekunden hingeschmiert zu haben scheint, gibt sich die Produktion merkwürdig futuristisch. In glitzernde Effekte gehüllt erinnert die Leadgitarre manchmal an eine Sitar – wohl nicht ganz zufällig, denn eine Woche vor den Aufnahmen hörten die Beatles am Set des Films zum ersten Mal indische Musik.

Dreh- und Angelpunkt von *Help!* sind am Ende jedoch zwei Stücke, je eins von Lennon und McCartney. Lennon hatte bereits zuvor mit seinem Schicksal gehadert. Seine Beiträge zu *Beatles For Sale* waren durchgehend schwermütig, aber mit dem Titelsong von *Help!* schaffte er es zum ersten Mal, über die Standardmetaphern eines Liebesliedes hinauszuwachsen. Die Kraft seines Ausdrucks haut einen auch nach so langer Zeit um.

Vergoldet: *Help!* verkaufte sich hervorragend, aber für den Nachfolger änderten die Beatles ihre Taktik.

Es ist das Vermächtnis des Songs, dass John sich auch noch Jahre später genötigt fühlte, immer wieder auf die Verzweiflung hinzuweisen, die in *Help!* dominiert, trotz der feinsinnigen Melodie und der Performance der Band. Verzweiflung hat selten so aufregend geklungen.

Die Analyse von Pauls Solobeitrag *Yesterday* gleicht dem Versuch, *Happy Birthday To You* zu analysieren, so tief ist dieser Song mit der Psyche eines jeden verwoben, der sich auch nur ein bisschen für Popmusik interessiert. Es heißt, Paul habe das Stück geträumt. Ich nehme es auf mich, wie ein Kiffer zu klingen, der den Einfluss des ersten Joints auf die Beatles beschreibt, aber es ist, als stamme der Song direkt aus dem Unterbewusstsein jenes Abends mit Bob Dylan in New York. Es ist wie beim Song *Satisfaction* von den Stones. Keith Richards hatte den Song ebenfalls geträumt.

Paul verbrachte Ewigkeiten damit an *Yesterday* zu feilen. Er spielte es allen möglichen Leuten vor und fragte nach ihrer Meinung, bevor er es aufnahm. Man wird das Gefühl nicht los, *Help!* wäre statt eines Schnappschusses ein befriedigenderes Album geworden, hätten die Beatles die gleiche Sorgfalt auf die Platte als Ganzes verwandt. Warum auch immer, sie haben es nicht getan – ein Fehler, den sie nicht wiederholen würden. Jedenfalls nicht bis *Let It Be* ...

LUST AN DER TRAURIGKEIT

Für den Produzenten Trevor Horn ist *Help!* eine Tour de Force des emotionalen Songwriting.

Es gibt zwölf neue Stücke auf *Help!*, zehn sind von Lennon und McCartney, sechs davon klingen nach John und vier nach Paul. John war also gut in Form damals – oder er war sehr unglücklich und konnte es für seine Songs nutzen: *Help, You'Re Gonna Lose That Girl, You've Got To Hide Your Love Away* und *It's Only Love* (die B-Seite der *Help*-Single und einer meiner Lieblingssongs der Beatles).

Auf *Help!* wird der Kontrast von Johns und Pauls Stil sehr deutlich. McCartneys Texte sind gut, aber geradeheraus: »we said our goodbyes, were you telling lies...« Der Text von *Help!* aber ist so verdammt gut. Ich liebe die Zeile »now those days are gone I'm not so self-assured«, so was findet man selten. Ich glaube nicht, dass John damals besonders stark von Dylan beeinflusst war – ehrlich gesagt glaube ich eher, dass Dylan mehr von den Beatles beeinflusst war.

Yesterday ist ganz deutlich von Paul. George Martins Streicher-Arrangement ist entzückend und Paul singt sehr schön, damals war es aber keiner meiner Lieblingssongs.

Ich denke, bei *Help!* sahen die Beatles das Leben auf neue Weise. *Beatles On Sale* klingt ein wenig müde und erschöpft, während *Help!* viel geschäftstüchtiger klingt, besonders die sechs Songs aus dem Film sind großartig. Ich kann mir heute keine Band mehr vorstellen, die so fleißig arbeitet wie die Beatles damals. Sie schufteten wirklich wie blöd!

Die Beatles posieren vor dem Buckingham-Palast mit ihren Orden.

Was: Die Beatles empfangen ihre MBEs
Wo: Buckingham-Palast
Wann: 26. Oktober 1965

ORDENSBRÜDER

Erst rollten sie einen Joint auf dem Klo des Buckingham-Palastes, dann sackten sie ihre Orden ein. Was jedoch nicht jeder lustig fand. Von Robert Sandall.

ÜBER 30 JAHRE, BEVOR TONY BLAIR Noel Gallagher und Alan McGee in die Downing Street 10 einlud, während seine Sprachrohre das »cool Britannia« herbeiredeten, gab es bereits einen anderen Premierminister von der Labour Party, der panisch darum bemüht war, seine Partei mit der Aura der Jugendlichkeit und des Erfolges zu umgeben.

Mit seinen weißen Haaren, seiner plumpen Figur und der stets schmauchenden Pfeife sah Harold Wilson allerdings genauso ahnungslos-spießig aus wie jeder andere Opi, der die Rockmusik fürchtete. Doch als gerissener Politiker hatte er schnell erkannt, dass ihm die Beatles dabei behilflich sein könnten, die Labour Party – seit 13 Jahren in der Opposition – ein wenig attraktiver zu machen. Im Frühjahr 1964, sechs Monate vor der Wahl, tauchte der Oppositionsführer im »Dorchester Hotel« auf, um den Beatles den »Variety Club Award« zu verleihen. Der Vorwand, als Abgeordneter des Bezirks Huyton in der Nähe Liverpools immerhin ein echter Landsmann der Beatles zu sein, konnte seine wahre Absicht kaum verbergen: Er suchte die Nähe zum heißesten Medienthema des Landes. Dass keiner der Beatles auch nur die geringste Ahnung hatte, wer er überhaupt war, störte nicht weiter. Auch nicht, dass George Harrison ihn sogar mit einem »Mr. Dobson« (von der ruhmreichen Bonbonfabrik Barker & Dobson) verwechselte. Mit großen, doppelseitigen Fotos lieferten die Zeitungen am folgenden Tag schließlich den Beweis: Wilson war der erste britische Polit-Senior, der die Beatles erwischt hatte.

Ein Jahr später, als Führer eines hochverschuldeten Landes und einer Regierung, die eine »rasante technologische Revolution« versprochen hatte, war er sogar noch stärker darauf versessen, die Aufmerksamkeit auf die Beatles zu lenken. Letztere waren damals immerhin Englands potentester Exportschlager. Das Mittel zum Zweck war die Ehrenliste zum Geburtstag der Königin, wie immer zusammengestellt vom Premierminister. Also wurde am 12. Juni 1965 offiziell verkündet, dass die Beatles gemeinsam mit 182 Militärs, Industriekapitänen und anderen eher betagten Honoratioren den MBE erhalten sollten – übrigens den niedrigsten Orden des britischen Königreichs.

Die Beatles, gerade zurück von ihrer zweiten Europatournee und völlig überrascht, reagierten höchst unterschiedlich. Lennon gab sich spöttisch: »Ich dachte immer, man muss Panzer fahren und Kriege gewinnen, um den MBE zu bekommen.« Ringo, drollig wie immer, hielt den Ball flach: »Ich werde ihn aufheben, damit ich ihn abstauben kann, wenn ich mal alt bin.« Harrison bemerkte trocken, er habe gar nicht gewusst, dass man fürs »Rock'n'Roll spielen einen Orden bekommen« könne. Und McCartney, wie immer am eifrigsten um gutes Wetter bemüht, sagte wie »großartig« das alles sei und wollte wissen, was so ein MBE eigentlich aus seinem Vater mache.

Die nächsten vier Monate entzündete sich eine landesweit lebhafte Debatte darüber, ob die Beatles würdige Ordensträger seien, der kürzlich entdeckte »Generationenkonflikt« markierte die Grenzlinie. Einige Ordensträger, verärgert darüber, mit einer »Bande von Vollidioten« (so ein alter Seebär) gleichgesetzt zu werden, schickten ihre Auszeichnungen zurück. Ein Colonel trat aus der Labour Party aus. Dass der Film *Help!* im Sommer die Bestenlisten eroberte – zur Premiere war mit Prinzessin Margaret, der Schwester der Königin, die damals coolste Vertreterin der Royals erschienen –, beendete den Streit über die im Herbst bevorstehende Zeremonie.

Nie zuvor wurde eine amtierende Monarchin von einer Gruppe Untertanen so gründlich in den Schatten gestellt wie Königin Elisabeth II. am 26. Oktober. Die Menschenmassen vor dem Palast erinnerten an eine Krönung. Die Rufe »Gott segne die Beatles« allerdings nicht. Dass vier Typen aus Liverpool, gerade mal Anfang 20, den roten Teppich vor dem weiß-goldenen »State Ballroom« betraten, war revolutionär. Man kann es als das stärkste Indiz werten, dass die Beatles tatsächlich die Welt verändert hatten. Bei der anschließenden Pressekonferenz winkten sie mit ihren silbernen Kreuzen und gaben sich respektlos. McCartney nannte den Palast eine »tolle Bude« und sagte, die Queen sei »wie eine Mutter«. Ringo erzählte, dass er sie mit der Behauptung, die Beatles spielten seit 40 Jahren zusammen, zum Lachen gebracht hätte.

Was damals niemand erwähnte – vielleicht auch deshalb, weil es überhaupt nicht stattgefunden hatte – , war das gemeinsame Kiffen auf der königlichen Toilette, unmittelbar vor der Verleihung. Einzige Quelle dieser oft zitierten, aber offenbar unwahren Anekdote war John Lennon, der später seinen MBE aus Protest gegen die britische Unterstützung der Amerikaner in Vietnam zurückschickte. Ob die Geschichte nun wahr ist oder nicht, ihr Überleben im Mythenschatz der Beatles hat einen gewissen Symbolwert: An diesem Nachmittag im Oktober besuchten die Beatles nicht einfach nur die Residenz der Königin – sie übernahmen sie.

Ausgerechnet jener Mann im Lager der Beatles, der auf die öffentliche Meinung immer den größten Wert legte, wurde bei Wilsons geschickter PR-Aktion komplett übergangen: Brian Epstein. Wilson wollte, dass der Glanz der Beatles auf ihn und seine Partei abstrahlt, da hätte eine weitere Person nur gestört. Es muss diesen unsicheren, gesellschaftlich ehrgeizigen Mann irritiert haben, dass Prinzessin Margaret tags darauf bei der Eröffnung eines Postamtes in Birmingham über die aktuellen Schlagzeilen scherzte: »Ich denke, MBE sollte für Mr. Brian Epstein stehen.«

Paul hebt den Daumen für seinen MBE

---

20. SEPT. – 8. NOV. 1965

20 Der ehemalige Beatles-Drummer Pete Best veröffentlicht in den USA zwei Singles – *Kansas City* und *I Can't Do Without You Now*.

21 In der Londoner Royal Festival Hall geht *Brian Epsteins Evening of Popular Music* über die Bühne.

25 Die sonntagmorgendliche Trickfilmserie der Beatles wird in den USA erstmals ausgestrahlt.

26 *Help!* gewinnt beim Filmfestival in Rio den »Großen Preis«.

OKTOBER 1965

2 Bei der Grand Gala du Disque in Amsterdam wird Brian Epstein mit einem Edison Award für *Beatles For Sale* ausgezeichnet.

3 Die Beatles diskutieren ein Drehbuch namens *A Talent For Loving* für ihren nächsten Film. Und lehnen es ab.

4 John und Paul besuchen Alma Cogans Aufnahmesessions von *Eight Days A Week*.

7 Für das Magazin *Beatles Book* wird Harrison in seinem Haus in Esher, Surrey fotografiert.

9 *Yesterday* erreicht Platz eins der US-Charts und bleibt dort vier Wochen. Die Beatles besuchen eine Party von Lionel Bart, der gerade sein Musical *Twang!* feiert.

11 Paul McCartney besucht Marianne Faithfull, die im Decca Studio ihre Version von *Yesterday* einspielt.

12 Mit *Run For Your Life* und *Norwegian Wood* beginnen die Arbeiten an *Rubber Soul*.

13 Aufnahme von *Drive My Car*. Erstmals sind die Beatles noch nach Mitternacht im Studio.

14 Epstein ist in New York, um den Konzertfilm aus dem Shea Stadium freizugeben.

16 Mit *Day Tripper* und *If I Needed Someone* gehen die Arbeiten an *Rubber Soul* weiter.

18 Die Beatles arbeiten an *If I Needed Someone* und *In My Life*.

19 Die Beatles nehmen ihre dritte Weihnachtsplatte auf.

20 Die Arbeiten an *We Can Work It Out* beginnen. *Yesterday* wird in den USA mit Gold ausgezeichnet.

21 *Norwegian Wood* wird überarbeitet, *Nowhere Man* entsteht.

22 Weitere Arbeiten an *Nowhere Man*.

24 Aufnahme von *I'm Looking Through You*.

26 Die Beatles holen im Buckingham-Palast ihre MBEs ab.

28 Weiterarbeit an *We Can Work It Out*.

29 Neue Gesangsspur für *We Can Work It Out*.

NOVEMBER 65

1-2 In Manchester wird das TV-Special *The Music Of Lennon And McCartney* aufgezeichnet (links).

3 *Michelle* wird aufgenommen.

4 Aufnahme von *What Goes On*.

6 *I'm Looking Through You* wird überarbeitet.

8 Harrisons *Think For Yourself* wird aufgenommen.

10. NOV. – 31. DEZ. 1965

10 *The Word* und *I'm Looking Through You* werden fertig.

11 *Girl* und *You Won't See Me* werden aufgenommen – *Rubber Soul* ist jetzt komplett.

12 Nur in Italien erscheint das Album *The Beatles In Italy*.

15 George Martin beendet die Post-Produktion von *Rubber Soul*.

16 Paul besucht in Slough ein Konzert von Gene Pitney.

23 Die Beatles drehen Promofilme in Twickenham.

25 Damit die Beatles ihre Weihnachtseinkäufe erledigen können, wird Harrods für die Öffentlichkeit drei Stunden lang geschlossen.

27 McCartney besucht in East Ham ein Konzert mit Manfred Mann, The Yardbirds und The Scaffold.

29 Für die Weihnachtsausgabe der BBC-Show *Saturday Club* wird die Band in der Aeolian Hall interviewt.

DEZEMBER 1965

2 Bei *Top Of The Pops* feiern die Promofilme (unten) für *Day Tripper* und *We Can Work It Out* Premiere.

3 Die Single *Day Tripper/We Can Work It Out* und das Album *Rubber Soul* erscheinen in England. Die Beatles beginnen im Odeon Cinema in Glasgow ihre letzte UK-Tournee.

5 *Day Tripper* stürmt ebenso Platz eins der Charts wie das Album *Rubber Soul*. Die Beatles spielen im Liverpool Empire – der letzte Gig in Liverpool.

6 *Day Tripper/We Can Work It Out* und *Rubber Soul* erscheinen in den USA.

12 Die letzte UK-Tour der Beatles endet im Capitol Cinema im walisischen Cardiff.

15 Die Beatles treten in der TV-Show *Here Comes The Pops* auf.

16 Im Raum London wird das TV-Special *The Music Of Lennon And McCartney* gesendet. Landesweite Ausstrahlung am nächsten Tag.

21 John erhält drei Tage lang Besuch von seinem Vater Alfred.

24 Lennon deponiert seinen MBE bei Tante Mimi, die auf ihn aufpassen soll. *Rubber Soul* wird in den USA mit Gold ausgezeichnet.

25 Während der Fahrt zu einem Londoner Restaurant macht George Harrison Patti Boyd (rechts) einen Heiratsantrag. Sie nimmt ihn an. *Top Of The Pops* zeigt Promofilme von *I Feel Fine*, *Help!*, *Ticket To Ride* und *Day Tripper*.

26 Paul feiert Weihnachten mit seinem Vater. Und zieht sich eine zehn Zentimeter lange Schnittwunde zu, als er vom Moped stürzt.

30 McCartney verschenkt *Paul's Christmas Record*, hergestellt in einer Auflage von vier Exemplaren, an Lennon, Harrison, Starr und Jane Asher.

31 *Beatles 65* wird in den USA mit Gold ausgezeichnet.

Was: Die Aufnahme von »Rubber Soul«
Wo: Abbey Road Studios
Wann: Ab dem 12. Oktober 1965

STONED

Zwar waren es die guten alten Beatles, die im Studio an ihrem »Dope-Album« arbeiteten. Das Resultat war allerdings revolutionär. Von Mark Lewisohn.

Rubber Soul markiert die Übergangsphase: das Album zwischen dem R&B-gefärbten Pop von *Help!* und dem atemberaubenden Kaleidoskop namens *Revolver*. Alle drei Alben wurden innerhalb eines Jahres veröffentlicht – ein Arbeitspensum und eine Weiterentwicklung, die ihresgleichen suchen. Die Beatles waren keine »Pilzköpfe« mehr, sondern eine Studioband. Auch wenn noch niemand wusste, was das eigentlich bedeutete. Sie verachteten zwar den kommerziellen Druck, den die Plattenfirma EMI (und auch Brian Epstein) ausübte, doch spornte er sie gleichermaßen zu Höchstleistung an. Und vor einer Herausforderung zurückzuschrecken, war für die Beatles nie ein Thema.

Vereinfacht gesagt, ist *Rubber Soul* das »Dope-Album«. Dylan hatte die Beatles 1964 auf den Geschmack gebracht, ihre ständige Kifferei während der Dreharbeiten von *Help!* Anfang 1965 ist legendär. Auf dem revolutionären Coverfoto von *Rubber Soul* stehen sie vor Rhododendronbüschen. Blätter der anderen, illegalen Sorte wären wesentlich passender gewesen.

Ringo räumte einmal ein, dass die Beatles zwar nicht während der Arbeit kifften, ihre Drogenerfahrungen aber sehr wohl mit ins Studio nahmen. *Rubber Soul* ist der Beweis. Plötzlich malten die Beatles mit einer größeren Palette und versahen ihre neuen Sounds mit zusätzlichen Schattierungen. Ein besonderer Triumph ist dieses Album für John Lennon. Beeinflusst von Dylan, Dope und den ersten mit Acid getränkten Zuckerwürfeln, war seine Kreativität in voller Blüte. Und warf reife, tiefgründige und intelligente Songs wie *Norwegian Wood*, *Girl*, *In My Life* und *Nowhere Man* ab.

Rubber Soul ist eine völlig neue Art von Album, keine bloße Sammlung von 14 Songs, sondern ein Gesamtkunstwerk. Was die Klugheit der Texte und das musikalische Knowhow angeht, nimmt es *Revolver* bereits vorweg – und ist bisweilen sogar besser. Wenn man bedenkt, dass *Rubber Soul* nach Vorstellung der EMI unter Millionen von Weihnachtsbäumen liegen sollte, ist es durchaus erstaunlich, dass die Aufnahmen erst Mitte Oktober begannen. Nur wenige neue Songs waren zu diesem Zeitpunkt überhaupt schon geschrieben. Wochenend- und Nacht-Sessions wurden notwendig. In weniger als einem Monat war die Platte fertig.

Das Album ist ein wunderbares Beispiel dafür, wie sich die Partnerschaft zwischen Lennon und McCartney weiter entwickelt hatte. Gemeinschaftsproduktionen wie etwa *From Me To You* oder *She Loves You* gehörten der Vergangenheit an, die beiden komponierten kaum noch zusammen, waren aber absolut willig und auch dazu fähig, die Arbeit des jeweils anderen zu unterstützen. Damals tendierten die Beatles noch dazu, Songs in der Reihenfolge aufzunehmen, in der sie geschrieben wurden. Eine Arbeitsweise, die 1963/64 aufkam, als die vielen Cover-Songs auf den diversen Alben der Beleg dafür waren, wie wenig eigene Stücke vorhanden waren. Für die volle Packung *Rubber Soul* empfiehlt es sich also, die zeitgleich erschienene Single *Day Tripper/We Can Work It Out* in den Mix zu integrieren und das Ganze chronologisch abzuspielen: An einem Montag stellt John seinen Kollegen *In My Life* vor, Dienstag macht man Pause, und am Mittwoch kommt Paul mit *We Can Work It Out*. John fährt heim nach Weybridge und taucht am nächsten Nachmittag mit *Nowhere Man* auf. Als John *Norwegian Wood* aus der Tasche zieht, antwortet Paul mit *Drive My Car*, witzig, stilvoll und auf seine Art ebenso sarkastisch. Da waren also zwei junge Männer, beide auf dem Zenit ihrer Coolness und verstrickt in einen Konkurrenzkampf auf allerhöchstem Niveau, von dem wir alle bis heute profitieren.

Natürlich waren die restlichen Fab Two keine bloßen Nebendarsteller. Ringo, gesegnet mit einem zwar schlichten, aber klaren, einzigartigen Stil sowie dem richtigen Temperament, war für den kreativen Mix lebenswichtig. Und Georges Gitarrenarbeit war vom ersten bis zum letzten Takt brillant. Auf *Rubber Soul* kam sein Songwriting erstmals richtig zum Vorschein. Auf den vorangegangenen fünf Alben hatte er nur zwei Songs unterbringen können, hier landete er zwei Treffer auf einer LP. Es war Georges Pech, dass seine frühen Songs immer von aller Welt genauestens unter die Lupe genommen und mit den längst perfektionierten Stücken aus Johns und Pauls Feder verglichen wurden. Auch wenn es in Sachen visionärer Kraft und Komplexität weder *Think For Yourself* noch *If I Needed Someone* mit *In My Life* aufnehmen können, sind es wunderbare Lieder. Es waren die beiden letzten Harrisongs, bevor sich George – mit LSD im Hirn und neu entdeckter Spiritualität in der Seele – selbst ein ganzes Stück näher kam.

Rubber Soul, von amerikanischer Musik inspiriert, aber dennoch standhaft britisch, um nicht zu sagen: »liverpoolerisch«, strahlt Zuversicht und eine angenehme Arroganz aus. Ein ausgereifter Song wie *In My Life* ist nahezu perfekt. *Girl* ist mit seinem »Tit Tit Tit«-Backgroundgesang zwar durchaus witzig, verursacht aber dennoch einen süßen Schmerz. Das schwere Atmen ist entweder dem Geschlechtsverkehr oder dem tiefen Inhalieren eines Joints entlehnt – oder auch beidem. Der Harmoniegesang steht auf *Rubber Soul* in voller Blüte, vor allem bei Ringos *What Goes On*, dem wohl besten Rutles-Cover, das die Beatles jemals eingespielt haben. Als Rock'n'Roll-Band, deren musikalische Einflüsse weit über das Genre hinausgingen, konnten die Beatles auch ohne Gesichtsverlust einen Song wie *Michelle* aufnehmen, dessen Schönheit sie erkannten und wunderbar in Szene setzten.

In meinem Buch *The Complete Beatles Recording Sessions* zitierte ich eine von George Martin skizzierte Tracklist für *Beatles For Sale*. Für die anderen Alben gibt es derartige Dokumente offenbar nicht mehr, was ein starkes Indiz dafür ist, dass die Beatles bei *Rubber Soul* erstmals ein wesentlich größeres Mitspracherecht genossen. Das war zweifellos ein weiterer Schritt auf dem Weg von den »guten alten Zeiten« der Produzentenherrlichkeit hin zur kreativen Freiheit für alle Bands.

McCartney und Harrison spielen im Oktober 1965 für einen aufmerksamen George Martin (oben). John bei den Aufnahmen zu *Rubber Soul* (links)

Geblümt: Lennon, 1965 fotografiert von Robert Whitaker und koloriert von Martin Sharp

psychedelische Erfahrung

Ihre Experimente mit Drogen und orientalischer Religion veränderten die Beatles als Musiker, aber auch als Menschen. Mit dem Resultat, dass sie das neue, knallbunte Zeitalter kräftig mitprägten. Von Ian MacDonald.

IN DER ZWEITEN HÄLFTE DER SECHZIGER JAHRE gewannen viele Beatles-Fans den Eindruck, dass die Band irgendwie über allen Dingen schwebte: Der Zeit voraus, gaben die Beatles die Richtung vor. Sie waren derart auf den Zeitgeist eingeschworen, dass vor allem jüngere Fans sie bisweilen als göttergleich empfanden. In Wirklichkeit waren die Beatles zwar sehr genaue Beobachter, die gewisse Entwicklungen vorausahnten, doch legten sie nicht den Grundstein für die sozialen und psychologischen Veränderungen jener Ära, sondern spiegelten sie lediglich wider. Der Schlüssel dazu war die Fähigkeit, bestimmte Ideen bereits dann aufzugreifen, wenn sie noch in eher elitären Kreisen zirkulierten; ihre Mitbewerber hatten dabei das Nachsehen. Darüber hinaus verkauften die Beatles Millionen von Platten, was ihren Einfluss enorm vergrößerte. Sie exportierten quasi elitäre Trends und Konzepte, Abnehmer war der intelligente, interessierte Teil des Mainstream-Publikums. Das nachdrücklichste Beispiel dafür ist das Interesse der Beatles an fernöstlicher Religion, die sich in der westlichen Welt ab 1965 binnen zweier Jahre vom Minderheitenthema zum viel diskutierten Gegenstand mauserte. Die Band hat das westliche Interesse an östlichem Gedankengut nicht erfunden, schon seit dem späten 18. Jahrhundert befassen sich aufgeklärte Kreise mit diesem Thema. Dennoch wurde das seit den 60er-Jahren weit verbreitete und meist auch aufrichtige Interesse an fernöstlichen Weisheiten vor allem von den Beatles geweckt, die ihre Rolle als »kulturelle Antenne« des Mainstream spielten. Ihr Eintauchen in die indische Religion startete die spirituelle Renaissance der späten Sechziger, ihr Interesse am Indeterminismus sorgte dafür, dass sich das Zufallsprinzip in der zeitgenössischen Avantgardekunst auch einem breiteren Publikum erschloss. Derartige Elemente hielten Einzug in ihre Songs, manche davon (z.B. *Revolution 9*) waren selbst ausgesprochen kompromisslos und experimentell.

Bruce Springsteen sagte einmal, dass Elvis unsere Körper befreit hätte und Dylan unser Denken. Zur Freiheit des Denkens haben die Beatles allerdings wesentlich mehr beigetragen als Dylan, und zwar deshalb, weil sie mehr Platten verkauften und wesentlich publikumsnäher zu Werke gingen. Als die Beatles etwa ihre kulturellen Ikonen auf dem Cover von *Sgt. Pepper* verewigten, weckten sie damit das öffentliche Interesse. Und Paul McCartney, der in den Text von *Maxwell's Silver Hammer* das Wort »Pataphysics« einfließen ließ, erlaubte sich damit zwar auch einen kleinen Insiderwitz, er war aber dennoch auch darauf aus, das Interesse auf den anarchischen französischen Dramatiker Alfred Jarry zu lenken. Darüber hinaus war Dylan niemals an der »alternativen Gesellschaft« interessiert, die von der Gegenkultur der späten 60er-Jahre propagiert wurde, während die Beatles aus dieser Quelle jede Menge Inspiration schöpften. Der »Sommer der Liebe« im Jahr 1967 war keine Erfindung der Beatles, doch mit ihrem Grenzen überschreitenden Album *Revolver* und früheren Tracks wie *The Word* und *Rain* hatten sie ihn zweifellos mit vorbereitet. Das plötzliche Erblühen der Gegenkultur vom Minderheitenthema des Jahres 1965 zu einem in der gesamten westlichen Welt diskutierten Massenphänomen wurde ohne Zweifel auch von den Beatles verursacht und spiegelt ihre damaligen Interessen wider. Psychedelische Songs wie *Tomorrow Never Knows* und *A Day In The Life* ➟

rückten die Bewusstseinserweiterung vom Rand in den Mittelpunkt der öffentlichen Wahrnehmung, die psychedelische Ästhetik wurde nirgendwo lebendiger umgesetzt als bei den Plattencovern, Klamotten, Frisuren und dem Werbematerial der Beatles; von Songs wie *Lucy In Sky With Diamonds*, *Being For The Benefit Of Mr. Kite* und *I Am The Walrus* ganz zu schweigen.

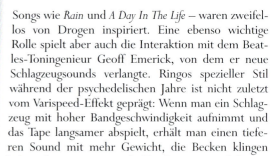

Auch wenn die Beatles die Gegenkultur nicht erfunden haben: Sie waren mit Sicherheit die erste Pop/Rock-Band, die dem LSD – dem wohl wichtigsten Heiligtum der Bewegung – in ihrer Kunst eine zentrale Rolle einräumte; damit haben sie die psychedelische Musik in weiten Teilen auf den Weg gebracht. Die dazugehörige Ästhetik adaptierten sie zwar von Künstlern und Designern, die bereits damit begonnen hatten, ihre LSD-Erfahrungen zu visualisieren, doch die Beatles waren die erste Band, die die psychedelischen Errungenschaften auch im Studio zelebrierte: indische Resonanztöne und Tonleitern, rückwärts laufende Tonbänder, Phasing und andere Spielereien wurden alsbald von anderen Popgrößen übernommen. Am bemerkenswertesten von den Rolling Stones auf *Their Satanic Majesties*, das eine recht deutliche Abweichung von deren bisherigem Sound darstellte.

Zu dieser Zeit waren die Beatles schon erfahrene Kiffer.

Ganz ohne Zweifel halfen die Beatles während der psychedelischen Ära, die Welt zu verändern. Es gelang ihnen, da sie für neue, elitäre Gedanken offen waren, von diesen Trends und Konzepten selbst verändert wurden und sie umgehend in ihre Arbeit einfließen ließen. Dass sie Bob Dylan im August 1964 in New York mit Marihuana bekannt gemacht hatte, war der erste Schritt in diesem Prozess. Als ihr nächstes Projekt anstand, der Film und das Album *Help!*, waren sie bereits erfahrene Potheads. Der Einfluss bewusstseinserweiternder Drogen hielt in ihrer Musik aber erst Einzug, nachdem Lennon und Harrison im Frühjahr 1965 Bekanntschaft mit LSD geschlossen hatten. Starr und McCartney wollten nicht gleich nachziehen, sie fürchteten die bewusstseinsverändernde Wirkung dieses starken Halluzinogens. Was die innere Befreiung angeht, war Marihuana für Paul McCartney damals hilfreich genug. Erst durch das Kiffen lernte er, sich selbst eher als Künstler denn als pilzköpfigen Popstar zu begreifen. Eine Selbsteinschätzung, die sein weit gefächertes Interesse an der avantgardistischen Kunst der Mittsechziger befeuerte, was ihm einen Vorsprung vor Lennon und Harrison verschaffte.

DER BEATLE mit der stabilsten Persönlichkeit war zwischen 1965 und 1967 Ringo Starr. Er war der Älteste der Band und am meisten gefestigt. Ringos Beiträge zur Psychedelia – seine Schlagzeug- und Percussion-Parts in Songs wie *Rain* und *A Day In The Life* – waren zweifellos von Drogen inspiriert. Eine ebenso wichtige Rolle spielt aber auch die Interaktion mit dem Beatles-Toningenieur Geoff Emerick, von dem er neue Schlagzeugsounds verlangte. Ringos spezieller Stil während der psychedelischen Jahre ist nicht zuletzt vom Varispeed-Effekt geprägt: Wenn man ein Schlagzeug mit hoher Bandgeschwindigkeit aufnimmt und das Tape langsamer abspielt, erhält man einen tieferen Sound mit mehr Gewicht, die Becken klingen irgendwie vernebelt und impressionistisch. Von Drogen sensibilisiert, entdeckte Ringo ganz neue Freiheiten. Allerdings wurde sein Stil auch durch die neuartigen Songs begünstigt, die seine Kollegen schrieben, und das zeitgenössische Rockdrumming war ebenfalls eine Inspiration.

Barry Miles hat es im Buch *Paul McCartney: Many Years From Now* (1997) ausführlich dokumentiert: McCartney war der erste Avantgarde-Beatle, lange bevor Lennon im Duett mit Yoko Ono diese Rolle besetzte. Er war der Erste, der den Kontakt zur Gegenkultur und dem künstlerischen Untergrund suchte, dabei behilflich waren ihm Leute wie der belesene Miles, Jane Ashers kulturinteressierte Familie sowie die Galeristen John Dunbar und Robert Fraser. Paul tauchte ein in die Welt des Surrealismus und Absurdismus, der kinetischen Skulpturen, Experimentalfilme, der Beat-Literatur und Happenings – und in die damit verbundene gesellschaftskritische Geisteshaltung. McCartney war Lennon weit voraus, sein verheirateter Kollege war an das Haus in Weybridge gebunden, während sich Junggeselle McCartney in den Londoner Künstlerkreisen auslebte. Erst Anfang 1968 hatte ihn Lennon auf diesem Gebiet eingeholt.

WELL IT'S CERTAINLY NOT TOBACCO

Was das LSD-inspirierte Bewusstsein der »universellen Liebe« anging, bewegten sich Lennon und McCartney jedoch im Gleichschritt. Zwar probierte McCartney erst Ende 1966 LSD, die Botschaft hatte er jedoch schon vorher verstanden, sei es durch seine Kifferei wie auch durch Gespräche mit Lennon und Harrison. McCartney erzählt, dass *Day Tripper*, aufgenommen im Oktober 1965, ein »Trip-Song« sei. Da er damals selbst noch keinen »Trip« genommen hatte, berief er sich auf die Terminologie der gerade entstehenden LSD-Gegenkultur, um auf ein wesentlich allgemeineres Konzept hinzuweisen: jene neue Geisteshaltung, die sich durch LSD offenbarte – die »universelle Liebe«. McCartney beschreibt *Day Tripper* als »einen ironischen Song über ... jemanden, der sich der Idee nur halb verpflichtet fühlte, während wir uns als Vollzeit-Tripper verstanden, als engagierte Reisende«. Es geht um eine Egoistin (»ein Mädchen«, erklärt McCartney, »das glaubt, unwiderstehlich zu sein«); immerhin galt Egoismus damals als düsterer Gegenpol zur »universellen Liebe«. Einen Monat nach *Day Tripper* schrieben Lennon und McCartney gemeinsam *The Word*. Zur Feier des Tages rauchten sie Joints und verzierten das Textblatt mit psychedelischen Buntstift-Zeichnungen. Die Behauptung »that love is all and love is everyone« – sechs Monate später Teil des LSD-inspirierten *Tomorrow Never Knows* – nahm der Text explizit voraus.

DURCH SEINE KONTAKTE zu den *International Times* (Londoner Untergrundzeitung, Anm. d. Übers.) wusste McCartney genauso viel über die Gegenkultur und ihre LSD-Ideologie der »universellen Liebe« wie Lennon – wenn nicht sogar mehr. Er hatte auch mehr Ahnung von Phänomenen wie »Be-Ins« und »Happenings«, die damals die Schnittmenge

Vorstellung von *Sgt. Pepper's Lonely Hearts Club Band*: die Beatles am 19. Mai 1967 in Brian Epsteins Wohnung.

darstellten zwischen den LSD-inspirierten Hippies und den Avantgardekünstlern in London und New York. Während der psychedelischen Ära war McCartney der musikalisch wachsamste und erfindungsreichste Beatle. Zwar wurde kein einziges psychedelisches Meisterwerk ausschließlich von ihm komponiert, aber seine Beiträge waren leidenschaftlich und zeugten von rascher Auffassungsgabe. Gute Beispiele dafür sind *Taxman* und *Tomorrow Never Knows*, die sich sein bemerkenswertes Gitarrensolo teilen – bei letzterem spielte man die Spur rückwärts ab und veränderte die Tonhöhe. Inhaltlich und in Sachen Aggressivität ist das pseudo-indische Gitarrensolo bei *Taxman* weit jenseits von Georges damaligen Möglichkeiten, noch dazu ist Pauls mitreißender Basslauf die rhythmische Basis für den gesamten Song. Bei *Tomorrow Never Knows* verwandelt McCartney das Rohmaterial des ersten Take (Lennons Urversion, erhältlich auf der *Anthology 2*) in ein blendendes akustisches Happening. Der Tonartwechsel war wohl seine Idee, ganz sicher brachte er jedoch den synkopierten Schlagzeugbeat auf den Weg, ebenso das auf einer einzigen Note basierende und als Oktave gespielte Bassriff. Er fügte alle hoch gelobten Tape-Loops hinzu und überarbeitete, wie gesagt, das Gitarrensolo von *Taxman*, um es rückwärts abspielen zu können. Eines der Leitmotive der Beatles während der psychedelischen Phase war das Thema Karneval – eine bunte Explosion der Straßenkultur, als deren repressives Gegenstück man damals das graue Establishment empfand. Wieder war es McCartney, der diese Leitidee der Gegenkultur als erster aufgriff und seinen Kollegen damit voraus war. Nachzuhören ist es in so unterschiedlichen Songs wie *Yellow Submarine*, *Good Day Sunshine*, *Penny Lane*, *Sgt. Pepper's Lonely Hearts Club Band*, *Magical Mystery Tour*, *All Together Now* und *Why Don't We Do It In The Road*. Dazu Lennon: »Paul sagte: ›Kommt und seht euch die Show an.‹ Ich sagte: ›Ich habe heute die Zeitung gelesen, oh Mann.«‹ Zur richtigen Interpretation dieses Vergleichs muss man wissen, dass »die Show« McCartneys Sinn für das Karnevaleske entsprach. (Schließlich war er es, der die anderen Beatles dazu brachte, beim *Carnival Of Sounds* zu improvisieren, jenem bislang unveröffentlichten Musik-Happening, das Anfang 1967 als Teil eines gleichnamigen Multimedia-Events im Londoner *Roundhouse* über die Bühne ging.)

McCartneys kulturellen und pharmazeutischen Ausflügen der Jahre 1965 bis 1967 lag eine Mischung aus Neugier und Vereinnahmung zugrunde. Er dürstete nach all den neuen Ideen und Reizen, die ihn als Künstler weiter bringen konnten. In dieser Hinsicht ein Schlüsselsong ist *Got To Get You Into My Life*. Dazu Paul: »Ein Lobgesang auf Marihuana, so wie andere Leute möglicherweise Lobgesänge auf Schokolade oder guten Rotwein anstimmen.« Bei vielen seiner damaligen Songs, etwa *For No One*, *Sgt. Pepper's Lonely Hearts Club Band* oder *Honey Pie*, kommen neuartige Instrumente zum Einsatz – allesamt »vereinnahmt« als Konsequenz seiner endlosen Suche nach kulturellem Input. Beispielsweise wollte er ursprünglich das Streicharrangement von *Eleanor Rigby* im Stile Vivaldis einspielen lassen; Jane Asher hatte seine Aufmerksamkeit auf den Komponisten gelenkt. Ein ähnlicher Fall ist das hohe Trompetensolo, das er bei *Penny Lane* unterbringen wollte, nachdem er im Fernsehen eine ähnliche Passage bei Bachs *Brandenburgischen Konzerten* ausgemacht hatte. McCartneys Selbstbild als Künstler, der auf *Sgt. Pepper's Lonely Hearts Club Band* immerhin Jazz, ernsthafte Avantgarde im Sinne der Pop Art, Klassik und Music Hall unter einen Hut gebracht hatte, führte ihn schließlich zum neuartigen Musik/Film-Konzept namens *Magical Mystery Tour*. Als Impresario der Band war er die treibende Kraft hinter all der fröhlichen Psychedelik. Ganz im Gegensatz zu John

Oktober 1966: Harrison verschönert seinen Bungalow in Esher

Lennons psychedelic Rolls-Royce

Als Impresario der Band war Paul die treibende Kraft hinter all der fröhliche Psychedelik.

Lennon, der seinen damaligen Songs immer eine skeptische, fragende Note verabreichte. Und Harrisons tiefe Faszination für die indische Religion eröffnete ihm ohnehin völlig andere philosophische Perspektiven. Doch auch McCartney wagte hin und wieder einen tiefer gehenden Blick, beispielsweise bei *Eleanor Rigby*, *She's Leaving Home*, *A Day In The Life* oder *The Fool On The Hill*. Selbst ein so angenehm gewöhnlicher Song wie *When I'm Sixty-Four* fährt am Ende der letzten Strophe seinen Stachel aus.

So wie McCartney bei den Beatles als der große Zeremonienmeister gilt, hält man Lennon gemeinhin für den immerwährend Suchenden. Natürlich ist er der Hauptautor fast sämtlicher Klassiker jener Epoche: *Tomorrow Never Knows*, *I'm Only Sleeping*, *Rain*, *She Said She Said*, *And Your Bird Can Sing*, *Strawberry Fields Forever*, *Lucy In The Sky With Diamonds*, *Being For The Benefit Of Mr. Kite*, *I Am The Walrus* und *Across The Universe* (er ko-komponierte *A Day In The Life* und *Baby You're A Rich Man*). Obwohl er über andere Musikstile weniger wusste als McCartney, kitzelte er dank seiner überbordenden Originalität als Songwriter ganz außergewöhnliche Klänge aus seinen Kollegen und George Martin. Die Mixtur aus klassischem Cello und Sitar, auf die Spitze getrieben von Harrison bei *Within You Without You*, wurde von Martin ursprünglich für *Strawberry Fields Forever* konzipiert und fand bei *I Am The Walrus* erneut Verwendung. Die von Lennon angeregte, aus mehreren Spuren zusammengemischte Dampforgel bei *Being For The Benefit Of Mr. Kite* ist ein weiteres herausragendes Beispiel für Martins Zauberkünste.

Verglichen mit McCartney wurde Lennon von den psychedelischen Drogen weitaus stärker dominiert. Seine Entwicklung in den Jahren von 1965 bis 1967 ist im Wesentlichen von Introvertiertheit geprägt, er suchte sein Heil im Erforschen der Innenwelt — im Gegensatz zum extrovertierten McCartney, der sich von außen inspirieren ließ. Nachdem er Ende März 1966 im Londoner »Indica Book Shop« Bekanntschaft mit Timothy Learys *The Psychedelic Experience* gemacht hatte, begann er die neuen Parallelwelten zu erforschen. Was nicht nur seinen Charakter grundlegend änderte und seine friedvolle Saite zum Schwingen brachte, sondern auch dazu führte, dass er sich mit Harrisons tieferem und detaillierterem Interesse an der indischen Religion auseinander setzte. Der Mittelteil von *We Can Work It Out* zeigt, dass Lennon die Verbindung zwischen der »universellen Liebe« und dem großen Jenseits der orientalischen Philosophie verstanden hatte: »Life is very short and there's no time for fussing and fighting, my friend«. Seine Begeisterung für die Idee der »universellen Liebe« — sein Selbstverständnis als »Vollzeit-Tripper« und »engagierter Reisender« — wird am eindrücklichsten im Refrain der Lennon-McCartney-Koproduktion *A Day In The Life* deut-

10. November 1967: *Hello, Goodbye* im Londoner Saville Theater

lich: »I'd love to turn you on«. Sein skeptischer, fragender Ansatz, der die meisten seiner psychedelischen Klassiker prägt, blieb dennoch erhalten.

Obwohl er eine Zeit lang Harrisons Interesse an der indischen Religion teilte, blieb er letzten Endes ein Skeptiker und wechselte später sogar die Fronten: Bei *Sexy Sadie* und auf seinem ersten Soloalbum machte er aus seiner Ablehnung des Transzendenten keinen Hehl. In diesem Punkt näherte er sich also McCartney an. Konsequenterweise begann sich Lennon für den Londoner Untergrund zu interessieren, der von einer eher weltlichen Anti-Establishment-Haltung geprägt war. Das lässt Harrisons Beschäftigung mit dem hinduistischen Mystizismus noch einzigartiger erscheinen, auch wenn alle vier Beatles zumindest sechs Monate lang (zwischen Bangor und Rishikesh) ganz glücklich darüber waren, mit einem derartigen Thema öffentlich in Verbindung gebracht zu werden. Obwohl Lennon sogar so weit ging, in einer Fernsehshow gemeinsam mit Harrison die Transzendentale Meditation zu preisen, war sein Engagement nicht von Dauer. Er beendete es dann auch auf der ganzen Linie. Trotz seines stets lauernden Zynismus weigerte sich Lennon, den Aufrufen der revolutionären Linken zur öffentlichen Randale zu folgen. Zuerst wollte er sehen, welche positiven Aktionen geplant seien, um all die Verwerfungen und Zerstörungen auszubalancieren. Er und Yoko wollten, dass die Gegenkultur etwas Konstruktives zustande bringt, beide bestanden darauf, dass man nicht nur gegen überkommene Dinge sein dürfe, sondern auch für etwas, das jene Dinge ersetzen könne. Er sah die Lösung wohl in der dadaistischen »peace art« seiner post-psychedelischen Phase. In dieser Hinsicht blieb Lennon dem grundsätzlichen Optimismus der Beatles treu.

IM GEGENSATZ DAZU BLIEB HARRISON den Regeln des Hinduismus treu ergeben. Seit Anfang 1965 übte die Religion einen starken Einfluss auf ihn aus, wobei seine Bekanntschaft mit LSD auch eine Rolle gespielt haben mag. LSD verschaffte ihm einen emotionalen Zugang zur »universellen Liebe«. 35 Jahre später sagte er dazu: »Es war wie ein Konzentrat der besten Gefühle, die ich je in meinem Leben gehabt hatte. Ich verliebte mich, allerdings nicht in eine Person oder eine Sache, sondern in alles.« Vielleicht ist es jene Erfahrung, die er später im Song *Try Some, Buy Some* (*Living In The Material World*, 1973) verewigte: »Not a thing did I have, not a thing did I see/Till I called on your love and your love came to me«. Diese begeisterte Stimmung prägte auf eine grundsätzlich ernsthafte Weise fast alles, was Harrison seit Ende 1965 machte. Obwohl zwischen 1965 und 1973 nicht alle seine Texte einen transzendentalen Einschlag haben, spricht er häufig in klaren, einfachen Worten über die spirituellen Wechselwirkungen: »My love belongs to who can see it«, »The Lord helps those that help themselves/And the law says whatever you do is going to come right back on you« usw. Bis auf wenige Ausnahmen richtet sich das »you« in seinen Texten an Gott und den Zuhörer. Ein beeindruckend umfassender Blickwinkel mit nur wenigen konzeptionellen Eintrübungen.

Harrison erzählte, dass ihm die indische Musik irgendwie vertraut vorkam, als er sie zum ersten Mal hörte. Womöglich dachte er dabei an die Reinkarnation. Wie auch immer – *Within You Without You*, das philosophische Kernstück von *Sgt. Pepper*, stellt eine bemerkenswerte Leistung für jemanden dar, der sich bis dato nur 18 Monate mit den Regeln der klassischen Hindu-Musik beschäftigt hatte. Das Intro des Songs (ein über 20 Takte gehender Satz) zeigt, wie vollständig Harrison in der Idee des Karma aufging; jenem Hindu-Gesetz also, nach dem die Seele durch ihre Abhängigkeit von materiellen Dingen hartnäckig an die Existenz gebunden ist (und im Umkehrschluss erst dann frei wird, wenn man dem Materiellen entsagt). Zwischen *Within You Without You* und *Living In The Material World* ist das Karma bei Harrison ein ständig wiederkehrendes Motiv. Er ➤

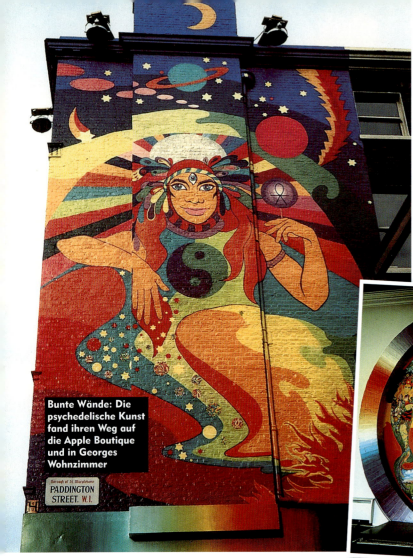

Bunte Wände: Die psychedelische Kunst fand ihren Weg auf die Apple Boutique und in Georges Wohnzimmer

integrierte den Hinduismus von Anfang an so vollständig in sein Leben, dass er bereits 1966 bei einem Interview mit den *International Times* von fast nichts anderem sprach. Zurück zur Psychedelik: Harrison ließ bald die Finger vom LSD und begab sich auf sichereres Terrain – die Meditation. *It's All Too Much* ist eine Art Abschiedsgruß ans LSD, fortan gönnte er sich nur noch Marihuana. Ein weiterer Abschiedsgruß ist *Blue Jay Way*, Adressat ist die Psychedelik (es sei denn, man möchte *Long Long Long* vom »Weißen« Album noch dazuzählen.) In der Tat war es George Harrison, der das Interesse der westlichen Massenkultur am Hinduismus weckte und damit die sogenannte »spirituelle Renaissance« der späten 60er-Jahre einläutete. Während die anderen Beatles ihre Hindu-Phase bald hinter sich ließen, war Harrisons Treue lebenslang. Dass er ganz alleine für eine derart fundamentale kulturelle Erneuerung verantwortlich war, ist sein dauerhaftes Vermächtnis als Schlüsselfigur der Gegenkultur – auch wenn ihm dieser Titel mit Sicherheit unangenehm gewesen wäre.

Die psychedelische Phase der Beatles begann mit *Tomorrow Never Knows* (eine Vorahnung gab ganze sechs Monate früher *The Word*) und endete mehr oder weniger mit *Across The Universe* im Februar 1968. In dieser Zeit propagierten die Beatles nicht nur eine ganz neue Art der Liebe, sondern präsentierten auch völlig neue Klänge. Ihre größte Inspirationsquelle war eindeutig LSD, nur in McCartneys Fall Marihuana. Bewusstseinserweiternde Drogen verschafften den Beatles neue Möglichkeiten, die sie sonst wahrscheinlich nicht so schnell oder womöglich überhaupt nicht wahrgenommen hätten. Kein Wunder, dass sie den Einfluss der Drogen selbst als »entscheidend« bezeichneten. Alle vier Beatles wollten *Revolver* ursprünglich »Abracadabra« nennen. Erst als man herausfand, dass der Titel bereits vergeben war, entschied man sich anders. Wenig überraschend, betrachtete die Band das Album als großen Schritt nach vorne, völlig losgelöst von ihrem bisherigen Schaffen. Am offensichtlichsten war die Tatsache, dass man nur wenige der Songs live aufführen konnte. Tatsächlich waren die meisten Stücke Klangmalereien, als Farbpalette diente das Studio.

Revolver war nicht das erste Album dieser Art. Doch während *Pet Sounds* von den Beach Boys das möglicherweise erste Popalbum war, das man live kaum reproduzieren konnte, war *Revolver* das erste Pop-Rockalbum, bei dem man die neuen Studio-Klangwelten konsequent nutzte. Es war das erste Gesamtkunstwerk der Beatles, und keine Sammlung von Songs in verschiedenen Stimmungen und Stilen. (Was die künstlerische Integrität des Werkes aber dennoch nicht davor schützte, von der US-Plattenfirma Capitol verletzt zu werden, die einfach drei Tracks auskoppelte, um *Yesterday and Today* zu füllen.) Ungeachtet der hohen Qualität jedes einzelnen Songs, die dazu führt, dass man heute eher *Revolver* als *Sgt. Pepper* für das beste Album der Beatles hält, ist es letztgenanntes, das den schwer fassbaren »Geist von '67« am authentischsten transportiert. Es ist bunter, brillanter und tiefgründiger. In *Within You Without You*, *A Day In The Life*, *She's Leaving Home* und sogar in *With A Little Help From My Friends* oder *It's Getting Better* findet man eine emotionale Tiefe, die es auf *Revolver* nur bei *Eleanor Rigby*, *I Want To Tell You* und *Tomorrow Never Knows* gibt. Kurz gesagt: *Sgt. Pepper* ist emotionaler als das hektischere und aggressivere *Revolver*. Zudem ist es wesentlich stärker in den historischen Kontext eingebettet, nähert man sich dem Werk in diesem Wissen, funktioniert es noch heute als »Zeitgeistmaschine«. Wenn man Kontakt aufnehmen will zum »Geist von '67« und der damals weithin gefühlten »universellen Liebe«, dann ist *Sgt. Pepper* die richtige Wahl.

Nach *Sgt. Pepper* hatten die Beatles als psychedelische Band kaum eine andere Wahl: Sie bedienten weiterhin das karnevaleske Image und reicherten ihren Sound mit neuen Elementen an. Mit der von Drogen inspirierten *Magical Mystery Tour* gingen sie womöglich einen Schritt zu weit – vielleicht aber auch nicht. Die besten Songs halten dem Vergleich mit *Sgt. Pepper* stand und kombinieren Brillanz mit emotionaler Tiefe. Was ihrer im Wesentlichen von Drogen befeuerten Phase der Bewusstseinserweiterung ein jähes Ende bereitete, war ihre Bekanntschaft mit der Transzendentalen Meditation und dem Maharishi Mahesh Yogi. Zuerst wurde das LSD durch Meditation und Marihuana ersetzt, was der psychedelischen Qualität ihrer Musik Abbruch tat. Nach der Meditation kehrten drei der Beatles einfach in ihr gewöhnliches Leben zurück. (Nur Harrison erwarb sich 1969 durch Meditation das »Krishna-Bewusstsein«.) In anderen Worten: Die von Drogen hervorgerufene Verzückung ließ nach, und die Beatles erwachten als vier erwachsene Persönlichkeiten – die sich beinahe umgehend in Trennungsstreitigkeiten verstrickten.

Die psychedelische Musik der Beatles repräsentiert eine Geisteshaltung weit jenseits der gewöhnlichen Realität: eine magische Vision voller grenzenloser Liebe und Schönheit, in der alle Gegensätze friedlich in Einklang gebracht werden. Ob diese Geisteshaltung letztendlich ein Irrtum ist, bleibt ganz allein dem Hörer überlassen. ∎

»Breites« Lächeln? Pressetermin für *Our World*, Juni 1967.

ALBUM INFOS

RUBBER SOUL

Grenz-verschiebung

Rubber Soul war das erste Album der Beatles, auf dem sie ihre ganze Abenteuerlust auslebten. Richard Williams erklärt, wie die Fab Four erstmals von Sex, Drogen und Spirituellem inspiriert wurden.

Robert Freemans leicht verzerrtes, von unten aufgenommenes Cover-Foto deutete im Verbund mit der proto-psychedelischen Titelschrift bereits an, wie die Musik klingt; denn *Rubber Soul* war das erste Album, auf dem die Beatles ihre Abenteuerlust für alle wahrnehmbar auslebten. Fast seit Beginn ihrer Karriere rühmte man ihre Experimentierfreude, doch erst auf *Rubber Soul* begannen die Beatles damit, ihre Entdeckungen in eine unverfälschte und eigenständige Form zu bringen; außerdem hatten sie gelernt, Sex, Drogen und ihr Interesse an der spirituellen Suche ins Songwriting einfließen zu lassen, ohne dabei die Pointiertheit und Klarheit des klassischen Popsongs zu vernachlässigen.

Der Eröffnungstrack *Drive My Car* orientierte sich an einem untadeligen Vorbild: Gitarre und Bass verdoppelten das Riff unter dem Gesang in der Art und Weise, wie es Steve Cropper und Donald »Duck« Dunn im »Stax«-Studio bei Sam & Dave taten. Der Einsatz des Tamburins anstelle eines Hi-Hats oder Ride-Beckens und Ringos knackige Kantenschläge waren purer Motown-Soul in der Tradition von Barrett Strongs *Money (That's What I Want)* – eines frühen Favoriten der Beatles. Der Text indessen war ohne Vorbild. Ein trockener Kommentar zu den Themen »Starruhm« und »Verführung«, dessen milde Ironie dort zu Hause war, wo nur die Beatles Zugang hatten: in ihrem tiefsten Inneren und der Erfahrung, die weltweit berühmtesten, begehrtesten und am meisten umschmeichelten Entertainer zu sein.

Wenn die Plattennadel erstmals *Norwegian Wood* erreichte, richtete sich die Aufmerksamkeit des Hörers auf zwei Hauptmerkmale: das silbrige Schwirren von Harrisons Sitar, die er erstmals anstelle einer Leadgitarre einsetzte, sowie die Eröffnungszeile, die ohne Umschweife erotische Verstrickungen thematisierte: »I once had a girl or should I say she once had me«. Zumindest wer John Coltranes Experimente mit den hypnotischen und beschwörenden Effekten indischer Resonanztöne und Tonarten aufmerksam verfolgt hatte, der wusste, in welche Richtung die Sitar führen würde. Was Lennons lebendige, poetische Beschreibung seiner leicht umnebelten Reaktion auf einen One-Night-Stand anging, so konnte man ja nicht ahnen, dass seine Ehe damals vor dem vorzeitigen Ende stand.

> »Das leicht verzerrte, von unten aufgenommene Cover-Foto deutete bereits an, wie die Musik klingt.«

Bereits nach diesen beiden Songs war es offensichtlich, dass sich die Beatles weiterentwickelt und einen Punkt erreicht hatten, der sogar jenseits des Urschreis von *Help!* und der ausgewogenen Inszenierung von *Yesterday* lag. Pauls *You Won't See Me* mag einer der konventionelleren Songs auf *Rubber Soul* sein, doch das Arrangement wird von einem fantasievollen Schlagzeugspiel befeuert, das betont, mit welcher Detailliebe die Beatles zu Werke gingen.

Das A-cappella-Intro und der nüchterne Charakter von Johns Leadgesang bei *Nowhere Man* hinterlassen schon beim ersten Anhören einen Eindruck von Tiefgründig-

Alles fließt: Auf *Norwegian Wood* erweiterte George das Klangspektrum der Beatles erstmals um die Sitar

PHOTO: CAMERA PRESS

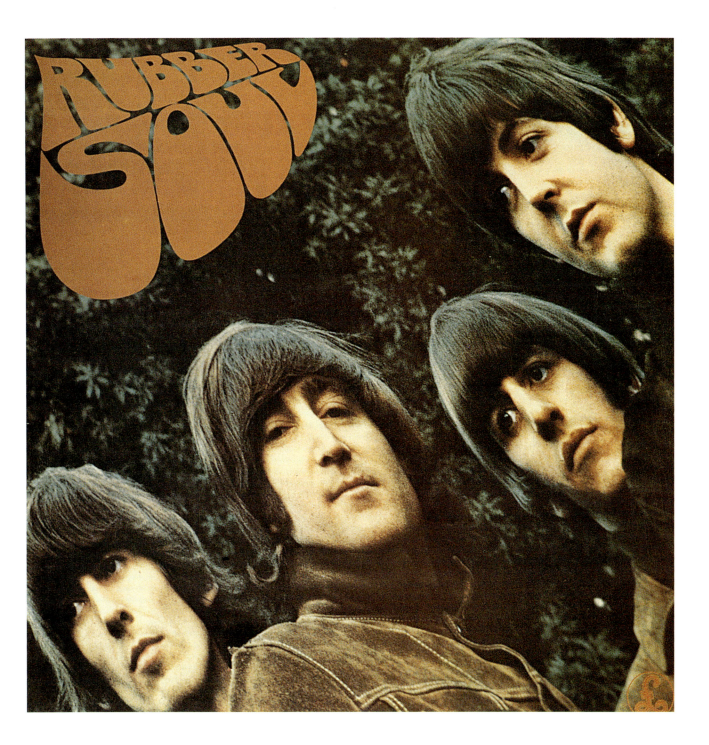

keit. Die Beatles folgten dabei erstmals Bob Dylans Beispiel und profilierten sich als Gesellschaftskritiker. Georges kurzes Solo ist ein gutes Beispiel dafür, wie er die Struktur eines Songs instinktiv stützte, anstatt sich als Leadgitarrist aufzuspielen.

Am erwähnenswertesten bei *Think For Yourself*, Georges erste von zwei Kompositionen auf *Rubber Soul*, sind die zwei simultan gespielten Bassläufe. Der eine wurde konventionell verstärkt, der andere lief durch eine Fuzzbox (erste Generation von Gitarrenverzerrern, Anm. d. Übers.). Obwohl die Beatles häufiger Tonspuren duplizierten, übernimmt McCartneys auffällige Fuzz-Version hier erstmals die Rolle des Leadinstruments.

The Word feiert das Heraufdämmern der spirituellen Erleuchtung, die im »Sommer der Liebe« ihren Höhe-

DIE STÜCKE

A-SEITE

1. Drive My Car
Lennon/McCartney
Gesang McCartney

2. Norwegian Wood (This Bird Has Flown)
Lennon/McCartney
Gesang Lennon

3. You Won't See Me
Lennon/McCartney
Gesang McCartney

4. Nowhere Man
Lennon/McCartney
Gesang Lennon

5. Think For Yourself
Harrison
Gesang Harrison

6. The Word
Lennon/McCartney
Gesang Lennon

7. Michelle
Lennon/McCartney
Gesang McCartney

B-SEITE

8. What Goes On
Lennon/McCartney/Starkey
Gesang Starr

9. Girl
Lennon/McCartney
Gesang Lennon

10. I'm Looking Through You
Lennon/McCartney
Gesang McCartney

11. In My Life
Lennon/McCartney
Gesang Lennon

12. Wait
Lennon/McCartney
Gesang Lennon/McCartney

13. If I Needed Someone
Harrison
Gesang Harrison

14. Run For Your Life
Lennon/McCartney
Gesang Lennon

ALBUM INFOS

RUBBER SOUL

PRESSESTIMMEN
Die Medien waren noch nicht reif für *Rubber Soul*.

»Der erste Eindruck: Das neue Beatles-Album mit seinen 14 Songs ist nicht ihr bestes. Verglichen mit ihrer letzten LP wird die Neue der berühmten vier wohl weniger Beifall ernten. Lennon-McCartney-Klassiker sucht man fast vergebens, gerade mal ein oder zwei Songs wird man in Zukunft als herausragend erachten. Zweifellos sind die Beatles reifer geworden, aber leider auch ein wenig kraftloser. Einige der Songs, etwa *You Won't See Me* und *Nowhere Man* gerieten sogar ein wenig monoton – was man von den Beatles beileibe nicht erwartet hätte.«
Melody Maker (4. Dezember 1965)

»Zuerst rätselt und wundert man sich über den konstanten Fluss melodischer Innovation, der die Jungs sowohl als Interpreten wie auch als Komponisten auszeichnet. Dass ihre Kreativität nicht langsam nachlässt, ist ziemlich fantastisch. Wohl nicht ihre beste LP, aber instrumental ein großes Vergnügen.«
Record Mirror (4. Dezember 1965)

COVER STORY
Wie das Beatles-Foto ihrem neuen Sound angepasst wurde.

Rubber Soul zeigte der Welt, wie sehr sich die Beatles verändert hatten; eine Veränderung, die sogar im Cover-Foto ihren Niederschlag fand. Dabei war es nur ein glücklicher Zufall, der ihrem eher mürrischen Ausdruck ganz neue Aspekte hinzufügte. Aufgenommen hatte das Foto Beatles-Freund Robert Freeman in John Lennons Garten in Weybridge. »Ich fotografierte aus einem anderen Winkel und wollte gedeckte Töne – grün, braun und schwarz, beinahe monochrom«, erläutert Freeman in seinem Buch *The Beatles: A Private View*. »Johns Garten in Weybridge war die richtige Kulisse. Wir verständigten uns darauf, dass die Beatles besagte Farben trugen, schwarze Polo-Shirts oder Hemden. Damals begannen sie ohnehin damit, sich individuell zu kleiden, Uniformen waren also kein Thema.«

Paul begriff das Cover ebenfalls als Chance, das Image der Band weiterzuentwickeln – doch die verzerrte Perspektive des Fotos war reiner Zufall. »Robert zeigte uns die Dias. Er hatte ein Stück Pappe von der Größe eines LP-Covers, auf das er die Dias projizierte – so konnten wir uns besser vorstellen, wie es als Plattenhülle aussehen würde. Wir hatten uns gerade auf ein Foto geeinigt, als die Pappe ein wenig nach hinten rutschte und das Foto dadurch verlängert erschien. Es sah irgendwie gedehnt aus, und wir riefen begeistert: ›Das ist es! Rubber-So-o-oul, hey, hey! Kannst du's so machen?‹ Und das war's dann.«

»Ich mochte, wie unsere Gesichter auf dem Cover länger erschienen«, erzählt George in der *Anthology*. »Wir verloren unser unschuldiges Image, unsere Naivität. *Rubber Soul* war das erste Album, das wir als ausgewachsene Kiffer einspielten.«

Richard Fairclough

»Was dem Album den gewissen Biss gibt, ist die Lust der Beatles auf Horizonterweiterung und Experiment.«

punkt erreichen sollte. In Johns Schlussfolgerung – »now that I know what I feel must be right/I'm here to show everybody the light« – ist noch nichts vom Zynismus zu spüren, der *Sexy Sadie* durchdringen sollte, nachdem sich ihr Guru daneben benommen hatte. Die Instrumentalbreaks sind übrigens eine großartige Hommage an Booker T & The MG's.

Zu diesem Zeitpunkt hatte sich das Ohr an innovative Klänge gewöhnt, weshalb *Michelle*, der letzte Song der ersten Seite, ein Riesenschock war. Mit kompromisslos inszenierten Manierismen ließ Paul seinen nostalgischen Erinnerungen an eine sichere Kindheit in den 50er-Jahren freien Lauf. Dabei waren die Fünfziger ein Jahrzehnt, das selbst von Nostalgie geprägt war: der Erinnerung an die Jahre zwischen den Kriegen. Zweifellos jene Ära, auf die sich *Michelle* bezieht.

What Goes On eröffnet die zweite Seite und rückt einen ganz anderen Aspekt der 50er-Jahre in den Mittelpunkt: die Schallplatten des Sun-Labels aus Memphis. Unter all den Ringo-Nummern sämtlicher Alben ist dieser Truckstop-Rockabilly Marke Tennessee die bei weitem haltbarste.

Girl ist Johns *Michelle*, übertrieben lasziv (all das erotische Geseufze), aber merkwürdig undurchsichtig und verstörend. Von »Michelle, ma belle sont des mots qui vont très bien ensemble« ist »Was she told when she was young that pain would lead to pleasure?« wirklich meilenweit entfernt.

Ob die ersten Zeilen von *I'm Looking Through You* nun von den ersten Erfahrungen mit halluzinogenen Drogen inspiriert sind oder nicht – auf jeden Fall sind sie ein gutes Beispiel für die schräge Wahrnehmung der Beatles. Das Gleiche gilt für *In My Life*, Johns grandiose Ballade, die eine überraschend reife Gefühlswelt offenbart. Ringos fantasievolles Schlagzeugspiel verdeutlicht einmal mehr die Wichtigkeit jedes einzelnen Beatle, selbst wenn momentan nur ein einziger im Scheinwerferlicht steht.

Plattenfabrik: EMI-Arbeiterinnen in Hayes, Middlesex bei der Endproduktion von *Rubber Soul* am 25. November 1965

FOTO: HULTON ARCHIVE

In ähnlicher Weise ist Georges Herumspielen am Lautstärkeregler seiner Gitarre, mit dem er seine Läufe sanft einblendet, das Hauptmerkmal von *Wait*. Seine Antwort auf den quengeligen Gitarrensound von *The Bells Of Rhymney* (The Byrds) ist ein kleiner Edelstein: *If I Needed Someone*, ein früher Klassiker des Power Pop, dauert keine Sekunde zu lang. Trotz seiner verspielten Gitarrenläufe ist *Run For Your Life* ein vergleichsweise konventioneller letzter Song. Für epische Experimente wie *Tomorrow Never Knows* und *A Day In The Life*, die *Revolver* und *Sgt. Pepper's Lonely Hearts Club Band* beenden sollten, waren die Beatles offenbar noch nicht reif.

Die erste Hälfte der 60er-Jahre endete 1965 mit einer kreativen Explosion, es war das Jahr von *Like A Rolling Stone*, *You've Lost That Lovin' Feeling*, *The Tracks Of My Tears*, *In The Midnight Hour*, *Mr. Tambourine Man*, *Nowhere To Run*, *Satisfaction*, *California Girls*, *Gloria*, *I Got You Babe*, *My Generation*, *People Get Ready* und *Do You Believe In Magic*. *Rubber Soul* war die letzte Beatles-LP, die im traditionellen, von der Pop-Industrie vorgegebenen Rhythmus erschien: zwei Alben pro Jahr. Was dem Werk den gewissen Biss gibt, ist die hörbare Spannung zwischen der Verpflichtung, 14 Dreiminutensongs zu produzieren, und der Lust auf Horizonterweiterung und Experiment.

SEELENKUNDE

Für Jack White von den White Stripes ist *Rubber Soul* »natürliches Songwriting«

»Wenn ich an *Rubber Soul* denke, ist das erste, was mir in den Sinn kommt, ein Zitat George Harrisons. In einem Interview hatte er gesagt, dass *Rubber Soul* und *Revolver* Teil 1 und 2 des gleichen Albums seien. *Rubber Soul* und *Revolver* hatten mir schon immer dieses Gefühl gegeben.

Dass jemand fähig ist, innerhalb eines Jahres zwei derartige Alben aus dem Ärmel zu schütteln, ist für einen Musiker ziemlich inspirierend. Die Jungs haben keine Zeit verschwendet, oder? Was mich bei *Rubber Soul* am meisten umhaut, ist das Gefühl, dass ›es mal wieder Zeit wird, ein Album zu machen, Jungs‹. Als wenn die Beatles einfach reinkamen, aufnahmen und dann nach Hause zum Abendessen gingen. So empfinde ich dieses Album. Jeder Song ist brillant, dennoch hat man nicht das Gefühl, dass sie für Monate im Studio waren – etwa wie beim ›Weißen‹ Album. Es ist einfach näher dran am ›natürlichen Songwriting‹. Ein wahrhaft unglaubliches Songwriting. *In My Life* ist genial. Jawohl, ich sage ›genial‹. Wann immer von Brian Wilson die Rede ist, ist das Wort ›genial‹ nicht weit. Ein Wort, das jedoch selten im Zusammenhang mit den Beatles ausgesprochen wird, fast nach dem Motto: ›Das wissen wir doch ohnehin schon alles.‹ Ich finde nicht, dass das gerecht ist.

Drive My Car hat eine Dringlichkeit, eine konstante Vorwärtsbewegung, die mich beinahe umbringt. Der monotone Gesang bleibt so lange auf der gleichen Note hängen, bis es einfach nicht mehr geht, um dann in der allerletzten Sekunde zum ›but you can do something in between‹ zu wechseln. Das nenne ich ›natürliches Songwriting‹.«

1966

Wohin die Beatles 1966 auch kamen – sie provozierten überall Streit. In Japan sorgten sie für Ausschreitungen, weil sie in der Budokan-Halle auftraten; nachdem sie Imelda Marcos versetzt hatten, wurden sie von den Philippinen verjagt. Johns Aussage, »wir sind populärer als Jesus«, sorgte für eine ereignisreiche US-Tournee, und als die Beatles im Candlestick Park von San Francisco auftraten, sollte es ihr letztes offizielles Konzert sein. George verlor sein Herz an Indien und *Revolver* kam in die Plattenläden.

Mit Lightshow: George bei der Probe zu *Paperback Writer* am 19. Mai 1966 in der Abbey Road

Was: Die Arbeit an »Revolver« beginnt
Wo: Abbey Road, Studio 3
Wann: 6. April 1966

MORGENDÄMMERUNG

Als die Beatles mit der Arbeit an einem Song namens *The Void* begannen, wollten sie alle Studioregeln brechen. Von Jim Irvin.

IM LAUFE DES JAHRES 1966 gab Paul McCartney seinem Freund Miles ein Interview für das Untergrund-Blatt *International Times*. *Revolver* war gerade fertig geworden, *Sgt. Pepper* in der Planung. Die Beatles wussten, dass sie ihren Kollegen meilenweit voraus waren. Der 24-Jährige ließ sich dann auch zu einer wohl unvermeidlichen Aussage hinreißen, einerseits geprägt von überbordender Zuversicht, andererseits von der milden Enttäuschung darüber, noch immer nicht als Gottheiten verehrt zu werden. »Es gibt heute keine großen Idole mehr«, sagte er, »und das ist schade. Man betrachtet die Leute objektiv, und plötzlich sind es keine Idole mehr, sondern ganz normale Menschen. Man verliert die Begeisterung als Fan, es gibt niemanden mehr, der einen inspiriert. Dadurch, dass wir wissen, was wir alles tun könnten, inspirieren wir uns momentan mehr und mehr selbst. Denn wir wissen auch, dass wir in der Lage sind, wirklich alles zu tun.«

Andere Dinge beeinflussten die Musik – und die Gedankenwelt – McCartneys. Die Wirkungen bewusstseinserweiternder Drogen hatten seine Arbeitsweise eindeutig verändert. »Mein Ziel ist es, alles komplett zu verdrehen, den Ursprungszustand zu verändern und herauszufinden, was man daraus machen kann. Man muss nur das Potenzial erkennen. Nimm eine Note, zertrümmere sie und sieh nach, was alles in ihr steckt. Erkenne, was diese Verzerrung bewirkt hat, verändere den Ton, bis du nicht mehr weißt, wie er ursprünglich geklungen hat. Es geht um den Versuch, Magie zu erzeugen.«

Als der 20-jährige Geoff Emerick, frisch beförderter »Tape Operator«, am 6. April 1966 zu seiner ersten Session als Tontechniker antrat, war er von dem Ansatz »zu verdrehen« und »Magie zu erzeugen« sofort begeistert. »Die Band ermutigte uns dazu, alle Regeln zu brechen«, erzählt er. »Als wir mit *Revolver* anfingen, wurde das Ziel ausgegeben, dass kein Instrument naturgetreu klingen dürfe. Ein Klavier sollte nicht wie ein Klavier klingen, eine Gitarre nicht wie eine Gitarre. Ich wollte viele Dinge ausprobieren. Wir hörten einige amerikanische Aufnahmen, die völlig anders klangen, während die Ingenieure in der Abbey Road seit Jahren das immer Gleiche taten.«

Sie begannen mit einem neuen Song aus Johns Feder, der von seinen LSD-Experimenten im Januar inspiriert war, bei denen er sich von Timothy Learys und Richard Alperts Buch *The Psychedelic Experience* hatte leiten lassen. Im Buch war von »surrendering to the void« die Rede – davon, sich »dem Nichts zu ergeben«. John übernahm das Konzept und Zeilen wie »turn off your mind, relax and float downstream« direkt aus dem Buch, um den Eindruck eines LSD-Trips zu erzeugen. Für drei Takes – die sie einfach »Version 1« nannten – brauchten die Beatles fünf Stunden. Sie verwendeten zwei Gitarren (eine wurde verzerrt, die andere durch rotierende Leslie-Lautsprecher geschickt), Bass, Schlagzeug, Orgel und Gesang – der ebenfalls über die Leslie-Box ging. Mit einer Sitar und einer Tamboura erzeugte

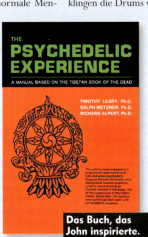

Das Buch, das John inspirierte.

George Harrison einen durchgehenden Grundton, George Martin fügte ein Piano hinzu.

Für den Schlagzeugsound verwendete Emerick einen Limiter von Fairchild – ein Gerät, das die Impulsspitzen beschneidet und einen extremen Kompressor-Effekt erzeugt. »Es war das erste Mal, dass ich den Fairchild für das Schlagzeug verwendete«, erzählt Geoff. »Bis auf die Bassdrum mischte ich das komplette Schlagzeug auf eine Spur. Je mehr Bassdrum durchkam, umso stärker drückte der Fairchild den Rest in den Hintergrund, und wenn Ringo dann ein Becken anschlug, gab es dieses flirrende, saugende Geräusch aus dem Limiter – aus diesem Grund klingen die Drums wie rückwärts aufgenommen.«

Am nächsten Tag unterbreitete McCartney den ungewöhnlichen Vorschlag, den Song mit ein paar Tape-Loops etwas fetter zu machen, bevor die Arbeiten an *Got To Get You Into My Life* beginnen würden (Pauls Hommage an seinen ersten LSD-Trip: »I was alone, I took a ride, I didn't know what I would find there...«). Also versammelten sich die Band, Emerick und einige Techniker um die Bandmaschinen, um als menschliche Bandrollen die langen Tape-Loops am Laufen zu halten. Auf einer Bandschleife hört man Paul, der Gitarre spielt und lacht – mit erhöhter Bandgeschwindigkeit klang es plötzlich wie kreischende Möwen. Ein anderes Endlosband enthielt einen einzelnen, von einem Orchester eingespielten Akkord, auf einem weiteren hörte man eine mehrfach überblendete Sitar. Die Bänder wurden nach dem Zufallsprinzip abgespielt, um den Song punktuell zu untermalen. Einen Song, der *The Void* hieß, bis John einen von Ringos eigentümlichen Grundsätzen – *Tomorrow Never Knows!* – übernahm und zum definitiven Titel erklärte.

Derlei Experimente betrafen jeden Song. Der doppelt komprimierte Basssound, den sie bei *Paperback Writer* entdeckt hatten, wurde dauerhaft übernommen. Das verzerrte Gitarrensolo von *Taxman* ließ man bei *Tomorrow Never Knows* rückwärts laufen. Die Music-Hall-Atmosphäre und Klangeffekte bei *Yellow Submarine* nahmen *Sgt. Pepper* vorweg. Und dann gab es da noch die spukige Teehaus-Atmosphäre von *Eleanor Rigby*. Merkwürdigerweise äußert McCartney beim Interview mit Miles Zweifel am antiken Charakter dieses Songs: »Ein anderer Song mit diesem Arrangement wäre womöglich eine Katastrophe gewesen. Zum Glück hat's gepasst. Aber eigentlich kann ich diese Art von klassischer Musik nicht ausstehen.« Offenbar war die ganze Band von ihrer Tat ein wenig überrascht.

Zwischen dem 6. April und dem 21. Juni wurde *Revolver* in 36 Tagen fertig gestellt. »Ich bin mir der Tatsache bewusst, dass *Revolver* die Studioarbeit nachhaltig verändert hat, und zwar seit dem Tag der Veröffentlichung«, sagt Emerick. »Man wusste, wie wir diese Sounds produziert hatten, und sprach sich schnell herum. Doch niemandem gelang es, diese Sounds zu kopieren – denn niemand arbeitete mit dieser Band!«

---

1. JAN. – 25. FEB. 1966

JANUAR 1966

1 Parlophone veröffentlicht *Sing A Song Of Beatles*, ein vom Musikverleger Dick James gesungenes Medley von Beatles-Songs.

3 *Rubber Soul* erreicht Platz eins in den US-Charts.

4 Brian Epstein fliegt nach New York, um die Details der nächsten US-Tournee zu verhandeln.

5 Lennon besucht eine Party in der Londoner Cheltenham Terrace 5, dem Haus von PJ Proby.

6 *Day Tripper* wird in den USA mit Gold ausgezeichnet.

8 *We Can Work It Out* ist für die Beatles der erste Nummer-1-Hit des Jahres. John, George und Ringo besuchen die Party von Mick Jagger, die in seinem Londoner Haus in Bryanston Mews East 13a stattfindet.

10 Brian Epstein wird zum Direktor von »Lennon Books Ltd« ernannt.

12 Ringo Starr und seine Ehefrau Maureen fliegen nach Port Of Spain, Trinidad, in den Urlaub.

14 BBC TV erwirbt die britischen Senderechte für den Film *The Beatles At Shea Stadium*.

21 Harrison und Patti Boyd heiraten in Epsom. McCartney ist unter den Gästen.

22 ABC interviewt Harrison, Thema ist seine Hochzeit mit Patti. Das Paar startet in die Flitterwochen nach Barbados.

27 Mit ihrer Coverversion von *Michelle* erreichen die Overlanders Platz eins der britischen Charts.

29 Kurzzeitig von Simon & Garfunkel verdrängt, kehrt *We Can Work It Out* auf Platz 1 der US-Charts zurück.

31 Paul, Jane, George und Patti besuchen im Londoner Wyndham Theatre die Premiere des Musicals *How's The World Treating You*.

FEBRUAR 1966

3 McCartney besucht eine Show von Stevie Wonder im Londoner Scotch Of St James.

4 George und Patti verfolgen im Londoner Garrick Theatre das Stück *Little Malcolm And His Struggle Against The Eunuchs*.

10 *Girl* erreicht in der Coverversion von St Louis Union Platz elf der britischen Charts.

11 Peter & Gordon veröffentlichen in England ihre neue Single *Woman*. Als Autor wird Bernard Webb genannt, als es ein Hit wird, offenbart McCartney seine Autorenschaft.

12 George und Patti werden auf Barbados von Fotografen verfolgt.

13 Brian Epstein wirft in der Chapel Street 24 eine Party. Unter den Gästen sind Cilla Black, Gerry And The Pacemakers, John und Cynthia, Ringo und Maureen, Paul und Peter Asher.

21 *Nowhere Man/What Goes On?* erscheint in den USA als Single.

23 McCartney besucht im Londoner Italian Institute einen Vortrag des Avantgardekomponisten Luciano Berio.

24 *Woman* von Peter & Gordon entert die englischen Charts. Höchste Platzierung: Rang 28.

25 George und Patti kehren aus ihren Flitterwochen auf Barbados zurück.

199

28. FEB. – 18. APRIL 1966

28 Wegen Geldproblemen wird der Liverpooler Cavern Club geschlossen. Aus Protest verbarrikadieren sich im Inneren etwa 100 Jugendliche.

MÄRZ 1966

1 *The Beatles At Shea Stadium*, der Mitschnitt vom spektakulären New Yorker Konzert, feiert im BBC-Fernsehen Premiere.

2 Die *Radio Times* (links) rezensieren den gestern ausgestrahlten Konzertfilm *The Beatles At Shea Stadium*: »Es war auch wie eine durchaus alarmierende Demonstration künstlich befeuerter Massenhysterie. Wir wurden Zeuge, wie die normale Begeisterung des Publikums von den diversen Vorbands ins Fieberhafte gesteigert wurde. In dieser verrückten Atmosphäre und gegen eine solide Wand aus Lärm anspielend, gaben die Beatles eine Kostprobe ihrer besten Songs.«

4 In einem Interview mit dem Londoner *Evening Standard* sagt John Lennon: »Wir sind populärer als Jesus.«

6 Protest gegen die Schließung des Cavern Clubs: Premierminister Harold Wilson erhält eine Petition mit 5000 Unterschriften.

10 Die letzte Nummer-eins-EP der Beatles, *Yesterday* (rechts), steigt in die britischen Charts ein.

24 Im Plaza Cinema in Haymarket, London, besuchen McCartney und Harrison die Premiere von *Alfie*. In der Hauptrolle: Jane Asher.

25 Robert Whitaker fotografiert in seinem Studio in Chelsea das kontroverse *Butcher Cover*: Es zeigt die Beatles als Metzger, umgeben von Fleischstücken und kopflosen Puppen.

31 Brian Epstein und Tatsuji Nagashima verhandeln in New York über Beatles-Konzerte in Tokio.

APRIL 1966

3 Die Beatles erscheinen auf dem Titel des italienischen Wochenmagazins *Ciao Amici*.

5 McCartney schenkt Jane Asher zum 20. Geburtstag 20 Kleider.

6 In der Abbey Road beginnen die Beatles mit der Arbeit an neuen Songs, die auf dem Album *Revolver* landen werden. Der erste aufgenommene Titel heißt *The Void*.

7 Die Arbeiten an *Tomorrow Never Knows* werden in der Abbey Road fortgesetzt. Ein neuer Song, *Got To Get You Into My Life*, wird ausprobiert.

8 Mehrere Takes von *Got To Get You Into My Life* werden aufgenommen.

11 Fortsetzung der Arbeiten an *Got To Get You Into My Life* in der Abbey Road. Etwas später wird Harrisons *Love You To* eingespielt.

13 *Love You To* wird fertig gestellt, die Arbeiten an *Paperback Writer* beginnen.

14 Für die kommende Single *Paperback Writer* werden einige Overdubs aufgenommen. Die B-Seite *Rain* wird ebenfalls auf den Weg gebracht.

16 Fortsetzung der Arbeiten an *Rain* in der Abbey Road.

17 John Lennons *Dr. Robert* wird eingespielt.

18 Der Cavern Club wird an den Café-Betreiber Joe Davey verkauft.

Was: Das NME-Konzert
Wo: Empire Pool, Wembley
Wann: 1. Mai 1966

HIN UND WEG

Eigentlich sollte es nur ein weiteres NME-Poll-Winner-Konzert sein, doch es wurde der letzte England-Gig der Beatles. Von Johnny Black.

»Die NME-Poll-Winner-Konzerte waren einmalige Gelegenheiten«, erinnert sich Spencer Davis. »Was ihnen heute am nächsten kommt, sind Shows wie die Grammy-Verleihung. Bis auf einen Unterschied: Wir hatten keine Leibwächter, keine Visagisten und keine Schaulustigen. Es gab nur die Bands und ihre Roadies, die sich alle untereinander kannten.«

Die Shows standen nicht nur für die größten Erfolge im Musikbusiness, sondern markierten auch den Gipfel überbordender Teenie-Begeisterung. So erfolgreich sie war, schaffte es die Spencer Davis Group immerhin zu einem NME-Poll-Winner-Konzert. Mehr konnte sich damals keine britische Band mit einem Nummer-1-Hit erträumen. Keine Band, mit Ausnahme der Beatles und der Rolling Stones. Die Stones spielten am 1. Mai zum dritten Mal bei dieser Veranstaltung, die Beatles zum vierten Mal – nie zuvor war die Rivalität zwischen beiden Lagern größer gewesen. Die Bühne war bereit für den Kampf der Titanen.

In diesem Jahr ebenfalls mit dabei waren die Small Faces, die Spencer Davis Group, The Yardbirds, The Who, die Walker Brothers und – als dahinsiechende Repräsentanten der alten Ordnung – Roy Orbison sowie Cliff Richards & The Shadows. Ian McLagan, Keyboarder der Small Faces, kann sich an die Atmosphäre lebhaft erinnern: »Hinter der Bühne lief eine Riesenparty. Da waren so viele Stars, dass sich manche die Garderobe teilen mussten. Es kam in einen Raum, in dem sich Paul Jones, Tom Jones und Cliff Richard Rücken an Rücken abmühten, ihre Bühnenklamotten anzuziehen. Als wir dran waren, gingen wir raus, das Publikum brüllte, dann spielten wir zwei oder drei Nummern und rannten von der Bühne. Die meiste Zeit hing ich mit den Stones und The Who in der Kantine rum. Ich kam nicht mal dazu, die Beatles zu sehen.«

Da war McLagan nicht der Einzige. Der langjährige Beatles-Mitarbeiter Tony Bramwell erzählt, dass »die Beatles damals mit dem *Revolver*-Album beschäftigt waren. Die NME-Show war für sie ein Ex-und-Hopp-Job.« Kein Wunder, dass sich Spencer Davis fast nur noch an eines erinnert: »Als sie ankamen, trugen sie diese gelbgetönten Sonnenbrillen.«

Nachdem sie aufgetaucht waren, galt die Schlacht als eröffnet. »Da gab es jede Menge Gezeter zwischen Stones-Manager Andrew Loog-Oldham und Brian Epstein«, erinnert sich NME-News-Redakteur Derek Johnson, damals Conferencier der Show. »Es ging immer nur darum, wer als Letzter auftreten sollte.«

So bizarr es auch erscheint: Beide Manager versuchten krampfhaft, den NME-Geschäftsführer Maurice Kinn davon zu überzeugen, dass ihre Band nicht am Schluss spielen dürfe. NME-Mitarbeiter Keith Altham erklärt, dass es dabei um »Vertragsstreitigkeiten mit der Firma ABC-TV ging, die das Konzert filmte. Die letzte Band sollte nicht mehr gefilmt werden und demnach auch in der TV-Übertragung nicht erscheinen.«

Epstein und Oldham waren sich der Tatsache schmerzlich bewusst, dass der Auftritt am Ende der Show zwar Ruhm und Ehre bedeutete, dass ein Millionenpublikum im Fernsehen aber wesentlich mehr Plattenverkäufe generieren würde. Eine finanzielle Belohnung, die dem zuteil wird, der als vorletzter die Bühne betritt. Dass Manager keine Schwierigkeiten haben, sich zwischen dem warmen Glanz des Ruhmes und dem kalten Glitzern des Bargeldes zu entscheiden, ist wohl genetisch bedingt. Die Wortgefechte waren demnach lang und stürmisch, doch letztendlich wurden die Beatles dazu verpflichtet, nach den Rolling Stones zu spielen. Immerhin hatten die Leser des NME die Beatles auf Platz eins gewählt.

»Plötzlich waren die Beatles da«, schrieb Alan Smith in der folgenden Ausgabe des NME, »schwarz gekleidet und kurz davor, ihr erstes Konzert des Jahres zu geben. John stand da in seiner typischen Pose, setzte sich lässig eine braune Sonnenbrille auf und begann geradewegs mit *I Feel Fine*.«

Tony Bramwell erzählt, dass es eine der schwächeren Beatles-Shows war: »Damals spielten sie nicht mehr so gut wie früher, wegen des ganzen Geschreis konnten sie sich selbst nicht richtig hören. Das Eröffnungsfeedback von *I Feel Fine* war auf der Bühne immer ein Problem, aber glücklicherweise hat es ohnehin niemand gehört.«

Alan Smith bestätigt in seiner Konzertkritik, »dass das Geschrei eine Frequenz erreicht hatte, die nur noch Hunde und A&R-Leute hören können«.

Hinter der Bühne hatte die Spencer Davis Group derweil ganz andere Probleme. Eigentlich sollten sie direkt nach der Show nach Deutschland fliegen, »aber wir hatten die Beatles noch nie live gesehen«, erzählt Bassist Muff Winwood. »Wir hingen in der Garderobe unter den Tribünensitzen rum, als uns John Walters, Trompeter des Alan Price Set, davon überzeugte, dass dies eine historische Chance sei. Wir würden die Beatles und die Rolling Stones nie wieder auf derselben Bühne sehen.«

Das Konzertprogramm zur letzten Beatles-Show in England

Während also draußen der Bentley wartete – von Keith Richards großzügig zur Verfügung gestellt –, um mit der Band nach Heathrow zu rauschen, stapelten sie stattdessen Kisten auf die Garderobenbänke. Dann kletterte die gesamte Band nach oben und lugte durch die schmalen Fensterschlitze unmittelbar unter der Zimmerdecke. »Wir sahen praktisch durch das Publikum hindurch«, erinnert sich Muff, »wir hatten also keine tolle Aussicht, aber zumindest konnten wir die Beatles erkennen. Sie zu hören war allerdings unmöglich.«

»Als die Show endete«, bemerkt Derek Johnson, »schlugen die Beatles schnell einen Haken, um der Masse von Fans zu entkommen, dann rannten sie zu ihren Autos und verschwanden. Natürlich war damals niemandem klar – nicht mal den Beatles selbst –, dass dies ihr letztes Konzert in England sein würde.«

Hello, Goodbye: John am 1. Mai 1966 beim NME-Poll-Winner-Konzert im Empire Pool, Wembley

25. Mai 1966: »Hey! Pass auf meine Schuhe auf!« Lennon und ein an Übelkeit leidender Dylan werden gefilmt, wie sie um den Hyde Park gondeln

Was:	Dylan trifft Lennon
Wo:	Dylans Limousine, London
Wann:	25. Mai 1966

CAR SICK BLUES

Beim »Treffen zweier Musikgenies« konnte Lennon letztendlich froh sein, dass er von Dylan nicht vollgekotzt wurde. Von Andy Gill.

Intelligenz und Schlagfertigkeit waren charakteristisch für die Popkultur der 60er-Jahre: Die traditionelle Pop-Dreifaltigkeit aus Autos, Mädchen und Klamotten wurde plötzlich erweitert um Poesie, darstellende Künste, Politik und sogar ein skizzenhaftes Verständnis philosophischer Grundkonzepte. Dylan in den USA und Lennon in England wurden plötzlich als »Sprachrohr einer Generation« gehandelt.

In Amerika hatte sich Bob Dylan als Sänger von folkigen Protesthymnen wie Blowin' In The Wind und The Times They Are A-Changin' einen hervorragenden Ruf erworben. In England erwies sich John Lennon als der intelligenteste Beatle, ein Mann von beißendem Witz. In His Own Write und A Spaniard In The Works, seine beiden sarkastischen, von Lear und Milligan inspirierten Bücher, verdeutlichten seine großen Ambitionen.

Die beiden trafen sich erstmals im August 1964 im New Yorker »Delmonico Hotel«. Beide bewunderten die Musik des jeweils anderen, was das gegenseitige Interesse bereits zuvor geweckt hatte. »Jeder, der wie Dylan in seinem Bereich der Beste ist, beeinflusst zwangsläufig auch andere Leute«, sagte Lennon. »Es würde mich nicht wundern, wenn auch wir ihn auf die eine oder andere Art beeinflusst hätten.« Damit hatte er natürlich Recht. Die Riesenschritte der Beatles spornten Dylan an, zu seinen Rock'n'Roll-Wurzeln zurückzukehren. »Ich wusste, dass sie die Richtung wiesen, die die Musik einschlagen musste«, bestätigte er später.

Ihre beispiellose Popularität hatte beide Männer dazu gebracht, sich mit einem dornigen Panzer gegen die allzu aufdringliche Vereinnahmung durch die Fans zu schützen. Als Dylan Johns offensichtlich »dylaneskes« Norwegian Wood einige Monate später mit dem Song Fourth Time Around rücksichtslos parodierte, begann Lennon an Dylans Motiven zu zweifeln. »Ich war immer so paranoid«, gab er später zu: »Er sagte, dass er mich in diesem Film namens Eat The Document haben wollte, was auch wirklich stimmte. Ich aber dachte: Warum? Weshalb? Er wird mich nur niedermachen.«

Daher auch der raue Ton bei Lennons Gastauftritt in Dylans Tourfilm. Gedreht wurde er von D.A. Pennebaker, dem Regisseur von Dylans 1965 erschienener Tour-Dokumentation Don't Look Back. ABC TV hatte den Film in Auftrag gegeben, lehnte ihn aber später ab. Dylan war mit Don't Look Back nicht restlos zufrieden gewesen, weshalb er beim neuen Film selbst Regie führen wollte. Das Hauptaugenmerk sollte weniger auf Live-Shows und Backstage-Impressionen liegen, sondern auf einer Reihe von spontan improvisierten Inszenierungen: So krabbelten Mitglieder aus Dylans Gefolge auf allen vieren durch eine riesige Hotel-Garderobe oder versuchten, mit unschuldigen Passanten fruchtbare Gespräche zu führen. Eine Szene war Lennon, Dylan und seinem alten Kumpel Bob Neuwirth gewidmet, die im Fond einer Limousine sitzend um den Hyde Park kutschiert wurden. Es war sieben Uhr morgens, Ende Mai, und die beiden Superstars sollten ein paar Kostproben ihrer (hoffentlich) sprühenden Schlagfertigkeit geben.

Das war zumindest der Plan. Doch einige Faktoren ließen die ganze Angelegenheit Schiffbruch erleiden, allen voran Lennons unterschwelliges Misstrauen und die große Menge Wein, die Dylan in der Nacht zuvor weggepumpt hatte. Beim Schnitt von Eat The Document ließ Dylan die beiden von Pennebaker gedrehten, zehn Minuten langen Filmrollen unter den Tisch fallen. Doch wie beinahe alles, was er in den Sechzigern sagte, tat oder berührte, kursierten sie später als Bootlegs. Sie bieten die seltene Gelegenheit, ein normalerweise gefasstes »Sprachrohr einer Generation« mal ganz ohne Schutzpanzer zu sehen: Von der Sauferei völlig neben der Kappe, versucht er krampfhaft wach zu bleiben und – noch dringlicher – zu vermeiden, den Innenraum der Limousine mit seinem Mageninhalt zu dekorieren.

In den ersten zehn Minuten Geplänkel werfen die beiden mit Namen um sich – allerdings ohne große Bedeutung. Dylan verspricht, den Chauffeur Tom Keylock im Film als Tyrone Power zu porträtieren. Oder auch als Ronald Coleman, Reginald Young, Peetie Wheatstraw, Sleepy John Estes und Robert Johnson. Danach beginnen Dylan und der vergleichsweise klar denkende Lennon mit verworrenen Neckereien, sie provozieren sich gegenseitig, erwähnen Ral Donner, Barry McGuire, die Folkband The Silkies und The Mamas And The Papas – »du bist doch nur auf die Dicke scharf«, stichelt Dylan. Lennon gelingt eine leidliche Parodie auf den Promoter Tito Burns, Dylan jammert über Schmerzen in der Seite. Bedeutungsloses Gerede. Oscar Wilde und George Bernard Shaw sind das jedenfalls nicht.

Lennon hielt Dylan für »den Besten seiner Art«.

Dylans Zustand verschlechtert sich zusehends. Übelkeit überkommt ihn, weshalb die zweite Filmrolle vornehmlich pathetische Erklärungen zur Lage seiner Gesundheit enthält sowie den zunehmend dringlicher formulierten Wunsch, zum Hotel zurückzukehren. »Oh Gott, ich will mich hier drinnen nicht übergeben müssen«, quengelt er, den Kopf in die Hände gestützt. »Was ist, wenn ich die Kamera voll kotze? Oh Mann, ich habe schon fast alles vor dieser Kamera gemacht, ich könnte also genauso gut kotzen.« Als sich Dylans Zustand weiter verschlimmert, sieht ihn Lennon angewidert und resigniert an. Und macht sich über seine Übelkeit lustig: »Sie leiden unter Augenschmerzen, einer faltigen Stirn und lockigen Haaren? Nehmen Sie Zimdon!« Der sonst so scharfzüngige Dylan, selten um Worte verlegen, protestiert nur noch mit einem Stöhnen.

Die Filmrolle endet mit einem unglücklichen Dylan, der kurz vor dem Kotzen ist. Ob er sein Essen nun bei sich behielt oder nicht – dieser kurze Ausflug markierte einen Wendepunkt in der Beziehung der beiden Stars. Zwar blieben sie Freunde, doch Lennons idealisierte Sicht auf sein amerikanisches Gegenstück wurde durch dessen alkoholisierten Auftritt unzweifelhaft getrübt. Seine künftigen Anspielungen auf Dylan – etwa in den Songs God und Serve Yourself – waren kritisch und keine Ehrerbietigen. Dylan wurde bei dieser Gelegenheit vielleicht klar, wie aufreibend sein damaliger Lebensstil für seine Gesundheit war. Einige Monate später verunglückte er mit dem Motorrad und nutzte die Rehabilitation als Chance, sein Leben fortan komplett umzukrempeln.

---

18. APRIL – 25. MAI 1966

18 Lennon, Harrison und Eric Clapton schauen sich im Londoner Marquee The Lovin' Spoonful an.

19 Dr Robert wird in den Abbey Road Studios fertig gestellt.

20 Arbeiten an Taxman und And Your Bird Can Sing beginnen.

22 Overdubs für Taxman und Tomorrow Never Knows.

23 In England erscheint ein neues Pop-Magazin: Disc And Music Echo. Das Blatt entsteht nach dem Zusammenschluss des etablierten Disc mit Brian Epsteins Music Echo. Epstein hält 50 Prozent am neuen Heft.

25 In der Abbey Road wird ein Mono-Mix von Got To Get You Into My Life angefertigt.

27 Nach einer langwierigen Mixing-Session in der Abbey Road beginnt man mit der Arbeit an Lennons I'm Only Sleeping.

28 Die Aufnahmen von Eleanor Rigby beginnen.

29 Für Eleanor Rigby und I'm Only Sleeping wird in der Abbey Road Gesang aufgenommen.

MAI 1966

1 Die Beatles absolvieren in Wembley mit dem NME-Poll-Winner-Konzert 1966 ihre letzte Live-Show in England. Mit dabei sind die Small Faces, die Spencer Davis Group, Roy Orbison, The Rolling Stones, The Yardbirds, Cliff Richard, The Shadows, The Who, Herman's Hermits und The Seekers.

2 Bob Dylan landet in London, um erstmals in England mit einer elektrifizierten Band aufzutreten. Er wohnt im Mayfair Hotel, wo er Gäste wie Paul McCartney, Keith Richards und Brian Jones begrüßt. Im Londoner Playhouse Theatre interviewt die BBC die Beatles für die Radioshows Saturday Club und Pop Profile.

4 Das japanische Finanzministerium ist damit einverstanden, dass die Beatles in Japan auftreten. Jedes Bandmitglied darf eine Gage in Höhe von 10000 Pfund ausführen.

5 In der Abbey Road werden die rückwärts aufgenommenen Gitarren für I'm Only Sleeping abgemischt.

6 Gesangsaufnahme für I'm Only Sleeping in der Abbey Road.

7 Die Beach Boys veröffentlichen Pet Sounds (rechts). McCartney räumt später ein, dass das Album eine Inspirationsquelle für Sgt. Pepper war.

9 Beginn der Arbeiten an For No One.

10 Für das US-Album Yesterday And Today werden Mixe von Dr Robert, I'm Only Sleeping und And Your Bird Can Sing angefertigt.

16 Taxman wird komplettiert, diverse andere Tracks abgemischt und einige Overdubs eingespielt.

18 Zwölfstündige Non-Stop-Session in der Abbey Road, bei der die Bläser für Got To Get You Into My Life ausgearbeitet werden.

19 Dreh von Promo-Clips für Paperback Writer und Rain.

21 Nach einer Party bei Mick Jagger und Chrissie Shrimpton gehen John und Cynthia in der Portobello Road einkaufen.

25 D.A. Pennebaker filmt Lennon und Dylan bei einer Autofahrt um den Hyde Park.

26. MAI – 20. JUNI 1966

26 Bob Dylan spielt in der Albert Hall. In der Abbey Road beginnen die Arbeiten an *Yellow Submarine*.

27 Für die Dokumentation *Eat The Document* werden Lennon und Dylan dabei gefilmt, wie sie von Lennons Haus in Weybridge, Surrey, ins Londoner Mayfair Hotel fahren. Dylan spielt erneut in der Royal Albert Hall, Lennon und Harrison sehen zu.

30 *Paperback Writer/Rain* wird in den USA veröffentlicht.

31 Für die The-Beatles-Book-Serie *At Home* wird Ringo in seinem Haus »Sunny Heights« fotografiert.

JUNI 1966

1 Unterstützt vom Rolling Stone Brian Jones, Marianne Faithfull und anderen, nehmen die Beatles Soundeffekte für den Song *Yellow Submarine* auf. Am Abend besucht George Harrison ein Konzert von Ravi Shankar in der Albert Hall.

2-3 In der Abbey Road wird George Harrisons Song *I Want To Tell You* aufgenommen.

4 Die Beatles werden für die 400. Ausgabe der BBC-Radioshow *Saturday Club* interviewt.

5 In der amerikanischen *Ed Sullivan Show* werden die Promo-Clips für *Paperback Writer* und *Rain* ausgestrahlt.

6 Gegen Mitternacht nimmt McCartney die letzten Gesangsoverdubs für *Eleanor Rigby* auf.

8 In der Abbey Road beginnen die Arbeiten an *Good Day Sunshine*.

9 *Good Day Sunshine* wird fertig gestellt.

10 *Paperback Writer/Rain* wird in England veröffentlicht.

13 Johnnie Stewart, der Produzent von *Top Of The Pops*, fragt bei Brian Epstein an, ob die Band in vier Tagen live in der Show spielen könnte.

14 Erster Tag der dreitägigen Aufnahmen für *Here, There And Everywhere*.

15 In den USA wird das Album *Yesterday And Today* mitsamt *Butcher Cover* veröffentlicht (rechts). Plattenläden weigern sich wegen des Covers, die LP zu verkaufen. Sie wird zurückgezogen.

16 Die Beatles treten erstmals in persona bei *Top Of The Pops* auf (oben). Sie spielen *Rain* und *Paperback Writer* zum Playback.

17 Die Arbeit an *Here, There And Everywhere* und *Got To Get You Into My Life* geht weiter. Die *Times* berichtet, dass McCartney eine Farm auf dem Mull Of Kintyre in Schottland gekauft hat.

20 *Yesterday And Today* erscheint in den USA mit einer neuen Hülle (rechts).

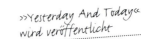

Was: »Yesterday And Today« wird veröffentlicht
Wo: USA
Wann: 15. Juni 1966

FLEISCH IST MORD

Das berüchtigte *Butcher Cover* war für Capitol Records und die Amerikaner einfach zu viel: Sie wollten nette Beatles. Von Bill DeMain.

Es war eine bewusste Abweichung von den konventionellen Motiven der Popstar-Promo-Fotografie«, sagt Robert Whitaker über seine berüchtigtste Kreation – das *Butcher Cover* der Beatles.

Zur Fotosession erschien der australische Fotograf im Frühjahr 1966 mit einer ganzen Ladung von Utensilien, die allesamt aus Salvador Dalís Keller hätten stammen können. »Ich brachte Gebisse mit, Puppenaugen, einen Satz weißer Kittel, Hammer, Nägel, einen Vogelkäfig und eine Kiste, die ich über Ringos Kopf stülpte. Ich wollte von ihm eine Alabaster-Statue anfertigen, also schrieb ich auf die Kiste ›2 000 000‹, denn er sollte einer von zwei Millionen Motiven sein. Ich brachte ein paar Sehnen mit, Würstchen und rohes Fleisch. Die Puppen kamen direkt aus einer Fabrik in Chiswick. Später hieß es, wir hätten sie zerstückelt, aber das stimmt nicht. Sie kamen in Einzelteilen, Köpfe, Körper, Arme. Als ich die Kiste auf den Boden stellte, fingen die Beatles sofort an, damit zu spielen.«

Und wie reagierten die Fab Four auf dieses surreale Blutbad? »George hasste es«, erzählt Whitaker, »was ich aber erst im Nachhinein durch ein Interview im *Disc & Music Echo* erfuhr. Ich glaube, er konvertierte damals gerade zum Vegetariertum und war auf der Suche nach dem Heiligen Gral. John war richtig glücklich darüber, dass diesmal mehr geboten wurde als vier glamouröse Typen mit weißen Zähnen. Paul war sehr offen eingestellt, und was Ringo darüber dachte, kann ich nicht mit Sicherheit sagen.«

»Keine Ahnung wie es dazu kam, dass wir plötzlich in Schlachterkitteln herumsaßen, übersät mit Fleisch«, erzählt Ringo in der *Anthology*. »Wenn man in unsere Augen blickt, dann erkennt man, dass keiner von uns eine Ahnung hatte, was da überhaupt abging. Es war einfach eine dieser Sachen, die man im Laufe seines Lebens so macht.«

Es sei ein Missverständnis, so Whitaker, dass das Butcher-Foto – oder das »Nachtwandler-Abenteuer«, so wie er es nennt – als Plattencover geplant war. »Es sollte auf der Rückseite eines Klappcovers erscheinen, knapp sechs mal sechs Zentimeter groß und platziert in der Mitte der LP-Hülle. Um ihre Köpfe herum wollte ich silberne Heiligenscheine mit Edelsteinen drapieren, es sollte wie eine russische Ikone aussehen, in Gold und Silber. Ich wollte sie quasi heilig sprechen und in die Kirche stellen. Das Fleisch sollte die Fans symbolisieren, die falschen Zähne und Augen die Verlogenheit, ein göttergleiches Image wie ein goldenes Kalb zu präsentieren. Für die Vorderseite der Platte war ein Foto der Beatles geplant, wie sie zwei Wurstketten halten, die aus dem Unterleib einer Frau kommen. Die Würste sollten eine Nabelschnur darstellen. Das Foto sollte in den Bauch einer schwangeren Frau eingearbeitet werden, dazu sollte es die Illustration einer Brust, einer Brustwarze und einer großen Gebärmutter geben, in der die Beatles liegen, miteinander verbunden durch eine Nabelschnur.«

»Capitol erhielt nur das Butcher-Foto«, fährt er fort, »die anderen Fotos sahen sie nicht – also den Schlüssel, um das Ganze aufzulösen. Deshalb herrschte Verwirrung, und eine ganze Menge Leute regten sich auf.«

»Ich warf einen Blick darauf und dachte mir: ›Was zum Teufel soll das? Wie soll ich das herausbringen?‹«, erinnert sich Alan Livingston, damaliger Geschäftsführer von Capitol Records. »Ich zeigte es unserem Verkaufsleiter und ein paar anderen, die allesamt blass wurden. Also rief ich Brian Epstein in London an, und er sagte mir, dass die Beatles auf das Foto bestehen würden. Ich sagte: ›Okay, wir können es versuchen‹.«

Das Album *Yesterday And Today* wurde von Capitol zusammengewürfelt, um den US-Markt bei Laune zu halten. Es enthielt Songs von *Rubber Soul*, ein paar Soundtrack-Nummern sowie die Single *Yesterday* und war genau jene Art von Schnellschuss, die »uns wahnsinnig machte«, wie Lennon später sagte.

Etwa 60 000 Kopien wurden an Radiosender, Zeitungen und die Capitol-Filialen verteilt, die das Album den Großhändlern vorstellten.

»Die Großhändler weigerten sich, die Platte ins Programm zu nehmen«, erzählt Livingston, »also rief ich wieder London an, ein ewiges Hin und Her. Mein Ansprechpartner war meistens Paul McCartney. Er war sehr unnachgiebig und meinte, dass wir dranbleiben sollten. Er sagte: ›Das ist unser Kommentar zum Krieg.‹ Ich wusste nicht, warum es ein Kommentar zum Krieg sein sollte oder ob es irgendjemand so interpretieren würde. Schließlich gaben sie nach und schickten uns ein neues Cover.«

»Sie klebten dann ein grässliches Foto drauf, das uns als fröhlichen Vierer zeigen sollte, aber im Grunde todlangweilig war«, sagte John Lennon in der *Anthology*. »Draufkleben« ist das richtige Wort: Capitol-Mitarbeiter mussten am Wochenende Überstunden schieben, um das neue Foto – die Beatles, versammelt um einen Überseekoffer, siehe unten links – über das anstößige »Butcher-Foto« zu kleben.

»Es war eine Frage des Geschäfts«, sagt Livingston. »Ich bin kein Plattensammler, weshalb ich keine Sekunde darüber nachdachte, wie wertvoll die originalen oder auch überklebten Hüllen einmal sein könnten.«

Heute erzielt das Filetstück bei Beatles-Sammlern Preise von über 800 €, die überklebten Covers gehen für etwa 250 € weg. Und was das originale Cover-Konzept angeht, ist das letzte Wort noch nicht gesprochen: »Ich habe noch alle Einzelteile«, sagt Whitaker, »ich würde das Artwork gerne fertig stellen und eines Tages veröffentlichen.« Bis dahin geht das »Nachtwandler-Abenteuer« einfach weiter.

FOTOS: ROBERT WHITAKER/LONDON FEATURES INTERNATIONAL

»Für die Vorderseite war ein Foto der Beatles geplant, wie sie zwei Wurstketten halten, die aus dem Unterleib einer Frau kommen.« Robert Whitakers Studio in der King's Road, Chelsea, am 25. März 1966

»Ich sah sie niemals ruhiger als an diesem Tag«: Lennon entspannt sich zwischen zwei Shows, Tokio, 1966

Was: Die erste Japan-Tour
Wo: Tokio
Wann: 29. Juni bis 3. Juli 1966

PINSELSTRICHE

Ein geschäftstüchtiger Veranstalter und eine Kiste Farben retteten die erste Japan-Tournee der Beatles. Von Jim Irvin.

ZWÖLF TAGE, NACHDEM DIE BEATLES Japan verlassen hatten, ließ Dudley Cheke, Mitarbeiter der britischen Botschaft in Tokio, seinen Vorgesetzten in London eine lebhafte Schilderung der kürzlichen Ereignisse zukommen: »Die Gruppe landete am Morgen des 29. Juni, unmittelbar nach einem außergewöhnlich schweren Unwetter«, schrieb er. »Als unvergleichlicher ›Beatles-Taifun‹ begeisterten sie die japanische Jugend.«

Das bedeutete sowohl freudige Erregung als auch gewalttätige Ausschreitungen: Für die 30000 verfügbaren Tickets hatte es 209000 Anfragen gegeben, die Zeitungen waren voller Geschichten über die Beatles. In einer Karikatur trug Premierminister Sato eine Beatles-Perücke, um mehr Stimmen zu gewinnen, während das kommunistische Organ »Akahata« die Beatles als »Werkzeuge des US-Imperialismus« verunglimpfte. Japanische Nationalisten beklagten, dass die Beatles im Budokan spielen würden, einer imposanten Halle mit 10000 Sitzplätzen, die anlässlich der Olympischen Spiele als Austragungsstätte für Kampfsportarten gebaut worden war: Die Halle werde durch dieses Spektakel »entehrt« – eine Befürchtung, die von den Verantwortlichen der Spielstätte deutlich zurückgewiesen wurde. Immerhin seien die Jungs von ihrer Königin ausgezeichnet worden, mithin also respektable Gäste.

Alles wie gehabt also. Mit einem Unterschied: So weit im östlichen Kulturkreis angekommen, war es keinesfalls sicher, dass der »Beatles-Taifun« nicht auch potenziell gefährliche Gegenreaktionen auslösen könnte. Jedenfalls befand sich Japan in erhöhter Alarmbereitschaft. »In einem Land, in dem Versammlungen schnell zu Ausschreitungen führen, mussten die Beatles vor ihren Fans ebenso geschützt werden wie vor ihren Gegnern«, bemerkte Cheke. Die Sicherheitskräfte waren genauso massiv wie bei den Olympischen Spielen 1964 in Tokio: 35000 Polizisten wurden auf die Stadt verteilt, in der Budokan-Halle waren sie auffallend überrepräsentiert: Polizisten und Feuerwehrleute in jedem Gang und in mehreren Reihen vor der Bühne. Der Grund dafür waren Morddrohungen gegen die »Biiturusu«, von denen diese übrigens keine Ahnung hatten.

Deshalb ließ man den Beatles auch kaum Gelegenheit die Stadt zu erkunden. Aufgrund der riesigen Nachfrage gingen am 1. und 2. Juli zwei Zusatzmatineen über die Bühne, die ihre Freizeit ein wenig verkürzten. Darüber hinaus hatten sie wenig zu tun. Also blieben sie einfach in ihrer prächtigen Präsidentensuite – Zimmer 1005, ein komplettes Stockwerk des Tokioter Hilton – und gaben Interviews.

Rücksichtsvollerweise arrangierte der Konzertveranstalter Tatsuji Nagashima ein paar Zerstreuungen, schickte Händler mit Luxusgütern auf ihre Zimmer und bot ihnen sogar die Dienste von Geishas an. »Die schönsten Schnitten in Kimonos, die man sich vorstellen kann«, erklärte Robert Whitaker, Macher des *Butcher Covers* und zuständig für die Dokumentation der Reise. Die Beatles lehnten jedoch ab.

Am zweiten Tag gelang es ihnen ein paar Stunden zu entwischen, sie durchbrachen die Menschenmassen vor dem Hotel. Paul spazierte mit Leibwächter Mal Evans um den Kaiserplatz, John besuchte den Markt und die Asahi-Galerie in Harajuku. Weitere Ausflüge sollten jedoch nicht unternommen werden. Statt dessen schickte ihnen Nagashima feinstes japanisches Papier und Farben auf ihre Suite. Nun hatten die Jungs die Chance, ihr eigenes Kunstwerk zu gestalten.

Im Gesellschaftsraum der Suite lag ein großes Blatt handgeschöpftes Papier, etwa 75 mal 100 Zentimeter groß, in der Mitte stand eine Lampe. Im schwachen Licht begannen die vier Beatles, das Blatt mit Öl- und Wasserfarben voll zu pinseln, jeder begann an einer Ecke. Dazu rauchten sie Joints und hörten die Vorabpressung ihres neuen Albums, die eigens aus London geschickt worden war. Bei dieser Gelegenheit entschieden sie sich für den Titel *Revolver*.

»Ich sah sie niemals ruhiger und zufriedener als an diesem Tag«, erzählt Whitaker. »Sie arbeiteten an etwas, das ihren Persönlichkeiten freien Lauf ließ. Ich glaube, das ist ihr einziges gemeinsames Werk abseits der Musik. Alles war sehr harmonisch. Sie waren glücklich, riefen ihre Frauen und Freundinnen an, unterhielten sich über die Musik und malten ständig an diesem Bild. Wenn sie die Arbeit aufgrund einer Show unterbrechen mussten, dann hieß es danach sofort: ›Lasst uns nach Hause gehen und weiter malen!‹«

Des Kaisers neue Kleider: John und Ringo in Kimonos

Alles in allem brauchten sie zwei Abende. Pauls Abschnitt war vage psychedelisch und mehr oder minder symmetrisch. Johns war ausfernd, mit dicken Farbschichten und einem großen, dunklen Mittelpunkt. George trug weniger Farbe auf und entschied sich für helle, lebhafte Töne, während Ringos Ecke sehr bunt und grafisch ausfiel, beinahe wie ein Cartoon. Jeder Abschnitt wurde durch ein lebhaftes Rot umrahmt und miteinander verbunden. »Sie hatten sich untereinander nicht abgesprochen«, erinnert sich Whitaker, »das Bild kam völlig spontan zustande.«

Als es fertig war, signierte jeder Beatle den Mittelkreis, auf dem die Lampe gestanden hatte. Nagashima schlug vor, das Bild für wohltätige Zwecke zu verkaufen, den Zuschlag erhielt ein Kinobesitzer, der einen Beatles-Fanclub leitete. Nach seinem Tod Mitte der neunziger Jahre kaufte es ein Händler aus Osaka für 15 Millionen Yen, der weitere Verbleib ist ungeklärt.

Nachdem der »Beatles-Taifun« weitergezogen war, berichtete Cheke, dass die japanische Presse »den Beatles und ihren Leistungen unterschwellig starke Bewunderung und Sympathie« entgegenbrachte. Kritisiert wurden lediglich die starken Sicherheitsvorkehrungen sowie die recht kurzen Auftritte.

Whitaker beschrieb die damalige Stimmung innerhalb der Band als »ein Crescendo der Glückseligkeit«. Weitere Tourpläne lösten sich ein paar Tage später allerdings in Luft auf.

21.–30. JUNI 1966

21 Im Studio 3 der Abbey Road nehmen die Beatles *She Said She Said* auf.

22 Im Studio 3 wird *Revolver* gemastert. In London eröffnet eine neue Disco namens Sybilla's, sie gehört Harrison und Sir William Piggott-Brown. Etliche Beatles und Rolling Stones kommen zur Eröffnungsparty.

23 Die Beatles fliegen für die »Bravo-Blitztournee« nach Deutschland. Sie landen in München und checken im Hotel Bayerischer Hof ein.

24 Ihre letzte Welttournee beginnt im Münchener Zirkus-Krone-Bau.

25 *Paperback Writer* erreicht gleichzeitig Platz eins in England und den USA. John Lennon sagt: »Im Studio arbeiten wir immer mehr mit Taschenspielertricks, drehen Bänder um. Auf *Rain*, der B-Seite von *Paperback Writer*, spielten wir meine Stimme rückwärts ab, was erstaunlich klang. George Martin meinte, es klingt wie Russisch!« Die Beatles spielen in der Essener Grugahalle in der Norbertstraße.

26 Erstmals seit 1962 ist die Band wieder in Hamburg, begleitet von einem Konvoi aus acht Limousinen. Die Beatles geben zwei Shows in der Ernst-Merck-Halle. Emotional überwältigte Fans liefern sich im Umfeld der Halle Straßenschlachten mit der Polizei, die Tränengas einsetzt.

27 Die Band fliegt von Hamburg nach London und noch am gleichen Tag weiter nach Tokio.

28 Um dem Taifun »Kit« auszuweichen, der über Japan tobt, landen die Beatles in Anchorage, Alaska. Chauffeur Alf Bicknell erinnert sich: »Als wir das Flugzeug verließen, herrschten überall Chaos und Tumult. Sie hatten keine Ahnung, dass die Beatles auftauchen würden. Wir verbrachten dort 24 verrückte Stunden und soffen wie die Schweine. Als der Sturm endlich nachließ, flogen wir weiter nach Tokio.«

29 Die Beatles landen in Tokio, aufgrund rigider Polizeimaßnahmen werden sie am Flughafen von nur 20 Fans erwartet.

30 In der Budokan-Halle geht das erste von drei Konzerten über die Bühne. Das Budokan ist normalerweise die Kampfstätte für Sumo-Ringer. Dass eine Popband diesen kaiserlichen Kampfpalast betritt, provoziert landesweit enorme Proteste (oben). Damit das Publikum im Falle von Ausschreitungen nicht die Bühne stürmen kann, wird diese auf 2,50 Meter erhöht. Vor und neben der Bühne stehen ausschließlich Polizisten, die wenigen Fotografen stehen alle in einer Reihe. Dazu Alf Bicknell: »Wir trafen einige Sumo-Ringer, es gab im Vorfeld ein paar Spannungen. Polizei und Militär eskortierten uns zur Halle, doch als die Show begann, lief alles bestens. Die Japaner waren zu uns unglaublich freundlich.«

1.–23. JULI 1966

JULI 1966

1 Der zweite Tag in Tokio bringt zwei weitere Beatles-Shows in der Budokan-Halle. Münchener Kommunalpolitiker wollen von den Beatles im Nachhinein eine »Unterhaltungsteuer« eintreiben. Normalerweise ist Musik in Deutschland von der Steuer befreit, doch die Münchener behaupten, die »Musik der Beatles ist nur ein Vorwand für das Brüllen und Stampfen des Publikums. Sie ist sogar extra dafür gemacht worden«.

2 Die Beatles absolvieren an ihrem dritten Tag in Tokio zwei weitere Shows im Budokan.

3 Die Beatles fliegen von Tokio nach Manila auf den Philippinen.

4 In Manila attackieren Hooligans die Beatles wegen deren »Affront« gegen Präsidentengattin Imelda Marcos. Dennoch spielen die Beatles im Rizal Memorial-Fußballstadion (oben).

5 Flug über Bangkok nach Neu-Delhi, Indien.

8 In England wird die EP *Nowhere Man* (rechts) veröffentlicht.

9 Kurzzeitig von Frank Sinatras *Strangers In The Night* verdrängt, kehrt *Paperback Writer* auf Platz eins der US-Charts zurück.

12 Lennon und McCartney werden mit zwei weiteren Ivor Novello Awards ausgezeichnet: *Yesterday* ist der »herausragendste Song des Jahres 1965«, *We Can Work It Out* der kommerziell erfolgreichste. Unterstützt von McCartney, nehmen Cliff Bennett And The Rebel Rousers in der Abbey Road *Got To Get You Into My Life* auf.

13 McCartneys Produktion von Cliff Bennetts *Got To Get You Into My Life* wird fertig gestellt.

14 In der amerikanischen Fernsehshow *Where The Action Is* treten Petula Clark mit *I Want To Hold Your Hand*, Marianne Faithfull mit *Yesterday* und Paul Revere And The Raiders mit *I'm Down* auf. (Alle drei Songs stammen von den Beatles.)

15 Klaus Voormann wird von Brian Epstein aus seinem Vertrag mit NEMS entlassen, damit er als Bassist bei Manfred Mann einsteigen kann.

23 Neueröffnung des Cavern Clubs: Unter den Gästen ist Premierminister Harold Wilson (o.l.). Die Beatles senden ein Glückwunschtelegramm.

Was: Ärger auf den Philippinen
Wo: Manila
Wann: 3. bis 5. Juli 1966

MORDLUST IN MANILA

Die Beatles waren es gewohnt, Einladungen auszuschlagen. Doch als sie Imelda Marcos versetzten, bekamen sie *richtig* Ärger. Von Jim Irvin.

DIE JAPANER HATTEN öffentliche Unruhen von den Beatles fern gehalten, doch auf den Philippinen, damals noch unter Kriegsrecht, brachen sie direkt vor ihnen aus. In Manila wurden sie von einem bewaffneten Mann empfangen. Er befahl ihnen, ihr Handgepäck zurückzulassen und führte sie zu seinem Wagen.

»Überall auf der Welt, ob in Amerika, Schweden oder Deutschland, behandelte man uns respektvoll als berühmte Showbiz-Persönlichkeiten, auch wenn die ›mania‹ in vollem Gange war«, erzählte George, »doch in Manila herrschten ganz schlechte Vibes. Es war das erste Mal, dass man uns herumschubste. Wir stiegen in diesen Wagen, der Typ fuhr einfach los und ließ Neil Aspinall zurück. Unsere Koffer standen noch auf dem Rollfeld, und ich dachte: ›Das war's. Sie werden uns hochnehmen.‹« Durchaus begründete Sorgen, denn in den Aktenkoffern hatten sie ihr Gras versteckt.

»Sie fuhren uns zum Hafen von Manila, packten uns in ein Boot, das zu einer Motoryacht übersetzte. Dort schickte man uns in eine Kabine«, erzählte George in der *Anthology*. »Wir schwitzten und hatten Angst. Es war das erste Mal seit Bestehen der Beatles, dass wir von Neil, Mal Evans und Brian Epstein abgeschnitten waren. Auf dem Deck patrouillierten bewaffnete Polizisten. Wir wünschten uns, niemals hierher gekommen zu sein.«

Aspinall schnappte sich geistesgegenwärtig die zurückgelassenen Aktenkoffer, nahm eine Limousine und folgte den Jungs. Er begriff, dass sie von einer Gang gekidnappt worden waren, die die Beatles auf ihrer Yacht offenbar als Statussymbol betrachtete. Schließlich tauchten Brian und der vor Wut kochende Veranstalter Ramon Ramos auf und holten die Beatles zurück aufs Festland.

Am nächsten Morgen unternahmen Paul und Ringo eine kleine Stadtbesichtigung, die sie ins Bankenviertel Makati führte. Paul schoss ein paar Fotos, der Kontrast zwischen der Opulenz dieser Gegend und den Slums drum herum stand dabei im Mittelpunkt. Als sie zum Hotel zurückkehrten brach Panik aus. »Irgendjemand kam in unser Zimmer und sagte: ›Los jetzt! Ihr werdet im Palast erwartet‹«, erzählte George. Sie schalteten den Fernseher an und sahen, dass Imelda, die Gattin des despotischen Präsidenten Ferdinand Marcos, auf die Ankunft der Beatles wartete. Die Jungs sahen sich dabei zu, wie sie nicht im Malacanang-Palast auftauchten. Wie immer hatte Brian Epstein alle Anfragen für politische Empfänge abgelehnt. Aber diesmal weigerte sich eben jemand beharrlich, ein Nein als Antwort zu akzeptieren. Um die Präsidentenehre zu retten und nicht zugeben zu müssen, dass die Beatles die Einladung einfach abgelehnt hatten, erklärte die Marcos-freundliche Presse das Verhalten der Beatles zu einer vorsätzlichen Beleidigung.

In der Zwischenzeit gingen die Auftritte über die Bühne: zwei Shows im gigantischen Rizal-Fußballstadion,

Jagdszenen am Flughafen: die Beatles in Manila

in dem 50000 Leute Platz fanden. Darunter der damals 14-jährige Fan Charlie Santos: »Sie stellten zusätzliche Stühle auf das Spielfeld, um noch mehr Leute unterbringen zu können. Die Stimmung wurde schon im Vorfeld angeheizt, doch das Publikum war friedlich. Wir hatten ja keine Ahnung von der ›Beleidigung‹, erst am nächsten Tag stand es in allen Zeitungen.« Die Show begann mit Chuck Berrys *Rock'n'Roll Music*. »Sobald der erste Akkord erklang, drängte die Menge in Richtung Bühne. Andere stapelten Stühle übereinander, um besser sehen zu können«, erzählt Charlie. »Ich kann mich vor allem an Paul erinnern, der ganz alleine *Yesterday* sang. Ich dachte mir damals, dass es genau wie auf der Platte klingt. Nach der Show sagte jeder, dass sie live sogar noch besser klängen als auf Platte.«

Um die Wogen zu glätten, versuchte Brian eine TV-Pressekonferenz zu organisieren, die jedoch mysteriöserweise von einem Stromausfall vereitelt wurde. Als am nächsten Morgen die Zeitungen erschienen, brach die Hölle los. Die Öffentlichkeit wandte sich gegen sie. »Es war eine absolute Schande«, erzählt Charlie. »Die ›königliche Familie‹ durfte die Beatles nicht treffen, also ließ sie ihre Lakaien von der Leine, um die Band aufzumöbeln. Aber nicht jeder unterstützte Marcos' Sanktionen.«

Der Veranstalter Ramos hielt die Gage der Beatles zurück. Ringo erzählte, dass der Zimmerservice ungenießbares Essen servierte und sich Chauffeure weigerten, die Band zum Flughafen zu fahren. Als sie mit schwerem Gepäck am Flughafen eintrafen, erinnert sich Paul, wurden die Rolltreppen abgestellt. Ständig wurden sie von Polizisten herumgeschubst. In der Annahme, es sei der sicherste Platz in einem katholischen Land, flüchtete die Band in die Nähe einer Gruppe von Nonnen. Doch wohin sie auch gingen, sie wurden überall von bewaffneten Schlägertypen getreten und geschubst.

»Als sie auf uns losgingen, war ich wie erstarrt«, erinnerte sich Lennon später. »Ich dachte, ich kriege eins auf die Mütze, also flüchtete ich dicht zu den Nonnen. Ständig hieß es: ›Ihr behandeln wie normale Passagier‹. Wir sagten: ›Normale Passagiere? Werden die auch getreten?‹«

Als die Band über das Rollfeld ging, intonierte ein wütender Mob »Beatles alis dayan!« – »Beatles verschwindet!« Das Gefühl der Erlösung an Bord des Flugzeugs war nur von kurzer Dauer, denn Brian, Neil und Pressechef Tony Barrow wurden noch einmal zum Flughafen zurückbeordert. Brian musste die hohe, hastig erfundene »Steuer« abdrücken, bevor das Flugzeug endlich starten durfte.

Minuten später veröffentlichte Marcos eine Stellungnahme, die besagte, dass die Beatles die »first Family« nicht vorsätzlich versetzt hätten – zu spät, um die Wogen noch zu glätten. Obwohl sie von 100000 Fans warmherzig empfangen worden waren, hatten die 48 Stunden von Manila den Appetit der Beatles auf weitere Tourneen mehr oder minder verdorben. Zurück in England, schlug der ansonsten so freundliche George ganz ruhig und bedächtig vor, man solle doch über Manila eine Atombombe abwerfen.

FOTOS: REX, ROBERT WHITAKER

»Manila? Da sollte man eine Bombe abwerfen!« Ein sicher gelandeter Lennon bei der Pressekonferenz im Flughafen Heathrow am 8. Juli 1966

Zerstören im Juli 1966 Beatles-Platten vor dem Mikro: die DJs Tommy Charles (l.) und Doug Layton von WAQY in Birmingham, Alabma.

Was: »Wir sind populärer als Jesus!«
Wo: »Evening Standard«, London
Wann: 4. März 1966

DER HEILIGE KRIEG

Wie die Beatles in den USA durch Lennons unschuldige Bemerkung zur Lage der Religion zu Hassobjekten wurden. Von David Fricke.

AM 4. MÄRZ 1966 ERFAND JOHN LENNON den Rock-Journalismus, wie wir ihn kennen – indem er einfach den Mund aufmachte. An diesem Tag veröffentlichte der *Evening Standard* Maureen Cleaves Artikel über ihren Besuch bei den Lennons in Weybridge. Lennon sprach mit Cleave offen über sein Leben jenseits der Beatlemania, vor allem über seine literarischen wie philosophischen Entdeckungen. Er führte sie persönlich durch seine »Popstar«-Bude, wobei Cleave bemerkte, dass Lennon bisweilen »einhielt, um auf Dinge hinzuweisen, die er besonders schätzt«. Beispielsweise ein großes Kruzifix und eine stattliche Bibel, wahrscheinlich antik, die er in Chester gekauft hatte. »Er liest viel über Religion«, schrieb Cleave, was Lennon sogleich mit brutaler Offenheit untermauerte.

»Das Christentum wird verschwinden«, erzählte er Cleave, »es wird schrumpfen und vergehen. Darüber muss man sich nicht streiten. Ich habe Recht, und ich werde bestätigt werden. Momentan sind wir populärer als Jesus. Ich weiß nicht, was zuerst verschwinden wird, der Rock'n'Roll oder das Christentum. Jesus war in Ordnung, aber seine Jünger waren dumm und gewöhnlich. Es sind die Verfälschungen, die für mich alles kaputtmachen.«

Der Himmel verdunkelte sich nicht, die Kanzeln blieben standhaft. In England machte man um Lennons Zitate nicht viel Aufhebens. Und in Amerika hatte man nichts von all dem mitbekommen – bis das Teenie-Magazin *Datebook* am 29. Juli Cleaves Geschichte übernahm und mit der reißerischen Titelzeile »Ich weiß nicht, was zuerst verschwinden wird, der Rock'n'Roll oder das Christentum« überschrieb.

Dieser Satz, komplett aus dem Zusammenhang gerissen, war von Lennons Äußerungen an diesem Tag wohl die am wenigsten kontroverse. Man kann seine Worte auch dahingehend interpretieren, dass er sowohl dem Rock'n'Roll als auch der organisierten Religion misstraute. Aber viele Leute lasen niemals mehr als die Titelzeile. Am 31. Juli veranstaltete ein Radiosender in Birmingham, Alabama, eine öffentliche Verbrennung von Beatles-Platten und -Souvenirs. 22 Radiostationen, vornehmlich im erzkonservativen Süden, verbannten die Musik der Beatles aus ihrem Programm; einige organisierten eigene Plattenverbrennungen. In Mississippi behauptete ein »Imperial Wizard« des Ku-Klux-Klan, die Beatles seien von der Kommunistischen Partei einer Gehirnwäsche unterzogen worden. Das Fegefeuer beunruhigte Manager Brian Epstein derart, dass er erwog, die US-Tournee im Sommer abzusagen.

Er tat es nicht. Stattdessen organisierte er eine landesweit übertragene Pressekonferenz, die am 11. August – also einen Tag vor der ersten Show in Chicago – im »Astor Towers«-Hotel über die Bühne ging. Lennon, flankiert von seinen Kollegen, verteidigte sich tapfer. Er entschuldigte sich nur für die Form, nicht für den Inhalt seiner Äußerungen: »Es war nie als eine miese, antireligiöse Stellungnahme gedacht. Ich habe nur den Eindruck, dass das Christentum schrumpft und den Kontakt verliert.«

Lennon beklagte auch die überkommenen Interviewtechniken – die idiotischen Fragebögen etwa, die sich mit seinen »Vorlieben bei einem Rendezvous« befassten. Der beispiellose Erfolg der Beatles brachte auch eine unerwartete Verantwortung mit sich: die Rolle eines Orakels, eines Sprachrohrs der Babyboomer-Generation. »Wir wurden wie Pilze gezüchtet«, sagte Lennon, »wir mussten ein bisschen zu schnell erwachsen werden. Als hätten wir 30 bis 40 Jahre alte Köpfe auf den Körpern von 20-Jährigen.« Leute, die für ihre Fragen bezahlt werden, meinte er, hätten die Antworten zu respektieren, wiederzugeben und müssten mit ihnen leben. »Man hofft immer, dass sich Ehrlichkeit auszahlt und all die künstlich aufgeblasenen Reaktionen verhindert werden.«

Die althergebrachte Vorstellung, dass Stars nur Hits und keine begründeten Meinungen haben, wurde von »Jesusgate« im Kern zerstört. Auch wenn Presley an mehr glaubte als an Gott, die Mutterschaft und Cheeseburger – sein Manager Colonel Parker stellte sicher, dass es niemand erfuhr. Bob Dylans Äußerungen waren zu sehr von böswilliger Rätselhaftigkeit geprägt, um eine bedeutsame Revolution im journalistischen Austausch loszutreten. Er beantwortete keine Fragen; er machte sich über sie lustig. Epstein war ein Ausbund an englischer Höflichkeit. Von der Beatlemania überrollt und verzweifelt darum bemüht, niemanden zu vergraulen, versuchte er ganz naiv die Beatles davon abzuhalten, öffentlich über Drogen oder Amerikas Engagement in Vietnam zu reden. Er war zum Scheitern verurteilt. Die Beatles schluckten bereits seit Hamburger Tagen Pillen, und schon bei einer frühen Pressekonferenz in den USA fragte ein Reporter, ob die Band irgendwelche Anti-Kriegs-Songs plane. »Alle unsere Songs sind gegen den Krieg«, schoss Lennon zurück.

Lennon weigerte sich in Chicago, den braven, reuigen Sohn zu spielen, und setzte damit eindrucksvoll neue Standards in Sachen Qualität und Wahrhaftigkeit der Rock'n'Roll-Berichterstattung und -Kritik. Dass im selben Jahr Paul Williams, ein 17-jähriger Student am Swarthmore College in Pennsylvania, mit *Crawdaddy* das erste seriöse Rock-Magazin gründete, ist kein Zufall. Im November 1967 folgte die erste Ausgabe des zweiwöchentlich erscheinenden *Rolling Stone* – mit John Lennon auf dem Titel. Heutzutage ist Pop-Journalismus eine Karriereoption und eine ganze Industrie; Lennon, der kein Problem damit hatte, seine Prominenz in den Dienst der Friedensarbeit zu stellen, hätte seinen Spaß daran: Über Nachwuchsstars, die mit ihren Spielchen die Presse manipulieren, würde er sicher ebenso lachen wie über PR-Texte, die als objektiver Journalismus verkauft werden.

Im besten Fall hat der Musikjournalismus jedoch noch immer die Fähigkeit aufzuregen und zu überraschen. Dann löst er Kontroversen aus, enthüllt und folgt jener Mission, die für Lennon die Essenz seines Glaubensbekenntnisses war: Rock'n'Roll.

Eine von vielen Plattenverbrennungen in den USA

---

29. JULI – 12. AUG. 1966

29 Das US-Magazin *Datebook* druckt Lennons Interview aus dem *Evening Standard* mit der Zeile »populärer als Jesus«. Die Beatles weigern sich in Südafrika aufzutreten, da die dortige Apartheid-Politik Schwarze vom Konzertbesuch ausschließt.

30 *Yesterday And Today* erreicht Platz eins der US-Charts.

31 Die Bürger von Birmingham, Alabama, und anderen US-Städten reagieren auf Lennons Äußerung und veranstalten Verbrennungen von Beatles-Platten und -Souvenirs.

AUGUST 1966

1 McCartney nimmt im Londoner Studio 15B an der BBC-Radioshow *David Frost At The Phonograph* teil.

3 Nach den amerikanischen Anti-Beatles-Demonstrationen verbietet die Regierung von Südafrika den Verkauf von Beatles-Platten.

4 Einige Radiosender in den USA kündigen an, in Zukunft keine Beatles-Platten mehr zu spielen.

5 Das neue Album *Revolver* und die Single *Eleanor Rigby/Yellow Submarine* erscheinen in England.

6 Im Zuge der einstündigen Radiosendung *The Lennon And McCartney Songbook* werden Lennon und McCartney von der BBC in Pauls Haus in der Cavendish Avenue, St. John's Wood, interviewt. Pauls Interview, das er eine Woche zuvor in der BBC-Show *David Frost At The Phonograph* gegeben hatte, wird gesendet. Brian Epstein fliegt nach New York und hält eine Pressekonferenz, um in Sachen John und Jesus die Wogen zu glätten.

7 In Harrisburg, Pennsylvania, kündigt der republikanische Senator Robert Fleming eine Kampagne an, die die Beatles davon abhalten soll, in Pennsylvania zu spielen.

8 Das Album *Revolver* und die Single *Yellow Submarine/Eleanor Rigby* werden in den USA veröffentlicht. In Johannesburg kündigt die South African Broadcasting Corporation an, fortan keine Platten der Beatles mehr zu spielen.

9 Aus Angst, die Beatles könnten bei der geplanten US-Tour zu Schaden kommen, überreichen englische Fans der Band eine Petition: Sie möge doch zu Hause bleiben.

10 Der Boykott von Beatles-Platten in den USA ist jetzt an der Börse spürbar: Die Aktien ihres US-Labels Capitol Records verlieren dramatisch an Wert.

11 Kurz vor Beginn ihrer vierten US-Tournee wird in Chicago hastig eine Pressekonferenz einberufen zur Aufklärung über den Fall Lennon/Jesus.

12 Im »International Amphitheater« von Chicago, Illinois, beginnt die vierte US-Tournee der Beatles (oben: das dazugehörige Tourprogramm).

13.–31. AUGUST 1966

13 *Revolver* steht an der Spitze der britischen Charts. Die Beatles spielen im Olympiastadion von Detroit.

14 Die Beatles spielen im Cleveland Stadium, Ohio. Die Vatikanzeitung *L'Osservatore Romano* akzeptiert in einem Artikel Lennons Entschuldigung für die Aussage, die Beatles seien »größer als Jesus«.

15 Im DC Stadium in Washington wird die Tournee fortgesetzt.

16 John F. Kennedy Stadium, Philadelphia, Pennsylvania.

17 Die Beatles spielen in den Maple Leaf Gardens, Toronto.

18 Die Doppel-A-Single *Yellow Submarine/Eleanor Rigby* erreicht Platz eins in England. Die Band absolviert auf dem Suffolk Downs Race Track in Boston, Massachusetts, ihre letzte Show in Neuengland. Barry And The Remains spielen als Vorband.

19 Während des Nachmittags vor dem Konzert in Memphis, Tennessee, begibt sich Lennon auf die Suche nach Elvis Presley. Die Show im Mid-South Coliseum beginnt nach einer Bombendrohung mit Verspätung (unten). Als die Band die Bühne besteigt, wird sie mit faulem Obst und Müll beworfen: Reaktion auf Lennon, den Antichristen.

20 Starker Regen verhindert die Show in Crosley Field, Cincinnati, Ohio. Am nächsten Nachmittag soll sie nachgeholt werden.

21 Zwei Shows an einem Tag. Zuerst in Cincinnati, dann im 550 km entfernten Busch Stadium in St. Louis, Missouri.

23 Shea Stadium, New York City. Überraschenderweise ist die Show nicht ausverkauft, 11 000 Sitze bleiben leer.

24 Die Beatles kommen in Los Angeles an. In einem Haus im Benedict Canyon machen sie einen Tag Pause.

25 Die Beatles spielen im Coliseum, Seattle.

26–27 Zwei Tage Erholung im Benedict Canyon.

28 Dodger Stadium, Los Angeles, Kalifornien.

29 Candlestick Park, San Francisco: die finale Show der US-Tour und das letzte Beatles-Konzert überhaupt.

31 Die Beatles kehren nach England zurück.

Was: Das letzte Beatles-Konzert
Wo: Candlestick Park, San Francisco
Wann: 29. August 1966

DANKE, GUTE NACHT

»Lennon Saves«-Transparente und Fans, die die Bühne stürmen: Das letzte Beatles-Konzert war ein triumphaler Abgang. Von Dawn Eden.

ZUMINDEST IN EINEM PUNKT konnten die tourneemüden Beatles durchatmen, als sie am 29. August 1966 San Francisco erreichten: Aus Lennons »Größer-als-Jesus«-Geschichte würde ihnen hier bestimmt niemand einen Strick drehen, ganz im Gegensatz zu anderen amerikanischen Städten. Die örtliche Gefühlslage wurde auf einem Transparent ausgedrückt, das Fans im Candlestick Park von der ersten Reihe hängen ließen: »Lennon Saves«.

Die Beatles reisten am Nachmittag mit dem Flugzeug aus Los Angeles an, Brian Epstein hatte sich entschieden, in L.A. zu bleiben. Laut seinem Biografen Ray Coleman ahnte Epstein, dass es das letzte Konzert der Band sein würde und sich emotional nicht in der Lage, die Show durchzustehen. Während des Charterflugs feierten die Beatles das Ende der Tournee mit einem Festessen bei Kerzenlicht. Mit an Bord war Barry Tashian, Frontmann der Vorband Remains aus Boston.

Das Flugzeug landete um 17.30 Uhr in San Francisco. Anders als sonst erwartete sie diesmal keine jubelnde Menge. Stattdessen wurden sie von »einer Wand von grimmigen Polizisten und etwa 50 Vertretern der örtlichen Presse« begrüßt, wie Eric Lefcowitz in seinem Buch *Tomorrow Never Knows: The Beatles' Last Concert* berichtet. Kein Vergleich zu dem Empfang, den man den Beatles im Candlestick Park bereitete. Sie kamen mit dem Bus an, doch das Tor war verschlossen. »Wir lachten alle wie verrückt«, erzählt Tashian, »denn der Fahrer fuhr zur äußersten Begrenzung des Parkplatzes und umrundete den Park schneller und schneller, um den Fans zu entkommen. Als uns eine immer größere Horde Fans folgte, verließ er urplötzlich den Parkplatz und wir fuhren durch die angrenzende Nachbarschaft.«

Ein 20-minütiger Abstecher wie eine Filmszene aus *A Hard Day's Night*. »Wir durchquerten eine Wohngegend mit engen Straßen und verirrten uns beinahe«, sagt Tashian, »doch schließlich fuhren wir durch das gerade geöffnete Tor direkt zu den Garderoben.«

Hinter der Bühne, nach einem kleinen Imbiss, erhielten sie Besuch von einigen Reportern und Gästen, darunter Joan Baez und ihre Schwester Mimi Fariña. Ein Reporter fragte, ob die Beatles von Barockkomponisten beeinflusst seien. John Lennon gab die Antwort: »Ich weiß nicht, was ein Barock ist. Ich kann Händel nicht mal von Gretel unterscheiden.«

Um 20.00 Uhr stand das 25 000 Personen zählende Publikum auf, als eine eigens engagierte Kapelle die Nationalhymne spielte. Dann enterten die Remains die Bühne, die aus Sicherheitsgründen 60 Meter vom Publikum entfernt stand und von einem Sicherheitszaun umgeben wurde. Nach einem kurzen Set begleiteten sie Bobby Hebb bei seinem Hit *Sunny* und drei weiteren Nummern, danach bestiegen The Cyrkle die Bühne. Bandmitglied Tom Dawes erinnert sich, dass die Energie des Publikums fühlbar war: »Es war eine helle Nacht. Die Blitzlichter flackerten, die Flutlichter gingen an, dazu das Brausen der Menge … die gesamte Tour war aufregend, doch dies hier war der Höhepunkt.«

Die Ronettes folgten, allerdings ohne Ronnie Spector, die vor der Tour ausgestiegen war, und wurden erneut von den hart arbeitenden Remains begleitet. Dann, um 21.27 Uhr, kündigte ein örtlicher DJ endlich die Beatles an, die mit Gitarren und Drumsticks bewaffnet über das Spielfeld zur Bühne liefen.

Gekleidet in dunkelgrüne, edwardianische Anzüge und geblümte Seidenhemden, eröffneten sie die Show mit einer Kurzfassung von *Rock'n'Roll Music*, gefolgt von *She's A Woman*. Nach dem nächsten Stück, *If I Needed Someone*, kündigte John Lennon einen Song »über eine ziemlich garstige Dame namens *Day Tripper* an. Danach folgte *Baby's In Black*, bei dem fünf Männer versuchten die Bühne zu stürmen, von der Security allerdings daran gehindert wurden. In der wohligen Gewissheit, dass ihr Fluchtauto in der Nähe stand, spielten die Beatles einfach weiter. Der Fahrer war angewiesen worden, den Motor die ganze Zeit laufen zu lassen, nur für den Fall des Falles. Die Beatles spielten *I Feel Fine*, eine lasche Version von *Yesterday* und *I Wanna Be Your Man*. Während *Nowhere Man* gab es einen weiteren Zwischenfall, noch mehr Männer versuchten die Bühne zu entern, wurden von den Sicherheitsleuten jedoch ebenfalls gestoppt. Die Gruppe, sichtlich verärgert, spielte eine schlappe Fassung von *Paperback Writer*.

Trotz der Ecken und Kanten war die Show laut Tom Dawes eine der besseren der gesamten Tournee. Er erinnert sich an *Long Tall Sally*, ihren letzten Song und Showstopper. Danach konnten aufmerksame Zuschauer noch John Lennon hören, wie er kurz das Intro von *In My Life* anspielte, bevor die Band mit der Limousine verschwand.

Beim Rückflug nach L.A. herrschte laut Tashian »eine entrückte und feierliche Stimmung«. George Harrison, gemeinsam mit Lennon von den ewigen Tourneen am wenigsten begeistert, war erleichtert: »So, das war's. Jetzt muss ich nicht mehr den Beatle darstellen, liebe Leute!«

Nach der Landung ging der Begleittross von Bord, während die Beatles im Flugzeug blieben. Bevor Barry Tashian ging, bat er noch schüchtern um Autogramme: »John sagte: ›Wenn du mal im Umkreis von hundert

Fans versuchen die Bühne zu stürmen. Rechts: das offizielle Plakat

Meilen bist, dann sei nicht schüchtern und komm einfach vorbei.‹ Dann verabschiedete ich mich, ging die Gangway runter und kehrte in dieses Leben zurück.«

Für Tom Dawes war es ebenfalls eine harte Landung: »Im Candlestick Park stand ich auf der Bühne, winkte, und 14 000 Leute machten ›Aaaaaah!‹. Drei Abende später spielten wir in einem Hotel in den Catskills, vor 13 Leuten. Sie schlugen mit ihren Gabeln gegen die Gläser und baten uns, etwas leiser zu spielen.«

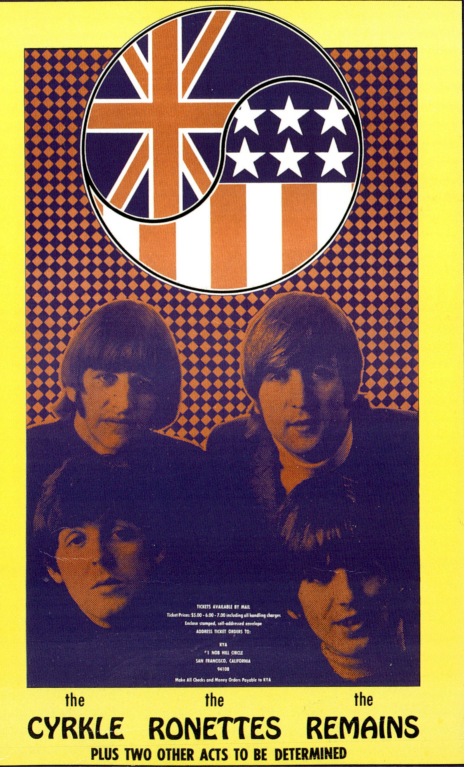

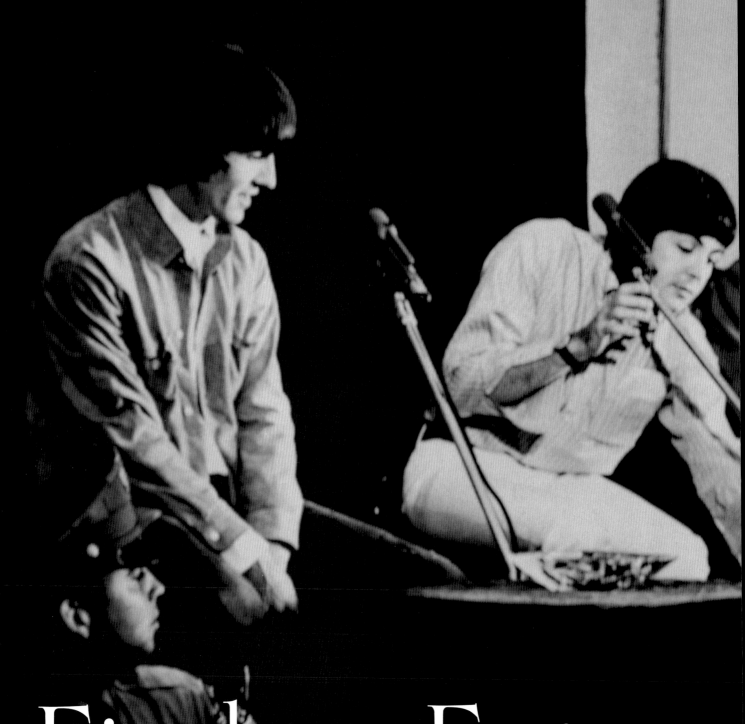

»Eine letzte Frage...«

Am Tag vor ihrem finalen Konzert im Candlestick Park gaben die Beatles ihre letzte Pressekonferenz als Tourband. Dabei waren sie in sarkastischer, aufgekratzter Stimmung

Am 28. August 1966 betraten die Beatles den Capitol Records Tower in Los Angeles, gleich um die Ecke vom »Hollywood And Vine«, um eine Pressekonferenz abzuhalten. Später am Abend sollten sie vor 45000 unkontrollierbaren Fans im Dodgers Stadium spielen, am nächsten Nachmittag um 17.45 Uhr würde ihre Maschine bereits in San Francisco landen; im Candlestick Park verschwanden sie so schnell, wie sie aufgetaucht waren – ohne die obligatorische Pressekonferenz.

Nicht nur die Tourneen langweilten die Beatles, auch die geistlosen Fragen der Presse. In L.A. fanden sie zu ihrem alten Humor zurück, wussten aber natürlich auch, dass derlei fordernde PR-Verpflichtungen bald der Vergangenheit angehören würden. Vor versammeltem Pressecorps und einigen Freunden wie David Crosby von den Byrds und Schauspieler Robert Vaughn absolvierten sie ihre

Von Angesicht zu Angesicht: Im Capitol Records Tower in L.A. stellen sich die Beatles am 28. August 1966 der US-Presse

F: Was wird Ihr nächstes Filmprojekt sein?
George: Nun, jemand kam mit einer Idee zu uns und arbeitet gerade an einem Drehbuch. Wenn es gut ist, machen wir es vielleicht.
F: Eine Frage interessiert uns hier in Hollywood ganz besonders: Wenn Sie die Filmarbeit mit, sagen wir mal, Tourneen oder Plattenaufnahmen vergleichen, wo liegen da die Unterschiede?
John: Wir vergleichen es eigentlich nicht.
F: Einer Ihrer Landsleute war gestern oder vorgestern hier. Er sagte, dass amerikanische Frauen unmodern gekleidet seien, da sie keine Miniröcke trügen, und dass sie hässliche Beine hätten. Was halten Sie von den Beinen der Amerikanerinnen?
Ringo: Wenn sie keine Miniröcke tragen, woher weiß er dann, dass sie hässliche Beine haben?
[*Gelächter*]
F: Das Plattencover, das hierzulande verboten wurde, das mit den Puppen und dem Fleisch: Wessen Idee war das eigentlich?
John: Die des Fotografen, der das Bild machte.
F: Und was sollte es darstellen?
John: Wir haben ihn nie danach gefragt.
F: John, warum haben Sie den Film »Wie ich den Krieg gewann« gemacht?
John: Uhh, weil mich Dick Lester darum bat. Ich sagte einfach ja. Genau so war's.
F: Nachdem Sie nun fast eine Woche in den USA sind, glauben Sie, dass diese religiöse Kontroverse ein für alle Mal beendet ist? Würden Sie die Antwort, die Sie in Chicago gegeben haben, noch einmal erklären und wiederholen?
John: Ich kann sie nicht wiederholen, weil ich nicht mehr weiß, was ich überhaupt gesagt habe.
F: Gut. Könnten Sie Ihre Anmerkungen noch einmal erklären?
John: Sie sagen mir, was Sie glauben, was ich gemeint habe, und ich werde Ihnen dann sagen, ob ich damit übereinstimme.
F: Okay. Einige der Bemerkungen, die Ihnen in einigen Zeitungen zugeschrieben werden... der hiesigen Presse ... betreffen die Bemerkung, die Sie machten, als Sie die Popularität der Beatles mit der Popularität von Jesus Christus verglichen ... und dass die Beatles populärer seien. Das hat hierzulande eine Kontroverse ausgelöst und sorgte für Furore, wie Sie bestimmt wissen.
Paul: Hast du das gewusst, John? Du hast für Furore gesorgt.
F: Würden Sie diese Bemerkung erklären?
John: Nun, ich habe es etwa 800 mal erklärt. Ich hätte genauso gut ›Fernsehen‹ oder etwas anderes sagen können ... und das lässt nun wirklich keine Fragen offen. Ich sagte ›Beatles‹, weil ich über sie etwas mehr weiß als übers Fernsehen. Aber ich hätte auch was ganz anderes sagen können. [*scherzhaft*] Das hätte dann aber nicht soviel Publicity bekommen.
[*Paul lacht*]
F: Meine Frage ist an Sie alle gerichtet: Glauben Sie, dass diese Kontroverse Ihrer Karriere geschadet oder genützt hat?
Paul: Es hat weder geholfen noch geschadet, glaube ich. Ich denke, die meisten vernünftigen Menschen werteten die ganze Sache als das, was sie war. Nur die Scheinheiligen glaubten, dass sie das für ihre Seite ausnützen könnten. Die dachten dann: ›Aha! Hier ist was, womit wir sie drankriegen können.‹ Aber wenn sie es gelesen hätten, dann hätten sie gemerkt, daß daran nichts falsch ist. Sie dachten, dass John ziemlich arrogant ist, wenn er sagt, die Beatles seien populärer als Jesus. Haben Sie diesen Typen gestern im Fernsehen gesehen? Er äußerte sich dahingehend ... in der *Tonight Show*.
F: John, was ist Ihre Lieblingsband in den USA?
John: Da gibt es einige. Byrds, Lovin' Spoonful, Mamas And Papas, würde ich sagen ... auf dieser Seite ...
Paul: Beach Boys.
John: ... und die Miracles etc. auf der anderen Seite.
F: Ich frage mich, ob Sie noch immer ein Abkommen mit der US-Steuerbehörde haben, die Ihre Abgaben über England einzieht. Der andere Teil meiner Frage: Wie viel haben Sie während der laufenden Tournee eingenommen und ist es wahr, dass Sie ...
George: Darüber wissen wir nichts.
Paul: Wir haben von all dem keine Ahnung. Mit der finanziellen Seite haben wir nichts zu tun, verstehen Sie?
George: Aber wir machen uns bestimmt keine Sorgen darüber.
John: Am Ende sagt man uns dann, was wir kriegen.
F: Diese Steuerangelegenheit ...
George: Wir zahlen Steuern und sonst was, aber wir wissen nicht, wie viel, auch nicht, wie viel wir verdienen oder so. Wenn wir uns damit befassen würden, wären wir längst mit den Nerven am Ende.
F: Ich würde diese Frage gerne an die Herren Lennon und McCartney richten. Das *Time Magazine* hat in einem Artikel kürzlich die Popmusik kritisiert. Sie schrieben, dass *Day Tripper* von einer Prostituierten handelt ...
Paul: [*scherzhaft*] Na klar.
F: ... und *Norwegian Wood* von einer Lesbierin.
Paul: [*scherzhaft*] Na klar.
F: Ich möchte nur wissen, welche Absicht hinter beiden Songs steht und was Sie davon halten, dass das

Frage: Wer spielt die Beatles-Songs am besten?
Antwort: Wir.

Time Magazine die heutige Popmusik kritisiert.
Paul: Wir wollten einfach nur Songs über Prostituierte und Lesben machen, das ist alles.
[*Ausbruch von Gelächter und Applaus*]
John: ... die sich über Ringo hermachen.
Paul: [*kichert*] Schnitt!
John: Das könnt ihr nicht senden.
F: Werden Sie in Zukunft getrennt voneinander arbeiten?
Paul: Wahrscheinlich alle zusammen.
F: Klar, aber ... John Lennon, machen Sie nicht gerade allein einen Film?
John: Doch, aber nur im Urlaub. Zwischen den Beatles...
F: Fred Paul von KAXK. Zuerst möchte ich euch wieder mal Hallo sagen, wirklich schön, euch zu sehen. Nun möchte ich eine Frage loswerden, die euch noch niemand gestellt hat.
John: Oh nein.
F: Was werdet Ihr machen, wenn die Seifenblase platzt?
Beatles: [*lachen*]
John: Das ist unser Insider-Witz. Er stellt diese Frage bei jeder Pressekonferenz, um die Party am Laufen zu halten.
F: Glauben Sie, dass es im nächsten Jahr wieder eine Tournee geben wird?
John: Fragen Sie Brian. Kann schon sein.
Paul: Kann sein, Fred. Brian kümmert sich darum.
John: O.k., Fred?
F: Sie kamen heute abend mit einem gepanzerten Lastwagen, der

Ringo: Doch, doch. Das habe ich herausgefunden.
[*Gelächter*]
F: Paul, viele prominente Künstler und Popmusiker bezeichnen die Beatles heutzutage als größten Einfluss. Gibt es auch Künstler, die einen starken Einfluss auf Sie ausüben?
Paul: Oh ja. Eigentlich fast jeder. Wir klauen so viel von anderen Leuten, wie sie bei uns klauen.
F: Darf ich nach dem Song *Eleanor Rigby* fragen? Was war das Motiv oder die Inspiration?
John: Zwei Schwule.
[*Gelächter bricht aus*]
John: Zwei Strichjungen.
Paul: Jetzt wird sie aber ekelhaft, diese Pressekonferenz.
F: John, haben Sie jemals Cass von den Mamas und Papas getroffen?
John: Ja, sie ist großartig. Ich treffe sie heute abend.
F: Gut.
John: Ja, sie ist gut.
F: Haben Sie jemals Beatles-Doubles als Köder benutzt oder ausgebildet?
Ringo: Nein.
John: Nein.
Paul: Wir wollten Brian Epstein dazu bringen ... aber er wollte nicht.
[*Gelächter*]
F: Ringo, eine Frage: Wie groß war Ihr Beitrag zu *What Goes On* und gibt es auch Beiträge zu

Paul: Nun: Gerade eben sagten Sie, dass sie es tun!
Paul: Also, nun ja, ich meine...wenn wir einen Song machen und er findet einen Verleger, dann kann ihn jeder machen. Ob er uns dann gefällt oder nicht, hängt davon ab, ob er unseren Geschmack trifft.
F: Okay, dann frage ich anders. Wer spielt die Beatles-Songs am besten?
John: Wir.
[*Gelächter*]
F: Wer?
John: Wir.
F: Uns allen, die Ihre Karriere schon seit den frühen Tagen in Liverpool und Hamburg verfolgt haben, die Ehre, die Ihnen mit der Verleihung der MBEs zuteil wurde ebenso wie die kürzliche Bestürzung über unbeabsichtigte Publicity, stellt sich vor allem eine Frage: Was sind Ihre schönsten persönlichen Erlebnisse gewesen, und was waren die größten Enttäuschungen?
Paul: Puh!
John: Keine Ahnung.
Ringo: Wissen Sie, da gibt es so viele.
George: Ich schätze mal, Manila war die größte Enttäuschung.
John: Das Aufregendste kommt erst noch.
Ringo: ... und vielleicht auch die größte Enttäuschung.
F: Meine Herren, man lachte darüber, als Sie mit Ihrem Kapital an die

John: [*scherzhaft zu George*] Wie lautet deine neue Adresse?
[*Gelächter*]
F: George, bevor Sie England verlassen haben, sagten Sie, dass Sie nun nach Amerika gingen, um von den Amerikanern verprügelt zu werden. Wollten Sie damit zum Ausdruck bringen, dass amerikanische Fans gewalttätiger sind als die englischen?
George: Nein! Keineswegs.
F: ... oder begeisterungsfähiger?
George: Ich habe das gesagt, nachdem wir aus Manila zurückgekehrt sind. Sie fragten uns: ›Was macht Ihr als Nächstes?‹, und ich sagte, dass wir uns ein bisschen ausruhen werden, bevor wir rübergehen und uns dort verprügeln lassen. Gut ... verprügelt ... eigentlich wurden wir eher herumgeschubst.
John: Angerempelt.
George: Angerempelt, in Autos und Flugzeugen. Das war alles, was sie taten.
F: Glauben Sie, dass es mehr begeisterte als feindselige Fans gibt?
George: Es gibt definitiv mehr begeisterte Fans. Wir haben, glaube ich ...
Paul: Wenn uns jemand verprügelt, dann ist das ja kein Fan.
George: Genau. Die Sache mit den Fans ... ich glaube, jetzt herrscht größere Klarheit. Wir haben gemerkt, dass die meisten Fans großartig sind. Diejenigen, die wir verloren haben, sind uns ohnehin egal. Wenn sie so opportunistisch sind ... wer braucht sie dann überhaupt?
F: Ich möchte Sie alle zu Ihrem Image befragen. Hat sich Ihr Image

von bewundernden Fans umringt war. Ist das immer der Fall? Haben Sie die Möglichkeit, unerkannt spazieren zu gehen? Können Sie in ein Kino gehen, um in aller Ruhe einen Film anzusehen?
John: Wenn man erst kommt, wenn das Licht schon aus ist, dann geht's.
Paul: In England können wir das machen, dort ist es einfacher als hier. In erster Linie, weil wir England besser kennen.
Ringo: Hier wäre es auch leichter, wenn wir nicht auf Tour wären. Weil wir auf Tour sind, wissen die Leute immer, wo wir gerade sind. Und dann gibt's die Menschenmassen.
Paul: [*mit gespieltem Erstaunen*] Oh! Oh!

anderen Lennon-McCartney-Songs?
Ringo: Mmmh. Ungefähr fünf Wörter bei *What Goes On*. Seitdem habe ich nichts mehr gemacht. [*lacht*]
[*Gelächter*]
F: Diese würde ich gerne an John und Paul richten: Sie schreiben viele Songs, die andere Leute von Ihnen stehlen oder auch kaufen. Diese ganzen anderen Arrangements, Ella Fitzgerald und Boston Pops und so weiter. Wenn Sie das Zeug im Radio oder auf Platte hören, wie denken Sie darüber, dass diese Leute Ihre Stücke verändern und dem eigenen Stil anpassen?
Paul: Zuerst mal: Sie stehlen sie nicht.
F: Ja, ich weiß.

Börse gingen. Wie stehen denn die Aktien?
John: Ausgezeichnet, danke.
Ringo: Nun, sie haben ein wenig verloren, aber sie werden wieder zulegen.
George: Sie gingen runter.
Ringo: Nun, wie alle anderen Aktien auch. Rauf und runter.
John: Sie verlieren jedesmal, wenn sich eine LP aus den Charts verabschiedet. Die Leute denken offenbar, dass sie Anteile an unseren Platten kaufen.
F: Leonard Bernstein mag Ihre Musik. Wie finden Sie ihn?
Paul: Sehr gut. Er ist großartig.
John: Einer der Größten.
F: Wenn ich darf, würde ich diese Frage gerne direkt an George Harrison richten.

seit 1963 verändert? Ist es nun eher ... ähh ... ist es das Gleiche oder ...?
George: Ein Image besagt doch nur, wie wir von *Ihnen* wahrgenommen werden. Nur Sie können das beantworten.
John: Sie sind der Einzige, der das weiß.
F: Wer bitte?
John: Sie.
F: Na gut. Nein. Ich will Ihre Meinung dazu hören. Ist es mittlerweile ein wenig getrübt? Ist es realistischer geworden? Was würden Sie sagen? Ich kenne meine eigene Meinung dazu.
John: Und wir sind für unsere Meinungen angegriffen worden.
Paul: Wir können Ihnen unser Image nicht erklären. Wir können nur ...

unser Image ist das, was wir in den Zeitungen lesen. Wir kennen unser wahres Image, das ganz anders ist als unser ... Image. [*Wirkt von seinen eigenen Worten verwirrt. Lacht.*]. [*Gelächter*]
Paul: [*lachend*] Vergessen Sie's! [*Gelächter*]
F: Wer ist dieser junge Mann mit den langen Haaren, rechts hinten neben Ihnen?
John: Das ist der gute alte Dave, nicht wahr?
Paul: Wo ist er?
[*Der junge David Crosby, eben noch neben Brian Epstein stehend, verschwindet hinter einem Vorhang, um sich der Aufmerksamkeit zu entziehen.*]
John: Das ist Dave von den Byrds. Ein Kumpel von uns. Ahoi Kumpels!
Paul: Schüchtern. Er ist schüchtern.
F: Wollen Sie jemals in den USA aufnehmen?
Paul: Wir haben es mal versucht, aber es war eine Frage des Geldes. Hmmm. Da gab's ein paar Probleme. Also, wir haben's versucht ... hmmm ... aber es wurde nichts draus.
Ringo: Es hatte politische Konsequenzen.
Paul: Psssst! Sei still!
John: Kein Kommentar.
F: Mister Lennon, ist es wahr, dass Sie Ihre Musikkarriere zugunsten der vergleichenden Religionslehre aufgeben wollen?
John: [*lacht*] Nein.
[*Gelächter*]
John: Ist das ein weiterer Witz, der gerade kursiert?
F: Sie haben sicher von all den vielen Beatles-Feuern und Plattenverbrennungen gehört?
John: Wir vermissen sie.
F: ... und wollte wissen, ob Sie die amerikanischen Mädchen für launisch halten?
Ringo: Alle Mädchen sind launisch. [*Gelächter*]
John: Also, auf den Fotos, die wir gesehen haben, waren mittelalte DJs und Zwölfjährige, die einen Haufen Plattenhüllen verbrennen.
F: Diese Frage geht an John und Paul: Sie haben einige Nummern für Peter & Gordon geschrieben, und ich habe gehört, dass die beiden das nicht mögen, weil sie denken, dass nur Ihre Autorenschaft einen Song erfolgreich macht. Werden Sie weitere Stücke für die beiden komponieren?
Paul: Wissen Sie, wenn wir Songs schreiben ... Sie fragen uns, ob wir für sie etwas schreiben würden, ob wir das für sie tun könnten. Ich denke, es macht ihnen nichts aus. Sie mögen es. Aber ... dann kommen Leute und sagen: ›Ahhh, Ihr seid ja nur Trittbrettfahrer von Lennon und McCartney‹. Deshalb haben sie jetzt einen Song ohne unsere Namen herausgebracht, *Woman*, denn jeder denkt, dass unsere Namen der einzige Grund für ihren Erfolg sind. Das ist aber wirklich nicht wahr.
F: Meine Herren, was würde wohl passieren, wenn Sie zu einer Show ohne Polizei und gepanzerten Wagen kämen?
Ringo: Wir würden viel leichter reinkommen.
[*Gelächter*]
John: Das könnten wir nicht machen.
Paul: Kommt drauf an. Manchmal wäre es ohne den gepanzerten Wagen viel leichter gewesen. Aber heute geht es wahrscheinlich nicht mehr ohne.
F: Glauben Sie, dass Sie körperlichen Schaden nehmen könnten?
Paul: Ja genau, wahrscheinlich würden wir das.
John: Was glauben Sie denn?
F: Ich glaube auch.
Paul: Könnte sein.
F: Im *Sunday Times Magazine* vom 3. Juli stand ein Artikel von Maureen Cleave, in dem sie die Beatles – nicht namentlich – folgendermaßen zitierte: ›Das Show-Business ist eine Erweiterung der jüdischen Religion.‹
Paul: So was hat sie gesagt?
F: Würden Sie das bitte erläutern?
John: Uhh...auch das habe ich zu ihr gesagt. Kein Kommentar.
Paul: Ahhh. Komm schon, John, sag ihnen, was du damit gemeint hast.
John: Ich meine, das kann man schon wieder interpretieren, wie man will. Nur ein kleines, unwichtiges Statement. Nicht sehr ernst gemeint.

Moderator: Die nächsten drei Fragen sind die Letzten für heute.

F: Ich frage mich, unter welchen Bedingungen Sie *In His Own Write* geschrieben haben. Diese beinahe wilden ... diese zornigen Worte ... ich meine: Wie sind Sie darauf gekommen?
John: Das weiß ich nicht. Ich kann Ihnen diese Frage nicht beantworten. Es passierte einfach. Ich dachte nicht: ›Nun, wie kann ich das anstellen?‹.
F: Ich meine, haben Sie sich hingesetzt wie ein Schriftsteller und...
John: Genau wie ein Schriftsteller. [*Gelächter*]
F: John, ich habe gehört, dass Pete Best als ehemaliges Mitglied die Beatles verklagt. Stimmt das?
John: Ich glaube, da war er besoffen. Aber wir machen uns keine Sorgen darüber.
F: Ist das die letzte Frage? Sind Ihre Pressekonferenzen immer so?
John: Nein.
Paul: [*lachend*] Das ist nicht die letzte Frage.
F: Nun, ich möchte mit Ihnen über all die Reporter reden, die hier auftauchen, auch die Möchtegern-Reporter und die Amateure. Werden Sie überall in den USA von diesen Leuten belagert?
John: Manchmal kann man die Möchtegerns von den Echten kaum unterscheiden.
[*Gelächter*]
F: Ist es in Europa genauso?
John: Ja.
Paul: Aber was stimmt mit ihnen nicht? Was haben Sie an diesen Leuten hier auszusetzen?
F: Gar nichts. Ich frage mich nur, ob überall, wo Sie auftauchen, so viele Reporter sind.
Paul: Nein.
Ringo: Nicht immer.
George: Manche sind auch nur Zuschauer.
Moderator: Das ist die letzte Frage.
F: *Tomorrow Never Comes* ist der letzte Song auf der zweiten Seite, richtig?
George: *Tomorrow Never Knows*.
F: *Tomorrow Never Knows*. Danke. Könnten Sie diese Tonband-Manipulationen, die mit Ihrem Gesang einsetzen, ein wenig erläutern, John? Wurde das rückwärts gesungen und vorwärts aufgenommen?
Paul: Nein, es wurde nicht rückwärts gesungen. Es ist ... mmmh ... auch ganz normal aufgenommen. Da gibt es eine paar Bandschleifen, die ein bisschen anders sind. Der Text stammt übrigens aus dem *Tibetanischen Totenbuch*.

Nach dem Ende der Pressekonferenz gaben die Beatles der ABC-Show *Where The Action Is* ein kurzes Interview, bevor sich ein roter Vorhang öffnete und eine riesige Vergrößerung des Covers von *Revolver* enthüllt wurde. Dann verlieh ihnen die Recording Association Of America vier Goldene Schallplatten.

Die nächsten neun Monate nahmen die Beatles keine gemeinsamen Pressetermine wahr. Erst am 19. Mai 1967, ein paar Wochen vor der Veröffentlichung von *Sgt. Pepper*, luden sie ein paar ausgewählte Journalisten in Brian Epsteins Wohnung in Belgravia ein.

Die Beatles, vier Goldene Schallplatten und ein riesiges *Revolver*-Cover.

Here, There & Everywhere

Robert Whitaker reiste mit den Beatles und schoss dabei ihre umstrittensten wie auch berühmtesten Bilder. Hier erzählt er die Geschichten hinter seinen bemerkenswertesten Fotos der Jahre 1965–1966.

Als Brian Epstein 1964 das Porträtfoto sah, das der damals 23-jährige Robert Whitaker im australischen Melbourne von ihm angefertigt hatte, holte er ihn sofort nach London und verpflichtete ihn als Fotografen der Beatles.

Whitakers Arbeiten der Jahre 1964 bis 1966 sind bis heute die berühmtesten, langlebigsten und kontroversesten Fotos jener wichtigsten Phase in der Karriere der Beatles: Sie demonstrieren die Geschwindigkeit, mit der sich die Pop-Fotografie damals weiterentwickelte. An konventionellen Bildern, die damalige Art-Direktoren verlangten, war Whitaker nicht interessiert. Er erkannte, dass die Beatles von den gewöhnlichen Inszenierungen zunehmend gelangweilt und frustriert waren, weshalb er die Band in einem völlig neuen Kontext ablichtete – von der Pop Art bis hin zum Surrealismus. Die Session zum berüchtigten *Butcher Cover* im Jahr 1966 ist dafür ein gutes Beispiel: Zuerst starrten vier gut gekleidete Beatles leblos in die Linse (was der Auftrag gewesen war), ein paar Stunden später trugen sie weiße Kittel, waren umgeben von Fleischstücken, spielten mit Glasaugen, Puppenteilen und lachten sich dabei halbtot (siehe S. 204).

Whitaker genoss während dieser Zeit freien Zugang zu den Beatles, seine Fotoreportage zur letzten Tournee zeigt das Leben auf der Straße, wie es wirklich war. Mit dem Ende der Konzertreisen und Brian Epsteins Tod endete 1967 sein Engagement, doch seine hier gezeigten Bilder sind das perfekte visuelle Testament und zeigen die Beatles während ihrer aufregendsten Phase.

◀ **GITARREN TOKIO, 1966**

»Als ich auf einem Bett in Tokio all diese Gitarren sah, dachte ich mir: ›Eine großartige Sammlung von Instrumenten für eine großartige Band‹, schön in Szene gesetzt von Mal Evans oder Neil Aspinall. Ich bot den Abzug später Sotheby's zur Auktion an, Steven Maycock sagte dazu: ›Was den Sammlerwert angeht, ist das wohl die teuerste Gitarrenkollektion, die man sich vorstellen kann‹.«

▶ **GEORGE CHISWICK PARK, 1966**

»Das ist ziemlich sicher im Mai 1966. Eines meiner Lieblingsbilder von George, in erster Linie, weil es wirklich den Zeitgeist einfängt – das ›Ausgang‹-Schild hinter ihm, das Paffen der Zigarette, der Haufen Fans im Hintergrund. Ich hatte mich gerade umgedreht, sah ihn da stehen, stellte auf die Fans scharf und dachte nur: ›Wow!‹ Ich wusste, dass ich ein erstaunliches Foto geschossen hatte, eines, das man im Studio nicht hinkriegt. Man sagte mir, dass irgendein Typ an der University Of Sussex gerade dabei ist, eine 6000-Wörter-Abhandlung über dieses Bild zu schreiben.«

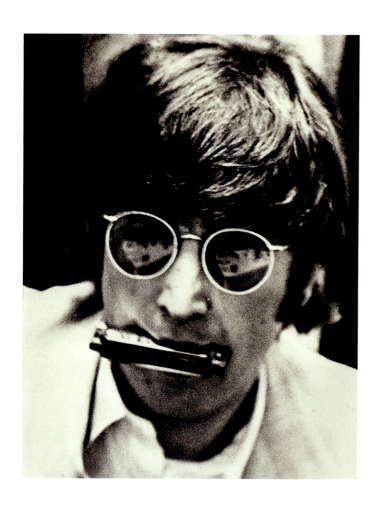

▲ **JOHN MIT MUNDHARMONIKA
MÜNCHEN, 1966**

»Erschreckend grobkörnig, dennoch hat dieses Bild einen luftigen Charakter. Aufgenommen wurde es beim Stimmen in der Garderobe, John erinnerte mich an Dylan, wie er gleichzeitig Harmonika und Gitarre spielt. Ich liebe dieses Bild, es ist ausdrucksstark und zeigt sehr gut, wie John damals aussah. Man verlangte von mir Gruppenfotos, doch ich hielt daran fest, Einzelpersonen zu fotografieren. Dabei wollte ich den Bogen nicht überspannen, ich sagte niemals: ›Komm her und nimm diese alberne Idiotenpose ein‹. Ich fotografierte einfach, was ich sah. Es brauchte seine Zeit, bis sie kapierten, dass ich wirklich mein Bestes tat, ihnen nicht im Weg zu stehen, wenn es irgendwie ging.«

▶ **GARDEROBE
MÜNCHEN, 1966**

»Immer wieder gab es diese kleinen Privatvorführungen – nur für mich. Das ist eine davon. Unmittelbar bevor sie auf die Bühne gingen, stimmten sie noch einmal ihre Instrumente, damit alles seine Richtigkeit hatte. Ihnen dabei zuzuhören war für mich immer ein großes Vergnügen. Zudem achteten sie darauf, dass ihre Stimmen in bester Verfassung waren – auch wenn sie ohnehin niemand hörte. Das Foto stammt mit ziemlicher Sicherheit aus München.«

▲ **GEORGE UND JOHN
CHELSEA, 1966**

»Es sollte auf der Innenseite des Klappcovers von *Yesterday And Today* erscheinen, für das ich das komplette Artwork geplant hatte. Capitol Records versaute schließlich alles, sie interessierten sich nicht einmal für mein Konzept. Johns Gesicht sollte mit einer transparenten Holzmaserung überblendet werden, damit er wie ein Holzblock aussieht – was dann auch erklärt, warum George Nägel in seinen Kopf schlägt. Für den Hintergrund war ein Horizont geplant, auf der oberen Seite Wasser, auf der unteren Himmel. Eine Idee, die ein wenig von Man Ray inspiriert war.«

◄ **JOHN
WEYBRIDGE, 1965**

»Das ist eines meiner Lieblingsfotos. John und ich hatten ein längeres Gespräch über ›Echtheit‹ geführt, das war zumindest der Ausgangspunkt. Irgendwie kamen wir darauf, dass Blumen, die aus Augen wachsen eine Illusion sind, die man leicht realisieren könnte. Wir schossen eine Reihe von Fotos mit Narzissen; ich hatte das Gefühl, dass die Blume irgendetwas mit Euripides zu tun hätte, dessen Schriften ich damals nebenbei studierte. Irgendwo bei Euripides gibt es einen Verweis auf Menschen, aus deren Augen Blumen wachsen.«

◀ **JOHN MIT GITARRE**
JAPAN, 1966

»Der Tourneeveranstalter war sehr freundlich und sagte: ›Welche Ausrüstung auch immer du brauchst, du kriegst sie.‹ Unter anderem erhielt ich eines der ersten 21-mm-Objektive von Nikon mit eingebautem Sucher. Als ich das erste Mal durchschaute, dachte ich mir: ›Das eröffnet eine völlig neue Welt.‹ Wohin ich auch blickte, ich sah die erstaunlichsten Motive. Dieses Bild verkörperte genau das, was ich sehen und zeigen wollte. Ich war wirklich hoch erfreut über dieses Objektiv.«

◀ **HOTEL**
JAPAN, 1966

»Schon wieder das 21-mm-Objektiv. Man kann damit viel einfangen, Auflösung und Tiefenschärfe sind erstaunlich. Die Beatles durften das Hotel nicht verlassen, also waren sie froh darüber, dass man ihnen allerlei Kunsthandwerk aufs Zimmer brachte. Interessiert waren sie vor allem an exotischen Stücken, die sie als Geschenke mit nach Hause nehmen wollten. Der Tourneeveranstalter lud eine Menge Händler ein, die japanisches Kunsthandwerk offerierten. Auf diesem Bild sieht man einige der Stücke, die man ihnen zum Kauf anbot. Ein paar davon wechselten sogar den Besitzer.«

◀ **VOGELKÄFIG**
CHELSEA, 1966

»Dieses Foto visualisiert den Text von *And Your Bird Can Sing*. Ich diskutierte viele meiner Ideen mit John, denn ich war angepisst von der Arbeit für das Pressebüro ... immer nur vier Köpfe, brav und bieder. Das langweilte mich. Ich war ehrlich gesagt auch nicht sonderlich gut darin, derartige Fotos zu machen, obwohl manche von ihnen bis heute Plattenhüllen und Zeitschriftentitel zieren.«

▶ **JOHN MIT MASKE**
TOKIO, 1966

»Das war eines der Kunstobjekte, die man den Beatles anbot. John amüsierte sich prächtig, er sah mich an und zog dieses Gesicht. Urplötzlich ließ er die Maske in seine Jacke rutschen, ich führte ihn zum Fenster, wo ich besseres Licht hatte, und schoss dieses Foto: John beim Versuch, wie ein Japaner auszusehen. Ich glaube, das war die Zeit, als sich John ernsthaft für fernöstliche Frauen zu interessieren begann. Schon 1964 in Sydney hatte er ein Mädchen namens Jenny Keyes kennen gelernt. Ihr Vater war Italiener, ihre Mutter war Chinesin.«

ALBUM INFOS
REVOLVER

Talking About A Revolution

Für eine Band, die gerade eben das Touren aufgegeben hat, ist *Revolver* ein beachtliches Klangabenteuer. Von Charles Shaar Murray.

Well, you say yes, we say no«. Die Beatles betrachteten *Revolver* als Erweiterung und Konsolidierung jener Studioexperimente, die bereits den Vorgänger ausgezeichnet hatten – doch im Grunde betrachteten sie ja ihre gesamte Studiokarriere als fortwährenden Prozess. Der ehemalige Black-Panther-Führer David Hilliard hatte einst angemerkt, dass »die Revolution eher ein Prozess als ein Ereignis ist«. Zumindest in künstlerischer Hinsicht hätten die Beatles gewiss zugestimmt. Dennoch: Obwohl *Rubber Soul* ein unverzichtbarer Teil dieses Prozesses war (und ein höchst erfreuliches, empfehlenswertes Album noch dazu), war *Revolver* das Ereignis. Die Unterschiede zwischen beiden Alben sind mindestens ebenso groß wie ihre Gemeinsamkeiten.

Die Differenzen zwischen *Rubber Soul* und *Revolver* entsprechen der Veränderung zwischen 1965 und 1966; zwischen dem Ende der frühen 60er-Jahre und dem Beginn der späten Sechziger. Der entscheidende Unterschied ist jedoch der zwischen einer Live-Band, deren Platten sich instrumental und strukturell an ihren Bühnenauftritten orientieren, und einem Studiokollektiv, dessen klangliche und musikalische Bandbreite nur von der eigenen Vorstellungskraft begrenzt wird. Kulturell war das Jahr 1966 ein Schlüsselereignis: Jimi Hendrix kam nach London, das »Raumschiff Enterprise« eroberte die US-Bildschirme, Bands lösten sich überall auf und formierten sich neu. Und *Revolver*, das 66er-Album der Beatles, markierte den definitiven Wendepunkt in ihrer Karriere: Die Pilzkopf-Ära war nun endgültig vorbei, die »bärtigen Jahre« kündigten sich an. Die Zeit zwischen beiden Alben wurde mit *Paperback Writer/Rain* überbrückt, einer wegweisenden Single, die stilistisch eindeutig *Revolver* zuzuordnen ist. Beide Tracks klingen nach Rock'n'Roll, nicht zuletzt aufgrund des rauen Gitarrenriffs von *Paperback Writer* und – auf beiden Songs – McCartneys persönlichen Bestleistungen am Bass. Doch dazu gesellten sich so viele Gesangsoverdubs (*Paperback Writer*) und rückwärts eingespielte Gesangsspuren (*Rain*), dass der Versuch einer Live-Version von *Writer* auf der letzten US-Tournee ziemlich peinlich klang.

> »*Revolver* war ihr erstes Album, bei dem es nur ein Kriterium gab: so gut wie möglich zu klingen.«

Zwar gab das Desaster von Manila (4:0 für den Marcos-Clan) den endgültigen Ausschlag dafür, dass die Beatles keine Lust mehr auf Tourneen verspürten, doch der Lack war natürlich schon vorher ab. Die Beatles waren stolz darauf, Musiker zu sein, und zwar gute, doch mit Musik hatten ihre Shows immer weniger zu tun. Die zeitgenössischen, viel zu schwachen Verstärkeranlagen ohne Monitorsysteme waren in den riesigen Stadien komplett überfordert – die Beatles arbeiteten damals mit einer geringeren Verstärkerleistung als heutige Bands in mittelgroßen Clubs. Weder Musiker noch Publikum hörten, was da gespielt wurde; dem Publikum war es vielleicht egal, den Beatles nicht. Vor allem Ringo Starr hatte das Gefühl, dass sich sein Schlagzeugspiel verschlechterte. Als die Beatles in Japan auftraten, wo kulturelle Gepflogenheiten und eine massive Security das ansonsten

FOTO: ROBERT WHITAKER APPLE/HULTON ARCHIVE

Mai 1966: John und George beim Promofilm für *Paperback Writer*, bei der Arbeit an *Revolver*.

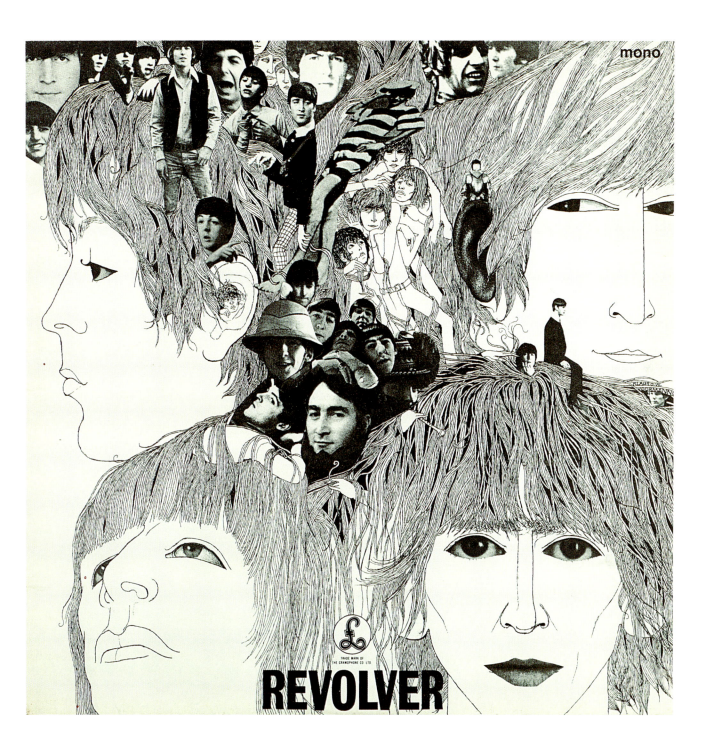

übliche Geschrei des Publikums im Zaum hielten, waren sie schockiert darüber, wie ungehobelt sie mittlerweile klangen. Nie zuvor kam ihnen die Studioarbeit verlockender vor. Aufgrund vertraglicher Verpflichtungen ging ihr letztes Konzert zwar erst nach der Veröffentlichung von *Revolver* über die Bühne, doch bereits zuvor betrachteten sie sich praktisch als Studioband. *Revolver* war ihr erstes Album, bei dem es nur ein Kriterium gab: so gut wie möglich zu klingen.

Man kann *Revolver* fein säuberlich unterteilen: in Songs, die nach einer Rockband klingen, aber im Studio derart überarbeitet wurden, dass die Beatles eine Live-Aufführung selbstredend als unmöglich erachteten, und in Klanglandschaften, die mit dem Büh-

DIE STÜCKE

A-SEITE

1. Taxman
Harrison
Gesang Harrison

2. Eleanor Rigby
Lennon/McCartney
Gesang McCartney

3. I'm Only Sleeping
Lennon/McCartney
Gesang Lennon

4. Love You To
Harrison
Gesang Harrison

5. Here, There And Everywhere
Lennon/McCartney
Gesang McCartney

6. Yellow Submarine
Lennon/McCartney
Gesang Starr

7. She Said She Said
Lennon/McCartney
Gesang Lennon

B-SEITE

8. Good Day Sunshine
Lennon/McCartney
Gesang McCartney

9. And Your Bird Can Sing
Lennon/McCartney
Gesang Lennon

10. For No One
Lennon/McCartney
Gesang McCartney

11. Doctor Robert
Lennon/McCartney
Gesang Lennon

12. I Want To Tell You
Harrison
Gesang Harrison

13. Got To Get You Into My Life
Lennon/McCartney
Gesang McCartney

14. Tomorrow Never Knows
Lennon/McCartney
Gesang Lennon

ALBUM INFOS

REVOLVER

PRESSESTIMMEN

Anno 1966 blies der *Revolver* die Musikkritiker um.

»Das jüngste Beatles-Album namens *Revolver* ist voller neuer Sounds und Ideen und wird unter den Beatles-Fans bestimmt hitzige Diskussionen darüber auslösen, ob es genau so gut oder sogar besser ist als frühere Werke. Eines ist sicher – wir werden bald alle *Yellow Submarine* singen. *Love You To* klingt orientalisch, begleitet von Anil Bhagwat lässt George die Sitar quengeln und verkündet einen Kama-Sutra-artigen Text. Bei *Tomorrow Never Knows* fordert John, ›den Kopf abzuschalten, zu entspannen und stromabwärts zu treiben‹. Doch wie soll man sich bei diesen elektronischen, außerirdischen Sounds, die häufig wie Möwen klingen, entspannen? Johns Stimme klingt unheimlich und gebrochen, als käme sie von weit her. Nur Ringos geradliniges Schlagzeugspiel klingt naturbelassen.«

Allen Evans, NME (29. Juli 1966)

Nur eine Hand voll der 14 Tracks sind richtige Beatles-Songs. Stattdessen sind es Stücke von Paul, John, George und – im Falle von *Yellow Submarine* – Ringo. In den Köpfen der Beatles schwirren noch immer mehr Ideen herum als in der restlichen Pop-Welt zusammengenommen. John, Paul, George und Ringo genießen offenbar die geistige Freiheit, jede ihrer Launen auf LP zu bannen. Ein brillantes Album, das ein für alle Mal unterstreicht, dass die Beatles jene Grenzen definitiv überschritten haben, die wir ›Pop‹ zu nennen pflegten.«

Melody Maker (30. Juli 1966)

COVER STORY

Wie verpackt man ein innovatives Album? In einer innovativen Hülle.

Klaus Voormann, seit Hamburger Tagen ein Freund der Band, betrat die Musikszene des »swinging London« als neuer Bassist bei Manfred Mann. Voormann erhielt den Auftrag, ein Konzept für das Frontcover von *Revolver* zu erarbeiten, nachdem eine kreisförmige Kollage aus Robert Freemans Beatles-Porträts abgelehnt worden war.

Klaus' innovative Kombination aus Zeichnungen und Fotokollagen (alte Beatles-Aufnahmen, darunter Fotos vom letzten Cover) passte perfekt zur überbordenden Kreativität des neuen Albums. Erstmals seit *With The Beatles* kam ein Beatles-Cover in schlichtem Schwarzweiß – ein kühnes Unterfangen in Anbetracht der heraufdämmernden Psychedelia.

»Wir alle waren damit sehr zufrieden«, erzählte Paul McCartney in der *Anthology*, »wir mochten all die kleinen Details, etwa Dinge, die aus unseren Ohren kamen. Auch die Kombination von kleinen Fotos und großformatigen Zeichnungen gefiel uns. Er kannte uns gut genug, um unsere Gesichter in seinen Zeichnungen einzufangen. Allerdings waren sie ein wenig geschönt, was uns schmeichelte.«

Johns alter Freund Pete Shotton erinnert sich an den Beitrag der Beatles: »John, Paul und ich verbrachten einen ganzen Abend damit, einen riesigen Stapel Zeitungen und Zeitschriften nach Beatles-Fotos zu durchsuchen. Wir schnitten die Gesichter aus und klebten alles zusammen. Klaus Voormann klebte unsere Bastelarbeit dann auf seine Zeichnungen.

Indem Voormann neben seine Signatur auf der rechten Seite ein kleines Selbstporträt stellte, wurde er der erste Nicht-Beatle auf einem Cover der Band. Sein Artwork wurde übrigens bei der 9. »Grammy«-Verleihung im Jahr 1967 als »Bestes Albumcover« ausgezeichnet.

Richard Fairclough

> »Stärker als jedes andere Beatles-Album ist *Revolver* das Fundament für alle zukünftigen Entwicklungen.«

fen bei Lennons *I'm Only Sleeping* bis hin zum glorios perlenden Kreischen, das bei Lennons *Doctor Robert*, *And Your Bird Can Sing* und *She Said She Said* ebenso durchschimmert wie bei Harrisons *I Want To Tell You*. Die Beatles übernahmen dabei jenen Folkrock-Sound der Byrds, den sie einst selbst auf *A Hard Day's Night* ins Leben gerufen hatten.

nensound der Band rein gar nichts gemein haben. »Aufgrund der Technologie, die wir damals im Studio verwendeten«, erzählte Harrison, »konnten wir viele Songs nicht auf die Bühne bringen. Wir waren doch nur eine kleine Tanzkapelle, die niemals daran dachte, sich zu vergrößern. Wir sagten uns, dass wir aus unseren Fähigkeiten so lange das Beste herausholen, bis wir an einen Punkt kommen, an dem es einfach nicht mehr funktioniert – und dann würden wir es eben bleiben lassen.«

Auch wenn *Taxman* mit seinem hippen, knackigen Pseudo-Funk-Groove, McCartneys stürmischem Gitarrensolo und Harrisons Text (ein Beleg dafür, dass er damals noch in der »Material World« lebte) noch immer nach den Beatles klingt – live konnten sie diesen Song nicht mehr verwirklichen. Die Rocksongs des Albums sind mit Gitarren voll gestopft: von Harrisons sich unheimlich schlängelnden, rückwärts abgespielten Läu-

Es wäre schwierig genug gewesen, derlei Gitarrenparts live adäquat umzusetzen, doch wie sollte man einen Song wie *For No One* auf die Bühne bringen, der von einem Piano und einem Waldhorn dominiert wurde? Ganz zu schweigen von *Eleanor Rigby*, arrangiert für ein Streichquartett und mit massenhaften Gesangsoverdubs von McCartney und Lennon. Oder Harrisons *Love You To* – was sollte er damit anfangen? Im Schneidersitz auf der Bühne hocken? Mit einer Sitar, die er damals kaum beherrschte? Oder *Good Day Sunshine* mit McCartneys rollendem Piano im Vordergrund und seiner orgiastischen Fanfare aus gefilterten Gesangsoverdubs am Schluss, die wie aus dem Spiegelkabinett klingt?

Brillenstudio: Auszug aus der Fotosession für die Rückseite von *Revolver*, Sommer 1966

FOTO: ROBERT WHITAKER

Und dann war da noch *Tomorrow Never Knows*, erster Vorbote jener rauschhaften und unheimlichen Überraschungen, die in den entfernteren Regionen des Lennonlandes lauerten. Bislang hatten Beatles-Songs vor allem mit der Schönheit und Genialität ihrer Akkord- und Harmoniewechsel brilliert, doch dieser hier brauchte nur einen Akkord (plus einen Resonanzton), dafür aber eine Tamboura, Bandschleifen und jede Menge Gesangseffekte: selbst für eines der weltweit besten Studios eine technologische Revolution, live jedoch unter keinen Umständen reproduzierbar. Wie kein zweites Stück auf diesem außergewöhnlichen Album zeigt *Tomorrow Never Knows*, dass sich die Beatles von all den neuen Möglichkeiten und Fähigkeiten mitreißen ließen – der Song weist den Weg zu *Sgt. Pepper*. »Heute könnte man das problemlos aufführen, man hätte all die Bandschleifen auf Emulatoren und Keyboards«, bemerkte Harrison später. »Man kann heute so viele Keyboarder, Schlagzeuger, Orchester und sonst was haben, wie man will, aber damals gab es eben Grenzen.«

Revolver ist ein derart außergewöhnliches Klangabenteuer, dass es das großartige Songwriting, aus dem all diese Soundlandschaften erwachsen, beinahe überdeckt. Es war der Ausgangspunkt für die nächsten fünf Jahre ihrer Mission: in Galaxien vorzudringen, die nie eine Band zuvor gesehen hatte.

I WANT TO TELL YOU

Für Courtney Taylor-Taylor von den Dandy Warhols ist *Revolver* das definitive Psychedelik-Album.

»Für mich ist *Revolver* all das, was Psychedelik ausmacht. Es ist nicht durchweg hippieesk, mit einer Million verdammter Sitars oder so. Stattdessen hypnotische, krachende Instrumente. Es sind die Akkorde, Harmonien und Melodien, die diesen surrealen, trippigen Charakter erzeugen. *Revolver* klingt wie eine Rockband, die gerade Marihuana entdeckt hat.

Ein großer Einfluss war *Revolver* für mich vor allem deshalb, weil ich die Musik verstand – sie war nicht zu abgehoben. Die Beatles lebten in einer anderen Realität. Ihre Songs waren kleine, psychedelische Rock-Trips. Doch sie überspannten den Bogen nicht, wie es so viele andere englische Bands taten. *Tomorrow Never Knows* – fuck. Sie hatten schon davor dreckige Gitarrensounds im Programm, aber so was wie das hier gab's sonst nur bei irgendwelchem schrägem Orchester-Kram: Oboen-Passagen, die wie rückwärts eingespielt klingen – wie bei einem dieser abgedrehten russischen Komponisten. Diese bis zum Gehtnichtmehr komprimierten Drums, bei denen die Becken nur noch rauschen. Das ist Super-Rock. Das muss die Leute damals komplett zum Austicken gebracht haben. Der Gitarrenlauf bei *She Said She Said*, der nach der Zeile ›and she's making me feel like I've never been born‹ kommt, gehört zu den Sachen, die offenbar nur für mich gemacht worden sind. Als ich ihn erstmals hörte, interessierte mich der Rest überhaupt nicht. Ich wartete nur darauf, dass sie wieder diesen Teil spielten.

Es ist schwer, ein Beatles-Lieblingsalbum zu benennen, denn das hängt immer von der Tageszeit ab. Vielleicht ist mein liebstes Beatles-Album einfach das, das gerade läuft.«

Tom Fordyce

229

Aufbruch nach Osten

Auf seiner Reise nach Bombay lernte George Harrison, kein Beatle zu sein. Außerdem beeinflusste der Trip die Zukunft der westlichen Popkultur, behauptet Neil Spencer.

ER HATTE GEDACHT, DASS EIN SCHNAUZBART genügen würde. Es war Ravi Shankars Idee gewesen: »Verkleide dich. Lass dir einen Bart wachsen und schneide deine Haare.« Bevor George Harrison am 14. September 1966 das Flugzeug nach Bombay bestieg, hatte er sich also einen Haarschnitt verpassen und einen Schnauzer wachsen lassen. Der Bart war nicht nur Verkleidung, er war auch noch hip. Patti liebte ihn. Schade nur, dass er den Pagen vom »Taj Mahal Hotel«, der einen Beatle erkannte, wenn er einen sah, nicht in die Irre führen konnte. Und das, obwohl die beiden als Mr. und Mrs. Sam Wells eingecheckt hatten. Nachdem besagter »Liftboy« seine Beobachtung publik gemacht hatte, verbreitete sich die Nachricht in Bombay schneller als eine rasende Motor-Rikscha.

Innerhalb weniger Stunden erlebte Bombay einen eigenen Ausbruch der Beatlemania, Tausende Teenager belagerten die edwardianischen Burgmauern des Hotels und schrien: »George! George! Ravi Shankar! Bring uns George!«

In den Suiten der Musiker klingelte fortwährend das Telefon. Eine Anruferin gab sich als »Mrs. Shankar« aus und verlangte nach George. Als Mr. Shankar den Anruf annahm, änderte sie ihre Meinung. Nach ein paar Tagen und den wenig wirksamen Versuchen der Polizei, die Fans zu vertreiben, wurde eines deutlich, wie Ravi Shankar zusammenfasst: »Ich konnte nicht lehren, George konnte nicht üben.« Auf einer hastig einberufenen Pressekonferenz erklärte der Klassik-Star, dass George »nicht als Beatle« nach Indien gekommen sei, sondern »als mein Schüler«. Er bat darum, in Frieden mit ihm arbeiten zu dürfen.

Entspannen hinter der Bühne der Hollywood Bowl: George und sein Guru Ravi Shankar am 4. August 1967

»NICHT ALS BEATLE!« WIE STARKEN NACHHALL DÜRFTEN diese Worte in George Harrisons Ohren erzeugt haben. Er sehnte sich nach Flucht aus dem goldenen Beatles-Käfig. Seine Drohung, die Band zu verlassen, hatte bereits bewirkt, dass die Beatles nicht mehr auf Tour gingen. In den nächsten sechs Wochen würde der 24-jährige George entdecken, wie es ist, kein Beatle zu sein. Das erste Mal, seit er 15 Jahre alt war. Ob abseits am Fuße des Himalaya oder mittendrin im staubigen, geschäftigen Treiben Indiens – Harrison entdeckte sich neu. Dieser zweite Indienbesuch sollte nicht nur Harrisons Leben sowie die weitere Karriere der Beatles verändern, sondern beeinflusste auch die westliche Popkultur für die kommenden Jahrzehnte. (Sein erster Indienbesuch war ein paar Monate zuvor ein viertägiger Zwischenstopp in Delhi gewesen, auf dem Rückweg von den Philippinen. Harrison hatte sich bei dieser Gelegenheit eine professionelle Sitar gekauft).

Die Überschwemmung folgte, nachdem Harrison im Herbst 1966 sein Herz an das mystische Chaos der geschäftigen Mutter Indien verloren hatte: die Beatles in indischen Klamotten, herausgeputzt in Kaftanen und Nehru-Hemden. Meditation. Die Beatles in Indien. Zuerst auf dem Berg, dann dank *Sexy Sadie* sogar auf der Palme. Eine Hindu-Gottheit auf dem Cover von Hendrix' *Axis: Bold As Love*. Sitars und sanfte Rebellen in ganz Großbritannien. Die Moody Blues singen *Om*. Grobe Leinenhemden. Hare Krishna in den Charts. *All Things Must Pass*. *Instant Karma*. *The Concert For Bangladesh*.

Aber zuerst war Indien am Zug und brach über den jungen Multimillionär mit unerwarteter Heftigkeit herein, sobald er und Ravi in einen ruhigeren Außenbezirk Bombays umgezogen waren. Nach jahrelangem Leben in Bonzenvierteln und bewachten Hotelzimmern offenbar eine überwältigende Erfahrung: »Es ist unglaublich. Wenn du die Straße runtergehst, siehst du fahrende Busse, Taxen, Menschen auf Fahrrädern, dazwischen Hühner und Kühe. Ein Typ im Geschäftsanzug mit Aktenkoffer neben einem alten Sannyasi mit safrangelbem Umhang. Alles gemischt. Ein unglaublicher Ort, der mit seinen vielschichtigen Klängen, Farben und Geräuschen deine Sinne bombardiert«, erzählte George später. »Ich fühlte mich in der Zeit zurückversetzt. Erstmals hatte ich das Gefühl, kein Beatle, keine bloße Nummer zu sein.«

Ravis Sitarstunden erwiesen sich als harte Arbeit: »Es war das erste Mal, dass ich mich der Musik mit ein wenig Disziplin näherte.« Langwieriges Üben von Tonleitern war ebenso angesagt wie reichlich Yoga, um die unhandliche Sitar in der korrekten Position halten und viele Stunden ermüdungsfrei im Schneidersitz verbringen zu können. Die meisten Lektionen gab nicht Shankar persönlich, sondern sein Assistent namens Shambu Das, zu dem Harrison bald eine enge Beziehung aufbaute.

Zum intensiven Studium gehörten auch Exkursionen und Erfahrungen, die alle Spielereien mit Dope und Acid in den Schatten stellten – Harrison musste den Konsum in Indien ohnehin einstellen. Vor allem beschäftigten ihn die Yogis: »Da gibt es Geschichten über Männer, die Hunderte von Jahren alt sind, über Yogis, die die Levitation beherrschen und über Heilige, die sich begraben lassen und nach Wochen immer noch leben. Ich wollte das alles mit eigenen Augen sehen.« Sein Gastgeber nahm ihn mit zur antiken Tempelstadt Benares, in der sich gerade Tausende heiliger Männer für das Ramila-Fest versammelt hatten: »Verschiedene Gruppen von Menschen, viele von ihnen singend, eine unglaubliche Mischung. Ein Maharadscha, der Staub aufwirbelt, als er auf dem Rücken eines Elefanten angeritten kommt. Ziemlich aufregend.«

Nach der Besichtigung des Tempels folgten weitere Sitarübungen; Harrison, Shankar und dessen andere Studenten lebten zuerst in der schönen, heiligen Stadt Rishikesh (wo später der Maharishi den Gastgeber für die Beatles mimte), später dann in den luftigen Höhen Kaschmirs auf einem Hausboot, das auf einem See im Himalaja lag. Ein Idyll, an das sich Harrison 30 Jahre später wärmstens erinnerte: »Sie weckten uns vor dem Sonnenaufgang, brachten uns Tee und Gebäck. Ich sah Boote vorbeifahren, die schwimmende Gärten zogen, und hörte, wie Ravi nebenan seine Morgenübungen abhielt. Es war eine sehr privilegierte Position.«

Mittlerweile war Shankar für Harrison nicht nur ein musikalischer Guru, sondern auch ein spiritueller Lehrer. Immerhin gilt Musik im Hindu-Glauben als göttlich. Wie die Welt bald erfahren sollte, hatte Harrison zu Gott gefunden: Was sich ihm und Lennon beim LSD-Konsum (der »dentalen Erfahrung«, so ihr Insiderwitz) angedeutet hatte, schien auf einmal Sinn zu machen.

Als Harrison Ende Oktober mit Patti nach London zurückkehrte, war er wie ausgewechselt: Ein

Ravi Shankar: »George kam nicht als Beatle nach Indien, sondern als mein Schüler.«

Willkommen in Bombay: George mit einer Fremdenführerin (l.) und mit Patti bei der Ankunft im »Taj Mahal Hotel« am 14. September 1966

konzentrierterer Musiker, der in den kommenden Jahren kaum noch die Gitarre zur Hand nehmen und sich stattdessen ganz dem Studium der Sitar widmen sollte. Großartige Songs flossen nur so aus ihm heraus – von jetzt an hatte er immer mehr Material, als auf den Beatles-Alben unterzubringen war.

Nicht zuletzt war Indien für Harrison identitätsstiftend: John hatte seine Kunstsinnigkeit und seinen Surrealismus; Paul hatte seine Music-Hall-Tradition und seinen Hang zur Avantgarde. Ab jetzt konnte George etwas Eigenes beisteuern, was dem »Baby-Beatle« ermöglichte, aus dem Schatten seiner Kollegen zu treten. Es war nicht nur Indien, die Musik und seine erwachende Begeisterung für Religion und Philosophie. Er wusste jetzt, wie es ist, kein Beatle zu sein. Das hatte er den anderen voraus.

Für den Rest der Beatles und ihren Begleittrupp musste es so aussehen, als hätte der kleine Bruder den Verstand verloren: »Gone Troppo«. Wenige Tage nach seiner Rückkehr landete auch Ravi Shankar in London. George empfing ihn am Flughafen, bekleidet mit seinen schlichten indischen Klamotten. Ravi trug einen eleganten europäischen Anzug.

Im Rückblick erschien es Harrison so, als sei er auf seinem Weg nach Indien lediglich einer Spur gefolgt. Der Plot von *Help!* – eine comicartige Geschichte über gewaltbereite Jünger der finsteren Göttin Kali, die einem magischen Ring nachjagen – brachte die erste Begegnung mit einer Sitar: Richard Lester hatte für eine Restaurantszene indische Musiker verpflichtet. Alsbald folgte der zittrige Schlussteil von *Norwegian Wood*, gespielt auf einer Touristen-Sitar, die er bei »Indiacraft« in der Oxford Street gekauft hatte.

Dann kam das Buch. Als George am Set von *Help!* seinen 22. Geburtstag feierte, fuhr völlig überraschend ein Inder mit seinem Fahrrad vor und drückte jedem Beatle ein indisches Religionsbuch in die Hand. Niemand hatte mehr als einen flüchtigen Blick dafür übrig, doch später hielt es Harrison für einen weiteren Hinweis, der ihn auf den rechten Weg brachte. Dabei war er bei weitem nicht der Einzige, der den Ruf des Ostens vernahm.

Im Sommer 1965 quengelte sich *See My Friend* von den Kinks in die Charts, basierend auf einem Sitar-ähnlichen Sound, den Dave Davies mit seiner ramponierten, zwölfsaitigen Framus-Gitarre erzeugt hatte. Komponiert hatte den Song Bruder Ray Davies, und zwar nach einem Boxenstopp in Indien auf dem Weg nach Australien. Für Ray lag etwas in der Luft, das mit der wachsenden Beliebtheit von *Curry Houses* im England der Mittsechziger nichts zu tun hatte. Der Westen war wieder einmal dabei, mit dem Subkontinent eine der regelmäßigen Liebesaffären zu beginnen. Seit Madame Blavatsky, die im vorhergehenden Jahrhundert das Interesse an Hinduismus und Buddhismus geweckt hatte, war indische Mystik in westlichen Intellektuellenzirkeln ein beliebtes Thema.

Die meisten der östlichen Brisen, die durch die schicken Appartements in Chelsea oder die Dope-Höhlen von Notting Dale wehten, kamen zwar aus dem buddhistischen Nepal und dem Dope-seligen Nordafrika, doch um kulturellen Purismus war man ohnehin nicht besorgt. Ob das Tibetanische Totenbuch (die Inspirationsquelle für *Tomorrow Never Knows*), Jack Kerouacs Zen-Beat, die nordafrikanische Inneneinrichtung des Stones-Günstlings Christopher Gibbs, chinesische Wahrsagerei mit dem I-Ging, Liebesgedichte der Sufis oder Ayurveda: All die Exotik und Esoterik des Nahen, Mittleren und Fernen Ostens wurde durcheinander geworfen, mit Tabak und Nepalesen vermischt und bis zum Umfallen geraucht. Harrisons Faszination für Indien fügte sich nahtlos ein.

Norwegian Wood ließ die Sitarsaiten sirren. Die Stones, immer furchtlos auf dem Weg, den die Beatles gewiesen hatten, folgten mit *Paint It Black*. Traffic hielten sich eine Sitar in ihrem Bauernhof in Berkshire. Doch nur Harrison hatte schon einen kompletten Song darauf komponiert, nämlich *Love You To*. Auch wenn man die Sitar nicht spielen konnte: Es war cool, eine zu besitzen.

Flower Power im August 1967: Die Beatles und ihre Frauen treffen den Maharishi in Bangor

Den ganzen Winter 1965 und 1966 hindurch hörte Harrison immer wieder den Namen eines Musikers, der eine Entdeckung wert sei: Ravi Shankar. David Crosby von den Byrds hatte ihn erwähnt, denn auch in Kalifornien entdeckte man gerade den wilden Osten. Der Gitarrist Paul Butterfield etwa arbeitete an einem Blues-Raga, nachdem er eine Shankar-LP auf LSD gehört hatte. George kaufte ein paar von Shankars Platten und war ergriffen: »Es sprach mich einfach an. Der reine Klang des Instruments und die Musik bewegten mich so sehr.« Als Shankar 1966 nach England kam, war offenbar jeder darauf aus, die beiden Männer zusammenzubringen. Doch Harrison weigerte sich, Shankar unter Bedingungen zu treffen, die von der Presse diktiert wurden – nach dem Motto: »Indischer Star trifft mystischen Pilzkopf«. Doch im Londoner »Asian Music Circle« hatte Harrison ein paar Freunde, die diskret sondierten und ein Treffen arrangierten.

Es gibt mindestens zwei Versionen vom ersten Zusammentreffen der beiden Musiker. Harrison erzählte, es hätte bei einem Essen im Hause von Peter Sellers stattgefunden, einem Freund seit frühesten Beatles-Tagen. Als Truppenbetreuer im östlichen Commonwealth während des Zweiten Weltkriegs war Englands prominentester Komödiendarsteller ein »alter Inder«. Seine perfekte Imitation des indischen Akzents war fester Bestandteil seiner *Goons-Show* und beherrschte auch *Goodness Gracious Me*, sein Duett mit Sophia Loren.

Shankar erzählte hingegen, dass das Treffen beim »Asian Music Circle« stattfand. Beim Essen erwähnte Harrison *Love You To*, das er kurz zuvor mit Mitgliedern des »Circle« eingespielt hatte. Shankar erinnert sich an eine etwas peinliche Situation: »Ich hatte nicht so recht mitbekommen, wer er eigentlich war. Ich schämte mich, denn ich wusste nicht, wie populär er oder seine Gruppe waren.«

Binnen weniger Tage besuchte er George in seinem Haus in Esher, gab eine private Vorführung und erklärte ihm das Instrument. Harrison war überwältigt: »Ich wollte damals am liebsten von zu Hause weg, ohne Rückflugticket nach Kalkutta. In diesem Moment hätte ich sogar Patti verlassen.« Etwas später gab Shankar gemeinsam mit einem Tabla-spieler ein Privatkonzert für George, John und Ringo. Eine Lektion hatte George schnell gelernt: Als er die Sitar beiseite legte, um ans Telefon zu gehen, stolperte er über das Instrument und verletzte sich am Bein. Er hatte eben »keinen Respekt vor dem Instrument« gezeigt.

Von außen betrachtet, wirkte Harrisons Beziehung zu Shankar wie die eines wohlbehüteten westlichen Popstars mit einem asketischen Meister aus dem Osten. Tatsächlich hatten die beiden jedoch wesentlich mehr gemeinsam, als man auf den ersten Blick vermutet. Beide waren die jüngsten Geschwister großer Familien. Als junger Mann hatte auch Shankar ein privilegiertes Leben geführt, eine Mixtur aus Showbusiness, Musik, Kunst und Glamour. Sein ältester Bruder Uday war ein gefeierter Tänzer und Choreograph, der mit der russischen Ballett-Ikone Anna Pavlova zusammengearbeitet hatte; in den 30er-Jahren begeisterte seine Tanz-Truppe Europa und Amerika. Es war ein Familienunternehmen mit Udays Mutter und zwei erwachsenen Brüdern, den kleinen Ravi immer im Schlepptau. Seine Teenagerzeit verbrachte er in Paris, er las heimlich Comics, die er in den Schulbüchern seines katholischen Internats versteckte. Später, in New York, stand er auf Gangsterfilme und wagte sich sogar in Harlems »Cotton Club«. Mittlerweile spielte er im Familienbetrieb selbst eine tragende Rolle.

Nach einer familiären Auseinandersetzung warf Ravi alles hin, um fortan seinem musikalischen Guru zu folgen: dem Sarod-Spieler Ustad Allauddin Khan. Als Sitar-Star des unabhängigen Indien zog er sich in den 40er- und 50er-Jahren den Unmut der heimischen Klassikszene zu, da er auch Filmmusik komponierte und mit Westlern wie dem Violinisten Yehudi Menuhin und dem Jazzer Bud Shank kooperierte. Seine Verbindung zu Harrison und das Aufkommen der Rockmusik brachte ihm in Indien viele Feinde ein, andererseits gewann er auch ein großes, junges Publikum im Westen.

Ravis Beziehung zu den Hippies war von Anfang an gestört. Als er im Sommer 1967 beim Monterey Pop Festival spielte, erschreckte ihn der kollektive Drogenrausch des Publikums. Er weigerte sich, zwischen Rock-Acts zu spielen und bot an, seine Gage zurückzugeben. Zur Beruhigung überließen ihm die Organisatoren fast den gesamten

Sonntagnachmittag, und das Publikum schwebte auf Wolke sieben. Nach der Show sah er schockiert mit an, wie zuerst Jimi Hendrix und dann Pete Townshend von The Who ihre Gitarren zerstörten.

Im Sommer 1967 war der indische Bazillus überall. Nicht zuletzt wegen *Within You Without You*, das Harrison mit Mitgliedern des »Asian Music Circle« für *Sgt. Pepper* aufgenommen hatte. Die meisten Musiker des »Circle« waren Semi-Profis: tagsüber Verkäufer, abends Begleiter der Beatles. Bis heute kennt niemand den Namen des Sitarspielers von *Within You Without You*, damals vermutete man, es sei George Harrison. Der Song, ursprünglich auf dem Harmonium komponiert und inspiriert von einem nächtlichen Gespräch Harrisons mit seinem Freund Klaus Voormann, hatte eine geliehene Melodie: Ursprünglich war es ein Sargam, eine Grundmelodie klassischer indischer Ragas, die Harrison zu Übungszwecken spielte. Der Text war warmherzig, wenn auch beinahe eine Predigt und sogar ein wenig elitär (»If they only knew!«), aber zumindest nicht so sauertöpfisch wie Harrisons frühere Arbeiten. Georges Beteiligung an *Sgt. Pepper* war ansonsten minimal, er spielte einige Gitarrenparts ein und nominierte ein paar Gurus für das Cover-Foto. George Martin nannte ihn zu dieser Zeit den »einsamen Wildhüter«. Das abschätzige *Only A Northern Song* sprach Bände darüber, wie Harrison die Beatles und seine eigene Position in der Band mittlerweile empfand.

Sein Einfluss innerhalb der Gruppe schien sich dramatisch zu steigern. Immerhin gelang es Patti, den Rest der Band davon zu überzeugen, im August 1967 einer Lektion des Maharishi Mahesh Yogi in Bangor beizuwohnen. Das Versprechen des Maharishi, man könne Glückseligkeit auch ohne Drogen, dafür mit Meditation erreichen, stieß bei George auf offene Ohren. Immerhin hatte er kürzlich in San Francisco einen schlechten Trip erwischt (er schluckte schon das ganze Jahr über LSD). Er war in Kalifornien, um sich am 4. August mit Ravi Shankar bei dessen Show in der Hollywood Bowl zu treffen und nebenbei das neue Utopia kennen zu lernen, das sich in der Bay Area ausbreitete. Er warf einen Trip und marschierte mit Gleichgesinnten durch Haight-Ashbury, doch statt Blumenkinder traf er bettelnde Drogenwracks. Er und sein Aufpasser Derek Taylor wuchteten ihr erweitertes Bewusstsein schnell in die wartende Limousine, doch der Trip wurde immer schlimmer und endete erst nach einem grauenhaften Rückflug.

Sechs Monate später weilten die Beatles und ihre Frauen in Rishikesh, um Georges Vorstellung von der Band als mystische Botschafter durchzuspielen. Rückblickend mutet es erstaunlich an, dass John, Paul und George tatsächlich zwei Monate dort blieben. Auch wenn Indien nicht gerade die Erleuchtung brachte, konnte man dort wenigstens den Körper entgiften, die Meditation erlernen, das neue Album schreiben und herausfinden, worauf George da eigentlich gerade abfuhr.

Georges Begeisterung für Indien wurde nicht einmal durch den Maharishi getrübt, der alsbald fleischliche und finanzielle Begierden an den Tag legte, die eines heiligen Mannes unwürdig schienen. Tatsächlich tendierte er dazu, im Zweifel für den Angeklagten zu stimmen. Doch sogar John, der das tödliche *Sexy Sadie* schrieb, als er auf ein Taxi wartete, das ihn, Cynthia, Patti und George aus Rishikesh fortbringen sollte, blieb Indien weiterhin gewogen. Als ein Jahr später Swami Prabhupada, der Gründer der »Internationalen Gesellschaft für das Krishna-Bewusstsein«, in London landete, stand Johns Rolls-Royce bereit, um den ältlichen Guru nach Tittenhurst Park zu kutschieren, wo er mehrere Wochen lang wohnte.

Die Parole »Hare Krishna«, von Prabhupada als Abkürzung auf dem Weg zur Erleuchtung in den Westen importiert, erklang dank Apple Records bald auch in den Charts. Was nicht jeder mochte. Denn in den späten Sechzigern versuchten zahlreiche Mitglieder der im Aufbruch begriffenen alternativen Gesellschaft verzweifelt, sich von religiösen Bevormundungen zu befreien – egal, woher sie kamen. Krishnas Sekte und ihr striktes Regelwerk aus Vegetariertum und Abstinenz in Sachen Alkohol, Drogen und Sex ließ viele Leute kalt.

Auf der Suche nach der Wahrheit fand John Lennon bald ein neues Mantra: »No Guru« bellte er auf dem Album *Plastic Ono Band*. Während der häuslichen Jahre im Dakota Building vergnügte er sich mit ätzenden Parodien auf seine indischen Lehrmeister und »The Great Wok« (*The Rishi Kesh Song* und *You Gotta Serve Yourself*, beide auf der *Anthology*; letzteres nahm Bezug auf Dylan, der zum Christentum konvertiert war).

Harrisons Interesse an der indischen Religion ließ niemals nach, auch wenn er einräumte, dass es bisweilen schwer war, seine eigenen Predigten umzusetzen. Nach einer langen, langen Zeit fand er schließlich in Krishna, dem christusgleichen, schönen und musischen Sohn des Hindu-Pantheons seinen »Sweet Lord«. Als er für die »Internationale Gesellschaft für das Krishna-Bewusstsein« ein luxuriöses Landhaus als Hauptquartier kaufte, ließ er seinen Worten Taten folgen. Der Hindu-Mainstream wunderte sich indessen, warum der großzügige junge Beatle ausgerechnet das Hindu-Äquivalent zu den »Jesus People« unterstützte. Bisweilen schien es, als sei Harrisons Idealismus in großem Maße mit der Naivität der Reichen und Entrückten verknüpft. Für ihn war es prima, dass er Apples Gastfreundschaft auch den »Hell's Angels« zukommen ließ, die er zuvor in Kalifornien kennen gelernt hatte – nur musste er sich auch nicht mit dem Chaos auseinander setzen, das sie während ihres Aufenthaltes anrichteten. »Leute, zu denen wir freundlich waren, reagierten ebenfalls mit Freundlichkeit«, erzählte Derek Taylor. »Die Hell's Angels waren unfreundlich.«

Shankar, 1967 in London: »Wo sind die verdammten Roadies?«

Georges Widersprüche saßen tief: ein meditierender Gärtner mit einer Vorliebe für schnelle Sportwagen. Schon in den späten Sechzigern schlug er sich mit dem Problem herum, »das umfassende, universelle Bewusstsein« zu erreichen, »das frei ist von Doppelzüngigkeit und Egoismus«. Bei *I Me Mine* erklärte er den Erfolg der Beatles zum Ergebnis göttlicher Inspiration. Als er mit Hunter Davies sprach, der gerade die offizielle Beatles-Biografie verfasste, erinnerte er sich an das Buch, das ihm der indische Fahrradfahrer beim Dreh von *Help!* in die Hand gedrückt hatte. »Ich weiß jetzt, dass es Teil einer Vorsehung war. Es war Bestimmung, dass ich dieses Buch lesen sollte. Alles folgt diesem Weg, auch wir. Wir wurden zu John, Paul, George und Ringo, weil wir dem Weg folgten, er wurde uns präsentiert wie auf einem silbernen Teller. Letzten Endes ernten wir nur, was wir gesät haben. Ich sage dir was, und es ist die Wahrheit: Sobald du an den Punkt gelangst, an dem du Dinge der Wahrheit zuliebe tust, kann dich niemand mehr verletzen, denn dann befindest du dich in Harmonie mit einer größeren Macht. Je tiefer ich mich dem spirituellen Leben widme, desto leichter erkenne ich, dass die Beatles es nicht wirklich kontrollieren. Etwas anderes hat uns fest in der Hand.« ■

In the army now: Gripweed ist ein schleimiger, unterwürfiger Charakter, ein Ex-Faschist aus der Arbeiterklasse

Was:	»Wie ich den Krieg gewann«
Wo:	Hannover, Deutschland
Wann:	5. September 1966

SOLDAT LENNON

Als die Beatles nicht mehr tourten, genehmigte sich John Lennon eine Auszeit. Und drehte einen satirischen Kriegsfilm. Von Jon Savage.

FÜNF TAGE NACH SEINER RÜCKKEHR vom letzten Beatles-Konzert im Candlestick Park bestieg John Lennon ein Flugzeug nach Deutschland, um eine neue Rolle zu übernehmen – die des Soldaten Gripweed in Dick Lesters *Wie ich den Krieg gewann*.

1966, im Schlüsseljahr der Beatles, war Lennons Entschluss, eine vergleichsweise kleine Rolle in einer Kriegssatire zu übernehmen, nicht nur ungewöhnlich, sondern ein Akt der puren Verzweiflung. 1980 offenbarte er sich: »Seitdem ich 1966 *Wie ich den Krieg gewann* gemacht hatte, suchte ich immer nach einem Grund, die Beatles zu verlassen. Aber ich hatte einfach nicht den Mumm, es durchzuziehen, denn ich wusste nicht, wohin ich gehen sollte. Den Film machte ich nur, weil die Beatles nicht mehr auf Tour gingen, und ich einfach nicht wusste, was ich nun tun sollte.«

Ohne Zweifel ist *Wie ich den Krieg gewann* eher als Teil der Beatles-Historie in Erinnerung geblieben, denn als großes Kino. Lesters Film, geschrieben vom *Help!*-Drehbuchautor Charles Wood, versucht sich an der Kombination aus schnell geschnittenem Surrealismus und schlagkräftigem Anti-Kriegs-Protest – mit überschaubarem Erfolg. Die Absurdität und Unvernunft des Krieges wird schnell erkannt, doch der episodenhafte Aufbau, die endlosen Reden in die Kamera und die militärisch lauten Stimmen sind weder besonders eindringlich noch unterhaltsam.

Lennon ist wie immer sehr vergnüglich, auch wenn ihm das Drehbuch wenig zu tun gibt. Gripweed ist ein schleimiger, unterwürfiger Charakter, ein Ex-Faschist aus der Arbeiterklasse: für den Mann, der ihn spielt, sicher eine befriedigende Abrechnung. Er darf ein paar Sätze loswerden und sagt immer im richtigen Moment »bastard«, doch wenn er zum Höhepunkt des Films von einer Mörsergranate zerrissen wird, macht es einem nicht wirklich etwas aus. Was das Drehbuch allerdings auch berücksichtigt: »Ich wusste, dass das passieren würde«, quengelt Gripweed und hält sich den Magen: »Ihr habt es auch gewusst, oder?«

Betrachtet man den zeitlichen Kontext, kann man dem Film und allen Beteiligten immerhin eine Tapferkeitsmedaille verleihen. 1966 gab es in England noch immer genügend Filme, die den Krieg vorbehaltlos feierten. Eine kritische Haltung schien nur dann akzeptabel, wenn das Ergebnis an der Kinokasse stimmte. Richard Attenboroughs *Oh! What A Lovely War!* war 1969 so ein Fall – bediente sich aber auch bei Lesters Werk. Der springende Punkt an seinem Film ist sicher die Tatsache, dass er genau dann entstand, als die Beatles – vor allem John Lennon – am heftigsten gegen den Krieg opponierten, vornehmlich gegen die schnelle Eskalation des amerikanischen Engagements in Vietnam. Schon während der ersten US-Tourneen hatten Journalisten nach ihren Standpunkten in militärischen Dingen gefragt, doch die Beatles blockten das Thema für gewöhnlich ab. Gelegentlich gab es Ausnahmen – etwa 1964 Johns Ausspruch, »alle unsere Lieder sind gegen den Krieg« –, doch Brian Epsteins Rat befolgend, vermieden die Beatles die direkte Konfrontation.

Wie Barry Miles berichtete, traf sich Paul McCartney Ende 1965 mit dem Philosophen, altgedienten Pazifisten und Friedensaktivisten Bertrand Russell, der ihn darauf aufmerksam machte, dass »Vietnam ein schlechter, imperialistischer Krieg« sei. Ein offenes Wort sprach John Lennon 1966, als er das Verbot des *Butcher-Covers* kommentierte: es sei »so relevant wie Vietnam«. Deutlicher wurde er während der Pressekonferenz in Tokio am 30. Juni. Als man ihn fragte, wie groß sein momentanes Interesse am Vietnamkrieg sei, antwortete er: »Wir denken jeden Tag darüber nach, wir halten ihn für nicht gerechtfertigt und falsch. Soviel zu unserem Interesse. Das ist alles, was wir tun können ... und sagen, dass wir ihn nicht mögen.«

Als Lennon während der Dreharbeiten zu *Wie ich den Krieg gewann* vom *Look Magazine* interviewt wurde, sagte er, dass er den Film machen wolle, weil er ihn gut finde, »wofür er steht«. Die »Look«-Story präsentiert einen nervösen jungen Mann, der aus seinem gewohnten Umfeld herausgerissen ist: die anderen Schauspieler haben Probleme, mit ihm warm zu werden, zudem ist er unsicher, was seine schauspielerischen Fähigkeiten angeht. Und über die neue Jugendbewegung macht er sich keine Illusionen: »Wenn jemand sagen würde: ›Zieht in den Krieg‹, dann würde meine Altersgruppe es wohl tun. Nicht, dass sie es unbedingt will. Überhaupt gäbe es Probleme, sie alle hinter sich zu versammeln, denn ich wäre da und würde brüllen: ›Tut es nicht‹.«

September 1966: John an seinem neuen Arbeitsplatz

Die Dreharbeiten zu *Wie ich den Krieg gewann* dauerten acht Wochen, in dieser Zeit besuchte Lennon Hamburg und Paris, rauchte Dope, langweilte sich und schrieb *Strawberry Fields Forever*. Von ein paar Aufnahmen während der Postproduktion abgesehen, endete hiermit Lennons Engagement bis zur Premiere am 18. Oktober 1967. Die ganze Angelegenheit war für ihn in erster Linie eine Chance, sich vom Dasein als Beatle zu erholen, die kreativen Batterien aufzuladen und eine neue Perspektive zu gewinnen. Seine Kommentare zur britischen Gesellschaft aus dem »Look«-Interview nahmen immerhin seine berüchtigte Abrechnung namens »Lennon Remembers« vorweg.

Für das Jahr 1966 ist *Wie ich den Krieg gewann* von ebenso großer Symbolkraft wie das *Butcher Cover* und der Streit über Lennons Einschätzung des Christentums – die Beatles hatten das »Boy Band«-Image hinter sich gelassen und äußerten erstmals, was ihnen wirklich im Kopf herum ging und auf dem Herzen lag. Mit ihrer Ablehnung des alten (all diese Kriegsfilme) ebenso wie des zeitgenössischen Militarismus (Vietnam) beeinflussten sie kommende Generationen, die – wie Derek Taylor später schrieb – »es ablehnen, Krieg und Gewalt als Mittel zur Lösung von Problemen zu betrachten, die von Politikern verursacht worden sind.«

5. SEPT. – 22. OKT. 1966

SEPTEMBER 1966

5 Für seine Rolle als Soldat Gripweed in *Wie ich den Krieg gewann* fliegt Lennon nach Deutschland.

6–14 Weitere Dreharbeiten in Deutschland (unten)

8 Mit ihrem Cover von *Got To Get You Into My Life* erreichen Cliff Bennett And The Rebel Rousers ihre höchste Chartsposition in England: Platz sechs.

12 Gold in den USA für *Eleanor Rigby/Yellow Submarine*

13 Otis Redding nimmt für Volt Records *Day Tripper* auf.

14 George und Patti fliegen nach Indien. George nimmt Sitarstunden bei Ravi Shankar.

15 Während einer Drehpause von *Wie ich den Krieg gewann* fährt Lennon mit dem Zug von Deutschland nach Paris, wo er Paul McCartney und Brian Epstein trifft.

17 Lennon, McCartney und Epstein verbringen das Wochenende gemeinsam in Paris.

18 Die Dreharbeiten für *Wie ich den Krieg gewann* werden in Spanien fortgesetzt, wo Lennon *Strawberry Fields Forever* schreibt. Ringo gründet mit Bricky Builders seine eigene Baufirma. Sie übernimmt die Renovierung seines Hauses.

20 Im indischen Bombay lernt Harrison den Maharishi Mahesh Yogi kennen. In einem Interview wird George über sein Interesse an der indischen Kultur und Musik befragt. Die BBC wird das Interview in der Reihe *The Lively Arts* im Dezember ausstrahlen.

27 Ein erschöpfter Brian Epstein lässt sich ins Priory Hospital in Roehampton einweisen.

OKTOBER 1966

8 Ringo und Maureen fliegen die Ferien nach Malaga.

11 John und Cynthia sehen Ben E. King im Londoner Club Scotch Of St. James.

14 Paul McCartney, so wird angekündigt, soll den Soundtrack für den nächsten Film von Hayley Mills schreiben. Der Arbeitstitel lautet *Wedlocked Or All In Good Time*, der offizielle Titel des fertigen Films ist *The Family Way*.

15 Bei der Eröffnungsparty der Londoner Untergrundzeitung *The International Times* spielen die aufstrebenden Psychedelic-Bands Pink Floyd und Soft Machine (links). McCartney ist im Publikum. Obwohl er noch mit Chrissie Shrimpton zusammenlebt, taucht Mick Jagger mit seiner neuen Freundin Marianne Faithfull auf.

17 In den USA erscheint auf Clarion Records das Album *The Amazing Beatles*.

22 *Revolver* wird vergoldet.

26. OKT.–25. NOV. 1966

26 Alma Cogan, mit der Lennon gerüchteweise eine Affäre hatte, stirbt im Londoner Middlesex Hospital an Krebs. Ravi Shankar ist aus Indien eingetroffen, George trifft sich mit ihm.

27 Brian Epstein kehrt von einer Geschäftsreise aus den USA zurück. Mit dabei war Georgie Fame.

28 Brian teilt Sid Bernstein mit, dass es keine weitere US-Tournee der Beatles geben wird.

31 Ein Stereo-Mix von *Paperback Writer* wird angefertigt.

NOVEMBER 1966

6 Urlaub: McCartney und Jane Asher fliegen über Frankreich und Spanien nach Kenia.

7 In der Abbey Road wird ein Stereo-Mix von *I Want To Hold Your Hand* angefertigt.

9 In der Londoner Indica Gallery trifft Lennon Yoko Ono (oben, Mitte). Rechts: der Austellungskatalog.

10 Neue Fotos zeigen die Beatles erstmals mit Schnauzbärten.

11 Die Beatles und Brian Epstein spenden dem Aberfan Disaster Fund 1000 Pfund.

13 Der *Sunday Telegraph* berichtet, dass zwei Beatles über einen Vermittler Kontakt zum Manager Allen Klein aufgenommen hätten. Epstein widerspricht der Darstellung.

14 Bei der jährlichen Versammlung von Northern Songs entkräftet Epstein Gerüchte, dass sich die Beatles auflösen.

15 Epstein gibt öffentlich bekannt, dass sich die Beatles nicht auflösen werden.

19 Donovans *Mellow Yellow*, bei dem McCartney den Backgroundgesang übernahm, entert die US-Charts und erreicht Platz zwei. Paul und Jane kehren aus ihrem Kenia-Urlaub zurück.

24 In der Abbey Road beginnen die Arbeiten an einem neuen Album, das unter dem Titel *Sgt. Pepper's Lonely Hearts Club Band* veröffentlicht werden wird.

25 Im Londoner Club Bag O'Nails gibt die Jimi Hendrix Experience ein Konzert für Pressevertreter. Lennon und McCartney sind vor Ort. Die Beatles nehmen im Londoner Haus ihres Verlegers Dick James die diesjährige Weihnachtsplatte für die Fanclubs auf: Pantomime: Everywhere It's Christmas.

Was: Pauls musikalische Experimente
Wo: Royal College Of Music
Wann: 15. September 1966

PAUL IM UNTERGRUND

Als die Beatles ihren kreativen Zenit erreichten, war es Paul McCartney, der Londons Avantgarde-Happenings besuchte. Von Barry Miles.

Als Speerspitze experimenteller Musik galt 1965 AMM: Eine Gruppe, die sich der freien Improvisation verschrieben hatte und von Cornelius Cardew, einem ehemaligen Assistenten Karlheinz Stockhausens, geleitet wurde. Cardew hatte in Europa mit John Cage zusammengearbeitet und war Englands prominentester Verfechter von Cages Ideen. Als Professor der Komposition am Royal College Of Music in der Prince Consort Road veranstaltete er im dortigen Keller wöchentliche Sessions mit AMM.

Anfang 1966 besuchte ich mit Paul McCartney eine dieser Veranstaltungen. Wir kamen zu spät, die »Musik« hatte bereits begonnen. Cardew war zwar ein Multi-Instrumentalist, saß damals aber am Piano. Etwa 20 Leute hockten auf dem Boden und hörten AMM dabei zu, wie sie mit Saxophonen, Violinen, diversen Percussion- und Blasinstrumenten Geräusche erzeugten. Zwischen den Instrumenten standen Transistorradios, einige davon waren eingeschaltet und lieferten den Musikern weitere, dichte Klangschichten. Atmosphärische Interferenzen und verzerrte Musik weit entfernter Sender wurden bevorzugt eingesetzt.

Cardew schlug bisweilen mit einem kleinen Holzstück gegen den Klavierfuß. Ein- oder zweimal beugte er sich über das Innere des Instruments und schlug eine Saite an, die Zarge oder den Klavierdeckel. Auf jeden Fall spielte er keine einzige Note. Es gab keine Melodie und keinen Rhythmus, nur die Wechselwirkung von Geräuschen – oder Noten. Die Musiker hörten gebannt zu und reagierten auf veränderte Tonfarben und Tempi. Man ermutigte das Publikum mitzumachen. Paul ließ einen Penny auf der altmodischen Dampfheizung rotieren, nach der Pause klopfte er auf seinen Bierkrug. Auch wenn Paul den Abend als musikalisch wenig befriedigend betrachtete – »es dauerte zu lange« –, meinte er, dass man etwas ja nicht unbedingt mögen müsse, um davon beeinflusst zu sein.

John beneidete Paul um die Teilnahme an derartigen Veranstaltungen, besuchte sie selbst aber erst Jahre später mit Yoko. In der Zwischenzeit teilte ihm Paul seine neuesten, fantastischen und Dope-inspirierten Ideen mit, und John ermutigte ihn voller Begeisterung: »Tu es! Tu es!« Aber Paul war vorsichtig. Er wusste genau, dass es besser sei, die Beatles-Fans langsam mitzuziehen, statt sich mit allzu Abseitigem von ihnen zu entfremden. Er hatte ein Soloalbum im Hinterkopf, sogar einen Titel gab es schon: *Paul McCartney Goes Too Far* (»Paul McCartney geht zu weit«). Doch es wurde nichts daraus.

Mitte der Sechziger patrouillierte Paul durch London, die Antenne ausgefahren. Ein Allesfresser, weit offen für neue Erfahrungen. Über Jane Asher lernte er Schriftsteller, Schauspieler und Regisseure kennen: Bernard Miles, Harold Pinter, Arnold Wesker; der Kunsthändler Robert Fraser machte ihn mit David Hockney, Andy Warhol, Jim Dine und auch Michelangelo Antonioni bekannt, dem er seine experimentellen Super-Acht-Filme mit halber Geschwindigkeit vorführte. Er verpflichtete Pop-Art-Künstler wie Peter Blake und Richard Hamilton, neue Beatles-Cover zu gestalten, und da er als einziger Beatle in London lebte, überwachte er auch ihre Produktionen.

Sein Geschmack war eklektizistisch, sein Wochenprogramm war immens: ein Vortrag von Luciano Berio (siehe Foto); Cliff Richard in Concert; »Ubu Roi« von Alfred Jarry. Er saß auf dem Fußboden des UFO Club und lauschte als einziger Beatle The Soft Machine und Pink Floyd, um dann am nächsten Abend eine Kabarett-Vorstellung im »Blue Angel« zu besuchen. Er hing in der »Indica Gallery« rum, half beim Layout von Englands erster Untergrund-Zeitung namens *International Times* und beschäftigte sich intensiv mit der Subkultur. Im Haus von John Mayall erweiterte er sein Wissen über Blues und R&B, in meiner Wohnung hörte er Albert Ayler, Schnipsel von William Burroughs und John Cage – vor allem »Indeterminacy«, bei dem elektronische Klänge und ein Piano Cages Zen-ähnliche Geschichten untermalen. Paul war von Cages Ideen ganz angetan: dass man alles spielen und der Klang eines zerknüllten Stücks Papier für eine Partitur herhalten könne, dass jedem Geräusch musikalisches Potenzial innewohnt.

All das wurde zerlegt und bearbeitet, um dann fast unmerklich in der Musik der Beatles wieder aufzutauchen. Das beste Beispiel ist wohl *A Day In The Life*, für dessen Text John und Paul Sätze aus einer Ausgabe der *Daily Mail* verwendeten und dem Ganzen ein Fragment hinzufügten, das McCartney bereits geschrieben hatte. Die Musik war wie ein Gebäude konzipiert; Paul ließ den Freund und Roadie Mal Evans laut 24 Takte zählen und an deren Ende einen Wecker klingeln. Paul: »Es war lediglich eine Zeitspanne, eine willkürliche Anzahl von Takten, stark inspiriert von John Cage.«

Die 24 Takte wurden mit anschwellendem Hall aufgenommen, gegen Ende gab es demnach ein starkes Echo. Das Band blieb eine Woche lang liegen, Paul dachte in der Zwischenzeit über den nächsten Schritt nach. George Martin war von seinem Plan schockiert, John Lennon liebte ihn: Man engagierte 41 Musiker der New Philharmonia und instruierte sie, wie ein einziges Instrument zu spielen.

Paul mit Miles bei einem Vortrag Luciano Berios (o.). Cornelius Cardew (l.)

Paul: »Ich sagte den Musikern: ›Da gibt es 24 leere Takte. Beim neunten Takt setzt das Orchester ein und spielt von der tiefsten bis zur höchsten Note. Ihr beginnt mit der tiefsten Note auf eurem Instrument, spielt alle Töne durch bis zum höchsten. Wie schnell ihr das macht, überlasse ich euch.‹ Das waren die Instruktionen. Kleine Avantgarde-Instruktionen.«

19. Juni 1967: Paul wird in seinem Garten in St. John's Wood, London, interviewt. Thema: sein Geständnis im *Life*-Magazin, LSD genommen zu haben.

Ganz in Weiß: Yoko spielt ihre sizilianische Verteidigung. Indica Gallery, November 1966

Was: Das erste Treffen von John und Yoko
Wo: Indica Gallery, London
Wann: 6. November 1966

DEIN AUFTRITT, YOKO!

Erstmals trafen sich John und Yoko bei der Vernissage zu ihrer ersten Ausstellung in London. Von Barry Miles.

YOKO KAM IM SEPTEMBER 1966 nach London, um an DIAS teilzunehmen: dem »Destruction In Art Symposium«, organisiert von Mario Amaya, dem Herausgeber der Zeitschrift *Art And Artists*. Man hatte sie als aktives Mitglied der Fluxus-Bewegung eingeladen, jener 1960 von George Maciunas begründeten, radikalen Multimedia-Schule, die nicht nur eigene Magazine veröffentlichte, sondern auch Poster und Kisten voller unerklärlicher Gegenstände produzierte sowie Guerrilla-Theater, Straßenaktionen und Konzerte mit elektronischer und experimenteller Musik organisierte, um das geneigte Publikum zu schockieren.

Yoko war in den Fluxus-Veröffentlichungen häufig vertreten, als klassische Pianistin hatte sie auch mit den Konzerten zu tun. Allerdings war es nicht ihre Kompetenz an den Tasten, sondern ihre Singstimme, die John Cage interessierte, als er sie für eine berühmte Performance darum bat, sich auf den Tasten seines Pianos auszustrecken. Fluxus pflegte immer eine enge Verbindung zur Musik: Die New Yorker Polizei verhaftete die Cellistin Charlotte Moorman, als sie ein Konzert oben ohne spielte; Nam June Paik verwendete häufig Musik in seinen Happenings; La Monte Young hatte Verbindungen zu den jungen Velvet Underground; ein wenig weiter hergeholt: Al Hansens Enkel Beck wurde ein erfolgreicher Musiker.

Als John Dunbar, Peter Asher und ich im Januar 1966 »Indica Books & Gallery« eröffneten, hatten wir natürlich auch Fluxus-Material im Angebot, darunter einige Kopien von Yokos erster Privatpublikation namens *Grapefruit*. John Dunbar leitete die Galerie, und im Gegensatz zu den kommerziellen Kunsthändlern in der Cork Street plante er Ausstellungen recht kurzfristig. Das ermöglichte ihm, neue Künstler bereits kurz nach ihrer Entdeckung zu präsentieren, wenn die Aufregung und Begeisterung noch groß war. Yokos *Unfinished Paintings And Objects* wurde am 7. November 1966 eröffnet, knapp zwei Monate nach ihrer Ankunft in London.

Yoko konnte beizeiten recht energisch sein, doch verglichen mit ihrem Ehemann Tony Cox, der sie gemeinsam mit Tochter Kyoko in London begleitete, war sie eine sanfte Person. John Dunbar musste ihn einmal der Galerie verweisen: Cox schrie und hyperventilierte in Folge anstrengender Leibesübungen, bei denen er zum Erstaunen der Besucher wie ein Vogel mit den Armen geflattert hatte.

Sämtliche Objekte der Ausstellung waren entweder weiß oder durchsichtig, mit einer Ausnahme: das *Add Colour Painting*, ein Bild, bei dem die Besucher jeweils eine Farbe hinzufügen durften. Ein weißer Stuhl stand neben dem Bild, auf dem Pinsel und Farben deponiert wurden. *Apple* bestand aus einem Apfel auf einem Acrylständer, im Katalog las man Dunbar, wie er den Apfel aß; der Apfel wurde täglich ausgewechselt. Ebenfalls zu sehen war ein Objekt von 1964 namens *Pointedness*, eine kleine Kugel auf einem Acrylständer. Beliebtestes Exponat war ein komplett weißes Schachbrett mitsamt weißen Figuren, platziert auf einem weißen Tisch und umgeben von zwei weißen Stühlen. Die Schauspielerin Sharon Tate und Filmregisseur Roman Polanski schauten häufiger vorbei, meist spät in der Nacht, um ein paar Partien zu spielen. Sie kauften das Objekt dennoch nicht. Die Galerie hatte normale Öffnungszeiten, doch da sie direkt neben dem »Scotch Of St. James's« lag, seinerzeit der In-Club im swinging London und häufig von John Dunbar und seiner damaligen Frau Marianne Faithfull frequentiert, nahm man es nicht so genau: Wenn John einen Clubgänger mochte, dann öffnete er die Galerie auch mitten in der Nacht.

»Indica Books« war zuerst im Erdgeschoss von Mason's Yard 6 untergebracht, die Galerie befand sich im Keller. Doch im September zog der Buchladen in die Southampton Row um, damit die Galerie expandieren konnte. Besuche der Beatles waren recht häufig: Paul hatte beim Renovieren geholfen, Regale aufgestellt und Wände gestrichen. Als John auf dem kleinen Sofa abhing, das im Laden stand, entdeckte er im Vorwort von Tim Learys *Psychedelic Experience* die Zeile »turn off your mind, relax and float downstream«. Lennon war ein enger Freund Dunbars – sie nahmen gemeinsam eine Menge Drogen –, also war es nichts Besonderes, dass John vorbeischaute, als wir die Ausstellung vorbereiteten.

Das war am 6. November, dem Tag vor der Eröffnungsparty. John Lennon kam vorbei. »Ich war dort in der Nacht vor der Eröffnung«, erzählte er, »ich ging rein, und sie hatte überhaupt keine Ahnung wer ich war oder so. Ich lief ein bisschen rum, schaute mir alles an und war erstaunt. Da gab es einen Apfel zu kaufen, für 200 Mäuse, das fand ich fantastisch. Ich kapierte ihren Humor sofort.«

In Yokos offizieller Version von ihrem ersten Treffen mit John behauptete sie, dass sie damals keine Ahnung hatte, wer die Beatles überhaupt waren. Doch eigentlich wusste sie aus der Kunstszene von Downtown Manhattan 1966 ganz genau, wer die Beatles waren. Als Yoko gerade in England angekommen war, also Wochen vor ihrer Show, kontaktierte sie sogar Paul und bat ihn um ein Originalmanuskript, das John Cage für seine Partiturensammlung zeitgenössischer Musik bräuchte. Paul hatte abgelehnt und Yoko an John verwiesen.

Lennon beschrieb ihr Zusammentreffen in der Galerie: »Sie kam zu mir und überreichte mir eine Karte, auf der ›atme‹ stand. Also fing ich an zu atmen. Das war unser erstes Treffen.« Dann erregte das »Deckengemälde« seine Aufmerksamkeit, ein Stück Leinwand mit einem Wort darauf, so klein geschrieben, dass der Betrachter eine Trittleiter besteigen und eine Lupe zur Hand nehmen musste. John war erleichtert, dass dort »Yes« stand und nicht »Piss Off«.

Yoko nahm John am Arm und führte ihn durch die Ausstellung. Als es für ihn Zeit wurde zu gehen, bestand sie darauf, mitkommen zu dürfen, sie versuchte sogar in seinen Mini zu steigen. Sie hatte an John offenbar einen Narren gefressen, ihm gelang dennoch die Flucht. Es sollte noch 18 Monate dauern, bis sie endlich ein Paar wurden.

Eines von Johns Lieblingsbildern

---

27. NOV. – 13. DEZ. 1966

27 Für das Satireprogramm *Not Only ... But Also* von Peter Cook und Dudley Moore lässt sich Lennon in der Londoner Broadwick Street filmen.

28–29 In der Abbey Road wird weiter an *Strawberry Fields Forever* gearbeitet.

DEZEMBER 1966

6 Im Studio 2 der Abbey Road beginnen die Arbeiten an *When I'm Sixty-Four*.

8 Paul McCartney nimmt in der Abbey Road den Gesang für *When I'm Sixty-Four* auf. George Martin (unten, mit Paul): »Ich wollte mit Gesangsstim-

men experimentieren, was man bei *When I'm Sixty-Four* hören kann. Wenn man der Stereoversion lauscht, hört man, dass die Begleitung nur auf einem Kanal zu hören ist. Es wurde problematisch, als ich einige ausländische Pressungen hörte, die nur den Instrumentaltrack enthielten – Pauls Stimme war weg. Ich habe meine Lektion gelernt, mittlerweile stelle ich den Gesang immer in die Mitte.«

9 Die Beatles spielen im Studio 2 Overdubs für *Strawberry Fields Forever* ein. In England erscheint die Hit-Sammlung *A Collection Of Beatles Oldies* (rechts).

10 Das Popmagazin *NME* veröffentlicht die Ergebnisse der jährlichen Leserumfrage.
Die Gewinner:
Gesangsgruppe: The Beach Boys
Britische Gesangsgruppe: The Beatles
Sänger: Elvis Presley
Britischer Sänger: Cliff Richard
Persönlichkeit: Elvis Presley
Britische Persönlichkeit: Cliff Richard
Sängerin: Dusty Springfield
Britische Sängerin: Dusty Springfield
Britische Instrumentalgruppe: The Shadows
Britische R&B-Band: Spencer Davis Group

In der Reihe *The Lively Arts* sendet **11** die BBC ein Interview mit George Harrison über sein Interesse an indischer Kultur und Musik. Das Interview wurde im September in Bombay aufgezeichnet.

13 John Lennon ziert das Titelblatt von *Look* und wird interviewt: »Ich will nicht, dass die Leute Dinge in mich hineininterpretieren, mit denen ich nichts zu tun habe. Sie machen aus dir, was sie wollen. Sie wollen Antworten, aber es sind ihre Antworten, nicht unsere. Gegenseitig betrachten wir uns nicht als Beatles, verstehst du? Wir machen darüber Witze. Wenn wir ein Hotelzimmer verlassen, sagen wir: ›Okay, Beatle John! Jetzt bitte Beatle George! Okay, los geht's!‹ Wir bauen kein falsches Bild auf, doch wenn wir das Haus verlassen, werden wir zu den Beatles, weil sie jeder in uns sieht. Wir sind nicht die Beatles. Wir sind wir.«

15.–31. DEZEMBER 1966

Was: Die Arbeiten an Sgt. Pepper beginnen
Wo: Abbey Road Studios
Wann: 24. November 1966

15 Für *Strawberry Fields Forever* werden in der Abbey Road Trompeten und Cellos aufgenommen. In London eröffnet mit dem Speakeasy (oben) der neue Lieblingsclub der Beatles. Dazu Barry Gibb von den Bee Gees: »Die Einzigen, die den Club kannten und hereingelassen wurden, waren die Top-Acts der englischen Szene – Beatles, Rolling Stones, The Who. Er sah aus wie ein Bestattungsunternehmen aus den 20er-Jahren. Man öffnete einen Sargdeckel, und drinnen saßen die Beatles und die Stones.«

16 Die neue Fanclub-LP *Everywhere It's Christmas* erscheint.

18 Tara Browne, Guinness-Erbe, Szenegänger und Freund der Beatles, stirbt bei einem Autounfall im Westen Londons. Der Bericht des Gerichtsmediziners erscheint am 17. Januar in der *Daily Mail* – und inspiriert John Lennons *A Day In The Life*. Dazu Paul McCartney: »Ein brillanter Song. Im Prinzip von John, aber ich arbeitete von Anfang an mit. Er erzählte mir, dass er den Text auf Zeitungsartikel aufbauen wollte, also gingen wir alle Blätter durch und fanden tatsächlich lustige Artikel. Etwa den über die Schlaglöcher auf den Straßen von Blackburn in Lancashire oder den über den über die Albert Hall. Mit der Zeile ›nun weißt du, wie viele Löcher man braucht, um die Albert Hall zu füllen‹, kombinierte John beide Teile äußerst clever. Der Song wurde verboten, die BBC dachte, wir seien obszön. Waren wir aber nicht.«

21 Die Arbeiten an *When I'm Sixty-Four* und *Strawberry Fields Forever* werden fortgesetzt.

22 George Martin mischt in der Abbey Road zwei verschiedene Takes von *Strawberry Fields Forever* zusammen.

23 In England erscheint das Soundtrack-Album *The Family Way*, komponiert von Paul McCartney.

26 In der satirischen BBC-Fernsehshow *Not Only...But Also* mit Peter Cook und Dudley Moore spielt Lennon einen Toilettenwärter (oben).

29 In der Abbey Road arbeitet Paul McCartney an *Penny Lane*.

30 Die Arbeiten an *Penny Lane* und *When I'm Sixty-Four* werden fortgesetzt.

31 Harrison wird der Eintritt in den Londoner Nachtclub »Annabel's« verwehrt: Er trägt keine Krawatte. Davon unberührt, feiern George, Patti, Brian Epstein und Eric Clapton Silvester im Restaurant »Lyon's Corner House« in der Coventry Street.

»TAKE 137!«

Ein Album in zwei Wochen war nicht mehr drin. Für *Sgt. Pepper* benötigte die Band beispiellose vier Monate. Von Martin O'Gorman.

Eine Auszeit von den Beatles und England weckte in Lennon und McCartney Erinnerungen an ihre Kindheit in Liverpool. Strawberry Field, ein Waisenhaus der Heilsarmee nahe seines Elternhauses in Woolton, diente Lennon als Sprungbrett für eine Reise in die eigene Psyche. Und McCartney komponierte einen Song über Liverpools Penny Lane, denn er »mochte die Poesie des Namens«. Am 24. November 1966, wieder zurück in den Abbey Road Studios, empfand die Band den fehlenden Termindruck als befreiend.

Als Lennon mit der ätherischen Atmosphäre des ersten Take von *Strawberry Fields Forever* unzufrieden war, entschloss man sich einfach für eine weitere Aufnahme mit großem Orchester und manischem Schlagzeugspiel. Doch Lennon war auch mit dieser Version unglücklich und überredete George Martin, beide Takes zu kombinieren. Die erste Fassung musste verlangsamt werden, damit sie in Tempo und Tonart mit der zweiten harmonierte. Für *Penny Lane* forderte McCartney von Martin »eine sehr cleane Aufnahme wie bei den Beach Boys«. Er meinte, dass die Beatles eine Antwort auf *Pet Sounds* geben sollten und schlug ein Konzeptalbum über das Thema Kindheit vor. Zumindest bei *Strawberry Fields Forever/Penny Lane*, der ersten Beatles-Single des Jahres 1967, wurde diese Idee umgesetzt.

Angeregt durch die britische Avantgarde, verpasste McCartney einem neuen Lennon-Song ein wenig zusätzliche Farbe; das Stück begann als schlichte Meditation über Zeitungsartikel und erwähnte auch den kürzlichen Tod des Guinness-Erben Tara Browne. Als Lennon seinem Kollegen *A Day In The Life* erstmals vorspielte, kreuzten sich bei der Zeile »I'd love to turn you on« bezeichnenderweise ihre Blicke. »Wir sagten uns: ›Wir wissen, was wir hier gerade machen, oder?‹«, berichtet McCartney. Die BBC jedenfalls verstand sofort – und boykottierte den Song aufgrund der »Drogenanspielung«. Um die Lücke zwischen Johns und Pauls – noch unfertigem Teil – zu schließen, schlug Paul vor, einen Klangbaustein in der Art von John Cage einzusetzen – ein orchestrales Glissando über 24 Takte. Am 10. Februar 1967 erschien ein 41-köpfiges Orchester in den Abbey Road Studios. Mick Jagger, Keith Richards und Donovan tauchten ebenfalls auf.

Eine weitere typische Lennon-McCartney-Kooperation war der obligatorische Ringo-Song *With A Little Help From My Friends*, wobei McCartney offenbar gerade stärker von der Muse geküsst wurde. »Paul sagte plötzlich: ›Es wird Zeit, ins Studio zu gehen und ein paar Songs zu schreiben‹«, klagte Lennon später. »Für *Sgt. Pepper* schrieb ich *Lucy In The Sky* und *Day In The Life* in nur zehn Tagen.« Dennoch: McCartney brannte vor Tatendrang. Als George Martin die Streicher für *She's Leaving Home* nicht sofort arrangieren konnte, engagierte Paul kurzerhand den Arrangeur Mike Leander. »Das hat mich unglaublich gestört«, sagt Martin.

Die meisten von Lennons Beiträgen wirkten ein wenig lustlos – sein langweiliges Vorstadtleben und eine Fernsehwerbung für Kellog's Corn Flakes fanden sich in *Good Morning Good Morning*, *Being For The Benefit Of Mr. Kite* war von einem antiken Zirkusplakat inspiriert und wurde erst durch George Martins Zusammenschnitt von Dampforgel-Effekten zum Leben erweckt. Wie dem auch sei: *Lucy in The Sky With Diamonds* offenbarte ein originelles surrealistisches Szenario, mit dem sich Lennon als Hohepriester der »psychedelischen Erfahrung« empfahl.

Nach einem Monat in Indien hatte auch Harrison damit Probleme, wieder an die Arbeit zu gehen. »Ich fühlte mich«, sagte er später, »als würde ich rückwärts gehen.« *Within You Without You*, sein Beitrag zum Album, zeugt allerdings von einer Klarheit des Denkens, die ihm erst sein Aufenthalt in Indien vermittelt hatte; der Text wurde von einem jener tiefgründigen Gespräche inspiriert, die Harrison mit seinem Freund Klaus Voormann zu führen pflegte.

McCartney gab sich zwischenzeitlich einer nostalgischen Fantasie namens *Sgt. Pepper's Lonely Hearts Club Band* hin. Sein Vorschlag: Wenn seine Kollegen keine Beatles mehr sein wollten, dann könnte man doch die Identität einer fiktiven Band annehmen und die LP als imaginäre Show konzipieren. Wie Lennon später einräumte, hatte die Mehrzahl der Songs mit diesem Konzept allerdings nichts zu tun.

Der aufgeputschte George Martin und Paul

Während die Sessions weitergingen, forderten die Überstunden ihren Tribut. Die Band verließ sich auf Aufputschmittel. Als sich Martin später bei Harrison darüber beklagte, dass *Sgt. Pepper* immer als »Drogenalbum« bezeichnet würde, obwohl er damit doch nie etwas zu tun gehabt hätte, legte Harrison ein Geständnis ab: Sie pflegten Martins Kaffee mit Speed zu verfeinern, um ihn wach zu halten. Nur einmal hielt LSD Einzug ins Studio, und zwar als Lennon versehentlich einen Trip erwischte. »Hinter dem Mikro überkam mich plötzlich die Panik«, erinnerte er sich später, »ich dachte, ich würde durchdrehen. George Martin sah mich seltsam an. Dann wurde mir klar...« »John zeigte zur Zimmerdecke und sagte: ›Schaut euch das an!‹«, erzählt Toningenieur Geoff Emerick. »George Martin wusste nicht, was abging. Er brachte John auf die Dachterrasse, denn er dachte wohl, er bräuchte nur ein wenig frische Luft. Als er den anderen davon erzählte, rannten sie sofort nach oben und holten ihn zurück.«

Als sich die Sessions im März dem Ende zuneigten, schlug Beatles-Mitarbeiter Neil Aspinall vor, dass *Sgt. Pepper* das Album nicht nur eröffnen, sondern auch beschließen sollte. Nach beispiellos langen vier Monaten war das »Konzeptalbum« damit komplett. Obwohl es von LSD-Erfahrungen inspiriert wurde, war das Album nicht nur das Ergebnis psychedelischer Offenbarungen, sondern vor allem von harter Arbeit. Wie immer hatten die Beatles den Zeitgeist eingefangen und nebenbei einen Quantensprung in Sachen Aufnahmetechnik vollzogen. McCartney wusste, dass *Sgt. Pepper* die Kritiker zum Schweigen bringen würde: »Die Musikpresse schrieb damals: ›Was ist mit den Beatles los? Fällt ihnen nichts mehr ein?‹ Es war ein gutes Gefühl, *Sgt. Pepper* zu machen und dabei zu denken: ›Na gut, wenn ihr meint...‹.«

Die Aufnahmen zu *Sgt. Pepper* 1967: John und Ringo vergnügen sich mit Fast Food

1967

Mit der Veröffentlichung von *Sgt. Pepper's Lonely Hearts Club Band* fegten die Beatles 1967 alle Mitbewerber beiseite. Voller Ideale gründeten sie Apple und sangen bei einer weltweiten Satellitenübertragung *All You Need Is Love*. Es war jedoch auch das Jahr, in dem sie Brian Epstein verloren. Und ihr goldenes Händchen – denn die *Magical Mystery Tour* fiel bei der Kritik durch.

Musik in seinen Ohren: Hunter Davies (l.) und Neil Aspinall bei der Geburt von *Sgt. Pepper*. Abbey Road, 1967

Was: Die Beatles autorisieren ihre Biografie
Wo: Brian Epsteins Haus
Wann: 27. Januar 1967

4.–31. JANUAR 1967

JANUAR 1967

4 In der Abbey Road wird weiter an *Penny Lane* gearbeitet.

5 Für den »Carnival Of Light«, ein Untergrund-Festival, das am 28. Januar und 4. Februar im Roundhose über die Bühne gehen soll, kreieren die Beatles eine 14 Minuten lange elektronische Klangkollage.

6 Weitere Overdubs für *Penny Lane* in Abbey Road.

7 Starr wird in Weybridge von seinem Landschaftsgärtner verklagt.

8 McCartney (oben) und Lennon haben sich in Schale geworfen. Und feiern im Londoner Cromwellian Club mit Georgie Fame (oben, links), den 21. Geburtstag seiner Verlobten Carmen Jiminez.

9 Für *Penny Lane* werden Flöten, Trompeten, Piccolos und ein Flügelhorn aufgenommen.

12 Im heimischen Fernseher sieht McCartney im Programm BBC 2 eine Aufführung der New Philharmonia von Bachs Brandenburgischen Konzerten. Er beschließt, den Trompeter David Mason anzurufen, und fragt ihn, ob er eine Passage für *Penny Lane* einspielen könnte. Für diesen Song werden auch Trompete, Oboe, Englischhorn und Kontrabass aufgenommen.

17 Ein Artikel in der *Daily Mail* über den Tod des Guinness-Erben Tara Browne inspiriert John Lennon zu *A Day In The Life*. In der Abbey Road gibt David Mason *Penny Lane* mit einer Piccolotrompete den letzten Schliff. Er kriegt dafür 27,50 Pfund.

18 McCartney wird von Granada TV für das regionale Programm *Scene Special – It's So Far Out, It's Straight Down* interviewt. Thema: die englische Untergrund-Szene.

19–20 Arbeit an *A Day In The Life* in Abbey Road.

21 Brian Epsteins Firma NEMS Enterprises fusioniert mit der Robert Stigwood Group. Zu dessen Künstlerstamm gehören Cream, The Merseys und Crispian St. Peters.

24 Der Schriftsteller Joe Orton trifft sich in Epsteins Londoner Wohnung an der Chapel Street mit Paul McCartney. Orton schlägt vor, ein Drehbuch für einen neuen Beatles-Film zu verfassen.

27 Brian Epstein autorisiert den Journalisten Hunter Davies, ansonsten in Diensten der *Sunday Times*, die offizielle Biografie der Beatles zu schreiben. McCartney überwacht in der Abbey Road einen neuen Mono-Mix von *Penny Lane*. Brian Epstein und die EMI unterzeichnen einen weltweiten Plattenvertrag, der 1976 auslaufen soll.

30–31 Im Knole Park wird bei winterlichen Temperaturen ein surrealistischer Promofilm für *Strawberry Fields Forever* gedreht.

PAPERBACK WRITER

Als Hunter Davies mit Paul McCartney vereinbarte, die erste autorisierte Beatles-Bio zu schreiben, ahnte er nicht, dass es auch die letzte sein würde.

IM SEPTEMBER 1966 BESUCHTE ICH PAUL IN seinem Haus in St. John's Wood, denn ich liebte *Eleanor Rigby* – die Melodie, den Text, die ganze Idee. Damals verfasste ich die »Atticus«-Kolumne in der *Sunday Times*. Noch ein paar Jahre zuvor wäre es in dieser Zeitung unmöglich gewesen, etwas über ganz gewöhnliche Nordengländer aus der Arbeiterklasse zu schreiben. Mitte der Sechziger hatte sich das geändert.

Ich stamme aus Carlisle, wuchs – genau wie Paul – in einer Genossenschaftssiedlung auf und hatte – genau wie Paul, John und George – die Grammar School besucht. Ich war ungefähr in ihrem Alter und identifizierte mich von Anfang an mit ihnen und ihrer Musik.

Damals hatte ich zwei Bücher veröffentlicht, eines davon, der Roman *Here We Go Round The Mulberry Bush*, sollte verfilmt werden. Regisseur Clive Donner schlug Paul McCartney als Komponisten des Titelsongs vor, immerhin hatte er bereits einige produziert. Also besuchte ich ihn erneut, diesmal allerdings in der Rolle des Drehbuchautors.

Für den Film komponierte Paul keine Musik, aber während des Gesprächs fragte ich, warum es noch keine seriöse Beatles-Biografie gäbe. Zwei Taschenbücher waren damals auf dem Markt, beide nicht sonderlich substanziell. Wenn ich eine gute Biografie schreiben würde, sagte ich ihm, dann könnte er künftig immer dann, wenn ihm die gleichen alten Fragen gestellt werden, auf dieses Buch verweisen.

Er hielt es für eine gute Idee und half mir spontan, einen Brief an Brian Epstein zu verfassen. Brian plante ein Treffen, das mehrmals abgesagt wurde (aus Gründen, die ich erst später erfahren sollte: Kater, Rausch, Party), doch am 27. Januar 1967 traf ich ihn in seinem Haus in der Chapel Street in Belgravia.

Wir schlossen einen Vertrag. Brian vermittelte mir den exklusiven Zugang zu den Beatles und versprach, dass er mindestens zwei Jahre lang keine weitere autorisierte Biografie lizenzieren würde (wie sich herausstellte, sollte es überhaupt keine mehr geben). Den Vorschuss von 3000 Pfund teilten sich der Heinemann-Verlag sowie Nemperor Holdings, eine von Brians Firmen.

Eine für damalige Verhältnisse angemessene Summe, aber auch nicht gerade der Wahnsinn. Der Verlag hielt Pop-Biografien für schwer verkäuflich und die Beatles für ein kurzlebiges Phänomen.

In den nächsten sechs Monaten interviewte ich die Beatles nur selten, hing aber ständig mit ihnen rum. Ich wollte erst ein paar Namen sammeln, von Freunden, Partnern, Bekannten und Orten aus der Vergangenheit. Dann würde ich diese Leute kontaktieren, die Lücken schließen, zurückkehren und jeden Beatle ausführlich interviewen. Also machte ich mich auf den Weg nach Liverpool, Hamburg und New York.

Beim Versuch in Hamburg, all die Stücke zusammenzusetzen, hatte ich das Gefühl, den Ablauf der Ereignisse völlig durcheinander gebracht zu haben. 1967 lag die Hamburger Zeit noch nicht so weit zurück, doch die Beatles konnten sich nur lückenhaft daran erinnern. Einer behauptete, sie seien dreimal dort gewesen, ein anderer viermal. John konnte sich an fast gar nichts mehr erinnern.

Letztendlich brachte ich die Hamburger Ereignisse in die richtige Reihenfolge, doch dafür unterlief mir in der ersten Auflage von 1968 ein schrecklicher Fehler: Ich behauptete, dass das Gartenfest in Woolton, bei dem sich Paul und John erstmals trafen, im Sommer 1956 stattgefunden hatte. Ich irrte mich um ein ganzes Jahr – natürlich war es der 6. Juli 1957. Zwar hatten John und Paul das Jahr 1956 genannt, doch es war mein Fehler, ihre Angaben nicht zu überprüfen. Die einzige Entschuldigung: Damals, im Jahr 1968, interessierte man sich noch nicht für Memorabilia, es gab noch keine Beatles-Forscher. In Woolton hatte man die Bedeutung dieses Ereignisses wahrscheinlich noch nicht einmal erkannt. Heutzutage gibt es Leute, die mehr über die Beatles wissen als die Beatles selbst.

Am zweitbesten gefielen mir während der Recherche die Treffen mit ihren Vätern und Müttern: Sie saßen in der Falle, waren vom Ruhm ihrer Söhne, die sich gewissermaßen in Monster verwandelt hatten, verwirrt. Mit dem Umzug in »bessere Gegenden« hatte man sie ihrer sozialen und kulturellen Wurzeln beraubt, sie begriffen nicht, was mit ihnen und ihren Söhnen eigentlich passierte.

Das Beste war natürlich, die Beatles auf dem Zenit ihrer Schaffenskraft zu begleiten: Ich war dabei, wie sie komponierten und kreierten, ich konnte sehen, wie Songs entstanden – in ihren Häusern, in ihren Köpfen, in den Abbey Road Studios.

Ich dachte mir: Selbst wenn das ganze Projekt scheitert, wenn ich aus irgendeinem Grund gefeuert werde oder ihnen das endgültige Manuskript nicht gefällt – ich war im Studio dabei, als sie *Sgt. Pepper* aufnahmen.

Letztendlich hatte keiner von ihnen irgendein Problem mit meinem Buch. Nur Tante Mimi moserte an den »schlimmen Ausdrücken« herum.

Als es erschien, hielten es die meisten Kritiker für eine Offenbarung: Ich benutzte Kraftausdrücke, erwähnte Drogen, Diebstahl und Brian Epsteins Schwulsein – damals noch ein Codewort. Verglichen mit späteren Büchern war es natürlich ziemlich harmlos.

Ich mag den Gedanken, dass im Buch nur die Wahrheit steht, nichts als die Wahrheit. Aber vor allem zeigt es die Beatles, wie sie damals waren, alles was passierte – ohne Schönfärberei. Es könnte besser geschrieben sein, aber immerhin ist es heute eine Primärquelle, aus der andere Schreiber zitieren, als wären sie selbst mit dabei gewesen. Schön zu wissen, dass ich es war …

Auf Deutsch liegt das Buch von Hunter Davies unter dem Titel *Die Beatles – Die einzige offizielle Biographie* im Hannibal Verlag vor.

247

1.–24. FEBRUAR 1967

FEBRUAR 1967

1 In der Abbey Road beginnen die Arbeiten am Titeltrack von *Sgt. Pepper*.

2 Im EMI-Studio werden die Arbeiten an *Sgt. Pepper's Lonely Hearts Club Band* fortgesetzt.

3 Overdubs für *A Day In The Life* in Abbey Road

4 Beim »Carnival Of Light«, einem Untergrund-Happening im Londoner Roundhouse, sorgt eine 14-minütige elektronische Klangkollage der Beatles für gute Unterhaltung.

5 In der Angel Lane im Londoner Stadtteil Stratford werden einige Szenen des Promofilms für *Penny Lane* gedreht.

7 Mickey Dolenz von den Monkees (oben) kommt für eine Promotiontour nach England und trifft sich mit Paul McCartney. Im Knole Park in Sevenoaks werden weitere Sequenzen des Promofilms für *Penny Lane* gedreht. Unter anderem Szenen mit Pferden und Kerzenleuchtern.

8 In der Abbey Road wird an einem neuen Song aus John Lennons Feder gearbeitet: *Good Morning, Good Morning*.

9 Erstmals seit Bestehen ihres Plattenvertages mit EMI Records nehmen die Beatles nicht in der Abbey Road auf: Drei Takes von *Fixing A Hole* entstehen im Regent Sound Studio in der Londoner Tottenham Court Road.

10 In der Abbey Road werden die Orchester-Parts für *A Day In The Life* eingespielt.

12 Zwei Stunden, bevor die Polizei eine Razzia durchführt, verlassen George und Patti Redlands, das Haus des Rolling-Stones-Gitarristen Keith Richards in West Wittering. Richards und Mick Jagger werden des Verstoßes gegen das Drogengesetz angeklagt.

13 *Strawberry Fields Forever/Penny Lane* wird in den USA veröffentlicht. In der Abbey Road entsteht Harrisons *Only A Northern Song*.

16 Für *Good Morning, Good Morning* werden in der Abbey Road Bass- und Gesangsoverdubs aufgenommen. Die Promofilme zu *Penny Lane* und *Strawberry Fields Forever* werden bei *Top Of The Pops* ausgestrahlt.

17 *Penny Lane/Strawberry Fields Forever* erscheint in England. Die Aufnahmen von *Being For The Benefit Of Mr. Kite!* beginnen.

19 Chuck Berry spielt im Saville Theatre. Lennon und Starr sehen zu.

20 Martin mischt Bänder mit »Zirkusatmosphäre« für *Being For The Benefit Of Mr. Kite!*.

21 *Fixing A Hole* wird in der Abbey Road fertig gestellt.

22 Der Schlussakkord für *A Day In The Life* wird aufgenommen.

23–24 *Lovely Rita* wird in den Abbey Road Studios aufgenommen.

Was: »Strawberry Fields«/ »Penny Lane« erscheint
Wann: 17. Februar 1967

EXOTISCHE FRUCHT

Neues Image, neuer Sound. Aber war die Welt auch bereit für *Strawberry Fields Forever* und *Penny Lane*? Von Martin O'Gorman.

AM 10. DEZEMBER 1966 veröffentlichte EMI die Compilation *A Collection Of Beatles Oldies*, ein gelungener Rückblick auf die Jahre der Beatlemania. Auf dem Cover abgebildet war ein pilzköpfiger Gentleman der zwanziger Jahre in bunt gestreiften Hosen und mit abenteuerlich gemusterter Krawatte. EMIs Grafikabteilung hatte damit das neue Image der Beatles unwissentlich vorweggenommen, ebenso die bunten Klamotten und Schnurrbärte. Harrison hatte sich in Indien einen zur Tarnung wachsen lassen, die anderen drei folgten umgehend. Dazu David Mason, der im Januar 1967 in die Abbey Road Studios kam, um auf *Penny Lane* die Piccolotrompete zu blasen: »Sie trugen allesamt buntgestreifte Hosen und schlabberige gelbe Krawatten ... ich fragte, ob sie Filmaufnahmen gemacht hätten, denn sie sahen aus, als kämen sie gerade von irgendwelchen Dreharbeiten. John Lennon sagte: ›Nö, Kumpel, wir laufen immer so rum‹.«

Die Tatsache, dass die Band seit ihrer letzten US-Tournee nichts Neues veröffentlicht hatte, sorgte in der Presse für wilde Spekulationen, Titelzeilen wie »Sind die Beatles am Ende?« inklusive. Als der TV-Sender ITN die Band im Dezember 1966 an der Tür zum Abbey Road Studio abfing, offenbarte sich der Welt schließlich ein neues Image. »Könnte sein, dass wir eine Zeit lang getrennte Wege gehen«, ließ Lennon wissen, »aber aus dem einen oder anderen Grund würden wir immer wieder zusammenkommen.« McCartney wies darauf hin, dass Plattenaufnahmen die Tourneen dauerhaft ersetzen würden: »Unsere Shows sind ab jetzt die Platten«.

In dieser Atmosphäre wurde am 17. Februar 1967 die Doppel-A-Single *Strawberry Fields Forever / Penny Lane* veröffentlicht. Beide Songs stammten aus den Sessions zum neuen Album. Dazu George Martin: »Brian befürchtete, die Beatles könnten ins Hintertreffen geraten und wollte eine neue Single als Blockbuster.« Erstmals erschien eine Beatles-Single in einem Bildcover.

Aufgrund des Erfolges der Filmclips zu *Paperback Writer* und *Rain* wurden erneut zwei Promofilme gedreht. Um die Gewerkschaftsbestimmung zu umgehen, die Playback-Auftritte im Fernsehen unterband, wählte Regisseur Peter Goldmann nicht-lineare, abstrakte Inszenierungen. *Penny Lane* war relativ geradlinig, zeigte Liverpooler Busse und belebte Straßen. Erst am Ende wurde es ein wenig surrealer, als sich die Band inmitten einer Wiese an einem gedeckten Tisch versammelte.

Der Clip zu *Strawberry Fields Forever*, gedreht im Knole Park in Kent, geriet wesentlich experimenteller. Goldmann benutzte Techniken, die die Studioarbeit der Beatles widerspiegelten – rückwärts laufende Szenen, Negativaufnahmen, subtile Lichteffekte. Der winterliche Sonnenuntergang und ein eigentümliches Objekt, konstruiert aus einem Klavier, Saiten und Scheinwerfern, sorgten für eine unheimliche, bedrückende Stimmung. Selbst die Beatles sahen seltsam aus. Mit seinem roten Militätponcho und einer braunen Cordmütze wirkte Ringo Starr wie ein viktorianischer Kutscher, der bärtige Harrison erinnerte mit seiner dicken Sturmhaube an einen Bergsteiger.

Was die Musik angeht, waren die Kritiker geteilter Meinung. Wie vorherzusehen war, wurde *Penny Lane* mehrheitlich gelobt, doch das überirdische *Strawberry Fields* sorgte für Verwirrung. Da George Martin zwei verschiedene Takes zusammengefügt hatte, mussten beim ersten Teil Tempo und Tonhöhe reduziert werden, das zittrige Mellotron-Intro und Lennons Zeitlupen-Gesang klangen denn auch ziemlich außergewöhnlich. »Gewiss die bislang ungewöhnlichste und verrückteste Single der Beatles«, schrieb ein verwirrter *NME*-Rezensent: »Ganz ehrlich: Ich weiß nicht, was ich damit anfangen soll.« »Was ist nur mit den Beatles los?«, fragte die *Daily Mail*. »Sie sind nachdenklich geworden, verschlossen, eigenbrötlerisch und elitär – vier schnauzbärtige Mystiker.«

Seitdem der Musikwissenschaftler William Mann 1963 die »äolische Kadenz« von *Not A Second Time* gepriesen hatte, sezierten die Zeitungen regelmäßig die Songs der aktuellen Top 40, um sie in den richtigen popkulturellen Kontext stellen zu können. »*Penny Lane* wagt einen Blick zurück in jene Zeit, in der Heimatverbundenheit noch nicht als lächerlich galt«, stellte im April 1967 die *Times* fest: »Da es so aussieht, dass eine ganz banale Vorstadt eine angenehmere Inspirationsquelle darstellt als die psychedelische Ekstase, könnte dieser Song durchaus das jugendliche Bedürfnis nach Überschaubarkeit instinktiv befriedigen.«

Wie dem auch sei, die Single blieb hinter Engelbert Humperdincks *Release Me* auf Platz zwei der Charts hängen: die erste Beatles-Single seit vier Jahren, die nicht Rang 1 erreichte. »Es gibt genug Platz für alles«, sagte dazu ein desinteressierter, letztendlich auch vom Druck befreiter Lennon. Die *Sun* machte ein zweifelhaftes Kompliment: »Jahrelang waren die Beatles dem sofortigen Erfolg verpflichtet. Nun liefert die Band jedoch Qualitätsarbeit.«

Egal. Der »Sommer der Liebe« kündigte sich an, und die Beatles standen in vorderster Front. Oder wie William Mann in seiner Rezension von *Sgt. Pepper* so schön sagte: »Die Beatles haben die momentan gängigen Experimente mit elektronisch manipulierten Klanggebilden angeregt, auf einigen Platten sind es jedoch nur gewöhnliche Effekte. Bei *Strawberry Fields* wurden sie allerdings poetisch und präzise eingesetzt. Das zeitgenössische Wort dafür lautet ›psychedelische‹ Musik.«

Aus dem Ärmel geschüttelt: John und Ringo im Knole Park bei den Dreharbeiten zum *Strawberry Fields Forever*-Clip. Januar 1967

Peter Blake versucht, John Lennon zum Anlegen seiner *Sgt.-Pepper*-Uniform zu bewegen.

Was: Produktion des Coverfotos von Sgt. Pepper
Wo: Michael Coopers studio
Wann: 30. März 1967

BILDERSTÜRMER

Als das Coverfoto für *Sgt. Pepper* geschossen wurde, durfte nicht jeder mit drauf. Lennon wollte Gandhi und Hitler. Von Patrick Humphries.

KURZ NACH DER VERÖFFENTLICHUNG wurde *Sgt. Pepper* als musikalisches Meisterwerk gepriesen, doch das Album war ebenso ein Triumph der Verpackungskunst. Erstmals wurden auf einer Pop-LP die Texte abgedruckt, erstmals gab es ein Klappcover. Noch heute, 37 Jahre später und reduziert auf das CD-Format, ist die Wirkung des Coverfotos unvermindert: eine Ikone des 20. Jahrhunderts.

Nach einer viermonatigen Produktionszeit waren sich die Beatles, George Martin, Brian Epstein und die Plattenfirma EMI darüber im Klaren, dass *Sgt. Pepper* eine außergewöhnliche Errungenschaft darstellte, die eine ebenso besondere Verpackung benötigte. Ein psychedelisches Artwork der Künstlergruppe The Fool wurde schnell verworfen, doch dann brachte der Galerist Robert Fraser, ein Freund McCartneys, den Pop-Art-Künstler Peter Blake ins Gespräch.

Sgt. Pepper wurde ursprünglich als Konzeptalbum geplant, im Mittelpunkt sollte das Liverpool der Beatles stehen. Von Kindheitserinnerungen inspiriert, wollten sich die vier in Uniformen der Heilsarmee ablichten lassen. Der psychedelische Zeitgeist machte der Heilsarmee bald den Garaus, stattdessen freundeten sich die Beatles mit der Idee an, sich sowohl auf der Platte wie auch auf der Hülle als Sgt. Pepper's Band auszugeben. Dazu McCartney: »Ursprünglich sollten nur wir auf dem Cover sein, verkleidet als diese andere Band in verrückten Klamotten.«

Peter Blake, der für seine Mitarbeit am Cover exakt 200 Pfund erhielt, schlug vor, einen Schritt weiter zu gehen: »Meine Idee war, dass die Beatles gerade ein Konzert im Park gegeben haben, auf dem Foto sollte man nicht nur die Band sehen, sondern auch das Publikum, das bis eben zugeschaut hat. Wenn man dazu Pappkameraden verwendet, könnte man eine ganz zauberhafte Gesellschaft zusammenbringen – wen immer sie wollen.« Unterstützt von Blake und Robert Fraser begannen die Beatles, eine Wunschliste für das berühmteste Plattencover der Welt zusammenzustellen.

Die Mischung versprach einen eklektizistischen Charakter: Im Großen und Ganzen schlugen John und Paul die Schriftsteller vor (H.G. Wells, Aldous Huxley, Dylan Thomas) und Robert Fraser die zeitgenössischen Künstler (Larry Bell, Richard Lindner), während Peter Blake einige persönliche Favoriten unterbrachte (Tony Curtis, W.C. Fields).

John wollte Hitler, Gandhi und den Liverpooler Fußballer Albert Stubbins, von dem ihm einst sein Vater erzählt hatte. EMI befürchtete, auf dem indischen Subkontinent einige Käufer zu verlieren, also flog Mahatma raus. Aus Geschmacksgründen wurde Hitler ausgeschlossen, im CD-Booklet sieht man ihn jedoch an der Seitenlinie herumlungern. Die einzigen Repräsentanten des Rock'n'Roll waren Dion und Bob Dylan, es gab keinen Chuck Berry, keinen Carl Perkins, keinen Elvis.

Peter Blake benötigte zwei Wochen, um die Collage aufzubauen, doch am Abend des 30. März 1967 war es dann so weit: Die Beatles liefen im Atelier des Fotografen Michael Cooper in der Flood Street in Chelsea ein. Hier legten sie die bunten Uniformen vom Theaterausstatter Berman's an, und binnen dreier Stunden erweckte man die bunte Welt des Sgt. Pepper Stück für Stück zum Leben. EMI-Direktor Sir Joseph Lockwood machte sich währenddessen ernsthaft Sorgen, einerseits wegen der explodierenden Kosten für das Cover (mittlerweile war man bei rund 2900 Pfund angekommen), andererseits wegen zu befürchtender Klagen. Auch McCartneys vollmundige Versicherung, die Cover-Stars »werden es lieben und alles tun, uns zufrieden zu stellen«, konnte Lockwood nicht überzeugen. Er schlug vor, einen Entschädigungsfond von 50 Millionen Pfund anzulegen, der eventuell entstehende Prozesskosten und Geldstrafen decken könnte – die Summe sollte von den zukünftigen Einnahmen der Beatles abgezogen werden!

Schließlich kam man überein, dass es sicherer wäre, mit jeder betreffenden Person Kontakt aufzunehmen und ihre Erlaubnis einzuholen. Wendy Hanson, Brian Epsteins ehemalige Assistentin, verbrachte Tage damit, all jene zu kontaktieren, die schließlich Sgt. Peppers Welt bewohnen würden: die Großartigen, die Guten und den Rest.

Fred Astaire fühlte sich geschmeichelt; Mae West wollte erst mal wissen, was sie in einem Club der einsamen Herzen zu suchen hätte, ein von allen vier Beatles unterzeichneter Brief überzeugte sie schließlich; Shirley Temple wollte erst die fertige LP hören, bevor sie zustimmen würde. Die einzige Person, die tatsächlich herausgeschnitten wurde, war der »Bowery Boy« Leo Gorcey, der eine Gage von 500 Pfund verlangte und im Gegenzug mit einer Farbdose aus der Popgeschichte geairbrushed wurde.

Nachdem die Beatles Coopers Studio verlassen hatten, waren die Probleme noch längst nicht gelöst: Jahrelang kursierte das Gerücht, dass auf dem Cover Marihuanapflanzen abgebildet seien, was nicht der Wahrheit entspricht. Die Hülle war das Objekt endloser Untersuchungen, dennoch dauerte es einige Jahre, bis jeder in der Collage offiziell identifiziert wurde. Als 1969 das Gerücht aufkam, Paul sei tot, beriefen sich viele auf *Sgt. Pepper* – und fanden jede Menge Beweise: auf der Rückseite kehrt Paul dem Betrachter den Rücken zu; der Aufnäher auf seinem Ärmel, sichtbar im Innencover, trägt die Buchstaben »OPD«, also »Officially Pronounced Dead« (»Offiziell für tot erklärt«); die Hand über seinem Kopf auf der Vorderseite ist ein indisches Todessymbol, und die Blumen markieren sein Grab.

Sgt. Pepper war eine überbordende Mixtur, doch als das Werk in die Läden kam, waren die Beatles längst wieder an der Arbeit. Immerhin sollten vor ihrem nächsten offiziellen Album weitere zwei EPs und fünf Singles erscheinen. Die minimalistische Gestaltung des »Weißen« Albums, das Weihnachten 1968 erschien, war die direkte Gegenreaktion auf die psychedelische Extravaganz *Sgt. Peppers*.

Eine frühe Skizze von Peter Blake

25. FEB. – 30. MÄRZ 1967

25 In der Fernsehshow *Hollywood Palace* werden die Promofilme für *Penny Lane* und *Strawberry Fields Forever* erstmals in den USA ausgestrahlt.

26 Brian Epstein erwirbt für 35 000 Pfund das Landhaus Rushlake Green in East Sussex.

28 *Lucy In The Sky With Diamonds*, ein neuer Song von John Lennon, wird in der Abbey Road geprobt.

MÄRZ 1967

1–2 *Lucy In The Sky With Diamonds* wird aufgenommen.

2 Bei der neunten Grammy-Verleihung werden die Beatles dreimal ausgezeichnet: Für *Michelle*, *Eleanor Rigby* und Klaus Voormanns Artwork für das Album *Revolver*.

3 *Sgt. Pepper's Lonely Hearts Club Band* erhält in der Abbey Road eine neue Leadgitarre.

6 Die Soundeffekte für *Sgt. Pepper's Lonely Hearts Club Band* werden in der Abbey Road aufgezeichnet.

7 Der Harmoniegesang für *Lovely Rita* wird in den Abbey Road Studios eingespielt.

9–10 *Getting Better* wird in der Abbey Road aufgenommen.

11 Es wird bekannt, dass *Yesterday* der meist gecoverte Song aller Zeiten ist. Es existieren 446 Aufnahmen verschiedener Künstler.

13 Die Bläserparts für *Good Morning, Good Morning* werden aufgenommen.

14 Carla Thomas (links), im Zuge der »Stax/Volt Soul Concert Sensation '67« unterwegs in England, spielt im Londoner Bag O'Nails, wo sie Paul McCartney trifft.

15 In der Abbey Road beginnen die Arbeiten an Harrisons *Within You Without You*.

17 Mike Leanders Orchesterarrangement für *She's Leaving Home* wird in der Abbey Road aufgenommen.

18 *Penny Lane/Strawberry Fields Forever* steht auf Platz eins der US-Charts. Aber nur eine Woche lang.

20 In der Abbey Road werden die Beatles vom BBC-DJ Brian Matthew interviewt. Anschließend wird *She's Leaving Home* fertig gestellt.

21 Während der Gesangsaufnahmen zu *Getting Better* nimmt Lennon einen schlechten LSD-Trip.

22 Weitere Arbeiten an Harrisons Song *Within You Without You*.

23 Der Gesang für *Getting Better* wird aufgenommen.

25 Die Beatles erhalten Ivor Novello Awards für *Michelle* und *Yellow Submarine*.

27 Beim ersten England-Konzert von Fats Domino im Saville Theatre sitzt Paul McCartney im Publikum.

28 Lennon nimmt in der Abbey Road den Gesang für *Good Morning, Good Morning* auf.

29 Die Arbeiten an *With A Little Help From My Friends* beginnen in der Abbey Road.

30 Peter Blakes Collage, die er für das Cover von *Sgt. Pepper's Lonely Hearts Club Band* angefertigt hat, wird in Chelsea von Michael Cooper fotografiert.

31. MÄRZ – 30. APRIL 1967

31 *With A Little Help From My Friends* und *Being For The Benefit Of Mr. Kite* erhalten weitere Overdubs und werden abgemischt.

APRIL 1967

1 *Sgt. Pepper's Lonely Hearts Club Band* (Reprise) wird aufgenommen.

3 Paul McCartney fliegt in die USA, George Harrison gibt *Within You Without You* den letzten Schliff.

5 McCartney fliegt nach Denver, um mit Jane Asher im Quorum Restaurant ihren 21. Geburtstag zu feiern.

6 In der Abbey Road wird ein Mastertape von *Sgt. Pepper's Lonely Hearts Club Band* angefertigt.

7 Die ersten Stereomixe für *Sgt. Pepper's Lonely Hearts Club Band* werden produziert. In Denver hat Paul McCartney die Idee für einen Fernsehfilm über eine verrückte Busreise – die spätere *Magical Mystery Tour*.

9 McCartney fliegt im Lear Jet Frank Sinatras von Denver nach Los Angeles. Dort wird er eingeladen, am Planungskomitee für das Monterey Pop Festival teilzunehmen. Er empfiehlt, Jimi Hendrix zu buchen.

10 McCartney besucht eine Studiosession der Beach Boys und beteiligt sich an den Aufnahmen des Songs *Vegetables*, der auf dem Album *Smiley Smile* erscheint.

11 Auf dem Rückflug nach England skizziert McCartney einige Ideen für den TV-Film und schreibt den Text für den Song *Magical Mystery Tour*.

12 McCartney landet auf dem Londoner Flughafen Heathrow.

14 Polydor kündigt die Debütsingle der Bee Gees namens *New York Mining Disaster 1941* mit folgenden Worten an: »Die auffälligsten Talente seit den Beatles«.

19 Die Beatles gründen eine Firma, die offiziell als »The Beatles & Co« registriert wird.

20 In der Abbey Road werden Overdubs für *Only A Northern Song* aufgenommen.

21 An *Sgt. Pepper's Lonely Heart's Club Band* wird letzte Hand angelegt: Für die Auslaufrille der B-Seite nimmt man seltsame Geräusche, Gestammel und einen hoch-frequenten Ton auf.

24 Die Beatles sehen sich Donovan im Saville Theatre an. McCartneys Song *Love In The Open Air* wird in den USA von George Martin & His Orchestra veröffentlicht.

25–27 *Magical Mystery Tour* wird in der in Abbey Road aufgenommen.

29 John Lennon besucht den »14-Hour Technicolour Dream« im Alexandra Palace in Nord-London. Yoko Ono tritt auf, aber die beiden treffen sich nicht.

30 Lennon besucht die Insel Dorinish vor der Küste des irischen County Mayo. Er hatte sie sechs Wochen zuvor gekauft.

Was: Der »14-Hour Technicolour Dream«
Wo: Alexandra Palace, London
Wann: 29. April 1967

TRÄUM WEITER!

Paul hatte eine Vorliebe für »Happenings«, doch den »14-Hour Technicolour Dream« besuchte John Lennon. Von *Joe Cushley*.

AM 29. APRIL 1967 KAMEN DIE FREAKS zusammen, um miteinander zu spielen. Etwa 10000 von ihnen machten sich zum Alexandra Palace im verschlafenen Londoner Norden auf, um eine ganze Reihe von Bands zu hören, darunter The Move, The Pretty Things, Soft Machine und The Creation. Ebenfalls mit dabei waren Dichter, Tänzer und Maler, wie etwa das Binder, Edwards & Vaughan-Team, das bereits Lennons Rolls-Royce und Pauls Flower-Power-Klavier verschönert hatte. Es gab Filme, Light Shows und – natürlich – »Happenings«. Einige der Partygäste entdeckten erstmals, dass sie nicht die einzigen waren, die das »normale« Leben im England der Mittsechziger als ein klein wenig erstickend empfanden.

Der »Ally Pally« war der passende Ort für derlei bunt gemischte Aktivitäten. 1873 als »Volkspalast« gebaut, gab es dort eine Bücherei, einen Vergnügungspark, Konzerthallen, Galerien und einen über 4000 Quadratmeter großen Park. Die Mischung aus Kunst, ländlichem Volksfest und viktorianischer Belustigung harmonierte ganz wunderbar mit den zahlreichen Interessen der damaligen Untergrund-Szene und ihren Lieblingsbands; *Strawberry Fields Forever* war momentan in den Charts. Die Beatles hatten soeben *Being For The Benefit Of Mr. Kite* aufgenommen, ihren Lobgesang auf einen Zirkusartisten des 19. Jahrhunderts. Und die Headliner der Show, Pink Floyd, arbeiteten gerade in der Abbey Road an ihrem gleichermaßen intergalaktischen wie idyllischen Meisterwerk *The Piper At The Gates Of Dawn*.

Barry Miles war Mitinhaber der »Indica Gallery And Bookshop«, Heimstatt der Zeitung *International Times*, die sich mit Politik und der Subkultur beschäftigte. Sowohl »Indica« als auch die *IT* wurden erst durch Spenden Paul McCartneys ermöglicht. »Das Büro wurde von der Polizei durchsucht«, erinnert sich Miles, »der Vorwurf lautete Verbreitung von Pornografie. Der einzige Grund dafür könnte gewesen sein, dass wir eine Stellungnahme des schwarzen Aktivisten und Komikers Dick Gregory abgedruckt hatten, in der er von ›white motherfuckers‹ sprach. Hoppy [John Hopkins, Gründer der »IT« und des progressiven UFO-Clubs] verließ die Zeitung und organisierte eine Benefiz-Veranstaltung.«

Hoppy fährt fort: »Ich dachte mir den Titel aus und deklarierte es als ›free speech benefit‹. Im Ally Pally saßen zwei mittelalte Herren in Tweedanzügen, mit denen ich den Termin und die Saalmiete vereinbarte, die – soviel ich weiß – niemals bezahlt wurde. War aber nicht meine Schuld. Es ging problemlos über die Bühne.«

Gerüchte kursierten, dass die Beatles als Headliner auftreten würden, aber John war der einzige der Fab Four, der sich an diesem Tag die Ehre gab. Begleitet wurde er von John Dunbar, dem Miteigentümer der »Indica Gallery«, und dem Chauffeur Terry Doran. Jene Künstlerin, die Dunbar im vergangenen November John Lennon vorgestellt hatte – Yoko Ono – war zwar mit von der Partie, doch entgegen einiger Berichte trafen sich die beiden nicht.

Bis zum frühen Abend des 29. April saß John zu Hause in Weybridge rum und genehmigte sich mit Dunbar eine Ladung LSD und Kokain. Dunbar erinnert sich an ... recht wenig, was nicht weiter überrascht: »Im Fernsehen lief irgendwas über die Show, und wir dachten uns: ›Nix wie hin‹. Irgendwann trafen wir Denny Laine, der gerade seine Band verloren hatte, und die Sterne am Himmel sahen aus wie ein Feuerwerk. Alle starrten uns an, denn wir hatten John dabei. Ob Yoko da war? Keine Ahnung.«

Der Filmemacher Peter Whitehead hielt die Show fest, in seinem Video *Pink Floyd: London '66–'67* sieht man Lennon, wie er mit seiner Kassenbrille und einer afghanischen Felljacke relativ unbehelligt durch die Menge stapft. Dazu Mick Farren, *IT*-Redakteur, UFO-Türsteher und Chef der Eröffnungsband The Social Deviants: »Die meisten Hippies agierten nach dem Motto: ›Hier bitte keine Beatlemania.‹« In der Halle gab es zwei Bühnen, auf denen die Bands gleichzeitig spielten. Irgendwo in der Mitte trafen sich die Klänge: »Ich schwöre, ich beobachtete Lennon, wie er in dieser dissonanten Zone stand, ein bisschen nach vorne und wieder zurück ging und dabei ziemlich fasziniert aussah.«

So stoned wie er war, dürfte das alles recht spannend für John gewesen sein. Mick Farren erklärt: »Man muss bedenken, dass eigentlich nur Paul in dieser Szene drin war. Er kaufte Bücher nicht nur, sondern las sie auch. Er besuchte den UFO-Club und Kunstgalerien. Doch das hier war das erste Mal, dass ich John bei einer derartigen Veranstaltung traf. Ich glaube, er fühlte einen gewissen Nachholbedarf. Dieser ganze Lärm, die Drogen und all die Leute – vielleicht kam am anderen Ende *I Am The Walrus* raus.« Interessant ist zumindest, dass die Beatles zehn Tage später ein 16-minütiges, atonales Instrumentalstück aufnahmen.

Joe Beard von der Band The Purple Gang, die ebenfalls im »Ally Pally« spielte, sah, wie John Lennon etwas später im Park saß und rauchte. Bevor Pink Floyd spielten, fuhren Lennon und seine Begleiter wieder nach Hause.

Mick Farren: »Paul war in dieser Szene drin, doch das hier war das erste Mal, dass ich John bei einer derartigen Veranstaltung traf.«

Das zweite Treffen von Linda und Paul bei der *Sgt. Pepper*-Party in Brian Epsteins Haus in der Chapel Street 24, 19. Mai 1967.

Was: Paul trifft Linda
Wo: The Bag O'Nails, London
Wann: 15. Mai 1967

3. MAI – 4. JUNI 1967

MAI 1967

3-4 Overdubs und Mix für *Magical Mystery Tour* in der Abbey Road

5 Paul McCartney entfernt seinen Schnauzbart.

7 Die Jimi Hendrix Experience spielt im Londoner Saville Theatre, Ringo Starr sitzt im Publikum.

9 In der Abbey Road wird ein namenloses Instrumental eingespielt. Mit dabei ist Mick Jagger.

11 Im Olympic Studio in Barnes, London, wird *Baby You're A Rich Man* aufgenommen.

12 In der Abbey Road entsteht *All Together Now*.

15 Im Londoner Club Bag O'Nails lernt McCartney die Fotografin Linda Eastman kennen.

17 *You Know My Name (Look Up The Number)* wird in der Abbey Road aufgenommen.

18 John und Paul tauchen bei einer Session der Rolling Stones im Olympic Studio in Barnes auf. Sie singen Background bei *We Love You*.

19 In seinem Haus in der Chapel Street gibt Brian Epstein eine Party zur anstehenden Veröffentlichung von *Sgt. Pepper's Lonely Hearts Club Band* (oben).

20 John Lennon, Paul McCartney und Ringo Starr werden für das BBC-Programm *Where It's At* von DJ Kenny Everett interviewt.

24 Die Beatles hören sich Procol Harum im Speakeasy an.

25 Der berühmte, psychedelisch angemalte Rolls-Royce Phantom V wird an John Lennon ausgeliefert. Im De Lane Lea-Studio in Kingsway beginnt die Arbeit an *It's All Too Much*.

27 Die BBC boykottiert *A Day In The Life* aufgrund der »Drogenanspielungen« im Text.

29 McCartney empfängt in Heathrow Jane Asher, die von einer US-Tournee mit dem Theaterensemble Bristol Old Vic Company zurückkehrt.

31 Im Londoner De Lane Lea-Studio werden die Arbeiten an *It's All Too Much* fortgesetzt.

JUNI 1967

1 Das Album *Sgt. Pepper's Lonely Hearts Club Band* wird in England veröffentlicht.

2 *Sgt. Pepper's Lonely Hearts Club Band* erscheint in identischer Ausführung in den USA.

3 *Sgt. Pepper* steigt in den britischen Charts auf Platz eins ein.

4 Die Jimi Hendrix Experience spielt im Londoner Saville Theatre. Im Publikum sitzen McCartney, Jane Asher, Harrison und Patti Boyd. Die After-Show-Party geht im Haus von Paul McCartney über die Bühne.

ABSCHLEPPDIENST

Im Bag O'Nails kreuzten sich erstmals die Blicke von Linda und Paul. Von Phil Sutcliffe.

EIGENTLICH WAR DAS BAG O'NAILS EIN Soul-Club«, erzählt Mitinhaber John Gunnell, »doch als die Hippies kamen, war es, als hätte man hundert Quasimodos zu Gast. Vor lauter verdammten Glöckchen konnte man die Band nicht mehr hören.« Der Club in der Kingly Street, Tankstelle der Stars, war der Ort, an dem Paul McCartney Linda Eastman kennen lernte.

Gunnell jedenfalls untersagte das Tragen von Glöckchen: »Diese Leute bimmelten bis vor die Tür. Wir sagten dann: ›Tut uns Leid, hier drinnen keine Glöckchen.‹ Nett wie sie waren, gingen sie zu ihren Autos zurück und legten ihre normalen Klamotten an.«

Als Gunnell und seine Partner im November 1966 das »Bag« übernahmen, glitt das »swinging London« langsam ins »psychedelic London« über. Aber nur zögerlich. Zwar trugen die Beat-Boom-Bands mittlerweile geblümte Hemden und ergötzten sich am antiseptischen Patchouli-Duft, doch nach der Arbeit suchten sie immer noch jene Clubs (nur für Mitglieder) auf, die der langjährige Beatles-Mitarbeiter Tony Bramwell als »Jugendclubs für Gentlemen« bezeichnet: Heiligtümer, die sie mit erfolgreichen Geschäftsleuten, Touristen und Fußballstars teilten – das »Bag« war damals die Stammkneipe der Mannschaft von Arsenal London. Derlei »Normalos« bekamen von irgendwelchem konspirativen Drogenkonsum überhaupt nichts mit – die unter Musikern weit verbreitete Angst, kein US-Visum zu erhalten sorgte sogar dafür, dass man nur heimlich kiffte.

Bevor Gunnell den Laden kaufte, war er – bereits seit viktorianischen Zeiten – ein »Hostessenclub« für die Oberschicht. Die haremsähnlichen Seidenvorhänge, Textiltapeten und Separees behielt er bei, dafür installierte er in dem langen, engen Kellerraum eine kleine Tanzfläche, eine Bühne und ein paar Plattenspieler. Einige Monate lang riefen alte Stammkunden, die »eine Flasche Dom und ein paar süße Häschen« nach Hause bestellten, vergeblich bei ihm an.

So viel hatte sich allerdings auch wieder nicht verändert. Barry Miles schreibt in *Many Years From Now*, dass McCartney John Lennon von seinem »Lieblingsclub« berichtete, in dem man prächtig »abschleppen« könne. Paul war mit Jane Asher nicht verheiratet, außerdem tourte sie gerade für sechs Monate mit dem »Bristol Old Vic«-Theater durch die USA. »Wir waren jung, sahen ziemlich gut aus, hatten Einfluss und waren berühmt. Das nicht auszunutzen, war ziemlich schwierig«, erzählt McCartney. »Ich kann mich sogar daran erinnern, dass ein Mädel, nachdem ich sie abgeschleppt hatte, Geld verlangte. Ich hab' natürlich nicht bezahlt.«

Als Stammgast schaute er regelmäßig vorbei, wenn DJ Al Needle Soul auflegte oder Live-Acts wie Sam & Dave, Junior Walker oder John Lee Hooker aufspielten. Und Mädels gab es auch. Mit dem Personal verstand er sich prächtig, sei es mit Geschäftsführer Joe Van Duyts oder dem spanischen Koch Manuel.

Die Arbeiten an *Sgt. Pepper* gerade abgeschlossen, machte er sich am 15. Mai 1967 zu seiner üblichen Solotournee durch die Clubs, die für gewöhnlich im Bag O'Nails endete. Er setzte sich zu Bramwell, der sich bereits breit gemacht hatte, und bestellte das Übliche: Scotch mit Cola. Ein oder zwei Separees näher an der Bühne – Georgie Fame spielte gerade – saß Linda Eastman mit Eric Burdon und Chas Chandler von den Animals. Sie hatte die Band einige Male in den USA fotografiert.

Linda sprach später von dem Moment, »an dem sich unsere Blicke kreuzten«. Bramwell erinnert sich, dass Paul zu ihrem Tisch ging. Der mittlerweile verstorbene Chandler bestand darauf, die beiden miteinander bekannt zu machen. Paul erinnert sich anders: Sie war gerade am Gehen, als er »zufällig« ihren Weg kreuzte und die »große Abschlepp-Phrase« vom Stapel ließ: ob sie noch mitkomme in den Speakeasy Club. Immerhin erinnerten sich beide daran, was Fame gerade spielte: *Sitting In The Park*, eine Nummer von Billy Stewart.

Gemeinsam mit Burdon, Chandler und Bramwell fuhren sie den knappen Kilometer in die Margaret Street, wo sie die Spezialität des Hauses genossen: Pfeffersteak mit Fritten, dazu Chef Enzos Erbsenpüree mit

Pauls Jagdgründe: »The Bag«, 1967

gebratenen Zwiebeln. Dauerhafter blieb Paul und Linda im Gedächtnis, dass der DJ eine Vorab-Kopie von *A Whiter Shade Of Pale* spielte. Sie fanden den Song ganz wunderbar und meinten, es wäre die Band Traffic. Sie erklärten das Stück später zu »ihrem Song«.

Vier Tage später trafen sie sich erneut, diesmal in Brian Epsteins Wohnung – Linda durfte sich als Fotografin etablieren, indem sie die Pressevorführung von *Sgt. Pepper* mit der Kamera festhielt. Danach verging fast ein Jahr, bis sie sich wiedersehen sollten. Paul taumelte währenddessen durch bewegte Zeiten: Da waren der weltweite Skandal nach seinem Geständnis im *Life*-Magazin, LSD genommen zu haben, Brian Epsteins Tod, der Maharishi, die *Magical Mystery Tour* und ein letzter hilfloser Versuch, sich mit Jane Asher zu verloben.

Im Mai und Juni 1968 traf er Linda für eine Stunde in New York und für drei Tage in Los Angeles. Drei Monate später rief er sie an und fragte, ob sie nicht zu ihm kommen und bei ihm bleiben möchte. Sie tauchte in jener Nacht auf, in der die Beatles die Aufnahmen zu *Happiness Is A Warm Gun* beendeten, also am 25. September.

Am Tag vor ihrer Heirat am 12. März 1969 kam Paul ins Bag O'Nails und lud die gesamte Belegschaft zur Hochzeit ein – der übrigens kein Beatle beiwohnte.

Hat Paul sie in der Nacht, als sie sich erstmals trafen, nun abgeschleppt oder nicht? Immerhin fuhr er gemeinsam mit Linda in sein Haus in der Cavendish Avenue. Entweder war es typisch amerikanische Unschuld oder eine aus England übernommene Lust am Doppeldeutigen, als sie später dazu sagte: »Ich war beeindruckt von seinen Magrittes«.

ALBUM INFOS

SGT. PEPPER'S LONELY HEARTS CLUB BAND

Gesamtansicht

Als im Juni 1967 *Sgt. Pepper's Lonely Hearts Club Band* **erschien, wussten die Beatles genau, dass sie etwas ganz Besonderes kreiert hatten.** Mark Ellen **analysiert, welche Spuren ihr berühmtestes Album hinterließ.**

Wie wir natürlich alle wissen, verließen die Beatles in der Morgendämmerung eines Sonntages im Mai 1967 das Abbey Road Studio mit einer Azetat-Pressung ihres neuen Albums. Zwei Stunden später an diesem wolkenlosen Frühlingsmorgen sollte das Album der Öffentlichkeit vorgestellt werden: Im Dachfenster vom »Mama« Cass Elliots Apartment in Chelsea stand ein Lautsprecher, der die Umgebung beschallte und damit jedem in Hörweite eine mehr oder minder große Freude bereitete.

Das zu wissen, dafür hätte ich damals sonst was gegeben. Oder für die Information, dass das Album im US-Radio beinahe eine Monopolstellung genoss – man spielte zeitweise nichts anderes. Oder dass auf einem Song 41 Sessionmusiker zu hören sind. Ohne Zugang zu all diesen Informationen konsumierten wir die Platte in verzauberter Isolation, bewusst war uns nur, dass sie eine erstaunlich lange Produktionszeit in Anspruch genommen hatte, die höllisch teuer war. Man hatte keinen blassen Schimmer, was einen da erwartete. Ich war zu jung, um wie ein Buddha auf meinem Ruhekissen zu sitzen und dabei wilde Spekulationen über all die verborgenen Botschaften anzustellen, aber alt genug, um sofort zu verstehen, dass man sich diesem Album aus einer anderen Richtung nähern musste. Anstatt wie sonst erst mal nach Lieblingssongs für die virtuelle Singles-Compilation Ausschau zu halten, schien es offensichtlich, dass diese glänzenden, funkelnden Songs in einem gemeinsamen Klanguniversum irgendwie miteinander verbunden waren. Geoff Emerick hatte in der Tat Stunden damit verbracht, Mikrofone tief in den Trichtern von Blasinstrumenten zu versenken und Snaredrumschläge sanft zu komprimieren, denn schon bevor der erste Ton aufgenommen wurde, bestanden seine Auftraggeber darauf, dass alles völlig anders klingen müsse.

Wir hatten auch keine Ahnung, inwiefern sich die Referenzpunkte verschoben hatten. Sie folgten keinem strategischen Konzept, sondern eher ihren natürlichen Empfindungen, als sie Stockhausen, die Beach Boys und Lewis Carroll zur Haustür hereinließen und Elvis, Buddy Holly und Carl Perkins zur Hintertür hinauswarfen. Abgesehen von McCartneys idealisierter Vorstadt-Vision waren sämtliche Texte in der Gegenwartsform geschrieben, die Songs spielten ausdrücklich in der Jetztzeit, und keiner von ihnen unterwarf sich dem Junge-trifft-Mädchen-Schema, das ihre Kompositionen von Anfang an geprägt hatte – inklusive gute 50 Prozent von *Revolver*. Die neuen Songs hatten weniger emotionale Tiefe, eröffneten dafür jedoch viele Interpretationsmöglichkeiten. Und bis auf Georges Beitrag hatten sie keine autobiografischen Züge, sie waren entweder reine Fantasien (*Sgt. Pepper, Good Morning, Mr. Kite, Fixing A Hole, Lucy In The Sky, A Day In The Life*) oder Fiktionen (*She's Leaving Home, Lovely Rita, Getting Better*). Bezeichnend waren einerseits der kindliche Charme und die Naivität, die auch Pink Floyd versprühten, die gerade im Studio nebenan aufnahmen, andererseits die drogenselige, traumhafte Detailliebe, die alsbald von Donovan, Traffic sowie den Small Faces übernommen und von zahllosen Psychedelic-Bands schließlich totgeritten wurde.

Weder vorher noch nachher gab es ein Cover-Artwork, das den Zugang zur Musik derart bestimmte. Vor dem geistigen Auge erscheint die Musik von *A Hard Day's Night* in Schwarzweiß, *Revolver* in verwaschener Zweifarbigkeit, doch *Sgt. Pepper* klingt, als sei es aus jenen hellen Primärfarben zusammengesetzt, die auf dem Cover zu sehen sind: aufpoliert, glänzend und voller Reminiszenzen an eine unkomplizierte Vergangenheit mit den Music-Hall-Hits der 40er- und 50er-Jahre.

> »*Sgt. Pepper* klingt, als sei es aus jenen hellen Primärfarben zusammengesetzt, die auf dem Cover zu sehen sind.«

Der Wagen, den Lennon 1967 für Julian anfertigen ließ

FOTO: REX

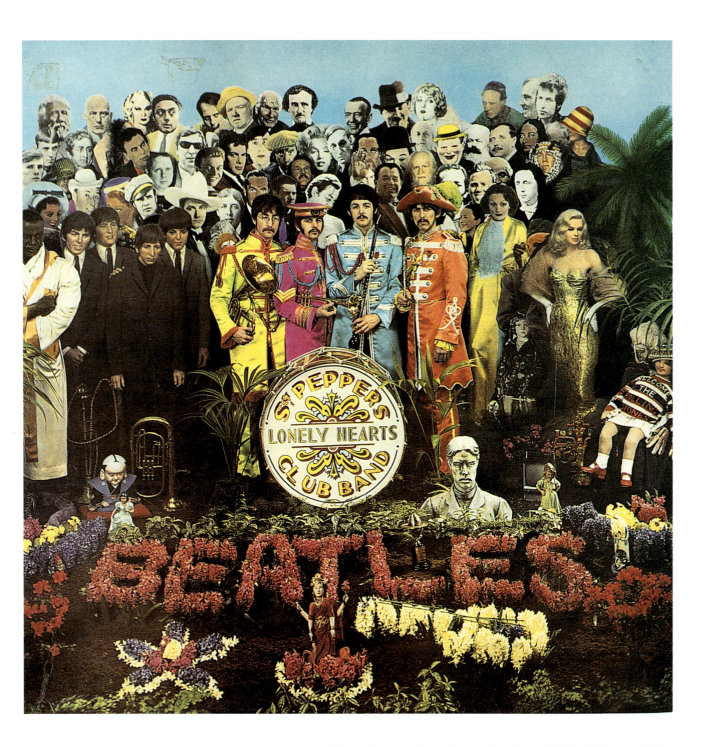

Es gab noch mehr Überraschungen: Nie zuvor hatten wir die Texte auf einer Plattenhülle gelesen, eine versteckte Botschaft auf der Auslaufrille gehört oder eine Beatles-LP in Händen gehalten, die ganz ohne Single- oder EP-Auskopplungen auf den Markt gekommen war. Keiner der Songs existierte außerhalb des Albums, was den Eindruck noch untermauerte, dass es als Einheit funktionierte. Erst Jahre später entdeckte ich, dass es ursprünglich zwei Single-Tracks gegeben hatte, doch George Martin (»der größte Fehler meiner Laufbahn«) hatte die Erlaubnis erteilt, beide Songs schon im März als Doppel-A-Single zu veröffentlichen, um die panischen EMI-Verantwortlichen zu beruhigen. Ich dachte mir sogleich eine neue Tracklist aus und überlegte mir, welche zwei Songs man dafür opfern sollte: ganz bestimmt *Lovely*

DIE STÜCKE

A-SEITE

1. Sgt. Pepper's Lonely Hearts Club Band
Gesang Lennon/McCartney

2. With A Little Help From My Friends
Gesang Starr

3. Lucy In The Sky With Diamonds
Gesang Lennon

4. Getting Better
Gesang McCartney

5. Fixing A Hole
Gesang McCartney

6. She's Leaving Home
Gesang Lennon/McCartney

7. Being For The Benefit Of Mr Kite!
Gesang Lennon

B-SEITE

8. Within You Without You
Gesang Harrison

9. When I'm Sixty-Four
Gesang McCartney

10. Lovely Rita
Gesang McCartney

11. Good Morning, Good Morning
Gesang Lennon

12. Sgt. Pepper's Lonely Hearts Club Band (Reprise)
Gesang Lennon/McCartney

13. A Day In The Life
Gesang Lennon

Bis auf »Within You Without You« (Harrison) alle Songs von Lennon/McCartney.

ALBUM INFOS

SGT. PEPPER'S LONELY HEARTS CLUB BAND

Die Beatles bei der Pressevorstellung von *Sgt. Pepper* am 19. Mai 1967

VIERSPUR-ZAUBEREI

George Martin spekuliert darüber, wie *Sgt. Pepper* wohl mit heutiger Studiotechnik klingen würde.

»Heute wäre es vermutlich leichter, *Sgt. Pepper* aufzunehmen, aber wahrscheinlich wäre das Ergebnis nicht genauso gut. Die Vierspurtechnik verlangte uns 1967 Dinge ab, die man heute nicht mehr tun würde. Es brachte die Beatles dazu, besser zu spielen.

Wir mussten die Dinge bereits während der Aufnahme zum Abschluss bringen, denn wenn man von einer Vierspur-Maschine auf eine andere runtermixt, ist das Ergebnis endgültig. Man kann danach nichts mehr korrigieren, ohne dabei alles zu zerstören. Diese Disziplin, diese Voraussicht erwies sich für uns als vorteilhaft, allerdings hatten wir ja auch überhaupt keine andere Wahl. Wir verwendeten einfach die Werkzeuge, die seinerzeit verfügbar waren – und zwar alle, die damals verfügbar waren. Wenn ich damals 72 Spuren zur Verfügung gehabt hätte, hätte ich sie wohl auch genutzt. Dass das nicht der Fall war, tut mir allerdings nicht im Geringsten Leid!«

Phil Ward

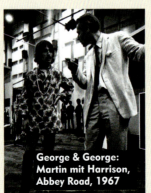

George & George: Martin mit Harrison, Abbey Road, 1967

Rita, vielleicht auch *Within You Without You*, das ich mir heute Morgen zum zweiten Mal in meinem Leben bewusst angehört habe. Es zu streichen würde allerdings bedeuten, jene spirituelle Dimension zu verlieren, die im Gesamtpaket eine zentrale Rolle einnimmt.

Wohin man auch ging, überall lief diese Platte. Ich erinnere mich daran, wie ich das Haus eines Freundes verließ und seinen Nachbarn besuchte, wo tatsächlich der nächste Song lief. Und noch was: Eltern schienen die Platte zu mögen, und es machte niemandem etwas aus. Seine Kinks-, Stones- oder Dylan-Platten spielte man alleine im Schlafzimmer, es waren dunkle, schwierige Werke, deren Magie von erwachsenen Zuhörern zerstört worden wäre. Doch *Sgt. Pepper* steckte so voller Optimismus und versprach so viele Möglichkeiten, dass seine Reize nicht im Verborgenen blieben. Ich erinnere mich an Menschen zwischen 30 und 40, die ihre Füße im Takt wippten und die Titelzeilen mitsummten (*Good Morning!*, *Getting Better!*), was mich dennoch nicht erschreckte. Als die Beatles unheimlich und rätselhaft wurden, hatten sich die Eltern von ihnen abgewandt, doch diese Zeremonienmeister in ihren gut geschnittenen Satinanzügen mit Waldhörnern und Piccolotrompeten wurden

COVER STORY

Peter Blake geht seinem revolutionären Artwork auf den Grund.

»Pauls ursprüngliches Konzept sah so aus: Die Beatles stehen vor einer großen Wand, die mit gerahmten Bildern ihrer Idole behängt ist. Eine seiner Skizzen, die er mit Bleistift und Tusche anfertigte, zeigt die Beatles mit Blasinstrumenten und in Marschkapellenuniformen mitsamt Epauletten. Hinter ihnen hängt ein Pin-Up-Poster von Brigitte Bardot, daneben stehen Trophäen und Schilder.

Es war das erste Mal, dass ein professioneller bildender Künstler eine Plattenhülle entwarf. Paul verpflichtete die niederländischen Designer Marijke Koger, Jos Je Leeger und Simon Posthuma, doch Robert Fraser mochte ihre Arbeit nicht. Er meinte, dass es in ein paar Jahren nur eines von vielen psychedelischen Covern sein würde, und schlug vor, dass ich den Entwurf überarbeiten sollte. Jann (Haworth, Popkünstlerin und Peters damalige Frau) hatte die Idee, ein imaginäres Publikum abzubilden, das den Beatles zuhört. Es wurden Listen angefertigt, wer alles mit drauf sollte. Paul schlug Fred Astaire und William Burroughs vor, George wollte zwölf indische Gurus und Ringo meinte, dass er mit allem einverstanden wäre. Auf Johns Liste stand Jesus, wahrscheinlich dachte er dabei an die Erfahrungen, die er nach seiner Äußerung, die Beatles seien populärer als Jesus, machen musste. Er wählte auch Hitler aus, den wir schließlich herausschnitten. Er ist zwar noch da, wird aber von den Beatles verdeckt. Auf manchen Bildern der Cover-Session kann man ihn sehen. Keine dieser Personen gehörte zu Johns Helden, sie mit einzuschließen war lediglich ein Witz, ein gesellschaftlicher Kommentar.

Bei der EMI erschreckte man sich zu Tode, als die Rechnung für das Cover einging – fast 2900 Pfund. Normalerweise kostete ein Cover-Foto 25 Pfund, für eine Band vom Kaliber der Beatles hielt man 75 Pfund für angemessen. Ich erhielt 200 Pfund, womit ich zufrieden war.«

Lois Wilson

PRESSESTIMMEN

Pfefferscharfe Songs, meinte die Presse 1967.

»Ob das Album ihr bislang bestes ist, kann ich nach einmaligem Hören noch nicht sagen. Ob es wert war, fünf Monate daran zu arbeiten, würde ich in Frage stellen. Es ist dennoch eine sehr gute LP, die sich wie warme Semmeln verkaufen wird. Niemand kann bestreiten, dass uns die Beatles einmal mehr mit Musik unterhalten, die einerseits angenehm ins Ohr geht, andererseits das Gehirn ein wenig zur Arbeit anregt.«

Allen Evan, NME (20. Mai 1967)

»Eine LP, die mit vielen Höhepunkten brilliert. Das Warten hat sich offenbar gelohnt, denn es ist jene Art von Popmusik, die die Gehirnzellen anspricht und noch dazu unterhaltsam ist. Verpackt ist das Ganze in ein tolles Klappcover mit allen Texten und einem Pappeinschub mit einem Bild von Sgt. Pepper höchstpersönlich. Ironisch und clever.«

Peter Jones, Record Mirror (27. Mai 1967)

»Was ihre Leistung und den Unterhaltungswert angeht, haben die Jungs ein neues Kapitel aufgeschlagen. Derart solide und inspiriert, dass es die britische Pop-Industrie mindestens für weitere sechs Monate auf die sichere Seite bringen wird. Einige der 13 Songs von diesem Album werden bereits jetzt von anderen Künstlern fieberhaft gecovert. Präsentiert wird das Ganze wie eine dieser unechten Live-Platten mit eingespieltem Applaus und Gelächter. Allerdings wird dieser Effekt dezent eingesetzt, weshalb er die Musik nicht verdirbt.«

Chris Welch, Melody Maker (3. Juni 1967)

> *Sgt. Pepper* steckte so voller Optimismus und versprach so viele Möglichkeiten, dass es selbst Leute zwischen 30 und 40 mochten.

mit offenen Armen empfangen – ohne eine Spur von Ironie, obwohl *Sgt. Pepper* eigentlich eine Parodie auf all die familienfreundlichen Entertainer darstellte.

Der New Yorker Kritiker Robert Christgau glaubte, dass *Sgt. Pepper* »mit etwa der gleichen Spannung erwartet wurde wie ein Jahrhundert zuvor neue Episoden von Dickens«; der *New Musical Express* erkannte in *Lovely Rita* einen »frechen Song mit einem dahinschlendernden Beat, der die Füße in Bewegung bringt« und merkte zu *Lucy In The Sky With Diamonds* an, dass »Johns Gesang am Anfang weit entfernt klingt, erst wenn die Melodie ein wenig mehr Beat hat, kommt die Stimme näher«. All das sind Indizien dafür, wie weit damals die Erwartungshaltung und die Fähigkeit, das fertige Produkt zu beurteilen, auseinander klafften.

Das »Konzept« war, wie wir mittlerweile wissen, kaum mehr als die Summe eines glücklichen Zufalls und eines innovativen Cover-Designs. *When I'm Sixty-Four* war nur ein hastig überarbeitetes Instrumental, mit dem die Beatles einst schon bei den Soundchecks im Cavern-Club herumgespielt hatten. Auch 37 Jahre später funktioniert das Album noch immer ganz hervorragend als Gesamtwerk, aber würde man tatsächlich einen einzelnen Song auf eine Autokassette überspielen? *Newsweek* hob berechtigterweise *A Day In The Life* hervor, doch außerhalb des ursprünglichen Kontextes funktioniert kaum ein Song des Albums. Es gibt auf *Sgt. Pepper* einfach kein Äquivalent zu *Here, There And Everywhere* oder *In My Life*, also zu Songs, die außerhalb der Alben bestehen, von denen sie stammen. So groß wie sie sind, werden diese 13 Songs wohl immer zusammen gehören.

7. JUNI – 5. JULI 1967

7 Für *You Know My Name (Look Up The Number)* werden in der Abbey Road weitere Instrumentaltracks eingespielt. Der Trickfilm *Yellow Submarine* wird angekündigt.

8 Paul McCartney lädt den Rolling Stone Brian Jones ins Studio ein. Jones steuert zu *You Know My Name (Look Up The Number)* ein schräges Saxophonsolo bei.

9 In der Abbey Road wird *You Know My Name (Look Up The Number)* fertig gestellt und abgemischt.

10 Die Bee-Gees-Single *New York Mining Disaster 1941* steht in den amerikanischen Top 40 – der Song wurde zuvor massiv im Radio gespielt, denn viele DJs dachten, es seien die Beatles unter einem Pseudonym.

14 Im Olympic Studio beginnen die Arbeiten an *All You Need Is Love*.

16 Die Beatles erscheinen auf dem Titelbild des *Life Magazine*. Im Heft eröffnet McCartney, dass er LSD genommen hat.

19 In der Boulevard-Zeitung *The Daily Mirror* redet McCartney über seinen LSD-Konsum. Für *All You Need Is Love* werden Gesang, Schlagzeug, Piano und Banjo aufgenommen.

21 Ein Mono-Mix von *All You Need Is Love* wird angefertigt.

23 Aufnahme der Orchester-Passagen für *All You Need Is Love*

24 Am Vormittag geben die Beatles in der Abbey Road eine Pressekonferenz, Thema ist die morgige Übertragung von *Our World*. Später werden noch Overdubs angefertigt und Kameraeinstellungen geprobt.

25 Bei der internationalen TV-Satellitenübertragung *Our World* wird *All You Need Is Love* aufgeführt (oben). Lennons psychedelischer Rolls-Royce nimmt an einer Wohltätigkeitsrallye im Londoner Battersea Park teil.

26 In der Abbey Road erhält *All You Need Is Love* den letzten Schliff.

28 Harrison fährt mit seinem schwarzen Mini-Cooper zu schnell. Und muss sechs Pfund Strafe zahlen.

JULI 1967

1 *Sgt. Pepper's Lonely Hearts Club Band* erreicht Platz eins der US-Charts. Die BBC-Show *Where It's At* sendet ein Interview mit Paul, der über *All You Need Is Love* spricht.

2 Auf einer Party bei Brian Epstein lernt Harrisons Ehefrau Patti Boyd Eric Clapton kennen.

3 Konzertveranstalter Vic Lewis gibt für die Monkees eine Party im Londoner Club Speakeasy. Unter den Gästen sind Lennon, Paul und Jane, George und Patti, Eric Clapton, Procol Harum und Dusty Springfield.

5 John und Cynthia sehen sich im Speakeasy eine Show von The Marmalade an.

Was: Die »Our World«-Übertragung
Wo: Abbey Road Studios
Wann: 25. Juni 1967

GRENZENLOSE LIEBE

Für die erste weltweite TV-Übertragung schrieben die Beatles *All You Need Is Love*, die Hymne der Hippie-Ära. Von Keith Badman.

ALS DIE BEATLES zu einem neuen musikalischen Abenteuer aufbrächen, war *Sgt. Pepper's Lonely Hearts Club Band* gerade mal einen Monat alt: eine weltweite, live übertragene TV-Extravaganz namens *Our World*. Von der BBC wurde die Show blumig angekündigt: »Erstmals werden fünf Kontinente miteinander verbunden – der Mensch im Angesicht der Menschheit.«

An dieser globalen Veranstaltung nahmen weltweit 18 Fernsehsender teil, etwa aus Frankreich, Australien, Japan, den USA und Westdeutschland; das Programm reichte von Opernkonzerten bis Zirkusauftritten. Repräsentanten des britischen Fernsehens waren die Beatles, die sich dazu entschlossen, die kürzlich von John Lennon komponierte Hymne *All You Need Is Love* zu spielen.

Derek Burrell-Davis von *Our World* war für die Verpflichtung der Beatles verantwortlich gewesen. Paul McCartney erzählte damals, wie es zu der Zusammenarbeit kam: »Ein Kumpel von der BBC fragte uns, ob wir einen Song für die Show liefern könnten. Wir sagten: ›Wir machen einen, mit einfachen Worten, damit jeder den Text verstehen kann‹. Er sagte: ›Okay, alles klar‹, und dann gingen wir, spielten ein bisschen Monopoly, aber er fragte nach: ›Nun, wo ist der Song?‹ Wir antworten: ›Mach dir keine Sorgen, Derek.‹ John und ich setzten uns zusammen, er schrieb einen Song, ich tat dasselbe. Wir gingen ins Studio und beschlossen, seinen zuerst aufzunehmen. Als wir den Backing Track fertig hatten wurde uns klar, dass Johns Song der richtige war.«

Manager Brian Epstein äußerte ebenso wie Burrell-Davis Bedenken, ob es die Beatles schaffen würden: »Die Show rückte näher und näher, aber sie hatten noch immer keinen Song. Drei Wochen vor der Übertragung setzten sie sich hin und schrieben ihn, innerhalb von zehn Tagen war die Platte fertig.« Als Produzent fungierte wie üblich George Martin: »Am Ende des Fade Outs gab es eine leere Stelle, ich fragte sie, was sie damit anstellen wollen. Sie sagten: ›Schreib, was immer du willst, du kannst ja einfach ein paar deiner Lieblingslieder unterbringen.‹« Martin entschied sich für *Greensleeves* und *In The Mood*. George Harrison sagte später, dass Paul während der Aufnahme die Idee hatte, am Ende *She Loves You* zu singen.

Ort des Geschehens für den historischen *Our World*-Auftritt war EMIs Studio 1 in der Abbey Road. Die Proben begannen am Samstag, den 24. Juni 1967 – einen Tag vor der Übertragung. Man entschloss sich dazu, den Beatles eine bunt gemischte Gruppe aus Freunden, Popmusikern und bekannten Gesichtern der Londoner Szene zur Seite zu stellen, die meisten von ihnen wurden von NEMS-Mitarbeiter Tony Bramwell ins Boot geholt. »Samstag abend machte ich mich auf, ein paar Gäste für die Übertragung einzuladen«, erzählt er, »man fand sie alle in Clubs wie dem Speakeasy, dem Cromwellian, dem Bag O'Nails und dem Scotch Of St. James's. Ich traf Eric Clapton, Mick Jagger und Marianne Faithfull. Im Speakeasy fand ich Keith Moon, der seine Umgebung bestens gelaunt mit Erdnüssen beschoss. Ich sagte: ›Ey, Mann, da gibt's morgen eine Party, zwei Uhr bei der EMI.‹ Er antwortete: ›Dann gehe ich jetzt besser mal nach Hause‹, und verschwand mit seinem Chauffeur.«

Am Tag der Übertragung wurde das EMI-Studio mit bunten Blumen und Luftballons geschmückt. Die Freunde und Prominenten wurden instruiert, sich um die Instrumente herum auf den Boden zu setzen. Keith Richards von den Rolling Stones machte es sich neben Ringo bequem, doch die meisten kämpften tatsächlich darum, in der Nähe John Lennons zu sitzen, der als Leadsänger vermutlich die besten Kameraeinstellungen bekommen würde.

Kurz bevor die Liveübertragung begann, herrschte im Kontrollraum schiere Panik, wie sich Toningenieur Geoff Emerick erinnert: »Wir gingen etwa 40 Sekunden zu früh auf Sendung. George und ich tranken gerade ein Glas Scotch, als via Interkom die Starterlaubnis einging. Wir versuchten panisch, die Gläser und die Flasche zu verstecken und ließen sie schließlich unterm Mischpult verschwinden.«

Im prominent besetzten Publikum saß auch Mike McGear, Sänger der Band The Scaffold und Pauls Bruder: »Als der ›Live-Knopf‹ gedrückt wurde, versuchte ich mein Bestes, die Show ein wenig lebendiger zu machen. Ich warf mit Konfetti und hielt Pappschilder hoch, auf denen ›smile‹ und ›Lachen‹ stand.« Der Auftritt, von geschätzten 500 Millionen Zuschauern verfolgt, war ein Erfolg, auch wenn George Harrison nach der Show ein wenig säuerlich reagierte: »Wir wollten eine Aufnahmesession samt Party, doch die BBC wollte daraus eine Fernsehshow machen. Es war ein ständiger Kampf, durch all diese Leute durchzukommen, die sich um die besten Plätze stritten.«

Trotz Georges leichter Unzufriedenheit war die Show ein denkwürdiger und historischer Augenblick in der Karriere der Beatles und darüber hinaus der perfekte Kommentar zum »Sommer der Liebe«. Brian Epstein sagte kurz darauf: »Ich persönlich halte *All You Need Is Love* für das Beste, was sie jemals gemacht haben. Sie schrieben den Song, weil sie der Welt tatsächlich eine Botschaft zu verkünden hatten.« Begeistert rief er den ehemaligen Pressechef Derek Taylor an und erzählte ihm überschwänglich, dass es »ihr bester Augenblick« gewesen sei. Paul McCartney war der gleichen Meinung. »Von allen Botschaften, die man verkünden kann, ist ›All You Need Is Love‹ sicher die perfekteste«, sagte er: »Wirklich das Schönste und Wundervollste, das man sagen kann.«

Abbey Road, 25. Juni 1967: »Jeder wollte in Lennons Nähe sein, weil die Kamera meist auf ihn als Leadsänger schwenken würde.«

25. Juli 1967: George als Einheimischer in einem Dorf nahe Athen

Was: Der Kauf einer griechischen Insel
Wo: Leslo
Wann: Juli 1967

INSEL DER TRÄUME

John Lennon träumte davon, mit den Beatles auf einer griechischen Insel zu leben. Also suchten sie sich eine aus. Von Chris Hunt.

MITTEN IM SOMMER DER LIEBE schwebten die Beatles über allen Dingen. *All You Need Is Love* hielt Platz eins der Charts und *Sgt. Pepper* befand sich insgesamt 23 Wochen auf dem ersten Rang. Sie beschlossen, all das hinter sich zu lassen und fortan auf einer Insel zu leben.

John Lennon hatte den Vorschlag eines Nachts im Studio unterbreitet: eine Insel als Rückzugsgebiet, auf der man ein kleines Königreich für alle Familien und Freunde gründen sowie das beinahe beste Aufnahmestudio bauen könnte, das für Geld zu haben ist. Der Idee zu keiner Zeit zugetan, nennt es McCartney ein »von Drogen befeuertes Vorhaben«.

John Alexis Mardas – oder Magic Alex, wie ihn Lennon aufgrund seines angeblichen Genies in elektronischen Dingen nannte – schlug seine Heimat Griechenland vor, wo man »Inseln beinahe verschenkt«. Alex und Epsteins Assistent Alistair Taylor – von der Band als »Mädchen für alles« eingesetzt – sollten ein passendes Eiland ausfindig machen. »Wir waren etwa eine Woche unterwegs und hatten drei auf der Liste«, erzählt Taylor: »Ich gab ihnen Bescheid, und sie sagten: ›Okay, lasst uns hinfahren.‹«

In Anbetracht der damaligen politischen Situation erschien Griechenland als die unpassendste Wahlheimat der Beatles. Nur drei Wochen zuvor hatte eine faschistische Militärjunta die Macht übernommen, nicht nur die Demokratie war abgeschafft worden, sondern auch der Rock'n'Roll und das Tragen von langen Haaren. Lennon schien davon unberührt: »Solange sie uns in Ruhe lässt«, erzählte er Hunter Davis, »ist mir egal, ob die Regierung faschistisch oder kommunistisch ist. Die sind doch überall gleich schlecht.«

Von den Inseln auf der Liste schien Leslo die beste Wahl zu sein: 324 Quadratkilometer groß, mit vier idyllischen Stränden und ebenso vielen kleinen, bewohnbaren Inselchen – eins für jeden Beatle. Der Kaufpreis von 90000 Pfund würde sich durch die Erträge des 65 Quadratkilometer großen Olivenhains innerhalb von nur sieben Jahren amortisieren, berechnete Taylor.

Am 20. Juli flogen George, Patti, Ringo und Neil Aspinall nach Athen, wo sie sich mit Alex und seinem Vater trafen – einem Major der griechischen Geheimpolizei. Paul, Jane, John, Cynthia und Julian folgten zwei Tage später, begleitet von Mal Evans, Taylor und Pattis 16-jähriger Schwester Paula. Brian Epstein nahm an der Party nicht teil, obwohl er in Johns Vision vom künftigen Insel leben durchaus eine Rolle spielte. Sein Vater war wenige Tage zuvor verstorben, der jüdischen Tradition folgend, hielt er die wochenlange Trauerzeit ein. Als die Yacht der Beatles, von einem Sturm aufgehalten, am 25. Juli schließlich Athen erreichte, weilte Epstein noch bei seiner Mutter in Liverpool, wo er einen Brief an seinen New Yorker Geschäftspartner Nat Weiss verfasste. Er klang nicht gerade begeistert: »Die Jungs sind nach Griechenland geflogen, um sich dort eine Insel zu kaufen«, schrieb er: »Ich halte es für eine verrückte Idee, aber sie sind keine Kinder mehr und müssen ihre eigenen Wege gehen.«

Um die Zeit bis zur Ankunft der Yacht zu überbrücken, besichtigten die Beatles einige Sehenswürdigkeiten. Doch wo immer sie auftauchten – die Menschenmassen waren bereits vor ihnen da, was die Stimmung ein wenig verdarb. Magic Alex hatte mit einem Vertreter der griechischen Regierung einen Handel vereinbart: Am Flughafen würde man die Band nicht durchsuchen, dafür sollte Alex das Tourismusministerium über die Pläne der Beatles immer auf dem Laufenden halten, damit man nette Fotos schießen könne. Diplomatische Immunität im Austausch gegen ein wenig PR für die Junta – aber immerhin konnten die Beatles genug Drogen einführen, um die Reise zu einem unvergesslichen Erlebnis zu machen.

Als die Yacht gerade ablegen wollte, flog Ringo nach Hause zu seiner hochschwangeren Ehefrau. Neil Aspinall begleitete ihn. Die restliche Gang kreuzte sorglos durch die Ägäis, ging baden, bräunte sich in der Sonne und konsumierte eifrig LSD. Bis spät in der Nacht saß man auf Deck, segelte dem Mond entgegen und sang zu Georges Ukulelenbegleitung *Hare Krishna*.

Als sie Leslo erreichten, erinnert sich das »Mädchen für alles«, »verliebten sich die Jungs auf Anhieb in die Insel. Sie umrundeten sie mit dem kleinen Beiboot.« Jedermann war begeistert, Alistair wurde nach Hause geschickt, um alle nötigen Vorbereitungen zu treffen. Aus England große Beträge auszuführen, war aufgrund der damals gültigen Rechtslage kein leichtes Unterfangen, weshalb man sich direkt an James Callaghan vom Finanzministerium wandte und dabei dezent auf die Exporterfolge der Beatles hinwies. Das Ministerium erteilte eine Sondererlaubnis, doch 95000 Pfund waren die absolute Obergrenze. Seinen Brief versah Callaghan am Ende mit einer handschriftlichen Anmerkung: »Keinen Penny mehr ... ich frage mich, wie sie die Insel bewohnbar machen wollen.«

Derlei Fragen beschäftigten die Beatles nur am Rande, sie wiesen ihre Bevollmächtigten an, den nötigen Dollarbetrag von der Regierung anzukaufen. All das dauerte jedoch seine Zeit, während der das Interesse deutlich nachließ. »Als wir da draußen waren, brauchten wir eigentlich nicht mehr zurückkommen«, erzählt Paul. »Der beste Weg, eine griechische Insel zu kaufen, ist wahrscheinlich der, dass man eine Zeit lang von ihr abhängt.«

Der Dollarbetrag wurde zum mittlerweile gestiegenen Kurs wieder verkauft, was den Beatles einen Gewinn von 11400 Pfund einbrachte. »Es war wohl das einzige Mal, dass die Beatles mit einem Geschäft Gewinn erzielten«, witzelte George in der *Anthology*. »Es führte zu nichts«, erzählt Ringo, »wir kauften keine Insel, wir fuhren einfach nach Hause. Wir waren gut darin, mit großen Plänen in den Urlaub zu fahren, aber wir führten sie nie aus ... es war eben doch sicherer, Platten zu machen, denn sobald wir aus dem Studio kamen, drehten wir ohnehin durch.«

John, der alte Grieche, Juli 1967

FOTOS: TOPHAM PICTUREPOINT, HULTON ARCHIVE, CORBIS

---

7. JULI – 9. AUG. 1967

7 Die Single *All You Need Is Love/Baby, You're A Rich Man* erscheint in England.

17 *All You Need Is Love/Baby, You're A Rich Man* erscheint in den USA.

20 Harrison und Starr reisen nach Athen. Gerüchte kursieren, die Beatles hätten für 150000 Pfund eine griechische Insel gekauft.

22 *All You Need Is Love* erreicht Platz 1 in England.

23 Die Beatles fahren von Athen nach Delphi, wo sie sich eine Aufführung der Oxford Drama Company von *Agamemnon* ansehen wollen. Sie werden von Fans und Journalisten, die ihr Auto belagern, zum Umkehren gezwungen.

24 In der *Times* steht eine ganzseitige Anzeige, die zur Legalisierung von Marihuana aufruft. Zahlreiche Prominente haben unterschrieben, darunter alle vier Beatles.

26 Ringo verkürzt seinen Aufenthalt in Griechenland und kehrt nach England zu seiner hochschwangeren Frau Maureen zurück.

30 George und Patti kehren aus Griechenland zurück.

31 Ringo nimmt die Abschiedsbotschaft für den Piratensender »Radio London« auf. Sämtliche Piratensender stellen demnächst den Betrieb ein.

31 Lennon und McCartney kehren aus Griechenland zurück.

AUGUST 1967

1 George und Patti beziehen ein gemietetes Haus am Blue Jay Way nahe dem Sunset Strip in Los Angeles.

4 George sieht Ravi Shankar (unten) live in der Hollywood Bowl.

7 Harrison trifft sich in Hollywood erneut mit Ravi Shankar.

8 Harrison besucht den Haight-Ashbury-Distrikt in San Francisco. Mit dabei: Derek Taylor (rechts daneben).

9 Harrison verlässt die USA und kehrt nach London zurück.

18. AUG. – 5. SEPT. 1967

18 Bei Decca erscheint die Rolling-Stones-Single *We Love You*. Lennon und McCartney sind als Backgroundsänger zu hören.

19 *All You Need Is Love* erreicht Platz 1 in den US-Charts. Maureen Starkey, Ringos Ehefrau, bringt im Queen Charlotte's Hospital in Hammersmith ihren Sohn Jason zur Welt. Der Sender KNOW in Denver boykottiert alle Beatles-Platten, da sie »das Nehmen von Trips« propagieren.

22–23 Im Chappell Studio in der Londoner Maddox Street wird *Your Mother Should Know* aufgenommen.

24 Die Beatles (ohne Ringo), Mick Jagger und Marianne Faithfull besuchen im Park Lane Hilton eine Sitzung des Maharishi Mahesh Yogi.

25 Die Beatles reisen nach Bangor, um beim Maharishi die Transzendentale Meditation zu erlernen.

26 Während die Beatles noch in Bangor sind, will sich Brian Epstein in seinem Haus in Sussex mit Freunden treffen.

27 Brian Epstein stirbt in seinem Haus in Belgravia an einer Tablettenvergiftung. Der *Sunday Express* enthüllt, dass Ex-Beatles-Drummer Pete Best in einer Bäckerei arbeitet. Für 72 Pfund im Monat.

28 Brian Epsteins Tod beherrscht die Titelseiten aller englischen Zeitungen.

29 Infolge von Epsteins Tod verlieren die Aktien von Northern Songs über 250 000 Pfund an Wert. Am Ende des Tages ziehen die Kurse wieder an.

30 In der Gerichtsmedizin in Westminster beginnen die Untersuchungen der Todesursache. Am 8. September ist der Fall abgeschlossen.

31 Die *Times* berichtet, dass die Beatles angekündigt hätten, infolge von Brian Epsteins Tod ihre Geschäfte künftig selbst zu führen.

SEPTEMBER 1967

1 Die Beatles treffen sich bei Paul McCartney, um ihre Pläne zu diskutieren. Sie beschließen die *Magical Mystery Tour*.

2 Die *Times* zitiert Experten des psychologischen Instituts Cambridge, die mithilfe der »exzentrischen Artikulation« auf *Sgt. Pepper's Lonely Hearts Club Band* Herzkrankheiten erkennen wollen.

5 In der Abbey Road werden 16 Takes von *I Am The Walrus* eingespielt.

Was: »We Love You« von den Rolling Stones
Wo: England
Wann: 18. August 1967

SPIELKAMERADEN

Die Stones hatten Ärger mit dem Establishment, als nette Geste sangen Lennon und McCartney auf ihrer neuen Single. Von *John Harris*.

AM 5. FEBRUAR TITELTE DAS BLATT *News Of The World* mit der Zeile »Die Geheimnisse der Pop Stars«. Der Artikel gab vor, auf einem Gespräch zwischen Mick Jagger und zwei Undercover-Journalisten zu basieren, das im Londoner Club »Blaises« stattgefunden hatte – einem jener Läden, in deren sanftem Dämmerlicht sich alle möglichen Pop-Aristokraten verbargen. Der Mann, den die beiden Schreiber für Mick Jagger hielten, warf ein paar Benzedrin-Tabletten ein, zeigte ihnen ein Stück Haschisch und lud sie sogar zum Kiffen in sein Haus ein…womit er sein Schicksal besiegelte.

Die Sache hatte nur einen kleinen Haken: »Mick Jagger« war in Wirklichkeit Brian Jones gewesen. Jagger reagierte mit einer Verleumdungsklage, womit eine der legendärsten Geschichten jener Ära ihren Lauf nahm. Zwei Wochen später ging die schändliche Razzia in Keith Richards' Landhaus über die Bühne, Jaggers Klage wurde daraufhin zurückgewiesen – *News Of The World* lieferte dem Establishment die Skalps der Rolling Stones. Die Beatles waren mit dem Skandälchen indirekt verbunden: George Harrison war einer von Keith Richards' Gästen gewesen, hatte die Party aber rund 90 Minuten vor der Razzia verlassen (in der Stones-Mythologie ist noch heute die Rede davon, dass die Polizei abwartete, bis der Beatle gegangen war).

Die Beziehung zwischen den Beatles und den Stones war 1967 am engsten, was folgende Ereignisse verdeutlichen: Fünf Tage nach der Story in *News Of The World* besuchten Mick Jagger und Marianne Faithfull die Orchester-Session für *A Day In The Life*. Neun Tage später folgte dann die Razzia, und am 18. Mai krönten Lennon und McCartney all die Solidaritätsbekundungen in Richtung Jagger und Richards, indem sie auf ihrer neuen Single sangen. *We Love You* dramatisierte die Erfahrungen der Stones bis zum Gehtnichtmehr. Knapp einen Monat später stand Brian Jones vor einem Mikrofon in der Abbey Road, um das nicht ganz ernst gemeinte Saxophonsolo für *You Know My Name (Look Up The Number)* einzuspielen. Mick und Marianne trafen am 24. Juni im Studio 1 ein, um der weltweiten Ausstrahlung von *All You Need Is Love* beizuwohnen. Fünf Tage später wurden Jagger und Richards dann ins Gefängnis chauffiert, nachdem ihre dreitägige Verhandlung mit Schuldsprüchen und lautem Protestgeheul geendet hatte.

Die Art und Weise, wie die Stones behandelt wurden, zwang die englische Gegenkultur dazu, die rosarote Brille der Unschuld abzulegen und den Kampf der Generationen anzunehmen. John Lennon, noch immer mittendrin in seinem zweijährigen Acid-Trip, ließ *Mr. Kite* und *Lucy In The Sky* plötzlich gut sein und mutierte zum scharfen Ankläger: »Schaut euch an, was sie hier gerade abziehen«, erklärte er im Sommer 1967. »Sie haben ›Radio Caroline‹ verboten und versucht, die Stones loszuwerden. Gleichzeitig geben sie Milliarden für Atomwaffen aus, und unser Land ist voller US-Stützpunkte, über die niemand genau Bescheid weiß.« Die Verwandlung der Flower Power zum wütenden Protest des Jahres 1968 kündigt sich in diesen Worten ebenso an wie der Linksradikalismus, mit dem Lennon in den frühen 70er-Jahren eine Zeit lang sympathisierte.

Jagger und Richards gingen zwischenzeitlich in Berufung und wurden freigelassen. *We Love You*, das am 18. August erschien, als die Nachbeben noch deutlich spürbar waren, wirkte wie eine Trotzreaktion zum absolut richtigen Zeitpunkt.

Philip Norman schreibt in seinem Buch *The Stones*, dass *We Love You* nicht einmal ironisch gemeint sei, sondern nur einen »schwachen Versuch« darstelle, *All You Need Is Love*, die Sommerhymne der Beatles, zu kopieren«. Eine Interpretation, wie sie falscher nicht sein könnte. Der Song hat viele Reize: Da gibt es Nicky Hopkins' hypnotisches Klavierspiel, sarkastische Falsettgesänge und – von 3:46 bis zum Ende – unheimliche Mellotron-Klänge.

»We Love You«? Erzähl das dem Richter!

Dass zwei Beatles mitgewirkt haben, ist nicht von Anfang an erkennbar, doch bei den Frage-Antwort-Sequenzen, die den Mittelteil beenden und das Finale einläuten, kann man deutlich Lennons einzigartig nasal gesungene Vokale heraushören. Wie dem auch sei: Der Song markiert noch immer jenen Moment, in dem beide Bands gemeinsam absolut brillante Psychedelia ablieferten; ein Zeugnis dessen, wie sehr sich beide Bands verändert haben, seitdem Lennon und McCartney den Stones 1963 verschämt *I Wanna Be Your Man* überlassen hatten.

Im Sommer 1967 kursierten weitere Gerüchte über gemeinsame Aktivitäten, einige Monate lang dachten beide Bands sogar über ein gemeinsam betriebenes Studio nach. Die Pläne gediehen immerhin so weit, dass bereits ein Grundstück nahe des Regent Park-Kanals gekauft wurde. »Wir brauchen auch noch ein Hotel«, ließ ein sichtlich aufgekratzter Paul McCartney wissen, »damit die Bands irgendwo wohnen können, wenn sie bei uns im Studio sind. Wir wollen auch einen Hubschrauberlandeplatz bauen, damit Bands aus dem Ausland in Heathrow landen und direkt hierher weiterfliegen können.«

Das Projekt verlief alsbald im Sande, auf der psychedelischen Straße rasten sowohl die Beatles als auch die Stones der Katastrophe entgegen. *Their Satanic Majesties* erschien im Dezember 1967 mit kleinen Beatles-Fotos auf dem Cover und Songs, die – von wenigen Ausnahmen abgesehen – wie eine verheerende Imitation von *Sgt. Pepper* klangen. Wenige Wochen später wurde die *Magical Mystery Tour* ausgestrahlt, woraufhin sich der psychedelische Vorhang genauso unbarmherzig schloss wie einst Jaggers und Richards' Gefängnistüren.

Nachdem John und Paul bei *We Love You* mitgewirkt hatten, revanchierte sich Mick Jagger mit seiner Teilnahme an der Satellitenübertragung von *All You Need Is Love*.

25. August 1967: »Ist heute nicht ein wunderschöner Tag?« George und der Maharishi an Bord des »mystischen Sonderzuges« von London nach Bangor

Was: Die Begegnung mit dem Maharishi
Wo: Bangor, Wales
Wann: 25. August 1967

DER MAHARISHI

Getrieben von der Hoffnung auf spirituelle Erneuerung, fuhren die Beatles im »mystischen Sonderzug« nach Bangor. Von Alan Clayson.

DIE ENTSCHEIDUNG DER BEATLES, Ende August mit dem Zug von London nach Bangor zu fahren, kam offenbar völlig spontan zustande. Die Reise war allerdings die Folge eines Seminars namens »Spirituelle Regeneration«, das Patti Harrison im vergangenen Februar in der Londoner Caxton Hall besucht hatte. Die Lehrsätze, die an diesem Abend vorgetragen wurden, wirkten wie Gebote, auch wenn der Redner darauf hinwies, dass seine Worte nur eine blasse Skizze seien, die sein Guru Maharishi Mahesh Yogi jedoch mit lebhaften Farben versehen könne.

Geboren als Mahesh Prasad Varma, hatte der silberbärtige Maharishi – die »große Seele« – 1959 einen britischen Ableger der »Internationalen Meditationsgesellschaft« ins Leben gerufen. Als Patti und George dem Rest der Gang von den süßen, blumigen Worten des asketischen Robenträgers berichteten, hatte dieser bereits rund 10 000 Jünger bekehrt. Er behauptete, dass durch kurze, tägliche Meditationen sämtliche Irritationen Stück für Stück überwunden würden, auf dass sich dann ein Zustand reiner Seligkeit einstelle. Derlei spirituelles Großreinemachen wäre darüber hinaus sogar möglich, ohne dem Materiellen zu entsagen – von den Beiträgen zur »Meditationsgesellschaft« einmal abgesehen.

Das hielten die Beatles für ein exzellentes Glaubensbekenntnis, weshalb sie sich allesamt – bis auf Ringo, dessen zweiter Sohn Jason gerade geboren worden war – in den andächtig stillen Mehrzweckraum des Hilton-Hotels begaben, um seiner Göttlichkeit zu lauschen. Er entsprach ganz dem Bild, das die Harrisons so farbenfroh gezeichnet hatten, weshalb George, John und Paul im direkten Anschluss an die Veranstaltung das Versprechen abgaben, an besagtem Wochenende nach Bangor zu reisen. Dort würde man sich dem Einführungskurs der Gesellschaft unterziehen, geleitet von der »großen Seele« höchstpersönlich – dem Maharishi. Bangor war wirklich der letzte Platz, an dem man die Beatles vermutete, doch die Fans und Medien hatten Wind von der Sache bekommen und fuhren im Nachmittagszug von Euston nach Bangor einfach mit.

Während sie packten, riefen die Beatles Freunde an, die vielleicht mit wollten. Den mystischen Sonderzug bestiegen schließlich Mick Jagger, Marianne Faithfull und Pattis Schwester Jennie. Belagert von brüllenden Journalisten, die Fragen stellten wie »Glauben Sie, dass Sie bis zum nächsten Dienstag ein anderer Mensch werden?« oder »Wie ist der Maharishi denn so?«, bezeichnete Jagger den Ausflug »eher als Zirkusnummer denn als den Beginn eines ernst zu nehmenden Ereignisses«. Unfähig, sich durch die Menschenmenge zu kämpfen, verpasste Cynthia Lennon den Zug – und eine der letzten Gelegenheiten ihre zerbrechende Ehe zu retten.

Der Rest der Gang quetschte sich in den Waggon, in dem auch der Maharishi saß. In Anbetracht der Vorkommnisse am Bahnhof dämmerte ihm wohl so langsam, welchen Fang er da gemacht hatte. Bislang hatte er keine Ahnung gehabt, wer die Beatles überhaupt waren, nun begann er damit, manche ihrer Textzeilen in seine Reden einzubauen.

In den Beatles hatte der Maharishi offenbar geduldige Zuhörer gefunden, doch andere Acts aus Brian Epsteins Management-Pool hielten sich eher an Jaggers Sicht der Dinge. Für Cilla Black etwa war Meditation »jemand, der mit einem großen Stapel Zeitungen aufs Klo geht, dort sitzt und alle liest«. Mit Gerry Marsden befand sich an diesem Wochenende noch ein anderer Epstein-Act in der Nachbarschaft des walisischen Seebades, allerdings nicht, um die »große Seele« zu treffen, sondern weil er im nahegelegenen Anglesey kürzlich ein Ferienhaus erworben hatte. »Ich wusste nicht, dass sie nur ein paar Meilen entfernt mit dem Maharishi zugange waren«, erzählt er, »aber ich war an diesen Dingen ohnehin nicht interessiert.«

Weder Brian Epstein war das alles geheuer noch seinen Hauptkunden. Ein zynischer Kommentar von Ringos Onkel (»Der ist nur hinter deiner Kohle her, Junge!«) verstärkte das Misstrauen. Allerdings nicht so sehr wie der Maharishis Vorschlag, die Beatles könnten doch einen Teil ihres Einkommens auf das schweizerische Nummernkonto Ihrer Unsterblichkeit parken.

Für vier Popstars, die seit 1963 wie kaum jemand sonst in einer Traumwelt gelebt hatten, war die Reise nach Bangor vielleicht vor allem ein Abenteuer. Bargeld war ihnen mittlerweile so unwichtig geworden wie einem Tiefseefisch das Augenlicht. Was ein wenig peinlich war, als ihnen in einem Restaurant in Bangor am folgenden Abend die Rechnung serviert wurde. George kapierte als Erster, warum die Kellner ständig um den Tisch herumschlichen und löste das Problem, indem er ein paar Banknoten aus seinem Schuh (!) holte.

Doch weder dieses Vorkommnis noch die harten Matratzen im Studentenheim waren so unerfreulich wie die Pressekonferenz, die Maharishis PR-Leute in der großen Halle anberaumt hatten. Fast alle Bluthunde von der Presse waren da, und fast alle kommentierten die Beschäftigung der Beatles mit Meditation in etwa so schnippisch wie Cilla Black. Darüber, dass Brian Epstein nicht vor Ort war, kursierten unter den Presseleuten ein paar geschmacklose Witze – am Abend zuvor war der einsame Manager in London verstorben.

Die »große Seele« leitete währenddessen ihre berühmten Jünger an. »Wir dürfen uns davon nicht unterkriegen lassen«, seufzte Ringo, »denn in seinem spirituellen Zustand wird Brian unsere Emotionen fühlen können.« Als die Dämmerung heraufzog rauschten die Beatles wie gewohnt durch ein Spalier unbarmherziger Blitzlichter, bis sie ihren schwarzen Rolls-Royce erreichten. Sie waren sichtlich mitgenommen von all den salbungsvollen Sprüchen, die den Tod verharmlosten. »Wir wussten nicht, was wir tun sollten«, sagte ein resignierter George, »wir waren verloren.«

Die Beatles und die »große Seele«, August 1967

6. SEPT. – 4. OKT. 1967

6 Abbey Road Studios: Weitere Overdubs und Mixes für *I Am The Walrus*. Die Arbeit an *Blue Jay Way* beginnen.

7 Die Arbeit an *Blue Jay Way* wird fortgesetzt.

8 Das Instrumentalstück *Flying* wird aufgenommen.

11 Die *Magical Mystery Tour* startet am Londoner Allsop Place.

12 In Dartmoor bleibt der Bus auf dem Weg nach Widdecombe auf einer Brücke stecken: Stau.

13–14 In Newquay, Cornwall, werden die Dreharbeiten zur *Magical Mystery Tour* fortgesetzt.

15 In Taunton, Somerset, werden weitere Szenen gedreht, bevor der Bus nach London zurückkehrt.

16 In der Abbey Road wird eine neue, kraftvollere Version von *Your Mother Should Know* aufgezeichnet.

18 Weitere Szenen für die *Magical Mystery Tour* werden in der Raymond Revue Bar im Londoner Walker's Court gedreht.

19 Auf dem Militärflugplatz West Malling in Maidstone, Kent, werden die Dreharbeiten fortgesetzt.

20 Bei einem Geschäftsessen in London eröffnet Dick James, der Vorsitzende von Northern Songs, dass die Beatles in den vergangenen fünf Jahren für Großbritannien zwischen 25 und 30 Millionen Pfund erwirtschaftet hätten.

20–24 Auf dem Flugplatz West Malling in Maidstone, Kent, werden weitere Szenen gedreht.

25–26 In der Abbey Road wird an zwei Tagen *The Fool On The Hill* aufgenommen.

27 *I Am The Walrus* erhält in den Studios 1 und 3 Orchester- und Gesangsoverdubs.

28 Weitere Overdubs und Mixe für *I Am The Walrus* und *Flying*.

29 Lennon und Harrison treten in der nächtlichen Talkshow *The Frost Programme* auf. Sie reden über Transzendentale Meditation.

30 Von Mitternacht bis in die frühen Morgenstunden wird in der Abbey Road *I Am The Walrus* abgemischt. Die Arbeiten an *Your Mother Should Know* werden fortgesetzt.

OKTOBER 1967

1 Auf dem Flugplatz West Malling in Maidstone wird gedreht.

2 In der Abbey Road beginnen die Arbeiten an *Hello, Goodbye*.

3 Im Garten von Ringos Haus Sunny Heights in Weybridge werden einige Szenen für die *Magical Mystery Tour* gedreht.

4 Lennon und Harrison treten erneut bei *The Frost Programme* auf (unten). Thema: Transzendentale Meditation.

Brian Epsteins Tod

**Gingen die Beatles den Bach runter, weil Brian Epstein starb? Oder starb Brian Epstein, weil die Beatles den Bach runtergingen?
Jim Irvin sucht die Antwort.**

Links: Trauernde Fans lesen vor seinem Haus die Nachricht von seinem Tod. Rechts: im Cavern Club, Anfang der Sechziger

FOTOS: DAVID STEEN, CAMERA PRESS/HULTON ARCHIVE

ES KURSIERT EINE – womöglich unwahre – Anekdote, die sich während Lennons berüchtigtem »lost weekend« abgespielt haben soll, als er sich Mitte der 70er-Jahre kurzzeitig von Yoko getrennt hatte, um sich ganz dem Suff zu ergeben. Als sich John und seine Saufkumpanen in einem Club gerade einen genehmigten, kam ein Fan des Weges, der mit seinem Helden ein wenig plaudern wollte. John war alles andere als glücklich darüber, Fragen zu den Beatles beantworten zu müssen. Eine davon betraf den Lieblingssong des Fans: »Ist es war, dass *Hey Jude* von Julian handelte?« Mit versteinertem Gesicht antwortete John: »Eigentlich handelte er von Brian Epstein. Ursprünglich hieß er ja auch ›Gay Jew‹ (›schwuler Jude‹).« Alle am Tisch intonierten spontan eine Neufassung des Refrains: »Lah-lah-lah la-la-la lah, la-la-la lah, Gay Jew!« Lennon schien urplötzlich in Tränen auszubrechen, brüllte in Richtung Zimmerdecke: »Verdammter Dummkopf!« Die Geschichte könnte durchaus wahr sein, zumindest die raubeinige Art der Liebesbekundung in Richtung seines Mentors ist für Lennon typisch. Weihnachten 1966 hatte Brian eine Glückwunschkarte erhalten, auf der Folgendes stand: »Happy Christian Brian, from John«.

1963: Epstein mit *Please Please Me*, dem Debütalbum.

Obwohl Brian anscheinend die seltene Gabe hatte, genau vorherzusehen, welche Platten sich in seinem Liverpooler Laden verkaufen würden, und obwohl er ein fotografisches Gedächtnis für Katalognummern hatte, war er niemals wirklich ein Pop-Fan. Im August 1961 begann er damit, eine Kolumne in der Zeitung *Mersey Beat* zu schreiben, die er auch in seinem Laden verkaufte. Doch zur Szene, aus der die Beatles kamen, hatte er keinen Bezug. Vielmehr dachte er, dass die Band aus Deutschland stammt, denn auf allen Handzetteln stand damals »Direkt aus Hamburg«, zudem war ihre Single *My Bonnie* eine deutsche Importplatte. Das sagt zumindest Alistair Taylor, Brians Assistent im North End Music Store und der Mann, der ihn am 9. November 1961 in den Cavern Club begleitete, als Epstein erstmals die Beatles sah. Erst als sie die Bühne bestiegen, bemerkte er, dass er diese Jungs als Kunden aus dem NEMS kannte. Obwohl er ihre Herkunft falsch eingeschätzt hatte, äußerte er gegenüber Taylor und einigen anderen spontan, dass diese ungepflegten Straßenkinder demnächst »größer als Elvis« sein würden. Was aber befeuerte seine grenzenlose Begeisterung für die Band?

Zwar war Brian homosexuell, doch ein etwaiges erotisches Interesse kann nicht ausschlaggebend gewesen sein. Denn es war eben nicht ihr raubeiniger Lederlook, den er der Welt zu verkaufen gedachte – auch wenn er dafür sicherlich empfänglich war. Er glaubte wirklich an ihren Erfolg. Wenn man bedenkt, wie häufig er als Bittsteller von den Londoner Musikmagnaten abgewiesen wurde, erscheint die Gewissheit, mit der er vom Potenzial »seiner Jungs« überzeugt war, beinahe übernatürlich. Als er bei Parlophone George Martin aufsuchte, hätte er allen Grund dazu gehabt, resigniert zu wirken. Doch Martin hat öfter darauf hingewiesen, dass er die Musik zwar durchwachsen fand (wenn man die Decca-Demos hört, mag man ihm kaum widersprechen), dass Brians Energie und unerschütterliches Vertrauen jedoch seine Neugier weckten. Als er die Band schließlich traf, war auch er von ihren Star-Qualitäten überzeugt. Offenbar wusste der Einzelkämpfer Brian instinktiv, dass er den Urknall auslösen würde, vor dem das Pop-Universum damals stand. Dass er und die Beatles etwas kreieren könnten, das Bestand haben würde, solange es Popmusik gibt. Doch in gleicher Weise, wie er vorhersah, dass die Beatles explodieren würden, erkannte er offenbar auch, dass sie der Implosion irgendwann immer näher kamen – was sein Ableben um einen beängstigenden Aspekt erweitert. Offiziell wurde sein Tod durch einen Unfall verursacht, alle Tatsachen bestätigen dies. Doch die Monate zuvor hatte er sehr zurückgezogen gelebt und unter Depressionen gelitten. Eine ganze Horde Dämonen hatte ihn geplagt, jeder einzelne davon hätte ihn in den Selbstmord treiben können. Was zur unausweichlichen Frage führt: Gingen die Beatles den Bach runter, weil Brian Epstein starb? Oder starb Brian Epstein, weil die Beatles den Bach runtergingen?

DIE BEATLES ZU TREFFEN, war Brians Rettung. Bis zu diesem Tag hatte er ein seltsam orientierungsloses Leben geführt. Am 19. September 1934 in Liverpool zur Welt gekommen, wuchs der Erstgeborene des Geschäftsmannes Harry Epstein und seiner Ehefrau Malka (die jeder nur Queenie nannte, da Malka im Hebräischen »Königin« bedeutet) als wohlhabender, aber ruheloser jüdischer Junge in der Vorstadt auf. Seine Schulzeit während des Krieges verlief nicht sonderlich glücklich, ab 1950 langweilte er sich im elterlichen Möbelladen. Zwei Jahre später wurde er zu Armee einberufen, die ihn jedoch als »emotional und mental für den Militärdienst ungeeignet« einstufte und nach nur zehn Monaten wieder entließ. Dem Familienunternehmen entkam er, indem er sich 1954 kurzfristig dem Schauspielunterricht verschrieb, was jedoch nicht lange anhielt. Das Gefühl, nirgendwo richtig dazuzugehören, wurde durch seine Homosexualität sicher noch verstärkt, ebenso wie durch den Erwartungsdruck, der als ältestem Sohn einer jüdischen Familie auf ihm lastete.

Als er NEMS übernahm, die Musikabteilung des neuen elterlichen Elektrogeschäfts, blühte er zwar ein wenig auf, doch so ganz konnte er sein Unbehagen nie abschütteln. Mit den Beatles entdeckte er vormals unvorstellbare Möglichkeiten – eine Welt voller Musik, Rebellion, Theatralik, Freiheit, Humor, Kreativität und Jugendlichkeit. Vielleicht erklärt das seinen unerschütterlichen Glauben an ihr Talent. Die Beatles verhalfen ihm zu einer positiveren Selbsteinschätzung, und vielleicht würde auch der Rest der Welt ihn fortan besser verstehen. Was dann auch geschah, und zwar ohne Wenn und Aber. Zwei Jahre, nachdem er seinen Schützlingen 1961 versprochen hatte, ihre Einnahmen im Cavern Club von fünf auf zehn Pfund zu verdoppeln, stand er im Mittelpunkt des unglaublichsten Medienphänomens, das England jemals erlebt hatte: Bis 1963 wurden Beatles-Platten im Wert von sechs Millionen Pfund verkauft. Die Beatles mischten die populäre Kultur auf, erst in England, dann in der ganzen Welt. Man nehme die erstaunliche Omnipräsenz von »Harry Potter« und multipliziere sie mit vier: Vom Schulmädchen bis zum Staatspräsidenten – wer in der Welt bestehen wollte, musste eine Meinung zu den Beatles haben. Und sie kundtun.

Um diese Macht und diesen Einfluss zu kontrollieren, musste Brian in Windeseile ein Imperium aufbauen. Mit Cilla Black, Gerry And The Pacemakers und Billy J. Kramer hatte er Liverpooler Acts unter Vertrag, die die Popwelt des Jahres 1963 absolut dominierten – sein Terminplan wurde immer voller. Mit Freunden wie Taylor und Peter Brown brachte er NEMS nach London, wo das Büro in der Argyll Street neben dem Palladium schnell zu klein wurde. Alsbald delegierte Brian alle Geschäftsangelegenheiten an Mitarbeiter, nur die Beatles blieben Chefsache.

Als Vertrauter der Beatles operierte er aus deren Mitte heraus. Als er in einen modernen Wohnblock, das Whaddon House in Williams Mews nahe des Lowndes Square, umzog, nahmen sich George und Ringo dort ebenfalls Wohnungen – die drei hingen häufig zusammen. Trotz seines Images als geradliniger Jungunternehmer nahm er an all den Parties teil, die der Ruhm der Beatles so mit sich brachte. 1970 erzählte John Lennon einem Interviewer, dass er sich dafür verantwortlich fühlt, Brian all die Pillen schmackhaft gemacht zu haben, die fortan seine Launen und sein Leben bestimmen sollten: »Ich habe ihm Pillen gegeben, um ihn mal zum Reden zu bringen, um herauszufinden, wie er eigentlich ist. Das gibt mir wohl eine Mitschuld an seinem Tod.«

Im August 1964 machte Al Aronowitz die Beatles mit Bob Dylan – und Bob Dylan die Beatles mit Marihuana bekannt. Brian zögerte keine Sekunde, als Dylan einen dünnen Joint aus purem Gras kreisen ließ. Der Rest der Gang war schon ziemlich stoned, als Brian an die Reihe kam. Sie lachten sich halbtot über ihren kultivierten Manager, der an dem Joint wie ein Penner an seiner letzten Kippe zog. »Wir waren alle hysterisch«, erzählt Paul McCartney in Barry Miles' *Many Years From Now*. »Brian zeigte auf sich selbst und sagte ›Jude! Jude!‹, es war unglaublich lustig, wir wussten gar nicht, wie uns geschah. Für Außenstehende mag es kein bisschen nachvollziehbar gewesen sein, aber für alle Eingeweihten war es sehr befreiend.«

Derek Taylor bezeichnete Brian als »extrem fröhlich und umgänglich«, andere erinnern sich daran, dass, wenn die Beatles mit ihrem Manager einen Raum betraten, er ebenso charismatisch und charmant wirkte wie seine Klienten – und dass er einen ebenso schrägen Sinn für Humor hatte. Doch Brian hatte auch eine dunkle Seite, die der Welt meist verborgen blieb und die nur seine engsten Freunde kannten. »Er hatte definitiv ein sprunghaftes Temperament«, erzählt Alistair Taylor. Brians amerikanischer Geschäftspartner, der Anwalt Nat Weiss, bemerkte auch einen Hang zum Leichtsinn: Brian flirtete gerne mit der Gefahr. Bei einem Urlaub in Spanien entdeckte er seine Leidenschaft für Stierkämpfe. »Ich glaube, seine Faszination für Stierkämpfer hatte etwas mit seinem eigentümlichen Interesse am Thema Tod zu tun«, erzählte Weiss Dokumentarfilmern der BBC. Was gesellschaftliche Dinge angeht, fühlte sich Brian in den High-Society-Clubs und -Casinos wie dem Curzon House und dem Clermont offenbar genauso wohl wie in den düstereren Stadtteilen, auf deren Straßen er die gröberen Geschäfte abwickelte. Immer darum bemüht, Geschäfts- und Privatleben nicht zu vermischen, hatte er bisweilen dennoch Ärger mit Erpressern, und gelegentlich wurde er auch von einer seiner riskanteren Eroberungen verprügelt. »Das wiederholte sich immer wieder, denn er lebte zu gefährlich und trank zu viel«, erzählte Derek Taylor der BBC: »Und natürlich spielten auch Pillen eine Rolle.« Schon 1964 ließ sich Brian regelmäßig Schlaftabletten und Amphetamine verschreiben, womit er den klassischen Teufelskreis aus »Pillen-zum-Aufwachen-Pillen-zum-Einschlafen« betrat, der so viele das Leben kostete. Auslandstourneen, Filme, Platten, Merchandising, Rechtsfragen – all das schrie nach seiner Aufmerksamkeit: ein Arbeitspensum, das eine übermenschliche Kondition erforderte. Unter diesem Druck war es vielleicht unumgänglich, dass er bisweilen die Beherrschung verlor. Normalerweise die Ruhe selbst, konnten auch eigentlich bedeutungslose Kleinigkeiten plötzlich wilde Wutausbrüche auslösen.

Der Entspannung war sein Privatleben nicht wirklich förderlich, er ging auch nie eine feste Beziehung ein. »Die Leute, zu denen er sich hingezogen fühlte, waren nicht unbedingt Typen, mit denen man sesshaft wird«, sagt dazu Peter Brown. In Diz Gillespie glaubte Brian die große Liebe gefunden zu haben, der hübsche, junge Kalifornier zog zeitweise bei ihm ein. Allerdings war Diz bisexuell, dass er Frauen mit in die Wohnung brachte, regte Brian ebenso auf wie seine Tendenz, in aller Öffentlichkeit Szenen zu machen, einmal sogar im Beisein seiner Eltern. Ihre Beziehung stand unter einem schlechten Stern und zerbrach recht bald, worunter Brian litt.

IN DEN MEISTEN POP-KARRIEREN kommt zuerst die moralische Entrüstung der Öffentlichkeit, dann folgt die sanfte Umarmung. Bei den Beatles war es genau umgekehrt. Um 1965 waren sie weltweit bekannt und geschätzt. Von da an konnte es eigentlich nur bergab gehen. Als die jubelnden Massen kurz Luft holen mussten, meldeten sich auch prompt die Kritiker zu Wort – und weil es Tausende Kritiker waren, erreichte das Ganze ➤

FOTOS: REX FEATURES/ROBERT WHITAKER

Das Foto von George, Brian und John schoss Robert Whitaker 1966 nach dem Konzert in Essen. Die Sprechblase schuf Martin Sharp vom Magazin Oz.

plötzlich politische Dimensionen. England und Amerika waren erobert, ihre Platten verkauften sich von Finnland bis Borneo, weshalb man den Entschluss der Beatles, auch in abgelegeneren Gegenden aufzuspielen, eigentlich als nette Geste werten muss. Doch in einigen Ländern sorgte bereits ihre pure Präsenz für Aufruhr, was zur Folge hatte, dass Kritiker sie als bedrohliche kulturelle Macht begriffen«, die bekämpft werden müsste. Plötzlich war »die Öffentlichkeit« nicht mehr ein zufriedener Einzelorganismus, der bezaubert und unterhalten werden wollte, sondern eine vielköpfige Bestie, die ihre Zähne zeigte. Mit Johns Statement im März 1966, man sei »größer als Jesus«, hatte sich die Stimmung in den USA gewandelt, als sie durch Japan, Indien und die Philippinen tourten, war die öffentliche Meinung auf dem Tiefpunkt. Die Gefangenschaft in Hotelzimmern, die Sinnlosigkeit, vor Massen zu spielen, die die Musik mit hysterischem Geschrei übertönten, die aggressiven Pressekonferenzen, die öffentlichen Plattenverbrennungen und nicht zuletzt die sehr reale Gefahr, körperlich Schaden zu nehmen – all das sorgte dafür, dass es kein reines Vergnügen mehr war, ein Beatle zu sein.

In *Many Years From Now* erinnert sich Paul an den 21. August 1966, als er nach einem mäßigen, verregneten und potenziell gefährlichen Open-Air-Konzert in St. Louis, Missouri, schließlich die Nase voll hatte: »Nach der verregneten Show quetschten wir uns in einen dieser verchromten Busse, ein schrecklich leerer Ort. Während der gesamten Tournee waren unsere Köpfe immer leerer geworden, und nach diesem ebenfalls leeren Konzert musste ich einfach ein bisschen Dampf ablassen. Ich fluchte ein wenig und sagte den Jungs, dass ich ihnen verdammt noch mal Recht gebe. Ich hatte auf diesen Scheiß keine Lust mehr. Sie sagten: ›Das erzählen wir dir seit Wochen, Mann.‹ Schließlich stimmte ich ihnen zu.«

Die Entscheidung, mit den Tourneen aufzuhören, lag außerhalb von Brians Einflussbereich. Er konnte ihren Beschluss nachvollziehen und respektierte ihre Gefühle, andererseits sagte ihm seine innere Stimme, dass er komplett überflüssig werden würde, wenn die Band nicht mehr live auftrat. Am 29. August 1966, dem Tag der letzten Show im Candlestick Park in San Francisco, offenbarte er Nat Weiss, dass die Beatles nicht mehr auf Tournee gehen würden. Am Tag zuvor, als die Beatles in Chicagos Dodger Stadium spielten, tauchte sein treuloser Liebhaber Diz Gillespie unerwartet auf. Nach der Show entdeckten Brian und Nat, dass Diz ihre Aktenkoffer gestohlen hatte. In Brians Koffer waren Pillen, Verträge und einige Dinge, die ihn in Verlegenheit bringen konnten, weshalb er sich dazu entschloss, nichts zu unternehmen. Weiss wollte seinen Koffer indessen wieder haben und alarmierte die Polizei. Gillespie wurde verhaftet, die Koffer samt Inhalt zurückgegeben. Doch die Tatsache, dass er von einem Vertrauten betrogen worden war, noch dazu vor dem letzten Konzert seiner Jungs, brachte ihn an den Rand der Verzweiflung. »Das war der Auslöser für seine erste schwere Depression«, erzählt Weiss.

»Brian unterlag immer großen Stimmungsschwankungen«, berichtete NEMS-Mitarbeiter Geoffrey Ellis der Dokumentarfilmerin Deborah Geller. »Wenn er gut drauf war, konnten Leute mit ihren Problemen zu ihm kommen, er sagte dann: ›Wir lösen das, mach dir keine Sorgen, alles wird gut werden‹. Dann zog er sich wieder in sein Haus zurück, ging nicht vor die Tür, weigerte sich, Telefongespräche anzunehmen und an Besprechungen teilzunehmen.« Er begann damit, die Geschäfte von seinem neuen Haus aus in der Chapel Street in Belgravia zu führen, meistens unterstützt von seiner Assistentin Wendy Hanson und später dann Joanne Newfield. Letztere erinnert sich daran, dass sie häufig Zettel von Brian vorfand, wenn sie um zehn Uhr mit der Arbeit begann: »Wecken und Frühstück um 15.00 Uhr«. Von Aufputschmitteln beflügelt, verbrachte er die Nächte gerne in seinen Lieblings-Casinos. Paul McCartney erinnert sich daran, wie Brian Tausende verlor: »Dann mahlte er mit den Kieferknochen und stöhnte: ›Uhhh ... die Pillen‹.«

Gegen Ende 1966 verhandelte Epstein erstmals mit Robert Stigwood, dem fähigen australischen Manager von Cream und den Bee Gees, über dessen Einstieg als Co-Manager bei NEMS. »Unter den Mitarbeitern regte sich Unmut«, erzählte Geoffrey Ellis der Filmemacherin Deborah Geller, »denn das hätte bedeutet, dass wir Brian als Mentor und verlässliche Größe verloren hätten, und immerhin war er sehr beliebt.« Bis auf die Beatles und Cilla Black sollte Stigwood alles übernehmen, zudem wurde ihm eine Beteiligungsoption über 500000 Pfund angeboten. »Ich war nicht sonderlich erfreut darüber«, sagt George Martin, »die Beatles waren sogar ziemlich unglücklich. Sie wollten mit niemandem außer Brian zusammenarbeiten.« Sie waren zwar froh darüber, dass Brian sie weiterhin managen wollte, doch wenn er seine Beatles-Rechte ohne ihre Einwilligung an Stigwood veräußern sollte, würde laut Paul McCartney Folgendes passieren: »Dann nehmen wir ab jetzt für jede neue Single *God Save The Queen* auf. Wir werden falsch singen. Wenn uns dieser Typ kauft, dann ist es das, was er dafür bekommt.«

Brian erkannte, dass er sich fortan auf andere Aspekte ihrer Karriere konzentrieren sollte. Besonders vehement verfolgte er die Produktion eines neuen Spielfilms, wofür er den jungen, unverbrauchten – und schwulen – Schriftsteller Joe Orton als Drehbuchautoren engagierte. (Orton lieferte eine Rohfassung mit dem Titel *Up Against It*, ein mutiger, aber erfolgloser Versuch, der ebenso wie Charles Woods abgelehntes Drehbuch für *Help!* vor allem darunter litt, keine plausible Story für vier Helden zu bieten. Ortons eigenartiger Kunstgriff sah vor, die Beatles als vier Aspekte eines einzigen Charakters darzustellen.) Für einen abendfüllenden Zeichentrickfilm reanimierte Brian zudem die Kontakte zu King Features, die an den Cartoon-Beatles die Rechte hielten.

Juni 1966, im Zug nach Hamburg: John und Brian delektieren sich an James Thurber.

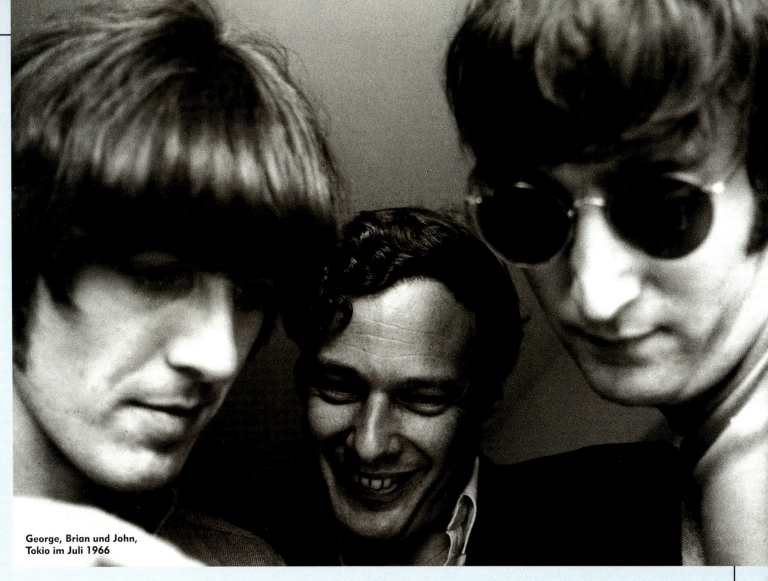

George, Brian und John, Tokio im Juli 1966

Dazu Al Brodax, Produzent von *Yellow Submarine*: »Ich traf die Beatles mehrere Male, als sie gerade bei Harrods Klamotten für ihre Indienreise kauften. Wir redeten viel und kamen auch gut miteinander aus, sobald Brian den Raum verließ. Er war schwierig.« Brian war mittlerweile hart genug, derartige Deals zu managen, was vor allem daran lag, dass er aus dem Debakel mit den amerikanischen Merchandising-Herstellern gelernt hatte. Nachdem er 1965 herausfinden musste, dass die US-Lizenzvergabe für all die Perücken, Lunchboxen und Kaugummikarten ein schlechtes Geschäft gewesen war, verklagte er die US-Firma Seltaeb. Im Januar 1967, nach langwierigen und teuren Klagen und Gegenklagen, wurde ein fairerer Vertrag ausgehandelt. Allerdings zu spät, denn der Höhepunkt der Beatlemania war längst überschritten. Weil er sich möglicherweise schuldig fühlte, einst so schlechte Verträge ausgehandelt zu haben, bezahlte Brian die Prozesskosten aus eigener Tasche.

Dafür hatte er nun die Chance, die Dinge zum Besseren zu wenden: Der 1962 mit der EMI ausgehandelte Vertrag sah drei erneuerbare Einjahres-Optionen vor sowie eine miserable Verkaufsbeteiligung von einem Penny pro Single. Als Brian den Vertrag 1963 neu verhandelte, konnte er der EMI lediglich eine weitere Option anbieten, denn sein eigener Vertrag mit den Beatles sollte 1967 enden. Was dazu führte, dass der Plattenvertrag auslief, während die Band an *Sgt. Pepper* arbeitete. Bei einem Besuch in Amerika sondierte Brian mögliche Alternativen: Er sprach mit CBS, wo man ihm mitteilte, die Beatles hätten ihren Zenit überschritten; er verließ das Büro fluchtartig. Er kontaktierte RCA, wo man offenbar zufrieden damit war, Elvis-Platten zu verkaufen – er nannte sie später »Hohlköpfe«. Offenbar sprach er auch kurz mit Ahmet Ertegun von Atlantic Records, doch letztendlich stimmte er einer Vertragsverlängerung mit der EMI einfach zu. Allerdings forderte er getrennte Vereinbarungen mit der englischen Parlophone und der amerikanischen Capitol. Man verabschiedete einen Riesendeal, der die Gruppe – als Kollektiv wie als Einzelpersonen – bis 1976 absicherte. Aus den USA kam eine Bonuszahlung von satten zwei Millionen Dollar, zudem sicherten sich die Beatles eine Verkaufsbeteiligung von neun Prozent, was in Zeiten der üblichen drei oder vier Prozent eine kleine Sensation war.

Nachdem er all das auf den Weg gebracht hatte, gönnte sich Brian einen längeren Urlaub. Er besuchte Freunde in New York und reiste nach Spanien, um sich ein paar Stierkämpfe anzusehen. Außerdem lernte er LSD kennen, mit dem er fortan seinen Alkohol-, Amphetamin- und Barbiturat-Konsum fröhlich abrundete: »Ich glaube, LSD hat mir dabei geholfen, mich selbst besser kennen zu lernen und weniger launisch zu sein«, erzählte er im Mai 1967 dem *Melody Maker*. Seine Ferien endeten einige Woche später in der Priory-Entzugsklinik in Roehampton.

Gerade rechtzeitig zur Veröffentlichung von *Sgt. Pepper* und der weltweiten TV-Ausstrahlung von *Our World*, bei der die Beatles *All You Need Is Love* spielten, tauchte er wieder auf. Es war ein Moment des Triumphs: ein lukrativer neuer Plattenvertrag, ein extrem erfolgreiches Album, eine epochale Single, die dem bislang größten Fernsehpublikum vorgestellt wurde. Nur wenige Wochen später starb sein Vater – und erneut verlor er sein Gleichgewicht.

AM MITTWOCH, DEM 23. AUGUST, besuchte Brian das Londoner Chappell Studio, in dem die Beatles gerade an Pauls neuem Song, *Your Mother Should Know* arbeiteten. Zwar hatte er mit Paul bereits zuvor über Budgets und Produktionsmittel für den neuen Film *Magical Mystery Tour* diskutiert, doch nun wurden Nägel mit Köpfen gemacht. George, John und Paul hatten für den nächsten Tag Tickets gekauft, um dem Maharishi Mahesh Yogi im Hilton zu lauschen. Ringo besuchte lieber seine Frau Maureen und den gerade geborenen Jason im Krankenhaus. Die anderen drei waren vom Maharishi derart beeindruckt, dass sie sich dazu entschlossen, im walisischen Bangor einem seiner Wochenendseminare beizuwohnen. Sie luden viele Freunde und Bekannte ein, die sie auf der Zugfahrt am Samstag begleiten sollten. Brian hatte bereits andere Pläne: Er wollte

Auf der Couch: Maureen, Ringo, Brian, George und Patti entspannen sich 1965 auf Epsteins Balkon

das Wochenende mit Freunden in seinem Landhaus Kingley Hill in Sussex verbringen. Allerdings versprach er, am Montag, dem letzten Seminartag dazu zu stoßen.

Der Freitag war ein warmer, sonniger Tag. Als Brian nach der Arbeit mit seinem offenen Bentley Continental von der Chapel Street nach Sussex fuhr, war er bester Laune. Er hatte Geoffrey Ellis und Peter Brown übers Wochenende eingeladen, hoffte aber auch auf einen Besuch des jungen, schwulen Yardbirds-Managers Simon Napier-Bell, den er in der Woche zuvor kennen gelernt hatte. Bell hatte indessen andere Verpflichtungen, trotz Brians Vorschlag, alles abzusagen, nahm er seine Einladung nicht an. Auch Brians Assistentin und ihre beste Freundin Lulu hatten anderweitig zu tun und tauchten nicht auf. Als Ellis und Brown in Kingley Hill ankamen, wartete Brian bereits ungeduldig auf etwas Gesellschaft. Er hatte ein paar weitere Freunde eingeladen, aber als bis zum Abendessen niemand auftauchte, entschied er sich zur Rückkehr nach London. Er wollte ein bisschen Unterhaltung, die Aussicht auf ein ruhiges Wochenende im Kreise zweier NEMS-Mitarbeiter war nicht nach seinem Geschmack. Ellis und Brown versuchten ihn zum Bleiben zu überreden – immerhin hatte er schon recht viel getrunken –, doch Brian blieb unnachgiebig und meinte, dass er zum Frühstück zurück sei. Ironischerweise hielt kurz darauf ein Taxi und entließ vier Freunde, die überrascht waren, dass ihr Gastgeber bereits verschwunden war.

Samstagmittag waren Ellis und Brown wieder alleine, sie liefen zu einem nahegelegenen Pub, aßen etwas und versuchten Brian zu erreichen. Er rief später zurück, sagte, er sei müde und wolle ein wenig im Bett ausruhen. Am nächsten Tag fanden es die beiden ein bisschen komisch, Brians Gastfreundschaft ohne ihn in Anspruch zu nehmen. Sie riefen erneut an und wollten ihn überreden, den Rest des Wochenendes im Landhaus zu verbringen. Allerdings war Brians Butler Antonio am Apparat, er sagte, Brian hätte sich eingeschlossen. Ellis und Brown gingen wieder in den Pub zum Essen.

Kurz darauf rief ein aufgeregter Antonio bei Joanne Newfield an, er machte sich Sorgen um Brian. Daran gewöhnt, dass Brian auch mal um 15.00 Uhr frühstückte, war sie nicht sonderlich beunruhigt, dennoch wollte sie nach dem Mittagessen mal nach dem Rechten sehen. Er war noch immer nicht aufgetaucht, zwischen seinem Schlafzimmer und dem verschlossenen Flur befanden sich Doppeltüren und ein Ankleidezimmer –– ihn zu wecken war also nicht so leicht. Sie fuhr ins Büro und betätigte die Sprechanlage, die Brian zwischen beiden Räumen hatte installieren lassen. Keine Antwort. Sie begann sich darüber zu wundern, dass Brian überhaupt in London war und rief Peter Brown an, um herauszufinden, was vorgefallen war. Er erzählte ihr den Hergang. Sie sagte, dass sie die Türen aufbrechen wollte, Brown hielt das für keine gute Idee, denn nach einem früheren Fehlalarm war Brian fuchsteufelswild geworden. Als Brians Arzt nicht erreichbar war, empfahl ihr Brown seinen eigenen Hausarzt, Dr. Galway. Er sagte zu, vorbei zu kommen, dann rief Newfield Alistair Taylor an. Der war frisch aus L.A. zurückgekehrt und alles andere als begeistert, immerhin hatte er derartige Aktionen schon häufiger miterlebt. Newfields Stimme beunruhigte ihn ein wenig, weshalb er widerstrebend vorbeikam. Dr. Galway erschien, und gemeinsam mit Antonio brach man die Türen auf.

Die Vorhänge waren heruntergelassen, auf dem Bett lagen ein paar Briefe, ein Teller mit Schokoladenkeksen, ein Glas und ein halbe Flasche Bitter Lemon. Auf dem Nachttisch standen etwa acht Pillenfläschchen, keine davon leer und allesamt verschlossen. Im Bett lag Brian. Er schlief offensichtlich. Dr. Galway untersuchte ihn. Er war tot.

Die Beatles erreichte die Nachricht in Bangor. John nahm den Anruf entgegen und wurde blass. »Brian ist tot«, teilte er seinen ungläubigen Kollegen und ihren Frauen mit. Durch die spirituelle Abgeschiedenheit und Ruhe in Bangor wurde der Schock ein wenig gedämpft. Als sie abreisten, erklärte George der wartenden Presse: »Es gibt keinen Tod. Wir freuen uns zu wissen, dass es ihm gut geht.« Die Filmaufnahmen ihrer Abreise zeigen einen völlig desorientierten John: »Ich finde keine Worte, die ihm gerecht werden würden. Er war so liebenswert, und es sind die liebenswerten Dinge, über die wir uns nun Gedanken machen.«

Die Beatles waren nie wieder ganz die Alten. Tatsächlich blieb kaum etwas intakt. Robert Stigwood hatte seine Option wahrgenommen und bot den Beatles seine Managerdienste an. Er wurde abgelehnt, verließ die Firma und nahm seine Bands gleich mit. Für NEMS begann der langsame Niedergang. Brians Klienten litten nicht nur persönlich, sondern auch beruflich.

WENIG ÜBERRASCHEND, WAR GERÜCHTEWEISE sofort von Selbstmord die Rede. Als etwaige Gründe wurden das Auslaufen seines Vertrages mit den Beatles genannt sowie mögliche Zweifel an dessen Verlängerung. Auch über gewisse Unsicherheiten nach dem plötzlichen Auftauchen des Maharishis wurde spekuliert. Andere sagen, dass die Beatles ohnehin keine große Lust mehr verspürten: Ringo hatte familiäre Verpflichtungen, George war auf der spirituellen Suche, John hatte einen unersättlichen Hunger auf Drogen und Paul war in *Sgt. Pepper* aufgegangen. Brian fühlte sich offenbar außerstande, den drohenden Niedergang aufzuhalten. Andere fragten sich, ob Brian nicht einfach nur furchtbar einsam war. Immerhin war in Kingley Hall vieles schief gelaufen, es kann demnach durchaus möglich sein, dass ihn die Lieblosigkeit seines Daseins

verzweifeln ließ. Als Simon Napier-Bell nach seiner Rückkehr seinen Anrufbeantworter abhörte, waren darauf viele undeutliche Botschaften von Brian. Er war kurzzeitig beunruhigt, dass Brian sich seinetwegen umgebracht haben könnte, in einem Akt der Verzweiflung und um ihn zu verletzen.

Der Gerichtsmediziner nannte als offizielle Todesursache eine unbeabsichtigte Überdosis Carbrital. Am wahrscheinlichsten ist es, dass er Schlaftabletten geschluckt hatte, in der Nacht aufwachte und irrtümlich annahm, noch keine genommen zu haben. Dann warf er zwei weitere ein, was zusammen mit dem Alkohol, den er den Tag über getrunken hatte, sowie einem schwachen Kreislauf infolge körperlicher Passivität tödlich war. Selbstmord wurde ausgeschlossen, dagegen sprach einerseits die Menge an Barbituraten in seinem Blut sowie die fein säuberlich verschlossenen Pillenfläschchen. Wer sich umbringen will, nimmt wesentlich mehr Tabletten, außerdem gab es keinen Abschiedsbrief. Freunde erinnerten sich auch daran, dass er in den Wochen vor seinem Tod viele Pläne und Projekte hatte, auf die er sich sehr freute. Außerdem sorgte er sich um das Wohlergehen seiner Mutter, die ihren Mann verloren hatte. Rationale Gründe dafür, doch lieber am Leben zu bleiben, spielen bei depressiven, selbstmordgefährdeten Menschen wie Brian allerdings nicht zwangsläufig eine Rolle. Immerhin hatte er in der Vergangenheit mindestens zweimal absichtlich überdosiert. Einmal, als Peter Brown und der Chauffeur Bryan Barrett ihn fanden, hatte er sogar einen Abschiedsbrief hinterlassen. Ihm wurde der Magen ausgepumpt, was ihn rettete. Ein anderes Mal rief er Barrett an und gestand ihm, was er gerade getan hatte. Der Chauffeur raste zu ihm und brachte ihn mit Salzwasser zum Erbrechen. Zwei weitere Male drohte er gegenüber Alistair Taylor am Telefon, alles zu beenden. Joanne Newfield hatte einst Brians Arzt gefragt, warum er immer wieder urplötzlich in tiefe Depressionen verfalle: »Er sagte mir: ›Brian ist auf Kollisionskurs. Uns allen ist angeboren, dass wir zumindest versuchen, Depressionen zu besiegen oder zu verdrängen. Doch Brian rennt geradewegs darauf zu‹.«

Einige Wochen nach seinem Tod kehrte Joanne erstmals zu seinem Haus zurück, um ein paar Unterlagen für seinen Bruder Clive zu holen, der bei NEMS eingestiegen war. »Ich wollte nicht dorthin«, erzählte sie. »Das Personal war entlassen worden, das Haus stand leer. Es war richtig unheimlich in seinem Zimmer. Ich wollte nur die Dinge einsammeln und dann schnell wieder verschwinden. Dann fand ich das Buch, in dem ich immer die Briefe hinterlassen hatte, die Brian unterschreiben sollte. Ich öffnete es und war zu Tode erschreckt, denn dort drin steckten zwei Abschiedsbriefe. Einer für Clive, einer für Queenie. Allerdings hatte er sie etwa sieben, acht Wochen vor seinem Tod geschrieben. Sinngemäß stand da: ›Sei nicht traurig, mir geht es gut. Pass auf Dich auf. Ich liebe Dich‹. Sie waren sehr kurz. Vielleicht lagen sie schon seit Monaten in diesem Buch und er hatte sie vergessen. Ich weiß es nicht. Er hatte offensichtlich über Selbstmord nachgedacht, dann starb sein Vater und er änderte seine Meinung. Denn das wollte er seiner Mutter nicht antun.« Alles scheint darauf hinzuweisen, dass Brian zumindest zu diesem Zeitpunkt nicht sterben wollte, er glitt ganz einfach in die Bewusstlosigkeit über. Er war 32 Jahre alt.

Natürlich kursieren seit seinem Tod immer wieder Gerüchte, dass Brian Epstein kein sonderlich guter Manager gewesen sei. Zumindest drei Dinge lassen ihn jedoch brillant aussehen: Erstens war er das Original. Eine Popband von der Größe der Beatles war ohne Beispiel, und Epstein leitete den Laden mit unvergleichlicher Lockerheit. Zweitens waren die Anzug, Stiefel und Pilzkopf tragenden Fab Four, die erste weltweit beachtete Popband, seine Erfindung. Heutzutage würde eine Horde überbezahlter Stylisten und Marketing-Strategen an einem derartigen Image basteln. Und es dennoch nicht hinkriegen. Brian schaffte es im Alleingang. Zu guter Letzt ist da die Loyalität, mit der sich die Beatles an ihn erinnern. Sie haben immer darauf hingewiesen, dass ihre unglaubliche Karriere ohne ihn niemals stattgefunden hätte und dass sie ihn sehr mochten. Diese Einheit war seinem Tode Geschichte; die Beatles fühlten, dass sie mehr als einen bloßen Geschäftspartner verloren hatten. Es gibt wenige Bands, die in dieser Weise über ihr Management reden, und seien die Geschäftsbedingungen noch so gut. Sie haben immer wieder deutlich gemacht, dass die ihren Vertrag mit Brian verlängert hätten. Die Beatles waren eine Schatzkiste voller Möglichkeiten. Und nur Brian trug den passenden Schlüssel. ∎

27. August 1967: Die Beatles erfahren in Bangor von Brians Tod.
Untere Reihe: Beim Gedenkgottesdienst in der New London Synagogue, 17. Oktober 1967.

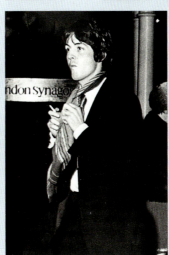

FOTOS: ROBERT WHITAKER/HULTON ARCHIVE

6. OKT. – 2. NOV. 1967

6 Für *Blue Jay Way* wird ein Cello-Part aufgenommen.

7 Der New Yorker Promoter Sid Bernstein bietet den Beatles 1 Million Dollar, wenn sie erneut im Shea Stadium auftreten.

11 In der Londoner Lisson Gallery eröffnet die Ausstellung *Yoko Plus Me*. Die Show wird von Lennon gesponsert. Er ist auch das »Me« im Titel.

12 In der Abbey Road übernimmt Lennon erstmals die Produzentenrolle. Man arbeitet an Stücken für die *Magical Mystery Tour*, vor allem an *Shirley's Wild Accordion*. Dabei sind Shirley Evans, Reg Wale, Paul und Ringo.

13 Um den Film *Wie ich den Krieg gewann* zu promoten, veröffentlicht United Artists die Single *How I Won The War* von Musketeer Gripweed And The Third Troop. Es wird der Eindruck erweckt, es sei eine Solosingle von John Lennon, der im Film Gripweed spielt. Tatsächlich ist Lennons Stimme zwei Sekunden lang zu hören – bei einem Dialog-Ausschnitt aus dem Soundtrack. Die *Times* berichtet, dass die Beatles und Rolling Stones Gespräche über »mögliche geschäftliche Kooperationen« geführt hätten – die folgenlos bleiben.

17 Die Beatles nehmen an einem Trauergottesdienst für Brian Epstein in der Londoner Synagoge teil.

18 *Wie ich den Krieg gewann* mit John Lennon (oben) feiert im Londoner Pavilion Theatre Premiere.

19 Neue Gitarren- und Gesangs-Overdubs für *Hello, Goodbye*

20 Für *The Fool On The Hill* wird eine Flöte aufgenommen, für *Hello, Goodbye* eine Viola. Die Chris Barber Band veröffentlicht die Single *Cat Call*, komponiert von McCartney.

25 McCartney nimmt für *Hello, Goodbye* den Bass auf.

27 Die Verantwortlichen des Twickenham Filmstudios fragen bei den Bee Gees an, ob sie den Soundtrack für den Film *Wonderwall* schreiben wollen. Den Zuschlag erhält schließlich George Harrison.

29 London: In der Acanthus Road und in Lavender Hill werden noch einige Szenen für den Film *Magical Mystery Tour* gedreht.

30–31 McCartney verbringt zwei Tage in Nizza, wo er den fehlenden Teil für *The Fool On The Hill* aufnimmt.

NOVEMBER 1967

1 In den Abbey Road Studios werden die Songs *Hello, Goodbye* und *The Fool On The Hill* abgemischt.

2 In der Abbey Road nimmt McCartney für *Hello, Goodbye* einen zweiten Bass auf.

Was: Die Aufnahme von »I Am The Walrus«
Wo: Abbey Road Studios
Wann: 5. September 1967

HIER KOMMT DER EIERMANN

Mit I Am The Walrus wollte Lennon beweisen, wie sinnlos es ist, Popmusik zu analysieren. Von Johnny Black.

ÜBER 30 JAHRE, NACHDEM JOHN LENNON *I Am The Walrus* zusammengestückelt hat, versuchen wir noch immer herauszufinden, was sein Text bedeutet. Obwohl er 1980 in einem Interview mit dem *Playboy* selbst ohne Umschweife erklärte, dass er diesen absichtlich bedeutungslosen Song schrieb, nachdem er bemerkt hatte, »dass Dylan mittlerweile ziemlichen Schwachsinn erzähle. Ich dachte mir, dass ich derartigen Mist ebenfalls schreiben könnte.«

Die umwerfend kraftvolle Kombination aus Musik und Text erhebt *Walrus* in den Rang eines psychedelischen Klassikers. Der Text funktioniert allerdings nur deshalb, weil Lennons geschickt zusammengerührter Eintopf aus surrealistischen Metaphern und literarischen Anspielungen zahllose Interpretationsmöglichkeiten eröffnet – eine so richtig wie die andere. Inspirationsquelle für die Musik war zuallererst die Sirene eines Polizeiwagens, der an Lennons Haus in Weybridge vorbeirauschte, als dieser gerade sein Wochenende mit LSD verschönerte. Die Worte »Mis-ter, ci-ty, policeman, sitt-ing, pre-tty...« passten prima zusammen, der Rest kam später dazu, natürlich unter den gleichen chemischen Voraussetzungen.

Gleichzeitig bastelte er an einer Reihe unfertiger Ideen herum, der eher idyllischen Melodie mit dem Text »sitting in an English garden...« etwa und der Zeile »sitting on a cornflake«. Lennons alter Freund Pete Shotton offenbarte in seinem Buch *John Lennon: In My Life*, welcher Katalysator all die Einzelteile schließlich zusammenführte. Während eines Besuchs in Weybridge hatten die beiden »vor lauter Lachen Tränen in den Augen«, als sie erfuhren, dass Beatles-Songs in den Klassenräumen ihrer alten Schule, der Quarry Bank High School, analysiert würden. Lennon wollte sofort etwas völlig Bedeutungsloses schreiben, nur zum Spaß, und um Lehrer, Kritiker und Musikwissenschaftler dazu zu bringen, seinen Kauderwelsch als Perlen beatle-esker Weisheit zu interpretieren.

Lennon fragte Shotton, ob er sich noch an jenen ekligen Reim erinnern könne, den sie als Schuljungen gesungen hatten. Er konnte: »Yellow matter custard, green slop pie / all mixed together with a dead dog's eye / slap it on a butty, ten-foot thick / then wash it all down with a cup of cold sick«. Die Gunst der Stunde nutzend, übernahm Lennon Teile des Verses, ergänzte sie um das frisch entworfene Bild von »semolina pilchard climbing up the Eiffel Tower«, und schon war der Song auf dem Weg. Zufrieden wandte er sich an Shotton: »Jetzt haben diese Wichser mal wirklich was zu knabbern.« Das titelgebende Walross kam später dazu, inspiriert von Lewis Carrolls Gedicht *The Walrus And The Carpenter* aus *Alice hinter den Spiegeln*. In Carrolls absurder Manier würzte er seinen Text mit einigen neuen Wortschöpfungen – »crabalocker«, »snied« und »texpert«.

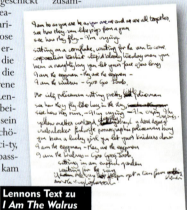

Lennons Text zu *I Am The Walrus*

Die Aufnahmen des Backingtracks begannen am 5. September 1967 im Studio 1 in der Abbey Road, am folgenden Abend komplettierte Lennon eine Demoaufnahme mit Gesang und Piano. George Martin entwickelte daraufhin eines seiner denkwürdigsten Orchesterarrangements, auch wenn McCartney insistiert, dass »John ihm ganz genau sagte, wie das Arrangement zu klingen hat. Die Melodie der Streicher sang er ihm sogar vor.« Wie auch immer die Arbeitsteilung ausgesehen haben mag, Martins Arrangement ist einer der Knackpunkte des Songs, eine meisterliche Mischung aus acht Violinen, vier Cellos, drei Hörnern und einer Klarinette. Martin engagierte auch die Mike Sammes Singers, die – ansonsten Easy-Listening-Crooner – die seltene Gelegenheit, ihr Repertoire zu erweitern, dankbar nutzten. Sie sangen »Got one, got one, everybody's got one« und »Oompah, oompah, stick it up your jumper!«. Den letzten surrealen Feinschliff erhielt das Stück am 29. September, als man ein paar zufällige Sequenzen einer BBC-Übertragung von *King Lear* dazufügte; Ringo bediente das Radio, John saß am Mischpult.

Im Verbund mit McCartneys *Hello, Goodbye* wurde *I Am The Walrus* am 24. November in England veröffentlicht, in den USA erschien die Single drei Tage später. Der Song erschien auch auf der britischen Doppel-EP zur *Magical Mystery Tour* und dem gleichnamigen US-Album. Binnen weniger Tage verbannte die BBC den Song aus ihrem Programm, der Grund dafür war das in höchstem Maße anstößige Wort »knickers« (»Unterhose«). Der Radio-Boykott konnte dennoch nicht verhindern, dass der Song am 6. Dezember den ersten Platz der britischen Charts erklomm – und dort sieben Wochen lang überwinterte. Um Weihnachten herum stand das *Walrus* auch in den USA auf Platz 1, wo es sich drei Wochen lang hielt.

Lennons Hoffnungen erfüllten sich: Nachfolgende Lehrergenerationen übertrafen sich gegenseitig darin, dem Song eben jene Sinnhaftigkeit zu unterstellen, die er absichtlich vermieden hatte. Beispielsweise wurde darauf hingewiesen, dass sich Kapitel 6 von *Hinter den Spiegeln* mit »der ursprünglichen Bedeutungslosigkeit von Worten befasst« und »der willkürlichen Zuordnung von semantischem Inhalt«. Doch auch Lennon tappte in die Falle. In besagtem *Playboy*-Interview lieferte er eine Erklärung für den Ausdruck »elementary penguin«: »All diese Leute damals standen auf Hare Krishna, ganz besonders Allen Ginsberg. ›Elementary Penguin‹ spielt auf die naive Grundhaltung an, die man braucht, um Hare Krishna singend durch die Gegend zu rennen oder all sein Vertrauen einem Idol zu schenken.« Was auch immer es nun bedeutet oder nicht: *I Am The Walrus* ist unzweifelhaft ein wegweisendes psychedelisches Meisterwerk, das die Popmusik ebenso nachhaltig beeinflusste wie *Alice im Wunderland* die Fantasyliteratur.

Eierkopf: Lennon beim Dreh zur *Magical Mystery Tour* am 19. September 1967 auf dem Flugplatz West Malling

Oktober 1967: die »Hohepriesterin des Happenings« bei ihrer *Half-A-Wind*-Show in der Lisson Gallery

Was: Eröffnung von Yokos »Half-A-Wind«
Wo: Lisson Gallery, London
Wann: 11. Oktober 1967

DIE ANDERE HÄLFTE

Als Yoko John dazu überredete, in ihr neues Kunstprojekt zu investieren, kamen sich beide bedeutend näher. Von Peter Doggett.

IM JAHR 1967 galt Yoko Ono als berüchtigtste Avantgardekünstlerin Englands. Nachdem sie aufgrund von Streitereien mit ihren Fluxus-Kollegen New York den Rücken gekehrt hatte, wurde sie von den britischen Medien als Symbol der neuen Eigenartigkeit in einem ohnehin eigenartigen Jahr gefeiert — man nannte sie »die Hohepriesterin des Happenings«. Ihr *Film No. 4 (Bottoms)* spaltete die Londoner Gesellschaft zu gleichen Teilen in Fürsprecher und Gegner. Ihre meist stille, durchkonzipierte Konzertreihe *Music Of The Mind* sorgte in der noch jungen Untergrundpresse für hitzige Debatten. Und mit *Wrapping Piece*, dem Verhüllen der Löwen auf dem Trafalgar Square mit Papierrollen, schaffte sie es sogar in die Londoner Tageszeitungen.

Seit ihrer Begegnung in der »Indica Gallery« im vergangenen Herbst hatte Ono den regelmäßigen Kontakt zu John aufrechterhalten. Sie wusste, dass ein derart prominenter Verehrer für ihre Arbeit sowohl finanziell als auch in Publicityfragen nur von Vorteil sein würde. Anfang September 1967 fand im Haus der Lennons einer ihrer gelegentlichen Besuche statt, John litt damals noch immer unter dem Tod von Brian Epstein. Er war damit einverstanden, gegen ein Entgelt von einem Pfund bei ihrem kommenden, dreizehntägigen *Do It Yourself Dance Festival* mitzumachen. Noch wichtiger: Yoko überredete ihn, ihr nächstes Projekt, eine Show namens *1/2 Life* in der Lisson Gallery in Marylebone zu sponsern.

Obwohl sie früher im Jahr geschrieben hatte, dass »Männer das ungewöhnliche Talent besitzen, alles, was sie berühren, langweilig zu machen«, gierte sie nach Lennons Unterstützung. Er stimmte zu, aber nur unter der Bedingung, dass sein Name nicht in der Öffentlichkeit erscheinen würde. Dennoch erweiterte sie den Text ihres Programmhefts – rein zufällig – um eine recht platte Anspielung auf den Beatle. Und der Presse gegenüber ließ sie verlauten, der Untertitel *Yoko Plus Me* sei eine subtile Anspielung auf einen berühmten Popstar.

Ende September, Anfang Oktober fanden sich in Lennons Briefkasten täglich Postkarten von Yoko. Das *Do It Yourself Dance Festival* bestand aus dreizehn Postkarten, die Instruktionen enthielten wie »zeichne einen großen Kreis in den Himmel« oder »koche Wasser und sieh zu, wie es verdampft«. Während eine amüsierte Cynthia die Aktion als Witz abtat, war John ganz bei der Sache. Zufällig oder nicht, sollte das »Festival« an seinem 27. Geburtstag enden.

Zwei Tage später öffnete Yokos Show in der Lisson Gallery ihre Pforten, nun unter dem Titel *Half-A-Wind*. Ein Raum war ausschließlich Möbeln und Haushaltsgegenständen gewidmet, allesamt weiß angemalt und säuberlich halbiert. »Ich fühlte mich damals wie ein halber Mensch«, erklärte sie später: »Meine andere Hälfte war leer. Die Show war eine Reflexion über den metaphysischen Raum in mir.« Der Presse gegenüber erklärte sie lediglich, dass alles, was wir sehen »nur die Spitze des Eisbergs« sei. »Ich halte diese Show für den Schwanz eines Elefanten«. Im Programmheft führte sie ihre Gedanken weiter aus: »Jemand sagte mir, ich sollte einen halben Menschen ausstellen. Aber wir sind ohnehin schon Hälften.«

Die Show bot Yoko eine zweite Chance, einige jener Stücke auszustellen, von denen Lennon bereits in der »Indica Gallery« angetan war – den Apfel auf dem Ständer, die »Kiste voller Lächeln«. Ein weiteres Hauptstück war *The Stone*, ein weißer Raum aus Shoji, einem dünnen, transparenten Papier wie Japan. Hinter den Wänden waren Lampen, die heller und dunkler wurden, was den Jahreszyklus der Erde um die Sonne auf wenige Minuten verkürzt darstellen sollte. Dem Licht und allen anderen Objekten waren jene Teilnehmer entzogen, die sich bereit erklärten, in einen schwarzen Sack zu steigen. »Wenn man in den Sack steigt«, erklärte Yoko, »kann man sich selbst dabei beobachten, wie man vom Dämmerlicht in die Dunkelheit wechselt. Es ist, als ob man einen hoch abstrakten Lebensprozess miterlebt.«

Davon peinlich berührt, mit ihren Eigentümlichkeiten in Verbindung gebracht zu werden, blieb John der Ausstellung fern. Außerdem wurde er sich nicht ganz klar darüber, welcher Natur seine Gefühle für Yoko eigentlich waren. Doch sein Kopf konnte nicht anders, als auf Yokos Ideen anzusprechen. Während eines ihrer regelmäßigen Telefonate schlug er vor, sie solle eine Reihe leerer Flaschen verkaufen, aber mit dem Hinweis, dass sie die fehlenden – also unsichtbaren – Hälften der ausgestellten Möbel enthielten. »Es war eine so schöne Idee«, flötete Ono, »dass ich beschloss, sie zu übernehmen, obwohl es nicht meine war.«

So langsam näherten sich Johns und Yokos Weltbilder einander an. Von Lennons »turn off your mind, relax and float downstream« war es kein weiter Weg zu Yokos Überzeugung, dass »Kunst das Fehlen von Komplexität bieten kann, ein Vakuum, das zu einer völligen Entspannung des Geistes führt ... man muss sich selbst entbehrlich machen, wie Papier. Wenig sehen, wenig hören, wenig denken.« Die *Half-A-Wind*-Show war ihr erstes gemeinsames Projekt in der Öffentlichkeit. Eine engere Verbindung musste noch sechs Monate aufgeschoben werden, bis Lennons Ehefrau Cynthia außer Landes war und zwei missverstandene Künstler als »Two Virgins« wiedergeboren werden konnten.

Der Katalog zur Half-A-Wind-Show

Yoko: »Ich fühlte mich wie ein halber Mensch.«

3.–29. NOVEMBER 1967

3 Für die *Blue Jay Way*-Sequenz der *Magical Mystery Tour* lässt sich Harrison in Starrs Haus filmen.

6 In der Abbey Road überwachen die Beatles das Abmischen diverser Songs für die *Magical Mystery Tour*.

7 McCartney nimmt für *Magical Mystery Tour* eine neue Gesangsspur und diverse Effekte auf.

8 Cynthia Lennon reicht die Scheidung ein. *Wie ich den Krieg gewann* feiert in New York Premiere.

10 Im Londoner Saville Theatre wird der Promo-Film für *Hello, Goodbye* gedreht (oben).

15 George Martin entfernt die Violas aus einem Mix von *Hello, Goodbye* und unterlegt damit den Promo-Film. Er will damit die Bestimmung der Musikergewerkschaft umgehen, die Playback-Aufführungen im Fernsehen verbietet – immerhin sind im Film keine Violaspieler zu sehen. Er hofft, dass niemand bemerkt, dass die Beatles selbst zum Playback mimen. Der Versuch misslingt, der Film wird im britischen Fernsehen nicht gezeigt.

17 In der Abbey Road wird ein neuer Mix von *I Am The Walrus* vorbereitet.

19 McCartney hört die Bee Gees im Londoner Saville Theatre.

21 Ein Team von *Top Of The Pops* filmt die Beatles während der Arbeit bei Norman's Film Productions. Die Szenen sollen die offensichtlichsten Playback-Passagen in ihrem Promoclip zu *Hello, Goodbye* überdecken.

22 Harrison arbeitet in der Abbey Road an seinem Soundtrack für den Film *Wonderwall*. Aufgrund der Bestimmungen der Musikergewerkschaft geht die heutige Ausgabe von *Top Of The Pops* ohne den Clip zu *Hello, Goodbye* über den Sender. Stattdessen wird der Song mit Szenen aus *A Hard Day's Night* unterlegt.

24 *Hello, Goodbye/I Am The Walrus* erscheint in England.

25 Bei einem Interview für das BBC-Programm *Where It's At* redet Lennon über die kommende Soundtrack-EP *Magical Mystery Tour*.

26 In der Ed Sullivan Show läuft der Promofilm zu *Hello, Goodbye* erstmals in den USA.

27 *Hello, Goodbye/I Am The Walrus* erscheint in den USA. In England wird die EP *Magical Mystery Tour* veröffentlicht, in den USA kommt ein komplettes Album auf den Markt.

28 Aufnahme der letzten Weihnachtsplatte *Christmas Time Is Here Again!*

29 The Scaffold mit McCartneys Bruder Mike McGear entern die UK Top 30 mit *Thank U Very Much*.

3.–26. DEZEMBER 1967

DEZEMBER 1967

3 Ringo Starr fliegt nach Rom, wo er im Film *Candy* nach einer Romanvorlage von Terry Southern mitspielt.

4 Ringo Starr wird in Rom auf seine Rolle vorbereitet. Er lässt sich das Haar schwarz färben und lernt, mit spanischem Akzent zu sprechen – immerhin spielt er in *Candy* einen mexikanischen Gärtner.

5 Zwei Tage vor Eröffnung der Apple Boutique in der Londoner Baker Street 94 nehmen Harrison und Lennon als Repräsentanten der Beatles an der Einweihungsparty teil.

6 *Hello, Goodbye* ist für sieben Wochen die Nummer eins der englischen Charts.

7 Die Apple Boutique in der Londoner Baker Street wird eröffnet.

9 NME-Leser wählen Procol Harums *A Whiter Shade Of Pale* zur Single des Jahres. Platz zwei und 1200 Stimmen weniger für *All You Need Is Love*.

9 Starr absolviert in Rom Innenaufnahmen für *Candy*.

11 Die letzte Fanclub-Platte *Christmas Time Is Here Again* (rechts) wird verschickt.

12 In Rom dreht Starr weitere Innenaufnahmen für *Candy*.

13 Die *Times* berichten, dass die Beatles ein formales Genehmigungsverfahren für die bunt bemalte Fassade ihrer Apple Boutique in der Baker Street einleiten müssen. Anwohner hatten sich brieflich bei der zuständigen Westminster City Hall beschwert. Der Planungsausschuss soll dann darüber entscheiden, ob die Fassadenmalerei gegen das Werbegesetz verstößt. Falls ja, muss sie entfernt werden.

14 In Rom filmt Starr eine Motorrad-Szene für *Candy*.

15 Die Dreharbeiten zu *Wonderwall* beginnen, den Soundtrack steuert George Harrison bei.

16 In Rom endet Starrs letzter Drehtag für *Candy*. John Lennon und Paul McCartney fliegen währenddessen nach Paris, um an einer UNICEF-Gala teilzunehmen.

17 Lennon und Harrison veranstalten für die Fanclub-Vorsitzenden eine *Magical Mystery Tour*-Party im Londoner Hanover Grand Film & Art Theatre. Beatles & Co. heißt jetzt Apple Corps Ltd.

20 Ray Charles' Coverversion von *Yesterday* entert die englischen Charts. Höchste Platzierung: Rang 44. Paul McCartney und Jane Asher kehren aus Campbeltown nach London zurück.

21 Im Londoner Royal Lancaster Hotel richten die Beatles eine Party aus, um ihren Fernsehfilm *Magical Mystery Tour* zu feiern.

25 Paul und Jane geben ihre Verlobung bekannt – allerdings nur der Familie und engen Freunden.

26 *Magical Mystery Tour* wird von der BBC gesendet. Und erntet schlechte Kritiken.

Was: Die Geburt von Apple
Wo: London
Wann: 17. November 1967

THE BIG APPLE

Man riet den Beatles, ein wenig Geld auszugeben, bevor es das Finanzamt holt, also gründete man Apple Corps. Von Harry Shapiro.

DIE QUELLEN WIDERSPRECHEN SICH DARIN, wann Apple tatsächlich gegründet wurde, aber zumindest weiß man heute, dass die Firma Beatles & Co. am 17. November 1967 in Apple Corps Ltd. umbenannt wurde, bei zeitgleicher Gründung einer Holding. Doch zuerst ein Blick zurück in den April 1967, den Beginn des »Sommers der Liebe«: In London dampften die Haschischwolken und Räucherstäbchen, doch die Beatles mussten ernsthafte Finanzfragen klären. Eine tödliche Besteuerung von bis zu 96 Prozent drohte in ihre persönlichen Guthaben schwarze Löcher zu reißen. Um alle Steuerschlupflöcher zu nutzen, riet man ihnen dazu, in nahe liegende musikalische Aktivitäten zu investieren.

Apple Corps wurde aus der bereits existierenden Firma Beatles Ltd. gegründet und sollte eine neue Partnerschaft namens Beatles & Co. managen. Apple würde 80 Prozent der Anteile besitzen, jeder Beatle jeweils fünf Prozent. Zuerst gedachte man, eine Reihe von Plattenläden zu eröffnen, nicht so sehr, weil man Platten verkaufen wollte, sondern um Geschäftsräume in besten Lagen zu erwerben. Die Idee wurde als zu kommerziell für die Beatles verworfen. Apple wollte den Zeitgeist widerspiegeln, statt Immobiliengeschäfte zu tätigen, sollte sich die Gesellschaft um Musik, Filme, Verlage, Design und Elektronik kümmern. Dass eine Band, sogar eine vom Kaliber der Beatles, ihre eigenen Finanzen kontrollierte, war zum damalige Zeitpunkt revolutionär. Für Apple mag der finanzielle Imperativ ausschlaggebend gewesen sein, doch was planten die Beatles?

Nachdem John Lennon Yoko Ono kennen gelernt hatte, war er wie ausgewechselt. Unter ihrem Einfluss wandelte er sich vom raubeinigen Krawallmacher zum eifrigen Unterstützer von »Grundsätzen« und kreativen Guerrillas wie Yoko, deren Avantgardekunst vom kritischen Establishment zerrissen wurde. McCartneys Bewusstsein war ebenfalls erweitert, nicht nur durch Drogen, sondern auch durch seine erste alleinige US-Reise im April 1967. Wie John, war auch Paul ein Philanthrop, allerdings wurde er weniger vom radikalen Untergrund inspiriert, sondern hatte traditionelle Beweggründe, die von seiner Herkunft aus der oberen Mittelschicht herrührten. Er hatte zeitweise im Haus von Jane Ashers Eltern gelebt, er war von den kultivierten Kreisen und ihren Vorlieben für Schauspielkunst, klassische Musik und anregende After-Dinner-Konversationen fasziniert. Sobald die Beatles nicht mehr auf Tour gingen, erweiterte er eifrig seinen Bildungshorizont, indem er viel las und ausländische Filme ansah. Magrittes Bild von einem großen grünen Apfel hing in seiner Wohnung – und inspirierte das Firmenlogo von Apple. Paul fügte aus Spaß das Wort »Corps« hinzu.

Stärker als jeder andere war Paul zunehmend unzufrieden mit der Art und Weise, wie Brian Epstein die Geschäfte führte. Ihre Gewinnbeteiligung war minimal, doch im Januar 1967 handelte Epstein mit den EMI einen weitaus vorteilhafteren Vertrag aus. Paul war dennoch sarkastisch und wies darauf hin, dass die Rolling Stones noch immer mehr Geld verdienen würden, obwohl sie weniger Platten verkauften. Nachdem die Band nicht mehr auf Tournee ging, fühlte sich Epstein zunehmend entfremdet, er wurde noch unsicherer und nahm immer mehr Drogen. In einer Art selbsterfüllenden Prophezeiung war er immer weniger in der Lage, die Zügel des Geschäftsimperiums zu halten, was ihn zu dem unpopulären Schluss brachte, Anteile von NEMS an Robert Stigwood zu verkaufen, der als Co-Geschäftsführer einstieg. Als in einem Gerichtsverfahren eröffnet wurde, dass Epstein einst 90 Prozent ihrer amerikanischen Merchandising-Rechte aus der Hand gegeben hatte, fühlte sich Paul in seiner Kritik bestätigt. Die Gründung von Apple Corps wurde im April 1967 vereinbart, doch erst nach Epsteins Tod am 27. August wurde der gesamte Prozess beschleunigt. Paul sagte 1967: »Apple befindet sich nicht im Wettbewerb mit irgendwelchen Untergrund-Organisationen, es ist eher dazu da, alle existierenden Organisationen zu unterstützen, mit ihnen zusammenzuarbeiten und gemeinsam neue Projekte ins Leben zu rufen.« So weit, so gut. Doch eine Verlautbarung, die eigentlich Investoren anlocken sollte, wurde als Startsignal missverstanden, viel Geld auszugeben: »Die Gewinne werden zwischen allen Abteilungen aufgeteilt, so dass jeder, der einen Rolls-Royce haben will, einen haben kann.«

Paul versuchte im Januar 1971 per Gerichtsverfahren aus den Verträgen herauszukommen. Denn die Vereinbarung sah nicht nur vor, dass sämtliche individuelle Einnahmen in einem großen Topf landen, sondern auch dass Entscheidungen nur mehrheitlich getroffen werden dürfen.

Der wohl kontroverseste Beschluss betraf die Einstellung von Allen Klein als neuen Manager – gegen Pauls Willen. Das Gericht gab ihm Recht: Der 67er-Vertrag erlaube Apple zwar die Einstellung von »Agenten«, die für die Beatles tätig werden. Doch ein »Manager« sei mehr als ein »Agent«, weshalb Kleins Engagement ohne Pauls Zustimmung einen Vertragsbruch darstelle und rechtswidrig sei.

Paul mit Magic Alex, dem Chef von Apple Electronics

Die Beatles hatten ursprünglich 800 000 Pfund in Apple investiert, die ersten Nutznießer dieser Summe offenbarten, was bei der Firma alles falsch lief. »Magic« Alex Mardas war ein griechischer Student, der sich selbst als Erfinder und Elektronikgenie bezeichnete. Auf Johns Drängen hin wurde er Geschäftsführer von Apple Electronics, doch seine Erfindungen wie ein sprachgesteuertes Telefon und so genannte »Tapeten-Lautsprecher« funktionierten leider nicht. Simon Posthuma, Josje Leeger und Marijke Koger waren niederländische Designer, die – nachdem ihre Boutique in Amsterdam pleite gegangen war – in London auftauchten. Unter dem Namen »The Fool« wollten sie mit Hilfe der Beatles eine neue Boutique eröffnen. Von da an stiegen die Kosten ins Astronomische.

Die Beatles, angeführt von Paul, wollten unbedingt neue Talente entdecken und fördern. Doch weltfremd wie sie waren fanden sie leider keine und wurden stattdessen von Leuten wie »The Fool« über den Tisch gezogen, deren Selbsteinschätzung in Sachen Relevanz und Kompetenz von der Realität meilenweit entfernt war. Wie wir heute wissen, ging alles komplett den Bach runter. Es endete, wie Richard Neville sagte, »in einem Chaos aus unehrlichen Buchhaltern, verzweifelten Rettungsversuchen und weinerlichen Promi-Arschlöchern.«

Bis Apple Corps 1968 eigene Geschäftsräume bezog, nutzte man das oberste Stockwerk der Apple Boutique in der Baker Street

MAGICAL MYSTERY TOUR

Bitte alle einsteigen!

Magical Mystery Tour ist nicht nur der schlichtweg sensationelle Soundtrack zu einem eigenartig wunderbaren Film, sondern auch ein Dokument revolutionärer Zeiten. Behauptet Charles Shaar Murray.

OK, DAS IST EIN TEST. Wer als Reaktion auf George Harrisons Tod alte Beatles-Platten aus dem Regal zog und zu Liedern tanzte, die Hits waren, bevor die Mütter der No Angels geboren wurden, der hebe die Hand. Jawohl, ich auch. Doch komischerweise war das Album, das die häusliche Stimmung hob, keines der anerkannten Meisterwerke. Als es in England veröffentlicht wurde, war es im Grunde genommen überhaupt kein Album. *Magical Mystery Tour*, der Ende 1967 erschienene Soundtrack zum gleichnamigen Film, kam ursprünglich als eigenartiges Zwitterwesen in englische Plattenläden: als Doppel-EP in einem Klappcover mit sechs neuen Film-Songs.

In den USA wurde daraus dennoch ein komplettes Album, indem man einfach fünf Single-Tracks dazu packte: fünf statt sechs, denn *I Am The Walrus* erschien bereits auf der B-Seite von *Hello, Goodbye* sowie auf der Doppel-EP. Die amerikanische Gepflogenheit, in den Sechzigern britische Alben zu verhackstücken und mit Single-Tracks zu würzen, um aus ein und demselben Werk mehr Produkte herauszuquetschen, wurde von Beatles-Fans immer zu Recht kritisiert. Doch in diesem speziellen Fall haben es die Yankees richtig gemacht: Die britische Praxis, bereits veröffentlichte Singles aus kommenden Alben auszuschließen, ließ einige extrem wichtige Tracks als einsame 45er umherschwirren, womit lebendige Zeugnisse ihrer Schaffenskraft in alle vier Winde zerstreut wurden. Dass *Strawberry Fields Forever*, *Penny Lane*, *All You Need Is Love*, *Baby You're A Rich Man* und *Hello, Goodbye* nun mit ihren lange verschollenen Geschwistern vereint wurden, ergab ein grandioses Album. Besser gesagt: die andere Hälfte eines ohnehin grandiosen Albums.

Wenn man die Arbeiten der Beatles von Ende 1966 bis Ende 1967 als eigenständiges Projekt und zusammenhängendes Werk betrachtet — was in experimenteller Hinsicht zutreffend ist —, dann erscheint die US-Ausgabe der *Magical Mystery Tour* wie die andere Hälfte einer Doppel-LP namens *Sgt. Pepper*.

> »Die US-Ausgabe der *Magical Mystery Tour* ist wie die andere Hälfte einer Doppel-LP namens *Sgt. Pepper*.«

Die sie leider nicht war. *Strawberry Fields Forever* und *Penny Lane* gehörten zu den ersten drei Songs, die während der Sessions zu *Sgt. Pepper* entstanden. Da man eine Single brauchte, wurden zwei epochale Werke auf eine 45er umgeleitet (die dann von Engelbert Humperdinck vom ersten Platz fern gehalten wurde. Lustig? Mir ging vor Schreck beinahe der Joint aus). *All You Need Is Love*, *Marseillaise*-Zitat inklusive, gehörte ebenso zum Soundtrack des »Sommers der Liebe« wie das meisterliche Album, mit dem es etwa zeitgleich die Läden stürmte. Als Indikator jener außergewöhnlichen Klanglandschaften, die damals das Lennonland dominierten, ist *I Am The Walrus* die respektable Fortsetzung von *Strawberry Fields*: Beide sind so eng mit *A Day In The Life* verknüpft, dass sie am Stück genossen werden sollten.

Und der Rest der *Magical Mystery Tour*? All die Songs, die für den zusammenhanglosen, aber charmanten Film angerührt wurden, der die Beatles den Herbst über beschäftigte? Was das Songwriting anging, gewann McCartney 3:1. Ein

10. November 1967: Aufnahmen zum Promofilm für *Hello, Goodbye* im Londoner Saville Theatre

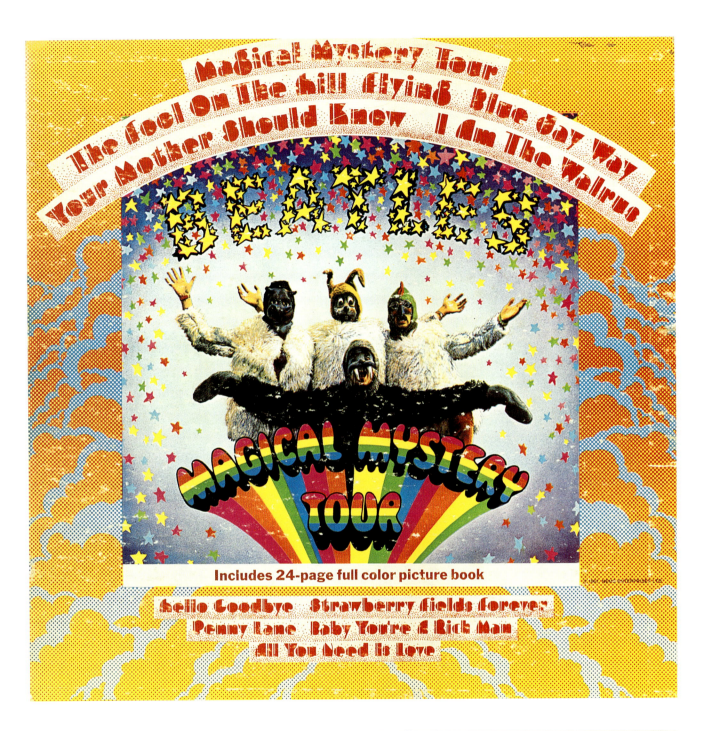

Ausrutscher ist das gemeinsam komponierte Instrumental *Flying*, das wie Booker T & The MG's klingt, nachdem sie a.) einen Intensivkurs in Transzendentaler Meditation absolviert, b.) einen heftigen LSD-Trip durchlitten oder c.) eine Operation am offenen Gehirn hinter sich gebracht haben. Lennon führte *I Am The Walrus* ins Feld, eine erheiternde, assoziative Mixtur aus Metaphern und Wortspielen, die vor allem von einem profitiert: Lennon unterließ es, etwaige Erklärungsansätze in den Orkus zu jagen. My Sweet George offerierte das unheimlich dahinschlägelnde *Blue Jay Way*, einen würdigen Gefährten für *Within You Without You* von der *Pepper*-LP. Paul warf seinerseits *Your Mother Should Know* ins Rennen (kein Generationenkämpfer; dieses warme, behäbige Stück Music-Hall-Schubidubi zeugt ebenso von seiner Vorliebe für die Vor-Rock- und Vorkriegsjahre wie *Peppers* berühmteres *When I'm Sixty-Four*). Ebenfalls von ihm stam-

DIE STÜCKE

A-SEITE

1. Magical Mystery Tour
Lennon/McCartney
Gesang McCartney

2. The Fool On The Hill
Lennon/McCartney
Gesang McCartney

3. Flying
Harrison/Lennon/ McCartney/Starkey

4. Blue Jay Way
Harrison
Gesang Harrison

5. Your Mother Should Know
Lennon/McCartney
Gesang McCartney

6. I Am The Walrus
Lennon/McCartney
Gesang Lennon

B-SEITE

7. Hello, Goodbye
Lennon/McCartney
Gesang McCartney

8. Strawberry Fields Forever
Lennon/McCartney
Gesang Lennon

9. Penny Lane
Lennon/McCartney
Gesang McCartney

10. Baby You're A Rich Man
Lennon/McCartney
Gesang Lennon

11. All You Need Is Love
Lennon/McCartney
Gesang Lennon

ALBUM INFOS

MAGICAL MYSTERY TOUR

PRESSESTIMMEN ...

Die Presse liebte die Magie der neuen EP.

»Die Beatles haben es wieder geschafft, die Popmusik mit schönen Klanglandschaften zu neuen Ufern zu führen. Ihre Zaubersprüche dringen durch die Wolken und verwandeln dumme Plastikscheiben in eine magische Zauberreise voller fantastischer, unglaublicher Klänge! Die vier Musikmagier nehmen uns an die Hand und führen uns glücklich durch die Wolken, vorbei an Lucy im Himmel mit ihren Diamanten und *The Fool On The Hill* bis hin zur sonnigen Lichtung am *Blue Jay Way* und in die Welt von Alice im Wunderland. Dort singt das Walross sanft »I am the eggman«, und Little Nicola schreit: »Nein, bist du nicht«. Da vorne sind die Beatles, wir alle, Millionen von uns, folgen nach.«

Nick Logan, *NME*
(25. November 1967)

Magical Beatles— in stereo

SINGLES should be released in stereo. If you don't believe it, listen to the B side of the new Beatles' single, "I Am The Walrus," and then hear the stereo version which is part of the two-EP Magical Mystery Tour package.

The MM this week had a preview of the package — two EPs with a 32-page booklet of photos and cartoons which will be on sale at 19s 6d on December 1.

They've done it again — six tracks which no other pop group in the world could begin to approach for originality combined with the popular touch.

The set opens with "Magical Mystery Tour," a massive, storming piece with Paul singing lead over a ten-ton beat. The effect is mainly of guitars and brass with piano taking over at the end.

Next comes one of the two most instantly attractive songs, "Your Mother Should Know" — like the title track, a Lennon-McCartney composition. At medium tempo it again features Paul and has a tune that sticks in the memory first time round. It includes prominent piano and steady four-to-the-bar rhythm.

»Sie haben es schon wieder geschafft — sechs Stücke, denen in Sachen Originalität, kombiniert mit Eingängigkeit, keine andere Popband auf der Welt auch nur ansatzweise das Wasser reichen kann.«

Bob Dawborn, *Melody Maker*
(25. November 1967)

COVER STORY

Mit seinem bunten Buch machte *MMT* eine gute Figur.

Wie schon bei *Sgt. Pepper's Lonely Hearts Club Band* wollten die Beatles auch die Veröffentlichung von *Magical Mystery Tour* zum Ereignis machen. In England erschien sie als revolutionäre Doppel-EP mit sechs Songs, für den US-Markt gab es eine erweiterte Version im LP-Format. Die luxuriöse Verpackung beinhaltete auch ein farbiges, 28-seitiges Booklet. Wie bei *Sgt. Pepper* wurden die Texte abgedruckt (in den USA nur die der Filmsongs), dazu gab's John Kellys wundervolle Fotos aus dem Film sowie Bob Gibsons wunderliche Illustrationen, die den Plot in Cartoon-Form erzählen, komplett mit »märchenhaften« Anmerkungen.

Die Beatles hatten sich schon wieder einen neuen Look zugelegt, die Vorderseite zeigte nicht mal ihre Gesichter: Das Foto mit den Tierkostümen entstand bei einer Drehpause während der *I Am The Walrus*-Sequenz.

Richard Fairclough

»Jede Plattenrille macht überwältigend deutlich, dass sich die Gesellschaft damals öffnete und nicht verschloss.«

men die rhapsodische LSD-Idylle von *Fool On The Hill* sowie der Titelsong. Bei letzterem harmoniert seine volle, röhrende Stimme so gut wie nie zuvor mit Lennons gefiltertem, ätzendem Backgroundgesang – eine der inspiriertesten Gegenüberstellungen zweier einzigartiger Stimmen. Die schiere Begeisterung und Erregung, mit der der Song eine unbekannte, aber glänzende Zukunft willkommen heißt, entspricht ganz der archetypischen Vision der Sechziger, die auch die frühen Folgen von »Raumschiff Enterprise« beherrscht: vor uns liegt eine bessere Welt, und sie wird jede Menge Spaß bringen.

Offensichtlich haben sie sich getäuscht, aber was haben wir denn erwartet? Sie waren nur Popsänger. Sie waren gefangen in dem berauschend euphorischen Wirbelsturm eines für die Kultur epochalen Momentes. In ihrer Arbeit artikulierten und feierten sie seine positivsten Aspekte, indem sie ihre Energie einbrachten, verstärkten sie seine Kraft und Dauer. Niemand ging davon aus, dass es bei *Baby You're A Rich Man* um Geld ging. Und wie fühlte es sich denn nun wirklich

an, zu den »beautiful people« zu gehören? Wer damals die Beatles hörte, wusste es. Und würde es immer wieder wissen. Diese Musik schloss jeden mit ein.

Aber das war eben damals. Heute klingt die Ankündigung, dass die *Magical Mystery Tour* nur darauf wartet, einen »mitzunehmen«, eher wie eine Drohung denn eine Verheißung. Also hergehört, Brüder und Schwestern: Ich meine es ernst. Einige von uns halten es für selbstverständlich, dass die Musik jener Ära den kreativen Höhepunkt in der Geschichte des Nachkriegspop markiert. Andere glauben ebenso leidenschaftlich und pflichtbewusst daran, dass diese Sichtweise nur der reaktionären Nostalgie der Baby-Boomer entspringt. Einer Generation also, die nicht willens ist, ihre (reifere) Jugend endlich abzuhaken und einzugestehen, dass die Fackel schon vor langer Zeit weitergereicht wurde. Letztendlich ist es egal, welcher Sichtweise man zugeneigt ist, solange man sich die Chance nicht entgehen lässt, der Musik jener Ära mit geputzten Ohren und offenem Geist zu

Expedition ins Tierreich: die Fab Four in ihren *I Am The Walrus*-Kostümen für das Cover-Foto

lauschen. Man höre sie nicht unter nostalgischen oder »Retro«- Gesichtspunkten, als Erinnerung an die eigene Jugend oder die der Eltern — man höre sie als lebendige Musik, die jetzt, in der Gegenwart, zu einem spricht. Ganz egal, ob es *Otis Blue* ist oder *My Generation*, *A Love Supreme*, oder *Are You Experienced?*, *Live At The Regal* oder *Highway 61 Revisited*, *Lady Soul* oder *Rubber Soul*, *Ogden's Nut Gone Flake* oder *Dear Mr Fantasy*, *Disraeli Gears* oder *Eight Miles High*, *Pet Sounds* oder *Les Filles De Killimanjaro*.

Jede einzelne Plattenrille macht überwältigend deutlich, dass sich die Gesellschaft damals Veränderungen gegenüber öffnete und nicht verschloss. Es geht dabei in keinster Weise um Liebe-Friede-Eierkuchen: Es ist echte Wut in dieser Musik, vor allem in der schwarzen, aber natürlich auch der drogenselige Optimismus von *The Fool On The Hill*. Es ist eine zielgerichtete Wut, Wut als Treibstoff einer Generation auf der kulturellen und spirituellen Suche nach besseren Orten und Zeiten. Wer versucht, diese Musik zu verstehen und als das zu nehmen, was sie war, dem wird sie das verdammte Herz brechen. Oder zumindest zum Schmelzen bringen. Beim Song *Do You Believe In Magic?* überzeugten uns The Lovin' Spoonful davon, »an die Magie zu glauben, die einen befreien kann«. Sie kann es immer noch, und sei es nur für die Dauer eines Songs.

BEATMASTA RINGO

Tjinder Singh von Cornershop erklärt, warum die *Magical Mystery Tour* wirklich magisch ist!

»Ich war bereits 18 Jahre alt, als ich meinem ehemaligen Chef die Plattensammlung abkaufte und zwischendrin die LP *Magical Mystery Tour* entdeckte. Sie ist einfach brillant, vom Anfang bis zum Ende.

Der Film verlor viel von seiner psychedelischen Wirkung, da er bei der Erstausstrahlung in Schwarzweiß gesendet wurde, doch das Album ist ohne Fehler. *I Am The Walrus* — daran gibt es nichts zu rütteln. Das Songwriting, die raue Produktion — beides springt einem beinahe ins Gesicht. Es gibt nichts zu kritisieren, mit diesem Album schrieben sie das Drehbuch für alle zukünftigen Aufnahme- und Produktionstechniken. Es ist ein Paradebeispiel für Stil und Kraft — die Kraft des Songs wohlgemerkt, nicht der Musik. Vier Leute, die alles geben. Lennons Gitarrenspiel ist erstaunlich, aber auch Ringo ist ein Star. Er spielt einen richtig simplen Beat, man könnte fast sagen, er ist der Pionier des Hip-Hop-Beats. Es gab eine Zeit, da galt es als ausgemacht, dass Ringo nicht richtig spielen kann. Was sollte das? Er ist total einzigartig, und Hip-Hopper haben ihm eine Menge zu verdanken.

In *All You Need Is Love* kulminieren alle ihre Einflüsse, denen sie bis dato ausgesetzt waren. Es hat ein wahrhaft orientalisches Feeling, einen religiösen Touch, man denke nur an all die gesungenen Mantras. Es ist wunderschöne Musik, aber auch eine großartige Stellungnahme. *Strawberry Fields Forever* ist fantastisch, ebenso Pauls Gesang bei *The Fool On The Hill* — ich liebe es. Mit diesem einen Album sind sie so weit vorangekommen. Bemerkenswert!«

ROLL UP, ROLL UP FOR THE MYSTERY TOUR

Mit einer Busladung Laiendarstellern und einer primitiven Kameraausrüstung sollte die *Magical Mystery Tour* der ultimative Trip werden. Von Johnny Black.

Die Eiermänner: bei den Aufnahmen von *I Am The Walrus* im September 1967 auf dem Flugplatz West Malling

Am 7. April 1967 begann McCartney über die Geschichten nachzudenken, die man sich über den kalifornischen LSD-Guru Ken Kesey und seine Hippie-Kohorte namens Merry Pranksters erzählte. Zwei Tage zuvor war er nach Denver, Colorado, gereist, um gemeinsam mit seiner Freundin, der Schauspielerin Jane Asher, im Quorum Restaurant ihren 21. Geburtstag zu feiern. Keseys verrückte Busfahrten quer durch die Staaten hielten damals Einzug in den modernen Mythenschatz. McCartney fragte sich, ob eine britischen Gepflogenheiten angepasste Busreise namens »Mystery Tour« nicht ein guter Ausgangspunkt für das nächste Projekt der Beatles sein könnte.

Auf dem Rückflug nach London am 9. April borgte er sich hoch über dem Atlantik von einer Stewardess ein Stück Papier, um einige vage Ideen zu skizzieren und den Titelsong auszuarbeiten: *Magical Mystery Tour*. Als er in Heathrow das Flugzeug verließ, hatte er den Plan für eine sechzigminütige Fernsehshow skizziert, den Ringo folgendermaßen beschrieb: »Ein Blatt Papier mit einem Kreis, der wie das Zifferblatt einer Uhr unterteilt war. Leider zeigte sie nur 13.00, 17.00, 21.00 und 23.00 Uhr. Den Rest mussten wir füllen.« John, der sich innerhalb der Beatles als mindestens gleichberechtigter Partner verstand, war nicht sehr angetan, als Paul ihm ein Segment anbot und von ihm verlangte, etwas dafür zu schreiben. In Lennons Worten: »Ich dachte mir: verdammte Scheiße!« Obwohl er und Harrison offen am Projekt herummäkelten, hatte John das Gefühl, dass die Band »es dem Publikum schulde, derartige Dinge zu tun«. Also gab er nach und ging an die Arbeit. Bevor der Monat vorbei war, hatten in den Abbey Road Studios die Arbeiten am Song *Magical Mystery Tour* begonnen. Doch bevor allzu viel erledigt werden konnte, musste man sich einem dringlicheren Projekt zuwenden. John und Paul hatten Songs für die legendäre weltweite Satellitenübertragung *Our World* komponiert, die Ende Juni ausgestrahlt werden sollte. Johns Beitrag, *All You Need Is Love* empfahl sich als perfekte Wahl für die Show. Pauls Song, *Your Mother Should Know*, hatte das Nachsehen. Beinahe unausweichlich tauchte er im Soundtrack zur *Mystery Tour* wieder auf.

Zwischen der Promotion von *All You Need Is Love*, den Sommerferien und dem Abhängen beim Maharishi fand man wenig Zeit, die *Magical Mystery Tour* weiter zu verfolgen. Dann starb am 27. August Brian Epstein. Nur fünf Tage später traf sich die Band im Haus von McCartney in St. John's Wood, um die nächsten Schritte zu diskutieren. McCartney nutzte die Gunst der Stunde, seine Kollegen von der Dringlichkeit zu überzeugen, mit der man gerade jetzt am Ball bleiben müsse. Am besten wäre es, sofort an der *Magical Mystery Tour* weiter zu arbeiten. Ob es den anderen nun passte oder nicht: Paul konzipierte die Show. Denis O'Dell, Produktionsassistent bei Lennons Solo-Filmprojekt *Wie ich den Krieg gewann*, wurde nur engagiert, um nach dem Rechten zu sehen. Von Anfang an fehlte der Produktion nicht nur ein Drehbuch, sondern vor allem auch ein zusammenhängendes Konzept. Richard Lester, der bei *A Hard Day's Night* und *Help!* Regie geführt hatte, erzählt: »Ich hörte, wie Denis mit Paul telefonierte, der ihm sagte: ›Ich habe einen tollen Platz gefunden ... wir drehen alles in einem alten befestigten Turm vor der Küste‹. Dann hieß es, man wolle nach Ägypten, um bei den Pyramiden zu drehen. Am nächsten Tag änderten sie wieder ihre Meinung. Denis wurde fast wahnsinnig. Zwischen dem Entschluss, einen Film zu machen und dem ersten Drehtag lagen nur zwei Wochen. Alles war schlecht vorbereitet und völlig unausgegoren.«

Schauspieler wurden der Einfachheit halber aus dem Katalog ausgesucht, dem Branchenkompendium *Spotlight*. Ringo beschreibt, wie man zu Werke ging: »Uhh ... wir brauchen noch so einen ... und so einen. Und eine kräftige Dame als meine Tante. Ich sollte nämlich so einen Typen spielen, der sein Tantchen dabei hat.« McCartney bemühte sich, gleichgesinnte Bands mit ins Boot zu holen, darunter Traffic und die Jimi Hendrix Experience. »Paul McCartney erzählte mir von diesem Ding, das er am Laufen hatte«, erzählte Hendrix Jahre später, »er wollte, dass wir in seinem Film mitmachen. Damals waren wir noch unbekannt, McCartney versuchte uns zu helfen. Doch bevor der Film fertig wurde, starteten wir ganz hübsch durch.« Traffic kamen ein bisschen weiter, immerhin filmte man sie bei einer Aufführung von *Here We Go Round The Mulberry Bush*, dazu gab es Sequenzen, bei der die Band einen Globus jagt, der einen Hügel herunter rollt. Die Aufnahmen endeten auf dem Fußboden des Schneideraums.

Der fröhlich dekorierte Reisebus, den NEMS-Mitarbeiter Alistair Taylor bei der Firma Fox's Of Hayes, Middlesex, gemietet hatte, startete am Montag, dem 11. September vom Londoner Allsop Place. Mit an Bord waren 43 Passagiere, inklusive einer winzigen Filmcrew mit drei Kameraleuten und einem Tontechniker. Man wollte fünf Tage lang in Cornwall drehen. Hinterher fuhr, wie es Beatles-Pressechef Tony Barrow ausdrückte, »eine ganze Gefolgschaft. Die halbe Fleet Street stieg in ihre Autos und fuhr in den Westen«. Schon am nächsten Tag gab es einen Zwischenfall, den man symbolisch werten kann. Auf dem Weg zum ersten Drehort, der alljährlichen Widdicombe Fair in Dartmoor, nahm Fahrer Alf Manders eine Abkürzung über kleinere Straßen, was dazu führte, dass der Bus auf einer engen Brücke hängenblieb. Als die Zeit verstrich, wurde die Laune immer schlechter, aber die Brücke blieb unpassierbar. Manders und 20 nachfolgende Wagen mussten fast einen Kilometer lang rückwärts fahren, bevor man wenden und wieder auf die A38 abbiegen konnte. Die Widdecombe-Fair-Sequenz wurde widerstrebend gestrichen, über Plymouth fuhr man weiter zum Atlantic Hotel in Newquay – bis Freitagmorgen die neue Operationsbasis. Davon ausgehend, dass in den ersten beiden Tagen keine komplette Szene gedreht werden konnte, sollte die verlorene Zeit in den kommenden drei Tagen wieder aufgeholt werden. Für das kurzlebige Rock-Magazin *Top Pops* war Miranda Ward vor Ort, die dem Bus seit

> **Man kann es als Symbol werten, dass die Tour unterbrochen werden musste.**

seiner Abfahrt vom Allsop Place gefolgt war. Sie erinnert sich, dass am kommenden Tag (Mittwoch) hektische Aktivitäten ausbrachen. Für ein reizendes romantisches Zwischenspiel mit Ringos Tante Jessie brachte McCartney den Humoristen, Dichter und Musiker Ivor Cutler zum nahegelegenen Tregurrian Beach. Lennon überwachte in der Zwischenzeit den Dreh mit dem Komiker Nat Jackley, der Bikini-Schönheiten um den Hotel-Pool und entlang Cornwalls Küste jagte. Keine der Szenen schaffte es in die Fassung, die im englischen Fernsehen ausgestrahlt wurde. Jackley mutierte sogar zu einem der schärfsten Kritiker des Films: »Ich fand ihn schockierend, er hatte weder Hand noch Fuß. Und mein Comedy-Auftritt, 20 Minuten lang, wurde komplett herausgeschnitten!« Ivor Cutler, der die Rolle des Reiseleiters Buster Bloodvessel übernahm, freut sich indes über seine flüchtige Bekanntschaft

Bunte Beatles in ihren *I Am The Walrus*-Kostümen. Unten: Paul im Rekrutierungsbüro

mit den Beatles: »Mit John kam ich am besten aus, ich glaube, das beruhte auf Gegenseitigkeit. Paul war ein sehr intelligenter, raffinierter Typ. Sein Verstand arbeitete pausenlos, er suchte ständig nach Informationen, sehr aufgeweckt und lebhaft. Aber sein Verstand, und das soll keine Kritik sein, arbeitete wie eine Maschine, ständig am Kombinieren und Abwägen.«

Miranda blieb derweil im Atlantic Hotel und führte mit George ein Radiointerview für die BBC. Sie benutzte ein Tonbandgerät, mit dem sie sich überhaupt nicht auskannte. »Wir gingen in sein Zimmer und setzten uns im Schneidersitz auf sein Bett. Nach einigen Fehlversuchen übernahm George das Tonbandgerät, er steuerte es aus und hielt das Mikrofon. Meine Fragen waren kaum zu hören, endlos geduldig spulte er zurück, damit ich die Lücken auffüllen konnte und ein gutes Interview für die Radioausstrahlung erhielt. Er wollte, dass ich es so professionell wie möglich mache. Manchmal unterbrach er mich und redete

> »Pauls Verstand arbeitete wie eine Maschine, ständig am Kombinieren.«

mich mit meinem Namen an. Damit, erklärte er mir später, wollte er verhindern, dass das Interview ohne meine Stimme ausgestrahlt wird und dass irgendein DJ seine eigene Stimme dazumischt und dann behauptet, er hätte das Interview geführt.« Für ein Foto-Shooting zum Interview setzten sich Harrison und Ward auf den Rasen und tranken Tee. Während der Foto-Session lud Harrison immer mehr Fans dazu ein, es sich ebenfalls im Garten bequem zu machen: »Er bestellte weitere Kannen voller Tee, den er für die Fans selber aufbrühte. Und jeder bekam ein Autogramm.«

Langsam schien sich eine abendliche Routine abzuzeichnen: Paul traf sich mit dem Technischen Direktor des Films, dem Kinematographen Peter Theobalds, sowie dem Kameramann. »Ich endete als eine Art Regisseur«, sagte er später, »obwohl es im Abspann heißt, dass die Beatles gemeinsam Regie geführt hätten. Im Gegensatz zu den anderen war ich eben meistens vor Ort und redete mit den Kameraleuten darüber, was wir am nächsten Tag tun sollten.« Doch trotz all der Aktivitäten war am Ende des Tages nur wenig verwertbares Material im Kasten: ein Streit zwischen Ringo und Tante Jessie und ein paar Szenen, in denen Paul am Porth Beach Fahrrad fährt. Am Donnerstag wurde auf einer Wiese bei Newquay jene Szene gefilmt, in der die gesamte Crew in einem winzigen Zelt verschwindet. Am Abend ergab sich rein zufällig eine gute Gelegenheit für weitere Aufnahmen. McCartney hatte immer gehofft, dass sich im Lauf der Reise die eine oder andere überraschende Chance ergeben würde, mehr interessantes Material zu drehen. An diesem Abend trafen die Beatles rein zufällig Spencer Davis. »Ich war im Urlaub«, erinnert er sich, »und wohnte mit meiner Frau und den Töchtern im Tywarnhale Pub in Perranporth, das den Eltern unseres Roadies, Alec Leslie, gehörte. Ich war mit den Beatles ganz gut bekannt, als ich hörte, dass sie in Newquay drehen, rief ich bei Mal Evans an und fragte, was los sei.« Mal lud Spencer sofort ein, man unterhielt sich ein wenig, und Davis lud wiederum Paul auf einen Drink im Tywarnhale Pub ein. »Ich sitze also an diesem Abend in der Bar, als plötzlich Paul und Ringo hereinspazieren. Die Typen im Pub konnten es kaum glauben. Ringo verzog sich sofort an die Bar, aber Paul – wie es so seine Art ist – grinste jeden an und rief: ›'n Abend allerseits‹. Er stellte ein Glas Bier aufs Klavier und sagte, er sei der Barpianist und würde Wünsche entgegen nehmen. Dann saß er da und bellte Pub-Songs bis zwei Uhr morgens, und alle sangen mit. Aber leider – eigentlich muss man gar nicht darauf hinweisen – wurde McCartneys Freikonzert für die Pub-Gäste im Film nicht verwendet.«

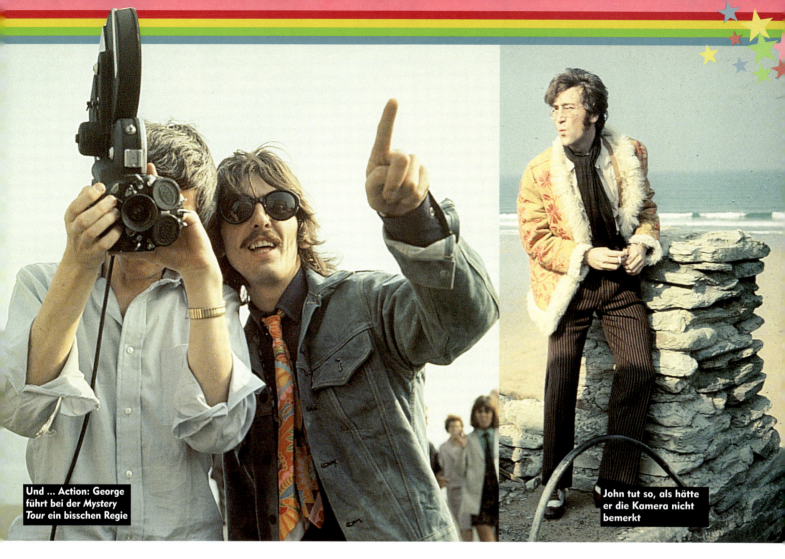

Und ... Action: George führt bei der *Mystery Tour* ein bisschen Regie

John tut so, als hätte er die Kamera nicht bemerkt

Bevor es am Freitagmorgen zurück nach London gehen sollte, wurde auf der Treppe des Atlantic Hotels eine Massenszene gedreht. »Da wusste die linke Hand mal wieder nicht, was die rechte tat«, erinnert sich Miranda Ward. »Die Menschen auf der Treppe sollten dreimal jubeln, doch die Produktion war derart im Zeitverzug, dass der Tontechniker bereits nach London zurückgekehrt war. Also wurde ich dienstverpflichtet, unbezahlt natürlich, hielt ein Mikrofon und nahm die kleine Szene auf Tonband auf.« Die Dreharbeiten während der Rückfahrt nach London ergaben viele Meter Film, die im endgültigen Schnitt nicht verwendet wurden. So wurde etwa herausgeschnitten, wie die Band in Taunton Fish & Chips aß, aber zumindest einige Szenen mit der Akkordeonspielerin Shirley Evans, die die Fahrgäste mit einer Auswahl von Gassenhauern unterhielt, wurden beibehalten.

Zurück in der Abbey Road verbrachte man das Wochenende mit weiteren Arbeiten an *Your Mother Should Know*, doch am Montag, den 18. September, wurden die Dreharbeiten fortgesetzt: in der »Raymond Revuebar«, einem Stripper-Club in Soho. Beatles-Assistent Tony Bramwell sollte die passenden Stripperinnen engagieren und erinnert sich an einen Nachmittag, »den ich komplett damit verbrachte, einem einzelnen Mädchen immer und immer wieder beim Ausziehen zuzuschauen, während die Bonzo Dog Doo Dah Band ›Death Cab For Cutie‹ spielte. John und George saßen rum und starrten sie an.« Das nächste Kapitel der Dreharbeiten wurde am Tag darauf in und um den Hangar Nr. 2 aufgeschlagen, und zwar auf dem Flugplatz West Malling in Maidstone, Kent. Wie bereits in Cornwall, weckte das Auftauchen der Beatles bei den Einheimischen jede Menge Interesse. »Ich sah, wie der Bus im Dorf ankam«, erinnert sich der Geschäftsmann Tim Baldock. »Ringo und Maureen kamen in meine Herrenboutique und kauften ein violett-pinkfarbenes Hemd für 1,50 Pfund.« Das fast komplette Fehlen von Sicherheitskräften ausnutzend, stürmten die Dorfbewohner das Flugfeld – und fanden sich in einer exotischen Umgebung wieder, die mit dem ländlichen Alltagsleben rein gar nichts zu tun hatte. Tim Baldock war überrascht, »mit Blumenmustern angemalte Autos und Busse« zu sehen, sowie »überall langhaarige Hippies in Kaftanen und Sandalen«. Chris Crampton, ortsansässige Schülerin, die an diesem Tag mit ein paar Freundinnen blau machte, erinnert sich daran, dass »alle Frauen und Freundinnen der Beatles dort waren. Cynthia Lennon hatte Julian dabei, Jane Asher und Patti Boyd sahen mit ihren langen, glatten Haaren sehr glamourös aus. Sie trugen teure Designer-Miniröcke, von denen unsereins nur träumen konnte.« Unter ihren Freundinnen war auch Gill Skinner, die fand, »dass die Schauspieler und Produktionsleute ziemlich arrogant waren. Sie sprachen nicht mit uns, aber wir hingen so lange rum, bis die Beatles zur Mittagspause herauskamen. Es war ein wunderbarer, sonniger Tag, also setzten sie sich auf den Rasen und plauderten mit uns, sehr freundlich. George war ein wenig reserviert und zog dann mit irgendeiner Frau ab. Paul flirtete ein bisschen, aber John und Ringo waren einfach nur unglaublich lustig, fast wie ein Komiker-Duo. Man hatte ihnen Brot-und-Butter-Pudding zum Mittagessen gegeben, den John hasste. Also gab er ihn mir und – jawohl – ich aß John Lennons Brot-und-Butter-Pudding.« Ringo, freundlich wie immer, wurde vom 13-jährigen Schüler Geoff Steele dazu überredet, mit ihm auf dem Flugplatz eine Runde in seinem Mini zu drehen, der »auf so engem Raum eine größere Stereoanlage hatte als ich in meinem Zimmer«. Der Lokalreporter Peter Rimmer hatte indes weniger Glück: »Mein Versuch, George Harrison zu interviewen, endete kurz und prägnant. George sah mich nur an und sagte: ›Such dir eine anständige Arbeit!‹ Ende des Interviews.«

Trotz derlei Ablenkungen erwies sich West Malling als produktiver Drehort. Zu den Szenen, die dort gedreht wurden, gehören das »Labor der Zauberer«, das »Einberufungsbüro«, »Tauziehen« sowie der »Startbahn-Marathon«. Und natürlich auch die bei weitem populärsten Szenen zu den Songs *Your Mother Should Know* und *I Am The Walrus*. »Als sie *I Am The Walrus*« filmten«,

Am 15. September 1967 vor dem Atlantic Hotel: Gruppenbild mit Bus. Wer die Beatles findet, hat gewonnen

erzählt Tim Baldock, »hatten sie es irgendwie geschafft, auf die Schutzwälle zu klettern, die während des Krieges gebaut worden waren, um das Flugfeld vor Angriffen zu schützen. Diese Wände waren zehn Meter hoch, aus festem Beton, da oben muss es also ziemlich gefährlich gewesen sein. Paul verbrachte die meiste Zeit in einem Stuhl, der an einem hydraulischen Kran befestigt war, und brüllte Anweisungen durch ein Megaphon.«

Ebenfalls an diesem Tag wurde Harrisons Lieblingsszene gedreht: »Die, bei der John der fetten Frau Spaghetti auf den Teller schaufelt.« Wie fast alles bei der *Magical Mystery Tour*, kam auch sie spontan zustande. Paul erinnert sich: »John kam rein und sagte: ›Hey, letzte Nacht hatte ich einen wilden Traum, den würde ich gerne machen. Also: Ich bin ein Kellner...‹. So lief das. Wir machten es einfach, und zwar aufs Geratewohl.«

Am Freitag wurde die Monty-Python-mäßige Szene im Rekrutierungsbüro gedreht, bei der ihr alter Freund Victor Spinetti einen durchgeknallten Sergeant spielt, der am Ende eine Kuh aus Pappmaché anbrüllt. Wichtiger war die Eröffnungsszene, bei der Ringo John ein *Mystery-Tour*-Busticket abkauft. Man drehte sie im örtlichen Zeitungsladen von Stanley Brown in der West Malling High Street. Nachdem er ihr Ansinnen erst abgelehnt hatte, da er zu beschäftigt war, erlaubte Brown den Beatles schließlich doch, nach Ladenschluss bei ihm zu drehen. »Sie machten auf mich einen sehr guten Eindruck«, erzählt er, »sie waren sehr höflich und hinterließen den Laden so, wie sie ihn vorgefunden hatten.« Bezahlung gab es keine, aber »als sie packten und gingen, gab mir jemand einen Fünfer, damit ich mir einen Drink kaufen kann«. Zu Browns Überraschung hatte er mit den Beatles dennoch ein Geschäft gemacht. Als Ringo John das Ticket abkaufte, hatte er echtes Geld benutzt: »Als wir am Abend die Einnahmen zählten, waren 1,50 Pfund zu viel in der Kasse.«

Die Galanummer des Films, *Your Mother Should Know*, wurde über das Wochenende abgedreht. »Wir engagierten Tänzerinnen von der Peggy Spencer Tanzschule und ein paar Seekadetten«, erinnert sich Tony Bramwell. »Ich hatte extra eine Showtreppe anfertigen lassen, die auf einem Gerüst stand. Den ganzen Tag lang gingen die Beatles in ihren weißen Anzügen endlos auf und ab und bewegten ihre Lippen zur Musik, die vom Lautsprecher kam.« Dazu Maurice Gibb: »Paul McCartney hatte unsere Show im Saville Theatre gesehen, bei der ich ganz in Weiß auftrat. Daher rührte die Idee, die Jungs für *Your Mother Should Know* in weiße Smokings zu stecken.« Chris Crampton und ihre Freunde wurden für das große Finale eingeladen, für das man noch ein paar Statisten brauchte: »Links und rechts von der Treppe waren jeweils zwei Bühnen. Wir sollten erst ein wenig zur Musik tanzen, am Schluss mussten wir dann von der Bühne springen und hinter den Beatles her rennen. Man sagte uns, dass wir uns auf keinen Fall vor den Beatles platzieren dürften, doch natürlich wollten wir sichergehen, im Film auch sichtbar zu sein. Also rannten einige von uns nach vorne.« Tim Baldock und seine Freunde hatten eine bessere Idee: »Wir fanden heraus, dass man uns sehen müsste, wenn wir auf jeder dritten Stufe in die Höhe springen. Das taten wir dann auch, wie man im Film sieht.«

Da der Großteil des Films nun im Kasten war, begann am nächsten Tag der Rohschnitt bei Norman's Film Production in der Old Compton Street in Soho. Redakteur Roy Benson war von der Sisyphusarbeit, die vor ihm lag, anfangs ziemlich genervt: »Es war absolut chaotisch, denn es gab kein Drehbuch und keine Notizen zum Ablauf der Szenen. Man gab mir einfach stundenlanges Filmmaterial und erwartete, dass ich irgendetwas daraus mache. Ich brauchte eine ganze Woche, um die Szenen zumindest in eine grobe Reihenfolge zu bringen. Danach stießen dann John und Paul hinzu, die beide an der technischen Seite sehr interessiert waren.« Norrie Drummond, vom ➙

»Die Beatles sind wohl eher auf einen Trip als auf eine Reise gegangen.«

»Wo fährt dieser Bus eigentlich hin, Kumpel?«

NME vorbeigeschickt, um über den Fortgang der Arbeiten zu berichten, lieferte eine lebendige Schilderung: »Im Zimmer war es heiß und verraucht. Lange Filmstreifen hingen von Metallgestellen herunter, auf dem Boden verstreut lagen dutzende LPs. Überall standen leere Kaffeetassen herum, die Aschenbecher quollen über. John und Ringo saßen auf einem Tisch und betrachteten den Film durch einen Projektor, während Paul den Klang einer Drehorgel synchronisierte.«

Auch Pete Shotton, Lennons alter Schulfreund, schaute bei Norman's vorbei. In seinem 1983 erschienenen Buch *John Lennon: In My Life* berichtete er, dass Lennon in ausgesprochen guter Stimmung war: »Als unten auf der Straße ein betrunkener Opa laut vor sich hin sang, öffnete John sogar das Fenster und bat ihn, nach oben zu kommen. Der Besoffene wankte brav nach oben, die Flasche in der Hand, und leitete John, Paul, George und Ringo durch ein großes Repertoire alter Trinklieder wie *There's An Old Mill By The Stream*. Er schien überhaupt nicht zu wissen, wer seine neuen Freunde überhaupt waren.«

Zur gleichen Zeit wurde das luxuriöse Cover für den Soundtrack fertig gestellt. »Paul und ich waren in einem anderen winzigen Zimmer und stellten das Buch zusammen«, erinnert sich Tony Barrow. »Er verbrachte viel mehr Zeit damit, als ich jemals zu hoffen gewagt hätte. Ich war darüber sehr froh, denn ich hatte schon befürchtet, dass er das Interesse komplett verlieren würde, sobald die Dreharbeiten abgeschlossen wären. Immerhin hatte es so viele Probleme gegeben. Aber Paul machte weiter bis zum Schluss.« Als wäre das nicht schon genug, arbeiteten die Beatles in der Abbey Road auch noch an *Fool On The Hill*, *I Am The Walrus*, *Blue Jay Way* und dem Instrumental *Flying*.

Anfang Oktober wurde noch ein kurzer Dreh in West Malling notwendig, man hatte ein paar Einstellungen mit dem Bus vergessen. Im Laufe des Monats wurden noch ein paar weitere Szenen hinzugefügt, die man in Sunny Heights, Ringo Starrs Garten in Weybridge, sowie der Londoner Acanthus Road und Lavender Hill drehte. Bezeichnend für die schlechte Organisation war die Tatsache, dass man erst Ende Oktober einen dicken Fehler bemerkte: »Man hatte völlig vergessen eine Szene für *Fool On The Hill* zu drehen«, erklärt Tony Bramwell: »Also machte sich Paul auf den Weg nach Frankreich und fuhr zu einem Hügel oberhalb von Nizza, den er bei einem früheren Besuch entdeckt hatte. Da es die Beatles längst gewohnt waren, mit Assistenten und Aufpassern zu reisen, hatte er komplett vergessen, seinen Reisepass mitzunehmen. Normalerweise tat das jemand anders für ihn. Dem englischen Zoll sagte er, dass sein Pass bereits in Frankreich sei, den Franzosen erklärte er, er würde aus England nachgeschickt werden. Aber in Frankreich war man ohnehin froh, ihn begrüßen zu dürfen.«

Zwar hatte McCartney die Beatles durch die *Mystery Tour* geleitet, er verspürte allerdings wenig Lust, auch das Tagesgeschäft von Manager Epstein zu übernehmen. Indes spekulierten andere auf diesen Posten. Der berüchtigte Allen Klein hatte bereits sein Interesse bekundet, und nach einem Drehtag während der *Mystery Tour* besuchte Epsteins Partner Robert Stigwood die Band. »Wir aßen in einem Hotel zu Abend«, erzählt der loyale Beatles-Mitarbeiter Neil Aspinall, »und Robert deutete an, dass er als Brians Partner nun automatisch ihr Manager sei.« Die Beatles sagten klar und deutlich, dass Stigwood nicht ihr Manager sei, egal wie große Anteile er an NEMS auch besitzen möge. In Anbetracht der Apokalypse, die ausbrach, als Lennon, Harrison und Starr Allen Klein nach London einluden, muss man sich natürlich fragen, ob Stigwood tatsächlich der Teufel war, für den ihn die Beatles hielten.

Am 27. November erschien in England der Soundtrack zur *Magical Mystery Tour* als einzigartige Doppel-EP. In den USA wurde ein ebenso luxuriös ausgestattetes Album mit zusätzlichen Single-Tracks veröffentlicht. Beide Formate machten deutlich, dass die Beatles die Messlatte erneut höher gehängt hatten, doch der dazugehörige Film kam weniger gut weg. Die BBC hatte die Senderechte für 10 000 Pfund erworben und strahlte den Film am 26. Dezember aus. Man erreichte 20 Millionen Zuschauer, doch die Kritiken waren allesamt vernichtend. »Die Realität wird mit filmischen Tricks besiegt«, schrieb Henry Raynor in den *Times*, »doch nur die wenigsten von ihnen sind wirklich neu. Eine Art gut gemeinte, witzige Anarchie gewinnt die Oberhand.« Raynor merkte trocken an, dass »die Beatles wohl eher auf einen Trip als auf eine Reise gegangen sind«. Um sein Baby zu verteidigen, besuchte McCartney tags darauf eine Talkshow: »Wir wollten den Zuschauern mal etwas anderes bieten, doch wenn man die Zeitungen liest, hat es offenbar nicht funktioniert. Wir dachten, wir sollten das Publikum nicht unterschätzen und etwas völlig Neues machen. Immerhin ist der Film kontrovers und nicht einfach nur langweilig.« In späteren Jahren nahm seine Kritik ein wenig zu: »Es war in Ordnung, obwohl es bestimmt nicht das Beste war, das wir jemals gemacht haben. Zur Verteidigung muss ich sagen, dass man nirgendwo sonst eine Aufführung von *I Am The Walrus* sehen kann. Die gibt es nur in diesem Film. Das ist, so denke ich, Grund genug, den Film interessant zu finden.«

Obwohl zwischenzeitlich sogar Steven Spielberg *Magical Mystery Tour* als einen Film bezeichnete, der ihn und seine Generation von Filmemachern während ihrer Ausbildung inspiriert hatte, wirken McCartneys jüngere Statements, als wolle er sich davon bewusst distanzieren: »Ich weiß nicht, wessen Idee die *Magical Mystery Tour* war«, sagt er im Buch *Anthology*, »sie könnte von mir stammen, aber ich bin mir nicht ganz sicher, ob ich die Verantwortung dafür übernehmen will. Hmm … wir waren damals alle daran beteiligt, aber das meiste könnte durchaus von mir stammen, denn damals entwickelte ich viele Konzepte und solche Sachen.«

Vielleicht sollte er heute ein Konzept entwickeln, nach dem es okay ist, wenn man mal danebengreift. Auch wenn kein einziger etablierter Filmkritiker die *Magical Mystery Tour* als künstlerisch wertvoll erachtet, hat ihr schräger Charme im Laufe der Jahre doch deutlich an Unterhaltungswert gewonnen. Für die weltweiten Massen von Beatles-Fans ist sie das Heimvideo, das wir alle gerne gedreht hätten.

Dank an John (Platt Comstock Lode), Sandy Brown (Disc), Jimmy Shapland (Cornish Guardian), Vernon Leonard (The Grapevine) und Mick Newton. ■

»Ich war dabei«

Marianne Faithfull erinnert sich an die turbulenten psychedelischen Jahre der Beatles, die sie aus nächster Nähe erlebte.

Legenden sind manchmal wahr und oft wunderbar. Wie die Sache mit dem LSD ablief, weiß ich nicht – sie ließen mich nicht mitmachen, weil ich so viel jünger war –, aber ich weiß, dass die Beatles eines Tages, schon ziemlich am Anfang, während eines kurzen Zwischenaufenthalts vor dem Weiterflug Bob Dylan begegneten. Der Rest ist Geschichte. Vorher war ihre übliche Droge Alkohol und vielleicht Speed. Ich erinnere mich, dass die Beatles immer dasselbe tranken – Rum mit Cola – und irgendwelche Pillen nahmen. Und dann passierte die Sache mit der Psychedelik. Sie war schlagartig da und haute alle und alles um.

Die größte Rockband der Welt zu kennen, war ein großer Glücksfall, für mich vor allem deshalb, weil ich die Beatles schon kannte, als ich gerade anfing, mein Handwerk zu lernen. Mein Lehrzeit verbrachte ich mit Besuchen bei vielen großartigen Sessions, unter anderem für *Lovely Rita* und *A Day In The Life*. Trotz der Konkurrenz zwischen den Bands, die es damals wie heute gab, kamen sie immer bei meinen Aufnahmen vorbei und ich bei ihnen. Als Mädchen, das sowieso nicht ganz ernst genommen wurde, konnte ich mich frei bewegen, und das machte ich auch. Ich ging zu Sessions von The Who, zu vielen Stones-Sessions, aber die faszinierendsten – jedenfalls bis zu dem Zeitpunkt, als *Beggars Banquet* richtig spannend wurde – waren die der Beatles. Sie machten Sachen, die es so noch nicht gegeben hatte und blickten nach vorne in einer Art, wie es niemand anders tat. Und ich schaute einfach zu.

Mit Paul war ich am besten befreundet. Sogar mit John kam ich recht gut aus, obwohl seine zornige Art mir ein bisschen Angst machte, weil ich sehr jung war. Aber Paul war sehr nett zu mir. Paul und John waren die ersten Beatles, die ich kennenlernte, weil mein Freund John Dunbar den Bruder von Jane Asher kannte, Peter Asher von Peter And Gordon. Ich war begeistert von *Yesterday* und wollte es aufnehmen. Heute finde ich meine Version eher zu pathetisch, aber das ist eben nicht zu ändern.

Die Szene damals war wie ein Dorf – jeder kannte jeden und war befreundet –, darum war ich natürlich auch als kleines Lichtlein in der Menge, als *All You Need Is Love* übertragen wurde. Man sieht mich allerdings kaum. Auf *Yellow Submarine* sang ich im Hintergrund und machte Geräusche. John sagte dauernd: »Komm schon, nicht so schüchtern, mach einfach!« Aber für sie hätte man ja sowieso alles gemacht. Sie waren die Beatles!

An die Zugfahrt zum Maharishi nach Bangor erinnere ich mich wie an einen Schulausflug. Die Veranstaltung fand in einer Schule statt, die über den Sommer geschlossen war. Paul war sehr zynisch, aber Patti und George waren wirklich auf der Suche nach Erleuchtung. John auf seine Art auch. Was mich an dieser Schule wirklich ärgerte, war, dass Mick [Jagger] und ich getrennt schlafen mussten, weil wir nicht verheiratet waren. Das fand ich ziemlich schwach, weil wir damals leidenschaftlich verliebt waren.

An den Maharishi erinnere ich mich kaum, weil das Wochenende so traumatisch war. Es war schrecklich, wie traurig und verloren die Beatles wirkten, als die Nachricht von Brian Epsteins Tod kam. Die Trauer ließ sie zusammenrücken wie eine Familie. Mick und ich sagten sehr wenig und versuchten unsere Freunde zu stützen, das schien uns das Beste. Aber noch schlimmer mitanzusehen war der Maharishi, wie er sich hineindrängte und sagte: »Naja, Brian Epstein ist tot, dann mach ich das eben für euch.« Und sie in ihrer Hilflosigkeit fielen darauf rein! Aber wir waren eben alle sehr, sehr jung.

Wir alle machten große Veränderungen durch, deshalb kann ich schwer beschreiben, wie genau sich die Beatles in jenen Jahren verändert haben.

Ich würde sagen, sie wurden viel friedlicher, umgänglicher und sozialer, viel warmherziger. John trank nicht mehr so viel. Es gab viel weniger Aggressionen. Ob die Musik unbedingt besser wurde, weiß ich nicht, die Platten vor der psychedelischen Phase waren ja auch herrlich. Sie wurde eben anders. Es war eine interessante Zeit, und die Psychedelik war eine interessante Strömung, aus der die Beatles sehr viel machten – mehr als die Stones, muss ich wohl fairerweise sagen.

> »Es war eine interessante Zeit, und die Psychedelik war eine interessante Strömung, aus der die Beatles sehr viel machten – mehr als die Stones, muss ich wohl fairerweise sagen.«

Die Beatles waren nicht total anders, wenn sie stoned waren, und so stoned waren sie auch wieder nicht. Sie waren so wie alle damals in London. Und sie machten große Kunst daraus.

Marianne Faithfull

Marianne Faithfull
London
Februar 2002

1968

Die Beatles, die seit dem Tod Brian Epsteins richtungslos schienen, überwarfen sich 1968 mit Maharishi und schrieben Songs, die sich später auf dem »Weißen« *Album* wiederfanden. Sie kamen zurück, um ihre Geschäfte mit Apple Records in die eigenen Hände zu nehmen, und produzierten mit *Hey Jude* ihren größten Single-Hit. Außerdem hatten sie einen Gastauftritt in dem Film *Yellow Submarine*. John Lennon kam mit Yoko Ono zusammen – und beide zogen sich aus.

Reise nach Indien

Nach Brian Epsteins Tod und dem Debakel der Magical Mystery Tour brauchten die Beatles neue Inspiration. In der Hoffnung, sie bei Maharishi zu finden, flogen sie nach Rishikesh, Indien. Von Mark Paytress.

Es war noch nicht lange her, da hatte John erklärt, dass religiöse Jünger »krank und gewöhnlich« seien. Mitte Februar 1968 musste die staunende Öffentlichkeit den Anti-Christen des Pop dabei zusehen, wie sie einem selbsternannten Guru um den halben Globus folgten – auf der Suche nach Spiritualität. Ihr Meister war Maharishi Mahesh Yogi, der den Beatles bei ihrem ersten Zusammentreffen im Hilton Hotel, London, im August 1967 erklärt hatte: »Das himmlische Reich ist wie Elektrizität. Du kannst es nicht sehen – es ist in dir selbst.« Auf die vier jungen Männer, die in den vergangenen fünf Jahren ihr Leben in der Öffentlichkeit gelebt hatten, wirkten diese Worte revolutionär.

So gesehen, scheint es ziemlich aufwändig, sich bis nach Rishikesh, einem entlegenen Winkel Nordindiens zu begeben, in der Erwartung, dass sich ihnen dort jene Erkenntnis offenbart, die eigentlich schon längst offen vor ihnen lag. Doch der skurrile Aufenthalt der Beatles in Indien war mehr als eine Klatschgeschichte über vier sagenhaft berühmte Musiker, die ihr Vermögen und ihr Ego unter der heißen Sonne aufgaben. Diese karma-besetzte Episode in der Bandgeschichte, die zwischen dem Tod von Brian Epstein und der Gründung von Apple lag, hatte ein oder zwei Megarückschläge zur Folge.

Auch Wochen nach ihrer Rückkehr erholte sich das öffentliche Ansehen der Beatles nicht mehr wirklich von dem Verdacht, dass ihnen der Ruhm zu Kopfe gestiegen sei und sie sich nun in exzentrischem Gehabe gefielen. Schlimmer noch. Der innere Frieden, den die Beatles durch die Meditationslehre Maharishis erlangten, schien auf Kosten ihres kollektiven Bewusstseins gegangen zu sein.

Ebenso wie LSD, und bald das liebe Geld, machte auch Rishikesh deutlich, dass die Beatles Individualisten waren, die mehr an ihrem persönlichen Wohl als an den Gruppenbelangen interessiert waren. Doch auch wenn offensichtlich ist, dass das Maharishi-Abenteuer das Ende der Beatles beschleunigte, gibt es keinen Grund, es anzuschwärzen. Denn, lässt man mal alles Dubiose beiseite, so stellt sich der tragikomische Trip nach Rishikesh als eine der inspiriertesten Episoden in der Karriere der Beatles dar. Als Paul einige Monate später Filmmaterial sah, das in Indien aufgenommen worden war, sagte er lachend zu John: »Wir sollten es *Was wir in unseren Ferien trieben* nennen.« Aber die entrückten Gesichter und die exotischen Gewänder enthüllen wenig über die Wahrheit hinter dem Flirt der Beatles mit einem alternativen Lebensstil.

Seit die Band den Maharishi 1967 auf einem Wochenendseminar in Bangor, North Wales, aufgesucht hatte, wurde ihm von der Presse der Spitzname »der kichernde Guru« verpasst. Viele aus der so genannten Love Generation betrachteten den schmächtigen Mann mit dem strubbeligen Haar, dem Singsang in der Stimme und den verrückten Klamotten als die personifizierte Weisheit.

Mit den Worten »Er war Ehrfurcht gebietend. Ihn sprechen zu hören war die vollkommenste Erfahrung« beschreibt Beach Boy Mike Love seine erste Begegnung mit dem Mann, der von seinen Anhängern Seine Heiligkeit genannt wurde. »Und die Meditationsübungen waren so einfach und dabei so effektiv. Es erschien offensichtlich, dass, wenn sie jeder machen würde, die ganze Welt völlig anders wäre – entspannt und friedlich.«

Frieden und Entspannung waren seltene Güter im Leben der Beatles seit 1962. »Für uns alle war es Zeit, mal eine Weile auszusteigen«, erinnert sich Cynthia Lennon. »Die Jahre des Ruhms forderten ihren Tribut.« Maharishis Enthusiasmus war ansteckend, sein Allheilmittel perfekt: »Ich spüre eine große Verheißung für die jüngere Generation«, bemerkte er bei der ersten Begegnung mit der Band. »Denn wenn die Beatles die transzendentale Meditation praktizieren, wird das die Jugend auf ein hohes Niveau von Einsicht und Verständnis führen ... Sie scheinen mir sehr intelligent und aufgeweckt zu sein.«

Vor allem John und George ging es bei der Begegnung mit Maharishi mehr um ihre persönliche Bewusstseinserweiterung als um soziokulturelle Verantwortung. Wie George später zugab, war die Meditation in vielerlei Hinsicht ein weiteres Experiment der Band mit Drogen. »Ich wusste nicht, dass es etwas gab, das über die Ebene der Bewusstseinserweiterung durch LSD hinausging. Als ich es das erste Mal nahm, erlebte ich ein so überwältigendes Gefühl des Wohlbefindens. Da war Gott, und ich konnte ihn in jedem Grashalm erkennen.«

Vor dieser Offenbarung war George, der Beatle, der sich intensiv mit der Musik, Kultur und Philosophie Indiens auseinander setzte, laut Cynthia Lennon der »taktloseste, ungehobeltste und sturste« der vier. Sie war nicht die Einzige, die hoffte, dass sich der dreimonatige Aufenthalt in dem abgeschiedenen Refugium Maharishis über den Ufern des heiligen Flusses Ganges ebenso positiv auf den Rest der Band und deren Entourage auswirken würde. Und so erinnert sie sich: »Wir machten uns voller Optimismus auf den Weg ...«

In zwei Gruppen verließen die Beatles London Richtung Indien. John und George, die am vehementesten nach Erlösung suchten, flogen am 15. Februar 1968 gemeinsam mit Cynthia, Patti Boyd und ihrer Schwester Jenny von London aus los. Paul und Ringo folgten drei Tage später mit Jane Asher und Maureen Starkey und trafen am 20. Februar ein. »John und George kamen mit der Vorstellung nach Rishikesh, dass sie eventuell ein gewaltiges spirituelles Erlebnis haben und vielleicht nie wieder zurückkehren, falls der Maharishi ihnen Anlass dazu geben würde«, erinnert sich McCartney in *Many Years From Now*. Er sah die ganze Sache eher »pragmatisch«.

Über der Angelegenheit lag natürlich mehr als nur ein Hauch des Absurden. Noch als sich das Flugzeug auf dem Rollfeld befand, konnte selbst George es nicht lassen, einen Witz zu machen: »Vielleicht wird das alles das reinste Billy-Butlin-Feriencamp!«, witzelte er; ein Kommentar, den Ringo Starr noch aufgreifen sollte. Donovan, der wenige Tage später nach Rishikesh flog, amüsierte sich:

»An Bord waren drei schöne Inderinnen in Saris, die so taten, als seien sie Stewardessen ... Die Fenster in der ersten Klasse der Boeing 707 sahen aus wie die in arabischen Tempeln und die Wände waren mit Paisley-Mustern tapeziert.«

Die 240 Kilometer von Delhi nach Rishikesh waren geheimnisvoller als der von der Kritik verrissene psychedelische Beatles-Film *The Magical Mystery Tour*. Mit Autos, die unter dem Gewicht

Eindrücke aus Indien: (oben) Der Eingang zum Ashram und (unten) der Blick auf Rishikesh vom Ganges aus

»Kennst du was von Ravi Shankar?« John nimmt Musikwünsche von Maharishi entgegen, Rishikesh, Februar 1968.

Die Beatles schrieben so viele Songs im Ashram, dass George klagte: »Wir sind zum Meditieren hier, nicht um das nächste Album zu machen!«

ihres Gepäcks ächzten, kamen sie durch Dörfer, die die Einfachheit des hiesigen Lebensstils verrieten. Donovan erinnert sich an »den Duft von Abwasser und Weihrauch, prachtvolle, glutäugige Kinder und entstellte Bettler. Bilder, die mittelalterlich, aber auch faszinierend wirkten.«

Von der mit Tempeln übersäten Stadt Rishikesh konnten sie erstmals einen Blick auf Maharishis Ashram jenseits des Flusses werfen. Die umzäunte Anlage, die auf einem Plateau 46 Meter über dem Ganges lag, betrat man durch ein weißes Holztor, neben dem sich ein Auskunftsbüro befand. Das etwa vier Hektar große Gelände beherbergte viele Hütten (Puris), die jeweils über sechs abgeschlossene Gästezimmer verfügten, Maharishis Residenz, die nahe am Hang lag, einen zweigeschossigen Lesesaal und, am Ende des Grundstücks, der Küchen- und Versorgungsbereich. Großzügig bedeckt von üppigen, gepflegten Blumenbeeten, dazu eine Fülle von riesigen, blutroten Hibiskusblüten, wurde die Ruhe des Ashrams geschützt durch Teak-, Sissoo- und Guajave-Bäume, die ihn säumten.

»Der Ort war eine Idylle«, sagte der Student und angehende Fotograf Paul Saltzman. »Hier konnte man entspannt und einfach leben, was ja auch das Anliegen eines Ashrams ist. Alles war darauf ausgerichtet, zu meditieren und sich wohl zu fühlen. Es gab keine Hektik, nur Freude und gute Laune.« Es schien, als wären die Beatles in einem Naturparadies rousseauscher Prägung gelandet, in dem die Stille nur durch die exotischen Rufe von Pfauen und Affen unterbrochen wurde.

Die Ankunft der Band – die mit Blumengirlanden gefeiert wurde – steigerte die Stimmung noch. »Bis dahin war der Ashram ein farbenprächtiger Ort, in dem meditiert wurde«, erinnert sich Mia Farrow, die bereits Wochen zuvor mit ihrem Bruder John und ihrer Schwester Prudence angereist war. »Wir bewegten uns wie in einem Traum und unterhielten uns nur wenn nötig.« Die Beatles brachten etwas »Normalität« an diesen Ort.

Zunächst bedeutete Normalität, dass Fotografen in den Bäumen hingen, um etwas von den Beatles zu erspähen. Bald wurde Mal Evans damit beauftragt, vor dem Tor des Ashrams täglich oberflächliche Berichte zu lancieren. Nachdem sich abzeichnete, dass seine mantra-artigen Aufzählungen – »Essen, meditieren, schlafen« – auch nicht um Nuancen variierten, zog die Pressemeute ab.

Das Leben im Ashram war, gemessen an dem, was die Beatles gewohnt waren, alles andere als normal. Ihre Zimmer waren spartanisch eingerichtet, mit einem harten Bett, einer Kommode und einer schwachen Lampe. Wärme erzeugte ein dampfender Wassereimer, den ein Diener vor der Tür abstellte. Die Mahlzeiten wurden gemeinsam eingenommen. Man saß im Freien an langen Tischen, deren Tischdecken durch Marmeladegläser beschwert wurden. Westliches Essen mit Fisch und Fleisch wurde durch streng vegetarische Kost ersetzt: ausnahmslos kaum gewürzte Currys.

Die Besucher legten ihre Designer-»Fetzen« aus der Carnaby Street ab, und die Männer zogen sich Kurta-Tuniken und Nehru-Jacken an, die Frauen bestickte Saris. »Wir begannen zu begreifen, dass wir nur wenig brauchten, um zufrieden zu sein«, erinnert sich Cynthia.

Angeblich waren die Beatles dazu eingeladen worden, den Maharishi in seiner Akademie für transzendentale Meditation zu besuchen und ein dreimonatiges Trainingsseminar zu absolvieren.

Dies umfasste zwei 90-minütige Vorträge, um 15.30 und 20.30 Uhr, mit anschließenden Frage-und-Antwort-Sitzungen, und natürlich so viele Stunden der Meditation wie möglich. Doch schnell wurde deutlich, dass die meisten Schüler – »Nette Leute, die entschlossen waren, Methoden zu lernen, um besser mit dem Leben fertig zu werden«, erläutert Cynthia – einer anderen Kategorie angehörten als die berühmten Gäste. »Er behandelte die Beatles völlig anders«, bestätigt Paul Saltzman. »Ich meine, sie waren nicht mal im Hauptseminar. Sie erfuhren individuelle Betreuung.«

»Ziel des Seminars war es, Lehrer für transzendentale Meditation zu werden«, betont Mike Love, »doch ich erinnere mich daran, dass Paul mir sagte, dass Lehrer zu werden ›nicht ihr Ding sei‹. Es war ganz offensichtlich, dass sich Maharishi viel von den Stars versprach. Er hoffte, dass sie die TM in die Welt hinaustragen würden.«

Kein Neuling wird je den Akt der Einweihung in die Meditation vergessen. Im Schneidersitz, Auge in Auge allein mit Maharishi in einem Raum, überreicht der Schüler einen Blumenstrauß und erhält dafür ein ›geheimes‹ Mantra, das er auf keinen Fall preisgeben darf.

»Irgendwann fand ich heraus«, erzählt Apple-Direktor Denis O'Dell, der der Band Anfang März nach Rishikesh gefolgt war, »dass ich dasselbe Mantra wie John bekommen hatte!« Auch Mia Farrow hatte wenig Glück. Da sie im entscheidenden Moment niesen musste, bat sie Maharishi höflich, ihr Mantra zu wiederholen. Er tat es nicht, und so war sie sich »nie 100-prozentig sicher, ob sie es richtig aufsagte«.

Vielleicht war das Mantra nur ein fauler Zauber, doch die Wirkung der täglichen Meditation – ob richtig praktiziert oder nicht – machte sich schnell bemerkbar. Eines Nachmittags, während der Meditation auf einem der vielen Flachdächer, wurde Paul geradezu überwältigt. »Mir war, als wäre ich eine Feder über dem heißen Rauch einer Pfeife. Ich schwebte gleichsam durch die heiße Luft, was mit der Meditation zu tun hatte. Es war eine Moment völliger Glückseligkeit.«

George Harrison war wie immer sehr gewissenhaft. Nur wenige Minuten nach seiner Ankunft, erinnert sich Denis O'Dell, zog er ihn in seinen Bungalow, »wo er mir erklärte, dass er schweben könne. Ich dachte, das ist aber ungewöhnlich! Er machte es mir vor, doch kann ich nicht mehr sagen, ob er drei oder vier Zentimeter über dem Boden schwebte. Ich war so verblüfft über das, was ich sah. Ich erkannte, dass er ein sehr frommer Mann war.«

Am komplexesten reagierte John auf die Meditation. Bei einer Privataudienz mit Maharishi gab er zu: »Immer wenn ich meditiere, ist da eine Blechbläserkapelle in meinem Kopf.« Mike Love erzählt: »John war ein aufrichtiger Mann, und ich genoss es, wenn er und George Maharishi Fragen stellten. Doch sollte man nicht vergessen, dass John nach der transzendentalen Meditation heroinabhängig wurde. Er hatte definitiv einige Probleme. Ich bin kein Psychologe, aber sein Vater hatte ihn verlassen und er ist als Kind geschlagen worden. Die Meditation hat ihm offensichtlich etwas geholfen …«

»John und George haben ernsthaft meditiert«, erinnert sich Saltzman, der bald zur Entourage der Beatles gehörte. »George schien genau das gefunden zu haben, wonach er gesucht hatte, doch Johns

Allein unterwegs: John entfremdete sich zunehmend von Cynthia.

> »Morgens verließ mich John, um alleine zu meditieren. Ich entdeckte später, dass er Yokos Post abholen ging.« Cynthia Lennon

Herangehensweise war eher die eines Teenagers – und ich meine das nicht überheblich. Er war auf der Suche nach der ANTWORT.« Mia Farrow fand: »Er sah alles auf einer mystischen Ebene. Für ihn war Maharishi eine Art Zauberer.«

Denis O'Dell glaubt nicht, dass John auf der Suche nach einer Vaterfigur war. (»Wir haben viel diskutiert, und es schien mir nie so, als ob er irgendeinen Rat brauchte.«) Er bemerkte, dass John damals unter großem Druck stand. »Es war offensichtlich, dass seine Ehe nicht gut lief. John verbrachte viel Zeit allein, und man konnte spüren, dass da was nicht in Ordnung war, obwohl er immer vorgab, dass er zum Meditieren alleine sein müsse. Er und Cyn waren in Trennung begriffen; daran bestand kein Zweifel.«

»Jeden Morgen verließ er unser Zimmer als Erster, um draußen alleine zu meditieren, wie er sagte«, erinnert sich Cynthia. »In den ersten Wochen war er nett, aber dann begann er mich zu schneiden … Ich führte es darauf zurück, dass wir so weit weg waren, dass das Meditieren sein Verhalten veränderte und dass es hier wunderbarerweise keine Drogen gab. Ich entdeckte später, dass er die Morgenpost abholen ging …«

Tatsächlich riss John aufgeregt die neusten Briefe von Yoko Ono auf, die ausnahmslos magische Anweisungen enthielten wie: »Ich bin eine Wolke. Halte Ausschau nach mir.« John tat es, und mit jeder neuen Woche schien es ihm, als seien diese Wolken ihm immer näher.

»Die verrückten Botschaften machten mich wahnsinnig«, erinnert sich John. Sie enthielten nichts, was »Ehefrauen oder Schwiegermütter beunruhigt hätte«, doch ihre philosophische Art passte perfekt zu seiner geistigen Verfassung. Eines Tages, nachdem Paul Saltzman erzählt hatte, dass ihn seine Freundin verlassen hatte, erklärte ihm John: »Die Liebe kann uns ganz schön heftig mitspielen. Doch du wirst eine neue Chance bekommen.« »Heute weiß ich, dass er über seine eigene Situation sprach«, sagt Saltzman und er hat Recht. »In Indien begann ich [Yoko] als Frau zu sehen, nicht nur als Intellektuelle«, gab Lennon später zu.

Doch es war klar, dass die Beatles, trotz der Begeisterung für die Meditation, wieder an ihre Gitarren zurückkehren würden. »Ich hatte meine Gitarre dabei und sie hatten ihre Martin-D-28-Akustikgitarren«, erinnert sich Donovan. »George war mit seiner Art, die Gitarre wie Chet Atkins zu spielen, zufrieden, doch als John sah, wie ich die Saiten anschlug, wollte er, dass ich ihm diese Technik beibringe. In nur zwei Tagen hatte er's raus.« Zwei Lennon-Stücke, *Julia* und *Dear Prudence*, entstanden in Rishikesh, auch dank Johns neu erworbener Fertigkeiten.

Die Meditation mag die Beatles mental reifer gemacht haben, die Wirkung des Rishikesh-Experiments auf die Musik der Band aber war doppelt dramatisch. Viele Stücke des »Weißen« Albums und auf *Abbey Road* entstanden dort, in der wohl fruchtbarsten Phase der Bandkarriere. Doch was weit bedeutender ist, die pompösen, studiolastigen Produktionen, die mit *Sgt. Pepper* im letzten Sommer ihren Höhepunkt gefunden hatten, gehörten damit eindeutig der Vergangenheit an. Nach Indien spiegelte die Musik der Beatles das Streben nach Einfachheit wider, das sie zu dieser Reise veranlasst hatte.

»Wir haben in Indien tonnenweise Songs geschrieben«, erzählt John. Das ging so weit, dass George Harrison sich beklagte: »Wir sind ver-

Mann in den Bergen:
Maharishi Mahesh Yogi, 1968

dammt nochmal nicht hier, um das nächste Album zu machen, sondern um zu meditieren!« Tatsächlich hat kaum etwas davon – abgesehen von Mike Loves *Transcendental Meditation* – zu sehr auf die Songs abgefärbt, sieht man mal von Johns Kompositionen ab, für die ein Tempo charakteristisch ist, das widerspiegelt, was Denis O'Dell als das »Zeitlupen«-Gefühl im Ashram beschrieb.

Die Beatles schrieben ihre Songs gewöhnlich allein, trafen sich aber, um das Material weiterzuentwickeln. »Ich erinnere mich, wie Paul eines Morgens mit seiner Akustikgitarre zum Frühstück erschien«, berichtet Mike Love. »Er spielte etwas, das später *Back In The USSR* wurde. Ich sagte ihm, es sei cool, aber er sollte was über die Mädchen in Russland erzählen. Natürlich brauchte er keine Hilfe, doch er hat mir später gesagt, ich hätte ihm auf die Sprünge geholfen. Es gibt ein Band, auf dem wir beide über dem Thema improvisieren.«

Ebenso offensichtlich wie der Einfluss der Beach Boys auf *Back In The USSR* ist der von Donovans Gitarrentechnik auf Paul McCartneys *Blackbird*. »Er sah mir einige Male über die Schulter, um sich den Stil abzuschauen. Und talentiert wie er war, hatte er ihn bald drauf«, erzählt Donovan. Doch das war keine einseitige Sache, so der Sänger: »George half mir bei *Hurdy Gurdy Man*. Die Tamboura, die in dem Song vorkommt, stammt von ihm.«

Dass die Beatles in Indien schließlich an so vielen Songs arbeiteten, war ziemlich überraschend, denn als sie in Rishikesh eintrafen, hatten sie nur ein kreatives Projekt im Kopf: die vage Idee, einen Dokumentarfilm über Maharishi zu drehen. Als sie vor Ort waren, nahm die Idee konkretere Züge an, und die Jungs suchten Unterstützung in London. »Als das Telegramm kam, war ich ziemlich erstaunt, dass sie einen Film mit Maharishi machen wollten«, erinnert sich Denis O'Dell, der die Filmabteilung bei Apple leitete. »Ich dachte, ich muss hin und sie stoppen.« Noch dazu hatte er ein anderes Projekt mit den Beatles vor.

»Als ich eintraf und ihnen von der Idee mit dem *Herrn der Ringe* erzählte – ich verhandelte bereits mit United Artists in New York –, war der Maharishi-Film schnell vergessen. Beinahe augenblicklich teilten sie die Rollen unter sich auf, und John erklärte mir, dass er ein ganzes Doppelalbum dazu liefern könnte.« O'Dell schwebte vor, dass die Beatles Bewohner von Mit-

Cynthia, John und Mike Love, Februar 1968

Mystiker unter sich: Maharishi und die Fab Four mit Donovan (rechts) und Mia Farrow (dritte von rechts).

telerde spielen sollten, Donovan eine passende Rolle bekäme, der Rest mit erfahrenen englischen Schauspielern besetzt und David Lean die Regie übernehmen würde. Das Projekt wurde nie realisiert.

O'Dell kann sich an Verhandlungen mit Maharishi und seinem adleräugigen Anwalt hinsichtlich einer geplanten Dokumentation nicht erinnern. Dennoch lancierte der Apple-Geschäftsführer Neil Aspinall eine abgedroschene Story. Er erinnerte sich an eine Besprechung in Maharishis Bungalow, bei der »dieser kleine Typ in einem Kleid, der glaubte, ein Heiliger zu sein, plötzlich von seinen 2,5 Prozent sprach.« Diese Geschichte sollte als Beweis für die vermeintliche Habgier Maharishis dienen. Doch als Kopf einer humanitären Organisation war er auf Kapital angewiesen. So ist es selbstverständlich, dass bei einer Verhandlung auch über Geld gesprochen wurde. Außerdem hatte John schon vor der Abreise nach Indien ähnliche Vermutungen mit einem barschen »Was macht es schon, wenn er kommerzielle Interessen hat? Wir sind die kommerziellste Band der Welt!« entkräftet.

Saltzman schätzt, dass die Beatles ihre Zweifel gegenüber Maharishi von Anfang an verbargen. »Mal sagte, dass die Jungs aus zwei Gründen mit Maharishi nicht glücklich waren. Sie mochten es nicht, dass er ihren Namen für seine Publicity nutzte, und sprachen auch mit ihm darüber: Ich glaube, es gab eine LP mit seinen Vorträgen, auf der stand ›vom Guru der Beatles‹. Mal erzählte mir auch, dass es wegen der Geldsache Probleme gab. Er sagte, Maharishi hätte 25 Prozent ihrer Einnahmen gefordert.«

In Rishikesh sorgten sich die Beatles mehr um ihr Seelenheil als um ihr Vermögen. Gleichwohl trafen Ringo und seine Frau Maureen, nach kaum einer Woche im Ashram, am 1. März wieder in London ein.

»Wenn jeder Mensch auf der Welt anfangen würde zu meditieren, wäre die Erde ein Ort der Seligen«, erklärte Ringo daheim. Doch er und Maureen hatten die Glückseligkeit dort nicht gefunden. Sie hatten Sehnsucht nach ihrem Sohn Jason, Maureen hasste Insekten, und Ringo kam mit dem ungewohnten Essen nicht klar.

Denis O'Dell erbte das Quartier des Paares. »Ringo sagte mir, dass er mir ein Geschenk dagelassen hätte – und tatsächlich waren dort 28 000 Dosen Bohnen.« Auch Denis fühlte sich Tage später nicht …

Ebenso wenig wie Mia Farrows 19-jährige Schwester Prudence. »Im Westen hätten sie sie eingesperrt«, spottete John noch Jahre später. Zum Glück für Pru war es März 1968, und ihre Teamgefährten waren George und ein wesentlich mildtätigerer John. Ungeachtet der Unterstützung der beiden Beatles, die regelmäßig nach ihr sahen, weigerte sich Prudence standhaft, ihre Hütte zu verlassen. »Ich wollte einfach so viel wie möglich meditieren«, erklärte sie später. Doch damals gab ihr Benehmen ernsthaft Anlass zur Sorge, denn sie weigerte sich, an Vorträgen teilzunehmen, und ließ sich ihr Essen vor die Tür stellen.

Das Beatles-Trio versuchte es mit einem besonderen Gegenmittel. Mit ihren Gitarren stellten sie sich unter ihr Fenster und spielten einen neuen Song von Paul, *Ob-La-Di, Ob-La-Da*. »Sie wollten nur nett sein«, erinnert sich Prudence, »doch ich wünschte, sie würden verschwinden.«

Anschuldigungen wegen sexueller Übergriffe begannen die Runde zu machen und verunsicherten alle.

FOTO: PICTORIAL PRESS

Außerdem glaube ich nicht, dass sie verstanden hatten, worum es im Trainingskurs über Meditation überhaupt ging. Sie amüsierten sich einfach.« Lennon verewigte diese Episoden mit *Dear Prudence*, ebenfalls in Rishikesh entstanden, auf dem »*Weißen*« Album.

Im Februar, als die Regenzeit sich zugunsten milder Abende und perfekter Sonnenuntergänge verabschiedet hatte, verflüchtigte sich die alte Konkurrenz zwischen den Beach Boys und den Beatles. Altruismus lag in der Luft, und noch bevor Mike Love nach Kalifornien zurückflog, verabschiedeten ihn seine englischen Konkurrenten gemeinsam mit Maharishi am 15. März, seinem Geburtstag. »Maharishi schmiss eine Party mit Musikern, Magiern und Feuerschluckern, und die Beatles schenkten mir ein Gemälde von Maharishis Meister, Guru Dev.« Außerdem hatten sie einen Song aufgenommen, *Happy Birthday Mike Love*. Mike hütet ihn noch heute auf Kassette.

Der Wendepunkt in Rishikesh kam, als Paul mit Jane Asher und Neil Aspinall am 26. März nach London aufbrach. Nachdem so viele seiner Spielkameraden gegangen waren (selbst Mia Farrow war weg, um die Hippie-Refugien in Goa und Kathmandu zu besuchen), begann auch John unruhig zu werden. Alexis Mardas, der als griechisches Technikgenie Apple Electronics leitete, wurde von John Lennon und George Harrison herbeizitiert, um den kleinsten Sender der Welt zu bauen, damit Maharishi seine Botschaft über den ganzen Erdball verbreiten konnte. Doch Magic Alex befleckte die huldvolle Schwingung mit seiner unverhohlenen Skepsis.

»Nie habe ich einen Heiligen mit einem Buchhalter gesehen!«, witzelte er, als die Sache mit Maharishi und dem Geld aufkam. Die anderen Schüler nannte er verächtlich »geisteskranke alte Schwedinnen und ein Häufchen hübscher, verlorener Mädchen«. Als Cynthia und Patti sich beiläufig über den fehlenden heimatlichen Komfort beklagten, schmuggelte Alex Spielkarten, Zigaretten und einmal sogar eine Flasche hochprozentigen Wein herein, um sie an das Leben jenseits der strengen Regeln der transzendentalen Meditation zu erinnern.

Laut Cynthia nahmen John und George »die Sache nicht in sich auf«. Jedenfalls tat das Paar sein Bestes, um die gelegentlich aufflackernden Zweifel zu ignorieren, doch fiel dies zunehmend schwerer. Was, wenn das alles nur ein Riesen-Ganovenstück war? War Maharishi, der den Namen der Beatles dazu nutzte, um seine Platten und TV-Sendungen zu verkaufen, wirklich so naiv? Und warum, fragte sich John, hatte der weise Mann ihm nicht die ANTWORT gesteckt, als er gemeinsam mit Maharishi im Helikopter geflogen war?

Aber es gab noch andere Dinge, die ihre Schatten auf den goldenen Garten warfen. Nachdem die Beatles nicht mehr an ihrem Maharishi-Film interessiert waren, flog ein amerikanisches Team ein, angeführt von dem TM-Enthusiasten Charles Lutes, um einen Film zu drehen. Die Anwesenheit der Kameras verstimmte John und George, die ungestört bleiben wollten – und die steigenden Temperaturen sowie die hohe Luftfeuchtigkeit taten ihr Übriges. Außerdem sollte Magic Alex mit dem Maharishi-Sender noch Wunder vollbringen.

»Wir reisen ab«, sagte John. »Warum?«, fragte Maharishi. »Wenn Sie wirklich kosmisch sind, wissen Sie, warum«, antwortete John trocken.

»Wirft man einen Stein in einen Teich, entstehen Wellen, die sich über den ganzen Teich ausbreiten«, erklärte Maharishi auf dem '67er Album. Die Vorstellung, dass ein Einzelner das Potenzial besitzt, das Universum zu erschüttern, war ein zentraler Punkt in Maharishis Lehre, die auf den Veden basierte. Doch wenn dessen Absicht negativ war, konnte es auch zur Katastrophe kommen. »Es war klar, dass Alexis Mardas da wegwollte«, erinnert sich Cynthia, »und vor allem wollte er, dass die Beatles da rauskamen.«

Am 12. April 1968 war es schwül. Wegen eines Stromausfalls wurde Maharishis Abendvorlesung früher beendet. Etwa 50 Schüler kehrten also in ihre Quartiere zurück, aus deren Richtung der Klang sanften Regens zu hören war, um sich niederzulassen und über die Lehren des Tages nachzudenken. Alexis Mardas hatte anderes vor.

Einige Wochen zuvor hing Alexis mit einer Amerikanerin herum, die von ihrem Kurs zunehmend enttäuscht war, doch wegen Einschränkungen ihres Flugtickets nicht vorzeitig abreisen konnte. Das Paar verbrachte mehrere Abende damit, seine Situation zu beklagen, eines Tages behauptete sie, Maharishi hätte ihr während eines privaten Gesprächs Hühnerfleisch angeboten. Dann ergänzte sie, dass er versucht hätte, sich ihr sexuell zu nähern, indem er ihre Hände bei einer spirituellen Berührung ein wenig zu intensiv gehalten hätte. Als Cynthia und Patti davon hörten, weinten sie, weil sie es nicht glauben konnten.

Doch das war nichts im Vergleich zu dem, was John und George in dieser Nacht erlebten. Sie wurden von dem völlig wild gewordenen Alexis geweckt. Es sei wahr, rief er; er hätte das Gleiche mit eigenen Augen gesehen, als er Maharishi heimlich mit der Frau durch ein Fenster beobachtet hatte. John meinte nur »Viel Lärm um nichts«, und Cynthia erzählte, dass »wir die ganze Nacht über versuchten herauszufinden, was wir glauben sollten«. Es wurde noch schlimmer. »Aus diesen Anschuldigungen sprach Wut und Aggression«, meint Cynthia weiter. Kritisch wurde es, als auch George zu schwanken begann, der Maharishi am loyalsten gegenüberstand. »Ich dachte, gut, wenn George Zweifel hat, dann muss da was dran sein«, sagte John.

Am nächsten Morgen traten John, George und Alexis Maharishi gegenüber. »Wir reisen ab«, sagte John. »Warum?«, fragte Maharishi. »Wenn Sie wirklich kosmisch sind, wissen Sie, warum«, antwortete John trocken. Nach acht Wochen voller Frieden und Harmonie hatte John seinen Sinn für Humor wieder entdeckt

Nicht alle glaubten, dass an der Sache was dran war und daran, dass die Beatles das Richtige taten. »Nie zuvor hatte ich meine Sachen derart schweren Herzens gepackt«, erzählte Cynthia. »Ich hatte das Gefühl, dass das, was wir taten, total falsch war.« Als sie auf das Taxi wartete, das Alexis gerufen hatte, schrieb John einige schnelle Karmas auf. »Maharishi, You little twat/Who the fuck do you think you are/Oh, you cunt«. Desillusion war für die Beatles eine bittere Pille.

Die Eintracht zwischen dem Meister und seinen Schülern, Osten und Westen, von alter Weisheit und zeitgenössischer Kunst gab es nicht mehr. Während die Entourage der Beatles auf ihre Autos wartete, standen Maharishis Helfer peinlich berührt etwa 100 Meter entfernt. Einer kam rüber und bot an, den Riss zu kitten – vergeblich.

»Ich war so traurig«, erzählte Cynthia, »Maharishi wirkte so allein.« Die Taxis kamen. »Armer Maharishi«, dachte Jenny Boyd. »Ich erinnere mich, wie er an dem Tor zum Ashram stand, unter einem Schirm, während die Beatles aus seinem Leben verschwanden.« Als John und George durch das Tor kamen, um ihre Rückreise nach London und in ihr verrücktes Popleben anzutreten, machte Maharishi noch einen letzten Versuch. »Wartet«, sagte er mit seiner dünnen, verletzten Stimme. »Redet mit mir.« Doch die Beatles hörten nicht mehr hin. ■

> **Was:** »Lady Madonna« wird veröffentlicht
> **Wo:** Großbritannien
> **Wann:** 15. März 1968

ROCK'N'ROLL-WURZELN

Mit *Lady Madonna* ließen die Beatles die psychedelische Phase hinter sich und besannen sich wieder auf ihre Wurzeln. Von John Harris.

Es gibt nicht wenige Beatles-Songs, die für die Band und ihren musikalischen Fortschritt eine zentrale Rolle spielen: *I Want To Hold Your Hand*, *Help!*, *Tomorrow Never Knows*, *Strawberry Fields*, *Hey Jude* ... Doch in den meisten Darstellungen der Entwicklung der Beatles wird den gut zwei Minuten, die sie aus der psychedelischen Phase katapultierten, wenig Beachtung geschenkt. Dabei legten sie den Grundstein für die Wiederbelebung ihrer musikalischen Herkunft, dem Rock. Dieses Rock-Revival sollte von nun an noch ein ganzes Jahr lang andauern.

Lady Madonna ist Pauls Verneigung vor der unermüdlichen Energie der Mutterschaft. Doch der Text ist nur ein Aspekt dieses bedeutenden Stücks. Der Song brachte die Beatles wieder in die Nähe des Rock'n'Roll der 50er-Jahre, und die vier Saxphone taten ihr Übriges. Er sollte zeigen, dass die Zeit der Perlenketten und Glöckchen langsam abgelaufen war und dass rückwärts gespielte Gitarren und sechsminütige Miniopern bald der Vergangenheit angehörten. Man kehrte zurück zu den Wurzeln. Die größere Rolle bei dieser Trendwende wird zwar ein paar amerikanischen Alben zugeschrieben – darunter etwa Creedence Clearwater Revivals gleichnamigem Debüt und *Music From Big Pink* von The Band –, aber die Beatles wussten ohne Zweifel, woher der Wind wehte. »Es ist kein stilechter Rock, aber so was Ähnliches«, erklärte Paul damals. »Wir denken, die Zeit ist reif dafür.«

»Ich würde es ›Rock'a'Swing‹ nennen«, meinte Ringo, bevor er mit kaum zu ertragender Bescheidenheit fortfuhr: »Von Anfang an haben wir versucht, eine gute Rock'n'Roll-Platte zu machen, und soweit ich weiß, ist uns das bis jetzt nicht gelungen. Das ist jetzt ein neuer Versuch; er kommt dem schon näher. Wenn wir uns auf eine Jamsession treffen ... spielen wir unverändert die Basisakkorde und -rhythmen des Rock, sobald wir unsere Instrumente in die Hand nehmen.«

Den Anstoß zu *Lady Madonna* gab der *Bad Penny Blues* von Humphrey Lyttelton aus dem Jahr 1956. Wenn man beide Songs vergleicht, wird deutlich, dass Paul Lytteltons Melodie, vor allem den behänden Pianopart und den Walking Bass, schlichtweg geklaut hat – obwohl er sie nur für einen Einzelaspekt in der Komposition des Songs benutzt. Die Scat-Harmonien, die bei Minute 1:02 auftauchen, lassen deutlich den Einfluss der Mills Brothers erkennen, einem Gesangsquartett aus Ohio, das wegen seiner aufgemöbelten Bläsersätze berühmt wurde. Am bedeutendsten ist wohl, dass Paul mit seinem Leadgesang Elvis Presley deutlich seine Referenz erweist. Dessen Comeback fand acht Monate nach dem Erscheinen von *Lady Madonna* statt und trug wesentlich dazu bei, dass viele Musiker plötzlich die Affäre mit dem ursprünglichen Rock wieder auffrischten.

Lady Madonna behielt die Patchwork-Ästhetik bei und wurde in nur zwei Sessions am 3. und 6. Februar 1968 aufgenommen. Erst am zweiten Tag bemerkte Paul McCartney, was dem Song fehlte: mitreißende Bläsersätze. Vier Saxophonisten, unter ihnen Ronnie Scott, wurden eilig in die Abbey Road Studios bestellt, wo sie bald erkannten, dass die üblichen Session-Gepflogenheiten hier nicht galten. Man erwartete von ihnen, dass sie eigene Partituren beisteuerten. »McCartney spielte den Song auf dem Klavier und wir bekamen Papier und Bleistift, damit wir uns ein paar Noten aufschreiben konnten«, erinnerte sich Bill Jackmann. »Wenn wir Noten gehabt hätten, wäre das Ganze eine Sache von zehn Minuten gewesen. Aber so dauerte es fast einen ganzen Abend.« Ein Saxophonist war besonders genervt: In Ronnie Scotts furiosem Solo kommt der Ärger über die unzumutbaren Verzögerungen hörbar zum Ausdruck.

Bläsersatz: Ronnie Scott, Solist bei *Lady Madonna*

Als *Lady Madonna* am 15. März erschien, waren die Beatles in Indien, um zu meditieren. Das Timing war perfekt: Während ihr Treffen mit dem Maharishi ihr letzter Flirt mit der Bewusstseinserweiterung war, bewies *Lady Madonna*, dass sie bereits nach neuen Wegen Ausschau hielten. Die B-Seite passt in dieses Bild: *The Inner Light*, begonnen in Bombay und in London zu Ende produziert, ist vielleicht Johns schönster

> »Es ist kein stilechter Rock, aber so was ähnliches. Wir denken, die Zeit ist reif dafür.« Paul McCartney

Beitrag indisch beeinflusster Musik zum Repertoire der Beatles, aber auch sein letzter.

Lady Madonna kam in England auf Platz eins und in den USA auf Platz vier. Der Song markierte den Beginn der 18-monatigen Phase, in der die Beatles den Rock konsequent wieder auflebten. Die Stones kamen mit *Beggars Banquet* auf den Markt und starteten turbomäßig in ihre Phase des Rock'n'Soul'n'Blues. Da Creams virtuose Head-Rock-Ära endgültig passé war, tat sich Eric Clapton mit den Musikern von Southern zusammen und gründete die Band Derek And The Dominos. The Who spielten Songs von Eddie Cochran und Johnny Kid And The Pirates. Chuck Berry und Little Richard standen wieder ganz hoch im Kurs.

In der Zwischenzeit hatte kein Geringerer als Fats Domino eine Version von *Lady Madonna* für sein 68er-Album *Fats Is Back* aufgenommen – eine Bestätigung dafür, wie stark der Song auf dem Rock'n'Roll basierte. Eine noch größere Auszeichnung allerdings bedeutete das Erscheinen von Elvis' *Essentials '70s Masters* 1995: obwohl niemals vollendet, hatte Elvis den Song am 17. Mai 1971 im Studio eingespielt. Diese Tatsache allein sichert *Lady Madonna* einen festen Platz im Reigen der Beatles-Mythen.

---

1. JAN. – 3. FEB. 1968

JANUAR 1968

1 Paul McCartney besucht mit Jane Asher seine Familie in Liverpool.

5 John Lennon trifft seinen ihm fremd gewordenen Vater Freddie in Kenwood, Weybridge, und versöhnt sich so gut es geht mit ihm.

6 *Sgt Pepper* wird von Val Doonicans kongenialem Song *Rocks But Gentley* vom ersten Platz in den UK-Charts verdrängt.

7 George Harrison fliegt nach Bombay, um für den Soundtrack des Films *Wonderwall* zu arbeiten.

11 George nimmt in Bombay die Begleitung zu seinem Song *The Inner Light* auf.

17 John, Paul, Ringo, Jimi Hendrix und Rolling-Stones-Gitarrist Brian Jones bei einer Willkommensparty für The Grapefruit (oben), die gerade bei Apple unterzeichnet hatten.

20 Jimi Hendrix nimmt in den De Lane Lea Studios unter Regie von Paul McCartney Gitarrensolos für das Album *McGough And McGear* auf.

21 John Fred And His Playboy Band sind auf Platz eins der US-Top-40-Singles-Charts mit *Judy In Disguise (With Glasses)*, einer Parodie auf *Lucy In The Sky With Diamonds*.

22 Paul McCartney, Cliff Richard, Cat Stevens und Michael Cane besuchen die erste Vorstellung der Supremes im Londoner Club Talk Of The Town. Apple eröffnet seine Büros in der Wigmore Street 95.

25 Die Beatles nehmen in den Twickenham Filmstudios Live-Szenen für den Film *Yellow Submarine* auf.

27 John wird von BBCs Radio-1-Discjockey Kenny Everett interviewt.

28 Paul probt seinen Song *Step Inside Love* mit Cilla Black (oben), die ihn als Titelthema für ihre nächste TV-Serie verwenden will.

30 George Harrison beendet die Aufnahmen zum Soundtrack von *Wonderwall* in der Abbey Road.

FEBRUAR 1968

1–2 Ringo probt für seinen bevorstehenden Auftritt in Cilla Blacks BBC-TV-Show, *Cilla*.

3 Die Arbeit an *Lady Madonna* beginnt in der Abbey Road.

Baby's in Black: Der Werbe-Clip für *The Ballad Of John And Yoko* mit dem gleichnamigen Paar in der Hauptrolle.

4. FEB. – 15. MÄRZ 1968

Was: Beatles-Video geht auf Sendung
Wo: Top Of The Pops
Wann: 14. März 1968

DIE JUNGS BEIM FILM

Die Beatles sind die Pioniere der Popvideos, sie drehten die ›Werbefilme‹ aber nur, um nicht ins Fernsehstudio zu müssen. Von Joe Cushley.

Millionen fielen auf die Beatles herein, bzw. darauf, dass *Lady Madonna* mit *Hey Bulldog* vertauscht worden war. Am 14. März 1968 meinte das gutgläubige Publikum, auf dem Bildschirm seine vier heiß geliebten Jungs mit dem Song *Lady Madonna* bei *Top Of The Pops* zu sehen. Tatsächlich wurde ein Mitschnitt von *Hey Bulldog* gesendet. Das war ein Vorgeschmack auf die Ära des Popvideos. Nichts sollte mehr sein, wofür man es hielt.

Die Beatles hatten schon früher ›Werbefilme‹ gemacht, um ihre Singles zu verkaufen. Schon allein der permanente Zeitdruck ließ es zweckmäßig erscheinen, lieber kurze Filmchen zu drehen, als live im Fernsehstudio zu erscheinen. Tatsächlich traten die Beatles nur einmal, 1966, live bei *Top Of The Pops* auf und sangen *Rain* und *Paperback Writer* im Playback. Selbst von diesen beiden Songs gab es einen wunderbaren ›Werbeclip‹ in Farbe – gefilmt von Michael Lindsay-Hogg –, der in den Wochen vor und nach dem Auftritt bei *Top of The Pops* in Schwarzweiß gezeigt wurde.

Diese Filme waren schon ein riesen Schritt in Richtung ›Videoclips‹. Im November 1965 produzierte Joe McGrath zehn ›Beatles-Clips‹ in den Twickenham Studios. Die Sache steckte noch in den Kinderschuhen, und, bei allem Respekt, man sah den Videos auch an, dass sie die ersten ihrer Art waren.

Die Beatles machten die Filme, um ihr Arbeitspensum zu verringern. »Das war schlau«, meinte Ringo. »Es ersparte uns, von einer Fernsehshow zur nächsten zu ziehen.« Letztlich hatten die Beatles, wie Harrison es später formulierte, »MTV erfunden«.

In der Zeit von *Strawberry Fields* und *Penny Lane* waren diese Werbeclips zu Mini-Epen geworden. »Das waren richtige kleine Filme«, erinnert sich Tony Bramwell, der Mann für schwierige Fälle bei NEMS. »Es wurde nur auf diesen verdammten Feldern gedreht [Knole Park, Sevenoaks]. Danach verbrachte ich mit Andrew Gosling 36 Stunden im Schneideraum, um all die Überblendungen und Einstellungen hinzukriegen. Das kostete eine Menge Zeit.« Das Freiluftseminar des verrückten Musikprofessors in *Strawberry Fields* und die Lewis-Carroll-kommt-nach-Liverpool-Nummer in *Penny Lane* sind Paradebeispiele für die Kunst des Musik-Werbevideos.

Zwei weniger erfolgreiche Projekte folgten: *Magical Mystery Tour*, am zweiten Weihnachtstag 1967 von der BBC gezeigt, wurde völlig verrissen. *Hello Goodbye* wurde von der BBC abgelehnt, weil es nicht lippensynchron war. Weder Bramwell noch sein Chef, Denis O'Dell, Leiter von Apple Films, erinnern sich an einen offiziellen Beschluss, die psychedelische Machart der letzten Filme aufzugeben. Aber dem im Studio gedrehten *Lady-Madonna*-Video sah man das nicht an. »Wir brauchten einfach Aufnahmen von ihren Wuschelköpfen«, witzelt Bramwell, der die Regie machte. »Solange sie gefilmt wurden, machten sie alles, was man sagte.« Alles, außer einen Song zu wiederholen, denn sie bereits aufgenommen hatten.

»Ich hatte keine Erfahrung mit Videoclips und sammelte ein paar Tage lang Ideen für *Lady Madonna*«, erinnert sich Denis O'Dell, der Koproduzent von *A Hard Day's Night*. »Doch die Beatles wollten mit *Hey Bulldog* weitermachen und meine Ideen waren für die Katz!«

Die Band war vermutlich voll auf ihren neuen Song konzentriert, aber die schnellen Schnitte und die ausgelassene Stimmung machten sich gut. Das passte auch zu *Lady Madonna*. Wen kümmerte es da noch, dass sie einen völlig anderen Song spielten!

O'Dell konnte mehr zu *Hey Jude*, der nächsten Produktion beitragen, die in den Twickenham Studios stattfand (gleichzeitig wurden auch die Aufnahmen zu *Revolution*, der B-Seite von *Hey Jude*, dort gedreht). »Ich liebte diesen Song sehr, er lädt zum Mitsingen ein. Ich dachte, es wäre schön, die Beatles wieder vor einem Publikum spielen zu sehen – ohne dass alles außer Kontrolle gerät, aber mit der Atmosphäre eines Liveauftritts.«

»Damit sie sich sicher fühlten, ließ ich eine hohe Bühne bauen«, erzählt O'Dell. Tony Bramwell erinnert sich an Pauls Skizze: Das Piano und das Schlagzeug vorne, dahinter in zwei Reihen das Orchester. Pauls Ideen waren realisierbar, Johns abgehoben und Yoko rief nur: ›Wir sollten Johns Schwanz filmen.‹«

Alles für ein Video: der Werbeclip für Revolution, 1968

> »Johns Ideen waren völlig abgehoben, und Yoko fiel nur das Eine ein: ›Wir sollten Johns Schwanz filmen.‹«

Die verschiedenen Ebenen der Bühne gaben der Band das Gefühl, ein organisches Ganzes zu bilden und der Effekt, wenn das Publikum zu ihnen hinauf klettert, ist atemberaubend. »Danach sagten sie: ›Denis, das hat uns wirklich gefallen, lass uns noch so eine Liveshow machen‹«, erinnert sich O'Dell. »Die Aufnahmen zu *Get Back* und *Let It Be* machten wir dann genauso.«

Die Dokumentation, die als Nächstes in Twickenham gedreht wurde, machte den Beatles keinen Spaß. Der Höhepunkt, ihr Auftritt auf einem Dach, lieferte ihnen aber jede Menge Inspiration für das Video zur Single *Get Back* – Ausschnitte aus der Doku tauchen auch in den Videos zu *Let It Be* und *The Long And Winding Road* auf.

In den Videos zu *Something* und *The Ballad Of John And Yoko*, die beide gut gemacht sind, zeichnet sich bereits das Ende der Band ab. *The Ballad ...* folgt John und Yoko an die Orte, die im Song vorkommen: Amsterdam, Heathrow, Paris usw. *Something* zeigt die Beatles mit ihren Frauen in ihren Gärten bzw. Paul auf seinem Bauernhof. Gemeinsam als Band kommen sie nicht mehr vor.

O'Dell kommentiert die Beatles-Videos mit einer ergreifenden Fußnote: »Im Clip zu *Hey Jude* ist mein Sohn zu sehen, wie er hinter Ringo steht. Eine Woche später ist er an Krebs gestorben, aber in diesem Moment war er glücklich.« Die Beatles spielten für die Menschen.

---

4 In den Abbey Road Studios beginnt die Arbeit an Johns Song *Across The Universe*. Die Beatles sehen sich *Fallout*, die letzte Episode der englischen TV-Serie *The Prisoner* (siehe oben) an, weil ihr Song *All You Need Is Love* als Soundtrack dazu läuft. Beeindruckt von der Regie Patrick McGoohans, der auch der Star der Serie ist, beschließen sie, ihn für einen Beatles-Film zu engagieren. Das Projekt wurde nie realisiert.

5 Paul erscheint im Royal Garden Hotel in London auf einer Pressekonferenz zugunsten des Leicester Arts Community Festivals.

6 Ringo ist in der Show von Cilla Black zu Gast (siehe oben) und singt mit ihr *Act Naturally* im Duett.

8 Die Beatles beenden die Aufnahmen zu *Across The Universe* in der Abbey Road.

9 Apple inseriert in den Medien, um die Firma bekannt zu machen.

10 Die Beatles übertragen die Geschäftsführung auf ihre eigene Firma Apple und verlassen NEMS.

11 Die Beatles werden bei den Aufnahmen zu *Hey Bulldog* gefilmt.

15 John und George fliegen nach Indien, um Yogi Maharishi Mahesh zu treffen. Der endgültige Mono-Remix von *Lady Madonna* ist fertig.

18 Paul gibt ein Interview für den *London Evening Standard*.

19 Paul und Ringo treffen ebenfalls bei Yogi Maharishi Mahesh ein.

24 Im *London Evening Standard* erscheint das Interview mit Paul. Er sagt darin, dass die Beatles nun bis an ihr Lebensende mit Geld versorgt sind.

MÄRZ 1968

1 Desillusioniert vom Maharishi verlassen Ringo und seine Frau Maureen die Akademie für Transzendentale Meditation in Rishikesh und reisen heim.

3 Ringo und Maureen landen in Heathrow.

9 *Sgt Pepper's Lonely Hearts Club Band* gewinnt vier Grammys: bestes Album, bestes zeitgenössisches Album, beste Aufnahmequalität und bestes Albumcover. Cilla Black gibt ihre neue McCartney-Single heraus, *Step Inside Love*.

13 Ringo gibt Alan Smith vom NME ein Interview.

14 *Lady Madonna* läuft erstmals im Fernsehen bei *Top Of The Pops*.

15 Die Single *Lady Madonna* erscheint in England.

Auf Hochtouren für *Revolution*: John Lennon wird experimentell. Abbey Road Studios, 4. Juni 1968.

Was: Arbeit am »Weißen« Album
Wo: Abbey Road
Wann: 30. Mai 1968

DOPPELTER ÄRGER

Das »Weiße« Album sollte die Beatles einander wieder näher bringen, doch bald darauf kam es zur Trennung. Von Martin O'Gorman.

Als der Fotograf von *Beatles Monthly* in der Abbey Road ankam, um den Beginn der Arbeit am neuen Album zu dokumentieren, ahnte er nicht, wie explosiv die Stimmung war. Es hatte Tradition, dass das Magazin die »Boys« zu Beginn eines neuen Projekts ablichtete, doch diesmal hatte er nur Zeit für ein paar Bilder, bevor der Assistent der Band, Mal Evans, ihn zum Gehen aufforderte. Aus Versehen hatte er, neben Fotos der ungewöhnlich schlecht gelaunten Beatles, delikate Beweise für ihr unstetes Privatleben festgehalten. Im Hintergrund sah man Paul McCartneys neueste Eroberung, Francie Schwartz, und Lennons neue Leidenschaft, Yoko Ono, herumlungern.

Offiziell war McCartney noch mit Jane Asher zusammen, aber nachdem Francie aus New York angereist war, um Apple ein Filmskript anzubieten, wusste jeder aus dem engeren Kreis der Beatles, dass sie im Haus der Beatles in der Cavendish Avenue verkehrte, während Jane zur Arbeit ging. Noch skandalöser war, dass John und Yoko ihre junge Beziehung nun endgültig besiegelt hatten, die Welt draußen aber immer noch glaubte, dass John glücklich mit Cynthia verheiratet sei.

Hinter den Türen der Abbey Road hatte Yoko sich fest an Johns Seite installiert. Um sich zu beschäftigen, während die Beatles an ihrem ersten Song zum neuen Album *Revolution* arbeiteten, brachte sie einen Kassettenrecorder mit in den Kontrollraum und begann die Session langatmig zu kommentieren. Lennon versuchte zwar ihr Aufmerksamkeit zu schenken, wurde aber wiederholt zur Arbeit zurück beordert. »Jooooohn«, rief Yoko nach einem kurzen Gespräch mit ihrem Liebsten ins Mikrofon. »Ich vermisse dich schon wieder...« Es dauerte nicht lange, und sie beschloss, nicht mehr im Abseits zu stehen. Also fing sie an, die Aufnahmen der Beatles mit eigenen Beiträgen zu garnieren. Das war »der Anfang vom Ende« meinte Harrison später.

Die Sessions zum so genannten »Weißen« Album sollten eigentlich ungeheuer kreativ werden. Der zweimonatige Aufenthalt in Rishikesh hatte der Band neuen Schwung gegeben und Lennon, McCartney und Harrison zu Dutzenden von Songs angeregt. Die Beatles versammelten sich Ende Mai in Georges Haus in Esher, um eindrucksvolle 23-spurige Demos aufzunehmen. Darunter waren Kompositionen wie *Junk* und *Not Guilty*, die man bald auf zukünftigen Soloalben zu hören bekam.

Trotz der positiven Erfahrung von Indien isolierten sich die Beatles zunehmend: Grund waren der ständige Personalwechsel und die professionelle Lebensweise. Abbey Road wurde ihre Zuflucht vor der Außenwelt. Von 14 Uhr 30 bis Mitternacht war Studio 2 durchgehend für sie gebucht, aber die Sessions dauerten häufig bis in den frühen Morgen. Zudem stellte sich der undisziplinierte Trott des vergangenen Sommers wieder ein, der ein paar klanglich faszinierende, aber unkoordinierte Songs hervorbrachte wie *It's All Too Much* und *Baby You're A Rich Man*. »Für die meisten Aufnahmen war eine grundsätzliche Idee vorhanden«, sagt George Martin. »Sie machten eine Jamsession, um sie auszuarbeiten, aber es klang häufig nicht mehr so gut.«

Revolution war so ein Fall. Die ursprüngliche Version war ein ehrlicher Blues mit vielen Riffs und einem mutigen politischen Text. In einer anderen Version geht der Song in einen zehnminütigen Klangmarathon über, in dem die Band immer wieder wie ein Mantra dieselben zwei Akkorde spielt. Dazwischen schreit Lennon hin und wieder »Allright!« und labert unsinniges Zeug, eine Annäherung an Yokos formlos assoziativen Stil. Lennon ließ den Song noch mit Blasinstrumenten synchronisieren, kürzte ihn später und benutzte die letzten sechs Minuten für sein Avantgarde-Experiment, *Revolution 9*.

Dann nahmen die Beatles Ringos ersten eigenen Song *Don't Pass Me By* in Angriff. Er klang etwas nach Country und lag seit gut fünf Jahren unbeachtet herum. Lennon erzählte Kenny Everett, dem Discjockey von Radio 1, der am 6. Juni bei den Aufnahmen dabei war, dass der Song »in einem Anfall von Lethargie« geschrieben worden war. Auch hier wurde eine Ausgangsversion aufgenommen, die später von Studiomusikern ergänzt wurde, in diesem Fall mit einem Violinsolo.

Trotz dieser zerhackten Arbeitsschritte betrachtete Harrison das neue Album als einen Versuch der Beatles, wieder zu einer Einheit zurückzufinden. Dieser mühsame Einigungsprozess brachte *Sgt Pepper* hervor. »Das neue Album klang nach einer Band, die sich verstand«, erklärte er später. »Wir spielten viele Songs live. Es gab eine Menge individuelle Elemente, aber zum ersten Mal konnte das auch jeder akzeptieren.«

Das wurde deutlich, als George und Ringo Anfang Juni spontan in die USA flogen. John Lennon und Paul

> »Die Gruppe war isoliert und benutzte Abbey Road immer mehr als Zuflucht vor der Außenwelt.«

Zauberei: Paul beeindruckt George Martin und Ringo Starr. Abbey Road 1968.

McCartney mussten in der Abbey Road nun ohne Schlagzeuger und ohne Leadgitarrist auskommen, und arbeiteten noch dazu an zwei unterschiedlichen Songs. Lennon pusselte mit unzähligen Loops an *Revolution 9* herum und McCartney feilte am Ton von *Blackbird*.

Als Paul McCartney Ende des Monats in Apple-Angelegenheiten in die USA reiste, verschärfte sich die Situation nochmals. John Lennon und George Harrison schlossen nun ohne das wachsame Auge ihres Bassisten die Arbeit an *Revolution 9* ab. Es ging so weit, dass Lennon drei Studios auf einmal überwachte, um seine Loops zu koordinieren. Die Arbeit zog sich über den Sommer bis in den Herbst hinein und jeder Beatle hatte sein Projekt mit eigenem Material, über das er sorgfältig wachte. Es war nur eine Frage der Zeit, bis sie entdecken würden, wie viel freier sie als Solokünstler waren.

---

18. MÄRZ – 14. MAI 1968

18 *Lady Madonna* wird in Amerika veröffentlicht.

23 *Lady Madonna* kommt in die US-Top-40-Singles-Charts und wird Nummer vier.

26 Paul McCartney fliegt von Indien zurück nach London.

27 Unter John Lennons Schirmherrschaft tritt die UK-Band Grapefruit als Vorgruppe der Bee Gees zum ersten Mal in der Royal Albert Hall auf.

30 *Lady Madonna* wird zum Nr.-1-Hit in Großbritannien.

APRIL 1968

2 Die Beatles eröffnen eine neue Plattenfirma, Phyton Music Ltd.

8 Grapefruit drehen ein Video für die Single *Elevator* in den Londoner Kensington Gardens. Paul führt Regie.

12 John und George verlassen als letzte von den Beatles Maharishis Akademie für Transzendentale Meditation in Rishikesh.

16 Die Beatles gründen eine neue Firma, Apple Publicity.

17 George Harrison wird bei einem Sitar-Konzert mit Ravi Shankar in Madras für die Dokumentation *Raga* gefilmt.

18 Die US-Plattenfirma Bell Records wird in London eingeführt. John und Ringo sind unter den Gästen.

20 Apple Records fordert angehende Popstars per Anzeige zur Einsendung von Tapes auf.

21 George kommt aus Madras nach London zurück.

MAI 1968

5 Mary Hopkin, eine junge Sängerin aus Wales, tritt in der Talentshow *Opportunity Knocks* auf. Topmodel Twiggy sieht sie und empfiehlt sie Paul weiter.

9 Anlässlich eines Firmenmeetings bei Apple, auf dem John Lennon und Ringo Starr anwesend sind, wird das Projekt einer Schulstiftung diskutiert.

11 John und Paul fliegen zur Gründung von Apple nach New York (oben).

12 In einer chinesischen Dschunke, die die Freiheitsstatue umrundet, treffen sich John und Paul mit dem US-Vorsitzenden von Apple Records.

13 John und Paul geben im St. Regis Hotel in New York Interviews für die US-Presse.

14 John und Paul halten in New York eine Pressekonferenz ab, um die Gründung von Apple anzukündigen. Paul trifft Linda Eastman, die ihm ihre Telefonnummer gibt.

Eskapaden im Sommer

Für den Fotografen Tom Murray erfüllte sich ein Traum. Er verbrachte einen Tag mit den Beatles in London und hielt ihre verrückten Späße fest. Von Lois Wilson.

Tom Murray kam zufällig an die Beatles. Der berühmte Fotojournalist und weltweit angesehene Kriegsfotograf Don McCullin war engagiert worden, um die Beatles am 28. Juli 1968 zu fotografieren, hatte aber nicht die geringste Erfahrung mit Popbands. Also brauchte er Hilfe, und da bekam Murray, der für die *Sunday Times* fotografierte, einen Anruf: »Don fragte mich, ob ich ihm helfen könnte. Er fühle sich etwas unsicher mit dieser Band und diesem Auftrag. Wir kamen bei dem Studio an, wo sie probten. Die Melodie von *Hey Jude* drang durch die Tür. Ich betrat den Raum und sah Paul McCartney leibhaftig am Klavier den Song spielen. Ich konnte es kaum glauben!«

Neben McCullin gehörte Murray zu den wenigen Auserwählten, die 1968 die Erlaubnis bekamen, die Beatles zu fotografieren. Die Fab Four hielten Fotografen in diesem Jahr so weit wie möglich auf Distanz.

»Sie hatten die Nase voll von Fotosessions«, erinnert sich Murray, »deshalb beschlossen sie einen letzten Tag mit, wie sie es nannten, dieser ›verrückten‹ Fotografiererei zu verschwenden. Sie engagierten Don, um ihre Eskapaden in schwarzweiß aufnehmen zu lassen, und ich sollte sie fotografieren, wie immer ich wollte. Es war ein Traum.«

Murray war immerhin auf Empfehlung von Lord Snowdon bei der *Sunday Times* gelandet. »Ich habe fünf Jahre lang in Afrika für die *Zambia News And Times* gearbeitet. Als ich nach England zurückkam, schickte ich meine Mappe an Fotografen, darunter David Bailey und David Montgomery. Lord Snowdon war der einzige, der reagierte.«

Seitdem hat Murray Größen wie den Regisseur John Schlesinger und die Schauspieler Anjelica Huston, Michael York und Dustin Hofmann fotografiert. Die königliche Familie gewährte ihm sogar eine Privataudienz. Immerhin war er ihr jüngster zugelassener Fotograf bei Hofe.

»Die Königinmutter war toll«, erzählt er. »Ich sah hinter meiner Kamera wie ein Junge aus, und sie rief immer: ›Lasst diesen jungen Mann da nach vorne.‹ So bekam ich immer die besten Bilder.« Allerdings: »Ich steckte mich bei Prinzessin Margarets Kindern mit den Windpocken an. Das hatte ich nun davon, so nah an sie heran zu dürfen!«

So etwas konnte ihm bei den Beatles nicht passieren, selbst wenn er ihnen nahe kam. »Es war ein perfekter Tag. Ich durfte mich mit meiner Lieblingsband herumtreiben und sie dabei noch fotografieren. Ob sie verrückt waren? Na ja, wie Popstars eben so sind. Sie können nichts anderes als verrückte Dinge tun. Deshalb sind sie ja so interessant.«

◀ **DIE BEATLES, ST. PANCRAS OLD CHURCH PARK AND GARDENS**

»Eigentlich wollten wir auf den Highgate-Friedhof, aber der war zu. Dann fanden wir diesen kleinen Park. Er war ideal, die Malven standen in voller Blüte und die Jungs rannten in die Blumenbeete und warfen sich in Pose. So war es dann den ganzen Tag. Sie stiegen in ihren Mercedes Pullman und ich folgte ihnen im Jaguar. Wir hielten zum Fotografieren einfach dort, wo es uns gefiel. Alles lief ganz locker und spontan. Ich glaube, das sieht man den Bildern an.«

▶ **DIE BEATLES WAPPING PIER HEAD**

»Ich schlug vor, bei Wapping Pear Head anzuhalten. Ich fand, dass der Fluss, die Gebäude und die Kräne einen guten Hintergrund abgeben. Wir fanden einen hübschen georgianischen Platz bei den Docks. Die Jungs hatten ihre eigenen Vorstellungen, wie ein gutes Bild auszusehen hat. Ich folgte einfach ihren Anregungen und fotografierte. John legte sich auf den Boden und ich ergriff die Gelegenheit. Er war der Meinung, dass das ein gutes Foto geben könnte, und er hatte Recht.«

▲ **DIE BEATLES
SWAIN'S LANE, HIGHGATE**

(Oben) »Wir fuhren die Swain's Lane lang und die Beatles hielten vor diesem Haus. Sie hatten ein paar Rosetten als Requisiten mitgebracht. Ich schlug ihnen vor, sie anzustecken, damit sie wie Wahlkämpfer aussehen. Das gefiel ihnen. Sie stiegen aus und stellten sich in Positur. Keine Ahnung, warum sie sich ausgerechnet dieses Haus ausgesucht hatten.«

▲ **DIE BEATLES AUF DEM DACH
DES OLD STREET STATION**

(Oben und links) »Hier schauspielern sie. Paul steht am Rand des Daches und John hält in fest. Wir schossen innerhalb einer Stunde eine Serie aus vier Motiven. Ich war ihnen im Auto gefolgt, hatte sie verloren und fuhr, um sie wieder einzuholen, mit 80 Meilen pro Stunde eine Einbahnstraße in falscher Richtung entlang. Auf dem Foto (links) ahmen die Beatles Pferde nach.«

▲ **PAUL
ST. JOHN'S WOOD**

»Das ist eines meiner Lieblingsbilder – eine fabelhafte Profilaufnahme. Sie entstand in der Kuppel des Hauses in St. John's Wood. John hatte die anderen unten eingeschlossen, damit wir ungestört sind. Das Foto ist leicht angeschnitten, weil es seitlich beschädigt wurde.«

▶ **DIE BEATLES
ST. KATHERINE'S DOCK**

»John legte sich plötzlich auf den Boden und schloss die Augen. Keine Ahnung, was ihn dazu bewogen hatte, toter Mann zu spielen, es wurde jedenfalls ein gutes Foto. George setzte sogleich seine Brille auf und Ringo befühlt Johns Stirn – alles innerhalb von drei Sekunden. Ich glaube nicht, dass sie das vorher abgesprochen hatten. Sie kamen an diesem Tag wirklich glänzend miteinander aus. Ich weiß, dass man sich zu dieser Zeit genau das Gegenteil erzählte, doch ich hatte es mit vier Jungs zu tun, die sich gut miteinander amüsierten. Yoko war nicht in der Nähe und sie machten sogar Witze über sie.«

▲ DIE BEATLES
ST. KATHERINE'S DOCK

»Ich mag den Aufbau dieses Fotos und die Art, wie sie dastehen. Ich wollte George vorne haben und versuchte die Stimmung in diesem Moment, in dieser Sekunde einzufangen. Der Kontrast zum Hintergrund ist reizvoll. Das Licht war perfekt, zum Glück, denn ich hatte keinen Blitz. Das Bild sieht aus wie ein Schnappschuss und bringt die Kameradschaft der vier zum Ausdruck.«

◀ PAUL, ST. PANCRAS OLD CHURCH PARK AND GARDENS

»Paul und ich trieben ein Spielchen. Sobald er bemerkte, dass ich ihn ansah, zog er eine alberne Grimasse oder warf sich in Pose. Ich beobachtete ihn den ganzen Tag wie ein Habicht. Als er merkte, dass ich ihn am Springbrunnen im Visier hatte, ließ er die kleine Fontäne aus seinem Mund sprudeln. Wir waren außerhalb des Parks, um eine kurze Pause zu machen. Es war ein anstrengender Tag.«

▶ **PAUL
ST. KATHERINE'S DOCK**

»Wir waren an den Docks. Paul sah die Ketten, zog Hemd, Socken und Schuhe aus und rannte ans Wasser. Er versicherte sich mit einem Blick, dass ich bereit war zu fotografieren. Dann legte er sich die Ketten um. Die Jungs waren wie angesteckt von der Einzigartigkeit des Tages, jagten von einer Location zur nächsten und warfen sich in Pose. Es war gut, dass ich nur meine Nikon F und zwei Rollen Film dabeihatte. Sogar den Blitz hatte ich zu Hause gelassen. Derart primitiv ausgerüstet, musste ich meiner Intuition folgen. Ich hatte keine Zeit, Unmengen an Filmmaterial zu verschießen. Ich musste in Sekundenbruchteilen reagieren und das machte die Fotos so gut. Außerdem mussten die Jungs nicht warten, bis ich aufgebaut hatte. Ich hielt mich einfach immer im Hintergrund.«

▶ **GEORGE
ST. KATHERINE'S DOCK**

»In Moment, als ich abdrückte, wusste ich, dass das Bild gut werden würde. Es bringt Georges Wesen zum Ausdruck. Er war ein ruhiger Typ, redete nicht viel und machte den ganzen Tag ein nachdenkliches Gesicht. Wir sind hier an der Themse und das Wasser spiegelt das Licht wunderbar wider. Fotografen nennen es Sonnentag mit Kodak-Wolken. Die Sonne kam nur ein klein wenig hinter den Wolken hervor. Die Fotos haben einen leichten Blaustich, weil sie mit Kodak Ektachrome aufgenommen wurden.«

◀ **PAUL, RINGO UND MARTHA
ST. JOHN'S WOOD**

»Paul und sein Hund Martha saßen in der Kuppel des Hauses. Als wir anderen vor dem Haus erschienen, standen sieben oder acht Mädchen an der Tür. Als sie die Jungs kommen sahen, wurden sie hysterisch – schrien und weinten. Paul war der perfekte Gastgeber. Er war höflich, machte uns Tee und bot allen Kekse an. Für dieses Bild setzte er sich in Pose. Nur Paul, Ringo, der Hund und ich waren im Raum. In dem Moment, in dem der Hund in die eine Richtung schaute und Paul in die andere, drückte ich ab. Ich machte nur ein oder zwei Aufnahmen. Warum zehn machen, wenn eine schon perfekt ist?«

16. MAI – 19. JUNI 1968

16 John und Paul kommen aus New York zurück nach London, wo sie in Sachen Apple unterwegs waren.

17 Ringo und seine Frau Maureen (oben) kommen mit George und Patti zur Premiere von *Wonderwall* beim Filmfestival in Cannes. Der Soundtrack des Films stammt von George.

19 John Lennon lädt Yoko Ono in sein Haus in Kenwood ein, während Cynthia in Ferien ist.

21 Andy Williams spielt in der Royal Albert Hall. Paul ist unter den Besuchern.

22 Eine zweite Beatles-Boutique, Apple Tailoring, wird in der King's Road in Chelsea eröffnet. George und John sind persönlich anwesend.

23 Paul und Ringo werden in den Abbey Road Studios für eine Dokumentation mit dem Titel *All My Loving* gefilmt.

26 Cynthia Lennon kommt aus Griechenland zurück und muss feststellen, dass Yoko Ono in Kenwood eingezogen ist.

30 Die Beatles beginnen mit der Arbeit am Doppelalbum *The Beatles*, besser bekannt als »Weißes« Album. Yoko Ono ist mit dabei.

31 In der Abbey Road arbeitet John an seinem Song *Revolution* weiter.

JUNI 1968

4 Die Beatles arbeiten weiter an *Revolution 1* in der Abbey Road.

5 In der Abbey Raod wird an Ringos Song *Don't Pass Me By* gearbeitet.

6 John fängt an, in der Abbey Road das Material zu sammeln, das er für *Revolution 9* einsetzen will.

7 George und Ringo fliegen nach L.A., wo George erneut mit Ravi Shankar für den Film *Raga* auftritt.

11 Paul McCartney nimmt *Blackbird* in der Abbey Road auf.

13 Während ihres Besuchs in Kalifornien jammen George und Ringo mit Peter Asher im Willow Glen in L.A., der Heimat des Monkees, Peter Tork.

15 Die Beatles erklären den Maharishi zum »öffentlichen Irrtum«. John und Yoko veranstalten ein Event in der Coventry Cathedral. Sie pflanzen dabei Eichen als Symbol für die Vereinigung von Ost und West.

16 Paul McCartney und Mary Hopkins machen für ein David-Frost-TV-Special Aufnahmen in den InterTel Studios.

18 *In His Own Write*, eine Bühnenadaption von John Lennons Buch, hat Premiere in London.

19 John isst mit Schauspieler Victor Spinetti und Apples Pressemann Derek Taylor zu Mittag, um die Premiere seines Stücks zu erörtern.

Was: John beginnt »Revolution 9« aufzunehmen
Wo: Abbey Road studios
Wann: 30. Mai 1968

DAS ZAUBERSTÜCK

Unter dem Einfluss von Yoko veränderte sich Johns Musik. In vielerlei Hinsicht klang *Revolution 9* gar nicht wie Musik. Von Mark Paytress

Das wohl unpopulärste Musikstück der Beatles ist *Revolution 9* vom »Weißen« Album. Es war die apokalyptische Antwort auf das naive *All You Need Is Love*. Dem mehr als achtminütigen Stück gelang es, Paul und Ringo und viele Fans zu verprellen. Für John Lennon war es ein Neubeginn. »Das ist die Musik der Zukunft«, verkündete er. »Vergesst den ganzen Mist, den wir bisher gemacht haben – das ist das Wahre. Eines Tages wird man nur noch so was machen. Man muss nicht mal ein Instrument spielen können!«

Die angekündigte Flut musikalischer Missgeburten trat nie ein (kaum eine Band der Punk-Ära klang so eigenartig – abgesehen von Throbbing Gristle), und John nahm seine Aussagen über Avantgardekunst dieser Machart später zurück. Trotzdem ist *Revolution 9* die zeitloseste und bedeutendste Aufnahme im Gesamtwerk der Beatles. Wenn man eine Dokumentation über Experimentalmusik machen würde, so hätte das Stück einen Platz neben *Sgt Pepper*, von dem Paul McCartney schon damals befürchtete, dass es zu provokant sei (Pauls Klangmalerei, *Carnival Of Light*, wurde nie veröffentlicht). *Revolution 9* klingt heute noch so frisch wie im Juni 1968. Emotional und vergeistigt zugleich, setzt es Gefühle in Flammen und provoziert das Gehirn. Mit Sicherheit ist es die außergewöhnlichste Aufnahme der Beatles überhaupt.

Revolution 9 war vom Konzept über die Mischung bis hin zum Schnitt Lennons Werk, aber es war geprägt von zwei äußeren Faktoren: von Yoko Ono und von den gesellschaftlichen Unruhen, die in den Tagen vor seiner Entstehung aufloderten. Die Quelle für diesen radikalen Aufbruch lässt sich bis in die Nacht im November 1966 zurück verfolgen, in der Lennon eine Ausstellung von Onos Werken besuchte. Er stand auf einer Leiter und starrte auf ein Stück Papier, das an der Decke hing. Die Botschaft darauf lautete – »Yes« – und befreite ihn von seinem Kampf mit der Avantgarde, die für ihn bislang nur »Bullshit« war. Nachdem er seine kreative Beziehung zu Yoko Ono in der Nacht des 20. Mai 1968 auch körperlich besiegelt hatte, war John Lennon zu allem bereit.

Revolution 9 war in vielerlei Hinsicht eine Fortsetzung der Experimente, die *Two Virgins* hervorbrachten. John und Yokos Vereinigung in der Gegenwart eines Kassettenrecorders und mit einer ganzen Reihe von Effekten. Während *Two Virgins* völlig unkoordiniert war, verfolgte Johns neues Stück sein Thema konsequent. »Ich brauchte mehr Zeit für *Revolution 9* als für die Hälfte all meiner anderen Songs«, meinte er und fügte hinzu, dass das Stück »eine unbewusste Wiedergabe meiner Vorstellungen von Revolution war.«

John begann mit dem Stück nicht zu Hause, sondern im Studio, am ersten Tag der Sessions für das »Weiße« Album. Die Band hatte fast den ganzen 30. Mai 1968 mit der Arbeit an *Revolution* verbracht, Lennons zurückhaltender Antwort auf die politischen Proteste der Jugend. Von Take 18 ab verlängerten die Beatles das Stück um zehn Minuten. Die letzten sechs davon waren laut Mark Lewisohn, dem Chronisten der Beatles, »reines Chaos«. Das war der Ausgangspunkt für *Revolution 9*, das sie außerdem in eine neue Ära ihrer Geschichte führen sollte. Denn zwischen dem heulenden Gesang und Johns gepressten »Allright!«-Rufen gab es die neue Stimme Yoko Onos, die stöhnend ihre berüchtigte, vom Ego befreite Weisheit preisgab, »Du wirst nackt sein«.

Allein ihre Anwesenheit war ein Verstoß gegen die Regeln der Beatles und obwohl John später witzelte: »Sie hat mich gezwungen, Avantgarde zu werden«, war klar, dass er sie als seine neue musikalische Mitarbeiterin betrachtete. »Als ich ihre Sachen hörte – nicht nur das Gekreische und Geheule, sondern auch die Sprechstücke, ihre Redeweise, das laute Atmen und all das komische Zeug – dachte ich, mein Gott!, das will ich auch machen.«

Im Juni schaffte Lennon mit eifriger Unterstützung seiner Freunde haufenweise Bänder aus seinem eigenen und aus dem EMI-Archiv in die Abbey Road. Am 20. Juni stellte er aus diesem Material eine Reihe von Loops zusammen, die auf das Originalstück gelegt und dann live gemischt wurden. »Yoko war bei der Arbeit an den Loops die ganze Zeit dabei und bestimmte mit«, gibt Lennon zu. Paul McCartney befand sich mittlerweile in einem Flugzeug irgendwo über dem Atlantik.

Über 100 Fragmente aus klassischer Musik und Opern, improvisierte Worteinsprengsel von John, George und Yoko, Geräusche wie Applaus, Gewehrsalven und ein sonderbar heiterer Chor sind auf der Aufnahme. Besonders häufig ist eine kräftige, männliche Stimme zu hören, die »Number nine« ruft. Sie stammte von einem Prü-

> »Für *Revolution 9* brauchte ich mehr Zeit als für die Hälfte all meiner anderen Songs.« — John Lennon

Loop-Guru: Yoko Ono inspirierte John zu Revolution 9.

fungsband der Royal Academy For Music und gab dem Stück seinen Namen. »Ich wurde am 9. Oktober geboren und wohnte in der Newcastle Road 9«, erklärte John später. »Die Neun ist wohl einfach meine Zahl … Sie tauchte immer wieder bei mir auf.«

Zu Beginn der 70er-Jahre gab John das impressionistische Komponieren auf und plädierte für klare politische Botschaften. »Ich dachte, ich könnte die Revolution in Töne umsetzen, aber das war ein Irrtum … es war Anti-Revolution.« Ian MacDonald, ein Schüler der Beatles pflichtet ihm bei und nennt es »eine Revolution im Kopf«. Der wahre Irrtum lag vielleicht darin, dass der Zusammenhang zwischen den schreckerfüllten Tönen und der explosiven Atmosphäre, in der das Stück entstand, heruntergespielt wurde. Das beweist aber, dass Lennon ein genauer – wenn auch apokalyptischer – Beobachter der gesellschaftlichen Veränderungen war.

Loop-Master: John Lennon, Abbey Road Studios, 1968

»Altogether now! We all live in a ...«: Die Beatles mit Anita Pallenberg und Keith Richards (zweite Reihe) bei der Premiere von *Yellow Submarine*, London Pavilion, 17. Juli 1968.

Was: Premiere von »Yellow Submarine«
Wo: London Pavilion
Wann: 17. Juli 1968

BEATLES-CARTOONS

Im Sommer der Liebe brachten die talentiertesten Cartoonisten der Stadt die Beatles auf die große Kinoleinwand. Von Jim Irvin.

Der Kanadier George Dunning, Mitbegründer der kleinen Trickfilm-Produktion TVC, zögerte, ob er das Angebot, einen Trickfilm in Spielfilmlänge für die Beatles zu produzieren, annehmen sollte. Es kam von Al Brodax, dem Produzenten bei King Features, der amerikanischen Firma, für die TVC bereits die Fernsehserie über die Beatles bearbeitete. George befürchtete, dass bei den vier ausgelassenen Jungs die Luft bereits raus war. Während das Projekt noch diskutiert wurde, lud George Martin ihn und seinen Partner bei TVC, John Coates, in die Abbey Road ein und stellte ihnen das gerade fertiggestellte Album *Sgt Pepper's Lonely Hearts Club Band* vor. Nachdem Dunning es gehört hatte, wusste er, dass ein Beatles-Trickfilm Zukunft hatte.

Von diesem Moment an war klar, dass dieser Film ehrgeiziger als alle bisherigen Projekte der TVC werden sollte. Die Beatles selbst äußerten sich besorgt. Sie wollten ihren Namen nicht für einen Trickfilm hergeben, der sie verniedlicht oder nur ein Abklatsch von Disney werden würde. TVC stimmte damit überein. Eine Produktion im Disney-Stil kam ohnehin nicht in Frage. Als die Verträge unterschrieben waren, blieben gerade noch elf Monate Zeit – der Termin für die Premiere im Juli 1968 stand schon fest –, um den Film mit einem Budget von einer Million Dollar zu produzieren.

Total beschäftigt mit der Produktion von *Sgt Pepper*, hatten die Beatles keine Zeit, sich um des Film zu kümmern. Brodax stieß auf der Suche nach einem Drehbuchautor auf Lee Minoff, dessen Qualifikation hauptsächlich darin bestand, jung und trendy zu sein. Die Beatles trafen ihn und fanden seine Ideen gut, doch als er sein märchenhaft angelegtes Skript ablieferte, enthielt es nichts Bahnbrechendes geschweige denn jene spezielle Art von Humor, den man erwartet hatte. In der Folge arbeiteten 40 weitere Autoren an dem Werk. Unter ihnen der Dichter Roger McCough aus Liverpool, ein Kollege von McCartneys Bruder Mike, der engagiert wurde, um Dialoge in Liverpooler Slang beizusteuern.

Brodax bat Erich Segal, einen jungen amerikanischen Literaturprofessor, das Skript zu betreuen. Segal arbeitete zu der Zeit mit dem Komponisten Richard Rogers und sollte bald den Filmhit *Love Story* schreiben. Er kannte die Beatles kaum und wollte den Job nicht. Brodax erzählte ihm, dass sich *Sgt Pepper* bereits drei Millionen Mal verkauft habe. »Ich antwortete, ›da muss Mrs. Pepper aber sehr glücklich sein‹«, erinnert sich Segal. »Brodax dachte, ich mache einen Witz.« »Das ist John Lennons Humor. Sie bekommen den Auftrag.« Das endgültige Skript gab es dann erst ein paar Tage vor der Premiere, als der Film schon fertig war.

Inzwischen hatte TVC schon mit der Arbeit begonnen und Dunnig übernahm die Leitung, Coates die Produktion des Films. Die besten britischen Trickfilmanimateure wurden engagiert, um einzelne Sequenzen in Angriff zu nehmen. Das Konzept des Films stand bereits fest: Zu jedem Song würde es Animationen geben, die durch eine Story miteinander verbunden sein sollten. Begonnen wurde mit den Musical-Nummern, doch wie die Beatles aussehen sollten, war noch nicht entschieden.

Special-Effects-Director Charlie Jenkins schlug vor, Heinz Edelmann anzurufen, den begabten tschechischen Artdirector des deutschen Trendmagazins *Twen*. TVC bat Edelmann um ein paar Entwürfe für die Cartoon-Figuren der Beatles. Eine Woche später erhielten sie ein Packet voll mit Zeichnungen, die sie verblüfften. Die Figuren, unverkennbar die Beatles, entsprachen mit ihren lebhaften Farben und der weichen, runden Linienführung exakt dem Zeitgeist.

Ein paar Wochen nach Produktionsbeginn starb Brian Epstein. Plötzlich standen die trauernden Beatles für die Sprachaufnahmen nicht mehr zur Verfügung, die die Animateure so dringend für die Szenen mit der Band brauchten. TVC trieb Schauspieler auf, die Stimmen der vier imitieren konnten. Geoffrey Hughes, der später als Eddie Yates in *Coronation Street* berühmt wurde, sprach Paul McCartney. Jemanden für Harrison zu finden war am schwierigsten. Zufällig entdeckte Dunning in einer Bar Peter Batten, einen jungen Typ aus Liverpool. Er lieh George seine Stimme und hing bei der Produktion herum, bis die Militärpolizei auftauchte, um ihn wegen Fahnenflucht zu verhaften.

So gut wie jeder junge Trickfilmzeichner in London wurde für den Film engagiert. In den Büros der TVC in der Dean Street hatten nur 40 Leute Platz, deshalb wurden all die Umrisszeichner, Farb- und Hintergrundspezialisten in größere Räume am Soho Square verlagert. Eine Nachtschicht mit Detailzeichnern, Studenten von den Londoner Kunstakademien, wurde per Bus angekarrt, weitere 160 Leute. Diese große Ansammlung lebenslustiger, junger Menschen im Sommer der Liebe blieb nicht ohne Folgen. John Coates schätzt, dass in dieser Zeit 13 Babys gezeugt wurden.

Das Interesse der Beatles wuchs, als sie die ersten Kopien gesehen hatten, und so waren sie damit einverstanden, für die Schluss-Sequenz gefilmt zu werden. Allerdings lieferten sie die letzten ihrer vier neuen Songs sehr spät. Die Sequenz zu *Hey Bulldog* wurde in den letzten Produktionswochen fertig gestellt. (Nach der Premiere in England befand man, dass das Ende sich zu lang hinzog. Daher wurde die slapstickartige Sequenz zu *Hey Bulldog* vor der US-Premiere gekürzt, was die Käufer des Soundtrack-Albums irritieren sollte.)

Vielleicht war die psychedelische Stimmung im Juli 1968 schon überholt, vielleicht stimmte das an Kindercartoons orientierte Marketing nicht – jedenfalls war der Film in Großbritannien kein Erfolg. Aus heutiger Sicht ist der Film *Yellow Submarine* ein wunderbares Dokument des damaligen Zeitgeists.

---

20. JUNI – 16. JULI 1968

20 Paul fliegt geschäftlich zu Apple nach Los Angeles.

21 John beendet die Arbeit an *Revolution 1*. Paul erklärt bei Capitol Records in Los Angeles, dass alle Beatles-Songs in Zukunft bei Apple erscheinen werden, obwohl die Band genau genommen noch bei EMI/Capitol ist.

22 Die Beatles kaufen für 500 000 Pfund ein Haus in der Londoner Savile Row 3, London. Es wird zum Hauptsitz der Apple-Gesellschaften.

24 Paul spielt vor seinem Hotel in Los Angeles ein paar neue Beatles-Songs, sehr zur Freude der herumstehenden Fans.

25 George arbeitet in der Abbey Road an dem Song *Sour Milk Sea* von Jackie Lomax.

26 In der Abbey Road wird mit der Arbeit an dem Song *Everybody's Got Something To Hide Except Me And My Monkey* begonnen.

27 Fortsetzung der Arbeit an *Everybody's Got Something To Hide Except Me And My Monkey*.

28 Die Beatles nehmen *Good Night* in der Abbey Road auf.

30 Auf der Heimfahrt von Bradford, wo er Aufnahmen mit der Black Dyke Mills Band machte, macht Paul eine Pause in Harrold, Bedfordshire. Er spielt für die Männer in der Dorfkneipe Klavier und singt dazu.

JULI 1968

1 John Lennon bekennt sich bei der Eröffnung seiner ersten Kunstausstellung ›You Are Here‹ öffentlich zu seiner Liebe zu Yoko Ono.

2 Paul trifft sich mit dem EMI-Vorsitzenden Sir John Lockwood und Bankern. Es geht um die finanzielle Situation von Apple.

3 In der Abbey Road beginnt die Aufnahme von *Ob-La-Di, Ob-La-Da*.

10 Eine neue, rockige Version von *Revolution 1* (nur noch Revolution genannt) entsteht in der Abbey Road.

11 Für nur 6,50 Pfund spielt der exzellente Studiomusiker Nicky Hopkins ein Pianostück für *Revolution* ein.

12 Die Arbeit an *Don't Pass Me By* und *Revolution* wird fortgesetzt.

13 John stellt seine Tante Mimi in Poole, Dorset, Yoko vor.

15 Arbeit an *Ob-La-Di, Ob-La-Da* und *Revolution* in der Abbey Road.

16 Mit erhitzten Gemütern nehmen die Beatles *Cry Baby Cry* auf. Studiotechniker Geoff Emerick kündigt seinen Job bei der Band, weil er die Spannungen in der Gruppe satt hat.

17. JULI – 11. AUGUST 1968

17 *Yellow Submarine* hat in Anwesenheit von John, Paul und George im Pavillon in London Premiere. Unter den Gästen sind Mick Jagger, Donovan, Sandie Shaw, Twiggy, P.J. Proby, Clem Curtis von den Foundations und Tony Blachburn.

18 Beginn der Aufnahmen zu *Helter Skelter* in der Abbey Road

19 Die Beatles nehmen in der Abbey Road *Sexy Sadie* auf.

20 Jane Asher erklärt, dass ihre Verlobung mit Paul geplatzt ist.

22 *Don't Pass Me By* wird in der Abbey Road zu Ende gebracht.

24 Weiterarbeit an *Sexy Sadie* in der Abbey Road

26 John und Paul vervollständigen *Hey Jude* in Pauls Haus in St. John's Wood.

28 Die Beatles verbringen einen ganzen Tag in und um London mit dem Kriegsfotografen Don McCullin.

29 Die Arbeit an *Hey Jude* beginnt in der Abbey Road.

31 Die Beatles schließen ihren erfolglosen Apple-Shop und verschenken die Restbestände an Passanten, zuletzt eine nackte Schaufensterpuppe mit dem Vermerk ›Zu Händen von John Lennon‹. Während der Arbeit an *Hey Jude* ziehen die Beatles erstmals in die Trident Studios um. Die Rechnung für die Studiozeit von 14 Uhr bis 4 Uhr morgens beträgt 416 Pfund.

AUGUST 1968

1 Die Arbeit an *Hey Jude* in den Trident Studios geht weiter.

3 Paul verbringt den Abend mit seiner neuen Freundin Francie Schwartz im Revolution Club.

4 Der Film *Yellow Submarine* läuft in Großbritannien an.

6 John besucht eine Modenshow im Revolution Club und wird dort für die BBC-Radiosendung *Late Night Extra* interviewt.

7 In der Abbey Road wird die Arbeit an George Harrisons Stück *Not Guilty* fortgesetzt, das nie vollständig veröffentlicht wurde

8 *Hey Jude* und *Revolution* werden in der Abbey Road gemischt.

9 Paul beginnt in der Abbey Road an *Mother Nature's Son* zu arbeiten.

10 Paul wird von Alan Smith vom NME interviewt.

11 Die Beatles gründen Apple Records und rufen die Apple-Woche aus.

Was: Der Apple-Shop wird dicht gemacht
Wo: Baker Street 94
Wann: 31. Juli 1968

ALLES MUSS RAUS!

Als ihr Apple-Shop definitiv mehr Geld kostete, als er einbrachte, erfanden die Beatles den Räumungsverkauf. Von Bill DeMain.

Schließlich wollten sie sogar den Teppich mitnehmen. Die Menge, die am 31. Juli 1968 in den Apple-Shop strömte, hatte sich bereits Hippie-Kutten, aufblasbare Sessel, die Ladeneinrichtung und die Kleiderbügel unter den Nagel gerissen. Die Beatles hatten ihr Experiment als Einzelhändler nach acht Monaten beendet und verschenkten die Restbestände quasi in einer Räumungsaktion.

»Mit dem Laden wollten wir uns als Geschäftsleute beweisen, aber das klappte nicht ganz«, erklärte die Band. »Wir veranstalteten eine Art Frühjahrsputz im Sommer und verschenkten alles. Das machte und richtig Spaß.«

Insgesamt verschenkten sie Ware im Wert von 100 000 Pfund. Diese beileibe nicht einzige, aber letzte verrückte Aktion der Beatles setzte dem ein Ende, was Paul mal als »einen schönen Ort, wo man schöne Dinge kaufen kann« umschrieben hatte.

Wieso hatten die vier überhaupt einen Laden eröffnet? Zum Teil war das Unternehmen eine Idee ihrer Finanzberater, denn die Investition sollte ihre Steuerlast verringern. Hauptsächlich aber wollten sie ihren *Sgt-Pepper*-Stil mit aller Welt teilen.

»Wir waren eine Clique, lauter Leute, die durchblickten«, sagt Jenny Boyd, die Schwester von Georges Frau Patti, die als Verkäuferin im Laden arbeitete. »Wir hatten Durchblick, weil wir Hasch rauchten und bewusstseinserweiternde Drogen nahmen. Wir waren alle gute Freunde und es gab dieses Gefühl: hier sind wir und da die anderen. Die Beatles-Boutique wurde eröffnet, um die anderen teilhaben zu lassen – an unserem Spaß und unserem Lebensgefühl.«

The Fool, niederländische Freaks, hatte die Beatles beeindruckt, weil es Johns Klavier mit knalligem Design bemalt und für die Frauen und Freundinnen der Fab Four Kleider im Hippie-Look kreiert hatten. Deshalb erhielten sie 100 000 Pfund, um exklusiv für die Beatles Kleidung und Accessoires zu produzieren. (Dass The Trend, der Shop der Hippie-Künstler in Amsterdam, pleite gegangen war, schien bei Apple niemand beunruhigt zu haben.)

Damit der Laden sich abhob, versahen The Fool die Fassade von Baker Street 94 mit einer psychedelischen Wandmalerei, die zur Eröffnungsparty am 5. Dezember 1967 fertig wurde. Die Wandmalerei – ein mystischer Sternenhimmel mit mehreren Monden – trotzte einer Verwarnung des Westminster City Council und ärgerte die konservative Nachbarschaft, die schließlich durchsetzte, dass sie wieder entfernt werden musste.

»Dass wir versuchten, Einfluss zu nehmen und machten wie das Bemalen des Apple-Shops – das war alles Teil der Halbstarken in uns«, erinnert sich George in der *Anthologie*. »... der alten Halbstarken-Leier ›Wir werden's ihnen zeigen!‹ ... Als wir die Malerei dann entfernen mussten, verlor die Sache schnell ihren Reiz.«

Der Laden war ein Flop. Simon Posthuma von The Fool reiste nach Marokko, um einzukaufen – tatsächlich begab er sich auf einen teuren Opium-Trip, und die Ware, die er mitbringen wollte, ging »irgendwo verloren«. Gegen den Shopmanager Peter Shotton setzte er durch, dass alle Klamotten Apple-Etiketten aus Seide bekommen sollten. In seinem Buch *John Lennon: In My Life* erzählt Peter, was ihm sein alter Freund John antwortete, als er sich über Simon beschwerte: »Mach einfach, was er will. Wir sind keine Geschäftsleute, wir sind Künstler ... Also was soll's verdammt noch mal, wenn wir kein Geld verdienen?«

Ladendiebstähle waren an der Tagesordnung. The Fool zweigten ständig etwas für sich ab (sie zerstritten sich schließlich mit den Beatles und suchten ihr Glück als Sänger in den USA). Aber auch die Kunden nutzten die laxe Ladenführung aus und bedienten sich.

Jenny Boyd, die heute im Cottonwood Rehabilitationzentrum, Arizona, arbeitet, erzählt: »Ich hätte nie geklaut. Ich war ein Blumenkind, wollte mit den Leuten reden und sie verändern. Amos, ein Freund von

»Meins!« Zwei Bullen streiten sich um eine Apple-Handtasche.

> »Wir sind keine Geschäftsleute, wir sind Künstler. Also was soll's, wenn wir kein Geld verdienen?« John Lennon

mir, arbeitete auch im Laden. Wir hatten oft Hasch dabei, machten uns Tee damit und genossen den Tag.«

Bis Juni 1968 machte der Shop 200 000 Pfund Verlust. Eine Zeitungskolumne, in der man sich darüber mokierte, dass die Beatles zu Krämern geworden waren, gab den Anstoß. John und Paul beschlossen die Liquidation. In der Nacht zuvor holte sich die Band selbst noch aus dem Inventar, was ihr gefiel (Peter Brown erzählt in *The Love You Make*, dass Yoko sich das meiste schnappte und mit ihrem großen Bündel aussah wie der Weihnachtsmann).

Am Schluss musste die Polizei die Menge davon abhalten, auch noch den Teppich einzusacken. Eine Woche später lagen in den leer geplünderten Schaufenstern Anzeigen für die Singles *Hey Jude* und *Revolution*. Apple beschränkte sich wieder auf die Savile Row 3 und profitablere Unternehmungen.

Heutige Popbands sind Wirtschaftsunternehmen, die sich von Firmen sponsern lassen. Deshalb ist die Episode mit der Boutique schwer nachzuvollziehen. Boyd rückt sie in das richtige Licht: »Wir hielten alles für möglich. Wir glaubten an Magie. Und wir waren naiv, aber auf eine sympathische Art.«

Befriedigung der Grundbedürfnisse: Die Menge steht nach Apple-Shop-Souvenirs Schlange.

Julian Lennon: »Ich habe mich öfter mit Paul als mit meinem Vater rumgetrieben.« McCartney und ›Jules‹ im Griechenland-Urlaub, 1967.

12.–30. AUGUST 1968

Was: Die Beatles nehmen »Hey Jude« auf
Wo: Trident Studios, London
Wann: 31. Juli 1968

»HEY ›JULES‹«

Hey Jude wurde zur meist verkauften Single der Beatles – obwohl der Song über sieben Minuten lang war. Von Chris Hunt.

Ende Juli 1968, mitten in der Arbeit zum »Weißen« Album, lenkte Paul die Beatles mit Aufnahmen ab, die für die geplante nächste Single der Band gedacht waren. Er hatte den Song einen Monat zuvor auf einer Fahrt nach Surrey geschrieben, wo er die frisch geschiedene Cynthia besuchen wollte. Der Song war inspiriert von Pauls Mitgefühl mit Scheidungskindern, und besonders von Julians Elend, dem fünfjährigen Sohn Lennons. Paul machte aus ›Jules‹ später ›Jude‹, weil das »besser klang«, aber ansonsten beließ er den Song in all seinen Grundelementen, wie er ursprünglich war.

Da der Song nur noch etwas verfeinert werden musste, spielte Paul im Monat vor der Aufnahme jedem, der zu höflich war, es abzuschlagen, seine Komposition vor. Die Bonzos erinnern sich, dass Paul *Hey Jude* probte, obwohl er eigentlich die Produktion von *I'm The Urban Spaceman* angehen sollte. »Es machte ihm einfach Spaß, wie jedem der gerade einen Song geschrieben hat, ihn vorzuspielen und vorzuspielen«, meint Neil Innes. »Man braucht das Feedback von Leuten. In dem Stadium war Paul mit *Hey Jude* gerade.« Die Barron Knights, gerade zu Aufnahmen in der Abbey Road Studios, erinnern sich, wie Paul eines Tages in ihr Studio kam: »Er sagte: ›Ich habe gerade einen Song geschrieben. Wollt ihr ihn mal hören? Er soll unsere nächste Single werden‹«, erzählt Pete Langford. »Er konnte den Text nicht mal auswendig.« Auch Badfinger, die gerade als The Iveys bei Apple unter Vertrag gegangen waren, wurden zum Anhören genötigt: Der Bassist Paul Griffith erinnert sich: »Paul setzte sich ans Klavier und sagte: ›Hey Jungs, hört mal zu.‹ Dann spielte er die volle Konzertversion von *Hey Jude*. Wir waren einfach baff.«

Nach Abschluss der Testphase und kurz vor der Aufnahme feilte Paul einen Tag lang mit John an dem Song. Pauls Unsicherheit, was den Text betraf, wurde von Lennons Begeisterung mehr als aufgewogen. Nach einem zweitägigen Probelauf in der Abbey Road zogen die Beatles wegen der achtspurigen Aufnahmetechnik in die Trident Studios um. Für die Grundmelodie brauchten sie nur vier Takes. Dann wurde ein 36-Mann-Orchester bestellt, um McCartneys große Vision zu realisieren. Die Musiker sollten nicht nur ihre relativ einfache Partitur spielen, sondern auch in den Singsang des langsamen Schlussteiles einstimmen und auch noch dazu klatschen – für die doppelte Gage machten, mit einer Ausnahme, alle mit.

EMI's Studiotechniker, Ken Scott, hatte die ersten Durchläufe in der Abbey Road bearbeitet, den Song aber bis zum Abmischen nicht mehr gehört. Als er *Hey Jude* in den Trident Studios auf den besten Abspielgeräten, die es überhaupt gab, anhörte, war Scott »vollkommen überwältigt«. Wieder in der Abbey Road, wo er die Plattenherstellung des Songs überwachte, wurde Scott unruhig. »Es gibt keine hohen Töne, alles klingt so dumpf«, dachte er und teilte es George Martin mit. Minuten später kam schon der erste Beatle und wurde von Martin mit »Ken findet, es klingt Scheiße« begrüßt. Nach ein paar äußerst angespannten Minuten setzten die Beatles sich zusammen und man verbrachte den Rest der Zeit damit, das Band zu aller Zufriedenheit zu überarbeiten. Nur ein kleines »fucking hell« – ausgestoßen von John – ist in den Übergang zum Schlussteil des Songs hineingeraten und für jeden, der seine Ohren spitzt, deutlich zu hören.

»Damals habe ich es einfach nicht bemerkt«, sagt Ken Scott. »Aber jetzt, wo ich die Stelle weiß, höre ich es jedes Mal. Ich habe den Verdacht, die Beatles haben es bewusst so gelassen. Ursprünglich sollte die Spur beim Mischen gelöscht werden, aber das ist aus irgendeinem Grund nie passiert. Da dachten sie: ›Macht auch nichts.‹«

Lennon, eher sparsam mit Lob für McCartney, hielt *Hey Jude* für den besten Song, den sein Partner jemals geschrieben hatte. Sein Urteil war vielleicht deshalb so großmütig, weil er den Songtext als stillschweigendes Einverständnis Pauls mit seiner Beziehung zu Yoko Ono missverstand. Trotzdem wollte Lennon nicht, dass *Hey Jude* den begehrten Platz auf der A-Seite der ersten Single von Apple bekommen sollte.

Lennon, der mit Lob für Paul eher geizte, hielt es für den besten Song, den McCartney je geschrieben hatte.

»Und das ist ein G …« John und Julian üben ein bisschen.

Paul hatte den Song trotz seiner Länge immer als Single betrachtet, aber er musste zunächst die strenge, hauseigene Qualitätskontrolle bestehen, bevor er von den anderen den Segen zur Veröffentlichung erhielt. John kämpfte verbissen für *Revolution*, aber George, Ringo und George Martin plädierten für das eindeutig kommerziellere *Hey Jude* und damit war es entschieden.

Hey Jude wurde zum größten Hit der Beatles, kam in elf Ländern an die Spitze der Charts und wurde 7 500 000 Mal verkauft. Über Jahrzehnte feierte das Publikum den Song wegen seiner emotionalen Klarheit und Erhabenheit. Erst 1987 unterhielten sich Paul und Julian in einem New Yorker Hotel darüber. »Er sagte mir, dass er in den vergangenen Jahren immer an mich und mein Schicksal gedacht hatte«, erzählt Julian. »Ich habe mich öfter mit Paul in meiner Beziehung zu meinem Vater rumgetrieben. Wir waren Freunde und es gibt aus dieser Zeit mehr Fotos von Paul und mir als von mir mit meinem Vater.«

1996 wurden McCartneys hingekritzelte Noten für *Hey Jude* bei einer Auktion versteigert. Es stellte sich heraus, dass Julian Lennon sie anonym für 25 000 Pfund gekauft hatte. Er wollte die Noten und einige andere Sachen seines Vaters als, wie er es nannte, »Familienerbstücke« retten. Paul denkt heute noch an den Jungen, der ihn zu *Hey Jude* inspirierte. »Zum Geburtstag und zu Weihnachten schickt er mir immer eine Karte«, sagt Julian. »Er hat es noch nie vergessen. Ich finde das toll.«

---

12 In den Abbey Road Studios wird am Gesang zu George Harrisons *Not Guilty* weitergearbeitet.

13 Fortsetzung der Aufnahmen zu *Sexy Sadie* und *Yer Blues*.

14 Weiterarbeit an *What's The New Mary Jane* und *Yer Blues* in den Abbey Road Studios.

15 Beginn der Aufnahmen zu *Rockey Raccoon* in der Abbey Road.

16 Die Arbeit an George Harrisons *While My Guitar Gently Weeps* wird in der Abbey Road fortgesetzt.

17 Der Verlag Graw-Hill bringt Hunter Davies Biografie *The Beatles* vorzeitig in die Buchläden, um Julian Fasts nichtautorisierter Biografie *The Beatles: The Real Story* (links) zuvorzukommen. Fast gibt zu, die Beatles nie getroffen zu haben.

20 George Harrison reist nach Griechenland, die anderen Beatles bleiben in der Abbey Road. John und Ringo beenden *Yer Blues* in Studio 3. Paul arbeitet in Studio 2 an *Mother Nature's Son* und *Wild Honey Pie*. Als John und Ringo Paul besuchen, ist die Atmosphäre angespannt.

21 In der Abbey Road wird *Sexy Sadie* abgeschlossen.

22 Ringo verlässt die Beatles mitten in einer Session in den Abbey Road Studios. Nach seinem Weggang nehmen die anderen *Back In The USSR* mit Paul am Schlagzeug auf. Cynthia hat wegen Johns Ehebruch mit Yoko die Scheidung eingereicht.

23 Ohne Ringo bringen die Beatles *Back In The USSR* in der Abbey Road zum Abschluss.

24 John Lennon und Yoko Ono treten live im britischen Fernsehen auf. In David Frosts Sendung *Frost On Saturday* (unten) stellen sie sich seinem Interview.

26 Apple Records bringen die ersten vier Singles heraus, darunter *Hey Jude* von den Beatles und *Those Where The Days* von Mary Hopkin.

27 In der alten Heimat geht John zum Spiel Liverpool gegen Everton.

28 Die Beatles arbeiten ohne Ringo in den Trident Studios an *Dear Prudence*.

29 Die Beatles, ohne Ringo, vertonen in den Trident Studios John Lennons Song *Dear Prudence* und nehmen dafür Gesang, Klatschen, Tamburin und Flügelhorn auf.

30 Die Nachvertonung von *Dear Prudence* wird abgemischt. Paul besucht die Hochzeit des Beatle-Mitarbeiters Neil Aspinall in Chelsea. Georges Single *Sour Milk Sea* erscheint in England.

GRAUSAMES BRITANNIEN

Jahrelang waren die Beatles die Lieblinge des britischen Establishments. Doch 1968 wendete sich das Blatt plötzlich. Von John Harris.

John Lennon hat einmal gesagt, dass die Beatles in *Help!* »zu Statisten im eigenen Film« geworden seien. Dennoch sind einige Szenen eine realistische Zusammenfassung des seltsamen Zustands, in dem sich die vier um 1965 befanden. Verfolgt von Leo McKerns fanatischer Sekte, gewährt der britische Staat den Beatles den höchsten Personenschutz und quartiert sie schließlich am sichersten Ort ein, den man sich vorstellen kann: im Buckingham-Palast.

Obwohl die besagten Szenen in Cliveden gedreht wurden (dem Landsitz, auf dem John Profumo Christine Keeler erstmals begegnet war), wiederholte sich das Szenario bald darauf in der Realität: als die Beatles in den Buckingham-Palast geleitet wurden, um den Orden Member-of-the-British-Empire (MBE) entgegenzunehmen. Im Film wird deutlich, welche Konflikte diese Wendung der Ereignisse barg: Mit trübem Blick leiern die Beatles – die vielen Retakes auf dem *Anthologie*-Video beweisen es – mühsam ihren Text herunter. Kurz, sie waren total stoned. Angeblich sollen sie das auch beim tatsächlichen Trip in den Buckingham-Palast gewesen sein. Das bestätigt nur, was in der Luft lag: Die Beatles waren zwar beliebt beim britischen Establishment, aber sie pflegten Gewohnheiten, die bald einen Keil zwischen die Band und ihre hochmütigen Gönner treiben sollte.

Noch aber hielt diese zerbrechliche Beziehung, deren Höhepunkt die Ordensverleihung war. In den vergangenen zwei Jahren hatte die so genannte »herrschende Klasse« wiederholt die Ansicht geäußert, dass die Beatles eine »gute Sache« seien. Prinz Philip soll gesagt haben, dass er die Beatles für »nette Kerle« hält. Feldmarschall Montgomery wollte sie auf ein Wochenende zu sich nach Hause einladen, »um die Jungs ein bisschen näher kennen zu lernen«. Die Politiker standen Schlange, um sich in ihrem Ruhm zu sonnen: Neben Harold Wilson hatte auch der Konservative Bill Deedes damit begonnen, die Beatles für seinen Wahlkampf zu instrumentalisieren. Die britische Presse jubelte die Beatles inzwischen zu Vorreitern eines sozialen Wandels hoch, der seltsame Haarschnitte und plötzliches Wirtschaftswachstum verhieß.

Doch seit 1966 begann sich abzuzeichnen, dass die Beatles wohl auch weniger erwünschte Dinge repräsentierten. Überall, sowohl in England als auch in Amerika formierten sich junge Leute, die vom Erfolg der Beatles begeistert waren, zu dem, was man heute als »Gegenkultur« bezeichnet. Sie bestanden auf ihrer persönlichen Freiheit, bekannten sich zu ihrer Lust auf Drogen und ihre Abneigung gegen jegliche Autorität. In der Musik der Beatles kommt zum Ausdruck, dass der Band diese Entwicklung absolut bewusst war und sie sich ihr anschloss. In *Rain* thematisiert John Lennon benommen seine Erkenntnis von der Kluft zwischen den Spießern und den anderen. In *Love You To* beklagt sich George Harrison über all die Leute, die andere fertig machen und ihnen ihre Moral aufdrücken.

In dieser Phase war das Denken der Beatles von Drogen beeinflusst, ihre Musik wurde experimenteller und ihre Weltsicht war mehr denn je von einer antibürgerlichen Haltung geprägt. Trotzdem waren sie hin und wieder gezwungen, sich mit den größten Spießern zu zeigen: Politikern, königlichen Hoheiten, Polizeichefs.

Hetzjagd, Teil 2: Patti und George, wegen Cannabisbesitz verurteilt, verlassen den Gerichtshof von Esher and Walton am 31. März 1969.

Hetzjagd, Teil 1: John und Yoko, angeklagt wegen Cannabisbesitz, verlassen den Gerichtshof von Marylebone am 19. Oktober 1968.

»Als einer der Beatles ins Gefängnis musste, wurde die Lage ernst. Sie waren nicht mehr unangreifbar. Von da ab lief alles schief.« Derek Taylor

»Ich war unglücklich«, sagte Lennon. »Am Anfang hatten wir noch Ziele, etwa wie Elvis zu werden. Das machte Spaß, es ging vorwärts, aber als wir am Ziel waren, begann der Frust. Ich fand, dass ich ständig Leuten gefallen musste, die ich hasste, als ich noch ein Kind war.«

Das Selbstbild der Beatles und die Gesellschaft, in die man sie zwang, waren unvereinbar. Die Spannungen wurden von Brian Epstein ausgeglichen, aber ab 1966 konnte auch er nichts mehr ausrichten: Rückblickend war Johns Behauptung, dass die Bänd größer als Jesus sei, ein unbeholfener Versuch, endlich jene öffentliche Anerkennung zu erlangen, die er so lange verachtet hatte. 1967, als die Gegenkultur auf dem Höhepunkt war und Brian kränkelte, wurden die Dinge noch komplizierter: Im Juni erzählte Paul im *Life*-Magazin, dass er LSD genommen hatte, und sorgte für die negative Presse, die Epstein lange verhindern konnte. Nach Brians Tod traten die Folgen seines fehlenden Einflusses deutlich zu Tage: Von nun ab kümmerte sich niemand darum, welche Ansichten der Beatles über die Reichen und Mächtigen an die Öffentlichkeit dringen sollten und welche besser nicht.

In der Zwischenzeit läuteten die Beatles mit ihrer Beziehung zu Yogi Maharishi Mahesh eine neue Phase ein. Die Fans der Beatles aus dem Establishment waren von da ab überzeugt, dass die Band eine radikale Wende genommen hatte. 1967 gab die Queen einen Empfang im Buckingham-Palast für die Mitglieder des Council Of Knights Bachelor, zu denen auch Sir Josef Lockwood, der Vorsitzende von EMI, gehörte. Als er der Queen gegenüber stand, stieß sie acht vernichtende Worte hervor: »Die Beatles werden ein bisschen seltsam, nicht wahr?« Die Queen hatte wohl nur geschäkert. Ende 1968 jedoch wurde klar, dass einige Regierungsvertreter ihnen extrem feindlich gesinnt waren. In *Help!* gewährte das Establishment den Beatles noch Zuflucht vor ein paar Spinnern, drei Jahre später entwickelten sich die Dinge anders herum.

Mitte der 60er-Jahre war die britische Popkultur noch von einer überraschenden Harmonie zwischen den Generationen geprägt. Sogar die Dämonisierung der Rolling Stones beschränkte sich auf Fotos, die sie als nicht übermäßig bedrohliche, Grimassen schneidende Bösewichte zeigten. Die Tatsache, dass es jetzt weltweit erfolgreiche britische Popmusik gab, wurde von der britischen Musikindustrie gerne akzeptiert. Die Arthur-Howes-Organisation promotete Tourneen, situierte Herren mit Büros in der Denmark Street veröffentlichten Songs und die Boulevardpresse pries freudig die neuen Bands, wohl wissend, dass dies die Auflagen steigert. Die Beatles bedienten diesen Markt perfekt: Sie waren glücklich, in der Provinz auftreten zu können und vertraglich noch an die Vorgaben von Dick James gebunden. Außerdem verstanden sie sich mit den Journalisten, die ihre Höflichkeit schätzten.

1967 wurde alles anders. Die Musiker wehrten sich gegen die Regeln des Showbusiness, indem sie ausgeflippte Klamotten trugen. Die Reaktion der *Daily Mail* auf *Sgt Pepper* lässt das aufkommende Unbehagen erkennen: »Was ist mit den Beatles passiert? Es gibt sie nun schon

FOTOS: HULTON ARCHIVE, MARY EVANS LIBRARY

seit Jahren, aber seit 1963 haben sie sich völlig verändert. Sie waren die Helden einer sozialen Revolution. Sie waren die Jungs von nebenan. Jetzt, vier Jahre später, haben sie sich persönlich und musikalisch ins Abseits bewegt. Sie sind nachdenklich, verschlossen und sonderlich geworden.« Das Problem der *Daily Mail* war offensichtlich: Die Beatles hatten sich zur Elite der Londoner Gegenkultur gesellt und zogen deshalb eine Mischung aus Neid, Verwunderung und Misstrauen auf sich.

Anfang 1967 gab Paul McCartney, der Diplomat der Beatles, eine Erklärung zur Entspannung des Generationenkonflikts ab: »Ich wünsche mir wirklich, dass die Leute, die sich über all die Verrückten, die Happenings und die ausgeflippten Geschichten ärgern, das Ganze mal vorurteilslos betrachten«, bat er. »Sie bemerken nämlich überhaupt nicht, dass das, worüber diese Verrückten reden, genau das ist, was sie eigentlich auch selbst wollen … die persönliche Freiheit zu sagen, was man will. Das ist völlig legitim. Es geht um das grundsätzliche Wohl für jeden, das wirkt nur von außen verrückt.«

Dass er damit diejenigen, die fürchteten, England falle einem degenerierten Haufen zum Opfer, nicht überzeugen konnte, wundert nicht. Ihr Zorn vergrößerte sich noch durch Pauls Geständnis, er habe LSD genommen. Die Nachricht schlug kurz nach dem Erscheinen von *Sgt Pepper* wie eine Bombe ein

und die Konservativen forderten ein Exempel. Dies sollte geschehen. Hausdurchsuchungen bei Keith Richards in Sussex und die kurzzeitige Verhaftung von Richards und Mick Jagger markierte einen Wendepunkt für jene, die diese Rockbands und ihren dekadenten Lebensstil vernichet sehen wollten, und für die Musiker selbst. Die heitere Weltsicht der englischen Freaks wirkte plötzlich lächerlich unangebracht. Die Erfahrung der Stones bewies, dass nun Krieg war.

Lange hielt sich das Gerücht, dass George Harrison, der bei Richards zu Gast war, einen Tipp bekommen und den Ort deshalb vorzeitig verlassen hatte. In Wahrheit waren George und Patti einfach früher nach Hause gegangen. Wie auch immer, nach der Verhaftung und Verurteilung der beiden Stones kamen die Beatles zu Hilfe: John und Paul übernahmen den Gesang bei der Stones-Single *We Love You*. Außerdem äußerten die Beatles deutlicher als je zuvor ihre Empörung über das Establishment.

Von da ab gab Lennon häufig jene Art von Stellungnahmen ab, die während der apolitischen Phase der Beatles tabu waren.

Im Juli wollte die Band nach Griechenland, um sich eine Insel zu kaufen. Kurz vor der Abreise wurde John nach seiner Meinung über das autoritäre Regime gefragt. »Ich mache mir keine Sorgen über die Situation in Griechenland, solange sie uns nicht betrifft«, konterte er. »Es ist mir egal, ob eine Regierung faschistisch oder kommunistisch ist. Hier sind sie genauso schlimm, die meisten sogar schlimmer. Ich kenne England und die USA und pfeife auf beide Regierungen. Jeder weiß doch, was los ist. Sie verbieten Radio Caroline und verhaften die Stones. Und nebenbei geben sie Billionen für Atomwaffen aus und überall sind geheime US-Basen.«

Sicherlich setzten bestimmte Kräfte alles daran, den Beatles Einhalt zu gebieten. Aber es gab ein Hindernis. Obwohl die Band nicht mehr mit dem Mainstream segelte, war sie unfehlbar wie nie: Ihr wirtschaftlicher Erfolg war ein wirksames Mittel gegen alle Anfeindungen. Das änderte sich jedoch mit der Flut negativer Kritiken, die über den Film *Magical Mystery Tour* hereinbrach. »Je höher man steht, desto tiefer fällt man«, schrieb James Thomas vom *Daily Express*. »Die langweilige Story bestätigte meinen alten Verdacht, dass die Beatles vier nette, junge Männer sind, die so viel Geld gemacht haben, dass sie sich offensichtlich nicht mehr um ihr Publikum scheren.«

»Derjenige, der bei BBC 1 diesen Film autorisiert hat, sollte zur Strafe ein Jahr lang zu Füßen von Yogi Maharishi Mahesh sitzen müssen«, schrieb die *Daily Sketch*. Plötzlich waren die Beatles nicht mehr die Lieblinge der Nation. Nun zählten sie zur verhassten Klasse mit den – wie Paul es nannte – Verrückten, Happenings und ausgeflippten Geschichten und waren plötzlich verletzbar. Auch die BBC schloss sich der Stimmungsmache gegen die Beatles an und boykottierte schnell *I Am The Walrus* wegen zweier Zeilen, in denen es um die heruntergelassenen Unterhosen eines Mädchens und die angeblich euphemistische Anspielung auf das Wasserlassen geht.

Aber die Beatles zeigten kein Bedauern. »Ich finde Johns Satz mit den heruntergelassenen Unterhosen gut«, sagte George. »Warum sollte man das Wort ›fuck‹ nicht benutzen. Schließlich tun es alle. Weshalb kann ich es nicht aussprechen? Es ist nur ein Wort – fuck, fuck, fuck. Es bedeutet nichts Schlimmes, warum also sollte ich es nicht in einem Song benutzen. Vielleicht tun wir es noch.«

Magical Mystery Tour hatte die englischen Spießer zwar vergrämt, aber, wie Georges Zitat schon ahnen lässt, die Band war im Begriff, alle noch viel stärker zu provozieren. Und tatsächlich erhitzte Yoko Onos Erscheinen im Kreis der Beatles die Gemüter aufs Äußerste.

Nach der Rückkehr der Beatles aus Indien wurde Yoko Ono der Öffentlichkeit auf eine Weise präsentiert, die die Leute gegen sie aufbringen musste. Tabus wie Ehebruch und Scheidung wurden mit ihrer Beziehung zu John in Verbindung gebracht. 1968, als das Paar zur Premiere des Stücks *In His Own Write* erschien, begrüßten Journalisten John mit der provozierenden Frage »Wo ist Ihre Frau?«. Die Feindseligkeit wuchs, als das Paar seine Verbundenheit mit den Mitteln der Avantgarde-Kunst verkündete, dem Schreckgespenst der Briten. Dazu kam, dass Yoko Japanerin war. Fanatische Beatles-Gegner, die die Band in und um London verfolgten, bedachten sie mit Worten wie »Schlitzauge« und »Gelbe«. Und die Presse war teilweise kaum freundlicher, auch wenn das Vokabular etwas gemäßigter ausfiel.

»Zimmerservice, wir vermissen unsere Bibel …« Bed-In im Hilton in Amsterdam, 27. März 1969.

Lasst euch eintüten: John und Yoko erklären, was »Bagism« ist. Thames-TV's-Today-Programm, 1. April 1969.

Die Kampagne geht weiter: John und Yoko bei James Hanrattys Eltern, 1969.

JOHN GAB NUN HÄUFIG JENE ART VON STELLUNGNAHMEN AB, DIE WÄHREND DER APOLITISCHEN PHASE DER BEATLES TABU WAREN.

Doch John und Yoko schränkten ihre öffentlichen Aktivitäten keineswegs ein. Im Sommer 1968 veröffentlichten sie ein Soundprojekt, das für Verwirrung und Ärger sorgte. *Two Virgins* war das sperrige Resultat ihrer ersten gemeinsamen kreativen Bemühungen. Auf dem Coverfoto ist das Paar nackt zu sehen! Ein Exemplar wurde, wie üblich, ins Büro von Sir Joseph Lockwood geliefert, der sich noch genau erinnert: »›Warum um Himmels willen macht ihr das?‹, fragte ich sie. Yoko sagte: ›Es ist Kunst.‹ ›Wenn das so ist, dann zeigt lieber Paul nackt. Er sieht viel besser aus‹, sagte ich. ›Oder nehmt doch eine Skulptur.‹« *Two Virgins* wurde schließlich die einzige Arbeit eines Beatle, die nicht unter einem Label von EMI erschien. In den USA kam es bei Tetragrammation heraus, während die englischen Kopien bei Track, dem Label von The Who, gepresst wurden.

Für die Beatles markierte *Two Virgins* den Anfang der Hetzjagd auf John und Yoko, zumindest, was die englischen Behörden anging. »Ich weiß, es [das Cover] war ein Schock«, resümiert Paul McCartney,

»aber ich bin nicht sicher, ob wir selbst geschockt waren – uns war nur klar, dass das eine Menge Zündstoff bedeutete. Sobald die Journalisten das Cover gesehen hatten, stürzten sie an die Telefone. Ich wusste, dass John so etwas bewusst provozierte. Aber am Ende provozierte er mehr, als ihnen lieb war. Es begann eine erdrückende Kampagne gegen sie und das ging vermutlich auf dieses Cover zurück.«

John und Yoko waren zwar bereits einen Monat in Haft, als das Album erschien, aber die Tatsache, dass der Fall genau einen Tag vor der Veröffentlichung von *Two Virgins* vor Gericht kam, verknüpft diese beiden Ereignisse: Es bedeutete im Grunde, dass John Lennon für das Establishment gestorben war. »Als einer der Beatles ins Gefängnis musste, wurde die Lage ernst. Bisher hielten sie sich für unangreifbar ... und nun lief alles schief«, erinnert sich Derek Taylor.

Die Verhaftung erfolgte unter dem Kommando von Detective Sergeant Norman Pilcher. Der puritanische Eiferer hielt es offensichtlich für seine Mission, die berühmtesten Musiker Londons zu verfolgen und moralisch zu vernichten. Er war symptomatisch für die plötzliche Antipathie des Establishments gegen die Beatles. »Ich schätze, es passte ihnen nicht, wie die Sache aussah«, meinte John später. »Die Beatlemania war vorbei. Kein Grund mehr, die lieben, süßen Jungs zu beschützen – also einlochen. So ist das gelaufen.« John wurde wegen des Besitzes von 43 Gramm Cannabis zu einer Geldstrafe von 150 Pfund sowie 20 Guineen Gerichtskosten verurteilt. Das Verfahren forderte allerdings einen noch viel höheren Preis: Johns Anwalt zufolge erlitt Yoko Ono nach der Polizeirazzia eine Fehlgeburt.

Im Rückblick ist es bemerkenswert, dass in der Musik der Beatles angesichts dieser Ereignisse keinerlei Form von Aggressivität oder Wut anklingt. Ende 1968 erschien *Street Fighting Man* von den Stones, ein Tribut an die Studentenrevolten des Frühjahrs und Sommers, der seine Kraft den Erfahrungen der Stones aus dem Jahr zuvor verdankt. Im Gegensatz zu ihren kritischen Reden sprechen die Songs der Beatles die Sprache von Frieden und Einigkeit. Selbst Johns ziemlich lahme »Count me out/in«-Ergänzung zu *Revolution* klingt eher nach liberalem Pazifismus als nach radikalen politischen Statements. Die Alben *Abbey Road* und *Let It Be* thematisieren so unvergängliche Dinge wie Nostalgie, Suche nach Erfüllung und Selbstverwirklichung und die universelle Kraft der Liebe. Die Songs *The End, Because, Two Of Us* und *Dig A Pony* sind beispielhaft dafür. Selbst mit dem Rücken zur Wand lächelten die Beatles ihren Gegnern noch zu.

Doch auch 1969 ließ der Zorn des Establishments nicht von ihnen ab. Im März, am Tag von Pauls Hochzeit mit Linda, verhaftete Sergeant Pilcher George und Patti nach einer Razzia. Die Polizei – die zu glauben schien, dass Leute, die Hasch rauchen, zwangsläufig unordentlich sind – behauptete, ein großes Stück Dope unter dem Teppich gefunden zu haben. »Ich bin ordentlich«, sagte George. »Socken kommen bei mir ins Sockenfach und Dope in eine Schachtel. Und das da gehört mir nicht.« 20 Jahre später war er sich über den Grund der Verhaftung ziemlich sicher. »Wir waren vogelfrei«, sagte er, »und die Cromwellschen Gestalten im Establishment nutzten das für ihre Zwecke.« Zumindest Pilcher bekam schließlich seine gerechte Strafe: Er wurde 1972 wegen Meineids angeklagt und zu vier Jahren Haft verurteilt.

John und Yoko vertraten ihre eigene Version des Peace'n'Love-Credos der Beatles und ihre öffentlichen Aktionen sorgten auch weiterhin für Aufsehen. Ihr erstes »Bed-In« für den Frieden begann am 25. März in Amsterdam. Bald darauf unterstützte das Paar das Gnadengesuch für James Hanratty, den letzten Briten, der zum Tod durch den Strang verurteilt wurde. Außerdem wollten sie »Bagism« populär machen: Eine Methode, Vorurteile zu neutralisieren, indem man sich in einen weißen Sack steckt. Als Filmemacher drehten sie *Apotheosis* (ein 16-minütiger Streifen, von einem Heißluftballon aus aufgenommen) und *Self-Portrait* (eine Studie über Johns Penis in verschiedenen Phasen der Erektion). Die Queen befand bereits 1967, dass die Beatles »ein bisschen seltsam« geworden waren, jetzt entstand der Eindruck, als kämen sie von einem anderen Stern. Bestimmte Gruppierungen hatten inzwischen nachhaltigen Widerstand gegen die Aktionen der Lennons angekündigt, sodass das Paar auf alles gefasst war: Der Refrain in *The Ballad Of John And Yoko* »They're gonna crucify me. (Sie werden mich kreuzigen.)« basierte sicherlich auf realen Befürchtungen.

Noch gaben John und Yoko nicht auf. Am 25. November traf John eine Entscheidung, die den Unterschied zwischen 1965 und 1969 deutlich machte. Er schickte seinen MBE-Orden, der jahrelang über Tante Mimis Fernseher hing, an den Buckingham-Palast zurück. Beigefügt war eine Protestnote gegen das britische Engagement im Vietnamkrieg und die Einmischung in die »Nigeria-Biafra-Sache« sowie gegen »die schlechte Platzierung von *Cold Turkey* in den Charts«. Der letzte Punkt sollte dem Ganzen das Pathos nehmen – »damit es nicht klingt wie diese dummen Briefe, die die Queen von bekloppten Colonels erhält«, sagte John. Er hatte aber den Effekt, seine Aktion albern wirken zu lassen. Die Queen ersparte sich jeglichen Kommentar. Kritik wurde aber von ganz anderer Seite laut. »Damit hat er mir das Herz gebrochen«, sagte Mimi Jahre später. »Er hat mir zuerst nicht einmal gesagt, warum er diesen Orden wieder mitgenommen hat.«

Ende 1969 strahlte die BBC die 35-minütige Dokumentation *The World Of John And Yoko* aus. Auch Richard Crossmann, damals Staatssekretär für Soziales, sah zu. Obwohl er und die Lennons völlig gegensätzliche Welten repräsentierten, erkannte Richard Crossmann, dass die Lennons keine verrückten Spinner waren. Er pries sie als die Vertreter einer lobenswerten Geisteshaltung.

»Vor einigen Tagen habe ich ein bemerkenswertes Interview mit John Lennon gesehen, der inzwischen eine Art Christus geworden ist«, schrieb er. »Als er sprach, wurde mir klar, dass er der Einzige war, der sagte, dass unser Jahrzehnt nicht schlecht war, dass wir enorme Fortschritte gemacht haben und dass die Menschen insgesamt glücklicher sind als je zuvor. Er und die Beatles drücken das auf ihre eigene Art aus: ›Wir lehnen das Establishment ab, und zwar nicht aus Verzweiflung und Pessimismus, sondern weil wir auf die Zukunft vertrauen und glauben, dass wir eine Welt voller Frieden und Freundschaft schaffen können.‹ Mit seiner runden Brille, diesem Bart und seiner seltsamen japanischen Frau war er, muss ich zugeben, der einzige Mensch auf allen Kanälen, der Grundsätze, Hoffnung und Glauben verkörperte.«

»Schaut ja nicht hin!« Polizisten konfiszieren Johns »unanständige« Lithografien. London-Arts-Galerie, 16. Januar 1970

Damals gab es nur wenige, die auch dieser Meinung waren. Doch 34 Jahre später stand John Lennon in der BBC-Rangliste der bedeutendsten Briten auf Platz acht. Zwischen Nelson und Elisabeth I., war er nur zwei Plätze entfernt von Oliver Cromwell. Postum gewährte man ihm also wieder Zutritt in den Palast. Seine verstörenden Wesenszüge wurden beiseite gelassen und er befand sich wieder in der Gesellschaft derer, die er eigentliche hasste. Was für Zeiten ... ∎

»Ausgemacht!« John »legt Hand« an den Pressesprecher Derek Taylor. Rechts hinten steht Apple-Chef Ron Kass.

Was: Gründung von Apple Records
Wo: Großbritannien
Wann: 11. August 1968

FAULER APFEL

Zwei Monate nach der Gründung hatte Apple Records bereits zwei Nr.-1-Hits, doch war der Erfolg nur von kurzer Dauer. Von Barry Miles.

Von allen Firmen des Apple-Imperiums war den Beatles Apple Records das liebste Kind. Bei der Gründung am 11. August 1968 wurde eine ›National Apple Week‹ ausgerufen und die ersten vier Veröffentlichungen in einer Pressemitteilung mit dem Titel ›Our First Four‹ verschickt. Sogleich führten zwei der vier Songs – *Hey Jude* von den Beatles und *Those Where The Days* von Mary Hopkin – die Charts an.

Ursprünglich wollte man eine Plattenfirma gründen, um Künstler, die man mochte, produzieren zu können. Die Beatles sprachen mit Donovan und planten auch, mit den Stones zusammen eine, von den großen Plattenfirmen unabhängige, Firma zu gründen. Doch obwohl Paul und Mick Jagger sich einige Male trafen, um über ein eigenes Studio zu sprechen, wurde das Projekt wieder verworfen.

»Wir waren sehr aufgeregt«, erinnert sich Paul. »Wir waren die Beatles und Donovan und James Taylor und vielleicht würden sogar die Stones mitmachen, vielleicht auch noch ein paar von den coolen US-Bands wie die Byrds. Wir dachten, alle unsere Freunde würden mitmachen und die Musikindustrie revolutionieren. Mir reichte es, an dem, was wir taten, Spaß zu haben, gute Musik zu machen, neue Freunde kennen zu lernen und einfach so weiterzumachen. Kam ein Hit dabei heraus, großartig.«

John und Paul schalteten Anzeigen und sprachen in New York im Fernsehen über die Gründung von Apple Records, wobei sie dazu aufriefen, Aufnahmen und Ideen einzusenden. Sie hätten es besser wissen müssen – es gab niemanden, der sich all die Kassetten hätte anhören können, viele wurden nie geöffnet. Jedenfalls fanden sie so keinen Künstler für Apple Records. Mary Hopkin etwa entdeckten sie durch Twiggy, die sie in der

In Apples erster Pressemeldung ging es um Mary Hopkin.

Fernsehshow *Opportunity Knocks* gesehen hatte und Paul McCartney anrief. *Those Where The Days*, von Paul selbst arrangiert und produziert, verdrängte *Hey Jude* vom ersten Platz der Charts, die erste Beatles-Single auf Apple und ihre meistverkaufte Single überhaupt.

Jackie Lomax kannten sie noch aus Liverpool, wo er Mitglied der Undertakers war. Seinen Song *Sour Milk Sea* hatte George Harrison geschrieben und produziert. Paul wollte schon immer ein Platte mit Blechbläsern aufnehmen und da die Black Dyke Mills Band als beste Band im Land galt, nahm er mit ihnen den Song *Thingumybob* als eine der ersten vier Singles für Apple auf.

Peter Asher, Apples neuer A&R-Manager, engagierte James Taylor, dessen Band The Flying Machine in den USA die Vorgruppe von Peter & Gordon war, und der Beatles-Roadie Mal Evans entdeckte The Iveys. Paul ermutigte sie, sich Badfinger zu nennen, was sie auch taten – aber erst nach Veröffentlichung ihres ersten Albums *Maybe Tomorrow*. Die erste Platte als Badfinger hieß *Come And Get It* – geschrieben, arrangiert und produziert von Paul, der ihnen ein Demo aufgenommen hatte, auf dem er alle Instrumente selbst spielte. Paul: »Ich sagte: ›Spielt das genau so nach‹, aber sie sagten: ›Aber wir würden es gerne ein wenig ändern.‹ Ich meinte: ›Nein, das ist genau das richtige Arrangement. Ändert, was ihr wollt, am restlichen Album, aber lasst das hier bitte so. Ich garantiere euch, es wird ein Hit.«‹ 1970 erreichte der Song Platz vier.

George produzierte *That's The Way God Planned It*, ein Album seines alten Freundes Billy Preston, und engagierte Hare-Krishna-Jünger für ein Album und eine Single, für deren Werbung er Derek Taylors Fähigkeiten im Pressebüro arg strapazierte. Ringos Beitrag bestand in dem jungen klassischen Komponisten John Taverner, dessen Werk *The Whale* der Hit bei den Schulabschlussfeiern von 1968 war. Der einzige Beatle, der sich in den ersten Jahren nicht an Apple Records beteiligte, war John. Er war nur an Yoko Ono interessiert, doch keine ihrer Platten, die er produzierte, verkaufte sich gut.

Anfangs machte es Spaß. Auf ihre Weise spielten die Beatles damit, eine Plattenfirma zu haben. Und der Erfolg von *Those Where The Days* und *Hey Jude* zeigte, dass Paul durchaus einen Instinkt für kommerzielle Erfolge hatte. Sie machten aber ein paar Fehler: George verliebte sich in die erste LP von Delaney & Bonnie und wollte sie für Apple. Sie ließen Kopien pressen und warteten auf die Lieferung der Cover, als sie feststellen mussten, dass sie die Rechte gar nicht besaßen. Die gehörten Electra, wo die Band unter Vertrag stand.

Der eigentliche Kopf von Apple Records war Ron Kass, den sie bei Liberty Records abgeworben hatten. Kass, der Joan Collins heiraten sollte, hatte wenig Mitspracherecht bei den Veröffentlichungen – das war Sache der Beatles. Er übernahm jedoch alle technischen Aspekte wie den Versand der Bänder, die Übersetzung der Covertexte, das Artwork und die Werbung in allen Ländern, in denen Apple Records veröffentlichte. Theoretisch sollte eine neue Beatles-Single in 30 Ländern gleichzeitig in den Verkauf gehen und Apple beschäftigte viele Übersetzer, die bei der Umsetzung dieses ambitionierten Unternehmens helfen sollten.

Die Begeisterung legte sich, als die Beatles sich trennten. Die Firma machte Geld: Allein die Einnahmen aus dem »Weißen« Album hätten ein kleines Land ernährt, aber leider bereicherten sich einige Leute bei Apple illegal. Der Bürogehilfe wurde sogar dabei erwischt, wie er nach und nach das Blechdach mitgehen ließ.

Apple Records gibt es heute noch und die Firma macht mehr Geld denn je. Die Anthologie-CDs, Videos und Bücher bringen Millionen und die kürzlich erschienene CD *1* führte in 28 Ländern die Hitparaden an.

> »Wir dachten, alle unsere Freunde würden mitmachen und die Musikindustrie revolutionieren.« Paul McCartney

---

3.–26. SEPTEMBER 1968

SEPTEMBER 1968

3 Ringo Starr kehrt zu den Beatles zurück.

4 In den Twickenham Film Studios nehmen 50 Beatles-Fans an den Live-Aufnahmen zu *Hey Jude* teil, die während der TV-Show *Frost On Sunday* mit David Frost gemacht werden sollen. *Those Were The Days* von Mary Hopkin kommt in die UK-Charts.

5 Arbeit an *While My Guitar Gently Weeps* in der Abbey Road.

6 Die Aufnahmen für *While My Guitar Gently Weeps* werden mit einem Gitarrensolo von Eric Clapton abgeschlossen. Die Black Dyke Mills Band veröffentlicht in England den Lennon/McCartney-Song *Thingumybob*.

8 *Hey Jude* feiert während der Ausstrahlung von *Frost On Sunday* Fernsehpremiere in England.

9 George Martins Assistent übernimmt die Rolle des Produzenten der Beatles, während Martin selbst in Urlaub geht.

10 Paul tritt mit Mary Hopkin in der Kinderfernsehsendung *Magpie* auf (Bild oben).

11 Mit sieben Minuten und zehn Sekunden ist *Hey Jude* die längste UK-Nr.-1-Hitsingle.

12 Die Beatles arbeiten in der Abbey Road an *Glass Onion*.

13 Die Arbeit an *Glass Onion* geht weiter.

14 *Hey Jude* steigt in die US-Top-40 ein, um dort schließlich Nummer eins zu werden.

16 In der Abbey Road beginnt die Arbeit an Pauls Song *I Will*.

17 *I Will* wird in der Abbey Road fertig gestellt.

18 *Birthday* wird in den Abbey Road Studios aufgenommen.

19 Die ersten Spuren von *Piggies* werden aufgenommen.

20 In der Abbey Road wird *Piggies* fertig gestellt.

22 Apple Records gibt bekannt, dass das nächste Album der Beatles ein Doppelalbum sein wird.

23 In der Abbey Road wird an Johns Song *Happiness Is A Warm Gun* weitergearbeitet.

24 Die Arbeit an *Happiness Is A Warm Gun* wird fortgeführt.

25 Mary Hopkins *Those Where The Days* wird Nummer eins der UK-Single-Charts – für sechs Wochen.

26 Die Beatles mischen in den Abbey Road einige Songs für das »Weiße« Album ab.

28. SEPT. – 20. OKT. 1968

28 *Hey Jude* wird Nummer eins in den USA und bleibt neun Wochen lang an der Spitze.

30 *The Beatles* (links), eine autorisierte Biografie von Hunter Davies, erscheint.

OKTOBER '68

1 Der amerikanische Songwriter Jimmy Webb besucht die Beatles bei den Aufnahmen für *Honey Pie* in den Londoner Trident Studios.

2 Joe Cockers Version des Lennon/McCartney-Songs *With A Little Help From My Friends* macht sich in den UK-Charts auf den Weg zur Nummer eins.

3 Die Beatles arbeiten in den Trident Studios an George Harrisons *Savoy Truffle*.

4 Paul McCartney nimmt in den Trident Studios *Martha My Dear* auf, die Liebeserklärung eines Rockstars an seinen alten englischen Schäferhund.

5 Die Beatles nehmen in den Trident Studios die Overdubs für *Savoy Truffle* und *Honey Pie* auf.

7 In der Abbey Road beginnen die Aufnahmen für George Harrisons *Long, Long, Long*. In einer Session werden 16 Stunden allein für die Rhythmusspuren aufgewendet.

8 *I'm So Tired* und *The Continuing Story Of Bungalow Bill* werden in der Abbey Road aufgenommen.

9 Paul nimmt in der Abbey Road die Basisspuren für *Why Don't We Do It In The Road* auf.

10 *Why Don't We Do It In The Road* und *Glass Onion* werden fertig gestellt. George gründet seinen Musikverlag Singsong Ltd.

11 Die Bonzo Dog Doo-Dah Band (oben) veröffentlicht die Single *I'm The Urban Spaceman*, die Paul unter dem Pseudonym Apollo C. Vermouth produziert hatte.

13 John nimmt *Julia* in der Abbey Road ohne die Hilfe eines anderen Beatles auf.

14 Ringo fliegt für zwei Wochen nach Sardinien in den Urlaub.

16 George fliegt nach Los Angeles und überlässt Paul und John die Fertigstellung des »Weißen« Albums.

18 John und Yoko werden in ihrer Wohnung am Montague Square wegen Drogenbesitzes verhaftet. Die Wohnung gehörte Ringo und wurde zuletzt von Jimi Hendrix bewohnt.

19 John und Yoko erscheinen vor dem Marylebone Magistrates' Gericht und werden gegen eine Kaution wieder freigelassen.

20 Paul fliegt mit Linda Eastman für einen Kurzurlaub nach New York.

Was: Aufnahme von »While My Guitar Gently Weeps«
Wo: Abbey Road
Wann: 6. September 1968

WEINENDE GITARRE

Mit seinem Gastspiel bei *While My Guitar Gently Weeps* half Eric Clapton einem Freund und hielt die Beatles auf Trab. Von Ashley Kahn.

Frust ... Frust ... Transzendenz. So könnte man den dreimonatigen Prozess zusammenfassen, der einem Song, in dem George Harrison über die spirituelle Entfremdung nachdenkt, zum Sound und Status eines Rock-Klassikers verhalf. Und anders als der Titel vermuten lässt, wird die Gitarre nicht von George gespielt. Eric Claptons großartiges Blues-Solo macht dieses Stück vom »Weißen« Album so unvergesslich. Heute ist es Sinnbild für die gefeiertste Performance eines Nicht-Beatle in einem Beatles-Song – eine melancholische Erinnerung an eine Band, die gerade dabei ist, ihre Harmonie zu verlieren und an eine Freundschaft, die eine legendäre Dreiecksbeziehung überstand.

Die Beatles hatten im Spätsommer 1968 extrem viel Stress: Fernsehauftritte, Filmdrehs, Auseinandersetzungen und Aufnahmen für das noch namenlose nächste Album reihten sich aneinander. So überrascht es kaum, dass *While My Guitar ...* von den anderen Beatles größtenteils ignoriert wurde. Zu sehr waren sie auf anderes Material wie Johns *Dear Prudence* und Pauls *Helter Skelter* konzentriert. »Sie waren überhaupt nicht daran interessiert«, erinnert sich George Harrison.

Die Idee zu dem Song entstand früher in diesem Sommer bei einem Experiment, das von der deterministischen Philosophie des I-Ging inspiriert wurde. Wie George in *I Me Mine* erklärt: »Beim Besuch im Haus meiner Eltern beschloss ich, einen Song mit den Worten zu schreiben, die ich beim Öffnen eines Buches als Erstes sehen würde. Ich las ›gently weeps‹, legte das Buch zurück und begann, den Song zu schreiben.«

Zuerst bestand er aus Alliterationen (»tampering ... tempering, wandering ... wavering«) [*fälschend ... mäßigend, wandernd ... schwankend*] und einer gewissen Universalität (»I look at the world and I notice it's turning ... with every mistake we must surely be learning.«) [*Ich sehe die Welt und merke sie dreht sich ... jeder Fehler treibt uns an zu lernen.*] Am 25. August nahm George ein luftiges, hauptsächlich akustisches Demo auf. Diese, in der CD-*Anthologie* enthaltene Version mit Gesang, einer Gitarre, Orgel und einer zusätzlichen Strophe lässt bereits die Kraft der endgültigen Fassung erkennen.

Erst sechs Wochen später gingen die Beatles den Song gemeinsam an. Nach drei Tagen und 44 Takes war er schließlich ausgereift. Der Toningenieur Brian Gibson erzählt: »George wollte den Sound einer weinenden Gitarre, aber ohne diese Art von Wah-Wah-Pedal zu benutzen. Wir arbeiteten eine ganze Nacht lang daran.«

Um 03:45 Uhr am 6. September erklärten die Beatles Take 25 zum besten und die Arbeit für beendet. George jedoch fuhr nicht besonders begeistert heim nach Surrey: »Es war einfach nicht das, was ich wollte. Auf dem Heimweg dachte ich mir, ›was für eine Schande‹.«

Noch am selben Tag, als Eric Clapton ihn in seinem Auto mit ins Studio nahm, hatte er eine Idee und schlug Clapton vor: »Wir nehmen gerade einen Song auf. Komm doch mit und spiel was dazu.« Eric winkte ab: »Das kann ich nicht. Niemand außer den Beatles spielt auf Beatles-Platten.« George aber bestand darauf und konnte ihn schließlich überzeugen: »Sieh mal, es ist mein Song und ich will, dass du darin spielst.«

Das saß. Clapton kam mit ins Studio, packte seine Les Paul aus und gesellte sich wortlos zur Band, die ein wenig überrascht war, aber nichts einzuwenden hatte. »Wir hatten durchaus bereits Gastmusiker gehabt«, erinnert sich Paul, »aber bei uns hat immer nur George Gitarre gespielt, ganz selten war's auch mal John oder ich.« Erics Anwesenheit war auch in anderer Hinsicht wichtig, wie George berichtet: »Eric kam herein und die anderen Jungs liefen zur Hochform auf, weil er da war. Paul setzte sich gleich ans Klavier und spielte ein tolles Intro ...«

Pauls perkussiver Anschlag wurde zum warnenden, glockenartigen Intro für den besten Take vom Vortag. Dazu wurden neue Leadvocals, ein angezerrter Bass, Backgroundvocals, Schlagzeug und eine Orgel aufgenommen. Und natürlich Claptons improvisiertes Solo mit Vibrato. Paul fand: »Sein Stil passte exakt zu dem Song.«

Doch George sah noch ein Problem: »Es klang nicht genug nach Beatles. Also ließen wir die Gitarre durch das ADT laufen (Automatic Double Tracking, ein Gerät zum Doppeln von Spuren), um ihr diesen leiernden Sound zu geben.« Dieser Effekt wurde zum herausragenden Bestandteil des Songs und unterstreicht das ernste Thema.

While My Guitar... ist 35 Jahre später ein Symbol für die Beziehung der beiden Gitarristen, eine Freundschaft, die Weih-

Creme de la Cream: der Session-Gitarrist Eric Clapton

> »Bei uns hat immer nur George Gitarre gespielt, ganz selten war's auch mal John oder ich.« Paul McCartney

nachten 1964 begann, als die Yardbirds Gast der Beatles während des dreiwöchigen Gastspiels im Hammersmith Odeon waren. »Da habe ich ihn zum ersten Mal getroffen«, erinnert sich George. »Später managte Epstein Cream und die Bee Gees. Da lernte ich ihn wirklich recht gut kennen, das muss etwa 1966 gewesen sein.«

Viel wurde über die Bedeutung von Patti Boyd spekuliert – über die Lieder, zu denen sie George und Eric inspiriert hatte (*Something, Layla*) sowie über Claptons Gefühle für Georges damalige Ehefrau. »Ich glaube, insgeheim wünscht [Eric] sich, es würde mich fertig machen,« sagte Harrison erst vor wenigen Jahren. »Aber ... ich war froh, als sie fortging, weil wir miteinander fertig waren und das die Sache für mich einfacher machte.«

Tatsächlich war die Beziehung zwischen Patti und George ebenso unbeständig (elf Jahre Ehe, 1966–1977) wie die zwischen Patti und Eric (1974–1988, davon ab 1979 neun Jahre Ehe). Die Freundschaft zwischen Eric und George dagegen hielt bis zu Harrisons Tod. Sie trafen sich oft und traten gemeinsam auf: 1971 beim Konzert für Bangladesh, 1987 beim Prince's Trust, 1990 in Japan. Die Auftritte wurden zwar seltener, waren aber immer von *ihrem* Song gekrönt: *While My Guitar Gently Weeps*.

»Meine Frau gefällt dir, was?« »Ja.«
Eric Clapton (links) und George Harrison.

25. OKT. – 28. NOV. 1968

25 John und Yoko geben Yokos Schwangerschaft bekannt.

28 Ringo kehrt aus dem Urlaub auf Sardinien zurück.

31 Pauls Freundin Linda Eastman zieht zu ihm nach London.

NOVEMBER 1968

1 George veröffentlicht *Wonderwall*, das erste Soloalbum eines Beatle. Es wird eines Tages Pate stehen für einen Titel der Band Oasis.

3 George nimmt in L.A. mit dem Synthesizer-Pionier Bernie Krause (von Beaver And Krause) das elektronische Stück *No Time Or Space* auf.

4 Yoko wird in Sorge um ihr ungeborenes Kind in das Queen Charlotte's Hospital in London eingewiesen.

5 Paul und Linda fahren in Pauls Landhaus bei Campbeltown, Schottland.

6 *I'm The Urban Spaceman* von der Bonzo Dog Doo-Dah Band tritt in die englischen Single-Charts ein, wo er bis auf Platz fünf klettern wird.

8 Cynthia Lennon (oben) wird von John geschieden.

9 Joe Cockers Song *With A Little Help From My Friends* ist Englands neue Nummer eins.

11 John und Yoko veröffentlichen ihr gemeinsames Album *Unfinished Music No. 1 – Two Virgins*. Das amerikanische Cover zeigt sie nackt.

13 Der Beatles-Film *Yellow Submarine* läuft in den Vereinigten Staaten an.

15 George tritt in den CBS-Fernsehstudios in Los Angeles in der Show *The Smothers Brothers' Comedy Hour* auf.

19 Ringo zieht mit seiner Familie von Weybridge nach Brookfields in Elstead.

20 Paul gibt Radio Luxemburg ein Interview in seinem Londoner Haus in der Cavendish Avenue.

21 Yoko Ono erleidet eine Fehlgeburt im Queen Charlotte's Hospital.

22 *The Beatles*, besser bekannt unter dem Namen das »Weiße« Album, wird in England veröffentlicht.

24 Nach einer unbefriedigenden Zusammenarbeit verlässt Grapefruit Apple Records.

25 Das »Weiße« Album erscheint in den USA.

28 John erklärt sich vor Gericht des Besitzes von Marihuana für schuldig und wird zu einer Geldstrafe von 150 Pfund verurteilt. Wegen dieser Vorstrafe erhält er später keine ständige Aufenthaltsgenehmigung in den USA.

Was: Veröffentlichung von »Wonderwall«
Wo: Großbritannien
Wann: 1. November 1968

SOLO-WUNDER

George Harrisons schwer zugänglicher Soundtrack zu dem Film *Wonderwall* war das erste Soloalbum eines Beatle. Von Alan Clayson.

George Harrisons Soundtrack zu *Wonderwall* war für die Beatles in zweifacher Hinsicht ein erstes Mal. Es war nicht nur das erste auf dem jungen Apple-Label veröffentliche Album, sondern auch das erste Soloalbum eines Beatle. Der Film jedoch, der Harrison zu seinem Alleingang inspirierte, ist heute vor allem dafür bekannt, dass die Musik dazu von einem Beatle komponiert wurde.

In dem Film geht es um einen alternden Akademiker, der einem jungen Model hinterherspioniert. Sie posiert vor ihrem Spiegel, feiert wilde Parties und hat athletischen Sex. Da sie ihm unerreichbar ist, taucht er in eine Fantasiewelt ab, in der er das Mädchen vor dem Selbstmord rettet – so viel zur Story des Films.

Das Mädchen wurde von Jane Birkin gespielt, die 1969 durch ihr gemeinsames Duett *Je T'Aime* mit Serge Gainsbourg berühmt wurde. Mit George, Ringo und deren Frauen war sie am 17. Mai 1968 bei der Premiere des Films auf dem Filmfestival in Cannes zugegen.

Bei einer Apple-Vorstandssitzung in der folgenden Woche drückte George seine gemischten Gefühle hinsichtlich des Vorschlags aus, die Tochterfirma Zapple sollte doch eine Interview-LP mit Daniel Cohn-Bendit veröffentlichen. Cohn-Bendit war eine Schlüsselfigur der politischen Unruhen dieser Zeit in Frankreich und Rädelsführer jener Demonstration, wegen der die Premiere des Films unterbrochen wurde. Harrisons großer Moment wurde auch von den Kritikern getrübt, die den Film verrissen. Das Urteil des *Times*-Korrespondenten, der Film wäre ein »großer Haufen Pferdemist«, scheint ein typisches Beispiel zu sein.

Joe Massot bewies als Regisseur seines ersten abendfüllenden Films wenig Geschick. Anfang der Sechziger drehte der New Yorker hauptsächlich Dokumentarfilme für Castros Kuba. Kurz vor der Kuba-Krise 1962 verließ er das Land jedoch wegen der politischen Unruhen und ging nach London. Dort manövrierte er sich in die Kreise um Roman Polanskis Drehbuchautor Gérard Brach. Brach hatte das Skript zu *Wonderwall* bereits in der Schublade liegen und bot Massot an, den Film zu drehen.

Für die Kulissen – und die »Wunderwand« selbst – engagierte er das holländische Designer-Quartett The Fool (Die Narren), deren bunte und mittelalterlich anmutende Kleidung ihren Stil widerspiegelte. Die vier waren jedoch keinesfalls närrisch. Sobald sie in den Dunstkreis der Beatles eingedrungen waren schafften sie es, verschiedene Aufträge von ihnen zu ergattern. Sie bemalten die Karosserie von John Lennons Rolls-Royce und George Harrisons Hauswände in Esher. »Ich weiß nicht mehr, wie wir sie kennen gelernt haben«, erinnert sich Patti Harrison. »Sie waren auf einmal da.«

Für 100 000 Pfund statteten The Fool auch den Apple-Laden in der Baker Street aus. Bei der Eröffnung am 7. Dezember 1967 fragte Joe Massot George Harrison, ob er den Soundtrack zu *Wonderwall* schreiben wollte, nachdem die Bee Gees abgewunken hatten. Man war sich der Publicity bewusst, die der Film durch die Mitwirkung eines Beatle bekommen würde. Nach dem Motto: Alles lässt sich verkaufen, wenn »George Harrison« darauf stand.

Harrison fand den Film beeindruckender als die Bee Gees und begann, die Dauer jeder Sequenz mit einer Stoppuhr zu messen. Da er kaum Noten lesen konnte, sang er seine Ideen John Barham vor. Barham hatte eine klassische Musikausbildung genossen und im selben Jahr bereits Ravi Shankar geholfen, die Partitur für die Hintergrundmusik einer Fernsehversion von *Alice im Wunderland* anzufertigen.

Mit den Manuskripten von Barham und Demobändern ging Harrison dann in die Abbey Road Studios, um »etwa 35 Sekunden irgendwas zu produzieren, es zu mischen und dann an die Filmszene anzulegen.« So kreierte er den Soundtrack zu *Wonderwall*, den viele als die Rettung des Films bezeichnen. In einer Rezension hieß es: »Harrisons Musik macht die Dialoge überflüssig. Sie verbindet die Szenen so narrativ wie die Musik der Stummfilme.«

Das Album konnte also durchaus für sich selbst stehen, auch wenn Harrison später urteilte, das sei »nur ein Haufen furchtbaren Mellotron-Gedudels und eine Polizeisirene«, womit er wohl Tommy Reillys markante Mundorgel meinte, die auch in der Titelmusik der BBC-Krimiserie *Dixon Of Dock Green* zu hören war.

Bei *Party Seacombe* spielt Colin Manley, ein Schulfreund Harrisons vom Liverpool Institute, Wah-Wah-Gitarre. George nahm in der Abbey Road noch weitere Beiträge von Manley, aber auch von berühmteren Musikern wie Eric Clapton oder Ringo auf. Die Beiträge von

> **Die Investoren von *Wonderwall* dachten, alles ließe sich verkaufen, solange »George Harrison« drauf stehen würde.**

Guru Vandana und Gat Kirwani stammten allerdings aus einem EMI-Studio 1000 Meilen weiter östlich.

Bei Universal in Bombay musste Harrison sich mit einer ausgedienten Mono-Ausrüstung und einer miesen Schallisolierung herumschlagen, sodass während der Hauptverkehrszeit nicht an Aufnahmen zu denken war. Dennoch waren die Sessions sehr fruchtbar, mit Musikern, die Shambu Das ausgesucht hatte, ebenfalls ein Schützling von Ravi Shankar. Fasziniert folgten sie der westlichen Harmonielehre des Beatles und spielten ihre Parts für einen Film ein, den die wenigsten je sehen würden.

George Harrison: »Ich stand damals auf indische Musik, dass ich *Wonderwall* als Vorwand für eine Anthologie nahm, um die ganze Welt dafür zu begeistern.«

Der Beatle George Harrison garantierte dem ungewöhnlichen Soundtrack Aufmerksamkeit. Doch dass es ein solch wunderliches Werk in die US-Top-50 schaffte, konnte nicht allein an dem einflussreichen Namen liegen.

FOTO: RONALD GRANT

An der Wunderwand: Der Star des Films, Jack MacGowran, glaubt, dass bei der Realisierung des Films Drogen im Spiel waren.

Im Adamskostüm: John und Yoko posieren für das Cover von *Two Virgins*, 1968.

Was: John & Yoko bringen »Two Virgins« raus
Wo: USA
Wann: 11. November 1968

ÖFFENTLICH INTIM

Mit dem Cover von *Two Virgins* bewies John Lennon, dass er seine Lust an der gezielten Provokation nicht verloren hatte. Von Dave DiMartino.

»Es war ein großartiges Event.« So lautete einer der fünf knackigen Kommentare, die Yoko Ono im Januar per E-Mail zur Veröffentlichung des Albums *Unfinished Music No 1: Two Virgins* abgab – jenes oft als unanhörbar bezeichnete Album, auf dem John und Yoko alles zeigten. Oder wenigstens mehr, als irgendwer verlangt hatte. Es ist sicher das am seltensten gespielte und unkommerziellste Album eines Beatles. Wer es hörte musste sich unweigerlich die Frage stellen, was die beiden noch vorhaben könnten, um fertig zu stellen, was sie selbst als unvollständig bezeichnet hatten. Blechbläser hinzuzufügen würde hier nicht wirklich ausreichen.

Das Album erschien am 11. November 1968 in den USA und am 29. November 1968 in Großbritannien – eine Woche nach dem »Weißen« Album, das mit *Revolution 9* einen Vorgeschmack auf kommende Merkwürdigkeiten gab – war definitiv ein Statement. Vorgeblich in der Nacht aufgenommen, nach der John und Yoko zum ersten

Zwei LP-Seiten voll Flüstern, Pfeifen, Kichern und elektronischen Sounds aus dem Zufallsgenerator.

Mal miteinander ins Bett gegangen waren, beschrieb Lennon es gegenüber Jonathan Cott vom *Rolling Stone* als »musikalische Metapher für zwei Leute, die sich zum ersten Mal sehen und feststellen, was für sie drin ist.«

Alles gut und schön, aber was bedeutet das für den Hörer? Zwei LP-Seiten, jede 15 Minuten lang, voller Flüstern, Pfeifen, Kichern und elektronischen Sounds wie aus dem Zufallsgenerator. Ein wenig wie die Übergänge auf den *Faust Tapes*, aber ohne den deutschen Akzent.

Welcher war der gewagteste Aspekt dieser Veröffentlichung? »Unsere Nacktheit, auf vielerlei Ebenen«, sagt Yoko Ono heute. Und das stimmt. Vorne und hinten! Gewiß, es gibt etliche Seiten der Betrachtung, aber die Entstehungsgeschichte der Fotos, die das Cover zieren, ist auf interessante Weise drollig: Nachdem ein Fotograf Kamera und Fernauslöser eingerichtet hatte, baten John Lennon und Yoko Ono alle Anwesenden, den Raum zu verlassen. Dann zogen die beiden sich aus, posierten, drückten ab, drehten sich um, posierten, drückten ab und das Werk war vollbracht. In absoluter Intimität. Nur John und Yoko – und tausende Plattenhüllen in aller Welt.

Two Virgins kam nur drei Wochen nach Johns Scheidung von Cynthia heraus, die wegen Ehebruchs eingereicht wurde – wobei Fotos wie diese sicher nicht gerade Johns Unschuld bewiesen – und lag eher wie Blei in den Läden, wenn die LP dort überhaupt zu bekommen war. »Wir mussten bis zum Schluss dafür kämpfen«, sagt Yoko, die neben John den Widerstand von allen Seiten zu spüren bekam, auch den der anderen Beatles und der Plattenfirmen. Die reagierten eher zurückhaltend auf ein Produkt, das in einer Welt, die vollständige Nacktheit auf einem Cover nicht gewohnt war, als pornografisch empfunden wurde.

Schnell fand man eine Lösung, die den störenden Faktor der ganzen Sache deutlich entschärfen konnte: Das Album wurde in eine braune Papiertüte gesteckt, die nur noch die Köpfe von John und Yoko unbedeckt ließ. So hatten potentielle Käufer die Möglichkeit, sich vorzustellen, was tatsächlich darunter lag.

»Es war ein Spiegel unserer Gesellschaft«, erklärt Yoko Ono heute. In den USA wollte Capitol Records das Album nicht vertreiben und so brachte Tetragrammaton Records es heraus, eine von Bill Cosby gegründete Firma, die Deep Purple in den USA bekannt machte und sonst Platten von Biff Rose und Pat Boone veröffentlichte, der für gewöhnlich nicht mit Plattenhüllen dieser Sorte in Verbindung gebracht wird. Nach zwei Monaten konfiszierten die Behörden in New Jersey *Two Virgins*, und nicht nur dort kam es auf den Index. In Großbritannien wurde das Album nicht von EMI vertrieben, sondern von Track Records.

Ebenso wie *The Ballad Of John And Yoko* Erfahrungen aus dem echten Leben der beiden Künstler verarbeitete – das Bed-in im Amsterdamer Hilton im März 1969 –, sollte auch *Two Virgins* genug Stoff für spätere Arbeiten des wagemutigen Duos liefern.

Der Song *No Bed For Beatle John* von der 1969er Zapple-Veröffentlichung *Unfinished Music No 2: Life With The Lions* behandelt die Kontroverse um das »Nackte« Album in ähnlich schwer anzuhörender Weise.

Obwohl *Two Virgins* rückblickend kommerziell nicht zu existieren scheint, vielmehr nur als Kuriosität und Auslöser einer Kontroverse, war das Album erfolgreicher als oft vermutet. In den USA hielt es sich zwei Monate lang in den Billboard-Album-Charts und erreichte dort Platz 124, womit es seine Nachfolger *Life With The Lions* (Platz 174) und *Wedding Album* (Platz 128 und nur drei Wochen in den Charts) übertrumpfte. Man möchte meinen, dies würde für die Lernfähigkeit des Publikums sprechen, der Erfolg von *Live Peace In Toronto* der Plastic Ono Band –, das einen Monat nach dem *Wedding Album* erschien – bleibt dadurch dennoch unerklärt.

John beschrieb *Two Virgins* einmal als »Multi-Media für Intellektuelle«, womit er sicher Recht hatte. Das Album schlug ein – ob beim Anhören, bei seinem bloßen Anblick in der braunen Papiertüte oder auch nur, weil man davon las. Der Mann, der gesagt hatte, die Beatles seien berühmter als Jesus, gewährte aller Welt nun einen Blick auf seine intimsten Körperteile. Doch den Vorwurf der Pornografie unterstützen die fotografischen Beweise nicht.

---

29. NOV. – 28. DEZ. 1968

29 *Unfinished Music No 1 – Two Virgins* erscheint in Großbritannien.

30 *Hey Jude* wurde weltweit bereits fast sechs Millionen Mal verkauft.

DEZEMBER 1968

2 Der *Wonderwall*-Soundtrack erscheint in den USA.

4 George schreibt ein Memo für die Apple-Mitarbeiter, demzufolge zwölf Hell's Angels auf ihrem Weg in die Tschechoslowakei im Büro Halt machen würden. Sein Vorschlag: »Versucht ihnen zu helfen, ohne die Arbeit zu vernachlässigen und sie das Kommando übernehmen zu lassen.«

6 James Taylor veröffentlicht sein nach sich benanntes Debüt in England bei Apple Records.

7 Das »Weiße« Album erreicht Platz eins der englischen Charts.

9 *Newsweek* berichtet, dass sich das »Weiße« Album nach fünf Tagen bereits 1,1 Millionen Mal verkauft hat.

10 Das Haus von John und Cynthia in Weybridge wird zum Verkauf angeboten. Inzwischen nehmen John und Yoko in den InterTel Studios an den Proben zum Projekt *Rock'n'Roll Circus* von den Rolling Stones teil. Bei dem Konzert treten unter anderen die Stones, Taj Mahal, Jethro Tull, The Who und Marianne Faithfull auf.

11 Die Aufzeichnung des *Rock'n'Roll Circus* (oben) in den InterTel Studios wird fortgesetzt. John hat mit *Yer Blues* seinen ersten Solo-Auftritt. In seiner Band spielen Keith Richards, Eric Clapton und Mitch Mitchell.

12 Die Aufzeichnungen zu *Rock'n'Roll Circus* werden abgeschlossen.

14 *Lily The Pink* von Scaffold ist Nummer eins der UK-Single-Charts. Das »Weiße« Album kommt in die US-Album-Charts, wo es bald Nr. 1 ist.

15 Der britische Anwalt David Jacobs, der auch Brian Epstein vertrat, erhängt sich in seiner Garage in Hove, Sussex, im Alter von 56 Jahren.

17 Ein Jahr nach der Ausstrahlung im Fernsehen feiert *The Magical Mystery Tour* in Amerika Kino-Premiere im Savoy Theatre in Boston.

18 Bei dem Happening *An Alchemical Wedding* in der Londoner Royal Albert Hall treten John und Yoko in einer riesigen weißen Tüte auf.

20 Das jährliche Weihnachtsgeschenk der Beatles an ihre englischen Fans – eine Flexi-Disc – wird kostenlos an alle Mitglieder des UK-Fanclubs versandt.

23 Im Londoner Apple-Gebäude findet eine Party für die Kinder von Apple-Mitarbeitern und Freunden statt. John und Yoko treten als Weihnachtsmann auf.

25 George verbringt Weihnachten mit Bob Dylan in Woodstock im US-Bundesstaat New York, während die anderen Beatles in England feiern.

28 Das »Weiße« Album erreicht Platz eins der US-Charts, wo es neun Wochen lang bleiben wird.

ALBUM INFOS

DAS »WEISSE« ALBUM

Weißes Rauschen

Nach fünf Monaten Arbeit wurde das »Weiße« Album mit sagenhaften 95 Minuten Laufzeit zum originellsten Werk der Beatles. Ian MacDonald geht seiner Fülle auf den Grund.

Im Anschluss an die psychedelischen Meisterwerke *Revolver*, *Sgt Pepper* und *Magical Mystery Tour* beginnt die lange, ruhige Phase der Beatles auf dem exzentrischen, abwechslungsreichen und von unterschiedlicher Qualität geprägten Album *The Beatles* alias das *»Weiße« Album*, das Ende November 1968 erschien. Es wird von einer gelösten Atmosphäre bestimmt, als ob die Beatles ihre Arbeit als Band getan hätten und nun Entspannung und Individualismus im Vordergrund stünden. Die Beatles produzierten das Album mit einer anderen Einstellung als während ihrer Hochzeit von 1966 bis 1967. Sie hatten mit etwas abgeschlossen und es gab keine Offenbarung. Tatsächlich befand sich die Band nach ihrer Drogen- und Selbsterfahrungsphase bereits in der Auflösung. Es war weniger die Arbeit einer Band als vielmehr die Zusammenarbeit ehemaliger Kollegen.

Dennoch und trotz der Tatsache, dass angesichts der hohen Beatles-Standards etwa ein Drittel der Stücke auf der LP zu vernachlässigen sind, hat das *»Weiße« Album* einen festen Platz in den Top-Ten der besten Alben aller Zeiten. Es ist übrigens gegen den Willen von George Martin entstanden, der den größten Teil des Albums zwar produzierte, es aber bevorzugt hätte, das Material auf eine Single zu kürzen, statt im Grunde alles zu verwenden, was die Beatles zwischen dem 30. Mai und dem 13. Oktober 1968 aufgenommen hatten. Ob die Beatles das Doppelalbum wählten, um ihren Vertrag schneller zu erfüllen? Jedenfalls hätten die besten Stücke auf einem Einzelalbum keinen Platz gehabt. Das *»Weiße« Album* hat einen starken Charakter, ist vielseitig und beschreibt eine eigene Welt.

Bis Juli 1968 wollten die Beatles das *»Weiße« Album* noch *A Doll's House* nennen, wohl nach Ibsen, doch dann brachten Family ihr Debütalbum *Music In A Doll's House* raus. Schade, weil das Konzept eines Puppenhauses perfekt auf das *»Weiße« Album* passt, besonders hinsichtlich der Assoziatio-

» Das ›Weiße‹ Album mag voller Fehler und Füllmaterial sein, aber es bildet eine Einheit.«

DIE STÜCKE

LP 1 A-SEITE

1. Back In The USSR
Gesang McCartney

2. Dear Prudence
Gesang Lennon

3. Glass Onion
Gesang Lennon

4. Ob-La-Di, Ob-La-Da
Gesang McCartney

5. Wild Honey Pie
Gesang McCartney

6. The Continuing Story Of Bungalow Bill
Gesang Lennon

7. While My Guitar Gently Weeps
Harrison
Gesang Harrison

8. Happiness Is A Warm Gun
Gesang Lennon

LP 1 B-SEITE

9. Martha My Dear
Gesang McCartney

10. I'm So Tired
Gesang Lennon

11. Blackbird
Gesang McCartney

12. Piggies
Harrison
Gesang Harrison

13. Rocky Raccoon
Gesang McCartney

14. Don't Pass Me By
Starkey
Gesang Starr

15. Why Don't We Do It In The Road?
Gesang McCartney

16. I Will
Gesang McCartney

17. Julia
Gesang Lennon

LP 2 A-SEITE

18. Birthday
Gesang McCartney

19. Yer Blues
Gesang Lennon

20. Mother Nature's Son
Gesang McCartney

21. Everybody's Got Something To Hide Except Me And My Monkey
Gesang Lennon

22. Sexy Sadie
Gesang Lennon

23. Helter Skelter
Gesang McCartney

24. Long, Long, Long
Harrison
Gesang Harrison

LP 2 B-SEITE

25. Revolution 1
Gesang Lennon

26. Honey Pie
Gesang McCartney

27. Savoy Truffle
Harrison
Gesang Harrison

28. Cry Baby Cry
Gesang Lennon

29. Revolution 9

30. Good Night
Gesang Starr

Alle Stücke von Lennon/McCartney, sofern nichts anderes angegeben wurde.

nen mit Kindheit und fantasievollem Spielen. *Cry Baby Cry*, das letzte Stück vor der Schlussnummer *Revolution*, fasst die vorherrschende Stimmung des Albums zusammen: teils lieblich, teils düster, gespickt mit vagen Kindheitserinnerungen und hauptsächlich introvertiert.

Was wäre unter dem Namen *A Doll's House* anders gewesen an dem Album? Sicher hätte Richard Hamilton den puristischen Minimalismus einer perfekten, nur von einer in die Ecke gestanzten Seriennummer unterbrochenen weißen Fläche nicht durchsetzen können. Die LP von Family nahm die Idee des Puppenhauses wörtlich, was auch Peter Blake recht gewesen wäre. Stattdessen blieb den Beatles – und uns – der vielleicht großartigste Fallrückzieher eines anerkannten

Künstlers in der Geschichte des Albumcover-Designs. Hat Hamilton das Album gehört, bevor er seinen Entwurf einreichte? Wohl kaum, denn die Entwicklung der Stimmung von nachmittäglicher Entspannung zur Dunkelheit der Träume, die Assoziationen von beschützter Intimität und geschlossenen

ALBUM INFOS

DAS »WEISSE« ALBUM

PRESSESTIMMEN

Die bunte Mischung kam bei der Presse gut an.

»Das wichtigste musikalische Ereignis des Jahres ist, natürlich, die Veröffentlichung des neuen Doppelalbums *The Beatles* … die Texte sind mal inspiriert *(Blackbird)*, mal zitatreich *(Glass Onion)*, mal undurchsichtig bis witzig, mal banal und absichtlich bedeutungslos. Es gibt zu viele Insider-Witze und Selbstzitate, um mich glauben zu machen, Lennon und McCartney würden noch gemeinsam nach vorne drängen … aber diese 30 Stücke sind reich genug, um in den kommenden Monaten studiert, genossen und mehr und mehr geschätzt zu werden.«
William Mann, *The Times*, 22. November 1968

BEATLES' DOUBLE ALBUM
Due for release at the end of November, the new Beatles double-album, has proved something of a surprise. As so often in the past, the group have produced a radical change of direction, the end product being a far simpler set than expected. The album has 30 tracks, including two versions of "Revolution" —the 10-minute original and the shorter one on the single. The reversion to the Beatles' earlier style is reflected, too, in the sleeve design. They felt that covers were getting too complex—having started the trend themselves with "Sergeant Pepper"!

»Das neue Beatles-Album ist eine Überraschung. Wie bereits so oft, hat die Band radikal die Richtung geändert, um am Ende etwas deutlich Einfacheres als erwartet abzuliefern … Dieser Richtungswechsel zeigt sich auch auf dem Cover. Sie meinten wohl, die Designs würden in letzter Zeit zu komplex – dabei hatten sie selbst diesen Trend mit *Sgt. Pepper* initiiert!«
Beat Instrumental, November 1968

»Natürlich ist die neue Beatles-LP … das Beste in der Popmusik seit *Sgt. Pepper*. Ihre Sounds sollten jedem mit offenen Ohren und klarem Verstand längst ihre Überlegenheit bewiesen haben … Es gibt Durchhänger, aber nicht viele. Es ist eine Weltkarte der zeitgenössischen Musik von einzigartigem Charme. In dieser Musik ist Schönheit, Schrecken, Überraschung, Chaos und Ordnung. So ist die Welt, und darum geht es. Aus unserer Zeit, für unsere Zeit gemacht.«
Derek Jewell, *Sunday Times*, 24. November 1968

COVER STORY

Paul wollte einen Kontrast zu *Sgt. Pepper*. Er bekam ihn.

Die meisten denken, das schlichte, weiße Cover der neunten Beatles-LP wäre Onos oder Lennons Werk. Schließlich entspricht seine minimalistische Konzeptkunst genau der avantgardistischen Ader des Paares, und für die Ausstellung *You Are Here* in der Robert Fraser Gallery hatte John im Juli desselben Jahres weiße Leinwände und weiße Luftballons verwendet. Dennoch war es laut Designer Richard Hamilton Paul McCartney, der zuerst nach einem totalen Kontrast zum überladenen Cover von *Sgt. Pepper* verlangte.

Hamilton, ein britischer Pop-Art-Künstler, hatte den Job über ihren gemeinsamen Freund, den Galleristen Robert Fraser bekommen. In der Frühphase der Gestaltung hatte er vorgeschlagen, die weiße Fläche um den Abdruck einer Kaffeetasse zu ergänzen, diese Idee wurde jedoch als zu »schnodderig« abgelehnt. Auch seine Idee, das Cover als Hommage an die Beatles-Firma Apple mit Apfelmus zu imprägnieren, erwies sich als undurchführbar.

So kamen sie am Ende zu dem schlichten, weißen Cover. Neben dem geprägten Beatles-Schriftzug erhielten die ersten zwei Millionen Kopien eine fortlaufende Seriennummer – aufgestempelt. Lennon bekam die LP mit der Nummer 00001, »weil er am lautesten geschrien hat«, wie Paul behauptet.

Das Artwork war so revolutionär, dass die Platte als das *»Weiße« Album* in die Geschichte des Pop einging.

Im Inneren gibt sich Hamiltons Zusammenstellung von Schnappschüssen und Porträts der Beatles weitaus konventioneller. Da die Musik auf dem Album weniger das Werk einer Band als vielmehr die Arbeit der drei Songwriter John, Paul und George war, stellte er durch die Einzelaufnahmen die Beatles auch als Individuen und nicht als Band dar.
Lois Wilson

»Für die einen ist *Helter Skelter* ein donnerndes Meisterwerk, für die anderen nur hektischer Lärm.«

Türen sind außerordentlich greifbar. Das »Weiße« Album ist alles andere als minimalistisch und sein blankes Cover und der Name lassen nichts von seinem Ethos erkennen.

Ist es Richard Hamilton mit seinem Cover gelungen, auf einfachstem Weg den Status einer Ikone zu erlangen, so steht die Doppel-LP selbst für lange und harte Arbeit, und ist gespickt mit Superlativen. Der Opener *Back In The USSR* wirkt durch sein halsbrecherisches Tempo, die schnelle Abfolge musikalischer Ereignisse, dem schlagfertigen Text und den heulenden Jet-Effekten besonders mitreißend. *Dear Prudence* ist der erste einer Reihe feinsinniger Finger-Picking-Songs, in Rishikesh mit akustischen Gitarren unter dem Einfluss von Donovan eingespielt, der den Beatles die gezupfte Gitarre nahebrachte. *Blackbird* und *Julia* leben ebenso von dieser Spieltechnik, und auch in *Happiness Is A Warm Gun* taucht sie auf, jenem denkwürdig obskuren Song, der den Vorhang nach dem ersten Akt schließt. Hier kann man John Lennons neue emotionale Reife hören. Gleichzeitig aber kämpft er darum, textlich mit sich selbst Schritt zu halten.

Zu den weiteren herausragenden Stücken auf dem Album gehören *I'm So Tired*, *Mother Nature's Son*, *Revolution 1* und Harrisons versöhnlicher Seufzer »God, Long Long Long«. Der Großteil des Materials wurde in Rishikesh, in einer speziellen Atmosphäre gemeinschaftlichen Singsangs geschrieben, und viele Zeilen enthalten Witze, die schnell ihren Reiz verlieren. Der beste Song darunter, Paul McCartneys *Birthday*, entstand übrigens nicht in Rishikesh, sondern wurde hastig im Studio zusammengetöpselt. Zu den schlechteren gehören *Wild Honey Pie*, *The Continuing Story Of Bungalow Bill*, *Rocky Raccoon* und *Why Don't We Do It In The Road?*. John Lennons *Yer Blues* ist ein ernst gemeinter Spaß, tief empfunden, obwohl das Konzept nicht viel hergibt.

Die Verflachung von Pauls fluktuierender Brillanz wird in *Ob-La-Di, Ob-La-Da*, *Martha My Dear*, *I Will* und *Honey Pie* deutlich. Harrisons *While My Guitar Gently Weeps* walzt das Thema und das Reimschema recht breit aus. Sein *Savoy Truffle* ist ein erfreulich gutes Tempostück, während

»... und wenn wir Ringo noch ein wenig leiser machen ...« Paul und John, Abbey Road, 1968.

Piggies richtig bösartig wird – übrigens das einzige Stück der LP, das Charles Manson nicht fehlinterpretiert hat. Lennons *Sexy Sadie*, ein Seitenhieb auf den Maharashi, rechtfertigt sich durch seine harmonischen Verschiebungen, und *Good Night*, weit von seinem üblichen Stil entfernt, ist ein guter Schluss. Ringos *Don't Pass Me By* dagegen ist liebenswert belanglos.

Die zwei kontroversesten Stücke auf dem Album sind Pauls *Helter Skelter* – das den einen als Meisterwerk, den anderen als hektischer Lärm gilt – und *Revolution 9*, der ausufernde Ausflug in die Bandschleifen-Anarchie. Es ist nicht nur das populärste Werk echter Avantgarde-Kunst, sondern gleichsam das Zentrum des »Weißen« Albums, in dem sich alle verträumten, verstörenden, geheimnisvollen und suchenden Impulse sammeln. Nur die Beatles konnten damit durchkommen, *Revolution 9* zum Höhepunkt ihres Doppelalbums zu machen. Nur selten hat sich eine Pop-/Rockgruppe weiter gewagt. Es ist die Flagge, die die Beatles im Experimentalismus aufgestellt haben.

Das »Weiße« Album mag voller Fehler und Füllmaterial sein, aber es bildet eine Einheit, die vor allem durch die Reihenfolge der Stücke entsteht, das Ergebnis einer 24-stündigen Session. Mehr noch, die Platte ist von einer umfassenden Großzügigkeit, in deren Atmosphäre und Raum der Zuhörer mit der Musik wandern kann. Deshalb ist das »Weiße« Album das ursprünglichste Werk der Beatles.

FOTO: LINDA McCARTNEY

TALKIN' 'BOUT A REVOLUTION

Für Linda Thompson ist das »Weiße« Album die beste LP der Beatles.

»Ich erlebte die Beatles 1964 in Glasgow zum ersten Mal live, und dieses Ereignis war meine musikalische Erleuchtung. Als ich sie damals auf der Bühne sah, war mir plötzlich alles klar.

Für mich war das »Weiße« Album immer ihre beste Platte. Bis heute wird jeder Musikfan etwas für sich darauf finden. Dieses Album hat den Test der Zeit definitiv bestanden. Vielleicht liegt das an dem Abwechslungsreichtum der Texte und der Musik. Der Song *Back In The USSR* ist großartig produziert. So clever, und der Text ist so witzig. *While My Guitar Gently Weeps* ist der perfekte Song. George, der immer schon mein Lieblings-Beatle war, singt so beruhigend und melodiös. Seine Stimme ist voll angenehmer Melancholie. Er wiegt dich in trügerischer Sicherheit und dann kommt auf einmal *Why Don't We Do It In The Road?*, damals außergewöhnlich und schockierend. Heutzutage tun es die Leute tatsächlich auf der Straße, aber damals war es schon genug, nur darüber zu singen. Wahrlich ein avantgardistisches Stück.

Paul McCartney packt in *I Will* richtig aus, was für ein großartiger Text: ›For if I ever saw you/I didn't catch your name/But it never really mattered/I will always feel the same‹. Die einzelnen Worte sind so zweideutig, dass man nicht weiß, ob er hier ein Mädchen oder Gott meint.

Ich denke, das »Weiße« Album wird im Allgemeinen unterbewertet. Es fordert auf jeden Fall deine Aufmerksamkeit und regt zum Nachdenken an.«

Lois Wilson

Hinter den Kulissen

Als Mitarbeiter von Apple hatte der Fotograf Tony Bramwell nahezu uneingeschränkten Zugang zu den Beatles. Lois Wilson wirft einen intimen Blick auf das Leben der Beatles im Jahr 1968.

Tony Bramwell hat es nie im Leben darauf angelegt, die Werbeabteilung von Apple zu leiten. Alles, woran ihm lag, war, die Beatles live zu sehen, ohne dafür bezahlen zu müssen. »Am Anfang habe ich immer ihre Instrumente getragen, um bei ihren Konzerten dabei sein zu können«, erzählt er. »Ich kannte sie schon als Quarry Men, aber als aus ihnen die Beatles wurden, waren sie einfach phänomenal. Damals waren oft nur 15 bis 20 Leute im Publikum, aber die Atmosphäre war toll. So aufregend!«

Tony Bramwell hatte George Harrison bereits kennen gelernt, als sie noch Teenager waren. »Die Beatles stellten mich immer als den Freund von George vor, und das war's auch genau, was ich war. Ein Freund von George. Wir fuhren immer zusammen Fahrrad und George war beeindruckt, als ich ihm erzählte, dass ich Buddy Holly getroffen hatte, als er in England war. Ich habe ihm immer meine Platten geliehen und wir hörten sie so oft, dass wir sie schließlich nur noch wegwerfen konnten, weil sie so total verkratzt waren."

Als die Beatles bei Parlophone unterschrieben, stand auch Tony Bramwell im Vertrag. Zuerst als Bürogehilfe bei NEMS, später als Bühnenmeister in Brian Epsteins Saville-Theater. Als Epstein starb, ging er zu Apple, um »hier und dort auszuhelfen. Ich leitete die Filmproduktion Subafilms, war der Kontaktmann zum Radio und übernahm schließlich die Werbung.«

Während seiner Zeit bei Apple sah Tony sich in die beneidenswerte Lage versetzt, das Leben und Arbeiten der Beatles fotografisch dokumentieren zu können. »Ich liebte die Fotografie, betrieb sie bis dahin allerdings nur als Hobby. Ich habe meine Kamera, eine Nikon Nicomac, überall hin mitgenommen. Dass ich ständig fotografierte, wurde von allen als absolute Selbstverständlichkeit wahrgenommen. Ich machte auch ein paar Pressefotos von Apple-Künstlern wie Mary Hopkin und Bilder von den Beatles für das Magazin *Beatles Monthly*. Allerdings habe ich die Mehrheit meiner Schnappschüsse allein für mich, also für meinen privaten Gebrauch gemacht. Das war damals nichts Besonderes für mich, es war einfach meine Art, aber heute ist mir klar, dass es etwas Außergewöhnliches war. Die halbe Welt hätte sich ein Bein ausgerissen, um mit mir zu tauschen.«

▶ **GEORGE**
APPLE SALON, KING'S ROAD, LONDON
»Der Friseur in dem Bild ist Leslie Cavendish. Er führte den Apple-Friseursalon in der King's Road. Egal, wo die Beatles waren oder was sie taten: Wenn sie einen Haarschnitt wollten, kam er. Auf einem anderen Foto aus dieser Sitzung hat George ein breites Grinsen im Gesicht. Es hat die Beatles nie gestört, wenn ich Fotos von ihnen gemacht habe. Über die Jahre habe ich Hunderte geknipst. Sie waren daran gewöhnt, dass ich immer dabei war.«

◀ **DIE BEATLES UND GEORGE MARTIN**
ABBEY ROAD STUDIOS, LONDON
»Das Bild wurde von oben, von der Regie in der Abbey Road aus, aufgenommen. Die Beatles diskutieren mit George Martin über Produktionstechnik. Ich denke, hier wird ihre Arbeitsbeziehung schön deutlich. Martin war in den früheren Tagen viel stärker in die Entstehung der Platten eingebunden. Zu diesem Zeitpunkt hatten die Beatles die Kontrolle übernommen. Besonders Paul war inzwischen sehr versiert in diesen Dingen. Doch spielte George Martin eine wichtige Rolle. Er sorgte dafür, dass die Band das Wesentliche nicht aus den Augen verlor.«

▲ PAUL, TRIDENT STUDIOS, LONDON

»Das Bild entstand während der Aufnahmen zu *Hey Jude* in den Trident Studios. Ich wollte Paul bei der Arbeit zeigen und dieses Bild trifft es genau – ein sehr cooles Foto. Paul war während der Arbeit immer sehr aktiv. Er war sehr konzentriert und die dominanteste Person im Studio. Er konnte alle Instrumente genauso gut spielen wie die anderen Beatles und verbrachte viel mehr Zeit im Studio als sie. Da er in der Nähe wohnte, konnte er ins Studio gehen und herumprobieren, wann immer die Inspiration ihn packte. Einige der Fotos von diesem Film wurden im *Beatles Monthly* veröffentlicht. Eine Menge meiner Bilder kamen dort raus. Ich war dafür verantwortlich, den Fanclub mit den neuesten Informationen von und über die Beatles zu versorgen.«

▶ THE APPLE-GIRLS
APPLE OFFICES, SAVILE ROW, LONDON

»Debbie, Frankie und Chris waren drei der Mädchen, die im Apple-Büro arbeiteten. Hier sitzen sie in der Lobby. Debbie kam aus England, Frankie und Chris aus Amerika. Chris kommt in einem Song von George vor, als Miss O'Dell. Sie hieß Miss Chris O'Dell, später heiratete sie Lord Russell.«

▼ **DEREK TAYLOR IM APPLE-BÜRO**
»Dies ist Derek Taylor, aber leider weiß ich nichts mehr über dieses Foto. Derek war Verleger und Herausgeber bei Apple. Er kannte die Beatles von Anfang an, wie ich, und war auch Teil der Entourage. Er verstand sich sehr gut mit John und Yoko, und wird auch in Johns Buch *Give Peace A Chance* erwähnt.«

◀ **JOHN AND YOKO,
ROYAL LANCASTER HOTEL, LONDON**

»Zur Gründung von Apple Records gab es einen Empfang im obersten Stockwerk des Royal Lancaster Hotel. Alle leitenden Mitarbeiter von EMI und Capitol Records reisten aus aller Welt an, um eine Tasse Tee mit den Beatles zu trinken. Wir hingen einfach rum, während wir auf sie warteten. Ich beschloss, ein paar Fotos von John und Yoko zu schießen und mir die verspiegelte Wand zunutze zu machen. Ich dachte mir, so könnte ich die beiden mal in einem anderen Licht zeigen, es war nichts Besonderes. Der Typ mit der Kamera bin ich. Wir spielten den hohen Tieren Stücke aus dem ›Weißen‹ *Album* vor und es lief erstaunlich gut. In jenen Tagen beeindruckten die Beatles einfach jeden.«

▼ **THE BEATLES
TWICKENHAM STUDIOS**

»Rechts im Vordergrund kann man Peter Ashers Schulter erkennen. Hier probt die Band gerade in den Twickenham Studios für das Video zu *Hey Jude*. Deshalb stehen all die Kameras herum. Sie probten den Song auch für die *David Frost Show*, in der sie ein paar Tage später auftraten. Sie liebten es, zu spielen. Paul konnte nie an einem Klavier vorbeigehen. Wenn wir in ein Pub gingen und dort ein Klavier stand, fing er sofort an zu spielen und zu singen. Wir veranstalteten oft improvisierte ›Liederabende‹ in Pubs.«

▲ **JOHN, PAUL UND GEORGE
ABBEY ROAD STUDIOS, LONDON**

(Oben) »Hier haben sie gerade *Hey Jude* probiert und Paul dreht sich fragend um. Wenn die Beatles an Ideen und Songteilen arbeiteten, sah es oft tagelang so aus, als würden sie nur so rumsitzen und nichts tun, bis der Song auf einmal da war. Es war ganz anders als früher, als sie mit zwölf fertigen und geprobten Songs ins Studio kamen und ein Album innerhalb von zwei Tagen aufgenommen haben. Nach *Sgt Pepper* haben sie sich immer monatelang Zeit gelassen.«

▲ **JOHN UND YOKO
ABBEY ROAD STUDIOS, LONDON**

»Es war das erste Mal, dass jemand zwischen den vier Mitgliedern der Band stand. Es war nicht so, als wären wir mit Yoko nicht zurechtgekommen, wir waren es nur nicht gewohnt, dass noch jemand immer dabei war. Es schauten oft Freunde und Freundinnen rein, aber sie mischten sich nie in die Arbeit ein. Hier hören sich die beiden das Playback von *Hey Jude* an. Mir gefiel die Art, wie sie sich angestrengt konzentrierten.«

1969

Die Beatles begannen 1969 zunächst mit der Arbeit an dem, was später die LP *Let It Be* werden sollte, doch das Album *Abbey Road* kam zuerst raus. Unterdessen wurde behauptet, Paul sei tot. Unbeeindruckt davon, verbrachte John die meiste Zeit in- und außerhalb von Betten, bevor er heiratete, eine Hit-Single darüber schrieb und entschied, die Beatles zu verlassen. Ringo verstand den Wink und nahm seine erste Soloplatte auf.

FILM STARR

Stones fever: concerts sold out!

THE WORLD OF RECORDING SOUND

The Studio Revolution: What Modern Electronics Can Do

Cassette or Reel-to-Reel? A Guide Through the Tape Maze

Don Schlitten: An Independent Jazz A & R Man

The Jazz Reissue Bonanza: A Survey by Dan Morgenstern

db music workshop

Dr. Wm. Fowler's Bx For Jazz Guitarists

Electronics in the Rock Group: A Do-It-Yourself Project, Part II

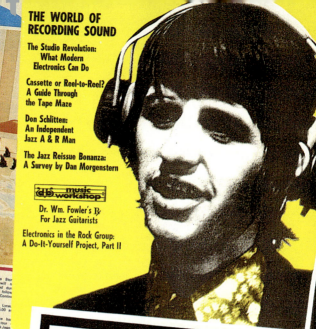

record mirror

Review of Rolling Stones' new LP
The Hollies: good guys of pop

No. 455 Week ending November 29th 1969 — A Billboard Publication

TREMELOES BEHIND THE IRON CURTAIN: exclusive

Changing face of Beatle John

RECORD MIRROR

...selling colour pop weekly newspaper
...424. Every Thursday. Week ending
...1969.

INSIDE THIS WEEK'S R.M:

TREMELOES TELL OF THEIR BIG MISTAKE

NEW DYLAN & CASH ALBUM!

JOHNNY NASH
NINA SIMONE
MERRILL MOORE
& R.M's LAUGH IN!

HOPKIN & CLODAGH COLOURS

THE BEA...
once again sto...
charts- 'GET...
to reach the T...

DISC
and MUSIC ECHO 1s
MAY 10, 1969   EVERY THURSDAY

Is this man sick?
'PINBALL WIZARD' STORM: BACK PA...

Beatles' album delayed

IS CARNABY STREET SWINGING OR HAS...

Finaler Film

Der Dokumentarfilm *Get Back* sollte den Beatles Gelegenheit geben, sich wieder zusammenzuraufen. Doch gegen Ende wünschten sich alle nur noch: »Let It Be«. Martin O'Gorman über die Auflösung einer Band.

Ein berüchtigtes Foto der Beatles vom Januar 1969 gibt die Stimmung in der Band an der Schwelle zur Auflösung recht exakt wieder. Es zeigt die vier im Keller des Apple-Gebäudes in der Savile Row um ein mobiles Aufnahmepult versammelt, wo sie sich das offenbar wenig begeisternde Playback eines zuvor aufgenommenen Stücks anhören: Die Beatles während der, wie John Lennon später sagte, »trostlosesten Sessions der Welt«.

Ganz am linken Rand des Fotos sitzt George Harrison, mit geschlossenen Augen und gequältem Gesichtsausdruck. Neben ihm Ringo Starr, der mit gewohnt düsterer Miene ins Leere starrt. Rechts neben Ringo trägt Lennon, die Füße aufs Mischpult gestützt, mit zusammengepressten Lippen äußerstes Desinteresse zur Schau; hinter ihm steht, wie immer, Yoko Ono. Ganz rechts sieht man Paul McCartney, stirnrunzelnd vornübergebeugt, der das Mischpult umklammert, als könne er auf diese Weise die Zukunft der Band festhalten. Schlimme Zeiten, so viel ist klar.

Dabei hatten sich die Beatles Anfang 1969 mit den besten Absichten in diese Situation gebracht: Sie wollten das Jahrzehnt nach fast dreijähriger Bühnenabstinenz mit einem monumentalen Liveauftritt beenden, einer fantastischen TV-Show, die die Rückkehr zur schlichten Bühnenkunst darstellen sollte, mit der sie sich ihren Namen gemacht hatten – unter Verzicht auf die erstmals für Sgt Pepper's Lonely Hearts Club Band eingesetzten Studiotricks. Wie eine Apple-Pressetext für die Single mit dem treffenden Namen Get Back verkündete, sollte das Projekt »die Beatles so live wie in diesem Elektronik-Zeitalter eben möglich« zeigen, »wie von der Natur geschaffen«.

Leider führten der Mangel an anständigem Material und die sich rapide verschlechternden Beziehungen zwischen den vier Bandmitgliedern dazu, dass die Get-Back-Sessions den Zerfall der Band vor den Kameras abbildeten, das traurige Ende einer glorreichen Karriere, einen Monat voller Gezänk, interner Machtkämpfe, negativer Einstellungen und schlampiger Arbeit. Zu lautstarken Konfrontationen kam es bei den Sessions allerdings nicht: Während Kollegen wie die Who und die Kinks sich schonungslos die Meinung sagten, benahmen sich die Beatles eher wie eine kaputte Familie, in der die Ressentiments nur unterschwellig gären. Statt handgreiflich zu werden, verfielen sie lieber in schmollendes Schweigen oder nahmen Zuflucht zu Insider-Witzen.

Harrison bestreikte die Sessions schließlich eine Woche lang aus kreativem Frust und Ärger über seine Statistenrolle. Ähnliche Frustrationen hatten im Vorjahr schon Ringo dazu getrieben, sich kurzzeitig von der Band zu trennen, die er angesichts seiner Filmkarriere zunehmend als lästige Pflicht empfand. Lennons zwanghafte Fixierung auf Yoko Ono und der Abstieg des Paars in sein eigenes, heroingedämpftes Jammertal führten dazu, dass John sich psychisch immer mehr aus der Gruppe zurückzog und seine neue Partnerin für sich sprechen ließ.

Der zwischen allen Stühlen sitzende Paul bemühte sich, Brücken zu bauen, machte Rückzieher, wenn er Harrison vor den Kopf gestoßen hatte, zeigte Verständnis für Lennons Beziehung zu Yoko, auch wenn sie der Moral der Band schadete. »Sie steigern sich in die Sache hinein«, urteilte McCartney. »Aber das tut John immer. Es wird sich echt komisch anhören, wenn in 50 Jahren ... die Leute sagen: ›Sie haben sich getrennt, weil Yoko auf dem Verstärker saß.‹«

McCartney hatte die Get-Back-Sessions angeregt, weil er dachte, der »Live«-Aspekt würde die Beatles dazu inspirieren, wieder richtig zusammenzuarbeiten, wie in alten Zeiten. Obwohl die Aufnahmen zum »Weißen« Album von Reibereien überschattet waren, hatte es doch Augenblicke gegeben, in denen sie als Einheit zusammenfanden, besonders bei geradlinigen Rocknummern wie Yer Blues und Birthday.

»Ich hielt es für eine tolle Idee«, sagt Produzent George Martin. »Sie sagten: ›Lasst uns das ganze Zeug, das wir für das Album machen werden, proben, es als Gruppe wirklich gut vorbereiten, live vor Publikum aufnehmen und so rausbringen. Niemand hatte je zuvor ein Livealbum nur mit neuem Material gemacht, und ich war absolut dafür.«

Der »Live«-Faktor sollte ihre Fähigkeiten als Musiker schärfen. Die Beatles waren durch die overdubbing-lastigen Aufnahmen zu Revolver und Sgt Pepper träge geworden, aber McCartney glaubte, dass sie es mit der richtigen Motivation immer noch packen könnten. Er schlug als Comeback drei Auftritte im Roundhouse im Norden Londons ab dem 15. oder 16. Dezember vor. »Mit dabei sind Mary Hopkin und Jackie Lomax«, schwärmte eine Apple-Pressemeldung vom 7. November 1968. »Die Konzerte kommen wohltätigen Zwecken zugute und werden unter Umständen die Basis einer einstündigen Fernsehshow.«

»Diese Konzerte werden unvorstellbar«, begeisterte sich Jeremy Banks von Apple im NME. »Die Verhandlungen für das Roundhouse sind noch im Frühstadium, werden aber diese Woche abgeschlossen.« Obwohl noch nichts feststand, verteilte das Fanclub-Magazin The Beatles Book schon Tickets an die Fans. Wie zu erwarten, verstrich der angekündigte Termin ohne irgendwelche Aktivitäten seitens der Beatles, doch kurz vor Weihnachten 1968 erzählte Apple-Presseguru Derek Taylor Reportern, die Beatles bäten um Vorschläge, wo sie ein für den 18. Januar 1969 angedachtes Einzelkonzert veranstalten sollten.

Dann hieß es, es werde zwei einstündige TV-Sondersendungen geben: die erste eine Dokumentation der Proben für den Auftritt der Beatles, die zweite die Ausstrahlung des Liveauftritts. Der intellektuell ambitionierte Paul hatte kurz zuvor eine TV-Dokumentation über Pablo Picasso gesehen, in der der Maler ein Werk vor der Kamera erschuf. Paul wollte, dass die Beatles-Dokumentation eine ähnliche Entstehungsgeschichte zeigt. »Ich erinnere mich an meine Idee für die Schlussszene«, sagt McCartney, »die eine ewig lange Kamerafahrt sein sollte, weiter und weiter, und dann wären wir plötzlich im Konzert.«

Für das Projekt wurde ein altgedienter Profi von Ready Steady Go engagiert, der amerikanische Filmregisseur Michael Lindsay-Hogg, der schon beim Rock'n'Roll Circus der Stones und den Promo-Filmen der Beatles für Hey Jude und Revolution Regie geführt hatte. Denis O'Dell von Apple Films hatte ab Anfang Januar 1969 Bühne 1 der Twickenham Studios für Ringo Starrs nächsten Film, Magic Christian, gebucht und stellte fest, dass er durch Verlegung der Dreharbeiten um drei Wochen die Beatles einschieben könne. Nach dreiwöchigen Proben sollte dann der Liveauftritt in einer optisch eindrucksvolleren Umgebung stattfinden. O'Dell dachte an eine aufgegebene Mühle an der Themse, doch Lindsay-Hogg kaprizierte sich auf eine Idee, auf die ihn Mick Jaggers Assistent Peter Swales gebracht hatte.

Die Beatles sollten an einem exotischen Schauplatz, etwa in einem Amphitheater oder in der Wüste, zu spielen beginnen. Dann, während

> »Tatsächlich dokumentieren die *Get-Back*-Sessions den Zerfall der Band vor laufenden Kameras – das traurige Ende einer glorreichen Karriere.«

Paul war der Drahtzieher hinter *Let It Be*, dem Film und dem Album.

FOTOS: ATLANTIC, MIRRORPIX

»Die trostlosesten Sessions der Welt«, Apple Studios, Januar 1969

Film-»Starr« Ringo sorgt bei den Dreharbeiten im Januar 1969 für gute Schwingungen.

das Konzert lief, würde sich der Veranstaltungsort allmählich mit Menschen aller Nationen, Rassen und Glaubensbekenntnisse füllen.

Obwohl weder George noch Ringo ins Ausland wollten, war Lindsay-Hogg ganz versessen auf die Idee, ging aber mit seinen unrealistischen Vorschlägen auch Paul bald auf die Nerven, der überzeugt war, die Sache selbst besser machen zu können. Als der Regisseur meinte, die Beatles sollten ohne Vorankündigung spielen, in der Erwartung, dass sich das Publikum spontan einfinden würde, war Pauls Antwort sehr deutlich: »Albern, würde ich das nennen, mal so ganz spontan. Albern und schwachsinnig.« Trotzdem wurde ein dreitägiger Erkundungstrip nach Afrika geplant und sogar ein Caterer vor Ort gebucht.

Obwohl über das Konzert noch nicht entschieden war, begannen am 2. Januar 1969 die Proben in Twickenham. Nur drei Wochen Proben für einen einstündigen Auftritt – das bedeutete für die Beatles, die sich daran gewöhnt hatten, im Studio zu machen, was sie gerade wollten, ein strapaziöses Arbeitsprogramm, sodass Lennon fragte: »Wir haben noch nie so viele Nummern auf einmal einstudiert, oder?« Für die Tontechnik vor Ort war Glyn Johns zuständig, der auch mit den Stones gearbeitet und 1964 die TV-Sendung *Around The Beatles* technisch mitbetreut hatte. Livesound und Album sollten wie immer von George Martin produziert werden.

»George rief ab und zu an«, sagt Glyn Johns, »aber ich blieb völlig mir selbst überlassen und wurde von der Band in Georges Abwesenheit als Produzent eingesetzt. Es war mir peinlich, weil in meinen Augen George Martin ihr Produzent war.«

Obwohl in Twickenham offiziell nichts aufgenommen wurde, zeichneten die Filmkameras die Sessions für die Dokumentation auch auf Tonband auf, und auf diesen Aufnahmen beruhen die zu Hunderten erschienenen Raubpressungen. Auf den Bändern hört man die Band, wie sie ihr Repertoire an neuen Songs immer wieder durchspielt, spontane Improvisationen, Scherze, Parodien und eine Auswahl von Coversongs aus dem alten Liveprogramm der Beatles, etwa Stücke von Elvis (*I Got Stung*), Dylan (*Rainy Day Woman #12 & 35*), Buddy Holly (*Crying Waiting Hoping*) und diverse Rock'n'Roll-Klassiker (*Lawdy Miss Clawdy, Be-Bop-A-Lula, Whole Lotta Shakin' Goin' On*). Hier und da gibt es auch Rückgriffe auf das alte Lennon- und McCartney-Liederbuch wie *One After 909, Too Bad About Sorrows, Hot As Sun* und *I Lost My Little Girl*. Dazu kommen einige noch unfertige Stücke – John Lennons *Give Me Some Truth, Child Of Nature* und ein Fragment mit dem Titel *Watching Rainbows*, in dem der »shoot me«-Refrain vor-

Licht, Kamera, no Action: Dreharbeiten zu *Let It Be*, Twickenham, Januar 1969.

keine gelangt, und ich weiß nicht, warum.« Nach dem Rausch der ersten Verliebtheit hatten sich John und Yoko in eine Routine aus Fernsehen, Sex und Heroinkonsum eingelebt und ein Stadium der »totalen Kommunikation« erreicht, in dem sie meinten, ihre Gefühle nicht mehr verbalisieren zu müssen, weil sie auf der gleichen Wellenlänge waren. Für die anstehenden Proben war das verheerend.

Johns Probleme beeinträchtigten auch seine Kreativität. Seit Abschluss der Aufnahmen zum »Weißen« *Album* hatte er kaum neues Material geschrieben – bis auf Rohfassungen und Teile von *Dig A Pony, I've Got A Feeling, A Case Of The Blues* und *Child Of Nature* (woraus später *Jealous Guy* wurde). Er versuchte sich auch noch mal an seinem 1968 aufgenommenen *Across The Universe*, aber seine vollständigste Komposition war *Don't Let Me Down*, dessen schonungslose Ehrlichkeit Paul beeindruckte. »Ich glaube, es war ein echter Hilfeschrei«, sagt McCartney heute. »Es sagte Yoko: ›Ich zeige meine Verletzlichkeit wirklich offen, also lass mich nicht im Stich.‹« Aber selbst bei diesem Song musste Paul John helfen, die einzelnen Fragmente zu einem stimmigen Ganzen zusammenzufügen.

Johns Haltung war Pauls grenzenlosem Enthusiasmus völlig entgegengesetzt und er fiel, zwischen sarkastischen Kommentaren und vorgeblichen Versuchen, den anderen seine Songs beizubringen, in fast schon komatöse Langeweile. Sein Überdruss wird in einem Moment überdeutlich, der im Film *Let It Be* zu sehen ist: Während Paul lang und breit erklärt, dass die Probleme der Beatles vielleicht nur mit dem ungewohnten Terrain zu tun haben, blickt Lennon starr an ihm vorbei, rutscht auf dem Stuhl herum und umklammert seinen Arm wie ein zappeliges Kind.

McCartney seinerseits komponierte in erstaunlichem Tempo. Er brachte mehrere weitgehend fertige Songs zum Einstudieren nach

kommt, der später in *Come Together* wieder auftauchen sollte, sowie Paul McCartneys *Back Seat Of My Car* und *Another Day*.

Doch es wurde bald klar, dass die Atmosphäre der Entstehung von ausgefeiltem neuen Material nicht zuträglich war. Wie John Lennon dem *Rolling Stone* ein Jahr später erklärte: »Man konnte morgens um acht oder zehn oder wann auch immer an einem fremden Ort, umgeben von Leuten, die einen filmten, und buntem Licht nicht Musik machen. Es war ein Scheißgefühl in den Twickenham Studios, ständig gefilmt zu werden. Ich wollte nur, dass sie abhauen.«

Lennon war nicht in bester Verfassung; sein Leben war in den letzten sechs Monaten nicht gerade harmonisch. Im Oktober 1968 waren er und Yoko wegen Haschischbesitzes verhaftet worden. John musste nur 150 Pfund Strafe zahlen, doch aufgrund der Aufregung erlitt Yoko im folgenden Monat eine Fehlgeburt. Diese traumatischen Erlebnisse und die Feindseligkeit, die der »verrückten« japanischen Künstlerin seitens der Öffentlichkeit und auch aus dem Kreis der Beatles entgegenschlug, hatten das Paar dazu veranlasst, Trost im Heroin zu suchen.

»Mir war alles scheißegal«, gestand Lennon. »Ich war permanent stoned, auf H. Stehen Sie mal 60 Sessions mit den aufgeblasensten, zickigsten Typen der Welt durch … Und beleidigt zu werden, nur weil man jemanden liebt. George beleidigte [Yoko] gleich am Anfang im Apple-Büro, und wir haben uns das beide gefallen lassen. Ich hab ihm

Twickenham mit, darunter *I've Got A Feeling, Two Of Us, She Came In Through The Bathroom Window* und *Oh Darling* sowie das gewinnende *Teddy Boy* und das wunderliche *Maxwell's Silver Hammer*.

Das vielversprechendste Stück basierte auf einem flotten Bassriff. Die schlichte Rocknummer *Get Back*, deren improvisierter Text sich an die Schlagzeilen nach einer umstrittenen Rede des Parlamentsabgeordneten Enoch Powell anlehnte. Dieser prophezeite 1968, Großbritannien würde in den nächsten 20 Jahren von Einwanderern überrannt. Zuerst hieß es bewusst provokativ: »Don't dig no Pakistanis, taking all the people's jobs« (Mag keine Pakistani, die alle Jobs wegnehmen). Um Fehlinterpretationen zu vermeiden, änderte Paul die Stelle in: »Too many Pakistanis living in a coucil flat« (Zu viele Pakistani in einer Sozialwohnung), doch weil »Pakistani« nicht ins Metrum passte, ließ er die Idee ganz fallen. Später erklärte er: »Die Worte waren überhaupt nicht rassistisch. Sie waren antirassistisch.«

McCartney war offenbar froh, wieder zu arbeiten, und beschwingt von der Aussicht, noch einmal live zu spielen, doch insgeheim sorgte er sich um die Zukunft der Beatles. »Für mich persönlich war das eine sehr schwierige Zeit«, erinnert er sich. »Ich glaube, die Drogen, der Stress, die Müdigkeit und all das begannen ihren Tribut zu fordern.« Die Spannung entlud sich in einem bewegten Traum, in dem ihm seine 1956 verstorbene Mutter erschien – sie sagte, er solle sich nicht

FOTOS: CAMERA PRESS

so viel Sorgen um die Dinge machen und »loslassen« (»let it be«). Das inspirierte Paul McCartney zu dem Song, der zum Titelstück des Projekts und letztlich zum Epitaph der Beatles werden sollte.

Paul gibt ebenfalls zu, dass *The Long And Winding Road* seine Gefühle in Bezug auf die Gruppe, Apple und sein Privatleben spiegelte, das seit der Trennung von Jane Asher aus der Bahn geraten war und sich nach der Begegnung mit Linda Eastman einige Monate zuvor erst gerade wieder zu stabilisieren begann. »Ich war damals etwas ausgeflippt und high«, erklärt er. »Es ist ein trauriger Song, weil er vom Unerreichbaren handelt, von der Tür, die immer gerade außer Reichweite bleibt.«

George Harrison hatte beim Erntedankfest in Woodstock mit Bob Dylan und The Band völlige kreative Freiheit erlebt. Laut Apple-Manager Peter Brown war Georges Weihnachtsfest 1968 nicht schön und an Silvester hatte er Streit mit Patti. Jetzt wollte er etwas von der positiven Stimmung aus den USA in den »Winter des Missvergnügens« der Beatles einbringen. »Ich erinnere mich, recht optimistisch an die Sache herangegangen zu sein«, sagte er später. »Ich sagte mir: ›Okay‹, es ist ein neues Jahr, und hier planen wir was ganz Neues für eine Platte.« Seine Enttäuschung war vorprogrammiert.

Der ewige Juniorpartner Harrison brachte viele schöne Songs mit nach Twickenham, auf die John mit Spott und Desinteresse und Paul mit plumper Einmischung reagierte. *Isn't It A Pity, Let It Down* und *Something* wurden völlig ignoriert; nur *For You Blue* und *I Me Mine* fanden Beachtung. *All Things Must Pass* wurde fleißig geprobt, aber George war unzufrieden mit Pauls Eingriffen in sein Arrangement (obwohl es geradezu anrührend ist, wie John, Paul und George sich bei einem Versuch damit abwechseln, eine Zeile der ersten Strophe zu singen). Es kam so weit, dass George sagte, er würde seine Songs lieber solo spielen, als sie von der Band versauen zu lassen.

Die schlimmsten Momente in Twickenham wurden durch einen solchen Konflikt um Arbeitsmethoden ausgelöst. Eines Nachmittags stritten Paul und George darüber, wie ein Song einzustudieren wäre. Paul wollte Detailfehler ausbügeln, sobald sie sich ergaben; George wollte lieber den ganzen Song mit der Gruppe durchspielen, um einen Gesamteindruck von der Komposition zu bekommen. »Paul hatte sich eine fixe Idee in den Kopf gesetzt, wie einer seiner Songs aufgenommen werden sollte«, erzählte George. »Er war für niemandes Vorschläge zugänglich, und die Atmosphäre wurde stickig.«

Anfang der zweiten Woche platzte George der Kragen. John und Paul ignorierten seine Mitteilung, er habe übers Wochenende einen neuen Song, *Hear Me Lord*, geschrieben, also spielte er ihn allein, während die beiden am anderen Ende des Studios herumalberten. Nachdem er laut überlegt hatte, ob sie die Idee mit dem Liveauftritt besser aufgäben, riss George bei einer flauen Probe zu *Two Of Us* der Geduldsfaden. »Ich versuche, dir zu helfen, aber es endet immer damit, dass ich dich verärgere«, sagte Paul. »Ich spiele alles, was du von mir haben willst«, antwortete George. »Und wenn du nichts von mir hören willst, dann spiele ich eben nicht. Was immer dir Freude macht, ich tu's.«

»Ich glaube, George war sauer, weil ich dauernd mit Ideen ankam«, erinnert sich Paul McCartney reumütig. »Für ihn sah es wohl so aus, als ob ich versuchte, alles zu dominieren. Das wollte ich gar nicht. Ich bekam das Gefühl, dass ich besser gar keine Ideen hätte.« Obwohl die noch lebenden Beatles diesen Vorfall als Grund für Georges Ausstieg aus den *Get-Back*-Sessions anführen, schmiss der Gitarrist in Wirklichkeit erst vier Tage später das Handtuch. Was das Fass zum Überlaufen brachte, bleibt unklar, aber damals kursierten Gerüchte, dass John und George sich am 10. Januar in der Mittagspause »geprügelt« hätte. Die Tonbandaufzeichnungen verraten nichts über den drohenden Abgang eines Beatles, doch kann man davon ausgehen, dass es einigen Ärger um Lennons Behauptung in der Zeitschrift *Disc And Music Echo* gab, dass Apple in Geldschwierigkeiten stecke und »binnen sechs Monaten pleite sein« würde.

Jedenfalls kam George offenbar nach einem Streit mit John aus der Mittagspause und erklärte den anderen, er würde jetzt gehen, und empfahl ihnen sogar, im *NME* nach einem Ersatz zu inserieren. Er ging mit den unsterblichen Worten: »Wir sehen uns dann in den Clubs« und kehrte heim nach Esher. Später verewigte er die ganze unerfreuliche Angelegenheit in dem Song *Wah-Wah*. Johns Urteil über George Harrisons Unzufriedenheit lautete: »Es ist eine schwärende Wunde, und gestern haben wir sie noch vertieft und ihm nichts zum Verbinden gegeben. Dieses Jahr ist ihm plötzlich klar geworden, wer er ist.«

Bezeichnenderweise machten die anderen ohne George weiter, was darauf hindeutet, dass sie seine Drohung nicht allzu ernst nahmen. Stattdessen stürzten sie sich in eine wüste, blueslastige, von Rückkopplungen strotzende Jam Session mit vielen Kreischern von Yoko, die sich zu den Beatles gesellte. Als Lindsay-Hogg fragte, was sie jetzt tun sollten, sagte John: »Georges Instrumente unter uns aufteilen.« Dann, mit mehr Ernst: »Ich denke, wenn George bis Montag oder Dienstag nicht zurück ist, sollten wir Eric Clapton bitten, mit uns zu spielen. Wir sollten einfach weitermachen, als ob nichts passiert wäre.«

Bei einem Treffen in Ringos Haus am folgenden Sonntag stürmte George wieder hinaus, als er feststellte, dass John lieber Yoko für sich sprechen ließ, statt irgendetwas Konstruktives zur Diskussion beizusteuern, die sich jetzt um den Fortbestand der Beatles drehte. Laut Paul »sagte Yoko: ›Das ist meine Meinung, wie die Beatles sein sollten.‹« Die anderen verbrachten zwei weitere unproduktive Tage in Twickenham, bevor die Sessions bis zu einer Zusammenkunft der Apple-Geschäftsführung am Mittwoch, dem 15. Januar, ausgesetzt wurden. Nach dieser fünfstündigen Marathonsitzung erklärte sich George bereit, zurückzukehren, sofern bestimmte Forderungen erfüllt und die Pläne für den Fernseh-Liveauftritt fallen gelassen würden. Die anderen drei willigten ein, um die Beatles zu retten.

Nach Aufgabe der TV-Pläne wurden die Sessions ins Apple-Gebäude in der Savile Row 3, London, verlegt – in der Absicht, das Album ⇒

> »Es wird sich ... komisch anhören, wenn in 50 Jahren ... die Leute sagen: ›Sie haben sich getrennt, weil Yoko auf dem Verstärker saß.‹« **Paul McCartney**

»Yoko, könntest du für ein, zwei Stündchen zurück in den Sack kriechen?«

fertig zu stellen und dabei die Dokumentation weiter zu drehen. Trotz der Probleme mit dem hauseigenen Studio, das Magic Alex Mardas den Beatles versprochen hatte (das bisschen Equipment, das er baute, war unbrauchbar, wodurch sich das Projekt noch mehr verzögerte), war die Umgebung wesentlich heimeliger. Das Untergeschoss war mit apfelgrünem Plüschteppich und Kaminfeuer ausgestattet (das während der Aufnahmen jedoch nicht zum Einsatz kam).

Um weiteren Reibereien vorzubeugen, suchte George Möglichkeiten, etwas mehr Leichtigkeit in die Arbeit zu bringen. Als er bei einem Ray-Charles-Konzert Billy Preston an der Orgel sah, den die Beatles schon 1962 in Hamburg kennen gelernt hatten, lud er ihn in die Savile Row ein, um mitzuspielen, »denn heute benehmen sich alle etwas eigenartig«. »Ich hatte sie eine Weile nicht gesehen«, erzählt Preston, »aber sie schienen sich seit Hamburg nicht verändert zu haben. Ich fühlte mich sehr wohl, und sie ließen mich alles spielen, was ich wollte. Was sie durchmachten, wurde mir erst viel später klar.«

»Er setzte sich ans elektrische Piano, und sofort war die Stimmung im Raum um 100 Prozent besser«, erinnerte sich George. »Billy hatte natürlich keine Ahnung von den dummen Spielchen, die zwischen uns abgelaufen waren. In seiner Unschuld war er sofort bei der Sache und verschaffte der Band einen zusätzlichen Kick.« In der zweiten Woche bei Apple hatten die Beatles *Get Back* und *Don't Let Me Down* so weit gebracht, dass sie die Aufnahmen zur nächsten Single durchziehen konnten. Ringo fand: »Wir spürten nun, dass wir an einem tollen

Das Finale von *Let It Be* auf dem Dach der Apple-Zentrale in der Savile Row, 30. Januar 1969

So erklommen die Beatles mit Billy Preston im Schlepptau das Dach des Gebäudes Savile Row 3, um dort ihre letzte öffentliche Vorstellung für Apple-Mitarbeiter, Reporter und Passanten zu geben. Eine Dreiviertelstunde lang nahmen die Beatles als Band wieder Gestalt an, während sie ihre ungeheuer laute Musik in die eisige Londoner Luft ballerten. Paul behielt Recht: Die vier hatten offenbar eine Menge Spaß, während sie *Get Back, Don't Let Me Down, Dig A Pony, I've Got A Feeling* und *One After 909* teils mehrfach durchspielten. Nur George Harrisons Songs blieben mal wieder außen vor.

Die Nachbarschaft war teils entzückt, teils verwirrt und teils sauer. »Sind das die Beatles? Himmel, es klingt gar nicht nach ihnen«, sagte ein Mann. »Das nennen Sie eine öffentliche Vorstellung? Ich kann sie nicht sehen!«, klagte eine Frau. »Diese Musik ist am richtigen Ort o.k., aber ich finde es eine Zumutung, den Geschäftsbetrieb zu stören«, monierte ein Geschäftsmann. Nachdem sich der Direktor einer Bank über die Ruhestörung beschwert hatte, wurde das Konzert durch die Polizei vorzeitig beendet, was dem Ganzen die passende Dramatik gab. Die Beatles waren danach in Hochstimmung. »Die ganze Szene ist fantastisch«, begeisterte sich John Lennon.

Am nächsten Tag kehrten sie in den Keller zurück, um die weniger freilufttauglichen Songs vor den Kameras abzuspulen – *The Long And Winding Road, Let It Be* und eine etwas gestelzte Version von *Two Of Us*. Damit war das Projekt im Kasten, und Lindsay-Hogg machte sich daran, den Film zu schneiden. Aber kein Beatle mochte sich die Tonbänder anhören. Da John auf Friedenskampagne war und sich mit dem Auftauchen von Allen Klein ein Riesenkrach über geschäftliche Fragen anbahnte, überließ man diesen Part Glyn Johns. Apple hatte für das Album einen Erscheinungstermin im März geplant, doch Johns konnte erst am 10. März mit dem Abmischen einer Zusammenstellung von Stücken beginnen.

Das Ergebnis enthielt unter anderem viel Studiogeplänkel und eine Aufnahme von *I've Got A Feeling*, die mittendrin abbrach. Johns sagte: »Ich dachte, das würde das unglaublichste aller Beatles-Alben, weil es so real war.« Doch die Beatles lehnten die LP ab. Johns unternahm im Mai 1969 noch einen Versuch mit einer Compilation, die den Namen der letzten Single, *Get Back*, tragen und deren Cover eine Parodie auf das erste Beatles-Album, *Please Please Me*, sein sollte. Obwohl Apple Werbeexemplare verteilte, die bei US-Radiosendern liefen, kam das Projekt nicht weiter voran, weil sich die Beatles überraschend auf weitere gemeinsame Aufnahmen einigten, aus denen dann *Abbey Road* hervorging.

Stück arbeiteten … [da] flog aller Mist zum Fenster raus.« »Sie waren in extrem guter Stimmung«, sagt Glyn Johns. »Ich glaube, es war ihnen selbst gar nicht bewusst. Ich war total baff, vor allem nachdem ich mehrfach ihre Paranoia erlebt hatte, ob sie überhaupt noch in der Lage wären, live zu spielen.«

Da sich George Harrison und Ringo Starr (dessen Dreharbeiten zu *Magic Christian* in wenigen Tagen beginnen sollten) heftig dagegen sträubten, schien nur die Möglichkeit eines Konzerts auf dem Dach des Apple-Hauses zu bleiben. Es war nicht das römische Amphitheater, von dem Lindsay-Hogg träumte, aber wenn die Beatles den Mittagsverkehr auf der Savile Row zum Erliegen bringen konnten, musste das reichen. Als Termin wurde Donnerstag, der 30. Januar, angesetzt.

Als der Termin für *Get Back* auf den Sommer und dann auf den Herbst 1969 verschoben wurde, gab es gar Überlegungen, zusätzlich ein Album mit bei den Sessions aufgenommenen Coversongs herauszubringen. Doch das war reinstes Wunschdenken. Das *Get-Back*-Projekt war den Beatles ein peinlicher Dorn im Auge geworden, ein Riss in der Fassade, den sie lieber übertüncht hätten. Erst Phil Spector gelang es, etwas aus dem undankbaren Material zu machen, mit dem sich keiner der Beatles mehr befassen mochte. Wie John Lennon sagte: »Bis dahin glaubten wir ernsthaft an das, was wir taten. Plötzlich glaubten wir nicht mehr. Es war ein Punkt erreicht, an dem wir keinen Zauber mehr schufen.« ∎

ALBUM INFOS

YELLOW SUBMARINE

Versunkene Schätze

Obwohl *Yellow Submarine* ein reines Pflichtalbum war, enthält es doch faszinierende Momente. Peter Doggett erinnert an unterschätzte Juwelen aus dem Soundtrack zum Zeichentrickfilm.

John Lennon fand *Yellow Submarine* überaus peinlich. »Das Ganze ist ein Witz«, klagte er. »Eine Seite unseres Albums ist von George Martin.« In seinem berühmten Interview mit dem *Rolling Stone* 1970 forderte Lennon sarkastisch: »Zeigen Sie mir Musik von George Martin. Die würde ich gerne hören.« Dabei bräuchte er nur Seite zwei von *Yellow Submarine* abzuspielen.

Wenn je ein Beatles-Album nach »Vertragserfüllung« roch, dann dieses. Der Zeichentrickfilm war ein Kompromiss, der es den Beatles ersparen sollte, in einem dritten Spielfilm aufzutreten. Der Vertrag, den Brian Epstein mit

> »Das Ganze ist ein Witz. Eine Seite unseres Albums ist von George Martin.« John Lennon

der Produktionsfirma King Features aushandelte, besagte: »Von den Beatles sind drei Songs [neben *Yellow Submarine*] zu schreiben, sobald das Treatment fertig ist; diese Songs müssen sich auf das Treatment beziehen.«

Nach der Vertragsunterzeichnung wurde der Film bei den Beatles-Sessions zum schlechten Witz. Bei jedem enttäuschenden Playback spöttelte John: »Für den Film wird's reichen.« Als sie etwa George Harrisons zynisches *Only A Northern Song* für *Sgt Pepper* verwarfen, wurde der Song umgehend für *Yellow Submarine* reserviert. Doch als der Abgabetermin Anfang Mai 1967 bedrohlich näher rückte, war erst ein Song geliefert – dem es an Bezug zum »besagten Story-Treatment« deutlich mangelte. Statt sich angesichts der bevorstehenden Veröffentlichung von *Sgt Pepper* entspannt zurückzulehnen, mussten die Beatles wieder ins Studio. Außerdem hatte Brian Epstein versprochen, dass sie eine weitere Melodie für eine Fernsehgala liefern würden – und Paul McCartney hegte eigene Filmpläne, die in *Magical Mystery Tour* münden sollten.

Yellow Submarine wurde zum Sammelbecken für den Ausschuss der Beatles. Als im Juli *All You Need Is Love* in der TV-Sendung *Our World* ausgestrahlt wurde, ließ John durchblicken, dass auch Paul einen »internationalen« Song für die Sendung vorbereitet hatte. Das dürfte *All Together Now* gewesen sein. Offenbar wurde der Song für unzulänglich befunden und in den *Submarine*-Topf geschmissen.

Ebenso George Harrisons episches *It's All Too Much*, ein mystisches und lethargisches Psychedelic-Stück, dessen Übertragung in leiche Filmkost sicher kein Kinderspiel war. Die vertragsgemäße Eignung des fragwürdigen *Baby You're A Rich Man* wurde nach Ablieferung durch die Veröffentlichung als B-Seite der Single *All You Need Is Love* unterminiert.

Damit dachten die Beatles, ihre Pflicht getan zu haben, und verbannten *Yellow Submarine* aus ihren Gedanken – bis sie im Februar 1968 nach Aufnahme von *Lady Madonna* in die Abbey Road zurückkehrten, um ein Video zu drehen. Doch dann nahmen sie stattdessen Lennons wildes *Hey Bulldog* auf. »[King Features] wollten noch einen Song, also hab ich den zusammengehauen«, erklärte er später. »Es ist eine wohlklingende Platte ohne jede Bedeutung.«

Da es bis zur Premiere nur noch fünf Monate waren, wurde die Animation für *Hey Bulldog* nicht rechtzeitig fertig. Die Filmkopien, die zuerst in die US-Kinos kamen, enthielten den Song noch nicht, sodass die amerikanischen Fans verwirrt waren, als das Soundtrack-Album herauskam.

Aber warum verlangten die Filmemacher so kurzfristig noch einen neuen Song? Weil die Beatles plötzlich unsicher waren, ob sie alle ursprünglich eingereichten Stücke an die Soundtrack-LP »vergeuden« wollten. Der Soundtrack wurde ohnehin bis nach Veröffentlichung der offiziellen Nachfolge-LP von *Sgt Pepper* zurückgehalten. Da

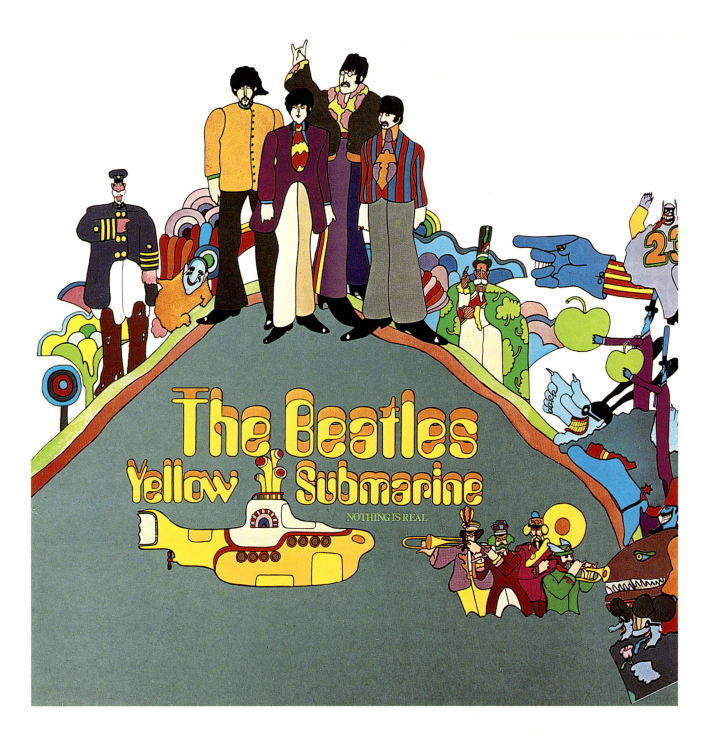

das »Weiße« Album erst im November '68 erschien, verzögerte sich Yellow Submarine bis Januar '69 – sechs Monate nach der Filmpremiere, für die es eigentlich werben sollte.

Das Material für das »Weiße« Album stellten John und Paul in einer Marathonsitzung im Oktober 1969 zusammen. Für die Doppel-LP war auch It's All Too Much im Gespräch – wohl um Harrison zu beschwichtigen, dessen Song Not Guilty für die LP bereits gestorben war. Doch da George außer Landes war und sich nicht dafür stark machen konnte, wurde auch It's All Too Much verworfen und als einer von vier neuen Songs auf das Soundtrack-Album verbannt.

Wie von den Beatles zweifellos beabsichtigt, wurde die LP Yellow Submarine durch das Erscheinen des »Weißen« Albums zur Nebensache. Apple-Sprecher Derek Taylor tat das Seine, indem er als Begleittext auf dem Cover des

DIE STÜCKE

A-SEITE

1. Yellow Submarine
Lennon/McCartney
Gesang Starr

2. Only A Northern Song
Harrison
Gesang Harrison

3. All Together Now
Lennon/McCartney
Gesang McCartney

4. Hey Bulldog
Lennon/McCartney
Gesang Lennon

5. It's All Too Much
Harrison
Gesang Harrison

6. All You Need Is Love
Lennon/McCartney
Gesang Lennon

B-SEITE

7. Pepperland
Martin

8. Sea Of Time
Martin

9. Sea Of Holes
Martin

10. Sea Of Monsters
Martin

11. March Of The Meanies
Martin

12. Pepperland Laid Waste
Martin

13. Yellow Submarine In Pepperland
Martin

YELLOW SUBMARINE

PRESSESTIMMEN
Yellow Submarine versetzte Kritiker in Ekstase.

THE BEATLES – 'YELLOW SUBMARINE' (soundtrack) – Apple PCS 7070.

ENDLESS, mantric, a round, interwoven, trellised, tesselated, filigreed, gidouiled, spiralling is 'It's All Too Much', George's Indian-timed, with drums fading-in-and-out, spurts of life to a decaying note, multi-level, handclapping number on this release. High treble notes flicker like moths around the top register. Happy sing-along music. This album contains George Martin's superbly produced soundtrack but the Beatle tracks will soon be available (now) on an EP. As ever, refreshing, simple (yet complex if you listen-in carefully) then simple again. You must see the film as well – most totally important visual data from '68.

Only one side of the Beatles, and two of those songs, *Yellow Submarine* and *All You Need Is Love*, we all know quite well anyway. However, be not of bad cheer. The George Martin score to the film is really very nice, and two tracks by George Harrison redeem the first side. Both *Only A Northern Song* and *It's All Too Much* in particular are superb experiences, considerably more enthralling than the most draggy *All Together Now*, a rather wet track. Sleeve notes, quite appropriately, are a Tony Palmer advert for *The Beatles* double set.

Side One: Yellow Submarine; Only A Northern Song; All Together Now; Hey Bulldog; It's All Too Much; All You Need Is Love.
Side Two: Pepperland; Sea Of Time; Sea Of Holes; Sea Of Monsters; March Of The Meanies; Pepperland Laid Waste; Yellow Submarine In Pepperland.

»Endlos kreisend, verschnörkelt, mosaikhaft, filigran, spiralenförmig gewunden ist *It's All Too Much*, Harrisons mit indischem Tempo, an- und abschwellenden Trommeln, jähen Lebensregungen verklingender Töne, mehrschichtig sich überlagerndem Händeklatschen ausgestattete Nummer auf dieser LP. Diskanttöne flattern wie Motten um die höchste Tonlage … Wie immer erfrischend, schlicht (und doch komplex), dann wieder schlicht. Auch der Film ist ein Muss – das absolut wichtigste visuelle Datenmaterial '68.«

Miles,
International Times,
14. Februar 1969

»Nur eine Seite Beatles und zwei der Songs, *Yellow Submarine* und *All You Need Is Love*, kennen wir schon zur Genüge. Doch nicht verzweifeln. George Martins Filmmusik ist wirklich sehr nett, und zwei Stücke von George Harrison retten die erste Seite. Beide sind fantastische Erfahrungen, wesentlich fesselnder als das überaus schleppende *All Together Now*, eine ziemlich fade Nummer.«

Beat Instrumental, Februar 1969

COVER STORY
Wie die Beatles zu zweidimensionalen Karikaturen wurden.

Wie schon bei *Sgt Pepper* traten die Fab Four auf dem Cover der LP *Yellow Submarine* als Pepper Band an. Während sie aber auf dem Cover von *Sgt Pepper* leibhaftig in Fantasieuniformen zu sehen sind, wurde das Quartett auf dem Soundtrack-Cover zum Zeichentrickfilm durch Cartoons vertreten.

Produzent Al Brodax schuf gemeinsam mit John Coates und dem Londoner Trickfilmstudio TVC, das von 1965 bis 1967 schon die amerikanische Beatles-Cartoonserie produziert hatte, einen Zeichentrickfilm in Spielfilmlänge. Erzählt werden darin die Abenteuer der Band im Pepperland. Zum Teil wurden die Cartoons der früheren Serie verwendet, vor allem aber die Charaktere und Entwürfe von Heinz Edelmann, dessen schrill bunter Mix aus Art nouveau, Op Art, Hieronymus Bosch und psychedelischer Typografie die Landschaften und Meeresszenerien des Films prägte.

Das vom Filmplakat abgekupferte Cover zeigt die vier neben den Blue Meanies (Blaumeisen), Jeremias, Captain Fred, Glove, dem Handschuh, den Apple Bonkers und dem Snapping Turk (Bissigen Türken).

Bemerkenswert am Cover des 10. Beatles-Albums ist jedoch der Text – ein Abdruck von Tony Palmers Kritik der LP *The Beatles* (»Weißes« Album) aus dem *Observer*: »Sollte es noch irgendeinen Zweifel daran geben, dass John Lennon und Paul McCartney die größten Liederschreiber seit Schubert sind, so dürften am kommenden Freitag – dem Erscheinungstermin der neuen Doppel-LP der Beatles – die letzten Überreste von Kultursnobismus und spießbürgerlichen Vorurteilen von einer Flut fröhlichen Musizierens davongeschwemmt werden.« Alles schön und gut, wenn hier nicht vom falschen Album die Rede wäre.

Lois Wilson

»Seither wurde Martins Beitrag verlacht oder ignoriert. Dabei offenbart die objektive Betrachtung die Qualitäten seines Werks.«

Scheiß«, wie John fand. Seither wurde Martins Beitrag verlacht oder ignoriert. Dabei offenbart eine objektive Betrachtung die Qualitäten seines Werks, einer Mischung aus klassischen Versatzstücken (wie Verbeugungen vor Strawinsky) und spielerischer Collagetechnik, die an Frank Zappas *Lumpy Gravy* erinnert. *Sea Of Monsters* borgte Bachs berühmte *Air auf der G-Saite* und dekonstruierte sie unter orchestralem Gelächter, was eines Tom&Jerry-Soundtracks würdig gewesen wäre (jawohl, dies ist ein Kompliment). Und das offenbar von den Partituren zu Harrisons *Within You Without You* und *The Inner Light* inspirierte *Sea Of Time* hätte bestens auf dessen *Wonderwall*-Soundtrack gepasst.

Albums *Yellow Submarine* einfach die *Observer*-Kritik zum »Weißen« Album abdrucken ließ.

Die Filmkritikerin der *New York Times*, Pauline Kael, tadelte die Marketingkampagne, die Amerikas Läden mit *Yellow-Submarine*-Souvenirs überschwemmte. »Waren die Beatles nicht eigentlich gegen all das?«, fragte sie. »Die Art, wie Angriffe auf die Konsumgesellschaft selbst zu Konsumprodukten werden, ist, gelinde gesagt, abstoßend.«

Nichts veranschaulicht diese Kritik besser als das Album zu *Yellow Submarine*. Nicht als Soundtrack, sondern als vollwertiges Beatles-Album aufgemacht, enthielt es die vier neuen Stücke, den Titelsong von 1967, *All You Need Is Love*, und eine ganze Seite mit Filmmusik von George Martin. Dies war ebenfalls vertraglich vereinbart: Martins finanzielle Belohnung für seine bisher geleisteten Dienste.

»Brian hätte nicht zulassen dürfen, dass Martin dieses Zeug auf *Yellow Submarine* unterbringt, diesen *Sea Of Holes*-

Paul McCartney ließ Barry Miles in der Biografie *Many Years From Now* behaupten, auf *Yellow Submarine* wären nur zwei neue Beatles-Stücke gewesen. Die beiden Harrison-Beiträge fielen »versehentlich« unter den Tisch. Dabei trugen *Only A Northern Song* und *It's All Too Much* neben Lennons kantigem *Hey Bulldog* viel dazu bei,

Die Beatles in der Abbey Road, 1968.

das Album vor dem Vergessen zu bewahren. »Ich klagte, dass es letztlich egal sei, was ich schrieb«, sagte Harrison über das herrlich ironische *Only A Northern Song*, »weil das meiste Geld, das wir verdienten, in anderer Leute Taschen wanderte.« *It's All Too Much* ist aus der kollektiven Erinnerung der Beatles praktisch entschwunden; es wird weder in der *Anthology* noch in Harrisons *I Me Mine* erwähnt. Dabei ist es ein Höhepunkt des britischen Acid-Rock, dessen Rhythmus heute noch seltsam modern anmutet.

Trotz seiner musikalischen Werte blieb *Yellow Submarine* als Beatles-Produkt unbefriedigend. Daher erwogen die Beatles, ihre neuen Songs im Frühjahr 1969 mit dem bislang unveröffentlichten *Across The Universe* auf einer EP herauszubringen. Doch damit würden sie alle verärgern, die die LP bereits gekauft hatten. Aber warum brachten sie die EP nicht 1968 heraus? Oder vielleicht ein Beatles-Album mit allen im Film vorkommenden Songs, wie die CD *Yellow Submarine Soundtrack* von 1999? Weil beides George Martin um sein vertraglich zugesichertes Recht, zusammen mit den Beatles zu erscheinen, und damit um die potenziell höchsten Tantiemeneinnahmen seiner Karriere gebracht hätte.

Über ein Jahr nach Epsteins Tod waren die Beatles dank der von ihrem Manager gestrickten Zwangsjacke völlig manövrierunfähig. Und so endete das Projekt, das als Kompromiss begonnen hatte, auch als solcher.

FÜR GROSSE KINDER

Neil Innes von Bonzo Dog über das Kindliche, das *Yellow Submarine* so besonders macht.

»Nach dem, was ich gehört habe, hatten die Beatles erst kein großes Interesse an *Yellow Submarine* und speisten den Filmproduzenten nur mit ein paar Resten ab. Als sie dann aber einige Szenen gesehen hatten, beschlossen sie, etwas mehr beizusteuern. Manche der Songs gehören nicht gerade zum Besten, was die Beatles gemacht haben, aber es sind auch gute Sachen dabei. *Hey Bulldog* gefiel mir wirklich gut. Das Klavier-Riff ist toll. Es hat Ähnlichkeit mit irgendwas, aber auch wieder nicht. Es hat Biss. Die Beatles wiederholten sich nämlich nur sehr selten.

Ich weiß noch, als *Yellow Submarine* rauskam und die Leute sagten: ›Hast du die neue Beatles-Single gehört? Das ist ein Kinderlied!‹ Aber – ohne jetzt pädagogisch werden zu wollen – wir sind alle Kinder, und alles, was uns daran erinnert, ist gut. Michael Jackson ist der Beweis dafür, was passiert, wenn man seine Kindheit verliert.

Für das *Rutles*-Album hatten wir Cellospieler engagiert, die für George Martin gearbeitet haben, und sie erzählten: ›Er sagte uns, wir sollten so spielen‹, und dann machten sie ein Geräusch, als ob man ein Holzbrett durchsägt. Es war Georges Methode, das Orchester etwas rockiger klingen zu lassen. Darum passte seine Orchestrierung so gut.

All You Need Is Love ist Reklame für den Frieden. Ich denke, John sah die Tricks, die Werbeleute einsetzten, um Dinge wie Cornflakes zu verkaufen, und dachte: ›Warum nicht auch Frieden?‹ Und *Only A Northern Song* war Georges Erkenntnis, dass das Musikgeschäft nicht so lustig ist. Vermutlich kamen wir darum so gut miteinander aus!«

Joe Cushley

1.–23. JANUAR 1969

JANUAR 1969

1 George Harrison kehrt aus Amerika nach London zurück.

2 In New Jersey, USA, konfisziert die Polizei eine Schallplatten-Sendung von *Two Virgins* von John und Yoko, weil das Cover »pornografisch« sei. Lennon sagte dazu: »Das Bild sollte beweisen, dass wir keine verrückten Missgeburten sind, dass wir in keiner Weise deformiert sind und dass unser Geist gesund ist.« Die Beatles beginnen in den Twickenham Film Studios, Twickenham, mit Proben, die für eine geplante TV-Sendung gefilmt werden. Daraus entstehen später das Album *Let It Be* und der gleichnamige Film. Neue britische Nummer eins ist *Ob-La-Di, Ob-La-Da* von Marmalade.

3 Weitere Proben und Dreharbeiten in den Twickenham Film Studios.

4 Presseagent Derek Taylor kündigt an, dass das nächste Beatles-Album live aufgenommen wird, eventuell im Cavern, Liverpool, oder im Roundhouse, London.

6–9 Weitere Proben und Dreharbeiten in den Twickenham Studios.

10 In der Mittagspause der Dreharbeiten in Twickenham kündigt George an, dass er die Beatles verlassen will, lässt sich aber am selben Abend noch mal umstimmen.

12 Englandpremiere des Films *Wonderwall* im Cinecenta, London.

13 Das Album *Yellow Submarine* erscheint in den USA.

14 Fortsetzung der Proben und Dreharbeiten in Twickenham.

17 Das Album *Yellow Submarine* kommt in Großbritannien heraus.

18 Pete Best, der Ex-Drummer der Beatles, wird in seinem Prozess gegen seine alte Band eine Abfindung zugesprochen. John erzählt Ray Coleman vom *Disc And Music Echo*: »Apple verliert Woche für Woche Geld … wenn das so weitergeht, sind wir alle binnen sechs Monaten pleite.«

20 Die Dreharbeiten zu *Let It Be* werden in das neu eingerichtete Studio im Keller des Apple-Gebäudes, Savile Row 3, London, verlegt.

21 Ringo Starr wird von *Daily-Express*-Reporter David Wigg für die BBC-Radiosendung *Scene And Heard* interviewt. 1976 veröffentlicht Wigg seine BBC-Interviews mit den Beatles als Doppelalbum *The Beatles Tapes*, obwohl die Beatles versucht hatten, dies auf dem Rechtsweg zu verhindern.

22 Beginn der Aufnahmen zum Album *Let It Be* im Apple-Studio. George lädt den amerikanischen Keyboarder Billy Preston ein mitzuspielen, um die Spannungen innerhalb der Band abzumildern.

23 Aufnahme von *Get Back* im Apple-Studio.

Was: Billy Preston spielt bei den Beatles
Wo: Apple Studios
Wann: 22. Januar 1969

DAS FÜNFTE ELEMENT

Sie kannten sich schon aus Hamburg, doch sollten sieben Jahre vergehen, bevor Organist Billy Preston der »fünfte Beatle« wurde. Von Lois Wilson.

Es ist Billy Preston, der den Titel des »fünften Beatle« für sich beanspruchen kann. Er war der erste Musiker, der auf einer Beatles-Platte offizielle Erwähnung fand – sein Name wird auf der Single *Get Back* gleichrangig neben den Fab Four genannt. Er spielte Keyboard bei ihrem letzten Liveauftritt auf dem Dach des Apple-Gebäudes am 30. Januar 1969 und auf dem 1970 veröffentlichten Album *Let It Be*.

Bei ihrer ersten Begegnung steckten die Beatles und Billy Preston musikalisch noch in Kinderschuhen. Am 1. November 1962 spielten die Beatles im Hamburger Star Club im Vorprogramm von Little Richard. Der 15-jährige Preston, der bereits mit den Gospellegenden Mahalia Jackson und James Cleveland aufgetreten war, spielte in der Band des wilden Rock'n'Rollers. Nach dem Auftritt ging George auf die Bühne, um sich vorzustellen.

»Er war ein bisschen schüchtern, als er Hallo sagte, aber das beruhte auf Gegenseitigkeit«, erklärt Billy. »Wir waren die Jüngsten, und das verband uns. Er wollte alles über Amerika wissen. Es war eine sehr aufregende Zeit für uns beide, und wir freundeten uns sofort an.«

Es dauerte sieben Jahre, bis ihre Wege sich wieder kreuzten. 1969 kam Billy mit Ray Charles nach England. »Ich spielte im Londoner Palladium. George war im Publikum und erkannte mich. Er schickte mir eine Nachricht hinter die Bühne: Ich sollte doch ins Apple-Studio kommen, um Hallo zu sagen. Am nächsten Tag ging ich hin, und sie waren mitten in den Dreharbeiten zu *Let It Be*.«

»Billy kam ins Büro«, erinnerte sich George. »Ich schleppte ihn einfach von dort runter ins Studio.«

George wollte nicht nur die alte Freundschaft auffrischen; er brauchte auch einen Verbündeten. 1969 standen die Beatles kurz vor dem Bruch. John hatte seine Bandkollegen auf der 1968er Fanclub-Weihnachtsplatte als seine »biestigen Freunde« verspottet. Paul etwa schlug vor, die Band solle an exotischen Schauplätzen wie in der tunesischen Wüste oder einem römischen Amphitheater auftreten. Von Pauls absurden Ideen und seiner gönnerhaften Art ebenso frustriert wie von Johns generellem Desinteresse an der Gruppe rebellierte George schließlich gegen die ihm zugewiesene Rolle als »der Stille« und warf das Handtuch.

Eine Woche später kehrte er mit seinem Freund Billy Preston und der Hoffnung auf eine bessere Stimmung zurück. Eric Claptons Mitwirkung an *While My Guitar Gently Weeps* für das »Weiße Album« hatte der Arbeitsatmosphäre in der Band schließlich auch gut getan.

> »Zu *Let It Be* konnten alle ihre Ideen beisteuern. Sie ließen mich alles spielen, was ich wollte.« **Billy Preston**

Ab dem 22. Januar 1969 war Preston zehn Tage lang ein festes Bandmitglied. Die Beatles waren in dieser Zeit nicht nur höflich zueinander, sondern konnten sogar etwas von dem Zauber wieder entfachen, der bis zu den *Let-It-Be*-Sessions gefehlt hatte. »Alle steuerten Ideen bei«, erzählt Billy, »probierten verschiedene Sachen aus, und sie ließen mich alles spielen, was ich wollte.«

Billy wirkte am größten Teil der LP mit, so auch bei den Stücken *One After 909* und *Dig A Pony*, die beim Livekonzert auf dem Dach aufgenommen wurden, welches das grandiose Finale des Films *Let It Be* bilden sollte. Doch zu größter Form lief er auf der Single *Get Back* auf. In dem von Paul als Würdigung der R&B-Wurzeln der Gruppe komponierten Song gab es ein eindringliches E-Klaviersolo. »Als sie zu dem Soloteil kamen, sagte Paul, ich solle es übernehmen, und das tat ich. Das war völlig spontan. Ich hatte vorher keine Ahnung davon.«

Zum Dank nahmen die Beatles Billy bei Apple unter Vertrag, wo er mit Harrison als Koproduzent 1969 die LP *That's The Way God Planned It* und im Folgejahr *Encouraging Words* aufnahm. »Es war meine erste Chance, selbst geschriebene Stücke zu singen. George sagte, ein paar Freunde würden bei meinem Apple-Debüt aushelfen, und ich hätte mir nie träumen lassen, dass er Eric Clapton, Keith Richards und Ginger Baker meinte.«

Preston nahm auch eine Version des Harrison-Spirituals *My Sweet Lord* auf. Es war George, der damit im Januar 1971 in England einen Nr.-1-Hit landete, doch Billy hatte es zuerst aufgenommen und seine Version rund vier Monate früher herausgebracht. »Wir waren mit Delaney und Bonnie auf Tournee, und in der Garderobe stand ein Klavier«, berichtet Billy. »George fragte mich, wie man einen Gospel-Song schreibt, also fing ich an, einige Akkordfolgen zu spielen. Delaney und Bonnie fingen an zu singen: ›Oh My Lord, Halleluja‹, und George griff das auf und schrieb die Strophen. Es war sehr spontan improvisiert. Wir hätten nie gedacht, dass es ein Hit würde.«

Billys Beziehung zu den Beatles war so eng, dass sie auch nach der Trennung mit ihm in Kontakt blieben. Er spielte auf vier Soloalben von George Harrison mit – *All Things Must Pass*, *Extra Texture*, *Dark Horse* und *33 & 1/3* – und begleitete ihn beim Konzert für Bangladesch und seiner Dark-Horse-Tour 1974 auf der Bühne. Außerdem wirkte er an dem Album *John Lennon/The Plastic Ono Band* und Lennons *Sometime In New York City* sowie Ringos LPs *Ringo* und *Goodnight Vienna* mit. Und in *Sgt Pepper's Lonely Hearts Club Band* spielt er Sgt Pepper.

In England erlebte man ihn zuletzt 2002 beim Gedenkkonzert für George Harrison mit *Isn't It A Pity* an der Seite von Eric Clapton, in dessen Band er fest mitspielt. »Auch das verdanke ich George«, sagt er lächelnd, »denn er hat uns bekannt gemacht.«

»Müssen wir dauernd meine Orgel erwähnen?« Billy Preston im Apple-Pressebüro.

Billy Preston: »Beim Soloteil von *Get Back* sagte Paul, ich soll es übernehmen, und das tat ich. Das war völlig spontan.«

Der mächtige Manager 1969: Ob dem Rock-Impresario hier Paul McCartneys Kopf vorschwebt?

24. JAN. – 25. FEB. 1969

Was:	Die Beatles treffen Allen Klein
Wo:	Apple-Büros, Savile Row 3
Wann:	28. Januar 1969

FEISTER CONTROLLER

Als Manager der Beatles hatte Allen Klein sein Ziel, die berühmteste Band der Welt zu kontrollieren, erreicht. Von Johnny Black.

Der Brief war kurz und bündig. »Lieber Sir Joe«, schrieb John Lennon, »ich habe Allen Klein gebeten, sich um meine Sachen zu kümmern.« Johns Epistel an EMI-Chef Sir Joseph Lockwood erschütterte das Beatles-Imperium wie der Fanfarenstoß, der einst das Signal zum Totenritt der Leichten Brigade bei Balaklawa gegeben hatte.

Lennon kritzelte seine Notiz am 27. Januar 1969 im Londoner Dorchester Hotel gleich nach der ersten Begegnung mit Allen Klein, von dem er sich Rettung aus dem nach Epsteins Tod entstandenen Finanzchaos erhoffte. Am nächsten Abend um 21 Uhr setzten sich alle Beatles mit Klein zusammen. Klein gewann George und Ringo durch das Versprechen, sie von ihren Verpflichtungen NEMS gegenüber zu befreien und ihren EMI-Vertrag neu auszuhandeln. Paul konnte er nicht überzeugen.

Klein, der am 13. Dezember 1931 in Newark, New Jersey, USA, als Kind einer verarmten jüdischen Familie geboren wurde, wuchs im Kinderheim auf. Später besuchte er die Abendschule, wurde Buchhalter und fing bei einer Buchhaltungsfirma an, die für den Rock'n'Roll-Star Bobby Darin tätig war. Bald wechselte er ins Musikverlagsgeschäft, wo er den Katalog der Shirelles betreute, und wurde dann Manager von Bobby Vinton und Sam Cooke.

Mitte der 60er-Jahre war Klein gut im Geschäft und richtete sein Augenmerk auf die wertvollste Beute überhaupt – die Beatles. Da ihm klar war, dass es schwer sein würde, sie von Epstein loszueisen, etablierte er sich zunächst als Manager möglichst vieler anderer britischer Stars, zu denen Herman's Hermits, Donovan, die Animals, die Dave Clark Five und vor allem die Rolling Stones gehörten.

Rentable Rocker: Klein mit Mick Jagger, 1967

Klein, der sich nie mit Feinfühligkeit aufhielt, wenn es der Dampfhammer auch tat, drohte den Plattenfirmen seiner Klienten, ihre Bücher prüfen zu lassen und publik zu machen, was sie ihren Künstlern schuldeten. Da viele Firmen glänzend davon lebten, ihre Stars zu übervorteilen, konnte er dem System mit dieser Drohung massenhaft Bares entlocken. Vinton etwa erhielt 100 000 US-Dollar an »übersehenen Tantiemen«.

Einige von Kleins ältesten Klienten beteuern, er habe ihre finanzielle Situation erheblich verbessert; andere sind weniger zufrieden. »Ich habe Klein nie ein Papier unterschrieben«, sagt Ray Davies von den Kinks, »aber er kann sicher eins aus der Schublade zaubern.«

Als Klein 1965 den Decca-Vertrag der Stones neu aushandelte, landete der vereinbarte Vorschuss von 1,25 Mio. Dollar irgendwie in den Kassen einer von Kleins Tochterfirmen statt auf dem Konto der Stones. Die Stones strengten schließlich einen Prozess an, um das Geld zurückzubekommen.

Der Antialkoholiker Klein war ein Workaholic, der außer seinem ausgeprägten Familiensinn keine anderen Interessen als die Arbeit hatte. Clive Davis, damals Chef von Columbia Records, charakterisierte ihn als »hart arbeitenden Geschäftsmann, der im Plattenbusiness recht einfallsreich operierte«. Das ist dezent ausgedrückt: 1967 etwa fädelte er die Übernahme von Cameo-Parkway Records ein und kündigte dann verschiedene Kaufvorhaben des Unternehmens an, was die Aktien steigen ließ. Interessanterweise wurden, obwohl weniger als eine Viertelmillion Aktien im öffentlichen Handel waren, bis Februar 1968 mehr als zwei Millionen gehandelt – an diesem Punkt setzte die Börsenaufsicht den Handel aus.

Es war für Kleins Beatles-Ambitionen förderlich, dass nach Epsteins Tod Paul die Führung übernahm und die Gründung von Apple vorantrieb. Es vergingen einige Monate, bevor die anderen erkannten, dass unter seiner Regie ein komplett neues System entstanden war. Ihr Ärger darüber, dass sie es nicht verstanden, verwandelte sich in Zorn, als das System zusammenzubrechen begann.

John sah sich als Erster nach einer neuen Führerfigur um. Wie Klein war er praktisch Waise und ein unverbesserlicher Raufbold gewesen. So verwundert es kaum, dass er den unverblümten Amerikaner für »hochsensibel und hochintelligent« hielt.

Paul favorisierte die Kanzlei Eastman & Eastman, die sich um die juristischen Angelegenheiten der Beatles kümmerte – nicht nur, weil er im Begriff war, die Tochter des Firmeninhabers zu heiraten. Er schätzte an den Eastmans auch ihre guten Beziehungen und ihre

> »Ich habe Klein nie ein Papier unterschrieben, aber er kann sicher eins aus der Schublade zaubern.« **Ray Davies**

kultivierte Art – alles Eigenschaften, die Klein fehlten.

Doch am 3. Februar fiel mit drei Beatles-Stimmen gegen eine die Entscheidung, Klein die Kontrolle über die Finanzen zu übertragen. Pauls Vorahnungen bestätigten sich bald. »Allen Klein verdiente im ersten Jahr, in dem er die Beatles managte, fünf Millionen Pfund«, bemerkte er später. »Da wurde ich hellhörig und dachte mir: fünf Millionen in einem Jahr? Wie lange wird er brauchen, um das alles loszuwerden?«

Kleins Karriere war von Auseinandersetzungen und endlosen Prozessen geprägt. Anfang der 70er-Jahre war er in Rechtsstreitigkeiten mit den Beatles, den Stones, Arhoolie Records und vielen anderen verwickelt.

Während viele Klagen erfolglos blieben, musste Klein 1979 wegen Steuerhinterziehung im Zusammenhang mit Einnahmen aus Georges Bangladesch-Konzerten, die wohl in seine Tasche geflossen waren, zwei Monate in Haft.

Heutzutage konzentriert Klein seine Aktivitäten auf die Filmindustrie, dürfte aber immer noch vor sich hin schmunzeln, wenn er daran zurückdenkt, dass George Harrison 1981 dazu verurteilt wurde, an Kleins Unternehmen ABKCO 587 000 Dollar Schadenersatz zu zahlen, weil er ein »unbewusstes« Plagiat begangen hatte: *My Sweet Lord* ähnelte dem Chiffons-Hit *He's So Fine*.

---

24 Aufnahme von *Two Of Us*, *Teddy Boy*, *Maggie Mae*, *Dig It*, *Dig A Pony* und *I've Got A Feeling* in den Apple Studios.

25 Beginn der Arbeit an dem Song *Let It Be*, Apple Studios

26 John Lennon schlägt vor, ein Livekonzert auf dem Dach des Apple-Gebäudes zu spielen. Die Aufnahmen zu *The Long And Winding Road* in den Apple Studios beginnen.

27 John trifft sich mit Allen Klein und bittet ihn, sich um seine finanziellen Angelegenheiten zu kümmern.

28 Klein trifft alle Beatles. George und Ringo wollen von ihm vertreten werden. Paul verlässt das Meeting.

29 Die Beatles arbeiten im Apple Studio an *I Want You* (She's So Heavy), *One After 909*, *Teddy Boy* und anderen Stücken.

30 Letzter öffentlicher Auftritt der Beatles – ein Gratiskonzert zur Mittagszeit auf dem Dach der Apple-Zentrale in London

31 Aufnahmen von *Let It Be*, *The Long And Winding Road*, *Lady Madonna*, *Two Of Us*, Apple Studios

FEBRUAR 1969

2 Yoko wird von Tony Cox geschieden und erhält das Sorgerecht für ihre Tochter Kyoko.

3 Klein übernimmt gegen McCartneys Willen die Kontrolle über die Finanzen der Beatles. Ringo beginnt in den Twickenham Studios mit den Dreharbeiten zur Verfilmung von Terry Southerns Buch *The Magic Christian*.

4 McCartney ernennt die Anwälte Eastman & Eastman zu Rechtsberatern von Apple Records. Inhaber der Kanzlei ist Lee Eastman, Vater der zukünftigen Linda McCartney.

5 *Yellow Submarine* wird in den USA vergoldet.

8 *Unfinished Music No 1 – Two Virgins* steigt in die US-Albumcharts auf Platz 158 ein.

13 Apple Records gibt zum Start von Mary Hopkins Debütalbum *Post Card* eine Party im Restaurant des Post Office Tower, London. Unter den Gästen: Paul, Linda und Jimi Hendrix.

15 *Yellow Submarine* taucht in den US-Albumcharts auf, wo es schließlich Platz zwei erreicht.

20 Ringo besucht die Europa-Premiere seines Films *Candy* (oben) im Odeon, Kensington.

22 Erneute Aufnahme von *I Want You*, Trident Studios, London

25 George beginnt in den EMI-Studios, Abbey Road, London, mit der Aufnahme von *Something*.

1. – 28. MÄRZ 1969

MÄRZ 1969

1 Mary Hopkin nimmt das von Paul McCartney geschriebene *Goodbye* in den Morgan Studios, London, auf.

2 John und Yoko treten in der Lady Mitchell Hall, Cambridge, auf und nehmen dabei die erste Seite des Albums *Life With The Lions* auf.

4 Paul besucht die Londoner Premiere des Films *Isadora* über die Tänzerin Isadora Duncan.

8 Die Beatles sind mit dem »Weißen« Album und *Yellow Submarine* auf Platz eins und zwei der US-Albumcharts.

12 Die Polizei findet bei George Harrison Haschisch, kurz bevor er zu Paul McCartneys Hochzeit mit Linda Eastman (unten) auf dem Standesamt Marylebone, London, aufbricht.

13 Der *Daily Mirror* erscheint mit der Schlagzeile: »Beatle George und Patti wegen Drogen angeklagt«.

14 Verleihung einer Goldenen Schallplatte für das Soundtrack-Album *Yellow Submarine* in den USA.

15 Wie später in *The Ballad Of John And Yoko* dokumentiert, wird das nicht gar so glückliche Paar wegen Problemen mit den Pässen daran gehindert, am Thorensen Passenger Terminal, Southampton, eine Fähre nach Frankreich zu besteigen.

16 John Lennon und Yoko Ono fliegen nach Paris.

17 Cream bringt in den USA die Single *Badge* heraus, an der George Harrison mitgewirkt hat.

18 Dreharbeiten mit Ringo im Star & Garter Pub, Putney, London, für den Film *Magic Christian*.

19 George und Patti müssen wegen Drogenbesitzes vor dem Amtsgericht Esher/Walton erscheinen, werden aber gegen eine Bürgschaft von Derek Taylor auf freien Fuß gesetzt.

20 John Lennon und Yoko Ono heiraten auf Gibraltar.

21 Jackie Lomax veröffentlicht in Großbritannien die von George Harrison geschriebene Single *Sour Milk Sea* mit George, Paul und Ringo als Backgroundmusikern.

22 John und Yoko beginnen ihre Flitterwochen in Paris.

25 John und Yoko beginnen ihr »Bed-in«, eine Friedensdemonstration, im Amsterdamer Hilton Hotel.

27 Ringo erklärt in London, dass die Beatles nicht mehr vor Publikum auftreten werden.

28 Mary Hopkins Single *Goodbye*, die von John und Paul geschrieben wurde und auf der Paul die Bassgitarre spielt, erscheint in Großbritannien.

Was: »Magic Christian« wird gedreht
Wo: Twickenham Film studios
Wann: 3. Februar 1969

STARR-ROLLE

Trotz glanzvoller Auftritte in zwei Beatles-Streifen sagte Ringo, er könne nicht schauspielern. In *Magic Christian* ist er der Star. Von Fred Dellar.

John und Paul mochten die Bühnenstars sein, doch wenn es ans Filmen ging, war Ringo der King. Dieses Gesicht. Dieser Hundeblick, immer jammervoll, immer wieder sehenswert, und die trockene Art, mit der er selbst die banalsten Bemerkungen in etwas verwandelte, an dem sich das Publikum nicht satt hören konnte. Bei *A Hard Day's Night* und *Help!* stahl Ringo den anderen mühelos die Schau.

Die große Leinwand lockte, und Ringo erinnert sich, wie Brian Epstein ihm half, passende Drehbücher auszusuchen: »Wir beschlossen, dass *Candy* ein guter Test für mich wäre, weil es nur zwei Wochen Arbeit bedeutete.«

Aber *Candy* war trotz der Starbesetzung mit Marlon Brando, Richard Burton, James Coburn und Walter Matthau keine große Sache für Ringo, der nur eine kleine Rolle bekleidete. »Dann kam *Magic Christian*, das vom gleichen Autor, Terry Southern, stammte.«

Southern hatte nicht nur *Candy* und *Magic Christian*, sondern auch die Drehbücher zu *Barbarella* und *Dr. Seltsam* geschrieben und den Plot von *Easy Rider* entworfen. Seine Arbeit hatte etwas Verrücktes, fast schon Psychedelisches, das Ringo sehr gefiel.

»Er ist fantastisch«, begeisterte sich Starr. Und so machte sich das hoffnungsvolle Jungtalent am 3. Februar 1969 zu den Twickenham Studios auf, um mit den Dreharbeiten zu beginnen. Eigens für ihn war eine Rolle geschaffen worden, die in Southerns Romanvorlage nicht vorkam. Er sollte Youngman Grand spielen, den Adoptivsohn von Sir Guy Grand (Peter Sellers), der beweisen will, dass die Menschen für Geld alles tun.

Dabei erklärte Ringo jedem, der es hören wollte, er sei kein Filmstar. »Ich kann nicht schauspielern. Ich weiß nicht, wie das geht. Ich tue einfach nichts ... vielleicht ist es das.«

Während der Dreharbeiten änderte sich die Besetzung fast täglich. Ringo berichtete, wie verschiedene Stars vorbei schauten, um Hallo zu sagen, und plötzlich ein Skript in die Hand gedrückt bekamen. »Die Produzenten gingen zu Terry und sagten: ›Terry, das rätst du nie!‹ Und er sagte: ›Was denn?‹ ›Wir haben Yul Brynner!‹ Also musste Terry etwas für Yul Brynner schreiben.« So ähnlich wurden auch Raquel Welch, Roman Polanski, Richard Attenborough, Laurence Harvey, Christopher Lee, Dennis Price, Spike Milligan, John Cleese und Graham Chapman in die immer wieder veränderte Handlung eingebaut. Das führte bei Regisseur Joseph McGrath und erst recht bei Terry Southern zu nachhaltiger Verwirrung. »Das Ganze ist eine gigantische Schlaftablette«, erklärte er, als er den Überblick über die Umarbeitungen zu verlieren begann.

Derweil verwandelten Peter Sellers und Ringo als Sir Guy und Youngman Grand eine Hamlet-Vorstellung in eine Striptease-Show, ruinierten eine Moorhuhnjagd durch den Einsatz von Maschinengewehren und Panzern, verbreiteten Chaos auf einer Hundeschau und bei Sothebys, versetzten Passagiere einer Kreuzfahrt mit Dracula in Angst und Schrecken und zwangen einen Verkehrspolizisten (Milligan), seinen Strafzettel zu verspeisen.

Die beiden lobten einander über den grünen Klee. Sellers sagte: »Ringo ist ein Naturtalent; er kann mit den Augen sprechen.« Dabei brachte der wandlungsfähige Komiker Ringo öfter aus dem Konzept. »Ich kenne ihn recht gut«, erklärte Ringo, »aber wenn er plötzlich in seine Rolle schlüpfte, verwirrte er mich schon!«

Im Juni 1969 brachte der *Rolling Stone* die Meldung: »In *Magic Christian*, mit Ringo Starr, wird es eine Schlüsselszene geben, in der ein verrückter Millionär den ›American Way of Life‹ verhöhnt, indem er einen großen Kübel voll Geld – mit Scheiße gemischt – unters Volk wirft. Die Szene wird im New Yorker Wall-Street-Viertel gefilmt, und Southern besteht auf echter Scheiße.«

Der Plan scheiterte am Veto der amerikanischen Geldgeber des Films. Die Szene mit einem gewaltigen Bottich voller Urin, musikalisch begleitet von Thunderclap Newmans *There's Something In The Air*, wurde schließlich am Londoner Themseufer in der Nähe des National Film Theatre gedreht.

Begnadete Komiker: Ringo und Peter Sellers in Magic Christian.

Erste Beschwerden über die Anstößigkeit des Films gab es schon, bevor er überhaupt fertig war, doch Ringo hatte seinen Spaß: »Ich habe die Filme mit ›Botschaft‹ satt. Es ist an der Zeit, zu Doris Day zurückzukehren.«

> »Ich kann nicht schauspielern. Ich weiß nicht, wie das geht. Ich tue einfach nichts ... vielleicht ist es das.« **Ringo Starr**

Nach Abschluss des wichtigsten Teils der Dreharbeiten wurde am 4. Mai eine Party im Les Ambassadeurs in London veranstaltet, zu der außer Ringo auch John und Paul erschienen. Paul nahm seinen Beitrag zum Film, den Song *Come And Get It*, im Sommer mit der Apple-Band Badfinger auf, die noch zwei weitere Songs zum Film beisteuerte. Erst im Herbst waren endlich alle Nacharbeiten am Film *Magic Christian* abgeschlossen. Am 11. Dezember, dem Tag der Premiere im Kensington Odeon, London, zu der auch Mitglieder der königlichen Familie erwartet wurden, demonstrierten John Lennon und Yoko Ono vor dem Kino mit Transparenten, auf denen stand: »Großbritannien hat Hanratty ermordet«. Das Spektakel hätte glatt von Sir Guy Grand inszeniert sein können.

Doch selbst die miesen Kritiken – »Der Roman fällt als Film schon nach wenigen Minuten in sich zusammen.« – konnten Ringo nicht beirren. »Es hat mich ja keiner dazu gezwungen; ich wollte es machen«, sagte er. Und er begann über sein nächstes Projekt nachzudenken.

FOTOS: TOPFOTO, PICTORIAL PRESS, POPPERFOTO

»Und das ist für *Honey Don't!*«
Raquel Welch und Ringo bei den
Dreharbeiten zu *Magic Christian*,
Twickenham Studios, Februar 1969.

**No business like showbusiness:
Paul und John mit Peter Brown (sitzend)
und Magic Alex (rechts), 1968.**

EIN HAUCH VON GESCHICHTE

George lud Hell's Angels dazu ein, im Büro vorbeizuschauen, in Johns Zimmer waren alle Möbel halbiert und der Haus-Hippie drehte jedem Gast einen Joint – bei Apple kam keine Langeweile auf … Von Johnny Black.

Wer ist wer bei Apple?

Neil Aspinall: Hauptgeschäftsführer, ehemaliger Beatles-Roadie
Alistair Taylor: der langjährige Angestellte von NEMS kam als Geschäftsführer zu Apple.
Ron Kass: Leiter von Apple Records, früher Vizepräsident von Liberty Records und Ehemann von Joan Collins
Peter Brown: Vorstandsvorsitzender, ehemaliger NEMS-Direktor; generös und klug
Peter Asher: Artist & Repertoire-Chef (A&R-Chef). Bruder von Jane Asher und Ex-Mitglied von Peter & Gordon
Denis O'Dell: Leiter von Apple Films. Mitproduzent von Lennons Film *Wie ich den Krieg gewann*
Derek Taylor: Leiter der Presseabteilung. Der Beatles-PR-Guru war früher bei einer Lokalzeitung.
Tony Bramwell: Leiter der Werbeabteilung von Apple Records. Der Ex-Roadie arbeitete sich bei NEMS nach oben.
Terry Doran: Leiter von Apple Publishing. Ehemaliger Partner von Brian Epstein im Autohandel, als »man from the motor trade« in dem Song *She's Leaving Home* verewigt.
Alexis Mardas alias Magic Alex: Leiter von Apple Electronics. Aus Griechenland stammender, so genannter Elektronikexperte.
Barry Miles: Manager von Zapple Records, seit 1965 mit McCartney befreundet. Seine Leidenschaft für Avantgarde-Jazz und Lyrik prädestinierten ihn für diesen Job.
Allen Klein: Buchhalter aus der US-Musikindustrie, sollte Apples finanzielle Probleme lösen.
Richard DiLello: Haus-Hippie und später Leiter der Abteilung Öffentlichkeitsarbeit

Peter Brown — Ron Kass — Derek Taylor — Allen Klein and Neil Aspinall — Terry Doran

1967

13. JANUAR
Brian Epstein gibt die Fusion seiner Firma NEMS mit der Firma RSO von Robert Stigwood bekannt.
Tony Bramwell: Von Brian Epsteins Standpunkt aus war die Fusion gut, weil dadurch neue Künstler wie The Who und Cream zu NEMS kamen. Die Beatles waren nie scharf auf Robert Stigwood.
Barry Miles: Die Beatles wurden recht wütend, als sie von Brians Plänen erfuhren, sie an Stigwood zu verkaufen.
Tony Bramwell: Sie sagten zu Brian, dass sie NEMS verlassen würden, sollte Stigwood noch mehr Kontrolle bekommen. Zu dieser Zeit entstanden die ersten Überlegungen der vier, sich selbst um die geschäftlichen Angelegenheiten zu kümmern.

19. JANUAR
Die Beatles beginnen in Studio 2 der Abbey Road Studios mit der Arbeit an *A Day In The Life*.
Tony Bramwell: Paul sagte während der Arbeit an *A Day In The Life* häufig: »A is for Apple, B is for Beatles …« Er hatte es von dem Magritte-Poster, das in seinem Wohnzimmer hing.
Alistair Taylor: Paul rief mich an und sagte, er hätte einen Namen für die Firma, die sie gründen wollten: Apple. Ich fragte: »Was bedeutet das?« Er sagte: »Denk mal nach, Alistair. Was lernen Kinder als Erstes in der Schule? A is for Apple.« Er war überzeugt, es würde die Geschäftswelt revolutionieren.
Barry Miles: Es wurde darüber gesprochen, sich mit Donovan und den Rolling Stones zusammenzutun und eine große Firma zu gründen, das hielt jedoch nicht lange.

1. JUNI
Sgt Pepper's Lonely Hearts Club Band **wird veröffentlicht.**
Tony Bramwell: Auf dem Cover findet man den Hinweis, dass es von »MC Productions and The Apple« gestaltet wurde. Das war die erste öffentliche Erwähnung.

27. AUGUST
Brian Epstein stirbt an einer Überdosis in seiner Wohnung in der Chapel Street.
Alistair Taylor: Ich blieb nach Brians Tod bei NEMS, begann jedoch bald, es zu hassen. Vic Lewis, Robert Stigwood, alle stritten sich nur noch fürchterlich darum, wer die Kontrolle über die Beatles übernehmen sollte.

13. SEPTEMBER
Die Beatles gründen die Elektronikfirma Fiftyshapes Ltd. mit Magic Alex als Geschäftsführer. Später wird daraus Apple Electronics.
Ringo Starr: Magic Alex erfand elektrische Farbe. Man streicht seine Wohnzimmer damit, steckt den Stecker rein und schon leuchten die Wände! Sie wurde auf kleine Metallstücke aufgetragen, und da wurde uns klar, dass man sein Wohnzimmer mit Metallplatten auskleiden müsste.

27. SEPTEMBER
Der Musikverlag Apple Publishing Ltd. wird in der Baker Street 94 gegründet und Neil Aspinall als Hauptgeschäftsführer eingesetzt.
Neil Aspinall: Eine Menge Leute bewarben sich für diesen Job, aber man konnte sich auf keinen Bewerber einigen. Also sagte ich: »Okay, ich mache es, bis ihr jemanden findet, den ihr wirklich wollt.«
Alistair Taylor: Der Grund für die Firmen der Beatles lag darin, dass sie nicht so viel Steuern zahlen wollten. Ihr Steuersatz lag bei 97,5 Prozent, aber als Firma mit einem Businessplan konnten sie den Satz auf 80 Prozent reduzieren. Wenn man Millionen verdient, spart man damit echt viel Geld.
Brian Epsteins Bruder Clive hatte einmal die tolle Idee, eine landesweite Kette von Grußkarten-Shops zu errichten. Clinton's gab es damals noch nicht. Wir fanden die Sache alle großartig, nur die Beatles hassten dieses Konzept. Sie hassten alle unsere Ideen.
Endlich kam John Lennon und sagte: »Wir sollten eine Firma gründen, die Künstler und kreative Leute unterstützt.« Also begannen wir das umzusetzen. Schließlich war es ja ihr Geld.
Wir fingen in diesem winzigen Büro in der Baker Street an, aus dem später der Apple-Laden wurde. Die ersten Ideen waren der Verlag, das Studio und das Label.
Peter Asher: Das Konzept war, eine künstlerfreundliche Plattenfirma zu gründen, die offen für neue Ideen war. Die Musiker heute beschweren sich über die »Anzugfritzen« in den Chefetagen, aber damals waren die Chefs wirklich vornehme Leute. Im Büro von Sir Joseph Lockwood bei der EMI fühlte man sich fast genötigt, sich zu verbeugen.

7. DEZEMBER
Der Apple Shop eröffnet in der Londoner Baker Street 94.
Tony Bramwell: Er wurde von The Fool geführt, diese Hippie-Designer aus Holland. Sie hatten tolle Einfälle für Klamotten, aber keine Ahnung davon, wie man einen Laden führt.
Alistair Taylor: Zu dieser Zeit fragten sie mich, ob ich Geschäftsführer bei Apple werden wollte und ich war ziemlich scharf darauf. Am nächsten Tag fing ich an.

11. DEZEMBER
Apple Music Publishing verpflichtet Grapefruit als erste Band.
John Perry, Gitarrist von Grapefruit: Ich war im Speakeasy und traf Terry Doran. Er sagte, er hätte einen Musikverlag und gab mir seine Visitenkarte. Ich hatte noch nie von Apple gehört und vergaß die Sache einige Wochen. Dann wollte ich ein paar meiner Songs verlegen lassen und dachte mir, ich könnte mal bei ihm vorbeischauen. Damals waren die Beatles »anspruchsvoll« geworden und wir unterhielten uns über meine Idee für ein Projekt, das die Lücke, die sie gelassen hatten, füllen sollte. Also gründeten wir Grapefruit, der Name stammte von John Lennon.
Geoff Swettenham (Schlagzeuger von Grapefruit): Apple bezahlten unser Haus und unseren Unterhalt. Sie hielten uns tatsächlich am Leben.

21. DEZEMBER
Die Beatles geben zur Veröffentlichung Ihres neuen Fernsehfilms *Magical Mystery Tour* eine Party im Londoner Royal Lancaster Hotel.
Tony Bramwell: Die *Mystery-Tour*-Weihnachtsparty hatte nichts mehr mit NEMS zu tun. Innerhalb weniger Tage hatten die Beatles alle NEMS-Mitarbeiter, die sie bei Apple haben wollten, zu sich geholt: mich, Alistair Taylor, Peter Brown, die Telefonistin Laurie und die Sekretärin Barbara.

1968

22. JANUAR
Die Beatles beziehen Büroräume in der Wigmore Street 95. In den neuen Büros richten sich außerdem die Sparte Apple Films und die Finanz- und Verwaltungsabteilungen ein.

Tony Bramwell: Der Verlag blieb in der Baker Street, erst als wir im Juli in die Savile Row zogen, waren alle Apple-Firmen unter einem Dach.

10. FEBRUAR
Die Beatles übertragen alles Geschäftliche von NEMS auf Apple und Peter Asher kommt als Chef der Künsterbetreuung (A&R) hinzu.

Peter Asher: Paul wusste, dass ich Platten produzierte, also wollte er wissen, ob ich als Produzent für Apple arbeiten würde. Ein wenig später fragte er mich, ob ich Leiter der A&R-Abteilung werden wolle. Ron Kass, früher bei Liberty Records, war damals der einzige Geschäftsmann bei Apple, weil wir jemanden mit Sinn fürs Geschäftliche brauchten.

Am Anfang war es absolut aufregend. Wir waren sehr optimistisch, das zu erreichen, was wir wollten. Wir hielten jede Woche eine A&R-Besprechung ab, bei der immer auch wenigstens ein Beatle dabei sein musste.

8. APRIL
Derek Taylor, der ehemalige PR-Mann der Beatles, kehrt als Pressechef von Apple aus LA zurück.

Richard DiLello: Ich bekam meinen Job als Haus-Hippie von Apple, weil ich zur richtigen Zeit am richtigen Ort war. Ich kannte Derek Taylor aus Los Angeles. 1967 trieb ich mich in der ganzen Welt herum, bis ich im Frühling 1968 in London landete. Als ich erfuhr, dass Derek wieder mit den Beatles zusammen war, rief ich ihn an, fragte nach einem Job und er gab mir einen.

3. MAI
James Taylor bringt sein Demoband zu Apple.

James Taylor: Ich hatte ein Demotape, das Peter gefiel. Er spielte es McCartney vor, der mochte es und auf einmal hatte ich einen Vertrag.

Peter Asher: Was ich zu diesem Zeitpunkt nicht wusste, war, dass James heroinabhängig war. Erst als wir sein erstes Album produzierten fiel mir auf, dass er mehr Zeit auf der Toilette verbrachte, als normal war.

5. MAI
Mary Hopkin tritt in der TV-Talentshow *Opportunity Knocks* auf.

Alistair Taylor: Twiggy kam und ging rauf zu Paul. Kurz darauf fragte er mich, ob ich *Opportunity Knocks* gesehen hätte. Hatte ich nicht. Er sagte: »Twigs ist hier und sie hat gestern eine wundervolle Sängerin in dieser Show gesehen.« Also bekam ich den Job, Mary ausfindig zu machen.

Ich trieb sie auf und ließ sie nach London ins Studio von Dick James bringen. Sie kannte nur vier Songs. Sobald sie anfing zu singen, sahen Paul und ich uns nur an – seine Entscheidung war gefallen.

Peter Asher: Paul kannte *Those Were The Days* aus einem Londoner Nachtclub. Nachdem er Mary das Lied singen hörte, sagte er: »Die müssen wir unter Vertrag nehmen. Ich weiß schon, was ihre erste Single wird.«

Alistair Taylor: Beim zweiten Song riss ihr eine Gitarrensaite und dieser brave kleine Engel sagte: »Oh, verdammt!« Paul und ich konnten kaum noch aufhören zu lachen.

14. MAI
John und Paul geben auf einer Pressekonferenz im Americana Hotel in New York die Gründung von Apple bekannt.

John (auf der Pressekonferenz): Es geht um Platten, Filme und Elektronik. Wir bieten Leuten, die einen Film drehen wollen, die Möglichkeit, damit sie nicht irgendwo auf Knien betteln müssen, womöglich vor ihnen.

Paul: Wir sind in der glücklichen Lage, kein Geld mehr verdienen zu müssen, die Chefs sind hier also zum ersten Mal nicht wegen des Geldes dabei. Wenn jemand zu mir kommt und sagt: »Ich habe diesen oder jenen Traum«, antworte ich: »Hier hast du Geld, geh los und mach was draus.«

15. JUNI
Apple zieht in das einen Monat zuvor für 500 000 Pfund erworbene Haus in der Savile Row 3.

Tony Bramwell: Im Erdgeschoss waren der Empfang, die Telefonzentrale und das Büro von Ron Kass. Im Keller baute Magic Alex das Studio, es funktionierte allerdings nie richtig. Im ersten Stock befand sich Dereks Pressebüro, wo all die verrückten Dinge vor sich gingen.

Derek Taylor: Wir machten uns nie Notizen. Wir bauten den ganzen Tag Joints, für uns und unsere Gäste … und es gab Hunderte davon. Ken Kesey wollte etwas vortragen, oder Joe Smith oder Mo Oslin von Warner Bros. wollten Hallo sagen. »Geh mit ihnen nach hinten, Ringo. Geb ihnen einen Joint.« Oder Lauren Bacall kommt rauf. Es war Freigebigkeit im großen Stil.

Tony Bramwell: Gegenüber Dereks Büro war das Büro der Beatles, in dem auch Neil und Mal saßen. Im zweiten Stock war die Buchhaltung und darüber saßen ich, Denis O'Dell und Peter Asher.

Ich war als Assistent von Denis O'Dell dazugekommen, dem Chef von Apple Films. Wir machten hauptsächlich Videos, die ich dann bei der BBC unterbringen musste. An einem Tag drehten wir *Lady Madonna*, am nächsten ging ich damit zur BBC, also wurde ich der PR-Leiter – ich gab mir den Job eigentlich selbst.

17. JULI
James Taylor begleitet Mary Hopkin zur Premiere von *Yellow Submarine* im Pavillon in London.

Alistair Taylor: Ich sorgte dafür, dass James Mary zur Premiere von *Yellow*

> »ES GAB EINEN ENDLOSEN VORRAT AN GUTEM HASCHISCH. ES WAR MEIN JOB ALS HAUS-HIPPIE, ES ZU BESORGEN, JOINTS ZU BAUEN UND ZU VERTEILEN.«
> **RICHARD DiLELLO**

»Okay, erster Punkt der Tagesordnung: Wo ist die verdammte Einrichtung?« Apple beim Einzug in die neuen Räume in der Savile Row 3.

Frischobst: Ringo, George und Paul, die Gründer von Apple 1968

> »SIE VERTEILTEN GELD AN LEUTE, ALS WÜRDE ES MORGEN KEINS MEHR GEBEN. DIE LEUTE BEKAMEN AUTOS UND PFERDE GESCHENKT.« ALISTAIR TAYLOR

Submarine begleitete und nachher mit ihr zur Party im Royal Lancaster Hotel ging. Eine halbe Stunde später sah ich, dass Mary alleine und verloren herumstand. Also fragte ich sie nach James. »Er ist auf der Veranda«, sagte sie. Als ich rausging, stand er da und rauchte einen Joint. Er war einfach gegangen und hatte sie stehen lassen. Dreimal musste ich noch rausgehen und ihn wieder zurückbringen, bis ich schließlich sagte: »Entweder du hörst damit auf, oder du fliegst raus.« Schließlich holte ich ihm ein Taxi. In seinem Zustand hätte er es nicht alleine nach Hause geschafft.

23. JULI
Mal Evans nimmt The Iveys für Apple unter Vertrag.
Peter Asher: Alle Beatles waren immer bei den wöchentlichen A&R-Besprechungen dabei, sie interessierten sich aber nur für ihre eigenen Projekte. George redete über Jackie Lomax, John über ein komisches Projekt, das er mit Yoko plante. Einmal setzte Mal sich wirklich stark für eine Band ein, The Iveys. Paul mochte sie, und John und George waren von ihrem Demo sehr beeindruckt, also nahmen wir sie unter Vertrag.

31. JULI
Bei der Schließung des Apple-Ladens werden die Merchandise-Artikel an die Leute verschenkt.
Barry Miles: Die Pleite des Apple-Ladens war ein Vorzeichen der Dinge, die schief gehen würden. Ich glaube, sie verloren dabei 100 000 Pfund, was damals eine Menge Geld war.

11. AUGUST
Die Beatles rufen die »National Apple Week« aus und geben die Gründung von Apple Records offiziell bekannt.
Alistair Taylor: Sie verteilten Geld, als würde morgen keines mehr geben. Sie verschenkten Autos und Pferde. Wir hatten zwei Spitzenköche im Haus und einen Schrank voller edler Weine und Champagner. Wir dachten, es wäre sinnvoller, die Leute im Haus zu unterhalten, als in teure Restaurants zu zugehen.
Richard DiLello: Es gab einen endlosen Vorrat an gutem Haschisch und es war mein Job, es zu besorgen, Joints zu drehen und zu verteilen.
Alistair Taylor: Im August '68 versammelte ich die Jungs und sagte: »Euer Geld fliegt zum Fenster raus.« Sie fragten, was sie tun könnten und ich riet ihnen, einen guten Geschäftsmann in die Firma zu holen. Die Leute bei Apple waren alle in Ordnung, aber wir waren nur Kleinstadt-Geschäftsleute und keiner von uns hatte Erfahrung im Big Business.

26. AUGUST
Apple Records veröffentlicht die ersten vier Singles, darunter *Hey Jude* von den Beatles und *Those Were The Days* von Mary Hopkin.
Tony Bramwell: Die Leute glauben oft, Apple wäre ein einziges Katastrophengebiet gewesen, aber das Label und der Verlag arbeiteten mit bemerkenswertem Profit. Auf Seiten des Verlages benannten sich The Iveys in Badfinger um und schrieben *Without You*, was ein großer Hit für Harry Nilson wurde, außerdem hatten wir Gallagher & Lyle. Wir hatten sogar die Steve Miller Band als Songwriter unter Vertrag.

SEPTEMBER
Barry Miles ist als Geschäftsführer von Zapple Records vorgesehen, der Avantgarde-/Experimental-Tochter von Apple, die im Mai 1969 gegründet werden sollte.
Barry Miles: Wir schickten Beatles-Platten an Fidel Castro und Mao Tse Tung, um ihnen zu zeigen, dass wir eine Plattenfirma waren und baten sie, sich darauf vorzubereiten, für das Label aufgenommen zu werden oder uns Bänder mit ihren Reden oder ähnlichem zu schicken. Wir erhielten nie eine Antwort darauf.

3. NOVEMBER
Crosby, Stills & Nash proben mit ihrer neuen Band in London.
Tony Bramwell: Wir verpassten einige gute Chancen. Die William Morris Agency befand sich gleich neben Apple. Larry Curzon, der Chef dort, hatte eine alte Garage in der Nähe der Gloucester Road, in der Crosby, Stills & Nash probten. Sie brachten ihre Demos bei uns vorbei und alle liebten sie, nur John nicht, der sie für baren Unsinn hielt. Also wurden sie abgelehnt.

24. NOVEMBER
Grapefruit trennen sich von Apple
George Alexander (Bass, Gesang): [in einer Erklärung von damals] Wir wollen raus aus der Beatles-Ecke. Natürlich hat uns das am Anfang geholfen und jeder kannte uns als die »Beatles-Band«, aber wir wollen es alleine schaffen.

4. DEZEMBER
Harrison teilt der Apple-Belegschaft mit, dass zwölf Hell's Angels auf dem Weg in die Tschechoslowakei in den Apple-Büros einen Zwischenstopp einlegen werden. Er schlägt vor: »Versucht, ihnen behilflich zu sein, ohne den Betrieb zu vernachlässigen oder ihnen die Kontrolle über Savile Row zu geben.«
Richard DiLello: Kein Tag verging, ohne dass wir mit irgendeiner total abgedrehten Krise oder einem Triumph fertig werden mussten. Wie hätte so etwas Schönes von Dauer sein können? Das war nicht drin.

1969

18. JANUAR
John Lennon soll *Disc And Music Echo* gesagt haben, Apple könnte in sechs Monate pleite sein.
Allen Klein: Ich las in der Presse, dass John gesagt haben soll, dass »Apple innerhalb von sechs Monaten pleite sein würde, wenn das Geld weiter so maßlos ausgegeben würde.« Ich rief Herrn Lennon von New York aus an und vereinbarte ein Treffen mit ihm in London.
John Lennon: Es gab Leute, die auf unsere Kosten lebten und uns ausraubten. Apple verlor jeden Monat 18 000 oder 20 000 Pfund und niemand tat etwas dagegen …

22. JANUAR
Das Apple-Studio wird eröffnet, wegen der Inkompetenz von Magic Alex viel später als geplant.
Tony Bramwell: Es wurden einige finanziell sehr schlechte Routen eingeschlagen, darunter Apple Electronics. Das war Johns Ding. Er vertraute Alex Mardas absolut und ließ ihn massenweise Rechnungen anhäufen, nichts davon führte zu irgendwas. Bei Alex ging das Geld einfach in Rauch auf.

27. JANUAR
John Lennon trifft sich mit Allen Klein und bittet ihn, seine finanziellen Angelegenheiten zu regeln.
Allen Klein: Er machte klar, dass er wegen seiner und Yokos Angelegenheiten hier sei. Um die Beatles würden sich Eastman-Leute kümmern.
Peter Asher: Ich hatte bereits von Kleins krummen Dingern mit den Stones gehört, daher war ich alarmiert, als John ihn hinzuziehen wollte. Er hatte zuvor sicherlich gute Arbeit für Künstler geleistet, US-Sänger wie Bobby Darin oder Bobby Vinton, aber es gab immer den Verdacht, dass er am Ende einen größeren Anteil an ihren Einnahmen und Optionen besaß, als in Ordnung war.
Peter Brown: Mick kam vorbei, um den Beatles zu erklären, wie Klein wirklich war. Er sagte John: »Bevor du einen Deal mit Klein eingehst, hör dir an, was ich erlebt habe.«
Mick Jagger: Diesen Kerl sollte man meiden, wenn man mich fragt. Er interessiert sich nur für sich selbst.
Peter Brown: John erzählte Klein, dass Mick Jagger kommen würde und als er da war, stand er nicht nur den Beatles gegenüber, sondern auch Allen Klein. Mick konnte also nicht viel ausrichten. Das war eine sehr bizarre Aktion von John.

3. FEBRUAR
Allen Klein wird beauftragt, sich um die Finanzen der Beatles und die ihrer Firmen zu kümmern.
Peter Asher: Paul reagierte recht ablehnend auf Klein. Ich erinnere mich, wie er in seinem schwarzen Rollkragenpulli furchteinflößend im Haus herumlief. Meine Reaktion war, auszusteigen, solange es noch

Der Alltag bei Apple: The Iveys, später Badfinger (zweite Reihe rechts); Paul mit einer der ersten Künstlerinnen auf dem Apple-Lable, Mary Hopkin (unten links).

»Joint gefällig?« Apples Pressebüro mit Derek Taylor in dem weißen Korbstuhl (rechts außen).

»MAN KONNTE NICHT MEHR EINFACH SO IN DEN BÜROS EIN UND AUS GEHEN. KLEIN KONTROLLIERTE UNSEREN PERSÖNLICHEN KONTAKT MIT DEN BEATLES SEHR STRENG.«
TONY BRAMWELL

gut lief. Ich genoss den Luxus zu kündigen, anstatt gefeuert zu werden und ich nahm James Taylor mit.

4. FEBRUAR
Um Klein etwas entgegenzusetzen, engagiert Paul Eastman & Eastman als Anwälte für Apple Records. Die Firma gehört Lee Eastman, dem Vater von Linda McCartney.
Barry Miles: Die anderen drei Beatles kamen nicht mehr ins Büro. John und Yoko übernahmen die Kontrolle. Kyoko (Yokos Tochter aus erster Ehe) durfte tun und lassen, was sie wollte. Sie zog alle Stecker aus der Telefonkonsole, mitten in Gesprächen, die wichtig sein konnten. Wenn sich die Telefonistin beschwerte, drohte Yoko ihr mit Kündigung. Yoko schreckte nicht davor zurück, ihre Macht zu zeigen.
Jean Nisbet (Apple-Verlag): John Lennon hatte das so genannte »Zimmer der halben Giganten«, in dem alle Möbel in der Mitte zersägt waren und ein riesiger Anzug auf dem Boden lag. Gott allein weiß, was er und Yoko darin trieben.

1. MAI
Apple gibt die Gründung von Zapple bekannt. Die Firma sollte nicht lange bestehen.
Barry Miles: Ich war gerade in New York, um Allen Ginsberg aufzunehmen, der William Blakes *Song Of Innocence And Experience* sang, als Klein den Geldfluss stoppte und ich im Chelsea Hotel festhing. Ginsberg finanzierte die Aufnahmen schließlich selbst. Ich konnte nicht mal mit den Beatles sprechen, Klein unterband jeden Kontakt mit ihnen.

8. MAI
John, Ringo und George unterzeichnen einen Managementvertrag mit ABKCO, der Klein 20 Prozent ihrer zukünftigen Einnahmen einbringt.
Chris O'Dell (Sekretär von Apple Records): Er kam rein und fing an, Leute zu feuern. Er brauchte über ein Jahr, aber in dieser Zeit ist er alle losgeworden, die er nur loswerden wollte und konnte.

Alistair Taylor: Binnen zwei Wochen nach Kleins Ankunft wurde ich gefeuert. Auf seiner Liste standen 16 Namen und meiner war der erste. Neil blieb als einziger. Er war unantastbar. Klein merzte jeden aus, der den Beatles nahe stand und von da an konnte ich sie nicht mal telefonisch erreichen. Ich sprach erst 20 Jahre später wieder mit Paul.
Richard DiLello: Man darf nicht vergessen, dass Klein von John, George und Ringo den Auftrag bekommen hatte: »Räum die Unordnung auf und halte das Geld zusammen!« Im Grunde tat Klein, was er tun musste. Er tat es eben auf seine Weise. Und ich meine, er hat es ziemlich gut gemacht. Ob er die Beatles nun abzockte oder nicht, weiß ich nicht.
Tony Bramwell: Ich kam für einige Zeit mit ihm zurecht, aber die Atmosphäre hatte sich schlagartig geändert. Man konnte nicht mehr einfach so in die Büros gehen. Er kontrollierte unseren persönlichen Kontakt mit den Beatles sehr streng. John war der einzige, der Klein weiterhin unterstützte. Paul und Ringo kamen nicht mehr, George verlor das Interesse. Ihnen war klar, dass Apple am Ende war.

9. MAI
John, George und Ringo verlangten von Paul in den Olympic Sound Studios die Unterschrift unter dem ABKCO-Vertrag. Er weigert sich
Paul McCartney: Ich sagte: »Der nimmt 15 Prozent.« Aus irgendeinem Grund waren die drei so scharf darauf, mit ihm weiterzumachen, dass sie mich wirklich bedrängten. Es klingt blöd, aber sie haben mich in dieser Sache überstimmt.

29. AUGUST
Apple Electronics wird geschlossen.
Alistair Taylor: Apple Electronics war purer Wahnsinn, obwohl Alex ein paar Dinge zustande brachte. Ich erlebte seine Demonstration eines sprachgesteuerten Telefons in seinem Labor hinter dem Bahnhof Marylebone. Er sagte eine Nummer und es wählte, ohne dass man seine Hände benutzen musste. Das war faszinierend.

20. SEPTEMBER
In einer Besprechung mit Allen Klein und den Beatles sagt John: »Ich will die Scheidung. Es ist vorbei mit der Band, ich gehe.« Dennoch stimmt er zu, seine Gefühle vorerst für sich zu behalten.
Paul McCartney: Er wollte sein Leben leben, andere Dinge tun und es gab kein Zurück für ihn. Wir alle bewunderten ihn dafür. Wir konnten also nicht wirklich sagen: »Wir wollen das nicht, bleib bei uns.« Wir fühlten uns wie Versager. Es musste so kommen.

2. OKTOBER
In einem Interview bezeichnet John Lennon Apple als großes schwarzes Loch, das seine Verdienste als Komponist und Musiker aufsaugte.
Paul McCartney: Wir waren gute Künstler, aber hatten keine Ahnung von Budgetierung. Ich denke, wir gaben mehr aus, als wir einnahmen.
Barry Miles: Wir hatten leitende Angestellte, die mit riesigem Gehalt um die Welt flogen und in Fünf-Sterne-Hotels wohnten. Niemand von denen an der Basis verdiente mehr als 15 Pfund in der Woche.
Richard DiLello: Ich bekam nur zehn Pfund die Woche, 20 Dollar. Aber wen interessierte schon das Geld. Es war der Kick, für die Beatles zu arbeiten, auf den ich aus war.
Barry Miles: Die Leute in der Kantine arbeiteten für zwölf Pfund, und John und Yoko kamen rein und bestellten Kaviar für 60 Pfund zu Mittag. Fünf mal mehr als der Wochenlohn der Angestellten für ein Mittagessen!

1970

12. FEBRUAR
Paul beginnt in den Londoner Morgan Studios unter dem Pseudonym Billy Martin die Arbeit an dem Instrumentalstück *Kreen-Akrore* für sein erstes Soloalbum.
Tony Bramwell: Das Ende war deprimierend, alles fand im Geheimen statt. Paul schlich durch die Studios, buchte sie unter falschem Namen, arbeitete an seinem Soloalbum und ich musste schwören, den Mund zu halten. Und John rief an, weil ich für ihn und Yoko etwas filmen sollte. Er wollte Aufnahmen von irgendwelchen verrückten Sachen, oder einem Teil seiner Anatomie oder was auch immer, aber ich sollte es tun, ohne den anderen davon zu erzählen. Und ich musste es ernst nehmen, was mir recht schwer fiel.

31. DEZEMBER
Ein Gerichtsbescheid im Auftrag von Paul McCartney markiert den Beginn des Prozesses, der in der Auflösung der Beatles enden wird.
Tony Bramwell: Offiziell wurde die Plattenfirma nicht vor 1975 aufgelöst, aber für mich war das Ende der Beatles auch das Ende von Apple.
Ich blieb so lange ich konnte, aber kurz vor Weihnachten erschien in irgendeiner Klatschspalte die Meldung, Harry Saltzman hätte mir einen Job angeboten. Als Klein davon Wind bekam, fragte er mich, ob das wahr sei, ob ich für Saltzman arbeiten würde? Ich sagte, ich hätte ein Angebot, aber mich noch nicht entschieden. Klein wurde darauf so beleidigend, dass ich kündigte.

Geschlossen: Die Tür von Savile Row 3, 1971

Richard DiLello: Apple war die Umsetzung des ultimativen Kiffertraums. Es war eine reine, naive, utopische Fantasie, die durch das Genie der Beatles kurz auflebte. Aber sie zerbrach an der Realität der Geschäftswelt. Seither hat niemand mehr versucht nachzumachen, was die Beatles mit Apple erreichen wollten.

»Er hat's auf seine Art getan«, verbreitet sich John; im Hintergrund Allen Klein

Das Paar vor dem Abflug nach Paris, nachdem es in Gibraltar geheiratet hat, 20. März 1969.

Was: John heiratet Yoko
Wo: Gibraltar
Wann: 20. März 1969

GANZ IN WEISS

John Lennon wollte die Hochzeit mit Yoko Ono ganz intim feiern – also schrieb er einen Top-Hit über den großen Tag. Von Chris Ingham.

Als Cynthia Lennon im August 1967 auf dem Bahnhof Euston im Gewühl abgedrängt auf dem Bahnsteig zurückblieb, während die Beatles nach Bangor zu einer Audienz beim Maharishi entschwanden, erahnte sie die Symbolkraft dieses Moments für die Entwicklung ihrer Beziehung zu John. Und als sie im Mai 1968 bei ihrer Rückkehr aus dem Urlaub John und Yoko seelenruhig im Bademantel beim Teetrinken im Wintergarten antraf, wusste sie, dass ihre Ehe zu Ende war. »Als ich sie zusammen sah, wusste ich sofort, dass sie zusammengehörten«, erinnerte sie sich. »Ich wusste, dass ich ihn verloren hatte.«

Cynthia flüchtete verstört für eine Nacht zu Magic Alex (dem Elektronik-Guru von Apple), wurde zur halbherzigen Versöhnung zurückbeordert und erhielt wenige Wochen später Johns Scheidungsantrag, in dem er ihr Ehebruch vorwarf. Als bekannt wurde, dass Yoko schwanger war, wurde die Schuld umgekehrt. Einige Monate nach der vorläufigen Scheidung vom November 1968 akzeptierte Cynthia eine Abfindung über 100 000 Pfund.

Nach Yokos Scheidung und Paul McCartneys Hochzeit mit Linda Eastman am 12. März erschien es plötzlich dringend, dass auch John und Yoko unter die Haube kamen. »Rein intellektuell hielten wir nichts vom Heiraten«, so John Lennon, »aber man liebt sich ja nicht nur intellektuell.«

John, der eine schnelle Hochzeit ohne viel Rummel wünschte, schickte den Chauffeur Les Anthony nach Southampton, um die Möglichkeit einer Eheschließung auf See zu erkunden. Als sich das als nicht machbar erwies, wollten John und Yoko trotzdem nach Frankreich in See stechen, durften aber wegen Unstimmigkeiten ihrer Pässe nicht an Bord gehen.

Daraufhin charterte das Paar ein Privatflugzeug, um ihre verehelichten Flitterwochen nach Paris zu fliegen. Dann informierte Apple-Mitarbeiter Peter Brown John darüber, dass er als britischer Bürger ohne Verzug auf der Insel Gibraltar, dem britischen Protektorat vor der Südspitze Spaniens, heiraten könne.

Lennon beauftragte Alistair Taylor von Apple, Geld und die Weiterbeförderung von Paris zu organisieren. Taylor landete im Privatjet auf dem Flughafen Le Bourget. »Es war ein wunderbarer Morgen, sah ich John und Yoko, beide in Weiß, auf das Flugzeug zulaufen ...«, erzählte er. »Ich hatte wie immer Champagner besorgt, und sie wirkten so sorglos und verliebt.« Über diese Szene vergaß Taylor die 500 Pfund, die er, in Strümpfe seiner Frau gepackt und in seinem Hosenbein versteckt hatte. Das fiel ihm erst wieder ein, als er ihnen auf der Startbahn nachwinkte, sodass er gezwungen war, das Flugzeug aufzuhalten, um das Geld abzuliefern.

Am Flughafen von Gibraltar wurden John und Yoko von Peter Brown und dem Fotografen David Nutter abgeholt. Sie gingen umgehend zum britischen Konsulat, wo der Standesbeamte Cecil Wheeler die Zeremonie mit Brown als Trauzeugen vollzog, während Nutter das Ereignis für die Nachwelt dokumentierte. Obwohl das Paar, das gleich nach der Eheschließung nach Paris zurückflog, keine Stunde auf Gibraltar verbracht hatte, war Lennon von der Ausstrahlung des Orts beeindruckt. »Dies ist die Säule des Herkules«, schwärmte er. »In früheren Zeiten nannte man es das ›Ende der Welt‹.«

Auch wenn Yoko zugab, dass sie »bei der Hochzeit so emotional wurde, dass ich zusammenklappte, und John auch fast«, war das Ereignis eine Fortsetzung ihrer intellektuellen Haltung, das Leben zur Kunstform zu machen. Es war »ein fantastisches Happening«, sagte Lennon. »Wir werden viele gemeinsame Happenings und Ereignisse teilen«, kündigte Yoko an, »und diese Heirat war eins davon.« Das nächste waren ihrer Flitterwochen, als sie sich in Amsterdam für den Frieden ins Bett legten.

Das Hochzeitsepos wurde durch zwei künstlerische Erzeugnisse glorifiziert. Das eine war die dritte Avantgarde-LP von John und Yoko, *The Wedding Album*, auf der sich das Paar 22 Minuten lang beim Namen ruft, dazu eine Audiocollage aus Presseinterviews, improvisierten Songs und Anrufen beim Zimmerservice während des Amsterdamer Bed-ins. Das Album erschien im November 1969 in einer Box mit einem Kuchen aus Pappe, Zeitungsausschnitten und einer Kopie des Trauscheins und fand reißenden Absatz.

Das vielleicht wertbeständigere Erinnerungsstück an diesen Anlass war Lennons selbst-mythologisierende Rock'n'Roll-Reportage *The Ballad Of John And Yoko* oder *Johnny B. Paperback Writer*, wie er es nannte. John kreuzte damit im April 1969 bei Paul auf und überredete ihn, in die Abbey Road zu kommen, um das Stück aufzunehmen. Obwohl ihre persönlichen und geschäftlichen Unstimmigkeiten mittlerweile einen Höhepunkt erreicht hatten, ließ sich McCartney nicht lange bitten. Da George außer Landes und Ringo mit den Dreharbeiten zu *Magic Christian* beschäftigt war, spielten John und Paul das gesamte Stück allein ein – die erste »Beatles«-Session seit acht Wochen.

Die beiden trafen sich mit George Martin im Studio, wo John Gitarre spielte und sang, während Paul Harmoniegesang, Klavier, Bass und Schlagzeug beisteuerte – »gutes Schlagzeug«, wie Starr später sagte. Das Ergebnis wurde als Sommersingle der Beatles im Juni 1969 eine Nummer eins und verknüpfte so die John&Yoko-Story für alle Zeiten mit der der Beatles. George Harrison war es einerlei, dass er nicht daran mitgewirkt hatte: »Das war nicht meine Sache. Wenn es *The Ballad Of John, George And Yoko* gewesen wäre, hätte ich mitgemacht.«

Endlich: John und Yoko sind offiziell vereint.

> »Wir werden viele Happenings und Ereignisse miteinander teilen, und diese Heirat war eins davon.« Yoko Ono

31. MÄRZ – 24. APRIL 1969

31 George und Patti bekennen sich des Haschischbesitzes für schuldig und werden zu je 250 Pfund Geldstrafe und 10 Pfund Gerichtskosten verurteilt. Weltpremiere des von John Lennon produzierten Films *Rape (Film No. 6)* im österreichischen Fernsehen.

APRIL 1969

1 Ringo Starr wird für *Magic Christian* im Theatre Royal, Stratford, London, gefilmt. John Lennon und Yoko Ono treten live in der Fernseh-Nachrichtensendung *Today in London* auf. Der Moderator Eamonn Andrews (unten) interviewt das Paar zum Thema »Bagism«. Der *Daily Express* druckt eine nicht für die Öffentlichkeit bestimmte Äußerung von John ab: »Ich arbeite wieder, Aufnahmen mit den Beatles. Ich brauche das Geld ... Im Augenblick habe ich noch etwa 50 000 Pfund Cash.«

3 R&B-Organist Billy Preston, auch »der fünfte Beatle« genannt, unterschreibt einen Vertrag bei Apple.

5 John und Paul lehnen ein Angebot von ATV in Höhe von 9 Mio. Pfund für ihre Anteile an Northern Songs ab.

7 Nach negativem Feedback von britischen Discjockeys mischt Paul *Get Back* in der Abbey Road neu ab.

9 Ringo wird für *Magic Christian* im Barclays Bank Rowing Club (einem Ruderklub) gefilmt. Drehort: Thames Embankment, Putney, London.

11 *Get Back* erscheint in Großbritannien.

12 John und Yoko finden sich zu einer geschäftlichen Besprechung bei Henry Ansbacher & Co., London, ein.

13 Die *Sunday Times* bringt einen äußerst kritischen Artikel über Allen Klein.

14 John und Paul nehmen in der Abbey Road, London, *The Ballad Of John And Yoko* auf.

15 John und Yoko sind wiederum bei Henry Ansbacher & Co. anlässlich von Besprechungen, an denen diesmal auch Allen Klein teilnimmt.

16 Die Beatles arbeiten an *Something* und *Old Brown Shoe*, Abbey Road Studios, London.

18 Die Band schließt die Aufnahmen zu *Old Brown Shoe* ab und fügt Gitarren-Overdubs zu *I Want You* hinzu.

20 Weitere Arbeiten an *I Want You* und *Oh! Darling*, Abbey Road.

22 John ändert seinen zweiten Vornamen offiziell auf dem Dach von Apple. Aus »Winston« wird »Ono«.

24 Paul und John machen ATV ein Gegenangebot, um die Aktienmehrheit an Northern Songs Ltd. zu erlangen.

25. APRIL – 13. MAI 1969

25 John Lennons Film *Rape* erlebt seine Premiere auf dem Filmfestival von Montreux.

26 *Get Back* steigt auf Platz eins in die britischen Single-Charts ein.

29 Aufnahme von Ringos Gesang für *Octopus's Garden*, Abbey Road

30 Fortsetzung der Arbeiten an *Let It Be* und *You Know My Name (Look Up The Number)* (die letztere Nummer wurde erstmals 1967 aufgenommen), Abbey Road

MAI 1969

1 Apple gibt die Gründung des neuen Labels Zapple bekannt, das sich auf experimentelle Musik und Sprechplatten spezialisieren soll.

2 Nach Ankündigung von ATV, dass ihr Angebot für Northern Songs weitere zwei Wochen gültig bleibt, steigt der Kurs der Northern-Songs-Aktien um neun Pence.

4 Ringo und Schauspieler Peter Sellers (oben) geben zum Abschluss der Dreharbeiten von *Magic Christian* eine Party im Londoner Club Les Ambassadeurs. Unter den Gästen sind John Lennon, Paul McCartney, Sean Connery, Roger Moore, Richard Harris, Christopher Lee und Stanley Baker.

5 *Get Back* erscheint in den USA. Lennon kauft für 150 000 Pfund eine Villa aus dem 18. Jahrhundert, Tittenhurst Park in Ascot.

6 Beginn der Arbeit an *You Never Give Me Your Money*, dem zweiten Song des Medleys auf Seite zwei von *Abbey Road*. Die US-Botschaft in London entzieht John aufgrund seiner Drogenvorstrafe von 1968 sein »Dauervisum«.

7 John, Paul und Manager Allen Klein treffen sich in London mit EMI-Chef Sir Joseph Lockwood, um über höhere Tantiemen für die Band zu sprechen. Lockwood lehnt dies ab.

8 Lennon, Harrison und Starr beauftragen Allen Kleins ABKCO Industries Inc. mit dem Management ihrer Geschäfte. Paul McCartney verweigert die Unterschrift.

9 John und Yoko veröffentlichen die LP *Unfinished Music, No. 2: Life With The Lions* (rechts).

10 Der Künstler Alan Aldridge schenkt John und Yoko eine kleine Skulptur, die sie nackt, wie auf dem Cover von *Two Virgins*, darstellt. *Get Back* gelangt in die US-Top-40, wo es später Platz eins erreicht.

11 Jack Bruce von Cream nimmt *Never Tell Your Mother She's Out Of Tune* mit George als Gitarrist auf.

13 Fotosession mit Angus McBean im EMI-Gebäude, Manchester Square, London, für das Cover der geplanten LP *Get Back*

Was: Das Abbey-Road-Medley wird entwickelt
Wo: Abbey Road Studios
Wann: 6. Mai 1969

ENDE DER STRASSE

Nach den *Let-It-Be*-Sessions machten die Beatles weitere Aufnahmen, aber erst mit dem Medley nahm *Abbey Road* Gestalt an. Von John Robertson.

Ein kollektiver Seufzer der Erleichterung begleitete das Ende der wenig harmonisch verlaufenen Aufnahmesessions im Januar 1969. Nach vierwöchigem Gezänk war es den Beatles doch noch gelungen, zwei Sets mit neuen Songs live vor der Kamera darzubieten – auf dem Dach und im Kellerstudio des Apple-Gebäudes.

Doch kein Beatle war überzeugt, dass sie damit ein zufrieden stellendes Album produziert hätten. Apple gab bekannt, die Band hätte zwölf neue Songs aufgenommen, brauche aber bis zum Erscheinungstermin im April 1969 noch vier weitere. Statt in der vertrauten Umgebung der Abbey Road trafen sie sich Ende Februar in den Trident Studios, Soho, wieder. Hier arbeiteten sie zwei Tage an einem Lennon-Song, der aus dem Twickenham-Martyrium hervorgegangen war: *I Want You (She's So Heavy)*.

Die Beatles merkten bald, dass ein Tapetenwechsel allein ihre Unlust nicht zu überwinden half. Die Trident-Sessions bewiesen, dass das »Back to the Roots«-Projekt zum Scheitern verurteilt war. Die Pläne zur Aufnahme weiterer Songs und der Apriltermin wurden aufgegeben. Toningenieur Glyn Johns erhielt die Tonbänder vom Januar mit dem Auftrag, so viel davon zu retten wie möglich.

Derweil schwelgte Apple-Sprecher Derek Taylor in wilden Fantasien. Er verkündete, es seien »rund zwei Dutzend« Songs zur Veröffentlichung bereit, darunter *Maxwell's Silver Hammer*, *Octopus's Garden* und *Polyethylene Pam* – von denen keiner auch nur annähernd fertig war –, und die Beatles hätten drei Überbleibsel vom »Weißen« Album – *Not Guilty*, *What's The New Mary Jane* und eine McCartney-Weise mit dem Titel *Jubilee* (alias *Junk*) überarbeitet. Das war frei erfunden, wiegte die Fans aber in dem beruhigenden Gefühl, dass die schöpferische Kraft der Beatles ungebrochen sei.

Im April fabulierte Lennon in einem Interview über die Schaffenswut der Beatles: »Wenn ich nur die Zeit hätte, ... könnte ich wohl 30 Songs am Tag schreiben. Im Moment komme ich im Schnitt so auf zwölf pro Nacht. Paul auch: Er ist ganz wild darauf. Sobald ich kann, gehe ich zu Paul und wir ... machen uns ans Werk.«

Und was für Songs komponierten diese Schnellschreibgenies? »Was wir im Moment so schreiben, ist unkompliziert, nichts Verrücktes. Die Songs sind so wie *Get Back*. Viele Stücke auf der nächsten LP werden wie *Get Back* sein, und viele davon haben wir in einem Take aufgenommen. Wir haben etwa zwölf Stücke gemacht, von denen ein paar noch neu abgemischt werden müssen. Für mich klingen alle Songs, die wir spielen, normal. Es ist kein *Revolution 9* dabei, aber es gibt trotzdem einiges an starkem Sound.«

Lennon redete sich also selbst im April noch ein, dass sie auf irgendeine mysteriöse Weise daran arbeiteten, die LP *Get Back* fertig zu stellen – obwohl sie das Projekt längst Glyn Johns zur Rettung überlassen hatten. Ein anderes Interview im gleichen Monat ließ hingegen durchblicken, dass etwas ganz Neues geplant war.

»Paul und ich arbeiten jetzt an einer Art Song-Montage, die wir vielleicht in einem Stück auf einer Seite bringen«, erklärte er dem *NME*. »Wir haben ungefähr noch zwei Wochen Zeit, also klotzen wir ran.«

Das war der Termin, den die Beatles sich als Abschluss ihrer nächsten Aufnahmenserie gesetzt hatten. Die Montage hatte nichts mehr mit dem Januar-Motto »Keine Mätzchen, keine Overdubs« zu tun; offenbar steuerte die Band jetzt in eine ganz andere Richtung.

Nach Johns Aussage müsste die Geschichte der Beatles radikal umgeschrieben werden, jedenfalls scheint Lennon genau das nach Veröffentlichung von *Abbey Road* versucht zu haben. Das überlange Medley, das einen guten Teil der zweiten Seite einnimmt, galt immer als McCartneys Erfindung, eine Auffassung, die Lennon eifrig förderte.

Lennon glaubt noch im April, dass sie auf irgendeine mysteriöse Weise daran arbeiten, die LP *Get Back* fertig zu stellen.

Chris Thomas, der Ende der 60er-Jahre als Produzent einiger Beatles-Sessions agierte, stützte diese Theorie: »Ich weiß noch, wie sich Paul in der Abbey Road Nummer 3 hinsetzte und mir dieses ganze Ding vorspielte, das ungefähr 15 Minuten dauerte.« Anfang der 90er-Jahre begann George Martin, sich mit den Lorbeeren zu schmücken: »Das symphonische Stück auf Seite zwei war meine Idee, und ehrlich gesagt war John gar nicht dafür.«

»Es waren keine richtigen Songs«, beschwerte sich Lennon Ende 1969 über das Medley. »Es waren bloß zusammengestückelte Fragmente.« Dabei hatte er der Presse schon zwei Wochen vor Aufnahmebeginn des Medleys mitgeteilt, dass dies ein Lennon/McCartney-Projekt sei und keineswegs irgendein lahmer Einfall von McCartney oder Martin, den er nur gezwungenermaßen schluckte.

Am 6. Mai, zum Abschluss zweiwöchiger und (nach 1969er Maßstäben) ungewöhnlich produktiver Sessions, nahmen die Beatles den ersten für das Medley auserkorenen Song auf: *You Never Give Me Your Money*. Die folgenden Wochen waren anderen Aktivitäten vorbehalten, insbesondere dem Start von Lennons Friedenskampagne in Nordamerika. Anfang Juli wollten sie sich dann wieder als Beatles vereinen. Doch inzwischen hatte John seine künstlerische Freiheit genossen und das Apple-Imperium zerbröckeln sehen. Als er, noch an den Folgen eines Autounfalls leidend, nach London zurückkehrte, war seine Begeisterung für die Beatles endgültig verflogen und damit auch jegliches Interesse an dem Medley. In seinen Augen war das nun banale McCartney-Idee – eines Mannes, der sich den Weltfrieden zum Ziel gesetzt hatte, nicht mehr würdig.

Das Aufnahmeprotokoll des *Abbey-Road*-Medleys.

Two of Us: John und Paul lassen ihre Differenzen für *Abbey Road* beiseite.

WO SIND DIE SONGS?

Mark Lewisohn erzählt die völlig verworrene Geschichte darüber, wie John und Paul die Rechte an ihren eigenen Songs verloren.

Mit einem Schachzug, der die Musikindustrie auf beiden Seiten des Atlantiks erschütterte, hat Michael Jackson am 10. August den Musikverlag ATV Music für angebliche 47,5 Mio. Dollar von der Associated Communications Corporation erworben – und sich so die ... weltweiten Rechte an der ATV-Tochterfirma Northern Songs gesichert, die im Februar 1963 gegründet wurde, um die Lennon/McCartney- und einige andere Beatles-Songs zu verlegen. Northern erzielte letztes Jahr die Hälfte der ATV-Jahreseinnahmen von 15 Mio. Dollar.
aus den Beatles '85 Nachrichten, The Beatles Book Monthly, Oktober 1985

Michael Jackson und Sony Music Publishing haben am 7. November die lang erwartete Gründung eines weltweiten Musikverlags-Jointventure, Sony/ATV Music Publishing, bekannt gegeben, das die Verwertungsrechte von Jacksons ATV Music (darunter 251 Beatles-Songs) mit denen von Sony vereint. Sony erklärte, Jackson habe im Zuge der Fusion einen Betrag erhalten – den Insider auf 90 bis 110 Mio. Dollar veranschlagen. Jacksons Katalog wird mit rund 300 Mio. Dollar, dem Zehnfachen seines Nettoertrags von 30 Mio. Dollar, bewertet.
aus der Beatlenews-Zusammenfassung, Beatlefan, Nov. – Dez. 1995

Die Story, wie John und Paul ihre Urheberrechte verloren, während andere sich eine goldene Nase verdienten, ist eine von schillernden Charakteren bevölkerte Geschichte über die Machenschaften im Showbusiness und darüber, wie ein sagenhaftes Vermögen auf so verwirrende Art die Besitzer wechselte, dass die beiden, deren Talent es geschaffen hatte, zuerst den Überblick und dann alles verloren. Das Ende vom Lied ist Bitterkeit: Weder McCartney noch Yoko Ono, John Lennons Nachlassverwalterin, rechnen damit, die Songs je zurückzubekommen.

»Als wir nach London kamen, dachten wir tatsächlich, Lieder gehörten jedem«, erzählte mir Paul McCartney 1987, »... wir dachten wirklich, sie wären im freien Umlauf und man könnte sie nicht in dem Sinne besitzen. Man kann sich vorstellen, wie sich die Verleger gefreut haben: ›Willkommen, Jungs, setzt euch. Das glaubt ihr also, ja?‹«

Beide Seiten der ersten Beatles-Single, *Love Me Do* und *PS I Love You*, trugen den Namen »Ardmore & Beechwood Ltd.« auf dem Label, einer dem amerikanischen Musikverlag Beechwood Music Corporation verbundenen Firma. Beechwood wiederum war eine Tochter von Capitol Records, die dem britischen Unternehmen EMI gehörte. Der erste Lennon/McCartney-Song wurde also von einer EMI-Tochterfirma veröffentlicht, auf die Brian Epstein zufällig gestoßen war, weil ihr Geschäftsführer Sid Coleman ein Büro über dem EMI-eigenen HMV-Plattenladen in der Oxford Street, London, hatte, in den Epstein auf seiner Suche nach einem Plattenvertrag für die Beatles geriet.

Klappern gehörte 1962 in der britischen Plattenindustrie zum Handwerk und war vor allem Aufgabe der Musikverlage, mehr noch als der Plattenfirmen. Nach Epsteins Meinung taten Ardmore & Beechwood viel zu wenig für *Love Me Do*. Der Song wurde von der BBC praktisch nicht gespielt und auch nicht in der Fernsehsendung *Juke Box Jury* besprochen. Deshalb wollte Epstein die verlegerische Zuständigkeit für die zweite Single, *Please Please Me* (B-Seite: *Ask Me Why*), jemand anderem übertragen. Das dürfte EMI etwa 100 Millionen Pfund gekostet haben. (1976 setzte Paul McCartney den Geschäftswert seines Plattenvertrags ein, um EMI das Copyright an *Love Me Do* und *PS I Love You* abzukaufen. Diese einzigen Beatles-Songs, deren Urheberrecht Paul besitzt, werden jetzt von seiner Firma MPL Communications verlegt. Johns Tantiemenanteil rechnet er mit Yoko ab.)

George Martin sagt, Epstein habe davon gesprochen, mit den neuen Beatles-Copyrights zu Hill & Range Songs zu gehen, einer New Yorker Firma, die Elvis Presley Music Inc. gegründet hatte und verwaltete. Martin gab zu bedenken, wenn Ardmore & Beechwood – zwar in britischem Besitz, aber in vielerlei Hinsicht ein US-Unternehmen – zu wenig für die Beatles getan hätte, könne er von dem Londoner Ableger von Hill & Range kaum mehr erwarten. Er riet Epstein, sich einen britischen Verlag zu suchen, und empfahl ihm Dick James Music.

Dick James, einer von Martins Ex-Künstlern, hatte nach einer mäßigen Musikkarriere sein Toupet an den Nagel gehängt und war bei der Sydney Bron Music Company ins Verlagsgeschäft eingestiegen. Im September 1961 hatte der 41-Jährige seine eigene Firma gegründet. Der Wirtschaftsprüfer Emanuel Charles Silver, 47, stellte das Startkapital und wurde stiller Teilhaber von Dick James Music Ltd. Die Firma lag in der Charing Cross Road 132, nur wenige Meter von der Denmark Street, dem Londoner Pendant zur New Yorker »Tin Pan Alley«. James nummerierte die Copyrights einfach durch: 001 war das Copyright für *Double Scotch*, ein Instrumentalstück von George Martin.

Am 27. November 1962, dem Morgen, nachdem die Beatles *Please Please Me* und *Ask Me Why* aufgenommen hatten, steckte Epstein einige Rohpressungen in seinen Aktenkoffer und zog los, um einen Verleger anzuheuern. Er soll zwei Termine gehabt haben. Beim ersten ging er wieder, weil man ihn warten ließ. Der zweite war bei James, der schon am Schreibtisch saß und ihn bereitwillig vorzeitig empfing.

Epstein sagte: »In Liverpool sind sie schon berühmt, und eines Tages werden sie berühmter als Elvis.« James antwortete: »Was kommt schon aus Liverpool?« – die typisch borniert Haltung der Londoner –, legte die Platten auf, horchte und sprach: »*Please Please Me* ist eine todsichere Nummer eins«, sagte er, »darf ich das verlegen? Und *Ask Me Why* auch?«

Epstein wollte wissen, ob James mehr für die Beatles tun würde als Ardmore & Beechwood. James' Reaktion war eine Glanznummer: Er rief Philip Jones, den Produzenten der ITV-Samstagabendsendung *Thank Your Lucky Stars*, an und spielte ihm *Please Please Me* am Telefon vor. Die Bekanntschaft der beiden ging auf die 40er-Jahre zurück, das goldene Zeitalter von Radio Luxemburg, als Radioproduzent Jones Schnulzensänger James zu engagieren pflegte. Auch Jones erkannte das gewisse Etwas von *Please Please Me* und bot den Beatles einen Auftritt in der Sendung an. Epstein blätterte in seinem Terminkalender. Am 13. Januar 1963 hätten sie Zeit für die Aufnahmen. Die Sendung sollte am 19. Januar, acht Tage nach Erscheinen der Single, ausgestrahlt werden: der erste Auftritt der Beatles im überregionalen Fernsehen.

Epstein übertrug die Verlagsrechte an *Please Please Me* und *Ask Me Why* der Dick James Music Ltd. Lennon und McCartney unterzeichneten den Standardvertrag mit 10 Prozent Tantiemen. Die Platte kam heraus, James legte sich ins Zeug, und die Single schoss in den Charts nach ganz oben. Sie waren auf Erfolgskurs. Zudem waren sich Epstein und James sympathisch. James gab dem unerfahrenen Beatles-Manager solide geschäftliche Ratschläge. In seiner Autobiografie *A Cellar Full Of Noise* bezeichnete Epstein James als »Ehrenmann... [von] ungeheurer Integrität«. Den Beatles präsentierte sich James als eine Art netter Onkel, der bei den Aufnahmesessions aufkreuzte, ihnen zuredete, noch mehr tolle Songs zu schreiben (Pauls gefielen ihm besonders), und ihnen goldene Manschettenknöpfe zum Geburtstag schenkte.

James war offenbar nicht auf den Kopf gefallen. Im Februar 1963, noch bevor *Please Please Me* Platz eins erreichte, machte er einen Vorschlag: Da John und Paul offensichtlich talentierte Songwriter seien und bestimmt einen Fundus an unveröffentlichten Songs mit großem Potenzial hätten, sollten sie eine eigene Verlagsgesellschaft mit Gewinnbeteiligung bekommen. Die könnte Northern Songs heißen.

Die Idee war folgende: Lennon und McCartney würden Northern drei Jahre lang das volle Urheberrecht an allen ab dem 28. Februar 1963 veröffentlichten Songs übertragen. Und so wurden 98 Anteile, »gleichberechtigt« verteilt: 49 »B«-Anteile zur Aufteilung zwischen John (19), Paul (20) und Epsteins Firma NEMS Enterprises Ltd. (10), 49 »A«-Anteile für James.

Außerdem wurde Dick James Music Ltd. für zehn Jahre, also bis zum Februar 1973, als Verwalterin von Northern Songs Ltd. eingesetzt – gegen eine Vergütung in Höhe von zehn Prozent der Bruttoeinkünfte. Von 100 Pfund Verdienst bekam also Dick James Music zehn Pfund und die übrigen 90 Pfund wurden 50:50 aufgeteilt. Hatten John und Paul das Kleingedruckte nicht gelesen? War es ihnen egal? Anscheinend waren sie viel zu beschäftigt und verließen sich auf Brian Epstein.

In meinen Augen ist die Frage, warum Dick James die Gründung von Northern Songs anregte, nie zufriedenstellend beantwortet worden. Wir können ihn nicht mehr fragen; er starb 1986. Sieben Jahre vorher erzählte James Philip Norman, dem Autor von *Shout 324*: »Brian fragte mich: ›Warum tust du das für uns?‹ Was ich ihm darauf sagte, war die Wahrheit. Ich tat es, weil ich an die Songs glaubte.«

Sicher hätte James Lennon und McCartney stattdessen raten können, sich für die üblichen zehn Prozent Tantieme an Dick James Music Ltd. zu binden, was ihn zum Alleininhaber der Rechte gemacht und ihm viel mehr Geld eingebracht hätte. Das war das, was er einige Jahre später tat, als er die Songs von Elton John und Bernie Taupin herausbrachte. In seiner Autobiografie *All You Need Is Ears* bezeichnet George Martin James' Idee als »sehr clever ... denn indem er einen Anteil von 50 Prozent bot, stellte er sicher, dass sie einen langfristigen Vertrag unterschrieben. Einen solchen Deal hätte er nicht bekommen, wenn er ihnen einen geringeren Anteil angeboten hätte.« (Martin verriet auch, dass James ihm als Dank für die Vermittlung des Kontakts einen Anteil an Northern Songs angeboten habe, was Martin jedoch ablehnte, weil es ihm unmoralisch erschien.)

Der erste Northern-Songs-Pakt zwischen Lennon, McCartney, Epstein und James datierte vom 11. Februar 1963, dem Tag, an dem die Beatles alle zehn Stücke für ihr Debütalbum aufnahmen. Am 22. wurde die Firma ins Handelsregister eingetragen. Um seinen guten Willen zu demonstrieren, bot James von sich aus an, die Urheberrechte an den vier neuen Lennon/McCartney-Songs auf der LP *Please Please Me* von Dick James Music auf Northern Songs zu übertragen. Nur *Please Please Me* und *Ask Me Why* blieben bei Dick James Music – laut James von Epstein als Belohnung für James' Publicitytätigkeit gedacht.

Im Rahmen dieses ersten Vertrags wurden 56 Songs verlegt. Die Tantiemen von John und Paul flossen in eine von ihnen im Mai 1964 gegründete GmbH, Lenmac Enterprises Ltd., von der 40 Prozent John, 40 Prozent Paul und 20 Prozent NEMS Enterprises gehörten.

A ls 1963 Großbritannien und ein Jahr später die ganze Welt der Beatlemania erlag, entpuppten sich die Beatles als Goldgrube, die alles je Dagewesene übertraf. Northern Songs gründete einige Auslandsvertretungen, die die Lennon/McCartney-Songs in der jeweiligen Region verlegten, 50 Prozent der Erlöse einbehielten und den Rest nach Großbritannien abführten. Gewaltige Tantiemenerlöse erbrachte vor allem Maclen Music Inc., eine von Dick James mit ähnlicher Struktur wie Northern Songs gegründete US-Gesellschaft.

Die Frage war: Wie konnten die Beatles als britische Bürger all diese Schäfchen am besten ins Trockene bringen? Der Einkommensteuersatz für Großverdiener betrug damals 83 Prozent. Falls sie keine Vorsorge dagegen trafen, würden die Beatles fast ihre kompletten Einnahmen an die Finanzbehörden abführen müssen. Von den vielen in diesem Zusammenhang ergriffenen Maßnahmen war die drastischste der Börsengang von Northern Songs, der die 98 in Privatbesitz befindlichen Anteile der Firma in fünf Millionen öffentlich gehandelte Aktien verwandelte. Nach den damals geltenden Steuergesetzen unterlag der unmittelbare Erlös aus diesem Schritt nicht der Spekulationssteuer.

Die Umwandlung von Northern Songs in eine Aktiengesellschaft war eine für die britische Musikindustrie revolu-

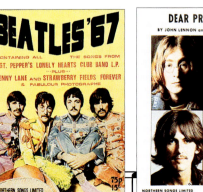

»Also ... wie wär's mit einer Partie Monopoly?« Die Beatles in Lennons Villa, Tittenhurst Park, 22. August 1969.

»ICH LASSE MICH NICHT VON TYPEN … VERARSCHEN, DIE … AUF IHREM FETTEN HINTERN RUMSITZEN.« JOHN LENNON

tionäre Idee. Jetzt konnte sich jeder ein Stück von *Can't Buy Me Love* und all den zukünftigen Hits kaufen, die von den Goldjungen Lennon und McCartney noch zu erwarten waren. Bei den Nadelstreifen- und Melonenträgern der britischen Geschäftswelt löste die Vorstellung, dass solche Trivialitäten wie »Popsongs« als Investition ge- und verkauft werden könnten, große Heiterkeit aus.

Zur Unterstützung des Börsengangs willigten John und Paul im Februar 1965 in eine weit reichende neue Vereinbarung mit Northern Songs ein. Zunächst gründeten sie die Maclen (Music) Ltd., die zu je 40 Prozent ihnen beiden und zu 20 Prozent Brian Epstein (später NEMS Enterprises Ltd.) gehörte. Diese Gesellschaft trat Northern Songs für acht Jahre – bis zum Februar 1973 – das Urheberrecht an allen gemeinsam oder allein geschriebenen Lennon/McCartney-Kompositionen ab. Maclen garantierte Northern Songs mindestens sechs Neukompositionen pro Kalenderjahr. (Aufteilung der Verlagstantiemen: zehn Prozent Verwaltungshonorar für Dick James Music Ltd., 55 Prozent für Maclen, 35 Prozent für Northern Songs.) Ein Jahr danach, im April 1966, verkauften John und Paul Lenmac Enterprises Ltd. an Northern Songs, ein verhängnisvoller Schritt, der ihnen zwar 365 000 Pfund brachte, durch den sie aber, als Northern später den Besitzer wechselte, zugleich auch Lenmac verloren. Von diesem Tag an haben weder Paul noch John (bzw. seine Erben) für ihre ersten 56 Northern-Songs, zu denen u. a. *She Loves You, I Want To Hold Your Hand, All My Loving, A Hard Day's Night* und all die anderen Stücke aus den Spitzenjahren der Beatlemania gehören, Verlagstantiemen erhalten.

Dick James war Geschäftsführer der Aktiengesellschaft Northern Songs Ltd., Charles Silver Vorstandsvorsitzender. Einschließlich des Portfolios von Dick James Music Ltd. besaßen die beiden gemeinsam 1 875 000 Aktien (37,5 Prozent), John und Paul je 750 000 (15 Prozent), George und Ringo je 40 000 (0,8 Prozent). George überredete man, sich bei Northern für drei Jahre als Songwriter zu verpflichten, obwohl er gerade seinen eigenen Musikverlag, Harrisongs Ltd., gegründet hatte (der zu 80 Prozent ihm und zu 20 Prozent Epstein gehörte). Erst als sein Vertrag mit Northern im März 1968 auslief, konnte George seine Songs selbst verlegen. Das macht den Text von *Only A Northern Song* noch hintersinniger: »It doesn't really matter what chords I play, what words I say or time of day it is, as it's only a northern song«. Ringo gründete seinen Musikverlag Startling Music Ltd. im Juli 1968 – gerade rechtzeitig für das Copyright an seinem ersten Song *Don't Pass Me By*. Bisher lagen die Rechte an den von ihm mitkomponierten Songs (*What Goes On, Flying*) bei Northern Songs.

Der Eröffnungskurs der Northern-Songs-Aktien betrug 93 Pence. Die Zeichnung war hoch, und obwohl der Kurs kurzfristig fiel, schoss er bald wieder in die Höhe. Man konnte das Auf und Ab der Aktie nicht nur im Wirtschaftsteil der Zeitungen verfolgen, denn der Kurs stieg, wenn die Beatles eine neue Hitsingle hatten, fiel, wenn Trennungsgerüchte kursierten, und stürzte – vorübergehend – in den Keller, als Brian Epstein starb.

Falls John und Paul dachten, dass ihre Songs noch ihnen gehörten, irrten sie sich gewaltig. Northern Songs hatte jetzt tausende Eigentümer. Und damit war die Firma anfällig. Im Laufe der Zeit kauften einige Firmen größere Aktienpakete auf. Der größte »Hai« war Lew Grade, Britanniens mächtigster Showbusiness-Agent der Nachkriegszeit. Er war besonders scharf darauf, sich einen Anteil an den Beatles zu sichern. Wahrscheinlich war er schon zu Beginn der Beatlemania, Ende 1963, an Brian Epstein herangetreten, um ihm das Management der Beatles abzukaufen. Es heißt, Epstein habe »die Jungs« gefragt, ob er Grades Angebot annehmen solle, woraufhin Lennon der Diskussion mit den Worten »Fuck off« ein Ende gesetzt habe. Lew Grade repräsentierte das verstaubte Showbusiness-Establishment und damit den Todfeind.

Fünf Jahre später, gegen Ende der 60er-Jahre, wollte Grade die Beatles immer noch, und Grade bekam für gewöhnlich, was er wollte. Längst war klar, dass das Popgeschäft mehr als eine Eintagsfliege war und viele seiner Hits als »Klassiker« in alle Ewigkeit Tantiemen abwerfen würden. Grades Firma ATV war kurz zuvor im Bemühen um die Copyrights von Chappell durch Philips knapp überboten worden, und Lawrence Wright Music war ihm von Northern Songs für 815 000 Pfund vor ⇒

der Nase weggeschnappt worden. (Northern Songs hatte begonnen, neben den Beatles andere Kataloge zu erwerben; mit Lawrence Wright waren es jetzt bereits vier.) Am 1. Januar 1969 wurde Lew Grade – der einstige russische Immigrant Louis Winogradsky – in den Adelsstand erhoben. Vom Gefühl der Unbesiegbarkeit getragen, nahm Sir Lew Grade nun Kurs auf Northern Songs. Er kannte Dick James, seit die Künstleragentur Lew & Leslie Grade Ltd. den Sänger James im Januar 1953 unter ihre Fittiche genommen hatte. Jetzt lud er ihn zum Lunch ein. Sein Timing war perfekt. James spürte, dass sich bei den Beatles etwas zusammenbraute, und machte sich Gedanken um seine Zukunft. Er erklärte Sir Lew, dass derzeit weder er noch Charles Silver an einem Verkauf interessiert seien, sie Grade aber eine Kaufoption einräumen würden, falls sie ihre Meinung ändern sollten.

Dick James spürte, dass die Atmosphäre seit Epsteins Tod im August 1967 frostig geworden war. Die Beatles hatten sich aus arroganten jungen Männern in widerborstige und arrogante junge Männer gewandelt, die – mit gutem Grund – argwöhnten, dass viele Menschen ihres Umfelds sie übers Ohr hauten oder wenigstens mehr Geld an ihrer Arbeit verdienten als sie selbst. John und Paul waren besonders ungehalten darüber, dass sie mit ihren Northern-Songs-Verlagstantiemen immer noch auf dem »Stand von 1963« waren. (Paul sagt, er sei heute, 2003, immer noch auf diesem Stand.) Sie machten ihrem Ärger Luft, indem sie sich weigerten, eine Vertragsverlängerung zu diskutieren, solange die Konditionen nicht verbessert würden, und Dick James mit unverhohlener Verachtung behandelten.

Im Sommer 1968 wurde James zu einem Meeting bei Apple geladen, bei dem ihn John und Paul zusammenstauchten. Man weiß das, weil das Meeting gefilmt wurde. Als James fragte, wozu die Kameras da wären, sagte John: »Es ist ein Werbefilm für Apple, der bei der nächsten Capitol-Vertriebstagung gezeigt werden soll. Er gehört uns, und du kannst ihn dir ansehen, ob etwas darin ist, was dir nicht gefällt.«

Der Film wurde im Juni 1968 bei der Vertriebstagung von Capitol Records in Hollywood vorgeführt, zu der Paul eigens anreiste, um die Werbetrommel für Apple zu rühren. Bei dieser Gelegenheit traf er auch Linda Eastman wieder (und ihre Liebe begann). Dialog aus dem Film:

Dick: »… Es wäre tragisch, wenn wir künftig nicht enger zusammenarbeiten, sofern wir Fähigkeiten und Integrität der anderen Seite respektieren. Das muss man von Geschäftspartnern erwarten können.«
[John zeichnet während des Gesprächs irgendetwas. Paul sieht ihn mit einem verschwörerischen Lächeln an.]
Paul: »Aber wir...«
Dick [unterbricht ihn ärgerlich]: »Erklärt mir eure Probleme.«
Paul: »Dick! Wir finden, es ist Zeit, das etwas fairer zu regeln.«
Dick: »Ich verspreche, dass ich versuche, das so schnell wie möglich zu regeln und … und es euch dann vorlege. Wenn man mir rät, ich solle darüber nachdenken, und ich nicht bereit bin, etwas zu tun, werde ich trotzdem zurückkommen, mich hinsetzen und euch das offen sagen. Und das wäre das pessimistischste Szenario, das mir einfällt.«
Paul: »Na gut, Dick, das wär's. Geh und komm mit etwas wieder, von dem du weißt, dass es nicht wieder denselben Streit auslöst.«

Es ist schwer vorstellbar, dass James die Vorführung des Films gebilligt hätte. Er war eine bedeutende Persönlichkeit in der britischen Musikindustrie mit zahlreichen geschäftlichen Beziehungen in die USA, und diese Aufnahmen müssen ihm peinlich gewesen sein. Es dürfte

♪ GEGEN ENDE DER SECHZIGER WOLLTE GRADE DIE BEATLES, UND GRADE BEKAM FÜR GEWÖHNLICH, WAS ER WOLLTE.

ihm auch nicht gefallen haben, dass John und George ihn, zweifellos in seiner Hörweite, als »Schwein« titulierten, als er im Januar 1969 die Twickenham Film Studios besuchte, wo die Beatles *Let It Be* drehten.

Doch die Beleidigung durch die Beatles war nur eins von James' Problemen. Er war Geschäftsführer einer Aktiengesellschaft, deren Investoren zunehmend nervöser wurden. Was war mit den Beatles los? Es war inzwischen bekannt, dass sie Drogen nahmen: John war bereits erwischt worden, und George stand kurz davor. Voll verrückter Ideale und Ideen hatten sie die Firma Apple gegründet, die sie finanziell so ausblutete, dass John dem Journalisten Ray Coleman verkündete, sie würden »binnen sechs Monaten pleite sein«. George stieg vorübergehend aus: Falsche Schlagzeilen berichteten von internen Prügeleien. Und John hatte seine Frau verlassen, um sich durch Happenings mit Yoko Ono zum Gespött der Öffentlichkeit zu machen.

Doch das war noch nicht alles. Im Frühjahr 1969 brach sich das geschäftliche Chaos der Nach-Epstein-Ära allmählich Bahn. Lindas Vater Lee Eastman bot an, den Beatles aus dem Schlamassel zu helfen, wurde aber von John, George und Ringo schroff abgewiesen. Sie beauftragten ihrerseits Allen Klein mit der Wahrnehmung ihrer Angelegenheiten, einen Mann, dessen Mauscheleien den Londoner Geschäftspartnern der Beatles fremd waren. Es entspann sich ein fantastisches Duell zwischen Eastman, dem Vertreter der besseren Kreise, und dem aus ärmlichen Verhältnissen stammenden Klein, gegen den noch vor kurzem die US-Börsenaufsicht ermittelt hatte. Klein gewann die Schlacht um die Beatles mit 3 zu 1. Bis dahin waren Entscheidungen laut Paul immer einstimmig getroffen worden.

Die Northern-Songs-Bombe platzte am 28. März 1969. Charles Silver und Dick James verkauften ihre 1 604 750 Aktien im Tausch gegen ATV-Aktien und Bares im Wert von rund drei Millionen Pfund an Sir Lew Grade. Grade, der nun mit ATVs eigenen 137 000 Aktien plötzlich 35 Prozent von Johns und Pauls Musik besaß, kündigte umgehend an, auch den Rest oder zumindest die 15,1 Prozent zu erwerben, die ihm eine beherrschende Mehrheit sichern würden.

Grades Timing war genial. Allen Klein war auf Kurzurlaub in Puerto Rico, Flitterwöchner John befand sich mit Yoko in Amsterdam beim Bed-in für den Frieden und Paul machte mit Linda Flitterwochen in Amerika. Dass James, oder vielmehr James und Silver

Lew Grade, 1969: »Northern hat ein erstklassiges Management und mit Lennon und McCartney das Talent zweier genialer Musiker.«

FOTO: HULTON ARCHIVE

sie verkauft hatten, erfuhren sie erst, als sie von Journalisten um eine Stellungnahme gebeten wurden. John muss wohl mit all seinem positiven Friedenskarma um Beherrschung gerungen haben, als er der *Financial Times* sagte: »Ich behalte meine Aktien, und ich vermute, dass auch Paul nicht verkaufen wird.«

Paul sagte dem *Daily Express*: »Sie können beruhigt davon ausgehen, dass meine Aktien für ATV nicht zum Verkauf stehen.«

Auf die Frage, ob er John und Paul vorher gesagt hätte, dass er verkaufen würde, antwortete Dick James ziemlich scheinheilig: »Mit John und Paul zu telefonieren, wäre schwierig gewesen. Der Anruf wäre über verschiedene Leute gelaufen, und die Sache musste ja vertraulich bleiben.«

Sir Lew Grade dagegen lehnte sich genüsslich zurück, paffte zufrieden eine Zigarre und schwelgte im Triumph: »Northern hat ein erstklassiges Management und mit Lennon und McCartney das Talent zweier genialer Musiker. Sie sind genial, zweifeln Sie nicht daran, ganz gleich, was sie privat so treiben.« Northerns Aktienkurs schoss nach Bekanntwerden des ATV-Kaufs in die Höhe und stieg zeitweise auf über 23 Pfund.

Allen Klein betätigt sich als Kartenleger.

Besonders John und Paul empfanden James' Tun als schnöden Betrug. Er hatte an ihnen ein Vermögen verdient, ihnen aber nicht die Chance geboten, die Aktien selbst zu kaufen. Letztlich war ihnen jedoch der Silver-Faktor zum Verhängnis geworden. Paul spricht heute noch darüber. Wenn James allein gewesen wäre, hätte er ATV nur 17 Prozent von Northern anbieten können, was Grade vielleicht nicht interessiert hätte. Aber gemeinsam mit Silver verfügte er über fast 35 Prozent eines äußerst rentablen Verlagskatalogs mit wunderbaren Songs. Und wer die bekam würde das Sagen haben.

Nun kam richtig Bewegung in die Sache. Die Beatles hetzten von einem Meeting ins nächste, um ihre Möglichkeiten auszuloten, während sie gleichzeitig irgendwie ein neues Album aufzunehmen. Aber sie waren nicht gerade in kämpferischer Verfassung. Soeben hatte sich ein Londoner Investmenttrust durch Erwerb des Anteils von NEMS Enterprise an ihrem 1967er Neunjahresvertrag mit EMI 25 Prozent ihrer Plattentantiemen bis 1976 gesichert. Jeder Schritt, den Klein unternahm, um Epsteins Viertel zurückzubekommen, stieß bei Lee Eastman und seinem Sohn John auf Protest, die meinten, die Sache ließe sich auf ihre Weise besser regeln. Clive und Queenie Epstein, Brians Bruder und Mutter, die mit der Sache nichts zu tun haben wollten, verkauften an den Triumph Investment Trust, um die hohe Erbschaftssteuer bezahlen zu können. An einem schönen Frühlingstag flüchtete sich George aus den endlosen Meetings in einen Liegestuhl in Eric Claptons Garten und schrieb aus schierer, übermütiger Erleichterung, dem Ganzen entkommen zu sein, *Here Comes The Sun*.

Mit der Londoner Handelsbank Henry Ansbacher & Co. machten die Beatles ein verzweifeltes Gegenangebot für Northern Songs. Sie besaßen 29,7 Prozent der Aktien; weitere 0,6 Prozent lagen bei ihren Firmen – etwa 30 000 Stück bei Subafilms Ltd. Paul hatte 751 000 (Wert ca. 1,4 Mio. Pfund), John 644 000 (1,2 Mio. Pfund) und weitere 50 000 als Treuhänder, Ringo 40 000 (75 000 Pfund). George hatte seine Aktien verkauft, als sein Songwriter-Vertrag mit Northern im März 1968 auslief, aber seine Frau besaß noch 1000, die sie in den Topf warf. Ein Paket von 237 000 Northern-Songs-Aktien, also 4,7 Prozent der Firma, war gerade durch den Verkauf von NEMS Enterprise Ltd. dem Triumph Investment Trust in den Schoß gefallen. Auf diese konnten die Beatles eine Option erwerben. (Bei der Addition fiel John auf, dass Paul 107 000 Northern-Songs-Aktien mehr hatte als er. Anlässlich des Prozesses, den Paul 1971 anstrengte, um seine Partnerschaft mit den Beatles offiziell aufzulösen, brachte John u. a. vor, er und Paul hätten einst eine mündliche Vereinbarung getroffen, dass keiner von ihnen mehr Aktien besitzen sollte als der andere. Paul sagte dazu nur: »Ich hatte etwas Knete und wollte noch ein paar.«)

In dem Machtkampf zwischen den Beatles und ATV bildete ein Konsortium aus Börsenmaklern und Fondsmanagern, die gemeinsam 14 Prozent von Northern Songs besaßen, das Zünglein an der Waage. Die Schlacht zwischen Sir Lew Grade und Allen Klein (sowie Lee und John Eastman) spielte sich im Londoner Börsenviertel und auf den Wirtschaftsseiten der Zeitungen ab. Sie tobte 25 Tage, in denen eine Fülle von Gerüchten kursierte. Plötzlich regte sich die Sorge, Allen Kleins fragwürdiger Ruf als Geschäftsmann könnte die Chancen der Beatles beeinträchtigen. Deshalb gab Klein am 28. April bei Apple eine Pressekonferenz, auf der er verkündete, dass im Falle ihres Sieges der erfahrene britische Musikverleger David Platz anstelle von Dick James zum Geschäftsführer von Northern Songs ernannt werden sollte.

Selbst John meldete sich zu Wort und sagte Wirtschaftsjournalisten, die Übernahmeschlacht sei »wie Monopoly, Mann!«. Zwei Tage später schalteten Ansbacher & Co. im Namen der Beatles Anzeigen in vier überregionalen Zeitungen, in denen noch einmal betont wurde, dass Klein sich von Northern fern halten würde. Der Wortlaut lässt darauf schließen, dass man auch eine Einmischung der Beatles fürchtete:

»Keiner von uns beabsichtigt, im Vorstand zu sitzen oder ins Management einzugreifen. Uns ist bewusst, dass unsere Begabungen auf dem Gebiet des Komponierens und der Unterhaltung liegen, nicht auf dem des Finanzmanagements. Mr. Allen Klein, der mit uns an anderen Projekten arbeitet, wird nicht Direktor von Northern Songs werden.«

Und so zog sich die Sache weiter hin – Klein und Eastman gaben widersprüchliche Ratschläge, und Paul weigerte sich plötzlich, seine Northern-Aktien als Teil der Sicherheit für einen Kredit zur Finanzierung des Gegenangebots zur Verfügung zu stellen. Mal stellte sich Sir Lew tot (Schlagzeile der *Times* vom 17. Mai 1969: »ATV unterliegt im Kampf um Northern Songs«), mal sah es so aus, als ob die Beatles eine echte Chance hätten. Dann hatte John Lennon, der hart für die Sache gearbeitet und Klein sogar zu Besprechungen mit den Bankiers begleitet hatte, plötzlich die Nase voll und verkündete: »Ich lasse mich doch nicht von Typen im Anzug verarschen, die in der City auf ihrem fetten Hinterteil herumsitzen.«

Die letzte Runde wurde am Nachmittag des 19. Mai eingeläutet, als es ATV gelang, sich eine Option auf die Aktien des Konsortiums zu sichern. Dies garantierte dem Unternehmen 50 Prozent von Northern, und damit war die Sache praktisch gelaufen. Vier Monate später, am 19. September, kippte das Konsortium endgültig um, und ATV hatte gewonnen. Lew Grade hatte endlich seinen Anteil an den Beatles.

Wie durch ein Wunder gelang es den Beatles noch, ihr Album *Abbey Road* fertig zu stellen. Dann fiel die Band auseinander. ∎

John Lennon und Yoko Ono nehmen *Give Peace A Chance* in Zimmer 1742 im Hotel Reine Elizabeth in Montreal auf, 1. Juni 1969.

15. MAI – 14. JUNI 1969

Was: »Give Peace A Chance« wird aufgenommen
Wo: Hotel Reine Elizabeth, Montreal
Wann: 1. Juni 1969

UNTER EINER DECKE

Mit ihren weltweiten Friedensaktionen ›Bedism‹ und ›Bagism‹ gaben John und Yoko der Friedensbewegung Auftrieb. Von Keith Badman.

15 Paul McCartney besucht seinen Vater in Heswall, Cheshire.

Am 1. Juni 1969 nahmen John und Yoko in Zimmer 1742 des Hotel Reine Elizabeth in Montreal *Give Peace A Chance* auf, einen Song, der bald zur Friedenshymne meiner Generation wurde. Nach ihrer ersten Begegnung im November 1966 beschnupperten sie sich 19 Monate lang, bis sie im Mai 1968 ein Paar wurden und im März 1969 heirateten. Die beiden meisterhaften Medienmanipulatoren luden die ganze Welt zu ihren Flitterwochen ein, einem Bed-in für den Frieden in Zimmer 902, der Präsidentensuite im Amsterdamer Hilton. Die Presse folgte ihnen eifrig in der Hoffnung, das berühmte Nudistenpaar würde vor den Kameras Sex haben. Stattdessen ließen sich die frisch Verheirateten im Pyjama über den Weltfrieden aus: »Wir versuchen, Frieden zu verkaufen wie ein Produkt. Wir verkaufen Frieden, wie andere Seife oder Getränke verkaufen.« Die Flitterwochen wurden zur Kunstperformance, vermischt mit dem Protest gegen den Vietnamkrieg.

Eine Woche lang gaben John und Yoko Interviews am laufenden Band und ignorierten Sticheleien und Anfeindungen, um ihr Anliegen einem weltweiten Publikum mitzuteilen. »Es gehört zu unserer Politik, nicht ernst genommen zu werden«, erklärte John den bestürzten Reportern, »denn unsere Gegner, wer immer sie auch sein mögen, in all ihren Manifestierungen, können nicht mit Humor umgehen. Wir sind Humoristen, wie Laurel und Hardy, das sind John und Yoko. Wir wollen Clowns für diese Welt sein.« Der *Daily Mirror* schrieb: »Jetzt geht sein großes Talent wohl endgültig mit ihm durch.«

Die nächste Aktion des Paares nannte sich ›Bagism‹. Am 31. März stellten sie sich im Wiener Hotel Sacher nur wenige Stunden nach dem Ende ihres Bed-in in einem weißen Sack der österreichischen Presse. Die Journalisten riefen dem weißen Sack Fragen zu, in dem John und Yoko sangen und manchmal antworteten. John erklärte: »Wir stecken alle in einem Sack. Yoko und ich haben kapiert, dass wir aus zwei verschiedenen Säcken kommen. Ich steck in meinem Pop-Sack, sie steckt in ihrem Avantgarde-Sack. Dann und wann kommen wir raus und gucken uns an, aber wir kommunizieren nicht. Wir reden alle darüber, dass es keine Barrieren zwischen Kunst, Musik und Dichtung gibt, aber sie sind da. Uns fragt uns, was ›Bagism‹ ist und wir sagen: ›Wir stecken alle in einem Sack, Baby!‹« Würden sich die Leute in einem Sack um einen Job bewerben, bekämen sie keine Absagen mehr, weil sie schwarz oder grün sind, oder lange Haare haben, alles wäre reine Kommunikation.

Mitte Mai plante das Paar ein Bed-in in New York. Die US-Botschaft in London verweigerte John aufgrund einer früheren Verhaftung wegen Marihuana-Besitzes jedoch das Visum. Also flogen John und Yoko am 24. Mai auf die Bahamas. John fand es dort allerdings zu heiß und feucht, um eine Woche im Bett zu verbringen, daher reisten sie in Richtung Norden weiter und bezogen am 26. Mai das Zimmer 1742 im Hotel Reine Elizabeth in Montreal. Hier hielten sie ihr zweites, einwöchiges Bed-in für den Frieden ab. Sie stiegen in das Hotelbett und luden den Rest der Welt ein, symbolisch zu ihnen ins Bett zu kommen und über den Weltfrieden zu diskutieren.

Unzählige Journalisten und Fotografen belagerten das Hotel, um die Lennons zu treffen, die für vorbeischauende Musiker, Schriftsteller, Persönlichkeiten der Gegenkultur und Berühmtheiten wie den Komiker Tommy Smothers von den Smothers Brother die Gastgeber spielten. Selbstverständlich genoß die Aktion weltweites Interesse der Medien, unterstützt durch nahezu 150 Interviews, die John und Yoko täglich gaben. Allein in den USA berichteten etwa 350 Radiostationen über die bekanntesten Peaceniks der Welt.

Der US-Cartoonist Al Capp kam vorbei, kritisierte die Naivität von Johns und Yokos gewaltfreier Kampagne und sagte, dass der Holocaust durch ein Bed-ins nicht verhindert worden wäre. »Wenn ich ein jüdisches Mädchen zu Hitlers Zeiten wäre«, erwiderte Yoko, »würde ich mich an ihn ranmachen und seine Geliebte werden. Nach zehn Tagen im Bett würde er denken wie ich.« »Das ist purer Wahnsinn«, gab Al Capp zurück, bevor er weitere Beleidigungen ausstieß. John musste sich schwer zusammenreißen, um nicht ähnliche Geschütze aufzufahren.

Am 1. Juni, dem letzten Tag der Friedensaktion, ließen sie sich Aufnahmegeräte bringen. Man fand es eine Gitarre, übergroße Textblät-

John und Freunde singen am 1. Juni 1969 für den Frieden.

> »Wir versuchen, Frieden zu verkaufen. Wir verkaufen ihn, wie man Seife oder Getränke verkauft.« John

ter wurden aufgehängt und dann nahmen John und Yoko mit allen Anwesenden, unter anderem LSD-Guru Dr. Timothy Leary, Allen Ginsberg und Phil Spector, *Give Peace A Chance* auf. Mitglieder des kanadischen Radha-Krishna-Tempels tanzten durch das Zimmer, während John mit Yoko an seiner Seite auf dem Bett saß und Gitarre spielte. Es war ein magischer Moment.

Apple-Pressechef Derek Taylor, der dabei war, erzählte: »*Give Peace A Chance* entstand bei Vollmond, die Stimmung war genau richtig. In dieser Nacht waren wahrscheinlich 40 Leute im Raum. Tim Leary, Tom Smothers, ein paar Journalisten, viele Freunde und – darf ich's sagen – ein CIA-Mann in Frauenkleidern!«

Als Lennon/McCartney-Song der Plastic Ono Band deklariert, kletterte das Lied auf Platz 14 in den USA und auf Platz zwei in England. Viel wichtiger war aber, dass sie ihre Mission erfüllt hatten – das Stück inspirierte eine ganze Generation, für den Frieden zu singen. John und Yoko hatten es geschafft, Frieden zu verkaufen.

16 Ringo fährt mit der Queen Elizabeth II nach New York (oben). John muss bei der US-Botschaft in London ein Visum beantragen, da er als »unerwünschter Einwanderer« gilt.

17 Paul gibt die Schwangerschaft seiner Frau Linda bekannt. Beide fahren nach Frankreich in Urlaub.

19 Die Single *Get Back* wird in den USA vergoldet.

20 John und George treffen sich bei Henry Ansbacher & Co., um das neueste Angebot von ATV für Northern Songs zu besprechen.

21 Die Beatles ernennen Allen Klein (links) von ABCKO offiziell zu ihrem Finanzmanager.

22 Ringo erreicht New York an Bord der Queen Elizabeth II und dreht weitere Takes für *Magic Christian*. Die Beatles erhalten für *Hey Jude* den Ivor-Novello-Award.

24 *Get Back* erreicht Platz eins der US-Singles-Charts. John und Yoko gründen die Firma Bag Productions, um Filme zu drehen und Bücher zu verlegen. Am selben Tag fliegen sie auf die Bahamas, wo sie ein weiteres Bed-in planen.

25 John und Yoko verlegen das Bed-in nach Kanada, um näher an der amerikanischen Grenze zu sein.

26 John und Yoko beginnen in Zimmer 1742 des Reine Elizabeth Hotel, Montreal, ihr achttägiges Bed-in.

29 Ringo und seine Frau kehren aus New York nach London zurück.

30 In England erscheint *The Ballad Of John And Yoko*.

JUNI 1969

1 Am letzten Tag des Bed-in in Montreal nehmen John und Yoko unter Mithilfe von Acid-Guru Timothy Leary, Allen Ginsberg, Phil Spector und dem Comedy-Duo The Smothers Brothers *Give Peace A Chance* auf.

2 John und Yoko fliegen nach London zurück.

4 *The Ballad Of John And Yoko* erscheint in den USA und wird dort Platz acht erreichen.

7 John und Yoko treten in der UK-TV-Show *David Frost Show* auf.

12 *The Ballad Of John And Yoko* wird in England Nummer eins.

14 John und Yoko nehmen in den Londoner InterTel Studios ein Interview für die US-Ausgabe der *David Frost Show* auf.

27. JUNI – 18. JULI 1969

27 Ringo und Maureen fahren nach Südfrankreich in Urlaub.

29 John und Yoko fahren nach Schottland in Urlaub.

JULI 1969

1 Nach einem Autounfall in Schottland werden John, Yoko und deren Tochter Kyoko im Krankenhaus wegen leichter Verletzungen behandelt. In der Abbey Road beginnen die Sessions für das Album *Abbey Road*. Paul ist als einziger Beatle anwesend und arbeitet an *You Never Give Me Your Money*.

2 George und Ringo gesellen sich zu Paul. Zusammen arbeiten sie an *Golden Slumbers/Carry That Weight*.

3 Paul, George und Ringo arbeiten weiter an *Golden Slumbers/Carry That Weight*.

4 Paul, George und Ringo arbeiten weiter an *Golden Slumbers/Carry That Weight*.

6 John wird aus dem Krankenhaus entlassen, indem er nach dem Autounfall fünf Tage verbringen musste.

7 Die erste Session für Georges *Here Comes The Sun* findet statt. Gleichzeitig erscheint *Give Peace A Chance* von John Lennon And The Plastic Ono Band in den USA. John und Yoko können wegen ihrer Verletzungen nicht an der Release-Party in der Londoner Chelsea Town Hall teilnehmen.

8 Die zweite Session für *Here Comes The Sun* in der Abbey Road

9 Alle vier Beatles beginnen die Arbeit an *Maxwell's Silver Hammer* in der Abbey Road.

10 Die Arbeit an *Maxwell's Silver Hammer* geht weiter.

11 In der Abbey Road wird weiter an *Something*, *You Never Give Me Your Money* und *Maxwell's Silver Hammer* gearbeitet.

12 *The Ballad Of John And Yoko* wird von der Hälfte der amerikanischen Top-40-Mittelwellensender boykottiert, weil die Zeile »Christ, you know it ain't easy« als Blasphemie betrachtet wird.

15 Arbeit an *You Never Give Me Your Money* geht weiter, Abbey Road.

16 Die Beatles bekommen in den USA für *The Ballad Of John And Yoko* eine goldene Schallplatte.

17 Die Band arbeitet an *Oh! Darling* und *Octopus's Garden*.

18 Carlos Mendez veröffentlicht in England die Single *La Penina*, geschrieben von John Lennon und Paul McCartney.

Was: Die Morde der Manson Family
Wo: Los Angeles
Wann: 9. August 1969

WAHNSINNIGE FANS

Die blutigen Indizien, die die Manson Family nach ihren Morden in LA hinterließ, stammten aus Songs der Beatles. Von Mark Paytress.

Ihr Motiv war »bizarr«, fand Staatsanwalt Vincent Bugliosi. Dass der Tod der Schauspielerin Sharon Tate und sechs weiterer Opfer in nur zwei Mordnächten in Los Angeles im August 1969 durch die Beatles inspiriert gewesen sein sollte, war in der Tat absurd. Aber nachdem einer der berüchtigsten Mordfälle des 20. Jahrhunderts mit den Verurteilungen von Charles Manson und drei mitangeklagten Frauen aufgeklärt war, hatte das »Weiße« Album einen bitteren Nachgeschmack.

»Dieser Manson-Kram dreht sich um Georges Song über Schweine und Pauls Song über einen Rummelplatz«, erklärte Lennon. »Es hat nichts mit irgendetwas zu tun, am allerwenigsten mit mir. Er ist dumm, er ist wie jeder andere Beatles-Fan, der irgendwas Mystisches hineininterpretiert … Was hat *Helter Skelter* damit zu tun, jemanden zu erstechen?« In Pauls Song, wohl der härteste, den die Beatles jemals aufgenommen haben, ging es um eine beliebte Attraktion auf einem Rummel. Manson, der weniger von englischen Freizeitvergnügungen verstand als von Sex und Macht, sah das anders. Dieser Außenseiter-Philosoph interpretierte *Helter Skelter* als Aufforderung, Schrecken über die Gesellschaft zu bringen, die ihn hervorgebracht und dann unterdrückt hatte.

Die Indizien, die die Manson-Morde mit dem »Weißen« Album in Verbindung brachten, waren grauenvoll. Die Mörder hinterließen mit dem Blut ihrer Opfer an Wände und Türen geschmierte Slogans. Die Ausdrücke »Helter Scelter« [sic], »Political Piggy«, »Pig« und »Rise« stammten von Songs aus dem Album und machten auf makabre Weise die Macht des Pop deutlich; so brutal, dass die Motive derer, die in den Morden das Verwerfliche an der Lebensweise der Hippies bestätigt sahen, auch mit Skepsis betrachtet wurden. Tatsächlich waren diese Motive eher, weitaus prosaischer Natur. Gleichwohl wurde die Verbindung zu *Helter Skelter* ausgeschlachtet, um die Verurteilung zu garantieren, und es gibt keinen Zweifel, dass die Taten des wohl berüchtigsten Beatles-Fans dazu beitrugen, den Glauben an die Unschuld der 60er-Jahre endgültig zu zerstören.

Laut Manson-Family-Mitglied Paul Watkins glaubte »Charlie von Anfang an, dass die Musik der Beatles eine besondere Botschaft an uns enthielt«. Dies gilt für Manson und Millionen anderer verlorener Seelen, die durch Sex, Drugs und Rock'n'Roll begonnen hatten, die Gesellschaft zu verachten. 1967 drehten sich viele Demonstrationen um die Flower-Power-Hymne *All You Need Is Love*. Ende 1968 jedoch hatte sich diese Botschaft gewandelt, sie wurde bewusst gegen das Bürgertum gerichtet. Das »Weiße« Album, das aufregendste und verwirrendste der Beatles, war irgendwie roh und zwiespältig. Die »Liebe« hatte nichts verändert. Weder Acid noch der Maharishi lieferten die ANTWORT. Tatsächlich dominierten Aufruhr und Anschläge die Schlagzeilen, war die Welt seit dem Sommer der Liebe noch schlechter geworden.

Auch Manson hatte die Furcht gepackt. Das Leben war nicht mehr die Magical Mystery Tour, die seit seiner Haftentlassung im Mai 1967 sein erklärtes Ziel war. »Als ich ihn traf, gab es keine Gewalt in der Family, kein Gerede von Helter Skelter«, erinnerte sich Watkins. »Es war genau das Gegenteil. Charlies Liebe war echt.« Die Begeisterung von Manson und seiner größtenteils weiblichen Gefolgschaft darüber, außerhalb der Gesellschaft zu stehen, nahm bald pathologische Züge an. Die »Kein-Sinn-macht-Sinn«-Philosophie des Machtmenschen Manson begann zunehmend die Grenzen zwischen Gut und Böse, und schließlich zwischen Leben und Tod zu verwischen.

Diese Philosophie wird auch in Mansons Songs deutlich, der als Songwriter eifrig von den Beach Boys umworben wurde. Während er den Mülldeponie-Lebensstil und die Psychospiele der Family zelebrierte, machte er sich über die Besitzer von »Pappkartonhäusern« und »Blechautos« lustig, deren Welt »durcheinander« sei. Im Dezember 1968 hörte er bei einem Freund in Topanga Canyon erstmals das »Weiße« Album. Laut Watkins war »danach nichts mehr so wie zuvor«.

Manson fand auf dem Album viele »Botschaften«, die seine eigene, zunehmend negative Einschätzung des Schicksals der Menschheit bestätigten. Harrisons *Piggies* machte sich über die »normale« Welt lustig und empfahl ihr augenzwinkernd ein »nette Tracht Prügel«. Im apokalyptischen *Revolution 9* hörte er »Charlie, Charlie, schick uns ein Telegramm!« sowie die mehrfache inständige Bitte »aufzuerstehen« (Rise!).

Die Helter-Scelter-Tür (sic) auf der Manson-Ranch.

Aber es ist *Helter Skelter*, wie Bugliosi findet, das Mansons Paranoia am besten widerspiegelt. »Es stand für den Aufstand der Schwarzen gegen das weiße Establishment und die Hinrichtung aller Weißen, ausgenommen der Manson Family, die sich in der Wüste im ›Vorhof zur Hölle‹ dem *Helter Skelter* entziehen wollte.« Dies war laut Bugliosi das Schlüsselmotiv hinter den Morden, die im August 1969 die Welt erschütterten.

Helter Skelter lieferte sicher das Motiv für die Tate/LaBianca-Morde, nicht jedoch für die Wandlung der Family von einer freien Kommune zum Mordkult. Nachdem Bobby Beausoleil des Mordes an Gary Hinman angeklagt worden war, das Motiv waren Drogengelder, hatte eine der Mörderinnen, Susan Atkins alias »Sexy« Sadie Mae Glutz, mit Blut »Political Piggy« an eine Wand geschmiert; ähnliche Slogans bei den weiteren Morden sollten die Unschuld des inhaftierten Beausoleil beweisen. Und nebenbei die Furcht in den bürgerlichen Gemeinden schüren.

»Charlie glaubte an die Beatles, und wir glaubten an Charlie«, so Paul Watkins. Es war eine tödliche Verbindung. 1971 stritten sich die Ex-Beatles vor Gericht, während Manson und seine Komplizen in der Todeszelle saßen. John Lennons Song *God*, eine Abrechnung mit falschen Idolen, linderte den Schmerz: »I don't believe in Beatles, just believe in me, and that's reality.«

Manson auf dem Weg zum Gericht von Inyo County, Independence, wegen Bagatellen, als er bereits unter Verdacht steht, an der Mordserie in LA beteiligt gewesen zu sein.

John Lennons erster Solo-Gig, Varsity Stadium, Toronto, 13. September 1969

Was: Die Plastic Ono Band live in Toronto
Wo: Varsity Stadion, Toronto
Wann: 13. September 1969

AVANTGARDE-POP

Aus einer Laune heraus spielte John auf einem Festival in Toronto. Anschließend entschied er sich für eine Solokarriere. Von Paul McGrath.

Kim Fowley wollte sichergehen, dass Geld für ihn rausspringt, als er vorschlug, John Lennon nach Toronto zu holen. Fowley, der 1960 mit *Alley Oop* einen Novelty-Hit gelandet hatte, war als Ansager für das Toronto-Rock'n'Roll-Revival engagiert worden, bei dem Klassiker wie Jerry Lee Lewis, Fats Domino, Little Richard und Gene Vincent und aktuelle Bands wie Chicago, Alice Cooper und The Doors auftraten. Drei Tage vor der Show hatten die Veranstalter John Brower und Ken Walker erst 2000 Tickets für das 20 000 Personen fassende Varsity Stadion verkauft und man fürchtete, dass nur ein Beatle eine Katastrophe abwenden konnte. Brower hatte Glück, als er bei Apple anrief: John war da und gelangweilt genug, um sich den Vorschlag anzuhören und Brower war bei Apple bekannt.

Noch im ersten Gespräch hatte John zugesagt – es ist jedoch unklar, ob er genau wusste, wozu eigentlich.

»John ahnte nicht, dass er dort auftreten sollte«, erinnert sich Klaus Voormann. »Als sie ihn nach seiner Band fragten, sagte er: ›Welche Band?‹«

Brower besteht darauf, dass es John war, der zurückrief und nicht nur dabei sein, sondern auch spielen wollte. »In unserem Büro hingen alle mit aufgerissenen Augen an den Hörern und dachten ›verdammt, das kann der doch nicht ernst meinen‹. Ich sagte ›ja, ich glaube, wir können dich noch im Programm unterbringen.‹«

Lennon, George Harrison und Apple-Assistent Anthony Fawcett stellten die Band zusammen. Klaus Voormann am Bass und Alan White, der künftige Yes-Drummer, am Schlagzeug. Eric Clapton hatte ihren Anruf leider verschlafen.

Die Journalisten in Toronto wollten den Veranstaltern nicht glauben. Die Show fand nur statt, weil ein Radio-Discjockey in Detroit immer wieder den Mitschnitt von Lennons Zusage spielte, was für einen Stau sowohl auf der Brücke als auch im Tunnel von Detroit nach Toronto sorgte.

Als 10 000 Tickets verkauft waren, rief Fawcett vom Flughafen aus Brower an. Er hatte White und Voormann, aber John und Yoko hatten den Gig wieder abgesagt, weil man Clapton nicht finden konnte. In diesem Moment erfuhr Fawcett, dass man Clapton aufgetrieben hatte. Doch nun fehlten John und Yoko. Brower hatte nur noch eine Chance: Er überredete Fawcett, ihm Claptons Telefonnummer zu geben und rief ihn sofort an.

»Eric, du kannst dich vielleicht nicht mehr an mich erinnern, aber ich bin der Veranstalter, der letzten Monat 20 000 Dollar wegen deiner Blind-Faith-Show verloren hat. Bitte, ruf John Lennon an und sag ihm, dass er spielen muss und ich werde rüberfliegen und bei ihm einziehen, weil ich ruiniert bin.«

Das half. Angesäuert rief Clapton bei John an. »John respektierte Eric und es war ihm echt peinlich, ihn derart verärgert zu haben«, so Brower. »John schämte sich.«

Mit dem Flugzeug und anschließend eskortiert von 80 Motorrädern wurde Lennon in seine Garderobe gebracht.

Ein alter Bekannter aus Hamburg, der völlig kaputte Gene Vincent, wartete an der Tür. »Gene war vor Aufregung schon den ganzen Tag neben sich«, erzählt Brower. »Es war traurig«, so Larry Leblanc, heute Redakteur der kanadischen *Billboard*-Ausgabe. »John versuchte höflich an ihm vorbeizukommen, Gene sagte: ›Hey John, erinnerst du dich an Hamburg?‹ John war echt höflich, wollte aber nicht stehen bleiben. Er legte seinen Arm um Gene, sagte: ›Hi Gene, schön, dich zu sehen‹, und ging weiter. Die ganze Begegnung dauerte vielleicht 20 Sekunden.«

John und Yoko schlossen sich vor seinem Auftritt drei Stunden in der Garderobe ein, und Yoko war nicht von dieser Umgebung begeistert. »Ich kam aus der Avantgarde-Welt, das ist so wie die Klassik-Welt«, erzählt sie. »Da gibt es schöne Empfangsräume, man wird freundlich behandelt. Wir kamen in diese Garderobe und es war ein Umkleideraum aus Beton, schmutzig und ekelhaft. John lachte mich an und sagte: ›Welcome to Rock'n'Roll.‹«

Yoko unterstützt John mit speziellem Gesang.

Auf der Bühne sah Lennon in seinem weißen Anzug besser aus, als er klang. Künstlerisch war es nicht sein bester Tag. Die Beatles-Songs kamen besser an als die Rock'n'Roll-Nummern und *Give Peace A Chance* schien das Ende der Show einzuleiten. Doch dann trat sie auf: Keiner hatte Yokos Solo erwartet. Ihr Auftritt in einem Sack war weniger bemerkenswert als die Tatsache, dass er überhaupt stattfand. Vom ersten Ton an brach ihr Heulen alle Regeln eines Popkonzerts. Im Publikum regte sich Widerspruch und die Biker, die als Security eingesetzt worden waren, begannen zu schimpfen.

Larry Leblanc stand im Bühnengraben: »Die Leute waren höflich. Sie waren irritiert, aber jeder wusste, dass sie Künstlerin war, sie hatte Hinterteile und solche Sachen fotografiert. Wir dachten, okay, das wird wieder aufhören. Aber es hörte nicht wieder auf.«

Nach 17 Minuten und 27 Sekunden war sie fertig und verschwand. Es wurde behauptet, dass Gegenstände geflogen sind. »Es gab ein paar Buhrufe, aber hätte jemand was nach ihr geworfen, wäre es ziemlich nah an mir vorbei geflogen«, so Leblanc. »So war's aber nicht.«

Erst als der Beatles-Roadie Mal Evans auf die Bühne kam und die Verstärker ausschaltete, war klar, dass John nicht wiederkommen würde, ein schales Ende für einen seltenen Auftritt. Nur wenige ahnten, dass an diesem Tag auch etwas anderes sein Ende gefunden hatte. Für John war dieser chaotische Auftritt ein Schritt vom Traum eines Lebens als Ex-Beatle hin zu seiner Umsetzung. Zwei Wochen später machte er Schluss mit den Beatles.

Die Beatles-Songs kamen besser an als die Rock'n'Roll-Nummern, doch keiner hatte Yokos Solo erwartet.

---

21. JULI – 14. AUG. 1969

21 Die Beatles beginnen mit den Aufnahmen von *Come Together*.

22 Die Arbeit an *Come Together* und *Oh! Darling* wird in den Abbey Road Studios fortgesetzt.

23 Die Arbeit an *Come Together* geht weiter, mit der Aufnahme von *The End* wird angefangen, Abbey Road.

24 Paul nimmt für Badfinger ein Demo von *Come And Get It* auf, die gesamte Band nimmt *Sun King* und *Mean Mr. Mustard* auf.

25 Die Beatles arbeiten an *Polythene Pam*, *She Came In Through The Bathroom Window*, *Come Together*, *Sun King* und *Mean Mr. Mustard*.

28 Die Arbeit an *Polythene Pam* und *She Came In Through The Bathroom Window* geht weiter.

29 Die Band arbeitet an *Come Together*, *Sun King* und *Mean Mr. Mustard*.

31 Die Band arbeitet weiter an den Titeln *Golden Slumbers*, *Carry That Weight* und *You Never Give Me Your Money*.

AUGUST 1969

1 Die Arbeit an *Because* beginnt in den Abbey Road Studios.

2 Paul McCartney produziert mit Badfinger *Come And Get It* in der Abbey Road.

4 Die Arbeit an *Because* geht weiter, Abbey Road.

5 Die Beatles benutzen bei George Harrisons Overdubs für *Because* zum ersten Mal einen Moog Synthesizer, Abbey Road.

6 George arbeitet an *Here Comes The Sun*, während Paul an *Maxwell's Silver Hammer* weitermacht.

7 Die Band arbeitet weiter an *The End*, Abbey Road.

8 Um 11 Uhr 35 wird das gefeierte und oft kopierte Cover von *Abbey Road* fotografiert (oben).

9 Die Schauspielerin Sharon Tate und vier weitere Personen werden ermordet im ehemaligen Haus des Plattenproduzenten Terry Melcher aufgefunden.

11 Die Arbeit an *I Want You* geht weiter, Abbey Road.

14 John Lennon wird von Kenny Everett für seine BBC-Radiosendung *Everett Is Here* interviewt.

ALBUM INFOS

ABBEY ROAD

Straße nach Nirgendwo

Trotz des Haders und der Bitterkeit um die Beatles im Jahr 1969 wurde *Abbey Road* zu ihrem meist verkauften Album. David Fricke über den letzten Willen und das Vermächtnis der Beatles.

Ihr letztes Album nahmen die Beatles im Januar 1969 auf: Den dürftigen Soundtrack zu einer düsteren Dokumentation über die Schwierigkeiten der Beatles, nach sieben Jahren an der Spitze zusammen Musik zu machen. Den Film und die Platte nannten sie *Let It Be*. Sogar der Titel klang wie eine Grabrede. Als im Mai 1970 das Album in die Läden und der Film in die Kinos kamen, gab es keine Beatles mehr – nur noch Ex-Beatles.

Doch in diesen beiden schwarzen Monaten nahmen John, Paul, George und Ringo im Sommer 1969 noch ein richtiges letztes Album auf. Sie nannten es *Abbey Road* – nach der Adresse des EMI-Studios im Londoner Viertel St. John's Wood, das seit *Love Me Do* ihr wahrer Arbeitsplatz war, an dem sie sich wohl fühlten, dem einzigen Ort, an dem sie einfach nur Musiker sein durften.

Die Beatles lösten sich in diesem Jahr auf. Sie konnten nichts dagegen tun. Sie wussten auch, dass sie so abtreten mussten, wie sie 1962 aufgetaucht waren, als größte Rockband der Geschichte. *Let It Be* war ein vorgezogener Nachruf, *Abbey Road* war ihr unbewusstes Gebet an die Menschheit: »Behaltet uns so in Erinnerung.«

Das Album erschien am 26. September in Großbritannien und am 1. Oktober in den USA. In Amerika ist es mit zwölf Millionen Kopien, laut der Reccording Industry Association of America das meist verkaufte Album der Beatles. Dennoch ist *Abbey Road* die am wenigsten beachtete Platte der vier, eher mit Respekt betrachtet als mit religiöser Verehrung wie etwa *Rubber Soul*, *Revolver* und *Sgt Pepper's Lonely Hearts Club Band*. Auf der Platte ist kein Fortschritt zu hören. Nach dem Debakel von *Let It Be* – McCartneys Versuch, die Band durch Rückbesinnung auf Kraft und Aufregung der Cavern-Club-Tage durch einfachen Geradeaus-Rock zu retten – war *Abbey Road* ein Rückzug auf die bewährten Stärken, in den Mutterleib der EMI, in George Martins väterliche Hände.

Die Beatles waren seit 1964 keine Liveband mehr, die roboterhaften halbstündigen Sets von 1965 und 1966 waren Pflichterfüllung, kein Showbiz. Stattdessen machten sie das Studio zu ihrer Bühne, wo sie außerordentliche Kunststücke vollbrachten. Im Sommer 1969 hatten sie jede musikalische, persönliche und finanzielle Motivation verloren, gemeinsam zu arbeiten, aber für *Abbey Road* fanden sie noch einmal als Band zusammen. Das Album ist wahrlich kein Meisterwerk, aber ein Triumph ihrer reinen, wenn auch nur vorübergehenden Einheit.

Zwölf der 17 Songs auf *Abbey Road* – darunter Pauls *Oh! Darling* und *Maxwell's Silver Hammer*, Johns *Sun King* und *Polythene Pam*, Georges *Something* und Ringos *Octopus's Garden* – tauchten bereits während der *Let-It-Be*-Sessions in den Twickenham Film Studios und im Kellerstudio von Apple auf. Da *Let It Be* McCartneys Geisteskind war, überrascht es nur wenig, dass dem langsam brodelnden Louisiana-Blues *Oh! Darling* und *Maxwell's Silver Hammer*, einer

> »Sie nannten sie *Abbey Road*, nach dem einzigen Ort, an dem sie einfach nur Musiker sein durften.«

Come Together: Die Beatles vor den Abbey Road Studios, 8. August 1969

FOTO: CAMERA PRESS

bizarren Tanzhallen-Posse über einen verrückten Selbstmörder, ganze Tage zugestanden wurden.

Dennoch besitzt vieles auf *Abbey Road* Live-Gefühl. Die Basis-Spuren wurden von allen vier Beatles eingespielt, um dann Take für Take verfeinert – allein 36 für *You Never Give Me Your Money* – und mit Overdubs aufbereitet zu werden, immer unter der Leitung des jeweiligen Autors.

Der Voodoo-Beat von *Come Together* wurde an einem Tag aufgenommen. Und nach sieben Monaten, in denen er immer wieder an seiner großen Ballade *Something* arbeitete, spielte Harrison sein prägnantes Gitarrensolo am letzten Tag der Orchesteraufnahmen live ein. Toningenieur Geoff Emerick erzählt, dass George beinahe exakt »Note für Note dasselbe Solo« spielte wie auf einem früheren Take. »Ich glaube, er wollte es nur wegen des Ausdrucks neu.«

DIE STÜCKE

A-SEITE
1. Come Together
Gesang Lennon

2. Something
Harrison
Gesang Harrison

3. Maxwell's Silver Hammer
Gesang McCartney

4. Oh! Darling
Gesang McCartney

5. Octopus's Garden
Starkey
Gesang Starr

6. I Want You (She's So Heavy)
Gesang Lennon

B-SEITE
7. Here Comes The Sun
Harrison
Gesang Harrison

8. Because
Gesang Lennon

9. You Never Give Me Your Money
Gesang McCartney

10. Sun King
Gesang Lennon

11. Mean Mr. Mustard
Gesang Lennon

12. Polythene Pam
Gesang Lennon

13. She Came In Through The Bathroom Window
Gesang McCartney

14. Golden Slumbers
Gesang McCartney

15. Carry That Weight
Gesang McCartney

16. The End
Gesang McCartney

17. Her Majesty
Gesang McCartney

Alle Stücke von Lennon/McCartney, sofern nicht anders angegeben

ALBUM INFOS

ABBEY ROAD

PRESSESTIMMEN
Die Presse hielt *Abbey Road* für brillant.

»Es strotzt vor musikalischen Innovationen … und die zweite Seite ist als Ganzes bemerkenswert. So gut *Come Together* und *Something* auch sind, im Kontext der gesamten Platte sind sie nur kleine Puzzlesteinchen … Seite zwei ist hervorragend, Harrisons starkes *Here Comes The Sun* verbindet sich mit *Because* und dem unglaublichen Schlussakkord. Dann ein romantisches Stück … und eine weitere Fassung von *Sun King* … schließlich der Übergang zu Rocksongs, die voller Neuerungen dem gleichen Thema zu folgen scheinen. Lennon hat gesagt, *Abbey Road* wäre ein Versuch, vom Experimentellen wieder zu guter alter Rockmusik zurückzukehren. Wenn man so einfallsreich ist wie die Beatles, wird der Versuch, nicht zu experimentieren, immer misslingen.«
— William Mann, *The Times*, 5. Dezember 1969

Beatles' new LP 'Abbey Road'
The Beatles' first 1969 album will be released in September. Titled *Abbey Road*, it will have one long 17-minute track on Side One made up of several songs plus two other new tracks. Side Two features six separate songs.
The new album is named after the road in which the EMI studios are situated—the home, of course, of the famous No. 2 studio, where most of the Beatles' big hits have been born.
It's the old team once again, with George Martin in the recording manager's chair, and red-haired Geoffrey Emerick sound balancing on all sessions.
Unlike their next release, *Get Back*, which does what the title says and has many songs treated in an early Beatles style, *Abbey Road* is progressive '69 Beatles all the way, and features lots of new sounds, many of which were created in the electronic depth of George Harrison's Moog Synthesizer, which he had specially brought into the studios.
A description of the musical scope of the Moog is given on page 46 of this issue.

»Man kann noch nicht sagen, ob dies ihr bestes Album ist, aber es ist brillant. Teile des Medleys sind sehr schön, was das Konzept und die Struktur angeht … Was immer man auch von ihnen als Individuen halten mag, es fällt schwer, ihnen nicht für ihre wiederholten Bemühungen um gute Musik dankbar zu sein.«
— David Connolly, *Evening Standard*, 20. September 1969

»*Abbey Road* zeigt sich erfrischend knapp und unprätentiös. Die anziehende Klarheit der Beatles-Melodien wird nun geschickt, aber sparsam von Streichern unterstützt. Obwohl ich ihre 20-er-Jahre-Possen (*Maxwell's Silver Hammer*) und Ringos obligatorische Alibi-Arien (*Octopus's Garden*) ebenso leid bin wie ihren philosophischen Zeigefinger, erreicht dieses Album weit größere Höhen als ihr letztes.«
— Derek Jewell, *Sunday Times*, 28. September 1969

COVER STORY
Das legendäre *Abbey-Road*-Cover war in 15 Minuten fertig.

Wie schon *Sgt. Pepper*, wurde auch das Cover von *Abbey Road* oft parodiert. Booker T And The MGs machten es für ihre Scheibe *McLemore Avenue* nach, die Sesamstraße zollte ihren Tribut mit *Sesame Road* und von den Red Hot Chili Peppers gibt es die EP *Abbey Road*. Sogar Paul McCartney sprang 1993 mit seinem Live-Album *Paul Is Live* auf den Zug auf. Soviel zum Einfluss des Fotos von Iain Macmillan.

Macmillan, der mit seiner Arbeit einem Entwurf von McCartney folgte, hatte bereits 1966 für Yoko Onos Ausstellung in der Indica Gallery – bei der Yoko und John sich das erste Mal trafen – Fotos gemacht und seine Spendensammlungsschachteln bei Johns Ausstellung *You Are Here* zwei Jahre später gezeigt. Für das Shooting versammelte er die Band am Morgen des 8. August 1969 vor den Abbey Road Studios. Es gab nur wenig Vorbereitung, die Jungs erschienen in ihren eigenen Klamotten. Es war McCartneys Idee, barfuß zu gehen und Lennons Idee, seinen weißen Anzug zu tragen. Ausgerüstet mit seiner Kamera und einer Trittleiter, ließ er die Band über den Zebrastreifen und wieder zurück gehen. Wegen des Verkehrs musste es schnell gehen, obgleich ein Polizist die Autos kurz aufhielt.

Das Cover gab den lächerlichen Gerüchten, Paul wäre tot, die damals in den USA aufkamen, Stoff. Lennons Anzug wurde als Respektsbekundung für den angeblich toten Sänger und Bassisten aufgefasst, während Paul als Double identifiziert wurde, und die nackten Füße als Symbol des Todes, wie es etwa die Mafia verwendet.

Auf der Rückseite sind das echte Straßenschild der Abbey Road zu sehen, sowie die unscharfe Silhouette eines Mädchens in einem blauen Kleid, das zufällig auf das Foto geraten war.
— Lois Wilson

»Es ist schwer, *Abbey Road* mit Streit zu assoziieren, schließlich ist es das Ergebnis gezielter Arbeit.«

Die Ungeduld und Müdigkeit der Beatles ist auf *Abbey Road* deutlicher zu hören als auf *Let It Be*. Lennons fragmentarische Beiträge zum Medley auf der B-Seite – *Because, Sun King, Mean Mr. Mustard, Polythene Pam* – spiegeln seine Fahrigkeit wider: Zwischen den Beatles und seinem Leben ohne sie, zwischen seiner Heroinsucht und der Hingabe an seine zweite Frau und Muse Yoko Ono. Die Schlüsselzeile in *Come Together* – »you got to be free« – steht in krassem Gegensatz zum Titel. In seinem besten Song auf dem Album konnte Lennon sich nicht für eine Richtung entscheiden. Das Auf und Ab seiner Inspiration wird auch in der Eröffnungszeile von *Come Together* deutlich, die er sich von Chuck Berrys *You Can't Catch Me* von 1956 ausgeliehen hatte. Später sollte er vor Gericht teuer dafür bezahlen.

Die Offenheit der Platte straft ihrem Glanz Lügen. Harrison schrieb *Here Comes The Sun*, seinen zweiten Ausbruch neuer Reife, in Eric Claptons Garten als Heilmittel gegen die deprimierenden Geschäftsbesprechungen bei Apple.

Paul McCartney traf mit *You Never Give Me Your Money*, einer köstlichen Mini-Operette auf Seite zwei, den Kern seiner Unzufriedenheit mit Allen Klein, dem Manager und Buchhalter der Beatles. Ein sehnsüchtiger Strom von Stimmen und Gitarren verwandelt sich in einen Honky-Tonk-Abschiedsbrief: »One sweet dream/pick up the bags/get in the limousine/soon we'll be away from here/Step on the gas/wipe that tear away«. Wenige Monate später, im April 1970, machte Paul Ernst, als er in einer Pressemitteilung den Beginn seiner Solokarriere und damit das Ende der Beatles verkündete. *Let It Be* war die erste Dokumentation über das Auseinanderfallen einer Band. *Abbey Road* erklärt, warum der Traum nicht ewig dauern konnte.

Fünfunddreißig Jahre später fällt es immer noch schwer, das letzte Album der Beatles mit Zank und Entfremdung zu assoziieren, schließlich ist es eindeutig das Ergebnis gezielter Arbeit. Das Eröffnungs-Riff von *Polythene Pam* steht auf gleicher Stufe mit den Power-Chords des *Pinball Wizard* von The Who. Der melancholische Cocktail von Grillen-Geräuschen und der kehligen

Wenn es um Groupies ging, nahm Ringo, was er kriegen konnte: Die Beatles beim Shooting für das *Abbey-Road*-Cover.

Surfgitarre am Anfang von *Sun King* klingt, als hätte Brian Wilson Mick Fleetwoods Stück *Albatross* produziert.

Wer nicht glaubt, dass Johns Hurrikan aus sexueller Lust und Bewunderung für Yoko, der Song *I Want You (She's So Heavy)*, echter Heavy Metal ist, sollte sich mal anhören, wie Roger Waters von Pink Floyd eine Variation des Schlussmotivs in *In The Flesh*, der Ouvertüre zu *The Wall*, eingesetzt hat. Und lassen Sie uns einfach annehmen, dass Harrison nicht den Titel von James Taylors Apple-Aufnahme *Something In The Way She Moves* kopiert hat. Georges *Something* ist der bessere Song und ist, mit der lässigen Orgel und Johns »I don't know« im Refrain, weißem Garage-R&B viel näher, als Frank Sinatra je geahnt hat, der ein großer Fan dieses Songs war.

Aber diese Platte ist das Ende und das Stück *The End* liefert nach dem großen Rückzug von *Golden Slumbers* und dem moralischen Marsch in *Carry That Weight* den Beweis. McCartneys lyrische Arithmetik in *The End* – »And in the end, the love you take is equal to the love you make« – wurde oft in Nachrufen auf die Beatles zitiert.

Das Herzstück des Songs ist aber das wiederholte »Love you, love you« inmitten der Gitarrensoli. *Abbey Road* war nicht nur ein »Lebt wohl«, sondern auch ein »Danke« der Beatles an uns. Die Beatles gaben alles, bis sie nichts mehr geben konnten.

AUCH EINE MEINUNG

Für Captain Sensible von The Damned hat *Abbey Road* zwei Seiten …

»Meine erste Beatles-Platte habe ich mir erst vor ein paar Jahren gekauft. Ich war nie ein Fan – sie waren damals einfach zu in. Alle anderen waren aber Fans. Einmal wurde ich von ein paar Schlägern auf dem Spielplatz ausgequetscht: »Wen magst du lieber, die Beatles oder die Stones?« Die falsche Antwort hätte mir eine Blessur eingebracht, also stieß ich »die Hollies« hervor und rannte so schnell ich konnte fort.

Ich bin nicht allzu begeistert von der ersten Seite von *Abbey Road*, da gibt es bloß ein paar von Lennons-Blues-Heulern und je ein Stück von den anderen. Harrisons süßliches *Something*, McCartneys scheußliches *Maxwell's Silver Hammer* und je weniger man Ringos *Octopus's Garden* erwähnt, desto besser. Aber die zweite Seite ist ein ganz anderes Kaliber – Pop-Himmel oder Overkill, je nach Geschmack.

Diese erstaunliche Reihe toller Songs wird meist McCartney alleine zugeschrieben, aber ohne die Arbeit von George Harrison und George Martin wäre sie nur halb gar. George spielt sensationell und von ihm ist auch mein Lieblingsstück, *Here Comes The Sun*, das ohne weiteres als Ersatz für Prozac herhalten könnte.

Bei The Damned spielten wir eine schnellere, knorrige Version von *Help!*, die wohl recht unkenntlich war, denn nach den Gigs kamen Leute zu uns, die den Song auf der Setlist gesehen hatten und fragten, warum wir ihn nicht gespielt hätten. Auch wenn die Beatles 1977 nicht von Bedeutung waren, denke ich, Lennons geradlinige Boshaftigkeit hätte ihn zu einem guten Punk-Frontmann gemacht. Wäre es nicht interessant gewesen, wenn er nur ein paar Jahre später auf die Welt gekommen wäre?« **Louisa Carr**

15. AUG. – 13. SEPT. 1969

15 Die Beatles beaufsichtigen George Martins Aufnahmen der Orchesterbegleitungen zu *Something*, *Here Comes The Sun*, *Golden Slumbers/Carry That Weight* und *The End*.

18 Paul nimmt den Klavierpart zu *The End* nachträglich auf.

19 George Martin beendet die Arbeit an *Here Comes The Sun* und *Something* in der Abbey Road.

20 Die Beatles sind zum letzten Mal gemeinsam im Studio, um *I Want You (She's So Heavy)* aufzunehmen.

22 Die Beatles treffen sich zu einer Fotosession für das Cover des Albums *Hey Jude* bei John Lennon in Tittenhurst Park, Berks (oben).

24 John Lennon schreibt und probt *Cold Turkey* in der Abbey Road und nimmt den Song dort auf.

26 George fährt zur Foreland Farm in Bembridge auf der Insel Wight, um Bob Dylan zu besuchen.

28 Paul und Linda werden stolze Eltern einer Tochter namens Mary. George besucht in Sydenham, Südlondon, die Apple-Pressekonferenz zu Radha Krishna Temples erste Aufnahme des Hare Krishna Mantras.

31 John, George und Ringo besuchen das Isle Of Wight Festival, um Bob Dylan zu sehen.

SEPTEMBER 1969

1 Einen Tag nach dem Isle Of Wight Festival besucht Schlagzeilenmacher Bob Dylan Lennon in Tittenhurst Park.

2 George fährt Dylan im Mercedes zum Flughafen Heathrow.

8 Ringo wird zu Hause in Weybridge krank und wegen Darmproblemen ins Krankenhaus nach Middlesex eingeliefert.

10 Während der Vorführung von *Rape* und *Self-Portrait*, zwei Filmen von John und Yoko, am Institut für Zeitgenössische Kunst in London, sitzen zwei nicht zu erkennende Gestalten in weißen Säcken auf der Bühne.

11 Ringo verlässt wieder völlig gesundet das Krankenhaus in Middlesex.

12 Obwohl nur ein Tag Zeit ist, um eine Band zusammenzustellen, nimmt John die Einladung zum Rock-'n'Roll Revival Festival in Toronto an.

13 Auf dem Rock'n'Roll Revival Festival im Varsity Stadion in Toronto spielen John Lennons Plastic Ono Band, Chuck Berry, Little Richard, Gene Vincent, Jerry Lee Lewis, Bo Diddley, The Doors, Chicago und Alice Cooper.

Was: US-Sender behauptet Paul sei tot
Wo: Detroit
Wann: 12. Oktober 1969

TOT GESAGTE ...

Im Herbst 1969 kam das Gerücht in Umlauf, dass Paul McCartney tot sei. In Wirklichkeit war er alles andere als das. Von Merrell Noden.

Radioshows mit Zuhörerbeteiligung eignen sich bestens für Verschwörungstheorien, deshalb war Russ Gibb, Discjockey beim Sender WKNR-FM in Detroit nicht überrascht, als ein gewisser Tom am Nachmittag des 12. Oktober in der Sendung anrief und eine Bombe platzen ließ. »Ich wollte mit Ihnen über das Gerücht von Paul McCartneys Tod reden und was wirklich daran ist«, sagte Tom, der sich als Student der Eastern Michigan University vorstellte.

Gibb verdrehte die Augen, ließ sich aber trotzdem auf das Gespräch ein. »Dieses Gerücht geistert ständig herum, aber es ist einfach nicht wahr« sagte er.

Aber Tom blieb hartnäckig. »Man findet Beweise dafür auf den Platten. Sie müssen *Revolution 9* nur mal rückwärts abspielen«, sagte er zu Gibb.

Gibb tat ihm den Gefallen, spulte den Song bis zu der Stelle, an der eine Stimme mehrmals »Number nine, number nine ...« wiederholt, vor und ließ ihn rückwärts laufen. Tatsächlich konnte man jetzt mehrmals »Turn me on, dead man ... (Mach mich an, toter Mann)« hören.

Noch bevor die Sendung zu Ende war, bat ein anderer junger Mann darum, *Strawberry Fields Forever* zu spielen. Auch hier konnte man eine Stimme hören, die so etwas wie »I burried Paul« sagt.

Fred LaBour sollte eigentlich eine Besprechung von *Abbey Road* für die Studentenzeitung *Michigan Daily* schreiben. Stattdessen erfand er eine wilde Geschichte, die das Gerücht von Pauls Tod endgültig populär machte, und lieferte die Beweise dafür gleich mit. Er behauptete, dass »walrus« das griechische Wort für Tod sei und dass Paul von einem Waisenjungen aus Edinburgh namens William Campbell gedoublet würde. Nachdem Campbell einen Wettbewerb als Pauls Doppelgänger gewonnen hatte, sei er von den restlichen drei Beatles gebeten worden, ihn zu imitieren.

Damit begann eine merkwürdige Zeit im Leben der Beatles. Eine gewisse Paranoia war in den Zeiten von Kennedy-Attentat und Watergate-Skandal nicht verwunderlich. Einige Jahre zuvor, als Bob Dylan sich nach seinem Motorradunfall 18 Monate lang zurückgezogen hatte, entstanden ebenfalls wirre Gerüchte. So wurde etwa behauptet, die Regierung hätte ihn aus dem Verkehr gezogen, weil er zu einflussreich gewesen sei.

»Vietnam und das so genannte Establishment hatte viele von uns so weit gebracht, jeder Art von Verschwörungstheorie zu glauben«, sagt Tim Harper. Sein Artikel in der Studentenzeitung der Drake University vom 17. September löste die erste öffentliche Diskussion des Gerüchts aus. Warum die Beatles, die eigentlich immer als »brave Jungs« galten, ihre Fans so täuschen sollten, war unklar.

»Rückblickend wirkt das Ganze völlig albern und absurd«, sagt Vin Scelsa, dessen Karriere als New Yorks kritischer Discjockey 1969 begann. »Aber der Unterschied zu heute ist, dass damals eine Gegenkultur existierte, die von ganz bestimmten Künstlern verkörpert wurde. Dazu gehörten vor allem die Songschreiber – Dylan, Lennon, Jagger und Richards. Ab Ende 1966 wurde jeder ihrer Songs wie eine persönliche Botschaft aufgenommen, die endlos analysiert wurde. Das waren nicht einfach Songs, sondern Richtlinien darüber, wie man zu leben hatte.«

Wann genau das Gerücht in die Welt gesetzt wurde, lässt sich nicht mehr sagen. Vielleicht war Pauls Unfall mit dem Motorroller im Dezember 1965 der Auslöser, oder der angebliche Autounfall im Jahr darauf. Harper sagt, dass er im Herbst bei der Rückkehr ins College davon gehört hatte. »Es war ein Thema, über das die Leute sprachen, wenn sie abends zusammen saßen.«

Bald gab es auf jedem Campus und bei jedem Sender einen Experten. Als die Spekulationen im November ihren Höhepunkt erreichten, zeigte das Fernsehen zur Hauptsendezeit eine satirisch gemeinte Untersuchung, die der berühmte Anwalt F. Lee Bailey leitete. Der Nachrichtenchef John Chancellor kommentierte dies knapp: »Alles, was wir mit Sicherheit sagen können, ist, dass Paul McCartney entweder tot oder lebendig ist.«

Immer mehr Theorien tauchten auf. Es schien, als ob die Beatles mit ihren Fans kommunizieren wollten, denn

Einer behauptete, dass McCartney von William Campbell, einem Waisenjungen aus Edinburgh, gedoubelt wird.

jedes Ding, jede Pose und jedes Wort auf den üppigen Albumcovers und -hüllen wurde genau untersucht und die Platten wurden rückwärts abgespielt.

Einige Theorien schienen plausibel, andere waren an den Haaren herbei gezogen. Mit dem Cover von *Abbey Road*, das die Beatles beim Überqueren eines Zebrastreifens zeigt, begann alles: John wurde als Priester gedeutet, der voran ging, gefolgt vom Leichenbestatter Ringo, dem wieder auferstandenen Paul und Totengräber George. Dann war da noch ein Nummernschild des Käfers, ›28 IF‹. So alt wäre Paul, wenn er noch leben würde, hieß es. Was machte es schon, dass er eigentlich 27 war – bei den Hindus wäre er immerhin 28, denn das Baby zählt bei der Geburt bereits als ein Jahr alt.

Die Beatles protestierten. »Das ist das dümmste Gerücht seit langem«, sagte John. Paul selbst trug nicht gerade zur Aufklärung des Ganzen bei. Im März hatte er Linda Eastman geheiratet, und da die Arbeit an *Abbey Road* abgeschlossen war, legte er eine Pause ein und dachte über die Zukunft der Band nach. Als Journalisten des Magazins *Life* auf seiner Farm in Schottland erschienen, wollte er sie davon jagen, gab aber dann nach und lud sie zum Tee ein. Das Titelfoto mit den McCartneys und der Überschrift »Paul lebt noch« ließ die Gerüchte abflauen. Es wurde ohnehin bereits vom drohenden Ende der Beatles als Band überschattet.

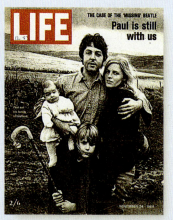

Von wegen tot: Paul tobt quicklebendig mit seinem Hund herum, 1968.

»Sie können Ihre Ohren jetzt wieder öffnen …« Ringo kann beim Video für *Sentimental Journey* sein ganzes Talent ausspielen. Ort der Handlung, der Club Talk Of The Town, London, März 1970.

Was: Ringo nimmt erste Solo-LP auf
Wo: Abbey Road studios
Wann: 27. Oktober 1969

A »STARR« IS BORN!

Kaum hatte John seine Trennung von den Beatles angekündigt, unternahm Ringo erste Schritte für seine Sololaufbahn. Von Alan Clayson.

Jeder der Beatles bereitete sich auf seine Weise auf die Auflösung der Band vor. Ringo war zweifellos der pragmatischste. Noch bevor *Let It Be* im Mai 1970 die Charts eroberte, zog er los, um sich als Musiker selbstständig zu machen. In seinem privaten Studio bastelte er, unterstützt von seinem Nachbarn Maurice Gibb, ein Album zusammen. Er arbeitete mit einem neuen monophonen Synthesizer, der ziemlich experimentell Töne hervorbrachte. »Irgendwann beherrscht dich diese Maschine«, lachte Ringo. »Ich drehe an Reglern, drücke Knöpfe, werde davon angeturnt, stecke ein paar Mikros aus und schließe sie über Verstärker an meine Revox an. Dieses Riff gab uns die Maschine vor, wir improvisierten damit und Gibb summte dazu, spielte mit den Reglern und veränderte die Modulation. So lief das.« Ein anderes Stück bestand hauptsächlich aus Schlagzeug. »Es ist viel Echo dabei und klingt einfach schräg. Ich mag es. Einige Titel sind einfach unglaublich.«

Es hieß, diese Experimente Starrs sollten als sein erstes Soloalbum erscheinen. Aber das war vergessen, als im Dezember 1969 die Meldung kam, dass für eine weitaus reifere LP, *Ringo Starrdust*, bereits drei Songs fertig seien. Die restlichen Titel würden rechtzeitig zum Erscheinen im März fertig werden. Die Fans wären sicher besorgt gewesen, wenn sie die ersten Songs gehört hätte. *Whispering Grass*, *Love Is A Many Splendoured Thing*, *Autumn Leaves* und ähnliche Evergreens aus der Zeit vor dem Rock'n'Roll ließen auf einen ziemlich eigenwilligen Stil schließen.

»Ich habe die alten Songs ausgegraben, weil sie das erste waren, was ich gehört habe, und weil sie meiner Mutter gefallen würden«, erklärte Ringo. Wie der Mann, der dafür bezahlte, einmal das Londoner Symphonieorchester in der Albert Hall dirigieren zu dürfen, hatte auch Ringo das nötige Kleingeld, um sich einen Traum zu erfüllen.

Ringo Starrdust war im Prinzip ebenso anmaßend wie die Spielereien auf dem Synthesizer, aber wenigstens produzierte ein Beatle »richtige« Songs und nicht diesen Avantgarde-Mist wie John und Yoko. Die Einzelhändler von EMI beeindruckte er durch ein paar weitere Fakten: Das Album war eine George-Martin-Produktion und als Arrangeure engagierte Starr so renommierte Leute wie Quincy Jones, Count Basies Chico O'Farrill, Johnny Dankworth, Klaus Voormann, Maurice Gibb und, für Hoagy Carmichaels *Stardust*, Paul McCartney. Richard Perry, der Ringo mit der Orchestrierung einer Tiny-Tim-LP beeindruckt hatte, wurde für die Begleitung von Doris Days Song *Sentimental Journey* angeheuert. Cover und Großanzeigen zeigten Ringo gepflegt gekleidet vor dem Liverpooler Empress Pub. Das war der Gipfel der Nostalgie. In Neil Aspinalls Werbevideo steht Ringo vor dem Empress und singt leise die Melodie von *Sentimental Journey*, ein Titel, der im Nachhinein als passender für das Album erachtet wurde.

Autumn Leaves und eine Version von *I'll Be Seeing You* kamen schließlich nicht auf die LP. Man fragt sich, angesichts der verbliebenen Songs, wie sie wohl geklungen hätten, auch wenn man gegen die makellosen Einspielungen nichts einwenden kann. Das sparsame, schmelzende Saxophon in O'Farrills *Night And Day*, die perlenden Glissandi der Voorman'schen Violinen in Ted Daffans *I'm A Fool To Care* oder Elmer Bernsteins geistreiche Leitmotivik in *Have I Told You I Love You* sind beispielhaft.

»Er singt besser als erwartet«, schrieb ein wohlwollender Kritiker und übersah dabei geflissentlich die verfehlte Note im Schlussteil von *Bye Bye Blackbird* und einige Schusseligkeiten bei Fats Wallers *Blue Turning Grey Over You*. Immerhin enthielt die LP Material, das bereits Größen wie Crosby, Sinatra und Matt Monro interpretiert hatten, aber niemand war so vermessen, Starr mit ihnen zu vergleichen. Vielmehr wurde er mit Johnnie Ray gleichgesetzt, dem halb tauben »Prince of Wails«, Popsensation und Vorgänger von Elvis Presley, der immer noch aus demselben Repertoire schöpfte wie Ringo auf *Sentimental Journey*. 1955 trat Ray im Liverpooler Empire auf. Ringo, noch ein Teenager, war unter der verzückten Menge, die Ray danach durch die Fenster des Hotels Adelphi beim Kaffeetrinken zusah. »Er saß in großen Hotels und winkte den Leuten zu«, erinnert sich Ringo, »und ich dachte: ›So möchte ich auch leben!‹«

Johnnie Ray war für Ringo aber eher ein Vorbild, was den Lebensstil betraf, nicht die Musik. Doch wen kümmert es, dass *Sentimental Journey* nicht »richtig gesungen« ist? Immerhin: »Sobald man meine Stimme im Radio oder auf Platte hört, ist klar, dass ich es bin!«, so Ringo.

Seine bescheidene gesangliche Begabung – genauer, der trübsinnige Tonfall, die schiefe Stimme und die ungeschulte Phrasierung – hatte einen hypnotischen Charme. Auch andere Sänger setzten auf die Faszi-

> **»Sobald man meine Stimme im Radio oder auf Platte hört, ist klar, dass ich es bin!«** Ringo Starr

nation des Fehlerhaften und überlagerten die melodische und lyrische Struktur eines Songs mit abgehackten Rhythmen und exzentrischer Vortragsweise. Ringo war mit seinem unorthodoxen Ansatz in der Gesellschaft von Interpreten wie dem Asthmatiker Keith Relf von den Yardbirds, dem lakonischen Dave Berry und Reg Presley von den Troggs mit seiner breiigen Aussprache.

Doch kam *Sentimental Journey* nicht wegen Ringos Gesangskunst weltweit in die Top-40. Diesen Erfolg verdankte es vielmehr dem Video zum Titelsong, das unter anderem in der *Ed Sullivan Show* gesendet wurde. Außerdem war Ringo in Sachen Promotion mächtig unterwegs.

»Das Gute war, dass es meine Solokarriere in Gang brachte«, resümierte Ringo, »das ging zwar nicht besonders schnell, aber immerhin.«

FOTO: CAMERA PRESS, REDFERNS

---

19. SEPT. – 12. OKT. 1969

19 ATV erwirbt 50 Prozent der Anteile an Northern Songs Ltd.

20 Bei einem Treffen der Beatles mit ihrem Berater und Manager Allen Klein bei Apple Records sagt John: »Ich möchte die Scheidung einreichen wie bei Cyn. Ich glaube, es ist aus mit der Band.« Taktvoll, wie er war, behielt er das auf Wunsch der anderen vorläufig noch für sich. Im *Melody Maker* wurden die Beatles gleichzeitig zur besten Popgruppe gewählt.

22 Eine Zeitschrift der Universität von Illinois streut die Vermutung, dass Paul McCartney tot sei. Das Albumcover von *Sgt Pepper* und die Worte »Ich habe Paul beerdigt« am Ende von *Strawberry Fields Forever* werden als Beweis angeführt.

25 ATV erwirbt weitere 4 Prozent der Anteile an Northern Songs, wird mit 54 Prozent Hauptaktionär und entreißt damit John und Paul die Kontrolle. In der Abbey Road arbeitet John mit der Plastic Ono Band an den Liveaufnahmen vom Konzert in Toronto und macht erste Proben zu *Cold Turkey*.

26 *Abbey Road* kommt in England auf den Markt. Das Cover, das Paul barfuß und schwarz gekleidet zeigt, nährt die Gerüchte von seinem Tod.

28 John Lennon nimmt die endgültige Version von *Cold Turkey* in den Londoner Trident Studios auf.

OKTOBER 1969

1 *Abbey Road* wird in den Vereinigten Staaten veröffentlicht.

2 John Lennon vergleicht in einem Interview Apple mit einem schwarzen Loch, in dem seine Gewinne als Komponist und Musiker verschwinden.

3 Aretha Franklin nimmt *Eleanor Rigby* in den Criteria Studios, Miami, auf. Eric Clapton kommt zur Plastic Ono Band mit John und Ringo in die Abbey Road und spielt den Gitarrenpart bei *Don't Worry Kyoko (Mummy's Only Looking For Her Hand In The Snow)*.

4 *Abbey Road* wird zum Nr.-1-Album in England und hält sich elf Wochen an der Spitze.

5 Lennon arbeitet in der Abbey Road an der Mischung von *Cold Turkey*.

6 Die Beatles geben in Amerika eine Single mit zwei A-Seiten heraus: *Something/Come Together*. Damit ist zum ersten Mal ein Song von Harrison auf der A-Seite einer Beatles-Single.

8 David Wigg von der BBC interviewt George Harrison bei Apple für seine Radioshow *Scene And Heard*.

12 Ein anonymer Anrufer beim Piratensender WKNR in Detroit zwingt Discjockey Russ Gibb, *Revolution 9* von den Beatles rückwärts zu spielen. Danach behaupten Zuhörer die Worte »Turn me on, dead man« gehört zu haben. Das löst unter anderem den Mythos von Pauls Tod mit aus.

403

13. OKT. – 4. DEZ. 1969

13 Paul und Ringo besuchen Mary Hopkins erstes Livekonzert im Londoner Savoy-Theater.

15 Ringo und Maureen fliegen nach Los Angeles.

18 *Come Together/Something* kommt in die US-Top-40-Singles-Charts und wird Nummer eins.

20 Ravi Shankar tritt in London auf. Im Publikum sitzen George Harrison und Patti Boyd.

22 Paul wehrt sich öffentlich gegen das Gerücht, dass er tot sei.

24 *Cold Turkey* erscheint in Großbritannien.

25 *Abbey Road* kommt in die US-Album-Charts; ist bald Nummer eins.

27 Ringo fängt in der Abbey Road mit den Aufnahmen zu seinem Soloalbum *Sentimental Journey* an. Produzent ist George Martin.

31 Die Beatles geben die neue Single *Something/Come Together* in Großbritannien heraus.

NOVEMBER 1969

1 *Abbey Road* wird Nummer eins in den USA und hält sich elf Wochen an der Spitze.

6 Ringo nimmt *Stormy Weather* für sein Album *Sentimental Journey* in den Wessex Sound Studios auf. Der Song kommt aber nicht ins Album.

7 Paul und Linda McCartney sind auf dem Titelblatt des Magazins *Life*. John und Yokos *Wedding Album* erscheint in Großbritannien.

14 Ringo nimmt den Gesangspart für *Stardust*, auf *Sentimental Journey*, in den Wessex Sound Studios auf.

15 Eine der ersten Spielstätten der Beatles, der Hamburger Star Club, schließt, weil die Bands zu teuer geworden sind.

20 Die TV-Show *Top Of The Pops* wird in Farbe ausgestrahlt.

25 John Lennon schickt seinen MBE-Orden aus Protest gegen die englischen Kriegsbeteiligungen zurück.

28 Ringo nimmt für *Sentimental Journey* den Song *Blue Turning Grey Over You* auf.

29 *Come Together/Something* ist nur eine Woche Nummer eins in USA.

DEZEMBER 1969

1 Ringo wird für eine Dokumentation von BBC 2, die in der Kultursendung *Late Night Line-Up* gezeigt wird, an mehreren Orten in London gefilmt.

2 Beim Konzert von Delaney And Bonnie And Friends (mit Eric Clapton, oben links) kommt George mit seiner Gitarre dazu.

3 John und Yoko werden zu Hause in Ascot für die TV-Dokumentation *The World Of John And Yoko* gefilmt.

4 John und The Plastic Ono Band nehmen zwei experimentelle Stücke, *Item 1* und *Item 2*, in der Abbey Road auf, aber sie werden nie veröffentlicht.

Was: Die Veröffentlichung von »Something«
Wo: Großbritannien
Wann: 31. Oktober 1969

SOMETHING ELSE

Something war Harrisons bester Song und die erste Beatles-Single, die das Monopol von Lennon-McCartney brach. Von Mark Lewisohn.

»Sie haben mir ein paar Mal die B-Seite überlassen, aber jetzt darf ich auf die A-Seite. 'Ne große Sache, nicht?«, so George Harrison am 8. Oktober 1969 zu David Wigg, einem Journalisten.

Das war wirklich eine große Sache und man kann sich Georges leicht ironisches Lächeln gut vorstellen, der sich später als »Beatle für die Economy Class« bezeichnen sollte. Der Schatten von John und Paul hatte immer auf ihm gelastet. Wer hätte gedacht, dass George einmal als Sieger durch die Zielgerade gehen würde?

»Es gab eine schwierige Phase, in der seine Songs nicht besonders gut waren, aber keiner was sagen wollte«, so John 1974. »Es dauerte eine Zeit, bis er in derselben Liga spielte – das soll ihn nicht herabsetzen, er hatte einfach nicht so viel Erfahrung als Songschreiber wie wir.«

Die »paar B-Seiten«, *The Inner Light* und *Old Brown Shoe*, entstanden parallel zu einer beeindruckenden Reihe von LP-Songs, die George von 1968 bis 1969 schrieb. Seine Kompositionen wurden immer interessanter. Der Song *Something* tauchte im September 1968 während einer Session für das »Weiße« Album auf. Chris Thomas, damals Assistent von George Martin, erinnert sich, dass er den Cembalo-Part für *Piggies* probte, als Harrison »plötzlich begann, mir einen neuen Song vorzuspielen. Es war *Something*. Ich sagte sofort: ›Der Song ist klasse! Lass uns lieber den machen‹, und er fragte: ›Ehrlich? Findest du ihn wirklich gut?‹«

George erzählte Thomas, dass er *Something* gerne Jackie Lomax überlassen würde. Am Ende gab er den Song Joe Cocker (der damals mit *With A Little Help From My Friends* einen Nr.-1-Hit hatte) und half ihm im Frühjahr 1969 bei der Aufnahme des Demos. Cockers endgültige Version erschien im November, einen Monat nachdem der Song auf *Abbey Road* herausgekommen war und nur ein paar Tage nach der Single – der einzigen Beatles-Single, die nicht von Lennon oder McCartney stammte.

Die Melodie von *Something* entstand in einem Zug, die Übergänge ausgenommen. Der Text wurde während der Sessions zu *Let It Be* im Januar 1969 entwickelt. George fragte Paul: »Something in the way she moves, attracts me ..., und dann, wie soll's weiter gehen?« John mischte sich ein: »Sag einfach irgendwas, bis dir was einfällt, zum Beispiel ›attracts me ... like a cauliflower‹ (zieht mich an ... wie ein Blumenkohl).« »Oder wie ein Granatapfel«, witzelte George, aber dann fiel ihm schon die nächste Zeile ein: »I don't want to leave her now.«

Die erste Aufnahme des Songs ist auf *Anthology 3* als Demo zu hören. George hatte sie bei EMI an seinem Geburtstag 1969 aufgenommen. Der Text enthielt noch eine Replik, die in der letzten Version gestrichen wurde: »You know I love that woman of mine/And I need her all of the time/And you know I'm telling you/That woman, that woman don't make me blue.« Nach ersten Proben im April und im Mai entstand die endgültige Aufnahme im Frühjahr und Sommer, das heißt im Juli die Nachbearbeitung, im August die Orchesterbegleitung mit einem wunderschönen Gitarrensolo.

Something war der herausragende Song auf *Abbey Road* und John nannte ihn den besten. Als Single brachte er die Beatles in Amerika wieder an die Spitze, nachdem *The Ballad Of John And Yoko* kein großer Erfolg war. In England kam er nicht auf Platz eins, aber das schaffte auch *Let It Be* nicht, die folgende und letzte Beatles-Single. Die englische Ausgabe war doppelt ungewöhnlich: Es war Georges erste A-Seite und das erste Mal, dass die Beatles einen Song von einer bereits erschienenen LP als Single produzierten. Diese Entscheidung hatte Allen Klein getroffen, der mit ABKCO mittlerweile Apple managte.

1988 behauptete ich in *The Complete Beatles Recording Sessions*, dass *Something* als Single erschien, »um Georges Karriere mit einer A-Seite anzuspornen und um Geld zu machen«. Klein stellte das 1999 richtig: »Es geschah allein, um George zu helfen. John wollte das, weil er im Grunde wusste, dass die Band sich trennen würde. *Something* war ein ausgezeichneter Song, aber ein Verkaufshit? Keine Chance! Wir wollten George als Songschreiber etablieren und ihm Mut zu einer eigenen LP machen. Das ist uns gelungen.«

Für John war *Something* der beste Song auf *Abbey Road*.

Als die Single herauskam, erklärte George Alan Smith vom *NME*: »Ich habe viele solcher Songs im Kopf. Ich muss sie aufschreiben. Vielleicht gefallen sie auch anderen Leuten.« Und ob. Von *Something* gibt es viele hochkarätige Coverversionen, etwa von Frank Sinatra (1971 auf *Sinatra And Company*) und Elvis Presley (1973 im TV-Special *Aloha From Hawaii*). Sinatra, der die Beatles lange Zeit gering schätzte, hielt *Something* für eine Lennon/McCartney-Komposition und pries sie als den größten Lovesong des Jahrzehnts. Er fügte dem Text noch einen Satz »You stick around, Jack, it might show« hinzu, den George bei seinen wenigen Liveauftritten stets parodierte.

»Dass Sinatra *Something* auch gesungen hat, beeindruckte mich damals nicht sonderlich«, sagte George in der *Anthologie*. »Heute fasziniert mich der Gedanke eher. Ich hatte nicht viel mit Frank am Hut – er war nicht meine Generation. Aber als Smokey Robinson und James Brown den Song coverte, war ich interessiert.« Browns funkige Version war sein Favorit. George ließ sie 1977 beim Interview mit Anne Nightingale in Radio 1 auflegen und hatte sie in seiner Jukebox in Henley.

Die ganze Geschichte endete nicht ohne Ironie. Im Laufe der Jahre hatten die Beatles mit über 150 Coverversionen, Bühnenrechten, Senderechten und den Plattenverkäufen eine Menge verdient. *Something* war Eigentum von Georges Firma Harrisongs, die ihm bis 1970 zu 80 Prozent, später ganz gehörte. John und Paul hatten gerade die Rechte an ihren Songs verloren und damit auch den Löwenanteil des stattlichen Gewinns, den sie einbrachten. George, dessen Kompositionen sie einst lächerlich fanden, hatte sie sowohl künstlerisch als auch was die Finanzlage betraf längst überholt.

George, 1969: »Shrink-to-fit-Jeans? Da schwör ich drauf!«

»... und weil ich schon mal dabei bin, meine alte Schule kann das Schwimmabzeichen auch zurück haben!« John Lennon mit seinem Protestbrief an Harold Wilson, 25. November 1969.

Was: John gibt seinen Orden zurück
Wo: London
Wann: 25. November 1969

RÜCKGABERECHT

Um seine Friedenskampagne zu unterstützen, gibt John Lennon den Orden MBE (Member of British Empire) zurück. Von Spencer Leigh.

Am 25. November 1969 schickte John seinen Fahrer Les Anthony zu Tante Mimi nach Poole in Dorset, um den MBE-Orden, der über ihrem Fernseher hing, abzuholen. Mimi gab ihn heraus, allerdings nur unter der Bedingung, ihn zurückzubekommen.

John schrieb auf dem Briefpapier seiner Bag Productions an die Queen: »Ihre Majestät, hiermit gebe ich meinen MBE-Orden zurück und protestiere damit gegen die britische Einmischung in die Nigeria-Biafra-Sache, gegen die Unterstützung Amerikas in Vietnam sowie gegen die schlechte Platzierung von Cold Turkey in den Charts. Herzliche Grüße, John Lennon of Bag.«

Les fuhr John und Yoko zum Lieferanteneingang des Buckingham-Palastes, wo sie Orden und Brief abgaben. Eine Kopie davon ging an Premierminister Wilson, der die Beatles für den MBE vorgeschlagen hatte. John war damit nie wohl gewesen. Nach der Ankündigung der Verleihung am 12. Juni 1965 erschienen in der Times Beschwerdebriefe von ehemaligen Soldaten, die androhten, ihre Orden aus Protest zurückzugeben. John argumentierte zwar, dass die Beatles den MBE-Orden für friedensstiftende, nicht

Reklame für den Frieden: Johns Kampagne erregt Aufsehen. London 1969

John und Yoko starteten eine »Friedensoffensive« und bemühten sich, damit in die Schlagzeilen zu kommen.

für kriegerische Verdienste bekamen, aber unbehaglich fühlte er sich trotzdem. Brian Epstein zuliebe fügte er sich, aber während Paul McCartney seinen Orden einrahmen ließ, gab John ihn seiner Tante Mimi. Er ahnte nicht, dass er ihn eines Tages wieder brauchen würde.

1969 starteten John und Yoko ihre »Friedensoffensive« und suchten eifrig nach Möglichkeiten, damit in die Schlagzeilen zu kommen. Täglich gab es Berichte von Ereignissen, die die Unterstützung der Lennons gebrauchen konnten. Seit 1967 wütete der Bürgerkrieg in Nigeria, aber erst die Hungersnot im abtrünnigen Biafra führte zu humanitären Protesten und viele hatten das Gefühl, dass die britische Regierung mehr tun sollte. Auch Vietnam gab Anlass, für Frieden zu kämpfen – US-Präsident Nixon reduzierte trotz großen Widerstands die Präsenz der US-Truppen, ließ aber gleichzeitig kommunistische Basen in Kambodscha angreifen.

John machte Schlagzeilen, indem er nur tagelang in einem Bett sitzen blieb oder in einen Sack stieg. Es lag also nahe, dass sein Orden auch einem besseren Zweck dienen könnte, nämlich als wirkungsvolle Waffe, um die Popularität der Friedenskampagne zu steigern. Frieden in Biafra. Frieden in Vietnam. Frieden auf der ganzen Welt.

Nach der Rückgabe des Ordens erklärte John gegenüber der Presse, dass er die Verleihung als politischen Trick empfunden habe. »Immer wenn ich daran dachte, zuckte ich zurück, denn ich bin Sozialist. Ich habe damals mit dem Orden meine Seele verkauft und jetzt löse ich sie ein, indem ich ihn für den Frieden einsetze.« Lennons Gefühle bei der Rückgabe des Ordens bestätigten den Kommentar des Labour-Abgeordneten Tony Benn, der 1965 gesagt hatte: »Die Beatles haben mit der Annahme des MBE-Ordens mehr für die Königliche Familie getan, als diese damit für die Beatles getan hat.«

John rechnete mit Kritik, doch die Reaktion in England war heftiger, als er erwartet hatte. Harold Wilson nannte sein Verhalten naiv und die Presse interpretierte seine flapsige Bemerkung über Cold Turkey als weiteres Zeichen für sein monströses Ego (John bereute diesen Witz, den er eigentlich nicht gemacht hatte, »damit es nicht klingt wie einer dieser Briefe, die die Queen von bekloppten Colonels erhält.«) Sogar Tante Mimi äußerte ihre Missbilligung. »Wenn ich gewusst hätte, wofür John den Orden braucht, hätte er ihn nicht bekommen«, sagte sie, unglücklich, dass sie, wenn auch unfreiwillig, dazu beigetragen hatte, die Queen zu beleidigen. »Das lässt die Queen doch völlig kalt«, erwiderte John.

Ein Sprecher des Buckingham-Palastes rückte Johns Geste schlicht in den historischen Kontext: »Die ersten MBE-Orden wurden aus Protest gegen die Verleihung an Mr. Lennon zurückgeschickt.« Es gab auch Leute, die John verstanden. »Der Orden wurde für den Dienst am Frieden verliehen und aus demselben Grund wieder zurückgegeben. Das ist doch voll in Ordnung«, sagte Ringo. Der Philosoph und Pazifist Bertrand Russell unterstützte John: »Auch wenn sie sicher unter den Anfeindungen der Presse gelitten haben, bin ich gewiss, dass viele Menschen durch ihre Aktion zum Nachdenken über den Krieg veranlasst wurden.«

Im folgenden Monat wurde John zusammen mit John F. Kennedy und Ho Chi Minh zum Mann des Jahrzehnts gewählt. Der Staatssekretär Richard Crossman notierte in seinem Tagebuch: »Ich muss zugeben, dass John Lennon der einzige Mensch in all den Programmen war, der Grundsätze, Hoffnung und Glauben verkörperte.«

Trotz der Rückgabe des Ordens blieb John ein Würdenträger, denn er konnte zwar den Orden abgeben, nicht aber den Ehrentitel. John schätzte ausschließlich den Reklamewert. »Henry Ford wusste, wie man mit Werbung Autos verkauft«, sagte er. »Ich verkaufe Frieden. Yoko und ich sind eine einzige, große Werbekampagne.« Seine Botschaften waren knapp und einfach. Vor der Rückgabe des MBE-Ordens hatte John »Give Peace A Chance« proklamiert, kurz danach kreierte er für seine Kampagne einen neuen Slogan. Die Lennons umgingen diesmal die Presse, indem sie in elf Städten Werbeflächen kauften. Darauf prangten die Worte: »War is over – if you want it.« (Der Krieg ist vorbei – wenn Sie es wollen.)

6.–31. DEZEMBER 1969

6 Ringo tritt mit Peter Sellers in der Fernsehshow *Frost On Saturday* auf, die live aus den Wembley Studios in London übertragen wird.

7 George spielt mit Delaney And Bonnie And Friends in den Fairfield Halls in Croydon.

8 Ringo nimmt in der Abbey Road nachträglich Gesang zu *Octopus's Garden* auf.

10 Delaney And Bonnie And Friends (mit Eric Clapton) haben ihren ersten von drei Auftritten im Falkoner Theater in Kopenhagen. George Harrison ist bei allen drei Gigs als Gitarrist dabei.

11 Im Odeon in Kensington findet eine königliche Wohltätigkeitsgala statt. John und Yoko stören die Veranstaltung, indem sie vor dem Kino für James Hanratty demonstrieren.

12 Die LP des World Wildlife Fund zu Wohltätigkeitszwecken, *No One's Gonna Change Our World*, erscheint in Großbritannien. Die Beatles sind mit *Across The Universe* vertreten. Damit erscheint erstmals ein Beatles-Song auf einem fremden Album.

13 Das *Wedding Album* gelangt auf Platz 182 in die US-Charts.

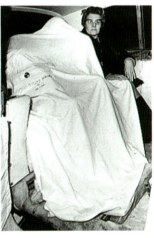

14 Ein weißer Sack mit der Aufschrift »Stiller Protest«, in dem vermutlich John und Yoko stecken (oben), wird an der Speaker's Corner im Hyde Park abgesetzt. Dort fordert James Hanrattys Vater eine öffentliche Untersuchung über das Todesurteil für seinen Sohn.

15 John Lennons Plastic Ono Band gibt ihr Debüt im Londoner Lyceum. George Harrison, Eric Clapton und Keith Moon sind unter den Musikern der Band.

16 John und Yoko fliegen nach Toronto und verbringen fünf Tage auf Ronnie Hawkins Farm.

17 John kündigt an, dass er ein Friedensfestival in Toronto plant.

18 Auf Ronnie Hawkins Farm signiert John 3000 Lithographien seiner Bag-One-Kollektion.

20 John Lennon und Marshall McLuhan sind Gäste einer Diskussionsrunde des TV-Senders CBC in Toronto.

23 John und Yoko treffen für eine Stunde den kanadischen Premier Pierre Trudeau in Ottawa.

27 Das *Wedding Album* kommt auf Platz 178 in den US-LP-Charts.

29 John und Yoko fliegen ab Aalborg in Dänemark, um Yokos Tochter Kyoko zu besuchen.

31 Ringo Starr gibt eine Silvesterparty in seinem Haus in Nordlondon. Gäste sind u. a. George Harrison, Lulu, Kenny Everett und Michael Caine.

1970

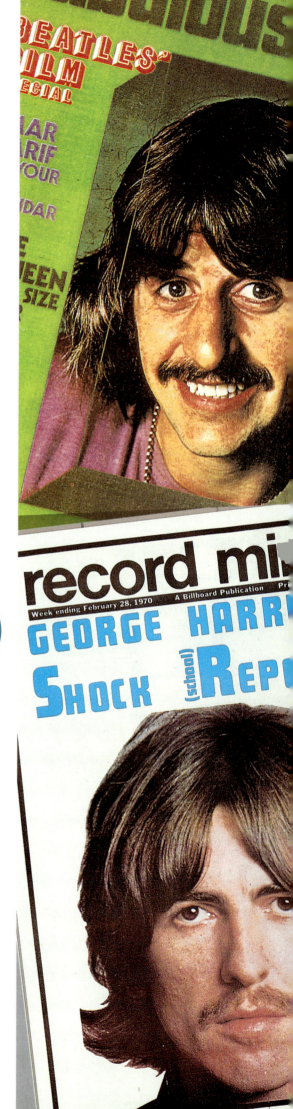

Die Beatles (ohne John) versammeln sich zum letzten Mal im Studio. Der umstrittene Phil Spector konnte für die Rettung der *Get-Back*-Tapes gewonnen werden, die dann als *Let It Be* veröffentlicht wurden. Allerdings erst nachdem Paul verraten hatte, dass sich die Beatles getrennt hatten. Und damit fing der Spaß erst an …

3. JAN. – 12. FEB. 1970

JANUAR 1970

3 George nimmt seinen Song *I Me Mine* mit Paul und Ringo auf. Obwohl John fehlt, ist es die letzte Aufnahme, die unter dem Bandnamen The Beatles erscheint.

4 Paul, George und Ringo nehmen den Begleitgesang zu *Let It Be* auf.

8 George nimmt in den Olympic Sound Studios Begleitgesang zu *For You Blue* auf.

9 Das Album mit dem Soundtrack zu Ringos Film *The Magic Christian* (rechts) erscheint in England.

14 In den Olympic Sound Studios arbeitet Ringo weiter an seinem Soloalbum *Sentimental Journey*.

15 John eröffnet *Bag One*, eine Ausstellung seiner Lithografien und Zeichnungen, in der London Arts Gallery.

16 *Bag One* wird von der Polizei wegen Obszönität geschlossen.

20 John und Yoko lassen sich in Dänemark ihr Haar kurz schneiden, angeblich um auf ihren Reisen nicht sofort erkannt zu werden.

22 Johns Lithografien werden in der London Gallery in Detroit gezeigt – dieses Mal ohne Zensur.

27 Mit Phil Spector als Produzent nimmt die Plastic Ono Band in der Abbey Road *Instant Karma! (We All Shine On)* auf.

FEBRUAR 1970

2 Ringo kehrt von einer Werbetour durch die USA nach Großbritannien zurück.

3 Ringo nimmt in der Abbey Road mit einem 16-köpfigen Orchester eine neue Version von *Love Is A Many Splendoured Thing* für sein Soloalbum *Sentimental Journey* auf.

4 John und Yoko nehmen an einem Medienevent mit dem britischen Black-Power-Führer Michael X in London teil (oben). Sie geben ihm ihre abgeschnittenen Locken im Austausch für eine Boxershort von Muhammad Ali.

6 Die neue Single der Plastic Ono Band, *Instant Karma!*, erscheint in England. Am selben Tag berichtet die *New York Post*, dass der Massenmörder Charles Manson von einigen Songtexten des »Weißen« Albums besessen war.

7 John und Yoko treten in der *Simon Dee Show* in den Londoner Wembley Studios auf.

11 Der Kinofilm *The Magic Christian* mit Peter Sellers und Ringo Starr läuft in New York an. Die Plastic Ono Band nimmt ihren Beitrag zu *Top Of The Pops* im BBC-Fernsehzentrum in Shepherd's Bush auf.

12 Paul beginnt in den Morgan Studios mit der Aufnahme des Instrumentalstücks *Kreen-Akrore*, für sein erstes Soloalbum. *Top Of The Pops* zeigt John und die Plastic Ono Band mit *Instant Karma!*.

Was: »Let It Be« erscheint als Single
Wo: Großbritannien
Wann: 6. März 1970

LETZTE AUFNAHME

Let It Be wurde bei den *Get-Back*-Sessions aufgenommen und erschien erst ein Jahr nach der letzten Single der Beatles. Von Patrick Humphries.

Let It Be ist der Schwanengesang der Beatles. Apple ging langsam zugrunde, aber trotz aller Bitterkeit gelang es der Band noch einmal, ihre Magie heraufzubeschwören und mit einer prophetisch betitelten Single aus der Hitparade auszusteigen.

Es dauerte ein Jahr, bis *Let It Be*, aufgenommen im Januar 1969, herauskam. Dieser Song war das Produkt einer Zeit, in der John von Yoko berauscht war, George immer nervöser wurde, Ringo zum Film wollte und Paul zum Vermittler der Band erkoren wurde.

Die Band hatte die Zaubereien im Studio, die sie für *Sgt Pepper* bis zum Exzess betrieben hatte, längst satt. Die vier waren sich bewusst, dass der Druck, unter dem das »Weiße« Album entstanden war, sie noch weiter voneinander entfernt hatte. Unter diesen entmutigenden Voraussetzungen begannen die Beatles mit den Sessions für *Let It Be*. Außerdem waren sie, ob sie wollten oder nicht, für einen Film engagiert.

Am 2. Januar 1969, einem frostigen Wintermorgen, kamen sie, ohne einen Song in der Tasche, in einem Filmstudio im Londoner Norden zusammen und daraus entstand – wer hätte das gedacht – eine brandneue LP. Sie durften ihre Anspannung, den angestauten Ärger und die kaum verhohlene Feindseligkeit vor den Kameras ausleben. Das Problem war nur, dass sie in diesem fremden Umfeld keine Musik machen konnten. Also zogen sie nach ein paar Wochen wieder um in die Apple Studios.

Alles ging den Bach runter. Mitten in diesem Durcheinander hatte Paul einen Traum … Seine Mutter war gestorben, als er 14 war und hatte den Erfolg ihres ältesten Sohnes nicht mehr erlebt. Die Beatles waren kurz davor, sich zu trennen und Paul fand Trost in einem Traum von seiner Mutter Mary. In diesem Traum beruhigt sie ihn und hilft ihm seine Probleme zu vergessen, indem sie zu ihm spricht: »Just let it be …« (»Lass es einfach gut sein …«)

Paul war in Hochform und *Let It Be* wurde innerhalb weniger, kurzer Sessions fertig. Zwei Versionen blieben, aber der einzige Unterschied war die Tonlage von Georges Gitarrensolo. Lennon fiel durch seine Bissigkeit auf. Auf *Anthology 3* kündigt Paul den Song zuversichtlich mit »Der wird euch umhauen« an, doch John fragt, ob er während des Solos kichern darf. Auf dem Album leitet Lennon die schönste aller Balladen mit der spöttischen Bemerkung ein: »Und jetzt singen wir ›Stille Nacht, Heilige Nacht‹ für euch …«

Let It Be erschien einen Monat nach *Bridge Over Troubled Water* von Simon & Garfunkel und Paul Simon meinte: »Die Songs sind sich musikalisch und inhaltlich sehr ähnlich. Beide erzählen von Hoffnung und Frieden.«

Let It Be war Balsam für unruhige Zeiten, die B-Seite dagegen wurde zum Austoben benutzt. *You Know My Name (Look Up The Number)* klang eher nach einer wilden Krachmacher-Band als nach den Beatles. Sie mokieren sich über das klischeehafte Showbusiness, das sie immer sabotiert haben, und haben ganz offensichtlich Spaß dabei.

Von all den Hits – *Eleanor Rigby*, *Fool On The Hill*, *Yesterday* – wurde *You Know My Name (Look Up The Number)* zu Paul McCartneys Lieblingssong. Er erinnerte ihn an die Anfangszeiten der Beatles, in denen verrückte Eskapaden noch genauso zur Band gehörten wie die aufrührerische, bahnbrechende Musik.

You Know My Name (Look Up The Number) entstand im Zuge von *Sgt Pepper*, während die Band sich mit dem Soundtrack von *Yellow Submarine* herumschlug. Nachdem sie Mitte 1967 noch ein bisschen daran gefeilt hatten, waren John und Paul ziemlich zufrieden mit dem Song. Er hatte etwas von den unbeschwerten Zeiten, als sie zu Weihnachten noch Fanclub-Singles produzierten. Mit von der Partie waren Brian Jones von den Stones als Saxophonist, Roadie Mal Evans, der Kies schaufelt, und John und Paul, die als Komiker ihr Bestes geben.

Viel später, als Apple bereits marode war und die Band zerfiel, fand John seine kreative Heimat in der Plastic Ono Band. Während der Produktion von *Cold Turkey* und *Instant Karma!* plante er nebenbei, die ziemlich abgedrehte Studiodudelei *What's The New Mary Jane* als Plastic-Ono-Single herauszubringen. Als B-Seite wollte er *You Know My Name (Look Up The Number)* haben, aber Paul McCartney erhob Einspruch, und der Song kam auf die Rückseite von *Let It Be*.

You Know My Name (Look Up The Number) stammte von John. Der Slogan auf einem Telefonbuch hatte ihn dazu inspiriert. Paul und John schlüpften für den Song in Rollen – Paul spielt den Schnulzensänger und John den flegelhaften Just William. Zum Auftakt heißt John alle in einer Spelunke willkommen, Paul singt einen Schmachtfetzen, dann fällt John als Schreckschraube

Als *Let It Be* erschien, war der Lack der Sechziger schon ab: durch Altamont, die Manson Family und Vietnam.

Mrs. Mopp ein, das Barpiano gleitet in unverständlichen schottischen Klamauk ab und zuletzt bringt Brian Jones' Saxophon die verrückteste aller Beatles-B-Seiten zum Ende.

John hatte aus unerfindlichen Gründen Denis O'Dell, den Leiter von Apple Films, namentlich im Song erwähnt. Der Arme wurde monatelang mit Anrufen von Fans belästigt, die sagten: »Wir kennen Ihren Namen und jetzt haben wir Ihre Telefonnummer!«

Mit *Let It Be* schuf Paul sein Meisterwerk. Der Song hat etwas Feierliches und Hymnisches und traf den Nerv der Zeit. Als *Let It Be* erschien, am 6. März 1970, war der Lack der Sechziger schon ab: durch Altamont, die Manson Family und Vietnam.

Der Traum war ausgeträumt – und die Beatles gab es nun endgültig nicht mehr. Ihr letztes Album wurde verrissen und zur Premiere ihres Films in Großbritannien ließ sich kein einziger Beatle blicken. Selbst die überragende Single kam in den Charts nur auf Platz zwei. Den Spitzenplatz belegte Lee Marvins *Wand'rin Star*.

Für die Beatles war nun alles vorbei. Jedenfalls bis auf weiteres …

Aller Abschied fällt schwer: auch wenn die letze Single der Beatles ein wunderbarer Trost ist.

... Und so soll das klingen: Paul ahnte nicht, was Spector aus *The Long And Winding Road* machen würde.

Was: »The Long And Winding Road«, Remix
Wo: Abbey Road Studios
Wann: 1. April 1970

BOMBASTISCH

Phil Spector mischte das Album *Let It Be* mit Streichern und einem weiblichen Chor auf. Das war zu viel für Paul McCartney. Von Merrell Noden.

Die Beatles kannten Phil Spector schon, bevor John ihn am 27. Januar 1970 anrief, um ihn zu fragen, ob er seine spontane Solo-Single *Instant Karma!* produzieren könne. Am 7. Februar 1964 war Spector mit an Bord des PanAm-Flugs 101, der auf dem JFK-Airport landete und die Auslöser der Beatlemania in die USA brachte. Die Beatles bewunderten Spector – was John nicht daran gehindert hatte, mal zu versuchen, ihm die Frau auszuspannen, erfolglos.

Falls ihr Verhältnis durch diesen Fauxpas noch getrübt war, so klärte es sich spätestens, als Lennon das erste Playback von *Instant Karma!* hörte. »Es war fantastisch!«, erinnert er sich. »Es klang, als ob 50 Leute spielen würden.« Laut Apple-Insider Peter Brown bekam Spector von John »zum Dank« die Masterbänder der Aufnahmesessions, die im Januar 1969 für *Get Back* gefilmt worden waren. Lennon fragte weder Paul McCartney noch George Martin um ihre Einverständnis, vermutlich weil er nicht riskieren wollte, dass sie sich einmischten.

Bei *Instant Karma!* hatte Spector vielleicht Wunder vollbracht, als Produzent für die Masterbänder zu *Get Back* war er ein Missgriff. Es war von Anfang an geplant, sie im radikalen Gegensatz zur opulenten Orchestrierung von *Sgt. Pepper* und *Magical Mystery Tour* zu bearbeiten. »Wir waren uns einig, dass das Album sich von allem, was die Beatles bisher gemacht hatten, abheben sollte«, erklärte Martin im *Rolling Stone*. »Es sollte ehrlich, unbearbeitet, live, ja fast amateurhaft klingen.«

Genau das Gegenteil von Phils Produktionsweise also, der für seine perfektionistischen »Klangmauern« berühmt war. Spector war 29, als er mit der Arbeit an *Let It Be* begann, und galt als verrücktes Genie. Seine Interpretation von Rockmusik beruhte, wie er es nannte, auf einem »Wagnerianischen Ansatz«. Er legte mehrere Klangschichten über das Original, um einen kompakten Sound zu schaffen – »kleine Symphonien für Kids«, wie er das nannte. Seine vielleicht größte Leistung war *River Deep Mountain High* von Ike & Tina Turner. Danach zog er sich auf sein Anwesen in den Hügeln von Hollywood zurück und wurde schrullig und paranoid. Er brauchte die Beatles damals vermutlich dringender als sie ihn.

Um fair zu bleiben: Spector hatte eine Herkulesaufgabe übernommen. Kein Beatle konnte sich vorstellen, gut 100 Stunden von zum größten Teil unbrauchbarem Session-Material zu sichten. »Sie [die Kritiker] hätten wirklich mal hören sollen, was ursprünglich da war«, sagt Spector heute, »nicht einmal die Beatles wollten es wissen. Sonst hätten sie mich nicht beauftragt.«

Er begann am 23. März mit der Arbeit in der Abbey Road und war am 2. April fertig. Am Tag davor war Ringo bei ihm, um den Schlagzeugpart für drei Tracks zu spielen: *I Me Mine*, *Across The Universe* und *The Long And Winding Road*. Das waren die letzten Aufnahmen, die jemals von einem Beatle gemacht wurden.

Dieser letzte Tag soll extrem anstrengend gewesen sein. Fieberhaft arbeitete der launische, ehrgeizige Spector an dem Sound, der ihm vorschwebte. Laut Toningenieur Pete Bown wollte Spector »Echos und einfach alles aufnehmen. Er musste jede halbe Stunde eine andere Pille einwerfen und hatte ständig seine Bodyguards um sich.«

Spector frustrierte die primitive Technik im Studio 1 der Abbey Road. Brian Gibson, der technische Ingenieur, erinnert sich, dass Spector im Laufe des Tages immer unberechenbarer und übellauniger wurde. »Er war kurz davor auszurasten und kommandierte nur noch herum: ›Ich will dies hören, ihr müsst mir jenes machen‹«, verriet Gibson Mark Lewisohn. Ringo musste ihn zur Seite nehmen und ihn bitten, sich wieder abzuregen.

Allen Klein hat sicherlich geahnt, wie Phil Spectors Arbeit bei bestimmten Leuten ankommt. Er legte dem Demo-Exemplar der Aufnahme eine ausführliche Erklärung bei, was gemacht worden sei. Doch das konnte Paul nicht beschwichtigen. Er verlangte Änderungen.

Absolut unerträglich findet er die bombastische Bearbeitung von *The Long and Winding Road*. Spector hatte 18 Geigen, vier Bratschen, vier Cellos, eine Harfe, drei Trompeten, drei Posaunen, zwei Gitarren und 14 weibliche Stimmen dazu arrangiert. Das Ergebnis klang eher nach dem schwülstigen Soundtrack für einen schlechten Film als nach der einfachen Ballade, die McCartney vorschwebte. »Unglaublich, keiner hat mich gefragt, was ich

> »Wenn Paul jetzt einen blöden Streit anzetteln will, weiß er wohl nicht, wie scheißegal mir das ist.« Phil Spector

Der Chorknabe: Phil Spector 1970

mir vorstelle!«, schnaubte Paul, der sich besonders über die Sängerinnen aufregte, die ersten auf einer Beatles-LP. Ein Jahr später, als er eifrig bemüht war, die Beatles aufzulösen, zitierte Paul den Song als Beweis dafür, dass die anderen seinen Ruf ruinieren wollten.

Was immer er davon hielt, der Song wurde zum letzten Nr.-1-Hit der Beatles in Amerika. Mit seiner wehmütigen Mischung aus Trauer und unbestimmter Klage gehört er zu den schönsten Balladen von Paul. Im Film *Let It Be* spielt er eine einfache Version davon. Er selbst ist am Klavier, Billy Preston an der Orgel und die anderen Beatles liefern eine zurückhaltende Begleitung.

Noch nach 23 Jahren erhitzt der Song die Gemüter. 2002 erklärte Paul *USA Today*, dass er »das Originalband, wie es vor Spectors Zugriff war, sichtet«.

Spector zeigt keine Reue. »Paul hatte keine Probleme, den Academy Award für das Album *Let It Be* entgegenzunehmen und ebenso selbstverständlich hat er in den 25 Jahren, die er allein herumtourte, mein Arrangement für die Streicher-, Horn- und Chorbegleitung benutzt. Wenn er jetzt einen blöden Streit anzetteln will, weiß er wohl nicht, wie scheißegal mir das ist.«

---

19. FEB. – 17. APRIL 1970

19 Ringo setzt in der Abbey Road die Arbeit an seinem Soloalbum *Sentimental Journey* fort.

20 *Instant Karma! (We Shine On)* (links) erscheint in Amerika.

21 Paul geht heimlich in die Abbey Road und arbeitet an seinem ersten Soloalbum weiter.

22 Paul nimmt *Maybe I'm Amazed* und *Every Night* auf, Abbey Road.

MÄRZ 1970

5 Yoko ist erneut schwanger und geht zur Beobachtung in die London Clinic. In den Morgan Studios arbeitet Ringo an den Songs *Bye Bye Blackbird* und *Whispering Grass*.

6 *Let It Be* erscheint in England als Single und wird bald Nummer zwei.

9 Yokos vorsorglicher Aufenthalt in der London Clinic geht zu Ende.

11 Parallel mit der Herausgabe von *Let It Be* in Amerika wird George von der BBC in einem Ostermontags-Special über die Beatles interviewt.

14 *Let It Be* kommt in die englische Singles-Chart.

15 Ringo nimmt ein Werbevideo für *Sentimental Journey* im Club The Talk Of The Town in London auf.

16 In der Abbey Road spielt Paul unter dem Pseudonym Billy Martin heimlich ein Playback von Songs aus seinem ersten Soloalbum ein.

23 Produzent Phil Spector beginnt im Raum Vier in der Abbey Road mit der Arbeit an den Bändern für das Album, das später *Let It Be* heißen wird. Paul McCartney und George Martin wissen nichts davon.

25 David Wigg von der BBC interviewt Ringo bei Apple für seine Radio-1-Show *Scene And Heard*.

27 Ringo veröffentlicht seine Solo-LP *Sentimental Journey* in England.

29 Ringo tritt in der englischen Fernsehshow *Frost On Sunday* in den Wembley Studios auf.

30 Phil Spector setzt den Remix für *Let It Be* fort.

APRIL 1970

1 In einer dramatischen Aufnahmesession in der Abbey Road nimmt Produzent Phil Spector nachträglich Orchesterbegleitung zu den Beatle-Songs *Long And Winding Road*, *Across The Universe* und *I Me Mine* auf. Ringo, der einzig anwesende Beatle, legt Schlagzeugparts über die drei Songs. Das ist die letzte bekannte Aufnahmetätigkeit eines Beatles überhaupt.

2 Phil Spector beendet die Stereomischung für das Album *Let It Be*.

9 Paul ruft John, der wegen Heroinabhängigkeit behandelt wird, in der Arthur-Janov-Klinik an. Man sagt, habe John in diesem Gespräch mitgeteilt, dass er seinen Weggang von den Beatles öffentlich bekannt geben wird.

10 Der *Daily Mirror* erscheint mit der Schlagzeile »Paul verlässt die Beatles« auf der Titelseite.

11 *Let It Be* (links) kommt auf Platz eins in der US-Top-40-Singles-Chart.

12 Paul gründet die Firma Paul McCartney Productions.

17 Paul McCartney veröffentlicht seine erste Solo-LP, *McCartney*, in England. Sie erreicht Platz zwei in den Charts.

27. APRIL – 27. SEPT. 1970

27 Pornografieklage gegen Londoner Ausstellung von John Lennons Lithografien wird abgewiesen.

29 George trifft sich in Greenwich Village, New York, mit Bob Dylan.

30 John und Yoko fliegen von London nach Los Angeles, um sich weiter einer Urschrei-Therapie zu unterziehen.

MAI 1970

1 New York: George Harrison wirkt an Aufnahmesession für Bob Dylans Album *New Morning* mit.

8 Das letzte Beatles-Album, *Let It Be*, erscheint in Großbritannien.

9 Die Debütsingle der Carpenters, ein Cover des Beatles-Songs *Ticket To Ride*, ist auf Platz 54 der US-Charts. Ringo beim Cannes Film Festival

11 Beatles-Single *The Long And Winding Road* erscheint in den USA.

18 Das Album *Let It Be* erscheint in den USA.

20 Premiere des Films *Let It Be* in London und Liverpool.

26 George beginnt in der Abbey Road mit der Arbeit am Dreifach-Album *All Things Must Pass*.

JUNI 1970

11 John kündigt in den Medien an, dass er vor hat, nach New York umzuziehen.

13 Das Album *Let It Be* erreicht Platz eins der US-Charts.

28 Allgemeiner Kinostart des Films *Let It Be* in Großbritannien

JULI 1970

26 John nimmt im Primal Therapy Institute, Los Angeles, ein Demo für den neuen Song *God* auf.

27 Patti Harrison besucht mit Eric Clapton in London die Revue *Oh! Calcutta*.

31 Johns Exfrau Cynthia heiratet in London Roberto Bassanini (oben).

AUGUST 1970

1 Yoko Ono erleidet eine zweite Fehlgeburt.

29 Der *Melody Maker* veröffentlicht einen Brief, in dem Paul McCartney verkündet, dass die Beatles nicht mehr zusammenkommen werden.

SEPTEMBER 1970

24 John und Yoko kehren zur Arbeit an einem neuen Album nach England zurück.

25 Ringos Album *Beaucoups Of Blues* erscheint in Großbritannien.

26 John Lennon beginnt in der Abbey Road mit Phil Spector an *John Lennon/Plastic Ono Band* zu arbeiten.

27 Fortsetzung der Arbeiten am Album *John Lennon/Plastic Ono Band*

414

Was: Zeitungsmeldung »Paul geht«
Wo: Großbritannien
Wann: 10. April 1970

… UND DAS ENDE

Frustriert von der Presse interviewte sich Paul McCartney selber und enthüllte die Sensation des Jahres – die Trennung der Beatles. Von Jim Irvin.

Im Jahr 1966, als die Beatles beschlossen hatten, das Touren aufzugeben, war Paul der Letzte, der zustimmen wollte. Und wie es scheint, war er ein paar Jahre später ebenfalls der Letzte, der die Band »verließ«. Allerdings war er der Erste, dessen Fortgehen publik wurde, als am 10. April 1970 die Schlagzeile des *Daily Mirror* es hinausposaunte: »Paul verlässt die Beatles«.

»Ich wusste, dass ich irgendwann aussteigen musste«, sagte Paul kürzlich. »Wir hatten schwere geschäftliche Besprechungen. Sachen, mit denen man als Künstler nichts zu tun haben möchte. Das Wort ›schwer‹ lastete damals auf meinem Leben. Die Meetings wurden immer schlimmer. Ich dachte nur noch: ›Scheiß drauf, ich boykottiere Apple, ich geh einfach nicht hin. Das bin nicht ich.‹«

John hatte dem Rest der Band schon am 20. September 1969 – dem Tag, an dem sie einen neuen Vertrag mit EMI unterschrieben – mitgeteilt, dass er aussteigen wolle. (Er gestand, diese Ankündigung habe ihm ebenso einen Adrenalinstoß verschafft, wie »Cynthia zu sagen, dass die Scheidung wollte«.) John, seit Brian Epsteins Tod für jede Ablenkung offen, machte gerade einen Heroinentzug. Eine Woche später nahm er, vielleicht in einer Aufwallung von Nach-Beatles-Euphorie, *Cold Turkey* auf.

Gegen Ende Oktober zog sich Paul zur Bestandsaufnahme nach Schottland zurück. Er beschrieb später, dass er in diesem Winter »dem Zusammenbruch nahe« war. Er blieb im Bett, wütete, trank und ließ sich einen Bart wachsen. Doch kurz vor Weihnachten raffte er sich auf, kehrte in sein Haus in London zurück und machte sich mit seiner neuen Studer-Vierspur-Bandmaschine und nur einem Mikro an die Arbeit, ohne die Lieferung eines Mischpults abzuwarten. Bald darauf sprach er mit Neil Aspinall am Telefon über ein Soloalbum.

In Interviews, die er im Januar 1970 gab, äußerte sich John, (den Weisungen von Allen Klein folgend, um den Absatz des neuen Albums *Let It Be* nicht durch Trennungsankündigungen zu gefährden) so, als ob die Beatles noch funktionsfähig wären, ließ aber eine Menge Andeutungen fallen, dass die Dinge nicht mehr so seien wie früher.

Am 2. April 1970, zwei Wochen vor dem geplanten Erscheinen seines Solodebüts *McCartney*, erzählte Paul dem *Evening Standard* verärgert, genau dieser Termin würde plötzlich als ideal für die Veröffentlichung von *Let It Be* angesehen und die anderen hätten Ringo vorgeschickt, um ihn zu bitten, *McCartney* zu verschieben. (Ringos *Sentimental Journey* war Ende März erschienen.)

Paul hatte seinem Freund gehörig die Meinung gegeigt. »Ich musste George, der ja ein Direktor von Apple ist, dazu bringen, mir die Veröffentlichung zu genehmigen«, sagte McCartney. »Wir reden alle von Frieden und Liebe, aber in Wirklichkeit fühlen wir uns gar nicht friedvoll.«

In der nächsten Woche sollten Werbekopien von *McCartney* mit einer Presseverlautbarung in Form eines »Selbstinterviews« von Paul verteilt werden.

»Ich war traumatisiert …«, sagt Paul. »Es wurde mir unheimlich, und ich wollte keine Interviews geben, weil ich wusste, dass sie fragen würden: ›Was ist mit den Beatles?‹ Und ich hatte keine Lust, das zu beantworten, also sagte ich [zu Apple]: ›Schickt mir einfach ein paar Fragen, was ihr denkt, was die wissen wollen, und ich bearbeite das. Ich boykottiere Apple, erinnert ihr euch?‹«

Peter Brown arbeitete daher 41 Fragen aus.

»Da Peter wusste, dass die große Frage die Beatles waren, baute er Suggestivfragen ein«, sagte Paul seinem Biografen Barry Miles. »Statt die Antwort zu verweigern, dachte ich: Scheiß drauf, wenn er's wissen will, sag ich's ihm. Ich spürte, dass ich kein neues Leben anfangen konnte, bis ich es den Leuten gesagt hätte.«

Frage 27 lautete: »Planen Sie eine neue LP oder eine Single mit den Beatles?« Antwort: »Nein.«

Frage: »Ist das Album eine Pause von den Beatles oder der Start einer Solokarriere?« Antwort: »Mal sehen. Soloalbum bedeutet ›Start einer Solokarriere‹. Da es ohne Beatles gemacht wurde, ist es eine Pause. Also beides.«

Frage: »Erfolgt Ihre Trennung vorübergehend oder endgültig, wegen persönlicher oder musikalischer Differenzen?« Antwort: »Persönliche …, geschäftliche …, musikalische Differenzen, aber vor allem, weil ich lieber mit meiner Familie zusammen bin. Vorübergehend oder endgültig? Weiß nicht.«

Letzte Frage: »Was sind Ihre weiteren Pläne? Urlaub? Musical? Film? Ruhestand?« »Mein einziger Plan ist, erwachsen zu werden.«

»Kurz und bündig« nennt Paul das »Interview« heute. »Es wurde mehr hineininterpretiert, als gemeint war, daher ging es etwas ins Auge.«

Das Dokument kam Don Short vom *Daily Mirror* in die Finger, noch bevor es wie geplant verteilt werden konnte. Am 9. April sah sich Apple gezwungen, zu dementieren, dass die Beatles am Ende seien. Doch als die übrige Presse den Fragebogen zu Gesicht bekam, stürzte sie sich darauf, und am Freitag, dem 10. April, über fünf Monate, nachdem John den Beatles seinen Ausstieg angekündigt hatte, verbreitete sich die Nachricht wie ein Lauffeuer.

Derek Taylor gab die letzte Pressemitteilung raus: »Es ist Frühling, und morgen spielt Leeds gegen Chelsea, und Ringo, John, George und Paul sind am Leben und voller Hoffnung. Die Welt dreht sich, und mit ihr auch wir und Sie. Wenn das Drehen aufhört – dann ist es Zeit, sich Sorgen zu machen. Bis dahin leben die Beatles und der Beat geht weiter – the Beat goes on.«

Ganz alleine: McCartney gewöhnt sich ans Sololeben in Liverpool, 1970

LET IT BE

»Four of us«

Es war die Zeit der Meinungsverschiedenheiten und Trennungen – mit Paul McCartney am Steuer und Phil Spector am Mischpult. Dennoch ist vieles auf *Let It Be* äußerst hörenswert, meint John Harris.

Im Rückblick war es sicher nicht die genialste Methode, um die internen Differenzen der Beatles zu kitten oder ihre Musik in höhere Sphären zu katapultieren: Anfang 1969 wollten sie der gemütlichen Atmosphäre ihrer nächtlichen Sitzungen in der Abbey Road vorübergehend den Rücken kehren, um stattdessen zu normalen Zeiten im frostigen Ambiente der Twickenham Film Studios zu musizieren. Und um das Ganze noch ein wenig entspannter zu machen, sollte jedes Räuspern der Beatles von einem Filmteam aufgenommen werden.

Die Idee dazu hatte Paul McCartney, und schon wenige Tage nach Beginn der Sessions dürften sich alle gefragt haben, was er sich dabei gedacht hatte. Dabei war der Grundgedanke – dass Paul seinen Violin-Bass ausgraben und die Beatles zu ihren Ursprüngen zurückführen wollte – sicher nicht verkehrt, sowohl im Hinblick auf eine Neubelebung ihrer Musik als auch auf ihre Rolle als Trendsetter. Nachdem schon 1968 vieles darauf hindeutete, dass sich Rockmusiker wieder auf ihre Wurzeln besannen – Beatles-Songs wie *Lady Madonna, Revolution* und *Back In The USSR* stehen dafür–, nahm der Wandel 1969 deutlicher Gestalt an: mit *Let It Bleed* von den Stones, dem Led-Zeppelin-Debütalbum und Eric Claptons Begegnung mit den Musikern, aus denen sich dann Derek And The Dominos rekrutierten.

Die Veröffentlichung von *Get Back* im April 1969 bewies, dass die Beatles immer noch ganz vorn mitmischten. Doch Johns Heroinsucht und seine Verachtung für Pauls neuestes Projekt lähmten seine Kreativität. Das ist die Achillesferse von *Let It Be*: Hätte er der Qualität von Pauls *Let-It-Be*-Songs Gleichwertiges entgegensetzen können, wäre das Ziel, zur kraftvollen Ursprünglichkeit der Beatles à la 1964 zurückzufinden, vielleicht erreicht worden.

Man nehme etwa *Two Of Us*, Pauls wehmütige Hymne auf die langen Nachmittage, an denen er und Linda bemüht waren, sich auf den Landstraßen rund um London nicht zu verfahren. Auf seine stille Art gehört es zu Pauls ergreifendsten Beatles-Songs, durchdrungen von herbstlicher Lieblichkeit, aber auch von der Einsicht in die unabwendbare Zerstörung der Unschuld durch das Erwachsenwerden. Johns Kontrapunktgesang trägt das Seine zum Zauber des Songs bei, den man auch als Abgesang auf die Beziehung zwischen John Lennon und Paul McCartney verstehen kann: Zwei Quarry Men, die in Erinnerungen an die 50er-Jahre schwelgen (»You and I have memories ...«). Dies wird durch *One After 909*, eine erstmals 1963 aufgenommene Parodie auf den Rock'n'Roll aus der Cavern-Ära, noch unterstrichen.

»Pauls Beitrag zu *Let It Be* ist sehr eindrucksvoll – es ist klar, dass er sich in einer besonders fruchtbaren Phase befand.«

Aus einer ganz anderen Ecke kommt *I've Got A Feeling*: Stellenweise – besonders im kraftstrotzenden Mittelteil – klingt es, als würde hier der Geist von *Helter Skelter* von wüst lärmendem Nihilismus zu etwas ungleich Euphorischerem umgelenkt. Was den Text angeht, ist es schade,

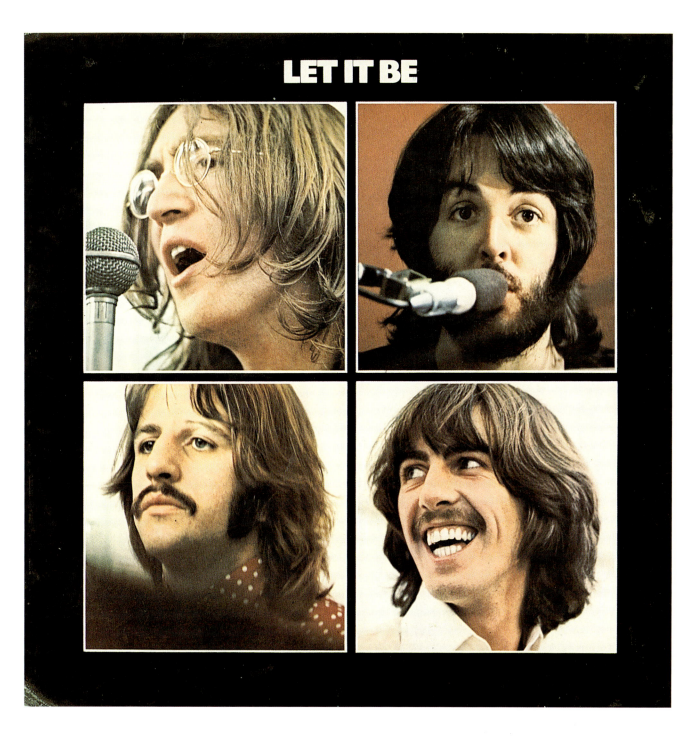

dass Lennons auf *Anthology 3* zu hörende Einwürfe (»I've got a feeling/Yes you have!/That keeps me on my toes/On your what?«) nicht für die endgültige Version verwendet wurden, obwohl er das mit den Passagen, die à la *A Day In The Life* in Pauls Song reingeflickt sind, mehr als wettmacht. *You Can't Always Get What You Want* von den Stones galt lange als innigster Abschiedsgruß an die Sechziger, doch Lennons Text kann da durchaus mithalten: »Everybody had a hard year/Everybody had a good time/Everybody had a wet dream/Everybody saw the sunshine ...«.

Get Back, eine mitreißende Beatles-Interpretation der Creedence-Clearwater-Revival-Ästhetik unter Pauls Federführung, lässt McCartneys Beitrag zu *Let It Be* schon sehr eindrucksvoll erscheinen. Und addiert man dann noch *Let It Be* und *The Long And Winding Road* hinzu – beides echte

DIE STÜCKE

A-SEITE

1. Two Of Us
Lennon/McCartney
Gesang McCartney

2. Dig A Pony
Lennon/McCartney
Gesang Lennon

3. Across The Universe
Lennon/McCartney
Gesang Lennon

4. I Me Mine
Harrison
Gesang Harrison

5. Dig It
Lennon/McCartney
Gesang Lennon

6. Let It Be
Lennon/McCartney
Gesang McCartney

7. Maggie Mae
Lennon/McCartney
Gesang Lennon

B-SEITE

8. I've Got A Feeling
Lennon/McCartney
Gesang Lennon und McCartney

9. One After 909
Lennon/McCartney
Gesang Lennon

10. The Long And Winding Road
Lennon/McCartney
Gesang McCartney

11. For You Blue
Harrison
Gesang Harrison

12. Get Back
Lennon/McCartney
Gesang McCartney

ALBUM INFOS

LET IT BE

PRESSESTIMMEN

Die Meinung über *Let It Be* war sehr gespalten.

»Bösartige Stimmen munkeln, *Let It Be* sei die letzte gemeinsame Beatles-LP ... sparen wir uns die Grabrede, bis der Patient wirklich tot ist: Im Augenblick ist der kollektive Pulsschlag der Beatles, nach *Let It Be* zu urteilen, kraftvoll wie eh und je ... Keine bahnbrechende Platte, es sei denn wegen der Dominanz ... roher Liveaufnahmen, aber ... eine ..., die dauerhafte Freude verspricht. Sie müssen noch keine Reste verwerten.«
— William Mann, *The Times*, 8. Mai, 1970

»›I hope we passed the audition‹, ruft Lennon am Ende von *Let It Be* ... Ein Abschied voll echter Beatles-Ironie. Auch alles andere am Album passt zu einem Testament, vom schwarz umrahmten Cover bis zur Musik selbst, die so vieles von dem zusammenfasst, was die Beatles als Künstler gewesen sind – unerreichbar brillant in ihren besten, hohl und selbstverliebt in ihren schlechtesten Momenten.«
— Derek Jewell, *Sunday Times*, 10. Mai 1970

»Falls die Beatles wirklich nur die Beatles waren, wenn sie auf einer Platte zusammenfanden, dann ist das Ende nicht mehr nur nah. Es ist da .... So, *Let It Be*. Ironisch der LP-Titel insofern, als man genau das nicht getan hat. Man hat ihr herumgebastelt oder, wie es auf der Hülle heißt, sie ›aufgefrischt‹. Man kann auch sagen, ›kastriert‹ ..., weil Spector einigen Stücken Chöre, Harfen, Geigen usw. hinzufügen ließ. Allein der Gedanke, Songs von John oder Paul bräuchten aalglatte Produktionstechniken, ist eine Unverschämtheit.«
— David Skan, *Record Mirror*, 9. Mai 1970

COVER STORY

Dieses Album bekam die passende Hülle.

Das Cover von *Let It Be*, dem 1969 vor der LP *Abbey Road* unter dem Arbeitstitel *Get Back* aufgenommenen Schwanengesang-Album der Band, sollte ursprünglich eine aktualisierte Version des von Angus McBean aufgenommenen Coverfotos des 1963er Albums *Please Please Me* tragen, auf dem sich die Fab Four grinsend über ein Geländer im EMI-Treppenhaus beugen. Rund sechs Jahre nach Aufnahme des ersten Fotos stellte die Band auf Lennons Wunsch diese berühmte Pose für McBean noch einmal nach – diesmal mit langen Haaren und Bärten. Doch als *Let It Be* endlich herauskam, war von diesem Coverfoto nichts zu sehen.

Das *Let-It-Be*-Cover wurde von John Kosh gestaltet, der dazu Fotos von Ethan Russell verwendete, welcher im Vorjahr den *Rock'n'Roll Circus* der Stones fotografiert hatte. Das Cover zeigt einen breiten schwarzen Rand, der auf das bevorstehende Ableben der Band verwies, sowie vier Porträt-Schnappschüsse der Bandmitglieder und sollte mit seiner Schlichtheit die musikalische Rückbesinnung auf das Wesentliche unterstreichen. In der Mitte des oberen Rands steht der Titel der LP, der Bandname wurde nicht genannt.

Die erste Auflage des Albums erschien in einer Pappbox mit einem Fotobuch. Die Fotos waren ebenso von Russell während der Sessions geschossen worden und trugen wegen des engen Drucktermins noch den Titel *Get Back*. Bei späteren Auflagen des Albums war das Buch leider nicht mehr dabei.

Doch auch das zuerst vorgesehene McBean-Foto fand schließlich noch Verwendung: auf den Covern der »roten« und »blauen« Alben, *The Beatles 1962–1966* und *The Beatles 1967–1970* von 1973.
— Lois Wilson

»Johns Heroinsucht und seine Verachtung für Pauls neuestes Projekt lähmten seine Kreativität.«

Perlen, wenn auch durch das ewige Abspielen etwas abgenutzt –, so wird klar, dass er sich in einer sehr fruchtbaren Phase befand. Man stelle sich diese Stücke in Kombination mit Pauls besten Songs von *Abbey Road* mit *You Never Give Me Your Money* und der LP *McCartney* mit , *Junk*, *Maybe I'm Amazed* und *Every Night* vor, um eine Vorstellung zu bekommen, wie erstaunlich ein vorgezogenes McCartney-Soloalbum geklungen hätte. Der Geist, der ihn dazu trieb, einem zunehmend undankbaren John Lennon immer weitere Songs vorzulegen, wirkt da schon fast wie Selbstaufopferung.

Ernüchternd ist, dass außer dem Lückenbüßer *Dig It* der einzige Lennon-Beitrag zu den Sessions, der es auf die LP schaffte, das vernachlässigbare *Dig A Pony* war. Die Einbeziehung des einzigartigen, lustvollen *Don't Let Me Down* hätte seinen Anteil an dem Unternehmen wirkungsvoller aufpolstern können als die – bei allen Qualitäten des Songs – hoffnungslos unpassende Spector-isierte Version von *Across The Universe*, doch es bleibt der Eindruck, dass sich Lennon, statt seinen Teil beizutragen, lieber zugedröhnt hinter seiner Brille verschanzte oder über Pauls Versuche feixte, als künstlerischer Teamchef zu agieren.

Auch Georges Beitrag dürfte unter seiner skeptischen Haltung gegenüber dem *Let It Be*-Projekt gelitten haben. Dabei sind seine beiden Songs keineswegs schlecht. *For You Blue* trägt Pauls Bemühungen Rechnung, spirituell zu den Anfängen der Gruppe zurückzukehren –

Der Winter des Missvergnügens: Die vier Unverträglichen bei den *Let-It-Be*-Sessions, Twickenham Studios, Januar 1969.

und seine harmonische Verzahnung von Klavier, akustischer Gitarre und Lapsteel-Gitarre ist wunderbar. Auch *I Me Mine* enthält viele reizvolle Aspekte: Der Gesang, der sich oft fast zum Falsett hochschraubt, ist ein Ohrenschmaus. Nicht zuletzt ist dies der letzte Beatles-Song, der je aufgenommen wurde – am 3. Januar 1970. Zudem gelang es Spector mit seinem im April 1970 hinzugefügten Streicherarrangement, das Affektierte herauszuarbeiten, das dem Text wie auch Georges Vortragsweise anhaftet.

Zu guter Letzt zu zwei Dauerkontroversen: Wie die meisten Beatles-Fans habe ich mir die Glyn-Johns-Version des Albums zu Gemüte geführt und bin – nachdem ich *Teddy Boy, Rocker* und *Save The Last Dance For Me* gehört habe – der Meinung, dass das Hinzuziehen von Phil Spector keine so schlechte Idee war, wie oft behauptet wird.

Dem Haupturheber des Albums allerdings sind Phil Spectors Bearbeitungen seit langem ein Dorn im Auge – so sehr, dass eine streicherlose Version des Albums unter Paul McCartneys Regie offenbar in greifbare Nähe gerückt ist. Als jemand, den jedes Mal, wenn bei *The Long And Winding Road* mit großem Trara das Orchester einsetzt, Proustsche Anwandlungen überkommen, kann ich ihn nur anflehen, sich das noch einmal zu überlegen. Außerdem ist unter all diesem wagnerianischen Schmalz Johns Bassspiel schrecklich unsauber ...

... BE HERE NOW

Dolf De Datsun mag die Ehrlichkeit und den »schlichten Stil« des Albums *Let It Be*.

»Immer diese blöde Frage: ›Rolling Stones oder Beatles?‹ Und ich entscheide mich jedes Mal für die Beatles. Wenn ich an die Platten meiner Eltern ging und das Cover von *Sgt Pepper* sah, dachte ich: ›Wow! Was ist das!?‹ Und es waren sogar die Texte zum Mitsingen drauf. Meine Mutter hat mir zum 21. Geburtstag eine holländische Originalausgabe mit Pappfiguren zum Ausschneiden geschenkt; das war cool.

Let It Be ist sehr traurig, weil es immer das letzte Beatles-Album sein wird, aber es ist eine tolle Platte. Irgendwie charakterisiert es den Aufbruch in ihre Solokarrieren: Das McCartney-Klavier sagt irgendwie: ›Hör dir das mal an‹ ... Und Glückspilz George kriegt zwei Songs! *All Things Must Pass*, das verteufelt gut ist, kam gleich danach und zeigte, wie er von der übrigen Band unterdrückt worden war.

Mein Lieblingsstück ist *Get Back* – es stampft einfach drauflos, mit starken kleinen Solos von George und Billy Preston.

Viele Jungbands sagen: ›Oh, wir wollen wie die Stones oder Beatles aus dem Jahr XY klingen oder ein psychedelisches Album machen.‹ Sie kapieren nicht, dass die den geradlinigen Rock und R&B beherrschten, bevor sie sich an kompliziertere Sachen wagten. Das mag ich an *One After 909*, dass es so geradlinig ist. *Two Of Us* ist auch gut, weil Paul sich gesanglich ins Zeug legen muss. *Dig A Pony* ist absolut bizarr, der Titel ist seltsam!

Mir gefällt der Livestil der LP, weil ich auch gern so aufnehme. Es hat was Ehrliches. Wenn man sich Pauls neuere Sachen anhört, ist das die Art, wie er arbeitet: Einfach mit ein paar Leuten in einen Raum gehen und spielen.«

Joe Cushley

KAMPF BIS ZU

LETZT

Es gab viele Gründe für die Trennung der Beatles, doch im Zentrum stand der Kampf um die Kontrolle über die Band und ihr Schicksal. Von Peter Doggett.

FOTO: TOM MURRAY

Es war George Harrison, der feststellte, dass man über etwas so Ernstes wie die Beatles keine Witze macht. Im Sommer 1970, einige Wochen nach McCartneys Erklärung, dass er die Band verlassen habe, wurde Harrison in London auf der Straße von einem Journalisten gefragt, was sie ohne ihn tun würden. »Wir müssen uns einen neuen Bassisten besorgen, denke ich«, ulkte George.

In den nächsten sechs Monaten verselbstständigte sich diese schnodderige Antwort, bis sie schließlich für bare Münze genommen wurde. Im November 1970 schwirrten in der britischen Musikpresse Gerüchte, dass die Beatles sich mit ihrem alten Hamburger Freund Klaus Voormann oder – noch grotesker – Lee Jackson, dem Ex-Bassisten von Nice, neu formieren würden. Schließlich musste Apple-Sprecher Derek Taylor aus seinem Teilzeit-Ruhestand zurückkehren, um die Spekulationen zu beenden.

Dann trafen sich Lennon und Harrison, die gerade Soloalben herausgebracht hatten, Mitte Dezember in New York, wo kein Geringerer als Paul McCartney zu ihnen stieß, der zur Arbeit an seinem zweiten Soloalbum in der Stadt war. Neue Gerüchte verbreiteten sich in der Musikindustrie: Alle vier Beatles seien jetzt an einer Wiedervereinigung interessiert. »Es sind schon seltsamere Dinge passiert«, sagte Harrison vorsichtig. Apple bestätigte oder dementierte nichts: »Ich kann mir nicht vorstellen, dass sie wieder etwas Offizielles machen, aber es scheint ihnen mit einer Zusammenarbeit Ernst zu sein. Es hat eindeutig Gespräche in diese Richtung gegeben.«

Während sich Paul seit seiner Trennung in der Öffentlichkeit ausgeschwiegen hatte, waren seine ehemaligen Kollegen gesprächiger. Ringo hatte aus seinem Wunsch, dass die Beatles wieder zusammenkommen sollten, keinen Hehl gemacht und (mit Georges Hilfe) sogar den Song *Early 1970* aufgenommen, der diese Hoffnung ausdrückte: »When I come to town, I want to see all three.«

Harrisons Album trug den Titel *All Things Must Pass* – nach einem Song, den die Beatles bei den Sessions für das Album *Let It Be* abgelehnt hatten. Auf ihm fanden sich noch mehrere von den internen Streitigkeiten der Gruppe inspirierte Stücke (*Wah-Wah, Run Of The Mill, Isn't It A Pity*). Lennon seinerseits sang auf seiner LP *Plastic Ono Band* in *God*: »I don't believe in Beatles.« Wesentlich schärfer waren die Bemerkungen, die er Rolling-Stones-Redakteur Jann Wenner gegenüber in einem noch unveröffentlichten Interview machte, das er bei seinem Treffen mit Harrison und McCartney zu erwähnen vergaß.

Die Harmonie zwischen den Ex-Beatles wurde kurz vor Weihnachten unwiederbringlich getrübt, als George, Ringo und John offiziell Nachricht davon erhielten, dass Pauls Anwälte ein Verfahren anstrengten, um die rechtsverbindliche Partnerschaft der Beatles aufzulösen. Am 31. Dezember 1970 wurde es öffentlich; Pläne für ein Januar-Treffen in London zur Besprechung einer Wiedervereinigung zerschlugen sich. Pauls Anwälte, allen voran sein Schwiegervater und De-facto-Manager Lee Eastman, hatten ihn überzeugt, dass nichts wichtig genug sei, um dafür eine Klage aufzuschieben, die verhindern soll, dass die Beatles alles an die Firma von Bandmanager Allen Klein verlören.

Allerdings wäre die Stimmung wohl auch ohne Pauls Klage gekippt: Am gleichen Tag kam die neueste Ausgabe des *Rolling Stone* mit Johns brisanter und teils recht boshafter Analyse seiner Kameraden in die US-Kioske. Lennons Fazit ein Jahr danach: »Wir waren Freunde, und wir hatten eine Funktion. Aber die Funktion endete, und es blieben nur Erinnerungen, um die Beziehung zu tragen, und sie zerbrach.« Die vier Beatles sollten nie wieder in einem Raum zusammen kommen.

Es war evident, dass das Schicksal der Beatles letztlich von John und Paul entschieden wurde. Von Anfang an waren sie nicht nur die Haupt-Songwriter, sondern auch diejenigen, die die Geschicke der Band lenkten. Der Außenwelt präsentierten sie sich als Einheit, die erst in den späten 60er-Jahren bröckelte. Doch hinter den Kulissen hatten die engsten Berater der Gruppe John und Paul schon seit Beginn der Beatlemania um Vorrang und Macht konkurrieren sehen.

»John war der lauteste«, sagt Tony Barrow, lange Pressesprecher der Beatles, »und wurde deshalb als Bandleader anerkannt. Aber rasch wurde klar, dass Paul der überzeugendere ... war und Brian Epstein gegenüber die wirkliche Macht ausübte.« Ob bewusst oder unbewusst, Paul scheint sich einer Variante der »Guter Cop/Böser Cop«-Methode bedient zu haben. »John wurde echt laut, ohne seinen Willen zu kriegen«, erinnert sich Barrow. »Paul spornte ihn an, Brian zu piesacken – ohne Erfolg. John verletzte Brian mit dem, was er sagte, brachte ihn sogar zum Weinen. Dann ging Paul hin und überzeugte Brian, dass Johns Vorschläge richtig seien. So ging er mit seiner Verbindlichkeit als Held aus der Sache hervor. Paul erkannte immer sofort, wie er Beziehungen innerhalb und außerhalb der Band nutzen konnte.«

Außer internen Geschäftsdingen sah Barrow einen weiteren ewigen Zankapfel: »Bei den Beatles herrschte ein dauernder Machtkampf darum, wer die A-Seite der nächsten Single bekommen würde – ein Fall von ›mein Song, nicht deiner‹. Das lief ausschließlich zwischen John und Paul ab. Es dauerte ein paar Jahre, bis George spitzkriegte, was da abging, und merkte, dass seine Songs nie in Betracht kamen.«

Obwohl im Prinzip alle vier Beatles gleichberechtigt waren, hatten John und Paul aufgrund ihres kreativen Inputs immer Vorrang. »Sie meinten automatisch, dass ihre Melodien Priorität haben sollten«, beschwerte sich George Ende der 70er-Jahre, »weil sie so viele davon hatten.« George Martin räumt ein, dass der jüngste Beatle an den Rand gedrängt wurde: »Vielleicht haben wir ihn nicht genug ermutigt. Er schrieb Songs, und wir sagten: ›Oh, du hast noch ein paar, ja?‹ Das Zeug, das er schrieb, war todlangweilig. Im Rückblick war es hart für ihn, aber es war ganz normal, weil die anderen so talentiert waren.«

Erst als sich George mit indischer Kultur beschäftigte, wuchs sein Einfluss in der Gruppe. Allmählich begann seine spirituelle Marschroute alles zu prägen: vom Sound der Platten – mit Sitars und Tablas – bis zur Begeisterung für die Transzendentale Meditation. Während Harrison aus seiner Rolle als Pauls »kleiner Bruder« heraustrat, verlor Lennon das Interesse an der Band. »Ich habe immer auf einen Grund gewartet auszusteigen, seit ich *Wie ich den Krieg gewann* gedreht hatte«, sagte er 1980. »Ich hatte bloß nicht den Mumm, es zu tun.« Während George die äußersten Gefilde des Geistes und den mystischen Osten erforschte und Paul sich in die kultivierte Londoner Avantgarde hineinmanövrierte, fiel John in seiner Villa in Depressionen und überließ es seinen Kollegen, die Marschrichtung der Beatles zu bestimmen. Yoko scheuchte ihn aus seiner Lethargie auf, durchtrennte aber zugleich die emotionale Nabelschnur, die ihn mit der Institution Beatles verband.

Alles verkomplizierte sich 1968. Nach einem letzten Anflug von Eintracht im Ashram des Maharishi kehrten die vier heim, um das »Weiße« Album aufzunehmen und Apple zu gründen. »Die Beatles waren nicht vereint«, sagte mir Apple-Sprecher Derek Taylor. »Sie wussten nicht, was sie sich von Apple erwarteten. George wollte Menschen bekehren wie die Krishnas. Paul wünschte sich Apple als kontrollierte Verrücktheit. John wollte die Welt verändern. Und Ringo war einer der Beatles, also machte er einfach alles mit, was passierte. Ich sah die Beatles immer noch als feste Einheit, einer für alle und alle für einen. Ich erkannte die Spannungen unter der Oberfläche nicht.«

Apple war als großer Spielplatz gedacht, auf dem die Beatles ihre Marotten im Geiste eines »Kommunismus westlicher Prägung«, so McCartney, ausleben wollten. Doch wie auch Lenin, Stalin und Trotzki feststellen mussten, braucht jede Revolution einen Anführer, und 1968

»O.k., wer ist mit Teekochen dran?« John Eastman (ganz links) mit Allen Klein (vierter von rechts) und Peter Howard (ganz rechts), 1969.

war das Paul. »Apple war keine Utopie«, sinnierte Derek Taylor 20 Jahre später. »Ich war immer noch Angestellter, und die Jungs waren die Bosse – besonders Paul, der Oberbossigste von allen.«

»Paul wollte arbeiten, John hasste es zu arbeiten«, sagt Tony Barrow. »Johns Konzentrationsfähigkeit entsprach MTV-Niveau. Er langweilte sich sehr schnell und schob Dinge beiseite, ob es nun ein Song oder was Geschäftliches war. Paul arbeitete viel methodischer. Ihm gefiel die Disziplin, jeden Tag ins Büro zu kommen.« In Barrows Augen wurde McCartneys Dominanz gleich nach Brian Epsteins Tod im August 1967 deutlich: »Dass sie keinen Manager mehr hatten machte ihm Sorge. Er dachte, sie würden vielleicht nicht mehr aus Indien zurückkommen, um die Beatles zu sein. Darum organisierte er die *Magical Mystery Tour* in so pietätloser Hast nach Brians Tod. Ich glaube, tief im Inneren sah er die Beatles im großen Stil ins Filmgeschäft einsteigen und hatte den Ehrgeiz, sich mit *Magical Mystery Tour* als Autor, Regisseur und Produzent eines Films zu beweisen. Natürlich ging der Schuss nach hinten los.«

Ende Mai 1968, als die Sessions für das »Weiße« Album begannen, war das alte Kräftegleichgewicht wiederhergestellt. George musste wie immer um Platz auf dem Album kämpfen, während John und Paul das Revier zwischen sich aufteilten. Doch etwas war anders. »Paul war … unzufrieden mit dem ›Weißen‹ Album«, sagte John 1971. »Er hat es nie gemocht, weil ich meine Musik machte, er seine und George seine. Erstens gefiel es ihm nicht, dass George so viele Stücke hatte, und zweitens wollte er mehr Gruppenarbeit, also eigentlich mehr Paul.«

Der sonst so gelassene Ringo litt am meisten unter der Spannung dieser monumentalen Sessions, die sich fast ohne Pause bis Ende Oktober erstreckten. Durch den mangelnden Zusammenhalt der Band und Pauls Versuche, ihm Trommelunterricht zu geben, frustriert, stieg er für zwei Wochen aus den Sessions aus – und kam erst wieder, als die anderen ihm versicherten, er sei immer noch der beste Drummer der Welt. »Wir haben uns im Studio nie richtig gestritten«, sagte er später, »das war das Merkwürdige. Wir hielten uns immer etwas zurück. Wenn wir viel mehr gestritten hätten, wäre es vielleicht nie so weit gekommen.«

Doch Insider bezweifeln die Aussage, dass die Beatles sich nie gestritten hätten.

»Die Beatles waren so zutiefst künstlerische Menschen, dass sie sich in anderen Bereichen viel herausnehmen«, erzählte Derek Taylor. »Sie konnten einander sehr harte Dinge sagen und antun, Dinge in einem Song als schmalzig ablehnen, und die fertige Arbeit war grandios, weil sie diese Art hatten, mit den Schwächen der anderen umzugehen.« Tony Barrow merkte, wie ihre raubeinige Kameradschaft sich trübte: »Sie besaßen eine sehr gesunde Rivalität, aber am Schluss wurde sie bösartig und bissig. Sie hatten immer schon Seitenhiebe gegeneinander und gegen uns ausgeteilt. John ließ seine Launen an jedem aus, inner- und außerhalb der Band. Sie waren wie Brüder: Sie stritten heftig, aber sie liebten sich … Aber Ende der 60er-Jahre löste sich die brüderliche Liebe in Wohlgefallen auf.«

Wie Derek Taylor feststellte, gehörte bei Apple eine Portion Egoismus dazu. »Alle Beatles waren manchmal schwierig im Umgang … Aber ich war auch oft unvernünftig, also machte es mir nichts aus, wenn andere Leute unvernünftig waren. Unvernunft war für mich damals eine Art Lebensstil.«

Zank und Streit konnten in einer Atmosphäre gegenseitigen Respekts aufgefangen werden. Doch gegen Ende 1968 wurde das seltener. Ein Problem war Johns Beziehung mit Yoko: Er bestand darauf, dass sie an Aufnahmesessions und Geschäftsbesprechungen teilnahm, und ließ sie ab Ende Januar, bei den unseligen *Get-Back*-Sessions, immer

> »PAUL UND ICH WOLLEN DASSELBE VON APPLE, ABER WIE ES ERREICHT WERDEN SOLL – DA SIND WIR UNEINS.«
> JOHN LENNON

FOTO: LINDA McCARTNEY

»Dem Frieden keine Chance«: Allen Klein, der neue Manager, führt mit John und Yoko den Vorsitz über den Bruch der Beatles.

häufiger für ihn sprechen, während er sich in heroinseliges Schweigen hüllte. »Wir nahmen Heroin wegen dem, was die Beatles und ihre Kumpane uns antaten«, sagte Lennon 1970. Etwa zeitgleich schrieb er an Linda McCartney: »Ich hoffe, dir ist klar, was für eine Scheiße du und der Rest meiner lieben und selbstlosen Freunde gegen Yoko und mich verzapft haben. Hier und da war es vielleicht etwas subtiler oder sollte ich sagen ›kleinbürgerlicher‹ – aber nicht oft.«

Bei den Sessions im Januar 1968 war John emotional abwesend und künstlerisch bankrott, George frustriert und aufs Äußerste gereizt, Paul bewegte sich als selbsternannter Teamleiter wie auf rohen Eiern, und Ringo saß hinter seinem Schlagzeug und beobachtete das Ganze mit düsterem Blick. Als George von Johns sarkastischen Reaktionen auf seine Songs und Pauls Kritik an seinem Spiel genug hatte, verließ er die Band vorübergehend. »Es war mir egal, dass es die Beatles waren«, sagte er später. »Ich wollte nur raus.« Wie Ringo bemerkte: »George musste gehen, weil er glaubte, dass Paul ihn dominierte. Na ja, das tat er.« John meinte 1971: »Man kann George nichts sagen. Er ist sehr engstirnig und hat keinen besonders weiten Horizont. Paul ist viel wacher als George.«

Doch verblasste der Beinah-Zerfall der Band im Januar 1969 neben dem, was sich ab der ersten Februarwoche anbahnte. Jahrelang hatte der amerikanische Agent Allen Klein Pläne geschmiedet, um bei den Beatles einen Fuß in die Tür zu bekommen. »Klein spielt in diesem Roman die Rolle des großen Dämon«, erklärte Derek Taylor fast 20 Jahre später. »Gerade wenn man denkt, alles wird gut, taucht er auf. Ich habe dazu beigetragen, ihn bei Apple reinzubringen, aber ich habe die Beatles … gewarnt. Ich riet ihnen, sich umzuhören, und sagte, er hätte einen Ruf: Er würde ihnen einen guten Finanzdeal aushandeln, wäre aber vielleicht niemand, den man gern seiner Mutter vorstellt.«

Tony Bramwell, bei Apple für das Marketing zuständig, erinnert sich: »Jeder wusste, dass Klein kein angenehmer Zeitgenosse war, noch bevor er die Geschäfte übernahm. Verstehen Sie mich nicht falsch, ich mochte Klein. Aber John war blind und taub, was Klein anging.«

John war wie Paul davon überzeugt, dass es die Beatles aus ihrer kreativen Trägheit aufrütteln würde, wenn sie Ersatz für Epsteins energische, aber wohlwollende Führung finden könnten. Paul stand kurz davor, in eine Familie von New Yorker Showbusiness-Anwälten einzuheiraten, und sein zukünftiger Schwiegervater Lee Eastman und dessen Sohn John boten ihre Dienste an. Lennon hatte keinen Widerspruch (oder überhaupt eine Meinung dazu) geäußert; aber dann traf er Allen Klein.

Ungehobelt, unverfroren, getrieben und von der Musik durchtränkt, die John liebte: Klein wirkte wie eine zum Leben erweckte Hollywood-Karikatur. »Allen ist menschlich«, erklärte Lennon 1971, »wogegen Eastman und all diese anderen Leute Automaten sind. Wenn Allen nicht gerade seine Arbeit macht, ist er ein ganz normaler Typ. Wenn er und sein Team auf Tour gehen, führen sie sich auf wie Schüler, tun so, als ob sie taubstumm wären … Er ist sehr amüsant, wissen Sie?«

Eastman dagegen »war kein Typ, der in Polohemd und Chinos rumlief wie Allen«, sagt Tony Bramwell. »[Die Eastmans] trugen immer Anzug. Aber Lee war auch nicht völlig unbefleckt in Geschäftsdingen. Er versuchte, Verlagskataloge für kleines Geld zu ergattern, genau wie Allen es getan hätte.«

Paul war von Kleins Energie beeindruckt, fand aber zugleich die Eigenschaften, die John so anzogen, eher abstoßend. »Schon unsere erste Begegnung machte mich misstrauisch, weil er so etwas Hemdsärmeliges hatte. Ich schlug die Eastmans vor. Ich dachte, dass sie fair sein würden. Sie sind ja auch Anwälte, sie bekommen keine Prozente, sie bekommen ein Honorar. Wenn man unzufrieden ist, bezahlt man sie nicht.«

Doch Johns Begeisterung war entfacht, und er teilte den Beratern der Beatles umgehend mit, er habe Klein beauftragt, »sich um meine Sachen zu kümmern«. Gemeinsam nahmen die Beatles allerdings weiterhin Rat von allen Seiten an, auch wenn Klein darauf achtete, bei

Apple dauernd präsent zu sein. Eine erste Krise trat ein, als Musikverleger Dick James, der fast alle Eigenkompositionen der Band betreute, seinen Anteil der Firma Northern Songs ohne Zustimmung der Beatles an Sir Lew Grades Unternehmen ATV verkaufte. Es kam zu einer heftigen Übernahmeschlacht. »Geschäftsleute spielen ihr Branchenspiel, wir spielen Musik«, sagte John, »und das ist sehenswert.«

Klein und Eastman empfahlen unterschiedliche Strategien, und die Beatles mussten sich auf Geld statt auf ihre Musik konzentrieren. »Wir hatten jeden Tag diese schrecklichen Meetings, die uns abnervten«, erklärte John Ende 1969. »Wir mussten uns anhören, wie viel [Geld] wir vergeudet hatten. Das zog einen völlig runter. So eine Verschwendung. Da hätte ich es lieber einer bedürftigen Zigeunerin gegeben.«

Bei den Verhandlungen entdeckte Lennon, dass Paul eigene Deals getätigt hatte. »Wer hat denn hinter meinem Rücken Northern-Songs-Aktien aufgekauft?«, schrieb er 1971 anklagend an Paul McCartney. Zugleich warnte Lee Eastman, dass Klein die Situation angeblich falsch handhabte, und Northern Songs entglitt dem Zugriff der Beatles.

Derweil versuchte die Band, ein gewisses Gleichgewicht zu wahren, zumindest nach außen. »Die Beatles müssen eine Einheit sein«, beteuerte George im April 1969. »Vier Individuen, die jeder etwas zu den Beatles beitragen. Die Probleme gehen los, wenn einer versucht, die Kontrolle zu übernehmen. Das passiert dauernd. Aber wir sind jetzt an einem Punkt, an dem wir etwas so tun können, dass es die anderen zufrieden stellt.«

»ICH WOLLTE DIE BEATLES NIE AM ENDE SEHEN. ICH WOLLTE DIE BAND KILLEN, SOLANGE SIE OBEN WAR.«
JOHN LENNON

Zeitweise führten die vier heikle Gespräche über die Zukunft der Band auf dem Umweg über die Poppresse. Während John verkündete, die Beatles sollten wieder auf Tournee gehen, wurde Ringo mit der Aussage zitiert, sie würden nie wieder live spielen. »Ich vermisse es nicht mehr, ein Beatle zu sein«, sagte er. »Man kann diese Tage nicht zurückholen. Es hat keinen Zweck, in der Vergangenheit zu leben.« Harrison blieb der Optimist: »Wir sind an einem Punkt, an dem wir einander sehr klar sehen. Indem wir einander erlauben, wir selbst zu sein, können wir wieder die Beatles werden.«

Diese Absicht floss auch in die Arbeit an *Abbey Road* ein. Nach dem Versuch einer »Rückbesinnung« im Januar 1969 war das neue Projekt ein Versuch, so zu tun, als ob es die letzten zwölf Monate nie gegeben hätte und eine neue Ära im »Pepper«-Stil bevorstünde. Doch dass John den Sessions fernblieb, sobald ein Harrison-Song zur Aufnahme anstand, dürfte als Hinweis gedient haben, dass die Vergangenheit unwiederbringlich blieb.

»Sie waren viel zufriedener mit sich«, sagte George Martin über die *Abbey-Road*-Sessions. »Alle schienen hart zu arbeiten, und es war alles gut organisiert. Die üblen Dinge kamen erst danach.« Die Band versammelte sich ein letztes Mal zu einer düsteren Fotosession in Lennons Haus, gab den Abmischungen den letzten Schliff und suchte dann nach Gründen, weiter an die Sache zu glauben.

Zahllose Ablenkungen lagen in der Luft. John und Yoko steckten tief in ihrer Friedenskampagne und hatten dazu sogar eine Single, *Give Peace A Chance,* herausgebracht. Paul erwartete die Geburt seines ersten Kindes und grübelte immer noch über das Northern-Songs-Debakel nach. George und er investierten Zeit in andere Künstler des Apple-Labels, von Mary Hopkin bis zu Billy Preston. Harrison sah sein Bündel unveröffentlichter Songs durch und dachte öffentlich über ein Soloalbum nach. Ringo prüfte weitere Filmangebote.

Dann war da noch die Frage, was mit den *Get-Back*-Bändern und -Filmaufnahmen vom Januar 1969 zu tun sei und die bedeutungsschwere Entscheidung über das Management musste getroffen werden. John hatte George und Ringo auf Kleins Seite gezogen. Sogar Paul posiert mit auf Pressefotos für Apples Bekanntmachung, dass der Amerikaner die Gruppe jetzt exklusiv vertrete. Doch McCartney unterschrieb nie einen bindenden Vertrag, und die Beziehung zu seinen Kollegen konnte die Eastman/Klein-Kluft nicht überbrücken.

Der Missmut zwischen John und Paul wegen der Wahl ihres Managers zeigte sich in einem Brief, den John 1971 an Paul schrieb: »Dein Dünkel uns und Klein gegenüber ist unglaublich«, wetterte er. »Du sagst, du hättest ›den Fehler gemacht, sie vor ihm warnen zu wollen, und das hat sie erzürnt‹, und damit liegst du nicht falsch. Großer Gott! Du musst doch WISSEN, dass wir Eastman durchschauen.« Die folgende Bemerkung blieb damals aus rechtlichen Gründen unveröffentlicht: »Er kann sich nicht mal in der ÖFFENTLICHKEIT kontrollieren – selbst die Leute, denen er Gemälde abkauft, schütteln sich! (Scheiße von innen, Baby!)«

John teilte Klein im September auf dem Flug zum Rock'n'Roll Revival Festival in Toronto mit, dass er die Band verlassen will. Klein bat ihn, vorerst zu schweigen, um seine Bemühungen um einen besseren Plattenvertrag mit EMI nicht zu gefährden. Einige Tage später trafen sich die Beatles bei Apple. »Wir diskutierten etwas mit Paul«, erzählte John, »und ich sagte zu allem, was er sagte, Nein. Wir kamen an einen Punkt, wo ich etwas sagen musste.«

Paul erinnert ich: »John sah mir in die Augen und sagte: ›Ich glaube, du spinnst. Ich wollte es euch eigentlich nicht sagen, aber ich verlasse die Band.‹ Das waren meiner Erinnerung nach seine genauen Worte. Und uns fiel die Kinnlade runter. Dann erklärte er, es sei ein ziemlich gutes Gefühl, das von der Seele zu haben, was ja für ihn sehr nett war, aber für uns war es kein besonders gutes Gefühl.«

»Memo: Ab sofort müssen alle Beatles-Mitarbeiter Schnurrbart tragen ...« Apple-Sprecher Derek Taylor beim Diktat mit George.

FOTOS: TOPFOTO, TOMMY HANLEY

Wegen der Verhandlungen mit EMI und vielleicht auch in der Hoffnung, dass John nur mal wieder Zeug quatschte, bestürmte Paul ihn, der Presse nichts zu sagen. Ein Jahr später erinnerte John Linda in einem bösen Brief, dass »Paul und Klein versuchten, mich zu überreden …, nichts zu sagen …, weil es ›den Beatles‹ schaden würde, und ›wir sollten es einfach versanden lassen‹, weißt du noch? Also krieg das in dein kleinkariertes, verdrehtes kleines Hirn, Mrs. McCartney – die Arschlöcher haben mich gebeten, es geheim zu halten.«

Lennon tat, worum man ihn gebeten hatte. Im November 1969 sprach George von einer bald zu erwartenden Beatles-Platte, »eine gleichberechtigte Sache, sodass wir alle gleich viel auf das Album kriegen«. Doch kurz darauf ließ John den Bruch beinahe durchsickern: »Es kommt bloß darauf an, wie dringend wir noch mal etwas zusammen aufnehmen wollen. Ich weiß nicht, ob ich das will. Ich bin mal dagegen und mal dafür … Falls die Beatles nie wieder zusammen aufnehmen, aber jeder seine kreative Arbeit über Apple abwickelt, wäre das immerhin besser, als wenn jeder von uns eine Firma hat. Zusammen haben wir viel mehr Power.«

Er erkannte die Ursache des Problems: »Paul und ich sind unterschiedlicher Meinung, wie es laufen soll. Wir wollen … beide dasselbe von Apple, aber über das Wie sind wir uneins. Vor allem die Klein-Sache … So wie ich es sehe, hat Paul immer auf jemand gewartet, der einfach auftaucht und uns aus dem Schlamassel rettet … Weil ich der Presse davon erzählte, konnte Klein es hören und rüberkommen.«

John sah die Folgen des Streits um die Apple-Führung recht deutlich: »Wir vier sind in vielen Dinge verschiedener Meinung, und unsere Leute wissen nicht, woran sie sind und auf wen sie hören sollen.« Tony Bramwell berichtet: »Leute wie ich, Neil Aspinall und Mal Evans bekamen dauernd Anrufe von einem der Beatles, der uns bat, etwas zu tun, aber den anderen nichts davon zu sagen. Paul wollte, dass wir ihm eine Session in den Morgan Studios buchten, ohne dass John es erfuhr, während John und Yoko ihre eigene Schreckensherrschaft ausübten. John begann, die Projekte aller anderen völlig abzulehnen. Er interessierte sich nur noch für sich und Yoko. Die eine Woche war Paul im Büro, die nächste führten John und Yoko das Regiment. Es war schwer für die von uns, die ihnen treu ergeben waren und sie jetzt plötzlich hinter ihren Rücken gegeneinander ausspielen mussten.«

Nach außen blieben diese Probleme unsichtbar. *Abbey Road* war einer der größten Verkaufsschlager der Beatles, und die Medien hatten ihre helle Freude an den Friedensaktionen von John und Yoko und den Gerüchten, Paul sei tot und durch ein Double ersetzt worden. »Es war eine seltsame Zeit damals«, erinnerte sich Ringo, »weil wir gar nichts taten. Aber dieses *Get-Back*-Album musste hingebogen werden.«

Toningenieur Glyn Johns hatte zweimal versucht, aus dem Material vom Januar 1969 etwas Geeignetes herauszufiltern, doch die Beatles lehnten die Resultate ab. Ein Jahr später nahmen sie in der Abbey Road Georges *I Me Mine* für das Album auf – ohne John, der bei Yokos Exmann in Dänemark war, um die Möglichkeit des Baus einer fliegenden Untertasse zu prüfen, die ohne Treibstoff auskam, und sich mit seiner Stieftochter Kyoko Cox alberne Liedchen auszudenken.

Im Februar 1970 erhielt der legendäre amerikanische Plattenproduzent Phil Spector die lang ersehnte Chance, mit einem Beatle zu arbeiten, nachdem sein Manager – niemand anderer als Allen Klein – ihn für die Aufnahme der Lennon-Single *Instant Karma!* empfohlen hatte. Dann schlugen Klein und Lennon vor, Spector freie Hand bei den *Get-Back*-Tonbändern zu gewähren. »Wir haben alle Ja gesagt«, erklärte Ringo. »Am Anfang hat sogar Paul Ja gesagt.«

Doch Spector überarbeitete die Aufnahmen nicht nur, sondern nahm sich auch die Freiheit, sie auszuschmücken. In Anwesenheit von Ringo und George sowie des unvermeidlichen Allen Klein ergänzte er Pauls *The Long And Winding Road* um Orchester-Overdubs und einen Chor und feilte den Sound anderer Songs aus. Er beunruhigte die Abbey-Road-Mitarbeiter etwas. »Er schien jede halbe Stunde eine andere Pille zu nehmen«, berichtete ein Ingenieur, »und hatte seinen Leibwächter dabei«, arbeitete aber zügig und, wie es schien, erfolgreich.

»Paul hörte es«, erzählte Ringo 1971. »Ich telefonierte mit ihm und fragte: ›Hat's dir gefallen?‹, und er sagte: ›Ja, ist o.k.‹ Er hatte nichts auszusetzen. Und dann plötzlich wollte er nicht, dass es erscheint. Zwei Wochen später wollte er es einstampfen.« George Martin bekam von Paul etwas anderes zu hören: »Er wusste nichts davon, und er schrieb mir …, dass er ziemlich entsetzt sei. Als die Platte endlich erschien, bekam ich einen Riesenschock.« Paul schrieb an Klein und forderte, *The Long And Winding Road* neu abzumischen, doch ohne Erfolg.

Die Vorbereitungen für die Veröffentlichung des Films *Let It Be* und des gleichnamigen Albums liefen und erlaubten keine Verzögerung. John, George und Ringo forderten Paul gar auf, sein Soloalbum zu verschieben, damit es nicht mit dem Gruppenprojekt zusammenfiele. »Sie schrieben ihm als Direktoren der Firma«, erklärte Ringo, »und ich fand es nicht fair, dass irgendein Bürogehilfe ihm so was bringen sollte. Also ging ich zu ihm. Er wurde wütend. Er sagte mir, ich solle sein Haus verlassen. Er war verrückt. Er brüllte nur und zeigte mit dem Finger auf mich. Ich konnte nicht glauben, was mir da passierte. Ich bin sehr emotional: So was bringt mich wirklich aus der Fassung.« Zwei Wochen später verkündete Paul – in einem den Werbekopien seines Albums beigelegten Statement –, er habe die Beatles verlassen.

Die Nachricht verbreitete sich, als George und Ringo gerade dabei waren, *Let It Be* zu promoten. Ringo versicherte, in der Gruppe sei »alles in Ordnung«, während George ihre »Einheit durch Vielfalt« pries. Paul bemerkte nur trocken: »Keiner von uns will zugeben, dass die Party vorbei ist.« Wegen Soloplänen erinnerte ihn Apple, die Firma, von der er sich künstlerische Freiheit erhofft hatte: »Ein einzelner Beatle darf ohne Zustimmung von Apple und den anderen Beatles weder seine Dienste anbieten noch allein oder mit anderen in irgendeinem Zweig der Unterhaltungsindustrie tätig werden.«

»Es war wie bei einer Scheidung«, sagt Tony Barrow. »Es gefällt einem nicht, was die Anwälte tun, man muss aber trotzdem mitmachen. Beide Seiten sagten und taten eine Menge unbesonnene Dinge.« Tony Bramwell findet es paradox, dass »Allen Klein sein Ziel, die Beatles zu managen, erreichte, sie dadurch aber auseinander riss.«

Einer fand das Ganze weder bedauerlich noch paradox. »Ich wollte die Beatles nie am Ende sehen«, sagte John 1971. »Ich wollte die Band killen, solange sie oben war. Ich weiß, dass viele bestürzt waren, als die Beatles aufhörten, aber jeder Zirkus ist mal zu Ende. Die Beatles waren ein Monument und mussten sich ändern oder verschrottet werden. Wir waren vier Individuen, die … ihre Individualität wieder erlangten, nachdem sie von einem Mythos geschluckt worden waren.«

Dreißig Jahre danach erscheint sein Urteil verfrüht. Der Zirkus mag die Stadt verlassen haben, aber noch heute lebt eine ganze Industrie von ihm. John trug dazu bei, den Beatles-Monolithen zu stürzen, doch den Mythos konnte selbst er nicht zerstören. ∎

FOTO: LINDA McCARTNEY

»Ich war dabei«

Er war dabei, als sie die spitzen Schuhe gegen Liebe und Mantras tauschten. Für Donovan sind die Beatles Balsam für die Seele.

Welchen Einfluss hatten die Beatles nun wirklich auf die Populärkultur? 1958 hörten wir alle diese urwüchsige Musik, wenn auch auf dem oberflächlichen Umweg über Elvis Presley, Buddy Holly und die Everly Brothers, um nur einige der so genannten »weißen Neger« zu nennen. Darunter lag die düstere Urgewalt der uralten spirituellen »Black Power«.

Dazu gesellte sich die nicht unbedeutende Tatsache, dass Lennon und McCartney Liverpooler Songwriter irischer Abstammung waren. Diese Mischung aus irischer Dichtertradition und Urwüchsigkeit verband sich mit der Liebe zur US-Popmusik und pfiffiger Unbürgerlichkeit zum kraftvollsten Strudel, den das 20. Jahrhundert bis dahin erlebt hatte.

Ich hörte die Beatles erstmals bei einer kurzen Rast von meinem Zigeunerleben als Beatnik-Folksänger. Das Haus war leer, meine Eltern in der Fabrik. Ich ging in mein Zimmer; es war voller Jugenderinnerungen – Fotos von Pariser Cafés der 50er-Jahre, dunkeläugigen Bienen und schwarzen Drummern. Im Radio lief »Pop«, doch ich hatte »Pop« hinter mir gelassen, als ich Folk, Jazz, Blues, Klassik und Bluebeat entdeckt hatte. Es war so ein amerikanischer Bakelit-Apparat, beige und schwarz, mit einem Grill wie ein Cadillac. Sie spielten eine neue Single, und als ich dann diese akustischen Gitarren, Trommeln, Bass, Harmoniegesang und Mundharmonika hörte, verfiel ich in einen veränderten Bewusstseinszustand.

»Ja, liebe Popfans«, säuselte der Discjockey, »das waren die Beatles mit *Love Me Do*.« Ich ließ mich auf die Treppe sinken und hörte eine Stimme in meinem Kopf sagen: »Das ist genau das, was ich tun werde.« Ich wusste zwar noch nicht genau, was »das« war – aber zwölf Monate später war ich im gleichen Raum mit ihnen.

Ich bin den Beatles 1965 zum ersten Mal begegnet, nachdem Bob Dylan, Joan Baez und ich die britische Öffentlichkeit mit einer unglaublichen Neubewertung der keltischen Volksmusik in Erstaunen versetzt hatten. Am letzten Abend von Dylans Aufenthalt ging ich zu ihm, um mich zu verabschieden. Als ich sein schwach beleuchtetes Fernsehzimmer im Savoy betrat und meine Augen sich langsam ans Dunkel gewöhnten, bemerkte ich, dass wir nicht allein waren. Gestalten tauchten auf, auf einem Sofa, auf Sesseln. Jene, die mir am nächsten war, beugte sich vor und sagte: »Hallo Donovan, howareya?«

Die näselnden Vokale waren unverkennbar. Bob stand auf, machte das Licht an und sagte: »Kennst du die Typen schon?« Es waren John und der Rest der Band. Und so lernte ich die Beatles kennen – ohne Getue, ohne Stress wurde ich in das neue musikalische Zentrum des Geschehens aufgenommen.

1968 hatten die Beatles ihre spitzen Schuhe längst abgelegt, und wir flohen vor unserem zweifelhaften Ruhm in Maharishis Ashram. Wir mussten lernen, richtig »high« zu werden, um unseren Wunsch, Liebe und Barmherzigkeit zu verbreiten, zu einem echten Anliegen zu machen, statt zu einer bloßen Plattitüde christlicher Erziehung. All you need is love – und ein Mantra.

Donovan und Paul, 11. März 1969

> »Die Beatles ... sind die besten Freunde, die dieser Planet je gehabt hat.«

Manche dachten, dass wir der harten Realität des gewalttätigen Jahres 1968 den Rücken kehrten: dem eskalierenden Vietnamkrieg, der Ermordung Martin Luther Kings, dem von sowjetischen Panzern niedergewalzten Prager Frühling, dem Aufstieg der Black Power. 1968 protestierten Studenten und Arbeiter in der westlichen Welt. Und da entschieden sich vier musikalische Helden der Revolution, die Antwort tief in ihrem Inneren zu suchen. Viele deuteten das als Flucht. Nur wir, die wir erkannt hatten, dass alles menschliche Leid seinen Ursprung in jedem Einzelnen hat, wussten, dass unsere Reise nach Indien der einzig mögliche Weg war. Bald begannen Millionen zu meditieren, nachdem wir es populär gemacht hatten.

Die Probleme auf der Welt schienen unlösbar, und die Sechziger neigten sich dem Ende zu. Die Beatles wurden erwachsen, und ein Jahr später trennten sie sich. Über ihr Ende wurde viel berichtet. Ich möchte dazu Folgendes sagen: Sie haben alle Erwartungen erfüllt, die eine Gegenkultur an sie haben konnte. Die nukleare Wolke hing immer noch drohend über der Menschheit, doch eine ganze Generation konnte ihrem Ruf nach Verständnis und Liebe durch die Musik der Beatles Ausdruck verleihen.

In schweren Zeiten suchen wir Zuflucht bei Dichtern und Künstlern, und aus dem Herzen der Geschichte steigen Folkblues und Weltmusik als tröstender Balsam empor, als Protest gegen die Unmenschlichkeit. Die Beatles waren und sind die besten Freunde, die dieser Planet je gehabt hat.

Donovan
Cork
1. Februar 2003

ALBUM INFOS
DIE SOLOALBEN

Aus eins mach vier

Die Nachricht von der endgültigen Trennung der Beatles im April 1970 ließ die Fans verzweifeln. Der Trost kündigte sich in Form von vier Soloalben an. Hier die Bewertung von John Harris, Paul Trynka, Paul Du Noyer und Mat Snow über 211 Minuten Musik …

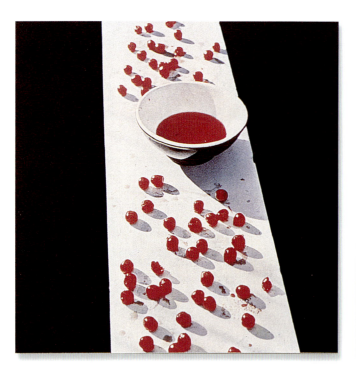

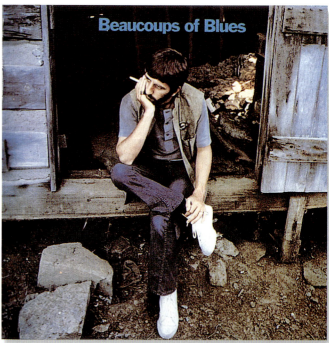

McCartney
Paul McCartney
Veröffentlicht im April 1970

Paul McCartney gilt als ambitioniert und perfektionistisch, sein Solodebüt aber sendet merkwürdige Signale. Teils mit rudimentärer Ausrüstung zu Hause aufgenommen, ist es gezielt einfach produziert, gewürzt mit Instrumentals und halbfertigem Kram. Es ist hörbar, dass sein Autor glücklich ist, sich von dem Leben der Sechziger befreit zu haben. Johns und Georges Soloalben atmen den kreativen Rausch der Freiheit, die LP des De-Facto-Chefs der Beatles klingt dagegen, als hätte das Ende der Band bei ihm einen Seufzer der Erleichterung ausgelöst.

Oberflächlich betrachtet ist *McCartney* ein bodenständiges, etwas langweiliges Album. Das Cover zeigt Paul mit seiner Tochter Mary. Das vorherrschende Thema kündigt sich im Kaminfeuergedudel des Openers *The Lovely Linda* an. Auch wenn er sich zum Rocken durchringt, sind Heim und Herd nie weit entfernt: In *Oo You*, einem dürren Versuch im Bluesrock der 60er-Jahre, beschreibt die Zeile »can cook like a woman« das weibliche Subjekt des Songs. Klar, dass Paul auf die Frage nach dem Thema der LP antwortete: »Das Heim, Familie, Liebe.«

Paul hat auf die Trennung der Beatles mit totaler Müdigkeit und dem Griff zur Flasche reagiert. »Ich wusste nicht, was ich tun sollte«, erinnerte er sich. »Ich war arbeitslos.« So kommt *Every Night* als einfaches Liebeslied daher, ist aber voller Selbstzweifel und quälender Lethargie (»Every night I just wanna go out/Get out of my head/Every day, I don't wanna get up/Get out of my bed«). *Man We Was Lonely* klingt perfekt. In einem Moment krümmt Paul sich unter der Last tiefer Trauer: »Maybe I'm a man/Maybe I'm a lonely man, who's in the middle of something/he doesn't really understand.« Im nächsten zeigt die Liebe ihre rettende Wirkung. Jeder, der Paul für einen oberflächlichen emotionalen Simpel hält, möge folgenden Zeilen lauschen: »Maybe I'm amazed at the way you love me all the time/Maybe I'm afraid of the way I love you.« Das ist romantischer Existenzialismus.

Dann folgt *Kreen-Akrore*, ein Cut-And-Paste-Experiment, das sich als McCartneys dümmste Aufnahme erweist. Sie ist einfach nur schlecht wie ein paar weitere Songs des Albums: *Valentine Day, Hot As Sun, That Would Be Something* und dem bereits erwähnte *Oo You*, allesamt furchtbar. Zwischen diese Stücke hat sich aber auch eine Perle eingeschlichen: Das wundervoll gepeinigte Instrumental *Momma Miss America*, das später zum Soundtrack des Films *Jerry Maguire* gehörte und auch von den Discjockeys des kurzlebigen Dance-Genres Big Beat gespielt wurde.

In ganz anderen Gefilden bewegen sich zwei Stücke, die noch von Rishikesh datieren. *Teddy Boy* wurde zögerlich bei den *Let-It-Be*-Sessions angespielt, nur um in John Lennons trockener, sarkastischer Übertragung als aufgeputschter Square Dance unterzugehen. Hier strahlt es in der bittersüßen Kollision des sonnigen Arrangements und dem Text, der schmerzende Melancholie offenbart. Noch besser ist *Junk*, das auf seine eigene, ruhige Art eines der besten Stücke ist, die Paul solo aufgenommen hat. Es verströmt monochrome Traurigkeit, ein Bild voller Spinnweben und verstaubter Fotografien. Seine Melodie ist wundervoll – so wundervoll, dass es auch eine Instrumentalversion davon gibt.

> »*Every Night* kommt zunächst wie ein einfaches Liebeslied daher, ist aber voller Selbstzweifel und quälender Lethargie.«

wie ein überdrehter Countrysong; der Titel wird durch die Aussage unterstrichen, dass es schwer fiel »to find a smile«. Man findet sogar einen Zehn-Sekunden-Schnipsel eines frühen McCartney-Songs namens *Suicide*.

Nicht dass Selbstzweifel und Heim-und-Herd-Seligkeit unvereinbar wären: Paul dokumentiert überzeugend die Überwindung des einen durch das andere. So erweist sich die Platzierung des unglaublichen *Maybe I'm Amazed* gegen Ende der Platte als

Wenn man die beiden Songs neben *Every Night* und *Maybe I'm Amazed* stellt, seine Erwartungen so anpasst, dass das roh behauene Feeling von *McCartney* Teil seines Charms wird, bekommt die LP einen überraschenden Glanz. Und tatsächlich, in einer Welt, in der Künstler wie Beck, Badly Drawn Boy, The Beta Band es bevorzugen, sich hinter verschlossenen Türen in Heimstudios auszuleben, kann man es als Trendsetter sehen – und als unterschätztes Kleinod. (JH)

Beaucoups Of Blues
Ringo Starr
Veröffentlicht im Oktober 1970

Selbst Ringo-Fans geben zu, dass er nicht der beste Musiker bei den Beatles war. Manche Kritiker behaupten sogar, er war nicht einmal der beste Schlagzeuger der Beatles. Dennoch stellte er wenigstens für ein Jahr sicher, dass die Beatles solo bessere Musik machten denn als Band.

Wie Lennon, hatte auch Starr sein erstes Soloalbum aufgenommen, bevor die Beatles sich offiziell trennten, auch wenn kaum noch jemand *Sentimental Journey* – eine Sammlung von 40er-Jahre-Standards – kennt, ebensowenig wie *Two Virgins*. Während der Arbeit an Harrisons *All Things Must Pass* in den Abbey Road Studios freundete er sich mit dem Steelguitar-Spieler Pete Drake an. Nach zwei Tagen hatten beide beschlossen, in Nashville mit Studiomusikern zu arbeiten.

Diese Stadt war wie geschaffen für den schwermütigen Schlagzeuger. Wie die besten Nashville-Füchse spielte Ringo Verlierer-Songs ungekünstelt und mit schlichter Hingabe. Seine Stimme und auch sein Gesicht passten dazu. Wie Kenny Rogers oder Willie Nelson hatte er einen Charakterkopf.

Die Dreischichtigkeit und der verdrehte, falsche Gebrauch französischer Worte legen die Marschroute fest: Ringos Gesang passt ideal zu dem geschlagenen Helden, den er darstellt. Wie Keith Richards' Gitarrenspiel nach ein paar Gläschen, versagt Ringos Stimme selbst in einfachen Passagen, blüht aber auf, wenn es richtig zur Sache geht. Seine Performance bei den tiefen Noten des Titelsongs, für die seine maskuline Stimme eigentlich ideal wäre, ist ungleichmäßig. In der Bridge des Songs aber, oberhalb seiner natürlichen Tonlage, wird sein gesamtes Verlierercharisma deutlich: selbstsicher und doch verletzlich. Da wird klar, warum viele Girls lieber ihn als John oder Paul mit nach Hause genommen hätten.

Dies gilt für die meisten Songs der LP, ob er den betrogenen Ehemann gibt (*Fastest Growing Heartache In The West*), einen Freier (*Woman Of The Night*) oder irgendeine andere Sorte Verlierer (praktisch jeder zweite Song auf der Platte). Dass Ringo sich so auf das Material verlässt, sorgt allerdings auch für schmerzhafte Momente: *Silent Homecoming*, über einen vermissten GI, greift nach der Tiefe von *In The Ghetto*, erinnert aber eher an den Komiker Les Dawson.

Mit seiner stylistischen Klarheit und den emotionalen Ambitionen legte *Beaucoups Of Blues* einen respektablen Grundstein für ⟶

DIE SOLOALBEN

Endlich »freigelassen«, führte George Harrison das Feld der Soloerfolge der Ex-Beatles lange an.

eine Karriere, die mit der nächsten Single, *I Don't Come Easy,* neue Höhen erreichte. Bei weitem seine beste Aufnahme, ob mit oder ohne Beatles, zeigte sie deutliche Parallelen zu den Songs aus Nashville. Dank einer sehr schön ausgearbeiteten Bridge, die an Johns und Pauls beste Momente erinnert (»forget about the past, and all your sorrows«) und den Song auf eine höhere emotionale Ebene trägt, zeugt sie von einem deutlich ausgefeilteren Songwriting. Dieser verdiente Hit packte alles, was wir an Ringo liebten, in drei Minuten. Leider überschattete er auch alles, was Ringo danach tun sollte, denn mit Ausnahme des bemerkenswert sehnsüchtigen *Photograph* von 1973 verflachte Ringos Karriere bald ebenso wie die der anderen Beatles, als er zu seiner eigenen Parodie wurde und seine Platten keinen Aufruhr mehr in den Charts verursachten.

Doch ging es Ringo aber nie um Erfolg, wie *Beaucoups Of Blues* eindrücklich demonstrierte. Kein Wunder also, dass er Marge Simpsons Lieblings-Beatle war. (PT)

All Things Must Pass
George Harrison
Veröffentlicht im November 1970

Der Titel behandelt die Vergänglichkeit – des Lebens, der Liebe und von Popbands. Es liegt also eine gewisse Ironie darin, dass *All Things Must Pass* womöglich Harrisons größtes Vermächtnis ist. Auf dem Album finden sich einige der schönsten Songs von ihm. Als sein erstes Album nach dem Ende der Beatles lieferte es den Beweis für seine kreative Befreiung. Es schien so, als würde er der erfolgreichste Ex-Beatle werden.

Wie um das Spiel der Assoziationen auf die Spitze zu treiben, zeigt das Cover George in einsamer Natur, umgeben von Gartenzwergen. George wusste längst, dass es so etwas wie einen Ex-Beatle nicht geben konnte. Er war dazu verurteilt, für den Rest seiner Tage ein Beatle zu bleiben.

Der Titelsong *All Things Must Pass* war nicht neu: George hatte bereits zwei Jahre zuvor versucht, die Beatles für ihn zu gewinnen. Im Lauf der Aufnahmen bekam der Text immer neue Relevanz. Als Georges Mutter starb, unterbrach er die Aufnahmen für einige Zeit; dann erkannte er, dass seine Frau Patti sich in seinen besten Freund Eric Clapton verliebte. Doch selbst diese Ereignisse waren nur von zweitrangiger Bedeutung für das ursprüngliche spirituelle Thema des Songs: die essentielle Bedeutungslosigkeit des materiellen Seins.

Glücklicherweise kam das Dreifachalbum zum Weihnachtsgeschäft heraus, denn 1970 machte der Preis von fünf Pfund *All Things Must Past* zu einem Luxusartikel. Anfang 1971 half ihm der Erfolg der Single *My Sweet Lord,* deren Platz eins in den Charts deutlich über das hinausging, was Lennon oder McCartney bis dahin erreicht hatten.

Diese faszinierende Mischung aus afroamerikanischem Gospel und fernöstlichem Mantra war Georges Gebet an Gott. Der Text war gewagt, an dem hypnotisch fließenden Beat kam jedoch niemand vorbei. Typisch für *My Sweet Lord* ist der Sound der Slidegitarre, die zu Harrisons Stilmittel wurde. Er kam vom Rockabilly und ihm fehlte das Talent zur flüssigen Improvisation, das seine bluesorientierten Kumpels zu Gitarrenhelden machte. Durch die Slidegitarre kam sein melodisches Talent zu Tage.

George hatte noch in der Beatles-Ära zwei Instrumental-Alben vorgelegt, doch *All Things Must Pass* war seine erste Songsammlung. Manches hatte er schon bei den Beatles geschrieben, wo seine Beiträge meist wenig Aufmerksamkeit fanden. Jedenfalls war das Album eine Offenbarung. Durch die Arbeit mit Phil Spector unterstrich er seine

> »Sein erstes Album seit der Trennung der Band lieferte den Beweis für die kreative Befreiung des ›stillen‹ Beatle.«

Entfremdung von McCartney, der bekanntermaßen gegen Spectors Beteiligung an *Let It Be* war. Und durch die Vorbereitung seiner Solokarriere mit Stars wie Bob Dylan und Eric Clapton betonte er seinen neuen Status als unabhängiges Mitglied der weltweiten Rockelite.

Die Führungsposition war George zwar neu, zu den Aufnahmen fanden sich aber viele bekannte Gesichter ein. Ringo und die Beatles-Verbündeten Klaus Voormann und Billy Preston spielten Schlüsselrollen, ebenso wie die viel gelobten Apple-Acts Badfinger. Zu den Gastmusikern gehörten Größen wie Gary Brooker und Dave Mason, aber auch der damals noch unbekannte Phil Collins an den Congas. Das Sounddesign wurde elegant von Eric Clapton und den Musikern ausgefüllt, die er und George auf der Delany & Bonnie-Tour kennen gelernt hatten – eine Band, die sich im Laufe der Sessions zu Derek And The Dominos entwickeln sollte. In Übereinstimmung mit Phil Spectors *Modus Operandi* wurde der raumgreifende Sound mit Hilfe von Musikern in rauhen Mengen erreicht. Manchmal – etwa bei *Wah Wah* und *Let It Down* – erweist sich das Material möglicherweise als zu leicht, um das kolossale Gewicht von Spectors Produktion zu tragen. Meist jedoch ergab sich ein spielerischer Effekt, als ob die Songs vor Freude über Georges ersten kreativen Rausch bersten würden.

Auf der Freundschaft mit Dylan basiert die charmante Zusammenarbeit *I'd Have You Any Time* und Bobs Geschenk *If Not For You*. Georges Komposition *Behind That Locked Door* folgt der Country-Linie von *Nashville Skyline*. Zu den Meisterwerken des Albums gehören das spirituelle *Beware Of Darkness* und *Isn't It A Pity*, das als Coda zu *Hey Jude* von der Wiederkehr der Beatles-Historie in Georges Vorstellung zeugt. Dies gilt auch für die freundliche Hinwendung zu den Beatles-Fans in *Apple Scruffs*, wogegen *Wah Wah* von den Streitigkeiten in der Band inspiriert war. *The Art Of Dying* stammte von 1966.

Trotz des unmittelbaren Erfolges verlor *All Things Must Pass* in den folgenden Jahren an Anerkennung. Nur drei Monate nach der Veröffentlichung wurde *My Sweet Lord* per Gericht zum »unbewussten Plagiat« des 1963er Hits *He's So Fine* von den Chiffons erklärt. Für den aufstrebenden Superstar war dies ein erniedrigender Rückschlag bei dem Versuch, John und Pauls Schatten zu entkommen. Tatsächlich führte die Patchwork-Qualität und der generelle Mangel an bedeutenden Singleauskopplungen aus späteren Alben zumindest in Großbritannien dazu, dass Harrison nahezu übersehen wurde. Anlässlich seines Todes 2001, fand das Gesamtwerk von George Harrison jedoch die verdiente Anerkennung.

John Lennon/ Plastic Ono Band
John Lennon

Veröffentlicht im Dezember 1970

Es beginnt mit einer Totenglocke und endet mit *My Mummy's Dead*, aufgenommen auf einem Kassettenrecorder. Selbst wenn man nicht weiß, dass Lennon von seinen Eltern verlassen wurde und die kurze Wiedervereinigung mit seiner Mutter durch einen tödlichen Autounfall beendet wurde, gehören die Songs *Mother* und *My Mummy's Dead*, die das Album einrahmen und dominieren, zu den erschütterndsten der Musikgeschichte.

Durch eine Urschrei-Therapie geläutert, war das Album ein Nebenprodukt seines Versuchs, sich der Trauer um seine Mutter zu stellen und sich von ihr zu befreien. John Lennon setzte *John Lennon/Plastic Ono Band* mit jenen Hilferufen in Kontext, die er noch als Beatle schrieb: *I'm A Loser, Help!, In My Life, Strawberry Fields.* »Ich habe schon immer über mich geschrieben. Aber wegen meiner Komplexe fühlte ich mich nur ab und an in der Lage dazu. Diesmal dreht sich alles um mich, und darum mag ich es [das Album]. Das bin ich! Und niemand sonst.«

Weit entfernt von den Assoziationen von *Come Together* aus dem Jahr zuvor, geht es hier nicht um das Entstehen von Träumen, sondern um den Ausdruck von Schmerz. Beinahe versagt ihm die Sprache, wenn die Worte gegen eine Wand aus Gefühlen prallen, die zu tief, zu dunkel sind, um zurückgehalten zu werden. Die Zeile »Mama don't go, Daddy come home«, die am Ende von *Mother* immer quälender neun Mal geschrien werden, wirken nicht weniger herzzerreißend als König Lears Klage »Niemals, niemals, niemals, niemals, niemals«, wenn er den Leichnam seiner Tochter Cordelia hält.

John zeigt seine Freude darüber, dass die Sechziger vorbei waren, und zwar mit der Bitterkeit eines Mannes, der gerade um seinen Lebenssinn gebracht worden ist. Eingefasst in das Metathema Gott, wird das Album von einer Philosophie getragen, die Lennon aus Gesprächen mit dem Urschrei-Therapeuten Dr. Janov bezogen hatte: Dass wir nämlich »unter Schmerzen geboren« werden und die Jugend ohne Liebe und Hoffnung durchleben, weshalb wir uns mit kollektiven Träumen und Ablenkungen aus der Affaire ziehen. »Gott ist ein Konzept, mit dem wir den Schmerz bemessen«, insistiert er immer wieder, bevor er die falschen Götter aufzählt, an die er geglaubt hat, von »Zauberei« bis zu den »Beatles«. In *Working Class Hero* und *I Found Out* gibt John seine Selbstverachtung ebenso genüsslich wieder wie die Verachtung für uns, die wir dumm genug waren, dem Traum überhaupt zu verfallen.

Nur Yoko bleibt verschont. In *Well Well Well* bezeichnet er sie als »loved one«, nennt sie in *God* und *Hold On* beim Namen und beschwört in *Look At Me* und *Love* deutlich ihren Geist. Diese letzten drei Songs gehören zu den zärtlichsten, aber flüchtigsten Songs seines Werks – die Melodien sehnen sich nach innerem Frieden, während Worte und Texturen ebenso weichgezeichnet sind wie das Coverfoto. Diese Songs tragen die Verletzlichkeit eines Kindes und eine Traurigkeit in sich, die über das in romantischen Liedern Übliche weit hinausgeht. Wie schon *Mother* und *My Mummy's Dead* können wir diese Songs nicht von der Wirklichkeit, die ihnen zugrunde liegt, loslösen – was auch nicht in Lennons Sinne wäre.

Trotz aller Zartheit sind sie aber auch, wie das schnarrende *I Found Out* und der Rest des Albums, von ausgefeilter Rohheit. Phil Spector als Produzenten zu engagieren, war ein meisterhaft konter-intuitiver Schachzug. Spectors wahre Kunstfertigkeit lag in der Platzierung der Mikrofone, um die größte Kraft und Atmosphäre mit den kleinstmöglichen Mitteln zu erzeugen, sowie in der Fähigkeit, ein energiegeladenes kreatives Umfeld zu erzeugen. John ist ›nackt‹ und den einzigen Schutz bieten ihm das Slapback-Echo auf seiner Stimme (mit Ausnahme des Sprechgesangs von *Working Class Hero*), nur zwei Soundeffekte (die Glocke in *Mother* und eine Explosion in *Remember*) und eine rudimentäre Band mit Ringo am Schlagzeug, Klaus Voormann am Bass, ein paar Gastauftritte des Keyboarders Billy Preston und John, der sich selbst mit einer sehr ›dreckig‹ gespielten Gitarre und einem klimpernden Klavier begleitet.

Zwei Wochen vor Weihnachten 1970 veröffentlicht, war es das ideale Produkt für den Gabentisch, dennoch erreichte es nicht auch nur annähernd Beatles-ähnliche Verkaufszahlen. Dies blieb dem Nachfolger *Imagine* vorbehalten, das John, wie er selbst sagte, mit Zuckerguss für die Massen überzogen hatte. Das Soloalbum *John Lennon/Plastic Ono Band* setzte jedoch die Voraussetzungen und den Standard für die Mehrheit der introspektiven und selbstbezüglichen Rockmusik, die folgen sollte. Wenn auch etliche großartige Platten seither in die dunklen Tiefen der Seele abgetaucht sind, keine tat es mit so mutiger, unbeschönigter Ehrlichkeit. Dieses Album ist John Lennons Meisterwerk. (MS)

Linda und Paul beim Verlassen des Gerichts. Auf dem rechten Bild der Gegner: Allen Klein

Was: Paul löst die Beatles auf
Wo: High Court, London
Wann: 31. Dezember 1970

ENDE PER GERICHT

Als Londons High Court den Beatles ein Ende bereitete, wurde den Fans eindeutig klar, dass der Traum ausgeträumt war. Von Pete Doggett.

Es war zu spät zurückzurudern. Wie ein gekränkter Ehemann hatte Paul McCartney die Scheidung eingereicht, und somit die schwelenden Auseinandersetzungen der Beatles aus den Klatschspalten vor das höchste Gericht gezerrt. Die Times titelte am nächsten Morgen gewohnt nüchtern: »Paul McCartney verlässt die Beatles per Gericht«. Gleichzeitig markierte der Bericht das Ende einer kollektiven Fantasie.

Der entscheidende Schlag war unspektakulär. An Sylvester 1970 erhoben McCartneys Anwälte am Londoner High Court Klage gegen John Ono Lennon, George Harrison, Richard Starkey und, weil sie nun schon mal dabei waren, Apple. Paul McCartney verklagte nicht nur seine drei besten Freunde, sondern auch die idealistische Firma, die er als Beispiel für »gemäßigten Kommunismus westlicher Prägung« entworfen hatte.

Er beantragte, laut Klageschrift, »die Auflösung des gemeinschaftlich, von den Parteien am 19. April 1967 gegründeten Gewerbes des Klägers und der Beklagten unter dem Namen The Beatles And Co.« Weitere Klauseln verlangten die Beendigung aller gemeinsamen finanziellen Angelegenheiten, eine vollständige Untersuchung jener Angelegenheiten in der Vergangenheit und die Benennung eines offiziellen Treuhänders zur Verwaltung und Sicherung des Einkommens und der Rücklagen der Band.

Auf seiner schottischen Farm von Reportern bestürmt, erklärte Paul am nächsten Tag: »Ich will nur aus dieser Falle herauskommen. Ich will die Beatles auflösen. Ich denke, die partnerschaftliche Zusammenarbeit hat bereits vor acht Monaten aufgehört. Ich bin im Juni gegangen. Die anderen drei könnten mich aus dem Vertrag löschen und ich wäre damit ziemlich glücklich. Ich würde mein Geld nehmen und gehen.« Am deutlichsten betonte er jedoch: »Ich will Allen Klein nicht als Manager haben.«

Ein Dutzend verschiedener Bruchstellen unterminierten die Einheit der Beatles seit dem Tod von Brian Epstein drei Jahre zuvor. Aber die Ernennung von Allen Klein zum Manager der Beatles gegen Paul McCartneys ausdrücklichen Wunsch hatte einen tiefen Graben zwischen den Bassisten und seinen ehemaligen Bandkollegen aufgeworfen. Indem er diesen Bruch vor Gericht brachte, besiegelte er sein Image als der Mann, der die Beatles entzweite. Diese Entscheidung war ihm nicht leicht gefallen: »Es war mörderisch«, sagte er nach Beendigung des Verfahrens im Frühjahr 1971. »Die Sache lag mir den ganzen Sommer über wie ein Stein im Magen. Niemand kann sich vorstellen, was ich durchgemacht habe, meine besten Freunde zu verklagen und betrachtet zu werden, als einer, der seine besten Freunde verklagt ... zu wissen, dass niemand mich verstehen würde, selbst wenn ich 50 Millionen Presseerklärungen veröffentlichen würde.« In der folgenden Aufregung entwickelte McCartney eine Depression, die, wie er später zugab, ihn dem Alkoholismus gefährlich nahe brachte.

Mit seinem Gang vor Gericht verdeutlichte er nicht nur, dass sich das Verhältnis der Beatles nicht mehr kitten ließ, er bereitete sämtlichen optimistischen Spekulationen auch ein surreales Ende. Weniger als einen Monat vor Erhebung der Anklage hatten McCartney, Harrison und – Berichten zufolge – Lennon sich kurz in den USA getroffen. Ringo Starr bestätigte später, dass das Quartett sich Anfang Januar in London treffen wollte. Erste Hinweise auf die bevorstehende ›Wiedervereinigung‹ hatten die Musikpresse erreicht, die noch im Dezember 1970 die Trennungsgerüchte als verfrüht beurteilte. Ein »Freund der Beatles« (wahrscheinlich Pressesprecher Derek Taylor) hatte einem Reporter zu Beginn des Monats erzählt: »Sie scheinen ernsthaft zusammenarbeiten zu wollen. Es gab eindeutige Gespräche in dieser Hinsicht.« Übrigens kündigte Derek Taylor seinen Job bei den Beatles am selben Tag, an dem Paul seine Klage einreichte, um bei Warner Brothers anzutreten, schnappte sich eine silbernen Schmuckschatulle und besuchte eine Party von George Harrison und Ringo Starr.

Die Sache überraschte diese beiden total. »Ich konnte es einfach nicht glauben, als ich den Brief von Pauls Anwälten bekam«, so Harrison. Ringo: »Ich war schockiert und bestürzt … Etwas Ernstes, von dem ich nichts wusste, musste geschehen sein.« Allen Klein war

> »Diese Klage bringt nichts, außer dass schmutzige Wäsche in aller Öffentlichkeit gewaschen wird.« Klein

weniger beeindruckt: »Diese Klage bringt nichts, außer dass schmutzige Wäsche in aller Öffentlichkeit gewaschen wird.«

Klein sollte Recht behalten. Vor ihnen lagen Anhörungen, in denen viele Details aus den Auseinandersetzungen innerhalb der Band bekannt wurden. Außerdem verpasste Paul dem verhassten ›Manager‹ den Dolchstoß. »Mr. Klein sagte mir: ›Das eigentliche Problem ist Yoko‹«, sagte Paul aus. »Ich frage mich oft, was John gesagt hätte, wenn er das gehört hätte.« Nun kam John nicht umhin, es zu hören und mit ihm die ganze Welt.

Als Richter Stamp Mitte März den Buchhalter James Spooner zum Treuhänder für die finanziellen Angelegenheiten der Beatles bestellte, hatte Paul, was er wollte. Auch Lennons und Harrisons Liebe zu Allen Klein sollte später vor Gericht enden. Bis dahin musste McCartney jedoch noch jahrelang als Sündenbock für eine weltweite Katastrophe herhalten. Die Times erkannte die drohende Unheil sofort, als die Anklage erhoben wurde: »Der beeindruckendste Aspekt im Leben vieler Jugendlicher in den letzten zehn Jahren scheint sich nun kurz vor der Auflösung zu befinden.« Wie John Lennon vorhergesagt hatte, war der Traum jetzt aus.

FOTO: HULTON ARCHIVE

---

5. OKT. – 31. DEZ. 1970

OKTOBER 1970

5 Ringo Starr veröffentlicht in den USA seine Single *Beaucoups Of Blues*.

9 George Harrison und Ringo Starr schenken John Lennon in der Abbey Road eine Aufnahme von *It's Johnny's Birthday* – einem Song, den sie für ihn geschrieben hatten.

15 George Harrison und Phil Spector beginnen in London, Georges Album *All Things Must Pass* abzumischen.

23 Es wird bekannt, dass die kommende Single von George Harrison *My Sweet Lord* heißen wird.

27 John und Lennon kehren in die Staaten zurück, nachdem sie in London das Album *John Lennon/Plastic Ono Band* fertig gestellt haben.

28 Harrison fliegt nach New York, um mit Phil Spector die Arbeit an *All Things Must Pass* zu beenden.

NOVEMBER 1970

15 McCartney weist seine Anwälte an, die rechtlichen Schritte einzuleiten, damit die Beatles sich trennen können.

27 George Harrisons Dreifachalbum *All Things Must Pass* wird in den USA veröffentlicht, drei Tage später erscheint es in Großbritannien.

DEZEMBER 1970

8 John Lennon wird in seinem New Yorker Apartement in Greenwich Village von dem Journalisten Jann Wenner vom *Rolling Stone* interviewt. Das Interview erscheint zunächst im Magazin und dient später als Grundlage für das Buch *Lennon Remembers*.

11 John Lennon und Yoko Ono veröffentlichen je eine LP mit dem Titel *Plastic Ono Band* (oben Yokos Album).

13 John Lennon gibt in New York City ein Radiointerview für WABC.

14 John Lennon und Yoko Ono beginnen in New York mit ihrem neuen Filmprojekt *Up Your Legs Forever* und beenden es zwei Tage später.

18 *From Them To You*, eine LP mit allen Beatles-Weihnachts-Flexidiscs, wird an die Fanclub-Mitglieder in Großbritannien verschickt.

21 John Lennon und Yoko Ono beginnen mit dem Filmprojekt *Fly*.

24 John und Yoko fliegen über Weihnachten nach London.

26 Mit *My Sweet Lord* ist George Harrison der erste Beatle mit einem Solo-Nr.-1-Hit in den USA.

28 John Lennons neue Single *Mother* erscheint in den USA

31 Per gerichtlicher Verfügung im Auftrag Paul McCartneys beginnt die juristische Auflösung der Beatles. Ringo Starr spielt in Ronnie Scott's Club, Soho, London, mit Eric Clapton, Charlie Watts, Maurice Gibb von den Bee Gees, Klaus Voormann, Georgie Fame und Bobby Keys zu einer Sylvesterparty auf.

Out of Time

Sie machten Schluss, als die Siebziger begannen. War das richtig? Nick Kent untersucht, wie es der Band, die das Jahrzehnt der Liebe bestimmte, im Jahrzehnt der Dekadenz erging.

John Lennon 1974 in New York: Eine Rock-Ikone, aber »rockt« er noch?

Im Jahr 1970, als die Beatles sich offiziell trennten, sah die Revolution der Popkultur einer ungewissen Zukunft entgegen. In den USA hatte der Westküsten-Rock seinen psychedelischen Glanz verloren und kämpfte darum, als Country-Bastard für Kokser zu überleben, während britische Studenten dem Progressive-Rock von Bands wie Jethro Tull verfallen waren.

Auch Hardrock-Bands waren weltweit auf Erfolgskurs, allen voran Led Zeppelin. Drei der wichtigsten Acts dieser Szene – The Who, Jimi Hendrix und den Rolling Stones – gelang es 1970 allerdings nicht, neue Studioalben herauszubringen, stattdessen füllten sie die Leere mit Liveaufnahmen. Dann starb im September Jimi Hendrix, zwei Monate später Janis Joplin. Im Sommer hatte Bob Dylan sich eingebildet, *Self Portrait* veröffentlichen zu müssen, eine schwer verdauliche kreative Bankrotterklärung, die seinen Fans das niederschmetternde Gefühl gab, der Künstler in ihm wäre gestorben.

Jemand hat einmal sehr weise gesagt, der Bob Dylan der Sechziger konnte die Erwartungen seines Publikums über den Haufen werfen, während die Beatles die öffentlichen Erwartungen einfach transzendierten. Mit einer Platte wie *Self Portrait* – und später in den 70er-Jahren, als er wiedergeborener Christ wurde – bewies Dylan eine perverse Art von Kontinuität, wenn auch nur in Hinblick darauf, dass er seine Fans bis zur Entfremdung verwirrte. Aber waren die Beatles auch als Solokünstler in der Lage, über die kühnsten Hoffnungen ihrer Fans für die neue Dekade hinauszuwachsen? Konnten sie als Individuen das Gewicht ihres gemeinsamen Erbes tragen?

Auch wenn alle vier Beatles in den 70er-Jahren Soloplatten veröffentlichten, die in Großbritannien, den USA und anderswo die Top 20 erreichten, waren sie als Individuen nie in der Lage, die Grenzen der Popmusik zu verschieben, so wie sie es in den Sechzigern taten. Tatsächlich griffen sie zur Inspiration oft auf vergangene Zeiten zurück, anstatt nach vorne in die Zukunft zu blicken. John Lennon kehrte zur Stimulation seiner Kreativität immer wieder zum Rock'n'Roll der 50er-Jahre zurück, während George Harrison einem Stil den Vorzug gab, der Phil Spectors Produktionsweise der *Wall Of Sound* mit den pastoralen Texturen der Beatles der späten Sechziger verschmolz.

zehn Jahre zuvor »love and peace« beschworen hatten. Statt Gemeinsamkeit gab es nun Zerfall. Auch die Musik zersplitterte in rivalisierende Nischen: Kurzwelle, Mittelwelle, Disco, Country-Rock, Heavy Metal, Easy Listening, Punk und New Wave. In diesen egoistischen Zeiten gelang es einer Band wie den Rolling Stones weiter zu bestehen, obwohl sie ihren kreativen Zenit bereits 1972 mit *Exile On Main Street* überschritten hatten. Die Stones verstanden, worauf es zum Überleben in einer rücksichtslosen Welt ankam: eine unberührbar coole Ausstrahlung und richtig viel Geld.

Den Beatles ging es jedoch weniger um Coolness als vielmehr um Zugänglichkeit. Sie wollten ihre Fans an ihrer Freude teilhaben lassen und nicht von dem Gepolter der Szene-Leute ausschließen, wie es die Stones gerne taten. Wie auch immer, in den 70er-Jahren gab es nur wenig Gelegenheit zur Freude. Ganz im Gegenteil: Wer spirituelle Ansichten äußerte, wurde schief angesehen. Man hörte lieber Musikern zu, die über ihren Kampf mit der Drogensucht sangen oder die lebenden Toten aufzählten, die einst zu Andy Warhols erlauchtem inneren Kreis gehörten.

Einem ausgeglichenen Kerl wie Paul McCartney fiel es schwer, sich an ein solch sektiererisches Klima anzupassen. Man muss ihm zwar zugute halten, dass er stoisch seiner Überzeugung treu blieb, Musik müsse eine positive Message in sich tragen, wenn sie die Herzen eines breiten Publikums erreichen wollte. Doch bar der kreativen Ambitionen von Meisterwerken wie *Sgt Pepper's Lonely Hearts Club Band* versank er bald in Banalitäten. *McCartney*, sein Solodebüt von 1970, war ein süßes, beruhigendes Do-It-Yourself-Album, das nichtsdestotrotz ausgesprochen enttäuschend auf alle wirkte, die so inspirierte Songs erwarteten wie jene, die er für die Beatles geschrieben hatte. Einige davon,

»Love is the answer«, skandierte Lennon auch auf der LP *Mind Games*, klang dabei aber nicht sehr überzeugend.

Ringo Starrs erstes Soloalbum bestand aus einer von George Martin produzierten Sammlung amerikanischer Standards aus der ersten Hälfte des 20. Jahrhunderts, während Paul McCartneys Debüt demonstrierte, wie er die ambitionierten Sequenzen und kunstvollen Experimente der späten Beatles vermied und einfacherem Material zum Mitsingen, oft im Stil des alten Buddy Holly, den Vorzug gab.

Ein weiteres Problem bestand darin, dass die Beatles ein Synonym für die Sechziger waren – sie hatten dieses Jahrzehnt ja praktisch erfunden – und als das »Wir«-Jahrzehnt plötzlich in die »Ich«-Ära überging, begannen ihre musikalischen Aufrufe zur universellen Harmonie altmodisch, um nicht zu sagen unrealistisch zu klingen. »Love is the answer«, skandierte Lennon auch auf *Mind Games*, klang aber wenig überzeugend. Tatsächlich trennte er sich kurz nach den Aufnahmen von Yoko und initiierte in Los Angeles eine lange, liebeskranke Junggesellenparty für sich selbst, die als perfektes (wenn auch gnädig kurzes) 70er-Jahre-Fallbeispiel für verfallenden Ruhm herhalten kann.

Die 70er-Jahre waren besonders für diejenigen schwierig, die die Sechziger dominiert hatten, weil sich schnell eine ablehnende Haltung entwickelte gegenüber allem, was nicht »Seventies« war. Statt Utopien beherrschte nun Dekadenz das Bild. Kokain und Downer lösten Haschisch und Acid als hippe Drogen ab. 1977 sangen The Clash mit derselben Intensität von »hate and war«, mit der die Beatles

wie *Junk* und *Teddy Boy*, hatte er sogar mit den Fab Four geprobt, wurden dann aber von John, George und Ringo abgelehnt.

Dennoch verkaufte die Platte sich gut und legte den Grundstein für das Image, das er in den 70er-Jahren kultivierte: das des zufriedenen Familienmenschen, der sich der Musik verschrieben hatte, ein Kiffer zwar, aber kein »irrer Typ« wie John, sondern ein ultimativer Glücklichmacher. 1971 veröffentlichte er zwei Alben. Auf dem ersten, *Ram*, kehrte er zu den ausgefeilten Arrangements der späten Beatles zurück, verzichtete aber auf das meisterhafte Songwriting jener Tage, während er für *Wild Life* die Band Wings gründete und die banalsten Kompositionen seiner gesamten Karriere aufnahm.

McCartney vermisste die Gemeinschaft einer Band, hatte aber wenig Lust, die Spannungen und Angriffe auf seine musikalische Autorität aus Beatles-Zeiten zu erleben, daher konnten die Wings nur eine ungleiche Allianz darstellen. Auf der einen Seite er und Linda, auf der anderen Seite ein paar hochgradig frustrierte Rockmusiker.

Als nach dem faden 1972er-Album *Red Rose Speedway* zwei Mitglieder die Band verließen, gerade als McCartney, seine Frau und Denny Laine nach Nigeria geflogen waren, um seine Songs aufzunehmen, fand der Ex-Beatle sich in einer schwierigen Situation wieder, die noch schlimmer wurde, nachdem er und Linda in Lagos mit vorgehaltenem Messer ausgeraubt wurden. Vielleicht halfen diese Traumata seiner

Paul und Linda 1970. Harte Zeiten belebten McCartneys Kreativität neu.

Kreativität wieder auf die Sprünge, denn *Band On The Run* – das Album, das in Nigeria entstand – wude 1973 von der Kritik gefeiert.

Mit diesem Welterfolg bewies McCartney, dass er immer noch für etwas Neues gut war, das dem Vergleich mit seinen Beatles-Klassikern standhielt. Danach wurde er jedoch wieder nachlässig und begann, sein Gespür für Qualität zu verlieren. Er war nach wie vor sehr produktiv und veröffentlichte bis Ende der 70er-Jahre jedes Jahr ein neues Album, meist umgeben von ständig wechselnden Wings-Mitgliedern, hatte eine Menge Hits und pflegte sein Image als netter, ausgeglichener Kerl. Ab Mitte der 70er-Jahre irrte er jedoch hinsichtlich seiner Kreativität nur noch umher. Zum einen fehlte ihm die stimulierende Kraft von John Lennon, zum anderen versuchte er allzu oft, seine Musik der gerade vorherrschenden Mode anzupassen, bis er schließlich hinterherlief, anstatt die Horde anzuführen. Eine erniedrigende Situation für jemanden, der die Sechziger miterfunden hatte. In dem Song *Jet* auf *Band On The Run* spielte er noch vergnügt mit dem Glam Rock, bald jedoch kopierte er ungeschickt ABBA und unterlegte seine Songs mit banalen Discobeats. 1978 schließlich fiel er so tief, mit *Boil Crisis* seine Hommage an den Punkrock aufzunehmen. Damit war alles ein wenig schwachsinnig geworden. Vielleicht hatte er auch nur zu viel gekifft. Ende der 70er-Jahre wurde er wegen Haschischbesitzes in Japan verhaftet und musste ein paar Tage im Gefängnis verbringen.

Trotz allem blieb er gesund und seine Botschaft glaubhaft, anders als die der meisten seiner Kollegen, die während der 70er-Jahre hauptsächlich von Drogenklinik zu Drogenklinik stolperten. Sein einnehmendes Siegerlächeln und der Daumen-Hoch-Gruß mögen ihn zu einem willkommenen Ziel für den Spott der Punks gemacht haben, den Reihenhausbesitzern der Vorstädte jedoch, die auf seinem Weg in ein gesetzteres Alter zu seiner wichtigsten Zielgruppe wurden, gab er damit willkommenen Auftrieb.

John Lennons Weg durch die Siebziger sah ganz anders aus als Pauls, obwohl auch er, wie McCartney, bald am Ende seiner meisterhaften Kreativität war. Er begann eindrucksvoll mit der Veröffentlichung seines Solodebüts *Plastic Ono Band* im Winter 1970. »I don't believe in Jesus, I don't believe in Beatles ... I just believe in me/Yoko and me/and that's reality«, verkündete er am Ende der Platte. Damit brachte er den Umschwung vom Gemeinschaftsgeist der 60er-Jahre zum rücksichtslosen Egoismus der 70er-Jahre auf den Punkt. Roher ging es nicht: Der Traum war endgültig vorbei. Die Platte übertraf aber nicht nur alle Erwartungen, sie schockierte die Fans bis ins Mark. Das Album *Imagine* – der Beatles-ähnlichere Nachfolger von 1971 – gilt als Lennons beliebteste Soloarbeit mit guten Songs in poppigeren Arrangements als der Primal-Scream-Rock von *Plastic Ono Band*. Millionen halten den Titelsong für ein wichtiges Zeugnis spiritueller Erleuchtung, ich persönlich konnte den scheinheiligen Ton nie ganz verdauen, mit dem Lennon »imagine no possessions, I wonder if you can« sang. Danach ging es mit der Qualität steil bergab. Das politisch bewusste Album *Sometime In New York* (1972) bestand aus zwei Platten dummer Posen. *Walls & Bridges* von 1974 zeigte ihn einsam und verängstigt inmitten der zweifelhaften Kokain-Kameraderie hochklassiger amerikanischer Sessionmusiker. *Rock'n'Roll* von 1975 war die vielleicht größte Enttäuschung. Dem Titel zum Hohn rockte diese Sammlung von 50er-Covers überhaupt nicht – wenigstens nicht annähernd so wie Lennons *Twist And Shout* und *Money* zwölf Jahre zuvor. Interessanterweise gab es auch eine kurze Zusammenarbeit von Lennon und David Bowie, jenem Mann, der die Siebziger ebenso bestimmend definierte wie die Beatles die Sechziger. *Fame*, das Ergebnis, führte jedoch den Beweis, dass Bowie in Sachen Kreativität das Steuer übernommen hatte und Lennon nur auf dem Beifahrersitz saß. Als Lennon sich 1975 abrupt für fünf Jahre aus der Musikwelt zurückzog, war dies die weiseste Entscheidung des Jahrzehnts. 1980 erschienen er und Yoko mit *Double Fantasy* wieder auf der Bildfläche, kurz vor seiner Ermordung im Dezember 1980. Wegen seines tragischen Todes wurde das Album sofort zur Reliquie erhoben, auch wenn man bei objektiver Betrachtung feststellen muss, dass Lennon immer noch mit seiner Muse haderte.

George Harrison dagegen zog es nach dem Ende der Beatles zur Mystik. »Erschaffe und erhalte das Image deiner Wahl«, lautete der Spruch von Gandhi, den Harrison in den Siebzigern ohne Unterlass zitierte, während er das Bild des ernsten spirituellen Wanderers kultivierte, der dem dekadenten Westen den Rücken kehrt und sein Leben der Gartenarbeit, der Meditation und der Musik widmet.

Seine erste Veröffentlichung 1970, *All Things Must Pass*, war ein Meisterwerk, auf dem er sich als Sänger und Songwriter präsentierte, der die eindringlichen Texte à la Bob Dylan mit den glückseligen Melodien eines klassischen Songwriters wie Hoagy Carmichael verbinden konnte. Besonders ein Song, *Beware Of Darkness*, prophezeite das düstere Ergebnis des selbstversunkenen Solipsismus der Siebziger mit schauriger Eloquenz. Das Album war ein enormer Erfolg beim Publikum und bei der Kritik, doch bald darauf kam Harrison von seinem Weg ab. Er musste sich vor Gericht gegen den Vorwurf des Plagiats verteidigen, da er für den Mega-Hit *My Sweet Lord* die Akkordfolge von *He's So Fine* von Chiffon übernommen hatte. 1974 unternahm er eine verheerende Solo-Tour durch die USA. Danach hielt er sich vom Rampenlicht fern und veröffentlichte Platten, die der Stimmung ihrer Zeit hoffnungslos unangepasst schienen. In den 90er-Jahren erfuhren diese Werke wieder regen Zuspruch, zur Zeit ihrer Veröffentlichung wirkten Harrisons Lobgesänge an die spirituelle Hingabe aber nur ernst und humorlos. Darüber hinaus war es keine Freude, ihm dabei zuzuhören, wie er – ähnlich wie Paul McCartney und John Lennon – versuchte, Synthesizer und sanfte Reggae-Rhythmen in seine immer schwächeren Songs einzubauen.

Ringo Starr schließlich feierte Mitte der 70er-Jahre mit den LPs *Ringo* und *Goodnight Vienna* Erfolge: zwei lockere,

> »Hätten sie sich im ›Ich‹-Jahrzehnt wiedervereinigt, hätten die Fab Four am Ende wie ELO oder Supertramp geklungen.«

von Richard Perry produzierte Alben, auf denen auch die anderen Ex-Beatles mitspielten – allerdings nie gleichzeitig im selben Studio, versteht sich. Nach diesen Höhepunkten fand er sich mit einem ernsthaften Alkoholproblem allerdings bald unter den Verlierern des Jahrzehnts wieder, gebeutelt von einer Reihe wenig erfolgreicher Alben, auf denen wohl jeder kokainsüchtige Musiker zu hören war, der zur damaligen Zeit in Los Angeles aufzutreiben war.

Man sollte nicht vergessen, dass die Beatles auch als Solokünstler Millionen von Platten verkauften. Ihre Musik schaffte es allerdings nicht, ihre Zeit zu beeinflussen. Das 60er-Jahre-Erbe der Beatles wurde hingegen von etlichen hervorragenden amerikanischen Bands wie Big Star, The Raspberries und später auch Cheap Trick übernommen. Mitte der 70er-Jahre wurden zwei britische Bands – das Electric Light Orchestra von Jeff Lynne und Supertramp, eine Kreuzung aus Prog-Rock und dem blödsinnigen Barock-Pop von *Maxwell's Silver Hammer* – für ihre Beatles-Derivate sogar mit Platin-Schallplatten ausgezeichnet.

Wäre es in den 70er-Jahren zur Wiedervereinigung der Beatles gekommen, hätten sie wahrscheinlich wie ELO und Supertramp geklungen: überdrehter, positiver Pop voll radiofreundlichem Schmalz.

Ehrlich gesagt war die Trennung besser für sie. Die Beatles und die Siebziger hätten sich nie besonders gut vertragen, weil die Band zu sehr mit dem verbunden war, was vor den 70er-Jahren lag. Wie die Songs von Brian Wilson, gegen die sie 1966 antraten, waren sie einfach nicht für diese Zeiten gemacht. ∎

George und Ringo (links) starteten ihre Solokarriere in den Siebzigern mit einem Knall.

Hello, good buys!

Dank der Beatlemania konnte man seinen Kuchen mit den Fab Four verzieren, in Eau de Paul baden oder sich Pilzkopf-Perücken aufsetzen. Sammler suchen nicht nur seltene Plattenhüllen, sondern auch Ticket-Abrisse. Tom Bryant und Pete Nash stellen einige Stücke vor.

Beatles-Perücke
Wert: 600 Euro (verpackt)

Oben: Diese höchst seltene Pilzkopf-Perücke sorgt für den waschechten Beatles-Look. Eine späte 60er-Jahre-Version mit langen Haaren war zu teuer und wurde nie produziert.

Magnetisches Haarspiel
Wert: 1500 Euro

Wie viel Spaß man doch mit einem Magnet und ein wenig Eisenstaub haben kann! Dieses sehr seltene Spiel ist eigentlich kaum noch aufzutreiben.

Big 6 Guitar
Wert: 525 Euro (mit Karton), 300 Euro (ohne)

Als es Brian Epstein dämmerte, dass er neben Millionen Platten noch allerhand Schnickschnack verkaufen könnte, begann er, alles zu lizenzieren, was ihm in den Sinn kam. Diese seltene Beatles-Gitarre (ebenso wie die auf Seite 442) hatten wenigstens einen gewissen Bezug, was man von so manch anderem Stück nicht behaupten kann.

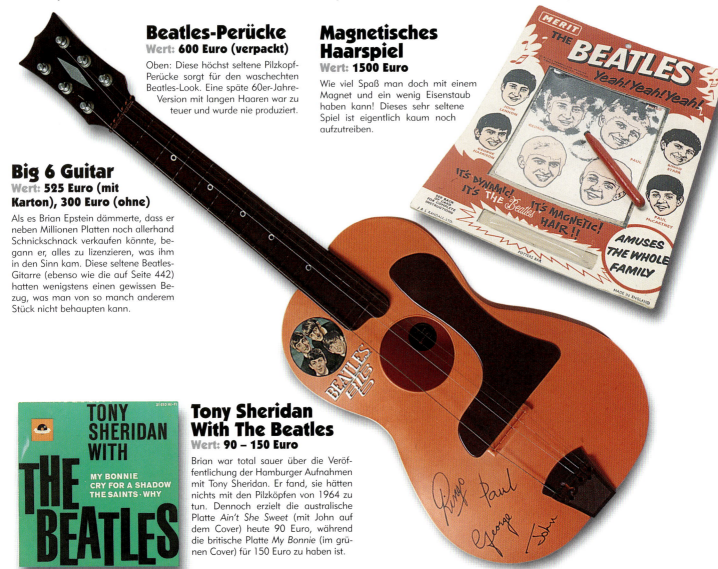

Tony Sheridan With The Beatles
Wert: 90 – 150 Euro

Brian war total sauer über die Veröffentlichung der Hamburger Aufnahmen mit Tony Sheridan. Er fand, sie hätten nichts mit den Pilzköpfen von 1964 zu tun. Dennoch erzielt die australische Platte *Ain't She Sweet* (mit John auf dem Cover) heute 90 Euro, während die britische Platte *My Bonnie* (im grünen Cover) für 150 Euro zu haben ist.

Beatles-Kuchendekoration
Wert: 150 Euro

Die Firma Swingers aus Hongkong brachte diese Deko-Figuren heraus, ohne eine Lizenz zu besitzen. Figuren von NEMS und Seltaeb sind mehr wert, aber auch diese Fälschungen sind gesuchte Sammlerware.

Beatles-Wackelpuppen
Wert: 1500 Euro (vollständig und original verpackt), 150 Euro (pro Stück)

Die Chancen für eine Beatles-Reunion standen immer besser als die, ein vollständiges Originalset dieser Puppen aufzutreiben. Auf Hutablage jedes Autos machen sie sich allerdings wesentlich besser als ein Wackelhund.

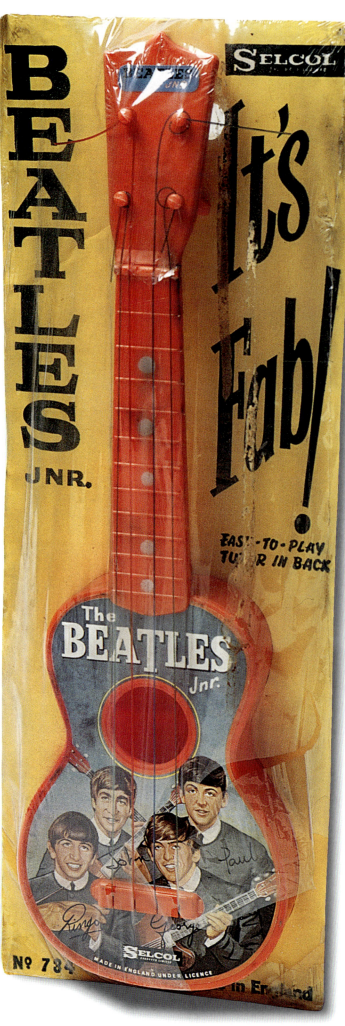

Plattenkoffer
Wert: 360 Euro

Seit 1968 stand die Merchandising-Maschine der Beatles wieder unter Dampf: Jeder wollte ein gelbes U-Boot. Dieses amerikanische »Go-Disc-Case« der Firma Charter Ind. stammt von 1966. Ein trautes Heim für alle Lieblings-Singles. Sofern man die kleinen Mettellöcher entfernt.

Beatles-Kindergitarre
Wert: 2250 Euro

Obwohl sie weniger Saiten hat als die Big 6 Guitar, erzielt dieses Modell in der Originalverpackung über 2250 Euro. Es kursieren allerdings auch Fälschungen mit sechs Saiten.

Beatles-Westernkrawatte
Wert: 225 Euro
Beatles-Anstecknadel
Wert: 150 Euro

Bevor Epstein wusste, wie viel Geld im Merchandising steckte, machte er einen Deal mit der amerikanischen Firma Seltaeb. Für eine Beteiligung von zehn Prozent am Umsatz ließ er die Seltaeb alles herstellen, was sie wollten. So entstanden Klassiker wie die Westernkrawatte und die Anstecknadel.

Beatles-Krawattennadel
Wert: 150 Euro

Die Perücke war sicher nicht jedermanns Sache, aber diese Krawattennadel gefiel auch weniger mutigen Fans. Ohne Verpackung ist sie deutlich weniger wert.

Tickets
Wert: 300 – 450 Euro

Eintrittskarten sind selten und kosten mehr, je älter sie sind. Das Ticket für die Presbyterian Church von 1962 (oben) kostet gut 450 Euro und beweist, dass die Beatles schon sehr früh darauf aus waren, »berühmter als Jesus« zu sein. Das Ticket für den Babtist Youth Club von 1963 (rechts) bringt 300 Euro.

Ausländische EPs
Wert: 75 – 120 Euro

Neuseeland ist wegen seiner wenigen Einwohner nicht besonders geeignet, um viele Platten zu verkaufen. Daher kostet *A Hard Day's Night* im seltenen orangen Cover immerhin 120 Euro. Die dänische Gemeinschafts-EP *The Liverpool Sound* mit The Fourmost bringt 110 Euro und die argentinische EP *Boleto Para Pasear (Ticket To Ride)* in der Los-Beatles-Hülle immer noch eindrucksvolle 90 Euro.

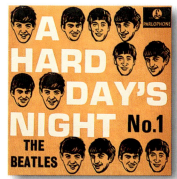

Beatles-Badezusatz
Wert: 300 Euro (mit Karton), 150 Euro (ohne)

Es gab nur Badezusätze von Ringo und Paul, was die Frage offen lässt, wie es um die Hygiene der anderen stand.

How I Won The War-Ticket
Wert: 300 – 375 Euro

Das Ticket zur englischen Galapremiere von Lennons Film. Ein makelloses Exemplar mit dem Cartoon-Image des neuerdings bebrillten Lennon ist mittlerweile extrem selten.

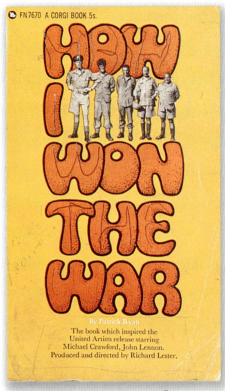

How I Won The War-Buch
Wert: 30 Euro

Die literarische Aufarbeitung der Beiträge, die Soldat Gripweed und »The Third Troop« zum erfolgreichen Verlauf des Kriegs leisteten, ist für Beatles-Sammler sicher weniger interessant als der Film, der 1967 unter Mitwirkung John Lennons in die Kinos kam. Das Buch zum Film, eine Neuauflage des Romans von Patrick Ryan, ist zwar nicht sonderlich rar, kam über die Erstauflage aber dennoch nicht hinaus.

Help!-Postkarte, Ticket und Programm
Wert: 85 – 600 Euro

Die Schwarzweiß-Postkarte (oben) kostet heute 85 bis 90 Euro. Eine absolute Seltenheit ist das Ticket zur königlichen Weltpremiere im Londoner Pavillon, bei der 1965 alle Beatles zugegen waren (Mitte). Wert: 530 bis 600 Euro. Rund 450 Euro kostet das Programmheft.

Beatles-Bügel
Wert: 150 – 180 Euro

Dieses extrem seltene Kleiderbügel-Set wurde 1967 in England von Saunders Enterprises für Boutiquen hergestellt. Jeder Bügel ist beidseitig mit einem Beatles-Porträt bedruckt – allerdings schon etwas angejahrt. Nur Ringo ist up to date und erstrahlt in dem Fummel, den er bei *Our World* trug.

Kaugummis
Wert: 7,50 Euro pro Stück;
975 Euro pro Set

Mit diesen Kaugummis ließ sich sehr viel Geld verdienen. Es gab 66 unterschiedliche Motive. Einzelstücke gibt es häufig, aber ganze Sets sind nur schwer zu finden. Jede Packung zeigt einen der Beatles oder eine Szene aus dem Film.

Sgt-Pepper-Aufnäher
Wert: 30 Euro

Fantasy war Mitte, Ende der sechziger Jahre ein bekannter Hersteller von Aufnähern. 1967 kreierten sie das Sgt-Pepper-Badge, das sich originalgetreu am Design des Plattencovers orientierte. Heute kursieren noch zahlreiche Exemplare, nicht wenige zieren noch immer die Klamotten alter Fans. Ein makelloses Stück in der Originalverpackung bringt etwa 30 Euro.

Help!-Armband
Wert: 40 Euro

Teils Schmuck, teils wirklich freches Merchandising: Der Anhänger am Armband mit 9,5 cm Durchmesser erschien 1965 zum zweiten Beatles-Film. Die amerikanischen Kinobesucher bekamen ihn beim Kauf eins Tickets geschenkt.

Tickets
Wert: 30 Euro

Diese gut erhaltenen Kinotickets zur amerikanischen Premiere von Help! gehören zum Armband. Der Eintrittspreis (die Beatles waren nicht anwesend) betrug umgerechnet 1,20 Euro. Ein gut erhaltenes Exemplar bekommt man heute für etwa 30 Euro.

Apple-Schlüsselanhänger
Wert: 120 Euro

Dieser Anhänger wurde zusammen mit Apple-Veröffentlichungen an ausgewählte Fans und Journalisten verschickt. Die meisten wurden den Beatles-Fanclubs ausgehändigt, die sie dann an ihre Mitglieder weitergaben.

Beatles-Puzzles
Wert: je 300 Euro, Yellow-Submarine-Puzzle (ganz oben); illustriertes Text-Puzzle (oben)

In Großbritannien erschienen, fand man im Text-Puzzle Hinweise auf einige Beatles-Songs. Die Idee bestand darin, dass man im fertigen Puzzle knifflige Rätselaufgaben wie etwa eine weinende Gitarre fand. Das amerikanische Yellow-Submarine-Puzzle war dagegen viel einfacher, man musste nur die einzelnen Puzzlesteine zusammensetzen.

Beatles-Kleiderbügel
Wert: 600 Euro

Als die Beatles nach ihrer Blütezeit 1964 die Marketing-Maschinerie erneut anwarfen, waren die meisten ihrer Fans erwachsen geworden. Das bedeutete, dass – obwohl die Artikel besser produziert waren und theoretisch mehr Geld einbrachten – die Fans zu alt waren, um sie kaufen zu wollen. Schade, da viele davon heute nur selten zu finden sind.

Exklusiver Poster-Gutschein
Wert: 45 Euro

Mit diesem Gutschein des *Daily Express* konnte man fünf Beatles-Poster von Richard Avedon günstig erwerben. Während der Gutschein selbst nicht viel wert ist, kostet ein Set der Poster heute sicherlich 1500 Euro.

Yellow-Submarine-Aromazigaretten mit Karten
Wert: 1125 Euro komplett; 450 Euro die Box, 450 Euro das Kartenset

Zigarettenschachteln in gutem Zustand sind extrem selten, da sie meist einfach weggeworfen wurden. Die Karten sind leichter zu finden, ganz selten aber ist ein ganzes Set. Jede Karte zeigt eine andere Szene aus dem Film (rechts).

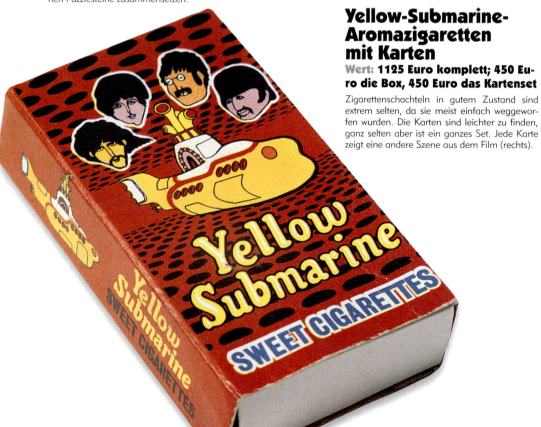

Lunchbox und Thermoskanne
Wert: 675 Euro

Die Lunchbox für den psychedelischen Genießer gab es in zwei Farben. Heute sehr selten in gutem Zustand zu finden, da die meisten unter dem rohen Umgang beim Picknick litten, verkratzte und verbeulte Exemplare gibt es aber häufig.

Kaugummi-Karten
Wert: 7,50 Euro pro Stück; 1575 Euro pro Set

Diese Karten bekam man in Kaugummi-Päckchen und zeigten Szenen aus *Yellow Submarine*. Sie waren beidseitig bedruckt und wenn man ein ganzes Set komplett hatte, konnte man aus den Rückseiten ein großes Poster legen – mit den Beatles oder anderen Figuren aus dem Film.

Beatles Pop-Art-Deko
Wert: 45 Euro

Dieses Buch mit 20 Beatles-Bildern auf einer perforierten Kartonseite erschien nur in den Vereinigten Staaten. Es kostete einen Dollar und man konnte die Ausschnitte an die Wand hängen, ein Mobile daraus basteln oder die Seiten unversehrt lassen und 40 Jahre später 45 Euro damit verdienen.

Apple-Box-Set
Wert: 1500 Euro

Diese Box wurde an britische Radiosender und Journalisten verteilt, sie enthielt die ersten vier Apple-Singles *Those Where The Days* von Mary Hopkin, *Sour Milk Sea* von Jackie Lomax, *Thingumybob* von der Black Dyke Mills Band und *Hey Jude* von den Beatles, sowie ein Booklet mit Künstler-Profilen.

Beatles-Puppen
Wert: 250 Euro

Diese aufblasbaren Beatles-Puppen aus dem US-Versandhaus waren 1966/1967 schon genauso überholt wie die Trickfilmserie, die als Vorlage diente. In einer der Folgen, produziert von TVC Ltd., sangen diese 63er-Beatles *Strawberry Fields Forever*. Jede Puppe ist beeindruckende 38 cm hoch. Ein komplettes Set wechselte damals für 1,50 Euro und eine Hand voll Nesquik- oder Lux-Seifen-Cupons den Besitzer.

Register

Seitenzahlen in *Kursivschrift* beziehen sich auf Abbildungen. Alben und Filme sind unter ihren Titeln aufgeführt, einzelne Songs als Unterpunkte zu »Songs«.

A

ABBA 437
Abbey Road 331, 361, 389, 396–9, 404, 418, 426
  Aufnahmen 425
  Cover *397*, 398, *398*
  Gerüchte (»Paul ist tot«) 398, 400
  Komponieren in Rishikesh 300
  Medley 382
  Stücke 397
Abbey Road Studios, London 103, 248, 344, 351, 416
  Abbey Road 396
  Erste Aufnahme dort 40–6
  Let It Be 413
  Our-World-Sendung 260
  White Album 309
Abbiss, Reg 64
ABC Television 173, 200, 203, 217
ABKCO 378, 404
Absurdismus 186
Adelaide 127
Alexander, Arthur 44, 58, 82
Alexander, George 376
Alexandra Palace, London 252, *253*
Ali, Muhammad (Cassius Clay) 106, *107*, *410*
Allen, Daevid 158
Allen, Dave 54
Allen, Frank 84, 91
Alpert, Richard 199
Altham, Keith 200
Amaya, Mario 241
AMM 238
Amsterdam 124, 127, 381, 391
Andrews, Eamonn *381*
Andrews, George 158
Andrews, Pat 67
Angel, Johnny 51
The Animals 152, 153, 255, 369
Ann-Margret 44
Another Beatles Christmas Show (1964) 95, 162
Ansbacher, Henry & Co 389
Anthology 44, 45, 235
Anthology 2 178, 187
Anthology 3 404, 410, 417
Anthology-Video 36
Anthony, Les 381, 407
Antonioni, Michelangelo 238
Apple Corps Ltd 342, 372, 373–8
  Abschiedskonzert auf dem Dach 360–1, *361*, 366
  Büro 346–7
  Ende der Beatles 378, 414, 422, 426, 433
  Finanzprobleme 359, 376
  Friseursalon *345*
  Führungsteam 116
  Gebäude *281*
  Gründung 280, 375, *375*, 422–3
Apple Electronics 280, 303, 374, 376, 378
Apple Films 301–2, 307, 374, 375
Apple Music Publishing 374–5
Apple Promotions 345
Apple Records 376, 378
  Gründung 333, *349*
  Wonderwall 336
Apple Boutique 322, *323*, 336, 374, 376
Apple Studios 376
Archer, Jeffrey 92, 93

Ardmore & Beechwood 113–14, 385–6
Aronowitz, Al 271
Arthur Howes Organization 328
Asher, Jane, 170, 186, 187, 238, 280, 287, 289
  Beziehung zu Paul 68, 69, 102, 131, 132, 147–8
  Ende der Beziehung zu Paul 255, 309, 359
  Indienreise mit Maharishi 298
Asher, Peter 158, 293, 350
  Apple 333, 374, 375, 376–8
  Indica Gallery 241
Asher, Tony 8
Asian Music Circle 234, 235
Aspinall, Neil 29, 75, 105, 246, 292
  Apple 374, *374*, 378
  Beatlemania 63
  Ende der Beatles 426
  Erste Aufnahmesession 42, 45–6
  Griechenland 263
  Indienreise mit Maharishi 302
  Philippinen 208
  Rauswurf von Pete Best 36
  Sgt. Pepper 242
Associated Communications Corporation 385
Astaire, Fred 15, 251, 259
Astoria, London 87, 90
Atkins, Susan 392
Atlantic Records 273
Attenborough, Richard 237, 370
ATV 100, 387, 388–9, 425
ATV Music 385
Australien 65, 124, 127
Autry, Gene 24
Avalon, Frankie 59, 65
Avedon, Richard 117
Ayler, Albert 238

B

Bach, J.S. 187, 364
Bacharach, Bert 58
Badfinger 325, 333, 370, 376, 395, 430
Baez, Joan 154, 164, 212, 427
Bag O'Nails Club, London 255, 260
Bahamas 150, 162, 164–6, 391
Bailey, David 310
Bailey, F. Lee 400
Baird, Julia 25
Baker, Ginger 366
Baldock, Tim 289, 291
Band, The 305, 359
Bangor 267, 273, 293, 298
Banks, Jeremy 356
Barber, Adrian 43
Barber, Anthony 64
Barcelona 71
Bardot, Brigitte 68, 259
Barham, John 336
Barrett, Syd 158
Barron Knights, The 95, 325
Barrow, Tony
  Beatlemania 116
  Beatles Christmas Show 95
  Ende der Beatles 422, 423, 426
  Finanzangelegenheiten 112
  Help! 164, 166
  Love Me Do 51
  Magical Mystery Tour 287, 292
  Philippinen 208
  Royal Variety Show 79
  Vorspielen bei Decca 32
  Welttournee 124
Basie, Count 403
Bassanini, Roberto *414*

Batten, Peter 321
BBC 29, 32, 119
  Beatles At Shea Stadium 173
  Home Service 64
  Juke Box Jury 68
  Magical Mystery Tour 292, 307, 330
  Our World 260, 287
  Pick Of The Pops 62
  Swinging Sound '63 68
  Top 20 62, 64
  The World Of John And Yoko 331
  Verbot von Songs 242, 276, 330
Beach Boys, The 7, 103, 190, 242, 256, 301, 303, 392
Beard, Joe 252
Beat Brothers 18
Beatlemania 56, 60–5
  Sammlerstücke 440–3
  Packagetouren 54
  She Loves You 76
  USA 65, 105, 123
Beatles, The siehe »Weißes« Album
Beatles, The (Hunter Davies) 247
Beatles 1962–66, The 58, 418
Beatles 1967–70, The 58, 418
Beatles Book, The 356
Beatles Christmas Show, The (1963–4) 65, 94, 95
Beatles Come To Town, The 65
Beatles Film Productions Ltd, The 112
Beatles For Sale 101, 146–9, 169, 178, 179, 182
  Cover 146, *147*, 148, *148*, 162
  Stücke 147
Beatles Ltd, The 112
Beatles Monthly 309, 345
Beausoleil, Bobby 392
The Bee Gees 291, 334, 336
Beechwood Music Corporation 385
Behm, Marc 162, 164
Bell, Larry 251
Benares 232
Benn, Tony 407
Benson, Harry 106
Benson, Norman 291–2
Berio, Luciano 238
Bernstein, Elmer 403
Bernstein, Leonard 216
Bernstein, Sid 173
Berry, Chuck 117, 128, 149, 251, 305
  Einfluss auf die Beatles 25, 144
  Einfluss auf die Rolling Stones 67
  Memphis, Tennessee 44
  Rock And Roll Music 148, 208
  Roll Over Beethoven 81, 82, 144
  You Can't Catch Me 398
Berry, Dave 403
Best, Mona 16, 36
Best, Pete, *17*, 36–7, 39, 124, 217
  Brian Epstein 71
  Erste Aufnahmesession 43–6
  Hamburg 26–8
  My Bonnie 18, 21
  Rauswurf 17, 36, 46
Biafra 407
Big Star 438
The Big Three 18, 26, 28, 39
Billboard-Charts 65, 123, 339, 391
Billingsley, Ron 21
Billy J Kramer & The Dakotas 59, 95, 101
Bingham, Howard 106
Birkin, Jane 336
Black, Cilla 113, 152, 272, 305, 307
  Beatles Christmas Show, The 95
  Brian Epstein 270
  It's For You 153
  Meditation 273
  You're My World 174
The Black Dyke Mills Band 333

Blake, Peter 148, 238, *250–1*, 251, 259, 341
Bombay 230
Bonzo Dog Doo-Dah Band 289, 325, *334*, 410
Booker T And The MGs 194, 283, 398
Boone, Pat 80, 153, 339
Bournemouth 75, 82, 84
Bowie, David 438
Boyd, Jenny 267, 298, 303, 322
Boyd, Patti *134*, 274, 289
  A Hard Day's Night 132
  Cannabisbesitz 328, 331
  Eric Clapton 334, 430
  Filmsets 166
  Heirat mit George *199*
  LSD-Erfahrung 158
  Maharishi Mahesh Yogi 233, 234, 235, 267, 293, 298, 303
  Scheidung 334
Boyd, Paula 263
Brach, Gérard 336
Bradbury, Ray 42
Brambell, Wilfrid 132
Bramwell, Tony 124, 255
  Allen Klein 424
  Apple 374–5, 376, 378
  Ende der Beatles 426
  Erste Packagetour 54
  Fotos der Beatles 344–51, *345*
  Jeffrey Archer 92
  Magical Mystery Tour 289, 291, 292
  NME-Konzert 200
  Our World 260
  Promofilme 307
Brando, Marlon 35, 117, 370
Braun, Michael 119
Brian Poole & the Tremeloes 32, *33*, 62
Brisson, Carl 62
Brodax, Al 273, 321, 364
Brodziak, Ken 127
Bron, Eleanor 164, *165*
Brook Brothers, The 54
Brooker, Gary 431
Brower, John 395
Brown, James 404
Brown, Ken 16
Brown, Peter 270, 359, 372, 413
  Apple 374, *374*, 376
  Brian Epstein 71, 271
  Brian Epsteins Tod 274, 275
  Johns Heirat mit Yoko 381
  Love Me Do 51
Brown, Stanley 291
Browne, Tara 158, *158*, 242
Brynner, Yul 370
Buck, Peter 105
Buckingham-Palast 327
Bugliosi, Vincent 392
Burdon, Eric 6, 255
Burrell-Davis, Derek 260
Burroughs, William 158, 238, 259
Burton, Richard 370
Butterfield, Paul 234
The Byrds 103, 105, 128, 149, 195, 214, 228, 333
Byrne, Nicky 116

C

Cage, John 238, 241, 242
Callaghan, James 263
Calvert, Eddie 65
Cameo-Parkway Records 369
Cannon, Freddie 65
Capitol Records 105, 123, 388
  Ablehnung von *Two Virgins* 339
  Beatlemania 65
  Rechte an Beatles-Songs 385
  Verträge mit den Beatles 113, 273
  Yesterday and Today 190, 204
Capitol Of Canada 123
Capp, Al 391
Cardew, Cornelius 238, *238*
Carefrees, The 123

> »Ich mag einfache, eingängige, frische Musik. Mein liebster Beatles-Song ist Help. Perfekter Pop!« **Tina Turner**

448

Register

Carmichael, Hoagy 24, 403, 438
Carmichael, Ian 148
Carnival of Light 187
Caron, Sandra 84
Carpenters, The 169
Carroll, Lewis 252, 256, 276, 307
Casbah Club, Liverpool 16, 17, 26
Case, Chris 158
Cashbox 65
Castro, Fidel 376
Cavendish, Leslie 345
Cavern, Liverpool 21, 24, 29, 270
 Auftritte der Quarrymen 15, 25–6
 Erster Auftritt der Beatles 26, 29
 Letzter Auftritt der Beatles 72, 73
CBS 105, 123, 273
Chancellor, John 400
Chandler, Chas 255
Channel, Bruce 44, 51
Chaplin, Charlie 119, 178
Chapman, Graham 370
Chapman, Norman 17
Charles, Ray 29, 360, 366
Charles, Tommy 210
Charlie, Bonnie Prince 18
Cheap Trick 438
Checker, Chubby 62
Cheke, Dudley 207
Chicago 103, 395
Chiffons, The 431
Childish, Billy 83
Christgau, Robert 259
Christentum, John (»populärer als Jesus«) über das 211, 212, 215, 272, 328
Christie, Lou 144
Clapton, Eric 359
 Delaney And Bonnie *404*, 431
 Derek And The Dominos 305, 416
 Georges Solokarriere 430, 431
 Here Comes The Sun 398
 Our-World-Sendung 260
 Patti Boyd 334, 430
 Plastic-Ono-Band-Konzert in Toronto 395
 While My Guitar Gently Weeps 334, *335*, 366
 Wonderwall 336
Clark, Dave 76
Clark, Dick 105, 144
Clash, The 436
Clay, Cassius (Muhammad Ali) 106, *107*, 410
Cleave, Maureen 62, 164, 211, 217
Cleese, John 370
Cleveland, James 366
Cliff, Jimmy 173
Cliveden 166
Coasters, The 44, 45
Coates, John 321, 364
Coburn, James 370
Cochran, Eddie 25, 154, 305
Cocker, Joe 404
Cocteau, Jean 26
Cohn-Bendit, Daniel 336
Coleman, Brian 212
Coleman, Ray 58, 79, 388
Collection of Beatles Oldies, A 248
Collins, Phil 431
Colman, Sid 385
Coltrane, John 82, 192
Como, Perry 59
Condon, Richard 167
Connolly, David 398
Conrad, Harold 106
Conrad, Jess 62
Cooke, Sam 369
Cookies, The 58
Cooper, Alice 395
Cooper, Henry 106
Cooper, Michael 251
Cosby, Bill 339
Cott, Jonathan 339
Council Of Knights Bachelor 328
Cox, Kyoko 378, 426
Cox, Maureen *siehe* Starkey, Maureen
Cox, Tony 241, 381

Crampton, Chris 289, 291
Crawdaddy Club 66–7, *67*, 211
Cream 305, 334, 374
Creation, The 252
Creedence Clearwater Revival 305, 417
Crickets, The 35
Cropper, Steve 192
Crosby, David 214, 216–17, 234
Crosby, Stills & Nash 376
Crossman, Richard 331, 407
Crudup, Arthur »Big Boy« 24–5, *24*
Curran, Charles 119
Curtis, King 173
Curtis, Tony 251
Curzon, Larry 376
Cutler, Ivor 288
Cyrkle, The 212

D

Daevid Allen Trio 158
Daffan, Ted 403
Daily Express 79, 120, 167, 330, 389
Daily Herald 120
Daily Mail 92, 238, 248, 328–9, 391
Daily Mirror 79, 167, 414
Daily Sketch 330
Dale, Jim 43
Dänemark 124, 127
Dankworth, Johnny 403
Darin, Bobby 59, 369, 376
Darktown Skiffle Group 15
Das, Shambu 232, 336
Datebook 211
Dave Clark Five, The 65, 369
Davies, Dave 233
Davies, Hunter 235, *246*, 247
Davies, Ray 233, 369
Davis, Clive 369
Davis, Rod *14*, 15
Davis, Spencer 200, 288–9
Dawbarn, Bob 284
Dawes, Tom 212
Day, Doris 403
De Datsun, Dolf 419
Decca 67, 123
 Covergestaltung 75
 Vertrag mit den Rolling Stones 67
 Vorspielen der Beatles 32, 44, 45
Deedes, Bill 109, 327
Deep Purple 339
Delaney and Bonnie 333, 366, *404*, 431
Derek And The Dominos 305, 416, 431
Derry & The Seniors 16
DeShannon, Jackie 143
Detroit 103
Deutschland 16–17, 18, 21
Devananda, Swami Vishnu 164–8
Dexter, Jeff 255
Dick James Music Ltd 386, 387
Diddley, Bo 25, 67, 82, 83
Dietrich, Marlene 79, 83
DiLello, Richard 374, 375, 376, 378
Dine, Jim 238
Dion 251
Disc & Music Echo 204
Dr Feelgood And The Interns 148
Dodd, Ken *208*
Dolenz, Mickey 248
Domino, Fats 21, 144, 305, 395
Dominoes, The 39
Donays, The 81
Donegan, Lonnie 15, 21, 24, 25, 65
Donner, Clive 247
Donovan 158, 256, 374, 427, *427*
 Allen Klein 369
 Apple Records 333
 Indien 298–301, *301*
 Einfluss auf die Beatles 342
 Sommer der Liebe 242
Doors, The 105, 395

Doran, Terry 252, 374, *374*
Douglas-Home, Alec 109
Dovedale Primary School 14
Drake, Pete 429
Drummond, Norrie 292
Dunbar, John 158, 186, 241, 252, 293
Dundee, Angelo 106
Dunn, Donald »Duck« 192
Dunning, George 331
Dylan, Bob, 154, 162, 185–6, 253, 258, 276, 293, 359, 427
 Eat The Document 202, 203
 Freewheelin' 128
 Einfluss auf die Beatles 128, 131, 149, 193
 Georges Solokarriere 431
 Marihuanakonsum, bringt die Beatles zum 176, 179, 182, 271
 Motorradunfall 400
 Pressekonferenzen 132, 211
 Rainy Day Women 357
 Sgt.-Pepper-Cover 251
 Self Portrait 436

E

Eastman, John 389, *423*, 424
Eastman, Lee 388, 389, 422, 424, 425
Eastman, Linda *siehe* McCartney, Linda
Eastman & Eastman 369, 376
Ed Sullivan Show 65, 84, *102–3*, *104*, 105, 106
Eddie Clayton Skiffle Group, The 15
Edelmann, Heinz 321, 364
Electric Light Orchestra 438
Elektra 333
Elizabeth, Königinmutter 79, 310
Elizabeth II., Königin 79, 83
 Beatles erhalten MBE-Orden 181
 Beatles lehnen Einladung zu einem Konzert beim Windsor-Ball ab 162
 John gibt MBE zurück 331, 407
 über die Beatles 328
Elliot, »Mama« Cass 256
Ellis, Bob 29
Ellis, Geoffrey 272, 274
Emerick, Geoff 186, 199, 242, 256, 260, 397
EMI 330
 A Collection of Beatles Oldies 248
 Allen Klein wird Manager der Beatles 369
 Covergestaltung 75
 Managementvertrag mit den Beatles 21, 29, 270
 MBE-Orden 181
 NME-Konzert 200
 Northern Songs 115
 Our World 260
 Parlophone, Vertrag mit 29
 Persönlichkeit 112, 271
 Rauswurf von Pete Best 36
 Robert Whitaker, Auftrag an 218
 Royal Variety Performance 79
 Sgt. Pepper 251
 Shea-Stadium-Konzert 173
 Tod 112, 116, 267, 268–75, *268*, 280, 287, 293, 298, 321, 328, 374, 387, 423
 Weihnachtsshows 95
 Yellow Submarine 362
 Yesterday 170
 Yesterday and Today 204
Epstein, Clive 71, 374, 389
Epstein, Queenie 389
Ertegun, Ahmet 273
Esam, John 158
Escorts, The 72
Euripides 223
Evans, Allen 58, 228, 259
Evans, Mal 86, 333, 410
 Apple 376
 A Day In The Life 238
 Ende der Beatles 426
 griechische Insel 263
 Help! 166
 Indienreise mit Maharishi 299, 302
 Japantournee 207
 Magical Mystery Tour 289
 »Weißes« Album (Aufnahmen) 309
Evans, Shirley 289
Evening Standard 62, 65, 211, 414
Everett, Kenny 309
Everly Brothers, The 123, 427
Exciters, The 144, 153
Exley, Richard 92

F

Fabulous 169
Fairclough, Richard 194, 228, 284
Faithfull, Marianne 170, 241, 260, 264, 267, 293, *293*
Fame, Georgie 255
Family 340, 341
Fariña, Mimi 212
Farlowe, Chris 170
Farren, Mick 252
Farrow, Mia 299, 300, *301*, 303
Farrow, Prudence 299, 302–3
Fascher, Horst 26
Fawcett, Anthony 395
Fein, Hal 28
Fields, W. C. 251
Fiftyshapes Ltd 374
Finanzbehörden 116, 386
Finley, Charles 143
Finsbury Park Astoria 65, 94, 95
Fitzgerald, Ella 216
527 Club, Liverpool 26
Fleetwood Mac 399
Fleming, Ian 153
Fluxus 241, 279
Flying Machine, The 333
Fool, The 116, 251, 280, 322, 336, 374
Forest Hills Academy, Rishikesh 166
Formby, George 15
Foster, Neil 26
Four Preps, The 123
Fourmost, The 95, 124
14-Hour Technicolour Dream 252, 253

»*Rain* ist toll. Wie Edward Lear mit Musik.« John Squire

Register

Fowley, Kim 395
Franklin, Aretha *403*
Fraser, Robert 158, 186, 238, 251, 259, 342
Freeman, Robert 228
  Beatles For Sale 146, 148
  A Hard Day's Night 130, 132
  Help! 178
  Rubber Soul 192, 194
  With The Beatles 75, 82
Frost, David 350
Fury, Billy 169

G

Gabarro, Francisco 170
Gainsbourg, Serge 336
Gallagher & Lyle 376
Galway, Dr. John 274
Gandhi, Mahatma 251
Garry, Len *14*
Gaye, Marvin 144
Gegenkultur 185–90, 252, 327, 329, 400
Gentle, Johnny 16, 35
Georgie Fame And The Blue Flames 124
Gerry And The Pacemakers 17, 26, 39, 51, 76, 95, 113, 270
Get Back 425, 426
Get Back (Dokumentarfilm) 355–61, 413, 425
Gibb, Maurice 291, 403
Gibb, Russ 400
Gibbs, Christopher 233
Gibraltar, John heiratet Yoko in 381
Gibson, Bob 284
Gibson, Brian 334, 413
Gillespie, Diz 271, 272
Ginsberg, Allen 167, 276, 378, 391
Goffin, Gerry 58
Goldman, Albert 71, 170
Goldmann, Peter 248
Gomelsky, Giorgio 67
Goons, The 162
Gorcey, Leo 251
Gordy, Berry 80
Gosling, Andrew 307
Grade, Sir Lew 115, 387–8, *388*, 389, 425
Grafton Ballroom 72

130, 131, 132, *133–41*, 143, 162, 167, 370
Hare Krishna 232, 233, 235, 276, 333
Harper, Tim 400
Harris, Rolf 68, 95
Harrison, George
  Drogen
    Cannabisbesitz *328*
    LSD 17, 158, 167, 169, 186, 189–90, 235
    Marihuana 182, 186, 190
    Polizeirazzia 331
    Rolling-Stones-Razzia 264, 329
  Filme
    A Hard Day's Night 132
    Help! 160–7
    Magical Mystery Tour 287–92
  Finanzen 111–16
    Allen Klein wird Manager 369, 378, 424–5
    Apple 280, 422
    Beatles-Merchandising 116
    Brian Epstein 112–15
    Parlophone, Vertrag mit 113
    Ende der Beatles 309, 355–61, 366, 396, 422–6, 433
    Harrisongs Ltd 387, 404
    Northern Songs 115, 116, 387
    Steuern 115, 116, 162, 280, 322, 374, 386
  Fotosessions
    Astrid Kirchherr 75
    David Hurn *133–41*
    Robert Freeman 75, 82
    Terence Spencer *84–91*
  MBE-Orden 181, 327
  Musik
    erste Aufnahmesession 43–6
    erste Einflüsse 14–15, 24–5
    Hamburg 29
    indische Musik 189, 232–3
    Kompositionen 81, 182, 232, 404
    Sitar 166, 188, 232–4
    Quarrymen, The 15–17
    zwölfsaitige Gitarre 128, 131, 169
  Privatleben
    Brian Epsteins Tod 274
    Elvis, Treffen mit 174
    griechische Insel 263
    Patti, Heirat mit *199*

> »Mein Favorit muss I Want To Hold Your Hand sein. Die erste Beatles-Platte, die man je hörte, muss doch für jeden eine Offenbarung sein.« **Todd Rundgren**

Grapefruit 374, 376
Greco, Juliette 26, 117
Greece 263, 329–30
Green, Richard 178
Gregory, Dick 252
Griffith, Ron 325
Griffiths, Eric *14*, 17
Gunnell, John 255

H

Haley, Bill 25, 56, 80
Hamburg 16–17, 18, 24, *24–5*, 26–9, 103, 117, 169, 247
Hamilton, Richard 238, 341–2
Hammersmith Odeon 95, 162
Hanratty, James *330*, 331, 370
Hansen, Al 241
Hansen, Beck 241
Hanson, Wendy 251, 272
Happenings 252
A Hard Day's Night 80, 101, 128–31, 146, 149, 228
  Cover *129*, 130, *130*, 256
  Stücke 129
A Hard Day's Night (Film) 109, 119, 127,

Indienreise 230–5
indische Mystik 164–8, 185, 188, 189–90, 232–5, 267, 296–303
Kindheit 14
Krishna-Bewusstsein 190
Meditation 190, 298, 300
Scheidung 334
Schnauzbart 230, 248
Tod 282
Publicity
  Beatlemania 62–5
  Cassius Clay, im Ring mit 106
  Royal Variety Performance 79
  Weihnachtsshows 95
Solokarriere 436, 438
  All Things Must Pass 366, 419, 422, 429, 430–1, 438
  Concert For Bangladesh 366, 369
  Dark Horse 366
  Extra Texture 366
  Kompositionen für andere 333
  Living in The Material World 189
  33 & 1/3 366
  Wonderwall 336, *337*, 364
Harrison, Harry 15
Harrison, Patti *siehe* Boyd, Patti

Harrisongs Ltd 112, 387, 404
Harry, Bill 12–17, 29, 36
Harvey, Laurence 370
Harvey, Liela 14
Haworth, Jann 259
Heath, Ted 109
Hebb, Bobby 212
Hefner, Hugh 158
Hell's Angels 235, 376
Help! 169, 170, 176–9, 182, 186, 192
  Cover *176*, *177*, 178
  Stücke 177
Help! (Film) 132, 150, 160–7, *160–7*, 170, 178, 181, 233, 327, 370
Hendrix, Jimi 226, 232, 235, 287, 436
Henry, Clarence »Frogman« 143
Henshaw, Laurie 58
Herman's Hermits 369
Heswall Jazz Club 29
Hey Jude (US-Album) 400
High Court (Paul lässt die Beatles auflösen) 433
Hill & Range Songs 385–6
Hilliard, David 226
Hilton, Nicky 51
Hinman, Gary 392
Hipshaw, Polly 14
Hitler, Adolf 127, 251, 259, 391
Hockney, David 238
Hofer, Walter 116, 162
Hoffman, Dezo 58, 116
Hoffman, Dustin 310
Holland 124
Hollies, The 76
Hollingshead, Michael 158
Holloway, Brenda 173
Holly, Buddy 24, 26, 131, 149, 256, 345, 427, 436
  Bandname der Beatles 35
  Crying Waiting Hoping 357
  Einfluss auf die Beatles 15, 16, 25, 154
  Words of Love 148
Honeys, The 54
Hongkong 124, 127
Hooker, John Lee 255
Hopkin, Mary 333, *333*, 345, 356, 375–6, *377*, 425
Hopkins, John 252
Hopkins, Lightnin' 39
Hopkins, Nicky 264

Hopper, Hugh 158
Horn, Trevor 179
How I Won The War 237, 287, 422
Howard, Peter *423*
Hughes, Geoffrey 321
Humperdinck, Engelbert 248, 282
Hurn, David 135–41
Huston, Anjelica 310
Hutchins, Chris 68, 174
Hutchinson, Johnny 28
Hutton, Jack 130
Huxley, Aldous 251
Hyland, Brian 144

I

Ibsen, Henrik 340–1
Indien, Beatles in 230–5, 296–303
Indica Gallery, London 241, 252, 279
Indra Club, Hamburg 26
Innes, Neil 325, 365
International Meditation Society 267
International Society for Krishna Consciousness 235
International Times 187, 189, 199, 238, 252

Harrisongs Ltd 112, 387, 404
Iron Door Club, Liverpool 26
Isherwood, Jim 115
Isley Brothers, The 59
ITN 248
ITV 39, 79, 386
Iveys, The 325, 333, 376, *377*

J

Jackley, Nat 288
Jackman, Bill 305
Jackson, Chuck 144
Jackson, Lee 422
Jackson, Mahalia 366
Jackson, Michael 365, 385
Jacksonville, Florida 144, *145*, 152
Jacobs, David 112, 116
Jagger, Mick 267, 400
  Allen Klein 376, 369
  Beatles, Begegnung mit den 66, 67
  Drogenprozess 264, 329
  Marianne Faithfull 293
  Our-World-Sendung 260, 265
  Plan einer Plattenfirma mit Beatles 333
  Sommer der Liebe 242
James, Dick *112*, *113*, *116*, 162, 328
  Anfänge seiner Laufbahn 386
  lässt John and Paul versichern 112
  Mary Hopkin 375
  Northern Songs 114–15, 116, 386, 387
  Thank Your Lucky Stars 386
  Verkauf von Aktien an Sir Lew Grade 388–9, 425
Janov, Dr. Arthur 431
Japan
  Beatlemania 65
  Erste Reise der Beatles nach 206–7, *224–5*, 226–7
  Paul in Haft wegen Marihuanabesitz 170, 437
Jarry, Alfred 186, 238
Jenkins, Charlie 321
Jesus Christus
  Johns Bemerkung (»populärer als Jesus«) 211, 212, 215, 272, 328
  Sgt.-Pepper-Cover 259
Jet 437
Jethro Tull 436
Jewell, Derek 342, 398, 418
Jim Mac's Band 24
Joe Brown & The Bruvvers 44
Johnny & the Moondogs 16
Johnny Burnette Trio, The 44
Johnny Kidd And The Pirates 43, 305
Johnny Ringo & The Colts 72
Johns, Glyn 357, 361, 382, 419, 426
Johnson, Derek 148, 162, 200
Johnson, Kenny 21
Johnson, Lyndon 144
Johnson, Paul 109
Jonathan Cape 119
Jones, Brian 67, 100, 264, 410
Jones, Paul 200
Jones, Peter 259
Jones, Philip 386
Jones, Quincy 403
Jones, Raymond *20*, 21
Jones, Tom 113, 200
Joplin, Janis 436
Joyce, James 119
Junkin, John 132

K

Kael, Pauline 364
Kaempfert, Bert 18, 28
Kaiserkeller, Hamburg 16, 26, 39
Kane, Larry 143, 150–5, *152*
Kaplan, Hank 106
Karibik 162
Kaschmir 232
Kass, Ron *332*, 333, 374, 375
Kaufman, Murray 173

Register

Kelly, Arthur 16
Kelly, John 284
Kemp, Gibson 24
Kennedy, John F. 65, 80, 105, 106, 407
Kerouac, Jack 167, 233
Kesey, Ken 287, 375
Kestrels, The 54
Keyes, Jenny 224
Kilburn 62
King, Carole 58
King Features 273, 362
Kingsize Taylor And The Dominoes 24
Kinks, The 103, 169, 233, 258, 356
Kinn, Maurice 200
Kirchherr, Astrid 17, 24, 26, 28, 29, *29*, 35, 36, 48, 75, 117, *117*
Klein, Allen 116, 361, 389, *391*, 413, *423*, *424*
   Apple 374, *374*, 376
   Ende der Beatles 422, 426, 433, *433*
   Manager der Beatles 292, 368–9, 369, 376–8, 388, 424–5
   Northern Songs 389
   Pauls Ablehnung von 280
   Something 404
Knox, Buddy 44
Koger, Marijke 259, 280
Konservative Partei 109, 162
Kopenhagen 124
Koppykats 124
Koschmider, Bruno 16, 39
Kosh, John 418
Krallinger, Andy 166
Kramer, Billy J 36, 113, 170, 270
Krishna-Bewusstsein 233, 235
Ku Klux Klan 211

L

LaBour, Fred 400
Labour-Partei 109, 181
Laine, Denny 252, 436
Laing, Ronnie 158
Langford, Pete 95, 325
Langsam, Ida 173
Las Vegas 152–3
Layton, Doug *210*
Leach, Sam 21
Leadbelly 15, 24
Lean, David 302
Leander, Mike 242
Leary, Dr. Timothy 158, 188, 199, 241, 391
Leblanc, Larry 395
Led Zeppelin 416, 436
Lee, Christopher 370
Lee, Debbie 54
Lee, Peggy 44, 81, 170
Leeger, Josje 259, 280
Lefcowitz, Eric 212
Leigh, Spencer 24
Lemmy 59
Lenmac Enterprises Ltd 112, 115, 386, 387
Lennon, Alfred »Freddie« 120, *120*, *121*, 167
Lennon, Cynthia 17, 26, 49, 68, 72, 119, 289
   Drogen 158, 167
   Filmsets 166
   Freddie Lennon 120
   Heirat mit John 36, 48
   Heirat mit Roberto Bassanini 414
   Indienreise 235, 298–300, *301*, 303
   Johns Spanienreise mit Brian Epstein 71
   Scheidung von John 325, 330, *336*, 339, 381
   Scheitern der Ehe mit John 131, 192, 267, 279, 300
Lennon, John
   Bücher 154
      In His Own Write (In seiner eigenen Schreibe) 118, 119, 162, 203, 217, 330
      A Spaniard In The Works (Ein Spanier macht noch keinen Sommer) 109, 119, 203
   Drogen
      Heroinsucht 300, 356, 358, 398, 414, 416, 423–4
      LSD 17, 158, 167, 169, 186, 190, 199, 242, 264
      Marihuana 164, 182, 186–7
      Verurteilung 328–9, 331, 358
   Filme
      A Hard Day's Night 132, 164
      Help! 160–7
      How I Won The War 237, 287, 422
      Magical Mystery Tour 287–92
   Finanzen 111–16
      Allen Klein wird Manager 369, 376, 378, 424–5
      Apple 280, 422–3
      Autorentantiemen 113, 114–15, 162
      Beatles-Merchandising 116
      Brian Epstein als Manager 112–15
      Ende der Beatles 309, 355–61, 366, 396, 422–6
      Northern Songs 114–15, 116
      Parlophone, Vertrag mit 113
      Paul löst Beatles auf 433
      Steuern 115, 162, 280, 322, 374, 386
      verlässt die Beatles 414, 425–6
      Verlust des Copyrights 385–9, 425
   Fotosessions
      Astrid Kirchherr 75
      David Hurn *135–41*
      Robert Freeman 75, 82
      Terence Spencer *84–91*
   Musik
      erste Einflüsse 14–15, 24
      erste Aufnahmesession 43–6
      Frontman der Beatles 100
      Kompositionen für andere 101
      Paul, Autorenteam mit 76, 99–103, 130–1
      Paul, Begegnung mit 15
      Paul, Rivalität mit 101–2, 130, 422
      Pete Best, Rauswurf von 36
      Psychedelik-Klassiker 188–9
      Quarrymen, The *14*, 15–17, 26
      Stil 102
      Yoko Ono, Zusammenarbeit mit 318
   Politik
      Bed-Ins *330*, 331, 339, 381, 388, 391
      Friedenskampagne 382, 391, 407, *407*, 425
      Konservativen, Wähler der 162
      MBE-Rückgabe 181, 331, 407
      MBE-Verleihung 181, 327
      Vietnamkrieg 237
   Privatleben
      Bob Dylan, Begegnung mit 203
      Brian Epstein, Verhältnis zu 71, 270
      Brian Epsteins Tod 112, 271, 274
      Cynthia, Heirat mit 36, 48
      Cynthia, Scheitern der Ehe mit 131, 192, 267, 279, 300
      Elvis, Begegnung mit 174
      Ermordung 162
      »Fetter Elvis«-Phase 164, 182
      14-Hour Technicolour Dream 252
      Gegenkultur 186, 188–9, 252
      indische Mystik 164–8, 185, 188–9, 235, 267, 296–303
      Kindheit und Jugend 14, 102–3
      »Lost Weekend« 270
      Paul, Freundschaft mit 17
      »populärer als Jesus« 211, 212, 215, 272, 328
      Psychedelik 185
      Scheidung 325, 330, *336*, 339, 381
      Stuart Sutcliffe 17, 26, 35, 100, 117
      Urschreitherapie 431
      Vater, Wiedersehen mit dem 120, 167
      Weybridge, Haus in 154
      Yoko Ono, Beziehung zu *240–1*, *241*, 279, 280, 300, 309, 318, 325, 330, 331, 356, *380–1*, 381
      Zeichnungen 119, *119*
   Publicity
      Beatlemania 62–5
      Cassius Clay, im Ring mit 106
      Harold Wilson, Begegnung mit 109
      Royal Variety Performance 79
      Weihnachtsshows 95
   Solokarriere 436, 437–8
      Apotheosis 331
      Bagism 330, 331, 391
      The Ballad of John and Yoko 307, 331, 339, 381, 404
      Cold Turkey 414
      Double Fantasy 438
      Erste Solo-LP 189
      Give Peace A Chance 391
      Imagine 437–8

»*A Day In The Life* ist genial. Wie John nur so präzise und zugleich so abgedreht sein konnte!« James Taylor

      Instant Karma! 413, 426
      John Lennon/Plastic Ono Band 366, 429, 431, 437
      Mind Games 436, 438
      Plastic Ono Band, The 395, 410, 422
      Polizei konfisziert Lithographien *331*
      Rock 'n' Roll 438
      Self-Portrait 331
      Sometime In New York City 366, 438
      Two Virgins 318, 330–1, *338–9*, 339, 388, 429
      Unfinished Music No 2: Life With The Lions 339
      Walls & Bridges 438
      Wedding Album 339, 381
      The World Of John And Yoko 331
      »You Are Here« (Ausstellung) 342, 398
   Verhalten
      Äußere Erscheinung 29, 35, 99
      Brutalität 35, 48, 64, 71
      Humor 102–3
      »Spastiker« als Lieblingsthema 166
      Urschreitherapie 167
Lennon, Julia 15, 120, 169, 431
Lennon, Julian 72, 120, 270, 289, 324–5, 325
Les Stewart Quartet 16
Leslo 263
Lesmore-Gordon, Jenny 158
Lesmore-Gordon, Nigel 158
Lester, Richard (Dick) 287
   A Hard Day's Night 128, 130, 132, 135
   Help! 162–4, 166, 167, 178, 233
   How I Won The War 237
   Yesterday 166, 170
Let It Be 58, 109, 331, 396, 416–19, 426, 430
   Aufnahmesessions 410
   Billy Preston 366
   Cover *417*, 418, *418*
   Stücke 417
Let It Be (Film) 45, 358, 366, 388, 396, 398, 413, 426
Levis, Carol 16
Lewis, Jerry Lee 24, 25, 395
Lewisohn, Mark 112, 318
Liberty Records 267
Life 84, 255, 328, 400
Lindner, Richard 251
Lindsay, Mark 144

Lindsay-Hogg, Michael 307, 356–7, 359, 361
Lipsyte, Robert 106
Lisson Gallery, London 278, 279
Liston, Sonny 106
Litherland Town Hall 62
Little Richard 15, *24*, 25, 29, 64, 80, 106, 144, 148, 149, 154, 305, 366, 395
Liverpool 24–6, 68, 132, 154
   siehe auch Cavern Club
Liverpool College of Art 16
Liverpool Institute 14, 16
Living in The Material World 189
Livingstone, Alan 123, 154, 204
Lockwood, Sir Joseph 109, 251, 328, 369, 374
Logan, Nick 284
Lomax, Jackie 333, 356, 376, 404
London, Laurie 65
London Arts Gallery *331*
London Palladium 54, 64, 76, 79
London Symphony Orchestra 403
London Zoo 58
Look Magazine 237
Los Angeles 154, 214, 392, 436, 438
Love, Mike 298, 300, 301, *301*, 303
Lovin' Spoonful, The 285
Lowndes, Victor 158
Lulu 274
Lutes, Charles 303
Lynch, Kenny 54, 68, 101
Lynn, Vera 65
Lynne, Jeff 438
Lyttelton, Humphrey 305

M

McBean, Angus 56, 58, 418
McCartney, Jim 15, 24
McCartney, Linda 424, 426, *432*
   Paul, Heirat mit 255, 331, 370, 381
   Paul, Begegnung mit *254*, 255, 359
   Wings 436, *437*
McCartney, Mary 358–9, 410, 429
McCartney, Mike 17
McCartney, Paul
   Drogen 199
      Inhaftierung in Japan 170, 437
      LSD 158, 186–7, 199, 255, 328, 329
      Marihuana 182, 186–7, 190
   Filme
      A Hard Day's Night 132
      Help! 160–7
      Magical Mystery Tour 287–92
   Finanzen 111–16
      Allen Klein wird Manager 369, 376–8, 424–5
      Apple 280, 369, 374, 422–3
      Autorentantiemen 113, 114–15, 162
      Beatles-Merchandising 116
      Brian Epstein als Manager 112–15
      Ende der Beatles 309, 355–61, 366, 378, 396, 414, 422–6, 433
      Northern Songs 114–15, 116
      Parlophone, Vertrag mit 113
      Steuern 115, 162, 280, 322, 374, 386
      Verlust des Copyrights 385–9, 425
   Fotosessions
      David Hurn *135–41*
      Robert Freeman 75, 82
      Terence Spencer *84–91*
   Musik
      Drogen als Inspiration 187–8
      erste Einflüsse 14–15, 24–5
      erste Aufnahmesession 43–6
      Hamburg 26–8

451

Register

Instrumentierung, neuartige 187
John, Autorenteam mit 76, 99–103, 130–1
John, Begegnung mit 15
John, Rivalität mit 101–2, 130, 422
Kompositionen für andere 101, 333
Pete Best, Rauswurf von 36
Quarrymen, The 15–17
Stil 102
Politik
  Antirassismus 162, 358
  MBE-Orden 181, 327
  Menschenrechte 144, 152
  Vietnamkrieg 237
Privatleben
  äußere Erscheinung 29, 35, 99
  Avantgarde, Interesse an 238, 252
  Francie Schwartz 309
  Gegenkultur 186–8
  Gerüchte (»Paul ist tot«) 251, 398, 400, 426
  griechische Insel 263
  Horizonterweiterung 280
  indische Mystik 185, 189, 235, 267, 296–303
  Jane Asher, Beziehung zu 68, 69, 102, 131, 132, 147–8

> »Yesterday. *Einer der größten Songs aller Zeiten.*« **Steve Cropper**

  Jane, Ende der Beziehung zu 255, 309, 359
  Kindheit und Jugend 14, 103
  Linda, Begegnung und Heirat mit 255, 311, 359, 370, 381
  Philanthrop 280
Publicity
  Beatlemania 62–5
  Cassius Clay, im Ring mit 106
  Harold Wilson, Begegnung 109
  Royal Variety Performance 79
  Weihnachtsshow 95
Solokarriere 436–7
  Band On The Run 437
  McCartney 378, 414, 418, 426, 429, 436
  Paul Is Live 398
  Ram 436
  Red Rose Speedway 436
  Wild Life 436
  Wings 436–7
McClinton, Delbert 44
McCullin, Don 310
MacDonald, Ian 318
McFall, Ray 72
McGear, Mike 260
McGhee, Brownie 44
McGoohan, Patrick 307
McGough, Roger 321
McGowan, Cathy 307
MacGowran, Jack 337
McGrath, Joseph 307, 370
McGuinn, Jim 128, 169
Maciunas, George 241
McKern, Leo 164, 327
McLagan, Ian 200
Maclen (Music) Ltd 112, 115, 386, 387
Macmillan, Harold 92
Macmillan, Iain 398
McNally, John 28
Magical Mystery Tour 190, 276, 282–5, 292
  Cover 283, 284, *284*
  Stücke 283
Magical Mystery Tour (Film) 188, 264, 273, 277, 282, 285, 286–92, 287–92, 307, 330, 362, 374, 423
Magritte, René 280, 374
Maharishi Mahesh Yogi 190, 232, *234*, 235, 266–7, 267, 273, 274, 293, 296–303, *296–303*, 328, 343, 427
Mahler, Gustav 82

Makk, Gloria 166
Mamas and Papas 215, 216
Manders, Alf 287
Manfred Mann 228
Manila 208
Manley, Colin 336
Mann, William 248, 342, 398, 418
Mansfield, Jayne 148
Manson, Charles 343, *392*, *393*
Mao Tse Tung 376
Marcos, Imelda 208
Marcus, Greil 248
Mardas, John Alexis »Magic Alex«
  Apple 116, 360, *372*, 374, 375, 376, 378
  Erfindungen 280
  griechische Insel 263
  Indien 303
Margaret, Prinzessin 79, *132*, 181, 310
Marini, Marino 44
Marsden, Gerry 26, 29, 267
Marsh, Tony 54
Martin, Dean 174
Martin, George 8, 9, *344*
  Abbey Road 382, 425
  Einkommen 113
  erste Beatles-Aufnahmesession 42–6
  Georges Songs 422
  Get Back (Dokumentarfilm) 356, 357
  Hey Jude 325
  I Am The Walrus 276
  Our World 260
  Please Please Me 56–7
  Psychedelik-Klassiker 188
  Revolver 199
  Ringos Solokarriere 403, 436
  Rubber Soul 183
  Sgt. Pepper 242, 251, 257, 258
  EMI, nimmt Beatles unter Vertrag für 51
  Strawberry Fields Forever 248
  Vorspielen der Beatles 36, 270
  »Weißes« Album 309, 340
  Yellow Submarine 321, 362, 364, 365
  Yesterday 170, 179
Marvelettes, The 44, 80
Marvin, Lee 410
Maschler, Tom 119
Masked Melody Makers 24
Mason, Dave 248, 431
Massot, Joe 336
Matthau, Walter 370
Matthew, Brian 76
Mature, Victor 148
Maughan, Susan 79
Mayall, John 238
Meek, Joe 56
Meet The Beatles 75, 130
Melbourne *126*, 127
Melly, George 68
Melody Maker 143
Menuhin, Yehudi 234
Merry Pranksters 287
Mersey Beat 29, 51
Mersey Beat (Zeitschrift) 16, 17, 29, 36, 46, *46*, 119, 270
Mersey Beats, The 72
Miami 105, 106, 152
Michael X *410*
Mike Sammes Singers 276
Miles, Barry 199, 364
  Apple 374, 376, 378
  Brian Epsteins Beatles-Einnahmen 112
  Indica Gallery 252
  Paul, Biographie von 100, 169, 186
Miles, Bernard 238
Miles, Eddie 15
Milligan, Spike 45, 119, 370
Mills, Gordon 113
Mills Brothers, The 305

Minoff, Lee 321
Miracles, The 80, 144, 147
Monro, Matt 170
Montez, Chris 54, 62
Montgomery, David 310
Montgomery, Field Marshal 327
Montreal 391
Moody Blues, The 232
Moon, Keith 260
Moore, Gary 131
Moore, John 16
Moore, Tommy 16, 17
Moores, John 35
Moorman, Charlotte 241
Morgan Studios 378
Morley, Sheridan 92
Morris, Desmond 407
Morrison, Ruth 16
Mosspits Infant School, Liverpool 14
Motown 80, 144, 149
Move, The 252
MPL Communications 385
München *220–1*
Murray, Mitch 51
Murray, Rod 16, 17
Murray, Tom 310, *310–17*
Murray the K 123
Musikergewerkschaft 45, 248

N

Nagashima, Tatsuji 207
Napier-Bell, Simon 274, 275
Nashville 429
Nassau 164, 166
NBC 105
Neal, Cris 42, 44, 45–6
Needles, Al 255
Nelson, Ricky 105
Nelson, Willie 429
NEMS (North End Road Music Stores), Liverpool 21, 36, 51, 270
NEMS Enterprises 95, 112–13, 116, 272, 274, 280, 292, 345, 369, 374, 386, 389
Neuseeland 127
Neuwirth, Bob 203
Neville, Richard 280
New Musical Express 259
New Philharmonia 238
New Statesman 109
New York 65, 105, 116, 155, 173, 391
New York Times 217
Newby, Chas 17, 62
Newfield, Joanne 272, 274, 275
News of The World 264
Nicol, Jimmy 124, *124*, *125*, 127
Nigeria 407, 436
Nightingale, Annie 74
Nilsson, Harry 376
Nisbet, Jean 378
Nixon, Richard 174
NME-Konzert, Wembley (1966) 200
Norman, Philip 109, 112, 264
Northern Songs 112, *112*, 114–15, 116, 385, 386–9, 425
Novarro, Ramon 62
Nutter, David 381

O

Obertauern 166
O'Dell, Chris 346, 378
O'Dell, Denis 287, 300, 301–2, 307, 356, 374, 375, 410
O'Farrill, Chico 403
Official Beatles Fan Club 115–16
Oldham, Andrew Loog 75, 99, 200
Olympics, The 44
Ono, Yoko 164, 252, *348–9*, *351*
  Apotheosis 331
  Apple 378
  Apple Boutique, Schließung der 322
  Bagism *330*, 331, 391

The Ballad of John and Yoko 306, 331, 339, 381, 404
Bed-Ins *330*, 331, 339, 381, 388, 391
Cannabisbesitz 328–9, 331, 358
Double Fantasy 438
Ende der Beatles 359, 423–4, 433
Fehlgeburt 331, 358
Friedenskampagne 407, 425
Gegenkultur 189
Give Peace A Chance 390, 391
»Half-A-Wind Show« 278, *279*
Heroin 358
John, Beziehung zu *240–1*, 241, 279, 280, 300, 309, 318, 325, 330, 331, 356, *380–1*, 381
John Lennon/Plastic Ono Band 431, 437
Plastic Ono Band, The *394–5*, 395
Revolution 9 318, *318*
Self-Portrait 331
Two Virgins 318, 330–1, *338–9*, 388
The Wedding Album 339, 381
The World Of John And Yoko 331
Yesterday 170
Orbison, Roy 44, 54, 62, 200
Orton, Joe 273
Österreich 166
Our World 260, 264, 273, 287, 362
Owen, Alun 130, 132, 162
Owens, Buck 177
Oxfam 92, 93

P

Paik, Nam June 241
Palace Court Hotel, Bournemouth 75, 82
Pallenberg, Anita *320*
Palmer, Tony 364
Paris 85–7, 91
Parker, Colonel Tom 174, 211
Parkes, Stan 14
Parkhouse, Geoffrey 92
Parlophone
  Vertrag mit den Beatles 29, 42, 45–6, 112, 273
  Vorspielen der Beatles bei 36
  With The Beatles 80
Parnes, Larry 16, 56, 113
Parr, Jack 76, 105
Pathé 65
Pedrick, Gale 62
Pennebaker, Don 203
Percival, Lance 68
Perkins, Carl 21, 25, 44, 128, 148, 149, 154, 251, 256
Perry, John 374
Perry, Richard 403, 438
Peter and Gordon 217, 333
Peter Jay And The Jaywalkers 54
Phelge, James 67, 99
Philip, Prince 327
Philippines 65, 208, 226
Philips, Percy 15
Picasso, Pablo 356
Pilcher, Detective Sergeant Norman 331
Pink Floyd 238, 252, 256, 399
Pinter, Harold 238
Plastic Ono Band, The 391, *394–5*, 395, 410, 422
  Live Peace In Toronto 339
  Plastic Ono Band 235, 431, 437
Platz, David 389
Playboy 276
Playboy Club 158
Please Please Me 56–9, 67, 100, 101, 361, 386
  Cover 57, 58, *58*, 418
  Stücke 57
Polanski, Roman 158, 241, 336, 370
Polydor Records 18, 28, 29
Posthuma, Simon 259, 280, 322
Powell, Cynthia *siehe* Lennon, Cynthia
Powell, Enoch 358
Powell, Lil 72

Register

Prabhupada, Swami 235
Presley, Elvis 15, *24*, 25, 35, 57, 62, 80, 117, 185, 211, 251, 256, 427
   Beatles, Einfluss auf die 154, 305
   Beatles, Begegnung mit 174, *174–5*
   Colonel Parker, Vertrag mit 113
   Ed Sullivan Show 105
   I Got Stung 357
   Merchandising 116
   Something, Coverversion von 404
   Wooden Heart 18
Presley, Reg 403
Press Association 92
Preston, Billy 29, 333, 360, 361, 366, *366–7*, 413, 419, 425, 430, 431
Pretscherer, Hans 166
Pretty Things 252
Price, Dennis 370
Price, Lloyd 25
Prince, Viv 158
Priory, Roehampton 273, 275
Private Eye 267, 329
Promofilme 248, 307
Psychedelik 185–90, 255

Q

Quarry Bank School, Liverpool 14
Quarry Men, The 14, *14*, 15–17, 25–6, 345
Quickly, Tommy 95

R

Radio Caroline 264, 330
Radio Luxemburg 24, 28, 29, 51
Radio Times 64, 68
Ramos, Ramon 208
Raspberries, The 438
Raving Texans 15
Ray, James 44
Ray, Johnnie 62, 403
Raynor, Henry 292
RCA 123, 273
Rebels, The 15
Record Mirror 29
Record World 65
Recording Industry Association of America 217
Red Hot Chili Peppers 398
Red Price Orchestra 54
Reed, Jimmy 18, 67
Reed, Lou 75, 284
Reeperbahn, Hamburg 24–5
Reilly, Tommy 336
Relf, Keith 403
REM 105
Remains, The 212
Revolver 116, 178, 182, 186, 195, 226–9, 256
   Aufnahme 199
   Cover 227, 228, *228*
   goldene Schallplatten 217, *217*
   Stücke 227
   Titel 190, 207
Rhone, Dot 17
Richard, Cliff 21, 28, 43, 44, 62, 65, 76, 132, 200, 238
Richards, Keith 67, 179, 200, 242, 260, 264, 320, 329, 366, 400, 429
Richards, Ron 42–3, 51
Richter, Daniel 158
Righteous Brothers, The 143
Rimmer, Peter 289–91
Rishikesh 232, 235, 296–303, *296–303*, 342
Road Runners, The 72
Robbins, Mike and Elizabeth 17
Robert Fraser Gallery 342
Robinson, Smokey 80, 82, 105, 144, 404
Rock'n'Roll Circus 339
Roe, Tommy 54, 62
Rogan, Johnny 116

Rogers, Kenny 429
Rogers, Richard 321
Rolling Stone 211, 362, 370, 422
Rolling Stones, The 76, 80, 103, 105, 152, 153, 154, 258, 328, 416, 417
   Allen Klein als Manager 369
   Beggar's Banquet 293, 305
   Beatles, Begegnung mit 67, 67
   Beatles, Plan einer Plattenfirma mit 333
   Beatles, Verhältnis zu den 264
   Decca, Vertrag mit 32
   Drogenprozess 264
   Einfluss indischer Musik 234
   Einfluss schwarzer Musik 103
   Exile On Main Street 436
   I Wanna Be Your Man 82, 100
   NME-Konzerte 200
   The Rolling Stones 75
   Satisfaction 179
   Street Fighting Man 331
   Their Satanic Majesties Request 186, 264
Romero, Chan 29
The Ronettes 76, 212
Roosevelt Music 28
Rory Storm & the Hurricanes 15, 16–17, 18, 24, 26, 36, 39
Rose, Biff 339
Rossington, Norman 132
Roundhouse, London 187, 356
Rowe, Dick 32, 67
Royal Albert Hall, London 68
Royal Lancaster Hotel, London *348–9*, 374
Royal Variety Performance 64, 78, 79, 83
Rubber Soul, 7–8, 102, 128, 129, 146, 178, 192–5, 204, 226
   Aufnahme 182
   Cover 192, *193*, 194, *194*
   Stücke 193
Russell, Bertrand 237, 407
Russell, Ethan 418
Rydell, Bobby 76

S

Salisbury Plain 166
Saltzman, Paul 299, 300, 302
Saltzmann, Harry 378
Salzburg 166
Sam and Dave 192, 255
Sammlerstücke 440–7
San Francisco 152, 212, 214, 235, 272
Santos, Charlie 208
Sapphires, The 72
Sgt. Pepper's Lonely Hearts Club Band 8, 188, 189, 190, 195, 235, 256–9, 260, 273, 321, 328, 436
   Aufnahme 242
   Cover 148, 185, *250*, 251, 256–7, *257*, 259, *259*
   Magical Mystery Tour 282, 284
   Spitzenreiter der Albumcharts 263
   Stücke 257
   Veröffentlichung 374
Sgt. Pepper's Lonely Hearts Club Band (Film) 366
Sartre, Jean-Paul 26, 117
Scelsa, Vin 400
Schlesinger, John 310
Schwartz, Francie 309
Scott, Ken 325
Scott, Ronnie 305, *305*
Scotty 158

Searchers, The 153, 154, 169
Seattle 153
Segal, Erich 321
Sellers, Peter 45, 112, 174, 234, 370, *370*, 382
Seltaeb 116, 273
Sensible, Captain 399
Shadows, The 26, 28, 43, 132, 200
Shakespeare, William 154
Shane Fenton & The Fentones 43, 68
Shank, Bud 234
Shankar, Ravi 166, 230–5, *231*, 232, 234, 235, 263, 336
Shannon, Del 68
Shapiro, Helen 54, *54*, 55, 62, 101
Shea Stadium, New York 65, 173
Shenson, Walter 130, 162, 164, 167
Sheridan, Tony 18, 21, 26, 28, 39, 440
Shirelles, The 44, 58, 369
Short, Don 79, 414
Shotton, Pete 14, *14*, 15, 71, 113, 228, 276, 292, 322
Shub Dubs, The 124
Silver, Emanuel Charles 114, 115, 386, 387, 388–9
Simon, Paul 410
Simon & Garfunkel 410
Sinatra, Frank 16, 18, 62, 174, 399, 404
Singh, Tjinder 285
Skan, David 418
Skiffle 15, 25
Skinner, Gill 289
Skinner, John 42
Small Faces, The 200, 256
Smith, Alan 82, 83, 200
Smith, Arthur 15
Smith, Mary Elizabeth (Tante Mimi) 14, 48, 71, 120, 247, 331, 407
Smith, Mike 32
Smith, Norman (Hurricane) 42, 43, 44, 45–6, 102
Smith, Patti 75
Smothers, Tommy 391
Snow, Hank 18
Snowdon, Lord 79, 310
Soft Machine 238, 252
Sommerville, Brian 86, 92
Sommer der Liebe (1967) 186, 188, 242, 248, 260, 263, 280
Songs
   Across The Universe 9, 188, 190, 358, 365, 413, 417

> »*Eleanor Rigby* ist ein schönes Beispiel für den kreativen Zenit einer der intelligentesten und wichtigsten kulturellen Kräfte der 60er Jahre.« **Mike Stoller**

Act Naturally 177
All I've Got To Do 81, 82, 101
All My Loving 81, 82–3, 100, 101, 105, 123, 387
All Things Must Pass 359
All Together Now 187, 362–4
All You Need Is Love 9, 260, 263, 264, 273, 282, 283, 285, 287, 293, 318, 362–5, 392
And I Love Her 80, 101, 129, 130
And Your Bird Can Sing 188, 224, 227, 228
Anna (Go To Him) 57, 58
Another Day 358
Another Girl 162, 176, 177
Anytime At All 101, 129, 130
Ask Me Why 44, 57, 58, 100, 101, 385, 386
Baby It's You 57, 58
Baby You're A Rich Man 188, 282–4, 309, 362
Baby's in Black 101, 147, 212
Back In The USSR 301, 340, 342, 343, 416
Back Seat Of My Car 358

The Ballad of John and Yoko 307, 331, 339, 404
Because 331, 397, 398
Being For The Benefit Of Mr Kite! 186, 188, 242, 252, 256, 257
Birthday 340, 342, 356
Blackbird 301, 309, 340, 342
Blue Jay Way 190, 283, 284, 292
Boys 57, 58, 82
Can't Buy Me Love 76, 101, 123, 129, 130, 387
Carnival Of Light 318
Carry That Weight 397, 399
A Case Of The Blues 358
Chains 57, 58
Child Of Nature 357, 358
Come And Get It 370
Come Together 358, 397, 398, 431
Commonwealth (aka No Pakistanis) 109
The Continuing Story Of Bungalow Bill 340, 342
Cry Baby Cry 340, 341
Cry For A Shadow 18, 28
A Day In The Life 8, 103, 158, 186, 188, 189, 190, 195, 238, 242, 257, 259, 264, 282, 293, 374
Day Tripper 182, 186–7, 212, 215, 307
Dear Prudence 300, 303, 334, 340, 342
Dig A Pony 331, 358, 361, 366, 417–19
Dig It 417, 418
Dizzy Miss Lizzy 169, 177
Do You Want To Know A Secret 57, 59, 101, 123
Doctor Robert 227, 228
Don't Bother Me 81
Don't Let Me Down 358, 360, 361, 418
Don't Pass Me By 309, 340, 343, 387
Drive My Car 182, 192, 193, 195
Eight Days A Week 101, 147–9, 167
Eleanor Rigby 187, 188, 190, 199, 216, 227, 247, 410
The End 331, 397, 399
Every Little Thing 101, 147–8
Everybody's Got Something To Hide Except Me And My Monkey 340
Everybody's Trying To Be My Baby 147, 149
Fixing A Hole 256, 257
Flying 283, 292, 387
The Fool On The Hill 188, 283–5, 292, 410
For No One 187, 227–8
For You Blue 359, 417–19
From Me To You 62, 64, 68, 79, 83, 101, 105, *112*, 123, 182
Get Back 307, 356, 358, 360, 361, 366, 382, 416, 417, 419
Getting Better 190, 256, 257
Girl 182, 193, 194
Give Me Some Truth 357
Give Peace A Chance 391, 395, 407, 425
Glass Onion 340, 342
God 203
Golden Slumbers 397, 399
Good Day Sunshine 187, 227, 228
Good Morning, Good Morning 242, 257
Good Night 340, 343
Got To Get You Into My Life 187, 199, 227
Happiness Is A Warm Gun 255, 340, 342
A Hard Day's Night 76, 101, 103, 129,

453

Register

130, 387
Hear Me Lord 359
Hello, Goodbye 276, 282, 283, 307
Hello Little Girl 29, 44, 100
Help! 76, 101, 167, 169, 177–9, 305, 399, 431
Helter Skelter 334, 340, 343, 392, 416
Her Majesty 397
Here Comes The Sun 389, 397–9
Here, There And Everywhere 15, 227, 229, 259
Hey Bulldog 307, 321, 362–5
Hey Jude 270, 305, 307, 310, 322, 325, 333, 350–1, 376
Hippy Hippy Shake 29
Hold Me Tight 81, 82, 101
Honey Don't 147–9
Honey Pie 187, 340, 342
Hot As Sun 357
Hurdy Gurdy Man 301
I Am The Walrus 103, 186, 188, 252, 276, 282–5, 285, 286, 291, 292, 330
I Don't Want To Spoil The Party 101, 147, 148
I Feel Fine 101, 169, 200, 212
I Lost My Little Girl 357
I Me Mine 359, 413, 417, 419, 426
I Need You 162, 177, 178
I Saw Her Standing There 56–8, 101, 105, 123
I Should Have Known Better 101, 128, 129
I Wanna Be Your Man 81, 82, 100, 101, 124, 212, 264
I Want To Hold Your Hand 7, 64, 65, 83, 95, 101, 103, 105, 106, 115, 123, 305, 387
I Want To Tell You 190, 227, 228
I Want You (She's So Heavy) 382, 397, 399
I Will 340, 342, 343
If I Fell 101, 129–31
If I Needed Someone 182, 193, 195, 212
If You've Got Trouble 178
I'll Be Back 101, 129
I'll Cry Instead 101, 129, 130
I'll Follow The Sun 101, 147, 148
I'll Get You 101
I'm A Loser 101, 103, 147, 431
I'm Happy Just To Dance With You 101, 129, 130
I'm Looking Through You 193, 194
I'm Only Sleeping 188, 227–9

Little Child 81, 82, 101
The Long And Winding Road 9, 307, 359, 361, 413, 417–19, 426
Long, Long, Long 190, 340, 342
Long Tall Sally 144, 212
Love Me Do 16, 29, 44–5, 46, 51, 54, 56, 57, 62, 64, 83, 100, 101, 103, 113, 385, 427
Love Of The Loved 44, 100
Love You To 227, 228, 234, 327
Lovely Rita 256, 257, 259, 293
Lucy In The Sky With Diamonds 186, 188, 242, 256, 257, 259, 284
Maggie Mae 417
Magical Mystery Tour 187, 283, 284
Martha My Dear 340, 342
Maxwell's Silver Hammer 358, 382, 396–9, 438
Maybe I'm Amazed 148
Mean Mr Mustard 397, 398
Michelle 9, 182, 193, 194
Misery 57, 58, 68, 101
Mr Moonlight 147–9, 162
Money (That's What I Want) 75, 80, 81, 83, 100, 111, 192, 438
Mother Nature's Son 340, 342
My Bonnie 18, 21, 28, 36, 270
My Sweet Lord 9, 366, 369, 430, 438
The Night Before 162, 177, 178
No Reply 101, 146–7, 149
Norwegian Wood 182, 192, 193, 203, 215, 233, 234
Not A Second Time 81, 82, 101, 248
Not Guilty 309, 363, 382
Nowhere Man 182, 193, 194, 212
Ob-La-Di, Ob-La-Da 340, 342
Octopus's Garden 382, 396–9
Oh! Darling 358, 396–7
Old Brown Shoe 404
One After 909 101, 357, 361, 366, 416, 417, 419
Only A Northern Song 362–5
Paperback Writer 76, 199, 212, 226, 248, 307
Penny Lane 103, 187, 242, 248, 282, 283, 307
Piggies 340, 342–3, 392, 404
Pinwheel Twist 44
Please Mr Postman 80, 81
Please Please Me 16, 54, 57, 62, 64, 68, 101, 105, 112, 114, 123, 385, 386
Polythene Pam 382, 396–8
P.S. I Love You 44, 51, 57, 58, 100,

She's Leaving Home 188, 190, 242, 256, 257
Something 307, 334, 359, 396–9, 404
Strawberry Fields Forever 103, 188, 237, 242, 248, 252, 282, 283, 285, 305, 307, 400, 431
Suicide 16
Sun King 396–9
A Taste of Honey 57, 59
Taxman 109, 116, 187, 199, 227–8
Teddy Boy 358
Tell Me What You See 176–8
Tell Me Why 9, 101, 129, 130
Thank You Girl 101, 123
That Means A Lot 178
(There's A) Devil In Her Heart 81
There's A Place 57, 59, 101
Things We Said Today 101, 129, 131
Think For Yourself 182, 193–4
This Boy 105, 169
Ticket To Ride 7, 101, 103, 148, 162, 167, 169, 176–8, 307
Till There Was You 79, 81–3, 105
Tomorrow Never Knows 103, 186, 187, 188, 190, 195, 199, 217, 227–9, 233, 305
Too Bad About Sorrows 16, 357
Try Some, Buy Some 189
Twist And Shout 57, 59, 68, 79, 80, 95, 100, 105, 123, 173, 438
Two Of Us 331, 358, 359, 361, 416, 417, 419
Wah-Wah 359
Wait 193, 195
Watching Rainbows 357
We Can Work It Out 182, 188
We Love You 264, 329
What Goes On 182, 193, 194, 216, 387
What You're Doing 101, 147–9
What's The New Mary Jane 382, 410
When I Get Home 101, 129, 130
When I'm Sixty-Four 188, 257, 259, 284
While My Guitar Gently Weeps 334, 340, 342, 343, 366
Why Don't We Do It In The Road? 187, 340, 342, 343
Wild Honey Pie 340, 342
With A Little Help From My Friends 8, 9, 190, 242, 257
Within You Without You 188, 189, 190, 235, 242, 257, 258, 283, 364
The Word 186, 187, 190, 193, 194

Sounds Incorporated 173
South Africa 162
Southern, Terry 370
Spanien, Johns Reise mit Brian Epstein 71
Spector, Phil 44, 103, 361, 391, 413, *413*, 418, 419, 426, 430, 431, 436
Spencer, Terence 84–91
Spencer Davis Group 200
Spielberg, Steven 292
Spinetti, Victor 162, 164, 166, 291
Spooner, James 433
Springfield, Dusty 83
Springfields, The 68
Springsteen, Bruce 185
Stamp, Mr. Justice 433
Star Club, Hamburg 18, 24, 28–9, 29
Starkey, Elsie 14
Starkey, Jason 264, 267, 273, 302
Starkey, Maureen 274, *318*, 392
  Filmsets 166
  Indienreise 298, 302
  Kinder 264, 273
  Ringo, Heirat mit 162, 169
Starr, Ringo
  Drogen
    LSD 158, 186, 190
    Marihuana 182, 186
  Filme
    A Hard Day's Night 119, 132, 167
    Help! 160–7
    Magical Mystery Tour 287–92
  Finanzen 111–16
    Allen Klein wird Manager 369, 378, 424–5
    Apple 280, 422
    Beatles-Merchandising 116
    Brian Epstein als Manager 112–15
    Brickey Building Company 112
    Ende der Beatles 309, 355–61, 396, 422–6, 433
    Northern Songs 115, 389
    Parlophone, Vertrag mit 113
    Startling Music Ltd 387
    Steuern 115, 162, 280, 322, 374, 386
  Fotosessions
    David Hurn *135–41*
    Robert Freeman 75, 82
    Terence Spencer 84–91
  MBE-Orden 181, 327
  Musik
    Beatles, Einstieg bei den 39
    erste Gruppen 15
    erste Einflüsse 14–15
    Rory Storm & The Hurricanes 36, 39
    Varispeed-Effekt 186
  Privatleben
    Alkoholproblem 438
    äußere Erscheinung 39
    Kinder 264, 267
    Kindheit und Jugend 14, 24
    griechische Insel 263
    indische Mystik 185, 189, 235, 267, 296–303
    Fotografie, Interesse an 137
    Maureen, Heirat mit 162, 169
    Elvis, Begegnung mit 174
    Mandelentzündung 124
  Publicity
    Beatlemania 62–5
    Cassius Clay, im Ring mit 106
    Royal Variety Performance 79
  Solokarriere 436, 438
    Beaucoups Of Blues 429–30
    Candy 369, 370
    Goodnight Vienna 366, 438
    The Magic Christian 356, 361, 370, 370–1
    Ringo Starrdust 366, 403, 438
    Sentimental Journey 402, 403, 414, 429
Steel, Geoff 289
Steve Miller Band, The 376
Stewart, Billy 255
Stewart, Ian 67
Stewart, Les 16

> »Als ich Yesterday zum ersten Mal hörte, spürte ich, wie die Welt stillstand. Es veränderte alles.« **Jimmy Webb**

I'm So Tired 340, 342
I'm The Urban Spaceman 325
In My Life 35, 103, 182, 193–5, 212, 259, 431
In Spite Of All The Danger 15
The Inner Light 305, 364, 404
Isn't It A Pity 359, 366
It Won't Be Long 81–3, 101
It's All Too Much 190, 309, 362–5
It's For You 153
It's Only Love 177–9
I've Got A Feeling 358, 361, 416–17
I've Just Seen A Face 176, 177
Jealous Guy 358
Jubilee 382
Julia 300, 340, 342
Junk 309
Just Fun 16
Kansas City/Hey, Hey, Hey, Hey 147–9
Lady Madonna 305, 307, 362, 416
Leave My Kitten Alone 149
Let It Be 9, 307, 359, 361, 404, 410, 417–18
Let It Down 359
Like Dreamers Do 44, 100

101, 385
Rain 169, 186, 188, 226, 248, 307, 327
Revolution 307, 309, 322, 331, 340, 342, 416
Revolution 9 318, 339–41, 343, 387, 392, 404
The Rishi Kesh Song 235
Rock And Roll Music 147, 148, 212
Rocky Raccoon 340, 342
Roll Over Beethoven 12, 75, 81–3, 95, 123
Run For Your Life 193, 195
Sgt Pepper's Lonely Hearts Club Band 187, 242, 256, 257
Savoy Truffle 340, 342
Serve Yourself 203
Sexy Sadie 189, 194, 235, 340, 343
She Came In Through The Bathroom Window 358, 397
She Loves You 59, 64, 75, 76, 79, 80, 83, 100, 101, 103, 105, 113, 115, 123, 182, 260, 387
She Said She Said 188, 227–9
She's A Woman 101, 149, 212

Words Of Love 147–9
Yellow Submarine 187, 199, 227–9, 293, 363, 364, 429
Yer Blues 340, 342, 356
Yes It Is 169
Yesterday 103, 166, 170, 176–9, 192, 208, 212, 293, 410
You Can't Do That 101, 123, 129, 130, 169
You Gotta Serve Yourself 235
You Know My Name (Look Up The Number) 264, 410
You Like Me Too Much 177
You Never Give Me Your Money 382, 397, 398, 418
You Really Got A Hold On Me 75, 80, 81, 83
You Won't See Me 192–4
Your Mother Should Know 273, 283–4, 287, 289, 291
You're Gonna Lose That Girl 162, 177, 179
You've Got To Hide Your Love Away 162, 176–9
Sony Music Publishing 385

Register

Stigwood, Robert 272, 274, 280, 292, 366, 374
Stockhausen, Karlheinz 238, 256
Stockton-On-Tees 109
Strach, Walter 112
Stramsact 116
Strong, Barrett 80, 192
Stubbins, Albert 251
Studio 51 Jazz Club, London 99
Subafilms 112, 345, 389
Sullivan, Ed 7, *104*, 105, 173, 403
Sun 248
Sunday Night At The London Palladium 64, 76, 79, 100
Sunday Times 247, 310
Supertramp 438
Supremes, The 105
Surrealismus 186
Sutcliffe, Pauline 35
Sutcliffe, Stuart *17*, 18, *29*, 34–5, 119, 169
   Astrid Kirchherr 75, 117
   Beatles, Ausstieg bei den 28
   Beatles, Namensgeber der 26, 35
   Hamburg 27
   John, Freundschaft mit 17, 26, 35, 100, 117
   Quarrymen, The 16, 26, 35
   Tod 29, 35, 100
Swales, Peter 356
Swan Records 123
Swettenham, Geoff 374
Swinging Blue Jeans, The 29, 72
Sydney 127, 152
Sytner, Alan 15, 25–6

T

Tashian, Barry 212
Tate, Sharon 158, 241, 392
Taverner, John 333
Taylor, Alistair 21, 29, 263, 270, 271, 274, 287, 374, 375–6, 378, 381
Taylor, Derek 237, *263*, 347, *425*, 433
   Abbey Road 382
   Allen Klein 424
   Amerika-Tournee 152, 153, 235
   Apple *332*, 333, 374, *374*, 375, 378, 422–3
   Australien 65
   Beatles For Sale 146
   Brian Epstein 271
   Ende der Beatles 414, 423
   Get Back (Dokumentarfilm) 356
   Give Peace A Chance 391
   Festnahme von John und Yoko 331
   Yellow Submarine 363–4
Taylor, James 333, 375–6, 378, 399
Taylor, Kingsize 39
Taylor-Taylor, Courtney 229
Teddy Bears, The 44
Temple, Shirley 251
Terry, Sonny 44
Terry Young Six, The 54
Tetragrammaton Records 330, 339
Thank Your Lucky Stars 114
Theobalds, Peter 288
Thomas, Carla *251*
Thomas, Chris 382, 404
Thomas, Dylan 251
Thomas, James 330
Thompson, Linda 343
Tibetanisches Totenbuch 233
Time 215
Times 65, 82, 119, 248, 292, 336, 389, 407, 433
Tokio 207
Top Of The Pops 307
Top Ten Club, Hamburg 28
Tornados, The 65
Toronto Rock'n'Roll Festival 395, 425
Tourneen
   Amerika-Tournee *142–5*, 143–4, 150–5, 211, 212–15, 272
   Herbsttournee (1963) 64–5
   Japan, erste Reise nach 207, 224–5, 226–7
   Packagetouren 54, 62
   Philippinen 208, 226
   Welttournee (1964) 124, 127
   Wintertournee (1963–4) 79
Townsend, Ken 42, 43, 45, 46
Track Records 330, 339
Traffic 234, 255, 256, 287
Transzendentale Meditation 189, 190, 298–301
Traveling Wilburys 18
Tremeloes, The 32, *33*, 62
Trident Studios 325, *346*, 382
Triumph Investment Trust 389
Trocchi, Alexander 158
Tucker, Sophie 79
Tucker, Tommy 167
TVC 321, 364
Twickenham Studios 166, *350*, 356–7, 358, *358*, 370, 416
Twiggy 333, 375
Twitty, Conway 18
Two Virgins 318, 330–1, *338–9*, 339, 388

U

Unfinished Music No 1: Two Virgins siehe *Two Virgins*
Unfinished Music No 2: Life With The Lions 339
United Artists 301
   A Hard Day's Night 130, 162
   Help! 162
   Yellow Submarine 321
University College Hospital, London 124
USA
   Beatlemania 65, 105, 123
   Beatles-Tourneen *142–5*, 143–4, 150–5, 211, 212–15, 272
   Beatles-Merchandising 112, 116, 273, 280
   Billboard-Charts 65, 123, 339, 391
   Ed Sullivan Show 104, 105, 106
   Johns Bemerkung (»populärer als Jesus«) 211, 212, 215, 272
   Gerüchte (»Paul ist tot«) 398, 400, 426
   Shea-Stadium-Konzert 173
Vietnamkrieg 237

V

Valentino, Rudolf 62
Vancouver 65
Variety Club 100, *108*, 109
Vaughan, Ivan 14, 15
Vaughn, Robert 214
Vee, Bobby 44, 76
Vee-Jay (Plattenlabel) 123
Vernon Girls, The 68
Vidalis, Mark 164
Vietnamkrieg 181, 211, 237, 331, 391, 400, 407, 427
Vincent, Gene 18, *24*, 25, 29, 44, 395
Vinton, Bobby 123, 369, 376
Viscounts, The 54
Vivaldi, Antonio 187
Vollmer, Jürgen 17
Voormann, Klaus 26, 28, 35, 117, 228, 235, 242, 395, 403, 422, 430, 431

W

Wain, John 119
Walker, Junior 255
Walker, Ken 395
Walker Brothers 200
Waller, Fats 44, 403
Waller, Lewis 62
Wally, Nigel 14
Walters, John 200
Walters, Lou 36, 39
Walton, Don 144
WAPE 144
Ward, Miranda 287–8, 289
Warhol, Andy 238, 436
Washington, Dinah 44
Waters, Roger 399
Watkins, Paul 392
Watts, Charlie 36
Weill, Kurt 68
Weiss, Nat 271, 272
»*Weißes*« *Album* 169, 195, 340–4, 356
   Aufnahmesessions 309, 318, 334, 423
   Cover 251, 341–2, *341*, 342
   Komponieren in Rishikesh 300
   Manson-Morde 392
   Stücke 340
   Veröffentlichung 362–3
Welch, Bruce 170
Welch, Chris 148, 259
Welch, Raquel 370, *371*
Wells, H. G. 251
Wells, Mary 144
Wesker, Arnold 238
West, Mae 251
Wheeler, Cecil 381
Whitaker, Robert 159, 204, *205*, 207, 218, *218–25*
White, Alan 395
White, Andy 51
White, Jack 195
White, Josh 24
White, Ron 46
Whitehead, Peter 252
Who, The 169, 200, 235, 293, 305, 330, 356, 374, 398, 436
Williams, Allan 16, 35
Williams, Barney 58
Williams, Danny 54
Williams, Gordon 62
Williams, Hank 154
Williams, Larry 177
Williams, Paul 211
Wilson, Brian 7–9, 195, 399
Wilson, Harold *108*, 109, 181, 208, 327, *406*, 407
Wilson, Lois 58, 82, 130, 148, 259
Wings 436–7
Winwood, Muff 200
With The Beatles 79, 80–3, 100, 101, 178
   Cover 74, 75, *81*, 82, *82*
   Stücke 81
Wolf, Reinhart 117
Wolfe, Tom 119
Wonderwall 336, 364
Wood, Charles 237, 273
Wooler, Bob 21, 24, 29, 36, 62, 64, 71, 72
The World Of John And Yoko 331
World Psychedelic Centre (WPC), London 158
Wyatt, Robert 158

Y

Yardbirds, The 80, 169, 200, 334
Yellow Submarine 362–5
   Cover 363, 364, *364*
   Stücke 363
Yellow Submarine (Film) 112, 132, 321, 362–5, 375–6
Yesterday And Today 223

Butcher Cover 204, *205*, 218, 237
Yolland, Peter 95
York, Michael 310
Young, LaMonte 241
Young, Rob 26

Z

Zappa, Frank 364
Zapple 336, 339, 376, 378
Zodiac Club, Hamburg 39

»I Am The Walrus *beamte einen mit seiner Fremdartigkeit weiter weg als alles, was es davor je gab.*« David Bowie

Dank

Herausgeber und Verlag danken Julian Alexander, Johnny Black, Mark Bracey, Dave Brolan, David Leaf, Lora Findlay, Isabel Cruz, Murray Chalmers, Geoff Baker, Dennis Hutchins, Yoko Ono, Jason von Tracks, Robert Whitaker, Maddy Ballantyne, On The Beat, Martin O'Gorman, Reckless Records, Keith Badman, Paul Du Noyer, Mark Ellen, Jim Irvin, Spencer Leigh, Karla Merrifield, Pete Nash, Mat Snow, Chris Taylor, Barry Miles, Terence Spencer, Jane Titterington, Paul Bevoir, Genesis Publications, David Hurn, Bob Kelly, Andrew Loog Oldham, David Pritchard und Jane Roscoe.

Die Autoren

KEITH BADMAN schreibt regelmäßig für die Zeitschrift *Record Collector.* Er arbeitete für *The Beatles Book Monthly* und als Filmberater für die *Anthology*-Serie der Beatles. Seine Beatles-Bücher *After The Break-Up 1970 – 2001, Off The Record* und *The Dream Is Over* wurden Bestseller. Sein nächstes Buch ist *I Get Around*, eine komplette Chronik der Geschichte der Beach Boys.

JOHNNY BLACK hat während seiner langen *MOJO*-Mitarbeit oft über die Beatles geschrieben und Paul, George und Ringo interviewt. Er schreibt auch Bücher und regelmäßige Beiträge für *Blender* (USA), außerdem betreibt er *Rocksource*, eine Datenbank zur Geschichte der Rockmusik.

TOM BRYANT ist freier Journalist und schreibt für mehrere Zeitschriften wie *Q, MOJO* und – in extremeren Momenten – *Kerrang!* Ansonsten verbringt er viel zu viel Zeit in Gebrauchtschallplattenläden.

ALAN CLAYSON hat Biografien aller vier Beatles verfasst. Von 1975 bis 1985 war er Frontman der Kultband Clayson and the Argonauts und erwarb sich eine »Spitzenposition im bizarren Randbereich der Rockmusik« *(Melody Maker)*. Mehr Informationen unter: www.alanclayson.com

JOE CUSHLEY trommelte laut Familienüberlieferung immer auf dem Kohleneimer mit, wenn die Beatles im Radio kamen. Später schrieb er für *MOJO* und *Q*. Er arbeitete am *Rough Guide To The Beatles* mit und interviewte Freunde und Kollegen der Beatles für ein in Amerika erscheinendes Buch über die Band.

FRED DELLAR arbeitet seit über 30 Jahren als Popjournalist, die letzten acht davon verbrachte er in den komfortablen Büroräumen von *MOJO*. Neben zahllosen Magazinbeiträgen und Linernotes für mehr Platten, als in einen Megastore passen, hat er auch noch ein paar Bücher geschrieben. Nach eigenem Bekunden will er bei einer Aufnahmesession von Frank Sinatra und einem Club-Gig von Billie Holiday dabeigewesen sein. Wenn das stimmt, ist der Job doch nicht schlecht.

HUNTER DAVIES war der erste Autor, der das Beatles-Phänomen einer ernsthaften Langzeitstudie unterzog und 1968 die einzige jemals autorisierte Beatles-Biografie vorlegte. Er ist der Autor von *The Quarry Men* (2001) und über 30 anderen Büchern. Derzeit schreibt er für die *Sunday Times* eine Kolumne über Geld und für den *New Statesman* über Fußball.

BILL DEMAIN wohnt in Nashville, Tennessee, und ist der Autor von *The Sterling Huck Letters* und *Behind The Muse: Pop & Rock's Greatest Songwriters Talk About Their Work And Inspiration*. Er schreibt oft für *MOJO* und *Performing Songwriter*, schrieb Linernotes für die Grammy-nominierte CD-Box *The Look Of Love: The Burt Bacharach Collection* und spielt bei der Popband Swan Dive.

PETER DOGGETT ist der Autor von *Are You Ready For The Country* und war früher Redakteur der Zeitschrift *Record Collector*. Zur Zeit arbeitet er an einem Buch über revolutionäre Politik und Musik in den späten 60ern.

DAVE DIMARTINO war Chefredakteur von *Creem*, Leiter des Los-Angeles-Büros von *Billboard* und Redakteur bei *Entertainment Weekly*. Seit 1995 ist er geschäftsführender Redaktionsleiter von *Launch*, der Musik-Website des Onlinedienstes Yahoo. Außerdem schrieb er das Buch *Singer-Songwriters: Pop Music's Performers-Composers, From A To Zevon* (Billboard Books, 1994).

PAUL DU NOYER war der erste Chefredakteur von *MOJO* und hat Bücher über John Lennon *(We All Shine On)* und die Heimatstadt der Beatles verfasst *(Liverpool: Wondrous Place)*. Derzeit schreibt er für die Zeitschrift *WORD*.

DAWN EDEN hat die Linernotes zu über 80 Reissue-CDs verfasst und an der *Encyclopedia Of Singles* sowie der Anthologie *Kill Your Idols* mitgearbeitet. Ihre Texte erscheinen in *MOJO, New York Press* und *Billboard* und sind auch auf ihrer Website *Gaits of Eden* (www.dawneden.com) zu finden.

MARK ELLEN arbeitete bei *Record Mirror, NME, Smash Hits, Q, Select, MOJO* usw. Als Chefherausgeber bei EMAP koordinierte er 17 Zeitschriften, bis er mit alten Freunden den unabhängigen Verlag Development Hell aufzog, »wo wir 2003 unseren ersten neuen Titel *WORD* gestartet haben. Ein saugutes Heft.«

DAVID FRICKE ist leitender Redakteur beim *Rolling Stone*, dreifacher Gewinner des ASCAP-Deems Taylor Award für Musikjournalismus und langjähriger Mitarbeiter von *MOJO*.

ANDY GILL ist der Popkritiker des *Independent* und hat u. a. für die Zeitschriften *MOJO, Uncut, WORD, NME, Rolling Stone* und *Radio Times* geschrieben. Sein zweites Buch *A Simple Twist Of Fate: Bob Dylan And The Making of Blood On The Tracks* erschien im März 2004 bei Da Capo Press in den USA.

JOHN HARRIS schreibt für *MOJO, Q, Rolling Stone, The Times* und den *Observer* über Musik. Sein erstes Buch *The Last Party: Britpop, Blair And The Demise Of English Rock* erschien im Mai 2003. Die *Sunday Times* beschrieb es als »eine Seltenheit: ein Buch, das den Leser unglaublich fesselt, obwohl es in erster Linie um Rockmusiker geht.«

BILL HARRY prägte den Begriff »Mersey Beat« und gründete 1961 eine Zeitung dieses Namens. Er schrieb 22 Bücher über Popmusik und machte PR für 30 Topkünstler, darunter David Bowie, Led Zeppelin, Pink Floyd, Kinks und die Beach Boys.

PATRICK HUMPHRIES' Mutter ließ ihn nicht zum Beatles-Konzert wegen all der wilden Fans. Später interviewte er aber zwei von ihnen – und schrieb ein Buch über sie. Außerdem verfasste er Biografien von Nick Drake, Richard Thompson, Paul Simon, Bob Dylan und Bruce Springsteen. Anfang 2005 erscheint sein Buch über den Skiffle-Star Lonnie Donegan.

CHRIS HUNT gab viele der renommierten Sonderausgaben von *MOJO* und *Q* heraus, so auch die über die Beatles, Punkrock und Oasis. Er war der erste Chefredakteur des weltweit wichtigsten Rapmagazins *Hip-Hop Connection*. 2003 erschien seine umfassende Sportenzyklopädie *The Complete Book Of Football*.

CHRIS INGHAM schreibt seit Heft 7 für *MOJO* und lieferte wichtige Artikel über XTC, Steely Dan, Paul Simon, Paul Weller und Yoko Ono. Außerdem verfasste er den *Rough Guide To The Beatles*. Früher schrieb er Songs, die der *Melody Maker* als »so ausladend wie die Schenkel Gottes« beschrieb. Er selbst würde sich heute auch mit »knackig« begnügen.

JIM IRVIN ist Songwriter und Journalist. In den 80er und 90er Jahren arbeitete er bei Musikzeitschriften, zuerst beim *Melody Maker*, dann bis 2000 als leitender Redakteur bei *MOJO*. Er gab die *MOJO Collection* heraus und arbeitete am *Rough Guide To The Beatles* mit.

ASHLEY KAHN ist Autor und Redakteur. Er schrieb die Bücher *A Love Supreme: The Creation of John Coltrane's Classic Album* und *Kind of Blue: The Making of the Miles Davis Masterpiece* und war leitender Redakteur bei *Rolling Stone: The Seventies* (Little, Brown). Seine Beiträge erscheinen unter anderem in der *New York Times, Vanity Fair, TV Guide, New York Observer, New York Newsday, JazzTimes, MOJO, The Guardian, Jazz* (Frankreich) und dem japanischen *GQ*.

LARRY KANE ist Nachrichtensprecher bei Radio KYW-3 in Philadelphia und seit über 30 Jahren einer der angesehensten Radiojournalisten der USA. In *Larry Kane's Philadelphia* (Temple University Press, 2000) beschreibt der Emmy-Preisträger seine Interviews mit zahllosen Personen der Zeitgeschichte, die er während seiner Karriere führte. Sein Beitrag im vorliegenden Buch ist seiner bei Running Press erscheinenden Chronik der Beatles-US-Tour 1964/65 entnommen, die er als einziger US-Journalist begleiten durfte.

NICK KENT veröffentlichte mit 19 seine ersten Artikel und Kritiken in britischen Untergrundmagazinen. Bald bot man ihm an, dasselbe für den *New Musical Express* zu tun, den er viele Jahre lang geradezu verkörperte. In den 80ern schrieb er für *The Face, Arena, The Sunday Times, Details* und *Spin* und zog dann nach Frankreich. Dort arbeitet er als Drehbuchautor und Regisseur für das französische Fernsehen sowie als Autor für *MOJO* und andere Zeitschriften. 1994 erschien mit *The Dark Stuff* eine hoch gelobte Sammlung seiner besten Artikel.

SPENCER LEIGH wurde 1945 in Liverpool geboren. Seine Sendung *On The Beat* läuft auf BBC Radio Merseyside seit über 20 Jahren. Er schrieb u. a. die Bücher *Drummed Out! – The Sacking Of Pete Best* (1998), *The Best Of Fellas – The Story Of Bob Wooler* (2002) und *Puttin' On The Style – The Donegan Story* (2003). Derzeit überarbeitet er sein Buch *Let's Go Down the Cavern* von 1984.

MARK LEWISOHN ist Autor von *The Complete Beatles Recording Sessions* und *The Complete Beatles Chronicle* sowie Koautor von *The Beatles' London*. Derzeit arbeitet er an einer Biografie der Band. Zu seinen weiteren Büchern zählen der *Radio Times Guide To TV Comedy* und die Biografie *Funny, Peculiar: The True Story Of Benny Hill*.

IAN MACDONALD war von 1972 bis 1975 Redakteur beim *NME*. 1990 veröffentlichte er eine Studie über die Musik von Schostakowitsch, *The New Shostakovich*, doch sein Vermächtnis ist *Revolution In The Head* (1994), eine unübertroffene Studie über die Musik der Beatles. Er starb im August 2003.

PAUL MCGRATH lebt in Kanada und schreibt seit über 30 Jahren über Musik für Kanadas beste Zeitung *The Globe and Mail* sowie einige der wichtigsten Radio- und Fernsehsender des Landes. Er führte Regie bei den Fernsehdokumentationen *John and Yoko's Year Of Peace* (CBC, 2000) und *Give Peace A Song* (CBC, 2004).

CHARLES SHAAR MURRAY war früher leitender Redakteur beim *NME*, veröffentlichte die Bücher *Crosstown Traffic* und *Boogie Man*, für die er mit Preisen ausgezeichnet wurde, und schreibt u. a. für den *Independent, The Observer, The Guardian, The Evening Standard* und *MOJO*. Er ist stinksauer über die Invasion des Irak und die Absetzung von *Angel* und würde deshalb gerne seinen MBE zurückgeben. Leider hat er keinen.

BARRY MILES war Mitbegründer der Buchhandlung und Galerie Indica (wo John Lennon zum ersten Mal Yoko Ono traf) sowie der Zeitung *International Times*. 1968 ernannte ihn Paul McCartney zum Chef von Zapple, dem Sprechplattenlabel der Beatles. Als Autor ist Miles auf Musiker der 60er spezialisiert. Seine in enger Zusammenarbeit mit McCartney verfasste Biografie *Paul McCartney: Many Years From Now* (Secker & Warburg, London, 1997) wurde zum Bestseller.

MERRELL NODEN lebt mit seiner Frau und zwei Beatles-begeisterten Kleinkindern in Princeton, New Jersey. Er war Reporter bei *Sports Illustrated* und schrieb Biografien von Oprah Winfrey und George Clooney sowie eine Geschichte der Hall-of-Fame-Kultur im Sport. Außerdem war er Gitarrist und Sänger in mehreren Bands, die eine stattliche Anzahl massakrierter Beatles-Songs hinter sich zurückließen.

MARTIN O'GORMAN arbeitete drei Jahre bei der Zeitschrift *Record Collector*, wo es ihm mühelos gelang, den Posten des Beatles-Sachverständigen auszufüllen. Im Jahr 2000 wechselte er zu *MOJO*. Heute schreibt er regelmäßig für *MOJO, Q* und einige andere Zeitschriften und möchte bitte nichts mehr über die *Get-Back*-Sessions hören.

MARK PAYTRESS schreibt regelmäßig für *MOJO*. Zu seinen Popbüchern zählen *Bolan: The Rise And Fall Of A 20th Century Superstar, BowieStyle* und die autorisierte Biografie von Siouxsie And The Banshees. Derzeit recherchiert er für ein Buch über Sid Vicious und seine Zeit.

ALEXIS PETRIDIS ist der Rock- und Popkritiker des *Guardian*.

JOHN ROBERTSON ist der Autor zahlreicher Bücher über John Lennon und die Beatles, darunter *The Art & Music Of John Lennon* und *The Complete Guide To The Music Of The Beatles*.

ROBERT SANDALL ist Musikjournalist und Radiomacher. Er arbeitet v. a. für die *Sunday Times* und *Mixing It*, die wöchentliche Sendung für ausgefallene Musik auf BBC Radio 3. Wenn ihn dafür überhaupt irgendetwas qualifiziert, dann wohl fünf Jahre Studium in den 70ern, fünf Jahre in erfolglosen Rockbands in den 80ern und eine vorübergehende Tätigkeit beim Virgin-Label in den 90ern. Er lebt mit seiner Partnerin Anita und seiner Tochter Grace im Norden von London.

JON SAVAGE ist der Autor des Klassikers *England's Dreaming*. Seine jüngste Artikelsammlung *Time Travel* (Vintage) enthält zwei Essays über die Beatles. Er lieferte außerdem Konzept und Drehbuch für den BAFTA-preisgekrönten Arena-Dokumentarfilm *In Search of Brian Epstein* (1998).

HARRY SHAPIRO arbeitet regelmäßig für *MOJO* und andere Zeitschriften und schrieb Biografien über Jimi Hendrix, Eric Clapton, Graham Bond und Alexis Korner. Er verfasste auch *Waiting for the Man*, eine Studie über Drogen und Musik, sowie *Shooting Stars: Drugs, Hollywood and the Movies*.

SYLVIE SIMMONS begann ihre Karriere als Musikschreiberin als Los-Angeles-Korrespondentin von *Sounds* – für eine Londonerin die optimale Kombination aus Musikbegeisterung und Sonnenhunger. Danach schrieb sie u. a. für *Creem, The Guardian* und – von Anfang an – für *MOJO*. Nach ihren Büchern *Serge Gainsbourg: A Fistful of Gitanes* und *Neil Young: Reflections in Broken Glass* erscheint Ende 2004 eine Sammlung von Kurzgeschichten mit Popmusik-Bezug.

MAT SNOW war Redakteur bei *MOJO* und ist derzeit Chefredakteur der Zeitschrift *FourFourTwo*. Er lebt in London mit Frau, Tochter, Büchern und Platten, ist Fan der Tottenham Hot Spurs, trägt eine kleine (aber nicht mehr runde) Brille und hält je nach Stimmung entweder das *Wohltemperierte Klavier* oder *Revolver* für den Höhepunkt der menschlichen Zivilisation.

NEIL SPENCER schreibt seit Anfang der 90er regelmäßig für den *Observer* über Musik, Kultur und Astrologie. Davor war er Redakteur bei *Arena* und *Straight No Chaser* sowie beim *NME*. Er ist Autor der Bücher *True As the Stars Above* und *Adventures in Modern Astrology* sowie Koautor des Filmmusicals *Bollywood Queen* (2003). Seine bleibende Liebe zur Literatur der englischen Romantik hat er letztlich den Beatles zu verdanken, die ihn dazu brachten, die Romantiker zu lesen.

BOB STANLEY wuchs in Croydon, Surrey, auf. Ende der 80er war er Juniorreporter bei *NME* und *Melody Maker*. 1990 gründete er mit seinem Sandkastenfreund Pete Wiggs die Popband St Etienne. Er lebt mit seiner Frau Anneliese in Highgate, züchtet Bienen und ist immer noch Billy-Fury-Fan.

PHIL SUTCLIFFE schreibt seit 1974 über Musik für *Sounds, Smash Hits, The Face, Northern Echo, Q, MOJO, The Los Angeles Times, Blender*. Er rannte von der Schule nach Hause, um die Beatles im BBC-Programm für »leichte Musik« zu hören, sah sich *A Hard Day's Night* an dem Tag, als der Film in die Kinos kam, von der Matinee bis zur Sperrstunde an und wurde Vegetarier, als Linda McCartney ihn dazu aufforderte.

PAUL TRYNKA kam 1996 zu *MOJO*, wurde 1999 Chefredakteur und verantwortete das Heft bis 2003. Er hat Bücher über elektrische Gitarren, den Blues und die Jeans geschrieben. Paul Trynka lebt in Greenwich, London, mit seiner Partnerin Lucy, dem kleinen Curtis und diversen kaputten E-Gitarren.

RICHARD WILLIAMS wurde 1947 geboren und lebt in London. Er arbeitete bei *Melody Maker, Time Out, The Times, The Independent* und beim *Independent On Sunday* und schreibt jetzt für den *Guardian*. 1972 erschien seine Biografie über Phil Spector, die 2003 neu aufgelegt wurde. 2000 erschien *Long Distance Call*, eine Sammlung seiner Artikel über Musik.

LOIS WILSON schreibt seit fünf Jahren für *MOJO* und betreut dort derzeit die Sparte Soul. Sie hat auch für die *Times* und die *Sunday Times* sowie den Musiksender VH-1 gearbeitet und mehrere Sampler-CDs zusammengestellt.